심 고 문

하늘 보좌에서 인간으로 오시어
우주일가의 후천선경을 열어 주신
개벽장 아버지 하느님이시며, 미륵존불이시며,
삼계대권을 주재하옵신 증산 상제님이시여.
억조창생과 천지신명의 어머니이신
태모 고수부님이시여.

제가 의롭고 진실한 참도인이 될 수 있도록
전생과 이생에서 범한 모든 죄와 허물을 사하여 주옵시고
모든 척신과 복마의 발동으로부터 끌러 주옵시고
저의 조상을 해원시켜 주시어
선령과 후손을 새 운수의 길로 인도하여 주시옵소서.

난법 해원시대가 끝나고
곧 닥칠 가을 천지개벽의 대환란으로부터
부모형제를 구원하고,
반석 같은 믿음 위에 굳건히 서서
정성과 공경을 다하여,
원시반본하여 군사부일체하는
거룩하신 상제님의 상생의 무극대도를 일심으로 잘 닦아
괴로움에 신음하는 억조창생을 널리 건져
후천 오만년 조화 선경세계로 나아갈 수 있도록
성령의 은광으로 보살펴 주옵소서.

상생판

甑山道
道典

생활도전

증산도 도전편찬위원회

甑山道
道典

생활도전

상생판

성명

입도일 道紀 년 월 일

(陰) 월 일

한민족사의 국통(國統)

(환인) **환국** — 서기전7197~3897 (3301년)

(환웅) **배달** — 서기전3897~2333 (1565년)

(단군) **조선** — 서기전2333~239 (2096년)

열국시대

- **북부여** 서기전 239~58
- **남삼한** 마한·변한·진한 서기전 194~서기 9
- **최씨낙랑국** 서기전 195경~서기 37
- **동옥저·동예** ?~서기 56·?~서기 313

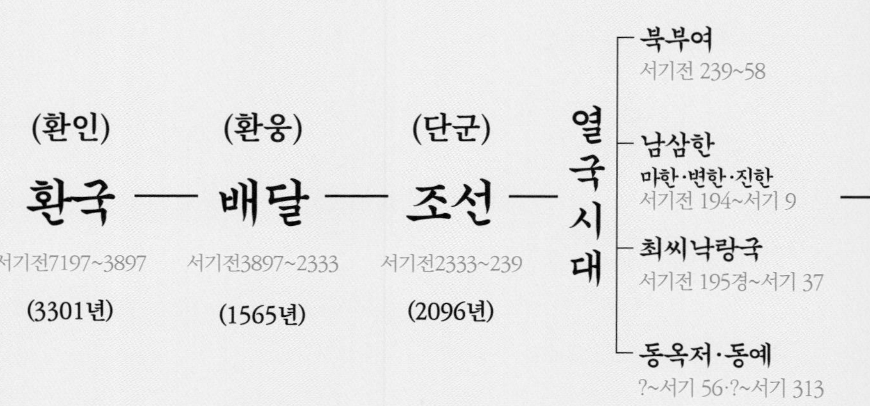

세계사

서기전 8000 | 7000 | 4000 | 3000 | 2000 | 1000 | 서기전 10

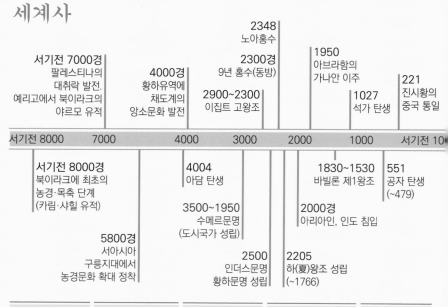

- 서기전 8000경 북이라크에 최초의 농경·목축 단계 (카림·샤힐 유적)
- 서기전 7000경 팔레스티나의 대취락 발전. 예리고에서 북이라크의 야르모 유적
- 5800경 서아시아 구릉지대에서 농경문화 확대 정착
- 4004 아담 탄생
- 4000경 황하유역에 채도계의 앙소문화 발전
- 3500~1950 수메르문명 (도시국가 성립)
- 2900~2300 이집트 고왕조
- 2500 인더스문명 황하문명 성립
- 2348 노아홍수
- 2300경 9년 홍수(동방)
- 2205 하(夏)왕조 성립 (~1766)
- 2000경 아리아인, 인도 침입
- 1950 아브라함의 가나안 이주
- 1830~1530 바빌론 제1왕조
- 1027 석가 탄생
- 551 공자 탄생 (~479)
- 221 진시황의 중국 통일

토기전 신석기시대	토기 신석기시대	동·석기시대	청동기시대	철기시대
(서기전 8000~5000)	(서기전 5000~4300)	(서기전 4300~3300)	(서기전 3300~1200)	(서기전 1200~)

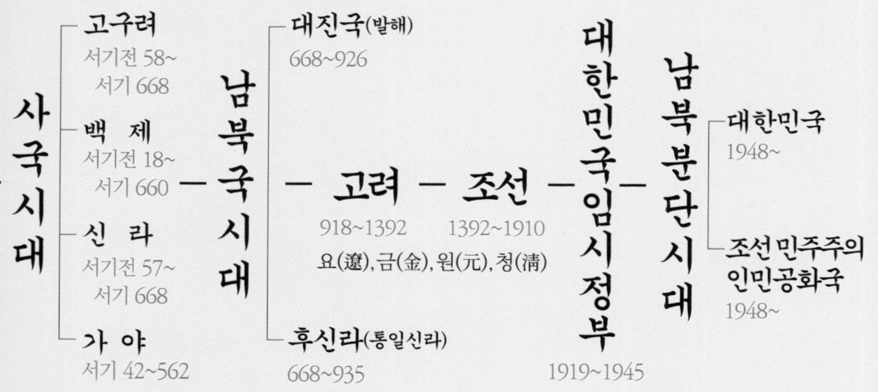

1871
증산 상제님 탄강

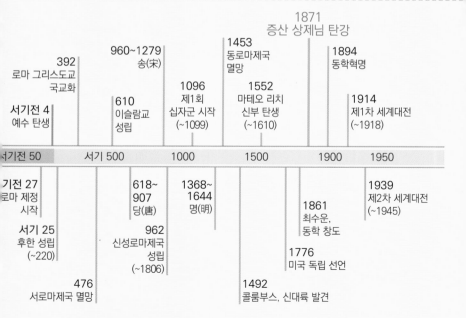

서기전 4
예수 탄생

392
로마 그리스도교
국교화

610
이슬람교
성립

960~1279
송(宋)

1096
제1회
십자군 시작
(~1099)

1453
동로마제국
멸망

1552
마테오 리치
신부 탄생
(~1610)

1894
동학혁명

1914
제1차 세계대전
(~1918)

서기전 50 | 서기 500 | 1000 | 1500 | 1900 | 1950

기전 27
로마 제정
시작

서기 25
후한 성립
(~220)

476
서로마제국 멸망

618~
907
당(唐)

962
신성로마제국
성립
(~1806)

1368~
1644
명(明)

1492
콜룸부스, 신대륙 발견

1776
미국 독립 선언

1861
최수운,
동학 창도

1939
제2차 세계대전
(~1945)

증산도 진리 체계(八觀法)

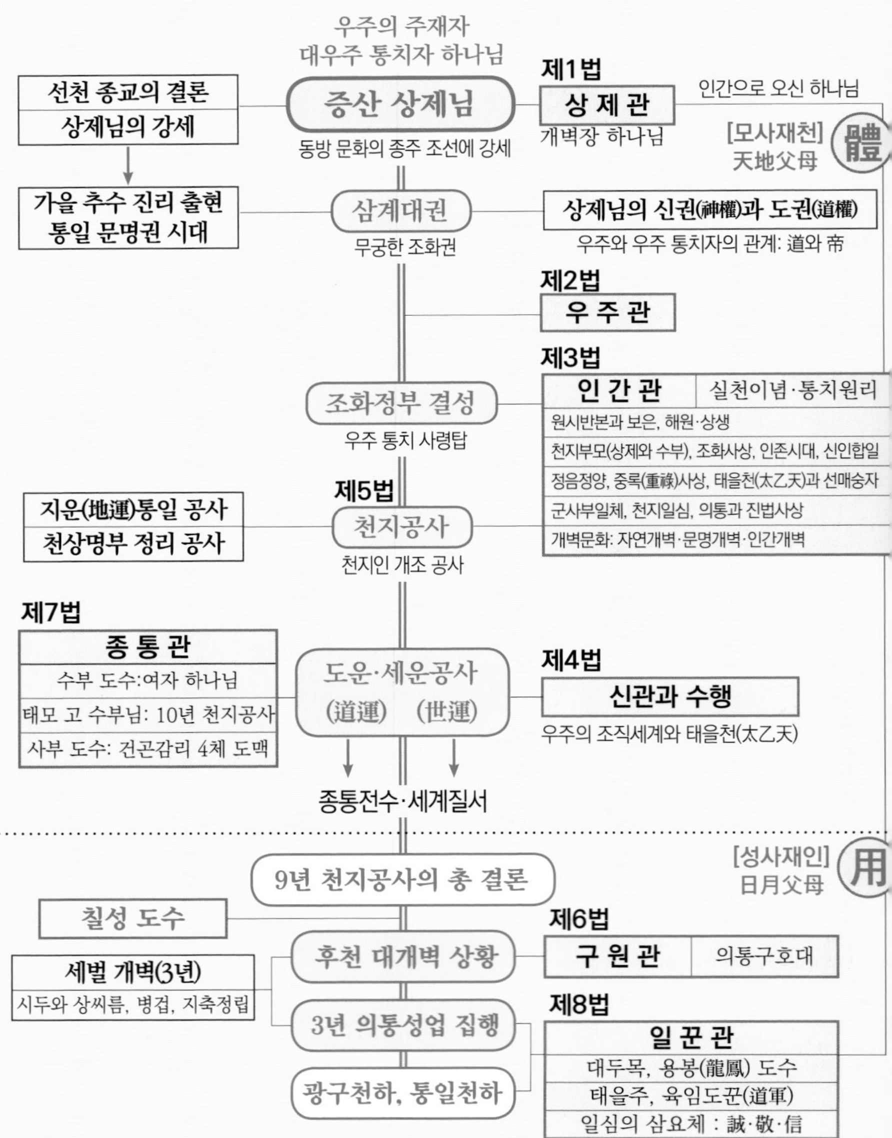

가을 신천지 우주의 후천 조화선경 (우주일가의 지심대도술 조화문명)

(군사부 일체, 신인합일, 지심세계, 만사지 문화, 도술문명, 무궁복록, 장수 문화, 정음정양, 언어통일)

도운과 세운

※양력으로 표기함

세운(世運)	서기	道紀			道紀	서기	도운(道運)
			대한제국	증산상제님	1	1871	증산 상제님 탄강(辛未年)
동학혁명	1894	24			10	1880	태모 고 수부님 탄강(庚辰年)
러일전쟁	1904	34			31	1901	증산 상제님께서 성도(成道)하시고 천지공사 집행을 시작
					39	1909	천지공사를 마치시고 어천(御天)하심
일제강점	1910	40	일제치하	태모고수부님	41	1911	증산도 최초의 교단 창립
기미 3·1운동 임시정부수립	1919	49					- 증산 상제님의 도통을 계승하신 태모 고 수부(太母 高首婦)님이 대도통(大道通) 후 상제님의 성도를 모아 교단을 창립. 이후 차경석 성도가 700만 신도의 대부흥 시대를 엶.(제1변 → 제2변)
					59	1929	초기 경전인 『대순전경』 발간
만주사변	1931	61			65	1935	태모 고 수부님 어천(御天)
중일전쟁	1937	67			66	1936	일제의 민족문화 탄압에 의해 교단 해체
8·15해방	1945	75	대한민국	안운산태상종도사님			
대한민국 정부수립	1948	78			75	1945	증산도 추수 도운 개척(제2 부흥시대) - 해방 후 안운산(安雲山) 태상종도사(太上宗道師)님이 개척
6·25 남북전쟁	1950	80					
4·19 제2공화국	1960	90					
5·16 제3공화국	1961	91			84	1954	6·25남북전쟁과 더불어 침체됨
제4공화국	1972	102					안운산 태상종도사님, 20년 대휴계기(大休契期) 설정 후 은둔하심
세계여성의 해 선포	1975	105	대한민국	안운산태상종도사님·안경전종도사님	105	1975	증산도 추수 도운 마무리 판 개척(제3 부흥시대)
							- 태전에 본부도장을 설치하고 새롭게 포교활동 전개
핵 감축 논의의 시작	1980	110			110	1980	교전(敎典)『증산도의 진리』 발간
제5공화국	1981	111			111	1981	대학생 포교회 발족
제6공화국	1988	118			113	1983	『이것이 개벽이다(상·하)』 발간
서울올림픽					114	1984	증산도 연호 '대순(大巡)'에서 '도기(道紀)'로 바로잡음
동구권 붕괴와 소련해체	1991	121					증산도대학교 출범
					118	1988	서울올림픽 문화행사 참여.
Green Gound:세계환경문제	1992	122					제1차 증산도 대학교 개벽대성회 개최(국토횡단 대장정)
정상회담					119	1989	배달민족 문화 진흥회 창립. 미래학회 창립, 증산도 실업인단 결성
					120	1990	증산도대학교 제3차 개벽대회(매년 출범)
Expo '93	1993	123			121	1991	증산도대학교 4년제로 출범, 제1회 증산도 개벽대성회(태전충무체육관),
핵확산금지조약 무기한 연장	1995	125					증산도 신앙대중화 선언
자유무역 WTO체제 출범					122	1992	『甑山道 道典』 발간, 제2회 증산도 개벽 대치성(태전 충무체육관),
일본 신호(고베) 대지진							낙태 반대 100만인 서명 운동, 태전 지명 찾기 서명 운동
					123	1993	증산도 번역위원회 출범
OECD 가입	1996	126			124	1994	숙구지 도운 원년 선포, 증산도 전산망 '신천지' 오픈
외환위기 발생	1997	127			125	1995	영문판『甑山道 道典』 발간, 증산도 세계화 원년 선포
(IMF 관리체제 돌입)							뉴욕 국제 포교센터 설립, 제3회 증산도 개벽대치성(태전 한밭체육관)
정주영 회장소떼몰이 방북	1998	128			126	1996	인터넷서비스(WWW) 오픈
(6.16)					128	1998	증산도사상연구소 개소(9.1)
6.15 남북공동선언	2000	130			129	1999	의통구호대 육임군 도수 인사화(6월), 집현재 출범(10월)
전세계 광우병,구제역 창궐	2001	131			130	2000	논문집『증산도 사상』 창간호 발간(3.22)
인간 게놈지도 완성					131	2001	『이것이 개벽이다』 100만 권 돌파기념 개벽 대강연회
9.11 세계무역센터 테러					132	2002	『이것이 개벽이다』 개정 신판 발간(4.12)
용담댐 완공(10월)							복록소·수명소 도수 인사화(복록소 위원 출범)
안면도 국제 꽃 박람회	2002	132					상제님의 집·증산도 교육문화회관 준공(12.14)
한일 월드컵	2003	133					
북한, 핵확산금지조약(NPT)					133	2003	『甑山道 道典』 7개 국어(영·프·러·일·중·스·독) 번역
탈퇴 선언(1.10)							『甑山道 道典』 개정신판 발간(12.22)
북핵 6자회담 개최(8.27~8.29)					135	2005	상생방송국 법인 설립 및 개국 준비(7월), 『개벽 실제 상황』 발간(12.22)
세계금융위기	2008	138			137	2007	STB상생방송 TV 송출 개시(3월), 『천지의 도 춘생추살』 발간(5.3)
국보1호 숭례문 전소					141	2011	『환단고기』 완역 역주본 발간(11.27 / 2012.6.20.)
일본 대지진, 원전 사고 발생	2011	141			142	2012	안운산 태상종도사님 어천(御天), '재단법인 증산도 유지재단' 설립(8월)
							환단고기 북 콘서트 개최(전 세계 총 24회)
남북 정상회담 개최	2018	148	대한민국	안경전종도사님	151	2021	무병장수 삼신조화 후천 신선문명 도통 수행법 전수
북미 정상회담 개최					153	2023	상생월드센터 착공(6.12)
코로나-19 바이러스 발병	2019	149					동방신선학교 개교, 조화선 힐링 명상포럼 개최(전국)

甑山道

道典

증산도 생활도전 상생판

도기 154년(단기 4356년, 2024년) 1월 3일 초판 발행
증산도 도전편찬위원회 편찬

상생출판 발행

간행사

들어가는 말

■ 지금 이 세상은

지금 세상의 모든 것이 꽉 찼다. 이 세계의 참모습을 보는 성숙한 사람들은 이구동성으로 온 천하가 누렇게 익었다고 외친다. 춘하의 생장기가 종결되고 가을의 신천지 개벽의 문턱에 걸려 있는 것이다.

하늘과 땅 사이에는 신명과 인간이 가득 찼는데, 인간이 품고 있는 위대한 새 희망의 소식과 더불어 온갖 비극적 사건과 참상이 이 세상을 채움으로써 우리는 희비가 교차하는 거대한 변혁의 물결에 휩쓸려 가고 있다. '가을 천지의 대개벽'이란 진리의 명제로, 아직껏 한 번도 경험해 보지 못한 인류사적 대변혁이 인간 역사의 중심으로 몰려오고 있는 것이다.

우리가 살고 있는 천지는 원대한 꿈과 이상이 있다. 그것을 이루는 필연적인 과정이 앞으로 오는, 인간 농사짓는 우주일년에서 인류가 맞이해야 할 가을의 추살(秋殺) 개벽이다.

■ 희망의 소식을 전하는 『道典』

하늘과 땅의 계절이 바뀌는 환절기, 자연과 문명, 천상 신도와 지상 인간 역사의 틀이 근원적으로 뒤바뀌는 하추교역의 가을 대개벽기를 맞아, 대우주의 통치자 하느님이신 증산 상제님께서 인류가 꿈을 이루고 살 수 있는 새 문화, 인류가 지금까지 체험해 보지 못한 신천지의 새 문명을 열어 주시기 위해 133년 전 동방의 이 땅에 강세하셨다. 그리고 삼계대권의 무궁한 조화권을 자유자재로 쓰시며, 지난날 선천 문화의 동서 성자들이 보여준 진리의 한계를 쾌연히 뛰어넘어, 가을철의 대 통일 운수를 열어 주시기 위해, 무극대도의 새 진리를 열어 주셨다.

일찍이 상제님께서 "내 법은 전무지후무지법(前無知後無知法)이니라. 판안 법으로는 알 수 없을 것이요 판밖의 나의 법이라야 알 수 있느니라."고 하셨다. 이것이 상제님이 개벽하신 후천 오만년 지상선경 낙원에 대한 새 소식이다. 이 희망의 소식은 지구 저편이 아닌, 우리가 몸담고 있는 이 동방 땅에서 처음 선포되었다. 『道典』은 바로 인류의 모든 희망과 꿈이 담긴, 이 새 소식을 전하고 있는 것이다.

■ 증산 상제님께서 열어 주신 궁극의 대도세계

상제님은 지금까지 풀리지 않았던 진리의 구성 틀(신도와 이법과 인사의 상호관계)을 완전히 드러내 주셨다. 곧 진리란 무엇이며, 진정한 진리 체험과 인류의 새 세계 건설이 어떻게 가능한 것인가에 대해 궁극의 해답, 무극대도(無極大道)를 내려 주셨다.

그리하여 우리가 살고 있는 전변무상(轉變無常)한 현실 인간 역사와 대우주의 신비에 대해 진리의 눈을 활짝 뜰 수 있는 궁극의 깨달음을 열어 주셨다.

따라서 증산도는 지난 인류 문화를 문 닫고 인간의 새 역사를 여는 성숙한 진리라고 말할 수 있다. 우리는 당신님께서 이 땅에서 보여 주신 가을철의 새 문화, 새 역사를 여는 대개벽 공사를 통해, 동서고금 어느 누구도 감히 생각할 수조차 없는 너무도 파격적인 궁극의 대도 세계를 만나게 되었다.

상제님은 인간이 몸을 받아 태어난 지난날 선천 봄여름철의 천리(자연이법)를 억음존양의 상극 세상으로 규정하셨다.

"선천은 상극(相克)의 운(運)이라. 상극의 이치가 인간과 만물을 맡아 하늘과 땅에 전란(戰亂)이 그칠 새 없었나니 그리하여 천하를 원한으로 가득 채우므로 이제 이 상극의 운을 끝맺으려 하매 큰 화액(禍厄)이 함께 일어나서 인간 세상이 멸망당하게 되었느니라. 상극의 원한이 폭발하면 우주가 무너져 내리느니라." (道典 2:17:1~5)

상제님께서는 인간 역사가 개벽된 이래 가장 강렬한 소망을 품음과 동시에, 그 무엇으로도 극복하기 어려운 대위기의 벼랑 끝에 서 있는 인류에게 선천 문화와는 본질적으로 성격이 다른 새 법방으로 살길을 열어 주셨다.

■ 신명 조화정부를 조직하심

삼계 우주의 통치자 하느님이신 증산 상제님은, 신천지 후천 새 세상을 열기 위해서는 먼저 선천의 상극 속에서 누적된 모든 인간과 신명의 뿌리깊은 원한의 불길을 해소해야 한다고 말씀하셨다.

태모님께서도 선후천의 천리와 역사의 대세에 대해 이렇게 간결하게 정리해 주신 바 있다.

"구천지 상극 대원대한(舊天地 相克 大冤大恨) 신천지 상생 대자대비(新天地 相生 大慈大悲)" (道典 11:345:2)

상제님은 먼저 선천 세상을 크게 정리하시기 위해 우주 안의 모든 신명을 해원과 상생의 도로 조화·통일하여, 새 우주를 개벽하고 통치하는 사령탑인 조화정부(造化政府)를 여셨다.

상제님께서는, 지혜의 눈으로 인간의 어둠을 밝혀 이 세계를 문명한 세상으로 변혁시킨 문명신(文明神), 동서 각 지역 문화의 시원 조상과 주신(主神)으로 작용하는 지방신(地方神), 선천 상극의 물결 속에서 천고의 원과 한을 맺고 죽어간 무수한 원신(冤神)과 역신(逆神), 또 각 성씨의 직계 선령신이 함께 참여한 조화정부의 심의와 공론을 거쳐 역사 질서를 최종 심판하심으로써 새 역사의 운로를 정해 놓으신 것이다.

■ 단주의 해원 도수, 오선위기

그러면 인간 역사에서 원한의 뿌리는 누구인가?

상제님은 4,300년 전 동방사의 요·순과 당시 문화의 종주였던 고조선 초기 조정의 갈등 속에서 탄생한 비극의 주인공인 요임금의 아들 단주의 원한을, 인간 역사 질서를 흔들어 놓은 가장 큰 원한의 뿌리라고 밝혀 주셨다.

그리하여 바둑의 시조인 단주의 해원을 위해 선천 역사의 마무리를 순창 회문산 오선위기(五仙圍碁)의 기령에 붙이시어, 한반도를 중심으로 4대 강국이 바둑 두는 형국으로 나아가도록, 역사 질서를 심판해 놓으셨다.

상제님께서 개벽기에 인류를 구원하는 핵심 주제로, 세상의 모든 병을 다스리기 위해 개설하신 구릿골 약방의 약장 중앙에 '단주수명(丹朱受命)'과 '태을주(太乙呪)'를 쓰신 것도, 또 태모님께서 '단주수명(丹朱受命) 우주수명(宇宙壽命)'이라 하신 것도 모두 단주의 해원을 말씀하신 것이다.

■ 가을개벽의 핵심 상황

상제님은 당시 서양 제국주의를 몰아내기 위해 동양의 유일한 제국인 일본을 내세워 애기판, 총각판의 세계 대전쟁을 종결지으셨다. 그리고 국권을 회복한 조선이 후천 신세계의 질서가 태동되어 바둑판의 주인 노릇을 하기 시작하는 남북 상씨름을 통해, 선천 세상에서 일어나는 모든 시비를 송두리째 종식

하는 마무리 도수를 보셨다. 이것이 앞으로 지리적, 문화적으로 개벽 역사의 중심인 동방의 한반도에서 시작되는 남북 상씨름 대전(大戰)의 실상이다.

그것은 구체적으로 상제님께서 대우주 신명들의 공의(公議)를 들으시고 당신님이 의도하시는 대로 짜 놓으신, 세계 통일의 천지 도수로 이루어졌다. 그것이 곧 오선위기 도수가 종결되고 가을 천지의 숙살 기운이 몰아쳐 현실 인간 역사에 나타나는 3년 대병겁의 시작이다. 이것이 지난 봄여름의 선천 세상을 끝막고 인간 역사를 총체적으로 심판하여 인종 씨알을 추리는 가을개벽의 핵심 상황이다.

상제님은 이때는 오직 당신님이 전수하신 의통으로써만 살아날 수 있으며, 의통을 구성하는 태을주를 읽음으로써만 살아남을 수 있다고 하셨다.

『道典』은 바로 이 가을철 신천지의 새 역사를 열어 주시기 위해 인간 세상에 오신 참 하나님에 의한 인간과 신명의 역사에 대한 천지 공판 문서라 할 수 있다.

개정 신판은 초판과 무엇이 다른가?

인류의 새 문화를 여는 새 진리 교과서인 『道典』 초판 발간 이후 11년의 세월이 흘렀다. 그동안 현장 답사하는 과정에서, 이 조선 땅에 아직도 증산 상제님의 천지공사의 숨결을, 100년 전 공사 현장에 직접 참여하여 눈으로 보는 것처럼 그렇게 생생하게 증언하는 건강한 노년의 구도자들이 적지 않다는 데 큰 감동을 받았다. 그들을 만날 때마다 내 마음은 더욱 경건해지고 『道典』 작업에 임하는 내 가슴은 강렬한 사명감으로 불타올랐다. 상제님 대도의 동반자들을 만나는 과정에서 통정이 되고 신뢰가 쌓이면서 그들은 나에게 속내를 털어놓고 가슴 깊은 곳에 품고 있던 상제님과 태모님의 생명의 말씀을 증언해 주었다. 그것은 마치 거대한 산의 광맥 속에서 눈부신 보석을 하나하나 채취해 내는 작업과도 같았다.

■ 성편 과정과 성언 작업의 원칙

먼저 초판의 전거를 철저하게 재검토하였다.

개정 신판 작업은 초기 기록들*을 더욱 면밀히 검토하면서, 성도들의 후손

* 초기 기록들 상제님의 말씀과 행적이 기록된 초기 기록에는 대순전경(이상호, 1929년), 천지개벽경(이중성, 1946년), 성화진경(구릿골 김씨 후손들, 1961년), 용화전경(김낙원, 1972년) 등이 있고, 또 태모님의 행적이 기록된 초기 기록에는 고부인신정기(이정립, 1963년), 고후불전(김경도, 1964년부터 집필), 고사모신정기(이용기, 1968년), 선정원경(고민환, 1960년 집필, 1970년에 필사본 발견) 등이 있다.

과 제자들을 직접 만나 수십, 수백 회의 증언을 듣고, 철저한 현장 답사를 통해 초판에 실린 말씀과 성적을 최대한 바로잡았다.

또한 최근 5년여 동안, 초판 발간 이후 채록한 증언을 다시 수차례의 확인 절차를 거쳐 성구화하였다. 그 과정에서 첫째, 초기 기록 가운데 그 내용이 상호 보완의 성격을 갖는 성구들은 하나로 통합하였다.

둘째, 같은 공사 내용에 대한 유사 성구는 직접 그 공사에 참여한 성도들에게서 나온 증언 가운데 상제님의 언어, 도수 정신에 부합되는 기록을 취하였다.

셋째, 초기 기록 중 성도들의 직접 증언이 아닌 제3자의 간접 증언인 경우와 기록자가 의도적으로 말씀을 왜곡, 삭제, 변형한 경우 그리고 전체 9년 천지공사의 연대, 장소, 인명에 대해서는 성도들의 가족과 후손, 직계 제자들의 증언을 바탕으로 최대한 바로잡았다.

이러한 원칙은 초판에서도 동일했으나, 김호연 성도의 증언을 채록, 편집하는 마무리 과정의 어려움 때문에 철저하게 검토되지 못하였다.

이렇듯 『道典』 초판으로부터 초기 기록의 주요 내용을 전부 포용하면서 제3변 도운이 시작된 이래 30년 동안 현장에서 보고 들은 증언 내용을 최대한 성구화하였다. 그리하여 상제님 편의 경우, 개정 신판에서는 답사를 통해 채록한 성구가 『道典』 전체의 50%를 넘어선다. 새로 들어간 주요 성구 내용을 간추리면 다음과 같다.

■ 증보 개정된 내용

첫째, 주요 성도들의 입문 과정과 주요 도수 내용

1) 입문 과정 채록

먼저 초기 기록에 전혀 실리지 않았던, 상제님의 주요 성도들이 상제님을 처음 뵐 때의 상황, 곧 입문 과정이 구체적으로 채록되었다.

태을주 전수의 중요한 사명을 받은 안내성 성도의 입문 과정이, 어린 시절부터 부친 안내성에게서 실감나게 말씀을 들으며 자란 그 아들(정남)에 의하여 최초로 명쾌하게 밝혀졌다. 안내성 성도는 그의 제자들과 도문의 많은 이들이 믿고 있듯이 제3변 추수도운을 마무리짓는 인사의 지도자를 상징한다.

그리고 또 다른 추수 도수의 주인공, 즉 진주(眞主) 도수의 문공신 성도가 상제님을 만나는 극적인 과정과 최창조, 신원일, 김광찬 성도의 입문 과정이 처음으로 밝혀졌다. 최창조 성도는 김경학 성도의 인도로 천금의 성금을 내고 도문에 들어와, 천금도통 도수와 삼신(三神) 도수 등 여러 주요 도수를 천명으로 받은 지극 정성의 구도자였다.

2) 주요 도수 사명

이와 동시에 천지공사에 수종 든 성도들의 가을개벽의 도수 사명이 거의 다 드러나, 후천 오만년 조화선경 건설의 천지공사 틀을 전체적으로 볼 수 있게 되었다.

김형렬 성도의 선불(仙佛) 도수(5:186), 애기부처 도수와 신선 도수, 안내성 성도의 태을주 율려 도수와 무당 도수, 상제님의 도의 아내 도수, 막둥이 도수, 9년 천지역사 도수, 최창조 성도의 삼신 도수, 화둔(火遁) 공사, 또 은두장미(隱頭藏尾) 도수라 하여 그동안 제대로 드러나지 않아 전혀 알 수 없었던, 문공신 성도가 천명으로 받은 가장 중요한 도수인 오선위기 진주 도수와 상제님 어천 후에 행하라 명하신 남은 7년 공사의 실체가 모두 드러나, 그가 행한 파방 도수, 살막이 도수, 안면도 북 도수, 도술약국 도수 등이 새로이 밝혀지게 된 것이다.

또 상제님의 일등 비서 역할을 수행했음에도 좀체로 그 면모를 알 수 없었던 김갑칠 성도의 품성과 실체가 보다 구체적으로 드러났다. 그에게 붙이신 추수일꾼 도수, 우사장 공사, 막내아들 갑자꼬리 도수 내용이 증언되었다. 그리고 김자현 성도의 의원 도수, 박공우 성도의 태전 콩밭 추수 공사, 상제님과 태모님을 위시해서 김형렬, 차경석, 박공우, 안내성 등 주요 성도들이 모두 자리를 함께 한 서울 대한문 대공사와 태전 공사가 새롭게 증언되었다.

아울러 김천수의 증언에 의해, 고수부님께서 서울과 태전의 모든 주요 공사에 참여하신 후천개벽 역사의 진실이 처음으로 밝혀졌다.

3) 김호연 성도의 증언 검토

초판 작업 때 김호연 성도의 증언을 성구화하는 과정에서 지나치게 삭제, 압축함으로써 공사의 정경을 제한하는 내용은 증언을 검토하여 복원하였고, 말투도 최대한 현장 언어로 살렸다. 또한 여러 가지 여건 때문에 초판에 싣지 않은 공사 증언 내용을 거의 다 성구화하였다.

4) 안필성에 대한 증언

안필성에게 붙이신 새로운 도수 내용이 그 가족들에 의해 상세하게 증언되어 성구화되었다. “안필성은 상제님이 천상에서 데리고 온 유일한 인간 세상의 친구다.” 하는 증언 그대로, 상제님은 안필성을 누구보다도 가깝게 대하셨고, 어느 성도 못지 않게 자주 만나시어 그에게 주요 도수를 맡기셨다. 초기 기록에서는 오직 상제님의 성도가 아니라는 이유로, 동학전란 때 상제님을 만나는 내용만 일부 실었었다. 그리하여 그에게 붙이신 초립동 도수 등 제3변 마무리 도운에 대한 천지공사 도수 내용들이 일방적으로 무시되었다.

만일 성도들이 천명으로 받은 이러한 주요 도수들이 증언되지 않은 채 역사에 묻혀 버렸다면, 인간과 신명 그 누구도 상제님 천지공사의 매듭이 어떻게 이뤄질 것인지 도저히 가늠할 수 없으리라.

둘째, 상제님 9년 천지공사 내용이 연대별로 균형 있게 채록됨

이것은 상제님이 도운 공사 보실 때 미리 계획해 놓으신 것으로, 당시 공사에 참여한 성도들의 가족과 성도의 제자들을 통해, 지난 10여 년의 세월 동안 지속적으로 증언됨으로써 마침내 그 열매를 맺었다.

1) 상제님 말씀의 증언자들

상제님의 말씀을 전한 주요 증언자들을 보면, 먼저 김형렬 성도 집안에서는 그의 아내인 김호연 성도가 상제님의 전 생애를 증언하였고, 또 상제님을 직접 모신 형렬의 큰며느리 이정숙이 그 아들 김현식(1918~2010)에게 전함으로써 증언되었다.

김자현 성도에 관한 증언은 그 아들(김태진, 김태준)과 손자 김택식(1914~2009)을 통해 전해졌으며, 안내성 성도와 관련된 증언은 그의 무릎에 앉아 신도들과 함께 이야기를 들으며 자란 그 아들 안정남(1929~2019)에 의해 전해졌다. 그리고 백복남 성도에 대한 내용이 평생을 안내성 성도의 교단에서 신앙한 윤창주의 아들 윤기택(1927~2006)에 의해 처음으로 밝혀지게 되었다. 또 문공신 성도에 대한 증언은 그 아들 문복환(1919~2006)을 통해 밝혀졌고, 상제님 친구 도수를 맡은 안필성에 대해서는 손자 안일완(1940~2017)으로부터 직접 들었다.

박공우 성도에 관한 내용은 3대 제자 가운데 이동술, 전이진의 아들 이판규

(1930~2004), 전수재(1917~2004)와 이양휴(1914~2002)에 의해 전해졌다. 또한 일찍이 등창으로 죽음 직전에 가족들이 길거리에 내놓았는데 기적적으로 박공우 성도에게서 고침을 받고 평생 박공우 성도를 아버지처럼 모시고 다녔다는 김일화(1886~1958)는 박공우 성도에게서 들은 상제님의 공사 행적을 자신의 아들 김천수(1927~2020)에게 15년 동안(18세~33세) 증언해 주었다.

그 가운데 가장 특기할 만한 일은 각 성도들이 전한 주요 공사 내용을 집대성하여 잘 알고 있던 구릿골 출신의 이종선(1884~1964)의 증언이 그의 제자인 전주의 나승렬(1923~2009)을 통해 밝혀진 것이다.

이종선은 김형렬, 김갑칠, 김자현, 김준상, 박공우, 김광찬, 김송환, 김경학, 최창조 성도 등 상제님 천지공사에 수종 든 12성도들과 교분을 맺으면서 성도들에게서 숱한 말씀을 들었다. 그리고 그가 들은 주요 개벽공사 이야기를 자식처럼 아끼던 도제 나승렬에게 전하였다.

나승렬은 김형렬 성도의 친족으로 일찍이 18세 때 상제님의 도에 일생을 바치기로 결심하고, 부친의 허락을 받고 학업을 중단한 채 도를 구하였다. 그리고 그가 평생 들어 온 공사 내용을 실감나게 증언해 주었다. 그리하여 초판에 누락된 주요한 도수 내용이 새롭게 보완되었다. 나승렬은 초판 이후 근 10여 년에 걸쳐 답사한 인물들 가운데 우주원리에 대한 학식이 가장 깊을 뿐 아니라, 누구보다도 겸허하고 온화한 품성을 지닌 증언자였다.

2) 왜 주요 공사 내용이 누락되었을까

초판을 보면 김형렬, 김자현, 김갑칠, 박공우, 문공신, 최창조, 안내성, 안필성에게 붙이신 주요 공사 내용이 많이 누락되었다. 도성덕립과 연관된 주요 도수들이 초기 기록에서부터 거의 실리지 않았다.

그것은 초기 기록자와 성도들 사이의 인간 관계가 원만하지 못했기 때문이었다. 지난 30년, 제3변 도운의 세월 속에서 초기 시대의 원로 신앙인과 증언자들을 꾸준히 만나면서 나의 책임감을 통감했다.

김자현 성도의 손자 김택식에 의하면 "조부님은 이상호에게 증언을 해 주지 않았다."고 한다. 뿐만 아니라 김자현 성도는 김형렬 성도, 김갑칠 성도에게도 당시 보천교에서 출교된 뒤 태운장의 미륵불교 신도로 들어온 이상호에 대해 "한 판 차려 보려는 다른 뜻을 품고 있으니 전해 주지 마시오." 하고 강력하게 요구했다 한다.

이상호에 대한 이런 비판적인 의식은 당시 주요 성도들에게 널리 파급되어 있었다.

백운동의 안내성 성도는 몇 차례 찾아와 증언을 구하는 이상호에게 단 한 마디도 응대해 주지 않고, 멀리 구성산만 바라보며 눈길조차 주지 않았다고, 소년 시절에 곁에서 이를 지켜본 아들 안정남이 증언한다. 또 안필성은 이상호와 같은 동네에 살면서도, '도인이 일찍 봉사가 되었다.'고 그에 대한 불신이 깊었다. 그래서 주요 성도들 못지 않게 상제님과 삶을 함께 하고 상제님에게서 큰 도수를 부여받았음에도, 그 내용을 깊이 있게 증언해 주지 않았다.

그 밖에 초기 기록의 또 다른 본질적 한계 때문에, 결국 주요 공사 내용은 상제님의 제3변 도성덕립 도수가 열리는 마무리 추수도운의 시간대에서 새롭게 기록될 수밖에 없었다.

셋째, 제3변 도운에 대한 공사 내용 채록

상제님의 천지대업은 "내 일은 삼변성도(三變成道)니라."(道典 5:356:4) 하신 상제님 말씀대로, 제1변과 제2변의 개척사를 거쳐 제3변 추수도운을 맞이하여 도성덕립이 된다.

그런데 초기 기록자들이 자기들 중심의 종통 의식으로, 추수도운을 상제님 도운의 전개 과정인 파종-이종-추수 과정에서 파종, 이종 도수의 시간대로 한정시켰다.

그리하여 상제님의 후천 오만년 천지사업을 매듭짓는 실질적인 총 결론 도수라 할 수 있는 제3변 도운에 대한 마무리 공사 내용의 핵심이 누락되거나 의도적으로 왜곡, 변색되고 삭제되었다.

지금 생존해 있는 수십 명의 증언자들이 다 알고 있는 바와 같이, 제3변 도운의 추수지 공사, 도운 통일의 천지 역사에 대해 명백하게 초기 기록자들도 부분적으로는 알고 있었다. 그런데 기록자들은 고의적으로, 또는 당시의 시대적 환경 때문에 그 내용을 제대로 싣지 않았다(태전 공사 등).

그로 인한 폐해 가운데 가장 심각한 것은 상제님께서 천지공사로 선포하신 도통 맥의 전수 과정이 완전히 조작, 왜곡되었다는 점이다. 그것은 결국 건곤감리(乾坤坎離)의 천지 이법으로 전수하신 도맥의 전체 틀을 파괴함으로써 하늘에는 천사만마(千邪萬魔)가, 지상에는 온갖 난법자들이 날뛸 수 있는 여지와 근거를 제공하였다. 그리하여 지난 100년의 세월 동안 그 누구도 증산 상제님의 도권이 어떻게 전수되어 왔는가를 진리의 눈으로 일목요연하게 확연히 알 수 없었다.

이것은 도운의 전 역사 과정에서 가장 중대한 오류이며 인간 세상에 내려오신 대우주 절대자 하나님의 도맥의 틀을 파괴한 가장 파렴치한 범죄 행위*로 규정짓지 않을 수 없다.

상제님의 종통 맥은 어떻게 계승되는가?

(1) 음양합덕의 천리를 바탕으로

지난 선천 세상은 억음존양의 상극 질서 속에서 하늘의 신명도 땅위의 인간도 아버지 중심의 문화로 살아왔다.

그러나 이제 후천 음도(陰道) 운을 맞이하여, 이 우주의 통치자 하느님이시며, 바로 아버지 되시는 상제님께서 인간 세상에 강세하시어 "후천 오만년 곤도 운을 열기 위해 너희들의 어머니, 나의 수부에게 천지대권을 전한다."고 선언하셨다. 그리고 당신의 아내 고수부님에게 "너와 나의 합덕으로 삼계 개조니라. 내가 너 되고 네가 나 되는 일이니라." 하시면서 모든 것을 함께하셨다. 상제님은 음양합덕, 음양동덕의 가을 천지의 천리를 바탕으로 천지와 인간과 신명세계를 바로잡으셨다.

(2) 총체적 구원의 진리 명제, 서신사명 수부사명

상제님은 여름철 끝의 시간대에서, 가을 천지의 큰 운수의 시작으로 들어서는 추수 개벽기에 인류를 총체적으로 구원하는 진리의 명제를 서신사명(西神司命), 수부사명(首婦司命)이라고 하셨다.

서신사명은, 가을철에 직접 인간 세상에 법신을 드러내시는 조화옹 하느님의 가을우주 창조의 시명(時命)을 말한다.

여기에서 중요한 것은 선천 말에 인간으로 오시는 하나님께서, 새로워지는 가을의 자연 질서를 인간의 생명과 역사의 혼에 이식하기 위해, 정음정양(正陰正陽)의 도로써 천상에 함께 계시던 신들의 어머니, 수부(首婦)를 동반하고 오셔서 가을의 음도 문화(陰道文化)를 열어 주셨다는 점이다.

바로 이 수부사명의 도수 속에 인간으로 오신 참 하나님(人尊天主)께서 당시

* **범죄 행위** 상제님께서 어천하실 때 "사람 둘이 없어서 나서지 못하노라." 하신 말씀을 『대순전경』 2판에는 사실 그대로 기록하였으나 6판부터는 '사람 둘'을 '사람들'로 고쳐 놓음으로써 상제님 대업을 마무리짓는 인사 대권자 출세에 대한 너무도 중요한 도수 내용을 왜곡하였다.

수십 명의 성도들을 제쳐 두고 누구에게 종통대권을 전수하셨는가에 대한 정도(正道)의 해답이 들어 있다. 따라서 수부사명을 부정하는 자는 상제님의 진리의 근원, 가을 천지를 열어 주신 상제님의 새 우주 경영의 근본을 송두리째 부정하는 난법자들이다. 만물이 생장 분열하는 봄여름의 건도(乾道)와는 달리 가을은 하늘의 어머니가 아버지를 모시고 함께 강세하시어, 정음정양의 새 판으로 곤도(坤道) 문화의 새 역사를 열어 주시는 시운인 것이다.

(3) 수부님은 여자 하나님

따라서 수부(首婦)는 여자 하나님이다. 문자 그대로 만유 생명의 머리가 되는 지어미요, 인간과 신명의 어머니 되시는 분이다.

또한 수부는 아버지 상제님과 합덕하시어 신천지 조화선경을 열어 주신 뭇 생명의 거룩하고 크신 어머니이다. 그리하여 우리는 수부님을 태모(太母)님으로 모시고 공경한다.

(4) 어머니로서 10년 천지공사를 행하심

태모님의 성도들과 가족들과 그 교단에 몸담고 있던 신도들의 증언을 들어보면, 일관되게 주장하는 말이 있다. "우리 어머니도 천지공사를 보셨어."라는 것이다.

이는 지난날 '천지공사는 오직 상제님을 중심으로, 상제님에 의해서만 이루어졌다.' 하는 고정관념을 철저히 파괴하는 충격적인 소식이 아닐 수 없었다.

태모님께서는 "나는 너희 아버지보다 한 도수가 더 있다." 하시고 10년 동안 상제님과 같은 천지대권과 신권을 쓰시면서 천지공사를 행하셨다.

이제 개정 신판에서 그 구체적인 공사 내용과 태모님의 행적에 대한 이용기 성도의 기록과 여러 증언자들의 말씀이 더욱 새롭게 성구화되어 태모님편 성구가 총 250장에서 425장으로 늘어났다.

(5) 태모님 말씀의 증언자

태모님 말씀과 행적을 전한 주요 증언자들을 정리해 본다.

먼저 태모님께서 공식적으로 공사의 증언자로 선언하신 유일한 성도인 비범한 기억력의 소유자 수제(首濟) 전선필(1892~1973) 성도를 직접 만나, 태모님의 성언과 행적을 총체적으로 들은 의기(義氣)의 이우인(1930~2007) 씨가 있다. 수제는 "내가 우인이 자네를 만나려고 어머님께서 나한테 말씀을 일러 주셨네. 내가 이 말씀을 모두 자네에게 전해 주는 것이니 자네, 잘 듣소."(道典 11:411) 하면서 그에게 태모님의 성적을 전해 주었다. 그렇게 해서 이우인은 지난 10년에 걸쳐 태모님의 공사 말씀을 상세히 증언해 주었다.

또한 태모님을 주야로 곁에서 모신 박귀녀(1891~?) 성도로부터 열세 살 때 도를 받고 평생 어머니로 모신 전주의 김정녀(1925~2011) 할머니, 태모님이 아들로 삼으신 이용기(1899~1980) 성도의 수제자로서 20여 년간을 이용기 성도와 함께 여러 지역을 다니며 치병 활동을 한 동반자 삼례의 임예환(1926~2013) 할머니, 그리고 이용기 성도의 또 다른 제자 이교승(1923~2001), 어린 시절 태모님께 찾아가 세배를 올리자 태모님께서 머리를 쓰다듬어 주셨던 강용(1917~2004) 씨가 있다. 강용 씨는 당시 천지공사장 주변의 정경과, 강씨들과 고민환 성도의 인간 관계, 그리고 인마 도수 등에 대해 자세히 증언해 주었다.

그리고 태모님의 수석 성도인 고민환 성도의 큰며느리인 김순자(1920~1996) 등이 있다.

(6) 태모님 칠성 공사의 역사적 의미

상제님께서 김형렬 성도의 집에 주인을 정하시고 "9년 천지공사의 시종을 여기서 하리라." 하신 것처럼 태모님께서는 성포(聖圃) 고민환 성도를 중심으로 도정을 집행하시며 공사를 보셨다.

성포의 기록에 의하면 도기 56년, 병인(1926)년에 행하신 칠성용정(七星用政) 공사가 태모님 10년 천지공사의 시발점이다(道典 11:98).

칠성 공사는 상제님 9년 천지공사의 모든 도수를 관통하는 가장 중추적인 공사다.

일찍이 태모님은 "칠성 공사는 후천 인간을 내는 공사요, 낳아서 키우는 공사니라."(道典 11:99)고 하셨다. 따라서 칠성 도수는 선천을 문 닫고 신천지를 개벽하는 후천 도수의 시작으로서 매우 중요한 의미를 갖는다. 곧 상제님 태모님의 천지공사의 결론이 칠성 공사다. 앞으로 오는 지구촌 인종 씨 추리는 가을 대개벽기의 육임 구호대의 의통성업이 이 칠성 도수로써 마무리되는 것이다.

넷째, 천지공사를 마무리짓는 세운과 도운의 구체적인 매듭 과정, 통일 과정

이번 개정 신판에는 세운의 세계 질서인 오선위기가 종결되는 남북 상씨름 도수의 실제 상황과 그와 더불어 전개되는 인류 역사의 총체적인 새 판 짜기인 가을 신천지 개벽 상황이, 상제님과 태모님의 육성 언어 그대로 실감나게 증언되었다.

그리하여 가을 개벽의 전개 과정이 체계적, 종합적으로 정리되어 세상에 드러남으로써, 상제님의 도꾼들이 앞으로 오는 대개벽을 어떻게 준비해야 하는지, 천지 추살 도수의 인종 심판 개벽 상황을 어떻게 극복할 것인지에 대해 실로 경건한 마음으로 강력한 확신을 갖고 대처할 수 있게 되었다.

■ 초판 김호연 성도의 증언

증언의 계기

지난 『道典』 초판 작업 과정에서 가장 극적인 사건은, 무진(1988)년 여름에 약 40일 동안 상제님이 공사 보신 주요 성지를 집중 답사하면서 많은 증언자들을 만난 직후, 초가을에 있었다. 김형렬 성도의 손자 김현식 씨와 함께 전주에서 저녁 식사를 하고 구릿골로 돌아가는 자동차 안에서, 그가 "전주에 우리 할머니가 살고 계신데, 그분이 상제님을 오랫동안 따라다녀서 많이 아니 꼭 만나 보라."고 간곡히 당부를 한다. 차창 밖으로 밤이 깊어 가는 청도원 고개를 바라보고 있는 나에게 그가 해 준 이 한마디가, 상제님의 후천선경의 선맥을 열어주는 선(仙)의 어머니, 호연을 만나 증언을 듣는 결정적 계기가 되었다(총 39회, 근 100시간, 오디오 테이프 96개와 120분 비디오 테이프 32개).

혹자는 호연이 90이 넘은 할머니라 하여 그 증언의 신빙성에 대해 운운하기도 하나, 그 증언 말씀을 들어보면, 말소리가 쩌렁쩌렁하여 도기(道氣)가 강렬하게 스며 있음이 느껴진다.

혹독한 수련을 통해 신안이 열린 호연

상제님은 어린이 문화를 바꾸는 것으로부터 인류 문화의 틀을 근원적으로 새롭게 여셨다. 상제님께서는 친히 전주 흑석골에 움막을 지어 주시고, 호연이 아홉 살 때인 을사(1905)년 음력 9월 9일부터 열 살 되는 정월 보름까지 혹독한 수련을 통해 인간으로서는 가장 밝은 경지의 신안을 열어 주셨다. 그리하여 호연은 천지신명이 말하고 오고 가는 것을 환히 듣고 보고, 초목과 새들의 말소리까지 다 알아들을 수 있는 밝은 지혜를 얻었다.

어린 시절에 영안이 열려서 보고 들은 것은, 아무리 나이가 들어도 의식의 순수 속에서 영원히 잊혀지지 않는다. 수행을 해 본 사람은 누구나 그걸 안다.

김호연 성도에 대한 차봉수 할머니의 증언

상제님께서 호연이를 네댓 살 때부터 업고 다니시며 손수 길러서 천지공사의 지순한 증언자로 세우셨다는 것은, 최근에도 차씨 집안의 종가(차경석 성도의 큰집)에서 증언을 한다.

올해 늦가을, 부안에 홀로 살고 있는 차봉수 할머니를 다시 찾아갔다. 가족들이 전부 상제님과 고수부님을 모시는 그 집 마당에 자리를 깔고 앉아서 여러 일꾼들과 함께 이에 대한 증언을 들었다(부록 사진 참고).

"호연이를 상제님이 키웠다고 하대요. 상제님이 바지 속에다 넣고 댕기고 똥 싸면 냇가에 가서 털고 빨고 그랬다고 하대요, 우리 어머니가."

"원평장에 가서 떡 사다 먹였다고 하대요. 호연이가 배고프다고 하면, 아무것도 안 줬다고 하면, 상제님이 사다 줬어요, 원평장에 가서."

이 내용이 『道典』에 실린 호연의 증언과 똑같지 않은가.

차 할머니는 기억력이 놀라웠다. 그녀가 어렸을 때, 차경석 성도가 그 비상한 기억력에 감탄하여 머리를 쓰다듬으며 크게 칭찬을 한 적이 있다는데, 그녀는 그 옛날 이야기를 바로 어제 일인 듯 호연에 대해 실감나게 증언해 주었다. 가을녘의 찬바람을 맞으며 상기된 차 할머니의 목소리를 듣는 우리는 모두 상제님의 크신 사랑과 노고에 깊은 감동을 받았다.

■ 개정 신판 작업 과정에서 거둔 소중한 도운사의 열매

그동안 누구도 알 수 없었던 태을주의 주인공

이번 개정 신판 작업 과정에서 거둔 소중하고 뜻깊은 열매가 있다. 먼저 100년 도운사에서 그 누구도 정확하게 알지 못했던 태을주의 주인공 김경소 대성사의 베일이 벗겨지게 되었다.

그동안 상제님께서 태을주를 받아 내린 주인공으로 밝혀 주신 인물에 대한 기록을 보면, 김○○(『공사기』), 김경소(金京訴, 『대순전경』 초판), 김경은(『대순전경』 2판), 김경흔(金京訢, 『대순전경』 3, 4판), 김경소(金京訢, 김낙원의 제자 노진구가 한문으로는 흔(訢)으로 적었다 한다-손자 김상용 증언. 『용화전경』) 등으로 이름조차 불분명하게 전해졌다. 그리고 선조 때 서천 비인에 살던 사람이라고만 알려져 있었다.

그 기록을 토대로 수차례 현장 답사를 해 보았다. 그러나 그 지역에 사는 김씨 각 종파의 족보를 다 뒤져 보아도 그런 인물의 흔적을 찾을 수가 없었다.

답사를 마치고 돌아오던 그 날 밤, 자정이 다 되어 서해 바다의 모래사장을 오가며 이에 대해 곰곰이 생각해 보았다.

'왜 가을대개벽기, 전 인류가 죽고 사는 때에, 생명을 구원하는 거룩한 신의 약인 태을주를 받아 내린 주인공이 이처럼 드러나지 않는 것일까?'

상제님의 진리에 맞추어, 원시반본하여 처음부터 다시 차근차근 생각했다.

'태을주를 인류에게 선포하게 한 안내성 성도 쪽에서조차도, 그리고 가을개벽의 지구촌 인종 씨 추리는 개벽대장 박공우 성도 쪽에서도 과연 전혀 알 수 없는 것일까? 두 분은 앞으로 오는 개벽기에 태을주를 쓰고 개벽 역사를 집행하는 주인공들이신데.'

그런데 바로 그 실마리를 푸는 서광이 드디어 비쳐 오기 시작했다.

태을주 주인공이 밝혀진 계기

일찍이 도욕(道慾)이 넘쳐서 상제님의 천상 옥좌를 넘보다가 비극적인 죽음을 맞이한 태을주의 주인공인 김경소 대성사! 그 내막을 알고 있는 사람은 이 조선 땅에서 오직 한 사람, 안내성 성도의 도문에 들어가 평생 신앙을 한 오동정의 김낙원(金洛元, 1890~1973)이었다.

그는 김경소 대성사의 집안 후손으로, 세상을 떠나기 이틀 전인 1973년 동짓달 28일에, 신앙을 거부하는 자신의 손자 김상용(1941~)에게, 그 역사의 비밀을 모두 털어놓았다. 오전 열 시부터 오후 세 시까지, 세 번씩이나 굵은 눈물방울을 흘리며 집안 신앙의 비극의 역사를 하나하나 전하였다. 그리고 상제님 신앙을 잘할 것을 이렇게 간절히 당부했다.

"개벽할 때 자손줄이 다 떨어지는데, 내가 죽어서 천상에 올라가 선관이 된들 뭣하겠냐? 네가 꼭 상제님의 도를 받들어야 한다. 나는 좋은 일을 생전에 못 보고 간다만 너는 앞으로 좋은 세상을 볼 것이다. 네가 진실로 잘 믿으면 함평에 가서 태을주의 뿌리를 알게 될 것이다. 함평이 태을주의 못자리다."

바야흐로 역사의 어둠 속으로 영원히 사라질 뻔한 한 구도자의 족적이 확연히 드러나면서, 임박한 가을철의 대개벽기에 병겁으로부터 인류를 살리는 유일한 불사의 약인 태을주의 역사를 제대로 알 수 있게 된 것이다.

■ 개정 신판에서 가장 극적인 사건

아울러 초판 발간 이후 11년의 세월에서 가장 극적인 사건은, 개정 신판 최종 교정에서 인쇄에 들어가기 직전, 소녀 호연과 천지공사의 음양 짝으로, 호연과 함께 상제님을 따라다니며 공사에 수종 든 소년 복남의 실체가 드러난 것이다.

초판에 실린 백복남 성도

초판에 실린 호연의 증언을 보면, 호연이 서울에서 처음으로 복남이라는 소년을 만났고, 복남이 호연에게 매양 "오빠라고 해라." 하니 호연이 "내가 맥없이 뭣 하러 오빠라고 해?" 하면서 심통 부리는 장면이 나온다.

또 상제님께서 약방을 여신 이후 명절 때가 되어도 집에 가지 않고 복남이 항상 상제님의 시중을 들었다는 이야기, 상제님께서 칠성 공사 보시러 전주 옥거리 사정에 가실 때 복남에게 화살통을 지우시고 형렬과 각각 말을 타고 가게 하셨다는 이야기, 상제님이 형렬과 더불어 호연, 복남이를 데리고 다니시는데, 복남이는 항상 옷 보따리를 지고 따라다녔다는 이야기 등, 공사에 수종 든 기록이 몇 차례 나온다.

호연의 증언을 살펴보면, 복남은 십대 소년으로 상제님께서 9년 천지공사를 보실 때 늘 수종 들면서 밤이면 성도들과 더불어, 또는 홀로 마루에서 잠을 잤다고 한다. 또 상제님이 어천하시고 나서도 계속 구릿골에 남아 있었다는 증언도 있다.

이 초판의 복남이 바로 백복남(백운기) 성도이다.

새로 밝혀진 증언은 무엇이며 왜 지금까지 그에 대해 제대로 알 수 없었는가?

백복남 성도의 어린 시절

복남은 동서고금의 인간 역사상 가장 신령한 영기를 받아 태어난 인간이다. 그는 천지의 광명한 성신(聖神)을 받아 이 세상에 왔다. 여덟 달 만에 영이 열리기 시작해서 세 살 때는 완전히 열려 만물의 속을 다 들여다볼 수 있는 혜안을 얻었다. 세상 사람에게는 믿어지기 어려운 이야기지만, 그는 아들(백복식, 1945~)에게 직접 자신이 어린 시절부터 상제님을 모시게 된 삶의 역정을 들려주었다. 복남은 세 살 때부터 종종 집을 나갔다. 그 아버지가 놀라서 간신히 찾아 데려다 놓으면 불과 며칠도 못 가서 또 나간다. 그 연유를 물으니까 "나는 찾아야 될 사람이 있어요."라고 대답한다. 그러던 중 여섯 살 때 천지에서 밝은 영이 복남에게 상제님을 보여주며 "저분이 너의 아버지이니 꼭 가서 뵈어라." 하고 알려 준다. 그렇게 해서 고부 객망리까지 찾아가 상제님을 만나지만, 상제님은 집으로 돌아가라고 호통을 치신다. 그래도 복남이 굽히지 않고 따라 다녔더니 받아 주셨다는 것이다.

상제님은 복남을 후천선경 마무리 도수의 한 주인공의 상징으로 세우셨다. 복남은 그 스스로도 자신을 숨기려 하였고 상제님께서도 그의 정체를 아무에게도 드러나지 않게 하시려고, 필요에 따라 이름을 바꾸어 부르며 데리고 다니셨다. 그래서 인수, 운기 등 이름이 열두 가지였다는 것이다.

이때 상제님께서는 어린 복남을 남달리 아끼시어 "선생님, 다리가 아파요." 하면 업어 주시고, 손목을 잡고 데리고 다니셨다. 하루는 "선생님이라 부르지 말고 나를 아버지라고 불러라." 하셨다 하며, 그 뒤 "너는 귀먹고 벙어리가 돼야 산다." 하시고 복남의 밝은 기운을 거두셨다.

평생 천지역사를 행함

복남은 상제님께서 천지대신문을 여신 신축년 가을, 열네 살 때 고향에 가 혼인을 하고 돌아와 어천하실 때까지 천지공사에 꾸준히 수종을 들었다.

상제님께서는 어천하시기 3년 전에 "이제 때가 되어 너는 모든 영을 보아야 한다." 하시며 복남의 기운을 다시 열어 주시고, "나중에 경만장(안내성)에게 가서 수종 들고 천지역사를 해라." 하고 명하셨다.

이에 복남은 환갑이 되어 백운동에 들어간 안내성 성도(1867~1949)를 모시고, 9년 천지역사(1929~1937)에 참여했다. 이때 "앞으로 너의 이름은 운기(雲起)로 바꾸라."는 상제님의 명을 받는다. 그리고 직접 상제님께 성령으로 명을 받으며 경만장을 도와 모악산 등지를 다니면서 세상을 떠날 때까지 천지에 진지 올리고, 상제님 추수도운의 도성덕립과 창생을 위해 기도하였다.

그리고 마지막에는 지금의 아내가 살고 있는 유각에서 생애를 마친다.

그동안 백복남 성도의 실체를 알 수 없었던 이유

그동안 복남의 정체를 제대로 알 수 없었던 이유는, 우선 초판 호연의 증언이 채록되는 과정에서 '박복남'으로 기록되었기 때문이다. 복남의 초기 삶을 알지 못했던 호연의 부분적인 증언에만 의존하였기 때문에, '복남이는 상제님이 데려다 기르신 시골 출신의 착한 고아 소년'으로만 인식이 굳어졌었다.

그리하여 문공신 성도의 아들 복환 씨가 자리에 앉기만 하면 대화의 서두에 "우리 아버지(문공신 성도)가 동학란 때 황토현 전투에 나타난 오세동이 때문에 큰 충격을 받고 '나도 도를 닦겠다.'는 굳은 마음을 먹게 되었으며, 마침내 어렵게 그 집을 찾아갔다."고 한, 그 이야기의 주인공 오세동이 바로 복남이라는 사실을 전혀 알 수 없게 되었다.

게다가 복남과 동일 인물인 후일의 백운기 성도는 '안내성 성도의 백운동 교단을 배반하고 나가서 한 판 차린 일종의 난법자'로 왜곡되어 알려져 있었기에 등하불명의 인물로 가려지고 말았다 .

■ 백복남 성도의 실체가 드러나게 된 배경

상제님 도수에 대한 깊은 의혹

사실 제3변 도운 초기부터 늘 궁금한 것은 '상제님께서 지천태(地天泰)를 말씀하셨는데, 왜 초기 기록에 여자 성도에 대한 언급이 일체 없는가.' 하는 것이었다. 그런 의혹에 싸여 있다가 초판 마무리 작업 과정에서 극적으로 소녀 호연이를 만나게 되었고, 그로부터 일 년에 걸쳐 호연의 증언을 들었다.

그런데 이번에는 또 '천지 이치가 간소남(艮少男) 태소녀(兌少女) 합덕인데 왜 소녀만 있는가? 왜 어린 호연이만 있고 남자 어린이에 대한 도수는 이토록 빈곤한가?' 이것이 의문으로 남아 늘 궁금하였다.

윤기택 옹의 증언이 불씨가 됨

금년 9월 25일, 개정 신판 작업의 마무리 과정, 즉 교정이 거의 다 끝나 가는 과정에서, 한평생 백운동 안내성 성도 교단에서 몸담고 신앙해 온 윤기택 옹의 증언에 의해 복남의 정체가 차츰 드러나기 시작했다.

'평생 경만장을 모시고 상제님의 명령을 직접 받아내린 백운기가 상제님이 어릴 때부터 손목 잡고 다니고, 업고 다니면서 기르신 인물'이라는 것이다.

거기서 내가 직감적으로 '상제님이 기르신 어린 소년이 있구나! 바로 그것이다!' 하고 마음속으로 외쳤다.

상제님께서 손목 잡고 데리고 다니면서 기르셨다! 호연과 만난 적도 있으며 아홉 살 차이가 난다! 혹시 복남이와 동일 인물 아닌가.

게다가 윤기택 씨는 줄곧 '백운기는 난법자가 아닌 가장 영이 밝은 큰 도인'이라고 주장했다. 또한 그는 9년 천지역사 과정에 대해서도 그 기본 틀을 상세히 증언하였다.

그 후 백운기 성도의 아내인 강야모(1915~2004) 할머니(89세)를 만났다.

백운기 성도는 왜 난법자로 알려져 있는가

일찍이 안내성 성도는 9년 천지역사를 마치고 그 제자들에게 "앞으로 백운동은 쑥대밭이 된다. 뒷일을 할 분은 후에 나온다. 우리 일은 뒤에 다른 분이 오시어 이루게 된다."고 했다. 또한 그를 도와 한평생 상제님의 명령을 직접 받아내려 9년 천지역사의 신탁(神託)의 전언자 노릇을 한 백운기에 대해 "그는 대허령이라서 다 안다."고 선포했다. 이것은 백운기가 스스로 "나는 대허령이다."라고 소문을 내 달라고 한 것이다.

그런데 이것이 왜곡되어 사람들로 하여금 부정적인 생각을 갖게 하였다. 일부에서는 허령의 참뜻조차 모르고 도적 차원에서 그를 배반하고 손가락질하였다.

복남의 존재 의미

왜 사람들은 그런 내막을 전혀 모른 채, 신령스런 큰 지혜를 가진 백운기를 아직도 오인하고 있는가? 그것은 소년 복남의 원 생애와 그가 받은 천지 도수 세계를 전혀 모르기 때문이다.

백운기 성도는 안내성 성도와 함께 9년 천지역사를 할 때, 천지에 제를 지내고 어린 윤기택을 동자로 삼았다. 후일에 증언자로 내세우려고 그런 것처럼 보인다.

그리고 그가 가장 관심을 기울여 기른 둘째 아들 복식을 데리고 다니며 주요 내용을 다 기억하도록 훈련시키면서 자신의 생애에서 중요한 사건을 전했다. 그러고는 때가 될 때까지 절대 입을 봉하라고 명했다.

또 그 아내에게도 입을 봉하라고 하면서 "때가 되면 도인들이 책을 들고서 전국 방방곡곡에 있는 상제님 믿던 사람들을 찾아다니며, 거기에 써진 말들이 진짜인가 가짜인가 조사하러 다닌다."고 했다. 그의 아내는 몇 번 대화하는 도중에 갑자기 목소리를 높여 여러 번 이 얘기를 반복했다. 자기 남편이 그런 얘기를 했는데 "이제 딱 들어맞았어! 딱 들어맞았다고!" 하고 말이다.

최후의 증언자를 만나는 『道典』 개정 신판의 끝마무리 도수 또한 백운기 성도의 사명이다.

그래서인지 백운기 성도는 철저하게 자신을 감추었다. 그 아내의 말에 의하면 죽기 전에 그는 자신에 관한 사진과 자료를 티끌 하나 안 남기고 다 불살라 버렸다고 한다.

제3변 도운 마무리의 맨 마지막 시간대에 그의 아들과 아내를 통해 증언이 된 것은, 도성덕립을 눈앞에 두고 드러나도록, 그렇게 천지도수가 짜진 것이라는 천명에 대한 섭리적인 믿음이 가슴에 솟구칠 뿐이다.

■ 호연과 복남은 누구인가?

호연과 복남의 도수 사명

그러면 호연이와 복남이는 과연 누구인가?

복남과 호연은 상제님이 말씀하신 소위 초립동 도수(막둥이 도수, 말수 도수, 말복 도수)를 구성하는 주인공이다. 상제님이 직접 손을 잡고, 업고 다니시면서 신안을 열어 주신 두 어린이!

그 가운데 복남이는 태어나면서부터 영이 밝았으며 어려서 대광명통을 했다. 호연이가 수행해서 열린 것과는 또 다른 경지의 신통이다.

호연과 복남!

두 어린이는 가을 천지의 간태 합덕(艮兌合德) 도수의 인사화의 두 주인공이다. 태소녀 호연과 간소남 복남의 천지공사 수행의 증언 도수 사명은, 상제님 9년 천지공사의 기틀을 구성하는 추수도운의 결론과 후천 오만년 선경 문화를 여는 핵심 문제를 안고 있다.

호연이 있는 곳에는 반드시 복남이 있다.

복남의 둘째 아들의 증언을 들어보면, 상제님께서 말을 타고 공사 보러 가실 때면 종종 말 세 필을 준비하게 하시어, 한 필에는 상제님이 타시고, 또 한 필에는 김형렬 성도가, 그리고 나머지 한 필에 호연과 복남이 함께 타고 가게 하셨다 한다. 간혹 둘이 다투고 안 타려고 하면 "그럼 안 데려간다." 하시며, 호연으로 하여금 복남의 등 뒤쪽에 타고서 복남의 허리를 안고 가게 하셨다는 것이다.

이 전주 옥거리 공사에 대한 복남의 중요한 증언은 개정 신판 인쇄 몇 시간 전에 그의 아들과 손자를 통해 전해졌다.

호연과 복남의 천지공사 참여의 의미

그러면 복남과 호연의 후천 개벽 도수 천지공판장 참여의 의미는 무엇인가?

『道典』을 보면, 7, 80대의 노인으로부터 4, 5, 60대의 중장년, 20대의 청년, 10대 전후의 어린이 성도에 이르기까지, 각 계층의 연령을 상징하는 성도들이 골고루 참여하고 있다. 『道典』은 그들이 주인공이 되어 천상 조화정부의 신명들과 신천지 새 역사를 건설하는 감동스런 새로운 신화로 가득 차 있다.

그 가운데 가장 특기할 만한 것이, 선천 종교문화에는 전혀 없는 어린이 개벽 문화가 있다는 점이다. 상제님은 복남과 호연을 통해, 어린이 문화가 바뀜으로써만 선천의 인간 개조와 인류의 새 세계, 후천선경이 가능하다는 것을 보여 주신 것이다. 천지의 어린이 문화를 바로잡음으로써 인류의 새 문화를 여는 모든 기초 토대가 닦인다! 후천 개벽 세상을 여는 가장 강력한 상제님의 뜻이 여기에 있다.

김호연 성도는 인간 몸 개벽(선매숭자 도수) 공사의 주인공이다. 그 공사는 어린이의 첫 월경 피로써 행해졌다(道典 10:105~106). 마음과 몸을 개벽하지 않고서는 앞으로 대개벽을 넘어 후천선경을 못 건너간다. 다시 말하면 후천 오만년의 인간 문명개벽은 바로 여자의 몸 개벽으로부터 비롯된단 말이다. 지상선경의 호연은 후천 오만년 대 신선의 어머니(大仙母)이다.

호연에 비하면 복남은 직관(直觀)으로, 하나님의 말씀을 그대로 들을 수 있는 지고지순한 영능력을 가진 어린이다. 복남은 9년 역사를 할 때, 무릎 꿇고 앉아서, 누워서, 또는 서서 상제님의 명을 직접 듣고 그대로 집행했다. 복남이는 대우주 조화옹 하느님의 성령의 입 역할을 한 주인공이다.

■ 왜 제3변 도운의 『道典』 성편시에 증언이 되는가

내가 그동안 증언자 수백 명을 만나보고 느낀 소감은, 주요 핵심 증언자들 대부분이 성도들의 가족이나 제자들로서 젊은 시절부터 2, 3대째 신앙하는 이들이며, 한결같이 아직껏 세상에 밝히지 않았던 그들 의식의 심층부에 각인된 내용을 수개월 또는 수년에 걸쳐 증언해 주었다는 점이다.

이것이 바로 상제님 공사다. 상제님은 천지공사에서 마지막 매듭짓는 주요 도수들을 전부 제3변 도운의 『道典』 성편 과정에서 채록되도록 각 성도들에게 "구중곤륜산(口重崑崙山)하고 심심황하수(心深黃河水)하라."는 엄명을 내리시고 공사를 보셨다. 『道典』에 이 공사 말씀이 있잖은가.

『道典』 개정 신판의 탄생 과정은 마치 신천지의 새 우주 개벽, 후천 지상선경을 찾아가는 거대한 보물 지도를 만드는 과정과도 같았다.

■ 『道典』 개정 신판 발간의 역사적 의의

이제 선매숭자 도수의 주인공 호연과 짝이 되는 남자 어린이, 상제님을 아버지라고 부른 유일한 성도인 복남의 실체가 드러나면서, 실제 『道典』 개정 신판 작업이 마무리되었다.

이 『道典』 개정 신판 발간은, 상제님 천지공사의 무량한 조화 정신으로 새 우주를 개벽해서 대광명의 후천선경 세계를 여는, 인간 개조 도수의 주인공인 호연과 복남의 어린이 도수 문화가 드러나는 첫 출발점이다. 이 두 어린이 도수를 통해 인류가 새로 태어나고 인류의 문명이 본질적으로 대혁신되리라.

태상종도사님의 말씀과 같이 『道典』은 인류의 희망과 꿈을 담고 있는 천지의 혼이요, 후천 오만년 전 인류의 진리 교과서이다. 또한 이 세상 둥글어 가는 조화주 하느님의 비결서이기도 하다. 상제님께서 "개명장(道典 교과서)이 나는 날에 일꾼들이 일제히 개심한다."고 노래하셨다.

『道典』 개정 신판 발간을 계기로, 지구촌의 일꾼들 모두 신앙의 대혁명을 통해 가을 천지 대개벽을 앞두고 절대 신앙의 명제를 사무치게 깨쳐서, 후천 조화선경의 신문명을 건설하는 성숙한 천지 사역자가 될 것을 굳게 믿는다.

인간의 삶과 대도의 길

■ 인간 삶의 목적과 시간론

인간 삶의 목적이 무엇인가? 인간은 무엇 때문에 태어나며 무엇을 위해 사는가?

인간은 궁극적으로 참마음과 영의 눈이 열릴 때, 비로소 천국의 문으로 오를 수 있다. 따라서 한마디로 인간은 천지의 가을철에 들어서서 성숙한 삶을 맞이하기 위해 산다. 하늘땅에 살고 있는 인간과 신명 모두가 이 한 가지 우주의 참 목적을 실현하기 위해 살고 있다.

그러면 이 우주는 왜 태어났으며, 왜 한순간도 멈춤 없이 변화해 가고 있는가?

결론적으로 인생을 낳고 길러서, 이 우주가 본래부터 품고 있는 한 가지 꿈을 성취하기 위해 존재한다.

진리의 모든 근원적 의혹은 시간의 수수께끼를 바르게 앎으로써만 풀 수 있다. 진리의 핵심이 우주론이며, 그 결론은 시간론이기 때문이다. 시간론은 진리의 문으로 들어가는 깨달음의 첫 관문이다.

바로 이 진리의 첫 문을 온 인류가 통과할 수 있도록 활짝 열어 주신 분이 증산 상제님이시다. 상제님께서 '우주의 모든 변화에 대한 깨침은 대자연의 시간의 구성 틀을 아는 데 있다.' 하시고, 그것을 간결하게 네 글자로 묶어서 정리해 주셨다. 그것이 곧 생장염장·춘하추동의 원리이며, 구체적으로는 우주가 인간을 낳아서 기르고 거두는, 인간농사 짓는 사계절의 시간 문제다.

상제님은 당신께서 선천 세상을 문 닫고 가을철의 새 우주 역사를 여시는 선후천 우주일년 개벽의 시간 틀을 밝혀낸 소강절의 공덕을 칭찬하시고, "이것이 곧 내 비결이라." 하며 인정해 주셨다. 따라서 진리의 눈, 시간론의 열쇠는 오직 상제관의 깨침에 달려 있는 것이다.

■ 상제님은 왜 오셨는가?

증산 상제님은 우주의 과거 현재 미래를 관통하는 시간의 전 역사를 주재하고 계시는 대우주의 조화옹 하느님이시다. 하늘과 땅과 인간과 신명의 전 우주 생명계를 다스리시는 삼계대권의 주재자이시다.

그러면 상제님께서 왜 이 땅에 오셨는가?

상제님은 서른한 살 되시던 해(道紀 31, 1901)에, 선천 성자들이 이루지 못한 궁극의 도통문, 이 세계를 한마음 되게 할 수 있는 중통인의의 문을 활짝 여셨다. 그리고 가을 문화 시대의 인간의 새 역사를 선언하셨다.

상제님은 이 인류 역사의 새 판 짜기의 거룩한 성업을 지상에 이루시기 위해 동방의 이 땅에 오셨다. 그 새 판 짜기가 바로 9년 동안 이루신 새 우주 창조의 9년 대 역사, 천지공사이다.

■ 천지공사의 근본정신, 원시반본

그러면 상제님의 9년 천지공사 정신의 근본은 무엇인가? 원시반본(原始返本)이다. 가을은 만유 생명이 진리의 근원, 생명의 뿌리로 돌아가는 때다.

상제님은 인간의 생명이 성숙하느냐, 소멸하느냐 하는 역사상 가장 큰 대변혁기인 가을개벽을 앞두고 인간이 저지르는 큰 죄는, 자신의 뿌리인 선령신을 부정, 망각하고 업신여기는 것이라 하시며 배은망덕을 가장 불의한 죄로 경계하셨다. "배은망덕만사신(背恩忘德萬死身)"이라는 말씀이 바로 그것이다.

지난날 인간의 전 역사를 불의와 배은망덕으로 타락하게 한 모든 문제를 바로잡는 생명의 길, 구원의 길이 원시반본의 도다. 원시반본은 인간의 근원과 역사의 뿌리를 찾는 생명의 진리다.

■증산도는 인류의 시원 문화 신교의 완성

상제님은 유불선 서교 이전의 본래 시원문화를 신교(神敎)라고 하셨다. 신교 문화의 원형 정신은 이 우주를 낳고 살아 있게 하는 우주 속의 대 생명의 근원인 삼신(三神)을 드러내어 삼신의 가르침과 그 손길을 따라 세상을 다스리는 것이다.

인간 문화의 시원태요 뿌리인 신교로부터 줄기인 유불선 서교 문화가 탄생했다. 상제님은 이를 창도한 동서 성자들에 대해 "공자, 석가, 예수는 내가 쓰기 위해 내려보냈노라."(道典 2:40:6)고 하셨다.

이제 가을철의 대통일과 성숙의 문화권으로 들어서는 신천지의 개벽기, 전 우주사에서 가장 급박한 절체절명의 위기의 순간에 상제님이 몸소 인간으로 강세하시어 제3의 가을철 문화를 열어 주셨다. "신축년부터는 내가 친히 인간과 신명 세계를 다스린다."고 하신 말씀이 바로 그것이다.

가을개벽기에 인간이 열매를 맺느냐, 낙엽이 되어 영원한 죽음을 맞느냐 하는 것은 선령신의 음덕과 나의 구도 의지에 달려 있다. 원시로 반본하는 가을 천지의 이법은 뿌리를 부정하는 환부역조의 대죄를 결코 용서치 않는다.

또한 한민족은 동방 문화의 뿌리, 신교의 혼을 일군 주인공이다. 한국인은 동방 군사부 문화의 주인이었다. 이제 원시반본의 원리로 상제님이 신교 문화의 옛 고향 땅에 강세하심으로써, 온 인류가 문화의 원 뿌리인 신교의 뿌리 신앙, 근원 신앙인 삼신 상제의 도를 만날 수 있게 된 것이다.

■삶의 길, 보은과 해원 · 상생

오늘날 인류가 사는 유일한 길은 상제님이 내려 주신 가을의 새 문화 새 진리를 만나, 천하대세의 근본을 볼 수 있는 성숙한 지혜를 얻는 데 있다.

이것을 위해 생활 속에서 행하는 실천덕목이 보은(報恩)과 해원(解寃)·상생(相生)의 삶이다.

이 세계 속에 있는 일체의 상극 요소가 가을의 천지로 갱생되어 무너져 내릴 때, 이 세계와 내가 새 생명의 질서인 상생의 세계로 거듭 태어나게 된다.

그것이 후천의 조화선경 세계이다.

9년 동안 이 땅에서 이루신 조화주 하느님이신 상제님의 우주적 계획이 바로 후천 오만년 지상선경 낙원의 역사 이정표이다. 그것이 상제님께서 "내가 물샐틈없이 도수를 굳게 짜 놓았다.”(道典 5:414:3)고 하신 바, 천지도수(天地度數)의 세계다.

따라서 당신님이 여신 무상의 도통세계와 조화주 하느님으로서 쓰신 무궁한 조화권을 바르게 들여다볼 줄 알아야, 상제님이 우주의 대신명들을 거느리고 행하신 새 우주 창조의 가을개벽 이야기, 대도 진리의 궁극 문제를 바르게 인식하고 체험할 수 있다.

■ 상제님의 무궁한 천지 조화권

그러면 상제님께서 임의용지(任意用之) 하시는 조화권은 대체 어디서 오는 것일까?

상제님의 조화권은 도권(道權)과 신권(神權)으로부터 나온다. 도권은 상제님의 도통 경계에서 부리시는 조화권이고, 신권은 대우주 신명계의 주재자로서 자유자재로 신명을 부리시는 권능이다. 상제님은 당신의 삼계 대권을 이 도권과 신권의 결합 속에서 집행하시는 것이다.

이 상제님의 신도적 위격과 도통의 경계를 진정으로 이해하고 체험하지 못하면, 당신님의 무궁한 조화 세계의 참된 경지와 실상을 결코 헤아릴 수 없다. 하늘 보좌에 계신 천주가 아닌, 인간의 역사 속에 인간이 되신 하나님! 인간의 역사 속에 직접 개입하시는 통치자 하느님이신 상제님께서, 추운(秋運)을 맞이하여 동방 땅에 오시어 천하의 큰 운수를 정하셨다.

그 정천하(定天下)의 조화 세계를 인사로 성사재인하는 오늘의 상제님 일꾼들의 지고한 사명은, 바로 인류가 학수고대해 온 후천 오만년 조화선경 낙원을 건설하는 것이다.

■ 상제님을 모시는 자세

그러면 우리는 어떻게 상제님을 모셔야 하는가?

상제님은 당신의 조화권으로 물샐틈없이 굳게 짜 놓으신 오만년 운수를 오직 일심 가진 자에게만 기운을 붙여 쓰신다고 하셨다.

상제님은 일심 가진 자만 기운을 붙여 쓰신다!

상제님은 또 “내가 오만년의 천하 운수를 정하였으니, 너희는 오직 간절하게 기도하고 정심(正心)으로 잘 닦아서 그 운수를 잘 받아 누리라.”고 하셨다.

따라서 사는 길은 오직 천지일심이다.

상제님 모시는 정법을 『道典』을 통해서 잘 깨쳐 보라.

가을 문화를 열어 주시기 위해 이 세상에 오신 증산 상제님의 도를 받들기 위해서는, 생사를 넘어선 참마음과 진리 중심의 삶이 아니면 결단코 참 열매를 맺을 수 없다!

우리 인생의 근본 목적이 무엇인가? 참 진리를 만나 내 영혼이 성숙되는 데 있다. 인간의 삶의 목적은 오직 가을철의 대개벽기에 인간으로 오시어 인종씨를 추수하시는 상제님의 대도 진리를 만나는 데 있다.

■ 증언자들의 회한과 잊을 수 없는 추억들

상제님의 천지공사 이래 지난 100년 도운사의 산 증언자들을 만나면서, 그들과 정분이 깊어감에 따라 또 다른 감회에 젖게 되었다.

그들 대부분이 노년의 인생에서 오는 고독감과 함께 대자연과 하나 되어 사는 평화로운 마음을 갖고 있었다.

그 가운데 상제님의 어린 시절, 상제님의 훈장으로 왔다 그냥 돌아간 황 훈장의 후손 황공규는 장수군의 깊은 산골에 머물고 있었다. 그를 보니 그 영혼이 점점 천상으로 멀어져 가는 것 같다는 느낌이 들었다. 그 날 시골집에서 그가 들려준 정다운 도담을 잊을 수 없다.

또 가장 증언을 듣기 어려웠던 문공신 성도의 드러나지 않은 공사 내용과 그의 삶에 대해, 누구보다도 정확한 증언을 정겹게 들려준 노인 김일빈! 장수군 연평리 신기 마을에서 홀로 외롭게 투병 생활을 하던 그와 밤 늦게까지 도담을 나누다가, 시골집 마당에서 헤어질 때 본 회한에 찬 그의 얼굴과 눈빛을 잊을 수가 없다.

그리고 상제님의 명으로 3년 동안 앉은 자리를 지키며 밤낮 수행에 생사를 걸었던 경만장 안내성 성도의 생애에 대해, 어린 시절부터 아버지 무릎에서 자라며 말씀을 들어온 안정남 옹도 서해바다 격포항에서 여러 번 만났다.

하루는 새벽 한 시가 넘도록, 장장 일곱 시간에 걸쳐 도담을 나누었다. 그와 작별을 하고 해변 모래사장으로 나오는데, 갑자기 하늘에서 해맑게 웃는 아기의 눈동자 같은 서설이 쏟아져 내린다. 마치 하늘에서 기쁨의 춤을 추면서 위로와 축복을 해주는 것 같았다. 바닷가에 차를 세우고 자동차 불빛을 비추며, 깊은 어둠에 싸인 겨울바다를 바라보았다.

그 때 상제님께서 노심초사하시면서 『道典』 작업을 지켜보고 계시다는 것을 다시 한 번 절감하였다. 천명에 대해 새롭게 결의한 그 날 밤의 감회를 지금도 잊을 수 없다.

■『道典』은 천지의 혼

『道典』은 천지의 혼이요 인류의 대망의 꿈을 담고 있는 진리의 보물단지이다.

따라서 『道典』을 읽을 땐 첫째, 있는 그대로를 보라. 둘째, 취해서, 집중해서 밤을 새워 읽으라. 셋째, 각 편의 내용을 연결해서 종합적으로 보라. 넷째, 상제님의 성도, 공사 장소, 인명, 지명에 대한 정명(正名) 의식과 연대기적인 시간 의식을 갖고 읽으라. 다섯째, 상제님 진리의 핵심 도수 명제를 잘 파악하면서 보라. 무엇보다 생동감 있는 현장 육성 도훈을 자주 들으며 많이 읽고, 혼이 되어 읽어서 바짝 다가선 대개벽에 눈을 떠야 한다. 『道典』속에서 인류 생명의 참 구원자이신 상제님 태모님의 숨결을 느껴야 한다.

■태을주를 많이 읽어야

지금 인류의 마음속에는 언제 어떤 일이 일어날지 불안감이 더해가고, 이 세계는 점점 혼란의 늪으로 빠져 들고 있다.

앞으로 진실로 상상할 수 없는 대환란이 닥친다. 그것은 우주일년에서 가을천지의 섭리로 오는 것이다. 때문에 누구도 막을 수 없고 피할 수도 없다. 일찍이 '공자, 석가, 예수를 내가 보냈다.'고 하신 증산 상제님께서 이 땅에 오시어, 태모 고수부님과 함께 병든 천지를 뜯어고치시고, 가을 천지의 숙살 기운으로 오는 괴병에서 전 인류가 살아날 법방을 전해 주심은 물론 새로운 삶의 길을 열어 주셨다.

'남북 상씨름 대전과 괴병'이 지구를 흔들기 전에 '가을개벽의 전령자'로 시두가 다시 대발한다. 이 개벽의 병란(兵亂)과 병란(病亂)을 극복하는 태을주는 신도(神道)의 성약(聖藥)을 받아 내리는 구고천존(救苦天尊)의 대신주문(大神呪文)이다. 상제님과 태모님은 태을주에 무궁한 새 생명의 복록과 수명이 들어 있다고 하셨다. 오직 태을주를 읽음으로써만 가을 추살 개벽의 '의통목'을 넘길 수 있음을 명심해야 한다.

이제 증산도 『道典』 개정 신판 발간을 계기로, 참 진리를 갈구하는 지구촌의 인연 있는 창생들 모두가 크게 깨져서, 참 하나님이신 증산 상제님과 태모 고수부님께서 열어 주신 새 우주의 진법 문화를 직접 체험하고, 상생의 개벽 문화를 지구촌 만방에 선포하며, 나아가 후천선경을 건설하는 진정한 개벽도꾼이 되기를 두 손 모아 기도한다.

개명장을 여는 계미(癸未, 道紀 133, 2003)년
冬至 致誠節을 맞이하여
음력 11월 17일 새벽
甑山道 宗正 安 耕 田

초판 간행사

증산도는 종교가 아니다. 이것은 증산도를 보는 모든 명제의 대전제이다. 증산도를 선천 종교의 한 범주로 인식하는 잘못된 시각에서부터 증산도를 보는 모든 왜곡이 시작된다. 증산 상제님의 대도 세계를 참되게 이해하지 못하는 근본 문제가 바로 여기에 있는 것이다. 증산도는 선천 종교문화의 모든 한계를 극복한 초종교다. 종교문화의 범주를 넘어서서 인류문화를 총체적으로 개벽한 인간의 생활문화의 대도이다.

동방의 한국 땅에 우주의 통치자 하나님께서 다녀가셨다. 122년 전에 이 땅에 오신 증산 상제님! 상제님께서 열어 놓으신 개벽세계는 선천의 모든 종교* 문화와 본질적으로 그 성격을 달리한다. 증산도는 우주의 주재자께서 강세하시어 인류 구원의 새 세계를 열어 주신 개벽진리이다. 천지만물의 생명을 성숙의 세계로 인도하는 추수진리이다. 증산도는 인류의 새 세계 건설의 대도이며 보편적인 삶의 큰 길(大道)일 뿐이다. 증산도를 종교의 안목에서 보는 한 증산도의 도법세계를 올바르게 이해할 수 없다. 증산 상제님이 우주의 통치자로서 집행하신 천지공사의 원시반본과 보은, 해원과 상생의 구원정신은 신천지 세계를 개벽해 주신, 인류의 보편적인 삶의 새 질서이다.

이제 종교는 이 세계를 구원할 수 없다. 종교는 인류문화의 모든 분야에서 문명 창조의 어머니 역할을 해 왔으나, 오늘의 인류가 안고 있는 모든 상황은 종교가 해결할 수 있는 한계를 이미 오래 전에 넘어서 버렸다. 그것은 오늘의 세계가 근원적인 해결을 요구하는 숱한 난제들을 너무도 많이 안고 있기 때문이다. 인류가 고뇌하고 있는 이 문제는 단순히 문명사의 차원이 아니다. 모든 생명의 모태 되는 하늘과 땅이 깊이 병들어 있다는 데 그 심각성이 있는 것

* 종교(religion) 현재 '종교'라는 말은 불교·기독교·유교 등의 개별 종교들을 총칭하는 유(類)개념으로 사용되고 있다. 이 말은 19세기 말 일본 메이지(明治)시대에 서양의 'religion'의 번역어로 쓰이게 되면서 일반화된 것이다. 그러나 원래 종교는 '부처의 근본이 되는 가르침'을 의미하는 불교용어다. 서기 600년경 중국의 천태산지자(天台山智者)의 저서 『법화현의(法華玄儀)』에 나오는데, 여기에서 종(宗)은 부처가 직접 설법해 놓은 것이고, 교(敎)는 이것을 알기 쉽게 강해한 것을 의미한다. 그런데 서양의 'religion'을 번역할 때 동양에는 이에 해당하는 용어가 없었다. 그래서 일본 학자들이 '릴리전'을 불가에서 쓴 '종교'라는 엉뚱한 말로 처음 번역하였던 것이다. 본래 '릴리전(religion)'의 어원은 라틴어의 'religio'로 '재결합'이라는 뜻이다. 즉 죄를 지은 인간이 쫓겨났다가 다시 돌아와 신과 하나가 된다는 뜻이다. 이런 의미의 릴리전이 본래 앞에서와 같은 뜻을 가진 불교의 종교로 번역된 것이다.

이다. 이미 증산 상제님께서 오시기 전에 천상계에서부터 "하늘의 모든 신성(神聖)과 부처와 보살들이 비겁의 말세 운세에 빠진 천지의 큰 겁액을 구천에 있는 나에게 하소연해 오므로 내가 이 땅에 내려오게 되었다."(2편 27:3)는 한계상황이 모든 것을 말해 준다. 우주 질서의 가을개벽기 시간대를 맞이한 바로 이 사실에 이 시대 문제 해결의 본질적인 한계가 있는 것이다.

이제 지구촌의 만백성에게는 깊이 병들어 있는 하늘 땅의 생명과 그 환경으로부터 '새로운 생명 질서'를 열어 주신 증산 상제님의 후천 대개벽 세계의 진리만이 살길이다. 우주 주재자 하나님으로서 증산 상제님께서 열어 주신 증산도는 인류가 겪고 있는 오늘의 난국의 총체적 상황을 근본부터 바로잡는 우주 통치자의 도법(道法)이다.

증산도는 더 이상 한국의 민족종교가 아니다. 새로운 세계를 건설하는 인류 보편의 대도이며 인간 생활문화의 그 모든 것에 대해 무궁한 창조성과 새 생명을 열어 주는 무극대도이다. 우주 통치자가 인류문화 통일세계를 열어 주신 대도이다. 이것이 증산도에 대한 올바른 정의다.

뒤돌아보건대, 증산 상제님의 진리는 그동안 유·불·선·기독교 등 선천문화권의 안목으로 해석되어 너무도 왜곡되어 왔다. 기껏해야 인류의 새 시대를 열고자 하는 새로운 보편사상이나, 민족종교 또는 한국의 신흥종교 정도로 증산도가 이해되어 온 것이다. 물론 여기에는 그럴 수밖에 없는 시대적 정황과 구조적인 문제들이 한데 얽혀 있었다. 우선 무엇보다도 증산 상제님의 행적을 기록한 기존의 모든 경전들을 수백, 수천 번 읽는다 할지라도 상제님의 대도세계를 깊이 체험하기 어렵다는 것이다.

그 이유는 첫째, 상제님께서 말씀하신 언어가 왜곡되어 있다는 점이다. 지금까지 기록된 상제님의 언어는 어지심과 자비 쪽으로만 편중되어 그려져 있고, 상제님이 종종 쓰신 육두문자식의 말씀이 기록자들에 의해 생략되고 조작되었다. 그리하여 생동하는 상제님의 숨결과 그 말씀의 참 경계를 느끼기 어려웠던 것이다. 상제님은 평소에 육두문자를 잘 쓰셨다. 이것은 인간의 타락한 심령과 묵은 기운을 후려쳐서 잠자는 영혼에 새 생명의 불꽃을 터뜨리는, 준엄히 경계하시는 방편으로 자연스레 쓰신 상제님의 일상 언어의 한 부분이었다. 그리하여 "육두문자가 내 비결이라."(4편 75:4)고도 하셨다.

둘째는, 상제님 말씀과 후천 개벽공사의 핵심 내용이 많이 누락되어 증산 상제님의 도권(道權)과 신권(神權)의 조화 경계를 생동감 있게 체험하기 어려웠다. 상제님은 이 땅에 인간으로 오시어 병든 하늘과 땅의 질서를 바로잡아 인류의 나아갈 길을 열어 주신 천지공사를 집행하셨다. 31세 되시던 신축(辛丑: 道紀 31, 1901)년부터 평범한 인간이 도저히 이해할 수 없는 자유자재하신 대권능의 화권(化權)을 강유(剛柔)를 겸비하여 쓰셨다. 증산 상제님은 천지 개혁의 대개벽공사로 우주촌의 통일 낙원을 지상에 건설하신 것이다. 그러나 기존의 기록으로는 우주의 통치자로서 도(道)의 궁극적 경계의 조화세계에서 보여 주신 무궁한 조화권능의 경계를 헤아리기 어려웠다.

또한 증산 상제님에 관한 기존의 대부분 기록은 단순한 사실(fact) 기록자의 입장에서 상제님의 생애와 9년 천지공사의 개벽공사 내용과 행적을 기술함으로써 더더욱 상제님의 숨결을 깊이 느끼기 어렵게 되어 있다. 모든 역사의 기록은 기록자가 어떠한 역사 인식의 경계에서 쓰느냐에 따라 그 기록내용의 생명력과 정확성이 판도를 달리한다. 증산 상제님의 말씀과 행적의 기록은 상제님 대도의 경계를 올바르게 체험하여 진리의 핵심을 깨 주는 기록자의 깊은 도적(道的) 체험과 말씀을 보는 안목이 무엇보다 중요한 것이다.

증산 상제님은 선천 세상의 성자들이 전한, 하늘 보좌에 계신 과거의 하나님이 아니다. 더 이상 미래의 새 진리를 여는 예언된 새 부처님도 아니다. 이미 122년 전에 이 땅에 역사 속의 한 인간으로 내려오시어 인간의 온갖 피나는 고난을 체험하시고 인간의 한계를 극복하여 새 천지의 개벽 세계를 열어 주신 새 하나님이다. 후천 5만년 선경낙원을 건설하시고 하늘 보좌로 돌아가신 인존시대의 하나님이시다. 증산 상제님은 하추교역의 가을개벽기, 인류문화 추수기를 맞아 인간으로 강세하여 지구촌 대통일의 새 문명세계를 열어 주셨다.

상제님은 대우주의 통치자 하나님으로서 창조주 하나님을 부정하셨다. 이 우주에는 개벽장 하나님이 계실 뿐이다. 하나님은 시간대의 변화에 따라 새 질서를 열어 주시는 우주 질서의 통치자이시기 때문이다. 이 통치자 하나님을 '상제(上帝)님'이라 부른다.

상제님의 말씀이 왜곡되어 진리의 큰 기틀을 보기 어려웠던 가장 큰 또 하나의 이유는, 지난날 유교문화의 병폐에 의해 선천시대 남성 중심의 사고를 벗어나지 못한 데에 있다. 증산 상제님은 천지의 가을 추수시대인 후천 5만년 곤도수(坤度數)의 음개벽 시대를 열어 주셨다. 그럼에도 불구하고 '상제님께서는 정말로 성도들 가운데 여자 성도를 한 사람도 두시지 않았을까' 하는 것은 늘 도무지 이해가 되지 않는 큰 의문 가운데 하나였다. 공사에 수종든 주요 여성들이 이름조차 기록되지 않았다. 상제님의 도법에는 상제님이 친히 내세워 종통을 전수하시고, 후천문화권의 창업의 씨를 뿌리는 수부 도수가 있다. 또한 진리의 핵심 맥을 전하게 하기 위해 상제님이 내세우신 여성에게 붙인 도수가 있었음에도 단순히 여자라는 이유 때문에 관심 밖에 소외돼 있었다.

그런데 증산 상제님은 광구천하의 마무리 과정에 진법도수를 붙여 놓으셨다. 그것은 김형렬 성도 이상으로 말씀 증언의 중요한 사명을 받고 때를 기다리게 한 인물을 최후의 증언자로서 만나게 하신 것이다. 증산 상제님께서 후천 곤도수의 천지 제물로 바쳐 9년 천지공사 동안 처음부터 어천하시던 날까지 참여케 하신 유일한 여성인 김호연 성도의 말씀 증언이 『道典』에 처음으로 기록된 것이다. 사람의 신명(神明) 기운을 볼 줄 아는 그녀는 증산 상제님이 붙여 놓으신 맥 전수의 사명에 따라 천지공사 공판의 마지막 증언대에 서서 상제님 조화권능의 경계와 대공사의 행적을 생동하는 상제님의 언어로 꾸밈없이 생생히 전해 주었다.

이 『道典』이 나오기까지는 철저한 현장 답사와 자료 수집, 이제까지 문자화된 모든 성구말씀의 분석에 약 20년의 세월이 걸렸다. 증산 상제님의 친족과 후손, 김형렬 성도 가족을 비롯하여 그 외 모든 성도들을 추적하고 공사를 보신 대부분 지역을 현장 답사하여 잘못 기록된 성도들의 존함과 지명, 상제님의 말씀이 아닌, 왜곡 조작부언되어 있는 성구 내용을 최대한 바로잡았다. 이것은 나 자신의 3대에 걸친 일관된 신앙력의 열매이며, 증산도 백년 도사(道史)의 결실로서 가장 큰 영광스런 대업이라 하겠다.

『道典』 출간의 역사적 의의는 선천 인류문화의 진액을 거두신 증산 상제님의 대도 진법시대를 열 수 있는 기틀을 마련하고, 후천 선경 세계로 가는 '인류의 교과서가 출간되었다'는 데 더욱 보람된 뜻이 있다. 『道典』은 후천 5만 년 세계 인류의 교과서이다. 『道典』은 편협한 선천 문화의 낡고 묵은 기운을 모두 거두고 인류의 보편문화 시대를 여는 새 생명의 교과서다.

『道典』은 증산 상제님의 대도 세계에 한 생애에 걸친 희생과 봉사로 수종들고 세상을 떠나신 태운장 김형렬, 김호연 성도 두 내외분과 모든 상제님의 성도분들, 그리고 일천만 명의 구도의 숨결과 희생의 도과(道果)로서 세상에 나온 것이다. 이 『道典』을 바른 마음으로 깨어져 읽은 사람은 반드시 일어나 상제님께 경배하리라.

그동안 증산도를 널리 알리기 위해서 60여만 권의 많은 책을 무료로 전해 주었다. 여기서 얻은 최종 결론은 책을 거저 주면 고귀한 줄을 모르고, 문제 의식이 없어 기운이 철저히 들어가지 않는다는 것이었다. 책은 반드시 제 돈 주고 사서 정성껏 읽어야 정신이 깨지고 '책값을 한다'는 교훈을 새삼 깨달았다. 이것은 생명을 얻는 가장 중요한 문제의 하나로 본다. 물론 『道典』은 앞으로 세계 주요 언어로 번역되어 지구촌 방방곡곡에 수백만 수천만 권이 널리 퍼져 동방의 한국 땅에 인간으로 다녀가신 우주의 통치자 하나님이신 증산 상제님의 대도를 지구촌 형제들에게 전할 것이다.

이제까지 현장 답사가 전혀 이루어지지 않고 성도들과 제삼자들로부터 듣기만 하고 기록한 지난날의 모든 왜곡된 내용과 문제점들을 『道典』에서 최대한 바로잡고자 하였다. 또한 상제님의 본연의 대도세계를 깊이 체험할 수 있도록 최선을 다했으나 아직도 미비한 점이 있다. 미처 싣지 못한 말씀과 문제 내용은 판을 거듭하며 가다듬고 바로잡기로 한다. 본래 각주 작업까지 방대한 계획을 세워 1만 권 이상의 자료를 수집하였다. 그러나 시간에 쫓겨 작업 도중 다음 기회로 미루게 되었고, 우선 본문의 상제님 말씀이나마 세상에 내는 것이 절박하여 아쉬움을 무릅쓰고 성편하게 되었다.

마무리 작업 과정에서 그 지난함을 수차 절감했고, 한없는 좌절의 벼랑에 서 있을 때 증산 상제님의 성령을 세 번 친견하게 되었다. 특히 작년(辛未: 道紀 121, 1991) 초가을에 소련을 거쳐 핀란드에 갔을 때 상제님의 성령을 뵙고 은혜를 받은 것은 일체의 환상을 깨뜨리는 일생 일대의 가장 강렬한 체험이 되었고, 지친 몸에 작업을 포기해야 하는 절박한 상황에 이르렀을 때 태모님이 성령으로 오시어 온몸을 어루만져 주시며 큰 용기를 주셨다.

지금은 세계 인류의 생사를 판단하는 가을 개벽의 시간대에 들어서고 있다. 이러한 절체절명의 시간대에 동방땅에 다녀가신 상제님의 대도를 잘 닦아 개벽기에 처해 넘어가는 억조 창생을 널리 건져 지구촌 통일의 선경낙원을 건설할 수 있는 참 일꾼이 되기를 축원한다.

임신(壬申: 道紀 122, 1992)년 음력 9월 19일
증산 상제님 성탄절 122주년을 맞이하여
甑山道 宗正 安 耕 田

차 례

제1편

증산 상제님의 탄강(誕降)

증산 상제님의 탄강(誕降)

동방 한민족의 신교와 삼신상제님

1 태시(太始)에 하늘과 땅이 '문득' 열리
니라.
2 홀연히 열린 우주의 대광명 가운데 삼
신이 계시니, 삼신(三神)은 곧 일신(一神)
이요 우주의 조화성신(造化聖神)이니라.
3 삼신께서 천지만물을 낳으시니라.
4 이 삼신과 하나 되어 천상의 호천금궐
(昊天金闕)에서 온 우주를 다스리시는 하
느님을 동방의 땅에 살아온 조선의 백
성들은 아득한 예로부터 삼신상제(三神
上帝), 삼신하느님, 상제님이라 불러 왔
나니
5 상제는 온 우주의 주재자요 통치자 하
느님이니라.
6 동방의 조선은 본래 신교(神敎)의 종주국
으로 상제님과 천지신명을 함께 받들
어 온, 인류 제사 문화의 본고향이니라.
7 한민족은 환국-배달-조선의 삼성조시
대가 지난 후 열국시대 이래 중국 한족
(漢族)과 일본에 의한 상고(上古) 역사의
왜곡으로 민족사의 뿌리가 단절되어 그
상처가 심히 깊더니
8 상제님께서 원시반본(原始返本)의 도(道)
로써 인류 역사의 뿌리를 바로잡고 병
든 천지를 개벽(開闢)하여 인간과 신명을
구원하시기 위해 이 땅에 인간으로 강세
하시니라.
9 상제님께서 세상에 내보내신 석가, 예수,
공자를 비롯한 성자와 철인들이 상제
님의 강세를 미리 알렸으니 이러하니
라.

도솔천의 천주, 미륵불의 강세

2 석가모니는 도솔천(兜率天)의 호명보
살(護明菩薩)로서 구도에 정진하다가
인간으로 내려와 부처가 되었나니
2 석가 부처는 말법의 큰 겁액기에 도솔
천의 천주(天主)로 계신 미륵불(彌勒佛)
이 인간으로 내려와 삼회설법(三會說
法)으로 천하창생을 건져 용화낙원(龍
華樂園)의 새 세계를 연다 하니라.
3 예로부터 미륵이 머무시는 도솔천의 궁
전을 여의전(如意殿)이라 불러 왔나니
4 미래의 부처 미륵불은 희망의 부처요 구
원의 부처이니라.
5 석가 부처가 말하기를 "이곳의 이름은
도솔타천이요 지금 이 하늘의 주인은 미
륵님이니 너는 마땅히 귀의하라." 하니
라.
6 또 불경(佛經)에 "석가불의 말법시대에
들어서면 태양도 달도 그 빛을 볼 수
없게 되고 별들의 위치도 바뀌리라. 고
약한 병들이 잇달아 번지리라." 이르
고
7 말법의 이때에 "그 통일의 하늘에 계
시는 미륵불이 바다에 둘러싸인 나라에
강세하리라." 하였나니
8 이는 "부모와 친척과 여러 사람들을
거두어 성숙케 하시려는 것이라." 하니
라.
9 또 "이곳은 병든 세계를 고치는 위대한
대왕(大醫王)이 머무시는 곳이니라." 하
고
10 말법시대가 되면 '샹커라 하는 법왕(法
王)이 출세하여 정법(正法)으로 다스려
칠보(七寶)를 성취하니 무기를 쓰지 않
고도 자연히 전 영토에서 항복을 받게
된다.' 하더라.
11 그 때는 기후가 고르고 사시(四時)가 조
화되며 여러 가지 병환이 없어지고 인
심이 골라서 다 한뜻이 되는 울단월(鬱

單越)의 세계가 온다 하니
12 이는 곧 우주 질서가 개벽되는 말법의
시대에 이루어질 미륵불의 출세 소식
이로다.

아버지 하나님의 지상 강세

3 예수 그리스도는 하늘나라에 온 인류
의 아버지가 계심을 십자가에 매달려
피 흘리기까지 수없이 부르짖었나니
2 일찍이 그가 제자들에게 이르기를 "내
가 스스로 온 것이 아니로다. 나를 보내
신 이는 참이시니 너희는 그를 알지 못
하나 나는 아노니 이는 내가 그에게서
났고 그가 나를 보내셨음이니라." 하고
3 또 말하기를 "너희는 가서 … 아버지
와 아들과 성령의 이름으로 세례를 주
고 내가 너희에게 분부한 모든 것을
가르쳐 지키게 하라." 하니라.
4 또 아버지의 성령이 인도하신 대로 계
시록을 쓴 사도 요한이 백보좌 하느님
과 그 보좌 앞의 일곱 성령의 소식을
전하니
5 요한이 말하기를 "내가 새 하늘과 새 땅
을 보니 처음 하늘과 처음 땅이 없어
졌고 바다도 다시 있지 않더라.
6 또 내가 크고 흰 보좌와 그 위에 앉으신
자를 보니 땅과 하늘이 그 앞에서 피
하여 간데 없더라.
7 보좌에 앉으신 이가 가라사대 '보라 내
가 만물을 새롭게 하노라.' 하시고…."
8 "또 보매 다른 천사가 살아계신 하나님
의 인(印)을 가지고 해 돋는 데로부터 올
라와서 땅과 바다를 해롭게 할 권세를
얻은 네 천사를 향하여 큰 소리로 외
쳐 가로되
9 우리가 우리 하나님의 종들의 이마에
인(印)치기까지 땅이나 바다나 나무나
해하지 말라 하더라." 하니라.
10 백보좌 하느님께서 요한에게 계시하여
말씀하시기를 "나는 알파요 오메가라.
이제도 있고 전에도 있었고, 장차 올 자
요 전능한 자라." 하시니라.
11 이는 곧 지상에 아버지가 몸소 강세하
심으로써 예전의 하늘과 땅을 문 닫고
새 하늘, 새 땅을 건설하시는 '땅 위의
천국' 소식이로다.

도(道)의 주재자 상제님

4 동방에서는 우주 삼계(天·地·人)의 생
명의 근원과 그 변화의 길을 일러 도
(道)라 하고, 이 도의 '주재자 하느님'을
제(帝) 또는 상제(上帝)라 불러 오니라.
2 옛사람들이 노래하기를 "위대하신 상
제(上帝)님이 아래 세상을 환히 비추어
보시사 천하사방(天下四方)을 두루 살
피시어 만백성이 안정하기를 구하시도
다." 하니라.
3 일찍이 노자(老子)가 말하기를 "도는
텅 빔으로 가득하니 아무리 써도 마르
지 않는도다. … 나는 그가 누구의 아
들인지 모르노라. 상제님보다도 앞서
는 것 같도다!" 하여 상제님이 실재하
심을 전하였고
4 또한 장자(莊子)는 "진짜로 우주의 주
재자(眞宰)는 계신 모양 같지만 그분의
모습을 보기는 워낙 어렵구나!
그분의 행하심을 내가 예전부터 믿어
온 바이지만 상제님의 형모는 뵐 수
없더라. 만물과 통정하시며 형상을 감
추시는 것일까?" 하니라.
5 도교에서는 이 우주를 주재하시는 상
제님을 최고의 신으로 받들고 기도하
였나니, 우리 한민족은 고래(古來)로
상제님께 제사를 드려 오니라.

상제님 강세의 땅, 동북 간방

5 공자(孔子)는 우주의 통치자 상제님
께서 강세하시어 간방(艮方)에서 모든
말씀의 꿈을 이루실 것을 전하였나니
2 "동북 간방은 만물의 끝남과 새로운 시작
이 이루어지는 곳이라. 고로 말씀이 간
방에서 이루어지느니라." 하니라.

3 또 주자(朱子)가 말하기를 "몸가짐과
의관을 바르게 하고 공경스런 마음으
로 성령의 조화세계를 바라보라. 마음
을 고요히 하여 일심(一心) 경계에 머
물면 상제님을 뵈올 수 있느니라."
4 "통치자 하느님 제(帝)는 우주의 창조원
리인 리(理)를 맡아 다스리시는 분이라.
… 이 주재 자리가 세상에서 이르는 옥
황대제(玉皇大帝)와 같나니 … 배우는
자 모두 능히 답할 수 없도다." 하니
라.

유불선 삼교의 연원, 신교

6 본래 유(儒)·불(佛)·선(仙)·기독교
(西仙)는 모두 신교에 연원을 두고 각
기 지역과 문명에 따라 그 갈래가 나
뉘었더니
2 이제 성숙과 통일의 가을시대를 맞아
상제님께서 간방 땅 조선에 강세하시
매
3 이로써 일찍이 이들 성자들이 전한 천
주 강세의 복음이 이루어지니라.

미륵불의 동방 조선 강세의 길을 연 진표 대성사

7 동방 조선 땅의 도솔천 천주님 신앙
은 진표율사(眞表律師)로부터 영글어
민중 신앙으로 자리 잡은 것이라.
2 진표는 12세 때 부모의 출가 허락을
받고 김제(金堤) 금산사(金山寺)의 숭제
법사(崇濟法師)로부터 사미계(沙彌戒)를
받으니라.
3 법사가 진표에게 가르쳐 말하기를 "너
는 이 계법을 가지고 미륵님 앞으로
가서 간절히 법을 구하고 참회하여 친
히 미륵님의 계법을 받아 세상에 널리
전하라." 하매
4 이로부터 진표가 미륵님에게 직접 법
을 구하여 대도를 펴리라는 큰 뜻을
품고 전국의 명산을 찾아다니며 도를
닦더니
5 27세 되는 경자(庚子, 760)년 신라 경덕
왕 19년에 전북 부안 변산에 있는 부
사의방장(不思議方丈)에 들어가 미륵불
상 앞에서 일심으로 계법을 구하니라.
6 그러나 3년의 세월이 흘러도 수기(授
記)를 얻지 못하자 죽을 결심으로 바
위 아래로 몸을 던지니
7 그 순간 번갯빛처럼 나타난 푸른 옷을
입은 동자가 살며시 손으로 받들어 바
위 위에 놓고 사라지더라.
8 이에 큰 용기를 얻어 서원을 세우고
21일을 기약하여 생사를 걸고 더욱 분
발하니
9 망신참법(亡身懺法)으로 온몸을 돌로 두
들기며 간절히 참회하매 3일 만에 손
과 팔이 부러져 떨어지고 온몸이 피투
성이가 되거늘
10 7일째 되던 날 밤 지장보살이 손에 금
장(金杖)을 흔들며 와서 진표를 가호하
니 곧 회복되니라.

잘하는구나, 대장부여!

11 21일 공부를 마치던 날 천안(天眼)이
열리어 미륵불께서 수많은 도솔천의
백성들을 거느리고 대광명 속에서 오
시는 모습을 보니라.
12 미륵불께서 진표의 이마를 어루만지며
말씀하시기를 "잘하는구나, 대장부여!
이처럼 계(戒)를 구하다니. 신명(身命)
을 아끼지 않고 간절히 구해 참회하는
구나. 내가 한 손가락을 튕겨 수미산
(須彌山)을 무너뜨릴 수 있으나 네 마음
은 불퇴전(不退轉)이로다." 하고 찬탄하
시니라.
13 이때 미륵불께서 점찰경(占察經) 두 권
과 증과간자(證果簡子) 189개를 진표에
게 내려 주시며 말씀하시기를
14 "너는 이것으로써 법을 세상에 전하여
남을 구제하는 뗏목으로 삼으라. 이
뒤에 너는 이 몸을 버리고 대국왕(大國
王)의 몸을 받아 도솔천에 태어나리라."
하시고 하늘로 사라지시니라.

15 원각(圓覺) 대도통을 한 뒤, 닥쳐올 천
지 대개벽의 환란을 내다본 진표 대성
사(大聖師)는
16 온 우주의 구원의 부처이신 미륵천주께서
동방의 이 땅에 강세해 주실 것을 지극정
성으로 기원하니
17 이로부터 '밑 없는 시루를 걸어 놓고 그
위에 불상을 세우라.'는 계시를 받고 4
년에 걸쳐 금산사에 미륵전을 완공하
니라.
18 이 뒤에 진표는 미륵불의 삼회설법의 구
원 정신을 받들어 모악산 금산사를 제
1도장, 금강산 발연사를 제2도장, 속
리산 길상사를 제3도장으로 정하고
용화도장을 열어
19 미륵존불의 용화세계에 태어나기 위해
십선업(十善業)을 행하라는 미륵신앙의
기틀을 다지고 천상 도솔천으로 올라
가니라.

상제님의 천명을 받은 최수운 대신사

8 신교(神敎)는 본래 뭇 종교의 뿌리로
동방 한민족의 유구한 역사 속에 그
도맥(道脈)이 면면히 이어져 왔나니
2 일찍이 최치원(崔致遠)이 말하기를 "나
라에 현묘(玄妙)한 도(道)가 있으니 풍류
(風流)라 한다. … 실로 삼교를 포함하
여(包含三敎) 접하는 모든 생명을 감화
시키는 것(接化群生)이라." 하니라.
3 그러나 조선을 비롯한 동양 각국이 서
양 제국주의 열강의 폭압에 침몰당해
갈 무렵, 신교 또한 권위를 잃고 그 명
맥이 희미해지거늘
4 하늘에서 동방의 이 땅에 이름 없는
한 구도자를 불러 세워 신교의 도맥을
계승하게 하고 후천개벽(後天開闢)으로
새 세상이 열릴 것을 선언토록 하셨나
니
5 그가 곧 동학(東學)의 교조 수운(水雲)
최제우(崔濟愚) 대신사(大神師)니라.
6 수운은 몰락한 양반 집안의 재가녀(再
嫁女)의 아들로 태어나 일찍이 구도에
뜻을 두고 세상을 두루 체험하며 한울
님의 뜻을 깨닫고자 공부에 전념하더니
7 이때 도학자 연담(蓮潭) 이운규(李雲圭)
가 수운에게 말하기를 "그대는 선도(仙
道)를 계승할 자라." 하니라.
8 을묘(乙卯: 道紀前 16, 1855)년에 하루는
금강산 유점사의 한 중이 수운이 머물
고 있는 울산(蔚山) 유곡(裕谷)에 찾아
와 책 한 권을 전하매 3일 만에 그 뜻
을 해득하니, 신교와 기도의 요체를
적은 책이더라.
9 이로부터 뜻을 더욱 굳건히 하여 양산
천성산(千聖山)에서 49일을 기약하고
천주강령(天主降靈)의 기도를 드렸으나
뜻을 이루지 못하매 참담한 심경으로
지내다가
10 기미(己未: 道紀前 12, 1859)년 10월에
다시 발심하여 용담정(龍潭亭)으로 들
어가며 '천주를 친견하기 전에는 세상에
나서지 않겠다.'는 다짐으로 기도에 정
진하니라.

상제님의 성령 친견과 도통

11 이듬해 그의 나이 37세 되는 경신(庚
申: 道紀前 11, 1860)년에 '도기장존사불
입(道氣長存邪不入) 세간중인부동귀(世間
衆人不同歸)'라는 입춘시를 써 붙이고
매일 세 번씩 청수를 올리며 기도에 더
욱 정진하더니
12 드디어 4월 초닷샛날, 전율오한의 묘
경 속에서 홀연 공중으로부터 들려오
는 '성음(聖音)'에 천지가 진동하는 듯
하거늘 정신이 아득하여 쉬이 수습하
지 못하니라.
13 천주님의 성령이 그에게 임하여 말씀
하시기를 "두려워 말고 겁내지 말라. 세
상 사람들이 나를 상제(上帝)라 이르거늘
너는 상제를 알지 못하느냐!" 하시고
14 "너에게 무궁무궁한 도법을 주노니 닦
고 다듬어 수련하여 글을 지어서 사람
들을 가르치고 법을 정하여 덕을 펴면

너로 하여금 장생케 하여 천하에 빛나
게 하리라." 하시니라.
15 이로써 수운이 인류의 새 세계를 알리
라는 상제님의 천명과 신교를 받고 도통
을 하였나니, 이것이 곧 우주사의 새 장
을 열어 놓은 천주님과의 천상문답 사건
이라.
16 이때 상제님으로부터 "주문(呪文)을 받
으라." 하는 말씀을 듣고 본주문 열석
자와 강령주문 여덟 자를 지으니 그
내용은 이러하니라.
17 侍天主 造化定 永世不忘萬事知
시천주 조화정 영세불망만사지
至氣今至 願爲大降
지기금지 원위대강
18 수운이 천명과 신교를 받들어 동학을
창도하니 얼마 지나지 않아 경상도 일
대에 동학이 널리 퍼지거늘
19 그 급속한 전파에 불안을 느낀 조정에
서는 동학을 사도난정(邪道亂正)으로
규정하여 수운을 체포하니라.
20 갑자(甲子: 道紀前 7, 1864)년 2월에 대구
장대(大邱將臺)에서 처형당할 때, 수운
이 청수를 모시고 상제님께 기도를 올린
후 목이 베이니 그의 나이 41세더라.

천주님의 동방 땅 강세 선포

21 수운이 아버지께 가는 생명의 길을 동
방의 땅에 닦아 놓고 '인간으로 강세하
시는 천주님'을 모시는 시천주(侍天主)
시대를 선언하였나니
22 이는 온 인류에게 후천 개벽세계를 여
시는 아버지의 대도, 곧 무극대도(無極
大道)가 조선 땅에서 나올 것을 선포함
이니라.
23 그가 비록 상제님의 천명은 다 이루지
못하였으나 5년 동안 천주님의 동방 땅
조선 강세와 후천개벽으로 열리는 새
생명세계를 천하에 알렸나니 그 장엄한
인류구원의 외침은 바로 이러하니라.
24 "한울님이 내 몸 내서 아국운수 보전하
네."
25 "호천금궐 상제님을 네가 어찌 알까 보
냐."
26 "만고 없는 무극대도 이 세상에 날 것
이니 너는 또한 연천(年淺)해서 억조창
생 많은 사람 태평곡 격양가(擊壤歌)를
불구에 볼 것이니 이 세상 무극대도
전지무궁 아닐런가."
27 "어화 세상 사람들아 무극지운(無極之
運) 닥친 줄을 너희 어찌 알까 보냐."
28 "열석 자 지극하면 만권시서 무엇하
며…".
29 "무극대도 닦아 내니 오만년지 운수로
다."
30 "십이제국 괴질운수 다시 개벽 아닐런
가."

상제님 강세를 예고한 김일부 대성사

9 우주의 변화 이치를 밝히는 역도(易
道)의 맥은 동방의 성철(聖哲)들이 대
대로 이어오더니
2 조선 말의 대철인 김일부(金一夫)가 선
후천(先後天)이 바뀌는 우주 대변혁의
원리와 간(艮) 동방에 상제님이 오시는
이치를 처음으로 밝히니라.
3 일부는 충청도 연산(連山) 사람으로 어
려서부터 배우기를 즐겨하여 성리(性
理)를 깊이 연구하더니, 36세에 연담
이운규의 가르침을 받으니라.
4 하루는 연담이 '영동천심월(影動天心月)'
이란 글을 전하며 이르기를 "그대는
쇠잔해 가는 공자의 도를 이어 장차
크게 천시(天時)를 받들 것이라." 하매
5 이에 분발하여 서전(書傳)과 주역(周易)
을 많이 읽고 영가무도(詠歌舞蹈)의 법
으로 공부하면서
6 때때로 반야산 기슭에 있는 관촉사를
찾아가 은진(恩津)미륵을 우러러 간절
히 기도하니라.

정역을 완성함

7 54세 되는 기묘(己卯: 道紀 9, 1879)년에
이르러, 눈을 뜨나 감으나 앞이 환하

여지고 알 수 없는 괘획(卦劃)이 끊임
없이 눈앞에 나타나기 시작하더니
8 3년을 두고 차츰 선명해지고 커져 마
침내 온 천지가 괘획으로 가득 찰 지경
에 이르렀으나 그 뜻을 알지 못하니라.
9 그 후 어느 날 주역(周易) 설괘전(說卦
傳)의 '신야자(神也者) 묘만물이위언자
야(妙萬物而爲言者也)'라는 구절을 읽다
가 문득 모든 것이 공자의 예시임을
확연히 깨닫고
10 이에 새로이 정역팔괘(正易八卦)를 그리
니, 이는 억음존양(抑陰尊陽)의 선천 복
희팔괘(伏羲八卦)와 문왕팔괘(文王八卦)
에 이은 정음정양(正陰正陽)의 후천 팔괘
도라.
11 괘를 다 그린 순간 홀연히 공자가 현
신하여 "내가 일찍이 하고자 하였으나
이루지 못한 것을 그대가 이루었으니
참으로 장하도다." 하고 크게 칭찬하
며 그를 '일부(一夫)'라 칭하니라.
12 을유(乙酉: 道紀 15, 1885)년에 이르러
드디어 정역(正易)을 완성하니, 그 동안
눈앞에 선명하게 보이던 괘상이 비로
소 사라지니라.

우주본체론, 삼극설(三極說) 완성

13 이로써 일부는 천지일월과 인간의 변
화를 이끄는 세 가지 천지조화의 힘과
동력의 본체를 밝혔나니, 이는 곧 무극
(無極)과 태극(太極)과 황극(皇極)의 삼극
이치라.
14 무극은 십미토(十未土)로서 가을의 통일
을 주장(主掌)하고 그 조화와 통일의 열
매인 술오공(戌五空)은 만물의 생명의
근원인 물이 화생(化生)되는 태극이요
15 태극이 동하여 열리는 황극은 만물 생
장의 조화를 이루어 성숙을 실현하매
무극과 태극을 매개하여 십일성도(十一成
道)하는 생장 운동의 본체 자리니라.
16 일부가 정역의 이치로써, 기울어진 천지
가 정립되어 천지간의 온갖 그릇된 변
화 질서가 바로잡히는 후천개벽 소식과
17 또 그 개벽기에 미륵천주이신 상제님
께서 강세하시어 인류의 이상을 성취
하심을 노래하니 이러하니라.
18 "그 누가 용화낙원의 세월을 이제야 보
냈는가."
19 "우주의 조화세계를 고요히 바라보니
하늘의 조화공덕이 사람으로 오시는 상
제님을 기다려 이루어짐을 그 누가 알
았으리."
20 "천지의 맑고 밝음이여, 일월의 새 생
명 빛나도다. 일월의 새 생명 빛남이여,
낙원세계 되는구나! 개벽세계여, 새 세
계여! 상제님께서 성령의 빛을 뿌리며 친
히 강세하시도다."

명나라 구장춘이 전한 상제님 강세 소식

10 구장춘(邱長春)은 중국 명(明)나라
때 사람이라.
2 그가 진인도통연계(眞人道通聯系)를 후
세에 전하여 선천 유교, 불교의 도맥
이 이루어진 원리를 밝히고, 인류를
구원하여 선천문화를 통일하시는 우
주의 메시아 강세 소식을 지도(地道)의 원
리로 전하니라.
3 이는 곧 공자와 석가모니의 출세 소식
과 인류사의 대전환시대에 오시는, 천
상 지존(至尊)의 보좌에 임어(臨御)해
계신 상제님의 강세에 대해 천지의 현
기(玄機)를 뚫어지게 보고 전한 실로
놀라운 소식이니
4 주장춘이 말하기를 "산의 근원은 곤륜
산(崑崙山)이니 곤륜산의 본래 이름은
수미산(須彌山)이라.
5 곤륜산의 제1맥이 동해 쪽으로 뻗어
나가 유발산(儒拔山)을 일으키고 유발
산이 니구산(尼丘山)을 낳아 72봉을 맺
으니라. 공자가 니구산 정기를 타고
태어나 72봉의 기운으로 그의 제자 72
현(賢)이 배출되니라.
6 곤륜산의 제2맥이 불수산(佛秀山)을 낳

고 불수산이 석정산(釋定山)을 일으켜 이곳에 499봉이 솟으니라. 석가모니가 석정산의 영기(靈氣)를 타고 왔나니 그의 도통제자 499명이 나오니라." 하니라.

천지의 가을세계를 여는 추수진리가 나온다

7 그가 또 말하기를 "곤륜산의 제3맥이 동방으로 쭉 뻗어 백두산(白頭山)에 맺히고 그 맥이 다시 남으로 뻗어 금강산을 수놓아 일만 이천 봉이 솟았느니라.
8 그리하여 이 기운을 타고 증산(甑山)께서 오시어 천지의 문호인 모악산(母岳山) 아래에서 결실의 추수진리(熟道)를 열어 주시나니
9 그 도(道)는 '모든 진리를 완성'시키는 열매가 되리라.
10 후에 그분의 도문에서 금강산의 정기에 응해 일만 이천 명의 도통군자(道通君子)가 출세하리라." 하니라.

상제님의 강세

11 상제님께서 하늘의 모든 신성(神聖)과 불타와 보살들의 간곡한 기도와 하소연을 들으시고
2 새 우주를 열어 도탄에 빠진 인간과 신명을 건지시기 위해 새 역사의 태양이 떠오르는 동방 땅에 강세하시니
3 환기(桓紀) 9070년, 배달국 신시개천(神市開天) 5769년, 단군 기원 4204년, 조선 고종 8년 신미(辛未: 道紀 1, 1871)년 음력 9월 19일(양력 11월 1일) 자시(子時)에
4 전라도 고부군 우덕면 객망리(古阜郡 優德面 客望里)에서 탄강하시니라.

성휘와 도호

5 상제님의 존성(尊姓)은 강(姜)씨요, 성휘(聖諱)는 일(一) 자 순(淳) 자요, 아명(兒名)은 학(鶴) 자 봉(鳳) 자요, 자(字)는 사(士) 자 옥(玉) 자요, 도호(道號)는 증산(甑山)이시니
6 천지공사를 행하시어 우주의 무극대운(無極大運)을 여신 무극상제(無極上帝)시니라.

강(姜)씨는 인류의 시원 성(姓)

12 증산 상제님께서 동방 땅의 진주 강문(晉州姜門)을 택해 오심은 인류 구원의 깊은 뜻을 나타내심이라.
2 강씨는 인류의 시원 성(姓)이니 상고시대 동방 배달의 신농씨(神農氏)로부터 시작하니라.
3 신농의 아버지 소전씨(少典氏)가 군병 감독의 명을 받고 강수(姜水)에 살았으니 신농이 그곳에서 태어나 성장하여 성을 강(姜)씨로 하니라.
4 신농의 후손 강태공(姜太公)은 동방 신교의 일맥(一脈)을 한족(漢族)에 전수하고, 병법(兵法)과 정치(政治)로써 천하 만세에 은혜를 베푸니라.
5 진주 강씨의 도시조(都始祖)는 고구려의 병마도원수(兵馬都元帥) 이식(以式)으로 용맹이 출중하고 지략이 뛰어난 희세의 명장이라.
6 수(隋)나라 문제(文帝)의 30만 대군을 격파하고, 그 아들 양제(煬帝)의 침입에 맞서 을지문덕을 휘하로 하여 수의 백만 대군을 물리쳐 나라를 구하였나니
7 문중 대대로 기골이 장대하고 기상이 의로워 많은 무관(武官)을 내었으며
8 조상 제사 전에는 이레 동안 술 담배를 금하고 목욕재계하여 지극한 정성으로 선령(先靈)을 모시는 소문난 효자 집안이라.
9 부친께서 그 백부(伯父) 두중(斗重)에게 출계(出系)하심으로써 상제님은 13대조 좌랑공 부(溥)의 종손이 되시니라.

증산 상제님의 부모님

13 상제님의 아버지는 병오(丙午: 道紀前 25, 1846)생으로 존휘(尊諱)는 문(文) 자 회(會) 자요, 자(字)는 흥(興) 자

주(周) 자시라.
2 얼굴이 호상(虎相)이고 음성은 우렁차고 양팔이 무릎 밑까지 내려오며, 기골이 장대하고 힘이 세어 씨름판에서 소를 많이 따신 천하의 장사이시니라.
3 어머니는 경술(庚戌: 道紀前 21, 1850)생으로 성은 안동 권씨(安東權氏)요 존휘는 양(良) 자 덕(德) 자시라.
4 용모가 단아하고 성품이 조용하며 천성이 선하여 붕어를 잡아오면 그 배를 가르기 어려워할 정도였으며, 한평생 남의 말을 하지 않는 분이시니라.

성부, 성모라 추존함

5 우주 만유의 주재자이신 증산 상제님의 부친을 성부(聖父)로, 모친을 성모(聖母)로 추존(推尊)하니라.

상제님께서 오신 마을

14 상제님께서 탄강하신 객망리는 일명 손바래기라 하고 그 이전에는 선망리(仙望里)라 하였나니
2 이는 '하늘의 주(主)를 기다리는 마을'이란 뜻이라.
3 동방의 종주산인 백두산에서 비롯한 백두대간(白頭大幹)이 남쪽으로 쭉 뻗어 내리다 태백산에 이르러 서쪽으로 굽이돌고
4 영취산(靈鷲山)에 와서 서북으로 분기한 금남호남정맥(錦南湖南正脈)이 마이산(馬耳山) 위의 주줄산(珠崒山)에 이르러 북으로는 계룡산으로 이어지는 금남정맥으로 뻗고, 서남으로는 호남정맥으로 뻗어 내장산을 지나 방장산(方丈山)을 이루니
5 방장산 상제봉(上帝峰)에서 호남평야를 감싸며 한 줄기는 서북으로 이어져 변산(邊山)에 이르고, 한 줄기는 동북으로 뻗어 올라가 두승산(斗升山)을 만드니라.
6 방장산과 두승산(영주산), 변산(봉래산)은 예로부터 전해오는 호남의 삼신산(三神山)이라.
7 두승산 아래에는 오학지지(五鶴之地)로 이름난 상학(上鶴), 중학(中鶴), 하학(下鶴), 학전(鶴田), 학림(鶴林) 마을이 드넓은 분지로 펼쳐지고
8 그 맥이 다시 동죽산(東竹山)으로 솟구쳐 그 줄기가 망제봉(望帝峰)을 이루고, 이어 시루산(甑山)을 이루니
9 시루산을 중심으로 서쪽의 두승산과 변산, 남서쪽의 방장산 입암산 망제봉, 동북쪽의 상두산(象頭山) 모악산 등이 모두 시루산에 배례하는 형국이라.
10 상제님께서 자라신 시루산 아래 손바래기는 드넓은 호남평야의 영기를 품에 안은 산자수명(山紫水明)한 마을이더라.

시루산에서 기도하신 성부·성모님

11 성부께서 집안에 손이 귀하여 성모 권씨와 함께 시루산에 올라 득남(得男)과 다손(多孫)을 하늘에 기원하며 치성을 드리시니라.

상제님의 성령이 잉태되신 곳

15 상제님의 외가는 객망리 본댁에서 북쪽으로 십여 리 떨어진 고부군 답내면 서산리(畓內面 書山里)이니 가난하고 손이 끊어진 집안이더라.
2 상제님의 외족은 성이 본래 김씨였으나 고려 개국에 공을 세워 태조 왕건에게서 권씨(權氏) 성을 하사 받으니 그 시조는 권행(權幸)이라.
3 마을 이름 서산리는 조선에서 손꼽히는 단가(丹家) 청하(靑霞) 권극중(權克中)이 낙향하여 공부할 때, 마을 사람들이 '책을 쌓아 놓음이 산과 같다(積書如山).'고 이른 데서 유래하니라.
4 지세를 보면 시루산의 맥이 북방으로 뻗어 용곡(龍谷) 용두리(龍頭里)가 자리잡고, 그 위에 산줄기가 마을을 겹으로 휘감아 태극 형국으로 서산리를 이루니

증산 상제님 진주강문 탄생 계보(1)

강수(姜水)에서 **소전씨(少典氏)** — 공손씨(公孫氏) — 헌원(軒轅) — 요(堯)·순(舜)·우(禹)·탕(湯)·문왕(文王)·무왕(武王)

강씨시조 **신농씨(神農氏)** — 제애(帝哀 : 7세) — 절경(節莖) — 희(艦) — 기(器)

— 축용(祝庸) — 구효(求戮) — 구룡(九龍) — 수(垂) — 백이(伯夷)

태공(太公)

도시조 **이식(以式)** — 운기(雲紀) — 수손(秀孫) — 박(玬) — 극용(克庸) — 택인(擇仁) — 진(縉)

— 사진(思進) — 기장(起章) — 구만(九萬) — 사미(士美) — 홍(洪) — 호덕(好德) — 진보(晉寶)

— 홍명(鴻冥) — 철영(哲永) — 도(度) — 희경(希經) — 복민(福民) — 창서(彰瑞)

1세 계용(啓庸) — 2세 인문(引文) — 3세 사첨(師瞻) — 4세 창귀(昌貴) — 5세 군보(君寶) — 6세 시(蓍)

7세 회중(淮仲) — 8세 안복(安福)

9세 이온(利溫) 진천군(晉川君)

10세 부(溥) 좌랑공(佐郎公)

11세 세의(世義 : 생부 淑) 충순위 선략장군(忠順衛 宣略將軍)

12세 우(雨 : 생부 世仁) 사용(司勇)

13세 윤상(允常) 사용(司勇)

14세 영(穎) 사용(司勇)

15세 후진(後振) 고부에서 농사(이하 같음)

16세 익주(翊周)

17세 진창(晉昌) 우창(遇昌) 응창(應昌)

18세 세복(世卜 : 생부 遇昌) 내복(乃卜) 세복(世卜) 이복(以卜)

19세 위거(渭擧) 위언(渭彦)

20세 석장(錫章) 석주(錫柱)

21세 두중(斗重) 한중(漢重) 기중(淇重)

22세 **문회(文會)** (생부 漢重) ◀······ 문회(文會) 계회(啓會) 성회(聖會) 연회(然會) 기회(驥會)

23세 **일순(一淳)** 상제님 영술(永述) 영호(永鎬) 영탁(永鐸)

경형(炅馨)

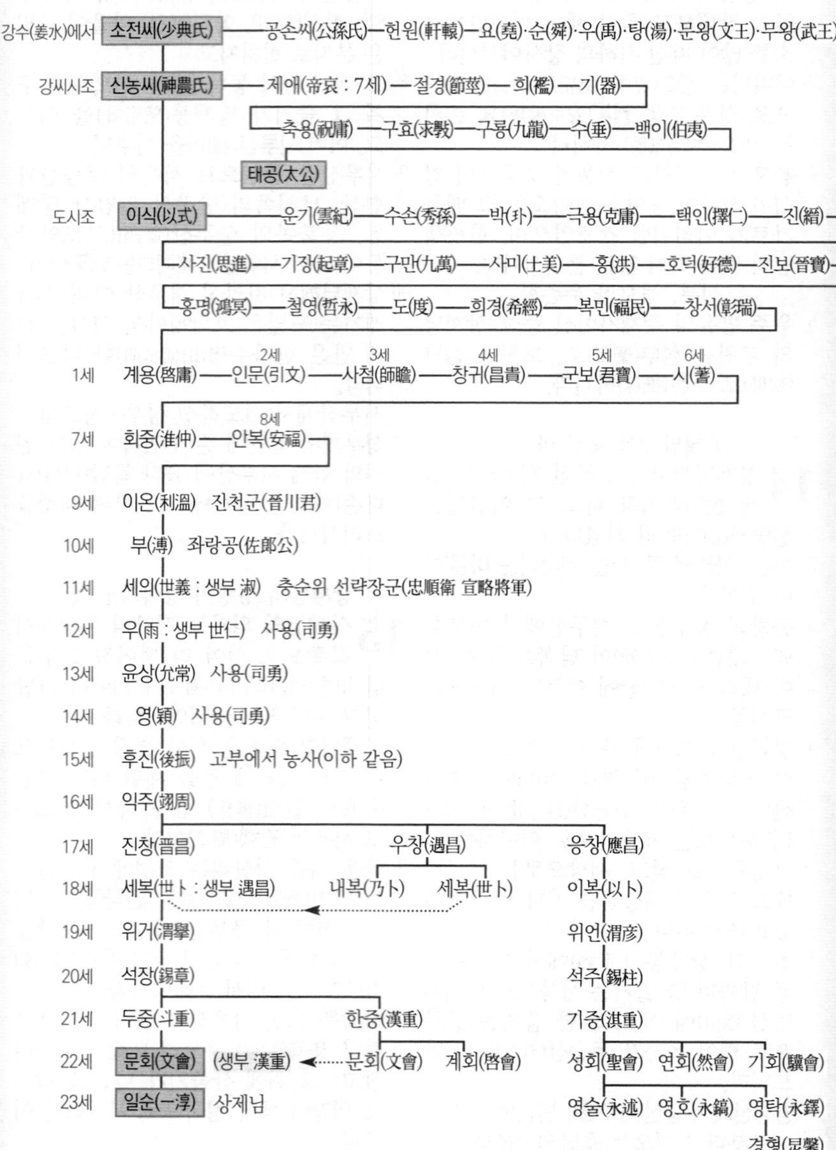

증산 상제님 탄생 계보(2)

- 신농씨 아버지: 소전씨(少典氏) : 강수에서 군병 감독. 유웅국의 임금(有熊國君)
  - (소전씨의 別派) 공손씨(公孫氏)
    - 헌원(軒轅): 중국 한족(漢族)의 역사 시조 ……… (반고)
      - 요(堯)·순(舜)
      - 우(禹:夏나라 시조)
      - 탕(湯:殷나라 시조)
      - 문왕(周나라 시조)·무왕
- 강씨 창시조: 신농씨(神農氏) : 경농과 의학의 시조 (5,300년 전)
  - 강궤(姜軌, 일명 石年)
  - ⋮ 강태공(姜太公) : 동방 신교를 漢族에 전수 (3,100년 전) ── 문왕(周나라 시조)
- 도시조: 강이식(姜以式) : 병마원수 (고구려 26대 영양제)
- 22대조: 계용(啓庸) : 국자박사, 진산부원군(고려 24대 원종)
- 16대조: 회중(淮仲) : 병판(兵判) 불응(조선 태조)
- 14대조: 이온(利溫) : 도승지, 진천군 봉작(조선 성종)
- 13대조: 부(溥) : 좌랑공(佐郎公)
- 12대조: 세의(世義 : 생부 淑) : 충순위 선략장군, 고부에 낙향
- 11대조: 우(雨 : 생부 世仁) : 사용(司勇)
- 10대조: 윤상(允常) : 사용
- 9대조: 영(穎) : 사용
- 8대조: 후진(後振)
- 7대조: 익주(翊周)
- 6대조: 진창(晉昌)
- 5대조: 세복(世卜)
- 고조부: 위거(渭擧)
- 증조부: 석장(錫章)
  - 조부: 두중(斗重)
    - 부(1대): 문회(文會 : 양자)
      - **증산 상제님**
  - 한중(漢重)
    - 문회(文會)
    - 계회(啓會)

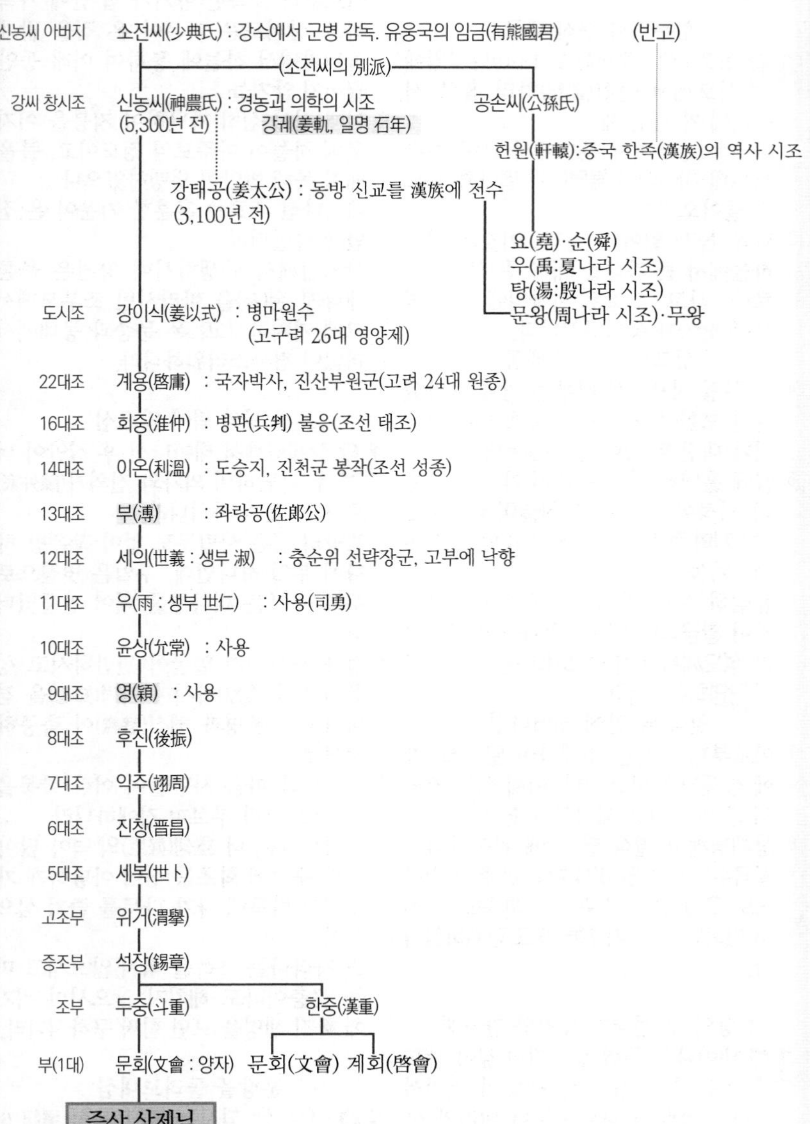

『진주강씨진천군파보(晉州姜氏晉川君派譜)』 참고.

5 이 마을에서 성모 권씨께서 상제님의 성령을 잉태하시니라.

성부께서 꾸신 태몽

16 경오(庚午: 道紀前 1, 1870)년 9월에 성모께서 근친(覲親)하러 홀로 서산리에 가 계실 때
2 하루는 성부께서 본댁에서 곤히 주무시는데 하늘에서 불덩이가 떨어져 품으로 들어오거늘
3 깜짝 놀라 일어나 '옳다. 이것은 필시 하늘에서 큰 자식을 내려 주시는 꿈이로다.' 하고 그 길로 서산리에 계신 성모를 찾아가 동침하시니라.

성모께서 꾸신 태몽

4 그 무렵 성모께서 하루는 밭에 나가셨다가 오한을 느껴 집으로 돌아와 소나기가 내린 뒤 깊이 잠드셨는데
5 꿈에 홀연히 검은 구름이 가득한 가운데 뇌성이 진동하고 하늘이 남북으로 갈라지며 큰 불덩이가 성모의 앞으로 내려오거늘
6 유심히 보니 마치 호박(琥珀)과 같은 것이 황금색의 신비한 광채를 발하는지라 성모께서 품에 안으시매 순간 온 세상이 광명하여지더라.

열석 달 만에 태어나심

7 이로부터 성령을 잉태하여 열석 달 만에 상제님을 낳으시니, 이때 성모 권씨의 존령(尊齡) 22세이시더라.
8 상제님께서 열석 달 만에 탄생하심은 황극수(皇極數)인 384수에 맞추어 인간으로 오심이니, 우주의 조화주로서 천지 변화의 조화 기틀을 품고 강세하심이라.

천상의 두 선녀가 내려와 간호함

17 태어나실 무렵 성부께서 깊이 잠드셨는데, 문득 신안(神眼)이 열려서 보니 두 선녀가 하늘로부터 내려와 산모를 보살피더라.
2 상제님께서 태어나시니 울음소리가 마치 큰 종소리와 같이 우렁차시니라.
3 이로부터 그윽한 향기가 집 안에 가득하고 상서로운 기운이 온 집을 밝게 둘러싸면서 하늘에 통하여 이레 동안 끊이지 않거늘
4 이때 집이 심히 가난하여 지붕을 이지 못해 하늘이 마주보일 정도이고, 불을 때지 못해 방안이 냉랭하였으나
5 태어나신 후로는 훈훈한 기운이 온 집안에 감돌더라.
6 상제님께서 탄생하시매 양친은 물론 애타게 손(孫)을 바라시던 조부모께서 크게 기뻐하시고, 온 문중과 동네에서 더없이 경사스러워하니라.

호생의 덕이 많으심

18 상제님께서 태어나신 후 집안이 너무 가난하여 외가와 진외가(陳外家)로 자주 옮겨 사시니라.
2 객망리 집은 사립문도 없이 작은방 하나에 부엌 하나인데, 부엌은 볏짚으로 두르고 문은 대나무를 엮어 만들었더라.
3 점차 자라시매 얼굴이 원만하시고 성품이 관후(寬厚)하시며 지덕(知德)을 겸비하시어 총명과 혜식(慧識)이 출중하시므로
4 부모님과 마을 사람들이 어린 학봉을 '영아(靈兒)'라 부르며 경애하니라.
5 어리실 때부터 호생(好生)의 덕이 많아 마당 구석에 화초를 심어 아담하게 가꾸시고 밭둑에 나가 나무를 즐겨 심으시며
6 또 자라나는 초목을 꺾지 않으시고 미물 곤충이라도 해치지 않으시며 위기에 빠진 생명을 보면 힘써 구하시니라.

훈장을 돌려보내심

19 여섯 살 되시는 병자(丙子: 道紀 6, 1876)년에 풍물굿을 보시고 문득

혜각(慧覺)이 열려 장성한 뒤에도 다른
굿은 구경치 않으시나 풍물굿은 자주
구경하시니라.
2 이 해에 성부께서 가세가 어려움에도
불구하고 아들 학봉에게 천자문을 가
르치려고 태인 장군리(泰仁 將軍里) 황
씨 집성촌에서 황준재(黃俊哉)라는 이
름 있는 훈장을 구하여 들이시거늘
3 훈장이 어린 학봉께 "도령, 공부해야
지?" 하고 하대하니 학봉께서 물끄러
미 훈장을 쳐다보시다가
4 스스로 천자문을 펼치시어 '하늘 천
(天)' 자와 '땅 지(地)' 자를 집안이 울리
도록 큰 소리로 읽으시고는 책을 덮고
아무 말 없이 밖으로 나가시니라.
5 훈장은 그 신이하신 기운에 눌려 어린
학봉이 노시는 모습만 바라볼 뿐이더
니
6 그렇게 며칠이 지나자 더 이상 공밥을
얻어먹기도 민망하여 다시 학봉께 "도
령, 공부하셔야지요?" 하고 조심스레
여쭈거늘
7 "하늘 천 자에 하늘 이치를 알았고, 땅 지
자에 땅 이치를 알았으면 되었지 더 배울
것이 어디 있습니까? 노시다가 시간이
되면 가시지요." 하시는지라
8 성부께서 부득이 그 훈장을 돌려보내
시매 이로부터 스스로 밖으로 다니시
며 글을 깨치시니라.
9 여러 서당으로 다니실 때 한 번 들으
신 것은 곧 깨달으시고 한 번 읽으신
것은 두 번 다시 보지 않으시니
10 글을 읽거나 시를 읽으실 때 모르시는
것이 없더라.

하늘땅을 흔드는 기개와 영성

20 일곱 살 때 어느 글방에 가시어 훈
장으로부터 '놀랄 경(驚)' 자 운(韻)
을 받고 글을 지으시니 이러하니라.
2 遠步恐地坼이요 大呼恐天驚이라
원보공지탁 대호공천경
멀리 뛰려 하니 땅이 꺼질까 두렵고
크게 소리치려 하니 하늘이 놀랄까
두렵구나.
3 학봉께서 서동(書童)들과 더불어 시를
지으실 때 "글도 배운 바 없는데 무슨
시를 짓겠느냐." 하고 겸양하시되 항
상 장원을 하시니라.
4 하루는 훈장이 주위의 미움을 받을까
하여 이번에는 문장이 다음가는 다른
아이에게 장원을 주리라 마음먹고 그
아이의 글씨를 눈여겨보아 두었으나
또 학봉에게로 장원이 돌아가거늘
5 이는 훈장의 그런 뜻을 미리 아시고
문체와 글씨를 평소와 다르게 하여 분
별치 못하게 하신 까닭이라.
6 이렇듯 어린 시절부터 영기(靈氣)가 넘
치고 혜명하시니 보는 이마다 '신동(神
童)'이라 부르며 경탄하더라.

본댁 마당에다 샘을 파심

21 이 해에 하루는 손바래기에서 동무
들과 놀이를 하시다가 갑자기 고
사리 손으로 마당 한쪽 구석을 파시거
늘
2 같이 놀던 아이들이 영문을 몰라 이유
를 물으니 학봉께서 쳐다보지도 않으
시며 그저 "샘을 판다." 하시니라.
3 학봉께서 처음에는 맨손으로 긁으시
다가 이내 복지깨로 땅을 파시며 연신
"어서 물 나라, 물 나라." 하시니
4 물이 날 만한 자리도 아니고 그리 깊
이 파지도 않았는데 잠시 후에 정말로
샘물이 솟아나거늘
5 이를 본 아이들이 모두 신기해하며 손
뼉을 치니라.
6 후에 그 샘물은 동네 우물로 쓰이니라.

나는 순이다

22 학봉께서 이곳저곳으로 두루 다니
시며 친히 세상을 배우실 때
2 그 신이하고 혜명하심이 입에서 입으

로 전해져 가시는 곳마다 경애를 받으
시되 시험코자 하는 사람도 많더라.
3 한번은 고향에서 멀리 떨어진 흥덕 부
안면(興德 富安面) 하오산(下鰲山) 앞의
알미장(卵山場)에 이르시니 어떤 사람
이 지필묵을 내어 놓고 글을 청하거늘
4 어린 학봉께서 조그만 손으로 붓을 꽉
잡고 먹을 듬뿍 묻히신 뒤
5 종이 위에 굵게 '한 일(一)' 자 한 획을
힘껏 그으시며 큰 소리로 "나는 순이
다!" 하고 외치시니 순간 한 일 자가
마치 누에처럼 꿈틀꿈틀 기어가거늘
6 구경하던 장터 사람들이 탄성을 지르
며 더 자세히 보려고 서로 몸을 밀치
고 당기고 하여 한바탕 소동이 일어나
니라.
7 이때 학봉께서 말씀하시기를 "조선 땅
은 한 일 자 누에와 같다." 하시니라.

사색과 명상을 즐기심

23 아홉 살 되시는 기묘(己卯: 道紀 9,
1879)년에 부친께 청하여 집 뒤쪽
에 초막을 짓고 홀로 거처하시니라.
2 이때 외인의 출입을 금하시고 하루건
너 암꿩 한 마리와 비단 두 자 다섯 치
씩 구하여 들이시더니
3 두 달 후에 홀연히 어디로 나가시거늘
초막 안에는 아무것도 남아 있지 않더
라.
4 어려서부터 집에 계시기보다는 즐겨
이곳저곳을 돌아다니시니
5 종종 시루산에서 매봉과 망제봉, 동죽
산을 타고 두승산에 올라 고산준령을
향해 크게 외치시고
6 또 밤이면 큰시루산에서 작은시루산
으로 뛰어다니며 산하정기를 호흡하
시고, 산 속의 고요에 젖어 깊은 명상
에 드시니라.
7 집에 돌아오시면 초막에 드시어 조용
히 사색에 잠기시니라.

부친의 빚을 갚아 드린 지혜

24 이 해에 성부께서 정읍 읍내 박 부
호에게 수백 냥 빚을 졌더니 빚 독
촉이 심하므로 늘 근심 가운데 지내시
거늘
2 하루는 학봉께서 부친께 50냥을 청하
니, 부친께서 이상히 여기면서도 아들
의 비범함을 익히 보아온 터라 어렵게
돈을 변통하여 주시니라.
3 이에 박 부호에게 가서 돈을 주고 그
집 사숙(私塾)에 드시니 훈장이 운을
불러 학동들로 하여금 시를 짓게 하고
있는지라
4 학봉께서도 함께 운을 달아 시를 지으
시니 웅장한 서필(書筆)에 시격(詩格)이
절묘하거늘 훈장이 매우 놀라고 박 부
호도 크게 경탄하니라.
5 이에 박 부호가 자기 집에 머물며 그
자질(子姪)들과 함께 글 읽기를 청하거
늘
6 학봉께서 못 이기는 척 며칠 동안 머
무르시다가 하루는 부친의 빚을 걱정
하시니
7 박 부호가 모든 일에 크게 감복하여
드디어 채권을 포기하고 증서를 불사
르니라.

아들의 행동을 간섭하지 않으심

25 어리실 때부터 이토록 영명(英明)하
고 비범하시므로 성부께서도 함부
로 대하기 어려워하시니라.
2 하루는 아버지로서 위엄을 갖추고자
짐짓 엄중하게 대하시거늘
3 학봉께서 예를 갖추어 말씀하시기를
"제가 아들이라고 함부로 대하시거나
제 말씀을 가벼이 여기시면 아니 됩니
다." 하시니
4 이후로 성부께서 한평생 아들의 행동
을 간섭하지 않으시니라.

친구 같은 부자지간

5 부자간에 정이 애틋하시되 이렇듯 서

로 예로써 대하시니 사람들은 이를 보고 '친구 같은 부자지간'이라 일컬으니라.

비범하신 예지

26 이 해 겨울에 부모님을 따라 서산리 외가로 옮겨 사시다가 이듬해 다시 손바래기로 돌아오시니라.
2 하루는 학봉께서 서당 벽에
明朝有客是何人고 必是西來柳瑞九라
명조유객시하인 필시서래류서구
내일 아침 손님이 있으리니
그는 누구인가 틀림없이 서쪽에서
오는 류서구이리라.
라고 써 붙이셨거늘
3 훈장이 이를 보고 "이 글을 누가 썼느냐?" 하매 다른 아이들이 학봉이 썼다고 대답하더니
4 과연 다음날 아침에 류서구가 찾아온지라 이후로 훈장이 학봉 앞에서는 언사를 조심하니라.
5 여러 서당으로 드나드실 때 이처럼 지혜가 밝으시므로 어느 훈장도 학봉을 함부로 대하지 못하더라.
6 또 학문이 비범하시므로 혹 누가 글 쓸 일을 부탁해 오면, 반드시 글줄마다 끝에 한두 자 쓸 만한 자리를 비워 두고 써 주시니라.

부친께 경계하심

27 하루는 성부께서 벼를 말리실 때 새와 닭의 무리를 심히 쫓으시니 이를 만류하며 말씀하시기를
2 "새 짐승이 한 알씩 쪼아먹는 것을 그렇게 못 보시니 어찌 사람을 먹일 수 있겠습니까?" 하시되 성부께서 듣지 않고 굳이 쫓으시거늘
3 별안간 한낮에 천둥이 치고 큰비가 쏟아져서 말리던 벼가 다 떠내려가매 한 알도 건지지 못하게 되니라.

효심이 돈독하심

28 해마다 부친과 함께 서산리에 자주 가시어 농사일을 돕고 이엉을 엮기도 하시니 이는 손(孫)이 없는 외가의 일손을 도우시기 위함이라.
2 열 살이 넘어 가족이 다시 서산리 외가에 가서 얼마 동안 사실 때
3 성부께서 객망리 앞에 작은집을 얻어 주막을 경영하시니 학봉께서 홀로 계신 모친을 위하여 송산(松山) 도득골에 가시어 솔가지와 낙엽을 긁어다가 불을 때기도 하시니라.
4 학봉께서는 효심이 돈독하시고 부지런하시며 매사에 범절이 뚜렷하시니 마을 사람들의 칭송을 한 몸에 받으시니라.

성모께서 감동하신 지혜

29 열세 살 되시는 계미(癸未: 道紀 13, 1883)년에 학봉께서 모친이 친히 짜신 모시베 예순 자를 받아, 부친과 형제처럼 지내는 마을 사람 유덕안(兪德安)에게 들리시어 정읍장에 팔러 가시니라.
2 이때 덕안은 일이 있어 다른 곳에 가고, 학봉께서 모시베를 포목전 곁에 놓고 앉아 잠깐 생각에 잠기셨더니 그 사이에 모시베가 없어져 버린지라
3 덕안이 돌아와 이 말을 듣고 이내 찾으려 했으나, 많은 사람들 중에 찾을 길이 없어 집으로 돌아가시기를 청하거늘
4 듣지 아니하시고 "내일 돌아가겠습니다." 하고 즉시 어디론가 떠나시니 덕안이 어쩔 수 없이 혼자서 돌아가니라.
5 이튿날 학봉께서 돌아와 모시베 값을 모친께 올리시니 온 집안이 이상히 여겨 영문을 묻거늘
6 말씀하시기를 "어머니께서 무한한 노력과 수고를 들여 짜신 베를 잃어 얼마나 애석히 여기실까 하여

7 오늘이 고창장이므로 반드시 장에 나
올 듯 싶어 바로 고창으로 가서 다행
히 찾아 팔아 왔습니다." 하시니라.
8 이는 모시베를 팔러 가시기 전날 베에
먹물을 찍어 표를 해 두셨더니 그것을
증거로 해서 찾아오심이더라.

김형렬을 처음 만나신 날

30 학봉께서 갑신(甲申: 道紀 14, 1884)
년에 금구 환평(金溝 環坪) 사람 김
형렬(金亨烈)을 처음 만나시니라.
2 형렬은 부잣집 외아들로 태어나 일찍
부터 도(道)에 뜻을 품고 동무를 구하던
차에 '고부에 강가(姜哥)로서 신동이 있
다.'는 소문을 전해 들으니라.
3 하루는 형렬이 '내가 한번 그 사람을 만
나 보리라.' 결심하고 고부로 향하는데
4 날이 저물어 우연히 태인 매당(梅堂) 불
출암(佛出庵)으로 발길이 이끌려 들어
가니라.
5 형렬이 암자에 이르매 갑자기 부엉이
가 요란하게 울어대거늘 중에게 "부엉
이가 어찌 저렇게 우는가요?" 하고 물
으니
6 그 중이 대답하기를 "당신은 예사 사
람이 아닌가 보오." 하니라.
7 이에 형렬이 "예사 사람이 아니면 내가
허신(虛神)이라도 된다는 말이오?" 하
니 중이 "어디를 가시는 길에 여기까
지 오시었소?" 하고 묻거늘
8 형렬이 "내가 찾을 곳이 있어 길을 가
다 나도 모르게 이끌려 들어왔는데,
오자마자 저렇게 부엉이가 울어대는
게 참 이상하오." 하니라.

이 도령이 바로 그 도령이오

9 이때 학봉께서 들어서시더니 별 모양
의 누런 별전(別錢) 여섯 닢과 바둑알
같은 검은 돌을 가지고 돈치기놀이를
하시는데
10 가운데 있는 것을 맞추려 하시되 자
꾸 다른 것이 맞으니 "이것도 소용없
다." 하시며 형렬이 있는 쪽을 바라
보시니라.
11 형렬이 "어디 사시오?" 하며 말을 건
네니 "나 어디 사는 것을 왜 묻소?" 하
시거늘
12 형렬이 "내가 이제 강가를 찾으러 고부
에 가는 중이오." 하니라.
13 이에 학봉께서 "무슨 일로 찾으려고
하오?" 하고 물으시니
14 형렬이 말하기를 "될성부른 나무는 떡
잎부터 안다는 말이 있지 않소. 큰사
람이 될지 작은 사람이 될지 본 연후
에 내가 외돌토리라 동무 삼으려고 그
러오." 하니라.
15 이때 마침 학봉과 한 고을에 사는 은
양덕(殷陽德)이 다가와 "이 도령이 바로
그 도령이오." 하고 일러 주거늘
16 형렬이 크게 놀라 "아, 그러하오?" 하
며 얼른 몸을 추슬러 기꺼이 재배를
하는지라
17 학봉께서 "한 번 하면 되었지, 내가 죽
었는가, 재배를 하게." 하고 하대하시
거늘
18 형렬이 "내가 세 살만 더 먹었어도 존
장(尊長)이 되려 했는데, 내 나이 몇이
라고 그리 않겠소?" 하며 다시 일어나
절을 하니
19 학봉께서 말씀하시기를 "네가 법줄은
아는구나." 하시니라.
20 이때 학봉께서는 성수(聖壽) 열넷이요,
형렬의 나이는 스물셋이더라.

나는 공중에 뜬 사람이다

21 은양덕이 형렬에게 이르기를 "나이는
적지만 무슨 일이든지 다 아는 지혜가 있
어 이사를 가려 해도 고을에서 못 가
게 한다오." 하니
22 학봉께서 "우리 부모님 영혼이 금방
뜨시게 생겨서 내가 지키느라고 안 가
지, 못 가게 한다고 내가 못 갈 사람이
오?" 하시고
23 형렬을 바라보시며 "내가 땅 위에 서

있다고, 아무리 땅을 파 보아라. 나는
공중에 뜬 사람이다. 한번 떠 봐라!" 하
고 목침 위에 올라서시니라.
24 형렬이 자못 의심스러워하며 허리를
숙여 두 손으로 학봉의 발을 받쳐드니
몸이 공중에 붕 뜨시거늘
25 크게 놀라 손을 더 올리니 더 높이 뜨
시고, 그렇게 손을 들면 드는 대로 위
로 떠오르시더라.
26 이로부터 학봉께서 형렬과 친면으로
지내시니라.

머슴살이와 산판꾼 생활

31 학봉께서 집이 워낙 가난하여 열다
섯 살 무렵에 글읽기를 중단하시
고 짚신을 삼아 팔기도 하시며 사방으
로 유랑하시니
2 정읍 남이면 거슬막에서 머슴으로 일
하며 보리를 거두기도 하시고
3 정읍 내장산 아래 부여곡(夫余谷)에서
산판꾼이 되어 나무를 베기도 하시니
라.
4 이때 틈틈이 고부 궁동면 도천리(宮洞
面 道川里) 종문(宗門)에 가시어 여러 서
적을 읽으시니라.
5 열여섯 살 되시는 해에 하루는 금산사
심원암(深源庵)에 이르시어 깊이 사색
에 잠기시니라.

구릿골에서 은양덕, 형렬과 함께 금을 캐심

6 이 해에 은양덕이 구릿골 금광에서 금
을 캐기 위해 환평에 사는 형렬의 집에
거처를 정하니
7 학봉께서 동행하시어 함께 머무시며
금을 캐시니라.
8 하루는 학봉께서 양덕, 형렬과 함께
금광에 가시어 초롱을 만들어 ○○속
에 넣으시고 머리에 쓰시니 캄캄한 굴
속이 환해지더라.

천지신명이 늘 음호함

32 학봉께서 성년기를 맞아 자(字)를
사(士) 자 옥(玉) 자라 쓰시니라.
2 사옥께서 열일곱 살 되시는 정해(丁亥:
道紀 17, 1887)년 어느 날 외가에 가시
는 길에 어떤 술주정꾼이 무고히 패욕
을 가하거늘
3 이때 아무 대응도 아니하셨는데 하늘
에서 요란하게 천둥이 치며 회오리바
람이 불더니, 난데없이 어디서 큰 돌절
구통이 날아와 주정꾼의 머리를 덮어
씌우는지라
4 그 사람이 절구통에 갇혀 벗어나지 못
하매 사옥께서 아무 일 없으신 듯 그
자리를 떠나시니라.
5 이는 천지신명들이 한시도 경계를 늦추
지 않고 사옥을 음호함이라.
6 이 해에 부모님을 따라 진외가인 두
승산 기슭 장문리(長文里)에 가서 잠시
사시니 집은 뗏장을 떠서 다복다복 지
은 뗏집이더라.
7 그 집에 워낙 쥐가 많거늘 하루는 사
옥께서 크게 한 번 소리를 지르시니
그 뒤로는 쥐가 온데간데없더라.

청수암에서 만나신 수월

33 사옥께서 이곳저곳으로 유랑하시
다가 열아홉 살 되시는 기축(己丑:
道紀 19, 1889)년 가을에 내장산에 가시
니라.
2 저녁 노을에 물결치는 단풍을 바라보
며 산에 오르시어 부모님이 계신 곳을
향해 눈시울을 적시다가 바위에 앉아
깊은 명상에 잠기시니라.
3 날은 저물고 사위(四圍)가 고요한데 어
디서 목탁 소리가 들려오거늘 소리를
따라 청수암(淸水庵)에 이르시니 한 젊
은 여인이 홀로 불공을 드리고 있는지
라
4 사옥께서 그 여인에게 물으시기를 "어
인 일로 이 적적한 암자에 혼자 계시

오?" 하시니
5 그 여인이 아뢰기를 "저는 본래 고향이
전주인데 발을 잘못 들여 수월(水月)이
라는 이름의 기생이 되었사옵니다.
6 지금은 정읍 부호 박인상의 첩으로 들
어가 있사온데 두 해가 되도록 아직
혈육이 없사와 두 달째 정성을 들이고
있습니다." 하니라.

조상신이 참으로 있습니까

7 사옥께서 말씀하시기를 "선령신(先靈
神)을 잘 받들고 정성을 지극히 하면 소원
성취할 것이오." 하시니
8 수월이 "조상신이 참으로 있사옵니
까?" 하고 여쭈거늘 말씀하시기를 "허
허, 무슨 말씀을. 있고말고!" 하시니라.
9 이슥고 밤이 깊으매 사옥께서 밖에서
밤을 지샐 수 없어 불 때지 않은 빈방
에 드시니라.
10 한밤중에 수월이 사옥께서 계신 방으
로 들어와 자신을 거두어 주십사 애원
하거늘
11 "그런 생각을 마시오. 부인에게는 주
인이 따로 있으니 집에 가 있으면 좋
은 배필을 만나리다." 하며 타일러 돌
려보내시고 이른 새벽에 암자를 떠나
시니라.

도호를 증산(甑山)이라 하심

34 객망리로 돌아와 계실 때 시루산에
서 큰 소리로 진법주(眞法呪)를 읽으
며 공부하시니라.
2 시루산에는 큰 소나무가 우거지고 학
이 수두룩이 날아드는데 그곳에서 공
부하시며 스스로 호(號)를 시루 증(甑)
자 뫼 산(山) 자, 증산이라 하시니라.
3 증산께서 수년 동안 객망리에서 진독
골(盡讀谷)로 돌아 샘이너머를 거쳐 시
루산 상봉을 주야로 오르내리시는데
4 이때 근동 십여 리 산천이 울리도록
크게 소리를 지르시니 마을 사람들이
남녀노소를 막론하고 밤에는 집 밖으
로 나가기를 두려워하니라.

청수 올리고 천지에 기도하심

5 증산께서 하루는 성모께서 길어오신
물을 동이에 붓고, 마당 가운데 짚으
로 삼발 모양의 받침을 만들어 그 위
에 동이를 놓으신 뒤
6 많은 백지에 글을 써서 그 앞에 놓으
시고 저녁내 소리내어 천지에 기도하시
니라.
7 기도를 마치시매 글 쓴 종이를 청수
위에서 불사르시어 그 청수를 동이째
다 들이켜시니라.
8 또 증산께서 종종 꽹과리를 치며 마을
을 돌아다니시니 한번은 허리끈을 풀
어서 휙 던지시매 순간 허리끈이 구렁
이로 변하여 기어가더라.
9 스물한 살 때 가족이 잠시 중학리(中鶴
里)로 이사하여 사시거늘 이 마을에 사
는 열일곱 살 난 김흥락(金興洛)이 증
산을 따르니라.

청년 시절

35 객망리에 계실 때 하루는 갓 쪄서
미처 자르지 않은 시루떡을 그냥
손으로 뜯어 잡수시고 술을 드시려 하
거늘
2 강연회(姜然會)가 잔에 담아 드리려 하
니 "잔은 필요 없다." 하시고 동이째
들이켜시는지라 연회가 심히 놀라 넋
을 놓고 바라보더라.
3 증산께서는 무해(無害)한 장난을 좋아
하시고 또 기력이 강장하시어 힘겨루
기를 즐기시거늘
4 이따금 아저씨뻘 되는 강기회(姜驥會)
와 힘자랑을 하시니 그는 기골이 장대
한 천하의 장사라.
5 가을 벼 수확이 끝나고 객망리 기회의
집 지붕을 갈 때, 기회와 함께 지붕날
개를 마당에서 지붕 위로 던져 올리는
내기를 하시니
6 기회는 점점 지쳐 이엉 마름을 들고 사

다리로 올리는데 증산께서는 끝까지
마당에서 던져 올리시니라.
7 또 어느 때에는 맷돌 밑짝의 중쇠를
이로 물어 올리시고, 마당에 서서 발
로 처마끝을 차시며
8 한 팔을 뒤로 하여 땅을 짚고 발꿈치
를 땅에 붙이신 채 장정 십여 명을 시
켜 허리를 힘껏 누르게 하시되 전혀 요
동하지 않으시니라.
9 한번은 김광문(金光文)이 보니 여러 사
람들과 힘겨루기를 하시는데 돌절구
를 머리에 쓰고 상모 돌리듯 하시더
라.
10 증산께서 장성하시매 얼굴은 금산 미
륵불과 흡사하시고, 눈은 일월의 밝음
과 같으시고, 음성은 맑은 천둥소리
같으시고, 몸가짐은 정대(正大)하시고,
도량(度量)은 관대하시고, 동정(動靜)이
정중(鄭重)하시고, 언론(言論)이 활달하
시고, 지감(知鑑)이 신령하시고, 기상
(氣像)이 웅장하시니라.

도술 공부한 어린 시절 친구를 만나심

36 하루는 증산께서 마산(馬山)에 가
셨다가 소싯적 동무인 강우를 만
나시니라.
2 강우의 손을 잡고 반갑게 말씀하시기
를 "우리 세 살 적에 만났는데, 여든이
된들 잊어버릴쏘냐?
3 이왕 나선 김에 다른 동무나 찾아보
자." 하시며 함께 함열(咸悅)에 사는 병
용의 집을 찾아가시니라.
4 증산께서 "세 살에 만난 친구 오늘 다 만
났구나." 하시고 오랜만에 만난 두 친
구와 서로 얼싸안고 기뻐 춤을 추며
회포를 푸시는데
5 강우가 말하기를 "자네는 어려서부터
우리 서이 놀아도 똑 자기 꾐만 하지
함께 놀지를 않았네.
6 산에를 가도 상수리 갖고 공기 받기를
하고, 논다는 것이 어디 마음먹고 나
무고 무엇이고 그것만 맞추려고 하고.
7 또 왕돈을 실에 매달아 놓고는 그 구
멍으로 살이 들어가게 하는 재주를 배
우고, 우리와는 다르더구만." 하며 옛
일을 회상하니
8 병용이 맞장구를 치며 "자네는 어찌
논다는 것이 아주 어려서부터도 그러
더니, 질래 꼭 그렇게만 놀더구만.
9 거미를 잡아서도 그놈을 가지고 '이 줄
이 평양으로 갈라냐, 한양으로 갈라
냐?' 그러면서 줄을 치게 하고, 연을
날려도 우리는 그냥 가오리연을 날리
는데 자넨 삼각수(三角鬚)처럼 만들어
삼각수연을 날리고 그렇게 유독 뛰어
났었지.
10 그렇게 요상스럽게 크니 우리는 그 속
을 모른다네." 하거늘
11 증산께서 말씀하시기를 "사람이 무엇을
배우려면 한 가지를 뚫어지게 배워야지,
할 동 말 동 이것 배우다 저것 배우다
하면 못쓰는 것이네." 하시니라.
12 이에 강우와 병용이 "그럼 자네는 무
엇을 배웠나?" 하고 물으니
13 증산께서 "나는 천지 이치를 배운다네."
하시고 강우에게 "자넨 무엇을 배우는
가?" 하고 물으시거늘
14 강우가 답하기를 "나는 바람에 날려
다닌다네." 하매 다시 병용을 바라보
시며 "자넨 무슨 공부를 하나?" 하고
물으시는지라
15 병용이 "나는 씨름을 배운다네. 밤낮
골마리만 치켜들고 땅에서만 도니 천
지일을 모른다네. 그러니 내 어찌 자네
들을 따라갈 수 있겠는가? 나를 좀 도
와주게." 하니라.
16 증산께서 두 친구와 즐겁게 담소를 나
누신 뒤에 후일을 기약하고 돌아오시
니
17 이때 강우가 먼저 바람을 타고 집으로
돌아가고, 증산께서도 구름을 타고 순
식간에 날아서 오시니라.

증산 상제님의 성혼(聖婚)

37 혼기에 이르시매 부모님께서 매파를 두어 여러 차례 간선(揀選)을 하시는데
2 증산께서 매파가 주선한 규수 집 이야기를 들으시고 그 집 선대의 가계와 친족의 인품과 악습, 악성(惡性) 등을 물건 보듯이 낱낱이 말씀하시니 쉽사리 혼인이 이루어지지 않으니라.
3 마음에 드는 며느릿감을 구하지 못한 채 몇 년을 보내니 마침내 혼삿길이 막히게 된지라
4 성부께서 간선을 너무 까다롭게 하셨음을 깨달으시고, 자부(子婦)의 덕성은 운명에 맡기기로 하고 그 뒤로 어디서든지 청혼이 들어오면 즉시 허혼하리라 마음을 정하시니라.
5 이때 '꼬시래기'라 불리는 잔뫼절의 화주 전광명화(全光明華)가 잔뫼산 일대를 두루 다니면서 포교하고 시주도 하여 주변 고을의 사정에 환하더니
6 증산께서 스물한 살 되시는 신묘(辛卯: 道紀 21, 1891)년 늦가을에 마침 하동 정씨(河東鄭氏) 문중의 규수를 중신하거늘
7 성부께서 즉시 허혼하고 자부로 맞이하시니 이름은 치순(治順)이요 나이는 열여덟인데, 몸이 정상이 아니요 성정(性情)이 원만하지 못하더라.
8 그 해 겨울 함박눈이 쏟아지는 날, 증산께서 부모님의 뜻에 순종하여 금구 내주평(內注坪)의 정씨 가문에 장가드시거늘
9 처가에서 첫날밤을 보내시고 이른 아침에 조용히 신방을 나와 세수하신 뒤 그 집 서당에 가 계시니 하인들이 아침밥을 해서 올리니라.
10 이후 그 집 서당에서 학동들을 가르치시니 사도(師道)가 비범하여 주위 사람들의 경애를 받으시니라.

부친의 친구가 올 것을 예견하심

38 류서구가 부친과 교분이 깊어 자주 내왕하는데 증산께서 항상 그의 내방을 미리 아시고 주안상을 준비하게 하시니라.
2 성부께서 이 사실을 서구에게 말하되 그가 믿지 않더니
3 증산께서 스물두 살 되시는 임진(壬辰: 道紀 22, 1892)년 정월 초이렛날 서구가 또 찾아왔거늘
4 손수 주안상을 차려 내시고 말씀하시기를 "설 쇠기 전에는 공사가 있어 영접하지 못하였으니 부집(父執)에 대한 예가 아니었습니다." 하시고
5 웃으시며 아우 영학을 불러 "안방에 가서 역서(曆書) 틈에 끼워 둔 종이를 가져오라." 하시어 펴 보이시니
6 人日人來寅艮方하리니
인일인래인간방
逢場必是柳瑞九리라
봉장필시류서구
인일(人日)에 인간방(寅艮方)에서
사람이 찾아오리니 만나 보면 반드시
류서구이리라.
7 라고 쓰여 있는지라 서구가 보고 크게 탄복하니라.
8 이때 조모님 묘를 시루산 정상에 개장(改葬)하시니 서구가 수종 드니라.

온 동네가 환해진다

39 증산께서 한때 고부 마동(馬洞)에 글방을 차리시고 동네 아이들에게 글을 가르치시니 그 성예(聲譽)가 높아 인근 마을 사람들이 모두 존경하니라.
2 이때 마을 밖에 나가셨다가 한다리(漢橋)를 건너 마동으로 들어오시면 동네 사람들이 서로 말하기를 "선생님이 들어오시면 온 동네가 환해진다." 하니라.

복을 받으려면

3 하루는 청도원고개에서 명리(命理)를

판단하시니 그 신통하심에 사람들이
크게 감탄하니라.
4 어떤 사람이 운명을 여쭈매 증산께서
"복채를 내놓으라." 하시니 그 사람이
돈이 있으면서도 없다고 속이거늘
5 말씀하시기를 "그대가 돈을 아끼는 거
나 내가 재조를 아끼는 거나 마찬가지
니라.
6 사람이 복을 받으려면 먼저 바른 말을
하고 바르게 살아야 하느니라." 하시니
라.

신동으로 이름난 아이 백인수

40 백인수(白仁秀)는 무자(戊子: 道紀
18, 1888)생으로 손이 귀한 집안의
삼대독자로 태어나니라.
2 인수는 날 때부터 영이 그지없이 밝아
8개월 때부터 신안이 열리기 시작하더니
세 살에 이르러서는 만물의 속을 환히
들여다볼 수 있게 되니라.
3 이토록 영이 맑고 그 언어동지(言語動
止)가 남달라 인근 동리에 신동으로 이
름이 높거늘
4 기운이 완전히 열리고 혼자서 걸을 수
있게 된 세 살 이후로는 틈만 나면 밖
으로 나가 사라지기 일쑤이더라.
5 그 때마다 그 부모가 크게 놀라 겨우
찾아서 데려다 놓으면 "꼭 찾을 분이 있
어요." 하며 몰래 집을 나가는데
6 아버지가 행여 찾아낼까 싶어 가명까
지 쓰며 숨어 다니니 나중에는 부모도
지쳐서 찾기를 포기하니라.
7 이때 인수는 한번 나가면 열흘도 있다
가 돌아오고 닷새도 있다가 돌아오니
라.

증산을 따르기 시작한 인수

41 인수가 사방을 돌아다닐 때 나무
열매를 따먹기도 하고 동냥을 얻
기도 하며 허기를 달래거늘
2 사람들이 그런 인수를 가엽게 여겨 혀
를 끌끌 차기도 하고 때로 얼굴에 흐
르는 총기를 보고 데려다 기르려 하는
사람도 많더라.
3 그러던 중 하루는 천지에서 밝은 영이
내리며 어떤 분의 모습이 보이는 가운
데 선어(仙語)가 들리기를 "저 분이 너의
아버지이니 가서 뵈어라." 하니라.
4 인수가 여섯 살 되던 계사(癸巳: 道紀 23,
1893)년에 천지 기운이 인도하는대로
고부까지 가게 되거늘
5 마침내 그곳에서 증산을 뵈니 순간 천
지가 광명으로 가득 차 눈을 뜨고 마
주 대할 수가 없는지라
6 기쁨에 겨워 인사를 올리려 하는데 증
산께서 본 체도 하지 않으시고 걸음을
옮기시니라.
7 이에 종종걸음으로 증산을 따르니 증
산께서는 그저 "집에 가라, 이놈아!" 하
며 호통치실 뿐이거늘
8 인수가 아랑곳하지 않고 증산의 뒤를
따르매 한두 달 후 복남이라는 이름을
지어 주시고 따를 것을 허락하시니라.

정심정도로 믿어라

42 증산께서 하루는 복남에게 말씀하
시기를 "어설피 믿다 뒈지려거든 아
예 믿지를 말아라.
2 천지에 서약을 했으면 정심정도(正心正道)
로 믿어 나가야지, 믿는다고 말만 하고 허
영 떨고 훔쳐 먹고 그러면 천지에서 벌을
더 준다." 하시고
3 이어 말씀하시기를 "이 세상을 살면서
는 죄를 지어도 남 모르게만 하면 그
만인 줄 알아도 죄진 사람은 천상에 가
면 모든 게 다 드러난다.
4 죽으면 편할 줄 알고 '죽어, 죽어.' 하
지만 천상에 가면 모든 것이 다 무섭다.
믿으면서 지은 죄는 사하지도 못하느니
라." 하시니라.

전명숙이 고부에서 혁명을 일으킴

43 갑오(甲午: 道紀 24, 1894)년에 고부 사람 전명숙(全明淑)이 보국안민(輔國安民)이라는 기치를 내걸고 동학 신도들을 모아 고부에서 난을 일으키니 온 세상이 들끓으니라.
2 일찍이 전명숙은 신묘(辛卯: 道紀 21, 1891)년부터 3년간 서울을 오르내리며 흥선대원군을 만난 일이 있더니
3 대원군이 명숙의 뜻을 물은즉 "제 흉중(胸中)에 품은 뜻은 나라와 백성을 위하여 한 번 죽고자 하는 마음뿐이오." 하고 대답하니라.

거사를 만류하심

4 증산께서 명숙과 나이 차이는 많이 나나 일찍부터 교분이 있으시더니
5 갑오년에 하루는 명숙이 찾아와 말하기를 "내가 민생을 위해서 한번 거사를 하려 하니 그대가 나를 도와주시오." 하거늘
6 증산께서 그 전도가 이롭지 못함을 미리 아시고 "때가 아니니 나서지 말라." 하시며
7 "성사도 안 되고 애매한 백성만 많이 죽을 것이라." 하고 경계하시니라.
8 이에 명숙이 대하여 말하기를 "그대가 안 된다면 나 혼자라도 하겠소." 하고 물러가니라.

혁명의 대세를 지켜보심

9 혁명이란 깊은 한(恨)을 안고 일어나는 역사의 대지진인즉, 동방 조선 민중의 만고의 원한이 불거져 터져 나온 동학 혁명으로부터 천하의 대란이 동하게 되니라.
10 증산께서 후천개벽을 알리는 이 큰 난의 대세를 지켜보고 계셨으니, 이때 증산은 성수 스물넷이요 명숙은 마흔 살의 백의한사(白衣寒士)더라.
11 개벽의 새 시대를 알린 이 혁명은 갑오년 정월과 3월, 9월 세 차례에 걸쳐 일어나니라.

동학혁명의 발발

44 갑오년 정월에 고부 군수 조병갑(趙秉甲)의 악정과 토색질에 분개한 농민들이 전명숙을 두령으로 하여 배들평의 말목장터에서 봉기하니
2 고부 관아를 점령한 농민군은 억울하게 옥에 갇힌 사람들을 모두 풀어 주고 원성의 근원인 만석보(萬石洑)를 헐어 버리니라.
3 이에 조정에서는 쫓겨난 조병갑의 후임으로 박원명(朴源明)을 새로이 고부 군수로 임명하거늘
4 박원명이 진심으로 선치(善治)를 베푸니 어느 정도 원성이 누그러진 고부 백산(白山)의 농민군이 모두 해산하니라.

동학 교도 대검거령

5 한편 이른바 '고부민란'의 진상을 밝히고 민심을 수습하기 위해 안핵사(按覈使)로 파견된 이용태(李容泰)는 동학 교도를 민란의 주모자로 몰아 동학 교도 대검거령을 내리니
6 고부 전역에서 군졸들이 죄없는 농민들을 구타하고 부녀자를 강음(强淫)하며 재산을 강탈하고 가옥을 불지르며
7 또 동학 교도를 조기 꿰미 엮듯 포승줄로 묶어 닥치는 대로 잡아들이고 그 처자들까지 살상하니라.
8 이에 전 군민의 통분이 뼈에 사무쳐 민심은 순식간에 다시 험악해지고 장차 큰 난리가 터질 것이라는 불안감이 고부 전역을 휩쓸더라.

오래도록 집을 떠났다가 돌아오심

45 이때 증산께서 본댁을 떠나 계신 지 오랜지라
2 성모께서 흉흉한 시국에 아들의 안부를 알 길이 없어 노심초사하시니 유덕안이 성부의 당부로 증산을 찾아 나서니라.
3 당시는 동학군으로 의심되면 가릴 것 없이 마구 잡아죽이는 때인지라 의관

을 갖추고 출발하였으나
4 고부 강신리(江新里)에 이르렀을 때 동학군들을 잡아가던 관군이 덕안을 보자 "이놈도 동학군이다." 하며 포박하여 전주 용머리고개 임시 형장으로 끌고 가니라.
5 이때 마침 저수지를 지나는데 끌려가던 한 사람이 "어차피 죽을 목숨 아예 여기 빠져 죽자." 하며 물로 뛰어들거늘
6 여럿이 같이 묶여 있어 깊이 빠지지는 않는지라 나머지 사람들이 건져 내어 다시 형장으로 향하니라.
7 어느 주막에 이르러 잠시 쉬어가게 되자 덕안이 참담한 심정으로 주인에게 말하기를 "내가 만일 죽지 않으면 찾아가리니 좀 맡아 주시오." 하고 도포를 건네니 주인이 허락하니라.

덕안을 구해 주심

8 전주 형장에 이르러 다른 사람들이 모두 참형되고 마침내 덕안의 차례가 되었거늘
9 목이 막 베일 찰나, 갑자기 하늘이 캄캄하여지고 사방에서 번개가 번쩍이며 천둥이 치고 회오리바람이 불며 불칼이 들어오매 정신이 아득해지더라.
10 한참 후에 덕안이 정신을 차려 보니 밤은 깊어 사방이 캄캄한데 비바람은 그치지 않고 짙은 어둠 속에 시체들만 널브러져 있더라.
11 덕안이 손을 묶인 채 피비린내와 송장 썩는 냄새가 진동하는 어두운 형장을 헤매며 시체에 걸려 넘어지기를 수차례 하다가
12 문득 먼 곳에서 비치는 불빛을 따라 지친 몸을 이끌고 가다 보니 어느새 날이 새기 시작하는지라 주위를 살펴보니 불빛은 온데간데없고 적막한 산중이더라.
13 정신을 수습하여 도포를 맡긴 주막에 찾아가니, 그곳에 있던 여러 사람들이 덕안의 행색을 보고는 "이런 놈은 잡아 넘겨야 한다." 하며 죽인다고 달려드는데
14 주막 주인이 나서서 "이 사람은 천운을 타고난 사람이니 손대지 마시오." 하며 말리는지라
15 이에 덕안이 그의 도움으로 간신히 포승을 풀고 도포를 찾아 재생(再生)의 기쁨을 안고 집에 돌아오니라.
16 이때 덕안은 호랑이가 불빛을 비춰 주어 살아난 것으로 믿고 있더니
17 그 후 어느 날 증산께서 객망리에 돌아오시어 덕안에게 말씀하시기를 "험한 시절에 위급한 일을 당하여 고생이 많았습니다. 나를 찾을 필요 없습니다." 하고 위로하시거늘
18 그제야 비로소 자신이 살아난 것이 증산의 음호 덕분임을 깨달으니라.

3월 무장 기포

46 3월 20일에 무장(茂長)에서 기포(起包)한 동학 농민군은 백산으로 본진을 옮기고 전명숙을 동도대장(東徒大將)으로 추대한 뒤 호남창의대장소(湖南倡義大將所)의 깃발을 올리니라.
2 이에 전라도 감영의 관군이 동학군 본진을 향해 진군하매 황토현(黃土峴)에서 양 진영이 맞닥뜨려 대치하니
3 이때 태인 강삼리(江三里)에 사는 열여섯 살 소년 문남용(文湳瀧)과 정읍 대흥리에 사는 열다섯 살 소년 차경석(車京石)이, 각기 접주인 중형(仲兄) 문선명(文善明)과 아버지 차치구(車致九)를 따라 이 전투에 참가하니라.

문남용과 전설의 인물 '오세동'의 운명적 만남

47 문남용이 황토현 전투에 참여한 날 해가 뉘엿뉘엿 넘어갈 무렵 어디선가 "생불(生佛)이 들어온다!" 하고 외치는 소리가 들리거늘

2 남용이 보니 키가 큰 장정 하나가 어린
아이를 업고 들어와 자리에 내려놓는
데 무릎을 꿇고 고개를 숙인 채 미동
도 하지 않으니라.
3 이때 여기저기서 수군거리기를 "신인
(神人)이라, 오세동(五歲童)이라." 하는데
남용이 그 체구를 보니 일곱 살 정도이
더라.
4 동학 간부들이 오세동 앞에 과자를 놓
고 "드십시오." 하며 예를 다하여 모시
되 오세동은 아무 말이 없거늘
5 누군가 비웃으며 말하기를 "산부처라
더니 벙어리를 데려왔나 보다." 하니라.
6 얼마 후 오세동이 자신을 업고 온 장
정에게 묻기를 "진중에 총 든 군사가
몇이냐?" 하니 그 사람이 대장에게 물
어 오세동에게 그대로 전하거늘
7 오세동이 좌중을 향해 호령하기를 "총
든 군사는 모두 모이라!" 하고 "지필을
들이라." 하더니 남용을 가리켜 먹을
갈게 하니라.
8 이에 오세동이 총 든 군사의 숫자대로
손바닥만 한 종이에 '푸를 청(靑)' 자
비슷한 글을 써서 그 군사들에게 각기
나누어 주며 말하기를
9 "이것을 잃어버리면 너는 죽는다." 하
더니 얼마 후 다시 말하기를 "하나는
할 수 없이 죽겠구나." 하니라.
10 이어 오세동이 이것저것을 일일이 지
시하니 동학군이 그 명에 따라 산을 둘
러가며 잔솔가지에 이불보와 치마를
뜯어 중간 중간에 쳐 놓고
11 밤새 간간이 관군을 향해 총을 쏘며
신경전을 벌이매 관군이 이불보를 동
학군으로 오인하여 총을 쏘아대거늘
12 그 틈에 동학군이 관군 진영을 기습하
여 동이 틀 무렵에 대승을 거두니라.
13 이후 남용이 노인들에게 이야기를 들
으니 '진격하는 동학군의 머리 위로 백
로(白鷺) 한 마리가 유유히 날고 있더
라.' 하니라.

때는 언제입니까

48 전투가 끝나자 오세동이 자신을
업고 왔던 장정에게 말하기를 "십
세가 안 된 아이가 전쟁은 불가하다."
하고는 자리에서 벌떡 일어나 "가자!"
하니라.
2 이때 동학군들이 무릎을 퍽 꿇고 오세
동을 붙잡으며 "때는 언제입니까?" 하
고 묻거늘
3 오세동이 한시 두 구절을 써 주는데
남용이 앞 구절만을 기억하니 이러하
니라.

花老太童禾處子
화로태동화처자

4 남용이 글을 보고 대강의 뜻을 짐작하
여 '동학군도 아직 때가 아니다.' 하며 동
학군의 대열에서 벗어나 고향으로 돌
아오거늘
5 신이한 오세동의 지혜와 기상에 크게 충
격을 받은 남용은 이로부터 '나도 도를
닦아야겠다.'는 구도의 의지가 가슴 속
에 요동치니라.

객망리를 범치 못함

49 동학군이 황토현에서 멀지 않은
도마다리 야산(道橋山)에 진을 치
니, 인근 객망리 사람들이 동학군과
관군의 격돌로 인한 폐해를 염려하나
2 성부께서 워낙 힘이 센 장사로 알려져
있는 데다 증산의 신이하심을 두려워
하여 관군과 동학군 모두 황토마루 너
머 객망리 부근은 근접치 못하더라.

청국과 일본의 개입

3 4월 7일 새벽에 동학 농민군이 황토
현에서 대승을 거두고 그 기세를 몰아
정읍 · 흥덕 · 고창 · 무장 · 영광 · 함평
을 차례로 점령해 나아가니 그 사기가
하늘을 찌를 듯하더라.
4 이어 23일에 동학군이 장성 황룡촌(長
城 黃龍村) 전투에서 초토사(招討使) 홍
계훈(洪啓薰)이 이끄는 관군을 대파하

고 북으로 전주를 향해 진격하니

5 홍계훈이 관군만으로는 동학군을 진압하기 어렵다고 판단하고 청국군 차병(借兵)을 조정에 요청하니라.

6 이때 청국과 일본은 조선에서 일어나고 있는 이 사태를 예의 주시하고 있었으니 당시 일본의 총리대신은 이등박문(伊藤博文)이라.

7 동학군이 27일에 전주를 점령하니 이에 놀란 조정에서는 마침내 청(淸)에 차병을 요청하거늘

8 5월 초순에 청국군 3천여 명이 아산(牙山)으로 들어오니

9 때를 엿보던 일본군 또한 곧이어 4천여 병력을 이끌고 인천에 상륙하매 삼천리 강토에 짙은 전운(戰雲)이 감돌더라.

10 동학군이 전주성을 점령한 이후 대치하던 관군과 동학군은 잇단 외세의 개입을 경계하여 화약(和約)을 맺으니 이로써 동학군이 일단 해산하니라.

11 이에 조정에서는 양국에 동시 철병을 요청하고 청 또한 일본에 동시 철군을 제의하였으나, 일본은 난이 아직 끝나지 않았음과 조선의 내정개혁을 구실로 이를 거부하니라.

광구천하의 큰 뜻을 품으심

50 증산께서 천하가 날로 그릇되어 감을 깊이 근심하시고 이 해에 의연히 광구창생(廣救蒼生)의 큰 뜻을 품으시니라.

2 이 해 5월 어느 날 밤 꿈에 한 노인이 찾아와 천지 현기(玄機)와 세계 대세를 비밀히 논하니라.

동학군의 패망을 예고하심

51 그 해 7월 어느 날 밤에 불을 밝히지 않고 홀로 앉으시어 깊은 명상에 잠기시니라.

2 이때 조화로 충만한 천지의 원신(元神)을 열고 삼매에 드시어 동학군의 운명을 예시하는 옛 시 한 수를 읽으시니 이러하니라.

3 月黑雁飛高하니 單于夜遁逃라
월흑안비고 선우야둔도
欲將輕騎逐할새 大雪滿弓刀라
욕장경기축 대설만궁도

어두운 달밤에 기러기 높이 나니
선우가 밤을 타서 도망하는구나.
경기병 이끌고 뒤쫓으려 할 적에
큰 눈 내려 활과 칼에 가득하도다.

4 이 글로써 사람들에게 동학군이 겨울에 이르러 패망할 것을 일러 주시며 "동학에 들지 말라."고 권유하시더니

5 과연 겨울에 동학군이 관군에게 패멸되매 이 말씀을 순종한 사람은 무사히 화를 면했으나 듣지 않고 종군한 자는 모두 죽음을 당하니라.

6 증산의 말씀을 그대로 믿었던 사람들이 모두 증산을 일컬어 말하기를 "신인(神人)이라." 하고 "공부 않고 날 때부터 아는 사람이라." 하니라.

동학군의 9월 재기포

52 전주화약(全州和約) 이후 동학군의 요구대로 폐정개혁안이 시행되고 호남 전역에 집강소(執綱所)가 설치되어 동학군이 치안과 민정을 맡아 잠시 안정되는가 하였으나

2 일본군의 대궐 침범과 패륜적인 내정 간섭으로 조선은 다시 걷잡을 수 없는 망국의 혼란 속으로 빠져들고

3 기회만 노리던 일본군이 드디어 아산만 풍도(楓島) 앞바다에서 청군에 포격을 개시하면서 전단(戰端)을 여니 이로써 청일전쟁이 불을 뿜기 시작하니라.

4 이후 청일전쟁에서 연전연승하던 일본은 평양 전투의 승리를 계기로 조선의 내정에 더욱 깊이 개입하며 본격적으로 동학군 토벌에 나서거늘

5 이에 외세에 기울어 가는 국운을 통탄한 동학군의 수뇌들이 9월에 전주 삼

례에서 회동하여 화전(和戰) 양론의 대
립 끝에 다시 기병을 결정하니
6 마침내 동학군은 전명숙을 대장으로 하
여 손화중(孫華仲)은 무장에서, 김개남
(金開南)은 남원에서, 김덕명(金德明)은
금구 원평에서, 차치구와 손여옥은 정
읍에서, 최경선은 태인에서, 정일서는
고부에서, 류한필은 함열에서, 오동호
는 순창에서, 기우선은 장성에서, 손천
민과 이용구(李容九)는 청주에서 일어나
삼남의 강산과 전국을 뒤흔드니라.

동학군에게 비극의 운명을 경계하심

53 증산께서 이 해 10월 태인 동골에
가시어 동학 접주(接主) 박윤거(朴
允擧)를 방문하시니
2 마침 모악산 계룡리(鷄龍里)에 사는 안
필성(安弼成)이 같은 마을의 동학 신도
최두현(崔斗鉉)과 함께 윤거의 도담(道
談)을 듣고 있더라.
3 본래 증산과 필성은 흉허물없이 지내
는 친구 사이라 필성이 반갑게 맞으며
"아니 이보게 증산, 자네가 여긴 어쩐
일인가?" 하고 인사를 하니
4 증산께서 필성과 가볍게 수인사를 나
누시고 마루에 걸터앉아 윤거와 성명
을 통하신 뒤에
5 말씀하시기를 "내가 여기에 온 것은
장래의 대세를 전하고자 함이라.
6 지난 4월에는 동학군이 황토재에서 대
승을 거두었으나, 이번에는 겨울에 이
르러 전패할지라. 그대가 접주라 하니
더 이상 무고한 생민들을 전화(戰禍)에
끌어들이지 않기를 바라노라." 하시고
7 다시 필성을 향해 정색을 하시며 "필
성아, 거기는 네가 갈 자리가 아니다. 가
면 죽음을 면치 못하리니 부디 가지 말
아라." 하고 간곡히 충고하시되 필성이
끝내 마음을 돌이키지 않으니라.
8 윤거는 증산의 말씀을 듣고 깨닫는 바
가 있어 접주를 사면하고 전란에 참가
하지 않았으나 두현은 믿지 않고 윤거
의 뒤를 이어 접주가 되어 부하를 인
솔하고 출전하니라.

친구 안필성을 만나 동행하심

54 동학군이 삼례를 떠나 공주(公州)
를 공략하기 위해 은진과 논산 쪽
으로 서서히 진군하니
2 삼례를 떠난 동학군이 머지않아 한성
(漢城)으로 진격한다는 소문이 순식간
에 온 나라 안에 퍼져 나가니라.
3 이때 필성은 두현에게서 도를 받은 뒤
에 '남원으로 가서 종군하라.'는 군령
(軍令)을 받고 보름날 계룡리를 떠나
남원으로 향하더니
4 전주 구이면 정자리(九耳面 亭子里)를
지나다가 그곳 노상에서 뜻밖에 증산
을 뵙게 되니라.
5 필성이 반가워 인사를 하니 증산께서
말씀하시기를 "음, 네가 올 줄 알고 기다
리고 있었다. 나와 함께 가자." 하시고
6 필성과 더불어 두어 마장을 더 걸어 임
실 마근대미(任實 馬近潭) 주막으로 들
어가시니 온통 동학군의 소문과 일본
의 대궐침범 이야기로 시끄럽더라.
7 증산께서 술 한 상을 시켜 목을 축이
시고 말씀하시기를 "날도 차고 하니
이곳에서 쉬며 기다려라. 남원에서 네
가 만나려는 사람은 여기서 만날 것이
다." 하시거늘
8 필성이 "노자가 다 떨어져 여기서 만일
그 사람을 못 만나면 참으로 곤란하
네." 하니
9 이르시기를 "허허, 내 말을 믿고 밥 굶
을 걱정은 말아라." 하시니라.
10 두 시간쯤 지나니 문득 길 건너에서
천지를 뒤흔드는 함성이 울리며 인마
(人馬) 소리가 가까이 들려오거늘
11 필성이 밖으로 나가 보니 동학군 수천
명이 '보국안민(輔國安民)', '척양척왜(斥
洋斥倭)'라 쓴 오색기를 흔들며 혹은 어

깨에 총을 메고 혹은 손에 창을 들고
행군해 가는데 동학군의 긴 행렬로 계
곡은 온통 사람의 물결로 뒤덮이니라.
12 이때 진군하는 복잡한 행렬 속에서 접
주 최두현이 필성을 보고 다가와 "남
원으로 가지 말고 전주로 집결하라는
군령이 떨어졌으니 그리 알라." 하고
대열 속으로 사라지니라.
13 당시 동학군의 대본영은 논산에 있고
관군은 충주와 괴산에서 동학군을 토
벌한 후 남하하는데
14 남원에서 기병한 김개남 장군의 일만
여 동학군은 관군의 남하를 막기 위해
청주성을 공략하려고 전주에 집결하
는 중이더니
15 바로 이때에 최두현을 다시 만난 것이
라.
16 증산께서 필성을 데리고 멀리서 군마
의 뒤를 따라가시다가 전주 수통목(水
桶木)에 이르러 말씀하시기를
17 "오늘은 전주에서 살상이 있을 터이니
이곳에서 자고 내일 전주로 가도록 해
라." 하시거늘
18 필성은 장렬한 동학군의 행군에 마음
이 더욱 조급해지니라.

거리에 나가면 볼 것이 있으리라

55 이튿날 필성을 데리고 전주에 이르
시어 조용한 곳에 머물 곳을 정하
시니라.
2 저녁에 필성에게 일러 말씀하시기를
"거리에 나가면 볼 것이 있으리라." 하
시고
3 함께 나가시어 한 곳에 이르니 싸늘한
가을 바람이 부는 길 위에 잘려진 머
리 셋이 나뒹굴고 있거늘
4 증산께서 크게 놀라는 필성에게 그 광
경을 가리키시며 엄숙한 목소리로 말
씀하시기를 "저것을 보아라!
5 이렇게 위험한 때에 어찌 경솔하게 몸
을 움직이리오. 부디 몸조심하라." 하시
니라.
6 그러나 필성은 동학의 가르침으로 새
세상을 개벽하리라는 기대와 외세 침
략으로부터 나라를 건진다는 대의(大
義)에 불타 증산께서 깨우쳐 주시는 어
떤 말씀도 들리지 않더라.
7 증산께서 필성과 그곳에서 작별하시
니라.

전명숙 장군을 찾아가심

56 한편 전명숙 장군의 주력 부대는
10월 말경에 공주를 공략하기 위
해 비장한 공세를 펼치니라.
2 증산께서 몰살의 큰 위기에 처한 동학
군의 운명을 내다보시고 곧장 공주에
있는 전 장군의 진영을 찾아가시어
3 "무고한 백성들만 죽이고 절대 성공을
못 하니 당장 전쟁을 그만두시오." 하고
강권하시나
4 명숙은 외세를 몰아내고 탐관오리를
물리쳐 도탄에 빠진 백성을 구하고자
하는 일념뿐인지라 증산께서 일러 주
시는 어떠한 말씀도 새겨듣지 아니하
니라.

여산에서 안필성을 다시 만나심

57 필성이 종군한 김개남 부대는 전
주를 떠나 청주를 향하여 북상하
는 길에 여산(礪山)에서 잠시 머물러 쉬
거늘
2 이때 필성이, 길 한쪽에 서서 바라보고
계시는 증산을 다시 만나니라.
3 증산께서 물으시기를 "이제 종군하는
가?" 하시니 필성이 "그러하네." 하고
대답하거늘
4 말씀하시기를 "이 길이 크게 불리할 것
이니 극히 조심하라." 하시니라.

나는 대세를 살피러 온 것이다

5 김개남 부대는 행군을 계속하여 진잠
(鎭岑)을 지나 공주(公州) 유성 장터에서
하루를 쉬니, 이는 다음날부터 청주성

을 공략하기 위함이라.
6 이튿날 새벽 청주성을 약 30리 남겨
놓은 곳 길가에서 필성이 또다시 증산
을 만나니라.
7 증산께서 "너희들 진중에 중(僧)이 하
나 있느냐?" 하고 물으시니 필성이
"그러하네." 하거늘
8 말씀하시기를 "너희들이 그 요승(妖僧)
의 말을 좇다가는 필경 멸망할 것이
다. 필성아, 너는 이 길을 따르지 말고
이제는 내 말을 믿어라." 하시니
9 필성이 버럭 화를 내며 "이렇게 목숨
을 바쳐 나라를 구하려는 마당에 어찌
남의 일처럼 구경만 하면서 그런 불길
한 말들만 하는가? 도대체 자네는 무
얼 하려는 건가?" 하고 따지니라.
10 증산께서 말씀하시기를 "너는 도대체
내 말을 믿지 않는구나. 내가 그들이 미
워서 그러겠느냐? 머지 않아 닥칠 너
희들의 장래가 지극히 불리하므로 화
를 면케 하려 할 뿐이다.
11 그래도 필성이 너는 내 말을 알아들을
만하니 이렇게 일러 주는 게 아니냐.
12 필성아, 저곳은 네가 갈 자리가 아니
니 돌아가자. 그렇지 않으면 죽을 테
니 나하고 돌아가야 한다." 하시거늘
13 필성이 묻기를 "그러면 자네는 왜 이
곳까지 계속 쫓아왔는가?" 하니
14 말씀하시기를 "나는 종군하러 온 것이
아니라 대세를 살펴보러 온 것이다." 하
시니라.

전쟁터에서 김형렬을 다시 만나심

58 이때 금구에 사는 김형렬이 증산께
서 필성과 말씀을 나누시는 것을
보고 다가와 인사를 청하거늘
2 형렬은 일찍이 증산과 친면이 있던 터
라 서로 반갑게 인사를 나누니 증산께
서 "그대도 종군하지 말라." 하고 권하
시니라.
3 필성과 형렬은 종군하지 말라는 증산
의 간곡한 당부를 저버리고 계속 종군
하여 앞서가는데
4 청주 병영 앞 산골에 이르자 갑자기
좌우에서 복병이 나타나 포화를 퍼부
으매 많은 동학군이 쓰러지는지라
5 필성과 형렬이 황급히 소나무 숲 속으
로 몸을 피하니 증산께서 그곳에서 기
다리기라도 하신 듯 서 계시다가 두
사람을 부르시며 "잘 피해 왔네. 이곳
은 괜찮으니 안심하게." 하시거늘
6 형렬은 증산께서 신감(神鑑)이 비상하
심에 새삼 감복하고 마음을 놓으니라.
7 이때 증산께서 필성에게 "필성아, 가지
마라. 가면 너는 이번에 죽는다. 성공 못
하니 나 따라 가자." 하며 거듭 타이르
시니
8 필성이 문득 깨달아지는 바가 있어 그
제야 마음을 돌리거늘
9 이 날 동학군 네댓 명도 증산의 신이하
신 말씀을 듣고 함께 발길을 돌리니라.
10 필성과 형렬이 종일 먹지 못해 주림을
이기지 못하거늘 증산께서 돈을 내어
주시며 "저곳에 가면 떡집이 있으리니
주인이 없을지라도 떡값을 수효대로
그릇 안에 두고 떡을 가져와라." 하시
매
11 필성이 명하신 대로 떡을 가져오니 증
산께서 두 사람에게 나누어 먹이시니
라.

이곳에서 또 많이 죽으리라

59 증산께서 일러 말씀하시기를 "동
학군이 오래지 않아 쫓겨 오리니
우리가 먼저 떠남이 옳을 것이라." 하
시고 두 사람을 데리고 돌아오실 때
2 진잠에 이르러 문득 "동학군이 이곳에
서 또 많이 죽으리라." 하시니 두 사람이
심히 불쾌히 여기거늘
3 이에 말씀하시기를 "내가 저들을 미워
함이 아니요 사태가 진전될 기미를 말
할 뿐이니 아무리 듣기 싫을지라도 불

쾌히 생각하지 말라." 하시니라.
4 이어 산속의 한 은벽한 곳에서 쉬시는
데 잠시 후에 총소리가 어지럽게 일어
나더니 격전 끝에 많은 동학군이 전사
하니라.
5 동학군의 운명의 대세가 기울어 가고
있는 이때, 증산께서 형렬과 필성을
데리고 관군의 화를 피하여 진잠 산길
을 따라 걸어가시니라.

갑사에서 하루 머무르심

60 산길을 가시는 중에 어디서 목탁
소리가 들려오거늘 따라가니 곧
계룡산 갑사(甲寺)더라.
2 증산께서 경내에 들어서시며 "더 가다
가는 해를 입으리니 이곳에서 자고 가
세." 하시고 방으로 드시거늘
3 조금 뒤에 한 중이 와서 아뢰기를 "동
학군이 노성(魯城)에 진을 치고 머무
르며 도망하는 군사를 붙든다고 합니
다." 하니 필성과 형렬이 크게 근심하
는지라
4 증산께서 말씀하시기를 "이곳에서 쉬
자 한 것은 바로 이러한 화를 피하려
함이라. 내일 아침에 떠나면 아무 일
없으리니 염려하지 말게." 하시니라.
5 이튿날 갑사를 떠나 다시 산길을 따라
한참 걸으시다가 두 사람에게 작별을
고하며 말씀하시기를 "이로부터는 그
대들에게 큰 화가 미치지 않으리니 각
자 따로 가도록 하게." 하시거늘
6 두 사람이 두려움과 불안으로 좀더 동
행하여 주시기를 간청하니 증산께서
웃으시며 허락하시니라.
7 논산을 지나 여산 땅에 들어서며 말씀
하시기를 "만일 읍내를 지나면 옷을
빼앗기리라." 하시고 샛길로 들어서서
양량소면(陽良所面) 인내(仁川)장터로
향하시니라.
8 이때 여산 읍내를 지나던 동학군은 모
두 읍내 사람들에게 옷을 빼앗기고 벗
은 몸으로 흩어져 가니, 이는 지난번
에 동학군들이 북상할 때 그 사람들의
옷을 빼앗은 데 대한 보복이더라.

형렬과 필성의 목숨을 구해 주심

61 동학군은 공주 우금치 전투와 청
주 전투에서 패배를 당하고 이를
고비로 후퇴를 거듭하면서도 다시 전
열을 가다듬어 전세를 만회하려 하였
으나
2 일본군과 관군과 민보군(民保軍)이 후
퇴하는 동학군을 추격하고 색출하여
닥치는 대로 학살하니 곳곳에서 피비
린내 나는 살풍경이 벌어지니라.
3 증산께서는 동학군의 퇴로를 피하여
한적한 샛길을 택해 전주부 경계를 크
게 우회하시니 갑사로부터 금산, 무
주, 진안, 임실을 거치는 험한 산길이
더라.
4 이어 순창에서 하룻밤을 주무시고 다
음날 배를 타고 섬진강을 거슬러 올라
산내(山內)를 지나 태인에 도착하시니
라.
5 증산께서 필성과 형렬을 집으로 돌려
보내실 때 두 사람이 증산께 여비로
드릴 돈이 없음을 송구스러워 하거늘
6 증산께서 말씀하시기를 "나는 있으니
염려하지 말고 돌아들 가게." 하시니
라.
7 이에 증산께 작별을 고하고 각기 집으
로 돌아가니 이는 청주를 떠난 지 꼭
이레 만이더라.
8 함께 종군하였던 이웃 사람들은 모두
생사조차 알 수 없거늘 오직 두 사람
만이 기적적으로 생환하니
9 이는 증산께서 형렬과 필성을 죽음에
서 구하여 주심이더라.

동학군의 패망

62 그 뒤에 동학군은 11월 25일 원평
접전과 27일 태인 접전에서 연패

증산 상제님의 생애

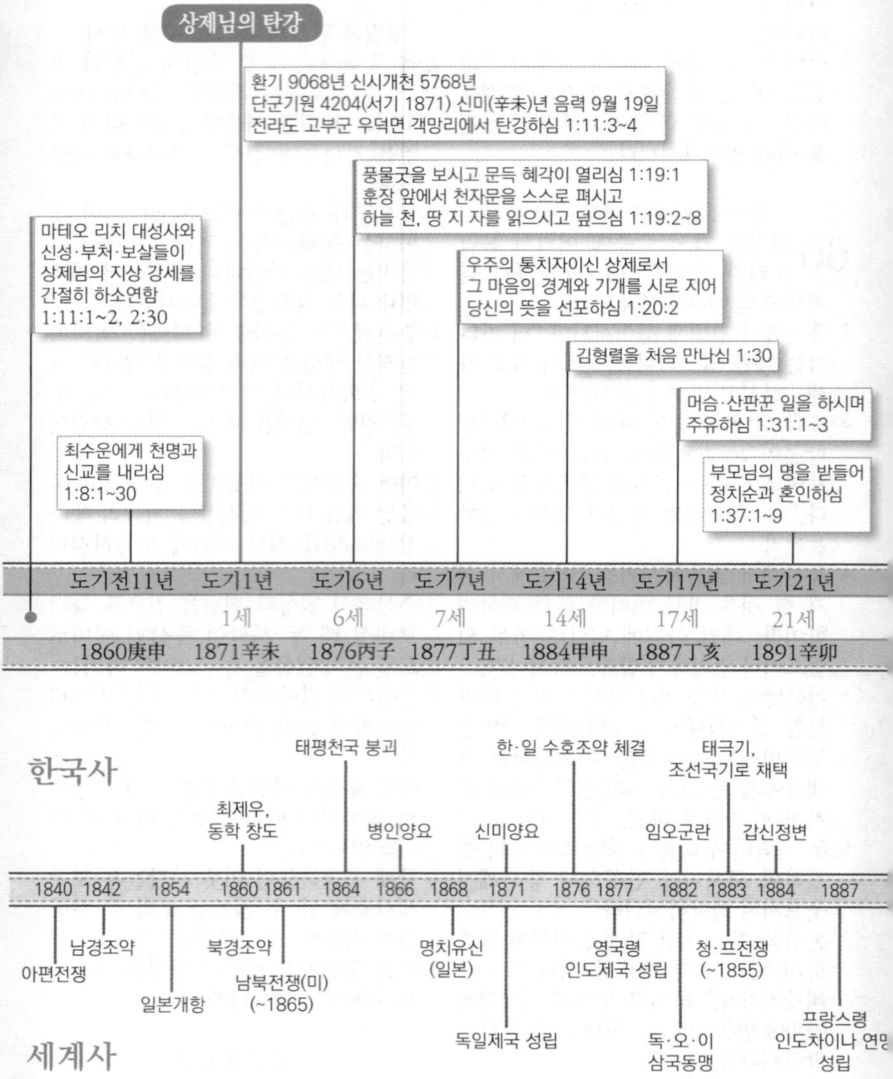

상제님의 탄강

도기	나이	서기	사적
도기전11년		1860庚申	마테오 리치 대성사와 신성·부처·보살들이 상제님의 지상 강세를 간절히 하소연함 1:11:1~2, 2:30 최수운에게 천명과 신교를 내리심 1:8:1~30
도기1년	1세	1871辛未	환기 9068년 신시개천 5768년 단군기원 4204(서기 1871) 신미(辛未)년 음력 9월 19일 전라도 고부군 우덕면 객망리에서 탄강하심 1:11:3~4
도기6년	6세	1876丙子	풍물굿을 보시고 문득 혜각이 열리심 1:19:1 훈장 앞에서 천자문을 스스로 펴시고 하늘 천, 땅 지 자를 읽으시고 덮으심 1:19:2~8
도기7년	7세	1877丁丑	우주의 통치자이신 상제로서 그 마음의 경계와 기개를 시로 지어 당신의 뜻을 선포하심 1:20:2
도기14년	14세	1884甲申	김형렬을 처음 만나심 1:30
도기17년	17세	1887丁亥	머슴·산판꾼 일을 하시며 주유하심 1:31:1~3
도기21년	21세	1891辛卯	부모님의 명을 받들어 정치순과 혼인하심 1:37:1~9

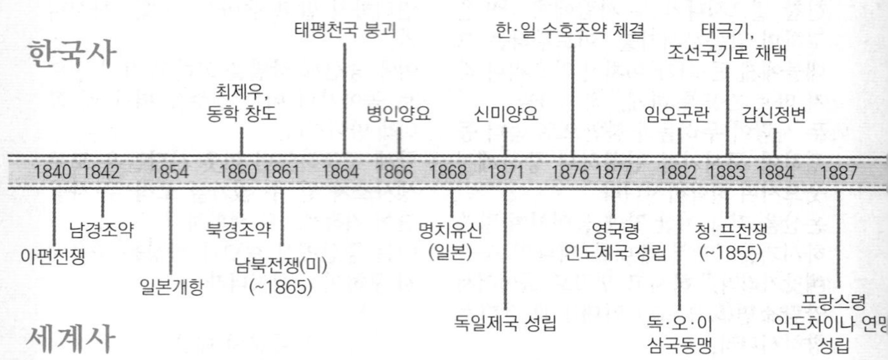

* 한국사와 세계사는 양력으로 표기함.

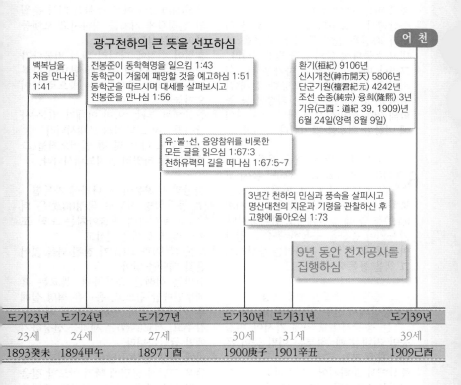

광구천하의 큰 뜻을 선포하심

백복남을 처음 만나심 1:41

전봉준이 동학혁명을 일으킴 1:43
동학군이 겨울에 패망할 것을 예고하심 1:51
동학군을 따르시며 대세를 살펴보시고 전봉준을 만나심 1:56

유·불·선, 음양참위를 비롯한 모든 글을 읽으심 1:67:3
천하유력의 길을 떠나심 1:67:5~7

3년간 천하의 민심과 풍속을 살피시고 명산대천의 지운과 기령을 관찰하신 후 고향에 돌아오심 1:73

9년 동안 천지공사를 집행하심

어천

환기(桓紀) 9106년
신시개천(神市開天) 5806년
단군기원(檀君紀元) 4242년
조선 순종(純宗) 융희(隆熙) 3년
기유(己酉 : 道紀 39, 1909)년
6월 24일(양력 8월 9일)

도기23년	도기24년	도기27년	도기30년	도기31년	도기39년
23세	24세	27세	30세	31세	39세
1893癸未	1894甲午	1897丁酉	1900庚子	1901辛丑	1909己酉

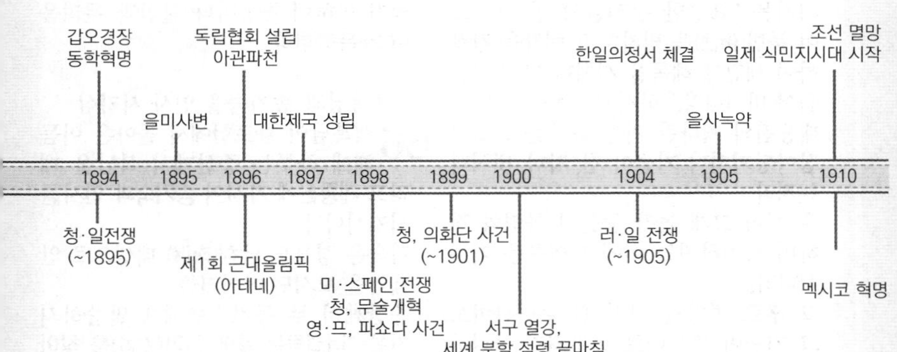

하여 전군이 모두 흩어지니
2 이로부터 동학군이 전국에서 닥치는
대로 피살, 포살되니라.
3 증산께서는 조선의 민중들에게 큰 시
련과 좌절을 안겨 준 슬픈 겨울을 보
내고 스물다섯 살의 봄을 맞으시니라.
4 그러나 따뜻한 봄날에 차가운 비극의
소식을 들으시니, 체포당한 김개남,
김덕명, 전명숙, 손화중, 최경선 등 동
학의 거두들이 삼사십 대의 젊은 나이
에 비참한 최후를 맞이했다 하니라.

한 노인이 책 한 권을 전함

63 을미(乙未: 道紀 25, 1895)년 봄에 고
부 유생들이 난이 평정되었음을
축하하는 뜻으로 두승산에 모여 시회
(詩會)를 열 때 증산께서도 참여하시니
2 한 노인이 증산을 조용한 곳으로 청하
여 작은 책 한 권을 전하거늘 증산께서
그 책을 통독하시니라.

송광사 중들을 꾸짖으심

64 증산께서 전주 종남산(終南山)에 있
는 송광사(松廣寺)에 가시어 며칠
동안 지내실 때, 하루는 어떤 중이 무
례하게 굴거늘
2 증산께서 노하시어 큰 소리로 꾸짖으
시기를 "요망한 무리들이 산속에 모
여 불법(佛法)을 빙자하고 백악을 감행
하여 세간에 해독을 끼치니 이 소굴을
뜯어 버리리라." 하시고
3 대웅전의 커다란 기둥 하나를 손으로
잡아당기시니 기둥이 한 자나 벗어나
는지라
4 온 절이 크게 놀라 중들이 몰려와 절
하며 사죄하거늘 이에 노여움을 거두
시니라.
5 그 후로 법당을 여러 번 수리하여도
그 기둥이 원상대로 회복되지 아니하
더라.

백남신 아우 소실의 친가에 머무르심

6 그 뒤에 전주에 가시어 전주 부호 백
남신(白南信)의 아우 소실인 기생 춘월
의 친정집에 거처를 정하시고 오랫동
안 머무르시는데
7 춘월이 친정에 다니러 와서 머물다가
증산의 우아하신 풍모를 탐내어 하루
는 밤을 타서 거처하시는 방으로 들어
오거늘
8 증산께서 "나는 이미 아내가 있는 사
람이라." 하고 타일러 보내시니라.
9 그 뒤로도 다시 몇 번 들어오거늘 그
때마다 잘 타일러 돌려보내시니라.

불안과 두려움이 온 나라에 가득함

65 동학혁명 이후로 국정(國政)은 더
욱 부패하여 벼슬아치는 오직 포
학(暴虐)과 토색을 일삼고
2 모든 학(學)과 교(敎)가 참된 덕을 잃어
온갖 폐단을 낳아
3 선비는 허례만 숭상하며, 불교는 혹
세무민에만 힘쓰고, 동학은 혁명 실패
후 기세를 펴지 못하여 거의 자취를
감추고, 서교(西敎)는 세력을 신장하기
에만 급급하니라.
4 이에 세상 인심이 날로 악화되고 백성
들은 고난과 궁핍에 빠져 안도할 길을
얻지 못하여 곳곳마다 불안과 두려움
이 가득하더라.

백복남과 송기숙을 인사 시키심

66 백복남이 황토현에서 돌아온 이듬
해에 하루는 증산께서 복남을 데
리고 계룡산에 가시어 송기숙과 인사를
시키시니라.
2 기숙은 경상도 남해(南海) 태생으로 안
제암을 모시던 아이거늘
3 증산께서 두 동자소년에게 말씀하시
기를 "너희들은 후에 안가(安哥)를 찾아
가서 천지역사를 해라." 하시니라.

천하유력의 길을 떠나심

67 27세 되시는 정유(丁酉: 道紀 27, 1897)년에 이르러 다시 처남 정남기(鄭湳綺)의 집에 글방을 차리시고
2 아우 영학과 형렬의 아들 찬문(贊文)과 그 마을 학동들을 가르치시니라.
3 이때 증산께서 개연히 광구천하의 큰 뜻을 이루시기 위해 먼저 유·불·선, 음양 참위(讖緯)를 비롯한 모든 글을 읽으시고 "이것이 천하를 광구하는 데 일조(一助)하리라." 하시니라.
4 또 말씀하시기를 "천하사(天下事)를 하는 자는 불고가사(不顧家事)가 공도(公道)니라." 하시고
5 다시 세태와 인정을 체험하시기 위해 이 해 가을에 드디어 천하유력(天下遊歷)의 길을 떠나시니라.
6 이때 목천포(木川浦)를 건너 익산을 거쳐 강경까지 안필성이 수행하고
7 그곳에서부터는 홀로 세상을 둘러보시니라.

김일부를 만나 천지대세를 논하심

68 충청도 강경을 지나 연산(連山)에 이르러 향적산(香積山) 국사봉(國師峯)에 있는 김일부를 찾으시니라.
2 지난밤 일부의 꿈에 하늘로부터 천사가 내려와 '옥경(玉京)에 올라오라.'는 명을 전하거늘
3 일부가 천사를 따라 올라가 '요운전(曜雲殿)'이라는 편액이 걸린 장려한 금궐에 들어가 상제님을 뵙고 내려왔는데
4 이제 맞이한 증산을 뵈니 간밤 꿈에 뵌 상제님과 그 형모가 같은지라
5 그 일을 아뢴 뒤에 '요운(曜雲)'이란 도호를 드리며 심히 경대하되 증산께서는 그 호를 받지 않으시니라.
6 증산께서 그곳에 머무르시며 일부와 후천개벽의 천지대세에 대해 말씀을 나누시니라.

각지를 두루 유력하심

69 연산에서 수일을 머무신 후, 행자(行資)가 떨어져 맨발로 걸어 공주 대통교(大通橋)에 이르시니라.
2 그 곳에서 한 글방에 머무르시며 명리를 판단하시니 그 명성이 공주부에 널리 퍼져 운명을 묻는 사람들이 많이 모여들거늘 그 영묘(靈妙)하신 비판에 모두 경탄하더라.
3 이때 추석절을 맞이하여 사람들이 소를 잡아 공양하니라.
4 공주에서 나오시어 태전(太田)에서 한 달 동안 머무르시고
5 그 길로 경기, 황해, 강원, 평안, 함경, 경상 각지를 두루 유력하시니라.

창생을 생각하시는 지극한 심정

70 증산께서 천하를 주유하실 때, 하루는 어느 개울가를 지나시는데 한 아비와 딸이 드러누워 있거늘
2 잠시 후 딸이 일어나 물새우를 잡아 아비의 입에 넣어 주니 아비가 도로 꺼내어 딸의 입에 넣어 주는지라
3 증산께서 그 광경을 애처로이 바라보시다가 말씀하시기를 "내가 어서 베풀어서 저렇게 배고픈 사람들을 살려야 할 텐데….
4 세상에, 오죽하면 저 어린것이 애비 입에다 넣어 주니 애비는 도로 자식 입에 넣어 주고 할꼬.
5 내가 어서 가서 저렇게 헐벗고 굶주린 사람들을 널리 구하리라." 하시니라.

오세동을 찾아나선 남용의 구도 열정

71 문남용이 갑오년에 중형을 좇아 황토현 전투에 참가하였다가 아직 때가 아니라는 오세동의 암시에 동학군에서 이탈하여 사지(死地)를 벗어나더니
2 '도를 닦으리라.'는 열정에 사로잡혀 하루도 그 소년을 잊지 못하고 만나고 싶

어 하나 혼란한 시국에 이름도 고향도
몰라 찾지를 못하니라.
3 그 후 백방으로 소년의 행방을 찾다
가 무술(戊戌: 道紀 28, 1898)년에 이르
러 우연히 소식을 접하고 소년의 집이
있는 밀양군 산내면 회곡리(山內面 回谷
里)를 찾아가니
4 그곳은 건지봉과 곤지봉에 둘러싸인 시
골 마을이거늘 오세동은 없고 홀어머
니만이 집을 지키고 있더라.
5 남용이 오세동의 행방을 물으매 재인
(才人)인 그 어머니가 대답하기를 "안
그래도 우리 아들이 아침에 나가면서
오늘 귀한 손님이 오실 테니 대접 잘
해서 보내라고 합디다." 하거늘
6 남용이 다시 "그럼 아드님은 언제나
돌아옵니까?" 하고 물으니
7 모친이 대답하기를 "나가면 한 달이
되어서도 돌아오고 두 달이 되어서도
들어오니 언제 들어올지 모릅니다."
하니라.
8 이에 남용이 '날 안 만나 주려고 자리
를 피했구나.' 하고 허탈한 마음에 떠
나려 하다가 미련이 생겨 아들의 방을
보여 달라 하여 들어가 보니
9 방 안에 네 기둥을 세우고 종이로 삼
면을 발라 한쪽으로만 출입할 수 있도
록 하여, 혼자 눕기에 딱 알맞을 정도
로 따로 방을 만들어 놓았더라.
10 남용이 그 방에서 아들이 무엇을 하는
지 물으니 대답하기를 "거기에 들어가
서 주문도 읽고 공부합니다." 하니라.
11 이후 구도에 대한 남용의 갈급증이 더
욱 심해져 항상 '언제나 참 선생님을 만
날꼬?' 하니라.

복남의 영기를 눌러 주심

72 이때 백복남이 증산을 모시면서
가끔 집을 오가거늘 하루는 증산
께서 앞날을 걱정하시어 복남의 영(靈)
기운을 눌러 주시니라.
2 이후로 복남이 세상을 보니 마치 안개
가 낀 것처럼 신도(神道)가 보일 듯 말
듯하거늘 답답하여 눈물을 흘리며 증
산께 하소연하니
3 증산께서 "너는 귀먹고 벙어리여야 산
다." 하시고 또 말씀하시기를 "남이 욕
하고 뭘 해도 너는 착하게 살아야 한다."
하시니라.

아버지라 부르게 하심

4 증산께서 천하를 유력하실 때 어린 복
남이 자주 봇짐을 지고 따르거늘 복남
이 힘들다 하면 업어 주시더니
5 하루는 복남이 "다리가 아파요, 선생
님." 하거늘 증산께서 복남의 머리를
쓰다듬으시며 "너 앞으로는 선생님이
라 하지 말고 나를 아버지라고 불러라."
하시니라.

그것도 못 들고 다니냐

6 증산께서 복남이를 데리고 어디를 가
실 때면 복남이 보따리 하나를 들고
따라다니니
7 복남이 종종 심통을 부리느라 보따리
를 집어 던지며 "무거워서 못 들어."
하면
8 증산께서 웃으시며 "아, 그것도 못 들
고 다니냐?" 하시고 대신 들어 주시니
라.

만고를 체험하고 만상을 둘러보심

73 천하를 주유하실 때 맨발로 먼길
을 가시고, 산과 들에서 노숙하시
고, 인가에서 걸식도 하시고, 굶는 때
도 많으시니라.
2 농부를 만나면 대신 밭을 갈아 주시
고, 곡식도 거두어 주시고, 시장에 가
면 상인들을 도와주시고, 장인(匠人)과
함께 일도 하시니라.
3 또 누대에 올라 풍물을 들으시고, 노
인을 만나 옛일을 말씀하시고, 관리를
만나 정치를 들으시는 등 만고(萬苦)를
체험하시고 만상(萬相)을 친히 둘러보시니

4 박학(博學)과 광람(廣覽)을 따라 혜식이
더욱 명철해지시므로 이르시는 곳마
다 '신인'이라 하며 높이 칭송하니라.

삼년 유력을 끝내고 돌아오심

5 이렇게 수년 동안 유력하시며 민심과
풍속을 살피시고 명산대천의 지운(地
運)과 기령(氣靈)을 관찰하신 뒤에
6 서른 살 되시는 경자(庚子: 道紀 30,
1900)년에 고향에 돌아오시니라.
7 하루는 전주에 들르시니 어떤 사람이
증산께서 신이하다는 소문을 듣고 기
생 금희와 향춘을 자기의 딸이라고 속
이며 시험하거늘
8 증산께서 웃으며 말씀하시기를 "이들
은 기생이거늘 왜 나를 속이려 하느
냐. 그대가 이러한 딸을 두었으니 천
한 사람이로다." 하시니 그 사람이 탄
복하니라.

정씨 부인의 하소연

74 증산께서 늘 천하창생의 운명을
깊이 걱정하시느라 가사를 돌보지
못하시거늘
2 정씨 부인이 이를 이해하지 못하고 종
종 불화를 일으키니
3 증산께서 때로 심히 우울해하시며 행
장(行裝)을 챙겨 집을 떠나시니라.
4 하루는 정씨 부인이 간곡히 말씀드리
기를 "이제는 그만 돌아다니시고 남들
처럼 집에서 재미있게 살림이나 하사
이다." 하니
5 증산께서 말씀하시기를 "그렇게 작은
말이 어디 있느냐! 천지조화를 부리는
사람이 어찌 내 집안을 알며 자식을 아
느냐." 하시고
6 이후로는 더욱 집을 가까이 하지 않으
시니라.

사람은 오직 하나뿐이더라

75 하루는 증산께서 복남을 데리고
어디를 가시는데 손가락 두 마디
만 한 머리카락 한 올을 복남에게 주
시고
2 수백 명이 모인 번잡한 곳을 가리키며
말씀하시기를 "저기 사람이 많으니 이
것으로 비춰 봐라." 하시니라.
3 이에 복남이 말씀을 좇아 눈에 머리카
락을 갖다 대고 사람들을 비춰 보니
4 그 많은 사람들이 모두 개, 돼지를 비
롯한 온갖 짐승으로 보이고 그중에 사
람은 오직 한 명뿐이더라.
5 이윽고 증산께서 "다 봤냐?" 하시더니
머리카락을 도로 뺏으시어 불태우시
니라.

복남을 고향으로 보내심

6 복남이 열네 살 되던 신축(辛丑: 道紀 31,
1901)년에 이르러 증산께서 복남에게
"집에 얼마 동안 다녀오라." 하시거늘
7 복남이 집으로 돌아가 홀어머니의 뜻
에 따라 그해에 장가들었으나 신부가
한 해를 넘기지 못하고 죽으니라.
8 복남이 고향에 머물면서도 행여나 증
산께서 말없이 길을 떠나시기라도 할
까 염려하여 예닐곱 달 만에 객망리로
돌아오니라.

이치안 집안의 혼삿길을 열어 주심

76 전주 이동면 전용리(伊東面 田龍里)
이치안(李致安)의 서녀(庶女)가 익산
우북면 장암(紆北面 場岩)에 사는 진천
송씨(鎭川宋氏)와 혼담이 있더니
2 내방한다던 중신아비가 오지 않는지
라 이튿날 치안이 이른 아침을 먹고
서둘러 길을 나서거늘
3 장암 인근에 있는 금마장(金馬場)을 지
나는데 폐의파립(敝衣破笠)을 하신 증
산께서 팔뚝을 툭 치고 가시니라.
4 치안은 본래 기골이 장대하고 기운이
장사라, 이를 불쾌히 여겨 "여보, 길을
가려면 옳게 가야지 왜 사람을 치고
가시오?" 하고 따지니
5 증산께서 돌아서며 말씀하시기를 "아,

미안하오. 헌데 중매쟁이가 안 오니
만나려고 가는구만?" 하시니라.
6 이에 치안이 깜짝 놀라 '내 누구에게도
얘기하지 않고 나왔건만, 중신아비를
만나려고 작정하고 가는 길을 전혀 낯
모르는 사람이 어찌 알까?' 하며 의아
해하는데
7 증산께서 다시 말씀하시기를 "당신이
만나려는 사람이 지금 당신 집으로 가
고 있으니 당장 돌아가지 않으면 헛걸
음이 될 것이오.
8 만일 이 기회를 놓치면 혼삿길이 열리
기 어려우니 빨리 돌아가시오." 하시
거늘
9 비록 차림은 남루하나 풍모가 비범하
고 언어동지(言語動止)가 예사롭지 않
으므로 치안이 청하여 통성명을 하니
라.
10 평소에 증산의 성예를 들어온 터라 치
안이 더욱 흥미로워하며 "그러면 나하
고 내기해 보겠소?" 하고 여쭈니
11 증산께서 "좋소이다." 하고 응대하시
거늘 치안이 "그러면 우리 집에 같이
가 봅시다." 하며 증산을 모시고 집으
로 돌아오는데
12 해거름에 집에 당도하니 만나고자 한
중신아비가 이미 와서 상마루에 걸터
앉아 기다리고 있더라.

호구수로 시험하매 곧바로 답하심

77 증산께서 김제 반월리(半月里) 김한
근(金瀚根)의 집에 머무시다가 다시
이치안의 집으로 가시니
2 이는 치안이 증산의 신이하심을 흠모
하여 자기 집으로 모셔 옴이더라.
3 바로 옆집에 사는 치안의 당질 대규(大
奎)는 그 마을 이장이라, 마침 관에서
호구 조사가 나왔거늘
4 진안에서 온 치안의 집안사람 이 훈장
이 증산께 말하기를 "듣자니 당신이
아는 체를 잘한다는데, 이 동네 호구
(戶口)가 몇인가 좀 봐 주시오. 남자는
몇이고 여자는 몇이오?" 하니라.
5 이에 증산께서 호수(戶數)와 남녀의 수
를 자세히 일러 주시거늘
6 대규와 치안의 아들 직부(直夫)가 믿지
아니하고 이튿날 새벽에 일어나 온 동
네를 돌며 호구수를 낱낱이 조사하여
보니
7 증산께서 말씀하신 여자 수는 맞으나
남자 수는 하나가 모자라는지라 직부
가 "한 명이 모자랍니다." 하고 여쭈니
라.
8 이에 증산께서 "금방 세상 떠날 사람
을 수효에 넣은들 무엇하리오." 하시
니 말씀이 떨어지자마자 동네에서 초
상이 나거늘
9 직부를 비롯한 모든 사람들이 증산의
신성하심에 감복하니라.

시루산에서 구천에 사무치는 통곡을 하심

78 증산께서 본댁에 돌아오신 뒤에
하루는 말씀하시기를 "시루산은 호
남서신사명(湖南西神司命)을 관장하는 주
인산(主人山)이라." 하시니라.
2 이후로 항상 시루산 상봉에서 머리를
풀고 공부하시는데 이따금 산밑에 있
는 샘이너머에서 산천이 흔들리도록
크게 우시니
3 한번은 성부께서 밥을 가지고 시루산
에 오르시다가 그 광경을 보시니라.
4 어느 날 증산께서 시루산 정상의 바위
에 호둔(虎遁)하고 앉아 계시니 마침 나
무꾼들이 지나가다 그 광경을 보고 기
겁하여 성부께 아뢰거늘
5 성부께서 크게 놀라 시루산에 올라가
보시니 범은 보이지 않고 증산께서 태
연히 앉아 수도하고 계시더라.

도통줄 나온다!

6 시루산에서 공부하실 때 목에 붉은 수
건을 거신 채 '구천하감지위(九天下鑑之

位)'와 '옥황상제하감지위(玉皇上帝下鑑之位)'를 찾으시며 "도통줄 나온다! 도통줄 나온다!" 하고 큰 소리로 외치시니라.
7 공부하시다가 밤이 되면 이따금 유덕안의 집에 내려오시어 쥐눈이콩 한 줌을 얻어 냉수와 함께 잡수시거늘
8 이때 덕안의 아들 칠룡(七龍)을 바라보며 말씀하시기를 "네가 '나를 살려 달라.'고 애걸하는구나." 하시니라.
9 어느 날 시루산에서 진법주를 외우시고 오방신장(五方神將)과 48장(四十八將), 28장(二十八將)을 들여세워 도수를 보시고는
10 쌍정리(雙丁里) 김기진(金基鎭)의 집에 가시어 그날 보신 도수에 대해 말씀하시니라.

순검들을 안개로 따돌리심

79 증산께서 공부하신다는 소문이 나돌자 고부 관아에서는 '요술공부를 한다.' 하며 혈안이 되어 증산을 잡으려 하거늘
2 하루는 순검이 오는 것을 미리 아시고 삿갓을 쓰고 길가에 앉아서 안개를 지으시니 순검들이 몰라보고 지나가니라.
3 또 증산께서 삿갓을 쓰고 주막에 앉아 술을 드시는데, 순검들이 바로 옆상에서 요기를 하면서도 못 보고 가는 일이 여러 번이더라.

김평창의 소실을 타일러 보내심

4 하루는 정읍 김평창(金平昌)의 집에 가시니 평창은 한평생 거문고 소리 속에서 사는 사람이라. 사람들이 이르기를 '살려면 김평창처럼 살아야 하리라.' 하더라.
5 증산께서 평창의 집에 머무르실 때 밤중에 그의 소실이 증산의 우아하신 모습을 탐하여 방으로 들어오거늘 잘 타일러 내보내시니라.

함평 도인 김경소를 만나심

80 전라도 함평(咸平) 사람 김경소가 천지에 서원(誓願)하기를 "내가 50년의 공부로 반드시 뜻을 이루리라." 하고 공부에 전념하더니
2 50년이 되자 마침내 신령한 기운이 열리는 가운데 태을주(太乙呪)를 얻고 미륵불의 용화낙원 세계가 도래할 것을 깨달으니라.
3 이에 미륵불의 강세와 광구창생을 기원하며 미륵신앙의 본원인 금산사를 자주 찾던 중
4 금산사에서 우연히 증산을 뵙고 인사를 올린 뒤 말씀을 나누니라.

김경소에게서 태을주를 받으심

5 이 뒤에 하루는 증산께서 경수를 부르시니 경수가 그 날로 객망리에 찾아오니라.
6 이에 증산께서 정씨 부인의 시봉으로 경수와 함께 저녁진지를 드시며 경수와 도담을 나누시거늘
7 이때 경수가 태을주를 읽어 증산께 전해 올리니라.
8 증산께서 경수와 더불어 주무시고 이튿날 아침에 집으로 돌려보내시니
9 경수는 마음 속으로 '젊은 증산이 내 제자가 되겠구나.'라는 생각을 품게 되니라.

천지 대동길을 찾아야

81 증산께서 하루는 해남(海南) 바닷가에 가시어 망망대해를 바라 보며 탄식하시기를
2 "부모에게서 빈손 쥐고 이 조선 땅에 나와 왜 천황(天皇)으로 천지를 주름잡고 있는가…." 하시니
3 옆에서 낚시질을 하던 한 선관이 이르기를 "꽃 같으면 이제 막 씨를 뿌린 것인데, 어찌 피우지도 못하여 처량한 마음을 먹으시는가?" 하니라.
4 이에 증산께서 말씀하시기를 "처량하

다니…, 내 어찌 처량한 마음을 먹으
리오!" 하시니
5 선관이 "그대가 천지일월을 아니 천황
으로서 도는 것 아니오?" 하거늘
6 증산께서 답하시기를 "인간에서 인간을
찾으니 물도 내려가다 막히는 곳이 있
듯이 마음이 소란스러워진다오." 하시
고
7 또 말씀하시기를 "선천에는 소릿길만
을 찾아 왔으나, 이제 천지 대동길을 찾
아야 하는데…." 하시니라.
8 이에 선관이 이르기를 "천지 대동길은
평평한 천지의 한길이라오. 하늘이 어디
두 조각 난 곳을 보시었소?
9 깊고 얕음이 있을 뿐 똑같은 하늘이
끝없이 이어진 것이지요." 하고 홀연
히 사라지니라.

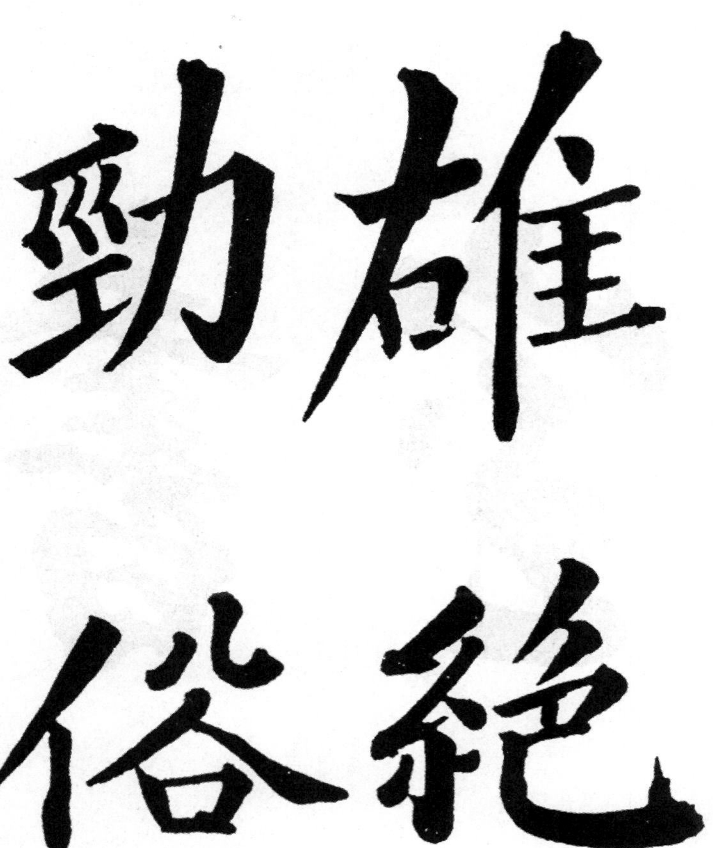

증산 상제님의 필적

증산 상제님 유년시의 필적

증산 상제님께서 29세 되시던 기해(己亥: 道紀 29, 1899)년에 쓰신 필적

제2편

중통인의(中通人義)와 무극대도(無極大道)

증통인의(中通人義)와 무극대도(無極大道)

조화권능을 쓰지 않고는

1 증산께서 여러 해 동안 각지를 유력하시며 친히 만상(萬相)을 둘러보신 후에
2 **신축**(辛丑: 道紀 31, 1901)**년에 이르러 '이제 천하의 대세가 종전의 알며 행한 어떤 법술로도 세상을 건질 수 없다.'** 생각하시고
3 모든 일을 자유자재로 할 **조화권능**(造化權能)이 아니고서는 광구천하의 뜻을 이루지 못할 줄을 깨달으시고 수도(修道)에 더욱 정진하시니라.

정씨 부인의 시봉으로 시루산에서 공부하심

2 증산께서 **신축년 6월 초**에 시루산(甑山)에서 14일 동안 수도하시니 정씨 부인이 수종 드니라.
2 이때 항상 **남방**에 자리를 잡으시고 청수상(淸水床)은 정(淨)한 자리에 놓으시며 하루에 세 번 천지인(天地人) 삼위(三位)로 메 세 그릇씩 올려놓고 공부하시니라.
3 부인이 그 때마다 메를 새로 지어 올리는데 매번 목욕재계하고 옷을 갈아입고 시봉하거늘
4 이때 가세가 심히 어려워 옷이 한 벌뿐인지라 단벌 의복을 하루에 세 번씩 갈아입자니 홑치마를 입고 옷을 빨아 입는데 비 오는 날은 화로에 말려 입으니라.
5 하루는 메를 지어 공부막으로 떠날 무렵, 뇌성이 치고 큰비가 내려 촌보(寸步)를 옮길 수 없거늘
6 주저하다가 때를 어기지 않으려고 처마끝을 나서는데, 눈을 꽉 감고 한 발을 내디디니 순간 "눈을 뜨라." 하시는 증산의 말씀이 들리는지라
7 눈을 뜨고 주위를 살피니 이미 공부하시는 자리에 당도하여 있더라.
8 증산께서 "고생하네." 하며 위로하시거늘, 부인이 메를 올리면서 보니 그릇이 조금도 비에 젖지 않았더라.
9 증산께서 메를 상에 올려놓으신 후 "즉시 돌아가소." 하시매 부인이 문밖에 나서니 어느덧 댁에 이르러 있더라.
10 정씨 부인의 시봉으로 공부를 마치시고 그 날로 **대원사**(大願寺)에 가시니라.

대원사 칠성각에서 수도하심

3 6월 16일에 객망리 댁을 떠나 전주 모악산(母岳山) 대원사에 이르시어 칠성각(七星閣)에서 도를 닦으시니라.
2 이때 미래의 세상을 살피시어 장차 온 **천하가 대개벽기의 운세에 닥쳐 멸망당할** 것을 걱정하시며
3 **무궁한 조화의 법**을 통하시어 움직이지 않고 고요히 앉아 수일을 지내기도 하시고, **천지의 풍운변화의 조화법**을 시험하기도 하시니라.

동서양 제왕신과 24장(將)이 옹위하리니

4 증산께서 대원사로 가실 때에 공중에서 **동서양 각국 제왕신**(帝王神)과 **24장**(將)이 **"강 천자**(姜天子)**!"** 하고 외쳤으나 듣지 못하신 듯 가시더니
5 공부를 마치시고 도문(道門)을 여신 뒤에 각국 제왕신과 24장을 부르시어 충북 청주군 청천면(淸州郡 靑川面) **만동묘**(萬東廟)에 응집시켜 놓으시고

6 성도들에게 말씀하시기를 "금후 이 자
리가 쑥대밭이 되면, 이 제왕신과 24
장이 모두 금산사(金山寺)에 와서 옹위
하리니 이 신명들을 잘 대접하라." 하
시니라.

수종 든 주지 박금곡

4 대원사에서 공부하실 때, 정남기(鄭湳
綺)의 아들 영태(榮珆)가 쌀을 져다 드
리고, 주지 박금곡(朴錦谷)이 시봉하니
라.
2 금곡은 원래 금강산 건봉사(乾鳳寺)에
있었는데 산불로 절이 소실되자 함수
산(咸水山)과 함께 삼남 지방을 유력하
다가
3 서른네 살 되던 정해(丁亥: 道紀 17,
1887)년에 퇴락한 대원사에 이르러 발
심하여 절을 중수(重修)한 후, 신축년
에 증산을 뵙고 시봉하니 이때 나이
마흔여덟이라.
4 금곡이 말하기를 "이 세상에 천신(天神)
이 강림하셨다." 하고 공부하시는 뒤를
일일이 수종 들며
5 그 절에 있는 여러 중들 가운데 함수
산, 자신의 조카 박영춘과 함께 증산
을 천신으로 대접하고 공경하니라.

공부하실 때의 이적

5 사람들의 근접을 일절 금하고 공부하
시던 어느 날 밤, 비바람이 대작하고
불칼이 내리치는 가운데 크게 호령하
시는 소리가 들리거늘
2 금곡이 이튿날 아침에 나가 보고 증산
께 아뢰기를 "칠성각에 봉안(奉安)된
진묵대사(震默大師)의 영정(影幀)이 마
당에 떨어져 있고 칠성각의 방향이 옆
으로 틀어져 있습니다." 하니
3 증산께서 "그러냐." 하고 답하시는 순
간 당우(堂宇)의 방향이 원래대로 돌아
오니라.

수도하실 때

6 증산께서 공부하시는 중에 담(痰)을
많이 토하시는데, 하루는 두루마기와
바지저고리에 담이 가득 묻었는지라
2 그 옷을 벗으시고 알몸으로 앉아 공부
하시다가 금곡에게 "옷을 빨아 오라."
하시거늘
3 금곡이 그 옷을 본즉 손을 대지 못할
정도이므로 막대기로 끌어내어 냇물에
담가 놓고 돌아와 무심하게 있다 보니
어느덧 해가 저무니라.
4 한밤중에 곤히 잠을 자는데 갑자기 폭
우가 쏟아져 돌이 구르며 물 내려가는
소리가 요란하므로 금곡이 놀라 일어
나 황급히 나가 보니
5 그 옷이 깨끗하게 빨린 채 넓은 바위
위에 놓여 있거늘 금곡이 크게 감탄하
니라.
6 이때 증산께서 토하시는 담을 감당할
수 없어 구들장을 떼어 내고 그 자리
에 담을 토하며 공부하시니라.

산천을 뛰어넘으며 공부하심

7 증산께서 수도에 일심하실 때, 때로
는 한밤중에 뜰로 나오시어 천둥 같
은 음성으로 소리를 지르시고 다섯 길
이 넘는 감나무를 훌쩍 뛰어넘기도 하
시며
2 또 절벽을 올라 산골짜기를 뛰어넘어
다니시고 수왕암(水王庵)에 가시어 목
욕을 하기도 하시니라.
3 하루는 금곡이 칠성각 안을 슬며시 들
여다보니 방안에 연기가 자욱한데
4 증산께서 종이에다 무슨 글을 써서 계
속 불사르고 계시더라.

여승 화공에게 주신 말씀

8 하루는 수왕암에서 수도하는 여승
화공(花空)이 증산을 흠모하여 유혹
하거늘
2 증산께서 타일러 말씀하시기를 "나는

아내가 있는 몸이라." 하시고
3 "사람이란 살아서 옳은 일을 하고 복을 누
려야 옳거늘, 죽어서 극락세계로 간다
는 불가(佛家)의 그릇된 가르침을 믿고
일생을 홀로 사는 것은 천리를 거스르는
일이니라.
4 속히 이곳을 떠나 고향으로 돌아가라.
내년 가을에는 혼삿길이 열릴 것이니
라." 하시니라.

금곡이 술 심부름할 때

9 증산께서 공부하실 때 매양 10전씩
금곡에게 주시며 "술을 사 오라." 하
시거늘
2 금곡이 5리가 넘는 길을 하루에도 수
삼차씩 왕래하다 보니 마음속으로 불
만을 품게 되니라.
3 그런 중에 하루는 40전을 주시며 술을
사 오라 하시거늘
4 내심 기쁘게 생각하며 그 돈으로 전부
술을 사 가지고 오다가 대원사 부근에
이르러 술병을 다 깨뜨려 버린지라
5 금곡이 할 수 없이 죄송한 마음으로
그 사정을 아뢰니 다시 10전씩만 주시
니라.
6 그 후로는 금곡이 매일 여러 번 술 심
부름을 하여도 아무 불평을 하지 않으
니라.

금곡의 참는 공부

7 하루는 아침 일찍 금곡을 불러 명하시
기를 "지금 객망리에 가서 무엇을 가
지고 오되 도중에 떼어 보지 말고 당
일로 돌아오라." 하시거늘
8 금곡이 여비를 한 푼도 받지 못한 채
식전에 출발하게 되니 또한 마음속에
불만을 품고 떠나니라.
9 십 리쯤 가서 황소(凰巢) 마을에 이르
니 뜻밖에도 김대연(金大連)이 반갑게
맞이하며 집으로 인도하는지라
10 그를 따라 들어가니 '어제 친기(親忌)를
모셨다.'고 하면서 술과 밥을 갖추어
내오거늘
11 그곳에서 든든하게 먹고 객망리에 가
서 정씨 부인으로부터 봉해진 문서를
받아다 올리니라.

주지 박금곡의 소원

10 하루는 금곡이 아뢰기를 "제가 평
생 이 절에 주지로 있게 해 주옵소
서." 하고 청하니 증산께서 이를 허락
하시니라.
2 금곡이 다시 아뢰기를 "저의 일을 말
씀해 주사이다." 하니
3 말씀하시기를 "그대는 전생이 월광대사
(月光大師)인 바 그 후신(後身)으로 대원
사에 오게 되었느니라. 그대가 할 일
은 이 절을 중수하는 것이니라." 하시
니라.
4 금곡이 다시 간절히 여쭈기를 "구십
세까지만 살게 해 주옵소서." 하거늘
5 이도 허락하시며 "네가 죽을 때에는
본병이 도져서 죽으리라." 하시니라.
6 금곡이 또 아뢰기를 "대원사에 감나무
가 많으나 감이 하나도 열지 않으니
감이 잘 열도록 해 주옵소서." 하니
7 "이는 진묵이 원한을 품은 연고라. 명년
부터는 감이 잘 열리리라." 하시거늘
과연 그 후로 감이 풍성하게 열리니라.
8 그 후 금곡은 한평생 대원사 주지로
있다가 93세가 되매 다친 허리가 재발
하여 죽으니라.

천지대신문을 열고 삼계대권을 주재하심

11 증산께서 대원사에 가신 지 보름
만인 7월 초하루부터 식음을 전폐
하시고, 한번 앉으신 자리를 잠시도
떠나지 않으신 채 이레 동안 수도에만
일심하시니라.
2 대원사 칠성각에서 공부하신 지 스무
하루 만인 신축년 7월 7일에 천둥과 지
진이 크게 일어나고 상서로운 큰비가

쏟아지는 가운데
3 무상의 대도로 천지대신문(天地大神門)
을 여시니
4 이로부터 삼계대권(三界大權)을 주재(主
宰)하시고 우주의 조화권능을 뜻대로 행
하시니라.

신천지 도통문을 여실 때

5 도통하시기 전날 깊은 밤에 증산께서
금곡에게 명하여 "산 너머 금산사에 가
서 미륵전(彌勒殿)을 지키라." 하시거늘
6 금곡이 대원사를 떠날 때 보니 찬란한
불기둥이 하늘로부터 칠성각 지붕으로
내리뻗쳐 있더라.
7 미륵전을 지키고 있을 때, 갑자기 천지
가 진동하여 미륵불과 미륵전이 무너
질 듯 크게 흔들리니
8 금곡이 두려워 정신을 차릴 수 없고
몸조차 가눌 수 없어 미륵전 기둥을
잡고 견디는데 오히려 기분은 황홀하
여지더라.
9 날이 밝자 금곡이 대원사로 돌아와 간
밤의 일을 아뢴즉 그 때가 바로 증산
께서 도를 통하신 시각이더라.

나는 옥황상제니라

10 상제님께서 금곡에게 "미음 한 그릇을
가지고 오라." 하시니 금곡이 올리매
다 드시고 나서
11 "금곡아! 이 천지가 뉘 천지인고?" 하시
거늘 금곡이 답할 바를 몰라 머뭇거리
니
12 상제님께서 천둥 같은 음성으로 "내 천
지로다! 나는 옥황상제(玉皇上帝)니라."
하시고 크게 웃으시니라.
13 이때 금곡이 보니 방안이 대낮처럼 환
하고 상제님의 용안(龍顔)이 해와 같이
빛나시는지라 저도 모르게 합장 부복
하니라.

새 옷으로 갈아입으시고

12 상제님께서 공부를 마치시고 대원
사를 나서려 하시매 금곡이 보니
입고 계신 옷이 너무 남루한지라
2 사람을 시켜 고부 본댁에 가서 새 옷
을 가져오게 하니
3 정씨 부인이 상제님께서 집안일을 돌
보지 않으심에 불만을 품고 있다가 옷
을 가지러 온 사람에게 불평하며 새
옷을 내주거늘
4 금곡이 옷을 올리매 상제님께서 불쾌
한 표정을 지으시며 "이 옷을 가져다
버리라. 계집의 방정이 붙어 있느니
라." 하시고 입지 않으시니라.
5 이에 금곡이 다시 사람을 보내어 정씨
부인에게 그 사유를 전하니 비로소 부
인이 뉘우치고 다시 새 옷을 올리니
라.

하산하시는 길에

6 상제님께서 새 옷으로 갈아입고 대원
사를 나서시니
7 갑자기 골짜기의 온갖 새와 짐승들이
모여들어 반기면서 무엇을 애원하는
듯하거늘
8 이들을 바라보며 말씀하시기를 "너희
들도 후천 해원을 구하느냐?" 하시니 금
수들이 알아들은 듯이 머리를 숙이는
지라
9 상제님께서 말씀하시기를 "알았으니
물러들 가라." 하시매 수많은 금수들
이 그 말씀을 좇더라.
10 그 길로 전주 풍남문(豊南門)에 오르시
어 천지가 떠나갈 듯이 큰 소리로 "남
문을 열고 파루(罷漏)를 치니 계명산천
(鷄鳴山川)이 밝아온다!" 하며 노래하시
니라.

천지만물이 나로부터 다시 새롭게 된다

13 증산 상제님께서 객망리로 돌아오
신 후, 집안 대대로 전하여 오던 진
천군 교지(敎旨)와 공명첩(空名帖), 족
보, 문집 등 일체의 문서와 서책을 가
져다 불사르시며
2 "내 세상에는 천하의 모든 성씨(姓氏)의

족보를 다시 시작하리라." 하시니 부모
님과 수십 호 문중의 노소가 모여들어
만류하는지라
3 상제님께서 "앞세상에는 이런 것에 의
지해서는 아니 됩니다." 하시고
4 "유도(儒道)의 구습을 없애고 새 세상
을 열어야 할진대 유도에서는 범절(凡
節)밖에 취할 것이 없도다." 하시니라.
5 또 말씀하시기를 "모든 것이 나로부터
다시 새롭게 된다." 하시니라.

신축년 이후의 연사는 내가 친히 다스린다

6 상제님께서 말씀하시기를 "내가 세상에
내려오면서 하늘과 땅의 정사(政事)를 천
상의 조정(天朝)에 명하여 다스리도록 하
였으나
7 신축년 이후로는 내가 친히 다스리느니
라." 하시니라.

태양처럼 빛나는 상제님의 법신

14 하루는 밤에 모악산 비장골의 냇
가 바위에 앉아 쉬시니 16세 된 금
산사 중 오금해(吳錦海)가 시중을 드니
라.
2 상제님께서 금해에게 "물 한 그릇 떠
오라." 하시므로 금해가 명을 받고 물
을 뜨러 가다가 문득 뒤를 돌아보니
3 바위 위에 앉아 계신 상제님께서 태양
과 같이 찬연한 불덩이로 빛나시거늘
4 그 광명이 얼마나 밝은지 기어가는 개
미까지도 보일 정도더라.
5 금해가 하도 눈이 부시어 감히 바로
보지 못하고 고개를 돌리니라.

이제 주인을 심방함이니라

15 상제님께서 임인(壬寅: 道紀 32,
1902)년 4월 13일에 전주 우림면 하
운동(全州 雨林面 夏雲洞) 제비창골 김형
렬의 집에 이르시니라.
2 이때 오랫동안 만나지 못했던 심회를
푸시고 형렬에게 일러 말씀하시기를
3 "이제 말세의 개벽 세상을 당하여 앞으
로 무극대운(無極大運)이 열리나니
4 모든 일에 조심하여 남에게 척(隻)을 짓
지 말고 죄를 멀리하여 순결한 마음으
로 정심 수도하여 천지공정(天地公庭)에
참여하라.
5 나는 조화로써 천지운로를 개조(改造)하
여 불로장생의 선경(仙境)을 열고 고해에
빠진 중생을 널리 건지려 하노라." 하
시고
6 또 말씀하시기를 "나는 본래 서양 대법
국(大法國) 천개탑(天蓋塔)에 내려와 천
하를 두루 살피고
7 동양 조선국 금산사 미륵전에 임하여 30
년 동안 머물다가
8 고부 객망리 강씨 문중에 내려왔나니,
이제 주인을 심방함이니라." 하시고
9 "시속에 '아무 때 먹어도 김가가 먹을
밥'이라는 말이 있나니
10 대저 무체(無體)면 무용(無用)이라. 서(西)
는 금(金)인 고로 김(金)씨에게 주인을 정
하였노라." 하시니라.
11 이로부터 형렬에게 식주인(食主人)을 정
하고 머무르시면서 도문(道門)을 열어
천지공사를 행하실 때
12 형렬에게 신안(神眼)을 열어 주시어 신
명(神明)이 모이고 흩어지는 것과 어명
(御命)을 받드는 모습을 참관케 하시니
라.
13 형렬이 모시면서 보니 밤이면 상제님
께서 기거하시는 방에서 '웅웅웅' 하고
벌이 나는 듯한 소리가 나더라.

천하가 큰 병이 들었나니

16 이제 온 천하가 큰 병(大病)이 들었나
니
2 내가 삼계대권을 주재하여 조화(造化)로
써 천지를 개벽하고 불로장생(不老長生)
의 선경(仙境)을 건설하려 하노라.
3 나는 옥황상제(玉皇上帝)니라.

선천은 상극(相克)의 운

17 선천은 상극(相克)의 운(運)이라
2 상극의 이치가 인간과 만물을 맡아
하늘과 땅에 전란(戰亂)이 그칠 새 없
었나니
3 그리하여 천하를 원한으로 가득 채우므로
4 이제 이 상극의 운을 끝맺으려 하매
큰 화액(禍厄)이 함께 일어나서 인간 세
상이 멸망당하게 되었느니라.
5 상극의 원한이 폭발하면 우주도 무너져
내리느니라.
6 이에 천지신명이 이를 근심하고 불쌍
히 여겨 구원해 주고자 하였으되 아무
방책이 없으므로
7 구천(九天)에 있는 나에게 호소하여 오매
내가 이를 차마 물리치지 못하고 이 세
상에 내려오게 되었느니라.
8 그러므로 이제 내가 큰 화를 작은 화
로써 막아 다스리고 조화선경(造化仙
境)을 열려 하노라.
9 선천은 위엄으로 살았으나 후천세상
에는 웃음으로 살게 하리라.

나의 도는 상생의 대도

18 나의 도는 상생(相生)의 대도이니라.
2 선천에는 위무(威武)로써 승부를
삼아 부귀와 영화를 이 길에서 구하였
나니, 이것이 곧 상극의 유전이라.
3 내가 이제 후천을 개벽하고 상생의 운
을 열어 선(善)으로 살아가는 세상을
만들리라.
4 만국이 상생하고 남녀가 상생하며 윗
사람과 아랫사람이 서로 화합하고 분
수에 따라 자기의 도리에 충실하여
5 모든 덕이 근원으로 돌아가리니 대인
대의(大仁大義)의 세상이니라.

선(善)으로 사는 후천 성인시대

6 선천 영웅시대에는 죄로 먹고살았으나
후천 성인시대에는 선으로 먹고살리니
7 죄로 먹고사는 것이 장구하랴, 선으로
먹고사는 것이 장구하랴.
8 이제 후천 중생으로 하여금 선으로 먹
고살 도수(度數)를 짜 놓았노라.

죄악 없는 조화선경

19 내 세상은 조화선경이니, 조화로써
다스려 말없이 가르치고 함이 없이
교화되며
2 내 도는 곧 상생이니, 서로 극(克)하는
이치와 죄악이 없는 세상이니라.

세계를 한집안으로 통일

3 앞세상은 하늘과 땅이 합덕(天地合德)하
는 세상이니라.
4 이제 천하를 한집안으로 통일하나니
온 인류가 한가족이 되어 화기(和氣)가
무르녹고
5 생명을 살리는 것을 덕으로 삼느니라.
6 장차 천하만방의 언어와 문자를 통일
하고 인종의 차별을 없애리라.
7 후천은 온갖 변화가 통일로 돌아가느니
라.

신인합일(神人合一)의 지상 선경

8 후천은 사람과 신명이 하나가 되는 세상
이니라.
9 모든 사람이 불로장생하며 자신의 삼
생(三生)을 훤히 꿰뚫어 보고 제 분수
를 스스로 지키게 되느니라.

우주 변화의 근본정신, 생장염장

20 나는 생장염장(生長斂藏) 사의(四義)
를 쓰나니 이것이 곧 무위이화(無爲以
化)니라.
2 해와 달이 나의 명(命)을 받들어 운행
하나니
3 하늘이 이치(理致)를 벗어나면 아무것도
있을 수 없느니라.

천지개벽의 이치, 역(易)

4 천지개벽(天地開闢)도 음양이 사시(四
時)로 순환하는 이치를 따라 이루어지
는 것이니
5 천지의 모든 이치가 역(易)에 들어 있느니
라.

모든 법을 합하여 써야

21 남아가 출세하려면 천하를 능히
흔들어야 조화가 생기는 법이라.
2 이 세상은 신명조화(神明造化)가 아니고
서는 고쳐 낼 도리가 없느니라.
3 옛적에는 판이 작고 일이 간단하여 한
가지 신통한 재주만 있으면 능히 난국
을 바로잡을 수 있었거니와
4 이제는 판이 워낙 크고 복잡한 시대를
당하여 신통변화와 천지조화가 아니고
서는 능히 난국을 바로잡지 못하느니
라.
5 이제 병든 하늘과 땅을 바로잡으려면
모든 법을 합하여 써야 하느니라.

우주사의 인존시대를 선언하심

22 천존(天尊)과 지존(地尊)보다 인존
(人尊)이 크니 이제는 인존시대(人尊時
代)니라.
2 이제 인존시대를 당하여 사람이 천지대
세를 바로잡느니라.

중통인의의 도통 세계를 여심

3 예로부터 상통천문(上通天文)과 하달지
리(下達地理)는 있었으나 중통인의(中通
人義)는 없었나니
4 내가 비로소 인의(人義)를 통하였노라.
5 위징(魏徵)은 밤이면 상제를 섬기고,
낮이면 당태종을 도왔다 하나
6 나는 사람의 마음을 빼었다 찔렀다 하노
라.

천지에서 사람 쓰는 이때에

23 하루는 형렬에게 일러 말씀하시니
이러하니라.
2 形於天地하여 生人하나니
형어천지 생인
萬物之中에 唯人이 最貴也니라
만물지중 유인 최귀야
하늘과 땅을 형상하여
사람이 생겨났나니 만물 가운데
오직 사람이 가장 존귀하니라.
3 天地生人하여 用人하나니
천지생인 용인
以人生으로 不參於天地用人之時면
이인생 불참어천지용인지시
何可曰人生乎아
하가왈인생호
천지가 사람을 낳아 사람을 쓰나니
사람으로 태어나 천지에서 사람을 쓰는
이때에 참예하지 못하면
어찌 그것을 인생이라 할 수 있겠느냐!
4 하루는 말씀하시기를 "선천 인간 중에
천지의 홍은(鴻恩)을 갚은 사람이 없느니
라." 하시니라.

이때는 해원시대

24 이때는 해원시대(解寃時代)라. 이제
앞으로 모든 참혹한 일이 생겨나
느니라.
2 그러므로 내가 신명을 조화(調和)하여
만고의 원을 끄르고
3 상생의 도로써 조화정부(造化政府)를 열
어 만고에 없는 선경세계를 세우고자
하노라.

인류의 원한의 뿌리, 요임금의 아들 단주

4 이제 원한의 역사의 뿌리인 당요(唐堯)의
아들 단주(丹朱)가 품은 깊은 원(寃)을 끄
르면
5 그로부터 수천 년 동안 쌓여 내려온
모든 원한의 마디와 고가 풀릴지라.
6 대저 당요가 그 아들 단주를 불초(不肖)
하다 하여 천하를 맡기지 않고 그의 두
딸과 천하를 순(舜)에게 전하여 주니
7 단주의 깊은 원을 그 누가 만분의 하나
라도 풀어 주리오.
8 마침내 순이 창오(蒼梧)에서 죽고 두
왕비는 소상강(瀟湘江)에 빠져 죽었느
니라.
9 그러므로 단주 해원을 첫머리로 하여 천
지대세를 해원의 노정으로 나아가게 하
노라.

우주의 변화 원리

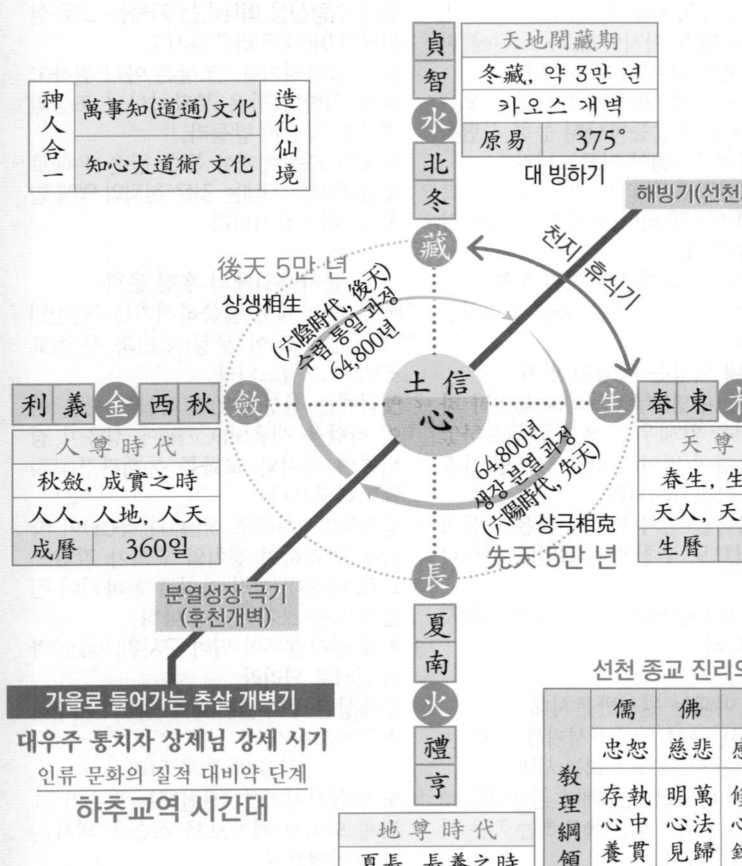

선천 종교 진리의 핵심

	儒	佛	仙	西道
教理綱領	忠恕	慈悲	感應	博愛
	執中貫一 存心養性	萬法歸一 明心見性	抱元守一 修心鍊性	聖靈感化 三界唯一神
三極	五皇極	太極(空)	十無極	
主體性	三綱五倫	三寶五戒	三清五行	十戒
目的	大同	極樂	太清	天國

10 이제 사람도 이름 없는 사람이 기세(氣
勢)를 얻고, 땅도 이름 없는 땅에 길운
(吉運)이 돌아오느니라.

복을 받으려면

25 나는 해마(解魔)를 위주로 하나니,
이는 먼저 어지럽게 하고 뒤에 바
로잡는 천지의 이치 때문이니라.
2 그러므로 나를 따르는 자에게는 모든
마(魔)가 먼저 발동하나니 능히 시련을
받고 나야 복(福)이 이르느니라.
3 선천에 안락을 누리는 자는 후천에 복
을 받기 어려우리니 고생을 복으로 알
고 잘 받으라.
4 만일 당하는 고생을 이기지 못하여 애
통히 여기는 자는 오는 복을 물리치는
것이니라.

내 세상은 복록이 먼저

5 선천에는 수명(壽命) 복록(福祿)이라 하
여 수명을 앞세우고 복록을 뒤로하였
으나 복록이 없이 수명만 있으면 산송
장이나 마찬가지니라.
6 나는 복록을 먼저 하고 수명은 다음이
니 그러므로 후천에는 걸인이 없느니
라.
7 이제는 복록을 먼저 하라. 녹(祿) 떨어지
면 죽느니라.

이때는 원시반본시대

26 상제님께서 말씀하시기를 "이때는
원시반본(原始返本)하는 시대라.
2 혈통줄이 바로잡히는 때니 환부역조(換
父易祖)하는 자와 환골(換骨)하는 자는 다
죽으리라." 하시고
3 이어 말씀하시기를 "나도 단군의 자손
이니라." 하시니라.

부모를 하늘땅같이 섬기라

4 하루는 말씀하시기를 "부모를 경애하
지 않으면 천지를 섬기기 어려우니라.
5 천지는 억조창생의 부모요, 부모는 자녀
의 천지니라.
6 자손이 선령(先靈)을 박대하면 선령도 자
손을 박대하느니라.
7 예수는 선령신들이 반대하므로 천지공정
에 참여치 못하리라.
8 이제 인종 씨를 추리는 후천 가을운수를
맞아 선령신을 박대하는 자들은 모두 살
아남기 어려우리라." 하시고
9 또 말씀하시기를 "조상은 아니 위하고
나를 위한다 함은 부당하나니 조상의
제사를 극진히 받들라.
10 사람이 조상에게서 몸을 받은 은혜로
조상 제사를 지내는 것은 천지의 덕에 합
하느니라." 하시니라.

군사부일체의 후천 문화

27 상제님께서 말씀하시기를 "선천의
도정(道政)이 문왕(文王)과 무왕(武
王)에서 그쳤느니라.
2 옛적에는 신성(神聖)이 하늘의 뜻을 이
어 바탕을 세움(繼天立極)에 성웅이 겸
비하여 정치와 교화를 통제관장(統制
管掌)하였으나
3 중고(中古) 이래로 성(聖)과 웅(雄)이 바
탕을 달리하여 정치와 교화가 갈렸으
므로 마침내 여러 가지로 분파되어 진
법(眞法)을 보지 못하였나니
4 이제 원시반본이 되어 군사위(君師位)가
한 갈래로 되리라.
5 앞세상은 만수일본(萬殊一本)의 시대니
라." 하시니라.

배사율의 통치 원리

6 또 말씀하시기를 "선천에는 도수가 그
르게 되어서 제자로서 스승을 해하는
자가 있었으나
7 이 뒤로는 그런 불의를 감행하는 자는
배사율(背師律)을 받으리라." 하시니라.

사강육륜의 도륜을 내심

8 하루는 상제님께서 말씀하시기를 "유
가에서 군사부일체를 주장하나 삼강
오륜(三綱五倫) 어디에도 스승과 제자의
도리는 없지 않으냐.

9 이에 삼강오륜을 보전(補塡)하니 앞으
로는 사강육륜(四綱六倫)의 도륜(道倫)이
나오리라." 하시며 일러 주시니 이와
같으니라.
10 夫爲婦綱 父爲子綱
부위부강 부위자강
師爲弟綱 君爲臣綱
사위제강 군위신강
夫婦有別 父子有親
부부유별 부자유친
師弟有禮 君臣有義
사제유례 군신유의
長幼有序 朋友有信
장유유서 붕우유신

반 그릇 밥의 은혜라도 반드시 갚으라

28 우리 공부는 물 한 그릇이라도 연
고 없이 남의 힘을 빌리지 못하는
공부니 비록 부자 형제간이라도 헛된
의뢰를 하지 말라.
2 밥을 한 그릇만 먹어도 잊지 말고 반
그릇만 먹어도 잊지 말라.
3 '일반지덕(一飯之德)을 필보(必報)하라.'
는 말이 있으나 나는 '반반지은(半飯之
恩)도 필보하라.' 하노라.
4 '배은망덕만사신(背恩忘德萬死身)'이니라.

우리 일은 남 잘되게 하는 공부

29 우리 일은 남 잘되게 하는 공부니 남
이 잘되고 남은 것만 차지하여도
우리 일은 되느니라.
2 전명숙(全明淑)이 거사할 때에 상놈을
양반 만들어 주려는 마음을 두었으므
로 죽어서 잘되어 조선 명부대왕(冥府
大王)이 되었느니라.

동방 신교문화의 두 성인, 신농씨와 태공의 은혜

3 신농씨(神農氏)가 농사짓는 법과 의술
로 천하 만세를 윤택하게 하였고
4 태공(太公)이 병법과 정치로써 천하 만
세에 은혜를 주었나니
5 이제 하늘과 땅이 성공하는 가을철을 당
하여 천지의 모든 신명들이 그들을 높이
받드느니라.

마테오 리치 대성사의 큰 공덕

30 이마두(利瑪竇)는 세계에 많은 공덕
을 끼친 사람이라. 현 해원시대에
신명계의 주벽(主壁)이 되나니 이를 아
는 자는 마땅히 경홀치 말지어다.
2 그러나 그 공덕을 은미(隱微) 중에 끼쳤
으므로 세계는 이를 알지 못하느니라.
3 서양 사람 이마두가 동양에 와서 천국
을 건설하려고 여러 가지 계획을 내었
으나 쉽게 모든 적폐(積弊)를 고쳐 이
상을 실현하기 어려우므로 마침내 뜻
을 이루지 못하고
4 다만 동양과 서양의 경계를 틔워 예로부
터 각기 지경(地境)을 지켜 서로 넘나
들지 못하던 신명들로 하여금 거침없
이 넘나들게 하고
5 그가 죽은 뒤에는 동양의 문명신(文明
神)을 거느리고 서양으로 돌아가서 다시
천국을 건설하려 하였나니
6 이로부터 지하신(地下神)이 천상에 올
라가 모든 기묘한 법을 받아 내려 사람
에게 '알음귀'를 열어 주어
7 세상의 모든 학술과 정교한 기계를 발
명케 하여 천국의 모형을 본떴나니 이
것이 바로 현대의 문명이라.
8 서양의 문명이기(文明利器)는 천상 문명을
본받은 것이니라.

하늘의 모든 신성과 부처와 보살이 하소연하므로

9 그러나 이 문명은 다만 물질과 사리(事
理)에만 정통하였을 뿐이요, 도리어 인
류의 교만과 잔포(殘暴)를 길러 내어
천지를 흔들며 자연을 정복하려는 기
세로 모든 죄악을 꺼림 없이 범행하니
10 신도(神道)의 권위가 떨어지고 삼계(三界)
가 혼란하여 천도와 인사가 도수를 어기
는지라

11 이마두가 원시의 모든 신성(神聖)과 불타
와 보살들과 더불어 인류와 신명계의 큰
겁액(劫厄)을 구천(九天)에 있는 나에게
하소연하므로
12 내가 서양 대법국 천개탑에 내려와 이마
두를 데리고 삼계를 둘러보며 천하를 대
순(大巡)하다가 이 동토(東土)에 그쳐
13 중 진표(眞表)가 석가모니의 당래불(當
來佛) 찬탄설게(讚歎說偈)에 의거하여
당래의 소식을 깨닫고 지심기원(至心祈
願)하여 오던 모악산 금산사 미륵금상
에 임하여 30년을 지내면서
14 최수운(崔水雲)에게 천명(天命)과 신교(神
教)를 내려 대도를 세우게 하였더니
15 수운이 능히 유교의 테밖에 벗어나 진
법을 들춰내어 신도(神道)와 인문(人文)
의 푯대를 지으며 대도의 참빛을 열지
못하므로
16 드디어 갑자(甲子: 道紀前 7, 1864)년에
천명과 신교를 거두고 신미(辛未: 道紀 1,
1871)년에 스스로 이 세상에 내려왔나니
17 동경대전(東經大全)과 수운가사(水雲歌
詞)에서 말하는 '상제'는 곧 나를 이름이
니라.

나는 정세를 맡았노라

31 황제(黃帝)가 난(亂)을 지으므로 치
우(蚩尤)가 큰 안개를 지어 이를 평
정하였나니
2 난을 지은 사람이 있어야 다스리는 사
람이 있느니라.
3 최수운은 동세(動世)를 맡았고 나는 정
세(靖世)를 맡았나니
4 전명숙의 동(動)은 곧 천하의 난을 동케
하였느니라.
5 최수운은 내 세상이 올 것을 알렸고,
김일부는 내 세상이 오는 이치를 밝혔
으며, 전명숙은 내 세상의 앞길을 열
었느니라.
6 수운가사는 수운이 노래한 것이나, 나
의 일을 노래한 것이니라.
7 일부가 내 일 한 가지는 하였느니라.

모두 내 비결이니라

32 하루는 상제님께서 말씀하시기를
"수운가사에 새 기운이 갊아 있으
니 말은 소장(蘇張)의 구변이 있고, 글
은 이두(李杜)의 문장이 있고, 알음은
강절(康節)의 지식이 있나니
2 다 내 비결이니라." 하시니라.
3 또 성도들로부터 '금산사의 미륵불이
조만간에 출세하면 천하가 한집안같
이 되어 무량한 신선의 세계가 된다.'
는 옛이야기를 들으신 후에 흔쾌히 웃
으며 말씀하시기를
4 "세간에는 혹 내 일을 아는 자가 있어
사람들이 모르는 앞세상의 운수를 왕
왕 그와 같이 말하는 수가 있느니라."
하시니라.

천하대세를 세상이 가르치리라

33 현세에는 아는 자가 없나니 상(相)도
보이지 말고 점(占)도 치지 말지어
다.
2 천지의 일은 때가 이르지 아니하면 사
람이 감히 알 수 없느니라.
3 그러므로 때가 아직 이르지 않았는데
내 일을 미리 알고자 하면 하늘이 그를
벌하느니라.
4 이제 보라! 천하대세를 세상이 가르치
리라.
5 사람이 가르치는 것이 아니요, 이 세
상이 갈수록 달라지나니 저절로 아느
니라.

허수아비 세상

6 이언(俚言)에 '짚으로 만든 계룡(鷄龍)'이
라 하나니 세상이 막 일러주는 것을
모르느니라.

공부 않고 아는 법은 없다

34 예로부터 생이지지(生而知之)를 말
하나 이는 그릇된 말이라.

2 천지의 조화로도 풍우(風雨)를 지으려
면 무한한 공부를 들이나니, 공부 않
고 아는 법은 없느니라.
3 정북창(鄭北窓) 같은 재주로도 '입산 3
일에 시지천하사(始知天下事)'라 하였느
니라.

옛 성자의 기국과 도통 경계

35 나의 공부는 삼등(三等)이 있으니
2 상등은 도술(道術)이 겸전(兼全)하
여 만사를 뜻대로 행하게 되고
3 중등은 용사(用事)에 제한이 있고
4 하등은 알기만 하고 용사는 못 하느니
라.
5 옛사람은 알기만 하고 용사치 못하였
으므로 모든 일을 뜻대로 행하지 못하
였으나
6 이 뒤로는 백성들도 제 앞일은 제가
다 알아서 하게 하리라.

신명 대접을 가장 잘하는 조선 민족

36 상제님께서 말씀하시기를 "세계
대운이 조선으로 몰아 들어오니
만의 하나라도 때를 놓치지 말라.
2 이 세상에 조선과 같이 신명(神明) 대접
을 잘하는 곳이 없으므로
3 신명들이 그 은혜를 갚기 위하여 각기
소원을 따라 꺼릴 것 없이 받들어 대
접하리니
4 도인(道人)들은 아무 거리낌없이 천하사
(天下事)만 생각하게 되리라." 하시니라.
5 하루는 상제님께서 말씀하시기를 "신
명들이 조선 땅에 삼대 들어서듯 가득
차 있어 사람이 지나가면 신명들이 길
을 비켜 주느니라.
6 그러니 침을 뱉어도 고개를 숙이고 발
부리에 뱉어라." 하시니라.

내가 있는 곳이 천하의 대중화

7 하루는 한 성도가 청(淸)나라를 중국
(中國)이라 부르거늘 상제님께서 크게
꾸짖으시고 말씀하시기를
8 "청나라는 청나라요 중국이 아니니라.
내 세상에는 내가 있는 곳이 천하의 대중
화(大中華)요
9 금강산이 천하만국의 공청(公廳)이 되
느니라." 하시니라.

인류의 뿌리 성씨로 강세하심

37 세상에 성(姓)으로 풍(風)가가 먼저
났으나 전하여 오지 못하고
2 다만 사람의 몸에 들어 체상(體相)의
칭호로 쓰이게 되어 풍신, 풍채, 풍골
등으로 일컫게 되었을 뿐이요
3 그 다음에 강(姜)가가 났나니 강가가 곧
성의 원시라.
4 그러므로 이제 개벽시대를 당하여 원
시로 반본하는 고로 강가가 일을 맡게
되었느니라.

천하에서 제일 큰 그릇은 시루(甑)

38 하루는 성도들에게 물으시기를
"너희들, 시루떡이 익는 이치를 아느
냐?" 하시니 아무도 대답을 하지 못하
거늘
2 상제님께서 가르쳐 말씀하시기를 "시
루떡을 찔 때에 김이 시루(甑) 가장자
리부터 오르나니, 그 떡이 가에서 익어
들어가 가운데는 마지막에 익는 법이니
라.
3 가운데만 다 익으면 시루의 떡 익히는
일이 모두 끝나느니라." 하시고
4 이어 말씀하시기를 "세상에 시루만큼
큰 그릇이 없나니, 황하수의 물을 길
어다가 부어 보아라. 아무리 부어도
시루에 물을 못 채울 것이로다.
5 시루는 황하수를 다 먹어도 오히려 차
지 않으니 천하의 그릇 중에 제일 큰
것은 시루니라." 하시니라.

형렬을 옥경에 데려가심

39 상제님께서 성도들에게 하늘의 일
을 말씀하시니 형렬이 항상 마음

인류의 성의 시원인 신농씨와 중국 한족문화의 역사 시조 황제헌원의 계보

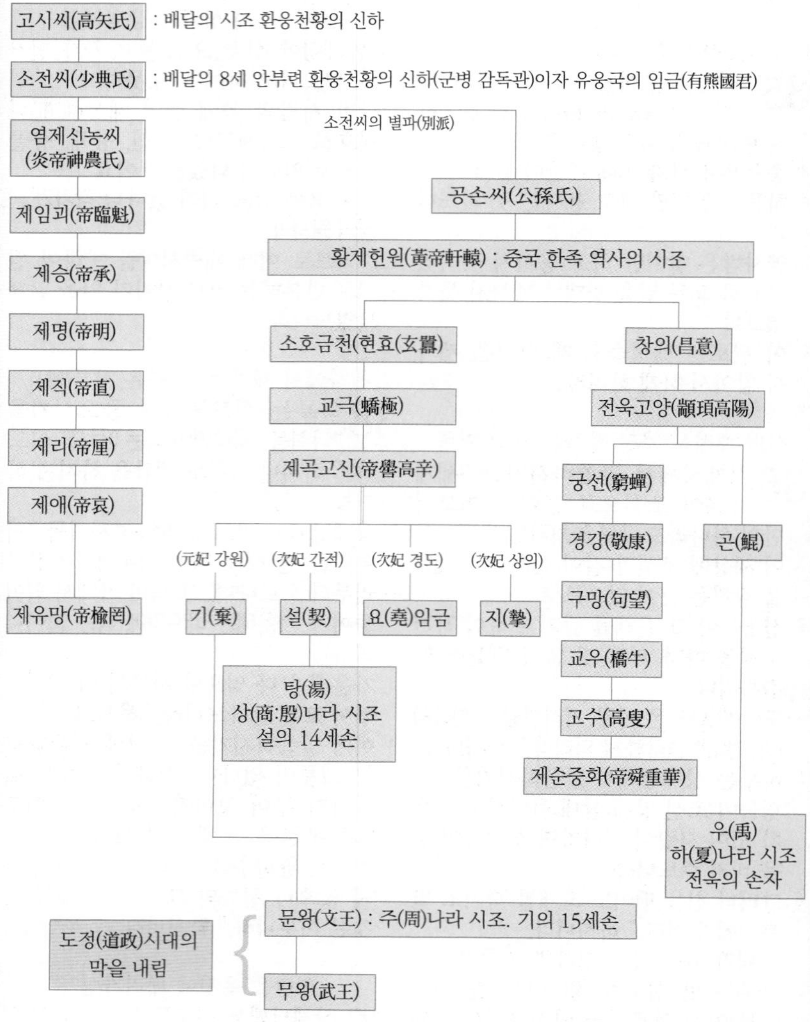

※ 중국사서 『사기』·『제왕세기』기준

속으로 '한울님 뵙기를 원하옵니다.'
하고 소원하는지라
2 하루는 형렬에게 안경을 주시며 "이것
을 쓰고 나를 따라오라." 하시매
3 형렬이 따라가니 화려한 삼층 누각이
나타나거늘 자세히 보니 세상에서 이
르는 천상의 옥경대(玉京臺)더라.
4 상제님께서 형렬에게 "아래층에 있으
라." 하시고 상층으로 올라가시니
5 선관선녀(仙官仙女)들과 만조백관(滿朝
百官)이 좌우에서 옹위하니라.

우리 선생님이 하느님이다

6 상제님께서 좌정하신 후에 백관에게
명하시기를 "위징(魏徵)을 데려오라."
하시고
7 대령한 위징을 꾸짖어 말씀하시기를
"너는 무슨 일로 두 마음을 품고 낮에
는 당태종을 섬기고 밤에는 옥황상제
를 섬겼느냐?" 하시니 위징이 크게 사
죄하는지라
8 형렬이 이 광경을 본 뒤로 성도들에게
말하기를 "우리 선생님이 바로 한울님
이시라." 하니라.
9 이후로 성도들은, 상제님께서 공사시
에 늘 뇌성벽력과 풍운조화를 뜻대로
쓰시는 것을 보고, 증산께서 곧 하느님
이심을 깨닫게 되니
10 '인간으로 오신 인존천주(人尊天主)님이
틀림없다.'고 생각하니라.

공자 석가 예수를 내려 보내심

40 예수를 믿는 사람은 예수의 재림
을 기다리고
2 불교도는 미륵의 출세를 기다리고
3 동학 신도는 최수운의 갱생을 기다리
나니
4 누구든지 한 사람만 오면 각기 저의
스승이라 하여 따르리라.
5 '예수가 재림한다.' 하나 곧 나를 두고
한 말이니라.
6 공자, 석가, 예수는 내가 쓰기 위해 내려
보냈느니라.

인류사의 새 세상을 여는 대도

41 선경세계는 내가 처음 건설하나니,
나는 옛 성인의 도나 옛 가르침으
로 하지 않느니라.
2 그러므로 너희는 낡은 삶을 버리고 새 삶
을 도모하라.
3 묵은 습성이 하나라도 남아 있으면 그
몸이 따라서 망하느니라.

나의 도는 선천문화와 견줄 수 없다

4 나의 도는
古不聞今不聞이요 古不比今不比니라.
고불문금불문 고불비금불비
옛적에도 듣지 못했고
이제 또한 들을 수 없으며
옛적의 그 어떤 도(道)와도 견줄 수
없고 이제도 또한 견줄 만한 것이
없느니라.

오직 내가 처음 짓는 일

42 이제 온 천하가 대개벽기를 맞이하
였느니라.
2 내가 혼란키 짝이 없는 말대(末代)의
천지를 뜯어고쳐 새 세상을 열고
3 비겁(否劫)에 빠진 인간과 신명을 널리
건져 각기 안정을 누리게 하리니
4 이것이 곧 천지개벽(天地開闢)이라.
5 옛일을 이음도 아니요, 세운(世運)에
매여 있는 일도 아니요, 오직 내가 처
음 짓는 일이니라.
6 부모가 모은 재산이라도 항상 얻어 쓰
려면 쓸 때마다 얼굴이 쳐다보임과 같
이
7 쓰러져 가는 집에 그대로 살려면 무너
질 염려가 있음과 같이
8 남이 지은 것과 낡은 것을 그대로 쓰
려면 불안과 위구(危懼)가 따라드나니
9 그러므로 새 배포를 꾸미는 것이 옳으
니라.

새 배포를 꾸미라

10 하루는 형렬에게 일러 말씀하시기를
"망하는 세간살이는 애체없이 버리고
새 배포를 꾸미라.
11 만일 아깝다고 붙들고 있으면 몸까지
따라서 망하느니라." 하시니라.

이때는 천지성공 시대

43 지금은 온 천하가 가을 운수의 시작
으로 들어서고 있느니라.
2 내가 하늘과 땅을 뜯어고쳐 후천을 개
벽하고 천하의 선악(善惡)을 심판하여
후천선경의 무량대운(無量大運)을 열려
하나니
3 너희들은 오직 정의(正義)와 일심(一心)
에 힘써 만세의 큰복을 구하라.
4 이때는 천지성공 시대(天地成功時代)니라.
5 천지신명이 나의 명을 받들어 가을 운
의 대의(大義)로써 불의를 숙청하고 의
로운 사람을 은밀히 도와주나니
6 악한 자는 가을에 지는 낙엽같이 떨어
져 멸망할 것이요, 참된 자는 온갖 과
실이 가을에 결실함과 같으리라.
7 그러므로 이제 만물의 생명이 다 새로워
지고 만복(萬福)이 다시 시작되느니라.

이때는 생사판단의 가을개벽기

44 상제님께서 하루는 세간에 전해
오는 '백조일손(百祖一孫)'이라는 말
에 대하여 말씀하시기를
2 "가을바람이 불면 낙엽이 지면서 열매를
맺는 법이니라.
3 그러므로 이때는 생사판단(生死判斷)을
하는 때니라." 하시니라.

다가오는 세상 난리는

4 한 성도가 여쭈기를 "'다가오는 세상
난리는 신명의 조화임을 알지 못한다.'
는 말이 있사온데 과연 그러합니까?"
하니
5 상제님께서 말씀하시기를 "천지개벽
을 해도 신명 없이는 안 되나니, 신명
이 들어야 무슨 일이든지 되느니라.
6 내 세상은 조화의 세계요, 신명과 인
간이 하나 되는 세계니라." 하시니라.
7 또 말씀하시기를 "내 일은 인신합덕(人
神合德)으로 되느니라." 하시니라.

천하창생이 진멸지경에 이르렀는데

45 대저 사람이 아무것도 모르는 것
이 편할지라. 오는 일을 아는 자는
창생의 일을 생각할 때에 비통을 이기
지 못하리로다.
2 이제 천하창생이 진멸(盡滅)의 경계에 박
도하였는데 조금도 깨닫지 못하고 이
(利)끗에만 몰두하니 어찌 애석치 아니
하리오.

때가 되어 괴병이 온 천하를 휩쓸면

3 장차 십 리 길에 사람 하나 볼 듯 말
듯한 때가 오느니라.
4 지기(至氣)가 돌 때에는 세상 사람들이
콩나물처럼 쓰러지리니
5 때가 되어 괴병(怪病)이 온 천하를 휩쓸면
가만히 앉아 있다가도 눈만 스르르 감
고 넘어가느니라.
6 그 때가 되면 시렁 위에 있는 약 내려
먹을 틈도 없느니라.

이제 천하의 종기를 파하였노라

46 형렬의 집이 가난하여 보리밥으로
상제님을 공양하더니, 추석 명절
을 당하여 할 수 없이 밥솥을 팔아 상
제님을 공양하려고 솥을 떼어 내거늘
2 상제님께서 말씀하시기를 "솥이 들썩
이는 것을 보니 미륵불이 출세함이로다."
하시고 형렬에게 "쇠꼬리 한 개를 구
하여 오라." 하시니라.
3 이에 형렬이 금구 용암리(金溝 龍岩里)
에 가서 쇠꼬리를 구하여 오고 또 술
을 사 오거늘
4 마당 한 쪽에 풀을 쌓게 하여 불을 피
우시고 쇠꼬리를 두어 번 둘러 내신
뒤에 "해를 바라보라." 하시므로 형렬

이 우러러보니 햇무리가 둘리어 있는
지라
5 그대로 아뢰니 말씀하시기를 "천하대
세가 큰 종기를 앓음과 같으니, 내가
이제 그 종기를 파(破)하였노라." 하시
고 술을 드시니라.

화공에게 새 운수를 열어 주심

47 상제님께서 임인년 가을에 부안(扶
安) 대초말 앞 주막에서 이갑수(李
甲洙)를 만나시니라.
2 상제님께서 그에게 일러 말씀하시기를
"그대가 고윤동의 둘째 딸과 그대 아
들의 혼사를 정하러 왔으나 그 규수는
인연이 아니니라.
3 내가 좋은 혼처를 정해 주리라." 하시
고 백련동(白蓮洞)에 사는 화공의 오빠
안광희(安光熙)를 소개하시니라.
4 이에 갑수가 자신의 속사정을 낱낱이
아시는 상제님의 신이하심에 놀라 백
련동에 가서 화공을 보니 마음에 흡족
하거늘 그 자리에서 바로 정혼하니라.
5 전날 밤 화공과 그 어머니의 꿈에 한
선관이 구름을 타고 내려와 "내일 구
혼하러 오는 사람이 있을 것이니 때를
놓치지 말라." 하고 다시 하늘로 올라
가거늘
6 그 어머니는 이를 매우 기이하게 여기
나 화공은 그 선관이 곧 상제님이심을
아니라.

천하의 병을 다스리리라

48 임인년에 상제님께서 병 고치는 법
을 전주 화정리(花亭里) 이경오(李京
五)에게 처음으로 베푸시니라.
2 이때 경오가 중병을 앓다가 병세가 더
욱 위독해지거늘 평소에 친분이 있던
대원사 주지 박금곡에게 의원을 구하
여 주기를 청하니
3 금곡이 상제님의 신성하심을 익히 아
는지라 그 일을 아뢰며 신방(神方)을
베풀어 주십사 하소연하니라.
4 이에 상제님께서 금곡과 더불어 경오
를 찾아가 그 증세를 보시니
5 왼발 넷째 발가락이 쑤시고 아프며 오
후부터 새벽까지는 다리 전체가 큰 기
둥과 같이 부어 올랐다가 아침이 되면
부기가 내리기 시작하여 정오에는 원
상으로 회복되는데
6 이렇게 3, 4년 동안을 앓으매 한 발짝
도 옮기지 못하고 앉은뱅이가 되었더
라.
7 상제님께서 말씀하시기를 "이 병이 진
실로 괴이하도다. 모든 일이 작은 것
으로부터 큰 것을 헤아리게 되나니
8 그러므로 내가 이 병으로써 본을 삼아
천하의 병을 다스리리라." 하시고 손으
로 만져 내리신 뒤에
9 "처마 끝에서 떨어지는 빗물을 받아
씻으라." 하시매 금곡이 경오의 다리
를 씻어 주니 곧 나으니라.

천지의 대덕과 성인의 대업

49 하루는 성도들에게 가르쳐 말씀하
시니 이러하니라.
2 欲知廣大면 觀乎天地하고
욕지광대 관호천지
欲知變通이면 觀乎四時하라
욕지변통 관호사시
광대함을 알고자 하면 천지를 살펴보고
변통의 이치를 알고자 하면
사시를 관찰하라.
3 欲知陰陽之理면 觀乎日月하고
욕지음양지리 관호일월
欲知功德之業이면 觀乎聖人하라
욕지공덕지업 관호성인
음양의 이치를 알고자 하면
일월을 살펴보고
공덕의 업적을 알고자 하면
성인을 볼지어다.
4 生物無窮은 天地之大業이요
생물무궁 천지지대업

運行不息은 天地之大德이라
운행불식 천지지대덕
끝없이 만물을 생성함은
천지의 대업이요
쉬지 않고 운행함은 천지의 대덕이라.
5 功及萬世는 聖人之大業이요
공급만세 성인지대업
終始日新은 聖人之大德이니라
종시일신 성인지대덕
공덕을 만세에 미침은 성인의 대업이요
처음부터 끝까지 날로 새롭게 함은
성인의 대덕이니라.

난세와 치세의 두 마음

50 禹治九年洪水할새
우치구년홍수
三過其門而不入은 以一身之苦로
삼과기문이불입 이일신지고
而安天下之民이니라
이안천하지민
우(禹)가 구년홍수를 다스릴 적에
세 차례나 자기 집 문 앞을 지나면서도
들르지 않았음은
제 한 몸의 고달픔으로 천하의 백성을
평안케 하고자 함이었느니라.
2 是故로 治世之人은 餓其體하고
시고 치세지인 아기체
勞其筋하여 以活民生하고
노기근 이활민생
亂世之人은 淫其心하고
난세지인 음기심
貪其財하여 以傷民生하나니
탐기재 이상민생
若天理所在면 功歸於修하고
약천리소재 공귀어수
禍歸於作하리라
화귀어작
그러므로 세상을 다스리는 사람은
제 몸을 주리고 수고스럽게 하여
백성을 살리고
세상을 어지럽히는 사람은
마음을 방종히 하고 재물을 탐하여
백성의 삶을 상하게 하나니
천리가 있다면
공(功)은 닦은 데로 돌아가고
화(禍)는 지은 데로 돌아갈 것이니라.

하늘과 땅을 일체로 받드는 개벽시대

51 선천은 천지비(天地否)요, 후천은
지천태(地天泰)니라.
2 선천에는 하늘만 높이고 땅은 높이지
않았으니 이는 지덕(地德)이 큰 것을 모
름이라.
3 이 뒤에는 하늘과 땅을 일체로 받드는
것이 옳으니라.

천지에 가득 찬 여자의 한(恨)

52 선천은 억음존양(抑陰尊陽)의 세상
이라.
2 여자의 원한이 천지에 가득 차서 천지
운로를 가로막고 그 화액이 장차 터져
나와 마침내 인간 세상을 멸망하게 하
느니라.
3 그러므로 이 원한을 풀어 주지 않으면
비록 성신(聖神)과 문무(文武)의 덕을
함께 갖춘 위인이 나온다 하더라도 세
상을 구할 수가 없느니라.

인간 세상의 음양 질서를 개벽하심

4 예전에는 억음존양이 되면서도 항언
에 '음양(陰陽)'이라 하여 양보다 음을
먼저 이르니 어찌 기이한 일이 아니리
오.
5 이 뒤로는 '음양' 그대로 사실을 바로 꾸
미리라.

남녀동권 시대를 열어 주심

53 여자가 천하사를 하려고 염주를
딱딱거리는 소리가 구천에 사무쳤
나니 이는 장차 여자의 천지를 만들려
함이로다.
2 그러나 그렇게까지는 되지 못할 것이
요, 남녀동권 시대가 되게 하리라.

3 사람을 쓸 때에는 남녀 구별 없이 쓰
리라.
4 앞세상에는 남녀가 모두 대장부(大丈夫)
요, 대장부(大丈婦)이니라.

여자도 각기 닦은 바에 따라

5 자고로 여자를 높이 받들고 추앙하는
일이 적었으나
6 이 뒤로는 여자도 각기 닦은 바를 따
라 공덕이 서고 금패(金牌)와 금상(金
像)으로 존신(尊信)의 표를 세우게 되리
라.
7 내 세상에는 여자의 치마폭 아래에서 도
통이 나올 것이니라.

부인 수도는 내 도의 근간

54 부인은 한 집안의 주인이니라.
2 음식 만들어 바라지하고, 자식
낳아 대(代) 이어 주고, 손님 오면 접대
하고, 조상 받들어 제사 모시니
3 가정 만사 부인의 손길이 미치지 않는
곳이 없느니라.
4 만고의 음덕(陰德)이 부인에게 있나니
부인을 잘 대접하라. 나 또한 경홀치
않느니라.
5 부인 수도(婦人修道)는 내 도의 근간(根幹)
이요 대본(大本)이니
6 이후에 부인들 가운데서 도통자가 많
이 나리라.

나를 생각하는 사람이 내 사람

55 하루는 김갑칠(金甲七)이 여쭈기를
"저와 같이 용렬하고 천하기 그지
없는 자도 다가오는 선경세계의 복을
누릴 수 있습니까?" 하니
2 상제님께서 문득 안색을 바꾸시어 큰
소리로 말씀하시기를 "갑칠아, 그게
무슨 말이냐. 이때는 해원시대니라.
3 이제 해원시대를 맞아 도(道)를 전하는
것을 빈천한 사람으로부터 시작하느니
라." 하시고
4 또 말씀하시기를 "부귀한 자는 자만자
족하여 그 명리(名利)를 증대하기에 몰
두하여 딴 생각이 나지 않으리니 어느
겨를에 나에게 생각이 미치리오.
5 오직 빈궁한 자라야 제 신세를 제가
생각하여 도성덕립(道成德立)을 하루바
삐 기다리며 운수 조일 때마다 나를 생
각하리니 그들이 곧 내 사람이니라." 하
시니라.

적서와 반상의 차별을 없애노라

56 하루는 상제님께서 '최수운이 서자
(庶子)로 태어난 것이 한이 되어 한
평생 서자와 상놈의 차별을 없애고자
하였다.'는 말을 들으시고
2 말씀하시기를 "묵은하늘이 그릇 지어
서자와 상놈의 원한이 세상을 병들게
하였느니라.
3 이제 내가 적서(嫡庶)의 차별을 없이하
였노라." 하시니라.
4 또 말씀하시기를 "양반을 찾는 것은
그 선령의 뼈를 오려 내는 것과 같아
서 망하는 기운이 따라드나니
5 양반의 행습을 버리고 천한 사람을 우
대하여야 속히 좋은 시대가 이르리라.
6 발 개고 앉아서 고개만 끄덕이는 시대
는 다 갔으니 그런 행습을 버리라.
7 내 세상은 상놈의 운수니라." 하시니라.

상제님 세상 후천선경이 오면

57 하루는 성도들에게 글을 써 주시
니 이러하니라.
2 昊天金闕에 上帝午坐하시고
호천금궐 상제오좌
大地土階에 庶民子來라
대지토계 서민자래
호천금궐의 상제님은 남방(午)에
앉아 계시고
대지의 흙계단에 만백성이
자식처럼 몰려오네.
3 一氣貫通하니 萬里昭明하고
일기관통 만리소명

三才俱得하니 兆民悅服이라
삼재구득 조민열복
천지의 한 조화기운 관통하니
온 천하가 밝아지고
삼재(三才)를 모두 득도하니
억조창생 기뻐 감복하는구나.
4 神明世界에 和風蕩蕩하고
신명세계 화풍탕탕
眞正乾坤에 皓月朗朗이라
진정건곤 호월낭랑
신명의 조화세계 되니
화평한 신바람이 넘쳐나고
건곤이 바로 서니
밝은 달이 더욱 환하구나.
5 天長地久에 申命無窮하고
천장지구 신명무궁
日去月來에 寅賓有方이라
일거월래 인빈유방
천지는 장구하니 가을 명운 무궁하고
일월이 왕래하니 새 세상을 맞는도다.

조선의 대신명을 서양으로 보내심

58 계묘(癸卯: 道紀 33, 1903)년 3월에
상제님께서 대공사를 행하시며 말
씀하시기를
2 "이제는 병든 천지를 바로잡아야 하느니
라.
3 조선의 대신명(大神明)을 서양으로 보내
큰 난리를 일으켜
4 선천의 악폐(惡弊)와 상극의 기세를 속
히 거두어서 선경세계를 건설하리니
5 장차 동서양을 비빔밥 비비듯 하리라."
하시니라.

성과 웅이 하나가 되어야

6 하루는 상제님께서 말씀하시기를 "마
음은 성인의 바탕으로 닦고 일은 영웅의
도략을 취하라.
7 개벽의 운수는 크게 개혁하고 크게 건
설하는 것이니 성과 웅이 하나가 되어야
하느니라." 하시니라.

사람이 사랑스러운 세상이 온다

59 이제 음도(陰道)를 보내고 양도(陽
道)를 오게 하느니라.
2 앞으로 세상이 거꾸로 되어 바람 부
는 대로 살리니 무를 거꾸로 먹는 이
치니라.
3 두고 보라! 아침에 본 것, 저녁에 본
것이 다르고 날마다 해마다 달라지리
니, 이제 세상이 다 가르치느니라.
4 구름도 가고 바람도 그치는 때가 돌
아오면 사람 보는 것이 즐겁고 누구나
기룹고 사랑스러운 세상이 되느니라.
5 내가 이렇게 다니는 것도 세상 돌아가
는 도수를 따라서 다니는 것이니라.
6 밥도 다 되었는지 뚜껑을 열어 보지
않느냐? 세상 사람들은 알지 못하나
내가 그냥 다니는 줄 알아도 세상일을
엎었다 뒤집었다 하느니라.
7 내가 세상을 뒤집는 것은 손바닥 안팎
뒤집는 것과 같으니라.
8 이 세상일이 내 걸음걸이 하나하나에 따
라 모두 그렇게 되느니라.

대인의 말은 구천에 사무치나니

60 대인의 말은 구천에 사무치나니
나의 말은 한 마디도 땅에 떨어지
지 아니하느니라.
2 아무리 큰 일이라도 도수에 맞지 않으
면 허사가 될 것이요, 경미하게 보이
는 일이라도 도수에만 맞으면 마침내 크
게 이루어지느니라.

없는 말로 조작하는 난법자들의 종말

3 참된 말은 하늘도 부수지 못하나 없는
말을 거짓으로 꾸며대면 부서질 때는
여지가 없나니
4 내 도(道)에 없는 법으로 제멋대로 행동
하고 난법난도(亂法亂道)하는 자는 이후
에 날 볼 낯이 없으리라.

남을 음해하려는 자

5 과거에는 도통이 나지 않았으므로 도
가(道家)에서 음해(陰害)를 이기지 못하

여 성사되는 일이 적었으나
6 이 뒤에는 도통이 나므로 음해하려는
자가 도리어 해를 입으리라.

사람이 죽고 사는 것도 신명조화

61 하루는 호연이 "참말로 신명이 있
나요?" 하고 여쭈니 말씀하시기를
"신명이사 없다고 못 하지.
2 사람이 죽고 사는 것도 모두 신명의 조화
로 되는 것이다." 하시고
3 또 말씀하시기를 "지금도 네 양쪽 어
깨에 신명이 없으면 기운 없어서 말도
못 혀.
4 눈에 동자가 있어야 보이듯이 살아 있
어도 신명 없이는 못 댕기고, 신명이
안 가르치면 말도 나오지 않는 것이여.
5 신명이 있으니 이 모든 지킴이 있는 것
이다." 하시니라.
6 하루는 복남에게 말씀하시기를 "귀신하
고 사람하고 시방 같이 댕겨." 하시니라.

이때는 신명시대

62 이때는 신명시대(神明時代)라.
2 이제 신명으로 하여금 사람 몸
속에 출입하게 하여 그 체질과 성품을
고쳐 쓰리니
3 이는 비록 말뚝이라도 기운만 붙이면
쓰임이 되는 연고라.
4 오직 어리석고 가난하고 천하고 약한
것을 편히 하여 부디 마음을 잘 고쳐
죄를 짓지 말라.

마음을 진정 한 가지로 먹어라

63 상제님께서 하루는 형렬의 종 으렁
이에게 말씀하시기를
2 "하늘 끝간데가 있더냐? 만리타국을
다녀도 하늘은 그 하늘이요 끝간데가
없느니라.
3 그렇듯이 천지에 내 새끼 네 새끼 없이
다같이 화목하게 살자고, 내가 천지를
뒤집으려고 지금 이러느니라.
4 너도 머슴 산다고 서러워 말고 꼭 진
심으로만 마음먹으면 이제 괜찮아지
느니라." 하시니
5 으렁이가 "선생님 말씀을 듣고 저도
마음을 고치겠습니다." 하거늘 "오냐!
그렇게 해라." 하시며 용기를 북돋워
주시니라.
6 이에 으렁이가 물가에 앉아 '마음을 고
치려면 어찌해야 할꼬.' 하며 날이 저
물도록 생각해 보아도 마땅히 답이 나
오지 않거늘
7 상제님께 찾아가 "선생님! 저물도록
물을 들여다봐야 제 화상만 보이지 마
음이 안 닦아집니다." 하고 여쭈니
8 말씀하시기를 "허허, 물을 들여다본들
네 마음이 닦이겠느냐? 네 그리도 멍
청하니 머슴밖에 더 살겠느냐!
9 마음을 진정 한 가지로 먹어라.
10 마음이 이랬다저랬다 하루에도 천백
번 뒤집어지는 것은 세상이 그렇게 뒤
집었다 엎었다 하는 것이니, 한길로
나가야 쉽단 말이다.
11 네가 멍청하니 이렇게 말해 주는 것이
지, 그렇지 않으면 네 뺨이 벌써 서쪽
으로 달아났다!" 하시니라.

한 여인의 원한이 하늘에 사무쳐

64 하루는 상제님께서 구릿골에서 천
지공사를 보시는 중에 한 여인이
찾아왔거늘
2 성도들이 "무슨 일로 왔소?" 하고 물
으니 그 여인이 말하기를
3 "제 아들이 3대 독자인데 지금 병이 들
어 선생님이 아니면 살릴 사람이 없으
므로 자식 하나 살려 달라고 호소하러
왔습니다." 하니라.
4 이때 상제님께서 공사를 보느라 바쁘
시므로 성도들이 거절하여 돌려보내니
5 그 여인이 깊이 원(怨)을 품고 돌아가
매 원기가 하늘까지 미쳐 공사가 제대
로 돌아가지 않는지라

6 상제님께서 그 이야기를 들으시고 "그
집에 가자." 하시며 일어나시니라.
7 상제님께서 그 집에 이르시어 사경에
이른 아이에게 "네 이놈, 애비가 와도
안 일어나냐!" 하시니 아이가 놀라서
벌떡 일어나거늘
8 성도들이 여쭈기를 "아이의 아비가 저
기 있는데 '애비가 와도 안 일어난다.'
하시니 이는 무슨 까닭입니까?" 하니
9 말씀하시기를 "가서 알아보아라. 그놈
을 얻으려고 금산사 미륵전에다 3년
동안 공을 들여서 낳았느니라." 하시
니라.
10 이에 성도들이 아이의 부모에게 물어
보니 과연 그렇게 공을 들여 낳았다
하니라.

묵은하늘과 새하늘의 삶

65 상제님께서 새 천지를 개벽하는
대공사를 행하시며 말씀하시기를
"이제 상놈 도수를 짜노라." 하시고
2 "나는 타고난 모습대로 소탈하게 살
것을 주장하나 묵은하늘은 겉으로 꾸
미기를 좋아하고
3 나는 의례(儀禮)가 간소하기를 주장하
나 묵은하늘은 예절이 번잡하고
4 나는 웃고 기쁘게 대하기를 주장하나
묵은하늘은 위엄을 주장하느니라.
5 나는 다정하기를 주장하나 묵은하늘
은 정숙하고 점잖은 것을 높이고
6 나는 진실하기를 주장하나 묵은하늘
은 허장성세(虛張聲勢)를 세우고
7 나는 화락(和樂)하기를 주장하나 묵은
하늘은 싸워 이기기를 주장하느니라.
8 앞세상에는 신분과 직업의 귀천이 없
어 천하는 대동세계가 되고, 모든 일에
신명이 수종 들어 이루어지며
9 따뜻한 정과 의로움이 충만하고 자비
와 사랑이 넘치리라.
10 묵은하늘은 이것을 일러 상놈의 세상
이라 하였느니라." 하시니라.

우주의 삼신이 천지와 인간 생명의 기틀

66 하루는 상제님께서 글을 쓰시니
이러하니라.

天皇地皇人皇後에 天下之大金山寺라
천황지황인황후 천하지대금산사

진표와의 큰 인연

2 한 성도가 여쭈기를 "전해 오는 비결
(秘訣)에 '모악산 아래에 있는 금부처
가 능히 말을 한다.'는 구절이 있는데
세간에 금부처의 말을 기다리는 사람
들이 많사옵니다." 하니
3 상제님께서 말씀하시기를 "진표는 나와
큰 인연(大緣)이 있느니라.
4 '육장금불(六丈金佛)이 화위전녀(化爲全
女)라.' 하였나니 나의 일을 이름이라.
5 내가 미륵이니라.
6 금산사 삼층전 미륵은 손바닥에 불(火)
을 받았으나 나는 입에다 물었노라.
7 옛날에 주대명(朱大明)이 금산사 미륵
에게 기도하고 소원을 이루었으되
8 민중전(閔中殿)은 각처의 사찰에 빠짐
없이 기도하였으나 오직 금산사에는
들지 못하였느니라." 하시니라.

미륵불의 이치를 모르는 자는

67 상제님께서 하루는 성도들에게 물
어 말씀하시기를 "미륵불이 어찌
모악산에 있을까?
2 또 어찌 금산사 삼층전에 있고 솥 위
에 서 있으며, 용(龍)이 없는데도 어찌
여의주(如意珠)를 손에 받고 있을까?
잘 생각해 보라." 하시고
3 이어 말씀하시기를 "이 이치를 알면
용화세계를 아는 사람이 될 것이다."
하시니라.
4 하루는 성도들에게 이르시기를 "금산
사 미륵불이 솥 위에 서 있으니, 솥이
라 하는 것은 항시 새것을 취하는 법이
니라." 하시니라.

천지를 뒤흔드는 뱃속 살인의 원한

68 한 사람의 원한(寃恨)이 능히 천지기
운을 막느니라.
2 뱃속 살인은 천인공노할 죄악이니라.
3 그 원한이 워낙 크므로 천지가 흔들리
느니라.
4 예로부터 처녀나 과부의 사생아와 그
밖의 모든 불의아의 압사신(壓死神)과
질사신(窒死神)이 철천의 원을 맺어
5 탄환과 폭약으로 화하여 세상을 진멸
케 하느니라.

매 맞고 사는 여자를 구해 주심

69 금구 용화동(龍華洞)에 사는 부안
댁이 연일 계속되는 남편의 매질로
괴로워하다가
2 하루는 상제님께 찾아와 "선생님, 제가
살아야 옳을까요, 죽어야 옳을까요?
3 어찌하면 남편이 그리 안 하겠습니까?
제가 집을 나가야 할까요?" 하며 눈물
로 하소연하니 그 모습이 참으로 애절
하더라.
4 상제님께서 말씀하시기를 "에이, 별 시
원찮은 것을 가지고 그러는구나. 그것
도 네 복이다.
5 네가 전생에 손찌검을 많이 해서 그런
것이니 다 방법이 있느니라." 하시고
6 이어 말씀하시기를 "집에 돌아가면 방
안에 있는 것을 싹 치워 버리고 왕골
자리 하나만 도르르 말아서 세워 놓아
라.
7 네 남편이 부아가 나서 그놈으로 너를
두서너 번 때리면 막음이 될 것이다.
8 자리의 날수가 오죽이나 많으냐? 그
수만큼 화를 막아서 평생 맞을 것을
다 때워 나가니, 이제 네 생전에는 안
맞을 것이니라." 하시니라.
9 부안댁이 이 말씀을 굳게 믿고 돌아가
방안을 비우고 자리 하나만 말아둔 채
남편을 기다리거늘
10 저녁이 되어 돌아온 남편이 "살림을 다
어디다 뒀느냐?" 하며 세워져 있는 자
리로 두 번을 때리고 밖으로 나가더니
11 과연 그 날 이후로 다시는 손을 대지
아니하더라.

사람 때리는 것은 살인죄와 같으니

12 이에 부안댁이 상제님께 찾아와 지성
으로 그 은혜에 감사드리니
13 상제님께서 내막을 깨우쳐 주시며 "소
잡던 놈이나 개 잡던 놈 신명이 씌어
서, 짐승 잡는 심리로 그러는 것이니
라." 하시고
14 또 말씀하시기를 "사람 때리는 것은 살
인죄와도 같으니라." 하시니라.

내가 하늘보다 더 큰 사람이거늘

70 하루는 상제님께서 호연을 데리고
산에 가셨다가 호연만 혼자 앉혀
놓고 금세 어디론가 가시어 보이지 않
으시는지라
2 호연이 두려워 막 울고 있는데, 멀리서
"나 여기 있다." 하고 외치시는 소리가
들리거늘
3 호연이 사방을 둘러보아도 보이지 않
으매 "여기라니, 어디 있어요? 저 강아
지가!" 하며 골을 부리니
4 상제님께서 돌아오시어 노기를 띤 음
성으로 "저놈의 강아지! 네가 강아지
다. 내가 강아지냐, 이 녀석아?
5 내가 하늘보다도 큰 사람이거늘 네가 감
히 나를 쪼그만 강아지라고 해?" 하고
나무라시니라.
6 이에 호연이 "강 생원!" 하고 부르니
상제님께서 "어이!" 하고 대답하시거
늘 호연이 "강 생원이니까 강아지지."
하며 입을 삐죽거리는지라
7 상제님께서 "그러지 마라." 하시고 호
연을 타이르시며 "○○을 보라." 하시
는데 호연이 제대로 보지는 않고 계속
딴소리를 하니
8 "보라는 것은 똑똑히 안 보고 어만 소
리만 한다." 하시며 호연의 왼쪽 눈을

쿡 찌르시거늘
9 이는 나이가 어릴지라도 천지신명들이
그 불경스러움을 용서치 않으므로 신벌
로부터 호연을 지켜 주시기 위함이더라.

다치지도 않고 아프지도 않더라

10 또 어느 때는 호연이 불경스러운 소리
를 하면 잡아서 훌쩍 던지기도 하시니
11 호연이 저만치 가서 툭 하고 떨어져도
전혀 다치지 않고 아프지도 아니하더
라.
12 또 때로는 물에 집어 던지시는데 상제
님께서 나오라고 하시지 않으면 언제
까지나 그대로 있어야지 움직일 수가
없더라.
13 상제님께서 한참을 그대로 두시다가
꺼내 주시어 항상 깨끗이 씻겨서 보듬
어 안고 가시니라.

상제님께 불경스런 말을 하면

14 누가 간혹 상제님께 불경스러운 말을
하면 그 자리에서 입이 열십자로 찢어
지곤 하니
15 동네 사람들이 '강증산 어른에게 욕하
면 입이 찢어진다.' 하여 함부로 말을
하지 못하더라.

산 귀신이 더 무섭다

71 동짓날이 되니 집집마다 팥죽을
끓여 광이나 샘 등에 떠다 놓거늘
2 상제님께서 팥죽이 놓인 곳마다 다니
시며 새알심을 찍어 드시고 "너도 먹
을래?" 하며 호연에게도 주시니라.
3 또 그 많은 팥죽을 하나도 빼놓지 않
고 일일이 마셔 보시거늘
4 호연이 "아이구, 두 그릇만 먹어도 팥
죽 냄새가 나고 체하는데 뭣 하러 그
렇게 많이 먹어요!" 하니
5 말씀하시기를 "장을 두어 숟가락 먹고
팥죽을 먹으면 얼마라도 먹을 수 있
어." 하시니라.
6 호연이 "귀신 먹으라고 모두들 해 놓
은 것을 왜 마셔?" 하고 여쭈니
7 "산 귀신이 무섭지, 죽은 귀신은 안 무
서워." 하시거늘
8 다시 "죽은 귀신이 무섭지 어떻게 산
귀신이 무서워요? 산 귀신은 먹고 배
부르면 자빠지지만, 죽은 귀신은 처먹
어도 자빠지지도 안 해요." 하니라.
9 상제님께서 이에는 대답하지 않으시고
"얻어먹는 귀신 다르고, 귀신도 다 출처
가 있는 것이여." 하시니
10 호연이 애교를 떨며 "그것 좀 가르쳐
주지." 하거늘 "가르쳐 줄 것이 따로
있지, 귀신을 다 가르쳐 달래?" 하며
웃으시니라.

천명과 신도가 인사로 귀결

72 을사(乙巳: 道紀 35, 1905)년에 부안
사람 신원일(辛元一)이 모시기를 원
하매
2 상제님께서 말씀하시기를 "천하의 모든
사물은 하늘의 명(命)이 있으므로 신도(神
道)에서 신명이 먼저 짓나니
3 그 기운을 받아 사람이 비로소 행하게
되느니라." 하시니라.

천지대도에 머물러야 산다

73 때가 다하여 대세가 처넘어갈 때는
뇌성벽력이 대작하여 정신차리기
어려울 것이요
2 동서남북이 눈 깜짝할 사이에 바뀔 때
는 며칠 동안 세상이 캄캄하리니
3 그 때는 불기운을 거둬 버려 성냥을 켜
려 해도 켜지지 않을 것이요, 자동차
나 기차도 움직이지 못하리라.
4 천지이치로 때가 되어 닥치는 개벽의
운수는 어찌할 도리가 없나니
5 천동지동(天動地動) 일어날 때 누구를
믿고 살 것이냐!
6 울부짖는 소리가 천지에 사무치리라.
7 천지대도에 머물지 않고서는 살 운수
를 받기 어려우니라.

인사는 기회가 있고 천리는 도수가 있다

74 상제님께서 천지공사를 행하실 때
항상 성도들에게 이르시기를
2 “내가 삼계대권을 맡아 선천의 도수를
뜯어고치고 후천을 개벽하여 선경을
건설하리니
3 너희들은 오직 마음을 잘 닦아 앞으로
오는 좋은 세상을 맞으라.” 하시므로
4 성도들이 하루바삐 그 세상이 이르기
를 바라더니 하루는 신원일(辛元一)이
간절히 청하기를
5 “선생님께서 ‘천지를 개벽하여 새 세상
을 건설한다.’ 하신 지가 이미 오래이
며 공사를 행하시기도 여러 번이로되
6 시대의 현상은 조금도 변함이 없으니
제자의 의혹이 자심하나이다.
7 선생님이시여, 하루빨리 이 세상을 뒤
집어서 선경을 건설하시어 남의 조소
를 받지 않게 하시고, 애타게 기다리는
저희에게 영화를 주옵소서.” 하거늘
8 상제님께서 이르시기를 “인사(人事)는
기회(機會)가 있고 천리(天理)는 도수(度
數)가 있나니, 그 기회를 지으며 도수를
짜 내는 것이 공사의 규범이라.
9 이제 그 규범을 버리고 억지로 일을 꾸
미면 이는 천하에 재앙을 끼침이요, 억
조의 생명을 빼앗는 것이므로 차마 할
일이 아니니라.” 하시니라.
10 이에 원일이 듣지 않고 굳이 청하여 말
하기를 “지금 천하가 혼란무도하여 선
악을 구별하기 어려우니 속히 진멸하
고 새 운수를 여심이 옳으나이다.” 하
니 상제님께서 심히 괴롭게 여기시니
라.

개벽이란 이렇게 쉬운 것이라

75 을사년 7월에 상제님께서 원일과
두어 성도를 데리고 변산 개암사(開
巖寺)에 가시어 원일에게 쇠머리 한 개
와 술 한 병을 준비하라고 명하신 뒤
2 청수 한 그릇을 방 한편에 놓으시고
쇠머리를 삶아 청수 앞에 진설하신 뒤
에 그 앞에 원일을 꿇어앉히시고 양황
(洋黃) 세 개를 청수에 넣으시니 갑자기
비바람이 크게 일어나니라.
3 상제님께서 원일에게 이르시기를 “이
제 청수 한 동이에 양황 한 갑을 넣으
면 천지가 물바다가 될지라.
4 개벽이란 이렇게 쉬운 것이니 그리 알
지어다. 만일 이것을 때에 이르기 전에
쓰면 재앙만 끼칠 뿐이니라.” 하시고
5 손가락으로 물을 찍어 부안 석교(石橋)
를 향해 뿌리시니 갑자기 그 쪽으로
구름이 모여들어 큰비가 쏟아지는데
개암사 부근은 청명하더라.

후천개벽의 상생 정신을 깨 주심

6 상제님께서 원일에게 명하시어 “속히
집에 갔다 오라.” 하시거늘 원일이 명
을 받고 집에 가 보니 아우의 집이 방
금 내린 비에 무너져서 그 권속이 원일
의 집에 모여 있는지라
7 원일이 슬픔을 이기지 못하여 곧 돌아
와 그대로 아뢰니 상제님께서 말씀하
시기를
8 “개벽이란 이렇게 쉬운 것이라. 천하를
물로 덮어 모든 것을 멸망케 하고 우
리만 살아 있으면 무슨 복이 되리오.”
하시고
9 또 말씀하시기를 “대저 제생의세(濟生
醫世)는 성인의 도(道)요, 재민혁세(災民革
世)는 웅패(雄覇)의 술(術)이라.
10 이제 천하가 웅패에게 괴롭힘을 당한
지 오랜지라 내가 상생(相生)의 도로써
만민을 교화하여 세상을 평안케 하려
하나니
11 새 세상을 보기가 어려운 것이 아니
요, 마음 고치기가 어려운 것이라. 이
제부터 마음을 잘 고치라.
12 대인(大人)을 공부하는 자는 항상 남 살리
기를 생각하여야 하나니, 어찌 억조를
멸망케 하고 홀로 잘되기를 도모함이

옳으리오." 하시거늘
13 원일이 두려워하여 무례한 말로 상제
님을 괴롭게 한 일을 뉘우치니라.
14 또 원일의 아우는 형이 상제님을 추종
하면서 집을 돌보지 않음을 싫어하여
항상 상제님을 욕하더니
15 형에게 이 이야기를 듣고 생각하기를
'증산 어른을 욕한 죄로 집이 무너진
것이 아닌가.' 하여 이로부터 마음을
고치니라.

애먼 사람이 벼락 맞는다

76 하루는 상제님께서 "옛적에는 벼
락을 맞는 놈이 많았나니 번갯불
이 길어서 사람을 잘 감았느니라." 하
시고
2 번개칼을 잡아 짧게 부러뜨리며 말씀
하시기를 "죄가 있어서만 벼락을 맞는
것이 아니라, 천상깨비가 하느님을 욕
하고 다니니 천상깨비 미워서 때려죽
인다고 벼락을 때리느니라." 하시니라.
3 이에 호연이 "아이구, 맥없는 사람 죽
기가 쉽겠네." 하니 말씀하시기를 "애
먼 사람이 벼락 맞는다는 소리도 이치
가 있는 소리니
4 천상깨비가 사람이나 나무에 붙으면
벼락을 맞는 것으로, 운수 사나운 사
람은 그것이 드느니라." 하시니라.

비를 내려 모내기를 하게 해 주심

77 상제님께서 손바래기에 계실 때,
날이 가물어 모내기를 못 하게 되
매 동네 사람들이 모두 깊은 시름에
잠겨 있거늘
2 하루는 상제님께서 "내가 모심게 해
줄까?" 하시니 하늘만 쳐다보던 동네
사람들이 기다렸다는 듯이 "고소원입
니다." 하니라.
3 이에 상제님께서 "물 한 그릇 떠 오
라." 하시어 손에 물을 찍어 논을 향해
튕기시고 못자리의 모를 뽑아 논으로
던지시니
4 그 순간 맑은 하늘에 먹구름이 모여들
고 소나기가 쏟아져 물이 풍족해지매
무사히 모내기를 마치니라.

믿음은 선령신의 음덕으로

78 선령신이 짱짱해야 나를 따르게 되나
니 선령신을 잘 모시고 잘 대접하
라.
2 선령신이 약하면 척신(隻神)을 벗어나
지 못하여 도를 닦지 못하느니라.
3 선령의 음덕(蔭德)으로 나를 믿게 되나니
4 음덕이 있는 자는 들어왔다가 나가려
하면 신명들이 등을 쳐 들이며 '이곳을
벗어나면 죽으리라.' 이르고
5 음덕이 없는 자는 설혹 들어왔을지라
도 이마를 쳐 내치며 '이곳은 네가 못
있을 곳이라.' 이르느니라.

삼생의 인연이 있어야

6 하루는 한 성도가 여쭈기를 "석가불이
그의 제자들에게 가르치기를 '널리 공
덕(功德)을 쌓아서 앞으로 오는 용화세
계에서 살아가라.' 하였다 하온데
7 그 때의 사람들이 다가오는 선경의 낙
원세계에 참여할 수가 있겠습니까?"
하니
8 말씀하시기를 "삼생(三生)의 인연이 있
어야 나를 따르리라." 하시니라.

문둥병자를 새사람으로 만드심

79 하루는 상제님께서 원평(院坪)을
지나시는데 길가에 한 병자가 있거
늘, 온몸이 대풍창(大風瘡)으로 뒤덮여
그 흉한 형상이 차마 보기 어려운 지
경이라.
2 그 병자가 상제님의 행차를 보고 달려
와서 크게 울며 하소연하기를 "제가
이생에 죄를 지은 바가 없는데 이 같
은 형벌을 받음은 전생의 죄 때문이옵
니까?
3 바라옵건대 전생에 지은 중죄(重罪)를

용서하옵소서. 만일에 죄가 너무 무거
워서 용서하실 수 없다면 차라리 죽음
을 내려 주옵소서." 하고 통곡하며 뒤
를 따르니
4 보는 사람들 가운데 눈물을 흘리지 않
는 이가 없더라.
5 상제님께서 잠시 애처롭게 바라보시더
니 병자를 부르시어 "내가 너를 고쳐
주리니 여기 앉으라." 하시고
6 성도들로 하여금 "길 위에 둥글게 병
자를 둘러싸고 앉으라." 하신 후에
7 일러 말씀하시기를 " '대학지도(大學之
道)는 재신민(在新民)이라.' 이 구절을 계
속하여 외우라." 하시니라.
8 이에 성도들이 명을 받들어 외우는데
얼마 지나지 않아 "이제 되었으니 그
만 읽고 눈을 뜨라." 하시거늘
9 모두 눈을 떠 보니 병자가 완전히 새
사람이 되어 앉아 있는지라 모두가 크
게 놀라니라.

하느님, 하느님이시여!

10 새사람이 된 병자가 기뻐 뛰고 춤추면
서 "하느님, 하느님이시여! 저의 큰 죄를
용서하시어 저에게 새로운 인생을 열
어 주셨습니다." 하고 울부짖거늘
11 이 광경을 바라보던 사람들이 모두
"만일 하느님의 권능이 아니라면 어찌
이렇게 할 수 있으리오." 하고 탄복하
니라.
12 상제님께서 병자에게 "너는 북쪽으로
십 리를 가라. 거기에 가면 네가 살길
이 있으리라." 하시고 그를 보내시니
13 한 성도가 상제님께 여쭈기를 "문둥병
은 천형(天刑)이라 하여 세상에서는 치
료할 방도가 없는 것인데 글을 읽게
하여 그 자리에서 고치게 하시니 어떤
연고입니까?" 하매
14 말씀하시기를 "나의 도(道)는 천하의 대
학(大學)이니 장차 천하창생을 새사람으
로 만들 것이니라." 하시니라.

옷을 내던져 비를 그치게 하심

80 구릿골에 계실 때 하루는 갑자기
비가 내리니 일을 나간 사람들이
밖에서 비를 피하느라 집으로 돌아오
지 못하거늘
2 상제님께서 방으로 들어오시어 깨끗이
빨아서 걸어둔 당신의 옷 하나를 마당
으로 휙 내던지시니라.
3 호연이 옆에서 이를 지켜보다가 "아,
비 오는데 왜 내버려요?" 하고 여쭈니
4 상제님께서 "비가 오니 내버렸다." 하
시는 순간에 비가 뚝 그치거늘
5 그 사이 사람들이 모두 집으로 돌아오
는데 밖으로 던지셨던 옷은 어느새 방
에 걸려 있더라.

치도령을 내리심

81 상제님께서 밖에 다니실 때는 신명
에게 치도령(治道令)을 써서 불사르
시어
2 여름에는 바람을 불게 하여 길에 이슬
을 떨어뜨리시고, 겨울에는 진 길을 얼
어붙게 하여 마른 신발로 다니시니라.
3 을사년 12월에 하루는 함열(咸悅)에서
구릿골로 가실 때 길이 매우 질어서
걸음을 옮기기 어려운지라
4 상제님께서 "치도령을 놓아야겠다."
하시고
5 勅令治道神將이라
칙령치도신장
御在咸羅山下라가
어재함라산하
移御于全州銅谷하노라
이어우전주동곡
치도신장에게 내리는 칙령이라.
상제가 함라산 아래에서
전주 동곡으로 가려 하노라.
6 라고 써서 불사르시니 즉시 찬바람이
일어나고 날씨가 차지며 진 길이 얼어
붙어 굳어지거늘 이에 마른 신발로 떠
나시니라.

약은 오행 기운에 응한다

82 병오(丙午: 道紀 36, 1906)년에 형렬이 다리가 아파서 오한 두통에 음식을 전폐하고 크게 앓거늘
2 상제님께서 "64괘(卦)를 암송하라." 하고 명하시니라.
3 형렬이 그대로 하매 곧 오한이 풀리며 두통이 그치고 다리도 낫거늘 매우 이상히 여겨 그 까닭을 여쭈니
4 말씀하시기를 "8괘 가운데 오행(五行)의 이치가 있고 약(藥)은 오행 기운에 응한 연고니라." 하시니라.
5 이어 성도들에게 "64괘 괘명은 알아두는 것이 좋으리라." 하시므로 성도들이 서로 외우다가 복서(卜筮)에 쓰는 비복신문자(飛伏神文字)를 읽으려 하매
6 상제님께서 갑자기 "왜 복서술(卜筮術)을 배우려 하느냐?" 하시며 꾸짖어 금지하시고
7 이후로 복서술을 행하며 아는 체하는 자를 경계하시니라.

천지공사에 여자를 참여케 하심

83 상제님께서 공사를 보실 때면 간혹 성도들에게 여자를 데려오게 하시고, 때로는 형렬로 하여금 옷과 머리 모양을 여자처럼 꾸미고 참여하게 하시니라.
2 하루는 한 성도가 여쭈기를 "선천에는 모든 공사(公事)에 여자를 멀리하였거늘
3 선생님께서는 천지공사를 행하실 때에 간혹 '여자를 구하여 오라.'고 명하시어 곁에 두고 여러 시간 동안 공사에 참여하게 하시고
4 공사가 끝나면 재물을 내리시어 돌려보내시니 어떤 연고입니까?" 하니
5 상제님께서 말씀하시기를 "독음독양(獨陰獨陽)이면 화육(化育)이 행해지지 않나니 후천은 곤도(坤道)의 세상으로 음양동덕(陰陽同德)의 운(運)이니라." 하시니라.

이봉현을 살려 주심

84 5월에 상제님께서 김광찬(金光贊)을 데리고 임피(臨陂) 읍내에 사는 이봉현(李鳳鉉)에게 가시니라.
2 이때에 봉현은 다리에 큰 부스럼이 생겨 걸어다니지 못하더니, 광찬이 전에 없이 동저고리 바람으로 보퉁이를 걸머지고 다른 동저고리 차림을 한 사람과 동행하여 오는지라
3 반가이 맞아들여 술을 내어 대접하면서 생각하기를 '평소에는 말을 타고 점잖게 다니던 사람이 이같이 차리고 온 것도 이상하거니와
4 또 함께 온 사람이 저보다 연하인 듯함에도 불구하고 예의로 존경하니 참으로 이상하구나.' 하며 의아해하니라.
5 이때 상제님께서 봉현에게 술을 권하시니 봉현이 병을 빙자하여 받지 않으려 하거늘
6 상제님께서 말씀하시기를 "그 병을 낫게 하여 주리니 염려 말고 받으라." 하시고
7 광찬 또한 "병은 염려 말고 받으라." 하며 자꾸 권하므로 봉현이 할 수 없이 대작하니라.
8 술을 다 마신 뒤에 상제님께서 봉현에게 명하시어 "다리를 냉수에 씻으라." 하시므로 봉현이 명하신 대로 하매 곧 나으니라.

한 번 더 보아 주옵소서

85 봉현의 집에서 머무르실 때 그 이웃 사람 강화운(康華運)이 창증(脹症)으로 사경에 이르러 죽기만 기다리고 있더니
2 그의 늙은 아버지가 상제님의 신성하심을 듣고 찾아와 문 앞에 엎드려 살려 주시기를 애걸하니라.

3 상제님께서 불쌍히 여기시어 화운에게
가 보시니, 몸이 크게 부어 다리는 기
둥 같고 배는 산과 같이 불러 있거늘
4 말씀하시기를 "참 부골(富骨)로 생겼
다." 하시고 손가락으로 부은 배를 짚
어 누르시니 한 자 깊이나 들어가는지
라
5 사물탕(四物湯) 네 첩을 지으시어 두 첩
은 시렁 위에 얹고 두 첩은 문밖에 뿌
리신 뒤에 글을 써서 불사르시고 봉현
의 집으로 돌아오시니라.
6 이튿날 화운의 부친이 와서 기뻐하며
말하기를 "병이 크게 차도가 있으니
한 번 더 보아 주옵소서." 하거늘 상제
님께서 다시 가 보시니 부기가 거의 가
라앉았더라.
7 이에 "미역국에 쌀밥을 말아 먹이라."
하시고 돌아오셨다가 이튿날 다시 가
시어 시렁 위에 얹어 둔 사물탕 두 첩
을 마저 문밖에 뿌리시고 한 냥쭝의
돌가루를 방 가운데 뿌리시며
8 말씀하시기를 "이렇게 앉아서만 지낼
것이 아니라 걸어 보아야 하리라." 하시
고 억지로 걷게 하시니 곧 완쾌되니라.
9 봉현의 집에서 이레를 더 머무르시고
임피 군둔리(臨陂 軍屯里)로 떠나실 때,
화운이 보퉁이를 걸머지고 따라와 사
례금으로 30냥을 올리거늘
10 상제님께서 받지 않으시니 굳이 받으
시기를 청하는지라 하는 수 없이 그
돈을 받으시어 지나가는 사람들을 불
러 술을 사 주시니라.

걱정하지 말라

86 하루는 상제님께서 팥정이 주막에
서 술을 드시는데 안필성(安弼成)이
주막을 지나다가 상제님을 보고는 "아
이고, 큰일 났네! 어찌하면 좋은가?"
하며 죽는소리를 하거늘
2 상제님께서 "어허, 왜 그러냐? 이리 와
서 술이나 한 잔 해라." 하시니 필성이
한숨을 쉬며 "술 마실 짬도 없네." 하
는지라
3 상제님께서 연유를 물으시니 필성이
"날이 가물어서 벼가 다 말라 죽는당
게." 하고 힘없이 대답하니라.
4 상제님께서 웃으시며 "허허, 그걸 가지
고 걱정을 했냐? 걱정 말고 술이나 한
잔 먹어라." 하시며 "내일 아침에 논에
한번 가 봐라." 하시거늘
5 다음날 아침 일찍 필성이 논으로 가
보니 다른 논은 여전히 바싹 타들어
가는데 자기 논은 물이 가득 차서 출
렁거리고 있더라.

소나기를 내려 주심

6 이 해 여름에 상제님께서 필성의 집에
이르시어 술을 드실 때 필성이 연신
부채질을 해대며 '덥다, 덥다.' 하니
7 말씀하시기를 "날도 가무니 비가 오게
해 주마." 하시거늘
8 필성이 반색하며 "그렇게 할 수 있다
면 오죽 좋겠나." 하고 대답하니라.
9 이에 상제님께서 웃으시며 "그럼 냉수
한 그릇 떠 와라." 하시매 필성이 물을
떠다 올리거늘
10 상제님께서 손가락에 물을 찍어 주문
을 외우시며 정남방에 있는 용반(龍蟠)
골을 향해 세 번 튕기시니
11 돌연 쨍쨍하던 하늘에 순식간에 먹구
름이 덮이면서 소나기가 마치 작살 꽂
히듯 쏟아지는데
12 한식경이 지나자 빗물이 마당에 가득
차서 미처 빠져나가지 못할 정도이고
멀리서는 냇물 소리가 요란하게 들리
더라.
13 이 해에 용반 골짜기 주변은 대풍이
드니라.

쌍무지개를 뜨게 하심

14 또 한번은 상제님께서 필성에게 "물을
떠 오라." 하시어 극락산 쪽으로 물을
튀기신 뒤 두 손을 벌리며 어떤 모양
을 취하시니

15 잠시 후에 극락산으로부터 용반 골짜
기에 걸쳐 쌍무지개가 황홀하게 떠오
르더라.

앉은뱅이를 고쳐 주심

87 상제님께서 머무시는 곳이면 어디
나 병자들이 그 신이한 소식을 듣
고 몰려와 병 고쳐 주시기를 애원하니
라.
2 하루는 누가 앉은뱅이를 업고 오거늘
상제님께서 "뭣 하러 이런 놈을 다 업
고 다니냐." 하시며 손가락을 튕기시
니 병자와 그를 업고 온 사람이 함께
넘어지는지라
3 상제님께서 병자를 향하여 "아, 이놈
봐라! 거짓으로 앉은뱅이가 되어서 나
으려 하는구나! 너 여기 왜 왔냐, 나를
의원으로 아냐?
4 네 눈구녕으로 보니 내가 의원이냐?
내가 뭘 가지고 너를 일어나게 하냐?"
하시며 말씀마다 그를 내치시는데
5 병자는 오로지 고쳐 주실 것으로 믿고
그 자리에서 꼼짝 않고 기다리니라.
6 이에 상제님께서 병자의 다리에 손가
락으로 무어라 쓰시고 "물을 떠 오라."
하시며 방으로 들어가시니
7 한 성도가 물을 떠다 올리매 한 모금
을 드신 후에 손가락에 물을 묻혀 방
바닥에 글씨를 쓰시는데
8 상제님께서 무엇을 하시는지 아무도
알지 못하니라.

일어서라

9 잠시 후 상제님께서 다시 마당에 나오
시어 방 한쪽을 가리키시며 병자에게
"야 이놈, 저 윗목에 가서 저것 좀 가
져오너라." 하고 명하시니
10 앉은뱅이가 '성한 놈 두고 아픈 놈보
고 가져오라 한다.'며 투덜거리거늘
11 상제님께서 "이놈아, 벌떡 못 일어나!"
하시며 병자의 뺨을 때리시매 뒤로 벌
러덩 넘어가니라.
12 병자가 그래도 못 일어나겠다 하니 상
제님께서 노기를 띠시며 "저 일어나는
것 보려고 가져오라는데, 그렇게 몰라
서 싫다고 앙알앙알하냐!" 하시며 한
대를 더 때리시거늘
13 그래도 여전히 일어나지 않으매 크게
호통치시기를 "이놈이! 제가 아파서
왔구마는, 내가 의원이라고 왔냐, 침
쟁이라고 왔냐, 이놈아!
14 어디 침 좀 맞아 봐라." 하시며 손가락
으로 쿡쿡 찌르시니라.
15 이에 병자가 죽는다고 소리를 지르는
데 상제님께서 다시 "일어서라!" 명하
시거늘 하는 수 없이 일어서니 성한
사람과 꼭 같더라.

바다같이 넓은 마음이시라

16 상제님께서 이르시기를 "야, 이놈아.
술값이나 내놓고 어서 달음박질해 가
거라. 네까짓 놈하고 말할 기운 없다."
하시니 그 사람이 기뻐서 뛰며 있는 대
로 사례비를 내놓거늘
17 말씀하시기를 "없는 놈이 제 병 나으
려고 요걸 갖고 와서 주고 간다고….
18 일어나지도 못하는 놈을 일으켜 세워
주었으니, 이제 제 자식 대에라도 '그
양반이 나를 낫게 해 줬다.'고 말을 이
을 것이거늘
19 내가 있어서 저를 도와주지는 못하나
마 이걸 받아서야 쓰겠느냐?" 하시며
오히려 돈을 더 보태어 주시니라.
20 이에 형렬이 감탄하여 말하기를 "바다
같이 넓은 마음이시라.
21 물이 많으면 아무리 퍼내어도 준 자리
가 없다고, 바다같이 넓은 양반은 마
를 것이 없구나.
22 깊은 물과 얕은 물은 역시 다르구나."
하더라.

큰 공부를 못 이루는 선천의 학교 교육

88 하루는 성도들에게 이르시기를
"이 세상에 학교를 널리 세워 사람

을 가르침은 장차 천하를 크게 문명케
하여 천지의 역사(役事)를 시키려 함인데
2 현하의 학교 교육이 학인(學人)으로 하
여금 비열한 공리(功利)에 빠지게 하므
로 판밖에서 성도(成道)하게 되었노라."
하시니라.

나는 살릴 공부를 하리라

89 상제님께서 불가지(佛可止) 김성국
(金成國)의 집에 계실 때 성국이 덕
찬과 함께 새터에서 올가미를 놓아 꿩
을 잡으려고 하는데
2 꿩떼가 날아 내려와 올가미 가까이 와
서 미끼를 먹으므로 서로 기뻐하며 말
하기를 "오늘은 꿩을 많이 잡겠다." 하
더니
3 어쩐 일인지 꿩떼가 미끼만 먹고 날아
가 버려 한 마리도 잡히지 않거늘 성국
과 덕찬이 심히 이상스럽게 여기니라.
4 상제님께서 말씀하시기를 "너희들은
잡는 공부를 하라. 나는 살릴 공부를
하리라." 하시니
5 성국과 덕찬이 크게 놀랍고 두려워 꿩
잡기를 포기하고 올가미를 거두니라.

지는 것이 오히려 이기는 것

6 상제님께서 매양 가르쳐 말씀하시기를
"천지대기 무재호생(天地大氣務在好生)이
니 나를 좇는 자는 항상 마음속으로 호
생지덕(好生之德)을 가져야 하느니라.
7 지는 것이 오히려 크게 이기는 것이니
라." 하시니라.

하늘은 곧 이치(理)

90 하루는 상제님께서 글을 쓰시니
이러하니라.
2 天者는 理也라
천자 리야
昭昭之天이 合人心之天하니
소소지천 합인심지천
理는 原於天하여 具於人心하니라
리 원어천 구어인심
하늘은 이치(理)이니라.
밝고 밝은 하늘이 사람 마음속 하늘과
부합하니
이치(理)는 하늘에 근원을 두고
사람의 마음에 갖춰져 있느니라.
3 若逆理면 則自欺此心之天이니
약역리 즉자기차심지천
此는 欺在天之天이니라
차 기재천지천
禍非自外而來요 罪及其身也니라
화비자외이래 죄급기신야
이치(理)를 거스름은 곧 스스로 마음속
하늘을 속이는 것이니
이는 하늘에 있는 하늘을 속이는
것이니라.
화(禍)는 밖에서 오는 것이 아니요
죄가 제 몸에 미친 것이니라.

천지와 내가 한마음

4 천지는 나와 한마음이니 사람이 천지의
마음을 얻어 제 마음 삼느니라.

일심이 없으면 우주도 없다

91 하루는 상제님께서 공사를 보시며
글을 쓰시니 이러하니라.
2 天地萬物이 始於一心하고
천지만물 시어일심
終於一心하니라
종어일심
천지만물이 일심에서 비롯하고
일심에서 마치느니라.

오직 일심을 가지라

3 일심이 없으면 우주도 없느니라.
4 일심으로 믿는 자라야 새 생명을 얻으
리라.
5 너희들은 오직 일심을 가지라.
6 일심으로 정성을 다하면 오만년의 운
수를 받으리라.

마음을 놓지 말라

92 세밑을 당하여 형렬의 옆집에서 나
무 떡판에다 메로 떡을 치는데 눈

깜짝할 사이에 떡이 없어져 버린지라
2 떡을 치던 사람이 놀랍고 의아스러워
"떡이 어디로 갔을꼬? 아무도 없는데
이게 어쩐 일이여?" 하고 중얼거리는
데
3 이때 형렬의 집에서는 상제님께서 떡
을 잡숫고 계시더라.
4 잠시 후 상제님께서 떡을 드시며 그 집
에 가시어 "아까 떡 치더니만 어쨌냐?
떡 좀 가져오너라." 하시거늘
5 "아이고, 헛첨지가 가져가고 없습니
다." 하니 말씀하기를 "야이, 빌어먹을
놈아! 금방 메 들고 떡 치던 놈이 떡을
잃어버려?
6 이놈이 사람이 아니라 허신(虛神)이로
구나." 하시니라.
7 상제님께서 다시 이르시기를 "떡이 메
에 들러붙어 울 너머로 도망했으니 가
서 찾아봐라." 하시거늘
8 그 사람이 울 너머에 가 떡을 찾아 와
서는 '반도 못 된다.'고 불평을 하니
9 상제님께서 "아, 그놈이라도 찾았으니
다행 아니냐? 어서 갖고 가거라." 하
시니라.
10 이에 그 사람이 "대체 무슨 재주로 저
희를 이렇게 애를 먹이십니까?" 하고
하소연하니
11 상제님께서 웃으시며 "이놈아, 암말 말
고 그냥 있거라. 메 들고 떡 치다가 떡
잃어버리는 놈이 어디 있느냐. 정신을
그렇게 잃느냐!" 하고 나무라시니라.

상제님 말씀은 생명의 약

93 정미(丁未: 道紀 37, 1907)년 정월에
상제님께서 김형렬에게 일러 말씀
하시기를
2 "나의 말은 약이라. 말로써 사람의 마음
을 위안도 하며 말로써 병든 자를 일
으키기도 하며 말로써 죄에 걸린 자를
끄르기도 하나니
3 이는 나의 말이 곧 약인 까닭이니라.
4 '良藥은 苦口나 利於病이요
양약 고구 이어병
忠言은 逆耳나 利於行이라
충언 역이 이어행
좋은 약은 입에는 쓰나 병에는 이롭고
충언은 귀에는 거슬리나 행함에는
이롭다.' 하나니
5 나의 말을 잘 믿을지어다.
6 나의 말은 구천(九天)에 사무쳐 잠시도 땅
에 떨어지지 아니하나니 부절(符節)과 같
이 합하느니라." 하시니라.

천지조화를 말씀으로 다스리심

7 하루는 성도들에게 말씀하시니 이러
하니라.
8 天地化權도 一由舌門이라
천지화권 일유설문
천지화권도 한결같이
혀로 말미암느니라.

천조(天朝)를 맡기고 강세하심

94 나의 일은 비록 부모, 형제, 처자
라도 알 수가 없나니 나는 서양 대
법국 천개탑 천하대순이로다.
2 동학 주문에 '시천주 조화정(侍天主造化
定)'이라 하였나니
3 천지간의 모든 신명들이 인류와 신명
계의 겁액을 나에게 탄원하므로
4 내가 천조(天朝)의 대신(大臣)들에게 '하늘
의 정사(政事)를 섭리하라.'고 맡기고
5 서양 천개탑에 내려와 천하를 둘러보며
만방의 억조창생의 편안함과 근심 걱
정을 살피다가
6 너의 동토(東土)에 인연이 있는 고로 이
동방에 와서 30년 동안 금산사 미륵전
에 머무르면서 최제우에게 천명(天命)과
신교(神敎)를 내려 주었더니
7 조선 조정이 제우를 죽였으므로 내가
팔괘 갑자(八卦甲子)에 응하여 신미(辛
未: 道紀 1, 1871)년에 이 세상에 내려왔
노라.
8 궁을가(弓乙歌)에 '조선 강산 명산이라

도통군자 다시 난다.'는 말은 이를 두고
이른 말이니라.
9 최제우는 유가(儒家)의 낡은 틀을 벗어
나지 못하였나니 나의 가르침이 참동학
이니라.
10 동학교도가 모두 수운(水雲)의 갱생(更
生)을 기다리나 죽은 자는 다시 살아
나지 못하느니라.
11 내가 수운을 대신해 왔나니 내가 곧 대
선생이니라.

근본을 모르는 종교 지도자들의 종말

95 세상 사람이 다 하고 싶어도 법(法)
을 몰라서 못 하느니라.
2 이제 각 교 두목들이 저의 가족 살릴
방법도 없으면서 '살고 잘된다.'는 말
을 하며 남을 속이니 어찌 잘되기를
바라리오.
3 공자가 알고 하였으나 원망자가 있고,
석가가 알고 하였으나 원억(寃抑)의 고
를 풀지 못하였거늘
4 하물며 저도 모르는 놈이 세간에 사람
을 모으는 것은 '저 죽을 땅을 제가 파
는 일'이니라.
5 수운가사에 '기둥 없이 지은 집이 어이
하여 장구하리. 성군취당(成群聚黨) 극
성(極盛) 중에 허송세월 다 보낸다.' 하
였느니라.
6 속언에 '죄는 지은 데로 가고 공은 닦
은 데로 간다.'는 말이 참으로 성담(聖
談)이니 잘 기억하라.

천하에 무서운 죄

96 항우가 25세에 출세하였으면 성공
하였을 것인데, 24세에 출세하였
으므로 성공을 보지 못하였느니라.
2 대장부 출세하는 법이 대세를 모르면
봉사가 지팡이 잃은 것과 같으니 일
찍 작파하여야지, 대세도 모르는 놈
이 출세한다고 나서면 낮에 난 도깨
비 같고
3 제가 알고 남을 가르쳐야지 저도 모르
는 놈이 남을 속이고 사람을 모으다가
는 제가 먼저 죽으리라.
4 천하에 무서운 죄는 저도 모르는 놈이
남을 모아 수하(手下) 중에 넣는 것이
니 그 죄가 제일 크니라.

천하에 개벽세계를 아는 자 없다

97 하루는 상제님께서 이도삼(李道三)
에게 "글 석 자를 부르라." 하시니
2 도삼이 천(天), 지(地), 인(人) 석 자를
부르거늘 상제님께서 글을 지어 말씀
하시니 이러하니라.
3 天上無知天하고 地下無知地하고
천상무지천 지하무지지
人中無知人하니 知人何處歸리오
인중무지인 지인하처귀
천상에서는 하늘 일을 알지 못하고
지하에서는 땅 일을 알지 못하고
사람들은 사람 일을 알지 못하나니
삼계의 일을 아는 자는 어디로 돌아가리.

내 마음을 어떻게 알까

98 하루는 형렬을 불러 앞들을 가리
키시며 "저것은 누구 논이고, 저
산은 누구 산이며, 저 밭은 누구 밭이
냐?" 하고 물으시니
2 형렬이 어름어름하며 얼른 대답을 하
지 못하거늘
3 상제님께서 큰 소리로 꾸짖으시며 "앞
에 있는 전답(田畓)도 모르는 놈이 삼
계 우주(三界宇宙)를 다 집어삼킬 내심
(內心)을 어떻게 알까.
4 내가 없으면 속담처럼 '남의 다리에 행
전(行纏) 칠 놈' 아닌가." 하시고 슬픈
표정을 지으시더니
5 탄식하며 이르시기를 "그렇지. 사람마
다 저러하니 누구를 믿고 따르겠느냐.
6 수운가사에 '많고 많은 저 사람들 어
떤 사람 이러하고 어떤 사람 저러하니
알고 가기 난감이라.

7 찾을 길이 없어 헛동산에 헛집 지으니
기둥 없이 짓는 집이 어이하여 장구하
리.
8 천산조비(千山鳥飛) 끊어지고 만경인종
(萬逕人蹤) 멸(滅)해진 뒤 밤 된 줄은 알
건마는 팔도강산 무주객(無主客)이 뉘
집 찾아 밤을 샐까.'라 하였느니라."
하시니라.

상말에 강가를 개라 하나니

99 하루는 태인 백암리(泰仁 白岩里)에
사는 김경학(金京學)이 와 뵙거늘
상제님께서 명하시어 김자선(金子善)의
집에 유숙케 하시니라.
2 이튿날 상제님께서 자선의 집에 이르
시어 경학에게 "간밤에 꿈에서 본 것
을 말하라." 하시니
3 경학이 아뢰기를 "꿈에 개 한 마리가
우물에 빠지는 것을 보고 죽을까 염
려하여 달려가 보니, 그 개가 다시 우
물에서 뛰어나와 다른 곳으로 가더이
다." 하거늘
4 상제님께서 말씀하시기를 "상말에 강
가를 개라 하나니 네가 꿈을 옳게 꾸었
다." 하시니라.

난산 중인 산모와 아이를 살려 주심

100 하루는 어떤 집에서 산모가 아
이를 낳는데 역산(逆産)이 되어
발 하나가 먼저 나오거늘
2 집안사람들이 크게 놀라 산모를 업고
의원을 찾아가는데
3 산모가 죽는다고 소리치며 비 오듯 땀
을 흘리고, 산모를 업은 이도 힘에 부
쳐 애를 쓰는 중에 전주 좁은목에 이
르러 상제님을 만나니라.
4 상제님께서 "너 어째 그러고 가느냐?"
하고 물으시니 "의원에게 가는 길입니
다." 하거늘
5 말씀하시기를 "의원에게 가는 동안 죽
겠으니 내려놓아라." 하시고 "누구 바
늘이 있느냐?" 하고 물으시니
6 마침 옆에 있던 동네 사람이 부랴부랴
자기 집으로 달려가 바늘을 가지고 오
니라.
7 상제님께서 그 바늘로 아이 발의 장심
을 찌르시니 덜렁거리던 발이 쏙 들어
가는지라
8 산모가 하도 기가 막히고 우스워 배꼽
을 잡고 웃으니 자연 힘이 써져 아이
를 쑥 낳거늘
9 상제님께서 입고 계신 겹저고리를 벗
어 안팎을 뜯어내어 닦으시고 싸 주
시며 "어서 가서 잘 키워라." 하시니
라.
10 후에 산모가 만나는 사람들에게 이르
기를 "살아서 그 어른 한 번만 더 봤으
면 좋겠다." 하더라.

나의 모든 행적을 전하라

101 하루는 형렬이 상제님께 하소연
하기를 "구름이 끼었다가도 개
어서 해가 나면 청명하고 좋은데, 어
찌 세상 사람들은 그렇게 늘 어둡습니
까?" 하니
2 상제님께서 말씀하시기를 "천지를 보
아라. 하늘은 하나인 성싶어도 몇천
덩어리이거늘, 하늘은 모두 하늘이요
끝간데가 없느니라.
3 숙맥들은 비만 안 와도 하늘을 욕하
고, 공부한다는 놈들은 하늘을 팔아먹
고 살아도 정작 하늘이 무엇인지는 모
르느니라." 하시고
4 또 형렬과 호연에게 말씀하시기를 "나
는 천지일을 보니 그런 사소한 일에 마
음 쓸 겨를이 없느니라.
5 용이 물을 끌어올려 천하에 비를 주듯이
너희들이 나의 모든 행적을 잘 봐 두
었다가 뒤에 전하여 천하를 밝히지 않
는다면 내 어찌 천지를 주름잡을 수
있겠느냐!" 하시니라.

바위에 난 상제님 발자국

102 하루는 상제님께서 호연과 함께 섶다리골을 지나시는데 평평하고 넓은 바위가 나오거늘
2 상제님께서 그 위를 걸어가시니 발을 디디실 때마다 바위가 움푹움푹 들어가며 발자국이 생기더라.
3 이후 마을 사람들이 그 자취를 일러 '장수 발자국'이라 칭하니라.

무척 잘사는 길

103 상말에 '무척 잘산다.' 이르나니 '척(隻)이 없어야 잘산다.'는 말이니라.
2 남에게 원억(寃抑)을 짓지 말라. 척이 되어 갚느니라.
3 또 남을 미워하지 말라. 그의 신명(神明)이 먼저 알고 척이 되어 갚느니라.
4 앞세상에는 서로의 마음속을 드나들어 그 속내를 알게 되나니, 남을 속이지 말고 척이 있으면 풀어 버리라.
5 부하고 귀하고 강권을 가진 자는 모두 척에 걸려 콩나물 뽑히듯 하리라.

척을 짓지 말라

104 대군(大軍)을 거느리고 적진을 쳐부수는 일이 영화롭고 장쾌하다 할지라도 인명을 잔멸케 하는 일이므로 악척(惡隻)이 되어 앞을 가로막느니라.
2 다른 사람이 만일 나를 칠지라도 그의 손을 어루만져 위로할지어다.
3 남이 힘들여 말할 때에는 설혹 그릇된 점이 있을지라도 일에 낭패만 없으면 반박하지 말라. 그도 또한 척이 되느니라.
4 이웃 사람이 정 붙여 주는 음식이 비록 맛이 없거나 먹고 병들지라도 사색(辭色)을 내지 말라. 오는 정이 꺾이어 이 또한 척이 되느니라.
5 어떤 사람을 대하든지 마음으로 반기어 잘 대우하면 그 사람은 모를지라도 신명은 알아서, 어디를 가든지 대우를 잘 받게 되느니라.

나의 일은 추호도 사정(私情)이 없으니

105 상제님께서는 부친으로 하여금 일상생활에 항상 자력을 쓰도록 하시고
2 "평소에 허물 지은 것을 생각하여 허물 닦기에 힘쓰소서." 하시니라.
3 또 성도들이 부친께 물품이나 금품을 드리는 것을 엄금하시니라.
4 하루는 어떤 성도가 집이 너무 좁고 초라함을 민망히 여겨 그보다 큰 집을 사 드린 일이 있더니
5 상제님께서 꾸짖으시며 "네가 어찌 나의 부친을 도적으로 만들려 하느냐." 하시고
6 다시 이르시기를 "속 모르는 사람은 나에게 불효라 할지나 나는 부친의 앞길을 닦아 드리려 함이로다.
7 내가 항상 가늠을 놓고 보는데 만일 그 가늠에 어그러지면 허사가 되나니
8 너희들이 부친의 빈궁하심을 민망히 여겨 도와드리고 싶거든 먼저 나에게 말하라. 그 가늠을 변경하리라." 하시니라.
9 하루는 태인으로부터 손바래기에 이르시어 부친께 여쭈기를 "나의 일은 추호도 사정(私情)이 없으니 부디 죄를 짓지 마소서." 하시니라.

가장 큰 죄는

106 지은 죄상은 만인경(萬人鏡)에 비추어 보면 제 죄를 제가 알게 되니 한탄한들 무엇하리.
2 죄는 남의 천륜(天倫)을 끊는 죄가 가장 크니라.
3 유부녀를 범한 죄는 워낙 큰 죄이므로 내가 관계하지 아니하노라.

죄지은 놈은 큰길 번듯한 데를 못 가나니

107 하루는 상제님께서 성도들과 함
께 길을 가시다가 문득 "대로
로 갈까, 소릿길(小路)로 갈까, 모로 갈
까?" 하고 물으시거늘
2 호연이 "아, 뭐라고 해요?" 하니 "죄지
은 놈은 큰길 번듯한 데를 못 간다."
하시니라.
3 호연이 다시 "어떻게 해서 못 가? 두
다리로 걸어가지." 하니 일러 말씀하
시기를 "죄지은 놈은 옆눈질 하느라고
못 가.
4 큰길을 가도 옆살걸음을 하고 옆눈질
을 하면서 가장자리로 가지 당당하게
못 가나니 벌써 제 중심이 반듯하지
못해서 그런다.
5 사람이 그냥 가는 성싶어도 옆으로 보
며 가는 놈이 있어." 하시고
6 "눈꽃을 보면 심보가 되어 먹었는지,
안 되어 먹었는지를 안다. 눈짓이 다르
니라." 하시니 성도들이 서로 눈을 쳐
다보고 야단이더라.

빛나는 데로 가자

108 정미년에 하루는 상제님께서 성
도들과 함께 앉아 계시다가 "빛
이 나는 데로 가자. 빛나는 데로 가
자!" 하시거늘
2 호연이 "빛나는 데가 어디예요?" 하고
여쭈니 형렬은 이미 말씀을 알아듣고
"변산으로 가신단다." 하고 일러 주니
라.
3 호연이 다시 "뭣 하러 간대요?" 하니
"밥 먹을 것이 없으니 고기 잡으러 가
신다." 하거늘 상제님께서 호연에게
소금을 챙기게 하시니라.
4 호연이 '고기를 맨손으로 어떻게 잡을
까?' 하며 궁리하는 중에
5 상제님께서 문득 "여기가 변산이다."
하시므로 밖을 보니 어느새 방이 변산
꼭대기로 옮겨져 있더라.

네 마음이 진짜 마음이라

6 성도들이 소스라치게 놀라 웅성거리
는데 상제님께서 덕주와 찬문과 소 서
방에게 명하시기를
7 "너희들 나가서 각기 별을 세어 오너라.
하늘에선 그게 자갈이다." 하시거늘
8 하늘을 보니 수없이 많은 별들이 총총
히 빛나고 있더라.
9 잠시 후에 이들이 별을 헤아리고 돌아
와 아뢰기를 두 명은 "○ 개입니다."
하고, 나머지 한 명은 "세지도 못하겠
습니다." 하거늘
10 상제님께서 말씀하시기를 "너희 둘은
거짓말하였고, 네 말이 참말이다." 하
시고
11 그 사람에게 "네 마음이 진짜 마음이
라." 하고 칭찬해 주시니라.

고기를 잡아 함께 드심

12 상제님께서 저고리를 벗어 소매를 묶
으시더니 밖에 나가시어 어느새 잉어며
병어 등을 그 속에 가득 잡아 오시고
13 금방 고추장을 나오게 하시어 미리 준
비해 온 소금을 꺼내 성도들과 함께
드시는데
14 상제님께서는 생선을 가시 하나 남기
지 않고 뼈까지 다 씹어 드시니라.

밤하늘의 천문을 가르쳐 주심

15 하루는 상제님께서 호연과 함께 밤하
늘을 쳐다보시며 '저 별은 무엇이고 무
엇 하는 별이다.' 하고 칠성(七星)과 여
러 별들을 일일이 일러 주시나 호연은
그 뜻을 잘 깨우치지 못하니라.

상제님의 성령의 조화

109 상제님께서 산이나 먼 곳에 가
셔서 공사 보실 적에 때로는 신
명이나 종도를 불러 '아무것을 해 오
라.'고 명하시는 일이 있는데
2 그 사람이 아무리 멀리 떨어져 있을지
라도 그 곳을 향해 상제님께서 숨을

한번 들이쉬시면 바람에 날려 순식간
에 상제님 앞으로 오고
3 도로 숨을 내쉬시면 있던 곳으로 돌아
가곤 하니라.
4 또 함께 앉아 계시다가도 문득 "여기
가 구례다, 여기가 강원도다, 여기가
어디다." 하시면 어느새 그곳으로 옮겨
져 있곤 하니
5 아무도 상제님께서 앉아 계신 곳을 가
늠할 수가 없더라.

상제님의 조화 경계

110 하루는 호연에게 말씀하시기를
"나는 천지의 일을 보는 사람이라
이렇게 돌아다니기를 좋아하고 눈으
로 봐야 하느니라." 하시니라.
2 호연이 상제님을 따라다니다 보면 하
루에도 몇천 군데를 가는데, 참으로
무서운 곳도 많고 우스운 곳도 많더
라.
3 하루는 상제님께서 호연을 데리고 환
하게 타오르는 불 속으로 들어가시니
4 호연이 무서워 "옷이랑 다 타면 어쩌
려고 그래요?" 하거늘
5 말씀하시기를 "내가 붙게 하간디?" 하
시니라.

나는 유불(遊佛)이 되리라

111 상제님께서 형렬에게 옛글을 들
려주시며 "잘 기억하라." 하시니
이러하니라.
2 明月千江心共照요 長風八隅氣同驅라
명월천강심공조　장풍팔우기동구

강마다 밝은 달은
내 마음을 함께 비추고
온 천지에 큰 바람은
내 기운을 함께 모는구나.

3 또 구릿골 한공숙(韓公淑)의 집에 계실
때 형렬에게 말씀하시기를 "너는 좌불
(坐佛)이 되어 처소를 잘 지키라. 나는
유불(遊佛)이 되리라." 하시니라.

네 말이 곧 내 말이니라

112 하루는 박공우(朴公又)를 데리고
정읍으로 가실 때, 상제님께서
"공우야, 마음속으로 '풍운조화(風雲造
化)'를 외워라." 하시니라.
2 공우가 명하신 대로 지성으로 '풍운
조화'를 외우며 걸어가는데 상제님께
서 문득 "공우야, 네가 잘못 읽고 있구
나." 하시거늘
3 공우가 깜짝 놀라 돌이켜 보니 '풍운
조화'를 '천문지리(天文地理)'라고 그릇
외우고 있는지라 곧바로 "풍운조화 풍
운조화" 하고 고쳐 외우면서 대흥리(大
興里)에 도착하니라.
4 이날 밤에 눈과 비가 번갈아 내리매
상제님께서 말씀하시기를 "네가 잘못
읽어서 지금 천기(天氣)가 한결같지 못
하도다." 하시거늘
5 한 성도가 여쭈기를 "한 사람이 글을
외우는 것이 능히 천기를 좌우하니 무
슨 까닭입니까?" 하니
6 상제님께서 말씀하시기를 "내가 너에
게 명하여 천지공사를 대행(代行)하게
하면 네 말이 곧 내 말이니라." 하시니
라.

너희들은 하늘을 이고 행세하느니라

7 한 성도가 다시 여쭈기를 "저희들이
공사를 대행하면 천지조화도 쓰지 못
함이 없으니
8 모두 자신만만하여 세상일이 가볍게
보이고 아무 두려운 것이 없어 공후백
작(公侯伯爵)이 손바닥 안의 물건처럼
여겨지나이다." 하거늘
9 상제님께서 기뻐하며 말씀하시기를
"옛말에 '문선왕(文宣王) 끼고 송사(訟
事)한다.'는 말이 있지 않으냐. 너희들
은 하늘을 이고 행세하느니라.
10 너희들이 지금은 한 마을의 일도 감당
하지 못하나 때가 오면 천하의 준걸(俊
傑)들이 너희들에게 와서 선생으로 받
들게 될 것이니라." 하시니라.

제 자식 좀 살려 주옵소서

113 구릿골에 계실 때, 어느 추운 겨울날 상제님께서 성도들을 방에 모아 놓고 공사를 보시는데
2 윗마을에 사는 젊은 여인이 숨이 넘어가는 아기를 치마보에 싸안고 와서 "애 좀 살려 주세요. 외동아들인데 다 죽어 갑니다." 하고 애원하거늘
3 이때 상제님께서 한창 공사를 보시느라 분망하므로, 성도들이 여인을 그냥 돌려보내려 하매 실랑이가 벌어져 밖이 몹시 소란해지니라.
4 뜻밖의 일로 공사가 중단되매 상제님께서 성도들에게 "너희들은 눈감고 하던 공부를 계속하라." 하시고 문을 열고 밖으로 나오시니
5 여인이 필사적으로 상제님께 매달리며 "자식이라곤 이 애 하나밖에 없습니다. 선생님, 제 자식 좀 살려 주옵소서. 선생님이 한울님이시라면서요." 하며 애걸하거늘
6 상제님께서 들은 체도 않으시고 다만 "어이, 그냥 가소." 하시고는 도로 방으로 들어가시는지라
7 그 여인이 "그냥 가라니요, 살려 주셔야지요!" 하며 땅바닥에 주저앉아 상제님을 원망하면서 울부짖으니라.
8 안내성(安乃成)이 보다 못해 "울지만 말고 아기를 잘 살펴보소." 하거늘
9 그 여인이 반신반의하며 치마보를 열어 보니 병색은 간 곳 없고 아기의 얼굴에 생기가 도는지라
10 여인이 기뻐 어쩔 줄 모르며, 상제님을 원망한 것이 죄송스러워 연신 절을 하고는 아기를 꼭 안고 돌아가니라.

선천 성자들의 종교를 비방 말라

114 무신(戊申: 道紀 38, 1908)년에 하루는 상제님께서 류찬명(柳贊明)에게 말씀하시니 이러하니라.
2 毁東道者는 無東去之路하고
훼동도자 무동거지로
毁西道者는 無西去之路니라
훼서도자 무서거지로
동도(東道)를 헐뜯는 자는
동으로 갈 길이 없고
서도(西道)를 헐뜯는 자는
서로 갈 길이 없느니라.

형렬의 딸을 구해 주심

115 무신년 봄에 하루는 형렬의 딸이 병들어 앓는다는 말을 들으시고
2 문밖에 나가 휘파람을 세 번 부신 뒤에 '만수(萬修)'를 세 번 부르시니
3 맑은 하늘에 난데없이 기미 같은 것이 잔뜩 끼어 지척을 분별하기 어려운지라
4 상제님께서 말씀하시기를 "이런 것이 있어서 사람을 많이 병들게 한다." 하시고 공중을 향하여 입으로 한 번 부시거늘
5 기미같이 어려 있던 것이 입바람에 몰려 푸른 하늘로 뻗쳤다가 갑자기 바람이 일어나 사방으로 헤쳐지면서 하늘이 다시 맑아지더라.
6 이후로 형렬의 딸이 곧 나으니라.

사람마다 기국이 다르니라

116 하루는 호연이 '선생님을 따라 다니기가 고생스럽다.'고 불평을 하니
2 상제님께서 이르시기를 "나무 잎사귀를 보아라. 나무 잎사귀도 엎어진 놈, 뒤집어진 놈, 바람에 흔들리는 놈이 있느니라.
3 너는 아직 철을 모르니 아무것도 모르고 그런다만, 네가 조금 커서 철을 알면 '하아, 그렇구나. 내 이름이 있구나!' 하느니라.
4 마늘도 되앗마늘 왕마늘이 있고, 대도 왕대 중대 시누대가 있는데, 사람이라

고 어찌 굶은 사람이 없겠느냐?
5 그런데 너는 아무 것도 모르고 앉아서
'뭣, 뭣' 그러고 있느냐?" 하시며 호연
을 쥐어박으시니라.

덕으로만 처사하기는 어려우니

117 상제님께서 항상 성도들에게 참
는 공부를 가르치며 말씀하시기
를
2 "남에게 분한 일을 당할지라도 대항
하지 말고 자기의 과실을 잘 생각하여
끄르라." 하시므로 성도들이 항상 그
와 같이 닦으니라.
3 그 뒤에 하루는 차경석(車京石)의 집에
계실 때 경석의 종형(從兄)이 술에 취하
여 와서는 경석에게 무수히 패설을 퍼
붓되
4 경석이 상제님의 가르침을 지키기 위
하여 한마디도 대답하지 않고 탄하지
도 아니하니
5 더욱 기세를 부리며 거침없이 주정을
하다가 한참 뒤에 스스로 지쳐서 돌아
가거늘
6 상제님께서 경석에게 이르시기를 "네
기운이 너무 빠졌으니 좀 회복하라.
덕으로만 처사하기는 어려우니 성(聖)
과 웅(雄)을 합하여야 하느니라." 하시니
라.

사람이 죽음의 질서에 들어가면

118 김송환(金松煥)이 사후(死後)의
일을 여쭈니 말씀하시기를
2 "사람에게는 혼(魂)과 넋(魄)이 있어
3 혼은 하늘에 올라가 신(神)이 되어 제
사를 받다가 4대가 지나면 영(靈)도 되
고 혹 선(仙)도 되며
4 넋은 땅으로 돌아가 4대가 지나면 귀
(鬼)가 되느니라." 하시니라.

삼신과 서신

5 상제님께서 말씀하시기를 "자손을 둔
신은 황천신(黃泉神)이니 삼신(三神)이
되어 하늘로부터 자손을 타 내리고
6 자손을 두지 못한 신은 중천신(中天神)
이니 곧 서신(西神)이 되느니라." 하시
니라.

60년 공덕을 들이는 천상 선령신

119 하늘이 사람을 낼 때에 무한한
공부를 들이나니
2 그러므로 모든 선령신(先靈神)들이 쓸
자손 하나씩 타내려고 60년 동안 공을
들여도 못 타내는 자도 많으니라.
3 이렇듯 어렵게 받아 난 몸으로 꿈결같
이 쉬운 일생을 어찌 헛되이 보낼 수
있으랴.
4 너희는 선령신의 음덕을 중히 여기라.
5 선령신이 정성 들여 쓸 자손 하나 잘
타내면 좋아서 춤을 추느니라.
6 너희들이 나를 잘 믿으면 너희 선령을
찾아 주리라.

태을주는 선령 해원 주문

7 태을주를 많이 읽으라. 태을주는 선령
해원 주문이니라.

서양이 곧 명부

120 하루는 성도들에게 말씀하시기
를 "서양이 곧 명부(冥府)라.
2 사람의 본성이 원래 어두운 곳을 등지
고 밝은 곳을 향하나니 이것이 곧 배서
향동(背西向東)이라.
3 만일 서양을 믿는 자는 이롭지 못하리
라." 하시니라.

이 일을 바로잡으려는 자가 없나니

4 하루는 한 술객이 이르거늘 상제님께
서 허령부(虛靈符)를 그려 보이며 말씀
하시기를
5 "이제 동양이 서양으로 떠 넘어가는
데 공부하는 자들 중에 이 일을 바로
잡으려는 자가 없으니 어찌 한심치
않으리오.
6 그대는 부질없이 떠돌지 말고 나와
함께 이 일을 공부함이 어떠하냐?"

하시니
7 그 술객이 놀라 말하기를 "저는 그런
능력이 없나이다." 하거늘
8 상제님께서 그 무능함을 꾸짖어 쫓으
시니라.

해를 멈추게 하신 조화권능

121 구릿골 약방에 계실 때, 하루는
아침 일찍 해가 앞 제비산 봉우
리에 반쯤 떠오르거늘
2 상제님께서 여러 성도들에게 말씀하
시기를 "이러한 난국에 처하여 정세(靖
世)의 뜻을 품은 자는 능히 가는 해를
멈추게 할 만한 권능을 가지지 못하면
불가할지니
3 내 이제 시험하여 보리라." 하시니라.
4 이어 축인 담배 세 대를 갈아 피우시니
해가 산꼭대기에서 솟아오르지 못하
다가
5 상제님께서 담뱃대를 떼어 땅에 터시
니 눈 깜짝할 사이에 수장(數丈)을 솟
아오르더라.

대추나무에 매달린 김형렬의 큰며느리

122 상제님께서 임인년 이래로 여러
성도들과 함께 형렬의 집에서
자주 공사를 행하시니
2 형렬의 큰며느리가 잘 곳이 없어 다른
집에서 자는 경우가 많고, 방안에 성
도들이 있으면 방문 앞을 제대로 지나
다니지도 못하며
3 오랫동안 상제님 의복을 빨아 드리고
끼니마다 수종을 드니 그 노고가 크더
라.
4 무신년 겨울에 하루는 상제님께서 형
렬의 집으로 들어서시는데
5 형렬의 큰며느리가 상제님을 오래 대
하다 보니 무서운 줄을 모르고 "저 미
친놈 또 온다." 하고 불평하거늘
6 이 소리가 떨어지자마자 며느리가 난
데없는 바람에 날려 마당 끝 대추나무
가지에 코가 꿰여서 걸리는지라
7 이를 본 이들이 나뭇가지가 부러질 것
도 같고, 며느리가 너무 불쌍하기도
하여 내려 주려고 다가가니
8 가는 이마다 발바닥이 땅에 달라붙어
내려 주기는커녕 도리어 그 자리에서
한 발짝도 움직이지 못하게 되니라.
9 이에 한 사람이 나서며 "아이고, 저 사
람을 한 번 보고 다시는 안 보려 하십
니까! 세상에, 저렇게 코피가 나도록
두십니까." 하며 간청을 하는데
10 상제님께서는 "어디 코피가 나냐, 이
눈구멍 빠진 놈아!" 하시며 오히려 그
를 나무라시니라.

벙어리로 만드심

11 고산(高山)에 사는 친정 부모와 형제들
이 이 소식을 전해 듣고 놀라서 단숨
에 달려오거늘
12 친정어머니가 "언제까지 이렇게 둘 것
이오?" 하며 딸을 내려 주려 하매 손
을 쳐든 채로 서 있게 만드시고
13 친정아버지와 형제들도 발이 땅에 붙
어 꼼짝 못하도록 만드시니라.
14 이에 며느리와 발이 붙은 이들이 더욱
소리치며 울고불고 난리이거늘 상제
님께서 "시끄럽다." 하시며 모두 벙어
리로 만드시고
15 그래도 여전히 "음, 음!" 하고 소리치
며 울어대니 "그 소리도 듣기 싫다."
하시며 아예 아무 소리도 내지 못하게
만드시니라.
16 또 고샅에서 구경하던 마을 사람들도
누구든지 한마디만 하면 그 자리에 붙
여 놓으시니 모두 입을 봉하고 아무
말도 못 하니라.

버릇을 고쳐야 하느니라

123 땅에 발이 붙은 사람들이 '땅을
파면 행여 떨어질까.' 하여 땅을
아무리 파 보아도 떨어지지 않거늘
2 상제님께서 이들에게 3일 동안 먹을

것을 주지 못하게 하시고, 진지를 드
실 때는 마당이 훤히 보이는 토방에서
드시며 다른 사람들에게는 '이것 먹어
라, 저것 먹어라.' 하고 권하시니
3 마당에 있는 사람들이 더욱 배가 고파
심히 고통스러워하더라.
4 이를 보다 못한 호연이 "저 냇물에서
누가 '증산 어른, 증산 어른.' 그래요."
하니 "어떤 놈이 나를 불러?" 하시거
늘
5 호연이 "몰라, 뭣 하려고 그러는가. 저
매달린 사람 살려 주라고 그런가 봐
요." 하니라.
6 이에 상제님께서 "예끼 이놈! 그건 네
말이다." 하고 머리를 한 대 쥐어박으
시니
7 호연이 "이제 그만 내려 주세요." 하며
간곡하게 사정하거늘 "저거, 버릇을 고
쳐야 한다." 하시고 그냥 두시니라.

내려오라고 해 보라

8 저녁이 되자 상제님께서 형렬을 불러
물으시기를 "끌러 주어야 옳을까, 내
버려 두어야 옳을까. 어떻게 하랴?"
하시니
9 형렬이 끌러 주시라고 하면 더 달아
놓으실 것을 알고 "아, 마음대로 하십
시오. 죽일 테면 죽이시고, 살릴 테면
살리시고
10 저 보기에도 어줍잖으니 아깝지도 않
습니다." 하고 아뢰거늘
11 상제님께서 "저런 독한 것 보라." 하시
고 앞집의 수만 어미를 불러 명하시기
를 "저기 올라가 있는 사람, 가서 내려
오라고 해 보라." 하시니라.
12 이에 수만 어미가 "내려 주셔야 내려오
지, 제가 내려오란다고 내려오나요?"
하고 말대꾸를 하니
13 상제님께서 "요놈의 여편네를 봐라,
어른이 시키면 시키는 대로 안 하고!"
하며 꾸짖으시거늘
14 수만 어미가 혼잣말로 중얼거리기를
"장가도 안 가 놓고는 어른이라고 하
네." 하는데
15 상제님께서 이를 아시고 "네 눈에는
내가 장가를 안 간 것 같으냐!" 하고
호통치시며 문 앞에 세워 놓으시니라.
16 잠시 후에 그 남편이 찾아와 "아이고,
이 동네 떠나야지 못살겠네. 세상에
이럴 수가 있나!" 하며 큰 소리로 떠들
거늘
17 상제님께서 "그래, 어서 가거라. 어서
다른 데로 가라!" 하고 호통치시니
18 별안간 그 집 농 속의 옷과 모든 살림
이 너울너울 허공을 날아 울타리 밖과
내 건너로 떨어지는지라
19 이를 보던 동네 사람들이 혹여 화가
미칠까 하는 두려움에 멀찌감치 떨어
져서 "아이고, 어쩌면 좋아, 어떻게 살
꼬?" 하며 고개를 내두르더라.

그 버릇을 누구에게다 하느냐

124 형렬이 보기가 안쓰러워 차마
더는 두지 못하고 상제님께 용
서를 구하며 아뢰기를 "철모르고 그런
것이니 용서해 주십시오!
2 저희들에게 항상 '마음을 널리 먹고 널
리 쓰라.' 하셨고, '소인배가 소인배 짓
을 한다.' 하셨듯이 너그러이 용서해
주십시오.
3 선생님은 마음이 대천 한바다이시면서
어째 그 하찮은 것을 가리십니까?" 하
니 그제야 내려 주시니라.
4 이에 모두 형렬을 따라 무릎을 꿇고 용
서를 비는데, 비록 옆에서 구경하는
사람일지라도 그냥 서 있으면
5 "너는 뭣이냐, 이놈? 너는 빳빳한 작대
기냐?" 하고 호통치시며 손가락으로
살짝 건드리기만 하여도 콩나물 쓰러
지듯 하더라.
6 3일이 지난 끝에 겨우 풀려난 형렬의
큰며느리가 비로소 "잘못했으니 죽여
주십시오!" 하며 깊이 사죄하거늘

7 상제님께서 말씀하시기를 "네 시아
버지에게 하던 버릇을 내게다 하려고
하느냐?
8 서방에게 하던 버릇, 시에미에게 하던
버르장머리를 누구에게다 하느냐?"
하고 호되게 꾸짖으시니
9 이 뒤로는 형렬의 큰며느리가 상제님
을 공경하고 두려워하여 더욱 정성스
럽게 모시니라.
10 이날 살림살이가 날려 갔던 수만네가
옷과 살림살이를 찾으러 가 보니 아무
것도 없거늘
11 누가 집어 간 줄로 알고 발을 구르며
애석해하다가 집으로 돌아오니 옷이
며 살림살이가 이미 제자리에 돌아와
있더라.

억조창생의 소원

125 기유(己酉: 道紀 39, 1909)년 정월
에 상제님께서 좌서(左書)로 글
을 쓰시니 이러하니라.
2 曰有道하고 道有德하고
왈유도 도유덕
德有化하고 化有育하고
덕유화 화유육
育有蒼生하고 蒼生有億兆하고
육유창생 창생유억조
億兆有願戴하고 願戴有唐堯니라
억조유원대 원대유당요
예로부터 말해 옴에는
만물의 생명의 길인 도(道)가 있고
도에는 덕(德)이 있고
덕에는 교화(敎化)가 있고
교화에는 기름(育)이 있고
기름에는 창생이 있고
창생은 억조가 있고
억조창생에게는 받들어 모시고 싶은
님(君師)이 있으며
받들어 모시고 싶은 님에는
당요(唐堯)와 같은 성군이 있느니라.

내 창자라도 먹이고 싶구나

126 상제님께서는 헐벗고 굶주린 사
람들을 보면 지성으로 도와 주
시고 살길을 열어 주시니
2 동냥아치들의 얼굴과 머리를 씻겨 주
기도 하시고, 가지고 계신 돈을 탈탈
털어 주기도 하시니라.
3 하루는 배고파 쓰러져 있는 사람을 보
시고 혀를 끌끌 차시며 "내 창자라도 내
어 먹이고 싶구나!" 하고 애처로이 바라
보시다가
4 "가엾구나! 내가 너희를 살리려고 이
제 내 생을 거둔다.
5 내가 너희들 다 같이 배부르게 줘 내려
서 같이 살게 하려고 내 신명(身命) 자
취를 감추려 하느니라.
6 어서어서 세상을 똑같이 살자! 이 세상
을 똑같이 빈틈없이 살자고 작정하는
데 이렇다!" 하시며 안쓰러워하시니
라.

자주 굶으시는 상제님

127 상제님께서는 신축년 이후로 공
사를 행하시며 몸소 많은 고생
을 하시고 굶으실 때도 많으시니라.
2 호연을 데리고 다니실 때 상제님께서
산에 가시면 갖은 나무 열매를 따서
드시며 허기를 면하시는데
3 호연은 이를 먹지 않으니 봄이면 삘기
를 뽑아서 까 주시니라.
4 또 끼니때가 되어 밥이 나오면 손을
씻으시고 밥을 뿔끈뿔끈 쥐어 주먹밥
을 만들어 두셨다가
5 호연이 배가 고프다고 하면 한 덩이씩
꺼내 주곤 하시니라.

추위와 굶주림을 대속하심

128 겨울에 이르러 하루는 "천하창
생이 가난으로 인하여 추위에
고생할 것이니
2 내가 그 추위를 대속하여 한가(寒家)에

서 지내리라." 하시고
3 그 해 삼동간(三冬間)을 방에 불을 때
지 않으시고 짚을 깔고 지내시니라.
4 또 밥티 하나라도 땅에 떨어진 것을
보시면 반드시 주우며 말씀하시기를
5 "장차 밥 찾는 소리가 구천(九天)에 사무
치리니 어찌 경홀히 하리오. 쌀 한 톨
이라도 하늘이 아느니라." 하시니라.

희생되는 창생을 줄이고자

129 하루는 한 성도가 상제님께 여
쭈기를 "며칠씩 굶으시고 엄동
설한에 홑옷을 입고 지내심이 여러 번
이니 무슨 까닭입니까?" 하니
2 말씀하시기를 "장차 큰 겁액이 밀어닥
치면 천하의 불쌍한 백성들이 얼어 죽
고 굶어 죽는 자가 부지기수가 되리니
3 천지의 개벽 운(運)은 피할 수 없는 것이
니라.
4 그러나 내가 하루를 굶주리고 하루를
추위에 떨면 수많은 백성을 구하게 되
나니 그 때에 희생되는 창생을 줄이고
자 함이니라." 하시니라.

제 자식은 놓친 자식입니다

130 하루는 여러 성도와 더불어 태
인 읍내를 지나실 때 한 여인이
아이를 업고 가다 길가에 내려놓고 서
럽게 울거늘
2 상제님께서 그 옆을 지나시다가 물으
시기를 "저 아이는 어떻게 된 것이며
그대는 어찌 그리 슬피 우는고?" 하시
니
3 그 여인이 울음을 멈추고 아뢰기를 "이
애는 저의 자식인데 다섯 살 들면서 병
이 난 것이 아홉 살까지 낫지 않아
4 하도 애가 타서 의원에게 갔더니 '벌레
가 간을 범해서 못 고치니 데리고 가
라.' 하여 도로 업고 오는 길입니다.
5 사람들이 제각기 '나울이 들었다.'고도
하고 '덕석자래'라고도 하며 갖가지 말
을 하는데
6 뭐라 해도 제 자식은 놓친 자식입니
다. 그런데 얼른 죽지도 않고 이렇습
니다." 하고 다시 슬피 우니라.

우리 선생님은 하늘님이오

7 상제님께서 "그리 슬피 울지 말라." 하
시며 그 여인을 위로하시고
8 돌아서시어 최창조(崔昌祚)에게 "부인
에게 그 집 뒷산에 조그마한 암자가
있는지 물어 보라." 하시거늘
9 창조가 물어보매 과연 있다 하기로 그
대로 아뢰니 말씀하시기를
10 "아침 일찍 절간에 올라가서 절간 종
을 세 번씩 사흘만 치면 나을 것이라
고 해라." 하시니라.
11 창조가 여인에게 말씀을 전하면서 "우
리 선생님은 하늘님이오. 시답잖게 듣지
말고 꼭 하시오." 하니
12 그 여인이 "그것이 무슨 말씀입니까?
당장 가서 하겠습니다." 하고 연신 절
하며 주소를 묻거늘
13 상제님께서 다만 "전주 동곡약방이라
가르쳐 주라." 하시니라.

선생님, 저의 자식이 살았습니다

131 며칠 후에, 태인 길거리에서 울
던 그 여인이 남편과 함께 구릿
골 약방으로 찾아오니라.
2 여인은 아이를 업고 남편은 수탉을 안
고 와서는 "선생님, 저의 자식이 살았
습니다." 하며 상제님께 절을 올리는
데, 남자는 엎드려 연신 머리를 조아
리며 일어날 줄을 모르더라.
3 상제님께서 웃으시며 "아이가 나았다
니 그런 좋은 일이 어디 있느냐. 그런
데 없는 사람이 어찌 닭을 가져왔느
냐." 하고 나무라신 후에
4 "짚을 빼 오라." 하신 다음 손수 신을
삼으시어 닭을 보고 정색을 하시며
"이 신 값이 두 돈이니 사서 신으라."
하시고

5 수탉 발에 짚신을 신기려 하시니 닭이
발을 털며 신지 아니하거늘 상제님께
서 손을 들어 닭의 뺨을 치시니라.
6 이에 닭이 놀라 '꼬끼오' 하고 우니 상
제님께서 "오냐, 네가 사겠다고 하니
고맙다. 진작 산다고 했으면 뺨을 맞
지 않았지야." 하시고
7 그 내외를 보고 일러 말씀하시기를
"빨리 가라. 없는 사람이 놀면 못쓰니,
병 나은 자식 귀하게 여기고 부지런히
일을 하여 남과 같이 살도록 하라." 하
시니 그 내외가 백배사례하고 떠나니
라.

내가 낸 법이 진법

132 성도들이 아뢰기를 "원평서 자
래 들어 죽게 된 아이를 고칠 때
는 문어, 곶감, 대추로 살리시므로 '우
리도 배웠다.'고 하였는데
2 이번에 자래 든 아이는 '절의 종을 사
흘 아침 세 번씩 치라.' 하여 병을 낫게
하시니
3 모두 '당신님의 법은 참으로 배울 수 없
다.'고 합니다." 하거늘
4 상제님께서 말씀하시기를 "너희들은
본래 너희들이며 나는 본래 나니라.
5 그러므로 본래의 이치를 깨달은 자를
성인이라 하느니라.
6 만법이 머무는 법이 없거늘 내가 낸 이 법
이 진법(眞法)이라는 말이니라. 알아듣
겠느냐?
7 그러므로 '성인의 말은 한마디도 땅에
떨어지지 아니한다.' 하느니라." 하시
니라.

이 덕이 뉘 덕인고! 하늘님 덕이라

8 며칠 후에 다시 그 내외가 이바지를
장만하여 짊어지고 아이를 데리고 상
제님을 찾아와 뵙거늘
9 상제님께서 물으시기를 "이 음식은 무
슨 음식인고?" 하시니
10 남편이 꿇어앉아 말하기를 "살림이 없
어 짚신 장사를 해 왔는데 그동안은
아무리 잘 삼아도 한 켤레에 돈 반밖
에 못 받아서 근근히 연명하였더니
11 지난번에 하늘님께서 우리 닭에 두 돈
짜리 신을 파신 후로는 꼭꼭 두 돈씩
받으니 이제는 살기도 넉넉해졌습니
다.
12 저희 내외가 '이 덕이 뉘 덕인고! 하늘
님 덕이라.' 하여 음식을 장만해 오면
서 병 나은 자식도 같이 왔습니다." 하
고 사례하니
13 상제님께서 웃으시며 그 음식을 성도
들로 하여금 나누어 먹게 하시니라.
14 그 후로 성도들은 더욱더 상제님을 하
느님이라고 믿고 따르니라.

폭 잡기 어려워야 할지니

133 어떤 이가 말하기를 '증산 선생
은 진실로 폭(幅) 잡기가 어렵
다.' 하거늘
2 상제님께서 전해 들으시고 말씀하시기
를 "사람이 마땅히 폭 잡기 어려워야
할지니 만일 폭을 잡히면 범속(凡俗)에
지나지 못하느니라.
3 너희들도 폭 잡히지 말라.
4 폭을 잡히면 일을 못 하느니라." 하시니
라.

판밖에 남모르는 법

134 내가 하는 일은 도통한 사람도
모르게 하느니라.
2 나의 일은 판밖에 있느니라.
3 무릇 판안에 드는 법으로 일을 꾸미려
면 세상에 들켜서 저해를 받나니
4 그러므로 판밖에 남모르는 법으로 일을
꾸미는 것이 완전하니라.

그릇된 도덕 관념이 현실을 마비시킬 때

135 기유년에 하루는 어느 지방에서
'젊은 부인이 남편 상(喪)을 당한
뒤에 순절(殉節)하였다.' 하거늘

2 상제님께서 들으시고 말씀하시기를
"악독한 귀신이 무고히 인명을 살해한
다." 하시고 글을 써서 불사르시니 이
러하니라.
3 忠孝烈은 國之大綱이라
충효열 국지대강

然이나 國亡於忠하고 家亡於孝하고
연 국망어충 가망어효

身亡於烈하니라
신망어열

충효열은 나라의 큰 기강이니라.
그러나 나라는 충(忠) 때문에 망하고
집안은 효(孝) 때문에 망하며
몸은 정렬(貞烈) 때문에 망하느니라.

여자에게 먼저 양보하라

136 하루는 상제님께서 태인을 가시
는데 한 여자가 앞에서 오거늘
길을 비키어 다른 곳을 보고 서 계시
다가 그 여자가 지나간 후에 길을 가
시니라.
2 성도들이 여쭈기를 "선천은 여자들이
남자에게 길을 비켜 주었는데, 후천
은 남자들이 여자에게 길을 양보합니
까?" 하니
3 말씀하시기를 "이때는 해원시대라. 남
녀의 분별을 틔워 각기 하고 싶은 대
로 하도록 풀어 놓았으나
4 이 뒤에는 건곤(乾坤)의 위차(位次)를 바
로잡아 예법을 다시 세우리라." 하시고
5 "이제 내가 길을 양보하였으니 이후에
너희들도 또한 여자에게 길을 양보하
라." 하시니라.

천지의 중앙은 마음

137 하루는 상제님께서 공사를 보시
며 글을 쓰시니 이러하니라.
2 天地之中央은 心也라
천지지중앙 심야

故로 東西南北과 身이 依於心하니라
고 동서남북 신 의어심

천지의 중앙은 마음이니라
그러므로 천지의 동서남북과
사람의 몸이 마음에 의존하느니라.

천하대세를 알아야 산다

3 知天下之勢者는 有天下之生氣하고
지천하지세자 유천하지생기

暗天下之勢者는 有天下之死氣니라
암천하지세자 유천하지사기

천하대세를 아는 자에게는
천하의 살 기운(生氣)이 붙어 있고
천하대세에 어두운 자에게는
천하의 죽을 기운(死氣)밖에 없느니라.

24절후문, 때의 정신

138 하루는 상제님께서 말씀하시기
를 "24절후문(節候文)이 좋은 글
인 줄을 세상 사람이 모르느니라.
2 시속에 절후를 철이라 하고 어린아이의
무지몰각한 것을 철부지라 하여
3 소년으로도 지각을 차린 자에게는 '철
을 안다.' 하고, 노인도 몰지각하면 '철
부지한 아이와 같다.' 하느니라." 하시
니라.
4 절후주(節候呪)

冬至 小寒 大寒 立春 雨水 驚蟄
동지 소한 대한 입춘 우수 경칩

春分 淸明 穀雨 立夏 小滿 芒種
춘분 청명 곡우 입하 소만 망종

夏至 小暑 大暑 立秋 處暑 白露
하지 소서 대서 입추 처서 백로

秋分 寒露 霜降 立冬 小雪 大雪
추분 한로 상강 입동 소설 대설

5 어느 해 동짓날 상제님께서 말씀하시
기를 "동지가 후천 설이니라." 하시니
라.

철의 질서는 천지의 근본 정신

6 하루는 공우가 여쭈기를 "수운가사에
'청송녹죽(靑松綠竹)은 도통지연원(道通
之淵源)'이라 하였습니다." 하니
7 말씀하시기를 "만물이 다 철(節)을 찾
는데 오직 청송녹죽은 겨울이나 여름

이나 항상 푸르게 서 있으니 이는 철 못 찾는 물건이니라." 하시니라.

다가오는 가을 대개벽의 총체적 상황

139 장차 서양은 큰 방죽이 되리라.
2 일본은 불로 치고 서양은 물로 치리라.
3 세상을 불로 칠 때는 산도 붉어지고 들도 붉어져 자식이 지중하지만 손목 잡아 끌어낼 겨를이 없으리라.
4 앞으로 세계전쟁이 일어난다.
5 그 때에는 인력으로 말리지 못하고 오직 병이라야 말리느니라.
6 동서양의 전쟁은 병으로 판을 고르리라.
7 난은 병란(病亂)이 크니라.
8 앞으로 좋은 세상이 오려면 병으로 병을 씻어 내야 한다.
9 병겁이라야 천하통일을 하느니라.

천하 인종을 병으로 솎는다

140 장차 세상을 병으로 쓸어 버리리라.
2 마음 불량한 놈은 다 죽으리니 천하 인종을 병으로 솎으리라.

태을주로 천하사람을 살린다

3 태을주(太乙呪)로 천하 사람을 살리느니라.
4 병은 태을주라야 막아내느니라.
5 태을주는 만병을 물리치는 구축병마(驅逐病魔)의 조화주라.
6 만병통치(萬病通治) 태을주요, 태을주는 여의주니라.
7 광제창생(廣濟蒼生), 포덕천하(布德天下)하니 태을주를 많이 읽으라.
8 태을주는 수기(水氣) 저장 주문이니라.
9 태을주는 천지 어머니 젖줄이니 태을주를 읽지 않으면 다 죽으리라.
10 태을주는 우주 율려(律呂)니라.

닦은 바에 따라 도통을 주리니

141 공자는 다만 72명만 도통시켰으므로 얻지 못한 자는 모두 원한을 품었느니라.
2 나는 누구나 그 닦은 바에 따라서 도통(道通)을 주리니
3 도통씨를 뿌리는 날에는 상재(上才)는 7일이요, 중재(中才)는 14일이요, 하재(下才)는 21일 만이면 각기 도통하게 되느니라.

공부하려면 체부터 잡으라

142 불지형체(佛之形體)니 도를 닦으려면 체(體)부터 잡아야 하느니라.
2 器虛則受物이요 心虛則受道니라
기허즉수물 심허즉수도
그릇을 비우면 물건을 담을 수 있고
마음을 비우면 도를 받을 수
있느니라.
3 도를 이루는 것은 너희들 하기에 달렸느니라.
4 공부하다가 일심을 잃으면 죽느니라.

하도(河圖) 낙서(洛書)와 가을개벽의 운수

143 상제님께서 십이지지(十二地支) 물형부(物形符)를 가르쳐 말씀하시기를
2 "이는 태고(太古)시대의 도술(道術)이니 선경세계를 건설할 때에 크게 쓸 것이니라. 익히 공부하여 두라." 하시니라.
3 하루는 공사를 보시며 글을 쓰시니 이러하니라.
4 龜馬一圖今山河여
귀마일도금산하
幾千年間幾萬里로다
기천년간기만리
胞運胎運養世界하니
포운태운양세계
帶道日月旺聖靈이로다
대도일월왕성령

하도와 낙서의 판도로 벌어진
오늘의 산하
수천 년 동안 수만 리에 펼쳐져 있구나.
가을개벽의 운수 포태하여 세계를
길러 왔나니
변화의 도(道)를 그려 가는 일월이
성령을 왕성케 하는구나.

세계 민족이 매여 있다

144 하루는 상제님께서 "세계 민족이 자축인묘진사오미신유술해(子丑寅卯辰巳午未申酉戌亥)에 매여 있으니 십이물형(十二物形)을 그리라." 하시고
2 '수신제가치국평천하(修身齊家治國平天下)'를 쓰시고 그 글자 위에 점을 찍으시며
3 "이것은 비복신법(飛伏神法)이라. 점(點) 한점 한점에 죽고 사는 것이 들어 있으니 각별히 조심하라." 하시니라.
4 하루는 상제님께서 말씀하시기를 "후천은 축(丑)판이니라." 하시니라.

개벽 이치는 낙서에서 보라

145 하루는 공사를 보시며 글을 쓰시니 이러하니라.
2 厥有四象抱一極하고
궐유사상포일극
九州運祖洛書中이라
구주운조낙서중
道理不慕禽獸日이요
도리불모금수일
方位起萌草木風이라
방위기맹초목풍
대자연에는 사상(四象)이 있어
중앙의 한 지극한 조화기운을 품고
있고
온 세상 운수의 근원은
낙서(洛書) 속에 들어 있네.
도리를 우러르지 않으니 금수 시대요
사방에서 싹을 틔우니
초목에 바람이 이네.
3 開闢精神黑雲月이요
개벽정신흑운월
遍滿物華白雪松이라
편만물화백설송
男兒孰人善三才오
남아숙인선삼재
河山不讓萬古鍾이라
하산불양만고종
개벽의 정신은 먹구름 속 빛나는 달이요
세상에 가득한 만물의 정화는
흰 눈 속 소나무로다.
남아로서 그 누가 삼재(三才)에
뛰어나더냐.
강과 산은 만고의 종(萬古鍾)을 사양치
않노라.

천지 변화의 도수는 일월이 그린다

146 하루는 성도들에게 가르쳐 말씀하시니 이러하니라.
2 元亨利貞道日月이니
원형이정도일월
照人臟腑通明明이라
조인장부통명명
원형이정은 일월의 운행으로 이루어지니
일월이 사람의 장부까지 비추어 밝은
덕을 밝게 통하게 하는구나.

모름지기 많이 외울지어다

147 하루는 형렬에게 명하시기를 "광찬과 갑칠에게는 '태을주를 많이 읽으라.' 하고
2 김병선(金炳善)에게는 '도리원서(桃李園序)를 일천 번 읽으라.' 하고
3 경석과 내성에게는 '시천주주(侍天主呪)를 혀와 입술을 움직이지 말고 많이 염송(念誦)하라.'고 해라." 하시니
4 형렬이 그 명을 좇아 일일이 지도하니라.
5 상제님께서 '도리원서'에 대하여 일러 말씀하시기를
6 "이는 만고의 문장(文章)을 해원하는 것

이니 너희는 모름지기 많이 외울지어
다." 하시니라.

인간으로 오신 상제님을 모시는 공부: 시천주의 참뜻

148 시천주주(侍天主呪)는 천지 바탕
주문이니라.
2 시천주주에 큰 기운이 갊아 있나니 이
주문을 많이 읽으면 소원하여 이루지
못하는 일이 없느니라.
3 시천주주(侍天主呪)

侍天主造化定 永世不忘萬事知
시천주조화정 영세불망만사지

至氣今至願爲大降
지기금지원위대강

4 어떤 사람이 대도에 뜻을 두고 일심으
로 도를 행하다가 갖은 고초를 당하고
원통히 죽을지라도
5 천지의 신명들이 치하하고 부러워하나
니 천상의 영화가 말로 할 수 없노라.

때가 오면 나에게 절하게 되리라

149 하루는 형렬이 여쭈기를 "세상
사람들이 선생님을 광인(狂人)으
로 여기나이다." 하니 크게 웃으며 말
씀하시기를
2 "신축년 이전에 민생을 가련히 여겨
광구천하하려고 사방으로 주유(周遊)
할 때 인정과 풍속을 살피려고 많은
사람들을 만났느니라.
3 그 때에는 상(相)을 평하고 사주와 점
을 보아 주면, 신인으로 공대하여 어
떤 이는 소까지 잡아 대접하였거늘,
그것은 내가 허언(虛言)으로 행세한 것
이요
4 신축년 이후에는 천지의 말로 행세하
는데 도리어 광인으로 여기는도다.
5 광인은 입경(立經)도 못 하고 건사(建
事)도 못 하나니
6 때가 오면 나를 헐뜯는 자들의 눈에
먼저 눈물이 흐르고, 나를 헐뜯는 자
들이 먼저 나에게 절하리라." 하시니라.
7 하루는 형렬에게 말씀하시기를 "세상
이 너무도 악하구나. 이 시대를 지내려
면 남에게 폭을 잡히지 않아야 하느니
라. 너는 광(狂)이 되지 못하니 농판으
로 행세하라.
8 나는 광인으로 행세하리라." 하시니라.

가을문명, 유불선 통일의 관왕 도수

150 하루는 상제님께서 공사를 보시
며 글을 쓰시니 이러하니라.
2 佛之形體요 仙之造化요
불지형체 선지조화

儒之凡節이니라
유지범절

불도는 형체를 주장하고
선도는 조화를 주장하고
유도는 범절을 주장하느니라.
3 受天地之虛無하여 仙之胞胎하고
수천지지허무 선지포태

受天地之寂滅하여 佛之養生하고
수천지지적멸 불지양생

受天地之以詔하여 儒之浴帶하니
수천지지이조 유지욕대

冠旺은 兜率 虛無寂滅以詔니라
관왕 도솔 허무적멸이조

천지의 허무(無極)한 기운을 받아
선도가 포태하고
천지의 적멸(太極의 空)한 기운을 받아
불도가 양생하고
천지의 이조(皇極)하는 기운을 받아
유도가 욕대하니
이제 (인류사가 맞이한) 성숙의 관왕(冠旺)
도수는 도솔천의 천주가 허무(仙)
적멸(佛) 이조(儒)를 모두 통솔하느니라.
4 상제님께서 말씀하시기를 "모든 술수
(術數)는 내가 쓰기 위하여 내놓은 것이니
라." 하시니라.

구릿골 약방 남쪽 기둥에 써 붙이신 증산 상제님의 필적

제 3 편

도문(道門)과 성도(聖徒)

도문(道門)과 성도(聖徒)

신축(辛丑: 道紀 31, 1901)년

만유 생명의 아버지요 큰스승이신 상제님

1 증산 상제님은 인간으로 강세하신 인존천주(人尊天主)이시니 후천선경을 개벽하신 새 하늘의 하느님이시니라.
2 상제님께서 신축(辛丑: 道紀 31, 1901)년 7월 7일 모악산 대원사에서 천지대신문을 여시고
3 삼계대권을 주재하여 후천을 개벽하시니 호천금궐(昊天金闕)의 조화주시요 백보좌(白寶座) 하느님이시니라.
4 상제님은 만유 생명의 아버지(父)요 큰스승(師)이시며 천지와 만물, 인간과 신도의 통치자(君)이시니라.

무극대도의 도문과 성도

2 증산 상제님께서 삼계대권을 주재하여 무극대도(無極大道)의 도문(道門)을 열고 9년 동안 천지개조의 대공사를 행하셨나니
2 임인(壬寅: 道紀 32, 1902)년 4월에 전주군 우림면 하운동(雨林面 夏雲洞)에 거주하는 김형렬(金亨烈)이 수종함을 시발로 하여 수십 명의 문도(門徒)들이 참여하니라.
3 이들이 각기 상제님께서 어천(御天)하시는 그 날까지 후천 천지대개벽 공사에 지대한 공덕을 쌓았나니
4 그 노고를 높이 받들고 그 뜻을 천추만대에 기리기 위해 천지공사에 수종한 종도(從徒)를 성도(聖徒)라 추존(推尊)하니라.

참 하느님을 찾아온 복남

3 백인수는 무자생으로 태어난 지 여덟 달 만에 신안이 뜨이기 시작하여 세 살이 되던 해에는 영이 완전히 열려 만물의 내면을 환히 꿰뚫더니
2 이로부터 자신의 천명을 확연히 깨닫고 이 땅에 오신 구원의 부처, 참 하느님을 찾아 헤매다가
3 여섯 살 되는 해에 객망리로 찾아와 증산 상제님을 뵙고 인사를 올리매 상제님께서 복남이라 이름지어 주시니라.
4 이로써 그가 도솔천으로부터 품고 내려온 '미륵불을 모시고 인간을 구원하리라.'는 서원(誓願)을 이루게 되니라.

친아들같이 복남을 사랑하심

5 상제님께서는 항상 복남을 데리고 다니시는데 복남이 어리광을 부리며 무엇을 사 달라고 하면 잘 사 주시고
6 평소 성도들에게는 엄하게 하시나 어린 복남에게는 아버지라 부르게 하시며 친아들과 같이 사랑하시어 업어 주시고 가르쳐 주시니라.
7 하루는 상제님께서 성도들에게 복남을 가리키시며 이르시기를 "얘는 내가 데리고 나온 아들이다." 하시니라.

전주 최상문의 집에서 정숙을 처음 만나심

4 상제님께서 전주 남문 안에 살고 있는 최상문(崔祥文)의 집에 자주 왕래하실 때
2 한동네에 사는 김택룡(金澤龍), 신봉기, 박이동 등 여러 사람이 찾아와 상제님을 뵈니라.

3 택룡은 남문 밖으로 흐르는 전주천(全州川) 건너 반석리(半石里)에 살았는데 본시 상문과 절친한 친구로 상제님을 여러 번 뵙고 친면으로 지내니라.
4 기해(己亥: 道紀 29, 1899)년에 하루는 상제님께서 택룡과 함께 상문의 집에 계실 때 택룡의 세 살 된 딸이 남천교(南川橋)를 건너 "아부지! 아부지!" 하며 상문의 집으로 들어오거늘
5 그 모습을 보니 오악이 뚜렷하고 실로 영악하게 생겼더라.
6 이 아이의 이름은 정숙(貞淑)이요, 외할머니의 바느질 솜씨가 좋아 항상 아래위 구색을 맞춰 옷을 기가 막히게 잘 입혀 놓으니 동네에서는 이 아이를 '꽃순이'라 부르더라.
7 또 택룡의 집안은 전라감사를 지냈으며 딸이 귀한지라 정숙은 어려서부터 곱게 자라니라.
8 상제님께서 아장아장 걸어 들어오는 정숙을 보시고 "이리 오나, 이리 오나." 하여 무릎에 앉히시고는 도리질을 가르쳐 주시고 노래도 가르쳐 주시니
9 이로부터 정숙이 상제님께 노래 배우는 것을 좋아하여 상문의 집에 자주 드나들며 "아자씨! 아자씨!" 하고 좇아와 상제님의 무릎에만 앉거늘
10 정숙이 오지 않는 날은 상제님께서 친히 택룡의 집을 찾으시어 재롱을 받으시니라.

빨리 커라, 어서 커라

11 하루는 상제님께서 정숙을 무릎에 앉히시고 "어디, 도리질해 보아라. 도리도리!" 하시며 정숙의 머리를 흔들며 노래를 부르시니 정숙이 상제님의 두 귀를 잡거늘
12 상제님께서도 정숙의 귀를 마주 잡으시고 함께 도리질을 하며 노래 부르시니라.
13 정숙이 상제님께서 춤을 추라 하시면 춤을 추고, 노래를 부르라 하시면 노래를 하며 갖은 재롱을 부리니
14 딸이 없던 상문은 정숙이 오면 "친구 딸이 내 딸이다." 하며 정숙을 먼저 차지하려고 야단이더라.
15 상제님께서도 "빨리 커라. 어서 커라. 엿 같으면 늘이자." 하시며 정숙을 유달리 예뻐하시고 귀히 여기시니라.

호연이라 부르시니라

5 차차 낯이 익어가매 상제님께서 정숙을 부르실 때에 '예쁜이', '양림이', '양덕이', '큰애기', '애기씨', '호연이' 등 여러 이름으로 부르시니라.
2 이에 정숙이 "이름을 한 가지로 하지, 왜 그래요?" 하고 여쭈니 말씀하시기를 "잡으러 오니 그려." 하시거늘
3 정숙이 "누가 잡어? 내가 탁 때려 주지." 하니 "네가 때리기는…." 하시고 더 이상 말씀을 아니하시니라.
4 정숙이 점차 자람에 따라 주로 '호연'이라 부르시니라.

그대의 딸을 천지사업에 바치라

6 신축년에 도통문을 여신 후에 상제님께서 다시 상문의 집을 찾으시니 택룡이 품에 다섯 살 된 호연을 안고 있는지라
2 상제님께서 택룡에게 말씀하시기를 "내가 하늘과 땅을 뜯어고쳐 무궁한 선경을 열려 하나니 그대의 딸을 천지사업에 바치라.
3 이 아이가 이제 천하의 선녀가 되어 할아버지 같은 사람들도 와서 무릎을 꿇게 되리라. 참으로 크게 될 아이니 나에게 맡기라." 하시거늘
4 택룡이 '좋은 세상을 본다.'는 말씀에 흔쾌히 승낙하니라.
5 상제님께서 이로부터 순진무구한 소녀 호연을 새 생명을 개벽하는 선매숭자 도수에 붙여 9년 천지공사에 천지의 제물로 삼으시고, 태운 김형렬과

함께 공사의 증언자로 세우시니라.

임인(壬寅: 道紀 32, 1902)년

도문의 식주인 태운 김형렬

7 김형렬(金亨烈)의 호(號)는 태운(太雲)이
라.
2 동곡(銅谷)에서 생장(生長)한 후 환평(環
坪)에 옮겨 살다가 금구 내주평(金溝 內
注坪)으로 이사할 때는 부자였으나
3 갑오년 동학혁명에 참가하여 청주 전
투에서 죽을 목숨을 상제님의 은혜로
구원 받아 귀향한 뒤로 동학과 연줄을
끊고 가업에만 종사하다가
4 가운이 기울어 가난하게 되매 잠시 용
화동(龍華洞)으로 이사하여 사니라.
5 형렬이 빈곤을 이기지 못하여 내주평
을 내왕하면서 농사나 경영할까 하던
중
6 정유(丁酉: 道紀 27, 1897)년에 그 마을
정남기(鄭湳綺) 집의 서숙에 가 보니 초
립을 쓰신 상제님께서 글을 가르치고
계시거늘
7 학동들이 부르기를 '강 서방'이라 하므
로 형렬이 물으니 '정씨 집의 취객(娶
客)이라.' 하더라.
8 서당의 학동들에게 글을 가르쳐 주시
고 마을 사람들의 사주(四柱)도 보아
주시니 동네에서는 신인(神人)으로 불
리시더라.
9 그 후 형렬이 사정이 있어 내주평에 가
지 못하고 상제님께서도 천하유력을
떠나시어 서로 만나지 못하더니
10 형렬은 가운이 더욱 기울어 하운동 제
비창골에 있는 선산 재실(齋室)인 영사
재(永思齋)로 이사하니라.

죽어서라도 선생님 뒤를 따르겠습니다

8 형렬이 상제님과의 친면(親面)을 잊지
못하고 항시 상제님의 거동이 마음
가운데 은은하던 중에
2 수년이 지난 뒤 '대원사에서 도를 통하
셨다.'는 풍문을 들은 후로는 만나 뵙
고 싶은 마음이 더욱 간절해지니라.
3 그러던 차에 임인년 4월 4일 원평 장날
에 양식이 떨어져 돈 한 냥을 주선하
여 시장에 갔다가 그곳에서 마침 꿈에
그리던 상제님을 상봉한지라
4 형렬이 반가운 마음을 이기지 못하여
쌀을 팔아서 가족들을 살릴 마음은 간
데없고
5 문득 생각하기를 '이 돈을 노자로 드
린다면 가솔(家率)들이 굶을 것이요,
만일 드리지 아니하면 서로 친한 사
이에 의리가 아니라.' 하고 돈 한 냥을
상제님께 노자 하시라고 드리니
6 상제님께서 웃으며 말씀하시기를 "나
는 노자가 있으니 걱정 말고 배고파하
는 가족에게 어서 쌀을 팔아 돌아가
게." 하시니라.
7 이에 형렬이 더욱 간곡히 돈을 올리며
"만일 선생님께서 이 돈을 받지 않으
시면 저는 이대로 집이고 뭐고 죽어서
라도 선생님 뒤를 따르겠습니다." 하고
굳게 맹세하니라.
8 그제야 상제님께서 웃으시며 "자네가
가족을 남겨 두고 죽겠으니 불가불 받
겠네. 그러나 쌀 팔아 오기를 기다리는
자네 가족들은 어쩌겠는가?" 하시니
9 형렬이 대답하여 아뢰기를 "예, 선생님
이 돈 한 냥을 받으시면 제 마음이 좋
아 생기가 나서 열 냥이 당장에 생기
겠습니다." 하거늘
10 상제님께서 "허허, 그렇다면 받겠네.
그러나 참으로 어려운 돈인데…." 하
고 받으시니라.

충청도로 떠나신 상제님

11 형렬이 돈을 올리고는 "저의 집이 누

추하나마 멀지 않은 곳에 있으니 하룻
밤 모시고자 하나이다." 하니
12 상제님께서 웃으시며 말씀하시기를
"돈 주고 밥조차 주려는가. 참 고마운
일이로고.
13 내가 지금은 충청도에 볼일이 있어 가
니 갔다 돌아오는 길에 들를 참이네.
안심하고 어서 쌀 팔 꾀나 내게." 하시
거늘
14 형렬이 반가이 여쭈기를 "꼭 오시기
를 기다리겠습니다." 하니 상제님께서
"그리 하게." 하시고 길을 떠나시니라.

빈 지게 걸머지고 돌아온 김형렬

9 형렬이 쌀 팔 돈을 상제님께 드리고
는 장도 보지 못하고 점심도 굶은 채
빈 지게를 걸머지고 집에 돌아오니 그
아내가 '쌀 팔아 오느냐.'며 반가이 좇
아 나오거늘
2 형렬이 그 모습을 보니 안쓰러운 마음
이 드는 데다 더욱이 그 돈은 빚을 낸
돈이라 할 말이 없는지라 "허허." 웃
으면서 말하기를 "돈을 잃어버려 쌀을
못 팔아 왔소." 하니
3 아내가 탄식하며 말하기를 "아침도 죽
을 먹인 자식들을 점심도 못 먹였는데
저녁까지 굶기면 어쩔까요. 어른이야
괜찮지만." 하고 기운 없이 들어가니라.
4 형렬이 한편으로는 다행스러우나 한
편으로는 안되었는지라 벗었던 지게
를 다시 짊어지고 청도원(淸道院)으로
가니 평소에 그리 친하지도 않은 사람
이 일을 마치고 집으로 들어가는 길이
더라.
5 형렬이 그 사람에게 헛말 삼아 말하기
를 "집에 양식이 떨어져서 외상 양식
을 얻으려고 장에 갔다가 얻지 못하고
집에 돌아오니 저녁을 하지 못하였기
로 차마 볼 수 없어 나오는 길이네.
6 해는 이미 저물어서 뉘 집으로 갈 수
도 없고 딱한 형편에 자네를 만났으니
나에게 쌀 두 되만 빌려 주면 돌아오
는 장에 갚아 주겠네." 하니라.

언제나 또 만날꼬

7 이에 그 사람이 길을 멈추어 서면서
"좋은 일이 있네. 내 사위가 쌀 한 섬
을 장리쌀로 놓았다가 금년에 또 놓아
달라 하기로 한 섬을 놓았고 다섯 말
이 남았으니, 갖다 먹고 가을에 일곱
말 닷 되를 주오." 하니
8 형렬이 어찌나 반가운지 혹 잘못되면
어찌할까 염려되더라.
9 그 사람이 또 하는 말이 "집에 양식이
떨어지면 재수도 없나니 먹어서 버소."
하거늘
10 형렬이 "그래 보세!" 하고 쌀 닷 말을
짊어지고 생각하기를 '이것이 웬일인
가. 선생님 덕이로다!' 하고 하도 반가
워서 어두운 밤에 노래를 부르며 배고
픈 것도 잊어버리고 단숨에 집으로 달
려가니라.
11 이때 밥을 못하고 앉아 있던 아내가
지고 온 쌀을 보고 깜짝 놀라 "웬일이
오?" 하고 묻는 말에 형렬이 "이곡(利
穀) 닷 말 얻어 왔소." 하니
12 아내가 웃음이 가득하여 말하기를 "그
쌀, 내가 베를 낳아 갚으리다. 참으로
닷 말이오? 참으로 우리 집이 잘되려
나 보오. 여보, 돈 잃어버린 것이 복이
되었소." 하며 기뻐 어쩔 줄 모르더라.
13 그러나 형렬은 '우리 선생님이 오늘 저
녁에 어디서 주무시는가? 언제나 또
만나 뵐꼬.' 하는 생각뿐이더니
14 이후 날마다 마음속 깊이 상제님을 사
모하니라.

김형렬 집에 찾아오심

10 그 후 4월 13일에 형렬이 제비창골
집에 있는데 산 너머 금산사(金山寺)
쪽에서 "형렬아, 형렬아!" 하고 부르는
소리가 또렷이 들리거늘
2 형렬이 '어디서 들리는가?' 하고 소리

나는 곳을 따라 서전재(西殿峙)를 넘어
가 보니
3 상제님께서 금산사 돌무지개문(虹霓門)
위에 앉아서 부르고 계시더라.
4 형렬이 크게 반가워하며 상제님을 모
시고 용화동으로 돌아 집 앞에 이르러
"선생님, 안으로 들어가십시다." 하니
5 말씀하시기를 "자네 집에 산기(産氣)가
있네그려." 하시거늘
6 형렬이 놀라 여쭈기를 "어떻게 아셨습
니까?" 하니 말씀하시기를 "삼신(三神)
이 말을 몰고 자네 집으로 들어가므로
알았노라." 하시니라.
7 또 말씀하시기를 "여기가 제비창골(帝
妃創谷)이라지?" 하시매 형렬이 "예, 그
렇습니다. 어디서 들으셨습니까?" 하
고 대답하니
8 말씀하시기를 "응, 촉나라 길이 험하
다 하여도 한신(韓信)이가 알더라고,
천하사(天下事)를 하러 다니는 사람이
제비창골을 모르겠나. 감나무 아래로
가세." 하시어 그 아래에 마주앉으시
니라.

세 번 다짐을 받으시고서야

11 상제님께서 말씀하시기를 "그대는
나와 더불어 천지공사를 꾀함이 어
떠하냐?" 하시거늘
2 형렬이 대답하여 여쭈기를 "천지공사
라니요. 그게 무슨 말씀이신지요?" 하
니
3 "현하의 천지대세가 선천은 운(運)을
다하고 후천의 운이 닥쳐오므로 내가
새 하늘을 개벽하고 인물을 개조하여
선경세계를 이루리니 이때는 모름지기
새판이 열리는 시대니라.
4 이제 천지의 가을운수를 맞아 생명의
문을 다시 짓고 천지의 기틀을 근원
으로 되돌려 만방(萬方)에 새기운을 돌
리리니 이것이 바로 천지공사니라." 하
시니라.
5 형렬이 이내 알아듣고 여쭙기를 "새판
을 짠다는 것은 어떻게 하신다는 말씀
입니까?" 하니
6 말씀하시기를 "이때는 천지의 비극적
시운(時運)으로 이름 없는 악질(惡疾)이
창궐하리니
7 만약 선의(仙醫)가 아니면 만조(萬祖)에
일손(一孫)이라도 건지기 어려우리라."
하시며 시운(時運)에 대하여 장시간 언
급하신 후에
8 "두 집이 망하고 한 집이 성공하는 공부를
하려는가?" 하시거늘
9 형렬이 대답하기를 "열 집이 망해도
하겠습니다. 열 집이 망하고라도 한
집만 성공하면 열 집이 다 성공될 것
아닙니까?" 하매
10 말씀하시기를 "그렇지, 자네 말이 옳
도다. 그러나 모두 자네 같은가? 어려
운 일일세." 하시고 세 번 다짐을 받으
시고서야 방에 들어가 앉으시니라.

형렬을 주인으로 정하심

12 이때에 형렬의 아내가 셋째 아들을
낳았는데 잠시 후에 안에서 아들
낳은 소식을 알리거늘
2 상제님께서 '천리마'라 이름을 지어 주
시니 아이의 젖이 네 개더라.
3 본래 형렬의 아내는 아이를 낳으면 반
드시 산후복통이 나서 한 달 동안 앓
는 증상이 있었는데 이번에도 또 재발
하여 죽는다고 소리치니 형렬이 크게
근심하는지라
4 상제님께서 위로하며 말씀하시기를
"인생의 고초가 저렇도다. 이 뒤로는
모든 일에 나를 믿고 근심을 놓으라." 하
시고 처방을 일러 주시며 "약 두 첩을
지어 오라." 하시거늘
5 형렬이 명하심을 좇아 약을 달여 먹이
니 과연 아내의 복통이 그치고 그 밖
에 천촉(喘促)과 해소(咳嗽) 같은 별증
(別症)들도 다 나으니라.

6 산모가 크게 기뻐하며 상제님을 뵙고
집에 오래 계시기를 간청하니
7 웃으며 말씀하시기를 "세상 사람은 자
기가 먼저 좋아야 남을 생각하는 법이
라." 하시고 흔연히 허락하시니라.
8 이때 상제님의 성수(聖壽)는 32세이시
고 형렬의 나이는 41세라.
9 노소는 다를망정 가까이 모셔 보니 감
히 앞으로 다니기가 황공할 지경이더
라.
10 이후로 상제님께서 형렬을 주인으로 정
하시고 천지공사를 행하시니
11 형렬에게 공사에 수종 들 수 있도록
심령(心靈)을 열어 주시기 위해 4월 15
일부터 수련을 시키시니라.

신천지 개벽공사의 시종을 김형렬 집에서

13 하루는 형렬에게 "쇠머리 한 개를
사 오고 떡을 찌라." 하시고 "제비
창골 일을 해야 한다." 하시더니
2 감나무 밑에 음식을 차리게 하시고 감
나무를 잡고 '만수(萬修)'를 부르시며
성주풀이를 하시니 이러하니라.
3 경상도 안동 땅
제비원(帝妃院) 솔씨 받아
소평(小坪) 대평(大坪) 던지더니
4 밤이면 이슬 맞고 낮에는 볕뉘 쐬어
그 솔이 점점 자라
청장목(靑壯木)이 되었구나.
황장목(黃腸木)이 되었구나.
낙락장송이 쩍 벌어졌구나.
5 태평전(太平殿) 대들보가 되어
어라 만수(萬修) 어라 대신(大神)이야.
6 대활연(大豁然)으로 이 땅으로
설설이 내립소사.
시(始)도 여기서 일어나고
종(終)도 여기서 마치리라.
7 이렇게 노래 부르신 후에 금산사를 넘
어다보시고 "여기를 큰집으로 할까,
작은집으로 할까. 제비 새끼 치는 날
에 제비창골이 가득 차리라." 하시고
쇠머리를 땅에 묻으시니라.
8 형렬의 집에 계실 때 하루는 상제님께
서 "여기가 어찌 제비창골일까?" 하시
더니
9 말씀하시기를 "옛집을 다시 찾는다는
말이니라. 이곳은 제비창골이 아니요
제업창골(帝業創谷)이니라." 하시니라.
10 하루는 하운동에 사는 박성태(朴成台)
에게 말씀하시기를 "앞으로 제비창골
에 날마다 백 명씩은 왕래하리라." 하
시고
11 "그러나 여지가 좋지 못하다." 하시니
라.

때를 놓치지 말라

14 하루는 상제님께서 말씀하시기를
"세계대운이 조선으로 몰아 들어
오니 만에 하나라도 때를 놓치지 말라.
이때는 사람이 가름하는 시대니라.
2 남아가 출세하려면 천하를 능히 흔들
어야 조화가 생기는 법이라. 이 세상
은 신명조화가 아니고는 고쳐 낼 도리
가 없느니라." 하시니라.

형렬에게 신안을 열어 주심

3 형렬이 그와 같은 말씀을 조금 의심하
던 차에 하루는 상제님께서 저녁에 형
렬을 불러 이르시기를
4 "오늘은 천하신명을 제비창골로 몰아
들일 참이니 놀라지 말라. 제비창골이
아니고는 나의 일을 할 수 없다." 하시
고
5 날이 어두워지자 촛불을 들고 "만수
야! 만수야!" 하고 부르시더니
6 잠시 후에 형렬에게 "놀라지 말고 문
밖을 내다보라." 하시기에 형렬이 나
서서 보려 하매
7 말씀하시기를 "눈을 떴다가는 간담(肝
膽)이 떨어질 참이니 눈을 감고 보라."
하시니라.
8 이에 형렬이 눈을 감고 바라보니 구름

과 안개가 자욱한 가운데 수많은 깃발
과 창검이 햇빛처럼 눈부시고
9 기기괴괴한 신장(神將)들이 말을 달려
동구로 몰아 제비창골로 달려드는 통
에 어찌나 놀랐던지 "그만 보사이다."
하고 눈을 뜨니
10 상제님께서 웃으며 말씀하시기를 "무
서우냐? 거짓말 같을지라." 하시니라.
11 이후부터 형렬은 상제님께서 신병(神
兵) 소리만 하시면 더욱 열렬히 복종하
니라.

김자현의 입문

15 김자현(金自賢)은 구릿골 사람으로
김형렬의 친족이라.
2 자현이 우연히 다리에 습종(濕腫)이 돋
아 고생한 지 3년이 지났으나 백약이
무효하여 다리를 영영 베일 지경에 이
른지라
3 이때 형렬이 자현을 찾아가 상제님께
서 아내의 산후통을 고쳐 주신 신효(神
效)한 내력을 말하며
4 "그 동안 종기로 얼마나 고생하는가?
우리 집에 강증산이란 분이 와 계신데
의관(衣冠)을 하여 찾아뵙고 여쭈어 봄
이 어떠한가?" 하니
5 자현이 말하기를 "제 다리는 못 고칩
니다. 이미 단념한 지 오래입니다." 하
고 오지 않겠다고 굳이 사양하거늘
6 형렬이 "아, 이런 병이 뭐 대수인가. 병
은 **천지병**(天地病)이 큰 병이지 이런 병
은 병도 아니네. 그분은 **천지병을 고치
시는 분**이라네.
7 천의(天醫)가 오셨으니 생각해 보아서
꼭 오게나." 하고 재차 이르거늘 그제
야 자현이 "그럼 내일 찾아뵙겠습니
다." 하고 대답하니라.

선생님, 살려 주소서

16 다음날 상제님께서 코로 냄새를
맡으시며 "어찌 이런 흉악한 냄새
가 나는가?" 하시매
2 형렬이 깜짝 놀라 방을 쓸고 닦는데
또 냄새를 맡으시며 "썩는 냄새가 이
리 나는가?" 하시므로
3 형렬이 송구스러워 밖으로 나가서 변
소를 덮고 하며 부산을 떠는 중에 구
릿골에 사는 종제(從弟) 김갑칠(金甲七)
이 다리 아픈 자현을 지고 오더라.
4 갑칠이 자현을 땅에 내려놓으니 자현
이 뜰 밑에서 "선생님, 사람 살려 주소
서." 하고 다리를 내보이매
5 상제님께서 보시고 "응, 저 다리가 오
니 그런 냄새가 났도다. 나는 못 속이
지." 하시고 "**내가 하늘님이던가.**" 하시
니라.
6 이에 자현이 "아이고 선생님, 살려 주
소서." 하고 애원하거늘
7 말씀하시기를 "음, 내가 삼신님인가.
점잖은 손님이 오면 떡시루가 오는 법
인데 나 같은 손님이 오니 썩은 다리
가 들어왔네.
8 내가 무슨 의원이라고 나 같은 사람의
말을 듣고 약을 쓰려 하시오?" 하시니
라.

엿 한 가래가 다리에 붙었구나

9 자현이 다시 여쭈기를 "무슨 약이라도
가르쳐만 주시면 쓰겠습니다." 하니
10 말씀하시기를 "뒷산에 가서 창출(蒼朮)
한 되 캐서 그 달인 물로 상처난 곳을
씻고, 원평장에 가서 엿 다섯 가래를
사다가 찧어서 붙이라." 하시거늘
11 자현이 당장 가서 창출을 캐고 엿 다
섯 가래를 사다 놓으니 한 가래를 그
아들 태준(泰俊)이 먹은지라
12 할 수 없이 네 가래를 찧어 붙이니 3년
이나 고생하던 다리가 불과 보름 만에
씻은 듯이 나으니라.
13 자현이 기뻐하며 이바지를 준비하여
상제님을 배알하고 그 은공에 사례하
거늘
14 상제님께서 반기시며 환부를 보시니

대님 매는 자리에 엿 한 가래만치 흉
터가 나 있는지라
15 웃으며 말씀하시기를 "엿을 네 가래만
찧어 붙였으니 엿 한 가래가 다리에
붙었구나." 하시니라.
16 이에 자현이 더욱 탄복하여 그 날로
상제님을 따르겠다고 나서니
17 상제님께서 "죽어도 따르겠느냐." 하시
매 자현이 "죽어도 따르겠습니다." 하고
대답하거늘
18 이와 같이 세 번을 다짐 받으신 뒤에
형렬을 불러 다시 "세 집이 망하고 천하
가 흥하는 공부를 해 보자." 하시고 자
현이 천지사업에 동참하는 것을 허락
하시니라.

김갑칠의 입문

17 김갑칠은 본래 이름이 판식(判植)으
로 형렬과 사촌간이라.
2 상제님께서 자현의 고질병을 고쳐 주
심을 보고 그 신이하신 권능에 감복
하여 상제님을 따르니 이때 나이 22세
라.
3 이후 상제님께서 이름을 갑칠(甲七)로
고쳐 주시니
4 상제님께서 외처로 출행하실 때 담뱃
대 등 행장을 들고 따르면서 일등 비서
역할을 수행하며 많은 공사에 수종 드
니라.

한공숙, 김보경의 입문

5 임인년 4월에 상제님께서 형렬의 집에
머무르시며 천지공사를 행하시니
6 구릿골 사람 한공숙(韓公淑), 함열(咸悅)
사람 김보경(金甫京) 등이 이 내력을 전
해 듣고 감동하여 차례로 따르니라.

상제님을 알면 반도통은 한 것

18 하루는 성도들에게 물으시기를
"너희들 내가 누구인 줄 아느냐?"
하시니 아무도 감히 대답하는 사람이
없거늘
2 말씀하시기를 "너희들이 내가 누구인
지를 알기만 하여도 반도통은 되었느
니라." 하시니라.
3 또 말씀하시기를 "나는 동정어묵(動靜語
默) 하나라도 천지공사가 아님이 없고
잠시도 한가한 겨를이 없이 바쁜 줄을
세상 사람들은 모르느니라." 하시니
라.

형렬에게 법신을 드러내 주심

19 하루는 형렬이 '금산사로 오라.'는
상제님의 기별을 받고 금산사로
가니
2 절 앞 다릿목에 이르렀을 때 홀연히 미
륵불상이 금빛을 발하면서 걸어 나오
는지라
3 형렬이 놀라 땅에 엎드려 몸을 떨고
있는데 잠시 후 "그만 일어나거라." 하
는 소리가 들리거늘
4 겨우 정신을 차리고 일어나 보니 상제
님께서 웃음을 띠고 서 계시더라.
5 이로부터 형렬이 깍듯이 존댓말을 쓰
니 다른 성도들도 따르니라.

이것이 곧 절사니라

20 형렬이 어느 절일(節日)에 조상들에
게 절사(節祀)를 지내고자 하니
2 상제님께서 형렬에게 준비한 제수(祭
需)를 가져오게 하시어 여러 성도들과
더불어 잡수시며 "이것이 곧 절사니
라." 하시거늘
3 그 후로 형렬이 절사와 기제(忌祭)를
당하면 항상 상제님께 제를 올리니라.

적서와 반상의 구별을 없애 주심

21 상제님께서는 비록 미천한 사람을
대할지라도 반드시 공대하시는데
2 형렬의 종인 지남식과 으렁이에게도
항상 그러하시므로 형렬이 민망하여
"이 사람은 저의 종이오니 공대치 마
소서." 하고 아뢰니

3 말씀하시기를 "이 사람은 그대의 종이
니 내게는 아무 관계도 없느니라." 하
시고
4 또 이르시기를 "하루 속히 천인(賤人)에
게 후대하라. 이 마을에서는 어려서부
터 숙습(熟習)이 되어 쉬이 말을 고치기
어려울지나 다른 곳에 가면 어떤 사람
을 대하든지 다 공대하라.
5 이 뒤로는 적서(嫡庶)의 명분과 반상(班
常)의 구별이 없어지나니 양반을 찾는
자는 선령의 뼈를 갈아 먹음과 같으니
라." 하시니라.

채소를 잘 자라게 해 주심

22 하운동에서 여름을 지내실 때 형렬
의 집이 가난하여 음식이 보잘 것
없고 더욱이 밭이 메말라서 채소가 다
죽을 지경이 되니 형렬이 크게 근심하
니라.
2 이에 상제님께서 위로하며 말씀하시
기를 "산중에는 별미가 없나니 채소나
잘되게 하여 주리라." 하시더니
3 다음날 형렬이 채소밭에 나가 보니 밭
에만 비가 내려 채소가 다시 살아나고
4 이로부터 약간 심어 두었던 악마디 채
소가 잘 자라나 가꾸지 않아도 저절로
살지게 되어 반찬거리가 넉넉해지니
라.

항상 깨끗한 신발로 다니심

5 원래 하운동은 산중에 있어 길이 매우
좁고 험하며 나무들이 우거지고 얽혀
서 이슬이 많을 뿐 아니라
6 장마가 지면 길에까지 물이 흘러내려
시내를 이루는데 이곳을 왕래하시는
상제님의 신발은 항상 깨끗하므로 마
을 사람들이 모두 이상히 여기니라.

천지신명이 옹위하는 모습

7 출행하실 때는 어느 때를 막론하고 낮
에는 햇무리가 지고 밤에는 달무리가
지며 또 동구 양편에 구름기둥이 깃대
와 같이 높이 솟아 팔자형을 이루므로
8 성도들이 그 이유를 여쭈니 말씀하시
기를 "햇무리와 달무리는 신명이 나에
게 준비가 되었음을 알리는 것이요,
팔자 모양의 기운은 장문(將門)이니라.
9 언제 어디서나 내 몸에는 항상 신장(神
將)들이 따르느니라." 하시니라.

처남 정남기의 사욕을 거두심

23 임인년 가을에 하루는 상제님께서
형렬을 데리고 금구 내주평 정남기
의 집에 가시어 남기에게 일러 말씀하
시기를
2 "자네 집에서 수련을 하리니 그리 알
라." 하시니 남기가 아뢰기를 "그러면
저도 함께 수련을 하겠습니다." 하거
늘
3 상제님께서 "그대 생각대로 하라." 하
시매 남기가 수련에 참석하니라.
4 잠시 후에 천지대신명들의 호위 속에
수련을 하는데 뜻밖에 어떤 늙은 중
(僧) 신명이 들어오더니 모든 신명을
지휘하여 남기를 호위케 하는지라
5 상제님께서 이 광경을 지켜보시는 중
에 다시 한 노령의 대성신(大聖神)이 나
타나 "어찌하여 천지운도(天地運度)를
어기느냐!" 하고 엄숙히 꾸짖으니
6 그 중 신명이 문밖으로 도망하고 모든
신명이 상제님 쪽으로 모이니라.
7 상제님께서 '이는 남기가 신술(神術)에
통하여 이치 밖의 생각으로 대대적 모
반을 꾀하려 함이라.' 하시고 형렬에게
허령신명을 붙이시니
8 형렬이 갑자기 광증(狂症)이 일어나 심
히 망령된 소리로 욕설과 패담을 퍼부
으며 남기를 무수히 핍박하는지라
9 남기가 이르기를 "이 공부를 하면 광
증도 제거한다 하더니 오히려 멀쩡한
사람이 미쳐 버렸다." 하며 밖으로 나
가니라.
10 상제님께서 말씀하시기를 "광증이라도
믿음만 가지면 공주자사(公州刺史)는

하련만 그도 마다하는구나." 하시고
11 수련을 마치신 후에 형렬에게 명하시
기를 "대파침(大破鍼) 한 개를 구하여
오라." 하시어 남기가 출입하는 문 위
벽 속에 몰래 꽂아 두시니라.

김형렬의 수련 공부

24 상제님께서 형렬에게 4월 15일부
터 9월 19일까지 수련을 시키시고
이르시기를
2 "그만 그칠지어다. 다른 묘법은 쓸 때
에 열어 주리라." 하시니라.
3 수련을 시작한 이후로 모든 천지공사
를 행하실 때 형렬에게 신명이 모이고
흩어짐과 어명을 받드는 모습을 참관
케 하시며 풍우를 짓게도 하시고
4 참관한 공사의 조항을 일일이 물으시
어 그 보고 느낀 바가 맞는지를 자세
히 시험하기도 하시니라.

호연에게 붙이신 후천선경 진법맥 도수

25 하루는 상제님께서 형렬에게 말씀
하시기를 "선매숭자가 있어야 사느니
라. 호연에게 선맥을 전하리라." 하시고
2 호연을 천지에 제(祭) 지내시며 "천지
천황에 천제(天祭) 지낸다. 맥을 전해
주자! 선맥을 전해 주자!" 하시고 여러
가지 글을 쓰시니라.
3 다시 '혈맥관통(血脈貫通)'이라 써서 불
사르시고, 호연의 코를 쥐신 채 큰 음
성으로 "혈맥관통이다!" 하고 소리치
시거늘
4 그 소리에 응하듯 사방에서 천둥과 우
레가 일더니 이내 폭우가 쏟아지니라.
5 상제님께서 제를 마치시고 호연에게
이르시기를 "너에게 선맥을 전해 줬으
니 너를 찾을 사람이 있다. 죽어도 증인
이 있어야 한다." 하시고
6 "천지에서 너를 부르는 날이 있다. 죽지
말고 살아라." 하시니라.

강증산 어른은 모르시는 게 없다

26 가을 어느 날에 상제님께서 호연
을 업고 형렬과 함께 전주에 있는
한 예배당에 가시니라.
2 이때 그 예배당에 다니는 박주완의 아
들이 집을 나가 여러 달이 되도록 돌
아오지 않거늘
3 목사는 '아들이 죽었다.'고 하나 주완
은 이를 믿지 않고 집으로 무당을 불
러 굿을 하고 있더라.
4 상제님께서 구경꾼들 뒤에 서서 그 광
경을 지켜보시는데, 주완이 누군가로
부터 '강증산 어른은 모르시는 게 없
다.'는 귀띔을 받고 상제님께 다가와
아들의 생사를 여쭙는지라
5 상제님께서 주완에게 "목사는 뭐라고
하더냐?" 하고 물으시니 주완이 "삼월
며칟날 죽었다고 합니다." 하거늘
6 "그러면 오늘 저녁에 죽었는가 살았는
가 확인해 볼까?" 하시고 계속 굿을
지켜보시니라.
7 저녁이 되어 굿이 끝머리에 이르자 무
당이 '죽은 아들의 혼을 병에 잡아넣
는다.'며 소란을 떨거늘
8 가족들은 '아들이 죽었다.'는 무당의
말에 울고불고 생난리인데
9 이를 바라보시던 상제님께서 "흥!" 하
고 웃으시니라.

속이려면 고이 속여먹지

10 잠시 후 상제님께서 "담배 한 대 태워
오너라." 하시니 누가 잎담배를 길게
말아서 물려 드리거늘
11 담배를 절반쯤 태우시고 주완에게 "요
만큼 타서 네 자식을 보려느냐?" 하고
물으시니 주완이 머뭇거리며 대답을
올리지 못하니라.
12 이에 담배를 더 태우시다가 다시 절반
쯤 남으니 "요만치 타서 볼래?" 하고
재차 물으시거늘 이 말씀이 떨어지자
마자 "흠, 흠!" 하며 집을 나갔던 아들
이 들어오는지라

13 상제님께서 주완에게 "저게 네 자식
인가 봐라." 하시고 다시 그 아들에게
"너 죽었다고 지금 네 혼을 잡아넣는
단다." 하시거늘
14 주완의 아들이 무당에게 "속이려면 고
이 속여먹지, 멀쩡히 살아 있는 사람을
죽었다고 하느냐!" 하고 따지니 무당이
어리둥절하여 아무 말도 못하니라.
15 아들이 다시 아버지를 돌아보며 "아버
지는 예배당에 다니시면서 무당을 대
셨습니까?" 하고 책망하더니 문득 상
제님께 와서 절을 하는지라
16 상제님께서 "네가 어찌 나한테 절을
하느냐?" 하고 물으시니 "선생님께서
부르셔서 오지 않았습니까? 저는 올
날이 아직 멀었습니다." 하니라.
17 이에 상제님께서 이르시기를 "너는 하
는 일이 시급하니 어서 가거라. 산모
가 아이를 낳으려 해도 열 달을 채워
야 하듯이 다 제 시간이 있느니라.
18 무슨 일이든지 그러하니 너는 어서 가
서 하던 일을 마치고 돌아와 편한 마
음으로 네 부모를 만나라." 하고 돌려
보내시거늘
19 굿을 구경하던 마을 사람들과 무당과
목사까지도 상제님의 신성하심에 감
복하여 모두 절을 하니라.

저의 머리를 보존케 해 주옵소서

27 하루는 전주 두현리(斗峴里)에 사는
이병하(李炳夏)가 찾아와 상제님께
아뢰기를
2 "요사이 제가 사는 곳은 관부에서 머
리를 자르려고 하므로 피하여 왔사오
니 청컨대 저의 머리를 보전케 해 주옵
소서." 하거늘
3 상제님께서 웃으며 말씀하시기를 "머
리를 보전하여 주기를 청하는 사람은
네가 처음이라. 며칠 동안 이곳에 머
물도록 하라." 하시니라.
4 병하가 명하신 대로 십여 일을 머무르
매 상제님께서 불러 말씀하시기를 "이
제는 머리 자르는 폐단이 그쳤으니 돌
아가라." 하시거늘
5 매우 허망하게 알고 돌아가더니 과연
그 폐단이 없어졌더라.

박동근의 허리를 고쳐 주심

28 상제님께서 본댁에 출입하실 때 덕
재산(德載山) 너머 송배(松培)에 있
는 고씨(高氏) 집에서 가끔 주무시는데
2 하루는 돌아오시는 길에 날이 저물어
그 집에 드시니
3 고씨가 아뢰기를 "물맹이에 사는 박
동근(朴東根)이 허리를 다쳐 꼼짝도 못
하고 집에 드러누워 있는데 뱀을 많이
달여 먹여도 좀체 낫질 않습니다." 하
며 고쳐 주시기를 간곡히 청하거늘
4 다음날 아침 상제님께서 물맹이 동근
의 집에 가시어 말씀하시기를 "뱀을
먹지 말라." 하시며 허리에 금침(金鍼)
을 놓아 낫게 해 주시니라.
5 이후로 동근은 아무리 고된 일을 해도
허리가 아프지 않고 죽을 때까지 온몸
이 쌩쌩하더라.

우리가 반드시 서로 만나리라

29 상제님께서 하운동에 오랫동안 머
무르시면서 종종 본댁을 왕래하시
므로 형렬도 또한 상제님의 본댁에 자
주 왕래하니
2 그 길 중간에 있는 솟튼(鼎魚院) 주점
사람들이 그 빈번한 왕래를 괴이하게
여기더라.
3 11월에 하루는 상제님께서 본댁에 계
시므로 형렬이 가 뵈려 할 때
4 사람들이 기이하게 여김을 꺼려 그 길
을 피하여 샛길로 가던 중 솟튼재 밑
송월(松月)에 이르러 뜻밖에도 상제님
을 만나니 마침 하운동으로 오시는 길
이라.
5 형렬이 크게 기뻐하여 샛길로 든 이유

를 아뢰며 말씀드리기를 "만일 이 길
로 가지 않았으면 서로 엇갈려 만나지
못하였겠습니다." 하니
6 상제님께서 말씀하시기를 "우리가 비
록 동서로 멀리 떨어져 있을지라도 반
드시 서로 만나리라.
7 네가 나를 좇음은 다만 마음을 취함이
요, 금전이나 권세를 취함이 아닌 연
고라.
8 시속에 '망량(魍魎)을 사귀면 좋다.' 함
은 그 좋아하는 물건을 항상 구하여
주기 때문이라.
9 네가 만일 망량을 사귀려면 진(眞)망량
을 사귈진저." 하시니라.

상제님 옷자락에 똥 싼 호연

30 상제님께서 호연을 데리고 다니실
때는 보듬어 안거나 업고 가시는데
2 호연이 간혹 상제님의 옷자락에 오줌
을 싸기도 하니라.
3 하루는 호연이 상제님 품에서 오줌을
싸매 상제님께서 "너 내 골마리에다
오줌 쌌구나, 잉?" 하시거늘
4 호연이 "오줌 마렵다면 얼른 내려놓지
누가 그냥 안고 있으래요?" 하고 대꾸
하니라.
5 이에 상제님께서 "오줌 쌀 줄 알았
냐?" 하시니 부끄러워 상제님을 마구
때리거늘
6 상제님께서 '재미있다.'고 크게 웃으시
니라.
7 또 어느 겨울날 상제님께서 "우리 호
연이가 추워한다." 하시며 저고리로
호연을 보듬어 싸안고 다리를 골마리
안에 넣고 가시는데 호연이 그만 똥을
싸거늘
8 상제님께서 "아이고, 이놈의 것이 똥
쌌네." 하시며 나뭇가지로 똥을 긁어
내신 뒤에 앞자락을 걷어잡고 도랑에
가시어 옷을 빠시니라.

계묘(癸卯: 道紀 33, 1903)년

서원규와 김병욱의 입문

31 전주 사람 서원규(徐元奎)가 나이
사십 줄에 이르러, 일생에 크게 죄
지은 바가 있어 천지에 사죄할 길을
찾다가
2 그 부모가 다니던 대원사가 퇴락(頹落)
한 것을 보고 박금곡 주지와 상의하여
쌀 백 석 거리로 대원사를 개수하고 꾸
준히 왕래하며 죄업을 속죄하던 중에
3 금곡으로부터 증산 상제님께서 신축
년에 대원사에서 대도통을 하시고 장
차 새 세상을 여시리라는 소식을 들으
니라.
4 이에 원규가 상제님 모시기를 소원하
여 계묘(癸卯: 道紀 33, 1903)년 정월에
서천교(西川橋) 사거리에 있는 자신의
약방에 상제님을 모시니
5 전주에 사는 김병욱(金秉旭)과 김윤찬(金
允贊), 그 밖에 여러 사람이 따르니라.
6 상제님께서 이 해에 전주와 하운동을
왕래하시며 여러 사람의 병을 고쳐 주
시는데
7 약재를 쓰지 않고도 곧 쾌차케 하시니
모든 사람이 그 신묘하심에 감복하니
라.
8 하루는 김병욱에게 일러 말씀하시기를
"남은 어떻게 생각하든지 너는 전명숙
(全明淑)의 이름을 해하지 말라.
9 너의 영귀(榮貴)에는 전명숙의 힘이 크
니라." 하시니라.

여기를 칠산바다로 만들면 되지

32 계묘년 이른 봄에 상제님께서 성도
들을 데리고 동령리(東嶺里)의 어느
약방에 가시어 한동안 지내실 때
2 사곡면 유수리(師谷面 儒秀里)에 사는

열일곱 살 난 오경관(吳敬寬)이 그 모
친의 몸이 아파 신이한 의원이 있다는
소문을 듣고 찾아오니라.
3 경관이 보니 약방 안에 용모가 늠름한
한 젊은이가 망건도 쓰지 않고 풀상투
를 한 채, 갓망건한 사람 일여덟 명과
함께 앉아 있는데
4 나이 많은 사람들이 그 젊은이에게 존
대를 하거늘 경관이 인사를 여쭈니 그
분이 바로 상제님이시라.
5 이때 경관이 모친의 증세를 아뢰기도
전에 상제님께서 약 세 첩을 지어 주
시므로 문득 의아한 생각이 들며 호기
심이 생기는지라 그 자리에 가만히 서
있는데
6 상제님께서 성도들에게 물으시기를
"어이, 자네들 칠산(七山) 안 갈란가?"
하시거늘 한 성도가 "칠산엔 뭣 하러
갑니까요?" 하고 여쭈니
7 말씀하시기를 "아, 이 사람아! 봄 당했
으니께 조기 먹으러 가야지." 하시니
라.
8 이에 성도들이 아뢰기를 "거기가 부안
(扶安) 앞바다인데, 여기서 언제 거기까
지 갑니까요?" 하거늘
9 상제님께서 "여기를 칠산바다로 만들
면 되지." 하시고 집주인에게 소반에다
청수(淸水) 한 그릇을 떠 오라 하시어
10 청수를 놓고 방 한쪽 구석에 돌아앉아
부(符)를 써서 방 가운데로 획 던지시
니 문득 약방이 시퍼런 칠산바다 위에
떠 있더라.
11 이때 갑자기 바람이 심하게 불며 비가
쏟아지니 약방이 기우뚱기우뚱 심히
흔들리는지라
12 성도들이 넘어지지 않으려고 방 안의
횃대도 잡고 시렁가래도 잡으며 애를
쓰되 이리 엎어지고 저리 자빠지면서
정신을 차리지 못하는데
13 상제님께서 명하시기를 "아, 이 사람
들아! 저기 가서 조기 좀 잡아 와." 하
시거늘
14 누군가 소리쳐 아뢰기를 "아이구, 선
생님. 조기 안 먹을랍니다. 조기 안 먹
을랍니다." 하니라.
15 이에 경관도 이리저리 뒹굴며 멀미가
나서 정신을 못 차리는데
16 상제님께서 성도들에게 이르시기를
"참 자네들 못난 사람들이네. 아, 실
컷 먹자고 그러더니 이걸 못 이겨서 조
기를 안 먹어? 주는 것도 못 먹으면서
무슨 천지공사여." 하시거늘
17 성도들이 그래도 "아이고, 안 먹을랍
니다." 하니
18 상제님께서 "안 먹겠다고?" 하시는 순
간 바다는 온데간데없고 약방이 제자
리로 돌아와 있더라.

주는 것도 못 먹으니 모두 병신이네

33 이에 경관이 더욱 마음이 이끌려
한쪽에 앉아 있으려니 상제님께서
"자네들은 육지고기나 먹지 바다고기
는 못 먹겠네. 육지고기나 먹게." 하시
고
2 "그러면 지리산(智異山)으로 산짐승 사
냥이나 갈까?" 하시매 모두들 큰 소리
로 "예, 좋습니다." 하고 대답하거늘
3 상제님께서 이르시기를 "그러면 지리
산으로 사냥이나 나가 보자!" 하시고
다시 뭐라고 하시니 약방이 지리산 깊
은 산골짜기에 와 있더라.
4 밖을 보니 골짜기에 토끼, 노루, 꿩,
멧돼지 등 산짐승들이 가득하거늘 상
제님께서 "자! 가서 눈에 보이는 대로
다 잡아 오라." 하시니
5 모두들 우르르 몰려나가 산짐승을 쫓
는데, 짐승들이 높이 경사진 곳으로
빠르게 달아나는지라
6 성도들이 돌부리와 나무등걸에 걸려
넘어져서 결국 한 마리도 못 잡고 제
풀에 지쳐 돌아오니라.
7 이에 상제님께서 놀리며 말씀하시기를

"배멀미한다고 자빠지니 바다고기도
못 먹지, 산멀미한다고 쓰러지니 육지
고기도 못 먹지. 천상 집안돼지나 먹
을 수밖에." 하시니 약방이 다시 제자
리에 와 있더라.
8 상제님께서 책망하여 말씀하시기를
"자네들은 주는 것도 못 먹으니 모두
병신이네." 하시고 "그럼 태인(泰仁)이
나 가자." 하시며 약방을 나서시니 모
두 따라 나가니라.
10 상제님께서 거듭 "이거 소용없으니 저
돼지 통으로 잡으라." 하고 말씀하시
는데
11 주인은 "아, 선생님! 언제 돼지 잡아서
술을 드실라고요. 우선 잡숫고 계시면
곧 잡겠습니다." 하고는 끝내 잡지 않
는지라
12 상제님께서 "그럼 그냥 가세." 하고 일
어서시니 성도들이 먹지도 못한 채 아
쉬워하며 상제님을 따라나서니라.

저 돼지 통으로 잡으라

34 이때 경관이 함께 따라 나서니 한
성도가 말하기를 "약 지었으니 넌
돌아가거라." 하거늘
2 돌아가는 체하며 태인 돌창이 주막까
지 따라와 숨어서 지켜보니라.
3 상제님께서 평소 태인 돌창이 주막에
자주 가시는데, 이 날은 주막 싸리문
을 들어가시면서 문득 "어허! 이거 큰
일났구만." 하시거늘
4 성도들이 "왜 그러십니까?" 하고 여쭈
어도 대답을 않으시니라.
5 주막 주인이 상제님께서 즐겨 드시는
노란 찹쌀 막걸리를 동이째 내오고 돼
지 다리 한 짝에 칼을 꽂아 가져오거늘
6 상제님께서 말씀하시기를 "이 사람아.
사람은 여럿인데 돼지 다리 하나 가지
고 먹겠는가? 돼지 저놈 잡게." 하시
며 주막에서 키우는 큰 돼지를 가리키
시니
7 주막 주인이 "아이구! 그렇지 않아도
선생님 오실 줄 알고 또 준비했습니다
요." 하매
8 상제님께서 "오늘은 저 돼지 통놈을
먹어야 하리라. 그까짓 다리 하나 먹
어서 쓰겠는가? 빨리 잡게나, 이 사람
아." 하시니라.
9 그래도 주인이 듣지 않고 다시 돼지
다리 두 개에 칼을 꽂고 김치를 썰어
소반에 받쳐 내오거늘

아들을 살려 주옵소서

35 상제님 일행이 주막에서 나와 돌
창이고개를 막 넘으려는데 뒤에서
주막 주인 내외가 "사람 살려요! 사람
살려!" 하며 뛰어오거늘
2 상제님께서 돌아보지도 않으시며 "아,
그냥 가세." 하시므로 모두들 어쩌지
못하고 그냥 가니라.
3 때마침 비가 내려 길이 질펀한데 내외
가 달려와 길바닥에 무릎을 꿇고 앉아
자식을 살려 달라고 애원하거늘
4 형렬이 보기에 딱하여 "아니, 자네 자
식이 어떻길래 그러는가?" 하고 물으
니
5 주인이 말하기를 "시름시름 앓고 있었
는데 선생님이 가시고 나서 바로 기절
하더니만 지금 사경을 헤매고 있습니
다요." 하며 재삼 상제님께 살려 주시
기를 간청하니라.
6 상제님께서 이 말을 들으시고 "허허,
내가 염라대왕인가? 자네 자식을 살
리고 죽이고 하게. 죽을 사람을 어떻
게 살리란 말인가. 나는 못 살리네."
하시니
7 내외가 더욱 상제님께 매달리며 "그래
도 살려 주십시오. 살려만 주옵소서."
하고 애원하거늘
8 상제님께서 "내가 돼지를 대신 보내려
고 돼지 잡으라고 하지 않았는가?" 하
시니 내외가 희망을 얻은 듯 "예! 돼지

가 아니라 소라도 잡지요." 하는데
9 상제님께서 냉정히 말씀하시기를 "이
제는 안 되느니라. 말할 적에 들을 일
이지, 이제는 한 마리를 더 잡아 내놓
아도 안 되니 그리 알라." 하시니라.
10 이에 주막 주인이 안절부절못하며 형
렬을 붙들고 "술과 고기는 얼마든지
드리겠습니다. 제발 아들만 살려 주옵
소서." 하니
11 형렬이 주인을 대신하여 상제님께 간
곡히 청을 올리매 비로소 "자네 알아
서 하소." 하고 허락하시니라.
12 이에 형렬이 주인을 앞세우고 급히 주
막에 들어가니 곡성이 진동하거늘
13 주인은 돼지 잡을 경황이 없는지라 형
렬이 돼지 목을 찔러 피를 빼니라.
14 이어 상제님께서 친히 아이의 코와 입
에 바람을 불어 넣으시고 미음을 떠
먹이시니 곧 아이가 깨어나거늘
15 주인이 아들을 다시 얻은 기쁨에 연신
절을 올리고는 그 돼지를 삶아 술과 함
께 상제님과 일행을 후히 대접하니라.
16 이를 지켜본 경관이 상제님의 신이하
심에 경탄하며 깊은 믿음으로 모친께
약을 달여 드리니 즉시 쾌차하니라.

호연 아버지의 죽음

36 임인년에 설대집 진 감찰의 손자가
김택룡을 찾아와 도장 하나만 찍
어 달라고 간곡히 청하므로
2 택룡이 빚 보증서인 줄도 모르고 도장
을 찍어 준 일이 있더니
3 진 감찰 손자가 빚을 갚지 않고 도망
가매 택룡은 재판을 받아 집과 재산을
모두 압류당하고 감옥에 잡혀 들어가
그 안에서 화병으로 죽으니라.

죄에 걸리면 제가 끌려야지

37 택룡이 감옥에 간 이후에 하루는
상제님께서 호연에게 느닷없이 "너
큰일났다." 하시거늘 호연이 놀라서
"왜?" 하고 여쭈니
2 말씀하시기를 "네 아버지가 죽어서 저
구름 타고 오는 것 좀 봐라." 하시는지
라
3 호연이 그 뜻을 몰라 "어디 구름이 있
는데, 구름이 사람을 떠메고 다녀?"
하매 상제님께서 "아, 너희 집에 가
봐!" 하시니라.
4 이에 호연이 상제님과 함께 집으로 가
니 마당에 들어서자마자 어떤 사람이
아버지를 떠메고 들어오거늘
5 호연이 "어디가 구름 탔어? 구름 타고
오면 신선이라고 그러던데." 하며 볼
멘소리를 하니
6 "아, 구름 타면 신선인가?" 하시고는
아무 말씀 없이 토방으로 가시니라.
7 상제님께서 호연을 한참 동안 바라보
시다가 "죄에 한 번 걸리면 홀맺혀진
놈이 저절로 끌려진다더냐? 제가 끌러
야지.
8 없는 놈이 뭣 하러 도장을 찍어 주고,
생목숨 죽기를 원해? 너희 집 팔자는
죄다 죽으라는…, 그쯤이여." 하고 나
무라듯 말씀하시니라.

아부지, 아부지

9 이때 호연은 어려서 아무 것도 모르고
그저 아버지가 '다시 살아나리라.'고
생각하니라.
10 호연이 누워 있는 아버지의 볼에 대고
뺨을 비비며 "아부지, 아부지!" 하고
부르니 아버지의 볼살이 뚝 떨어져 호
연에게 붙거늘
11 호연이 크게 놀라 정신이 아득해지며
무서운 생각이 들어 어쩔 줄을 모르더
라.
12 택룡이 죽은 이후 호연의 가족은 끼
닛거리도 없이 살림을 다 내놓은 데다
망자의 위패를 모시고는 남의 집 곁방
으로 갈 수도 없는 처지인지라
13 상제님께서 마흔 냥을 주고 흑석골에
오두막집을 하나 사 주시니라.

14 이에 호연의 가족이 그리로 옮겨 가니
이때 호연의 나이 일곱이요, 만물이 시
생하는 봄이더라.

호연을 남장시켜
여자인 줄 모르게 하심

15 이후로 호연이 상제님을 아주 따라나
서니 상제님께서 이때부터 호연에게
항상 사내아이 옷을 입혀 데리고 다니
시거늘
16 형렬의 가족과 몇몇 사람들만 이를 알
뿐이요, 성도들조차 호연이 남자인 줄
로 아니라.

호연을 데리러 전주로 오실 때

38 아버지가 돌아가시기 전에는 전주
집에 머물며 상제님을 따라다니니
상제님께서 호연을 데리러 자주 오시
거늘
2 상제님께서 오실 때면 벌써 동네 어귀
에서부터 "호연아~! 호연아~!" 하고 부
르며 오시니라.
3 이때 호연이 대답하는 대신에 한 손을
높이 쳐들면 "네가 일본놈 종자냐? 일
본놈이나 그러는 것이다." 하며 나무
라시니라.

호연을 숨겨 두는 가족들

4 또 상제님께서 오시지 않고 형렬이나
다른 성도를 시켜서 데려오게도 하시
는데
5 시간이 갈수록 호연이 집에서 머무는
날이 드물어지니 호연의 가족들이 이
를 달갑지 않게 여겨
6 호연을 대청마루 밑이나 벽장 속에 숨
겨두기도 하고, 잠시 다른 곳으로 피
해 있게도 하니 호연을 찾지 못하고
그냥 돌아가는 때도 많더라.
7 하루는 형렬이 상제님의 명을 받고 호
연을 데리러 전주 집으로 오거늘
8 가족들이 '절대 나오지 말라.'고 단단
히 이르며 호연을 마루 밑에 밀어 넣
은지라
9 형렬이 몸을 숙여 호연을 잡으려고 손
을 뻗어보아도 손이 닿지 않으므로 간
짓대를 넣어 이리저리 더듬어 보는데
10 갑자기 호연이 간짓대를 꽉 잡더니 놓
지 않는지라 형렬이 어찌해볼 방도가
없어 그저 시간만 지연하니라.
11 그렇게 한참 실랑이를 벌이는데 문득
상제님께서 들어서시거늘
12 난데없이 무엇이 둘둘 몰아내는 듯하
여 호연이 하는 수 없이 밖으로 나오니
13 상제님께서 호연을 번쩍 들어서 품에
안고 성큼성큼 나가시니라.

전주에 머무르실 때

39 상제님께서 전주에 가시면 상문의
아내가 상제님을 정성껏 모시니 상
문의 집을 자주 찾으시고, 음식이나
물품도 잘 가져다 주시니라.
2 또 한번 가시면 그곳에서 오래 머무시
고 주사(主事) 신봉기와 박 참판의 집
에도 자주 가시니
3 이때 상제님을 뵙고자 구릿골을 찾은
사람들이 소식을 듣고 계신 곳을 좇아
전주로 향하면
4 그들이 당도할 즈음 상제님께서는 다
시 구릿골로 가시니라.

전주 부호 백남신의 입문

40 계묘년 3월에 형렬에게 일러 말씀
하시기를 "이제 조선 신명을 서양으
로 건너 보내 역사(役事)케 하려 하노니
재주(財主)를 얻어서 길을 틔워야 할지
라.
2 신명에게 노자를 줄 터이니 여산(礪山)
의 윤공삼(尹公三)에게 가서 돈을 얻어
오라." 하시거늘
3 마침 이때 김병욱이 전주 부호 백남신
(白南信)을 천거하니라.
4 이에 옆에 있던 김보경이 함열의 한
부자를 천거하매 상제님께서 "그 부
자의 재물이 얼마나 되느냐?" 하고

물으시거늘
5 보경이 "만석꾼이라 이르나이다." 하니
상제님께서 "불가하니라." 하시니라.
6 그 후에 하루는 상제님께서 짐짓 크게
취하여 벗은 발에 대삿갓을 쓰시고 병
욱의 집에 가시어 누워 일어나지 않고
계시는데 이때에 남신이 이른지라
7 병욱이 남신이 왔음을 아뢰니 일어나
앉으시며 처음 대하는 예를 베풀지 아
니하시고 문득 말씀하시기를 "그대가
내 상을 평하라." 하시거늘
8 남신이 "상리(相理)를 알지 못합니다."
하니 "상리는 참되지 못하나니 속평을
하라." 하시니라.
9 이에 남신이 대답하기를 "속평에 '얼굴
이 방정하고 풍후하면 부하리라.' 하
고, '눈썹 사이 인당(印堂)에 불표(佛表)
가 있으면 귀하리라.' 하니 이로 보아
부귀를 겸전하시었나이다." 하니
10 상제님께서 웃으며 말씀하시기를 "그
대의 상을 평하면 입가로 침이 부억부
억 나오니 이는 소가 아구 삭이는 격이
라 가히 부호가 되리로다." 하시니라.
11 이때에 김형렬, 김병욱, 장흥해(張興海)
가 참석하니라.

일본은 품삯도 못 받고 가는 일꾼이니

12 하루는 상제님께서 말씀하시기를 "일
본 사람이 천지의 일꾼이 되어 조선에
와서 남의 집을 사는데
13 부지런히 일을 하고는 필경 품삯도 받
지 못하고 빈주먹으로 돌아가리라.
14 조선이 이제 캄캄하고 우닥닥우닥닥
하면 정신을 못 차릴 것이니라." 하시
니라.

장효순의 딸을 살려 주심

41 이 달에 전주에 머무르실 때 장효
순(張孝淳)의 시집간 딸이 어려서부
터 횟배를 앓아 해마다 서너 번을 달
포씩 고생하더니
2 이 해에는 계속하여 두어 달을 앓으매
생명이 위태롭게 된지라
3 효순이 그 일을 아뢰며 고쳐 주시기를
청하니 상제님께서 그 사위를 부르시
어 "부부끼리 벽을 끼고 서로 등을 맞
추어 서라." 하시거늘
4 내외가 명하신 대로 하매 딸의 병은
나았으나 이번에는 사위가 병을 앓는
지라 상제님께서 곧 손으로 만져서 낫
게 하시니라.

아침마다 시천주주를 일곱 번씩 읽으라

42 김병욱의 일족 김윤근(金允根)이 여
러 해 동안 치질을 앓아 왔는데 이
해에는 더욱 심하여 기동을 못하고 누
웠거늘
2 상제님께서 불쌍히 여기시어 "아침마
다 시천주주(侍天主呪)를 일곱 번씩 외
우라." 하시니 윤근이 그대로 하여 며
칠 만에 나으니라.

이도삼의 간질을 고쳐 주심

3 고부(古阜) 이도삼(李道三)이 간질이 있
어 상제님께 와 뵙고 고쳐 주시기를
청하거늘
4 상제님께서 "나를 따르라." 하시고 누
워서 자지 못하게 하시니 매번 밥 먹
은 뒤에는 배가 아프고 대변에 담이
섞여 나오다가 열나흘 만에 나으니라.

동곡으로 이거하심

5 3월 그믐날 형렬이 하운동에서 동곡으
로 이사하니 상제님께서도 함께 이거
하시니라.

함열에 가심

43 계묘년 봄에 상제님께서 호연을 데
리고 함열에 가시며 형렬은 경상도
통영(統營)으로 보내시고, 몇몇 성도들
은 각기 다른 곳으로 보내시니라.
2 함열에서 한 달 가량 머무르시며 통영
에 있는 형렬과 편지로 소식을 주고받
으시고 다른 곳에 있는 성도들은 형렬
을 통해 통지하게 하시니라.

3 상제님께서 함열에 이르시어 어느 집
문 앞에 서시더니 "이리 오너라." 하고
부르시거늘 그 집 여인이 "아무도 안
계신다고 여쭈어라." 하매
4 "저런 못된 것, 제 서방만 알았지 천박
하게 '여쭈어라'가 뭔고." 하시고
5 다시 그 여인에게 "언제 들어오느냐고
여쭈어라." 하시니 이번에는 모르겠다
고만 대답하니라.
6 이에 상제님께서 호연을 내려놓고 대
문 앞에 앉으시어 "뒤 집에 갔느냐고
여쭈어라." 하고 집이 흔들리도록 고
함을 치시니 여인이 나와서 상제님을
위아래로 훑어보거늘
7 상제님께서 "흘겨보기는, 사람을 왜
흘겨보느냐?" 하시니 여인이 돌아서며
생각하기를
8 '정녕 저분이 높은 어른이니 저렇게 말
씀하실 테지.' 하고 사람을 보내어 남
편을 불러오게 하니라.

네가 생전에 무슨 죄를 지었느냐

44 잠시 후 남편이 돌아와 상제님을
반가이 맞으며 방 하나를 내어 드
리니
2 이는 그 집 며느리가 아이를 낳지 못
하여 온 집안이 근심하던 차에 집주인
이 상제님의 신이하심을 듣고 그 연유
를 여쭙고자 상제님을 청한 것이더라.
3 상제님께서 물으시기를 "네가 생전에
무슨 죄를 지었느냐?" 하시니 "저는
죄지은 일이 없습니다." 하거늘
4 "네가 네 죄를 모르는 것이라." 하시니
"전생은 몰라도 이생에는 죄를 짓지
않은 것 같습니다." 하니라.
5 이에 상제님께서 "네가 스물두 해 전
에 논에 다녀오다가 큰 짐승을 두 도
막 내지 않았느냐?" 하시매 그제야 무
릎을 치며 "그런 일이 있었습니다." 하
거늘
6 다시 "그 달부터 태기가 있지 않았더
냐?" 하시니 "예, 있었습니다. 그 때
낳은 아이가 제 아들입니다." 하고 대
답하니라.
7 이에 상제님께서 "네 며느리를 데려오
라." 하시어 며느리의 얼굴을 보니 코
가 잘 생겼거늘
8 며느리에게 "어떻게 하여 네 남편을
살렸는지 말해 보아라." 하시니 며느
리의 대답이 이러하니라.
9 첫날밤에 신랑이 족두리도 벗겨 주지
않고 소변을 보러 나가서는 아무리 기
다려도 오지 않거늘
10 각시가 나가 보니 대밭에서 큰 구렁이
가 신랑의 목을 감아 죽이려는 위급한
상황인지라
11 묘안을 내어 '신랑의 목숨을 앗아가려
거든 먹고살 것을 달라.' 하니
12 구렁이가 무엇이든 이루게 해주는 관
자(貫子) 하나를 주매 그것으로 구렁이
를 죽이고 신랑을 구하였더라.

연전에 그 주인의 꿈에 나타나시어

13 상제님께서 들으시고 며느리에게 "그
만 나가거라." 이르시고 주인에게 말
씀하시기를
14 "이는 예전에 네가 죽인 구렁이의 원
혼이니라. 네가 그런 며느리를 이상하
게 보느냐?
15 하늘에서 명을 정했으니 그런 며느리
를 얻은 것이니라.
16 내가 연전에 동쪽에서 혼처가 나서거
든 그 규수를 며느리로 정해야 네 자
식이 산다 하지 않았느냐?" 하시니
17 그 주인이 놀라서 벌떡 일어나 절을
하며 그런 일이 있었음을 아뢰니라.
18 대저 수년 전 어느 날 꿈에 한 선관이
나타나 "자식을 살리려면 동쪽에서 며
느리를 얻으라." 하므로 명을 좇아 동
쪽에서 며느리를 얻었는데
19 이제 말씀을 듣고 그 선관이 바로 상
제님이심을 깨달으니라.
20 이에 크게 감복한 주인이 며느리의 친

정에도 알려 양가에서 사례금을 올리
니 돈 꾸러미가 네 뭉치나 되거늘
21 상제님께서 형렬에게 "사람을 보내 오
라." 하고 기별하시어 통영으로 보내
신 뒤에 통영에서 다시 전주로 보내게
하시는데
22 통영에서는 돈을 가만히 놓아두어도
저절로 집까지 옮겨졌다 하더라.
23 함열에 계실 때 하루는 어떤 사람이
장어회를 상추와 함께 가져다 드리니
잘 드시니라.

제주도에 가심

45 상제님께서 함열을 떠나 영광에 들
르셨다가 배를 타고 제주도에 가시
니 때는 초여름이라.
2 이때 형렬은 통영에서 상제님의 통지
를 받고 제주도로 가서 상제님과 만나
니라.
3 상제님께서 김기보의 집에 이르시니
마당 가득히 보리가 쌓여 있거늘
4 상제님께서 무슨 주문을 읽으시니 방
목하는 말들이 모여들어 보리를 밟고
지나다니매 저절로 타작이 되니라.

공사를 행하시고 나서

5 상제님께서 제주도에서 대공사를 행
하신 후에 하루는 마을 사람들이 상제
님께 개를 잡아 올리거늘
6 개 한 마리와 함께 술 한 동이를 다 들
이켜시니 용안이 불그레해지신지라
7 호연이 걱정이 되어 "배 터지겠네. 배
터지면 어째요?" 하니 상제님께서 "나
배 터지도록이나 살아라." 하시니라.
8 그 길로 기보의 집으로 돌아오실 때
문득 호랑이가 나타나거늘 호연이 "아
이고, 저기 호랑이 와요, 호랑이!" 하
고 소리치니 "너 내 품안에 들어라."
하시는지라
9 호연이 상제님 품속에 바짝 안겨서 지
켜보는데 호랑이가 상제님께 다가와
코로 "흠! 흠!" 하고 냄새를 맡거늘
10 상제님께서 호랑이의 콧잔등에 대고
"후!" 하고 술내를 풍기시니
11 호랑이가 어디론가 갔다가 꼬리에 물
을 적셔 와서는 상제님의 용안을 탁탁
치며 물을 묻혀 주더라.
12 이때 상제님께서 호랑이와 장난을 치
시며 무슨 글을 읽어 주시는데 호연은
무슨 글인지 전혀 알지 못하니라.
13 상제님께서 제주도에서 보름 정도를
머무시고 전주로 오실 때에 무엇을 타
고 쏜살같이 나오시니
14 호연이 무서워 상제님의 무릎에 엎드
렸다가 고개를 들어 보매 이미 전주에
당도하여 있더라.

혼자 먹지 마라잉

46 상제님께서 이곳저곳을 다니실 때
호연이 따라가면 어느 곳에서는
가다가 먹으라고 누룽지를 싸 주는데
2 하루는 호연이 누룽지를 혼자서만 먹
으니 상제님께서 "혼자 먹지 마라잉. 혼
자 먹지 마라." 하시거늘
3 호연이 "그럴 때도 있지." 하매 말씀하
시기를 "그려. 내가 오죽하면 너보고
사정을 할꺼나." 하시니라.

저것을 어떻게 할꼬

4 하루는 상제님께서 호연에게 먹을 것
을 주시며 "이놈 가지고 가서 할머니
갖다 드려라." 하시니 호연이 "나 먹을
라는데요." 하거늘
5 상제님께서 "이놈! 할매가 주거든 먹
어야 옳지!" 하고 꾸중하시며
6 형렬에게 "저것을 우리가 데리고만 댕
겨놔서 저러니, 저것을 어떻게 하면 좋
을꼬." 하고 걱정하시니라.

배를 타고 가시며

47 하루는 상제님께서 형렬, 호연과
함께 배를 타고 어디를 가시는데
호연이 바다를 바라보다가 "아이고,
무서워. 물에 빠지면 어쩐대?" 하거늘

2 상제님께서 호연의 목을 잡아 물에 빠
뜨리는 시늉을 하시며 "여기로 퐁당
넣어라! 물에다 퐁당 넣어라!" 하고 장
난을 치시니
3 호연이 "아이고, 나 함께 안 가." 하며
형렬에게로 가는지라
4 상제님께서 "그려. 좋아하는 사람들끼
리 같이 가라." 하시니라.
5 이에 호연이 "그러지 마요. 변덕부리면
못써." 하니
6 상제님께서 "너나 그러지 마라. 언제
는 나 좋다고 해 놓고 그리로 가?" 하
며 웃으시니라.
7 호연이 "내 얼굴에 똥 발랐간디 웃어,
어째 사람을 보고 웃어? 왜 둘이만 서
로 귀짜고 그래요?" 하니 상제님께서
"어디에 귀가 있어서 귀짜냐?" 하시거
늘
8 호연이 "아, 이게 귀 아니에요?" 하고
상제님의 귀를 마구 잡아당기매
9 상제님께서 "아이, 귀 늘어진다. 놔라,
놔라!" 하며 웃으시니라.

말 타고 공사 보실 때

48 상제님께서 종종 내주평에 가시어
말타기와 활쏘기를 하시니라.
2 하루는 상제님께서 말을 타시고 호연
을 앞에 앉히시니 무섭다고 막 고함을
지르거늘
3 도로 내려놓으시며 다른 사람에게 "업
어 주어라." 하시매 호연이 이도 싫다
하니라.
4 이에 상제님께서 목말을 태우시며 "목
도리처럼 꽉 잡아라." 하시니 그도 싫
어 안 간다고 하거늘
5 상제님께서 "가면 성가시게 하는데 잘
되었다." 하시고 "먹고싶은 것 사 먹어
라." 하시며 돈을 주고 가시니라.
6 호연이 그 돈으로 달처럼 둥근 떡과
납작한 사탕을 사서 절반은 먹고 나머
지는 남겨 놓았다가
7 상제님께서 돌아오시니 "내가 요것은
선생님 먹으라고 남기고 요것은 태운
장 먹으라고 남겨 놨어요." 하며 건네
거늘
8 상제님께서 "네가 먹고 남으니 나더러
먹으라고?" 하며 도로 주시니라.
9 이어 "오늘 뭣 먹고 놀았냐?" 하고 물
으시니 "아, 밥 먹고 놀았지." 하니라.

호연에게 떡을 사 주심

10 한번은 상제님께서 활을 쏘고 돌아오
시니 호연이 배가 고프다고 하는지라
11 "너 밥 안 먹었냐? 밥 안 주대?" 하고
물으시거늘 호연이 "밥 안 줘." 하고
대답하니라.
12 이에 "누가 안 줘?" 하고 재차 물으시
매 호연이 "찬문이 각시가 안 줘." 하니
13 말씀하시기를 "고약한 놈 같으니라고,
그럼 가자! 너 무엇 먹을래?
14 밥 먹을래, 죽 먹을래, 무엇 먹을래?"
하시며 구릿골에서 5리가 넘는 원평장
에 가서 떡을 사 주시니라.
15 어린 호연이 먹기에는 떡이 너무 크거
늘 상제님께서 먹기 좋게 뜯어 놓아
주시고
16 "옷에 떡고물이 묻는다." 하시며 가지
고 계신 수건을 호연의 목에 둘러매어
주시고는
17 호연이 다 먹도록 옆에 앉아 지켜보시
다가 데리고 오시니라.

네 흉으로 너를 찾는다

49 하루는 상제님께서 호연을 목말
태우시니 상제님의 상투를 꼭 잡
거늘
2 잠시 후 땅에 내려놓으시는데 호연이
끝까지 상투를 놓지 못하고 몸을 의지
하니
3 상제님께서 심히 노하시어 "상투 잡고
돌랭이질을 치는구나. 모가지를 잡아
튼다!" 하시며 목덜미를 잡아 내려놓
으시니라.

4 이후 호연의 오른쪽 목덜미에 상제님
의 엄지손가락 자국이 생겨 없어지지
아니하거늘
5 상제님께서 이르시기를 "네 몸의 흉으
로 내가 너를 찾는다." 하시니라.

호연을 미워한 형렬의 큰며느리

50 호연이 상제님을 따라 형렬의 집을
자주 오가며 오랫동안 머물기도
수차례이니
2 형렬의 큰며느리가 '집안 형편도 어려
운데 어디서 선생님이라고 불러들여
수발들게 하더니 그것도 모자라 어린
아이의 수발까지 들게 한다.'며 몹시
못마땅해하니라.
3 하루는 호연이 형렬의 집 한쪽 구석에
우두커니 앉아 있거늘
4 상제님께서 다가오시어 "심심하냐, 심
심해? 재미지게 놀게 뭐 불러들일까?"
하시니
5 호연이 "그래도 싫고, 저래도 싫어. 저
태운장 큰며느리가 나보고 욕 해." 하
니라.
6 이에 상제님께서 짐짓 놀라신 듯 "뭐
라고 욕을 해?" 하고 물으시니
7 호연이 "너는 뭣이라고 따라 댕기면서
돈 없애고 그러냐고 하대. 내가 돈 없
애?" 하거늘
8 상제님께서 "고거 암기 있는가 보다,
잉? 너는 그런 것들하고 맨날 말해 봐
야 소용없어.
9 너는 천지 ○○○를 물고나서 천지조화
로 이제 좋게 돼." 하시며 호연을 달래
주시니라.

안필성과 상제님

51 안필성(安弼成)은 본래 술을 잘 먹
지 못하는데 동학군에 종군한 뒤
로 예수교를 신봉하면서부터는 전혀
마시지 않으니라.
2 하루는 상제님께서 술을 권하시매 필
성이 사양하고 먹지 않으려 하니 양손
을 모아 잡고 강제로 먹이시거늘
3 필성이 손을 빼내려 하였으나 어찌나
힘이 세신지 꼼짝도 할 수 없더라.
4 이로부터 필성이 술을 마시게 되고 나
중에는 비상(砒霜)처럼 여기던 개고기
도 먹게 되니라.
5 상제님께서는 주로 주막에서 술을 드
시는데 동잇술을 잡숫거나 독한 꽃소
주를 아무리 많이 드셔도 취하지 않으
시고
6 개고기를 드셔도 한자리에서 큰 개 한
마리를 다 드시니 사람이 먹는 것이
아니라 신(神)이 먹는 듯하더라.

비오는 날 안필성이 상제님을 뵈면

52 폭우가 쏟아지는 어느 여름날, 뜻
밖에 상제님께서 비를 맞으며 필성
의 집 마당으로 들어오시거늘
2 마치 물에 빠졌다 나온 것 같이 옥체
가 흠뻑 젖으신지라 필성이 놀라며 맞
이하는데
3 방에 드시어 도포를 벗으실 때 보니
빗물이 줄줄 흐르던 도포자락이 전혀
비 맞은 흔적이 없이 말짱하더라.
4 또 어느 날 필성이 상제님을 모시고
태인으로 가는 도중에 비를 만나 걱정
하니 상제님께서 삿갓을 벗어 허공을
향해 세 번 두르시매 비가 곧 그치니
라.
5 하루는 억수같이 퍼붓는 장대비 속에
서 필성이 상제님을 따라 산외(山外)에
사는 민 진사를 찾아가는데
6 '내 발자국만 딛으라.'는 상제님의 말
씀을 좇으매 전혀 비를 맞지 않더니
7 토방에 오르다가 발이 삐끗하여 엉뚱
한 곳을 밟는 바람에 낙숫물이 쏟아져
흠뻑 젖으니라.
8 이런 신이하심을 자주 목격한 성도들
이 여쭈기를 "어째서 선생님의 몸에는
비가 범접하지 못하옵니까?" 하니

9 상제님께서 말씀하시기를 "아, 비 사
이로 다니면 되지 않느냐." 하시며 크
게 웃으시니라.
10 그 후로 필성이 상제님을 모시고 길을
갈 때면 한여름에도 더위를 느끼지 않
고 추운 날이라도 추위를 타지 않으며
11 비가 내려도 비에 젖지 않고 아무리 먼
길을 걸어도 다리 아픈 줄 모르니라.
12 또 아무리 땅이 질어도 상제님 신발은
흙 하나 묻지 않고 깨끗하더라.

필성에게 친구 도수를 붙이심

53 하루는 필성이 상제님과 대화를
하는 중에 상제님의 도권(道權)에
눌려 자기도 모르게 "예, 그렇습니다."
하며 존대를 하니라.
2 순간 상제님께서 냅다 뺨을 한 대 올
려붙이시고 크게 소리치시기를 "야, 이
미친놈아. 친구는 영원히 친구지 어디
다 '허쇼' 하냐? 친구한테 무슨 존댓말
이냐!" 하시거늘
3 필성이 스스로 생각하여도 어이가 없
는지라 그저 허허 웃고 서 있자니
4 상제님께서 말씀하시기를 "너하고 나
하고는 영원한 친구! 살아서도 친구요
죽어서도 친구가 되어야 한다." 하시
니라.
5 이 뒤에 필성의 손(孫)과 이웃사람들이
필성을 가리켜 '상제님께서 천상에서
데리고 내려온 인간 세상의 하나뿐인 친
구'라 하더라.

가다 보면 어느새 공중에

54 상제님께서 호연을 데리고 자주
산제를 지내러 다니시니
2 어느 때는 호연을 옆구리에 끼고 넓은
강을 훌쩍 날아 건너기도 하시고, 번
쩍 하고 산 하나를 순식간에 넘기도
하시니라.
3 하루는 호연이 상제님 품에 안겨서 길
을 가는데 문득 "내려다봐라." 하시므
로 보니 어느새 공중을 날고 있거늘
4 산과 들이 다 내려다보이고 지나가는
사람들이 모두 개미만 하게 보이더라.
5 상제님께서 때로는 호연을 거미나 메
뚜기, 매미 등으로 만들어 목과 어깨
에 붙이고 다니시는데
6 한번은 호연을 매미로 만들어 붙이고
가시니 아이들이 '매미가 붙었다.'며
잡거늘
7 상제님께서 "이리 내라. 그 매미는 너
희들이 가질 매미가 아니니라." 하시
고 옷자락 속에 넣고 가시다가
8 호연에게 "누구 오니 얼른 나와서 옷
입어라." 하시므로 호연이 옷자락에서
빠져 나오니 본래의 모습으로 돌아오
니라.
9 또 거미로 만드신 때에는 거미줄을 치
게도 하시고, 여러 마리의 누런 벌레로
만드시어 사람들의 눈을 가려 공사의
내용을 못 보게도 하시니라.

호연의 버릇을 고치기 위해

55 어린 호연이 한번 울음을 터뜨리면
주변에서 아무리 달래어도 잘 그치
지 않으니
2 하루는 상제님께서 호연의 버릇을 고
쳐 주시기 위해 마치 벼락이 치는 것처
럼 화약을 터뜨리시고
3 "하늘에서 말 안 듣고 걸핏하면 우는
놈 불러들이라고 한다. 가자!" 하며 울
고 있는 호연의 손을 잡아끄시거늘
4 호연이 정말 벼락이 치는 줄 알고 "싫
어!" 하고 마구 발버둥치며 더욱 크게
우니라.
5 이에 상제님께서 "또 울라고? 또 울라
고?" 하시며 성도들에게 호연을 잡아
두게 하시고
6 호연이 안 보이는 곳에서 다시 화약을
터뜨리시고는 "저거 봐라, 얼른 오라
고 한다!" 하며 더욱 겁을 주시니 호연
이 울음을 뚝 그치니라.

동네 사람들이 도미회를 청하니

56 계묘년에 하루는 전주 이동면 전용리(伊東面 田龍里) **이직부**(李直夫)의 집에 이르시니 사람들이 '신인이 오신다.'는 소문을 듣고 직부의 집 사랑방에 가득 모여 있더라.

2 이때 한 사람이 청하기를 "저희들이 선생님께 술을 올리려 하오나 마땅한 안주가 없사옵니다.

3 듣자니 안주로는 도미회를 제일로 알아준다 하오니 오늘밤 도미회를 먹어 보았으면 평생 원이 없겠나이다." 하니라.

4 이에 사람들이 한결같이 청하니 상제님께서 말씀하시기를 "모두들 한뜻으로 소원하니 들어주리라. 그러나 두 번 다시 이런 청은 하지 말라." 하시니라.

5 잠시 후에 "문을 열어 보라." 하시매 방문을 열고 보니 큼직한 도미가 마루에서 펄떡거리고 있는지라

6 말씀하시기를 "도미를 잘 드는 칼로 껍질을 벗기고 뼈가 상하지 않게 살짝 회를 떠낸 후 껍질을 그대로 덮어 밖에 내놓으라." 하시거늘

7 사람들이 명하신 대로 행한 뒤 밤이 깊도록 도미회를 안주 삼아 술을 마시고 각기 집으로 돌아가려고 문을 나서면서 보니 문밖에 두었던 도미의 서덜이 사라지고 없더라.

8 이때 상제님께서는 도미회를 잡숫지 않으시니라.

갈라진 논에 물 주심

57 하루는 상제님께서 논길을 지나시다가 날이 가물어 금이 쩍쩍 간 논을 보시고

2 논바닥의 네 귀퉁이마다 다니시며 손가락으로 찍으시니 그 구멍에서 샘이 터진 것처럼 물이 솟아나와 논물이 풍족해지거늘

3 논 주인이 '다른 논은 다 금이 갔는데 어이하여 내 논에는 물이 그득 있는가!' 하여 좋아서 춤을 추니라.

4 이렇듯 상제님께서 마른 논을 지나실 때면 논 주인의 마음보를 보시어 물을 주기도 하시고, 그냥 가기도 하시니라.

신축년 이후 연사는 내가 맡았다

58 7월에 쌀값이 오를 뿐더러 농작물에 충재(蟲災)가 심하여 벼가 썩어 문드러져서 인심이 불안하거늘

2 상제님께서 성도들에게 이르시기를 **"신축년 이후로는 연사(年事)를 내가 맡았으니**

3 금년 농사를 잘되게 하여 백성의 생활을 넉넉하게 하리라." 하시고 우레와 번개를 크게 일으키시니

4 수일이 지나지 않아 충재가 그치고 이 해에 농사가 크게 풍등(豊登)하여 온 들에서 풍년을 노래하더라.

도술 통하기를 소원하는 아우 영학

59 아우 영학(永學)이 항상 도술 통하기를 발원하더니

2 구릿골에 계실 때 하루는 객망리(客望里) 본댁에서 영학이 찾아와 상제님께 문후를 드리니라.

3 상제님께서 집안의 안부를 물으시니 영학이 무고함을 아뢴 뒤에 말하기를

4 "저도 공부를 하여 도통을 얻고자 하니 형님께서 가르쳐 주십시오." 하므로 상제님께서 이를 허락하시니라.

5 이때 상제님께서 부채에 학(鶴) 한 쌍을 그려 영학에게 주시며 말씀하시기를

6 "집에 돌아가 이 부채를 부치면서 칠성경(七星經)을 무곡파군(武曲破軍)까지 읽고 이어서 대학(大學)을 읽으라. 그러면 도술을 통하리라." 하시거늘

7 영학이 부채를 가지고 집으로 돌아가

다가 정남기의 집에 들르니라.
8 이때 남기의 아들 영태(榮珆)가 영학의
허리춤에 있는 부채를 보고 쭉 뽑아들
어 펼치니 부채가 유달리 세련되고 기
품이 있는지라 영태가 갖고 싶은 욕심
이 생겨 돌려주지 않거늘
9 영학이 부득이 그 사유를 말하고 돌려
주기를 간청하니 영태가 더욱 탐내어
부채를 들고 마을로 달아나니라.
10 할 수 없이 부채를 빼앗긴 영학이 그
길로 집에 돌아와 여러 가지 술서(術
書)를 읽으니라.

처남 정남기 부자의 불의를 응징하심

11 마침 그 때 영태는 서당에서 대학을
공부하던 중이라 우연히 그 부채를 부
치면서 대학을 읽다가 무심결에 "뜨
라." 하고 외치니
12 갑자기 몸이 공중으로 부웅 떠오르며
신력(神力)을 통하게 되어 능히 신명을
부리고, 또 입으로 물을 뿜어 비를 오
게도 하는지라
13 남기가 기뻐하며 상제님의 도력을 빼
앗으라고 아들을 부추겨 함께 하운동
을 찾아가니
14 마침 상제님께서 우묵실에 계시다가
하운동으로 오시는 길이라.
15 영태가 상제님이 오신다는 소리를 듣
고 두려워 도망하려 하거늘 남기가 붙
들어 앉히고 상제님께 보이니
16 상제님께서 이미 그 일을 아시고 남기
의 의롭지 못함을 꾸짖으시며 대파침
(大破鍼)을 머리에 꽂아 돌려보내시고
17 영태는 그곳에 머물게 하여 신력을 다
거두시며 말씀하시기를 "남기의 집이
대파(大破)하리라." 하시더니
18 갑자기 남기의 제수가 미쳐서 날마다
담장 안을 빙빙 돌아다니며 '항성서'라
는 이상한 소리를 하고, 이후 남기의
아들 영태는 사람 구실을 못하게 되니
라.

율무 구해 공사 보시러 구례에 가심

60 계묘년 가을에 상제님께서 전주 최
상문의 집에 머무르실 때 하루는
"구례(求禮)에 율무가 많다." 하시며 형
렬과 호연을 데리고 구례로 가시니라.
2 상제님께서 사흘을 머무르시는 동안
마을 사람들이 추수한 율무를 모두 가
져다 올리니 약 서너 섬이 되거늘
3 서로 져다 드리겠다고 이르나 이를 마
다하시며 한쪽에 가지런히 쌓아 두시
고 "내가 사람을 보내어 가져갈 테니
그냥 두어라." 하시며 길을 나서시는데
4 구릿골에 이르시니 율무 가마니가 먼
저 당도하여 있더라.
5 상제님께서 다른 사람들은 일절 율무
를 만지지 못하게 하시고
6 형렬에게 명하시어 "저 율무를 다 세
어서 꿰어라." 하시니 "한 섬도 아니고
몇 섬을 어찌 다 세겠습니까?" 하거늘
7 말씀하시기를 "너 사는 개수를 세어
보아라. 그 개수가 떨어지면서 세상이
되느니라. 개수가 맞아야 한다." 하고
형렬에게만 그 뜻을 일러 주시니라.
8 이로부터 수일 동안 형렬이 바깥 사랑
에서 바리때를 큰 것과 작은 것 두 가
지로 놓고 율무의 수를 센 다음
9 그것을 일일이 다듬어 염주처럼 꿰니
여섯 가마니가 되고도 아직 세지 않은
율무가 많이 남았더라.
10 상제님께서 여섯 가마니를 포개어 놓
고 제를 지내신 뒤에 남은 율무에 무
어라 쓴 종이를 붙이시고 다시 세도록
하시니라.
11 상제님께서 형렬에게 명하시기를 "그
것을 가져온 동네를 적고, 협력해서 갖
다 준 사람들 이름도 적으라." 하시고
12 또 이르시기를 "잊지 마라, 그 사람들
을 잊지 마라! 그 사람들의 동네를 잊
지 마라!" 하고 당부하시거늘
13 형렬이 율무를 마치 신주 모시듯이 소
중하게 여기니라.

무주에 가시어 조화를 부리심

61 그 후 상제님께서 무주(茂朱)에 가
시어 공사를 행하시며 방에 물 한
그릇을 떠다 놓으시니
2 이내 그 물이 강이 되어 방안에 있는
사람들이 출렁거리는 물속에 잠기게
되니라.
3 또 호연의 눈이 갑자기 논배미만 하게
크게 보이매 모두 무서워하니라.

산과 신명과 인간

62 상제님께서 무주에서 공사를 마치
시고 용담(龍潭)으로 가시어 용담
신명과 계룡산 신명, 무공산 신명을
불러 술을 권하시며 "술 한잔 마시고
놀아 봐라." 하시거늘
2 신명들이 "어떻게 놀아야 하는지 모르
겠습니다." 하니 "○○을 해라." 하고
일러 주시니라.
3 호연이 옆에서 지켜보다가 "어째 사람
이 저렇게 생겼대요? 빨간하니 사람도
안 같아요." 하거늘
4 상제님께서 "이 다음의 장수라 그런다."
하시니
5 호연이 "그런데 절반은 사람이고 절반
은 짐승 같아요." 하며 미간을 찌푸리
니라.
6 이에 상제님께서 "죽은 사람이 깨어나
기가 그렇게 쉽냐?
7 몇 번을 둔갑해서 다시 생기는 것이
니 그러지, 한번 떨어져서 썩은 사람이
그냥 일어나는 것인 줄 아냐, 이 소견
아!" 하며 나무라시고
8 신명들에게 "너희 가운데 누가 제일
힘이 딸리냐? 기운을 돋워야 하지 않겠
느냐?" 하시거늘
9 한 신명이 나서며 "차차 돋우지요." 하
니 말씀하시기를 "그렇지가 않느니라.
10 먹어서 금방 기운이 나는 것이 아니라
자꾸 활동을 하고 내가 개발을 해야
나는 것이니
11 어찌 가만히 먹고 앉아서 기운이 돋기
를 바라리오! 어디 너희들끼리 들어 보
아라." 하시니라.
12 이에 신명들이 서로를 한 번씩 들어 보
는데 용담 신명이 가장 기운이 세거늘
13 말씀하시기를 "높은 데서 뚝 떨어지더
라도 우뚝 서야지 자빠지면 못쓰고,
전쟁을 하다가 말에서 떨어져도 못쓰
나니 어쩌든지 기운을 돋우어야 한다."
하시니라.

평양에서 공주로 가심

63 용담에서 평양(平壤)으로 가실 때
상제님께서는 걸어가시는 것 같아
도 공중에 떠서 날아가는 것처럼 금방
금방 가시니라.
2 평양에 오랫동안 머무르시며 문명이기
(文明利器) 공사를 행하시니 많은 사람
들이 공사에 참관하며 수종 들고 서로
모시기를 원하니라.
3 상제님께서 그 중 한 사람의 집에서
며칠을 머무르실 때 하루는 그의 아내
가 저녁 준비를 하며 불평 섞인 말을
하니
4 순간 몸이 공중으로 떠올라 아무리 발
버둥쳐도 내려가지 않는지라 크게 놀
라 살려 달라고 소리치거늘
5 이내 남편이 달려와 갖은 애를 써 보
았으나 아무런 방도가 없더라.
6 상제님께서 그 여인에게 호령하시기
를 "네 죄를 모르느냐?" 하시니 여인
이 미처 깨닫지 못하여 "제가 무슨 죄
를…." 하며 머뭇거리거늘
7 형렬이 아뢰기를 "이제껏 밥해 준 은
덕이 있으니 내려 주시지요." 하고 간
청하니라.
8 이에 상제님께서 "내려 줄까?" 하시며
옷고름을 매만지시니 여인이 흙마루
에 내려서는데
9 여전히 영문을 몰라 멀뚱멀뚱 바라보
기만 하니 상제님께서 그 남편에게 이

르시기를 "네 계집이 끙짜놓은 밥 안
먹고 그냥 가련다." 하시니라.
10 이에 남편이 고개를 저으며 "불평은
무슨 불평입니까? 절대 그렇지 않습니
다." 하거늘
11 상제님께서 "그럼 왜 공중에 떴지?"
하시니 그제야 부부가 깨닫고 절을 하
며 사죄하니라.
12 상제님께서 "거짓말하면 혓바닥이 닳
고, 남에게 무엇을 주고 싶은 소리 하
면 그렇게 떠서 가랑잎이 되느니라."
하시고 길을 나서시니
13 그 남편이 "아이고, 제가 버릇을 고쳐
놓을 터이니 제발 가지 마십시오." 하
며 간곡히 만류하나 더 머물지 않으시
고 공주(公州)를 향해 떠나시니라.

공주에서 하루를 머무심

64 상제님께서 공주로 가실 때 호연을
보듬어 안고 가시다가 도중에 호
연이 잠이 드니 허리띠를 끌러 업고 가
시니라.
2 밤이 늦어서야 공주에 이르러 저녁진
지도 드시지 못한 채 어느 집으로 들
어가시니 마침 그 집에 쌀이 떨어져 밥
을 짓지 못하거늘
3 집주인이 수수를 끊어다가 방에서 다
듬잇돌에 떨어 수수망세기를 만들어
올리니라.
4 호연이 이를 먹다 말고 나중에 먹으려
고 수건으로 싸 두니
5 형렬이 "다 먹었으면 그냥 거기다 놓
지, 뭘 그렇게 싸느냐?" 하고 핀잔을
주거늘
6 상제님께서는 아무 말씀도 없이 오히
려 더 놓아주시니라.

어디라고 내 몸에 손을 대느냐

7 다음날 아침에 호연이 "쌀이 없어서
밥 못 하는가 봐요. 다른 데로 가요."
하니
8 상제님께서 세수를 하시고 마당 한가
운데 서서 허공을 향해 무어라 말씀하
시거늘 잠시 후에 어떤 사람이 쌀 한
가마니를 지고 들어오니라.
9 상제님께서 주인에게 이르시기를 "어
젯밤에 네가 밭에 가서 수수를 끊어
다가 수수망세기 해 준 정성으로 내가
그냥 갈 수 없어 쌀 한 가마니를 주는
것이니 그런 줄 알아라." 하시니
10 주인이 "그러면 진지를 드시고 가셔야
지 이른 아침에 그냥 가십니까?" 하고
상제님을 붙들거늘
11 "네가 어디라고 내 몸에 손을 대느냐!"
하고 호통치시매 그 사람이 깜짝 놀라
손을 떼니라.
12 상제님께서 집을 나서시며 빙그레 웃
으시니 형렬도 따라 웃으니라.

공주의 한 주막에서 아침진지를 드심

65 상제님께서 형렬과 호연을 데리고
나오시어 한 주막에 들러 아침진지
를 드시니
2 막걸리 한 사발을 콩나물국 두 그릇에
나누어 부으신 뒤에 고추를 뚝뚝 끊어
넣고 밥 한 공기를 말아 드시다가
3 밥을 조금 남기시어 고추를 가려내고
호연에게 주시니라.

공주에서 나오시어 태전으로 가심

4 이곳에서 다시 태전(太田)으로 향하시
니 점심때가 되어 당도하시거늘
5 상제님께서 "점심을 먹고 가자." 하시
므로 한 주막에 들어가 밥을 먹으려는
데 주막집 어린애가 밥상 주변을 맴도
는지라
6 상제님께서 그 아이의 입 주변에 밥알
을 붙이시고 밥을 꾹꾹 눌러 서너 술
만에 다 드신 뒤에
7 주모를 부르시어 "밥을 몇 숟가락이나
담았는지, 어찌 밥을 그렇게 푸는가?
언제부터 밥장사했는가?" 하시니
8 대답하기를 "○○살 먹어서 시집을 와
보니 하도 가난하여 그 때부터 밥장사

를 했습니다." 하니라.
9 상제님께서 다시 물으시기를 "돈 주고
사 먹을 때에는 양이 차야 하지 않겠
느냐?" 하시니
10 주모가 "아이고, 저 애 얼굴을 보니 밥
잡수신 것이 시원찮아 그러시는군요."
하거늘
11 상제님께서 웃으시며 "자네 자식이 다
먹었네." 하시니라.
12 이에 주모가 밥 한 그릇을 더 올리니
형렬과 호연에게 조금씩 덜어 주시고
남은 밥을 다시 몇 수저에 드시고는
"한 그릇 더 가져오라." 하시거늘
13 주모가 한 그릇을 더 가져왔으나 숟가
락으로 꼭꼭 누르시니 이번에는 한 숟
가락밖에 안 되는지라
14 "이따위로 장사를 해먹고 네가 무엇이
되겠느냐?" 하고 호통치시니라.

네가 내 덕을 봐야지

15 이에 주모가 한 그릇을 더 올리거늘
상제님께서 다시 꼭꼭 누르시니 아직
도 반 그릇이 되지 못하는지라
16 크게 노하시어 "열 번을 가져와도 요
따위구나! 네가 살려면 요 버릇을 빼
놓아라.
17 밥을 주려면 한 그릇을 주어야지, 돈
은 한 그릇 값을 받고 두 그릇을 부어
도 요렇게 생겼구나!" 하고 꾸중하시
니라.
18 이에 다시 한 그릇을 가져와 부으니
그제야 그릇이 다 차거늘
19 말씀하시기를 "세 그릇을 부으니 이제
야 한 그릇이 되는구나! 너 때문에 시
장기 지나서 그만 먹으련다. 내가거
라." 하시는지라
20 주모가 황망해하며 "그러면 돈은 안
받으렵니다." 하니
21 상제님께서 이르시기를 "받아라. 네가
내 덕을 봐야지, 내가 네 덕을 봐서야
쓰겠느냐!
22 이후로는 누구든지 밥을 꼭꼭 눌러 수
북하게 주어라." 하시며 돈을 치르고
나오시어 대평리(大平里)를 거쳐 서울
로 향하시니라.

서울 안암동에서 오랫동안 머무르심

66 상제님께서 서울 안암동(安岩洞)으
로 가시니 어떤 사람이 좋은 집 한
채와 음식 등 필요한 모든 것을 내어
드리며 모시기를 원하거늘
2 그 집에서 오랫동안 머무르시며 공사
를 행하시니라.

호연과 복남의 첫 만남

3 하루는 복남이 호연에게 다가와 "잘
있었더냐?" 하고 반갑게 인사하거늘
4 호연이 "네가 누구길래 나를 잘 있었
냐고 하냐?" 하니 복남이 대꾸하기를
"햐, 얘가 대번에 사람을 하시하네."
하니라.
5 이에 호연이 "내가 사람을 어쩌? 너를
때려?" 하며 따지고 드니 복남이 웃기
만 할 뿐 아무 대꾸도 않거늘
6 호연이 "이 애가 누구예요?" 하고 상
제님께 여쭈매 그저 "오빠라고 해라."
하시는지라
7 호연이 못마땅하여 "생금맹금 지나가
는 놈보고 다 그래요?" 하니
8 말씀하시기를 "그게 우리 집에 사는 애
다. 이 애가 들어온 지 벌써 얼만데 그
렇게 괄시를 하느냐?" 하시며 역성을
드시니라.
9 이에 호연이 "내가 괄시를 왜 해요?
나는 체면강산이여!" 하고 토라지니
상제님께서 "아이고~, 요녀러것아~!"
하고 나무라시거늘
10 호연이 다시 "내가 요녀러것이면 이 애
는 무엇이길래 나보고 요녀러것이래?"
하고 말대꾸를 하매
11 "아이고, 이것이 저 애만큼 먹으면 별
것이 될 터이니, 요것을 어찌해야 옳을
까?" 하며 걱정하시니라.

상제님을 모신 동남동녀 복남과 호연

67 이 날 복남은 상제님께서 서울에
오랫동안 머무르시매 형렬의 집에
양식이 떨어져 구릿골에서부터 심부름
으로 상제님을 찾아온 것이더니
2 평소 호연에 대한 이야기는 종종 들었
으되 직접 대면한 것은 이번이 처음이
라.
3 상제님께서 한쪽에서 복남과 작은 소
리로 말씀을 주고받으시니 호연이 궁
금하여 "뭐라고 해요?" 하고 여쭈거늘
4 상제님께서 "배고프단다." 하시니 호
연이 "그럼 돈이 있어야지." 하고 아는
체를 하니라.
5 이에 상제님께서 "돈은 내게 있지." 하
시니 호연이 "어디에 돈이 있어요?" 하
며 상제님의 몸을 뒤지거늘
6 상제님께서 "애가 몸을 그냥 수색하
네~!" 하며 웃으시니라.
7 호연이 "돈이 있다니 좀 보게요~! 저
기 가서 떡 하나 사 오게 돈 좀 내갈까
요?
8 일본놈들 떡 치던데 나도 좀 사 먹게."
하니 상제님께서 돈을 내어 주시거늘
9 호연이 가서 손바닥만 한 찹쌀떡 하나
를 사 오니라.
10 상제님께서 떡을 네 조각으로 나누어
형렬과 복남, 호연에게 주시니 호연이
"나는 쬐끔이고만." 하고 투정을 부리
거늘
11 상제님께서 입 안에 넣은 것을 내주시
니 "더러워서 안 먹어!" 하며 토라지니
라.
12 이에 상제님께서 "내가 가서 사 오마."
하시니 호연이 퉁명스럽게 "어서 저 애
나 전주로 보내요." 하니라.

부를 그리시어 쌀 들어오게 하심

13 상제님께서 종이에 닭을 그리신 후에
그 옆에 열십자를 그려 복남에게 주시
며 "이것을 고부 은 진사 집에 갖다 주
어라." 하시거늘
14 복남이 명을 받들고 가서 전하매 은
진사가 쌀 네 짝을 소달구지에 실어
구릿골로 보내니라.
15 또 상제님께서 말을 그리시고 석 삼
(三) 자를 써서 어디로 보내시니 이번
에는 구릿골로 쌀 다섯 짝이 들어오거
늘 같은 방법으로 이 해에 쌀이 서른
짝이나 들어오니라.
16 상제님께서 이렇게 부(符)를 그려서 보
내시면 서로 통래를 하여 그 뜻을 알
고 곡식을 보내는데
17 이후 상제님께서 먼 곳에 가 계시는
중에 마침 양식이 떨어지매 호연이 상
제님께서 하신 대로 부를 그려서 보내
니 과연 쌀이 들어오더라.
18 상제님께서 서울에서 가을을 지내시고
초겨울에 구릿골로 돌아오시니라.

백남신의 관액을 끌러 주심

68 11월 말에 서울로부터 백남신을
소환하라는 공문이 전주부(全州府)
에 이르니 남신이 어찌할 바를 몰라
몸을 숨기고 있는데
2 김병욱이 남신에게 말하기를 "지난번
에 저의 화란(禍亂)을 선생님께서 끌러
주셨습니다." 하니 남신이 병욱을 통
하여 상제님께 풀어 주시기를 간청하
거늘
3 상제님께서 말씀하시기를 "부자는 돈
을 써야 하나니 10만 냥의 증서를 가
져오라." 하시니라.
4 이에 남신이 곧 10만 냥의 증서를 올리
니 상제님께서 그 증서를 불사르시거
늘 그 뒤로 남신의 관액이 풀리니라.
5 남신이 이 일을 겪고 난 뒤 은혜에 보
답하기 위해 교자상(交子床)에다 음식
을 성대히 차려 상제님을 모시니
6 상제님께서 "남신아, 음식은 많다만
이것보다 더 걸게 장만은 못 하겠느
냐?" 하시는지라
7 남신이 아뢰기를 "일등 요리사들을 모

두 불러 한껏 장만하였습니다." 하거늘
8 "그렇긴 하겠다만 후천 농민 음식보다
못하구나." 하시니라.
9 상제님께서 젓가락을 들어 음식을 드
시려다 그만두기를 세 번 거듭하시더
니 일어나 남신의 집을 나오시매 성도
들은 영문을 몰라 아쉬워하며 뒤따르
니라.

상 밑에 척신들이 가득 차 있거늘

10 상제님께서 성도들을 데리고 어느 허
름한 주막집에 드시어 주인에게 밥을
해 오라고 명하시니
11 주인이 아뢰기를 "당장 해 드릴 양식
이 없고 단지 안 찧은 겉보리만 있습
니다." 하거늘
12 상제님께서 "그놈 찧어서 어서 밥을
해 오라." 하고 재촉하시니라.
13 이에 성도들까지 나서서 겉보리를 찧
어 서둘러 밥을 지어 올리니 상제님께
서 "그 밥맛 참 좋다." 하시며 맛있게
드시니라.
14 이에 옆에 있던 한 성도가 "왜 진수성
찬을 두고 겉보리밥을 드십니까?" 하
고 여쭈니
15 상제님께서 말씀하시기를 "상 밑에 척신
들이 가득 차서 내가 젓가락을 드니 척
신들이 벌벌 떨며 '그걸 드시면 저희들
은 어찌 됩니까?' 하고 하소연하므로
16 내가 남신의 성의를 보아 젓가락만 세
번 들었다 놓았느니라." 하시니라.
17 남신은 관액이 풀린 뒤 갑진년 7월에
육군 전주 진위대(鎭衛隊) 대장이 되고,
이어 10월에는 전북(全北)의 징세 독쇄
관(督刷官)이 되어 큰돈을 모으니라.

갑진(甲辰: 道紀 34, 1904)년

장효순의 난

69 갑진(甲辰: 道紀 34, 1904)년 정월 보
름에 상제님께서 술을 드시고 혼
몽히 주무실 때
2 장흥해의 유아가 급병이 발하여 사경
에 이른지라 흥해의 아버지 효순이 급
히 와서 고쳐 주시기를 청하거늘
3 상제님께서 누우신 채 "냉수나 먹이
라." 하고 말씀하시니 효순이 그대로
하매 아이가 곧 죽으니라.
4 효순은 본래 성질이 사나워 마을 사람
들에게 '천동(擅動)'이라 불리는 사람으
로 손자의 죽음을 보고 크게 노하여
상제님을 원망하며
5 "이는 고의로 약을 잘못 일러 주어 죽
인 것이라. 손으로 만져서 죽은 사람
을 일으키고 말 한마디로 사경에 이른
병을 고치는 것을 내가 직접 보았으니
6 만일 고의가 아니라면 물은 고사하고
흙을 먹였을지라도 그 신이한 도술로
써 능히 낫게 하였을 것이라." 하고
7 상제님을 결박하여 장방청(長房廳)으로
끌고 가다가 별안간 뉘우친 듯이 결박
을 끄르며 말하기를
8 "이것이 다 제 잘못입니다. 어린아이가
급증으로 죽었거늘 어찌 선생님을 원
망하겠습니까?" 하고 전날의 교분을
회복하기를 청하며 자기 집에 같이 가
시기를 원하나
9 상제님께서 듣지 않으시고 서원규의
집으로 가시어 하루를 머무르신 후 이
튿날 전용리 이치안(李致安)의 집으로
가시니라.
10 이때 효순이 상제님을 풀어드린 것은
상제님께 백남신에게서 받은 돈 20만
냥의 증서가 있는 줄로 알고 돈을 요
구하려 함이었는데
11 다음 날 효순이 원규의 집에 가 보니
상제님께서 계시지 않거늘 크게 노하
여 "살인범이 도피하였다." 하고 소리
치며 사방으로 수색하니라.

상제님 가족들의 수난

70 이때 상제님의 가족은 전주군 우
림면 화정리(雨林面 花亭里) 이경오
(李京五)의 집 협실로 옮겨 거처하는데
효순의 가족이 화정리에까지 와서 행
패를 부리니라.
2 이보다 먼저 상제님께서 전주에 가시
어 부친의 소실인 천원 장씨(川原張氏)
에게 "술을 빚으라." 이르시고 "누구든
지 술을 먼저 맛보지 말라." 하고 거듭
당부하셨거늘
3 어느 날 부친께서 오시자 장씨가 상
제님의 말씀을 잊고 웃술을 먼저 떠서
드린지라
4 얼마 후에 상제님께서 돌아오시어 술
에 먼저 손댄 것을 아시고 "누가 술을
마시라고 했느냐?" 하고 추궁하시니
5 장씨가 말하기를 "어머니가 손대었
네." 하고 거짓말을 하매 "큰일났으니
빨리 피하라." 하시고 나가시니라.
6 잠시 후에 효순의 가족들이 달려와 권
씨 성모(聖母)를 무릎 꿇리고 난타하여
피가 흥건하게 되거늘
7 이때 어디선가 백발노인 한 분이 나타
나서 말하기를 "그 어머니가 무슨 죄
가 있느냐.
8 자식의 잘못으로 부모를 폭행하는 것
이 사람으로서 할 짓이냐." 하고 꾸짖
자 그제야 흥해 부자가 물러가니라.
9 그 뒤에 상제님께서 어머니에게 들러
전후 사정을 들으시고 "생지황(生地黃)
을 찧어 상처에 바르소서." 하시니 모
친께서 그대로 행하시매 그 날로 몸이
회복되시니라.
10 이때 상제님의 가족은 효순 가족의 행
패를 피하여 다시 태인 굴치(屈峙)로
옮겨 가니라.

형렬과 원규의 피난

71 한편 형렬은 효순의 일을 알지 못
한 채 상제님의 소식을 듣고자 화
정리에 찾아오니
2 효순의 집안사람들이 형렬을 결박하
여 원규의 집으로 끌고 가 상제님의
행방을 묻거늘
3 형렬이 가르쳐 주지 않으니 그들이 더
욱 화를 내며 형렬과 원규를 무수히
구타하는지라
4 형렬은 원규의 집에서 밤을 틈타 도피
하고 원규는 연일 계속되는 행패를 견
디지 못하여 결국 약국 문을 닫고 가
족들과 함께 익산(益山)으로 화를 피해
가니라.
5 그 후에 형렬은 상제님과 그 가족이 어
디 있는지 몰라 각처로 찾아다니다가
6 고부에서 갑칠을 만나 상제님 계신 곳
을 알고 두승산(斗升山) 아래에 있는
한 촌가에서 상제님을 뵙고 후일 만날
약속을 정하고 돌아가니라.

밤에 모악산을 꾸짖으시며 공사 보심

72 상제님께서 이치안(李致安)의 집 사
랑에서 머무르실 때 하루는 자시
(子時) 경에 안마당으로 나오시어
2 모악산에 대고 꾸짖기도 하시고 달래
기도 하시며 한참을 호령하시니라.
3 그렇게 모악산과 수차례 묻고 답하시
다가 주문을 읽으시기를 여러 날 동안
행하시는데
4 상제님께서 말씀하시면 하늘이 우시렁
우시렁하여 동네가 울리고 모악산이
대답하면 또 하늘이 우시렁대니
5 이 광경을 자주 목격한 치안의 며느리
가 그 때마다 무서워서 방 안으로 들
어가 벌벌 떠니라.

이직부를 살려 주심

73 상제님께서 이치안의 집에 머무르
시다가 떠나려 하시매 치안이 아뢰
기를
2 "이렇게 갑자기 가신다니 섭섭합니다.
가시기 전에 무슨 정표라도 하나 해

주고 가십시오." 하니
3 상제님께서 청수 한 동이를 떠 놓으시
고 짚으로 십 자(十字)를 만든 후 백지
한 장에 글을 써서 불사르시고
4 다시 글을 써서 밀봉하여 주시며 "앞
으로 급한 일이 있을 때 떼어 보라."
하시거늘 치안이 장롱 깊이 간직하여
두니라.
5 얼마 후 그 며느리가 난산(難産)으로
위급한 지경에 이르매 치안이 '이 일을
가리키심인가.' 하여 봉서(封書)를 열어
보려 하니
6 마침 아기 울음소리가 요란히 울리며
안에서 '순산하였다.'고 전하므로 다시
간직하여 두니라.
7 그 후 세말(歲末)에 치안의 아들 직부
가 장질부사에 걸려 생명이 위태로운
지경에 이른지라
8 치안이 즉시 봉서를 떼어 보니 '소시호
탕 삼첩(小柴胡湯 三貼)'이라 쓰여져 있
거늘 이에 두 첩째 달여 먹이니 곧 쾌
차하니라.

머지 않아 영학은 죽으리라

74 2월에 밤재에 계실 때 아우 영학
에게 "대학(大學)을 읽으라." 하시고
"내 뜻을 따르라." 하고 타이르시나
2 영학이 듣지 아니하고 황주죽루기(黃
州竹樓記)와 엄자릉묘기(嚴子陵廟記)에
만 재미를 붙이는지라
3 상제님께서 탄식하시며 "죽(竹)은 죽
을 때 바꾸어 가는 발이요, 묘기(廟記)
는 제문이라. 머지 않아 영학은 죽으
리라." 하시고
4 이도삼을 보내시어

骨暴沙場纏有草요
골폭사장전유초
魂返故國弔無親이라
혼반고국조무친
뼈는 모래사장에 헤쳐져
풀뿌리만 무성히 얽혀 있고
혼이 고향에 돌아온들
슬퍼할 친족 하나 없겠구나.

5 하는 글귀를 전하여 영학으로 하여금
살펴 깨닫게 하셨으나 끝내 깨닫지 못
하니라.

진실로 아끼신 아우의 죽음

75 그 뒤에 영학이 병들어 위독하다는
소식을 들으시고 갑칠을 데리고
밤재에 가실 때
2 중도에서 한 주막에 드시니 한 사람이
허리가 굽어 엎드려 기어다니거늘 그
연유를 물으시매
3 "십여 년 전부터 곱사가 되어서 이제
까지 고치지 못하였습니다." 하는지라
4 상제님께서 손으로 그 허리를 만져 펴
주시고 "사례금 열닷 냥을 가져오라."
하시니라.
5 그 사람이 기뻐 뛰며 여쭈기를 "선생
님은 실로 재생의 은인이시니 그 은혜
를 갚으려 할진대 태산이 오히려 가벼
울 것이나 지금 몸에 지닌 돈이 없으
니 무엇으로 갚사오리까?" 하거늘
6 상제님께서 "물품도 가하니라." 하시니
그 사람이 여쭈기를 "제가 널 장사를
하오니 널로 드림이 어떠합니까? 널
한 벌 값이 열닷 냥입니다." 하는지라
상제님께서 "그도 좋으니라." 하시고
7 직접 널을 둘러메시고 전용리 치안의
집으로 가시니라.
8 이에 직부가 깜짝 놀라 "아니, 선생님.
널은 어이하여 짊어지고 오십니까?"
하고 여쭈니
9 말씀하시기를 "내일이면 내 아우가 신
명으로 가. 내일은 내가 아우 장례를
지내러 밤재에 다녀와야겠네." 하시니
라.
10 이튿날 상제님께서 다시 널을 메고 밤
재로 떠나려 하시거늘 치안이 머슴에
게 명하기를
11 "너 이것 짊어지고 선생님 댁까지 모셔

다 드려라." 하고
12 "무슨 일인지 가서 동정을 살피고 오
너라." 하며 당부하여 보내니라.

동생을 장사지내심

13 상제님께서 갑칠과 함께 밤재에 당도
하시니 영학이 사경에 이른지라
14 상제님께서 영학의 입에 손가락을 대
고 말씀하시기를 "이 손가락을 떼면
네가 죽을지니 뜻 있는 대로 유언하
라." 하시매
15 영학이 부모에게 할 말을 마치자 상제
님께서 손가락을 떼시니 곧 죽거늘
16 이때 머슴이 보매 상제님께서 밖으로
나오시며 코피를 주르르 쏟으시더라.
17 상제님께서 몸소 영학의 시신을 염하
시고 가져오신 널로 장사지내 주시니
라.

어느 순검의 생명을 건져 주려고 맞으심

76 김갑칠을 데리고 부안, 고부 등지
를 두루 다니시다가 2월 보름날 저
녁에 고부 검은바위 주막에 들르시니
라.
2 이때에 화적(火賊)떼가 많이 일어나 대
낮에도 횡행하므로 마침 순검 한 사람
이 야순(夜巡)하려고 미복(微服)으로 주
막에 들어오거늘
3 상제님께서 주모에게 이르시기를 "저
사람에게 술과 밥을 주지 말라. 만일
술과 밥을 먹였다가 값을 받지 못하면
넉넉지 못한 영업에 손해가 아니냐?"
하시니라.
4 순검이 이 말씀을 듣고 크게 성내어
상제님을 구타하며 '무례한 말을 한다'
고 욕을 하거늘
5 상제님께서 태연히 웃으시며 "저 사람
은 죽는 땅에 다다른 사람이니 다 죽
은 송장에게 맞아서 무엇이 아프랴."
하시고 밖으로 나가시니라.
6 주모가 순검에게 이르기를 "저 양반의
말씀이 이상하니 반드시 무슨 까닭이
있을 거요. 나가서 사죄하고 그 연고
를 물어 보시오." 하거늘
7 순검이 곧 상제님의 뒤를 따라가 사죄
한 뒤에 그 연고를 여쭈니 말씀하시기
를 "오늘밤에는 사무를 폐하고 다른
곳으로 몸을 피하라." 하시니라.
8 이에 순검이 명하신 대로 몸을 피하였
더니 이윽고 밤이 깊으매 화적들이 몰
려와 주모를 구타하며 순검이 간 곳을
묻거늘
9 이는 여러 화적들이 그 순검을 죽이기
로 미리 약속했기 때문이더라.
10 이튿날 그 순검이 상제님께서 계신 곳
을 찾아와 살려 주신 은혜에 사례하니
라.

어린 호연을 귀애하심

77 상제님께서는 어린 호연을 무척 귀
애하시니 매양 "입에서 냄새날까
무섭다." 하시며 소금으로 호연의 이
를 닦아 주시고, 소금이 없으면 가는
모래로 닦아 주시며
2 손톱과 발톱을 친히 이빨로 끊어 주시
고, 개울에 데리고 가시어 씻겨 주시고
머리도 빗겨 주시니라.
3 또 출타하실 때는 제일 먼저 호연이부
터 대소변을 누이고 씻기신 뒤에 옷을
입혀 채비를 마치시고, 나가시면 주로
호연을 안거나 업고 다니시는데
4 호연이 업혀 갈 때면 등에서 종종 잠
이 드니 항상 수건을 두세 장씩 가지
고 다니시며 잠든 호연을 씻겨서 깨우
시니라.
5 호연이 똥을 누러 뒷간으로 가면 상제
님께서 짚을 돌멩이로 찧고 손으로 비
벼서 보드랍게 만들어 밑을 닦아 주시
고 물로도 씻어 주시며
6 호연을 두고 출타하실 때는 "똥 마렵
거든 빼어서 써라." 하시고 보드랍게
만든 짚을 뒷간 문틈 사이에 끼워 두

시니라.
7 간혹 호연이 '눈이 아프다.'고 투정을
하면 상제님께서 혀로 핥아 주시는데
그러면 금세 시원해지며 아픈 것이 나
으니라.

구릿골에 돌아오신 후 지리산으로 가심

78 갑진년 봄에 상제님께서 형렬과 함
께 호연, 복남을 데리고 지리산 밑
에 있는 운봉(雲峰)에 가시니라.
2 이때 상제님께서 지리산 꼭대기에 있
는 산제당(山祭堂)에 가시어 제를 자주
지내시는데
3 종이로 바가지를 만들어 쓰시고, 솥단
지도 만드시어 솥 둘레에 흙을 발라서
걸어 놓고 밥을 하시니라.
4 제를 지내실 때는 생조기를 종이 위에
놓고 지내시는데, 절은 하지 않으시고
형렬과 함께 막대기로 물을 찍어서 뭔
가를 쓰시거늘
5 하루는 무언가를 쓰시다 말고 형렬과
막대기를 서로 던지며 웃으시니라.
6 또 지초(芝草) 뿌리를 캐다가 무처럼
깨물어 드시기도 하고, 간조기를 사다
가 밥에 쪄서 드시기도 하니라.

반찬을 들고 오시는 상제님

7 상제님께서는 밖에 나가시기만 하면
쌀이며 반찬 등을 가지고 들어오시는
데
8 하루는 양손에 김치와 장아찌 담아 놓
은 것을 단지째 드시고 허리를 잔뜩
구부려서 호연을 등에 업고 돌아오시
니라.

살려고 바둥거리는 천하창생의 운명

79 운봉에 계실 때 한 집에 드시니 그
집 부인이 방을 치워 드리니라.
2 부인이 방을 다 치우고 나가려 하매
상제님께서 "왜 나가느냐?" 하고 물으
시므로 "남녀가 유별하니 나가려 합니
다." 하니
3 말씀하시기를 "거기에 있어도 우리는
상관없는 사람이니라. 나를 잘 모셔야
한다." 하시거늘 부인이 어찌할 바를
몰라 쩔쩔매더라.
4 이 집에 머무르실 때 동네 여러 집에서
남새를 가져다 올리니
5 이를 드시고 그들을 바라보시며 "너희
가 나를 생각해서 이렇게 마음을 먹고
남새라도 해다 주니 고맙다마는…, 인
생이 불쌍하지." 하시거늘
6 호연이 "왜 먹고는 그런 소리를 해
요?" 하매 말씀하시기를 "야야, 살겠
다고 저렇게 바둥거리다 다 죽을 테니
불쌍해서 그러지." 하시니라.

과부 될 여인을 구해 주심

80 하루는 운봉에서 지장골로 가시니
어느 집에서 여인이 머리를 빗고
있더라.
2 상제님께서 "물 한 그릇 가져오라." 하
시니 그 여인이 "하필 머리를 빗는데
그러십니까?" 하거늘
3 상제님께서 "네가 곧 상부(喪夫)하게
생겼다." 하시니 "멀쩡한 밥 먹고 별소
리가 다 많네." 하며 믿지 않더라.
4 이에 상제님께서 "얼른 마당에 가서
'아이고!' 하고 큰 소리를 질러라!" 하
고 재촉하시는데
5 여인이 여전히 믿지 못하여 "어디서 미
친놈이 들어와 날더러 상부하겠다고
'아이고' 하라네." 하며 계속 머리만 빗
는지라
6 상제님께서 작대기를 들고 "가만있으
면 쳐죽일 테니, 안 죽으려거든 얼른
마당에 가서 소리를 질러라." 하고 호
통을 치시니라.
7 여인이 하는 수 없이 마당으로 나가
"아이고, 아이고~!" 하고 소리를 지르
더니 "이랬으니 어쩔라우?" 하며 빈정
대거늘
8 상제님께서 개의치 않으시며 "네가 하

마터면 상부할 터인데 그 소리 때문에
면했느니라." 하고 이르시니라.
9 잠시 후 남편이 다급하게 집으로 뛰어
들어 오며 "왜 그러오?" 하고 연유를
묻거늘
10 부인이 "이 양반이 곧 상부한다고 막
울라고 하기에 그랬소." 하니
11 남편이 상제님께 다가와 "그리하지 않
았더라면 제가 죽었을 터인데, 이렇게
살았습니다." 하며 지성으로 절을 올
리니라.
12 남편의 이야기를 들어본즉, 나무를 하
러 산에 간 남편이 지게를 벗고 막 나
무를 하려던 차에
13 갑자기 "아이고, 아이고!" 하는 아내의
통곡 소리가 생생히 들리므로
14 '금방 밥을 먹고 왔는데 어찌 소리치며
우는고? 무슨 일이 생겼는가?' 하여
집 쪽으로 몇 걸음을 떼니 갑자기 자
기가 섰던 곳으로 산이 무너져 내렸다
하더라.
15 그 내외가 은혜에 보답하려고 술과 음
식을 대접하고자 하나
16 상제님께서 이를 마다하시고 "목숨 하
나 건져 주고 간다." 하시며 떠나시니
라.

대구에서 호랑이를 구해 주심

81 상제님께서 지장골을 떠나 대구에
이르시니 이미 해가 기울어 어둑하
거늘
2 어디선가 큰 황우만 한 호랑이가 나타
나 상제님 곁으로 다가오더니 입을 떡
벌린 채 고개를 내두르는지라
3 상제님께서 호랑이의 목에 깊숙이 손
을 넣어 뼈를 빼내어 주시매
4 호랑이가 마치 절하는 것처럼 앞발을
흔들며 좋아하더라.
5 이후 상제님께서 가시는 대로 호랑이
가 졸졸 따라오며 은혜를 갚고자 하거
늘
6 상제님께서 몇 가지 심부름을 시키시
고 "그걸로 내 공은 다 갚은 것이다."
하시며 "인제, 너 갈 데로 가라." 하고
돌려보내시니라.

고통하는 산모, 너희 재주로만 낳냐

82 그 후 한 집에 가시어 여러 날을 머
무시는데 하루는 저녁이 되어 그
집 산모가 "아이고, 아이고!" 하며 산
통으로 괴로워하거늘
2 상제님께서 "거, 누가 아이고지고 하
냐? 누가 죽냐?" 하시니 산모가 "제가
정녕 해산을 하려는가 못 견뎌서 그러
만요." 하니라.
3 이에 상제님께서 "언제는 좋다고 만들
어 놓고, 그걸 내놓을 줄은 모르냐?"
하시니 산모가 "어떻게요?" 하거늘
4 "흥, 너희들 재주로만 낳느냐? 저기
삼신(三神)이 있지 않으냐? 가서 물 한
그릇 떠 오너라." 하시니라.
5 산모의 남편이 즉시 물을 떠다 올리니
산실 쪽을 향하여 세 번 뿌리시매 금세
산모의 고함소리가 들리지 않거늘
6 상제님께서 "가 보라." 하시므로 사람
들이 가 보니 막 아이를 낳았더라.
7 산모의 남편이 "어찌 그런 것인지 저
도 좀 가르쳐 주십시오." 하고 청하니
8 말씀하시기를 "만들기는 어떻게 만들
어 놓고, 그런 것을 날더러 물어 달래
냐?" 하시거늘
9 호연이 이를 듣고 "어디 물어 달래
요?" 하고 나서니라.
10 이에 상제님께서 웃으시며 "물어 달란
다고 콱 무는 것이 아녀. 그렇게 들리
더냐?
11 제 애비가 만들었으니 제 애비 자식이
지, 삼신이 따로 있간디?" 하시거늘
12 호연이 "제 애비가 어떻게 만든대요?"
하니 "너더러 그런 소리 안 하는 것이
다. 이제 너도 크면 다 안다." 하시며
가르쳐 주지 않으시니라.

으레 몇 사람씩 데리고 다니심

83 상제님께서 평소 길을 떠나실 때
는 홀로 다니시는 일이 적고, 보통
두세 사람을 데리고 다니시며 으레 한
명은 데리고 다니시는데 때로는 열댓
명씩 데려가기도 하시니라.
2 대개 상제님께서는 호연을 데려가시
고, 형렬에게는 복남을 데려가게 하시
며
3 때로는 호연과 복남을 함께 데려가시고,
간혹 복남이만 데려가기도 하시니라.
4 복남은 항상 일행의 보따리를 지고 따
르는데 잠잘 때는 어른들 곁에서 자기
도 하고 혼자 마루에서 자기도 하니라.

복남과 축지를 해서 가심

5 하루는 상제님께서 복남을 데리고 어
디를 가시는데 상제님께서 순식간에
저 멀리까지 한걸음으로 넘어 가신지
라
6 복남이 놀라 소리치기를 "아버지, 그
렇게 큰 발로 팍 뛰어 버리면 나는 어
떻게 따라가요?" 하니
7 상제님께서 말씀하시기를 "너도 이놈
아 뛰면 된다. 뛰어라!" 하시니라.
8 이에 복남이 눈을 질끈 감고 풀쩍 뛰
니 몸이 공중으로 붕 떠서 상제님 옆
으로 내려지거늘
9 상제님께서 복남을 데리고 이런 식으
로 이쪽 산에서 저쪽 산으로 뛰어다니
시니라.

미륵불은 혁신불

84 상제님께서 금산사를 집처럼 자주
가시는데 상제님께서 가시면 금산
사 중들이 "미륵존불, 미륵존불." 하고
불공을 드리니라.
2 4월에 하루는 금산사로 가시는 길에
계룡봉(鷄龍峯) 옆을 지나시며 말씀하
시기를
3 "태전(太田)은 현룡재전(見龍在田)이요 여
기는 비룡재천(飛龍在天)이니라." 하시고
4 금산사에 이르시어 공사를 행하시며
말씀하시기를 "미륵불은 혁신불(革新佛)
이니라." 하시니라.
5 또 "여기가 배코같이 된다." 하시고 천
왕문(天王門), 시왕전(十王殿), 삼성각
(三聖閣), 나한전(羅漢殿)으로 다니며 제
를 지내시니라.

너희들은 절할 곳이 없느니라

6 하루는 어느 절에 가시어 성도들과 함
께 지장각(地藏閣)의 여러 보살을 둘러
보신 후에 말씀하시기를 "너희들은 절
할 곳이 없느니라." 하시니라.

불평하는 신 주사의 아내

85 갑진년 어느 여름날 달이 뜬 밤중
에 상제님께서 형렬과 호연을 데리
고 전주 신 주사의 집에 가시니
2 그 아내가 '한밤중에 온다.'고 불평하
는 소리를 하거늘 신 주사가 얼른 아
내의 입을 막는지라
3 상제님께서 이를 아시고 "그냥 내버려
둘까?" 하시니 형렬이 그냥 눈감아 주
시기를 원하거늘 "그려." 하고 답하시
니라.
4 상제님께서 방 안에 드시니 신 주사가
"진지를 드셔야 할 텐데 어떻게 할까
요?" 하고 아뢰거늘
5 말씀하시기를 "먹었네, 먹었어. 그 지
랄하는 꼴 보겠는가? 내버려두게." 하
시매 아무 대답도 하지 않는지라
6 상제님께서 "왜, 욕하니까 싫으냐? 그
런 것 속에서 자식 낳으면 꼭 그따위
로 되느니라. 나는 그러니 안 만든다."
하시니라.
7 이에 신 주사가 "저기 참말로 좋은 큰
애기가 있는데 그리로 장가드시지요."
하매
8 상제님께서 "너마냥 되니 안 갈란다.
네 계집 애꾸쟁이다." 하시니 "애꾸는
아닙니다." 하거늘
9 "이놈이 이제까지 제 계집 데리고 살

면서 애꾸인지도 모르네. 가서 자세히
봐라." 하시므로
10 신 주사가 잘 살펴보니 과연 말씀하신
대로 애꾸가 되어 있더라.
11 상제님께서 다시 그 아내를 꼬챙이로
만들어 한쪽에 꽂아 놓으시고 "네 계
집이 어디에 있는가 찾아 봐라." 하시
거늘
12 신 주사가 "아까 방에 있었는데 어디
로 가고 없습니다." 하며 찾지 못하더
라.

최상문 아내의 정성

13 상제님께서 저녁을 굶으신 채 신 주사
의 집에서 하룻밤을 지내시고 아침이
되어 최상문의 집으로 가시니
14 상문이 "밤중에 오셨다더니 왜 이제야
들어오십니까?" 하며 반갑게 맞이하
거늘
15 말씀하시기를 "아, 신가네 집에 들어
갔더니 계집이 이러고저러고 하더라."
하시니라.
16 이에 상문이 "밤에 들어가시니 그랬나
봅니다." 하니 "아무리 밤에 들어갔기
로 제년보고 뭐 하라느냐? 서방하고
둘이 자다가 부르니 싫어서 그러지."
하시니라.
17 이때 상문의 아내가 하인을 불러 "어
서 진지를 지으라." 하고 재촉하거늘
18 상제님께서 "저기 밥 있는데 그러는
가?" 하시니 그 아내가 "먹던 밥을 어
른 드릴 수 있나요?" 하니라.
19 상제님께서 마음을 좀더 떠보시기 위
해 "허허, 네 맘은 그렇지만 쇠스랑은
셋이라도 입은 한가지니라.
20 더러운 것도 내 눈으로 안 보면 깨끗
한 것이고, 눈으로 봐야 더러운 것이
니 그냥 차려라." 하시거늘
21 "그래도 그럴 수가 있나요?" 하며 새
밥을 지어 올리니라.
22 상제님께서 상문의 집에서 여러 날을
지내시고 경상도 통영으로 가시니라.

너의 환부를 마시리라

86 상제님께서 하루는 금구 수류면
구미란(水流面 龜尾卵)에 사는 김윤
명(金允明)의 집 사랑에서 주무시다가
한밤중에 일어나시어
2 갑자기 큰 소리로 "네 이놈! 네 이놈!"
하고 호령하시며 문을 박차고 뛰어나
가시니 집안사람들이 모두 의아해하
니라.
3 또 하루는 윤명의 아들 현규(玄奎)가
급작스런 복통으로 고통스러워하거늘
약을 써 봐도 차도가 없어 절망하고
있는데
4 마침 상제님께서 당도하시어 그 연유
를 들으시고 현규를 바라보시며 "내가
너의 병을 없애 주리라." 하시고
5 "술 한 동이 받아 오라." 하시어 종이
에 주문을 써서 불사르신 뒤에
6 그 재를 술동이에 넣어 저으시며 "내
가 너의 환부를 마시리라." 하시고 한
숨에 술 한 동이를 다 드시니 현규의
복통이 거짓말처럼 나으니라.

내가 너를 살려 주었노라

7 어느 날 윤명의 장남 상규(祥奎)가 상
제님을 모시고 전주를 가던 중 청도원
에 이르니 소나기가 퍼붓는지라
8 주막으로 들어가 술을 드시더니 문득
상규를 향해 "나가라." 하고 소리치시
거늘
9 상규가 어쩔 줄 몰라 서서 머뭇거리며
여쭈기를 "비가 억수같이 오는데 밖으
로 나가라는 말씀입니까?" 하니
10 대답은 아니 하시고 더욱 화를 내시며
"빨리 나가라." 하시매 상규가 놀라
얼떨결에 주막을 나와 비를 맞으니라.
11 비가 갠 후에 다시 출발하여 전주에
도착하니 상제님의 짚신은 빗물과 흙
탕물 속에서도 젖지 아니하였더라.
12 후에 상제님께서 말씀하시기를 "내가
너를 살려 주었노라." 하시니라.

장효순의 죽음

87 6월에 형렬의 집에 가시어 형렬에
게 이르시기를 "전주에 가서 김병
욱을 만나 후일 만날 약속을 정하고
돌아오라." 하시거늘
2 형렬이 명을 받고 전주에 가서 병욱을
만나 다음날 밤으로 약속을 정하고 돌
아오는 길에 '장효순이 죽었다.'는 소
문을 들으니라.
3 형렬이 돌아와서 상제님께 병욱과 약
속한 일을 아뢰고 효순이 죽었음을 말
씀드리며
4 "이 사람은 우리 손에 죽어야 할 것인
데 저절로 병사(病死)하였으니 그저 한
스러운 일입니다. 천도(天道)가 어찌
공정하다 하겠습니까?" 하니
5 상제님께서 말씀하시기를 "그 무슨 말
이냐. 죽은 자는 불쌍하니라." 하시고
6 "사람의 화복과 우열장단이 모두 마음 쓰
기에 달렸느니라." 하시니라.
7 이튿날 상제님께서 병욱을 만나지 아
니하시고 형렬과 함께 고부로 떠나시
거늘
8 형렬이 병욱과의 약속을 어기심이 이
상하여 여쭈어 보니 그저 웃으시며 대
답하지 않으시니라.

도중(道中) 분란을 대속하심

88 하루는 성도들이 여쭈기를 "선생
님의 무소불능하신 권능으로 어찌
장효순의 난을 당하셨습니까?" 하니
2 말씀하시기를 "도중(道中)에나 집안에
분쟁이 일어나면 신정(神政)이 문란하
여지나니
3 그대로 두면 세상에 큰 재앙을 불러일
으키므로 내 스스로 그 기운을 받아서
해소한 것이로다.
4 너희들에게 '항상 평화를 주장하라.'
함도 또한 그러한 연고이니라." 하시
니라.
5 대저 이는 장효순의 난 바로 전에 고
부 본댁에 분란이 있었음을 말씀하심
이더라.

상제님 등의 북두칠성

89 상제님께서 섶다리골에서 성도들
과 목욕을 하실 때 성도들의 가운
데를 보시며 "도둑놈 다리 같구나." 하
시고
2 웃으시며 "이놈들아, 저 아래 내려가
서 목욕해라." 하시거늘 듣는 사람들
모두 아무 꺼림 없이 아래로 내려가니
라.
3 하루는 필성이 상제님과 목욕을 하는
데 상제님께서 "필성아, 내 등 좀 밀어
라." 하시는지라
4 필성이 등을 밀려고 보니 붉은 점으로
북두칠성(北斗七星)이 선명하게 박혀 있
거늘
5 "자네 이게 뭔가?" 하고 물으니 상제
님께서 손을 어깨 너머로 짚으시며
"간밤에 모기가 물어서 그랬다." 하시
니라.

칠성이 내 별이니라

6 하루는 상제님께서 말씀하시기를 "북
두칠성이 내 별이니라." 하시니라.

초취와는 인연을 끊었노라

90 갑진년에 구릿골에 계실 때 하루는
고부 와룡리(臥龍里) 사람 황응종(黃
應鍾)이 상제님께 와 뵙고 '정씨 부인과
인연을 끊으라.'는 부친의 명을 전하니
2 이는 고부 본댁에서 정씨 부인이 시부
모에게 불효하여 집안이 화평하지 못
하므로 부친께서 응종을 보내어 이 사
실을 말씀드리게 함이라.
3 응종이 상제님을 뵙고 여러 사람이 있
는 가운데 그 사실을 아뢰니 상제님께
서 우울해하시며 응종에게 명하시어
"형렬의 집에서 자고 내일 돌아가라."
하시고
4 다시 이르시기를 "그런 것 살려 둘 필

요가 없다. 벼락을 좀 써야겠다." 하시
더니
5 잠시 후에 "가만있자." 하시며 한참을
머뭇거리시다가 "하마터면 어만 여자
하나 죽일 뻔했다.
6 내가 천하의 며느리와 시어머니를 불러
기운을 보니 며느리 치고 시어머니한테
욕 안 하는 여자가 없구나." 하시고
7 거듭 말씀하시기를 "공연히 어만 여자
만 죽일 뻔했다." 하시니라.
8 이어서 형렬, 자현, 보경, 공숙 등 여러
성도들에게 이르시기를 "가정사는 친
명(親命) 대로 처리하노니 너희들이 증
인을 설지니라." 하시고
9 형렬에게 명하시기를 "내가 초취(初娶)
와는 아주 인연을 끊었노라. 고부 본가
에 가서 박처(薄妻)함을 성명(聲明)하고
돌아오라." 하시거늘 형렬이 대답하고
가지 아니하니라.
10 그 후에 하루는 정씨 부인이 구릿골에
찾아오거늘 상제님께서 아무 말씀이
없으시더라.

하늘로 올라간다

91 하루는 상제님께서 호연과 앉아
계시다가 문득 "야야, 너 어디로
시집갈래?" 하시거늘
2 호연이 "어디로 시집을 간디야?" 하니
"저 각시들 크면 가마 타고 '어허' 하고
안 가대? 크면 그려. 어디로 갈래?" 하
고 물으시니라.
3 이에 호연이 "내가 어디로 갈지 어떻게
알아? 우리 아부지가 그러던데, 내가
서울도 가고 하늘도 올라가고 그런다
면서?" 하거늘
4 상제님께서 "내게 붙어라. 내게 딱 붙
으면 하늘로 올라간다." 하시니
5 호연이 "어디로? 앞에 가 붙어, 뒤에
가 붙어?" 하며 등뒤로 돌아가 상투를
잡고 목말을 타는지라
6 상제님께서 "얘가 건방지게 내 상태기
를 잡네." 하고 꾸중하시는데 호연이
개의치 않고 "어서 올라가요, 어서~!"
하며 상투를 흔드니라.
7 이에 상제님께서 천천히 일어나시며
"올라간다, 올라간다." 하시니 호연이 진
짜로 올라가는 줄 알고 좋아라 하거늘
8 잠시 후 상제님께서 "내가 인제 하늘
이 되어서 너 데려갈 적에 그 때 올라
가지, 내가 지금 올라가면 너도 못 봐."
하시며 호연을 도로 내려놓으시니라.

수부를 선정하라

92 하루는 형렬을 불러 머리 모양과
옷차림을 여자처럼 꾸미시더니 공
사를 보신 뒤에 이르시기를
2 "수부(首婦)가 없어 임시로 공사를 치렀
으니 수부를 선정하라." 하시니라.
3 그 후에 하루는 형렬에게 재촉하여 말
씀하시기를 "세상 운수가 박도(迫到)하
였는데 아직 마치지 못한 후천선경 공
사가 산적하여 있느니라.
4 수부를 선정하여야 모든 공사가 차례
대로 종결될 터인데 수부를 아직 정하
지 못하여 공사가 지체되고 있으니 속
히 수부를 선정하라." 하고 명하시며
5 "수부의 책임 공사가 수년 남아 있느
니라." 하시니라.
6 이에 형렬이 "저의 딸이 과년(瓜年)하
오니 처분하여 쓰시옵소서." 하고 몇
번 아뢰거늘
7 상제님께서는 다만 "그리하면 될까." 하
시니라.
8 이에 형렬이 그의 셋째 딸 말순(末順)으
로 하여금 천지공사에 수종들게 하니
9 상제님께서 공사를 행하시며 말순을
방으로 부르시거늘 형렬의 아내가 딸
을 만류하며 못 들어가게 하는지라
10 말순이 말하기를 "아버지가 하시는 일
을 거역하는 것은 자식된 도리가 아니
오니, 어머니 너무 걱정하지 마세요."
하고 방으로 들어가니라.

천하창생을 다 맡겠느냐

93 상제님께서 묵묵히 앉아 계시다가 자시(子時)가 지나자 "천하창생을 다 맡겠느냐?" 하고 물으시거늘
2 말순이 아뢰기를 "십오 세 소녀로서 어찌 감당하리오마는 천지공사가 그러하다면 맡겠나이다." 하고 대답하니라.
3 이에 상제님께서 피를 토해 머금고 받아 먹으라고 손짓하시니 말순이 달려들어 입으로 받아 삼키니라.
4 이후로 상제님께서 형렬을 장인으로 대하시고 공사석에서 평좌를 허락하시니라.
5 하루는 형렬에게 글을 써서 보여 주시니 이러하니라.

無量大福 金亨烈이요
무량대복 김형렬

府院君 金亨烈이니라
부원군 김형렬

6 이어 말씀하시기를 "형렬의 복을 정하는 것이 가장 어려운 일이니라." 하시니라.

양반이 집안 망친다

94 그 후 형렬의 아내가 홀로 생각하되 '나이도 맞지 않을 뿐 아니라 양반의 처지에 그럴 수 없다.' 하고
2 은밀히 다른 곳으로 혼처를 구하여 선폐금(先幣金)으로 50냥을 받아 부엌 땔나무 속에 몰래 감추어 두니라.
3 하루는 상제님께서 밤늦게 도착하시어 "시장하니 밥을 가져오게." 하시거늘
4 형렬이 민망해하며 "마침 식량이 떨어져서 오늘 저녁에는 솥에 불을 지피지 못하였습니다." 하고 아뢰니
5 상제님께서 말씀하시기를 "돈 두고 굶는 건 먹는 셈이라." 하시니라.
6 형렬이 대하여 아뢰기를 "돈 두고 그럴 리 있겠습니까?" 하니 말씀하시기를 "부엌 땔나무 속에 쉰 냥이 있네." 하시는지라
7 형렬이 가 보니 과연 그러하거늘 즉시 쌀을 사다가 밥을 지어 올리매
8 상제님께서 드시며 "그 밥 참 맛있다." 하고 여러 번 말씀하시고
9 "양반이 집안 망친다 하더니 참말이로구나." 하시니라.

시집가면 죽으리라

10 하루는 상제님께서 형렬의 셋째 딸 말순을 불러 말씀하시기를 "너는 시집가지 말라. 나하고 인연을 맺었으니 네가 시집가면 말라서 죽느니라." 하시니라.

영재 교육의 대도

95 하루는 형렬이 아뢰기를 "고대의 명인은 지나가는 말로 사람을 가르치고, 확실하게 지적해서 일러 준 일은 없었습니다." 하니 상제님께서 "실례를 들어 보아라." 하시니라.
2 형렬이 여쭈기를 "율곡(栗谷)이 이순신(李舜臣)에게는 '당시(唐詩)를 천 번 읽으라.'고 권하여
3 '독룡(毒龍)이 숨어 있는 곳에 물이 특히 맑네.'라는 구절을 스스로 깨닫게 하였을 뿐이요, 임란(壬亂)에 쓸 일인 것을 일러 주지 아니하였고
4 백사(白沙) 이항복(李恒福)에게는 '쉽지 않은 울음에는 고춧가루 싼 주머니가 좋다.'고 말하여
5 직접 지시함이 없이 임진왜란 때 청병(請兵)에 대처하도록 하였습니다." 하니
6 상제님께서 들으시고 말씀하시기를 "나도 그들과 같은 영재(英才)가 있으면 역시 그와 같이 가르칠 것이니라." 하시니라.

오늘 장사는 못 지내리니

96 갑진년 7월에 김덕찬(金德贊)이 모친상을 당하여 장례 준비차 전주에 갔다가 돌아오는 길에 용머리고개 주막에서 상제님을 뵈니

2 상제님께서 말씀하시기를 "오늘 장사
는 못 지내리니 파의(罷議)하리라." 하
시니라.
3 덕찬이 그 말씀을 믿지 않고 집으로
돌아가 장사를 지내려고 정하여 둔 땅
을 파니 큰 개미굴이 나타나므로 다시
다른 곳을 파 보매 그곳 또한 그러하
거늘 부득이 토롱(土壟)을 하니라.

갑칠을 꾸짖지 않으신 상제님

97 김갑칠이 늘 상제님께 응석과 고집
을 부리되 상제님께서는 잘 달래어
일깨우실 뿐 한 번도 꾸짖지 않으시니
갑칠이 더욱 심해지는지라
2 하루는 형렬이 몹시 화가 나서 "저런
못된 놈이 어디 있느냐." 하며 꾸짖거
늘
3 상제님께서 이르시기를 "네가 아직 언
행이 덜 풀려서 말에 독기(毒氣)가 있
도다." 하시고 말씀하시기를
4 "惡將除去無非草요
오장제거무비초
好取看來總是花니라
호취간래총시화
싫다고 베어 버리면 풀 아닌 게 없고
좋다고 취하려 들면 모두가
꽃이니라." 하시니라.
5 이어 말씀하시기를 "말은 마음의 소리
요, 행동은 마음의 자취라.
6 말을 좋게 하면 복이 되어 점점 큰 복
을 이루어 내 몸에 이르고, 말을 나쁘
게 하면 화가 되어 점점 큰 재앙을 이
루어 내 몸에 이르느니라." 하시니라.

갑칠은 무식똑똑이라

7 갑칠이 비록 배우지는 못했으나 말을
잘하고 경위가 발라 불의한 일을 보면
참지 못하고
8 평소 상제님을 수종 들 때 눈치 빠르
게 일 처리를 잘 하거늘
9 하루는 상제님께서 웃으며 말씀하시
기를 "그놈 참 똠발똠발 하니 무식똑똑
이로구나." 하시니라.
10 갑칠이 목소리가 우렁우렁하고 수틀
리면 해 붙이는 불같은 성미인지라 마
을 사람들은 갑칠을 '와가리'라 부르며
두려워하니라.

진보회가 일어남

98 동학 신도들이 갑오(甲午: 道紀 24,
1894)년에 참패를 당한 뒤로 감히
나타나지 못하고 잠잠히 지내더니
2 일본에 망명해 있던 동학 3세 교주 손
병희(孫秉熙)가 '일본과 동맹국의 입장
에 서는 것이 조선의 근대 개혁과 국
제적 지위 획득에 유리하다.' 생각하고
3 갑진년에 이용구(李容九)를 조선에 보
내어 동학 교도를 수습하여 민회(民會)
를 조직하게 하니
4 이에 응하여 사방에서 동학 신도들이
다시 일어나 그 세력이 날로 커지매 백
성들은 갑오년에 본 그들의 난폭한 행
동을 떠올리고 두려운 마음을 품더라.
5 하루는 형렬이 상제님 계신 곳을 찾아
갈 때 마침 동학 신도들이 원평에 모
여있는지라
6 상제님을 뵙고 그 일을 고하니 상제님
께서 "속히 원평에 가서 그 모임의 취지
와 동향을 조사하여 오라." 하시므로
7 형렬이 명을 좇아 탐사하여 보니 그
모임의 명칭은 진보회(進步會)요, 목적
은 보국안민(輔國安民)이요, 대회 장소
는 충남 강경(江景)이라.
8 곧 돌아와서 아뢰니 말씀하시기를 "저
들의 이번 운동에는 각기 제 재산을
쓰게 할 것이요, 갑오년과 같이 백성
에게 폐를 끼치지 못하게 하리니
9 나부터 먼저 망하여 모범을 보이리
라." 하시니라.

본댁 살림을 파하심

99 그 길로 객망리 본댁에 가시어 가
옥과 고추밭 일곱 뙈기를 파시고

"이사를 하리라." 하시니 온 동리가 술
렁이니라.
2 상제님께서 동리 사람들을 불러 말씀
하시기를 "내가 이사를 가야 하니 이삿
짐 좀 져다 주어야겠네." 하시매 이삿
날 사람들이 모여들어 짐을 꾸리는데
3 상제님께서 "각기 마음대로 져 보라."
하시니 성심을 다하는 사람은 쌀섬,
가마솥, 장독 등 무겁고 중요한 것을
짊어지고
4 체면치레만 하는 사람은 가볍고 값없
는 빗자루, 멍석 따위만 들고 나서니라.
5 일행이 말등굴이재에 이르자 상제님께
서 "여기서 쉬도록 하세. 저쪽에서 마
중 나올 테니." 하시되
6 점심을 먹고 한참을 기다려도 마중 나
오는 사람이 없거늘
7 상제님께서 말씀하시기를 "내 이사는
이러고 말 모양이니 각자 지고 온 짐을
가지고 집으로 돌아가라." 하시는지라
8 힘들여 짐을 지고 온 사람들은 좋은 것
을 차지하고 꾀를 부린 사람들은 아무
값어치 없는 물건만 가져가게 되니라.
9 이때 가옥과 전답을 판 돈은 전주에 가
시어 걸인들에게 모두 나누어 주시고
10 또 문중에서 걷어 놓은 쌀 백 가마니
마저 다 써 버리시니 문중의 원성이 높
았으나 상제님 앞에서는 감히 말을 못
하니라.
11 이후에 상제님의 가족은 남의 집 협실
에서 궁핍하게 지내시니라.

나를 본받음이라

100 이후로 과연 그 회원들이 제 재
산을 탕진하매 상제님께서 말
씀하시기를 "저희들이 나를 본받아 제
재물을 쓰고 있나니 살려 줌이 옳으니
라." 하시니라.
2 상제님께서 일진회(一進會)가 일어난
후로부터 갓을 벗고 삿갓을 쓰시며 옷
은 안이 검고 밖이 희게 하시어 "저희
들이 검은 옷을 입으니 나도 검은 옷
을 입노라." 하시고
3 하늘을 가리키며 말씀하시기를 "신명
들이 내가 하는 일을 듣고 있도다. 저
구름이 속은 검고 겉은 희니 곧 나를
본받음이니라." 하시니라.

얼마 아니 되어 해산하리라

4 용화동에 사는 강중구(姜仲九)가 일진
회에 가입하였다가 그 행동의 불의함
을 보고 탈회하더니 그 후로 그 세가
크게 일어나거늘
5 중구가 원평에서 상제님을 뵙고 탈회
한 사유를 고하며 아뢰기를 "일후에 일
진회가 득의(得意)케 되면 여러 사람들
이 그 해를 면치 못할까 하나이다." 하
니
6 상제님께서 말씀하시기를 "근심하지
말지어다. 얼마 아니 되어 해산하리
라." 하시니라.

강경 강가에서 공사 보심

101 갑진년 어느 날 상제님께서 형
렬과 호연을 데리고 강경에 가
시니라.
2 이때 호연을 저고리에 싸서 업고 가시
다가 강변에 뉘어 놓고 어디론가 가셨
는데
3 문득 어디선가 큰 황소만 한 호랑이가
나타나 강둑을 돌아다니거늘
4 호연이 이를 보고 형렬에게 "저게 무엇
이길래 소같이 저렇게 댕겨요?" 하니
형렬이 "그게 호랭이다, 호랭이!" 하는
지라
5 호연이 놀라서 "호랭이가 우릴 잡아먹
으면 어째요?" 하니 "우리는 안 잡아
먹어." 하니라.
6 잠시 후 호랑이는 금세 어디로 가고,
강물 가운데에 큰 불덩이가 동이처럼
솟아 강물이 마치 밥이 끓어 넘치는
것처럼 버글버글 끓으니
7 물고기들이 뛰쳐나와 강둑에 턱턱 걸

치거늘 동네 사람들이 앞다투어 주워
가니라.
8 이윽고 불덩이가 사라지고 상제님께서
오시더니 "호연이 놀랬냐?" 하시거늘
9 호연이 "아까 불이 들어와서 데어 죽
을까 봐 혼났지." 하니 "거 봐라, 그러
니 나보고 욕 마라, 잉?" 하시는지라
10 호연이 "그러면 선생님이 그랬어요?"
하고 여쭈니 "아니." 하시거늘 호연이
다시 "그러면 왜 그런 말을 해요?" 하
매
11 상제님께서 "내가 그런 조화를 부린다
고 하면 죽이려 할 테니 누가 물어도
그런 소리 말아라, 잉?" 하시니라.

호연의 설사병을 고쳐 주심

102 갑진년 초가을에 호연이 설사병
이 나서 며칠을 앓거늘
2 마루에서부터 찔끔찔끔 똥을 싸기 시
작하여 채 뒷간까지 가지도 못하고 간
신히 마당에서 일을 보고
3 심할 때는 방 안에서 문턱도 넘지 못
하고 싸는 일도 많으니 호연이 몹시
수척해진지라
4 상제님께서 금산에서 지초 한 뿌리와
인삼 한 뿌리를 가지고 오시어
5 "누구보고 달여 달라고 하겠냐, 내가
깎아서 줄 테니 그냥 주워 먹어라." 하
시며 잘게 썰어 주시거늘 호연이 그것
을 먹고 금방 나으니라.
6 호연이 그 때 상제님께서 주신 것을 먹
은 후로는 한평생 설사 한 번 하지 않
고 뒤보는 일이 편안하더라.

기침하는 호연에게 호랑이고기를 사다 주심

7 또 한번은 호연이 백일해(百日咳)에 걸
려 여러 날을 심하게 앓거늘
8 상제님께서 군산에 가시어 호랑이고
기를 사다 주시니 그것을 먹고 기침이
멎으니라.

황사성 부자의 빚 탕감

103 8월 27일 상제님께서 익산 만중
리(萬中里) 황사성(黃仕成)의 집에
이르시니
2 마침 어떤 사람이 노기를 띠고 문을
세게 닫는 바람에 벽이 무너져서 그
마을 정춘심(鄭春深)의 집으로 옮겨 가
시니라.
3 본래 사성의 부친 숙경(叔卿)이 전주
용진면(龍進面) 용바위에 사는 황 참봉
에게 빚이 있었는데
4 황 참봉이 죽은 뒤에 그 아들이 사람을
보내어 빚을 재촉하며 "만일 갚지 않으
면 경무서(警務署)에 고소하여 옥중에
다 썩히면서 받겠다." 하고 위협하거늘
5 이 날 밤에 사성 부자가 춘심의 집에
와서 상제님께 이 일을 아뢰며 무사히
끌러 주시기를 간청하니라.
6 이에 상제님께서 말씀하시기를 "그대
의 집 벽이 무너졌으니 그 일은 끌러지
리라." 하시고
7 숙경으로 하여금 갓 한 닢과 무명베
한 필을 사 오게 하시어 옷 한 벌을 지
어 입으시고
8 숙경에게 이르시기를 "일이 잘 풀리리
니 근심을 놓으라. 무명베 한 필은 채
권과 채무 사이에 길을 닦는 것이니
라." 하시니라.
9 그 뒤에 순검이 와서 숙경을 잡아가려
하거늘 숙경이 순검과 함께 채권자의
집에 가서 갚을 기한을 연기해 달라고
청해도 채권자가 듣지 않고 고집하는
지라
10 그 모친이 아들을 불러 꾸짖으며 "저
어른은 네 부친의 친구인데 이제 옥에
가두려 하니 네가 금수의 행위를 하려
하느냐." 하고 그 증서를 빼앗아 불살
라 버리매
11 채권자가 할 수 없이 숙경에게 사과한
뒤에 고소를 취하하고 빚을 탕감하여
주니라.

먹을 것 싸 들고 다니는 호연이

104 상제님께서는 먹을 것이 생기면 무엇이든 늘 호연에게 맡겨 놓으시니 호연이 보자기에 싸서 들고 다니다가 함께 나누어 먹곤 하니라.
2 호연이 음식 꾸러미를 들고 가다가 "나 다리 아퍼 못 가!" 하고 상제님께 기대면
3 상제님께서 '이것 먹어라, 저것 먹어라. 저만치 가면 내가 업고 가지. 저만치 가면 보듬고 가지.' 하며 달래어 데리고 가시는데
4 호연이 그만큼 가서 다시 업어 달라고 하면 또 앞서시며 "이만치 오면 업고 가지." 하시어 그제야 업어 주시니라.
5 호연이 업혀 갈 때 보자기 든 손을 앞으로 하니 꾸러미가 흔들려 상제님의 눈앞을 가리거늘
6 상제님께서 "아, 그놈의 것 내버려라." 하시니 "안 내버려. 가서 먹어야지." 하며 더욱 꼭 쥐고 가니라.

크게 깨닫지 못하고 마음씀이 옹졸하거늘

105 상제님께서 전주 백운정(白雲亭)에 잠시 머무르실 때 마침 그 마을 총각이 장가를 들었는데 첫날밤도 치르지 않고 되돌아온지라
2 그 연유를 들어본즉, 신랑이 신방 밖으로 나오니 중이 송낙을 쓰고 담 밖에 서서 울안을 엿보고 있거늘
3 다짜고짜 신부에게 "중놈과 정을 통하다가 시집을 오니 망을 보고 있는 것 아니냐?" 하며 소박을 놓고 돌아온 것이더라.
4 상제님께서 이를 들으시고 "신부의 포한을 누가 풀어 주겠느냐?" 하시고
5 신랑을 불러 이르시기를 "쥐가 하는 소리를 알아듣는 사람도 있거늘 그리 멍청해서 무엇 하겠느냐? 오늘밤에 신부의 집 뒤꼍으로 가 보아라." 하시거늘
6 신랑이 가서 보매 담 위에 탐스러운 박이 열렸는데, 떨어질세라 작대기를 받쳐둔 박 위에 잎사귀가 씌워져 있는 모습이 달빛에 비쳐 영락없이 송낙을 쓴 중 같더라.
7 이에 그 부부가 정성스럽게 옷 한 벌을 해 드리며 좀더 머무르시기를 간청하나 신랑의 행동을 보니 마음씀이 옹졸하거늘
8 말씀하시기를 "왕대 밭에 왕대 나고 시누대 밭에 시누대 나느니라.
9 네놈 근본이 잘아서 굵게 못 쓰니 크게 먹지는 못하겠구나!" 하시고 길을 떠나시니라.

위독한 김보경을 건져 주심

106 상제님께서 9월 10일에 함열 회선동(會仙洞) 김보경의 집에 가시니 삽살개 한 마리가 심히 짖으며 나오더라.
2 이때에 보경이 병들어 크게 위독하므로 상제님께 고쳐 주시기를 청하거늘
3 웃으며 말씀하시기를 "그대의 병은 이미 저 개에게 옮겼으니 근심을 말라." 하시니 과연 보경은 곧 낫고 그 개는 병이 들어 사흘 만에 죽으니라.
4 이때 보경의 집 근처에 화적떼가 출몰하여 동네를 다 쓸고 다니거늘
5 조만간 보경의 집에도 들이닥치리라는 풍문에 집안사람들이 걱정과 두려움으로 안절부절못하는지라
6 보경이 상제님께 여쭈기를 "제 집이 비록 넉넉지 못하나 밖에서는 부자인 줄 알고 있으니 두려워 마음을 놓지 못하겠습니다. 청컨대 도난을 면케 하여 주옵소서." 하니
7 말씀하시기를 "도적들이 남의 재물을 탐내어 공연히 사람을 해치고 필경 저희들도 죽음을 당하게 되리니 내가 이제 저들로 하여금 농사에 힘써 복을 지어 먹고살도록 하리라." 하시고

8 그 집 문 앞에 침을 몇 번 뱉으시고 말
씀하시기를 "이만하면 그치리니 이 뒤
로는 마음을 놓으라. 도적이 저절로
멀리 가리라." 하시니라.
9 마침 그 때 머슴이 마당을 쓸면서 그
침을 쓸어내려 하거늘 상제님께서 쓸
지 못하게 하시고
10 다음 날 보경의 집을 나서시며 말씀하
시기를 "침을 좀 더 뱉으면 좋겠으나
그만하여도 되리라." 하시니 과연 그
뒤로는 도적의 자취가 없어지니라.

부유(腐儒)를 미워하심

11 이 달에 보경의 집에 계실 때 보경에게
명하시어 "유(儒) 불(佛) 선(仙) 석 자를
쓰라." 하신 뒤에
12 성도들에게 "뜻 가는 대로 한 자씩 짚
으라." 하시니 보경은 불(佛) 자를 짚
고 또 한 사람은 유(儒) 자를 짚거늘
13 말씀하시기를 "유(儒)는 부유(腐儒)니
라." 하시니라.

나는 백구름, 너는 홍구름

107 갑진년 9월에 상제님께서 형렬
에게 이르시기를 "이 다음에 온
천하가 싸움을 하거든 천지에서 이치
가 되어 다투는 줄 알아라.
2 나는 백구름이요, 너는 홍구름이니라."
하시니라.

별놈의 병이 다 돈다

3 또 말씀하시기를 "이제 느닷없이 전에
없던 별놈의 병이 다 생기고, 세상을
불로도 치고 물로도 치리라." 하시거늘
4 형렬이 재차 그 뜻을 여쭈니 말씀하시
기를 "일이 먼저 앞서야지 말이 앞서
면 안 되느니라.
5 나중에 가르쳐 주리니 그렇게 알라."
하시니라.

너의 논을 바치겠느냐

108 상제님께서 하루는 청도원에 사
는 류찬명(柳贊明)에게 물으시기
를 "너의 논 일곱 마지기를 공사에 바
치겠느냐?" 하시니
2 찬명이 흔쾌히 대답하고 부자 김한식
에게 논을 팔아 상제님께 바치거늘
3 한식이 그 논을 다시 찬명에게 소작해
달라 하므로 전과 같이 농사를 지을
수 있게 되니라.

너는 지리를 통하라

4 하루는 찬명에게 명하시기를 "너는 지
리(地理)를 통해라." 하시니 이로부터
찬명이 지리를 통하여 이름을 날리니
라.

담뱃대로 홍어를 낚아 함께 드심

109 찬명의 지주(地主) 김한식은 그
아들이 정신병자인지라
2 하루는 찬명에게 '선생님께 아뢰어 아
들의 병을 고쳐 달라.'고 간청하거늘 찬
명이 상제님께 여쭈니 허락하시니라.
3 이에 한식이 주안상을 마련하고 상제
님과 동네 유지 몇 사람을 한자리에
청하여 술대접을 하는데
4 한 사람이 상제님께 여쭈기를 "선생님
께서는 신인이란 소문이 있는데 그것
이 사실이라면 그 증거를 보여 주십시
오." 하거늘
5 상제님께서 웃으시며 "그러하리라."
하시고 담뱃대를 마치 고기 잡는 낚싯
대처럼 허공을 향해 드시고 한참을 계
시니라.
6 이윽고 담뱃대를 앞으로 채어 당기시
니 문득 큰 홍어 한 마리가 앞자리에
뒹구는지라
7 좌석에 모인 사람들이 크게 놀라며 고
기를 만져 보니 살아 있는 진짜 물고
기이거늘 그 홍어로 회를 쳐서 함께 먹
으니라.

병자의 정신이 회복되니라

8 술상을 물리신 뒤에 상제님께서 한식
에게 "그대의 아들을 데려오라." 하시
니

9 마침 그 아들이 실성한 사람의 걸음걸
이로 집 안에서 나오거늘 상제님께서
"그곳에 섰거라." 하시니 그 아들이 그
자리에 서서 움직이지 못하니라.
10 이에 상제님께서 종이에 소멸음해부(消
滅陰害符)라 쓰시고 부(符)를 그려 한식
에게 주시며
11 말씀하시기를 "이 부적을 병자의 베개
속에 넣어 두라. 그러면 병이 차차 나
으리라." 하시니
12 그 후로 병자의 정신이 차차 회복되니
라.

상제님을 시험한 류재원

110 상제님께서 류찬명의 집에 머무
르실 때 찬명의 자질(子姪)들이
술 심부름을 자주 하는데
2 상제님께서는 술을 드셔도 청주(淸酒)
를 처음 뜬 것만 드시며 다른 사람이
먼저 먹으면 입 댄 것이라 하여 드시지
않으니라.
3 하루는 찬명의 조카 재원에게 구릿골
로 술 심부름을 시키시니
4 재원이 구릿골에서 옹기병에 술을 한
병 받아오다가 상제님을 시험하고자
조금 따라 마시고 그만큼 물을 넣어
상제님께 바치거늘
5 상제님께서 노하여 꾸짖으시기를 "너
이놈, 어디서 술을 처먹고 물로 나를
속이느냐!" 하시니라.
6 그 후 재원이 눈병이 나서 심하게 앓으
니 찬명이 고쳐 주시기를 간청하거늘
7 상제님께서 불쌍히 여기시어 재원의
눈에 손을 대시매 곧 씻은 듯이 나으
니라.
8 이후로는 구릿골 입구에 사는 김명환
이 상제님의 술병을 짊어지고 따라다
니니라.
9 상제님께서는 술을 약주(藥酒)라 하면
안 잡숫고, 청주나 막걸리라 하면 잡
수시니라.

처남 정남기의 불의와 패가망신

111 상제님께서 형렬을 데리고 원평
김성보(金成甫)의 집에 머무르실
때
2 정남기가 일진회 회원이 되어 상제님
께 강제로 가입하기를 권하며 회원 십
여 명과 함께 상제님의 두발을 가위로
자르려 하나 베이지 않는지라
3 상제님께서 머리 한 줌을 친히 잘라 내
시며 말씀하시기를 "내 이것으로써 여
러 사람의 뜻을 풀어 주노라." 하시고
4 웃으며 남기에게 이르시기를 "나는 너
의 보좌(補佐)가 되리라." 하신 뒤에
5 다시 남기에게 탈퇴하기를 권하시며
"네가 내 말을 듣지 않으면 뒷날 크게
후회하리라." 하시니라.
6 과연 그 후에 남기는 패가망신하고 그
유족(遺族)은 이리저리 떠돌며 사니라.

일진회의 소요를 진압하심

112 11월에 상제님께서 전주에 이르
시니 마침 일진회 회원들이 전주
지회 개설 문제로 이를 강제 진압하려
는 관찰사에 대항하여 큰 소동을 일으
키매 민심이 크게 동요하는지라
2 보경에게 이르시기를 "김병욱이 국가
의 중진에 있으니 동요된 민심을 잘
진압하여 그 직책을 다하여야 할지라.
그 방책을 어떻게 정하였는지 물어 오
라." 하시니라.
3 보경이 병욱을 찾아 명하신 바를 전하
니 병욱이 와 뵙고 말씀드리기를 "무
능한 저로서는 물 끓듯 하는 민요(民
擾)를 진압할 수 없으니 오직 선생님의
힘만 믿습니다." 하거늘
4 상제님께서 "내가 가늠하여 진압하리
라." 하시고 즉시 신명들에게 명하시
어 이 날 저녁부터 비와 눈을 크게 내
리시며 기후를 혹독히 춥게 만드시니
5 방한설비 없이 노상에 모인 일진회 회
원 수천 명이 해산하여 집으로 돌아가

니라.
6 이렇게 사흘 동안을 계속하여 비와 눈
을 내리시니 사람들이 다시 모이지 못
하게 되매 민요가 저절로 평정되니라.

어사 박제빈 면직 공사

113 11월에 원평에 계실 때 어사(御
史) 박제빈(朴齊斌)이 정읍, 부안,
태인, 김제 등 전라북도 몇몇 고을 군
수를 파면하고 장차 전주에 출두하려
하니 군수 권직상(權直相)의 지위도 위
태롭게 된지라
2 김병욱은 전주 육군 장교로서 권직상
과 친분이 있을 뿐 아니라 그가 파면
되면 자기도 또한 낭패될 일이 많으므
로 그 일이 걱정되어 상제님께 대책을
여쭈거늘
3 말씀하시기를 "그 일은 무사하도록 끌
러 주리니 근심치 말라.
4 조선이 오래도록 여러 악폐를 쌓았거
니와 이제 운마저 다하여 망할 순간이
눈앞에 닥쳤거늘 한갓 민폐만을 더하
고 있구나." 하시고 즉시 신명에게 명
을 내리시니라.
5 그 뒤에 박 어사가 권직상을 파면하려
고 전주에 들어오자 때마침 박 어사를
소환한다는 훈령(訓令)이 전라북도 관
찰사에게 이르니라.
6 이에 병욱이 상제님께 와서 크게 감사
를 드리니 말씀하시기를 "내가 신명에
게 명하는데 어느 신명이 감히 나의 명
을 어기리오." 하시니라.

미움 받은 호연이

114 상제님께서 호연을 형렬의 배필
로 정해 주신 뒤로 형렬의 큰며
느리가 '늙어빠진 시아버지가 어린 첩
을 얻었다.'며 호연을 더욱 미워하고
시기하거늘
2 상제님께서 형렬의 집에 호연을 두고
출타하실 때면 큰며느리가 호연을 굶기
기도 하고 심사를 부리는 일이 많더라.
3 갑진년 섣달에 상제님께서 왕골로 호연
의 신을 삼아 오색물을 들여 주셨는데
4 큰며느리가 그 신을 몰래 가져다가 호
연의 이름을 쓰고 바늘을 열십자로 찔
러서 시궁창에 버리거늘
5 상제님께서 이를 아시고 한 성도에게
"저기 정자나무 밑 도랑에 가서 신을
빼 오너라." 하시니
6 그 성도가 의아해하며 "거기에 무슨 신
이 있어서 빼 와요?" 하고 여쭈는지라
7 상제님께서 "호연의 신이 거기에 있으
니 어서 빼 오너라." 하고 명하시니라.

한바탕 소동이 일어나니라

8 그 성도가 상제님께서 이르신 곳에 가
서 호연의 신을 찾아오니
9 호연이 울먹이며 "내가 부모가 없어,
우리 집에 먹고살 것이 없어? 어째 날
데려다 놓고 이 모양으로 해요?" 하며
상제님께 따져 묻거늘
10 형렬이 이를 보고 크게 노하여 절굿공
이를 들고 닥치는 대로 살림살이를 때
려 부수고 장독까지 모두 깨니 한바탕
소동이 일어나니라.

천기를 풀어 주심

115 상제님께서 성도들을 데리고 모
악산 용안대(龍眼臺)에 가시어 여
러 날 머무르실 때
2 마침 눈이 크게 내려 길이 끊어지매 양
식이 두 끼 지을 것밖에 없는지라 성
도들이 서로 걱정하거늘
3 상제님께서 들으시고 "그 남은 양식으
로 식혜를 지으라." 하시니라.
4 성도들이 남은 양식을 털어 식혜를 지
으면 아예 굶게 될 것이라 걱정하며
식혜를 지어 올리니
5 상제님께서 이를 성도들과 나누어 잡
수시매 곧 눈이 그치고 날씨가 화난(和
暖)해져서 한 길이나 쌓인 눈이 금시에
다 녹고 도로가 통하게 되거늘 곧 돌

아오시니라.

을사(乙巳: 道紀 35, 1905)년

신원일의 입문

116 을사(乙巳: 道紀 35, 1905)년 정월 그믐날 상제님께서 형렬과 더불어 부안 변산(邊山)에 가시어 공사를 보시고
2 인근 상동면 신기리(上東面 新基里) 이환구(李桓九)의 집으로 가시는데 갑자기 비가 오는지라
3 상제님께서 지필(紙筆)을 꺼내어 글을 써서 던지시니 빗줄기가 길 양쪽으로 갈라져 내리거늘 비를 맞지 않고 마른 행장으로 당도하시니라.
4 상제님께서 환구의 집에 여러 날 머무르실 때 개 한 마리를 잡고 제수를 마련하여 크게 치성을 지내시거늘
5 이때 여러 성도들을 마당에다 벌여 앉히고 공부를 시키시는데 상제님께서 앉으신 채 공중으로 떠올라 둥둥 떠다니시니라.
6 공부를 마치고 형렬이 환구의 아내에게 물을 떠오게 하여 성도들이 다 함께 마시니라.
7 이때 환구가 부안 사람 신원일(辛元一)을 자주 천거하거늘 상제님께서 원일을 부르시매 원일이 와 뵙고 상제님을 집으로 모셔 가니
8 원일의 부친과 아우는 상제님을 믿지 아니하여 오래 머무르심을 싫어하더라.

천하창생 건지는 공부를 해야지

117 신원일은 본래 이옥포(李玉圃)의 문하생으로 영보국 정정지법(靈寶局定靜之法)으로 열심히 수도하던 사람이라.
2 상제님을 따르기 전에 부안 어느 산 굴 속에 들어가 10년을 기약하고 수도를 한 적이 있더니
3 그 즈음 상제님께서 공사를 행하시며 부안 신명을 부르시는데 신명이 대령하지 않는지라
4 상제님께서 "네 이놈! 어찌하여 내가 부르는데도 오지 않느냐!" 하고 호통치시니
5 그제야 그 신명이 와서 사죄하며 아뢰기를 "부안 사람 신원일이 굴에 들어와 공부를 하고 있어 잡신이 범접치 못하게 지키는 중이었습니다." 하니라.
6 이에 상제님께서 노하여 말씀하시기를 "거기서 헛공부하고 앉았으니 그만 나오라 해라! 도통 안 준다고 해라!" 하시거늘
7 부안 신명이 원일에게 가서 '굴에서 나오라.'는 말씀을 전하니
8 원일이 "내가 굳은 결심으로 '반드시 도통하고 나가리라.' 하고 천지에 서약했거늘 누가 감히 나오라 마라 하느냐!" 하며 거역하는지라
9 부안 신명이 그대로 아뢰니 상제님께서 들으시고 다만 "그러냐." 하시고 "그만 가 보아라." 하시니라.
10 그 후 원일이 칠흑같이 어두운 굴에서 공부하고 있는데, 갑자기 태양 같은 밝은 빛이 쏟아져 들어와 눈이 부셔 정신을 차릴 수가 없더니
11 문득 허공에서 "대장부가 천하창생 건지는 공부를 해야지, 어찌 저 혼자 도통하려 한단 말이냐. 헛공부니라!" 하고 우레 같은 소리가 들리며 천지가 진동하거늘
12 원일이 깜짝 놀라 뒤돌아볼 경황도 없이 밖으로 뛰쳐나오니라.

원일의 소원을 들어주심

118 하루는 원일이 상제님께 청하기
를 "가친이 본래 어업을 경영해
왔는데
2 지난해에는 폭풍으로 인하여 큰 손해
를 보았으니 금년에는 풍재(風災)를 없
게 하시어 고기잡이가 잘되게 해 주시
면 가친을 위하여 다행한 일이겠습니
다." 하고 여러 날을 지성으로 발원하
니라.
3 상제님께서 말씀하시기를 "너의 아비
를 위한 정을 물리치지 못하겠도다.
4 그 일은 어렵지 않으니 많은 이익을 얻
은 뒤에 천 냥을 바칠 것을 천지신명
들과 약속하면 이를 허락하리라. 장차
쓸데가 있노라." 하시거늘
5 원일 부자가 기뻐하며 굳게 다짐하매
이 해에 과연 풍재가 없어지고 칠산바
다에서 원일 부친의 고기잡이가 가장
잘되어 큰돈을 버니라.

원일 부친의 불의를 응징하심

6 이에 상제님께서 원일의 부친에게 사
람을 보내어 "약속한 돈 천 냥을 보내
라." 하시거늘 원일 부친이 전일의 언
약을 어기고 보내오지 않는지라
7 상제님께서 원일에게 이르시기를 "이
는 대인(大人)을 속임이라. 내 일은 모든
것을 신명과 더불어 작정하는 것이므
로 한 가지도 사사로이 못하나니
8 신명의 노여움을 사고서 무슨 일을 계
속할 수 있겠느냐. 이 뒤로는 네 아비
의 고기잡이가 철폐되리라." 하시더니
9 과연 그 뒤로는 고기가 한 마리도 잡
히지 아니하매 마침내 고기잡이를 폐
지하니라.

일진회와 전주 아전의 대란을
끌러 주심

119 2월에 상제님께서 전주 용머리
고개 주막에 계실 때 일진회 회
원과 전주 아전이 서로 다투어
2 전주 경무서 총순(總巡)을 지낸 정창권
(鄭昌權)이 부중(府中) 백성을 모아 사
대문을 잠그고, 차경석(車京石) 등이 이
끄는 일진회 회원의 입성을 막는 한편
사방으로 통문(通文)을 돌려서 민병(民
兵)을 모집하여 일진회를 초멸하려 하
거늘
3 한 성도가 아뢰기를 "일진회의 무리들
이 일본이 승리한 기세를 타고 동토(東
土)를 뒤흔들고 있는데 조정에서도 어
찌하지 못하고 수수방관하고 있습니
다.
4 지금 일진회원들이 큰 기세로 성을 둘
러싸고 성문 열 것을 강요하고 있는데
부중의 아전들이 백성을 모아 막고는
있으나 장차 큰 살상의 참화가 있을
것 같습니다." 하니라.
5 상제님께서 말씀하시기를 "어렵게 살
아난 것이 또 죽겠으니 구원하리라."
하시고
6 화정리 이경오에게 가서 돈 일흔 냥을
청구하시니 경오가 돈이 없다고 거절
하거늘
7 다른 곳에서 일곱 냥을 주선해 오시어
말씀하시기를 "이 일곱 냥이 능히 일
흔 냥을 대신하리라." 하시니라.
8 상제님께서 형렬을 데리고 다시 용머
리고개 주막에 이르시어 행인을 많이
불러 모아 술을 권하시고 종이에 글을
써서 그 집 문 돌쩌귀와 문고리를 연
결하시니
9 이 날 저녁에 일진회와 아전 사이의 협
상으로 서로간의 충돌을 간신히 피하
여 아전들은 일단 해산하고 일진회원
들은 모두 강경으로 물러나거늘 이 날
쓰신 돈은 모두 여섯 냥이더라.
10 상제님께서 형렬에게 이르시기를 "옛
사람은 산(算)가지 하나로 십만 대병을
물리쳤다 하거늘 이제 나는 돈 여섯
냥으로 일진회와 아전의 싸움을 끌렀
으니 내가 옛사람만 같지 못하다." 하

시니라.

적신이 범한 돈을 쓰려 하였더니

11 그 후에 상제님께서 이경오에게 이르
시기를 "내가 그대에게 돈 일흔 냥이
있음을 알고 청구한 것인데 왜 그렇게
속였느냐?" 하시니
12 경오가 정색하여 말하기를 "진짜 없었
습니다." 하거늘 이 날 밤 경오의 집에
도적이 들어 돈 일흔 냥을 빼앗아가니
라.
13 상제님께서 그 소식을 들으시고 말씀
하시기를 "그 돈을 적신(賊神)이 범하
였기에 내가 사람 살리는 일에나 쓰려
고 청구하였더니 경오가 없다고 거절
하였다." 하시니라.

일진회의 단속을 풀어 주심

120 그 후 그 주점에 계실 때 연일
순검이 마을에 있는 일진회 회
원을 조사하고 밤마다 순찰하며 삼엄
한 경계를 펴는데
2 하루는 일진회원 한 사람이 순검에게
쫓겨 상제님이 계시는 주막으로 숨어
들거늘
3 상제님께서 이르시기를 "그대들이 이
같은 고난을 당하고도 면할 줄을 모
르고 무슨 일을 하겠느냐? 내가 그대
들을 위하여 관부의 취조를 없게 하여
주리라." 하시더니
4 과연 이로부터 엄중한 단속이 풀어지
니라.

오동팔의 불의

121 이 뒤로 두어 달 동안 손바래기
앞 주막에서 공사를 행하실 때
성도들의 내왕이 빈번하여 주막 주인
오동팔(吳東八)이 돈을 많이 모으더니
2 그 뒤에 경비가 부족함을 보고 심히
냉대하거늘 성도들이 그 의롭지 못함
에 성을 내니
3 상제님께서 일러 말씀하시기를 "어리
석은 자가 의리를 알리오. 우리가 만
일 그 무의(無義)함을 성내면 그가 반
드시 큰 화를 받으리니
4 나의 지나는 길에 덕을 흘리지 못하
고 도리어 화를 끼치면 어찌 온당하리
오." 하시니라.

천지대신명들이 불의를 응징함

5 그 후 태인 읍내에 이르시어 밤중에 성
도들을 데리고 성황산(城隍山)에 올라
공사를 행하실 때
6 하늘로부터 수많은 대군(大軍)이 행진
하는 소리와 수많은 말들의 방울 소리
가 크게 들리니라.
7 상제님께서 오랫동안 신명에게 칙명을
내리신 뒤에 말씀하시기를 "이제 대신
명(大神明)들이 모였으니 그 해산 끝에
는 참혹한 응징이 있으리라." 하시니
8 이 말씀을 마치시자마자 갑자기 태인
읍내에서 군중의 고함소리가 들리는
지라
9 성도들이 상제님을 모시고 산에서 내
려와 그 이유를 알아보니 김기년(金基
年)의 주막이 군중에게 습격을 받아 세
간과 술독이 모두 부서졌다 하더라.
10 원래 기년이 술장사를 하면서 읍내 청
년들의 동정을 얻어 많은 돈을 벌었는
데
11 그 뒤에 청년들이 궁핍하여지자 이들
을 심히 냉대하매 청년들이 그 불의함
에 화가 나서 행패를 부린 것이라.
12 이튿날 상제님께서 기년의 집에 가시
니 기년 부부가 울며 다른 곳으로 거
처를 옮기려 하거늘
13 상제님께서 기년의 아내에게 "술을 가
져오라." 하시니 대답하기를 "술독이
모두 부서졌는데 무슨 술이 있겠습니
까?" 하니라.
14 상제님께서 말씀하시기를 "저 궤 속에
감춰 둔 소주가 있지 않으냐?" 하시니
15 기년의 아내가 감탄하여 말하기를 "어
른 앞에서는 조금도 숨길 수가 없습니

다." 하고 작은 병에 담긴 소주를 따라
올리니라.
16 이에 상제님께서 기년 부부에게 이르
시기를 "본래 이해득실이 모두 제 몸
에 있고 위치에 있지 않나니 이 뒤로는
삼가 모든 사람에게 온정을 베풀라.
그러면 앞길이 펴지고 영업이 흥왕하
리라." 하시니라.
17 기년 부부가 이 말씀대로 이사를 중지
하고 허물을 고쳐 술장사를 계속하니
얼마 안 되어 영업이 다시 번창하니라.

오동팔의 집을 지어 주심

122 한편 태인 성황산 위에서 공사
를 보신 날 밤에 느닷없이 우레
와 같은 소리가 나며 손바래기 앞 오
동팔의 주막집이 저절로 날려 뜰 밖으
로 엎어지거늘 사람과 세간은 상한 바
없더라.
2 이에 동팔이 재목을 수습하여 다시 집
을 짓는데 거듭 두 번이나 전과 같이
엎어지므로 할 수 없이 공사를 중지하
고 임시로 만든 거처에서 지내거늘
3 하루는 어떤 사람이 지나다가 그 광경
을 보고 불쌍히 여겨 자진하여 불과
서너 시간 만에 집을 지어 주고는 품
삯도 받지 않고 가니라.
4 무릇 그 집을 지으려면 목수 십여 일
품이 드는 일이므로 이웃 사람들은 매
우 이상히 여기나
5 성도들은 태인 산 위에서 하신 상제님
말씀을 생각하여 '그 집이 엎어진 것은
신명들이 해산할 때에 응징한 것이요
6 다시 그 신이한 구조를 받은 것은 상
제님께서 신장(神將)을 보내어 도와주
신 것이라.'고 믿으니라.

악기 공사를 보시며 노래 부르심

123 하루는 호연이 "심심하니 책 좀
봐요." 하거늘 상제님께서 "무슨
책을 볼거나, 무슨 소리를 할거나?"
하시니 "아무것이라도." 하는지라
2 상제님께서 바가지에 구멍을 뚫고 실
을 매어 새끼손가락으로 퉁기시니 '똥
땅똥땅' 소리가 나거늘
3 그것을 둘러메고 마당으로 나가 호연
을 쳐다보시며 "야아~ 호연아, 내가
이것을 칠 테니 너 노래 하나 해라."
하시니라.
4 이에 호연이 "무슨 노래요?" 하니 "꽃
노래 불러라, 꽃노래!" 하시거늘
5 호연이 다시 "꽃아 꽃아, 그래요?" 하
니 "그렇게 하는 것 아니다." 하시며
6 곡조를 메기시어 다정스레 꽃노래를 가
르쳐 주시고, 노들가도 가르쳐 주시니
라.
7 또 소를 잡으면 하얀 힘줄을 쳇바퀴
에 팽팽하게 둘러매어 '땅그랑땅그랑'
치기도 하시고 북이며 장구 같은 것도
잘 만드시니라.

신교 음악의 풍물굿 대공사

124 상제님께서는 풍물굿을 좋아하
시어 굿을 즐겨 구경하시니 호
연이 "안 보여." 하면 어깨에 태우고
보시는데
2 구경하다 흥이 나시면 풍물패에 직접
뛰어들어 장구도 치시고 꽹과리도 치
시니라.
3 한번은 술을 동이째로 흠뻑 드시고,
홀로 뱅뱅 도시면서 풍물을 가랑이 사
이로 넣었다 뺐다 하며 치시니 그 모
습이 가히 일품이더라.
4 상제님께서 한바탕 흥겹게 노시다가
"열두 가지 재주 있는 놈이 빌어먹는
다더라." 하시며 그만두시니라.

바위를 눌러 물이 나게 하심

125 하루는 상제님의 말을 몰고 따
르던 김성연(金成淵)이 중도에서
목이 말라 샘을 찾거늘
2 상제님께서 아시고 말에서 내려 손바

닥으로 길가의 바위를 누르시니
3 바위가 움푹 패여 들어가고 그 자리에
맑은 물이 고이므로 성연에게 그 물을
마시게 하시니라.
4 어느 해 오뉴월에 하루는 상제님께서
어떤 사람에게 "네가 용한지 내가 용
한지 보자." 하고 그 사람과 내기를 하
시어 시렁 밑에 고드름을 얼리시니라.

부부 싸움을 말린 물그릇

126 상제님께서 부안 신기리 이환구
의 집에 자주 가시는데, 한번은
환구 내외가 사소한 말다툼 끝에 부부
싸움에 이른지라
2 마침 상제님께서 형렬을 데리고 당도
하시니 내외간에 불편한 기색이 완연
하되 상제님 앞에서 내색을 못 하다
가
3 자리를 피하여 다른 방으로 가서 말다
툼을 계속하더니 문득 환구의 아내가
생각하기를 '어르신 모셔 놓고 할 일이
아니라.' 하고 민망한 마음에 부엌으
로 들어가 버리니라.
4 이에 화가 덜 풀린 환구가 방 안에 있
던 물사발을 부엌으로 집어던지니 소
리만 요란할 뿐 물 한 방울 쏟아지지
않고 멀쩡하거늘
5 환구 내외가 놀라며 '하느님의 조화가
아니고는 이런 일이 있을 수 없다.' 하
고 황공스럽고 창피하여 이내 잘못을
뉘우치니라.
6 환구가 송구스런 마음으로 상제님 계
신 방에 가 뵈니 상제님께서 다만 빙
긋이 웃으시거늘
7 형렬도 빙긋이 웃으니 이내 환구도 따
라 웃으며 아내를 도와 상제님께 정성
껏 진지를 지어 올리니라.
8 이후로 환구 내외는 항시 상제님의 감
화를 마음에 새겨 얼굴을 붉히는 일이
생기지 않도록 서로 조심하니라.

필성에게 기운을 붙이심

127 안필성은 키가 크고 통뼈라 힘
이 천하장사인데도 팔씨름이나
씨름 같은 힘겨루기는 물론 장기나 바
둑으로도 상제님을 한 번도 이겨 본
일이 없거늘 마음속에는 늘 불만이 있
더라.
2 상제님께서 필성에게 "힘겨루기를 하
자." 하시면 필성이 질 것이 뻔하여 피
하고자 하나 억지로 팔을 끌어서라도
겨루시거늘
3 필성이 약이 올라 죽을힘을 다해 보아
도 도저히 상제님을 이길 수가 없더라.
4 또 필성이 상제님을 모시고 나란히 걸
어갈 때면 자신의 키가 훨씬 큼에도
불구하고 항상 올려다봐야 하고 그 그
림자를 보아도 상제님의 그림자가 더
크거늘
5 필성이 하도 신기하여 다른 사람에게
물어보면 상제님의 키는 자신의 어깨
어름이라 하더라.

필성이 모시고 길을 갈 때

6 하루는 필성이 상제님과 함께 함열에
사는 채 참봉을 만나러 가는데, 걸어
서 하루 종일 걸리는 거리를 한나절이
채 안 되어 도착한지라
7 필성이 '어떻게 이리 빨리 왔나?' 하여
온 길을 되새겨보니
8 만경강(萬頃江)을 건너느라 나룻배 탄
것도 기억나는 것으로 보아 본래 함열
가는 길로 온 것이 틀림없으므로 의아
히 여기니라.
9 이후로도 상제님께서는 어디를 가시든
지 한 식경을 넘기지 않으시니라.

필성과 함께 술을 드실 때

128 필성이 술을 담가 놓으면 상제님
께서 오시어 독째로 잡수시는데
2 안주가 없을 때는 필성이 "도술로 붕
어라도 만들어라. 안주 없이 먹을 수
있나?" 하매

3 상제님께서 "그려. 그럼 안주 해다가
먹자." 하시고 종이에 무어라 써서 마
루에 놓으시면 잠시 후에 붕어나 잉어
가 놓여 있거늘 회를 쳐서 안주 삼아
드시니라.
4 한번은 상제님께서 원평 주막에서 필
성과 술을 드시며 말씀하시기를 "심심
하니 싸움 구경이나 하자." 하시며 물
을 튀기시니
5 문득 기골이 장대한 항우장사 두 사람
이 이상한 옷을 입고 나타나 '이놈 저
놈' 하며 한참을 치고 받고 격렬하게
싸우거늘
6 동네 사람들까지 모여들어 함께 구경
을 하는데
7 이윽고 상제님께서 손을 내저으시매
싸움하던 장사가 이내 사라지니라.

상제님의 옷차림

129 상제님께서는 평소에 두루마기
를 입지 않으시고 바지와 저고
리만 입으시며
2 머리는 망건도 쓰지 않으신 채 칭칭
감아 솔상투로 하시고 주로 삿갓을 쓰
고 다니시니라.
3 또 "누가 내 발을 해 주냐." 하시며 버
선 대신 무명베를 찢어 발감개를 하시
니 자연 대님도 매지 않으시고
4 밖에 나가실 때도 평소 옷차림 그대로
나가셨다가 며칠 만에 들어오셔도 꼭
그 차림으로 들어오시는데
5 간혹 의관을 정제하실 때는 여느 사람
과 같이 두루마기를 입으시고, 버선을
신고 대님을 매시며 갓망건도 갖추어
쓰시니라.
6 하루는 성도들이 대님을 매지 않으시
는 연고를 여쭈니 "대님 매고 앉아서
언제 억조창생 살리는 천지공사를 보
겠느냐!" 하며 나무라시고
7 때로 누가 버선을 지어다 올리면 "너
나 신어라." 하며 돌려보내시니라.

출행하실 때

8 상제님께서 어디로 출행하실 때는 주
로 갑칠이 모시는데
9 어디를 가시든지 허리에 짚신 한 켤레
를 차시고 삿갓 하나는 꼭 챙겨 떠나
시니라.
10 또 밖에 나가실 때 담배를 가지고 다
니지 않으시며 나가셔서는 좀처럼 담
배를 피우지 아니하시니라.

자네 어떻게 하려는가

130 형렬이 자신의 셋째 딸을 수부
로 내세워 상제님을 시봉케 한
뒤에
2 어느 날 상제님께서 형렬을 불러 물으
시기를 "자네 어떻게 하려는가?" 하시
매
3 형렬이 아뢰기를 "수부는 저희 딸로
들여세우겠사오니 염려 마시고 하루
속히 천하사나 추진하사이다." 하니
라.
4 이에 상제님께서 태연히 "그럼 머리를
올리게 하소." 하시거늘
5 형렬이 "그 일이 어렵습니까. 지금 저
의 처지가 옹색하오니 조금 형편이 나
아지면 하시지요." 하고 대답하니라.

김형렬 며느리의 불평과 쌀 걱정

131 상제님께서 형렬의 집에 자주 머
무르시며 공사를 행하시니 성도
들의 음식 비용만도 적지 않은지라
2 하루는 형렬이 상제님의 명을 받고 집
에 들어가 며느리에게 "점심을 지으
라." 이르니
3 며느리가 속으로 생각하기를 '시아버
지가 요술쟁이에게 미쳐 자식들을 고
생시키고 집안을 망친다.' 하여 "쌀이
어디에 있어서 밥을 해 먹습니까?" 하
거늘
4 형렬이 상제님께 그대로 아뢰니 말씀
하시기를 "부엌 숯무더기 앞에 있는

단지 속에 쌀이 두어 말 있으니, 가서
절굿대로 깬다고 하여라." 하시니라.
5 이에 형렬이 부엌에 가서 보니 과연 말
씀하신 대로 쌀이 단지에 가득한지라
6 형렬이 절굿공이를 들고 "이놈의 쌀독
을 깨 버린다." 하니 며느리가 시아버
지의 손목을 잡고 말리며 독에 든 쌀
을 전부 쏟아 밥을 지어 올리거늘 사
람이 워낙 많아 그래도 밥이 모자라더
라.
7 상제님께서 진지를 드시며 자꾸 웃으
시니 형렬이 그 이유를 여쭈거늘
8 말씀하시기를 "요놈을 먹고 저녁에 다
시 오면 또 없다고 이맛살을 내 천(川)
자로 쓸 테니 그 꼴을 또 어떻게 본다
더냐?" 하시니라.
9 이에 형렬이 아뢰기를 "그러면 쌀 좀
들어오게 하십시오." 하니 상제님께서
"오늘 저녁에 보광(普光) 너머에서 쌀
이 들어오리라." 하시거늘 저녁때 과
연 쌀 한 짝이 들어오더라.
10 이 뒤로도 상제님께서 "내일은 쌀 몇
가마니가 들어온다." 하시면 말씀하신
대로 쌀이 들어오니 그 쌀로 성도들의
밥을 짓는데
11 하루에 쌀이 한 섬도 없어지고 한 가
마니도 없어지며, 제를 지내는 날에는
몇 가마니씩 소비되기도 하거늘
12 밥을 워낙 많이 지을 때는 이웃집에
쌀을 주어 함께 짓기도 하니라.

구릿골 앞 도랑에서 세수하심

132 상제님께서는 친히 구릿골 냇가
에 나가시어 세수를 하시고, 섶
다리골에 가 몸을 씻으시니 가끔 호연
이가 등을 씻어 드리니라.
2 또 각지를 다니며 공사 보실 때는 논
물에 얼굴과 발을 씻으시고 호연이도
씻겨 주시는데
3 호연이 자고 있으면 손수건을 빨아서
닦아 주시니라.

상제님 옷 빨아서 드리면

4 상제님께서 때로는 옷을 한번 입으시
면 옷이 시커멓게 되도록 오래 입으시
니
5 성도들이 뒤를 따라다니며 '갈아입으
시라.'고 여러 번 말씀드려도 벗지 않
으시니라.
6 하루는 한 성도가 여쭈기를 "어찌 옷
을 안 갈아입으십니까?" 하거늘
7 말씀하시기를 "왜 남을 괴롭게 하느
냐? 내가 빨아 입으련다." 하시니라.
8 이에 호연이 "아이구, 남자가 빨아 봐
야 내나 더러워요." 하며 거드니
9 상제님께서 마지못해 벗으시며 "남자
가 여편네보다 나아야." 하시니라.
10 평소에 상제님과 형렬, 호연의 옷은
송은주가 빨아 드리거늘 옷을 깨끗이
빨아서 방망이를 사용하지 않고 밟아
서 다듬기만 하여도 옷이 항상 미끈하
고 말쑥하더라.
11 평상시에는 은주가 새 옷을 지어 가져
온 것을 성도들이 방 한구석에 놓아
두면 상제님께서 갈아입으시는데
12 하루는 새 옷을 가져다 올리니 '바지를
입히라.'는 듯 다리를 쭉 펴고 앉아 계
시거늘
13 두 사람이 양쪽에서 상제님의 다리를
각기 한 쪽씩 끼워 드리고 일으켜 세
우니 상제님께서 "야, 이놈들아. 아프
다." 하시는지라
14 성도들이 웃으니 "이놈들아, 웃기는
왜 웃느냐? 내 고추를 보고 웃는가 보
구나! 너희들은 안 달렸냐?" 하시며
함께 웃으시니라.

은주를 잘 따른 호연

133 은주가 구릿골에 들어온 이후로
호연을 "애기씨, 애기씨!" 하고
부르며 잘 보살피니 호연도 은주를 잘
따르니라.
2 하루는 호연이 "언니, 언니!" 하고 달

려가 은주에게 업히니 상제님께서 "언
니가 뭣이여?" 하시거늘
3 호연이 "아, 큰게 그러지. 나는 쪼그망
고." 하니 말씀하시기를 "인제 네가 그
사람보다 위여." 하시니라.

네가 이렇게 높은 사람이여

4 또 호연이 자라매 서로 말벗을 하며
친구처럼 지내는데
5 하루는 은주와 호연이 '변치 말자.'며
실에 먹을 묻혀 서로의 팔뚝에 게렁지
를 뜨거늘
6 상제님께서 "아예 성(兄)을 내려고?"
하시니 호연이 "성을 내면 어쩌? 나는
어리고…." 하는지라
7 상제님께서 "인제 네가 그 사람보다
요렇게 솟아. 이렇게 높은 사람이여."
하시거늘
8 호연이 "어떻게 알아? 나도 저렇게 큰
단 말이여?" 하니 "저 사람은 요만해
도 너는 이제 이려. 이렇게 돼야." 하시
니라.
9 이에 호연이 놀라며 "내가 그렇게 넓
어?" 하니 상제님께서 "아이고, 이게
그려. 이것 데리고 말 안 혀." 하고 더
이상 대꾸하지 않으시니라.

신원일 부친의 빚을 탕감해 주심

134 원일의 부친이 서울 사람에게
수만 냥 빚을 얻어 고기잡이를
하다가 실패하매
2 채권자가 내려와 원일의 집에 머무르
며 성화같이 빚 독촉을 하는지라
3 마침 상제님께서 원일의 집에 이르시
어 그 딱한 형편을 보시고 가엾게 여
기시며
4 채권자에게 이르시기를 "오늘 비가 오
고 아니 올 것으로써 채무 탕감 내기
를 함이 어떠하냐?" 하시니라.
5 이에 채권자가 동의하니 말씀하시기
를 "그대가 비가 오리라 하면 나는 아
니 온다 할 것이요, 그대가 아니 오리
라 하면 나는 온다 하리니 잘 생각하
여 말하라." 하시니
6 채권자는 구름 한 점 없는 좋은 일기를
보고 "비가 오지 않겠습니다." 하거늘
7 상제님께서 "반드시 비가 오리라." 하
시고 곧 비를 크게 내리게 하시니 채권
자가 할 수 없이 그 빚을 탕감하여 주
니라.
8 이 뒤에 부안으로부터 고부 선돌리 박
창국(朴昌國)의 집에 가시어 머무르시
니 이때 누이의 수종다릿병을 대속하
시어 며칠 동안 고통을 겪으시니라.

김광찬 · 소진섭 · 김성화의 입문

135 8월 2일에 김형렬이 선돌리에
와서 상제님을 뵈니 수종다릿병
이 다소 회복되신지라
2 이에 상제님을 모시고 하루 이삼십 리
씩 걸어서 함열 회선동 김보경의 집으
로 가니라.
3 상제님께서 보경의 집에 여러 날 머무
르실 때 함열 사람 김광찬(金光贊)이 보
경의 인도로 상제님을 따르니라.
4 광찬이 상제님을 처음 찾아뵐 때 호박
풍잠(琥珀風簪)에 큰 갓을 쓰고 풍채 좋
게 도포를 차려입고는
5 종을 앞세워 말을 타고 와서 인사를 하
는데 그 품새가 거만하기 그지없거늘
6 상제님께서 아무 말씀 없이 담뱃대를
무신 채 거들떠보지 않으시니라.
7 이에 광찬이 방약무인(傍若無人)으로
거드름을 피우며 맞담배를 피우고 제
자랑을 하매
8 상제님께서 담뱃대로 광찬의 인중(人
中) 주위를 한 바퀴 두르시고 다시 담
뱃대를 무시니
9 이내 방 안으로 시커먼 구름이 몰려들
어 갑자기 뇌성벽력이 일면서 광찬의
앞으로 번갯불이 번쩍번쩍 들이치거늘
10 광찬이 소스라치게 놀라 마당으로 도
망하는데 먹구름이 광찬을 따라다니

며 번갯불을 쳐대니라.
11 이에 광찬이 두려움에 떨며 무릎을 꿇
고 상제님의 다리를 덥석 끌어안은 채
"죽을죄를 졌으니 살려 주십시오." 하
며 울부짖거늘
12 상제님께서 "죄가 없는데 무엇이 두려
운고?" 하시며 한참 동안 혼쭐을 내신
뒤에야 번개를 거두시니라.
13 이후로 **소진섭**(蘇鎭燮)과 임피 군둔리
(臨陂 軍屯里) **김성화**(金聖化)가 차례로
따르니라.
14 이때 형렬은 집으로 돌아가고 상제님
께서는 한동안 함열과 임피 사이를 왕
래하시며 공사를 행하시니라.

김성화의 집에 머무르실 때

136 8월에 임피 군둔리 김성화의 집
에 머무르실 때 소나기가 내리
는 어느 날 명주 두루마기를 가져오라
하시어 입으시고
2 "동네를 둘러보자." 하시며 집을 나서
시니 김성화가 수행하니라.
3 상제님께서 마을 가운데에 있는 감나
무를 지나실 때 갑자기 천둥번개가 요
란하게 내리치거늘
4 마을 사람들이 모두 놀라 쳐다보니 상
제님의 두루마기 옷고름이 팔랑거리
는 것이 옷이 전혀 비에 젖지 않은지라
5 동네 사람들이 그 후로 상제님을 '신
인'이라 칭하며 더욱 경외하니라.

불평 품은 성화의 아내

6 하루는 성화의 아내가 진지를 지어 올
리매 상제님께서 쳐다보지도 않으시고
상을 물리시거늘
7 성화가 당황하여 그 연유를 여쭈니
"그 음식에는 네 안식구의 불평줄이 담
겨 있느니라." 하시는지라
8 성화가 깜짝 놀라 부엌으로 달려가 아
내를 추궁하니 상제님께서 여러 날 머
무르심에 불평을 품고 있었더라.
9 말씀을 전해 들은 성화의 아내가 놀라
달려와 백배사죄하고 다시 정성껏 진
지를 지어 올리니 그제야 상제님께서
맛있게 잡수시니라.

앉은뱅이를 일으켜 세우심

137 상제님께서 군둔리에 머무르실
때 하루는 인근 마을에 사는 앉
은뱅이 총각이 어떤 사람의 등에 업혀
와 고쳐 주시기를 애원하거늘
2 그는 어려서 앉은뱅이가 되어 다리가
굳어 꼼짝 못 하는 신세로 장가도 들
지 못한 사람이라
3 김성화의 집에 신인이 와 계신다는 소
문을 듣고 찾아온 것이더라.
4 상제님께서 병자를 마당에 앉히시고
허공을 향해 입술만 움직이시며 묵송
(默誦)을 하시니 굳은 다리가 금세 펴
지는지라
5 총각이 크게 기뻐하며 자리에서 벌떡
일어나 사례하고 돌아가니라.

부자는 악척이 많나니

138 하루는 한 성도가 여쭈기를 "조
금 전에 거부(巨富) 세 사람이 선
생님 모시기를 원하여 찾아왔는데
2 그들이 오기 전에 형개(荊芥)를 묶어
놓으시고 도착한 뒤에는 글을 쓰시며
3 뵙기를 청하매 큰 소리로 꾸짖으시고,
도문에 들어오고자 원하니 목록을 보
이시며 '그 목록에 적힌 대로 헌성하
라.' 하시어
4 '그 물목에 적힌 액수가 세 사람의 재
산을 모두 다 바쳐도 모자란다.' 하여
스스로 포기하고 돌아가게 하심은 무
슨 까닭입니까?" 하니
5 상제님께서 말씀하시기를 "형개를 묶
은 것은 형가(荊軻)를 묶은 것이요 물
목(物目)을 보인 것은 스스로 물러가게
함이니라.
6 무릇 부자들은 척(隻)이 많으니 그들을
다 구해 주려 하다가는 어느 겨를에

천지공사를 행하겠느냐.
7 부잣집 마루와 방과 곳간에는 살기와
재앙이 가득히 채워져 있느니라.
8 이놈들아, 부자 좋아하지들 말아라!
붓대 하나 까딱하면 다 죽는다." 하시
니라.

상제님께서 조상 제사를 지내실 때

139 설날이나 추석 때가 되면 상제
님께서 "자기 조상신이 남의 방에
는 안 들어오느니라." 하시고 형렬의 집
마루에서 차례를 지내시니라.
2 공사를 보시며 제를 지내실 때는 대개
제물로 소머리, 개머리, 돼지머리, 술,
청수를 쓰시는데
3 명절 때는 과일이며 음식을 다 차려 놓
고 여느 사람 차례 지내듯 하시니라.
4 또 정월 초사흗날이며, 칠월 칠석이며,
섣달 그믐 같은 날에는 마당에서 천지
제(天地祭)를 지내시니
5 그 때는 으레 "소를 잡으라." 하시는데
그러면 성도들에게 돈이 없다가도 뜻
밖에 어디서 생기므로 그 돈으로 소를
잡아서 올리곤 하니라.

남에게 나눠 주기 좋아하는 호연

140 호연은 평소 성도들이 가져온
음식이 있으면 가난하고 배고픈
사람들에게 나누어 주기를 좋아하니
2 상제님께서 호연의 그런 품성을 매양
칭찬하시니라.
3 하루는 형렬의 집에서 소 한 마리를
잡으니 어린 호연이 나서서 김씨 일가
는 물론 동네의 굶주린 사람들에게까
지 골고루 나누어 주거늘
4 상제님께서 이를 흐뭇하게 바라보시
며 말씀하시기를 "너는 귓문이 넓어
서, 장군에다 곡식을 넣어 아래위로
가는 사람 퍼 주라는 팔자다. 한번 타
고나면 어쩔 수가 없구나!" 하시니라.
5 하루는 호연이 상제님과 함께 흑석골
집에 갔다가 광에 있는 쌀가마니에 칼
로 구멍을 내어 앞자락에 쌀을 담아다
가 불쌍한 사람에게 나누어 주거늘
6 호연의 어머니가 가뜩이나 없는 살림
에 남 준 것이 속상하여 호연을 때리
며 "너는 어째 그렇게 남 주기를 좋아
하냐?" 하고 나무라니
7 상제님께서 못마땅하신 표정으로 "어
린것은 정 있어서 다 같이 먹으려고 주
었는데 그것을 때리느냐?" 하고 호통
치시며 호연을 들쳐업고 나오시니라.

없는 집 제삿밥이 맛나구나

141 하루는 호연이 "아무개가 제사
지낸다고 그러는데 어쩔까요?"
하고 여쭈니
2 상제님께서 "네 맘에 드는 대로 다 갖
다 주어라." 하고 흔쾌히 승낙하시거
늘
3 호연이 명태와 굴비 등을 골고루 가져
다 주니라.
4 밤이 깊어 상제님께서 호연에게 "야야,
호연아! 너 준 것 있지, 잉? 가서 제삿
밥 좀 가지고 오니라." 하시거늘
5 호연이 가기 싫어 미적거리는데 어느
결에 상이 저절로 들어와 있는지라
6 잘 차려진 상을 보며 "세상에! 그 집
먹을 것도 없이 다 가지고 왔으면 어
쩐대?" 하니
7 상제님께서 말씀하시기를 "우리 먹응
게 좋지! 야, 지지고 볶고 없는 집 제
삿밥이 맛나다, 잉?
8 그러니 잘 지낸 제삿밥은 싱거운 법이
니라." 하시며 김치며 나물 등을 한데
에 다 부으시고 "비벼서 먹어라." 하시
매 모두들 비벼서 맛있게 먹으니라.
9 또 때로는 제사를 지낸 집에서 직접 제
사상을 가져와 함께 드시는데
10 하루는 형렬이 혼잣말로 이르기를 "저
런 재주 절반만 가졌어도 걱정이 없겠
다." 하며 입맛을 다시더라.

어린 호연에게 열매를 따다 주심

142 상제님께서 호연을 데리고 산에
가시면 "이것이 아그배다.", "이
것이 다래다." 하시며 열매들을 일러
주시고
2 밖에 다녀오실 때는 종종 대추며 감이
며 아그배 등 별의별 것을 다 가져오
시어 호연에게 주시니라.
3 한번은 산에 가시어 다래를 덜 익은
것, 익은 것 가리지 않고 훑어서 저고
리 소매를 묶어 그 안에 넣어 오시거
늘
4 호연이 "그거 뭐하려고 그래요?" 하니
"아, 시나브로 익어 몰랑몰랑하면 너
먹으라고." 하시는지라
5 호연이 "나 이가 이렇게 있는데 이 없
을까 봐?" 하니 말씀하시기를 "너나
되니까 내가 생각해 주지." 하시니라.
6 또 한번은 맹감 익은 것을 싹싹 비벼
서 가져오시어 "이건 시고도 떫어. 빨
가니 앵두같이 좋아서, 너 같아서 내
가 가지고 왔어." 하시니
7 호연이 "참, 별것을 다 가지고 왔네."
하거늘 상제님께서 "아이구, 우습다!
이런 것 다 따먹고 다니니 좋다, 잉?"
하고 웃으시니라.
8 상제님께서 말씀하시기를 "호연아, 이
게 네 선배다." 하시니 호연이 "아, 더
알면 아는 것 조금 가르쳐 주세요." 하
거늘
9 상제님께서 그저 빙긋이 웃고 마시니
라.

매실을 따 오심

10 하루는 상제님께서 산에 가셨다가 매
실 세 개를 따 오시어 물에 씻으시며
"요놈 두었다 익으면 호연이 너 줄게."
하시니 호연이 "시어서 안 먹어." 하거
늘
11 상제님께서 "너 신 것이 무엇인 줄 알
어?" 하시매 "초가 시지 뭐." 하니라.
12 이에 상제님께서 "이게 골이여, 골!" 하
시고 "신 것은 무엇이고, 떫은 것은 무
엇이다." 하시며 맛의 이치에 대해 조
목조목 알려 주시니라.
13 상제님께서는 신 것을 좋아하시어 평
소 석류나 매실, 모과 등을 잘 드시니
라.

내가 저것이라야 말벗이라도 한다

143 상제님께서는 나이 어린 호연에
게 항상 임의롭게 대하시니라.
2 하루는 호연이 빨간 바리때에 밥을 비
벼서 "아이고, 맛나라. 이것 잡숴 볼래
요?" 하니
3 "네가 비볐으니 한번 먹어 볼까? 한
술 떠 넣어라." 하시거늘
4 호연이 "손 뒀다 뭐 하려고 떠 넣으
래?" 하는지라 "저 녀석, 내가 저것이
라야 말벗이나 한다니까." 하며 웃으
시니라.
5 상제님께서는 좀처럼 웃지 않으시나
형렬, 호연과 함께 계실 때는 항상 정
겹게 말씀을 나누시며 스스럼없이 잘
웃으시니라.
6 그러나 성도들 앞에서는 웃으실 때도
수건으로 입을 가리시니
7 성도들이 서로 이르기를 "조그만 아이
를 데리고는 저렇게 재밌게 말씀하시
며 웃음으로 날을 보내시는데
8 우리들하고는 아무 말씀도 안 하시고
왜 호랑이가 되시냐?" 하며 불평을 하
니라.

호연이 함부로 말하는 것을 경계하심

9 상제님께서 형렬과 호연을 자주 데리
고 다니며 공사를 행하시니
10 구릿골에 돌아오면 성도들이 살며시
호연을 불러내어 "선생님께서 나가서
뭐라 하시더냐? 어찌하셨냐?" 하고
자꾸 물어대거늘
11 호연이 밖에 나가려 하면 "나가지 말
고 여기 앉아 있거라." 하시며 도로 앉
히시니라.

성도들을 공부시키실 때

144 상제님께서 공부를 시키실 때면
항상 성도들을 둘러앉혀 몸을
움직이지 못하게 하시며 "잡념을 떼고
정심(正心)하라." 하시고 밤이면 닭이
운 뒤에 자게 하시니라.
2 또 이따금 성도들을 태좌법(胎坐法)으
로 늘어앉히시고 "조금도 움직이지 말
라." 하고 명하시며
3 만일 움직이는 자가 있으면 비록 벽을
향하여 누워 주무실 때에도 갑자기 꾸
짖으시니
4 그 밝으심이 자고 깨심과 보고 안 보
심과 멀고 가까움이 없으시니라.

성도들이 모여 있을 때

5 겨울에는 번번이 문을 열어 놓고 마루
에 앉아 계시되 방 안에 있는 사람은
추위를 느끼지 않는데
6 혹 춥다고 말하는 자가 있으면 즉시
따뜻해지고
7 여름에는 모기가 머리 위에서만 소리
를 내고 물지 않으며
8 상제님께서 빈대 있는 방에서 하룻저
녁만 주무시면 빈대가 없어지고 혹 덥
다고 말하는 자가 있으면 즉시 서늘한
기운이 도니라.
9 또 길 가실 때에 덥다고 말하는 자가
있으면 상제님께서 부채나 삿갓으로
한 번만 두르셔도 곧 구름이 해를 덮
고 바람이 서늘하게 일어나니라.

호연에게 선매숭자 수도를 시키심

145 을사년 9월 9일에 상제님께서
"무명 두 필을 끊어 오라." 하시
어
2 흑석골 호연의 집 앞마당에 두어 사람
들어갈 수 있는 크기로 움막을 짓게
하시고 "이제 너 내외한다." 하시니라.
3 호연이 내외한다는 뜻을 몰라 불속에
다 넣는 줄로 알고 "아이고, 뜨거우면
어찌해야 옳을까?" 하고 울거늘
4 상제님께서 어깨를 감싸안으시며 "아
녀, 뜨겁지는 안 혀. 나오지를 못해서
그려." 하고 달래 주시매
5 호연이 "안 나오고 어떻게 살아?" 하
니 "그래도 살 수가 있어." 하시니라.

천지를 받는 청수

6 상제님께서 "잘못 파면 사람이 죽는
다." 하시며 움막 안 동쪽으로 샘을 둥
그스름히 파게 하신 후에
7 몸소 들어가 보시고 "이것이 석 자인
가 넉 자인가 재어 보라!" 하시므로
8 형렬이 왕골을 끊어다가 찔러보니 왕
골의 꽃이 샘 입구에 와 닿거늘 재어
보매 넉 자가 조금 못 되더라.
9 상제님께서 "물이 많다." 하시고 샘의
둘레를 돌로 쌓아 그 위에 덮개를 만
들게 하신 뒤에 샘 안에 대접을 띄우
고 호연에게 "샘을 들여다봐라." 하시
니
10 호연이 샘 안을 보고는 "아무 것도 없
구만, 대접만 동동동동…." 하고 볼멘
소리를 하거늘
11 상제님께서 막대기로 물을 동서남북
사방으로 한 번씩 저으시더니 그릇에
물을 떠서 그 위에 막대기를 열십자로
올려놓으신 다음
12 그 가운데를 눌러 잡으시고 한쪽을 가
리키시며 호연에게 말씀하시기를 "마
셔라. 이놈은 네 차지다.
13 천지를 받는 청수니, 네가 처음으로 먹
어야 내가 먹느니라." 하시고 이어 형
렬에게 "형렬은 이쪽으로 마셔라." 하
시니라.
14 이에 상제님께서 명하신 대로 각기 그
릇 위에 걸친 막대기를 양손으로 잡고
호연이 한쪽으로 세 모금을 마시고 형
렬이 다른 쪽으로 세 모금을 마시니
15 상제님께서 "내가 마지막 먹는다." 하
시며 또 다른 쪽으로 나머지를 다 드
시니라.

공부 움막을 방처럼 만들어 주심

146 상제님께서 말씀하시기를 "너는
인제 오늘 저녁부터 여기서 잔
다." 하시니 호연이 "무서워, 나 혼자
못 자." 하거늘
2 "이 샘이 너를 이렇게 안아 줄 테니 여
기 가만히 있어." 하시고 움막 안에 함
박같이 동그랗게 짚을 깔아 주시니라.
3 상제님께서 그 위에 앉아 보시고 호연
에게 "들어가 앉아 봐라." 하시거늘 호
연이 앉으니 따뜻하더라.
4 또 그 앞에 이불을 가져다 놓게 하시
어 호연이 고개를 기대고 앉아 쉴 수
있도록 하시고
5 호연에게 이르시기를 "인제 여기서 자
고, 똥오줌도 이 안에서 누어라." 하시
며 다른 곳에 일절 가지 못하게 하시
니
6 송은주가 끼니때마다 밥을 해서 가져
다 주고, 호연이 앉은 채로 앞쪽에 놓
인 이불에 엎드려 자다가 인시(寅時)가
되어 일어나면 세숫대야를 가지고 공
부막으로 가서 호연을 목욕시키고 닦
아 주며
7 호연이 움막 안에 종이를 깔고 대변을
보면 그 때마다 치우고 물로 씻어 주
니라.

공부하는 내내 무릎을 꿇게 하심

147 상제님께서 호연에게 칠성경(七
星經)과 개벽주(開闢呪)를 읽게 하
시고 종이에 닭, 뱀, 말을 그리게 하시
는데
2 '오늘은 무엇을 하라.'고 공부 시간을
따로 정해 주지 않으시니, 호연이 하
고 싶은 대로 주문도 읽고 그림도 그
리고 하니라.
3 또 공부하는 동안 내내 무릎을 꿇게
하시니 호연이 다리가 저리고 아파 투
정을 하면 오히려 더 오그려 놓으시고
4 낮에 어디에 가고 안 계실 때에도 "내
가 천리에 가 있어도 뒤꼭지에 눈이 있
어 다 안다." 하시므로 다리를 펴지 못
하니라.

자고 싶으냐

5 상제님께서 한밤중에도 종종 호연이
공부하는 움막에 오시어 작은 소리로
"호연아, 호연아." 하고 부르시거늘
6 호연이 "응." 하고 대답하면 "안 자냐?
먹을 것 갖다 주랴?" 하시고
7 호연이 "싫어." 하고 대답하면 "자고
싶으냐?" 하고 물으시니라.
8 하루는 상제님께서 오시어 물으시는
데 호연이 대답지 않으니 "너 말 안 하
면 내가 벙어리 만들어 놓는다." 하고
도로 가시니라.
9 때로는 상제님께서 콩나물국에 막걸
리를 타서 밥을 말아다 주시므로 그것
을 먹으니라.

호연이 공부하는 것을 지켜 주심

148 호연이 주문 공부를 할 때 개벽
주를 읽으면 간혹 몸이 들썩들
썩하며 허령(虛靈)이 드는 경우가 있으
므로
2 상제님께서 항상 성도들로 하여금 호
연이 공부하는 움막을 지키게 하시니
라.

마차, 마차, 마차

3 또 상제님께서 호연이 공부하는 것을
지켜보시다가 몸을 들썩거리며 요동
하면 "마차, 마차!" 하고 크게 부르시는
데
4 호연이 "어디 말 나왔간디, 마차 마차
혀?" 하니 "어허!" 하고 호령하시니라.
5 하루는 호연의 주문 소리가 들리지 않
아 상제님께서 안으로 들어가 보시니
호연이 쓰러져 있는지라
6 상제님께서 호연의 등을 대나무로 두
드리시며 "마차, 마차, 마차!" 하시니
7 호연이 깨어나며 "내가 말이간디?" 하
고 일어나거늘

8 상제님께서 "이것이 이런당게. 하하!
요저 죽었다고 내가 그 걱정을 했다."
하시며 대나무로 한 대를 더 때리시니
라.

한 사람의 소리가 곧 대중의 소리

149 을사년 12월 21일에 신원일이
와서 여쭈기를 "제가 일찍이 역
둔토(驛屯土)의 사음(舍音)이 되어 도조
(賭租) 수십 석을 사사로이 써 버렸더
니
2 이제 궁내부(宮內府)에서 부안군수에게
위탁하여 독촉이 심할 뿐 아니라 장차
가산을 몰수하려 하므로 할 수 없이
피하여 왔습니다." 하니
3 상제님께서 말씀하시기를 "그 일을 끄
르기는 어렵지 않으니 이곳에 머물러
있으라." 하시니라.
4 이에 원일이 "이 일을 끄르려면 조정
(朝廷)을 변혁시키거나 법제(法制)를 고
치는 두 가지 도리밖에 없는데
5 한 사람의 액을 끄르기 위해 이렇듯
중대한 일을 이룬다는 것은 어려운 일
이 아닙니까?" 하고 여쭈니
6 "한 사람의 소리가 곧 대중(大衆)의 소
리니라." 하시니라.
7 원일이 달포를 머문 뒤에 상제님을 모
시고 서울을 다녀와서 집에 돌아가니
8 잡세혁파(雜稅革罷)의 조칙(詔勅)이 발
표되고 이에 여러 사음의 범포(犯逋)도
모두 면제되거늘
9 원일이 여러 사람들에게 말하기를 "나
로 인하여 까다로운 궁폐(宮弊)가 없어
지고 여러 마름들이 모두 살길을 얻었
다." 하더라.

병오(丙午: 道紀 36, 1906)년

호연이 신안이 열리어

150 호연이 수도 공부를 하매 신안
(神眼)이 열려서 보니 다른 집의
방 안 광경이 빠르게 지나가는데
2 제사 지내는 모습, 청소하는 모습, 내
외가 서로 이야기하는 모습 등이 마치
곁에서 보는 듯 세세하게 보이더라.
3 또 구릿골에 사람이 오면 주머니에 돈
이 얼마 든 것, '내놓을까 말까.' 하며
아까워서 벌벌 떠는 것이 다 보이고
4 까치, 까마귀 등 새가 날아와 '내일 어
디서 누가 오는데 이러저러하다.'고 일
러 주는 것을 다 알아들으니 모르는
것이 없더라.
5 하루는 아침나절에 상제님께서 물으
시기를 "아까 까치가 오더니 뭐라고
하고 가더냐?" 하시니
6 호연이 "오늘 저기 여수에서 뭐 가지
고 온다네." 하거늘 다시 "무엇을 갖고
온다냐?" 하시매
7 호연이 "해물 갖고 온대요. 그리고 돈
은 조금 갖고 오는데 내놓으려니 여비
가 없고 해서 줄까말까 한대. 그런 돈
은 받지 마요.
8 또 내일 아무개가 새를 잡으면 그 어
미 새가 애타니까 못 잡게 해요." 하니
라.
9 이에 상제님께서 "어디 네가 맞추는가
보자." 하시며 엉덩이를 두드려 주고
나가시더니
10 낮이 되매 영락없이 여수에서 아무개
가 미역 한 동을 가지고 오더라.

포장 끌러라

11 또 이튿날 새울음 소리에 밖이 소란
하거늘 상제님께서 호연에게 "저 새가
뭐라고 하냐?" 하시니
12 호연이 "어미새가 새끼를 내달라고 그
러는구만." 하고 대답하니라.
13 이때 동네 아이가 움막 앞을 지나는데
보니 주머니에 새끼 새가 들어 있거늘

14 호연이 "왜 새끼는 잡아서 주머니에다
넣었대요? 어미는 새끼를 내달라고 울
고, 새끼는 죽을까 싶어 깔딱숨을 쉬
는구만!" 하니라.
15 이에 상제님께서 새를 날려 주게 하시
고 밖에 나가셨다가 저녁때가 되어 술
을 드시고 돌아오시어 호연에게 "냄새
나는가 봐라!" 하시거늘
16 호연이 "왜막실에서 누룩을 사다가 술
을 해서 냄새나는 줄도 모르겠네." 하
니
17 상제님께서 무릎을 치시며 "포장 끌러
라!" 하시고 호연에게 "야아! 이제 내
가 너를 보고 선생이라고 할 테니 그
리해라!" 하시니라.
18 호연이 공부를 마친 이후로 총명하기
그지없어 '동네 아무개가 죽는다.' 하
면 죽고, '누가 들어온다.' 하면 역시
그러하더라.

수도 공부를 마치게 하심

151 상제님께서 호연에게 을사년 9
월 9일에 수도 공부를 시작하여
병오(丙午: 道紀 36, 1906)년 정월 보름에
공부를 마치게 하시니 움막에 들어간
지 꼭 125일 만이더라.

널 돌보는 사람이 생긴다

2 호연이 공부 기간 내내 무릎을 꿇은
자세로 있었으므로 종아리살과 허벅
지살이 하나로 붙고 발가락이 얼어서
오그라져 버린지라
3 상제님께서 다리를 펴 주시고 주물러
주시니 괜찮아지거늘 "욕봤다." 하시며
깨끗이 씻겨서 앉혀 놓으시고
4 "비록 내가 죽어서 너를 내버려도 네
가 한탄 말고 살면은 개미가 살려도
살리느니라.
5 네가 죽어서 실래끼가 되어 내버려져
도 개미라도 달라들어서 일으켜 세운
다." 하시니라.
6 이에 호연이 "어느 개미가 나를 살
려?" 하니 "이제 봐라. 내 말이 씨가
되는가 안 되는가.
7 왕개미, 흰개미가 달라들어서라도 역
사(役事)를 해서 너를 살린다.
8 천지에 이치가 있으니 자연히 널 돌보
는 사람이 생겨. 내가 죽으면 영 죽는
것이 아니니 널 돌보마." 하시니라.

천자부해상 공사를 위해 모인 성도들

9 정월 그믐날 **천자부해상**(天子浮海上) 공
사를 위해 여러 성도들이 구릿골에 모
이니
10 모인 성도는 김광찬, 김갑칠, 신원일,
정남기, 정성백(鄭成伯), 김선경(金善
京), 김보경, 김봉규(金鳳圭), 김병선(金
炳善) 등이더라.

나를 보면 그렇게 좋으냐

152 성도들이 모이면 서로 상제님
곁에 가까이 앉고자 하니 상제
님께서 "패 사냐, 이놈들아? 무슨 줄
서냐?" 하고 웃으시니라.
2 또 상제님께서 진지를 드시다가 밥을
남기시면 서로 먹으려 하고, 간혹 의
관을 정제하실 때는 서로 옷을 입혀
드리고 싶어 야단이더라.
3 성도들은 상제님께 꾸중을 들으나 안
들으나 그저 상제님만 계시면 좋아하
는데
4 하루는 한 성도가 막대기로 콩단을 두
드리니 성도들이 기분이 좋아서 춤을
추거늘
5 상제님께서 "저놈들 왜 저러냐?" 하고
물으시매 호연이 "선생님이 계시니 좋
아서 그러지요." 하니라.
6 이에 상제님께서 "허어! 나를 보면 그
렇게 좋으냐?" 하시니
7 호연이 말하기를 "아, 그렇지 않겠어
요? 동구 밖이 훤한데 날이 새지 않겠
어요?" 하거늘
8 상제님께서 "네가 해석을 해 줘라." 하
시니 "선생님이 시켰다고 하니 안 해

줘." 하는지라
9 상제님께서 웃으시며 "저것이 여시인
가 무엇인가 모르겠다!" 하시니라.

성도들이 상제님을 찾아뵐 때

153 상제님께서 방에 계실 때 누가
상제님을 찾아오면 형렬을 통하
여 상제님께 여쭙고 말씀을 듣지 상제
님께 직접 아뢰지는 못하니라.
2 또 호연이 자라매 간혹 호연을 통해
여쭈기도 하고, 상제님께서 호연을 데
리고 밖에 나가셨을 때는 형렬이 상제
님을 대행하여 '이리 해라, 저리 해라.'
하고 이르니라.
3 성도들이 상제님을 뵈러 오면 먼저 토
방 아래에서 무릎을 꿇고 절을 하는데
4 혹 인사를 잘 안 하는 사람을 보시면
"저놈, 쇠말뚝같이 인사도 할 줄 모른
다." 하시고
5 서서 인사를 하는 사람이 있으면 "뻣
뻣이 서서 인사를 하면 '그놈 버릇이
없다.', '후레아들놈이다.' 하는 소리를
듣는 것이니 왜 부모 욕을 먹이냐?"
하시며
6 "교군꾼이나 그렇게 절하는 것이다."
하고 나무라시니라.
7 또 좋은 옷을 입고 와서 옷을 아낀다
고 무릎을 꿇지 않은 채 앞자락을 떠
들고 절을 하면 "옷이 제일이냐, 이놈
아!" 하시며 뺨을 때리시니라.

무릎을 꿇고 앉게 하심

154 상제님 앞에서 다른 성도들은
모두 단정히 무릎을 꿇고 앉으
나 형렬만은 평좌로 앉으니라.
2 성도들이 무릎을 꿇고 있다가 다리가
아파 뻗고 앉으면 "작대기 받쳐서 못
앉았느냐?
3 작대기를 제 몸에 지니고 다니는 놈이
작대기 못 이겨서 두 다리 쭉 뻗고 앉
았느냐?" 하며 호통을 치시고
4 두 다리를 다 개고 앉으면 무릎을 때
리시며 "야, 이놈! 네가 나를 뭘로 봤
기에 그렇게 앉았느냐?" 하시고 때로
는 "똥구녕 빠졌냐?" 하시며 무릎에
벼락을 내리시니라.
5 이에 성도들이 한쪽 무릎은 꿇고, 한
쪽 무릎은 세우고 글을 읽으니 이는
아무 말씀도 하지 않으시거늘
6 성도들이 다리가 아파서 힘들어 하는
모습을 보며 호연이 여쭈기를 "뻗지도
말라 하고, 오그리지도 말라 하고, 어
느 장단에 춤을 춰요?" 하매
7 상제님께서 "너, 춤 못 추냐?" 하시고
나무 잎사귀 하나를 끊어 오시어 너울
너울 춤을 추시니라.

성도들을 대하실 때

8 상제님께서 성도들에게 앉을 자리를
정해 앉게 하시고 평소에는 '해라.', '하
소.' 하는 평어를 쓰시나
9 남들이 있을 때는 혹 경어를 쓰시는
경우도 있더라.
10 또 누구를 대하든지 다정하게 하시고
일어(一語), 일묵(一默), 일동(一動), 일정
(一靜), 일희(一喜), 일노(一怒)를 법도 있
게 하시는데 때로는 폭 잡기 어렵게
행세하시니라.

친구는 삼색 구색으로 두어라

155 성도들이 간혹 아무 생각 없이
정신을 놓고 앉아 있을 때면 비
록 눈을 뜨고 있을지라도
2 상제님께서 "이놈, 자냐?" 하고 갑자
기 물벼락을 치시며 천진한 아이마냥
장난스럽게 웃으시니
3 성도들이 너나없이 상제님과 함께 뒹
굴며 장난을 하니라.
4 평소 상제님께서는 성도들에게 격식을
갖추어 대하시나 먹는 것과 노는 것에
는 상하없이 대하시니
5 하루는 말씀하시기를 "노는 데에는 상
하가 없느니라. 그러니 친구를 삼색

구색으로 다 두어라.
6 잘난 사람일수록 못난 놈, 잘난 놈을
다 사귀어 놓으면 써먹을 때가 있느니
라.
7 내가 높다고 뻣뻣하면 못쓰는 것이니,
내가 높을수록 낮추어야 하고
8 인사를 해도 허리를 굽히고, 나이 많
은 사람에게는 손을 자붓이 해야 하느
니라." 하시니라.

용이 물을 써 올려야 비가 내리느니라

156 한번은 심한 가뭄 끝에 비가 내
렸는데 다른 논에는 물이 고여
있으나 오직 한 논만은 그대로 말라
있거늘 논 주인이 이를 보더니 하늘에
대고 욕을 하며 가더라.
2 호연이 이를 보고 "물을 골고루 줘야
고루 먹고살지 어째 물이 거기는 있고
여기는 없대요? 그런 재주 있걸랑 여
기도 다 같이 물을 주게 하세요!" 하거
늘
3 상제님께서 "네가 용이냐?" 하시니 호
연이 "아! 용이 물을 주는 거구나." 하
는지라
4 상제님께서 "그럼 용이 물을 주지, 사
람이 물을 주겠냐? 용이 물을 써 올려
야 비가 내리는 것이여." 하시니라.
5 이에 호연이 "모르겠네, 나 참말로. 선
비 데리고 사는 사람은 고생해도 생도
(生道)꾼 데리고 사는 사람은 편한 밥
먹는다더니, 이런 양반 참말로 무섭
네." 하매
6 상제님께서 웃으시며 "내가 입맛 한번
다시면 내 품안으로 다 들어온다." 하
시거늘
7 호연이 다시 "각시간디, 품안으로 들
어오게?" 하니
8 "내가 구름을 한번 불러모으면 천지사
람이 깜깜해서 길도 못 찾어. 너 밥그
릇도 못 찾어." 하시니라.
9 또 말씀하시기를 "천하의 농정(農政)이
모두 나에게 달렸느니라.
10 용(龍)이 한 잔의 물만 얻으면 능히 천
하의 비를 짓는다고 하지 않느냐." 하
시니라.

내 발자국만 보고 따라오너라

157 하루는 상제님께서 갑칠을 데리
고 서울을 가시는데 걸어서 싸
리재를 넘어 금구 둔산(屯山)쯤에 이르
니 갑자기 먹구름이 몰려와 소나기가
쏟아지거늘
2 금세 두월천(斗月川) 물이 불어 사람들
이 건너지 못하고 발만 동동 구르고
있더라.
3 상제님께서 갑칠에게 "너 여기 건너가
겄냐, 못 건너가겄냐?" 하시거늘
4 갑칠이 "물살이 빠른 데다가 물이 한
길이 넘는데 어떻게 건너가겠습니까?
저 혼자서는 도저히 못 건너겠습니
다." 하니
5 "너는 내 허리춤을 잡고 꼭 내 발자국
만 딛고 따라 와라잉. 한눈팔았다간
빠져 죽는다." 하시며 성큼성큼 냇물
로 들어가시니라.
6 이에 갑칠이 말씀을 따르니 마치 얕은
물을 건널 때와 같이 종아리까지만 물
이 차는지라 삐적삐적 땀을 흘리며 뒤
를 따르니라.
7 내를 건너고 보니 상제님의 미투리는
바닥께만 젖고 자신은 무릎까지 젖어
있더라.
8 그렇게 하여 하루 만에 서울을 가시어
도성(都城)에 들어가 볼일을 보시고 다
음날 금방 구릿골로 돌아오시니라.

내 눈에는 그렇게 보인다

158 상제님께서 용산에 있는 일본군
주둔지 앞을 지나실 때 말 탄 기
병들이 연병장에서 총을 들고 훈련하
는 모습을 보시고 말씀하시기를
2 "저 미친놈들, 저 허수아비들이 작대기

들고 지랄들 하고 있구나." 하시니라.
3 이에 갑칠이 정색하여 말하기를 "아이
고, 선생님. 일본 군대가 얼마나 무서
운데 그런 말씀을 하십니까? 행여 저
놈들이 들으면 경을 칩니다." 하거늘
4 상제님께서 다시 "지금 허수아비들이
나무 작대기 들고 야단들 치고 있지
않으냐. 내 눈에는 그렇게 보인다. 네
눈에는 그렇지 않으냐?" 하시니
5 갑칠이 손사래를 치며 "제발 아무 말
씀도 마십시오." 하며 주위를 살피더
니 "얼른 이곳을 벗어나십시다." 하고
재촉하니라.
6 이에 상제님께서 "어디 한번 보아라."
하시며 담배 한 대를 말아 피우시니
7 그 순간 연병장의 말들이 땅에 달라붙
어 꼼짝도 못하고 총도 쏘아지지 않으
매
8 병사들이 총을 분해했다가 결합하여
다시 쏘아보며 소란을 떨거늘
9 상제님께서 "저 봐라. 저기 저 허수아
비들이 나무 막대기 들고 지랄들 하고
있지 않느냐. 그래도 못 믿겠느냐?"
하시고 담뱃재를 탁 터시니 그제야 말
이 움직이고 총이 발사되니라.

남고산 치성에서 죽었다 살아난 여인

159 상제님께서 남고산(南固山)에 가
시어 치성을 자주 올리시니라.
2 하루는 형렬과 호연을 데리고 남고산
관성묘(關聖廟)에 가시어 공사를 행하
시는데
3 어떤 여자가 공사에 쓰일 떡쌀을 조금
덜어내고 떡을 찌다가 앉은 채로 죽었
거늘
4 사람들이 영문을 몰라 크게 소란한데
호연이 생각하니 이는 상제님께서 행
하신 일이라.
5 이에 호연이 사람들에게 말하기를 "천
하의 약도 소용없고, 의원도 소용없
고, 다른 데 빌어 봤자 소용없으니 중
산 어른만 붙들고 살려 달라고 비세
요." 하니
6 형렬이 "왜 건방지게 입을 놀리느냐!"
하고 호통을 치니라.
7 호연이 다시 말하기를 "사람이 저렇게
죽어서 앉아 있는데, 왜 남의 애를 태
워? 애타게 하면 그것도 죄야.
8 왜 천하의 일을 한다는 분이 남의 간을
저렇게 녹여요?
9 내가 입을 놀렸으니 살려 주세요. 그
사람이 뭔 죄예요?" 하니
10 상제님께서 "마음을 못쓰게 먹으면 어
릴 때 버릇이 커도 그러하니라. 그런
버릇은 고쳐야 한다. 어디서 못된 것
을 배워 가지고…." 하시니라.
11 이에 호연이 상제님께 "아무리 그래도
세상에 그럴 수가 있어요? 우리가 가
면 저 사람 영 죽잖아." 하거늘
12 상제님께서 "그럼 죽었지, 살았어?"
하시며 그냥 길을 떠나시는데
13 잠시 후에 호연에게 귓속말로 "살았는
지 가 봐라." 하시므로 호연이 뽀르르
달려가 보니 그 여인이 엉덩이를 툭툭
털며 일어나니라.
14 사람들이 어찌 된 영문인지 물으니 여
인이 대답하기를 "떡시루를 찌는데 갑
자기 불속으로 들어갔다가 살아왔소."
하거늘
15 다시 어떻게 살아왔는지를 물으니 "글
쎄 어느 분이…." 하며 문득 상제님 쪽
을 쳐다보더라.

지게를 대신 져 주심

160 가을 추수기가 되어 한창 곡식
을 거둬들이는데, 하루는 어떤
사람이 지게에 벼를 한가득 지고 힘겨
워하며 오는지라
2 상제님께서 손가락을 한번 튕기시니
그 사람이 지게를 진 채로 벌러덩 넘어
지거늘
3 상제님께서 벼를 대신 져다가 그 사람

의 집에 쌓아 주시니라.

너는 내 속 몰라

4 하루는 밤에 어디를 가셨다가 아침이
되어서야 돌아오시니 호연이 그 이유
를 여쭈거늘
5 말씀하시기를 "밤새 벼를 싹 베어서
깔아 놓고 왔다." 하시니라.
6 이에 호연이 "왜 남의 일을 그렇게 해
줘요?" 하니 "머슴이 안타깝고 불쌍해
서." 하시거늘
7 호연이 대수롭지 않게 "그런 쓸데없는
것은 뭣하러 해요?" 하니
8 말씀하시기를 "너는 나 몰라. 내 속 몰
라. 내가 천지를 주름잡고 다니는 사
람인데…." 하시니라.

김낙범 아들의 폐병을 고쳐 주심

161 김낙범(金洛範)의 아들 석(碩)이
폐병으로 사경에 이르거늘
2 상제님께서 덕찬을 데리고 낙범의 집
에 가시어 석을 사랑으로 업어다가 엎
드리게 하시고
3 발로 석의 허리를 밟으시며 "어디가
아프냐?" 하고 물으신 뒤에
4 손을 잡아 일으켜 걷게 하여 들여보내
시며 "닭 한 마리를 삶아 먹으라." 하
시고 다시 눕지 못하게 하시매 이로부
터 완쾌하니라.

상제님의 치병

162 상제님께서는 병자가 찾아오면
대문에 이르기도 전에 어떤 사
람이 무슨 병으로 오는지 다 아시고
2 때에 따라서 손가락을 당기기도 하고
펴기도 하시는데
3 집게손가락을 가볍게 밖으로 튕겨내
시면 그 자리에서 병이 낫고, 집게손가
락의 손톱을 엄지로 지그시 누르고 계
시면 병이 더디 낫더라.
4 상제님께서는 보통 병자를 직접 대하
지 않고 따로 앉아서 맥을 보시는데
5 그 사람의 성명을 물어보신 뒤에 주문
을 읽어 주기도 하시니라.

병자들의 절규

6 또 때에 따라 상제님께서 친히 병자의
환부를 한 번 훑아 주시거나 훑는 시
늉만 하셔도 병이 깨끗이 낫고
7 마마나 홍역으로 많은 사람들이 죽어
갈 때에도 그 집 마루에 올라서시어
발로 쾅 하고 한 번 내딛으시면 병자
가 금세 살아나며
8 아무리 심한 병일지라도 한 번만 다녀
가시면 곧 괜찮아지므로
9 모두들 집안에 병자가 생기면 '그저 한
번만 들어왔다 가십시오.' 하고 아우성
치며 상제님 모시기를 간절히 염원하
니라.

천기(天氣)를 부조해 주심

163 10월에 신원일이 건재약국을 차
리고 약을 사러 공주령(公州令)
에 갈 때
2 김보경의 집에 들러 상제님을 뵙고 아
뢰기를 "지금 길이 질어서 걷기가 매우
어려우니 청컨대 여러 사람들의 교통
이 편리하도록 길을 얼어붙게 하여 주
옵소서." 하는지라
3 상제님께서 말씀하시기를 "뭇 백성들
이 괴로워하니 내가 일조(一助)하리라."
하시고
4 "술을 가져오라." 하시어 드시니 그 날
밤부터 길이 얼어붙어 연말까지 녹지
아니하니라.
5 그 후에 원일이 여쭈기를 "초겨울에
길이 질다고 말씀드렸더니 선생님께서
일조하시겠다고 허락하신 후에
6 겨우내 진 길이 굳게 얼어붙어 상인들
과 서민들 모두 왕래함에 편의를 얻고
사람마다 하늘의 덕을 기리고 있습니
다." 하니
7 상제님께서 말씀하시기를 "백성들이
모두 편하다고 하니 무척 다행이로

다." 하시니라.

가장 두려운 것은 가족 전쟁

164 이 달에 전주에 사는 문태윤(文泰潤)이 와 뵙거늘 상제님께서 그가 가지고 온 보따리를 보시고 말씀하시기를
2 "이 방은 한적한 공부방이라 속 모르는 사람을 그대로 들이지 않나니 그 보따리를 끌러 보이라. 그 속에 반드시 전쟁의 장본(張本)이 있으리라." 하시니라.
3 이에 태윤이 난처한 표정을 짓고 머뭇거리거늘 "어째서 내게 보이지 못하느냐?" 하시니
4 태윤이 부끄러운 빛으로 보따리를 끄르매 그 안에 숙질간(叔姪間)에 재산 관계로 송사하는 문서가 들어 있더라.
5 상제님께서 그 사연을 물으시니 태윤이 여쭈기를 "이런 좋지 못한 일이 있으므로 선생님께 해결책을 여쭈려고 왔으나 부끄러운 마음으로 차마 아뢰지 못하였습니다." 하거늘
6 말씀하시기를 "전쟁은 가족 전쟁이 큰 것이니 한 집안의 난리가 온 천하의 난리를 끌어내느니라." 하시고
7 글을 써서 봉하여 주시며 "이 봉서를 그대 조카의 집 문 앞에 가서 불사르라." 하시니라.
8 이에 태윤이 그대로 하니 그 뒤에 과연 화해되니라.

도문에 사람들이 찾아올 때

165 누가 먼 곳에서 찾아와 동네 어귀에 이르면 상제님께서 이를 아시고 옆에 앉아 있는 호연을 순식간에 그 사람에게 보내어 마중하게 하시니라.
2 또 구릿골에 누가 오면 상제님께서 집 안에 계시다가도 어디로 숨곤 하시니
3 찾아뵈러 온 사람들이 하릴없이 돌아가는 경우도 종종 있더라.
4 이때 제비산과 뒷산으로 다니시며 집을 내려다보시는데
5 어떤 사람이 오는지, 주머니에 돈이 얼마 들어 있는지, 그 사람의 마음이 어떤지를 다 아시니라.
6 마음씨 옳은 사람이 돈을 다 내놓고 돌아가면 "저놈, 저 죽을 줄도 모르고 다 내놓는다.
7 가다가 굶고 가리니 당장 돈 주어서 보내라." 하시며 돈을 더 보태 주게 하시고, 이미 떠났을지라도 사람을 시켜 쫓아가서 주도록 하시는데
8 주머니에 돈을 두고도 아까운 마음에 만지작거리며 '이놈을 줄까나 말까나?' 하는 사람은 돌아가는 여비마저 없애 버리시니라.
9 또 상제님을 찾아온 사람들이 머물렀던 집에는 그 동안 먹은 것을 꼭 갚아 주게 하시고
10 돌아가는 사람의 노자가 적으면 몸소 쓰시던 수건을 빨아 당신께서 드실 진지와 다른 사람들의 밥까지 모두 싸서 허리띠에 채워 주시며
11 "집에 가면서 먹어라. 집에 가면 좋은 소리도 못 듣고, 도(道)에 빠져서 처자식 굶기면서도 그런 데 간다고 밥도 못 얻어먹는다." 하며 안쓰러워하시니라.
12 이때 황송하여 이를 마다하면 "요놈이, 어른이 하라면 하라는 대로 하지, 뺨이나 한 번 맞고 갈래?" 하시니 더는 사양하지 못하고 받으니라.

네 얼굴 구멍이 몇 구멍이냐

166 상제님께서 성도들이 오면 종종 "야, 이놈아! 네 얼굴에 구멍이 몇 구멍이냐?" 하고 갑작스레 물으시는데
2 성도들이 어리둥절하여 아무 말도 못 하면 "네 간판의 구멍도 모르는 놈이

뭣 한다고 댕기냐, 이놈아!" 하고 꾸중
하시니라.
3 하루는 상제님께서 한 성도에게 "네
몸의 구멍은 몇 구멍이냐?" 하고 물으
시니
4 그 성도가 "코 둘, 눈 넷, 귀 여섯…,
모두 일곱 구멍인데요?" 하고 대답하
거늘
5 상제님께서 말씀하시기를 "똥은 어디
로 싸고 오줌은 어드메로 싸냐, 이놈!
6 네 몸의 구멍도 모르고 그렇게 댕기
냐?" 하시며 꾸짖으시니라.

마음보가 불량한 자를 대하실 때

167 상제님께서는 마음이 바른 사람
이 오면 손등을 위로 하여 가만
히 앉아 계시고
2 그렇지 않은 사람이 오면 "저놈, 마음
씨가 불량하다." 하시며 손바닥을 뒤
집으신 채 눈을 뚫어져라 바라보시니
3 이를 아는 사람들은 누가 마당에 들어
서면 벌써 상제님의 손부터 쳐다보니
라.
4 상제님께서 손바닥을 뒤집고 계시면
이상하게도 그 사람이 사지를 벌벌 떠
는데
5 상제님께서 "왜 그려? 아, 왜 그려?"
하시며 손가락으로 한 번 튕기시면 그
사람이 저만치 나가떨어지니라.
6 한번은 어떤 사람이 불경하게 대하므
로 상제님께서 손바닥을 뒤집으시니
갑자기 그 사람이 이를 뿌득뿌득 갈거
늘
7 상제님께서 "너는 뭣이길래 이를 가
냐? 메뚜기냐? 뭣을 갈았으면 간 것
좀 내놔라." 하시며 손가락으로 쿡쿡
찌르시니
8 그 사람이 죽겠다고 소리를 지르며 슬
금슬금 밖으로 나가더라.
9 이렇게 한두 번 겪은 사람들은 상제님
을 두려워하며 더욱 정성껏 모시니라.

어른을 보면 고개를 숙여야지

168 하루는 호연이 "선생님 보겠다
고 먼 데서 애 잦게 오면은 어른
의 낯꽃이 좋아야 기운이 나지 어쩌면
그래요?
2 죽겠다고 찾아오면 '어서들 오너라~.'
그러고 좋게 해야지, 눈이 빤닥빤닥하
니 유리창 같다고, 눈만 봐도 무섭다
고 모두 고개를 수그리니 쓰겠어요?"
하거늘
3 상제님께서 "어른을 보면 고개를 숙여
야지 그럼 멀뚱멀뚱 쳐다보느냐? 눈
구녕을 박을 듯이 빤히 쳐다보니 내
눈꽃이 안 좋지." 하시니라.
4 이에 호연이 "처음 오는 사람이 무엇
을 알아요?" 하고 톡 쏘아붙이듯 말
하니 "너 통변(通辯)하라고 안 혀. 저리
가." 하시거늘
5 호연이 "통변이 또 뭐래? 누가 오줌
싼대?" 하며 능청을 떠니
6 상제님께서 "저리 가라 했지 누가 오
줌 싼다고 하냐? 어린것이 여기서 통
변하지 말라 그 말이여." 하시며 나무
라시니라.

곧이듣지 않는 김정빈

169 구릿골에 사는 형렬의 일족 김
정빈(金正彬)이 평소에 상제님의
말씀을 곧이듣지 않고 공사에 수종드
는 성도들을 비웃는지라
2 동지섣달에 하루는 상제님께서 정빈에
게 이르시기를 "용머리고개에 꼭 다녀
와야 할 집이 있으니 심부름 좀 갔다
오라." 하시니
3 정빈이 여쭈기를 "참말입니까? 또 무
슨 거짓말 하려고 그러시는 것 아닙니
까?" 하거늘
4 말씀하시기를 "참말이니 그러지, 추운
데 뭐 하러 그러겠느냐. 꼭 가야 하는
일이니라." 하시니라.
5 이에 정빈이 "그러면 할 수 없이 갔다

오겠습니다." 하고 용머리고개 마루에
이르니 큰 물체가 앞을 가로막고 꿈틀
거리거늘 자세히 보니 집채만 한 구렁
이라.
6 정빈이 기겁을 하고 도망쳐 오니 상제
님께서 웃으시며 "잘 갔다 왔냐?" 하
시니라.

싸움 한 김광찬의 목덜미를 번쩍 들고 오심

170 하루는 김광찬이 밖에 나갔다가
예수교인과 싸움이 붙어 불러도
오지 않으니 상제님께서 직접 가시어
목덜미를 번쩍 들고 오시니라.
2 상제님께서는 주로 광찬에게 머리 다
듬는 일을 맡기시는데
3 하루는 광찬이 상제님의 머리를 빗겨
드리니 말씀하시기를 "가위를 가지고
와서 내 머리카락을 자르라." 하시매
4 광찬이 아무리 하여도 잘라지지 않거
늘 "그것도 못 베냐." 하시고 친히 가
위로 자르시니라.

다시는 그리 마소 응

5 상제님께서는 언제나 강유(剛柔)를 겸비
하시어 그 누구라도 사리에 벗어나는
일을 행할 때는
6 추상같이 꾸짖기도 하시고 타이르기
도 하시고, 혹독한 벌을 주시거나 벼
락을 내리기도 하시니라.
7 성도들 중에 허물 지은 자가 있으면
크게 꾸짖으신 뒤에 이내 다정한 음성
으로 "다시는 그리 마소 응." 하시어
춘풍화기(春風和氣)와 같이 마음을 풀
어 주시니라.

죽어도 석 잔, 살아도 석 잔이라

171 오동촌(梧洞村)에 사는 한 사람
이 폐병이 말기에 이르러 걷지도
못하고 겨우 기어서 다니거늘
2 동네 사람들이 병자에게 이르기를 "강
증산 어른께서 병을 잘 고쳐 주시는데
장날이면 때로 저 뒷길로 해서 내주평
에 가신다고 하니
3 가서 기다리다가 오시면 무조건 무릎
을 꿇고 살려 달라고 빌게나." 하는지
라
4 이에 병자가 장날 아침에 엉금엉금 기
어서 상제님께서 지나가실 길목 주점
에서 기다리니라.
5 이 날 아침에 상제님께서 진지를 드시
고 형렬과 함께 내주평에 가시면서 오
동촌 뒷길을 지나시매
6 그 병자가 상제님 앞에 엎어져서 다리
를 붙들고 살려 달라고 슬피 울며 애
원하거늘
7 상제님께서 보시고 "허! 내가 어떻게
살려? 못 살린다." 하시니 그 사람이
더욱 애원하며 주막으로 모시고 들어
가 술 석 잔을 대접하니라.
8 상제님께서 술을 드시고 병자에게 말
씀하시기를 "그럼 원평으로 나를 따라
오라." 하시거늘
9 병자가 탄식하며 "아이고, 제가 집에
서도 기어서 나왔는데 어떻게 원평까
지 따라갑니까? 약만 가르쳐 주옵소
서." 하니
10 상제님께서 말씀하시기를 "따라오라
면 따라오지 무슨 잔소리냐." 하시므
로
11 그 사람이 할 수 없이 따라가다 보니
뜻밖에도 멀쩡하게 걸어서 가지더라.
12 원평장에 이르러 상제님께서 주막에
드시어 "너같이 아파서 돈도 못 버는
놈한테 내가 술 석 잔을 얻어먹었으니
너도 내 술 한 잔 받아라." 하시고
13 대뜸 술을 한 대접 따라 주시니 병자
가 "제가 병이 깊어 술을 먹으면 죽습
니다." 하고 사양하매
14 상제님께서 웃으시며 "죽어도 석 잔,
살아도 석 잔이니 석 잔은 마셔야 하
리라!" 하시거늘 병자가 마지못해 술
을 마시니 거푸 두 대접을 더 따라 주

시니라.
15 잠시 후에 병자에게 이르시기를 "썩은
청어 한 두름을 사서 몸뚱이는 다른
식구들이 지져 먹고 너는 대가리만 폭
삶아 먹으라." 하시니
16 병자가 명하신 대로 원평장에서 썩어
가는 청어 한 두름을 사서
17 올 때와 마찬가지로 멀쩡하게 오동촌
까지 걸어가 머리만 달여 먹으매 금세
회복되어 성한 사람이 되니라.

정미(丁未: 道紀 37, 1907)년

천한 노릇 대속 공사를 보심

172 정미(丁未: 道紀 37, 1907)년에 하
루는 상제님께서 어디를 가셨다
가 얼굴에 검정물과 빨강물을 잔뜩 바
르고 방으로 들어오시니 마치 광대처
럼 보이거늘
2 호연이 "아이구, 왜 저런대? 왜 그리
광대질을 했어요?" 하니 "광대는 무
슨…." 하고 별 말씀을 않으시니라.
3 호연이 다시 "왜 그렇게 시꺼머니, 뻘
그러니 해 가지고 그래요?" 하니
4 말씀하시기를 "누가 시집을 가길래 내
가 대신해서 '우리 누이 시집간다.'고
소리치며 천한 노릇 하고 왔다." 하시
거늘
5 호연이 "어쩌면 천한 노릇을 한다고
얼굴에다가 꺼멍을 바르고 빨강물을
친대요?" 하니
6 상제님께서 말씀하시기를 "호강스런
큰애기가 시집을 가면 제 오라비가 그
렇게 장난꾸러기로 그런단다.
7 그래서 내가 대신 오라비 노릇 하려고
그러고 갔다." 하시니라.
8 이에 호연이 "누구네 집이에요?" 하니
"뉘 집인지 몰라." 하시거늘
9 다시 "그러면 시집가는 데 가서 광대
치르고 왔으면서, 나 먹을 것도 안 갖
다 줘?" 하는지라
10 상제님께서 "그럼 지금 갈거나?" 하시
니 호연이 "그려, 가!" 하니라.
11 이에 상제님께서 "그럼 내 골마리 속
으로 들어가라." 하시니 "내가 골마리
속으로 들어가면 걷지도 못할 텐데?"
하거늘
12 상제님께서 "들어가라 하면 들어갈
래?" 하시니 호연이 "그럼!" 하는지라
13 상제님께서 먼 데를 보고 웃으시며
"요것이 나를 잘 놀려먹으려 한다니
까.
14 들어가라고 하니 들어간다고 하는 것
봐! 들어가서 또 누구를 죽이려고, 네
가?" 하시니라.
15 이에 호연이 "어쩌긴 뭘 어째, 잘못하
면 고추를 배배 틀지." 하니
16 상제님께서 "뭔 고추가 거기에 가 달
렸간디?" 하시거늘 "그 속에 고추 있
다니까 그러네." 하는지라
17 상제님께서 크게 웃으시며 "언제는 강
아지라고 하더니 이젠 고추라고 하
네." 하시고
18 "호연아, 아야! 너하고 태운장하고 앉
았으면 웃음이 절로 난다." 하시니라.

천륜을 저버린 여자에게 벼락을 내리심

173 상제님께서 이치안의 집에 계실
때 수차 구릿골을 왕래하시는데
하루는 치안과 그의 아들 직부를 데리
고 구릿골로 떠나시니라.
2 이른 새벽에 일행이 금구에 이르러 숙
호재 주막을 지날 때 한 젊은 여자가
머리를 푼 채 보따리를 안고 주위를
살피며 황급히 걸어가거늘
3 문득 상제님께서 노기를 띠시며 "저런
괘씸한 년이 있나!" 하고 소리치시니
라.
4 직부가 놀라 여쭈기를 "어이하여 그렇

게 역정을 내십니까?" 하니
5 말씀하시기를 "저년이 젖먹이 어린것
을 떼 놓고 샛서방을 보아 야반도주한
다. 저런 것은 내 용서할 수 없다." 하
시고
6 주막의 주모를 불러 "벼루하고 종이
좀 가지고 오라." 하시어 부를 그려 불
사르시니 곧이어 천둥과 번개가 일어
나더라.
7 얼마 후 산에서 나무꾼들이 서로 부축
하여 내려오는지라 직부가 연유를 물
어보니 방금 내려친 벼락에 나무꾼들
이 허리와 다리를 다쳤다고 하거늘
8 상제님께서 "너희들 참 안됐구나. 이
리 오너라." 하시어 환부를 만져 주시
고 친히 '후' 하고 불어 주시니 금세 나
으니라.
9 이에 나무꾼들이 감사드리며 여쭈기
를 "오다가 놀라운 일을 보았습니다.
방금 고개에서 여자 하나가 벼락에 맞
아 타 죽었습니다." 하는데
10 그 때 한 노파가 쫓아와 묻기를 "여기
계신 양반들, 젊은 여자 하나가 보따
리 안고 가는 것 못 보셨소?
11 제 며느리가 아들을 낳은 지 이레가
못 되어 어젯밤에 남편이 죽었는데 초
상도 치르기 전에 갓난애를 버리고 집
을 나갔다오." 하니
12 상제님께서 말씀하시기를 "요 고개 위
에 불에 탄 시체가 있을 테니 가져다
양지 밭에 묻어나 주게." 하시니라.

인정상 차마 못할 일

13 잠시 후 성도들에게 말씀하시기를 "이
일은 실로 인도상 용서치 못할 죄악이
니라.
14 더구나 그 작배(作配)는 저희들끼리 스
스로 지은 것이라 하니 대저 부모가 지
어 준 것은 인연(人緣)이요, 스스로 지은
것은 천연(天緣)이라.
15 인연은 오히려 고칠 수 있으되 천연은
고치지 못하는 것이거늘 이제 인도에
거스르고 천연의 의를 저버리니 어찌
천벌이 없으리오.
16 남편이 죽어 하루 만에 장사도 치르지
않고 젖먹이를 버리고 다른 데로 감
은 천하의 대패륜이요, 인정상 차마 못
할 일이라 내가 벼락을 써서 죽였느니
라." 하시니라.

동학 신앙 때 천상보좌의 상제님을 알현한 김경학

174 김경학(金京學)은 태인 사람으로
대부호의 넷째 아들로 태어나
부유한 환경에서 성장하며 학문에 열
중하더니
2 동학 접주였던 셋째 형 경은(景恩)을
따라 동학을 신앙하니라.
3 그 후 칠보산 줄기인 태자봉 아래 백암
리(白岩里)로 이거하여 훈장을 하다가
46세에 상제님을 뵙고 따르게 되니라.
4 일찍이 경학이 석 달 동안 시천주주(侍
天主呪) 수련을 하던 중 꿈에 천상에 올
라가 옥황상제(玉皇上帝)를 뵈온 일이 있
었는데
5 하루는 상제님께서 이르시어 "네 평생
에 제일 좋은 꿈을 꾼 것을 기억하느
냐?" 하고 물으시거늘
6 경학이 일찍이 상제님을 뵙던 꿈을 아
뢰며 "선생님의 형모가 곧 그때 뵌 상
제님의 형모이신 것을 깨달았습니다."
하고 아뢰니
7 증산 상제님께서 여러 성도들에게 말
씀하시기를 "내가 바로 옥황상제니라."
하시니라.
8 경학은 상제님을 만난 후로 오직 상제
님께 절을 올릴 뿐 다른 곳에 가서는
절을 하지 않으니라.

그 날로 상제님을 따르니라

175 상제님께서 백암리 김경학의 집
에 계실 때 하루는 사랑에서 "물
한 그릇 떠 오너라." 하시어

2 그 물을 문밖에 뿜으시며 "해인사에서
큰불이 날 것을 껐느니라." 하시니라.
3 또 어느 날 아침에 문득 문을 열고 산
을 쳐다보시더니 "아, 여기도 명당 하
나가 있구나." 하시거늘
4 경학이 "명당을 가르쳐 주시면 그곳에
다 묘를 쓰겠습니다." 하니
5 상제님께서 말씀하시기를 "묘를 쓴들
무슨 소용이 있으리오." 하시니라.
6 하루는 경학을 조용히 방 안으로 부
르시어 사뭇 진지한 표정으로 물으시
기를 "경학아, 네 재산이 얼마나 되느
냐?" 하시니
7 경학이 "한 삼백 석 거리는 됩니다."
하고 대답하거늘
8 말씀하시기를 "돈이 많으면 돈에 정신
이 팔려 나의 도를 믿지 않게 되나니
나를 좇으려면 먼저 망하고 들어서야
하느니라." 하시니라.
9 이에 경학이 작심하여 삼백 석지기 논
을 팔아 성금으로 바치고, 그 날로 아
예 걷어붙이고 상제님을 따르니라.

새울 사는 최창조의 입문

176 태인 새울에 사는 최창조(崔昌祚)
는 대농(大農)에 금광을 운영하
여 살림이 유족한 부자라.
2 하루는 창조가 이웃 마을에 사는 김경
학이 전심(專心)하여 상제님을 따르는
것을 보고 경학에게 묻기를 "무엇 때
문에 그 양반을 그리 따라다니는가?"
하니
3 경학이 대답하기를 "그분 말씀을 들
어보면 앞으로 좋은 세상이 온다는데,
도술이 어찌나 높은지 귀신도 마음대
로 부린다네. 그분 조화가 말도 못하
네.
4 그분은 참으로 하느님이신 게 틀림이
없네." 하며 상제님의 신성하심을 침이
마르도록 말하니
5 창조가 귀가 솔깃하여 경학에게 청하
기를 "나도 그분을 따를 수 있는지 한
번 여쭤 봐 주게나." 하니라.

천금도통 최창조

6 상제님께서는 누가 따르고자 하면 대
개 "나를 따르는 거야 제 마음이지, 내
가 따르라 마라 하겠느냐." 하시며 자
연스럽게 받아들이시는데
7 경학이 상제님께 나아가 "저기 새울
사는 최창조가 선생님을 따르고자 하
니 받아 주시지요." 하고 여쭈니
8 상제님께서 이미 아시고 "창조는 부자
가 아니냐? 고폐금(告幣金)을 많이 바
치라고 해라." 하시는지라
9 경학이 여쭈기를 "얼마나 바치라고 할
까요?" 하니 말씀하시기를 "일신천금
(一身千金)이니 고폐금 천 냥을 바치라
고 해라." 하시니라.
10 상제님께서 다시 이르시기를 "꼭 그렇
게 전해라잉. 저 돈 아끼는 거나 내가
도(道) 아끼는 거나 매일반이라고 그래
라잉." 하시거늘
11 경학이 창조에게 상제님의 말씀을 전
하니 그 말이 떨어지기가 무섭게 창조
가 이르기를 "일신천금인데 그것도 못
하겠는가?
12 내 천 냥을 바치고 당장 입도하고말
고." 하며 기꺼이 상제님을 따르겠다
고 다짐하니라.
13 이에 곧바로 인부 열 사람에게 각기
백 냥씩 천 냥을 지우고 경학과 함께
상제님을 찾아뵙고 따르기를 청하니
14 상제님께서 그 정성에 감탄하시고 무
릎을 치시며 "천금도통 최창조(千金道通
崔昌祚)로다!" 하시니라.
15 이로부터 상제님께서 백암리와 새울을
오가시며 공사를 행하시니라.

상제님을 찾아간 덕두리 최덕겸

177 태인 덕두리(德斗里)에 사는 최덕
겸(崔德兼)의 부친이 학슬풍(鶴膝
風)으로 앓아 누웠거늘

2 덕겸이 상제님의 신이하심을 듣고 마
침 새울 최창조의 집에 머물고 계신
상제님께 약을 구하러 찾아오니라.
3 그러나 덕겸이 아무리 기다려도 약을
지어 주시지 않으므로 포기하고 돌아
가려 하니
4 그제야 상제님께서 물으시기를 "네가
약을 지어 주지 않는다고 그러느냐?
그럼 내가 병을 낫게 해 주면 쌀 열 섬
을 내겠느냐?" 하시거늘
5 너무도 반가운 말씀이라 덕겸이 "예!
쌀 열 섬을 사람 목숨에 대겠습니까?
병만 낫게 해 주신다면 기꺼이 드리겠
습니다." 하고 대답하니라.
6 이에 다짐을 받으시고 부적을 써서 청
수에 적셔 불사르시며 말씀하시기를
"너의 집에 가 보면 알 것 아니냐." 하
시거늘
7 덕겸이 집에 돌아와 보니 부친이 생기
를 얻어 일어나 있는지라
8 너무 반갑고 놀라워 부친께 회복된 시
각을 물으니 바로 상제님께서 부적을
쓰신 시각이더라.
9 이에 덕겸이 기쁜 마음으로 약조한 쌀
열 섬을 올리니라.
10 이로부터 덕겸이 상제님을 따르거늘
상제님을 수행하면서 뵈면 늘 삿갓을
쓰고 다니시는데
11 해를 향해 동그라미를 치시면 햇무리
가 서고, 달을 향해 동그라미를 치시
면 달무리가 서더라.

하느님께 대접한다

12 이때에 상제님의 신성하심이 널리 알
려지니 태인 신방죽(神濠) 사람들이 검
은 소를 잡아 상제님을 공양하거늘
13 그들이 "하느님께 음식을 대접한다."
하여 흰 종이로 입을 봉하고 손을 백
지로 감고 정성껏 음식을 장만하니라.

이후로 내가 정읍에서 지내리라

14 며칠 뒤 상제님께서 구릿골에 가시어
김자현에게 이르시기를 "이후로는 내
가 정읍에서 지내리라." 하시거늘
15 자현이 여쭈기를 "누구의 집에 머무르
려 하십니까?" 하니 말씀하시기를 "차
차 알게 되느니라." 하시니라.

복남의 영기를 다시 열어 주심

178 정미년에 이르러 하루는 상제
님께서 복남에게 말씀하시기를
"이제 네가 모든 영을 보아야 한다." 하시
더니
2 열한 살 되던 해에 막아 두시었던 영기
(靈氣)를 다시 열어 주시니라.
3 복남이 신령한 영기로 세상을 새로 보
매 만물이 이미 이전의 그 모습이 아니
요 마치 장님이 눈을 떠 대광명을 찾은
듯하거늘
4 "내가 그 동안 어두운 세상을 살았다!"
하며 기뻐하니라.
5 이때 상제님께서 다른 사람들이 눈치
채지 못하도록 '어떻게 어떻게 하라.'
고 앞으로 할 일을 일러 주시니라.

몰려오는 비를 향해 담뱃대를 한 번 두르시니

179 정미년 5월 초닷샛날 동네 사람
들이 상제님께 와 뵙고 아뢰기
를 "오늘은 단오절이오니 학선암(學仙
庵)으로 소풍이나 가사이다." 하매
2 상제님께서 허락하시고 성도들과 마
을 사람들을 데리고 학선암으로 가시
는데 문득 소나기가 크게 몰려오거늘
모두들 비를 맞지 않으려고 바삐 뛰어
가는지라
3 상제님께서 김자현을 불러 "천천히 가
자." 하시고 길가에 앉으시어 담배에
불을 붙이신 후 몰려오는 비를 향하여
담뱃대를 한 번 두르시니
4 곧 비가 다른 곳으로 몰려가다가 상제
님께서 학선암에 이르신 뒤에야 다시
몰려오더라.

차경석을 만나심

180 5월 17일에 상제님께서 형렬
의 집을 떠나시며 말씀하시기를
"이 길이 길행(吉行)이라. 한 사람을 만
나려 함이니 장차 네게 알리리라." 하
시고
2 용암리(龍岩里) 물방앗간에 머무르시
다가 그 앞 주막에서 정읍 사람 차경석
(車京石)을 만나시니 당년 28세로 구척
장신에 용모가 준수한 젊은이라.
3 원래 경석은 동학 신도로서 일찍이 일
진회 전북 총대(總代)를 지낸 일이 있
더니
4 이 날은 재산 문제로 송사하러 정읍에
서 전주로 가는 길이더라.
5 경석이 용암리 주막에서 점심을 먹고
떠나려 할 즈음 상제님께서 대삿갓에
풀대님 차림으로 김자현 등 두어 사람
을 데리고 들어오시거늘
6 경석이 상제님을 뵈니 의표(儀表)는 소
탈한 가운데 씩씩한 기운을 띠시고
7 언어동지(言語動止)는 순진하고 꾸밈이
없으시며 안광(眼光)이 사람을 쏘는 듯
하여 감히 똑바로 볼 수가 없더라.
8 사람을 대하여 정겹게 말씀을 나누시
면 마치 봄바람이 온 들에 가득 찬 듯
하고
9 일의 사리를 밝히심에는 대하(大河)가
물결치듯 풀어 놓으시고
10 말씀의 운치는 너그럽고 크시어 천둥
이 구르는 듯하며 모든 행동하심이 호
호탕탕하여 폭 잡을 수가 없는지라
11 경석이 절로 마음이 끌리고 상제님의
기품에 취해 말씀을 청하니
12 상제님께서 온화하게 대답하시고 술
을 드시다가 닭국 한 그릇을 경석에게
권하시니라.
13 경석이 받으매 어디선가 벌 한 마리가
날아와 국에 빠지거늘 경석이 수저를
멈추고 혹 상서롭지 못한 일이 아닌가
하고 생각하니
14 상제님께서 말씀하시기를 "벌은 규모
있는 벌레니라." 하시니라.

사람 기르기가 누에 기르기와 같다
15 경석이 여쭈기를 "무슨 업을 하십니
까?" 하니 웃으며 말씀하시기를 "의원
노릇을 하노라." 하시고
16 경석이 다시 "어느 곳에 머무르십니
까?" 하고 여쭈니 말씀하시기를 "나는
동역객(東亦客) 서역객(西亦客) 천지무가
객(天地無家客)이로다." 하시니라.
17 대저 경석이 상제님의 거주지를 여쭌
것은 뒷날 찾아뵈려 한 것인데 이렇게
말씀하시니 다시 찾기가 어렵겠으므
로 떠나지 않기로 결심하고
18 이왕에 상제님의 지식을 시험하고자
하여 다시 "어떻게 하면 인권(人權)을
많이 얻을 수 있습니까?" 하고 여쭈니
19 대답하여 말씀하시기를 "폐일언(蔽一
言)하고 욕속부달(欲速不達)이니라." 하
시니라.
20 이에 경석이 아뢰기를 "자세한 뜻을
알지 못하겠습니다." 하니
21 상제님께서 일러 말씀하시기를 "사람
기르기가 누에 기르기와 같아서 일찍
내이나 늦게 내이나 먹이만 도수에 맞
게 하면 올릴 때에는 다 같이 오르게
되나니
22 이르고 늦음이 사람의 공력에 있느니라."
하시니라.

남아가 반드시 활인지기를 띨 것

181 경석의 이번 전주 길은 세무관
과 송사할 일이 있어 서류를 가
지고 가는 길이더니 경석이 서류를 내
어 보이며 여쭈기를
2 "'세 사람이 모이면 관장(官長)의 공사
를 처결한다.' 하오니 청컨대 이 일이
어떻게 될지 판단하여 주십시오." 하
거늘
3 상제님께서 그 서류를 소리내어 읽으
신 뒤에 말씀하시기를 "이 송사는 그

대에게 유리하리라. 그러나 이 송사로
인하여 피고(被告)의 열한 식구는 살길
을 잃게 되리니
4 일의 곡직(曲直)을 불문하고 대인으로
서는 차마 할 일이 아니니라.
5 남아가 반드시 활인지기(活人之氣)를 띨
것이요, 살기(殺氣)를 띰은 옳지 못하
니라." 하시니라.
6 이에 경석이 크게 감복하여 말하기를
"선생님의 말씀이 지당하오니 이 길을
작파하겠습니다." 하고 즉시 그 서류
를 불사르니라.
7 이때 경석은 동학 신도로서 손병희를
따르다가 그 처사에 불만을 품고 다시
길을 바꾸려던 참이라.
8 이 날 상제님을 뵙고 모든 거동이 범
속과 다름을 이상히 여겨 떠나지 않고
날이 저물기를 기다려 상제님의 뒤를
따라가니 곧 용암리 물방앗간이라.
9 경석이 상제님의 말씀을 들을수록 마
음이 끌리어 그 자리에서 상제님을 모
시겠다고 간청하되 상제님께서 허락
하지 아니하시니라.

네가 나를 따르려면

182 상제님께서 숙소를 김치경(金致
京)의 용암리 물방앗간에 정하시
니 음식이며 잠자리며 모든 것이 누추
하기 이를 데 없어 여느 사람도 견디
기 어려워하는데
2 경석이 이러한 고초를 겪으면서도 떠
나지 아니하고 상제님을 '정읍의 자기
집으로 모시겠다.' 하거늘
3 상제님께서 진노하시어 큰 소리로 꾸
짖으시기를 "나는 너와는 아무런 인연
이 없노라. 어서 내 앞에서 썩 물러가
라, 이놈아!" 하시니라.
4 상제님께서 경석이 떠나지 않음을 괴
로워하시며 수차 물러가기를 재촉하
시되
5 경석이 듣지 않고 계속 자기 집으로
함께 가시기를 간청하니 그 때마다 혹
성을 내시고 욕을 하시며 쫓아내기도
하시는데
6 경석이 보기에는 그러한 모든 일이 더
욱 범상치 않을 뿐 아니라
7 수운가사(水雲歌詞)에 있는 '여광여취
(如狂如醉) 저 양반을 간 곳마다 따라가
서 지질한 그 고생을 뉘로 대해 그 말
하며' 하는 구절이 생각나매
8 떠나지 않고 열흘 동안을 머물면서 제
자가 되기를 굳이 청하니라.
9 이에 상제님께서 이르시기를 "네가 나
를 따르려면 모든 일을 전폐하고 오직
내가 가르치는 바에만 일심(一心)하여야
할지니
10 이제 돌아가서 모든 일을 정리하고 6
월 초하룻날 다시 이곳으로 찾아오
라." 하시니라.
11 경석이 비로소 하직하고 집에 돌아와
아우들을 모아 놓고 상제님을 만난 일
과 전주 송사를 작파한 일을 말하며
12 "너희들, 사람 생명이 크냐, 돈이 크
냐? 나는 사람을 죽일 수가 없어 그냥
돌아왔노라. 이제 나는 선생님을 따라
사람 살리는 공부를 하려 하노라." 하
고 아우들을 설득하더니
13 드디어 모든 일을 정리하고 6월 초하
룻날에 다시 용암리에 와서 상제님을
뵙고 정읍으로 가시기를 간청하니라.

네가 나를 길물로 끌어들이는구나

14 이 날 밤에 상제님께서 풀밭에서 주무
시다가 닭이 운 뒤에 일어나시어 말씀
하시기를 "잘못 풀밭에 누웠구나. 왜
일찍 깨우지 않았느냐." 하시니라.
15 상제님께서 돌 위에서 주무시기도 하
고 들판의 농부들과 한가로이 말씀을
나누기도 하시니 경석이 뒤따르며 지
성으로 모시니라.
16 상제님께서 계속 경석의 추종을 불허
하시다가 사흘 동안을 지내신 뒤에야
비로소 허락하시며 말씀하시기를

17 "내가 일찍이 목물 속에서 허우적거리
며 고생하다가 겨우 헤어나 발목물에
서 있는데
18 네가 다시 나를 깊은 길물로 끌어들이는
구나." 하시니라.

성인 다섯을 낳는 길

183 상제님께서 일진회가 일어난 뒤
로 삿갓을 쓰시다가 이 날부터
의관을 갖추시고 경석을 데리고 물방
앗간을 떠나 정읍으로 가시니라.
2 이때 원평에 이르시어 군중을 향해 말
씀하시기를 "이 길은 남조선(南朝鮮) 뱃
길이니 짐을 채워야 떠나리라." 하시고
3 한 주점에 들어가시어 모든 행인을 불
러 술을 나누어 주시며 말씀하시기를
4 "이 길은 성인(聖人) 다섯을 낳는 길이로
다." 하시니 사람들은 그 뜻을 알지 못
하더라.

기도 중이던 박공우를 만나심

5 다시 길을 떠나시며 말씀하시기를 "대
진(大陣)은 하루에 30리씩 가느니라."
하시니
6 경석이 명을 받들고 일정을 헤아려 고
부 솔안(松內) 최씨 재실에 사는 친구
박공우(朴公又)에게로 상제님을 모시거
늘
7 공우 또한 동학 신도로서 마침 49일
동안 기도하는 중이더라.

인암(仁庵) 박공우의 입문

184 박공우는 기골이 장대하고 웬만
한 나무도 뿌리째 뽑아버리는
장사로 의협심이 충만한 인물이라.
2 일찍이 정읍, 고창(高敞), 흥덕(興德) 등
다섯 고을의 장치기꾼을 하면서 한창
때는 당할 자가 없는 씨름장사로 이름
을 날리니라.
3 이후 예수교의 전도사로 수십 명을 포
교하기도 하고 다시 동학을 신봉하여
혼인도 하지 않고 열렬히 구도에 정진
하다가
4 경석의 인도로 찾아오신 상제님을 뵈
니 이때 공우의 나이 32세더라.

인간으로 내려오신 천주님

5 이 날 밤 공우가 밤새 향을 피워 모기
를 쫓다가 상제님께 아뢰기를
6 "제가 지금 49일 기도 중에 있는데 이
렇게 선생님을 뵙게 된 것이 기적이 아
닌가 합니다." 하거늘
7 상제님께서 경석과 공우에게 이르시기
를 "이제 만날 사람 만났으니 통정신(通情
神)이 나오니라.
8 나의 일은 비록 부모 형제 처자라도
모르는 일이니 나는 서양 대법국 천개
탑 천하대순이라.
9 동학 주문에 '시천주조화정(侍天主造化
定)'이라 하였으니 나의 일을 이름이
라.
10 내가 천지를 개벽하고 조화정부를 열
어 인간과 하늘의 혼란을 바로잡으려
고 삼계를 둘러 살피다가
11 너의 동토에 그친 것은 잔피(孱疲)에
빠진 민중을 먼저 건져 만고에 쌓인
원한을 풀어 주려 함이라.
12 나를 믿는 자는 무궁한 행복을 얻어
선경의 낙을 누리리니 이것이 참동학
이니라.
13 궁을가(弓乙歌)에 '조선강산 명산이라
도통군자 다시 난다.' 하였으니 그 또
한 나의 일을 이름이라.
14 동학 신도간에 '대선생(大先生)이 갱생하
리라.'고 전하나 죽은 자가 다시 살아
오지는 못할 것이요
15 이는 '대선생이 다시 나리라.'는 말이니
내가 곧 대선생이로다." 하시고
16 또 말씀하시기를 "예로부터 계룡산(鷄
龍山) 정씨(鄭氏) 왕국과 가야산(伽耶山)
의 조씨(趙氏) 왕국과 칠산(七山)의 범
씨(范氏) 왕국을 일러 오나
17 이 뒤로는 모든 말이 그림자를 나타
내지 못하리라. 그러므로 정씨를 찾아

운수를 구하려 하지 말지어다." 하시
니라.

내가 이르는 곳을 천지에 알려야

185 이튿날 상제님께서 솔안을 떠나
정읍 대흥리(大興里)로 가실 때 공
우를 돌아보시며 말씀하시기를 "만날
사람 만났을 적에…." 하시니
2 공우가 문득 동학가사에 있는 '만나기
만 만나 보면 너의 집안 운수로다.'라
는 구절이 깨달아져 그 즉시 상제님을
따라나서니라.
3 이 날 대흥리 경석의 집에 이르시어 말
씀하시기를 "내가 이르는 곳을 천지에
알려야 하리라." 하시고
4 글을 써서 서쪽 벽에 붙이시니 갑자기
우레가 크게 일어나거늘 "빠르기도 하
다." 하시고 그 글을 떼어 무릎 밑에
넣으시니 우레가 곧 그치는지라
5 공우는 크게 놀라 감복하고, 마을 사
람들은 대낮에 난데없이 우렛소리가
크게 일어나므로 이상히 여기니라.

마음을 돌렸음을 고백하라

6 우레를 거두시고 경석에게 물으시기를
"지난 갑오년 겨울에 이 집에서 세 사
람이 동맹한 일이 있었느냐?" 하시니
경석이 "그렇습니다." 하고 대답하거늘
7 다시 "그 일로 인하여 모해자의 밀고
로 너의 부친이 해를 입었느냐?" 하고
물으시니 경석이 울먹이며 "그러하였
습니다." 하고 대답하니라.
8 상제님께서 또 물어 말씀하시기를 "너
의 형제들이 그 모해자에게 큰 원한을
품어 복수하기를 도모하느냐?" 하시니
9 경석이 아뢰기를 "자식의 도리로 어
찌 복수할 마음을 갖지 아니하겠습니
까?" 하거늘
10 이에 상제님께서 일러 말씀하시기를
"너희들이 복수할 마음을 품고 있음을
너의 부친이 크게 걱정하여 나에게 고
하니 너희들은 마음을 돌리라.
11 이제는 악을 선으로 갚아야 할 때니
라. 만일 악을 악으로 갚으면 되풀이
되풀이로 후천에 악의 씨를 뿌리는 것
이 되느니라.
12 너희들이 나를 따르려면 먼저 그 마음
을 버려야 할지니 잘 생각하라." 하시
고
13 "너희들은 선을 행하고 공을 세우라."
하시니라.
14 이에 경석이 세 아우를 데리고 별실에
들어가 서로 위로하며 그 원한을 풀기
로 언약하고 그대로 아뢰니
15 말씀하시기를 "그러면 뜰 밑에 짚을
펴고 청수 한 동이를 모셔 놓고, 그 청
수를 향하여 너의 부친을 대한 듯이
마음을 돌렸음을 고백하라." 하시니
라.
16 이에 경석이 명하신 대로 행하니 사형
제가 설움이 북받쳐서 청수동이 앞에
서 크게 울거늘
17 상제님께서 이르시기를 "너의 부친이
너무 슬피 우는 것을 오히려 불쾌히
여기니 그만 그치라." 하시니라.
18 상제님께서 이로부터 한동안 대흥리
차경석의 집에 머무르시며 공사를 행
하시니라.

천지신명들이 알현할 때

19 상제님께서 공사를 행하시는 동안 경
석과 공우가 신안(神眼)이 열리어 보니
20 천지신명들이 상제님께 배알할 때는
반드시 반천무지(攀天撫地)식으로 사배
(四拜)를 올리고 상제님께서는 읍(揖)으
로 대하시니라.

집안을 아주 망치려 한다

186 경석의 집안은 아버지 차치구(車
致九)가 일찍이 동학을 믿어 갑
오년에 동학군을 거느리고 혁명에 참
가하였다가
2 불의에 패망하여 죽음을 당한 이후로
가세가 기울어 형편이 빈한하더니

3 상제님을 모실 무렵에는 끼니조차 잇
기 어려워 경석의 제수가 한 동네에 잘
사는 신(申)씨네에서 밥품을 파니라.
4 경석의 아우 윤칠(輪七)은 근동(近洞)에
서 주먹대장으로 유명한데 어려운 형편
에 상제님까지 모시게 됨을 싫어하여
5 "동학한다고 집안이 망했는데 또 이상
한 사람을 끌어들여 집안을 아주 망치
려 한다." 하고 불평을 하며 돌아다니
거늘
6 경석이 생각하되 자기가 청하여 모신
마당에 공궤(供饋)가 조악함도 민망하
거니와 아우의 무례로 인하여 상제님
을 뵙기가 더욱 송구스럽더라.

경석아, 집을 크게 짓지는 말아라

187 상제님께서 대흥리에 머무르실
때 경석을 데리고 네 차례 비룡
산(飛龍山)에 오르시어 공사를 행하시
니라.
2 그 뒤에 경석의 집 벽에

千古春秋阿房宮이요
천고춘추아방궁

萬方日月銅雀臺라
만방일월동작대

3 라고 써 붙이시며 경석으로 하여금 마
음에 간직하여 잊지 않게 하시고
4 또 경계하여 말씀하시기를 "경석아,
집을 크게 짓지는 말아라. 그러면 네
가 죽게 되느니라." 하시니라.
5 하루는 상제님께서 형렬에게 말씀하
시기를 "정읍이 대창(大昌)하되 잠농지
운(蠶農之運)이라. 누에는 집만 지으면 죽
나니 집만 끝이 나면 죽으리라." 하시
니라.

박공우가 체험한 척의 보복

188 상제님께서 6월부터 두어 달 동
안 정읍 대흥리 경석의 집에 계
시니라.
2 공우가 상제님을 종유(從遊)하기 달포
전에 천원장(川原場)에서 예수교인과
다투다가 가슴에 큰돌을 맞아 가슴뼈
가 상하여 한참 기절하였다가 일어난
적이 있는데
3 이때 수십 일 동안 치료를 받고 간신
히 다니기는 하나 아직 가슴에 손을
대지 못할 만큼 크게 고통스러우므로
이를 상제님께 아뢰니
4 말씀하시기를 "네가 이전에 어느 길가
에서 남의 가슴을 쳐서 사경에 이르게
한 일이 있으니 그 일을 잘 생각하여
뉘우치라.
5 또 네가 몸이 나은 뒤에는 가해자를
찾아서 죽이려고 생각하나, 너 때문에
죽을 뻔하였던 자의 척(隻)이 그 예수
교인에게 붙어서 갚은 것이니 오히려
그만하기가 다행이라.
6 네 마음을 잘 풀어 가해자를 은인과
같이 생각하라. 그러면 곧 낫게 되리
라." 하시니라.
7 공우가 이 말씀에 크게 감복하여 가해
자를 미워하는 마음을 풀고 '훗날 만
나면 반드시 잘 대접하리라.'는 생각을
두니라.
8 수일 후에 천원 예수교회에 '열두 고을
목사가 모여서 대전도회를 연다.'는 말
이 들리거늘
9 상제님께서 공우에게 말씀하시기를
"네 상처를 낫게 하기 위하여 열두 고
을 목사가 움직였노라." 하시더니 그
뒤 사흘 만에 공우의 상처가 완전히
나으니라.
10 **상제님께서 말씀하시기를 "세상의 모든
참사가 척신(隻神)이 행하는 바이니라.**
11 삼가 척을 짓지 말라. 만일 척을 지은
것이 있으면 낱낱이 풀고 화해를 구하
라." 하시니라.

경만(敬萬) 안내성의 입문

189 안내성(安乃成)은 본래 이름이 내
선(乃善)으로 경남 함안(咸安) 사

람이라.
2 내성이 대여섯 살이 되어 부친이 글을
가르치려 하는데 공부는 아니하고 밖
으로 다니며 씨름이나 주먹질만 일삼
거늘
3 내성의 조부가 이르기를 "저 아이는
글을 가르칠 아이가 아니니 내버려 두
라." 하니
4 내성의 부친이 감히 거역하지는 못하
나 심중이 심히 편치 못하여 어느 날
집을 나가 행방불명이 된지라
5 내성이 여덟 살 되던 해에 조부가 돌
아가시매 아홉 살에 부친을 찾아 집을
떠나 황해도(黃海道), 평안도(平安道) 할
것 없이 전국 방방곡곡을 걸어서 돌아
다니니라.

천하를 건질 분은 조선에서 나오니

6 그러다가 금강산(金剛山) 어느 절에 들
어가 3년 동안 불목하니 노릇을 하며
중들에게 불경을 얻어듣고 하던 차에
7 하루는 '미륵존불이 출세해야 세상이
밝아진다.'는 말을 듣고 귀가 번쩍 뜨
여 아버지도 찾고 스승도 찾을 겸 다
시 길을 떠나
8 미륵존불을 간절히 염원하며 마음으
로 불경을 외우면서 이 소문 저 풍문
을 좇아 장돌뱅이로 전국을 안 가본
데 없이 돌아다니더니
9 나중에는 멀리 청국(淸國) 산천까지 밟
으며 십팔기(十八技)를 익히기도 하니
라.
10 이렇게 미륵님을 찾아 천지를 헤매
다니는 중에 한번은 북경(北京)에 이
진사(李進士)라는 도통군자가 있다는
소문을 듣고 천리를 멀다 않고 찾아
갔거늘
11 그 사람이 북경에 있지 않고 남경(南
京)에 갔다 하므로 남경까지 찾아가니
12 이번에는 그곳에서 도로 북경으로 돌
아갔다 하매 내성이 다시 북경으로 가
서 마침내 그 사람을 만나니라.
13 이에 이진사가 말하기를 "천하를 건질
천 선생(天先生)은 조선에서 나오니 공
연히 여기서 헤매지 말고 당신 나라로
돌아가라." 하거늘
14 내성이 순간 '천하를 건질 천 선생님이
라면 출세하신 미륵님이 틀림없다.' 확
신하고 뜻밖의 반가운 소식에 기뻐하
며 서둘러 조선으로 돌아오니라.

진주 촉석루에서 임천가를 들으니

190 이후로 내성이 불경을 염송(念
誦)하며 반드시 '천 선생님'을 찾
고야 말겠노라는 일념으로 전국을 떠
돌며 지내더니
2 하루는 진주(晉州) 촉석루(矗石樓)에 이
르러 설핏 낮잠이 드니라.
3 이때 홀연 정신이 황홀한 가운데 하늘
에서 한 선관의 음성이 들리며
4 "내선(乃善)아, 네가 이곳에 있을 줄 알
았노라. 노래를 받아라." 하고 낭랑하
고 유려한 음률로 임천가(林泉歌)를 들
려주는데 일찍이 들어 보지 못한 아름
다운 선율이더라.
5 이윽고 노래가 그치매 다시 선관이
"석가모니는 지나간 부처니 염불은 그
만하고 이제부터 너는 천 선생을 찾아
모시도록 하라." 하는 말을 남기고 아
득히 하늘로 사라지니라.
6 내성이 문득 깨어 보니 꿈인지라 크
게 용기를 얻어 '지성이면 감천이다.
내가 틀림없이 천 선생님을 만나겠
다.' 생각하고 내처 길을 떠나 오매불
망 아버지와 천 선생님을 찾아 돌아
다니다가
7 정미년 여름에 이르러 미륵신앙의 본
원지인 금산사 미륵전(彌勒殿)에 들어
가 며칠 동안 머물면서
8 꿈에도 그리운 아버지와 현신출세 미
륵불이신 천 선생님을 만나게 해 주시
기를 미륵불께 지성으로 발원하니라.

정읍 새재에서 상제님을 처음 뵌 날

191 6월 22일에 내성이 금산사에서 기도를 마치고 돌아오는 길에 드디어 꿈에 그리던 '천 선생님'이신 상제님을 만나니라.
2 내성이 정해(井海)를 지나 정읍 새재를 넘으려는데 그 날 따라 유난히도 날이 푹푹 쪄서 온몸이 땀으로 흠뻑 젖었거늘
3 '새재 입구 주막에 들어 목이나 좀 축이고 갈까.' 하다가 '기왕이면 올라가서 쉬자.' 하고
4 옷소매로 땀을 닦고 칡잎을 훨훨 부쳐가며 허위허위 고갯마루에 올라 나무그늘을 찾으니 서늘한 돌 위에 패랭이를 쓰신 상제님께서 앉아 계시더라.
5 내성이 그 곁에 앉아 땀을 들이고 있는데 문득 지난 시절이 떠올라 회한이 밀려오거늘
6 '내가 아버지와 천 선생님을 찾아 천지사방을 헤매 다녔건만 여태 소식 한 장 못 듣고, 그리자니 꿈속의 임이로구나. 이번 길에도 못 찾으면 다시 청국에나 가야겠다.' 하는 생각을 품으니
7 문득 옆에 계신 상제님께서 담배를 재어 한 모금 빠시고 먼 데를 바라보시며 뜬금없이 "참, 별 미친놈을 다 보겠네." 하시니라.
8 내성이 본래 진주, 사천(泗川) 바닥에서 '안바람'으로 통하는 이름난 장치기꾼인 데다 일찍이 어디 가서도 싸움에 져 본 적이 없거늘
9 듣자 하니 손아래인 듯한 젊은이가 시비를 거는 투라 슬슬 심사가 나는데 방금 미륵전에 다녀오는 길인지라 마음을 다스려 점잖게 말하기를 "누구보고 그런 말씀을 하시는 게요?" 하니
10 상제님께서 대뜸 고개를 돌리시며 "야, 이놈아! 여기에 너밖에 더 있냐! 너 들으라고 하는 소리다, 이 미친놈아!" 하고 불벼락을 치시매
11 눈이 마주치는 순간 뭐라 형언할 수 없이 목이 메고 사람을 꿰뚫어 보는 듯한 눈빛과 뻗치는 서기에 그만 기가 꺾여 자신도 모르게 무릎을 꿇으니라.
12 이어 숨 돌릴 겨를도 없이 "나도 미친놈이다만 네놈도 단단히 미친놈이로구나. 네 이놈! 너 아버지 찾으러 다니지? 네 아버지 삼월 초열흘날 ○○에서 죽었어. 그 날 제사나 잘 지내라, 이놈아!
13 그래, 청나라로 가면 네가 큰일을 한번 하겠다. 아주 청나라로 가거라, 이 미친놈아!" 하고 불같이 호통을 치시니 혼이 쑥 빠질 지경이더라.

저놈, 미친놈! 강도놈! 도둑놈!

192 상제님의 느닷없는 호통에 내성이 기분이 나쁘기는커녕 오히려 속이 뻥 뚫리는 듯하고, 처음 보는 사람이 자신의 속내를 마치 손금보듯 속속들이 꿰고 있음에 놀랍기도 하여
2 '혹시 이분이 천 선생님이 아닐까!' 하는 생각이 한 줄기 섬광처럼 스치는지라 다짜고짜 "선생님! 뵙겠습니다." 하고 머리를 조아리니
3 상제님께서 "저놈, 저 미친놈! 내가 어째서 네 선생이냐, 이 강도놈아!" 하시고는 자리를 털고 일어나시거늘
4 내성이 지금 당장 붙잡지 않으면 다시는 못 뵐 것 같은 생각이 들어 정읍 쪽으로 내려가시는 상제님을 좇아가매
5 상제님께서 "이 도둑놈, 청국에나 가라!" 하고 버럭 화를 내시며 길가의 호박돌을 집어 던지시니라.

내성을 혹독하고 박절하게 대하심

6 내성이 이미 미륵전에서 서원을 세운 바가 있어 '죽어도 따르리라.' 마음먹고 그 큰 돌을 피하지 않고 그대로 머리에 맞으니
7 순간 눈에서 번쩍 하고 번개가 튀는가 싶은데 상처는커녕 오히려 머리가 맑

아지고 몸이 가뿐해지므로 더욱 상제
님께 매달리니라.
8 이에 상제님께서 "이놈의 자식, 따라
오지 말라는데 뭣 하러 자꾸 성가시게
따라오는지 모르겠다." 하시며 내처
더 큰 돌을 던지시거늘
9 내성이 피하지 않고 머리, 어깨, 가슴,
팔다리 할 것 없이 무수히 맞으며 대
흥리까지 따라가니
10 경석의 집에 이르시어 손에 잡히는 대
로 다 집어 던지시고 심지어 베시던 목
침까지 던지며 문전박대를 하시니라.
11 이리하여 내성은 그토록 애타게 찾아
헤매던 상제님을 만나니 이때 내성의
나이 41세라.
12 이로부터 내성이 상제님을 추종하거늘
상제님께서는 항상 매정하고 박절하
게 대하시니라.

아침도 주지 말고 당장 내쫓아라

193 내성이 상제님을 만난 첫날 밤
을 경석의 집 헛간에서 자고 이
른 아침에 인사를 여쭈러 찾아뵈니
2 보시기가 무섭게 역정을 내시며 "저런
못된 놈은 아침도 주지 말고 당장에
내쫓아라." 하고 구박하시거늘 모두들
보기에 딱하긴 하나 어찌하지 못하니
라.
3 이에 경석의 아내가 상제님의 눈을 피
해 몰래 먹을 것을 갖다주다가 그만
들켜 버린지라
4 상제님께서 당장에 밥그릇이고 국그
릇이고 다 내던지시며 "너는 여기서
한 밥 먹지 말고 네 어미가 빌어다 준
밥만 먹고 살아라." 하시니 이후로는
무엇을 갖다 줄 엄두조차 내지 못하더
라.
5 밥을 두세 끼 굶어도 밥 먹으란 말씀
도 안 하시니 굶기가 다반사요, 바깥
날이 아무리 추워도 방에 들어오라는
말씀 한 번 없으시매 헛간이나 부엌에
서 새우잠을 자는데
6 상제님의 눈에 띄기만 하면 "저놈 미
친놈이라." 하며 미워하시고 매몰차게
대하시며 따라다니지도 못하게 하시
거늘
7 다른 성도들도 상제님께서 그리 대하
시는 것을 예사로 여겨 날이 갈수록
내성을 천덕스럽게 여기니라.

내 방에 와서 자라

194 그러던 어느 날 공사를 행하실
때 상제님께서 내성에게 명하시
기를 "너 오늘 어디 가서 돼지 한 마리
구해 오너라." 하시거늘
2 내성이 돈도 없고 아는 사람도 없으나
상제님께서 처음으로 내리시는 명인
데다가 비로소 자신을 불러 써 주심에
황감하여
3 '무슨 수를 써서라도 말씀을 받들리
라.' 마음먹고 여러 집을 다니며 사정
해 보았으나 아무도 내성의 부탁을 들
어주지 않는지라
4 '명을 받들지 못할 바엔 차라리 죽겠
다.'는 각오로 어느 집에 가서 이 백 근
이 넘는 큰 돼지를 둘러메고 와 상제
님께 올리니라.
5 상제님께서 그 돼지를 삶아 공사를 보
신 후에 성도들로 하여금 고기를 나
누어 먹게 하시는데 정작 내성은 맛도
못 보게 하시거늘
6 내성이 너무 배가 고픈 나머지 밤중에
가만히 부엌에 들어가 돼지 삶은 국물
을 솥바닥이 훤하도록 마구 퍼먹으매
배탈이 나서 밤새 뒷간을 들락날락하
니라.
7 이튿날 상제님께서 솥을 열어 보시고
는 "아따, 그놈 국량 하나 크다!" 하시
고 이어 "저놈 배 터져 죽는다. 돼지고
기 삶은 물 먹고 저놈 뒈진다." 하고
소리를 지르시니
8 내성이 뱃속에 든 것을 남김없이 쏟아

버리거늘 몸이 축나기는커녕 오히려
거뜬하더라.
9 이 공사를 행하신 뒤에 하루는 상제님
께서 "저놈 불쌍하니까 내 방에 와서
자라고 해라." 하시더니 이후로는 내
성을 부드럽게 대하시니라.

너 알아서 하거라

10 하루는 내성에게 일러 말씀하시기를
"내성아! 네가 하늘을 섬기면 하느님
이 있는 것이고, 하늘을 배신하고 믿
지 않으면 하느님도 없는 것이니 너
알아서 하거라." 하시니라.

네가 촉석루는 어이 갔던고

195 상제님께서 좌석에 앉으시면 성
도들의 자리가 정해지는데 내성
은 항상 구석을 차지하더니
2 하루는 음식을 많이 장만한 자리에 내
성도 들어오게 하시고 성도들에게 이
르시기를 "앉은 순서대로 시조(時調)를
부르라." 하시니라.
3 상제님께서 "시조 한 장씩은 부를 줄
알아야 하느니라." 하시고 "시조를 못
하면 아무 소리라도 하라." 하시거늘
4 김형렬과 차경석 두 사람이 각기 평조
(平調) 한 장씩 하고 내성이 자기 차례
가 되어 시조를 읊으니 이러하니라.
5 만학천봉(萬壑千峰) 운심처(雲深處)에
두어 두둑 밭을 갈아
삼신산(三神山) 불사약(不死藥)을
여기저기 심었더니
문전(門前)에 학(鶴) 타신
선관(仙官)이 오락가락
6 이에 상제님께서 "그와 같은 자진가락
으로 한 장 더하라." 하시매 내성이 촉
석루에서 들은 임천가를 하거늘
7 상제님께서 임천가를 들으시고 말씀
하시기를 "네가 진주 촉석루는 어이
갔던고?" 하시니
8 깜짝 놀란 내성이 비로소 상제님이 바
로 한평생 찾아 온 천 선생님이요 하
느님이심을 깨달으니라.

화기(和氣)를 사랑하시는 상제님

9 이때 공우가 여러 성도들이 시조를 잘
못하는 것을 보고 속으로 웃으며 차례
를 기다리더니
10 자기 차례가 돌아왔는데 상제님께서
곧 중단시키시거늘 허탄해하며 그 연
유를 여쭈니
11 말씀하시기를 "모든 것이 평등한 것이
좋으니 만일 음조에 능한 사람으로 끝
을 마치면 좌중에 화기(和氣)가 식을까
하여 그리 한 것이로다." 하시니라.

모두 내성을 경만장이라 부르라

196 하루는 상제님께서 성도들에게
이르시기를 "너희들 각자 호가
있느냐?" 하시매 모두 자기의 호를 아
뢰니 "그러하냐?" 하시고
2 종이에 글자 두 자를 쓰시어 손으로
가리시고 내성에게 이르시기를 "눈을
감고 보라. 이 글자가 무슨 자냐?" 하
시니라.
3 내성이 본시 글을 모르는 데다 눈까지
감으라 명하시니 알 길이 없어 주저하
는데 상제님께서 "얼른 말하라!" 하고
호통을 치시거늘
4 순간 내성이 자신도 모르게 "공경 경
(敬), 일만 만(萬) 두 글자가 있습니다."
하고 대답하는지라
5 상제님께서 "그러면 그렇지. 아따 저
놈 '무식영웅'이라!" 하시고 손을 떼시
니 과연 '경만(敬萬)'이란 글자가 쓰여
있더라.
6 이어 상제님께서 이르시기를 "운암강
수(雲岩江水)가 만경래(萬頃來)라. 김만
경(金萬頃) 뜰을 가지고 천하사 세 번
못하겠느냐." 하시고
7 "너희들 내성이한테 '경만장, 경만장' 하
면서 세 번씩 외우라." 하시니 성도들
이 모두 명하신 대로 하니라.
8 상제님께서 다시 내성에게 말씀하시기

를 "앞으로 세상 사람들이 너를 우러
러 존경할 것이다." 하시니라.

용이 물을 구할 때는

197 6월 이래로 상제님께서 대흥리
에 머무르시며 공사를 행하시니
김광찬은 구릿골에 있으면서 차경석
의 종유함을 싫어하여 불평하여 말하
기를
2 "경석은 본래 동학 여당으로 일진회에
참가하여 의롭지 못한 일을 많이 행하
였거늘 이제 도문에 들이는 것은 선생
님께서 정대치 못하심이라.
3 우리가 힘써 마음을 닦아 온 것이 다
쓸데없게 되었다." 하고 날마다 상제
님을 원망하니라.
4 이에 형렬이 위로하며 "나와 같이 선
생님께 가 뵙고 이 일을 여쭈어 보자."
하고 광찬과 함께 정읍에 와서 상제님
을 뵈었으나
5 두 사람 모두 오후 늦도록 말씀을 아
뢰지 못하고 그냥 돌아가려 하니
6 그 때 상제님께서 광찬에게 이르시기
를 "주인은 형렬이 좋으니 구릿골에
가 있으라." 하시고
7 형렬을 따로 조용히 부르시어 "데리고
돌아가서 잘 달래라." 하고 당부하시
니라.
8 이 뒤로 몇 달 동안 경석을 데리고 공
사를 행하실 때 금구 둔산리 최군숙
(崔君淑)의 집에서 머무르시다가 구릿
골에 들르지 않고 바로 태인으로 가시
거늘
9 광찬이 더욱 불평하며 "우리는 다 무용
지물이라." 하고 갖은 패담(悖談)을 내
뱉으며 상제님을 크게 원망하는지라
10 형렬이 민망하여 태인 하마거리로 상
제님을 찾아뵙고 광찬이 불평함을 아
뢰며 "어찌 이런 성질 가진 자를 문하
에 두셨습니까?" 하고 여쭈니
11 상제님께서 말씀하시기를 "용이 물을
구할 때에는 비록 가시덤불이 길을 막
을지라도 회피하지 않느니라. 돌아가
서 잘 무마하라." 하시니라.
12 형렬이 곧 돌아와서 광찬을 타이르며
말하기를 "옛사람이 '교절(交絕)에 불
출악성(不出惡聲)이라.' 하였으니 이후
로는 불평을 잘 풀어 버리라." 하니라.

대인의 공부를 닦는 자는

198 이때 경석이 모든 행동에 위엄
을 내어 양반의 기습(氣習)을 본
뜨거늘
2 상제님께서 말씀하시기를 "대인의 공
부를 닦는 자는 항상 공근(恭謹)하고
온화한 기운을 기를지니 이 뒤로는 그
런 기습을 빼어 버리라. 망하는 기운
이 따라 드느니라." 하시니라.
3 경석이 어려서부터 유가 서적을 탐독
하였으나 유독 주역(周易)만은 이해하
기 어려운지라
4 이에 상제님께 여쭈기를 "천지만물 공
사는 다 보시면서 어찌 주역 공사는
안 보십니까?" 하니
5 말씀하시기를 "주역 공사는 이미 일부
(一夫) 시켜서 봐 놓았노라." 하시니라.

내성의 세속 놀이 기운을 거두심

199 내성이 공부를 하는 중에 지난
날 속되게 놀던 가락이 마음속
에서 울컥울컥 일어나 그 기운을 참기
어려운 지경에 이르거늘
2 하루는 상제님 몰래 진주 촉석루로 가
서 북을 치며 기운이 다 빠질 때까지
신명나게 노니라.
3 내성이 한참을 그리하매 더 이상 놀고
싶은 마음이 없어져 집으로 돌아오니
4 상제님께서 "놀고 싶은 대로 더 놀고
오지 그랬냐?" 하시니라.
5 이에 내성이 "한참 그러고 나니 선생님
이 보고 싶어 왔습니다." 하고 대답하
거늘

6 그 뒤로는 그런 기운이 다시 일어나지
않으니라.

'하느님이 강림하셨다'고 믿은 박공우

200 하루는 신원일과 박공우, 그 외
서너 사람을 데리고 고부 살포
정이에 이르시어 주막에 들어 쉬시는
데
2 갑자기 우레가 일어나고 번개가 번쩍
이며 집을 내리치려 하는지라
3 방 안에 있는 사람들이 두려움으로 허
둥지둥하고 그 광경을 보는 사람들 모
두 겁에 질려 어쩔 줄 모르거늘
4 상제님께서 공중을 향하여 "이놈아,
즉시 어지러운 번개를 거두어라!" 하
고 큰 소리로 꾸짖으시니 번개가 바로
그치니라.
5 공우가 상제님께서 대흥리에서는 글
을 써서 벽에 붙여 우레를 크게 일으
키시더니 또 이번에는 우레와 번개를
꾸짖어 그치게 하심을 보고
6 비로소 상제님께서 천지조화를 마음대
로 쓰시는 분인 줄 알고 이로부터 더욱
경외하니라.

이제 만날 사람 만났으니

7 하루는 상제님께서 공우에게 이르시기
를 "네가 오랫동안 식고(食告)를 잘하
였으나 이제 만날 사람 만났으니 식고
는 내게로 돌릴지어다." 하시니
8 공우가 매우 기뻐하며 평생 소원을 이
루었음을 깨닫고 "곧 그리하겠습니
다." 하고 대답하니라.
9 원래 공우는 동학 신도의 통례와 같이
'대신사응감(大神師應感)'이라는 식고를
하지 않고, 항상 "하느님 뵈어지이다."
하고 발원하였는데
10 이제 상제님께서 말씀하신 바를 들으
니 마음으로 생각하는 것을 통찰하실
뿐 아니라
11 천지조화를 뜻대로 쓰시는 것을 볼진
대 '분명 하느님께서 강림하셨음이 틀
림없다.'고 생각하니라.

공우의 대를 잇게 하여 주심

201 상제님께서 공우에게 늘 "혼자
사는 여자는 불쌍하니 잘 도와
주라." 하시더니
2 가을에 하루는 상제님께서 "공우야,
너 정읍 동면 내장리(東面 內藏里) 좀
갔다 오너라." 하시거늘
3 다만 다녀오라는 말씀뿐 딱히 시키시
는 바가 없는지라 공우가 "예." 하고
대답을 하고도 자못 궁금한 기색을 띠
며 머뭇거리니
4 상제님께서 "가면 뭔 일이 생길 것이니
그리만 알고 갔다 오라." 하시니라.
5 이후 공우가 몇 차례 그 동네를 왕래
하다가 혼자 사는 교동댁을 만나 그
아름다운 용모에 반하니
6 교동댁 또한 풍채 늠름한 공우를 보고
날로 연모(戀慕)의 정을 품거늘
7 서로 끌리는 마음을 어쩌지 못하고 한
두 번 통래하는 사이에 정이 깊이 드
니라.
8 이에 동짓달에 이르러 교동댁이 그 해
추수한 살림으로 운산리(雲山里) 신경
수(申京守)의 집 사랑채를 얻어 동네 인
척들의 눈을 피해 몰래 살림방을 차렸
으나
9 자신이 나이가 많아 아이가 들어서지
않자 이후에 다시 젊은 과수댁을 들여
와 공우의 대를 잇게 하니라.

문공신의 구도 과정

202 문공신(文公信)은 태인 강삼리(江
三里)에서 태어나 장가들고 나서
는 고부 와룡리(臥龍里)로 이거한 사람
이라.
2 공신의 집은 와룡리 일대의 땅을 모두
가진 부호인지라 가사에 근심 없이 일
찍부터 도(道)를 구하니라.
3 공신은 참봉(參奉)으로 어려서부터 태

인 무성서원(武城書院)에서 사서삼경을
공부하고
4 16세 되는 갑오동학혁명 때는 중형(仲
兄) 선명(善明)을 따라 황토현(黃土峴)
전투에 참가하여 오세동(五歲童)의 영
험을 목격하고 더욱 도를 갈구하던 중
5 동학혁명이 실패로 끝나자 조용히 칩
거하다가 한때 천주교에 입교하여 수
릿골에서 세례를 받기도 하니라.
6 그 후 다시 동학을 열렬히 신봉하여
동학도들이 갑진년에 '얼싸 좋다, 갑진
(甲辰) 을사(乙巳)'를 노래하며 강경에서
큰 집회를 열 때 논 열세 마지기를 성
금으로 내놓을 정도로 신심이 도탑더
니
7 일진회의 위세가 등등하여 고을 원(員)
이 일진회 지회장에게 당하배(堂下拜)
를 하던 시절에 흥덕, 부안 두 고을의
일진회 회장을 지내니라.
8 그러나 갑진, 을사년이 지나도록 아
무런 이변이 없자 이에 실망하여 동학
운동에 회의를 품고 지내다가
9 하루는 생각하기를 '이것이 모두 내가
찾는 길이 아닌 듯하니 어디를 가야
참된 길을 찾나?' 하고 간절한 마음으
로 참 선생을 찾아다니다가 무주에 큰
선생이 있다 하여 찾아가니라.
10 이때 공신의 눈으로는 그가 참선생인
지 아닌지 구별할 수가 없거늘
11 문득 꾀를 내어 생각하기를 '오늘 내
가 집안 여기저기에 방문(榜文)을 붙여
놓으려니, 만일 저분이 참 선생이라면
누구의 소행인지 알리라.' 하고 방문을
붙여 놓으니
12 다음날 아침 그 선생이 방문을 보고
"어떤 놈 짓이냐?" 하며 꾸중할 뿐 알
아보지 못하므로 실망하고 그곳을 떠
나니라.

계시 받은 문공신, 향남방하라

13 공신이 돌아오는 길에 친구와 함께 태
인 성제묘(聖帝廟)에 가서 '참 선생님을
만나게 해 주십시오.' 하고 지성으로
기도를 올리거늘
14 닷새째 되는 날까지는 머리가 둘 달리
고 셋 달린 잡귀들이 나타나 마구 몰
아붙이매 공신이 무서워 벌벌 떨더니
15 엿새째에 이르러 비로소 잡귀가 사라
지고 관운장(關雲長)이 나타나 "향남방
(向南方)하라." 하고 사라지니라.

귀가 번쩍 뜨여 순창 농바우를 찾아감

203 공신이 집에 돌아와 곰곰 생각
해 보아도 '향남방하라.'는 말의
요령을 얻지 못하고 며칠을 보내더니
2 이때는 벼를 거두고 보리갈이하는 가
을철인지라 하루는 일꾼들을 데리고
나가 보리를 갈게 하고 공신은 거름을
펴다가
3 잠시 바람을 쐬려고 마을 뽕나무밭 옆
길을 걷고 있는데 문득 관성묘의 일이
신비하게 여겨지며 정신이 아득해지니
라.
4 이때 갑자기 체구가 장군처럼 건장한
사람이 불쑥 나서서 "당신이 문공신이
오?" 하고 묻거늘 공신이 깜짝 놀라
"그렇소." 하고 대답하니
5 그 사람이 대뜸 말하기를 "순창 농바
우에 인자(仁者)가 났다 합디다." 하고
는 물어볼 틈도 주지 않고 칠보산 쪽
으로 황급히 가 버리더라.
6 공신이 선생님이 계시다는 말에 귀가
번쩍 뜨여 농기구도 다 팽개치고 집으
로 돌아가 옷을 갈아입고 곧장 농바우
로 가니라.

엎드려 재차 간청하매

204 공신이 농바우 주막에 당도하니
상제님께서 성도 네댓 명과 함
께 주막 앞 모정에서 쉬고 계시거늘
2 이때 상제님께서는 공사를 행하시며
이곳에서 사흘을 머물고 계신 중이더
라.

3 공신이 모정에 들어가 "실례합니다.
잠시 쉬었다 가겠습니다." 하니
4 상제님께서 "아, 쉬려면 올라와서 쉬
지, 그럼." 하시며 주모를 불러 "여기
술 한 상 차려 오라." 하시는데
5 공신이 상제님을 뵈니 둥그런 용안에
환한 기운이 가득하여 단번에 선생님
인 줄을 알겠더라.
6 이때 상제님께서 한쪽에 앉아 계시고
성도들이 옆에 앉아 술을 마시는데 그
주고받는 얘기를 들어 보니
7 나이 든 성도들이 젊은 상제님께 존대
를 하고 상제님은 그들에게 하대를 하
시는지라
8 공신이 속으로 '저렇게 나잇살이나 먹
은 노인들이 존대를 하고 저 양반은
반말하는 걸 보니 틀림없구나.' 생각
하고
9 대뜸 상제님 앞으로 가서 넙죽 엎드리
며 "원(願)이 제자 하겠습니다." 하고
인사를 하니라.
10 이에 상제님께서 반가워하시기는커녕
오히려 크게 호령하시기를 "이놈, 고
얀 놈! 이런 고얀 놈 봤나. 이놈이 순
전히 동학꾼이로구나." 하시거늘
11 공신이 엎드린 채 거듭 제자가 되기를
간청하나 아무 말씀도 없으시니라.
12 한참 후에 상제님께서 다시 술상을 보
라 하시어 먼저 한 잔을 드신 다음 주
모를 시켜 공신에게 술을 따라 주게
하시거늘
13 공신이 여쭈기를 "아이고, 제가 대접
을 해야지 어떻게 선생님 술을 받을
수가 있습니까?" 하니
14 말씀하시기를 "어, 이놈 보소. 한 잔
먹고 네가 나를 두 잔 받아 주면 쓸 것
아니냐." 하시니라.
15 공신이 생각하니 옳은 말씀인지라 그
술을 받아 마시고 주모를 불러 술을
사려 하는데 상제님께서 행장을 챙기
시고 "이제 그만 가자." 하며 일어서시
니라.
16 이로부터 공신이 상제님을 따르니 공
신의 나이는 29세더라.
17 이때 심부름 다니러 온 복남이 공신을
물끄러미 바라보거늘 공신은 장성한
복남을 알아보지 못하니라.

공신이 뵌 상제님의 면모

18 공신이 상제님 일행에 끼어 박장근(朴
壯根)의 주막에서 함께 지내는데
19 모시면서 보니 항상 상제님의 머리 위
로 청광(淸光)이 나와 공중으로 큰 기
둥처럼 뻗쳐 있고
20 방에 드시면 청광이 지붕을 뚫고 올라
비가 오거나 구름 낀 날에도 운무(雲
霧)가 그 기운을 가리지 못하거늘
21 공신이 이를 신이하게 여겨 다른 성
도들에게 물어 보니 "늘 보아 오던 바
라." 하더라.

공사 주인을 누구에게 정해야겠느냐

205 며칠 후 밤에 저녁진지를 드신
뒤 상제님께서 성도 약 20여 명
을 방안에 앉히시고 오선위기 진주(眞
主) 공사를 보시니 공신도 이 자리에
참석하니라.
2 이때 상제님께서 말씀하시기를 "이제
공사를 보는데 돈 천 냥이 필요하니
누가 돈 천 냥을 대겠느냐?" 하시니
3 공신이 누가 먼저 낼세라 얼른 "제가
대겠습니다." 하고 대답하니라.
4 공신이 잠시라도 상제님 곁을 떠나지
않으려고 인편으로 서신을 보내어 추
수한 쌀을 팔고 모시도 팔아 천 냥을
마련케 하고
5 인부 열 사람으로 하여금 나누어 지고
오게 하여 상제님께 올리니 상제님께
서 이 돈을 경비로 사용하여 열흘 동안
공사를 행하시니라.
6 상제님께서 공사를 보신 뒤에 물으시
기를 "공사 주인을 누구에게 정해야겠
느냐?" 하시니

7 성도들이 모두 아뢰기를 "돈 낸 사람
에게다 정하여야겠습니다." 하거늘
8 말씀하시기를 "그렇지, 너희들 말이
진실로 옳도다." 하시니라.

평소에 먹는 대로 차려 오라

206 상제님께서 처음 공신의 집에
가셨을 때 공신의 아내가 상제
님을 큰손님으로 여겨 온갖 정성을 다
해 진짓상을 차려 올리거늘
2 상제님께서 추상같이 호령하시기를
"이게 무슨 짓이냐? 내가 여기서 한 끼
만 먹을 게 아니지 않으냐?
3 이것이 사람을 쫓는 상이지 먹으라는
상이냐?" 하시니 공신의 아내가 어쩔
줄 몰라 멍하니 서 있으매
4 상제님께서 부드러운 음성으로 "다시
는 그리 마소." 하시며 "자네들 평소에
먹는 대로 차려 오라." 하시니라.
5 이에 공신의 아내가 평소대로 정갈하
게 상을 차려 올리니 상제님께서 공신
과 겸상하여 맛있게 드시거늘
6 그 뒤로 상제님께서 공신의 집을 찾으
시면 공신의 아내는 특별히 갖추어 차
리지 않고 평소에 먹는 대로 상을 차
려 올리니라.

변산 와우는 네가 잘 썼느니라

7 하루는 상제님께서 공신에게 "변산 와
우(臥牛)가 크다." 하시므로
8 공신이 여쭙기를 "저희 조상묘를 변산
와우혈에 썼는데 잘 썼는지 모르겠습
니다." 하니
9 상제님께서 "어디 한번 보자." 하시고
줄을 가져오라 하시어 문턱에 줄 끝을
대시고 공신으로 하여금 한쪽 끝을 잡
은 채 방을 가로질러 마당으로 나가게
하신 뒤에
10 방안에 앉으시어 줄을 바라보며 말씀
하시기를 "변산 와우는 네가 잘 썼느
니라." 하시니라.

경석에게 농바우 장군 도수를 붙이심

207 10월에 하루는 경석에게 돈 30
냥을 마련케 하시고 말씀하시기
를
2 "경석아, 이것은 너를 위한 일이니라.
내가 오늘은 너와 함께 순창에 가려
하노라." 하시며 어떤 법을 베푸시고
3 溪分洙泗派하고 峯秀武夷山이라
계분수사파　봉수무이산
活計經千卷이요 行藏屋數間이라
활계경천권　행장옥수간
이곳 시내는 수사(洙泗)의 흐름을 갈라
받았고
봉우리는 무이산보다 빼어나구나.
살림이라곤 경서가 천 권이요
몸 둘 집은 몇 칸 뿐이로다.
4 襟懷開霽月하고 談笑止狂瀾이라
금회개제월　담소지광란
小子求聞道하니 非偸半日閒이라
소자구문도　비투반일한
가슴에 품은 뜻은 환히 갠 달 같고
담소는 미친 물결을 그치게 하네.
제가 찾아온 것은 도를 듣고자 함이요
한나절의 한가로움을 뺏으려 함이
아니외다.
5 하고 고시를 외워 주신 후에 경석을
데리고 순창 농바우 박장근의 집에 이
르러 말씀하시기를
6 "이제 천하대세를 회문산 오선위기형(五
仙圍碁形)의 형세에 붙여 돌리나니 네게
한 기운을 붙이노라." 하시니라.
7 이어 장근에게 이르시기를 "너의 머슴
을 불러 어젯밤 무엇을 본 일이 있는
지 물어 보라." 하시거늘
8 장근이 머슴을 불러 물으니 머슴이 대
답하기를 "어젯밤 꿈에 한 백발 신선이
하늘에서 내려와 농바우를 열고 큰칼
과 투구와 갑옷을 꺼내는데
9 장검은 서릿발이 돋은 듯하고 갑옷과
투구는 빛이 나서 눈이 부셨습니다.
10 신선이 칼과 투구와 갑옷을 저에게 주

면서 '한 장군이 명(命)을 받들고 여기
에 올 것이니 이것을 그 장군에게 주
라.' 하므로 제가 그것을 받아서 두었
사온데
11 그 자리가 바로 저 자리입니다." 하며
경석이 앉은 쪽을 가리키는지라
12 상제님께서 들으시고 "네가 꿈을 옳게
꾸었도다. 농바우의 전설이 허망한 말
이 아니로다." 하시고
13 다시 장근에게 말씀하시기를 "너는 이
공사의 증인이니라." 하시니라.
14 대저 그 지방에는 농바우 속에 갑옷과
투구와 긴 칼이 들어 있는데 '장군이 나
면 내어가리라.'는 말이 전하여 오니라.

황응종과 신경수가 농바우로 찾아 옴

208 상제님께서 차경석과 함께 농바
우에 계실 때 하루는 황응종과
신경수가 와 뵙고 말씀드리기를
2 "길에 눈이 많이 쌓여 행인들이 큰 불
편을 겪나이다." 하거늘
3 박장근으로 하여금 단술을 만들게 하
시어 여러 사람과 함께 잡수시니
4 별안간 날씨가 풀리기 시작하여 한나
절이 못 되어 눈이 녹아 골짜기에 물
이 넘쳐흐르고 도로가 트이니라.

치도신장에게 칙령을 내리심

5 농바우를 떠나려 할 즈음에 경석이
"지금 길이 너무 질어서 한 발짝도 옮
길 수가 없습니다." 하고 아뢰거늘
6 상제님께서 양지에

勅令治道神將이라
칙령치도신장

御在淳昌籠巖인대
어재순창농암

移御于井邑大興里라
이어우정읍대흥리

치도신장에게 내리는 칙령이라.
상제가 순창 농바우에서
정읍 대흥리로 가려 하노라.

7 라고 쓰시어 물에 담갔다가 짜신 뒤에
화로에 넣어 불사르시니 갑자기 큰비
가 오다가 그치고 남풍이 불더니
8 다음날 길바닥이 굳게 얼어붙어 깨끗
한 버선과 마른 신발로 편히 길을 떠
나시니라.

경석의 운명을 예시하심

9 이때 경석에게 글 한 수를 읽어 주시니
이러하니라.
10 經之營之不意衰하니
경지영지불의쇠

大斛事老結大病이라
대곡사로결대병

天地眷佑境至死하니
천지권우경지사

漫使兒孫餘福葬이라
만사아손여복장

천하사를 평생 경영하다
뜻밖에 쇠패하니
배포가 아무리 커도
일이 쇠해져 큰 병을 얻으리라.
천지가 도와주어도
죽음의 지경에 이르니
헛되이 자손을 부려
남은 복마저 장사지내는구나.

내 일은 수부가 들어야 되는 일

209 농바우에서 대흥리로 돌아오시
는 길에 깔바위에 가시어 제를
지내신 후에 성도들과 단란하게 노시
다가 다시 태인 행단(杏壇)에 이르시어
경석에게 말씀하시기를
2 "공자가 행단에서 도를 가르쳤다 하나
니 여기서 네게 한 글을 전하리라." 하
시고 삼략의 머릿장(三略首章)을 외워 주
시니라.
3 이어 말씀하시기를 "천지공사에 수부
(首婦)가 있어야 일이 순서대로 될 터인
데 수부를 정하지 못한 연고로 도중에
지체되는 일이 허다하도다.
4 지금 수부 책임하의 중대한 공사가 산적
해 있느니라.

5 내 일은 수부가 들어야 되는 일이니
네가 참으로 내 일을 하려거든 수부를
들여세우라." 하시니라.
6 이에 경석이 상제님을 모시고 돌아와
서 이종누님 고부인(高夫人)을 천거하매
7 11월 초사흗날 상제님께서 고부인을
맞아 수부 도수를 정하여 예식을 올리
시니라.

임상옥의 안질을 고쳐 주심

210 하루는 김제 수각(水閣)에 사는
임상옥(林相玉)이 안질이 나서 수
개월 고생하다가 상제님을 찾아와 고
쳐 주시기를 간청하니
2 상제님께서 "쥐를 잡아 그 피를 눈에
바르면 나으리라." 하시는데 상옥이
눈이 너무 아파 쥐를 잡지 못하는지라
3 상제님께서 "쥐의 입이나 닭 입이나 같
으니라." 하시고 닭을 잡게 하시어 닭
피를 손에 발라 주시며 "눈을 문지르
라." 하시매 시키신 대로 하니 금세 씻
은 듯이 나으니라.
4 그 후 상옥이 눈병이 재발하여 다시
상제님을 찾아뵈니 상옥의 눈을 보시
며 "그 눈이 이상하다." 하시고
5 "그릇점에 가서 사기그릇을 사다가 농
사일 할 때 그 그릇으로 일꾼을 대접
한 뒤에 개장국에 씻어서 김제장에 팔
고 나면 네 눈이 나으리라." 하시거늘
6 상옥이 돌아가 시키신 대로 하니 이후
로 안질이 깨끗이 나아 재발하지 않으
니라.

경석에게 머리를 기르고 갓을 쓰게 하심

211 차경석이 일진회에 몸담은 이후
로 계속하여 단발을 하였는데
하루는 상제님께서 "망건을 준비하고
머리를 기르라." 하고 명하시니라.
2 그 뒤에 경석이 망건을 쓰겠다고 누차
말씀드려도 허락지 아니하시며
3 "망건을 처음 쓸 때에 별 의미 없이 쓰
면 포기하기 쉬우니 마음에 꼭 망건을
쓰겠다는 생각이 나야 다시는 머리를
깎지 않느니라." 하시더니
4 11월에 이르러 하루는 경석에게 다시
는 단발을 하지 않겠다는 다짐을 받으
시고
5 친히 경석의 상투를 올려 주시며 망건
서(網巾序)와 시 한 수를 지어 주신 후
에 망건 쓰는 것을 허락하시니라.
6 이 날 상제님께서 경석을 부르시어 이
르시기를 "경석아, 너는 오늘부터 갓을
쓰라. 네가 갓을 쓰면 수많은 천하 사
람들이 갓을 쓸 것이니라." 하시거늘
7 한 성도가 여쭈기를 "경석이 머리를 기
르고 갓을 쓰는 것은 시세(時世)에 역
행하는 것이 아닙니까?" 하매
8 상제님께서 말씀하시기를 "남들이 버
리는 것을 나는 취해 쓰노라." 하시니
라.

경석의 출세 글을 내려 주심: 망건서

9 이때 지어 주신 망건서는 이러하니라.
10 網巾序
망 건 서

如無有一身現心이니
여무유일신현심

無則事萬皇而必無一極하고
무즉사만황이필무일극

有則夢一皇而其極必達하리라
유즉몽일황이기극필달

망건을 쓰고 안 씀은 내 몸에 마음을
드러냄과 같으니
안 쓰면 어떤 임금(萬皇)을 섬길지라도
너의 그 지극한 한 가지 꿈을 이루지
못할 것이요,
쓰면 천자를 꿈꾸어 온 너의 지극한
꿈이 꼭 이뤄질 것이니라.

11 無則順이요 有則逆이니
무즉순 유즉역

先聖이 不同禽獸之道하여
선성 부동금수지도

定有一作이라
정유일작
故로 予從逆하노라
고 여종역
망건을 안 쓰면 머리가 그대로
내려오니 순(順)이요
망건을 쓰면 머리를 빗어 치켜올리니
역(逆)이라.
선성(先聖)이 금수의 도리와 같지 않게
법도를 정하였으므로
나도 머리 빗고 망건을 써서
인간의 길을 좇느니라.

망건시

12 또 이때 지어 주신 시는 이러하니라.
13 網巾詩
망건시
河圖義氣馬人同하니
하도의기마인동
故拔一毛爲天下라
고발일모위천하
博覽博識誰伏羲오
박람박식수복희
天皇公庭表日暈이라
천황공정표일훈
하도의 의기(義氣)는 말과 사람이
그 덕을 함께 하니
말총 하나를 뽑아서 천하를 이롭게
하였도다.
누가 박람박식(博覽博識)한 복희런가!
망건과 갓을 쓰니
이마에 햇무리를 두른 것 같구나.

두 마음을 품는 자는

212 박공우가 예전에 일진회의 한
두목으로 있었더니 도문에 든
이후에 하루는 일이 있어 비밀리에 일
진회 사무소에 들르고 오거늘
2 상제님께서 아시고 공우에게 이르시
기를 "한 몸으로 두 마음을 품는 자는 그
몸이 찢어지고, 한 어깨에 두 짐을 지
면 더수기가 찢어지나니 주의하라."
하시니라.
3 공우가 사뭇 놀라 다시는 비밀히 일을
하지 않고 일진회와의 관계도 아주 끊
으니라.

오직 마음을 볼 뿐

4 공우가 상제님을 따르면서 보니 다른
성도들은 모두 머리를 길렀는데 혼자
만 단발인지라
5 성도들과 한 물에 싸이지 못함을 불안
하게 생각하여 다시 머리를 길러 여러
달 후에는 솔잎상투에 갓망건을 쓰고
다니는데
6 하루는 금구를 지나다가 과거의 일진
회 동지 십여 명을 만나매 그들이 공
우의 머리를 보고 조롱하며 달려들어
강제로 잘라 버리니라.
7 이에 공우가 집에 돌아와 두어 달 동
안 출입을 폐하고 머리를 기르는 중에
뜻밖에 상제님께서 이르시어 그동안
나오지 않은 이유를 물으시니
8 공우가 강제로 머리 잘린 사실을 아뢰
며 "삭발한 모습으로 선생님을 뵙기가
황공하여 집에 있으면서 머리를 다시
길러 관건(冠巾)을 차린 뒤에 찾아뵈려
하였습니다." 하고 여쭈니라.
9 이에 상제님께서 말씀하시기를 "나는
오직 마음을 볼 뿐이니 머리의 길고 짧
음이 무슨 관계가 있으리오." 하시고
공우를 데리고 구릿골로 오시니라.

잘되게 하여 주리니 울음을 그치라

213 하루는 공우가 대흥리에서 상제
님을 모시고 구릿골로 갈 때 정
읍 과교리(科橋里)를 지나는데
2 불현듯 울음이 나오며 동학으로 여러
해 고생했던 일들이 생각나 더욱 서럽
게 우는지라
3 상제님께서 돌아보며 물으시기를 "무
슨 일로 그다지 우느냐?" 하시니
4 공우가 목메인 소리로 대답하되 "어쩐
일인지 부지중에 울음이 나오고 전날

고생했던 일들이 낱낱이 생각되어 능
히 그치지 못하겠습니다." 하거늘
5 상제님께서 말씀하시기를 "앞으로 잘
되게 하여 주리니 그만 그치라." 하시
매 울음을 곧 그치니라.

공우에게 장군천의 기운을 붙여 보심

6 하루는 상제님께서 어디를 가시다가
과교리를 지나실 때에
7 공우가 아뢰기를 "저 앞산에 샘이 있
는데 그 이름이 장군천(將軍泉)이라 합
니다." 하니
8 상제님께서 "샘물을 떠 오라." 하고 명
하시거늘 공우가 샘물을 한 그릇 떠
오니라.
9 이에 "마시라." 하시매 명을 받들어 마
시는 순간 힘이 솟아나 태산을 져도
오히려 가벼울 것 같은지라
10 공우가 깜짝 놀라 "감당하지 못할 큰
힘이 자꾸 솟구칩니다." 하니
11 상제님께서 들으시고 "거두어 가라."
하시거늘 곧 힘이 사라져 평상시와 같
이 되니라.
12 이에 한 성도가 여쭈기를 "장군천이
지금까지 유명무실하여 그 동안 수많
은 사람이 시험해 봤어도 한 차례 효
험이 없었는데 지금 이렇게 힘이 솟아
나니 어인 연고입니까?" 하니
13 주고 빼앗는 것이 이와 같이 쉬우니
라." 하시니라.

박공우의 믿음

214 공우의 아내가 겨울에 물을 긷
다가 빙판에 엎어져서 허리와
다리를 심하게 다쳐 기동(起動)하지 못
하고 누웠거늘
2 공우가 크게 걱정하여 멀리 상제님 계
신 곳을 향해 청수를 떠 놓고 아내의
상처를 낫게 해 주시기를 지성으로 빌
었더니 그 아내가 곧 나아 일어나니라.
3 그 뒤에 공우가 상제님께 와 뵈니 웃
으며 말씀하시기를 "내환으로 얼마나
염려하였느냐." 하시니라.

내가 이미 알았으니

4 성도들이 언제든지 근심되는 일이 있
을 때에는 그 사유를 상제님께 아뢰면
부지중에 자연히 풀리는데
5 만일 아뢴 뒤에도 근심을 놓지 않으면
문득 위로하여 말씀하시기를 "내가 이
미 알았으니 근심하지 말라." 하시니라.

군자 차마 보지 못할 일

215 상제님께서 겨울에 안내성과 김
익찬(金益贊)을 데리고 독배(獨
排)고개를 넘어 황소리 부근을 지나실
때
2 일본인 포수가 떼지어 앉아 있는 비둘
기와 꿩을 향해 총을 겨누어 쏘려 하
거늘
3 상제님께서 "저런 죽일 놈, 저놈이 대
낮에 살생을 하려 하는구나!" 하시고
4 "이는 군자(君子) 차마 보지 못할 일이
라. 너 이놈, 어디 한번 쏴 봐라." 하시
며 왼발로 땅을 한 번 구르시니 총이
쏘아지지 않으니라.
5 이에 사냥꾼이 이유를 알지 못하고 총
을 검사하며 지체하는 사이에 새떼가
다 날아가 버리거늘
6 상제님께서 발을 옮기시니 그제야 총
이 발사되니라.

충성아, 어찌 사람을 해하느냐

216 하루는 정읍 수통점(水桶店)에서
유숙하실 때 공우가 모시고 있
더니
2 이도삼이 찾아와 "이웃 버들리(朋來)에
서 스무 살쯤 된 여자가 호랑이 밥이
되어 인근이 놀라고 있습니다." 하고
아뢰는지라
3 상제님께서 마침 대청에 누워 계시다
가 급히 일어나 공우에게 "하늘에 충
성(蟲星)이 보이는가 보라." 하시거늘
4 공우가 나가서 살펴보고 나타나 있음

을 아뢰니 상제님께서 목침으로 마루
를 치시며 "충성아, 어찌 사람을 해하
느냐!" 하시고
5 잠시 후에 말씀하시기를 "생명은 상하
지 아니하였노라." 하시니라.
6 이튿날 그 여자가 살아 돌아왔는데 의
복은 찢어졌으나 몸은 크게 다친 곳이
없더라.

말 탄 순사의 불경을 벌하심

217 상제님께서 황응종과 김갑칠을
데리고 원평 다리를 지나실 때
문득 왼발로 땅을 한 번 구르시고 다
리 한쪽 끝에 서 계시니
2 잠시 후 다리 저편에서 일본 순사 세
명이 말을 타고 오다가 다릿목에 이르
러 돌연 말의 발굽이 땅에 붙은 듯 꼼
짝도 하지 않거늘
3 순사가 아무리 말 엉덩이를 때려도 말
이 움직이지 않으매 건너편을 쳐다보
니 상제님께서 서 계시는지라
4 모두 말에서 내려 고삐를 놓고 다리를
건너와 상제님께 절하고 비켜서시기를
간청하니라.
5 이에 상제님께서 "내가 뭘 어쩌길래 그
러느냐?" 하시고 웃으며 발을 떼고 돌
아서시니 그제야 비로소 말이 움직이
니라.

신명들이 나를 알고 경의를 표하는 것

218 하루는 원평을 지나시는 길에
상제님께서 물으시기를 "앞길에
일병(日兵)이 많이 오니 여기서 기다렸
다가 천천히 가는 것이 옳겠느냐, 기
다리지 않고 그대로 가는 것이 옳겠느
냐?" 하시니
2 성도들이 여쭈기를 "저들이 온다고 하
여 어찌 가던 길을 멈추겠습니까?" 하
니라.
3 이에 상제님께서 말씀하시기를 "내가
오늘은 너희들의 말을 좇으리라. 너희
들은 내 뒤를 따라오라." 하시더니
4 5리도 채 가지 못하였는데 일본군들이
말을 타기도 하고 혹은 걸어서 땅을
가득 덮으며 오는지라
5 상제님께서 느린 걸음으로 그들 앞에
당도하시니 일본군 대열이 두 갈래로
나뉘어 길가에 줄지어 서서 움직이지
아니하니라.
6 상제님께서 성도들과 한가로이 말씀
을 나누시며 천천히 걸어가시는데 그
모습과 말소리가 일병들에게는 보이
지도 않고 들리지도 않는 듯하거늘
7 상제님 일행이 다 지나간 뒤에야 일병
들이 다시 대열을 합하여 행군하니라.
8 한 성도가 여쭈기를 "오늘 행차에 일
병들이 열을 지어 길을 양보하니 무슨
까닭입니까?" 하니
9 말씀하시기를 "사람은 비록 모를지라
도 신명들은 나를 알고 경의를 표하는
것이니라." 하시니라.

사람으로서는 미치지 못할 바라

219 하루는 상제님께서 성도들을 거
느리고 고부 살포정이를 지나시
는데 들 가운데에서 큰 소 두 마리가
어우러져 싸우고 있거늘
2 상제님께서 두 소의 뿔을 하나씩 잡고
소들의 귀에 대고 무어라 말씀하신 다
음 뿔을 놓으시니 두 소가 싸움을 그
치고 서로 다른 쪽을 향해 가니라.
3 이에 공신이 감복하여 '사람이야 말로
훈계하면 듣는다지만 알아듣지 못하
는 짐승까지 가르치시니 이는 사람으
로서는 미치지 못할 바라.
4 선생님은 참으로 하늘에서 내려오신
하느님이심에 틀림없다.'고 생각하니
라.

내가 천지일월과 같거늘

5 공신이 평소에 상제님과 함께 사진을
찍어 간직하고 싶어하다가 하루는 기
회를 보아 사진 찍으시기를 여쭈니

6 상제님께서 마다하시며 말씀하시기를
"내가 천지일월(天地日月)과 같거늘 무슨
사진이 필요하더냐." 하시고
7 또 말씀하시기를 "나를 보고 싶거든
금산사 삼층전 미륵불을 보소." 하시
니라.
8 하루는 말씀하시기를 "사진을 많이 찍
지 마라. 정기가 모손되느니라." 하시니
라.

다 쓸 자리가 있느니라

220 광찬이 늘 불평을 많이 하고 자
주 말썽을 일으켜 성도들 간에
원성이 높거늘
2 한번은 공신이 상제님께 "어찌 저런
사람을 문하에 두셨습니까?" 하고 여
쭈니
3 말씀하시기를 "집을 지으려면 재목마
다 다 쓸 자리가 있느니라." 하시매 공
신이 다시는 불평을 아니하니라.

천지의 진액주

221 겨울에 성도 20여 명을 와룡리
문공신의 집에 모아 놓고 며칠
동안 진액주(津液呪)를 수련케 하신 후
에
2 성도들에게 요(堯)의

曆象日月星辰敬授人時
역상일월성신경수인시

를 해설하시며
3 말씀하시기를 "당요(唐堯)가 비로소 일
월이 운행하는 법을 알아내어 백성들로
하여금 모든 일에 때를 알게 하였나니
천지의 큰 공덕이 이로부터 열렸느니
라." 하시니라.
4 또 진액주를 가르쳐 주실 때에 말씀하
시기를 "이 글은 천지의 진액이니라. 내
가 이 주문을 지어 읽으니 천지만신이
춤을 추는구나." 하시고
5 이어 말씀하시기를 "진액주 하나만 가
지고도 천하를 세 번 뒤집고도 남는
다." 하시니라.
6 天地津液呪
천지진액주

新天地家家長世 日月日月萬事知
신천지가가장세 일월일월만사지

侍天主造化定 永世不忘萬事知
시천주조화정 영세불망만사지

福祿誠敬信 壽命誠敬信
복록성경신 수명성경신

至氣今至願爲大降
지기금지원위대강

明德 觀音 八陰八陽
명덕 관음 팔음팔양

至氣今至願爲大降
지기금지원위대강

三界解魔大帝神位 願趁天尊關聖帝君
삼계해마대제신위 원진천존관성제군

상제님의 성령의(聖靈衣)

222 12월에 고부 운산리 신경수의
집에서 공사를 보실 때 하루는
신원일에게 이르시기를
2 "네가 일찍이 동쪽 하늘을 향하여, 붉은
옷을 입고 구름을 타고 앉은 사람에게
사배(四拜)한 일이 있을지니, 이제 다시
그와 같이 절하라. 내가 곧 그 사람이로
다." 하시니라.
3 이에 원일이 일어나 상제님께 사배를
올리거늘 성도들이 모두 의아해하며
원일에게 그 연고를 묻는지라
4 원일이 대답하기를 "연전(年前)에 우연
히 병이 들어 죽게 되었는데 별안간 정
신이 황홀해지더니 어떤 큰 사람이 사
인교(四人轎)를 타고 와서 내게 말하기
를
5 '새 옷을 입고 문밖에 나가서 동쪽 하
늘에 붉은 옷을 입고 구름을 타고 앉
은 어른께 사배하라. 그러면 네 병이
나으리라.' 하므로
6 그 말대로 새 옷을 입고 문밖에 나가
동쪽 하늘을 바라보니 과연 그와 같은

어른이 계시므로 사배를 올렸더니 그
로부터 병이 곧 나았는데
7 누워 앓던 사람이 갑자기 새 옷으로
갈아입고 밖으로 나가 허공에 대고 절
을 하니 집안사람들이 모두 해괴하게
여기더라." 하니라.

무신(戊申: 道紀 38, 1908)년

60간지를 읽어 병을 고쳐 주심

223 무신(戊申: 道紀 38, 1908)년에 경
석의 소실이 손가락 끝을 바늘
에 찔린 것이 독이 올라 점점 팔이 저
리더니 마침내 반신불수(半身不隨)가
되었거늘
2 상제님께서 60간지(干支)를 쓰시어 "한
간지씩 읽을 때마다 상한 손가락 끝으
로 힘껏 짚으라." 하시고
3 다시 술잔을 들고 거닐게 하시니 이로
부터 혈기(血氣)가 돌아 곧 나으니라.

죽은 아들을 살려 주옵소서

224 무신년에 최창조의 열다섯 살
된 아들 상렬(相烈)이 급병이 들
어 백방으로 치료하였으나 별다른 차
도를 못 보고 그대로 절명(絕命)한지라
2 창조 내외가 정신이 나간 채 어찌할
바를 모르다가 '증산께서는 천의(天醫)
로서 죽은 사람도 살려낸다.'는 말을
생각하고 비로소 정신이 번쩍 드니라.
3 이에 창조가 상제님을 찾으러 이리저
리 다니다가 엿새가 지나도록 만나지
못하고 집으로 돌아오니 마침 그 날
저녁에 상제님께서 창조의 집에 오신
지라
4 창조 내외가 마치 미친 사람처럼 상제
님 앞에 엎드려 "죽은 아들을 살려 주
옵소서!" 하고 울면서 애걸하거늘
5 상제님께서 "죽은 사람을 어떻게 하겠
느냐." 하시더니 잠시 후 "어디 한번
보자." 하시며 시체를 보시니 이미 눈
알이 썩었더라.
6 이때 황응종이 상제님을 뵈려고 창조
의 집에 이르매 마침 곡성이 들리거늘
응종이 들어가지 않고 창조를 불러내
어 자신이 왔음을 여쭈게 하니
7 창조가 들어가 상제님께 아뢴 뒤에 나
와서 말하기를 "선생님이 지금 보시는
일이 있으니 좀 기다리라." 하는지라
8 응종이 그 앞 주막에 나가 기다리려
하는데 곧 상제님께서 부르시므로 들
어가 상제님을 뵈니라.
9 상제님께서 손으로 아이의 배를 어루
만지시고 "여물지 않은 보리를 잘라
오라." 하시어 보리의 즙을 내어 죽은
아이의 입안에 몇 방울 흘려 넣으신
뒤에
10 모두 방 밖으로 나오게 하시며 "두어
시간 후에 들어가 보라." 하시니라.

이 아이가 머나먼 천 리 길을 갔다 왔으니

11 얼마 후 창조의 아내가 방에 들어가
보니 아이가 숨을 크게 몰아쉬며 왼다
리를 움직이거늘
12 상제님께서 들어가시어 꾸짖어 말씀하
시기를 "네가 어찌 어른 앞에 누워 있
느냐." 하시니 죽은 아이가 문득 눈을
뜨고 깨어나니라.
13 상제님께서 모든 사람에게 사담(私談)
을 금하시며 말씀하시기를 "이 아이가
머나먼 천 리 길을 갔다 왔으니 고요
히 있어야 할지라. 안방으로 옮겨 눕
히고 미음을 쑤어 먹이라." 하시거늘
14 이에 명하신 대로 하니 아이가 항문으
로 추깃물을 쏟아 내며 정신을 차리니
라.
15 이튿날 그 아이가 사랑에 나오니 입에
참기름을 발라 주시고 밥을 먹이시니
라.

약방을 차리심

225 무신년 4월에 상제님께서 백남
신으로부터 돈 천 냥을 가져오
시어 김갑칠의 형 준상(俊相)의 집 방
한 칸을 수리하여 약방을 차리시니라.
2 이때 준상에게 말씀하시기를 "집은 평
생 너의 집이고 방만 하나 내가 차지
하련다. 나는 잠깐 쉬었다 가는 사람
이니라." 하시고
3 "네가 나보다 나은 사람이로구나. 너
를 찾아야 나를 알게 될 참이니 나보
다 낫다는 말이니라." 하시니라.

본처를 사랑하여 저버리지 말라

226 김보경이 곰개(熊浦)에 소실을
두고 본가를 돌보지 않거늘
2 상제님께서 보경에게 글을 써 주시며
말씀하시기를 "네 소실과 마주한 자리
에서 불사르라. 그러면 좋은 일이 있
으리라." 하시니라.
3 이에 보경이 그대로 하니 뜻밖에 임질
(淋疾)을 얻어 본가로 돌아가 한 달 남
짓 머무르게 되매 그 사이에 소실이
다른 곳으로 가 버리니라.
4 상제님께서 보경을 부르시어 타일러
말씀하시기를 "이제는 집안이 편안하
여야 좋은 운수가 열리리니 본처를 사
랑하여 저버리지 말라." 하시고 임질
을 낫게 하여 주시니라.

나는 예언자가 아니로다

227 하루는 여러 성도들과 함께 태
인 금상리(琴上里)를 지나시면서
보니 오랜 가뭄으로 사람들이 모심기
를 못하고 있더라.
2 이때 동학 신도 류한필(柳漢弼)이 전날
구름이 낀 것을 보고 비가 오리라 생
각하고 마른 논에 호미로 모를 심었으
나 이내 비가 오지 않아 모가 마르거
늘
3 한필이 애가 타서 "가뭄이 이렇게 심
하여 비 올 뜻이 없으니 모 심었던 것
을 치우고 콩이나 심을 수밖에 없도
다." 하며 탄식하니라.
4 마침 상제님께서 들으시고 말씀하시
기를 "모 심은 것을 갈아 치우고 다른
곡식을 심는 것은 변괴가 아니냐." 하
시며
5 한필을 앞세우고 그곳에 가서 참혹한
광경을 보시고는 서쪽 하늘을 향하여
만수(萬修)를 부르시니 갑자기 검은 구
름이 피어오르며 소나기가 내리거늘
6 한필은 무슨 까닭인지 알지 못하고 다
만 미리 아는 법이 있는가 하여 이상
히 여기니라.
7 이때 따르던 성도들에게 이르시기를
"나는 예언자(豫言者)가 아니로다. 나
의 일은 세상 운수를 미리 말함이 아
니요, 오직 천지공사의 도수로 정하여
내가 처음 짓는 일이니라." 하시니라.
8 하루는 상제님께서 창조에게 "소주 세
동이를 받아 오라." 하시어 태인 작소
리(鵲巢里) 앞에서 굿 치고 노는 농부
들을 불러 나누어 주시니라.

백남신의 친산 도적을 잡아 주심

228 6월에 김병욱이 상제님께 사람
을 보내어 '백남신의 친산(親山)
에 도둑이 들어 무덤을 파헤치고 두골
을 훔쳐 갔다.'는 사실을 아뢰니
2 상제님께서 마치 상가(喪家)처럼 등불
을 밝혀 사흘 밤을 지새우신 뒤에 남
신에게 말씀을 전하시기를
3 "두골을 찾으려 힘쓰지 말고 조용한
곳에서 거처하며 외인과의 교제를 끊
으라. 처서절(處暑節)에는 도적이 스스
로 두골을 가져오게 하리라." 하시니
라.
4 이때에 사흘 밤 철야하심을 성도들이
못마땅하게 생각하여 아뢰기를 "이같
이 힘을 들여도 당사자는 모르니 저들
이 무슨 공로를 알겠습니까?" 하니

5 말씀하시기를 "두골만 찾게 할 뿐이
요, 그가 알고 모름은 관계할 바 아니
니라." 하시니라.
6 남신은 상제님께서 명하신 대로 유벽
(幽僻)한 백운정에 가서 거처하는데
7 7월에 그 묘 아랫마을 동장(洞長)이 자
발적으로 동회(洞會)를 열고 의논하기
를
8 "우리가 이 묘 아랫마을에 살면서 모
른 척하고 지낼 수는 없으니, 온 동리
가 나서서 이 근처를 수색하여 만일
두골을 찾는 사람이 있으면 묘주(墓主)
에게 말하여 상을 주게 함이 옳지 않
겠느냐?" 하고 온 마을 사람을 동원하
여 근처 산기슭을 수색하니라.
9 이때에 두골을 훔친 도적이 생각하기
를 '묘주가 돈을 들여 두골을 찾으려
하지 않으니, 차라리 이 기회에 두골
을 가져가면 도적이란 이름도 면하고
상도 받을 수 있으리라.' 하고
10 두골을 가지고 동장에게 가서 말하기
를 "내가 여러 곳을 수색하여 다행히
찾았노라." 하거늘
11 동장이 그 사람을 데리고 백운정으로
오니 이 날이 곧 처서절이더라.

공사와 사사를 함께 끌러 주심

12 이튿날 아침에 상제님께서 용머리고
개에 있는 주막에 가시니 병욱이 와서
두골 찾은 일을 아뢰거늘
13 "묘 도적은 어떻게 하였느냐?" 하고
물으시니 "경찰서로 보냈습니다." 하
고 대답하는지라
14 말씀하시기를 "잘 타일러 돌려보냄이
옳거늘 어찌 그리하였느냐?" 하시고
15 검은 옷 한 벌을 지어 오게 하시어 불
사르며 말씀하시기를 "징역(懲役)에나
처하게 하리라." 하시니 과연 그 사람
이 징역에 처해지니라.
16 성도들이 정확히 처서절에 찾게 된 까
닭을 여쭈니 말씀하시기를
17 "비록 사사로운 일일지라도 천지공사
의 도수에 붙여 두기만 하면 그 도수
에 이르러 공사(公事)와 사사(私事)가 다
함께 끌러지느니라." 하시니라.

어찌 남장군만 있으리오

229 백남신의 일가 사람 백용안(白容
安)이 술도가(都家) 면허를 얻고
전주부중에 있는 수백 곳 술집에 통고
하여 술 빚는 일을 금하는지라
2 이때 상제님께서는 용머리고개 김주보
(金周甫)의 주막에 계시는데
3 주보의 아내가 가슴을 치며 말하기를
"다른 벌이는 없고 다만 술장사로 식
구들의 생계를 유지해 왔는데 이제 술
을 빚지 못하면 나 같은 사람은 어떻
게 살아가리오.
4 죽는 길밖에 없구나." 하고 실신할 듯
이 슬피 우니 보는 사람마다 불쌍히
여기더라.
5 상제님께서 그 소리를 들으시고 성도
들에게 말씀하시기를 "도가가 나오면
이런 여인이 한둘이 아닐지라." 하시
고
6 주보의 아내를 불러 위로하시며 "내가
너의 어려움을 풀어 주리니 슬피 울
지 말라. 세상에 어찌 남장군(男將軍)만
있으리오." 하시니라.
7 잠시 후 종이에 '여장군(女將軍)'이라 쓰
신 뒤에 뜰로 들고 나오시어 하늘을
향해 오른손을 높이 들어 원을 그리며
흔드시고는 이내 그 종이를 불태우시
며 신명에게 명을 내리시니
8 주보의 아내가 갑자기 기운이 솟고 신
기(神氣)를 얻어 하늘로 세 번 솟구치
더니
9 곧장 전주부로 들어가 수백 명의 주모
를 모아 거느리고 용안의 집을 습격하
거늘
10 형세가 위급하게 되매 용안이 크게 놀
라 군중에게 사과하고 술도가를 곧 중
지하니라.

불경한 김덕찬을 경계하심

230 김덕찬이 상제님께 항상 거만하
더니 하루는 상제님께서 여러
성도들을 데리고 공사를 행하시며 우
레와 번개를 크게 쓰시니 덕찬이 두려
워하며 자리를 옮기거늘
2 말씀하시기를 "네가 죄지은 바가 없거
늘 어찌 두려워하느냐?" 하시매 덕찬이
더욱 겁내며 어찌할 바를 모르더니 그
후로는 극진히 상제님을 공경하니라.
3 혹 누가 잘못하여 상제님께서 뺨을 때
리시면 손이 닿기만 해도 입이 획 돌
아갔다가 손을 떼시면 도로 제자리로
돌아오더라.

김준찬의 추종

231 김준찬(金俊贊)의 모친이 여러 해
동안 견비통(肩臂痛)을 앓아 팔
을 움직이지 못하는데
2 하루는 준찬의 종형 덕찬이 상제님을
모시고 이르거늘 준찬이 소실의 침실
을 치우고 상제님을 모시니라.
3 상제님께서 준찬에게 물으시기를 "네
모친이 견비통으로 고통하느냐?" 하
시니 준찬이 "예, 그러합니다." 하고
대답하거늘
4 이때 상제님께서 혼잣말로 말씀하시
기를 "바깥 인심은 좋으나 안 인심은
좋지 못하구나." 하시니라.
5 준찬이 이상히 여겨 안에 들어가 살피
니 소실이 제 침실 치운 것을 불쾌히
생각하여 노기를 띠고 있는지라
6 이에 잘 달래어 어루만지니 이튿날부
터 모친의 견비통이 저절로 나아 굴신
(屈伸)을 마음대로 하거늘
7 준찬이 크게 감복하여 이로부터 상제
님을 따르니라.

김낙범 부자의 병을 고쳐 주심

232 전주에 사는 김낙범의 아들 석
이 안질(眼疾)로 핏발이 눈을 덮
어 앞을 보지 못하거늘
2 상제님께서 이윽히 그 눈을 보시고 대
신 병을 옮겨 앓으시다가 한나절이 지
나 나으시니라.
3 상제님께서 김덕찬, 준찬 형제를 데리
고 용머리고개 주막에 계실 때 낙범이
천포창(天疱瘡)을 앓으면서도 상제님
을 지성으로 모시더니
4 하루는 상제님께서 문득 진노하시어
꾸짖으시기를 "네가 어찌 어른 앞에서
그렇게 태만하냐." 하시매
5 낙범이 머리를 숙이며 한편으로는 황
공하고 한편으로는 이상하여 한마디
도 대답지 않고 일어나 떠나려 하니
라.
6 이에 상제님께서 더욱 큰 소리로 꾸중
하시기를 "네가 어른이 꾸짖는데 어디
로 가려 하느냐." 하시거늘
7 낙범이 그 위엄에 눌려 다시 자리에 앉
아서 머리를 숙인 채 연신 땀만 흘리
니라.
8 낙범이 뜻밖의 꾸지람을 듣고 집으로
돌아와 허물을 생각하되 깨닫지 못하
고 황공히 지내더니
9 그 뒤로 천포창이 낫거늘 비로소 상제
님의 진노하심과 꾸짖으심이 곧 약이
었음을 깨달으니라.

구릿골 저수지 공사 ; 이곳까지 물이 차리라

233 하루는 구릿골 앞 큰 버드나무
아래에서 소풍하실 때 자리에
한참 누워 계시다가 말씀하시기를 "내
가 지금 물속에 누워 있노라." 하시거
늘
2 성도들이 그 연고를 여쭈니 말씀하시
기를 "앞으로 너희들은 이곳에서 배
타고 고기를 잡으리라." 하시고
3 다시 구릿골 앞길 어디쯤에 가 서시어
모과나무 단장을 땅에 꽂으시며 "장차
이곳까지 물이 차리라." 하시니라.

4 또 하루는 구릿골 앞에서 다리 사이에
단장을 끼시고 원평에 사는 한 사람에
게 뒤에 앉으라 하시어
5 "배를 타고 가자. 꼭 잡으라." 하시니
문득 원평에 당도하여 있더라.
6 어느 날은 상제님께서 구릿골 앞을 가
리키시며 "여기에서 낚시질하여 반찬
을 하리라." 하시고
7 갑칠에게 "낚싯대에 굵은 노끈을 달
라." 하시어 못을 매달아 드시고 "우리
고기 잡으러 가자." 하시니라.
8 이어 구릿골 앞들로 나가시어 논둑에
앉아 논바닥에 낚싯대를 드리우시고
9 "어이쿠, 물렸구나." 하시며 낚싯대를
젖히시니 그때마다 붕어가 낚이므로
갑칠이 이를 받아 꿰미에 꿰니라.
10 이와 같이 연신 붕어를 낚아 올리시며
말씀하시기를 "거참 물도 좋다." 하시
니라.
11 또 어느 여름날에는 상나무쟁이 주막
에서 필성과 술을 잡수시고 주막 아래
바위에 누워 엄지발가락을 움직이시며
12 "내가 지금 물위에 누워 있노라. 필성
아, 앞으로 여기 발끝에까지 물이 찬다.
여기까지 배 들어온다." 하시고
13 손을 들어 수양산을 가리키시며 "저
산 중턱으로 길도 나고 차도 다니리
라." 하시며 취흥에 겨워 뱃노래를 부
르시니라.

거지에게 베풀어 주심

234 동네에 동냥아치나 문둥이들이
오면 아무 집에나 들어가 옷과
신발을 가져가고 심지어는 벽을 허물
어 쌀가마니를 가져가기도 하는데
2 상제님께서 병을 고쳐 주기도 하시고
상을 차려 배불리 먹이시며 옷을 벗어
주시고
3 때로는 남의 집 빨래까지 걷어다 주시
니 형렬의 집은 전혀 손대지 아니하더
라.
4 하루는 상제님께서 동냥아치들에게
옷과 음식을 주시며 "다시는 이 마을
에 발을 들이지 말라." 하시니 그 뒤로
는 오지 아니하거늘
5 마을 사람 모두 "이는 증산 어른의 덕
이라." 하고 이르니라.

갑칠에게 배필을 구해 주심

6 하루는 상제님께서 갑칠에게 "오늘은
네 배필을 구해 주리라." 하시며 데리
고 나가시더니
7 동네 어귀에서 구걸하는 한 여인을 보
시고 문득 "야, 네 배필이 저기 있구
나." 하시며
8 그 여인을 불러오게 하시어 갑칠과 연
(緣)을 맺어 주시니라.

이를 빼시어 공사 보심

235 하루는 상제님께서 호연을 데리
고 어디를 가시는데 어느 집 담
안에 떡살구가 누렇고 탐스럽게 익었
거늘
2 호연이 "저 살구 봐! 살구 좀 따 먹었
으면 좋겠네." 하고 탐을 내니
3 상제님께서 말씀하시기를 "흥, 백정놈
이 양반 행세한다고 체면 차리고 가다
가 길가의 버들을 보고는 '그놈, 좋다!'
하며 상놈 노릇을 한다더니
4 가면 그냥 가는 것이 아니라 살구 먹고
싶어서 또 '저 살구 좋다.' 그러느냐?
백정놈과 한가지로구나." 하시니라.
5 호연이 심통이 나서 "다른 재주는 잘
부리더니 살구 하나를 못 따 주면서
그렇게 잔소리만 해? 내가 이를 싹 빼
버렸으면 좋겠네." 하니
6 "네가 돌을 쪼개 봐라. 내 이를 빼는
가." 하시고는 손바닥에 이를 모두 뱉
어내시며 "내 이 다 빠졌다! 봐라, 이!"
하시거늘
7 호연이 "아이구, 무서워!" 하며 상제님
의 등뒤로 돌아가는지라
8 이에 상제님께서 "무섭다고 도망을 하

면서도 내 등뒤로 돌아와? 끝내 나를
안고 죽으려고 하는구나!" 하시며 크
게 웃으시니라.

진실로 만민을 살리시는 하느님

236 하루는 김병욱의 차인(差人) 김
윤근이 구릿골로 와 뵙고 아뢰
기를
2 "요사이 날이 가물어 농작물이 다 말
라 가고 있사오니 선생님께서 단비를
주시어 만민의 초조한 마음을 풀어 주
십시오." 하거늘
3 상제님께서 덕찬에게 명하시어 "네 집
에서 기르는 돼지 한 마리를 삶아 보
내라." 하시니라.
4 이에 덕찬이 명을 좇아 돼지를 삶아
올리니 상제님께서 성도들과 더불어
잡수시는데 미처 상을 물리기도 전에
우레가 일어나며 비가 많이 내리거늘
5 윤근이 기뻐하며 말하기를 "선생님은
진실로 만민을 살리시는 하느님이시
로다." 하니라.

소나기에 젖지 않으심

237 상제님께서 약방을 차리신 후로
는 주로 약방에 계시는데 진지
는 꼭 형렬의 집에서 드시니라.
2 형렬의 큰며느리가 오랫동안 상제님
을 모시면서 보니 상제님께서는 새벽
에 풀밭을 갔다 오셔도 이슬 한 방울
묻지 않으시고
3 소나기가 내릴 때에도 비에 젖지 않으
시더라.
4 또 날이 가물 때 성도들에게 명하시어
구릿골 공동 우물 옆에 "한 사람이 들
어앉으면 안 보일 만한 구덩이를 파
라." 하시고
5 그 안에 들어가 부(符)를 그려 불사르
시며 두 팔로 구름을 모으는 모양을
하시니
6 어느새 하늘에 새카만 먹구름이 몰려
와 큰비가 쏟아져서 가뭄이 해갈(解渴)
되니라.

척신 붙은 김영학의 입문

238 6월에 백암리에 계실 때 박공우
와 신원일이 모시는데
2 24일에 김영학(金永學)이 경학의 인도
로 와 뵙거늘 이레가 지나도록 아무
말씀도 아니하시니 영학이 크게 분해
하는지라
3 이에 공우와 원일이 이르기를 "성의를
다해 사사(師事)하기를 청하면 밝게 가
르치실 것이라." 하거늘
4 영학이 그 말을 좇아 상제님께 사사하
기를 청하매 상제님께서 허락하시더니
5 갑자기 "이놈을 참수할복(斬首割腹)하리
라." 하시며 크게 꾸짖으시니라.
6 영학이 상제님의 우레와 같은 목소리
에 한편으로는 두렵기도 하고 다른 한
편으로는 분하기도 하여 문밖으로 나
가거늘
7 상제님께서 영학을 불러 "나에게 사배
를 하라." 하시고 절을 받으신 뒤에 말
씀하시기를
8 "너를 꾸짖은 것은 네 몸에 있는 두 척
신을 물리치려 한 것이니 너는 불평히
생각지 말라." 하시니라.
9 이에 영학이 "무슨 척신인지 깨닫지
못하겠습니다." 하고 여쭈니
10 말씀하시기를 "네가 열여덟에 사람을
죽이고 금년에도 사람을 죽였나니 잘
생각하여 보라." 하시니라.
11 영학이 생각해 보니 18세에 남원에서
전주 아전 김 모와 대화하다가 그의
무례한 말에 노하여 화로를 던져 머리
를 다치게 하였더니 그로 인해 시름시
름 앓다가 다음해 2월에 그가 죽었고
12 금년 봄에는 장성 맥동(長城 麥洞)에 사
는 외숙 김요선(金堯善)이 의병에게 약
탈을 당한 고로
13 영학이 장성 백양사(白羊寺)에 있는 의

병 대장 김영백(金永伯)을 찾아가 그 비
행을 꾸짖었더니 영백이 사과하고 범
인을 검거하여 포살한 일이 있는지라
14 비로소 황연히 깨닫고 아뢰니 상제님
께서 말씀하시기를 "정히 그러하다."
하시거늘
15 영학이 마침내 전날의 과실을 뉘우치
고 상제님의 크신 은혜에 감읍(感泣)하
니라.

내가 명을 내리거늘

239 영학이 아뢰기를 "일찍이 제가
최면암(崔勉庵)과 더불어 의병으
로 행세하였더니
2 이제 일본군들이 저를 의병의 거두로
여겨 날로 수사가 심하오니 제 한 목
숨을 구하여 주십시오." 하는지라
3 상제님께서 말씀하시기를 "영학아, 네
가 나를 만나지 않았으면 네 성명(性
命)을 보전키 어려웠으리라. 너는 지금
부터 의병을 모의(謀議)하는 일에 인연
을 끊도록 하여라.
4 내가 이제 너를 잡으려는 일본군 부대
장에게 칙서(勅書)를 내리리니 너는 스
스로 일본군 부대를 찾아가라." 하시
거늘
5 영학이 "지금의 형세로는 저들에게 잡
히면 반드시 죽을 것이오니 스스로 찾
아감이 불가합니다." 하고 아뢰니라.
6 이에 상제님께서 일러 말씀하시기를
"내가 명을 내리거늘 저들이 어찌 감
히 그런 짓을 하겠느냐." 하시니
7 영학이 칙서를 청하매 상제님께서 칙
서를 써서 보여 주시며 말씀하시기를
"일본군 장교가 이 글을 보면 감히 너
를 해하지 못하고 다시 화해하게 되리
라." 하시고
8 칙서를 불사르며 말씀하시기를 "칙서
가 그에게 먼저 도착하였으니 너는 염
려 말고 다녀오라.
9 일군이 지금 순창에 머물고 있으니 너
는 먼저 군수를 만난 후에 일본군 대
장과 통하라." 하시니라.

명을 어긴 신명과 인간의 죄를 다스리심

10 이에 영학이 의구심을 품고 순창에 가
서 명하신 대로 행하니
11 일본군 장교가 영학이 있는 곳을 알고
크게 위세를 펴며 수백 명의 군사로
포위하고 영학을 붙잡아 신문한 뒤에
구류간에 가두거늘
12 영학이 '갇히지 않을 것이라.' 하신 상
제님 말씀을 생각하고 용기를 내어 큰
소리로 저항하매 마침내 여러 장교들
이 의병을 그만두겠다는 서약을 받고
석방하니라.
13 영학이 그 길로 상제님을 뵈러 백암리
로 와서 막 뜰 앞에 들어서는데 상제
님께서 먼저 위로하시며 말씀하시기를
14 "네가 이번 길에 매우 놀랐겠구나. 일
본군 대장이 어떻게 감히 너를 가둔단
말이냐. 나의 명을 어긴 죄를 다스리리
라." 하시더니
15 얼마 후 그 일본군 대장이 순창에서
갑자기 죽으니라.

나도 어려서 배고팠느니라

240 하루는 호연과 함께 길을 가시
다가 끼니때가 되어 상제님께서
"호연아! 오늘은 또 어떻게 해야 배때기
를 채울거나." 하시니
2 호연이 상제님의 용안만 빤히 쳐다보
며 "나는 선생님만 바라고 가요." 하거
늘 "나도 너만 바라고 간다." 하며 웃
으시니라.
3 상제님께서 잠시 아무 말씀도 없으시
더니 말씀하시기를 "나도 어려서 무척
배고팠느니라.
4 그렇게 고생을 하고 애를 써야 제가
잘되는 것이지, 호의호식으로 잘먹고
그냥 잘되는 놈이 어디 있다더냐? 그
러니 너도 배고프다 마라." 하시니라.

'어서 오라' 하며 반겨 주시는 상제님

241 상제님께서는 누가 동구 밖에 보일 듯 말 듯하게 오기만 해도 벌써 아시고 "아무개라는 놈 온다." 하시니라.
2 또 성도들이 오면 "어서 오라." 하시며 손을 잡아 반겨 주시는데
3 그냥 악수하듯 잡기도 하시고, 두 손바닥으로 마주잡기도 하시고
4 악수를 하신 채 손가락으로 손등과 엄지손가락을 만져 주시며 또 손등에 '임금 왕(王)' 자를 쓰기도 하시니
5 사람마다 손을 잡아 주시는 것에도 다 이치가 있더라.
6 호연이 이를 보며 손톱에 무엇이 붙어서 그런 줄로 알고 "뭐 붙었어요?" 하니
7 "그런 것까지 알아서 뭣 할래, 어린것이?" 하며 가르쳐 주지 않으시므로 그 이치는 알지 못하니라.

경석이 구릿골에 이르니

8 하루는 경석이 구릿골에 이르매 상제님께서 미리 아시고 수건으로 얼굴을 가리고 계시다가 살짝 내리시거늘
9 경석이 상제님을 뚫어져라 쳐다보니 "너, 왜 내 꼴을 바라보냐? 왜 눈을 꼬나서 보냐?" 하시는지라
10 호연이 이를 지켜보다가 "어떻게 보는 게 꼬나보는 것이여?" 하니 "이렇게 하는 것이다." 하시며 눈시늉으로 가르쳐 주시고
11 다시 경석을 바라보시며 "저놈은 굴뚝 속에 들어갔다 나왔는가, 어두운 밤중에 뭐하고 자빠졌는가 모르겠다." 하시니라.
12 이에 호연이 차돌과 단지 안에 넣어둔 쑥을 경석에게 건네주며 "선생님이 굴뚝 속에 있는 굴뚝새라고 안 해요?
13 그러니 불이 반짝 나오는지 부싯돌이나 한번 쳐 보세요." 하거늘
14 경석이 부시를 치니 어떤 것은 한 번에 불이 붙고, 어떤 것은 몇 번을 쳐도 불이 붙지 아니하더라.

도를 전하는 조직기강 공사

242 상제님께서 성도들에게 가르침을 전하실 때는 글로 기록하시는 일이 적고 주로 말씀으로 하시니라.
2 성도들이 약방 마당에 동그스름한 멍석을 펴고 겹쳐 앉아 글을 배우는데
3 사람마다 일일이 가르치지 않으시고, 몇 사람에게 먼저 가르치시면 그 사람이 다른 사람들을 가르치고, 또 가르치고 하도록 하시니라.
4 혹 누가 상제님께 직접 가르쳐 달라고 떼를 쓰며 기강을 파괴하면
5 "이놈의 새끼가 뭔 놈의 새끼냐!" 하시며 빰을 때리시는데 마치 가시로 긁은 듯 싹 긁혀지나 어느새 상처는 사라지더라.
6 성도들이 책을 놓고 글을 읽는 동안 상제님께서는 성도들의 뒤를 빙빙 돌아다니시는데 그렇게 한 번만 돌아보셔도 누가 잘하고 못하는지 다 아시니
7 글을 잘 아는 사람으로 하여금 잘 이해하지 못하는 사람을 가르치도록 하시니라.
8 또 글을 잘 못하는 사람에게는 언제나 세 번까지 기회를 주시는데
9 만일 네 번째에도 틀리면 나무 꼭대기에 앉혀 놓기도 하시고 나무에 매달아 놓기도 하시니
10 모두 이를 두려워하여 글공부에 더욱 정진하니라.

요런 놈이 무슨 글을 배우느냐

243 하루는 어떤 사람이 글을 잘 이해하지 못하니 옆에 앉은 사람이 일러 주며 말하기를
2 "야, 선생님은 저리 다니셔도 다 아시니, 보시기 전에 후딱 배워라." 하고 재촉하거늘

3 "모르는 것을 어떻게 후딱 배워요? 무
슨 자인가, 이게…." 하며 조급해하는
데
4 이때 저쪽 편에서 "하늘 천은 무엇이
고, 따 지는 무엇이냐?" 하고 상제님
께서 물으시는 소리가 들리는지라
5 그 성도가 대답하기를 "하늘 천은 하
늘이고, 따 지는 땅이지요." 하니라.
6 이번에는 옆 사람을 가리키시며 "너
는? 일천 천 자는?" 하고 물으시니 그
사람이 대답하지 못하고 머뭇거리거늘
7 상제님께서 "아, 요런 놈이 무슨 글을
배우냐?" 하고 불호령을 치시며 그의
허리를 나무 끝에 매달아 놓으시니라.

나무에 사람이 열렸다

8 이에 나무가 휘청거릴 때마다 몸이 기
우뚱거리니 죽는다고 소리를 치며 우
는지라
9 상제님께서 "시끄럽다." 하시며 장대
로 나무를 한 번 두드리시니 나무가
금방이라도 툭 부러질 것 같거늘
10 그 사람이 더욱 크게 소리지르며 울어
대니 그 앞에 가시어 "머리가 무겁냐,
다리가 무겁냐?" 하며 약을 올리시니
라.
11 상제님께서 다시 한 성도를 지목하시
며 그 글자의 뜻을 말하라 하시는데
그 사람도 대답하지 못하매 또한 나뭇
가지에 매달아 놓으시거늘
12 마을 사람들이 이를 보고 '나무에 열매
가 연 것이 아니라 사람이 열렸다.'고
이르더라.

각자 청수 모시고 수도하게 하심

244 상제님께서 성도들을 공부시키
실 때 각기 청수를 모시고 글을
읽게 하시니
2 성도들이 사발이며 바가지 등 청수그
릇을 보듬고 와서는 깨끗한 물을 떠다
가 제각기 앞에 두고 글을 읽는데
3 이때 턱은 앞으로 살짝 당기고, 겉눈
은 감고 속눈을 뜬 채로 청수그릇을
응시하며 읽으니라.
4 또 처음 공부하는 사람은 조그만 옹동
이에 청수를 모시고 공부하게 하시니
라.
5 공부할 때는 반드시 무릎 꿇은 자세로
앉게 하시고, 먼저 칠성경을 읽고 후에
개벽주를 읽게 하시는데
6 성도들을 직접 가르치지 않으시고 항
상 형렬을 먼저 가르치시어 형렬로 하
여금 다른 사람을 가르치게 하시니라.
7 약방이 좁아서 안으로 들어가지 못한
성도들은 약방 마루며 마당, 고샅, 밭
등 어디에라도 구석구석 앉아 공부를
하니
8 공부가 잘 되는 사람은 청수에 미꾸라
지도 보이고, 잉어도 보이고 하더라.

꿩에 살기가 박혀 있었느니라

245 구릿골에 계실 때 하루는 한 성
도가 꿩 한 마리를 드리거늘 받
아 두시고 사흘을 지내니 꿩이 썩게
된지라
2 성도들이 아뢰니 삶아 먹게 하시고 상
제님께서는 조금도 맛보지 아니하시
거늘
3 그 이유를 여쭈니 말씀하시기를 "그
아내가 주기 싫어하였으므로 그 꿩에
살기가 박혀 있었느니라." 하시니라.
4 이에 성도들이 다시 여쭈기를 "그러면
어찌 저희들에게 살(煞) 박힌 것을 먹
게 하셨습니까?" 하니 "이제 그 살기
는 다 제거하였노라." 하시니라.
5 하루는 부안 사람이 상제님께 감주(甘
酒)를 올리니 물리치며 말씀하시기를
"이것은 곧 구천하감주(九天下鑑酒)이거
늘 네가 어찌 도적 음식을 들이느냐?"
하시거늘
6 성도들이 그 사람에게 연고를 물으니
대답하기를 "아내가 듣지 않으므로 부
득이 몰래 가져왔다." 하더라.

아내의 마음을 돌리지 못할 때

7 상제님께서 말씀하시기를 "부부가 합
심하지 못하면 천하사는 이루기 어려
우니라.
8 대인의 도를 닦으려는 자는 먼저 아내의
뜻을 돌려 모든 일에 순종케 하여야
하나니
9 만일 아무리 하여도 그 마음을 돌리지
못할 때에는 분란을 이루지 말고 더욱
굽혀 예를 갖추어 경배하기를 날마다
일과로 행하라.
10 그러면 마침내 그 성의에 감동하여 순
종하게 되나니 이것이 옛사람의 법이니
라." 하시니라.

물위를 한 걸음에 건너심

246 구미란에 사는 김창오가 평소에
상제님을 존경하여 상제님께서
오시면 술대접을 많이 하더니
2 여름에 하루는 전주에 가려고 청도원고
개를 넘으려는데 갑자기 소나기를 만
나매 물이 불어 내를 건너지 못하거늘
3 상제님께서 청도원 주막에 계시다가
창오를 보시고 "내가 건네주랴?" 하시
며 불은 냇물을 한 걸음에 건너오시어
창오를 옆구리에 끼시고 다시 단숨에
건너편에다 건네주시니라.

물속에서도 젖지 않으심

4 상제님께서는 비가 많이 와도 젖지 않
으시고, 깊은 물에 들어가셔도 물이
양쪽으로 갈라지니 옷에 물 한 방울
묻지 않으시니라.
5 또 물위를 육지처럼 걸어다니시니 이
때 다른 사람들도 상제님의 뒤를 바짝
따르면 함께 물위로 걸어갈 수 있으나
방심하여 떨어져서 따르면 그대로 물
에 빠지더라.
6 하루는 성도들과 함께 비가 와서 물이
불은 개울을 건너시는데 느닷없이 "잡
아라, 잡아라!" 하시매
7 성도들이 '무얼 보고 그러시는가.' 하
여 두리번거리니 한 성도가 물에 빠져
둥둥 떠내려가면서 그 와중에도 웃으
며 상제님을 부르거늘
8 상제님께서 "아이고, 저놈이 죽으면서
도 짹 한다." 하시니 언제 그랬냐는 듯
이 물에서 솟아 나오더라.

신이한 상제님의 손

247 상제님께서는 칼로 손을 그어도
피 한 방울 나지 않으시니라.
2 한번은 상제님께서 허락하시매 호연이
"어디 정말!" 하며 상제님의 손을 칼로
베니
3 평소에는 무척 부드러운 상제님의 손
이 갑자기 나무막대기와 같이 딱딱하
게 변하여
4 아무리 하여도 베어지지 아니하고 깎
으려고 해도 깎아지지 아니하더라.
5 또 상제님께서는 기운이 세시어 손으
로 쇠를 만지면 물렁물렁하게 변하고
6 아름드리 기둥을 살짝 밀기만 해도 기
우뚱 기울어지니 집이 헐어질까 하여
도로 세워 두시는데
7 때로는 기둥을 뽑아 키를 재 보기도
하시니라.

청수 한 그릇 올려라

248 김갑칠의 누이가 구이면 계실(九
耳面 鷄室)로 출가한 뒤 이름 모
를 병을 얻어 좋다는 약을 다 써 보아
도 도무지 낫지 않거늘
2 갑칠의 누이는 상제님의 신성하심을
익히 아는 터라 남편을 구릿골로 보
내며 "선생님을 찾아뵈면 어떻게든 살
방법이 있을 것이오." 하니
3 그 남편이 곧장 길을 떠나 재를 넘어
해거름에야 구릿골에 당도하여 먼저
갑칠에게 들러 사정을 이야기하고 함
께 약방으로 가니라.
4 상제님께서 두 사람이 들어오는 것을
보시고 "그래, 어찌 왔느냐?" 하시니

갑칠이 누이의 병을 여쭈며 "그대로
두면 죽게 생겼습니다." 하거늘
5 상제님께서 혼잣말씀으로 "허어, 참."
하시고 이내 갑칠에게 "청수 한 그릇
올려라." 하시는지라
6 갑칠이 명하신 대로 청수를 올리니 이
번에는 "너, 이 요강 좀 깨끗이 씻어
오너라." 하시니라.
7 이에 요강을 씻어 올리니 상제님께서
부(符)를 써서 상에 올려놓고 주문을
읽으시다가 갑자기 요강 가득히 피를
쏟아내시고는 "이것 치우고 다시 가져
오너라." 하시매
8 갑칠이 다시 씻어 올리니 이번에는 요
강에 반쯤 차게 피를 쏟으시고는 "이
것 싹 갖다 치워라." 하시고 부를 불사
르시니라.
9 이어 병자의 남편을 불러 이르시기를
"어둠살이 내리는데 가려면 가고, 자
고 가려면 자고 가고 알아서 해라. 이
제 죽기는 면하였으니 팔십까지는 살
것이다." 하시거늘
10 병자의 남편이 이 말씀을 듣고 한편
마음이 놓이면서도 아내의 병세에 조
바심이 나서 이내 집으로 돌아가려고
마음먹고는
11 상제님께 인사를 올린 후 땅거미가 지
는 길을 막 나서니 순식간에 집 앞에
당도하거늘
12 떠날 때 다 죽게 생겼던 아내가 언제
그랬냐는 듯이 집 앞에 나와 기다리고
섰더라.
13 그 뒤로 갑칠의 누이는 감기 한번 걸
리지 않고 82세까지 사니라.

스스로 허물을 뉘우치라

249 하루는 형렬이 밖에 나갔다가
술 취한 예수교인 강중구에게
큰 패욕을 당하고 돌아와서 상제님께
그 일을 아뢰니
2 말씀하시기를 "청수를 떠놓고 스스로 허
물을 살펴 뉘우치라." 하시니라.
3 형렬이 명하신 대로 하매 그 뒤에 '강
중구가 병들어서 사경에 이르렀다가
어렵게 살아났다.' 하거늘
4 형렬이 듣고 아뢰니 상제님께서 말씀
하시기를 "이 뒤로는 그런 일을 당하
거든 조금도 그를 원망치 말고 스스로
몸을 살피라.
5 만일 허물이 네게 있을 때에는 그 허물
이 다 풀릴 것이요, 허물이 네게 없을
때에는 그 독기가 본처로 돌아가느니
라." 하시니라.

담배에 시비가 붙어 있나니

250 하루는 성도들에게 일러 말씀하
시기를 "담배에 시비가 붙어 있
나니 이 뒤로는 상하귀천의 구별 없이
피우게 하리라." 하시고 맞담배 공사를
보시니라.
2 성도들을 방 안으로 다 불러들이신 뒤
에 문을 닫고 친히 성도들의 담뱃대에
담배를 넣어 주시며 "담배 연기를 나
한테 뿜으라." 하시거늘
3 성도들이 감히 상제님 앞에서 담배를
태울 수 없어 머뭇거리며 서로 눈치만
살피니라.
4 이에 상제님께서 담뱃대에 불까지 붙
여 주시며 피우라 하시니 성도들이 마
지못해 담배를 피우거늘
5 상제님께서도 마주앉아 피우시니 얼
마 후 방 안에 담배 연기가 가득차 숨
을 못 쉴 정도가 되니라.
6 이에 상제님께서 문을 열게 하시고
"이젠 후련하다. 이젠 되었다." 하시며
말씀하시기를
7 "선천 양반은 장죽을 물고 교만을 부
리나니 너희들은 담뱃대를 세 뼘을 넘
게 하지 말라. 댓바람에 죽는다." 하시
니라.
8 잠시 후 다시 명하시기를 "방 안에서
가장 짧은 담뱃대를 찾아 오라." 하시

어 그 대에다 담배를 넣어 돌려가며 피
우게 하시니라.
9 하루는 상제님께서 담배를 피우시다
가 대통으로 무릎을 탁탁 치시고 위
로 흔드시며 말씀하시기를 "담뱃대 하
나로도 능히 세상을 개벽할 수 있느니
라." 하시니라.

이때는 해원시대라

251 하루는 공우를 데리고 태인 돌
창이 주막에 들르시어 경어로써
술을 청해 잡수시고
2 공우에게 "술을 청해 먹으라." 하시거
늘 공우는 습관대로 낮은말로 술을 청
해 먹으니
3 상제님께서 이르시기를 "이때는 해원
(解冤)시대라.
4 상놈의 운수니 반상(班常)의 구별과 직
업의 귀천(貴賤)을 가리지 아니하여야
속히 좋은 세상이 되리니 이 뒤로는
그런 언습(言習)을 버릴지어다." 하시
니라.

이놈아, 육갑인데 너는 어찌 칠갑이냐

252 하루는 갑칠이 들어오니 상제님
께서 "네가 갑칠이냐?" 하고 물
으시매 갑칠이 "예, 갑칠입니다." 하고
대답하거늘
2 "이놈아, 육갑(六甲)인데 너는 어찌 칠
갑이냐? 옳지, 너를 합치니 칠갑이로
구나. 그 문서 매우 어렵구나. 그래도
칠 자(七字)가 팔 자(八字)보다 나으리라."
하시니라.

한탄 말고 나를 기다리라

3 이어 내성을 돌아보며 말씀하시기를
"너는 쇠상오를 지녀서 농사로 집안을
일으키겠다. 농사를 얼마나 짓느냐?"
하고 물으시니
4 내성이 "농양(農糧)은 합니다." 하고 대
답하거늘
5 상제님께서 이르시기를 "내성아, 부지
런히 농사짓고 내가 어디 가더라도 한
탄 말고 나를 기다리라." 하시니라.

'강미치광이'라 하니 분해서 못살겠다

253 이때 최창조가 이르러 상제님께
문안을 올린 후에 한쪽에 가서
분함을 이기지 못하여
2 성난 소리로 이를 갈며 말하기를 "이
럴 것이 아니라 우리 몇 사람이 결사
대를 만들어 저 건너 주점에 가서 한
놈을 죽이든지 해야지 그저 있어서는
못살겠다." 하거늘
3 박공우가 이르기를 "무슨 일로 그러
오?" 하니 창조가 말하기를 "이런 분
한 일은 내 생전에 처음이라, 차라리
죽지 못살겠다." 하니라.
4 본래 공우는 우직한 사람인지라 창조
의 말을 듣고 바짝 다가서며 "무슨 일
인지 자세히 말해 보라. 결사대는 말
고라도 내 혼자 하고 혼자 당해야지
공모되면 죄가 크다. 어서 무엇인지
말을 하라." 하니
5 창조가 소매를 걷어붙이며 "여러 놈이
나서서 덤비는 통에 나는 혼자라 어찌
할 도리가 없어서 왔으나 생각할수록
분해 못살겠네." 하고
6 공우의 귀에 대고 "그놈들이 선생님을
미쳤다 하며…." 하고 말을 하다가
7 분한 김에 상제님도 들으시게 하려고
"그놈들이 글쎄, '강탈망인지 강샃갓
인지 그 강미치광이 따라다니지 말고
우리를 따라다니면서 술이나 받아 주
면 고맙다는 소리나 듣지.' 하고
8 우리를 모두 '병신 뒷다리 같은 놈들'
이라 하며 '참말로 미친놈들이 저놈들
이라.' 하니 어디 분해서 살겠소?" 하
거늘
9 공우가 이 이야기를 듣고 코를 한 번
풀더니 나뭇짐에 가서 몽둥이 한 개를
번쩍 들고 "내 그까짓 것들…." 하고
나가니라.

이놈들아, 강미치광이 오죽이나 좋으냐
10 이때 상제님께서 보시고 급히 부르시
니 공우가 발을 멈추고 서서 들어오지
아니하는지라
11 상제님께서 크게 호령하여 말씀하시기
를 "공우야, 너는 금일로써 남이 되려
느냐." 하시니
12 공우가 이 소리에 깜짝 놀라 "예?" 하
고 들어와 꿇어 엎드리거늘 일으켜 앉
히신 후에 말씀하시기를
13 "조금 전에 내가 들었노라. 이놈들아,
강미치광이 오죽이나 좋으냐! 그 사람
들 참으로 우리 일꾼 중 상등 일꾼이
다.
14 강미치광이를 누가 따르겠느냐. 참으
로 그 소리를 했다면 우리가 그 사람
들에게 무엇으로 공을 갚을까.
15 옥과 돌을 그 사람들이 가려 주느니
라. 사방으로 외대면서 이 말을 못 하
면 유감인데 너희들은 그 사람들이 그
리 하니 원수로구나.
16 수운가사에 이르기를 '여광여취 저 양
반을 따르기만 따를진대 만단설화(萬
端說話) 한 연후에 소원성취 하련마는
못 만나서 한탄일세.'라 하였나니
17 내가 미쳤다 하기에 너희가 나를 원
없이 따르게 되지, 만일 세상에서 나
를 성인이라 하면 너희들이 천신할까.
18 모르는 가운데 정성이 깊지, 알고 난
뒤의 정성이야 누군들 못하겠냐. 깊이
깊이 생각해 보라." 하시니라.
19 이에 공우가 백배사죄 드리며 "참으로
공우가 금일에야 사람인가 합니다."
하니 좌우가 모두 기쁘게 웃으며 상제
님께 사죄하더라.

명당을 주옵소서

254 하루는 어디를 가시다가 어느
산을 가리키시며 크게 칭찬하시
기를 "이곳이 명당이니라." 하시니
2 공우가 "저에게 주옵소서." 하거늘 묵
묵히 계실 뿐 허락지 아니하시니라.
3 그 후에 다시 그곳을 지나시며 역시
"큰 명당이로다!" 하고 칭찬하시거늘
4 공우가 거듭 "저에게 주시어 자손만대
의 영화를 구하게 하옵소서." 하고 아
뢰었으나 역시 허락하지 않으시니라.

공우에게 명당을 내려 주심

5 며칠 후에 다시 공우를 데리고 그 산
을 지나시며 이르시기를 "오늘 너에게
이 명당을 주리라.
6 아무 날에 너의 친산을 면례(緬禮)하리
니 다른 준비는 모두 내가 담당하리
라. 너는 술과 음식을 깨끗이 준비하
여 기다리라." 하시므로
7 공우가 말할 수 없이 기뻐하며 명하신
대로 준비하고 기다리니 정한 날에 상
제님께서 이르시어 "이제 면례를 행하
리니 술과 음식을 가져오라." 하시니
라.
8 이어 준비한 술과 음식을 드시고 공우
와 주위 사람들에게도 배불리 먹고 마
시며 즐기게 하신 뒤에
9 말씀하시기를 "오늘 면례를 잘하였도
다." 하시니라.
10 공우가 상제님의 명으로 하늘을 우러
러보니 한 줄기 정기(精氣)가 북에서 남
으로 뻗쳤는데 장지(葬地)에 이르러서
보이지 아니하더라.
11 공우가 마음속으로 허전하여 "선경세
계의 장례법이 이러합니까?" 하고 여쭈
니
12 말씀하시기를 "내 세상에는 백골(白骨)
을 묻지 않고 장사 지내나니 앞으로의
장례는 초혼장(招魂葬)이니라.
13 또 내가 명을 내리면 그 신명이 길한
땅을 지키고 그 자손이 복록을 누리느
니라." 하시니라.

재산 수효대로 살기가 붙어 있나니

255 상제님께서 부호를 싫어하시어
혹 부호를 천거하는 자가 있으면

2 언제나 그 부호가 오는 길가 주막에
가시어 짐짓 폭 잡을 수 없이 횡설수
설하여 그들로 하여금 싫어서 스스로
물러가게 하시는지라
3 성도들이 그 까닭을 여쭈니 말씀하시
기를 "부호들에게는 그 가진 재산 수
효대로 살기(殺氣)가 붙어 있나니
4 만일 그들의 추종을 허락하려면 먼저
그 살기를 제거하여 앞길을 맑혀 주
어야 할지니 그렇게 되면 허다한 시
간을 낭비하여 공사에 지장이 있게
될지라.
5 그러므로 차라리 그들로 하여금 스스
로 물러가게 하려 함이니
6 그 중에도 혹 혜두(慧竇)가 열려서 나
를 알아보고 굳이 따르려 하는 자가
있으면 허락할 뿐이로다." 하시니라.

너희들 선생은 뒤에 나오느니라

256 최덕겸을 비롯한 성도들이 상
제님을 선생님이라 부르니 말씀
하시기를 "너희들이 나한테 배운 것이
무엇이 있느냐?
2 내가 너희들한테 무얼 가르쳐 준다고
나더러 선생이라 하느냐?" 하시거늘
3 한 성도가 "그러면 어떻게 부를까요?"
하니 "당신이라 불러라. 너희를 가르
칠 선생은 뒤에 나오느니라." 하시매
4 이후로는 성도들이 상제님을 종종 '당
신님'이라 부르니라.

나는 너희 선생이 아니로다

5 구릿골 약방에 계실 때 하루는 양지에
글을 쓰시는데 전간재(田艮齋)의 문도
대여섯 명이 큰 삿갓에 행장을 갖추고
와서 "선생님 뵈러 왔습니다." 하고 절
을 올리거늘
6 상제님께서 돌아보시며 말씀하시기를
"나는 너희 선생이 아니로다." 하시며
절을 받지 않으시니 그 사람들이 우두
커니 섰다가 물러가니라.

노는 자는 오지 못하리라

257 구릿골에 계실 때 하루는 신경
수가 이르거늘 어느 성도가 "무
슨 일로 왔느냐?" 하고 물으니 "놀러
왔다." 하고 대답하는지라
2 상제님께서 좌우를 명하여 경수를 쫓
아내시며 말씀하시기를
3 "여기는 노는 곳이 아니니 노는 자는
오지 못하리라." 하시니라.

보고 들은 대로 바르게 일러 주라

4 하루는 형렬을 비롯한 여러 성도들에
게 말씀하시기를 "너희들은 뒷날 찾아
와서 묻는 자가 있거든 보고 들은 대
로 일러 주어라.
5 행하느냐 행하지 않느냐는 그 사람에
게 달린 일이니라." 하시니라.

만사동정이 각기 때가 있나니

258 어떤 사람이 무고히 남의 오해
를 받아서 구설이 일어남을 분
히 여기거늘
2 상제님께서 이르시기를 "바람도 불다
가 그치나니 남의 시비를 잘 이기라.
3 만사동정(萬事動靜)이 각기 때가 있나
니 걷힐 때에는 흔적도 없이 걷히느니
라." 하시니라.
4 어느 날 안내성이 일본 사람과 싸워서
몸에 상해를 입고 와 뵈니 말씀하시기
를
5 "이로부터 너는 내 문하에서 물러가
라. 내가 이제 너의 죽고 사는 일에는
간여치 않겠노라." 하시니라.
6 내성이 이유를 모른 채 엎드려 대죄하
니 말씀하시기를 "시속에 길성소조(吉
星所照)를 말하나 길성이 비치는 곳이
따로 있는 것이 아니라 일본 사람을
잘 대접하는 곳에 길성이 비치나니
7 네가 지금 일본 사람과 싸우는 것은
스스로 멸망을 취함이라. 내가 어찌
너를 가까이하리오." 하시니라.

항상 좋게 붙여서 말하라

259 공우가 상제님의 명을 받들어
각처를 순회할 때 하루는 어디
서 상제님을 믿지 않는 언동을 보고
돌아와서 아뢰려 하거늘
2 상제님께서 미리 아시고 얼굴을 한쪽
으로 돌리시매 공우가 이내 깨닫고 말
을 멈추니
3 말씀하시기를 "어디서 무슨 부족한 일
을 볼지라도 큰 일에 낭패될 일만 아
니면 항상 좋게 붙여서 말하라." 하시
니라.

나를 모르기 때문

4 상제님께서 심히 불경하며 당신을 능
욕하는 사람에게는 더욱 예로써 대하
시므로 성도들 중에 혹 이를 마땅치
않게 생각하는 사람이 있으면 곧 일깨
워 주시며 말씀하시기를
5 "저들이 나에게 불경함은 나를 모르기
때문이니라. 만일 나를 잘 안다면 너
희들과 조금도 다름이 없으리라.
6 저희들이 나를 알지 못하여 불경하며
능욕함을 내가 어찌 개의하리오." 하
시니라.

너는 대인 공부를 하는 사람

260 어떤 사람이 경석에게 말하기를
"그대의 장인이 그대가 '요술쟁
이에게 요술을 배우려 한다.' 하며 '바
람맞은 사람'이라고 말하는 것을 들었
노라." 하니
2 경석이 말하기를 "내가 어찌 바람맞
았으리오. 그러는 장인 양반이 오히려
바람맞은 사람이로다." 하거늘
3 그 사람이 나간 뒤에 상제님께서 경석
을 불러 꾸짖으시며 "너는 대인 공부를
하는 사람이라.
4 알지 못하는 사람이 제 노릇 하려고
하는 말을 네가 탄하여 똑같이 하면
너도 그와 같은 사람이 될지니 무엇으
로 대인을 이루겠느냐." 하시니라.

어찌 천하의 백성들을 기르겠느냐

5 하루는 논가를 지나시는데 경석이 큰
소리로 새떼를 쫓거늘
6 말씀하시기를 "경석아, 네가 한 떼 새
의 배 채움을 용납지 못하니 어찌 천
하의 백성들을 기르겠느냐.
7 장차 백성들을 크게 상하게 하겠구
나." 하시니라.

악담을 못 하게 하심

261 공우가 사소한 일로 형렬의 일
가 사람과 쟁론하다가 "구릿골
김씨를 도륙하리라." 하거늘 상제님께
서 꾸짖어 말리셨더니
2 그 뒤에 공우가 형렬의 집에 다시 이르
매 우연히 김씨 일족이 다 모이니라.
3 이에 상제님께서 공우에게 이르시기를
"네가 못 올 데를 왔나니 이곳이 너의
사지(死地)니라." 하시니
4 공우가 대하여 아뢰기를 "김씨 일족이
비록 많으나 제가 어찌 두려워하겠습
니까?" 하매
5 김씨들이 듣고 웃거늘 공우 또한 따라
웃으니 이로써 화해되니라.
6 대저 상제님께서 성도들로 하여금 악
담을 못 하게 하심은 척(隻)이 되어 보
복당함을 막으시기 위함이더라.

나의 술을 먼저 마시라

262 8월 어느 날에 덕찬이 여쭈기를
"오늘 제 누이동생 집에 잔치가
있으니 소풍을 겸하여 나가사이다."
하니
2 상제님께서 말씀하시기를 "나의 술을
먼저 마시라." 하시는지라
3 덕찬이 "무슨 술입니까?" 하고 여쭈거
늘 "좀 기다려 보면 알게 되리라." 하
시더니
4 이윽고 공우가 술과 찐닭을 가져와 상
제님께 올리니라.

불만 품고 찾아온 차윤칠

263 8월에 구릿골에 계실 때, 차경석이 상제님을 종사(從事)함으로부터 살림을 돌보지 않아 가세가 날로 기우는지라
2 아우 윤칠이 불평하며 생각하되 '선생님을 따르면 복을 받는다 하더니 오히려 복은 멀어지고 빈궁이 따라드니 이는 한갓 속임에 지나지 못함이라. 내가 선생님께 가서 따지리라.' 하고
3 구릿골로 오다가 길에서 비를 만나 진흙에 엎어져서 옷을 버린 채 들어오거늘
4 상제님께서 놀란 빛으로 이르시기를 "이 근처에 의병이 출몰하므로 일병이 사방으로 정탐하며 다니니
5 만일 네가 비 맞고 길 걷는 모양을 보면 의병으로 오인하여 큰 욕을 줄 것이니 조용한 곳에 숨어서 내가 부를 때까지 기다리라." 하시고 형렬의 집에 숨어 있게 하시니라.
6 이튿날 상제님께서 윤칠을 부르시어 돈 3원을 주시며 이르시기를 "내가 수일 후에 정읍으로 가리니 돌아가 기다리라." 하시니
7 윤칠은 무렴에 싸였을 뿐 아니라 수일 후에 정읍으로 오시겠다는 말씀을 듣고 마음이 좀 풀리어 따지려던 것을 뒷날로 미루고 돌아가니라.

네 매씨를 잘 공양하라

264 이때 윤칠을 다시 불러 당부하시기를 "천하 사람의 기쁨과 슬픔이 다 네 매씨(妹氏)에게 달려 있나니 네 매씨를 잘 공양하라." 하시니라.
2 수일 후에 고부 와룡리에 가시어 경석에게 기별하시기를 "나를 보려거든 학동(鶴洞)으로 오라." 하시거늘
3 이튿날 경석이 학동으로 와서 뵈니 상제님께서 돈 15원을 주시며 "너를 부른 것은 이 돈을 주려 함이라. 내가 윤칠이 두려워 네 집에 가지 못하노라." 하시니라.
4 경석이 돈을 받으며 황송하여 여쭈기를 "무슨 일로 그러십니까?" 하니
5 말씀하시기를 "일전에 윤칠이 살기를 띠고 구릿골에 왔는데 돈이 아니면 풀기 어렵겠기에 돈 3원을 주어서 돌려보냈노라." 하시는지라
6 경석이 황망히 돌아가서 윤칠을 불러 물으니 과연 그 사실을 자백하더라.

경석에게 한 짐 지워 놓으니

7 이튿날 학동을 떠나실 때 공우에게 이르시기를 "나의 이번 길은 한 사람의 절을 받기 위함이니 이번에 받는 절이 천하에 널리 미치리라." 하시고
8 또 말씀하시기를 "경석에게 한 짐을 잔뜩 지워 놓으니 이기지 못하고 비척거린다." 하시니라.

뛰는 놈 위에 나는 놈이 있느니라

265 공우가 상제님을 모시고 가다가 한 주막에 당도하니 마침 건달들이 많이 모여 있거늘
2 상제님께서 놋양푼에다 술을 받아 단숨에 들이켜시고 "여기 사람이 이렇게 많은데 나하고 씨름할 사람 하나 나서 봐라." 하고 소리치시니 모두들 그 우렁찬 음성에 기가 눌려 감히 나서는 사람이 없더라.
3 이때 어디선가 키 작은 중 한 사람이 나타나 바랑을 벗어 놓으며 "어디, 할 사람 없으면 나하고 한번 해 봅시다." 하고 나서는데
4 공우가 보니 키는 쪼그맣고 배만 똥똥하여 영락없는 땅딸보라 언뜻 보기에도 참으로 가소롭더라.
5 본래 공우는 한 손으로 다듬잇돌의 한쪽 끝을 잡고도 거뜬히 들어올리는 천하장사라
6 내심 '어디서 굴러 온 땡추인지 생긴 몰골을 보아하니 내 한 손가락잽이도 안 되는 것이 술김에 저러는 모양이로다.

7 체면이 있지, 어찌 저런 놈이 선생님께
맞서도록 보고 있을 수 있나. 내가 저
놈 버릇을 고쳐 놔야겠다.' 생각하고
8 얼른 한 발짝 앞으로 나서며 "해 볼 테
면 나하고 한번 해 보자." 하고는
9 장죽(長竹)을 입에 문 채 잔뜩 호기를
부리며, 그 중에게 다가가 냅다 공중
에다 집어 던질 요량으로 뒷덜미를 잡
으려는 순간 도리어 공우의 몸이 공중
으로 까맣게 떠오르거늘
10 공우가 깜짝 놀라 당황한 와중에도
'행여 떨어질 때 넘어지기라도 하면 그
창피를 어찌 당할까.' 하여 아등바등
하다가
11 이내 땅에 떨어지면서 입에 물고 있던
담뱃대를 떨어뜨리니 담뱃대가 다리
사이에 끼어 뚝 하고 부러져 버리니라.
12 공우가 상제님께서 일부러 지게 만드
신 줄 알면서도 부끄러운 마음에 얼른
자리로 돌아와서는 하소연할 데도 없
어 들입다 술만 들이켜고 앉았는데
13 상제님께서 말씀하시기를 "공우야, 힘
세다고 힘자랑 하지 마라. 뛰는 놈 위
에 나는 놈이 있느니라." 하시니라.

공우의 성질이 온순하게 되어

266 대흥리에 계실 때 공우에게 물
으시기를 "네가 남과 싸움을 많
이 하였느냐?" 하시니 "그러합니다."
하고 대답하거늘
2 말씀하시기를 "표단(豹丹)이 들어서 싸
움을 즐기는 것이니 이제 표단을 빼내
고 인단(人丹)을 넣으리라." 하시더니
3 이 뒤로는 공우의 성질이 온순하게 되
어 싸움을 즐기지 않고, 혹 싸우려는
사람이 있으면 두려운 마음이 생겨 멀
리 피하니라.

주무시는 부근에는 항상 서기가 비침

267 출행하실 때 내성이 종종 상제님
을 모시는데 봄, 여름, 가을, 겨
울 할 것 없이 한데서 많이 주무시니라.
2 또 전주에 다녀오시다가 늦은 밤에 독
배고개에 이르면 종종 풀밭에서 주무
시니
3 그 때마다 내성이 마음이 놓이지 않아
자주 주위를 살피거늘
4 상제님께서 누워 계신 곳에는 항상 서
기(瑞氣)가 비쳐 온 동네가 훤하더라.

군말만 해도 음식을 안 드시는 상제님

5 어디를 가시다가 시장하시면 주막에 들
르시는데 주막 없는 한적한 곳에서는
아무 집에나 들어가 끼니를 청하시거늘
6 혹여 그 집에서 귀찮아하거나 싫은 소
리를 하면 비록 상을 차려 오더라도
잡숫지 아니하시니라.
7 내성이 상제님을 따라 다니면서 아무
데서나 자고, 굶기도 자주 하였는데 어
떤 때는 하루 종일 굶어도 배가 고프지
않고 마치 먹은 것처럼 든든하더라.

비구름을 물리치심

268 상제님께서는 종종 구릿골 뒷산
학선암에 가시고 안양동(安養洞)
에도 자주 왕래하시니라.
2 하루는 내성이 상제님을 모시고 하운
동 근처를 지나는데 갑자기 먹구름이
몰려오거늘
3 "아, 이놈들이 나를 싸고 비를 내리려
하네." 하시며 담뱃대를 휙 내저으시
니 비구름이 걷히면서 날이 다시 청명
해지더라.
4 또 하루는 공신이 상제님을 모시는 중
에 갑자기 비를 만나니 상제님께서 부
채를 흔드시며 "저리, 저리." 하시거늘
5 순간 가르마를 탄 듯이 비가 양쪽으로
갈라져 상제님께서 걸어가시는 길 위
로는 떨어지지 않더라.

야 이놈 필성아, 마당만 뺑뺑 도냐

269 하루는 안필성이 논물을 보고
구릿골 약방에 들러 상제님과

장기를 두는데 필성이 연거푸 지기만
하는지라
2 공연히 부아가 나서 일어서며 말하기
를 "나 집에 할 일이 많아 그만 가야겠
네." 하니라.
3 이에 상제님께서 필성을 붙잡으시며
"오늘은 어찌 그리 쉬 돌아가려느냐.
나하고 점심 먹고 장기나 더 두자." 하
시는데
4 필성이 이를 뿌리치며 "아, 이 사람아.
집에 할 일이 많네." 하고 어깃장을 놓
으매 상제님께서 "그럼 잘 가거라." 하
고 보내시거늘
5 약방에서 필성의 집까지는 한 마장도
안 되는 거리라.
6 필성이 약방을 나와서 분명 상나무쟁이
를 지나고 팥정이도 지났으나 아무리
걸어도 자기 집이 나오지 아니하거늘
7 한참을 그렇게 걷다 보니 해는 이미
서산으로 기울어 다리도 아프고 배도
고파 앉아서 담배를 피우며 땀을 식히
고 있으려니
8 문득 "야 이놈, 필성아! 집에 간다는 놈
이 집에는 안 가고 마당만 뱅뱅 도냐?"
하시는 상제님의 음성이 들리는지라
9 깜짝 놀라 뒤를 돌아다보니 상제님께
서 측간에서 나오고 계시더라.
10 그 순간 필성이 여태 제자리걸음만 하
였음을 깨닫고 '아차! 또 증산한테 속
았구나!' 하는 생각이 들며 귀신에게
홀린 듯 마음이 허탈하거늘
11 하는 수 없이 상제님과 저녁 늦도록
장기를 두고 집으로 돌아가니라.

호연아! 할애비 같은 놈도 네게 무릎 꿇는다

270 무신년 가을에 형렬이 김덕찬,
백일남 등과 함께 벼를 거두러
논으로 나가며 무어라 쑤군거리거늘
2 호연이 무슨 얘기를 하는지 사뭇 궁금
하여 상제님께 다가가 "태운장 어른이
덕찬이 아저씨하고 뭐라고 얘기를 한
대요? 어디, 우리 선생님은 그리 안 할
테지요?" 하고 여쭈니
3 상제님께서 "야야, 너보고 그러는데,
내가 너를 속였단다." 하시니라.
4 이에 호연이 "뭣을 속여요?" 하니 상
제님께서 호연의 두 손을 꼭 잡으시며
"그것은 상관 말아라.
5 우리 공부속으로 너를 그렇게 했지,
그이 벗하라고 가는 것이 아니여.
6 형렬은 나이가 많고 너는 어린데, 무
슨 마누라라고 하는 것이 아니라 우리
도속으로 하는 일이여.
7 그 사람들은 그 사람들이고 우리는 우
리니까 걱정 말아라. 네가 어리다고
해도 앞으로 할애비 같은 놈들도 다
너에게 무릎 꿇고 그려." 하시니라.
8 하루는 형렬이 아뢰기를 "지금 제 아
내가 병이 많고 살림살이를 감당하기
가 어려우니
9 허락하여 주신다면 다시 한 사람을 얻
어 처로 삼고자 합니다." 하니 상제님
께서 허락하시니라.

백미 스무 말을 약방에 들여놓으심

271 10월에 상제님께서 김낙범에게
명하시어 "백미 스무 말을 찧어
약방에 들여놓으라." 하시니라.
2 이때 마침 약방에 양식이 떨어지거늘
형렬이 갑칠로 하여금 그 쌀에서 반
말을 갈라내어 밥을 짓게 하였더니
3 상제님께서 아시고 형렬과 갑칠을 크
게 꾸짖으시니라.

성도들을 평하심

272 10월에 약방에 계실 때 하루는
모든 성도들에게 "각기 소원을 써
오라." 하시어 낱낱이 살피시니 대개
'출장입상(出將入相)'이 많은지라
2 상제님께서 웃으며 말씀하시기를 "너
희들이 나를 만나서 해원하지 못하면

한이 되리라." 하시니라.
3 하루는 상제님께서 여러 성도를 평하
시어 양지에

河圖洛書知人之鑑 金亨烈
하도낙서지인지감 김형렬

萬人大賊 車京石
만인대적 차경석

出將入相 金光贊
출장입상 김광찬

旣然未然 崔乃敬
기연미연 최내경

美羅風覽 安乃成
미라풍람 안내성

平生不變心 安○○
평생불변심 안

萬事不成 金松煥
만사불성 김송환

口腹大賊 金亨烈
구복대적 김형렬

4 이라 써서 불사르시고 날이 저물어 오
매 일전에 낙범을 시켜 약방에 들여놓
은 백미 스무 말을 열 말씩 나누어 덕
찬과 형렬의 집으로 보내시니라.

너는 파망 장사나 해먹어라

273 하루는 상제님께서 성도들을 좋
게 평하시며 내성에게는 "자네
는 파망(破網) 장사나 해 먹소." 하시거
늘 내성이 은근히 기분이 상하는지라
2 상제님을 따른 이후 처음으로 말대꾸
를 하며 "선생님은 어째 다른 사람은
다 좋은 이름을 지어 주시면서 저보고
는 하필이면 파망 장사를 해먹으라고
하십니까?" 하고 따지듯이 여쭈거늘
3 상제님께서 말씀하시기를 "다 떨어진
헌 망건, 새로 앞가리개 싹 해 놓으면
새 망건이 되니 그것처럼 좋은 것이 어
디 있느냐." 하시니라.
4 내성이 그제야 마음이 풀리어 공연스
레 심사 부린 것을 부끄러워하니라.

사람답게 살아야

274 상제님께서 청도원 김송환(金松
煥)의 집에 가시면 온 식구가 나
서서 수발을 들거늘 진지를 드시고 나
서는 항상 음식 솜씨를 칭찬하시니라.
2 하루는 송환의 아내가 먹은 것이 체하
여 굴신을 못 하매 상제님께서 "어디,
내가 좀 보세." 하시고 방에 눕게 하여
체한 곳을 손으로 쓸어내려 주시니
3 언제 그랬냐는 듯 속이 시원해지면서
금세 낫는지라 그 뒤로 더욱 지성으로
모시니라.
4 또 하루는 송환의 아내에게 이르시기
를 "사람은 한 번 났다가 한 번 죽는
것인데, 사람답게 살다가 죽어야지 사
람답지 못하면 차라리 개돼지만도 못
한 것이라." 하시니라.

대접이 소홀한 신랑집 사람을 혼내심

275 상제님께서는 간혹 어떤 사람이
불경하고 무례하게 대하면 그
버릇을 고쳐 주시기 위해 손가락을 한
번 튕기시는데
2 아무리 힘이 세고 덩치가 큰 사람일지
라도 저 멀리 나가 떨어지니라.
3 한번은 마을 처녀가 다른 동네로 시
집을 가니 태껸을 배운 청년 대여섯이
꽃가마를 메고 들러리로 따라가거늘
4 상제님께서 호연을 데리고 함께 가시
니라.
5 신랑집에 이르시어 일행과 함께 후당
으로 드시니 상객 상을 차려오는데 고
작 막걸리 몇 사발에 농군 대접하듯
소홀하게 차려오거늘
6 이는 신부측이 없이 산다고 얕보고 하
시하는 처사이더라.
7 상제님께서 "요까짓 것이 사돈 대접이
라고 차려 왔냐, 상객 대접이라고 차
려 왔냐?" 하고 호통을 치시니
8 기운 좋게 생긴 신랑집 청년 하나가
눈을 부라리며 "손님으로 왔으면 손님

이지, 뭐라고 거기서 따따부따하냐?"
하고 대들거늘
9 상제님께서 손가락으로 한 번 튕기시
매 그 사람이 방 안에서 마루 끝으로
나동그라지니라.
10 이를 본 신랑집 청년들이 서로 '가만둬
서는 못쓰겠다.'고 두런거리며 들러리
로 간 사병을 토방에 내동댕이치거늘
11 상제님께서 "태껸을 배운 놈이 왜 그러
고 자빠지냐? 이놈아, 너 뭘 배웠냐?"
하시며 사병의 뺨을 한 대 때리시고
12 사병을 넘어뜨린 신랑집 청년에게 "너
이리 좀 와 봐라. 상객을 요까짓 걸로
대접해?" 하시며 엄지손가락으로 목
을 감아 휙 던지시니 저 건너에 가서
툭 떨어지더라.
13 이에 그 청년이 화가 나서 씩씩거리며
"요것 봐라, 세상에 엄지손가락으로 나
를 여기다 떨어뜨렸네! 가만 안 두겠
다!" 하며 웃통을 벗고 달려드는지라
14 상제님께서 다리 거는 시늉을 하시니
그 청년이 달려오다가 넘어져 도로 그
자리에 가서 떨어지고, 또 그렇게 하시
면 다시 그 자리에 가 떨어지거늘
15 그 청년은 그것이 상제님의 조화인 줄
은 모르고 연신 "내가 어지러워 이런
가, 술을 안 먹었는데 어찌 이럴까?"
하며 중얼거리니라.

제일 미운 것은

16 이때 상제님께서 사람들이 가득 모인
방 한가운데 서시어 수건을 왼쪽으로
내두르시니 사람들이 어디론가 날려
가서 싹 없어지고, 오른쪽으로 내두르
시니 다시 방 안으로 들어오거늘
17 사람들이 모두 놀라고 두려워 사죄를
하니 "어서 다 일어나라. 이까짓 더러
운 것 안 먹는다." 하시고 "큰애기 앞
세워라." 하시니라.
18 이에 각시가 다시 옷을 차려입고 나오
는데 발이 땅에 닿지 않은 채 공중에
떠서 오는지라 사람들이 더욱 놀라 용
서를 청하거늘
19 상제님께서 "모두 무릎을 꿇고 엎드리
라!" 하시고
20 말씀하시기를 "사람 괄시하는 것이 제
일 밉고, 음식 하시하는 것이 제일 못쓰
느니라." 하시니라.

내 종자는 삼천 년 전부터 뿌려 놓았다

276 하루는 상제님께서 내성에게 이
르시기를 "내 종자는 삼천 년 전
부터 내가 뿌려 놓았느니라." 하시고
2 "앞으로는 음(陰) 도수가 높으니 양(陽)
만으로는 절대 큰일을 못 하는 것이
다." 하시니라.

안내성에게 태을주 율려 도수를 붙이심

3 또 말씀하시기를 "내성아, 너는 태을
주(太乙呪)를 많이 읽어라." 하시고
4 "너는 내 도(道)의 어머니가 되라." 하시
며 내성에게 무당 도수를 붙이시니라.
5 상제님께서 경석에게 천맥(阡陌) 도수를
붙이시고, 내성에게 율려(律呂) 도수, 경
학에게 대학교(大學校) 도수, 창조에게
삼신(三神) 도수를 붙이시니라.

해와 달도 명만 내리면 운행을 멈추니라

277 이 해 겨울 어느 날 아침에 대흥
리를 떠나 태인 새울 최창조의
집으로 가실 때
2 공우가 해가 뜨면 길이 질어질 듯하여
진신발을 준비하였더니
3 상제님께서 보시고 "진신발을 하였느
냐?" 하시며 손으로 동쪽 고개에 떠오
르는 해를 향하여 세 번 누르시거늘
4 이내 해가 더 이상 떠오르지 못하다가
살포정이 주막에 들어 쉬시니 그제야
높이 솟아오르더라.
5 공우가 여쭈기를 "이곳에서 대흥리까
지는 이삼십 리 길인데 오시는 동안에
아침해가 조금도 움직이지 아니하니
어찌 된 까닭입니까?" 하니

성도들에게 내려주신 주요 사명

성 명	생 존 연 대	본명	호	거주지	사명과 도수
김형렬 (金亨烈)	道紀前 9 ~ 道紀 62 (1862~1932)		태운 (太雲)	하운동제비창골 ↓ 구릿골	천지공사장의 식주인(수석 성도, 큰아들), 대두목 도수 (도통맥 전수 공사), 선불 도수(신선 도수). 말씀 증언자 도수, 애기부처 도수, 하도낙서 지인지감(원형이정), 좌불
김호연	道紀 27 ~ 道紀 122 (1897~1992)	정숙 (貞淑)		반석리→흑석골 ↓ 구릿골	후천 선(仙) 생명 개벽의 선매숭자 도수 진법맥(眞法脈) 전수 도수(말씀의 증언자 도수), 칠성 기운의 말과 마차 도수, 셋 도수 태소녀(兌少女) 도수, 일본 내모는 공사
백복남	道紀 18 ~ 道紀 85 (1888~1955)	인수 (仁秀)	운기 (雲起)	밀양 산내면 회곡리 ↓ 구릿골	간소남(艮少男) 도수, 아들 도수 9년 천지역사에 천지영사 받아 전하는 사명
김갑칠 (金甲七)	道紀 11 ~ 道紀 72 (1881~1942)	판식 (判植)	우사장 (雨師丈)	구릿골(銅谷)	수석 비서 역할, 추수일꾼 도수(막내아들, 갑오갑자꼬리), 남조선배 도수의 주인, 천자부해상 공사의 주인, 49일 종이등 공사, 금강산 부처 기운 거두는 공사, 자치기 공사, 우사 도수, 갱생주 전수
김경학 (金京學)	道紀前 9 ~ 道紀 77 (1862~1947)	경학 (景學)	시은 (市隱)	태인 백암리 (白岩里)	후천대학교 도수, 이부(吏部) 도수(동헌집장) 육임조직 공사, 정씨 기운 꺾는 공사
김병선 (金炳善)	道紀 11 ~ 道紀 67 (1881~1937)		노암 (鷺巖)	남원	천자부해상 공사의 재주(財主) 마이산 연(鳶) 공사, 도리원서 천독
김병욱 (金秉旭)	道紀 4 ~ 道紀 68 (1874~1938)	희근 (熙根)		전주	49일 동남풍 공사(일러전쟁 발주 공사)
김성화 (金聖化)	道紀前 13 ~ 道紀 61 (1858~1931)			임피 군둔리 (軍屯里)	육임군(제세핵랑군) 도수
김자현 (金自賢)	道紀 5 ~ 道紀 57 (1875~1927)			구릿골	의원 도수, 10만 명 포교 도수 도운개창 음 도수, 의통집행 공사
류찬명 (柳贊明)	道紀前 5 ~ 道紀 61 (1866~1931)			청도리(清道里)	10만 명 포교 도수, 28수 공사 지리를 통하게 하심, 의통집행 공사
문공신 (文公信)	道紀 9 ~ 道紀 84 (1879~1954)	남용 (湳瀧)	영산 (瀛山)	고부 와룡리 (臥龍里)	진주천자 도수, 독조사 도수, 문왕 도수, 이윤 도수, 오선위기 진주 도수, 세계일가 통일정권 공사, 정음정양 도수, 선기옥형의 저울끈 도수, 천지대팔문 도수, 숙구지 도수, 비인 복종 도수, 7년 공사, 계룡산 살막이 도수, 상제님 성체 맡기는 공사
박공우 (朴公又)	道紀 6 ~ 道紀 70 (1876~1940)		인암 (仁庵)	고창군 흥덕 ↓ 고부 운산리	가을 대개벽기의 만국대장(신대장) 만국의원 도수, 육임 도수, 난법 거두는 공사 자치기 공사, 태전 콩밭 공사

성 명	생 존 연 대	본명	호	거주지	사명과 도수
백남신 (白南信)	道紀前 13 ~ 道紀 50 (1858~1920)	낙신 (樂信)	운보 (雲甫)	전주	세계전쟁 공사의 재주 약방 공사의 재주
신경수 (申京守)	道紀前 33 ~ 道紀 53 (1838~1923)	경수 (敬守)		고부 운산리 (雲山里)	수명소 도수 선기옥형의 저울갈고리 도수 일월대어명 도수
신경원 (辛京元)	道紀前 8 ~ 道紀 54 (1863~1924)	경언 (敬彦)		태인	복록소 도수 두문동 성수 공사
신원일 (辛元一)	道紀前 4 ~ 道紀 46 (1867~1916)			부안	도운공사의 추수지 공사 오선위기 진주 공사
안내성 (安乃成)	道紀前 4 ~ 道紀 79 (1867~1949)	내선 (乃善)	경만 (敬萬)	경남 함안 ↓ 정읍 대흥리 (大興里)	무당 도수(태을주 전수 도수, 태을주 율려 도수), 팔선녀 도수, 상제님 도의 아내 도수 막둥이 도수, 천지수기 돌리는 공사 천지의 일등 일꾼 출세 공사, 현무경 전수 도수, 9년 천지역사 도수, 미라풍람, 만인적덕
이도삼 (李道三)	道紀前 6 ~ 道紀 73 (1865~1943)			태인 하증산리 (下甑山里)	천지의 농사에 농비 붙이는 공사(만물대선록) 금강산 부처 기운 거두는 공사 인간에게 해롭게 하는 것 없애는 공사 오선위기 진주 공사
이치복 (李致福)	道紀前 11 ~ 道紀 74 (1860~1944)	영노 (榮魯)	석성 (石城)	부안 청호리 (晴湖里)	추수도운 지도자(일꾼) 도수 천지동과혈에 수기 돌리는 공사, 부안 공사 사명당 발음 공사, 난법도운 헛도수 공사 서전서문 만독, 영보국 정정지법 전수
차경석 (車京石)	道紀 10 ~ 道紀 66 (1880~1936)	윤홍 (輪洪)	월곡 (月谷)	정읍 입암면 대흥리	동학 역신 해원 도수, 초패왕 도수, 자옥 도수 포정소 도수, 천맥 도수, 접주 도수, 이종 도수, 어사 도수, 장군 도수
최덕겸 (崔德兼)	道紀 13 ~ 道紀 81 (1883~1951)	병한 (炳瀚)		태인 덕두리 (德斗里)	남북 상씨름 49일 의통 공사, 청국심판 공사, 시두대발 공사, 서양으로 넘어가는 동양 끌어당기는 공사
최창조 (崔昌祚)	道紀前 6 ~ 道紀 65 (1865~1935)			태인 백암리 새울	새울 도수의 주인, 삼신 도수 화둔 도수, 사명당 발음 공사, 천금도통
한공숙 (韓公淑)	道紀前 22 ~ 道紀 51 (1849~1921)			구릿골	천하 호구수 성책 공사 의통집행 공사
황응종 (黃應鐘)	道紀前 30 ~ 道紀 57 (1841~1927)	응조 (應祚)		고부 와룡리	선기옥형의 추 도수, 산하대운 거두는 공사 선진주 기운 거두는 공사, 황건역사 숫대 공사, 북 도수

6 상제님께서 말씀하시기를 "해와 달의
운행이라도 내가 명만 내리면 운행을
멈추느니라." 하시니라.
7 창조의 집에 이르시어 벽력표(霹靂表)를
묻으시니 즉시 우레가 크게 일어나며
천지가 진동하거늘 곧 거두시고 이튿
날 구릿골 약방으로 가시니라.

북두칠성을 가두심

8 약방에 이르시니 신원일이 여쭈기를
"진묵대사가 칠성을 이레 동안 가두었
다 하니 사실입니까?" 하거늘
9 "이제 시험하여 보리라." 하시고 이 날
부터 석 달 동안 칠성을 가두시고 말
씀하시기를
10 "이 세상에 천문학자가 많다 하나 칠
성이 나타나지 않은 일을 발표한 자가
없도다." 하시니라.

공우의 얼굴이 상제님의 얼굴처럼 변함

278 공우가 창조의 집에서 상제님을
모시고 잘 때
2 꿈에 상제님께서 옷을 벗으시고 큰 바
다 한가운데 서시매 바다 한쪽이 터지
므로 공우가 막았는데
3 다음날 아침에 상제님께서 꿈꾼 것을
물으시거늘 그 꿈을 말씀드리니
4 상제님께서 세수하시고 양치하신 물
에 공우로 하여금 세수하고 양치하게
하시고 "정읍에 다녀오라." 하시니라.
5 이에 공우가 명을 받들어 정읍을 순회
하니 가는 곳마다 '공우의 얼굴이 상제
님과 같다.'고 이르더라.

공우의 성질을 고쳐 주심

279 창조의 집에 계실 때 공우에게
물으시기를 "네가 눈을 많이 흘
겨보느냐?" 하시니 공우가 "그러합니
다." 하고 대답하는지라
2 이에 상제님께서 "집으로 돌아가라."
하고 명하시거늘 공우가 집으로 돌
아갈 때부터 눈이 가렵고 붓기 시작
하더니
3 집에 당도하매 안질이 크게 나서 달포
를 앓으니라.
4 그 후에 밤을 지내고 일어나니 안질이
씻은 듯이 나았거늘 공우가 상제님께
가 뵈니 "안질로 고생하였느냐?" 하며
웃으시니라.
5 원래 공우는 성질이 사나워서 싸움을
즐기고 눈짓이 곱지 못하더니 이로부
터 성질이 부드러워지고 눈짓도 고와
지니라.

윷이야, 샅이야

6 그 후 공우가 고부 운산리 신경수의
집에서 상제님을 모시거늘 공우와 그
외 세 사람에게 명하시어 "윷을 놀자."
하시며 "'윷이야, 샅이야.' 하고 부르
라." 하시더니
7 이윽고 윷판을 거두시며 말씀하시기를
"다른 것은 무엇이든지 '한다.'고 이르
나 오직 윷은 '논다.'고 이르나니 가르
치고 놀라." 하시니라.

공우의 술버릇을 고쳐 주심

280 공우가 평소에 술이 과하여 주
실(酒失)이 많더니
2 하루는 상제님께서 "네가 술을 즐기니
나와 술내기를 해 보자." 하시고 공우
와 술잔을 주거니 받거니 하며 계속하
여 술을 드시는데
3 한참 후에 공우가 크게 취하여 "이제
더는 못 마시겠습니다." 하고 아뢰거늘
4 상제님께서 "한 잔 술밖에 못 된다."
하시매 이 뒤로는 한두 잔만 마셔도
곧 취하여 견디지 못하게 되니라.
5 또 공우가 큰돌을 들다가 허리를 다쳐
매우 고통스러워 하면서도 상제님께
아뢰지 못하더니
6 하루는 상제님을 모시고 길을 갈 때
갑자기 진노하시며 "너의 허리를 베리
라." 하시는지라
7 공우가 놀라며 이상하게 여기는데 그

뒤로 곧 허리의 통증이 사라지니라.

날씨로나 부조하리라

281 덕찬이 아들의 혼사를 치르려 하매 여러 사람이 물품과 돈으로 부조(扶助)하거늘
2 상제님께서 말씀하시기를 "나는 부조할 것이 없으니 날씨로나 부조하리라." 하시니
3 이 즈음 연일 날씨가 험악하여 매우 염려하였는데 혼인날에 이르러서는 뜻밖에 온화하여지니라.

김준상 아내의 흉복통을 고쳐 주심

282 김준상의 아내가 흉복통(胸腹痛)이 있어 해마다 두서너 번씩 앓으니
2 형용이 초췌할 뿐 아니라 살림을 돌보지 못하여 항상 집안이 어지럽거늘 준상이 상제님께 아뢰며 고쳐 주시기를 간청하니라.
3 이에 상제님께서 불쌍히 여기시어 사성음(四聖飮) 한 첩을 지어 주시며 "장롱 속에 깊이 간직해 두라." 하시니
4 준상이 명하신 대로 하매 그 뒤로는 병이 재발하지 아니하더라.

김광찬의 개벽타령

283 동짓달에 광찬이 상제님께서 개벽을 속히 붙이지 않으심을 조급히 생각하여 불평을 품고 항상 좌석을 시끄럽게 하며 말하기를
2 "내가 집안일을 돌보지 않고 여러 해 동안 당신님을 따르는 것은 하루바삐 새 세상을 보자는 일이거늘
3 이렇게 시일만 천연(遷延)하매 집에 돌아가서 처자권속을 대할 낯이 없으니 차라리 스스로 생명을 끊음만 같지 못하다." 하니
4 상제님께서 일깨워 말씀하시기를 "개벽이란 것은 때와 기회가 있나니 마음을 눅여 어린 짓을 버리라.
5 事之從容도 自我由之하고
사지종용 자아유지
事之紛亂도 自我由之니라
사지분란 자아유지
일이 조용하게 되는 것도
나로 말미암고
일이 시끄럽게 되는 것도
나로 말미암느니라.
6 자방(子房)의 종용(從容)과 공명(孔明)의 정대(正大)를 본받으라." 하시니라.
7 상제님께서 광찬이 불평 품은 것을 심히 괴롭게 여기시며 형렬에게 일러 말씀하시기를
8 "광찬이 자살하려 함은 제가 죽으려는 것이 아니라 곧 나를 죽이려는 것이니라.
9 너희는 죽는 일을 장차 나에게서 보게 되리라." 하시니라.

마마 앓는 자현의 딸을 구해 주심

284 무신년 겨울에 자현의 두 살배기 딸 필순(必順)이 마마를 앓아 밤새도록 몸을 긁으며 죽을 듯이 울어대거늘 양손을 묶고 기(旗)를 세워 놓아도 차도가 보이지 않는지라
2 자현이 상제님께 찾아와 "제 딸아이가 지금 손님을 하는데 죽으려는지 울어대기만 하고 먹지도 않습니다." 하고 아뢰니라.
3 이에 상제님께서 "가 보자. 다른 사람은 모르지만 자네 딸은 내가 건져야지." 하시고
4 작대기 하나를 질질 끌고 자현의 집에 이르시어 꽂아 놓은 깃대를 뚝 끊어 마당에 던지시며 말씀하시기를
5 "어찌 조선 땅에 발을 붙이느냐! 서양으로 썩 물러가라!" 하시고 작대기로 마룻바닥을 쾅쾅 두들기시니라.
6 필순의 모친과 그 가족들이 모두 놀라 "아이고 손님에게 저러면 어째." 하며

입을 다물지 못하고 벌벌 떠는데
7 상제님께서 필순에게 "울기는 왜 우느
냐." 하시며 빰을 때리시고 "물 한 바가
지 떠 오너라." 하시어 손수 아이에게
부으시매 필순이 울음을 뚝 그치거늘
8 이내 온몸에서 딱지가 우수수 떨어지
며 마마가 곧 나으니 콧등만 약간 얽
었을 뿐이요 다른 곳은 흔적도 없이
말끔하더라.
9 상제님께서 필순의 손님을 물리치신
후에 말씀하시기를 "이후로는 시두손님
을 내가 맡아 보노라." 하시고
10 "시두손님을 전부 서양으로 몰아 보낸
다." 하시더니
11 이후로 구릿골에 마마 앓는 아이가 없
어지고, 조선 땅에서 시두손님이 점차
로 사라지니라.
12 이 날 상제님께서 자현의 집을 나서시
며 말씀하시기를 "앞으로 시두가 대발
하면 내 세상이 온 줄 알아라." 하시니라.

죽을병에 걸린 신원일을 구해 주심

285 하루는 원일의 집에 이르시어
원일에게 말씀하시기를 "네가
내종(內腫)으로 죽게 되었으므로 살리
러 왔노라." 하시니
2 원일이 놀라 아뢰기를 "아무 병도 없
습니다." 하니라.
3 상제님께서 말씀하시기를 "그렇지 않
으니 국수를 사서 잘 말아 오라." 하시
거늘
4 원일이 명하신 대로 국수를 말아 오니
한 그릇을 먹이신 후에 "속이 어떠하
냐?" 하고 물으시니라.
5 원일이 "별다른 일이 없습니다." 하
고 아뢰니 다시 한 그릇을 먹이시고
또 물으시거늘 이번에는 "속이 쓰립니
다." 하고 대답하니라.
6 이에 말씀하시기를 "대변을 보고 살펴
보라." 하시매 원일이 나가서 대변을
보니 전부 고름이더라.

이도삼의 죽은 딸을 살려 주심

286 이도삼의 딸이 병들어 죽거늘
그 모친이 울며 말하기를 "선생
님이 계시면 이 아이를 살릴 터인데 지
금 어디 계신지 알 수 없으니 이 일을
어찌하리오." 하더니
2 날이 저물어 상제님께서 이르시어 말
씀하시기를 "이 아이가 죽지 않았으니
울지 말라. 울면 살리지 못하리로다."
하시고
3 도삼에게 명하시어 "달 속에 무엇이
있는가 보라." 하시거늘
4 도삼이 달을 바라보고 대답하기를 "달
가운데 어린아이가 있습니다." 하니
5 말씀하시기를 "네 딸이 살았으니 이름
을 월례(月禮)라 하라." 하시매 과연 그
딸이 다시 살아나니라.

정읍으로 가리니 이 길이 길행이라

287 동짓달에 형렬에게 일러 말씀하
시기를 "내가 정읍으로 가리니
이 길이 길행이라. 이 뒤에 일을 네게
알리리라." 하시니라.
2 이때 정읍 고수부님께서 안질로 고생
하시고 차경석의 장남 희남(熙南)이 와
병 중에 있으므로
3 차윤경(車輪京)이 민망히 여기어 상제
님께 그 사실을 말씀드리려고 구릿골
로 가니
4 마침 김자선(金子善), 김광찬 등 십여
명이 동네 앞에서 기다리다가 윤경이
오는 것을 보고 "무슨 일로 오느냐?"
하고 묻는지라
5 윤경이 찾아온 이유를 말하니 그들이
이르기를 "오늘 아침에 당신님께서 말
씀하시기를 '오늘은 대흥리로부터 차
윤경이 오리라.' 하시므로 이같이 나와
서 기다리던 참이라." 하더라.
6 윤경이 곧바로 김자선의 집에 가서 상
제님을 뵙고 고수부님께서 안질로 고
생함을 아뢰니

7 말씀하시기를 "지금 돌아갔다가 내일
고부 살포정이에서 나를 기다리라."
하시니라.
8 이에 윤경이 곧 말씀대로 돌아갔다가
이튿날 살포정이로 가니 상제님께서
아직 오시지 않았거늘
9 곧 솟튼 주막에 가니 주막 주인이 말
하기를 "선생님이 새울 최창조의 집으
로 가시면서 '윤경이 와서 묻거든 그곳
으로 보내라.' 하셨다." 하므로
10 윤경이 새울로 가는데 중도에서 일본
군사 수백 명이 진을 치고 주소와 가
는 곳과 출행 이유를 묻는지라
11 윤경이 주소를 대고 "집에 환자가 있
어 의원을 맞으러 간다." 하니 순순히
보내 주니라.
12 이윽고 날이 저물어 새울에 이르니 상
제님께서 물으시기를 "오늘은 병세가
어떠하더냐?" 하시거늘
13 윤경이 "집에서 일찍 떠나왔으므로 자
세히 알지 못하겠습니다." 하고 대답
하니
14 상제님께서 꾸짖어 말씀하시기를 "네
가 무엇 하러 왔느냐." 하시매 윤경이
사죄하니라.
15 이 날 밤 윤경에게 명하시기를 "밤새
도록 자지 말고 밖에서 돌아다니라."
하시니 윤경이 자지 않고 밤새도록 밖
을 도니라.
16 이윽고 닭울음 소리가 난 뒤에 상제님
께서 물으시기를 "네가 졸지 않았느
냐?" 하시매 윤경이 대답하기를 "졸지
않았습니다." 하니
17 말씀하시기를 "나와 함께 백암리로 가
자." 하시고 곧 윤경과 자선을 데리고
백암리로 떠나시니라.

어찌 대인의 앞길에 좇아오리오

288 백암리 김경학의 집에 이르시어
아침진지를 드시고 다시 정읍으
로 가실 때
2 혹 앞서기도 하시고 뒤서기도 하시며
몇 걸음을 걸으신 뒤에 말씀하시기를
"이 길에는 일본 사람을 보는 것이 불
가하니라." 하시니라.
3 정읍 노송정(老松亭)에 이르시어 말씀
하시기를 "좀 쉬었다 감이 옳으니라."
하시고
4 반 식경을 지내신 뒤에 다시 떠나시어
그 모퉁이에 있는 큰 못가에 이르니
기병이 많이 오다가 되돌아간 흔적이
있더라.
5 상제님께서 그 자취를 보시고 말씀하
시기를 "저희들이 어찌 대인의 앞길에
좇아오리오." 하시거늘
6 윤경이 그 근처 사람에게 물어 보니
과연 '기병 수십 명이 달려오다가 그곳
에서 되돌아갔다.' 하더라.

고수부님의 안질을 대신 앓으심

7 거기서 대흥리로 가는 길이 두 갈래로
나뉘거늘 한 길은 정읍 읍내를 지나가
는 큰길이요, 한 길은 샛길이라.
8 윤경이 어느 길로 가실지를 여쭈니 말
씀하시기를 "군자가 어찌 샛길로 다니리
오." 하시고
9 큰길로 접어들어 정읍 읍내를 지나시
니 양옆에 즐비한 일본 사람의 상점에
서 한 사람도 밖으로 나서는 자가 없
더라.
10 이 날 저녁에 대흥리에 이르시어 희남
의 병을 손으로 어루만져 낫게 해 주
시고
11 수부님을 팔에 안아 재우시며 상제님
께서 친히 하룻밤 동안 대신하여 안질
을 앓으신 뒤에
12 이어서 무신납월(戊申臘月) 공사를 행하
시니라.

차윤경에게 한 일(一) 자를 써 주심

289 하루는 상제님께서 윤경을 시켜
"옹기에 담겨 있는 소주를 가져
오라." 하시어 큰 대접에다 가득 부어

연거푸 잡수시니라.
2 윤경도 술을 좋아하는지라 속으로 '저 어른이 한 그릇이야 남겨 주시겠지.' 하고 있는데
3 상제님께서 혼자 다 드시매 윤경이 내심 섭섭하여 입맛을 다시거늘
4 상제님께서 "내가 너에게 줄 것이 있으니 종이와 붓을 가져오너라." 하시므로
5 윤경이 가져다 올리매 '한 일(一)' 자를 쓰시어 윤경에게 주시니라.
6 상제님께서 대흥리에 계실 때 주로 윤경의 아내 주판례(朱判禮)가 진지를 지어 드리거늘
7 닭을 쪄서 올릴 때는 머리까지 통째로 올리게 하시는데
8 상제님께서 먼저 어느 한 부분을 떼어 잡수시고 머리를 드신 다음 나머지를 성도들에게 나누어 주시니라.

각기 천지기운을 받느니라

290 하루는 글을 써서 경석에게 주시며 "이 뒤에 음양에 제한이 없게 하여 달라고 심고하라." 하시고 불사르신 뒤에
2 또 글을 써서 불사르시니 이러하니라.
3 人生世間何滋味오 曰衣曰食이요
인생세간하자미 왈의왈식
衣食然後에 曰色也라
의식연후 왈색야
사람이 세상사는 재미는 무엇인가.
입고 먹는 것이요
의식 연후에는 음양의 낙이니라.
4 故로 至於衣食色之道하여는
고 지어의식색지도
各受天地之氣也니
각수천지지기야
그러므로 의식색의 도에 이르러서는
각기 천지기운을 받나니
5 惑世誣民者와 欺人取物者도
혹세무민자 기인취물자
亦受天地之氣也니라
역수천지지기야
혹세무민하는 자와
남을 속여 재물을 갈취하는 자도 역시
천지기운을 받느니라

천지음양을 인간이 모르는 고로

6 하루는 상제님께서 경석에게 글을 써 보이시니 이러하니라.
7 天之陰陽을 人不識이라
천지음양 인불식
故로 人之陰陽을 天不言이라
고 인지음양 천불언
천지의 음양을 사람이 모르는 고로
사람의 음양을 천지가 말하지
않느니라.

기유(己酉: 道紀 39, 1909)년

경석은 만인지장의 대재 격

291 기유(己酉: 道紀 39, 1909)년 정월에 상제님께서 정읍에 계실 때 상제님을 의병(義兵)으로 오인하여 헌병 수십 명이 문전에 이르매
2 상제님께서 경석을 불러 "네가 저 사람들을 보내겠느냐." 하시니 경석이 명을 받들고 나가서 무사히 헌병들을 돌려보내고 들어오거늘
3 상제님께서 말씀하시기를 "경석은 대재(大才)요 만인지장(萬人之長)이 될 만하다. 너한테 일극(一極)을 주노라." 하시니라.
4 이후에 상제님께서 '왕자포덕 도수(王者布德度數)를 정읍에 둔다.' 하시더니 뒷날 경석이 교도 수백만을 두니라.

공신을 따로 불러 공부법을 전하심

292 상제님께서 공신의 집에 성도들을 모아놓고 공부를 시키시다가

아무런 말씀도 없이 나가시어 며칠이
지나도록 돌아오지 않으시매
2 성도들이 하나둘 집으로 돌아가고 공
신만 남으니라.
3 이때 형렬이 공신에게 찾아와 "선생님
께서 찾으신다." 하며 상제님께서 계신
곳을 알려주므로
4 공신이 형렬이 일러준 대로 한참을 걸
어서 밤중에야 어느 허름한 오두막집
에 당도하니라.
5 이에 상제님께서 계신 윗방에 들어 인
사를 드리고 앉으니 때는 동지섣달인
데도 불을 때지 않아 바닥이 냉랭한데
멍석이 깔려 있고
6 상제님의 의복은 남루하기 짝이 없어
버선바닥이 새카맣고 복숭아뼈 있는
곳은 다 해져서 구멍이 나 있더라.
7 공신이 밤길을 오느라 몸이 언 데다가
추운 방에 앉아 있자니 더욱 한기가
느껴져 몸을 떨거늘
8 상제님께서 옹기병에 담긴 청주를 공
신에게 한 사발 가득 따라 주시며 "이
놈 한 잔 해 보소. 훈기가 좀 돌 것이
네." 하시고 상제님도 한 잔을 따라 드
시니라.
9 이때 어떤 사람이 문을 열고 들어와
인사도 없이 상제님께 몇 마디 말씀을
여쭙고 곧바로 문을 닫고 나가거늘
10 상제님께서 "중국 사람 초산이라." 하
시더라.
11 이때에 상제님께서 공신에게 공부법을
알려 주시니라.

석성(石城) 이치복의 입문

293 이치화(李致和)는 부안 청호리(晴
湖里) 사람으로 일찍이 도학에 관
심이 깊어 신원일, 김형국(金炯國)과 함
께 이옥포의 문하에 들어 공부하니라.
2 이옥포가 말하기를 "나는 그대들에게
길을 일러 주는 사람일 뿐이요, 참으
로 그대들이 스승으로 받들 분은 이 뒤
에 나오실 강성인(姜聖人)이시라." 하고
3 또 영보국 정정편(靈寶局定靜篇)을 전수
하며 "대개 신인합덕(神人合德)하는 연
성(鍊性) 공부는 예나 지금이나 다름이
없으나 그 길 잡아드는 문호가 많으므
로
4 이 책으로써 영보국(靈寶局)을 연성하
는 첩경을 드러내어 그대들에게 전하
나니 그대들은 이 책을 가지고 성심으
로 수도하다가 뒷날 강성인을 받들어
성도하라." 하는지라
5 원일과 치화가 영보국 정정편으로 법
을 삼아 공부하다가 을사년에 원일이
이환구의 천거로 상제님을 추종하더니
6 기유년 정월 보름에 치화를 상제님께
인도하매 치화가 18세 된 아들 중학(重
學)과 함께 백암리로 상제님을 찾아뵈
니라.

오랜만에 큰 일꾼 하나 들어오는구나

294 이때 상제님께서 방 안에서 내
다보시며 "오랜만에 큰 일꾼 하
나 들어오는구나." 하시고
2 치화가 인사를 여쭙자 마루로 올라오
게 하신 뒤에 "이럴 때는 나이 적은 사
람이 나이 많은 사람에게 인사를 받느
니라. 사배를 하라." 하시니라.
3 치화가 공손히 사배를 올리니 이번에
는 치화를 앉혀 놓고 친히 단배(單拜)
로 답하시고 거주성명을 물으시거늘
4 치화가 아뢰기를 "시생은 부안 사람으
로 성은 이가(李哥)요, 이름은 영로(榮
魯), 자(字)는 치화(致和)입니다." 하니
5 상제님께서 "화(和)는 화(禍)와 같은 음
이라. 사람은 복이 있어야 하나니 치
화(致和)를 치복(致福)으로 하라." 하시
며 친히 이름을 고쳐 주시니라.
6 이어 곁에 서 있던 치복의 아들 중학이
상제님께 인사를 올리려 하니
7 느닷없이 "이런 불효막심한 놈 같으니
라고! 당장에 이놈을 잡아 내려라." 하

고 소리를 지르시는지라
8 주위 사람들 모두 영문을 몰라 가만히
서 있는데 상제님께서 다시 큰 소리로
꾸짖으시기를
9 "냉큼 이놈을 잡아내려 작두로 목을
끊어 버려라. 애비를 모르는 놈은 죽
어야 하느니라." 하시고는 그 후에 다
시 어떻게 하라는 말씀이 없으시니라.
10 이때 새울 사는 이공삼(李公三)이 상제
님을 찾아와 따르니라.

치복의 돈으로 공사 보심

11 이 날 상제님께서 치복에게 명하시어
"빨리 돌아가라." 하시되 치복이 종일
토록 가지 아니하거늘
12 다시 기일을 정하여 주시며 "속히 돌
아가서 돈 일흔 냥을 가지고 기일 내
에 돌아오라." 하시니라.
13 이에 치복이 돌아갔다가 기일 내에 돈
일흔 냥을 허리에 차고 구릿골 약방으
로 와서 상제님께 올리매
14 성도들에게 명하시어 그 돈을 방 안에
두었다가, 문 밖에 두었다가, 다시 사
립문 밖에 두어 밤낮을 지내게 한 뒤
에 들여다가 간직해 두시더니
15 그 후 공삼을 시켜 그 돈을 차경석에
게 보내시니라.

백 순검의 욕심을 채워 주심

295 하루는 공우와 응종을 데리고
태인 읍내 주막에 이르시어 신경
원(辛京元)에게 명하시기를 "오늘은 백
순검을 만나야겠으니 그를 데려오라."
하시니라.
2 이 말씀을 마치자마자 백 순검이 그
주막 앞으로 지나거늘 경원이 나가서
상제님 계신 곳을 알리니 그가 곧 뛰
어들어와 상제님을 결박하는지라
3 상제님께서 공우에게 명하시기를 "네
게 있는 돈 백 냥을 내게 주고 창조의
집에 다녀오라." 하시니 공우가 대답
하고 가니라.
4 이어 응종과 경원을 각기 다른 곳으로
보내시고 백 순검에게 돈 백 냥을 주
시며 다시 말씀하시기를
5 "그대를 만나려고 이곳에서 기다린 지
오래되었노라. 이것을 적다 말고 필요
한 곳에 보태어 쓰라." 하시니라.
6 이에 백 순검이 치사(致謝)한 뒤에 결박
을 풀어 주고 물러가니
7 이는 그가 상제님을 붙잡아 돈을 빼앗
으려 함을 미리 아시고 그 욕심을 채
워 주시기 위함이더라.

서로 죽이려는 아버지와 아들

296 기유년에 하루는 상제님께서 호
연을 데리고 가시는데 어떤 집
들창에서 이상한 소리가 들리므로 안
을 들여다보니
2 아버지가 칼을 들고 아들의 배에 올라
타서 "죽어야지?" 하면 아들이 "죽어
야지요." 하고
3 다시 아들이 아버지의 배에 올라타고
"죽어야지요?" 하면 아버지가 "죽어야
지." 하며 서로 죽이려 하고 있더라.
4 상제님께서 집으로 들어가시어 "어쩐
일로 그런 소리를 하는가?" 하고 물으
시니
5 그 아버지가 대답하기를 "제 며느리가
달짝같이 예쁘니 어떤 양반이 날까지
정하여 데려가려 하는데 그 날이 바로
내일입니다.
6 어찌 며느리가 가는 것을 두고 보겠습
니까? 그러니 차라리 함께 죽으려 합
니다." 하거늘
7 상제님께서 며느리에게 저녁상을 차려
오게 하시어 보니 과연 천하일색이더
라.

햇서방이 웬 말이냐

8 상제님께서 그 아들에게 이르시기
를 "너 당장에 내 편지 하나 전하려느
냐?" 하시니 "가라시면 가지요." 하거
늘

9 다시 "네가 밤새 갈 수 있겠느냐?" 하
시니 "죽도록 해 보지요." 하니라.
10 이에 상제님께서 편지를 써서 형렬에
게 보내시니
11 형렬이 전갈을 받고 급히 성도 네 사
람을 모아 벙거지를 씌우고, 사령(使
令)의 옷 같은 푸른 두루마기를 입혀서
그 집으로 데리고 와서
12 동서남북 사방에 한 명씩 그 집 담 밖
에서 기다리게 하니라.
13 얼마 후 양반집 사람들이 며느리를 데
려가기 위해 집 안으로 들거늘
14 사방에 있던 성도들이 담을 훌쩍 뛰어
넘어 마당으로 들어와 "여기 묵은 서방
이 있는데 햇서방이 웬 말이냐!" 하고
15 그들을 모두 포박하여 며느리도 빼앗
아가지 못하게 하고, 이후로는 그 가
난한 집 살림도 양반집에서 돌보게 하
시니라.

등걸을 캐 주심

297 상제님께서는 마당에 돌부리가
있으면 호연이 걸려 넘어진다하
여 모두 파내어 버리시니라.
2 하루는 호연이 산에 올라 나물을 캐는
데 먼발치에서 "호연아! 호연아~!" 하
고 상제님께서 부르시는 소리가 들리
거늘
3 호연이 서둘러 뛰어 내려오다가 나무
등걸에 걸려 넘어지매
4 상제님께서 좇아 오르시어 호연을 넘
어지게 한 등걸을 캐내려 하시는지라
5 호연이 "아이고, 밤낮 댕기는 것도 아
닌데 뭐하러 캐요?" 하니
6 "아무리 등걸이라고 어린것이 오는데
걸어서 넘어지게 만드느냐?" 하고 꾸
짖으시니라.

우리 애기 좀 잘 보살펴라

7 상제님께서 등걸을 뿌리 하나 남기지
않고 다 캐내신 뒤에 호연에게 "나 서
울 간다." 하시거늘
8 호연이 "그러면 나도 가야지." 하매
"오지 마. 형렬이하고 둘이 갔다 올
게." 하시니라.
9 이에 호연이 "그려. 그런데 뭣하러 가
요?" 하고 여쭈니 상제님께서 "내
가…, 누구 좀 보러 간다.
10 여러 날 될 것 같으면 데리고 가지만
곧 올 테니 그냥 간다. 내일 오마." 하
시니라.
11 상제님께서 호연의 손을 잡고 산을 내
려오시어 약방에 있는 성도들에게 이
르시기를
12 "너희들 우리 애기 좀 잘 보살펴라. 내
가 천 리에 있어도 다 아니 애기에다
가 함부로 했다가는 혼쭐난다!
13 아직 철을 모르니 늬들에게 함부로 하
더라도 너희가 용서해라." 하고 당부
하신 후에 형렬을 데리고 서울로 떠나
시니라.

충청도 연산에서 보신 도성덕립 공사

298 봄에 충청도 연산(連山)에 가시
어 머무르실 때 하루는 상제님
께서 도복을 입으시고 홍포선(紅布扇)
을 드신 채 일산을 받치게 하시어 백마
를 타고 나서시니 그 모양이 마치 새
신랑 같더라.
2 호연이 반짝반짝 윤이 나는 상제님의
눈썹을 보고 "선생님 눈썹에 엿 발랐
어요?" 하니 상제님께서 "엿 발랐으면
너 핥아먹어라." 하시니라.
3 호연이 "왜 그러고 나선대? 어디로 장
가가요?" 하니 상제님께서 "저어리!"
하시며 일러 주지 않으시니라.
4 이에 호연이 "저리 어디로 가요? 가서
떡도 얻어먹고, 국수도 얻어먹게 가르
쳐 줘야지." 하니
5 말씀하시기를 "너 따라오면 내가 망신
을 당하니 오지 말아야 혀." 하시는지
라
6 호연이 다시 "어디로 가길래 망신을

당해요?" 하고 묻는데 대답지 않고 떠
나시거늘
7 형렬에게 "어디로 간대요?" 하니 이르
기를 "네 눈으로만 그러지 지금 여기
에 앉아 계신다." 하니라.
8 호연이 "아까 말 타고 요리 갔는데?"
하니 "네가 잠깐 봉사되었어. 네 뒤에
계신다." 하거늘
9 호연이 빙글빙글 돌며 "어디에 있어요?
어디에 있어요?" 하고 찾으매 형렬이
"저쪽." 하고 가리키니 그쪽에서 "하하
하!" 하며 웃으시는 소리가 나더라.
10 호연이 "아까 말 타고 갔는데, 떡 얻어
먹으러 갈까 봐 그냥 왔네!" 하니 "어
린 저것 데리고 무엇을 할 것이냐?"
하시는 상제님의 음성만 들릴 뿐 모습
은 여전히 보이지 아니하거늘
11 호연이 더욱 애가 타서 "어디에 가 있
어요? 선생님! 나 쪼께 뵈 줘요." 하고
애원하니라.
12 이에 상제님께서 "너 숨바꼭질하냐?
내가 네게 뵈 줘? 안 보여 주지!" 하시
니 호연이 "그럼 어쩔라구? 나 여기다
내버리고 가려고?" 하거늘
13 상제님께서 "네 쌈자리 왔어." 하시니
라.
14 호연이 "내 쌈자리는 전주고, 여기는 우
리 부모님 고향이지." 하니
15 상제님께서 "저것이 제법 영리하다니
까!" 하시며 그제야 모습을 드러내시
니라.

호연이 상제님을 부를 때

299 호연이 다른 성도들과 함께 있
을 때는 상제님을 대개 '선생님'
이라 부르고, 간혹 '아저씨', '아버지'로
부르기도 하는데
2 "선생님!" 하고 부르면 흔쾌히 대답
하시고, "아저씨!" 하면 "어째 그러신
가?" 하고 웃으시며, "아버지!" 하면
대답하지 않으시니라.
3 또 호연이 상제님과 단둘이 있거나 심
통이 났을 때는 '강아지', '강생원'으로
부르기도 하니
4 그러면 "어디 강아지 왔냐?" 하며 장
난을 치기도 하시고 때로는 "또 뭣 할
라고?" 하며 무섭게 바라보시는데
5 이때 한마디라도 토를 달면 '초랭이 떨
고 다닌다.'며 꾸중하시니라.

서양으로 넘어가는 동양을 끌어당기심

300 하루는 상제님께서 독한 소주
한 동이를 일주야(一晝夜)에 다
드시고 최덕겸과 여러 성도들을 데리
고 길을 나서시는데
2 문을 나서자마자 대님을 끌러 옷을 걷
어올리시고 갑자기 길 옆 미나리꽝으
로 뛰어드시니라.
3 상제님께서 질펀하게 주저앉아 미나
리꽝 둑에 등을 기대시고 발을 바닥에
단단히 지탱하신 채 무엇을 힘껏 잡아
당기는 몸짓을 하시며
4 "너희들 이것 봐라. 동양이 서양으로
넘어간다. 아이고~ 아이고~ 목구녕
까지 다 넘어갔다. 저 목구녕에 다 넘
어가!" 하고 몸부림을 하시더니
5 급하게 둑을 지지대 삼아 밭 쪽으로
발을 쭉 뻗고 손으로 허공을 끌어당겨
탁 채시니라.
6 잠시 후 미나리꽝에서 나오시며 말씀
하시기를 "목까지 넘어갔는데 내가 끄
집어냈다.
7 나 아니었으면 꼼짝없이 넘어가 서양에
먹힐 뻔했다." 하시니라.

계란도 술도 무사하더라

301 상제님께서는 으레 술을 한 병
받아서 약방에 보내 놓으시고
밤에 들어오시면 그 술을 잡숫고 주무
시니라.
2 자현의 아들 태준이 열세 살 때에 종
종 상제님의 술 심부름을 하였는데

3 하루는 태준이 밤늦도록 주막에서 아
버지 자현과 상제님께서 오시기를 기
다리니
4 밤이 이슥하여 상제님께서 형렬과 자현
을 데리고 주막에 드시니라.
5 이에 상제님께서 술 한 병을 받아 태
준에게 주시며 "약방에 갖다 놓아라."
하시고
6 그 자리에서 술을 청하시니 주모가 안
주가 없다고 강술상을 내오거늘
7 상제님께서 술만 놓고 드시다가 이내
다 토하시고는 "안주 없이 강술만 먹
으니 술이 도로 넘어오는구나." 하며
괴로워하시니라.
8 이어 주모에게 이르시기를 "안주 좀 구
해 오게." 하시매 주모가 "안동네 가서
계란이나 구해 오겠습니다. 술도 떨어
졌는데 더 사 올까요?" 하고 여쭈니
9 상제님께서 칭찬하시며 "그것 참 좋
지. 어서 수고 좀 해 주게." 하시니라.
10 한편 태준은 어린 마음에 어두운 밤길
을 혼자 가기가 무서워 술병을 안고
처마 밑에 앉았는데
11 상제님께서 밖으로 나오시어 "태준아,
너 어찌 안 가고 여태 게 있느냐. 무섭
지 않을 테니 빨리 가거라." 하시거늘
12 태준이 어쩔 수 없이 주막을 떠나 '걸음
아 날 살려라.' 하고 동리로 달려가니
어찌 된 영문인지 대낮보다 더 밝더라.
13 태준이 그래도 무서워 고개를 숙이고
땅만 보며 뛰다가 마침 계란을 사 오던
주모와 맞부딪쳐 순간 정신을 잃거늘
14 주모는 "계란!" 하고 소리지르고 태준
은 "술병!" 하고 외치며 정신을 차려
보니
15 술병은 큰 돌 틈에 거꾸로 박혀 있고
계란도 땅바닥에 굴렀으나 용케 깨지
지 않았더라.
16 상제님께서 주모가 가져온 계란을 안
주 삼아 술을 드시고 약방에 가시어
태준이 갖다 놓은 술도 마저 잡숫고
주무시니라.

석 되짜리 술병

17 상제님께서는 늘 석 되짜리 술병을 가
지고 다니시는데 그 술병은 주로 태준
에게 들리시니라.
18 이때 태준이 보니 상제님께서 한 자리
에서 공사를 보시고 다른 곳으로 자리
를 옮기실 때는
19 떠나시기 전에 한 되들이 그릇으로 세
번 만에 술 한 병을 다 드시고
20 다른 데로 옮기시면 또 석 되짜리 한
병을 한 되씩 세 번에 걸쳐 드신 다음
공사를 마치시니라.

어디를 가든지 잘 읽으라

302 상제님께서 하루는 김윤명의 아
들 대규(大奎)에게 "앉아서 장천
리를 보고 서서 구만리를 보는 좋은
시대가 오더라도 사는 법방(法方)이 따
로 있느니라." 하시고
2 운장주(雲長呪)를 일러 주시며 "어디를
가든지 잘 읽으라." 하시거늘
3 이에 대규가 평생 상제님의 말씀을 받
들어 운장주를 잘 읽으니 83세까지 사
는 동안 집안에 사고 한 번 없었다 하
니라.

쟁단이 일어나면 내가 죽을 것이니

303 기유년 3월에 광찬과 갑칠이 서
로 다투어 사이가 멀어졌거늘
형렬이 그 일을 아뢰니 상제님께서 먼
저 알고 계시더라.
2 이튿날 상제님께서 형렬을 데리고 전
주로 가실 때 형렬에게 경계하여 이르
시기를
3 "모임 중에 만일 쟁단(爭端)이 일어나
면 내가 죽을 것이니 잘 무마하라."
하시고
4 형렬에게 다시 명하시기를 "광찬과 갑
칠에게 태을주를 많이 읽으라 하라."
하시니라.

화룡 천 년에 진룡이 강림이라

304 기유년 3월에 김자현의 조모가
별세하매 상제님께서 가시어 담
뱃대에 담배를 넣어 자현에게 주시며
말씀하시기를
2 "자네 계부(季父)도 자식이요, 자네도
자식이니 상심 말고 담배나 피우소."
하시고
3 주머니에서 돈 3원을 꺼내어 '초상 치
를 것이라.' 하시며 주시므로 자현이
그 돈을 아들 태진(泰振)에게 주어 초
상에 쓰니 한 푼도 남거나 모자람이
없더라.
4 이때 자현이 상제님께 여쭈기를 "세상
사람들이 광인을 따라다니느라 살림
도 못산다고 야단이니 금일 산처(山處)
에 가시어 명당을 잡아 당신님의 누를
씻을까 합니다." 하니
5 상제님께서 구릿골 앞의 가시덤불 무
성한 금광터를 가리키시며 "이곳에다
장사하라." 하시니라.
6 이에 자현이 "제 선산(先山)이 있는
데 어떻게 그런 자갈밭에다 묻겠습니
까?" 하며 듣지 않거늘
7 상제님께서 말씀하시기를 "화룡(畵龍)
천 년에 진룡(眞龍)이 강림(降臨)이라. 나
중에 청룡, 황룡이 들끓어 올라 인성(人
城)을 쌓는 이로운 자리니라." 하시고
8 "집 안 새(鳥)가 봉(鳳)이 될 줄을 누가
알까. 참된 줄을 알면 네 차례가 오겠
느냐." 하시니라.

천리는 털끝만큼의 사욕도 없느니라

305 하루는 형렬이 아뢰기를 "저의
증조 때 정(鄭)집신이라는 사람
이 제 집에 오래 있었는데
2 그는 지식이 신이한 사람으로 동리 사
람들이 보릿고개로 생활이 크게 곤란
함을 보고 금광을 발견하여 면케 하였
고
3 영삼(靈蔘)을 많이 얻어 병자를 구제하
였으며, 또 지난 임술년에 경상도에서
일어난 민란을 미리 말하였는데
4 저의 증조는 그의 지식을 빌어 명당
하나라도 얻어 쓴 바가 없고 조상으로
서 복을 후세에 끼친 것이 없으니 참
으로 한스럽습니다." 하니
5 상제님께서 말씀하시기를 "그러한 지
식을 가진 사람이 어찌 남의 밥을 헛
되이 먹으리오.
6 천리는 지공무사하여 털끝만큼의 사욕
도 없느니라." 하시니라.

언제나 동(東)으로 힘써라

306 하루는 상제님께서 호연에게
"오색 구름이 이리 가고 저리 가
고 길을 찾아다니면 그 모습이 싸움하
는 것 같을 것이다. 구름끼리 싸움하
면 너는 무엇 할래?" 하시거늘
2 호연이 "'저놈의 구름도 싸움을 다하
네.' 그러지." 하니 "흥, 네가 땅에 앉
아서 하늘보고 욕을 해?" 하시는지라
3 호연이 "그럼! 다들 욕하지. 비가 안
오면 안 온다고 욕하고, 많이 오면 많
이 온다고 욕하고 그러대." 하니
4 "입이 싼 사람이나 그러지. 그런 본
은 뜨지 마라. 오직 네 마음 하나만 닦아
라." 하시고 잠시 후에 "내가 어디 들
어간다." 하시니라.
5 이에 호연이 의아해하며 "어디 들어가
요?" 하니 이르시기를 "내가…. 너 살
려거든 청수 한 동이 떠다가 마당 한가
운데 놓고 그것만 쳐다봐라." 하시거늘
6 호연이 "동이 밑구멍 못 봤간디 그것만
쳐다봐? 물 그림자밖에 더 봐? 나밖에
더 봐?" 하고 퉁명스럽게 대답하니
7 상제님께서 "목소리 죽여라. 여자는
마음을 안손하게 해야 하는데 머슴애
마냥 떠들어서 저 집까지 다 알겠다.
8 색경을 보는 것같이 그 의미가 거기에
있으니 너는 물만 들여다보면 살어.
들여다보면 세상 돌아가는 이치가 다

보인다.
9 언제든지 동쪽에서 먼저 일어나니 동으
로 힘써라. 너 혼자만 알고 있어라."
하시니라.

거짓으로 대하는 덕찬의 심법을 징벌하심

307 4월에 전주 불가지 김성국(金成
國)의 집에 계실 때 덕찬이 상제
님을 모시면서 속으로 생각하기를
2 '의관도 제대로 갖추지 않으실 뿐더러
말씀과 행동하심이 마치 실성한 사람
같다.'고 하던 차에
3 하루는 상제님의 무슨 말씀을 듣고 내
심 '또 무슨 미친 짓을 하는고.' 하며
거짓 대답을 하니
4 상제님께서 글 한 장을 써 주시며 재
촉하시기를 "지금 당장 길을 떠나 시
성리(柿城里) 김의관(金義官)에게 가서
이 글을 전하고 하룻밤 자고 오라." 하
시니라.
5 덕찬이 보니 이미 해가 서산에 걸렸는
지라 길 떠나기가 망설여지는데
6 명을 어길 수 없어 서찰을 지니고 길을
떠나 어느 고개에 다다르니 큰 구렁이
가 길을 가로막고 있는지라
7 돌아서자니 명이 지엄하고 지나가자니
구렁이가 무서워 차마 발을 떼지 못하
다가
8 죽기살기로 두 눈을 딱 감고 구렁이를
뛰어넘어 저만치 가서 뒤를 돌아보니
9 구렁이는 온데간데없고 그 자리에 새
끼줄이 길을 가로질러 놓여 있더라.
10 다시 한참을 걸어 시성리에 도착하여
곧장 의관의 집을 찾아가니 마침 집
안에 아무도 없는지라
11 마루에 걸터앉아 의관을 기다리며 무
심코 서산을 바라보니 아직도 해가 지
지 않았거늘
12 '불가지에서 여기까지 오십 리 길인데
해가 떠날 때와 다름이 없으니 신기한
일이라.' 하며 무엇에 홀린 듯 앉아 있
는데
13 어떤 차림새가 남루한 사람이 사립문
을 열어제치며 대뜸 "어디서 굴러온
놈이 남의 집에 와서 감히 주인 행세
를 하느냐!" 하고 들어오더니
14 갑자기 덕찬의 멱살을 붙잡고 갓을 빼
앗아 밟아 버리고 도포 자락을 찢어
버리니라.
15 덕찬이 당황하여 처음에는 맥없이 당
하고만 있다가 이내 분을 이기지 못하
여 함께 들러붙어 이리 뒹굴고 저리 뒹
굴며 한참을 싸우는데
16 그 사람이 문득 싸우기를 멈추고 무어
라 중얼거리며 훌쩍 나가 버리니라.

어찌 마음을 속이느냐

308 덕찬이 알지도 못하는 사람에게
행패를 당하고 어이가 없어 마
루에 멍하니 앉아 있는데
2 그제야 의관이 들어와 덕찬의 후줄근
한 행색을 보고 "어이, 자네 웬일인
가? 자네 그 꼴이 대체 뭔가?" 하고
묻거늘
3 덕찬이 전후 사정을 말하니 의관이 박
장대소를 하며 "자네 오늘 운수 사납
게 걸렸네. 그게 이 동네 미친놈인데
발작을 하면 누구한테나 그런다네.
4 자네가 오늘 재수가 없어서 당한 일이
라 생각하고 이제 그만 마음을 푸소."
하며 옷 한 벌을 내어 주니라.
5 덕찬이 상제님께 받아온 서찰을 건네
주고는 분한 마음에 하룻밤을 자지 않
고 그냥 돌아오거늘
6 상제님께서 문밖에 나와 서 계시다가
웃으시며 "왜 자지 않고 그냥 돌아오
느냐?" 하시더니
7 "너 거기 가서 미친놈 보았느냐? 그게 바
로 미친놈이다, 이놈아. 왜 멀쩡한 나보
고 미쳤다고 하느냐, 으응?" 하시고
8 안으로 들어와 친히 술을 따라 주시며

말씀하시기를 "사람을 사귐에 마음을
참되게 할 것이거늘 어찌 마음을 스스
로 속이느냐." 하시니라.
9 이에 덕찬이 비로소 상제님의 말씀을
실없이 여기어 거짓 대답한 일을 뉘우
치고 이후로는 비록 사소한 일일지라
도 극히 삼가니라.
10 이후 4, 5월 두 달은 상제님께서 주로
시성리 시목동(柿木洞)에 계시며 공사
를 행하시니라.

경학의 집을 화재로부터 구해 주심

309 5월에 태인 백암리에 계실 때 글
을 써서 경학에게 주시며 "물동
이에 넣고 외로 돌려서 적신 뒤에 불
사르라." 하시더니
2 그 뒤에 경학의 형 경은(景恩)의 집에
불이 나서 사나운 남풍에 기세를 얻어
이웃집 아홉 채를 모두 태워 버렸으나
경학의 집은 무사하니라.

휘파람을 불어 충재를 없애심

310 하루는 상제님께서 모시 농사를
많이 짓는 정읍 동면(東面) 붕래
(朋來)를 지나시는데
2 어찌된 일인지 농부들이 모시밭 가에
힘없이 앉아 있고 밭에는 이파리 하나
없는 모시대만 서 있더라.
3 그 이유를 농부들에게 물으시니 밭 임
자가 나서서 처연한 빛을 띠며 대답하
기를 "전례에 없는 큰 충재(蟲災)로 이
렇게 되었습니다.
4 저는 이것으로 농(農)을 삼아 많은 식
솔이 생활하는데 이런 일을 당하여 어
찌할 바를 모르겠습니다." 하니
5 상제님께서 불쌍히 여기시며 말씀하
시기를 "내가 충재를 제거하여 주리니
근심하지 말라." 하시고
6 북쪽을 향하여 휘파람을 세 번 부시니
갑자기 참새 수천 마리가 모여들어 그
해충을 쪼아 먹으니라.
7 그 뒤로 모시잎이 다시 피어나고 예년
보다 더 무성하여 모시 농사가 잘 되
니라.

이제 별놈의 병이 다 생긴다

311 이 달에 상제님께서 형렬과 김
기보와 호연에게 말씀하시기를
"이제 전에 없던 별놈의 병이 느닷없이
생기느니라.
2 이름 모르는 놈의 병이 생기면 약도
없으리라." 하시니라.
3 또 말씀하시기를 "내가 저기서 지기(至
氣)를 돌리면 여기 사람들은 콩나물처
럼 쓰러지느니라.
4 먹어서 망하고 어디 가서 빠져 죽는 것
이 아니라, 그냥 가만히 앉아서 눈만
스르르 감고 쓰러지느니라." 하시니라.

가을 대개벽기 구원 ; 열 사람에 한 사람 산다

5 하루는 호연에게 말씀하시기를 "장차
열 사람 가운데 한 명 살기가 어려우
리니 내 자식이라도 어찌 될지 모르느
니라.
6 그 때에 내가 높이 앉으면 너는 눈이
무거워서 쳐다보지도 못하느니라." 하
시니라.

백성의 근심이 내 근심이니라

312 상제님께서 구릿골에 계실 때
하루는 경학이 와 뵙고 백성들
이 오랜 가뭄으로 모를 내지 못하여
불안해함을 아뢰거늘
2 상제님께서 "만민의 근심이 곧 내 근심이
니라." 하시며 갑칠에게 "청수 한 동이
를 길어 오라." 하시고
3 미리 양지 두루마리에 글을 가득히 써
두신 것을 경학에게 내어 주시며 말씀
하시기를 "청수에 적셔 가루가 되도록
비비라." 하시니라.
4 이에 경학이 명하신 대로 하여도 비가
오지 않거늘 상제님께서 갑칠에게 이

르시기를
5 "네게 장령(將令)을 붙여 서양으로부터
우사(雨師)를 불러와 만민의 갈증을 풀
어 주려 하였더니
6 네가 어제 저녁에 나의 명을 어기고 잠
을 잤으므로 비가 오지 않으니 옷을
벗고 청수 앞에 합장하고 서서 사죄하
라." 하시니라.

잘 닦으면 마음대로 되리라

7 갑칠이 명하신 대로 하니 갑자기 서쪽
하늘로부터 검은 구름이 일어나며 큰
비가 쏟아져서 삽시간에 앞내가 넘쳐
흐르거늘
8 경학이 "이만하면 넉넉하겠습니다."
하고 아뢰니 상제님께서 부채를 들어
한 번 흔드시매 비가 곧 그치니라.
9 상제님께서 다시 갑칠에게 명하시어
"청수를 쏟아 버리고 옷을 입으라." 하
신 뒤에
10 모든 성도들에게 이르시기를 "너희들
도 잘 수련하면 모든 일이 마음대로 되리
라." 하시니라.

태운장의 신선 도수와 김자현의 의원 도수

313 상제님께서 형렬에게는 신선(神
仙) 도수를 붙이시고, 자현에게
는 의원(醫員) 도수를 붙이시니라.
2 형렬에게 당부하여 말씀하시기를 "애기
부처를 조성하고 금산사를 잘 지켜라.
3 금산사를 지키다 곧 죽어서 귀신이 되
더라도 원한 없이 지킬 사람이 어디 있
겠느냐. 네가 금산사를 굳게 지켜라."
하시니라.
4 또 자현에게 의원 도수를 붙이실 때
말씀하시기를 "너는 천하명의(天下名
醫)라는 말을 듣겠느냐, 조선명의(朝鮮
名醫)라는 말을 듣겠느냐? 응당 천하
명의라는 말을 들을 테지.
5 부디 살리는 것으로 뜻을 세워 돈은 받지
말고 좋은 일만 하면서 포교하라." 하시
니라.
6 상제님께서 어천하신 후에 형렬은 금
산사를 지키면서 포교를 하고 또 자현
은 전국을 돌아다니면서 무료로 치병
을 베풀어 많은 사람들을 살리니라.

세상의 모든 약 기운을 태을주에

7 하루는 상제님께서 말씀하시기를 "태
을주는 구축병마주(驅逐病魔呪)니라.
8 내가 이 세상의 모든 약 기운을 태을
주에 붙여 놓았나니 만병통치 태을주니
라." 하시니라.

안필성에게 수명을 떼어 주심

314 3월에 필성이 볍씨 파종을 하러
갈 때 상제님께서 말씀하시기를
2 "너는 오래 살아서 내 제사를 받아먹
을 것이니라. 그러니 나하고 같이 가
서 술 한잔 하자." 하신 일이 있더니
3 6월에 필성에게 오시어 재삼 당부하시
기를 "네가 나를 따르지 않으면 참혹
함이 겹쳐 네 눈에서 피눈물이 나리니
잘 생각하라.
4 나의 남은 수명을 너에게 붙이니 너는
구십을 넘게 살며 내 제사를 받아먹으
리라.
5 이제 오십 년 후에나 다시 만나리라."
하시니라.

친구 필성에게 주신 경계의 시

6 하루는 상제님께서 후일의 일을 경계
하시어 필성에게 시 한 수를 써 주시니
이러하니라.

7 勸君凡事莫怨天하라
권군범사막원천
너에게 권하노니
범사에 하늘을 원망하지 말라.

내가 찾아야만 만나리라

315 하루는 응종에게 이르시기를
"내가 없을 때에 네가 나를 보지
못하여 애통해하며 이곳에 내왕하는
거동이 내 눈에 선연하게 보이나니

2 내가 네 등뒤에 있어도 너는 보지 못
할 것이요, 내가 찾아야만 서로 만나
리라." 하시니라.
3 하루는 상제님께서 말씀하시기를 "중
천에 흰 구름이 떠 있으면 내가 있는 줄
알아라." 하시고
4 또 말씀하시기를 "너희들은 아무리 죽
고자 하여도 못 죽을 것이요, 내가 놓
아주어야 죽으리라." 하시니라.

광찬을 대흥리로 보내심

316 광찬은 본래 술을 즐기지 않더
니 하루는 뜻밖에 술에 몹시 취
한지라
2 이정삼(李正三)의 집에 가서 그의 젊은
며느리를 욕보이고자 하매 정삼 부자
가 크게 분개하여 죽이려 하거늘
3 상제님께서 갑칠에게 명하시어 광찬을
정읍으로 가게 하시니
4 여러 사람이 광찬의 패악을 증오하는
데 경석은 그 성질을 익히 아는지라
잘 타이른 뒤에 머물게 하니라.

심지가 평순치 못하여

5 어천하실 무렵 상제님께서 광찬의 일
로 염려하시매 형렬이 공우를 대흥리
로 보내어, 경석에게 광찬을 데리고
구릿골로 올 것을 통지하나
6 경석은 광찬이 모든 사람의 미움을 사
고 있음을 꺼려하여 광찬을 대흥리에
남겨 두고 공우와 함께 구릿골로 오니
라.
7 경석이 상제님을 뵙고 저간의 사정을
아뢰니 상제님께서 탄식하며 이르시기
를 "여러 사람 가운데 환심을 얻지 못
한 자는 광찬이로다.
8 광찬은 재질은 좋으나 심지(心志)가 평
순치 못하여 어떤 지경에 이를지 모르
리라." 하시고
9 "만일 마음을 고치지 아니하면 참혹히
죽으리라." 하시니라.

할머니 생각이 나서 그러느니라

317 하루는 누가 상제님께 복숭아를
올려 드리니 한참 동안 우두커
니 바라만 보시거늘
2 형렬이 이상히 여겨 용안을 살피니 상
제님께서 눈물을 흘리고 계시는지라
3 형렬이 조심스럽게 "어째서 그러십니
까?" 하고 여쭈니 잠시 아무 말씀 없
으시다가 이내 말씀하시기를 "할머니
생각이 나서 그런다.
4 할머니가 어린 나를 키우실 때 무엇이
든 '우리 손주 준다.'고 아껴두었다가
주곤 하셨는데
5 할머니가 돌아가시니 나 섬기는 사람이
없구나!" 하시며 쓸쓸한 표정을 지으
시니라.
6 훗날 형렬이 이르기를 "복숭아를 보면
언제나 상제님 생각이 간절히 난다."
하더라.

척신과 병고를 밝혀 주심

318 상제님께서 처음으로 추종하는
자에게는 반드시 "평생에 지은 허
물을 낱낱이 생각하여 마음으로 사하
여 주기를 빌라." 하시되
2 만일 잊고 생각지 못한 일이 있으면
낱낱이 개두(開頭)하여 깨닫게 하시고
3 반드시 그 몸을 위하여 척신과 모든 병
고(病故)를 밝혀 주시니라.

일을 명하실 때는

319 상제님께서 성도들에게 일을 명
하실 때는 반드시 기한을 정하여
주시며 어기지 않도록 하시는데
2 만일 명을 받은 자가 혹 그 기한에 일
기가 좋지 못하여 어김이 있을까 염려
하면 상제님께서 일깨워 주시며 말씀
하시기를
3 "내가 너희에게 어찌 좋지 못한 날을
일러 주겠느냐." 하시니 무릇 상제님
께서 정하여 주신 날은 하루도 궂은

날이 없더라.
4 공사를 행하실 때 이따금씩 성도들을
어느 곳에 보내시는데 매양 그 연유는
말씀치 아니하시고 다만 '어디를 다녀
오라.'고만 하시거늘
5 성도들은 항상 겪는 일인지라 굳이 다
시 여쭙지 않고 명하신 대로 가 보면
반드시 무슨 일이 있더라.
6 상제님께서는 항상 돈 일이 원을 품속
에 간직하여 두시니라.

조화옹 증산 상제님의 어용(御容)

320 증산 상제님께서는 어용(御容)이
금산 미륵불(金山彌勒佛)과 흡사
하시어
2 용안(龍顔)이 백옥처럼 희고 두루 원만
하시며 양미간에 불표(佛表)의 큰 점이
있고 천안(天眼)은 샛별과 같이 반짝이
시니라.
3 또 목소리는 인경처럼 맑고 크시며 왼
손바닥에 '북방 임(壬)' 자와 오른손바
닥에 '별 무(戊)' 자 무늬가 있고
4 등에는 붉은 점으로 뚜렷하게 북두칠
성이 새겨져 있으며 발바닥에는 열세
개의 점이 선명하니라.
5 머리카락은 유난히 검고 윤이 나며 턱
과 양 귀밑에 용수(龍鬚)가 고아하게
나 있는데 평소에는 말려 있어 잘 보
이지 않으나 세수하실 때면 양 귀밑으
로 흘러 펼쳐지니라.
6 용안과 의표는 상하좌우가 두루 원만
(圓滿)하시어 전후가 반듯하게 균형을
이루시고
7 머리부터 허리까지 마치 기둥을 세운
듯 반듯하시고 목은 절대 굽는 법이
없으시니 그 기상이 의연하시며, 걸어
가시는 모습은 더할 수 없이 우아하시
니라.
8 또 아랫입술 안에 바둑돌만 한 붉은
점이 있는데 하루는 성도들에게 보여
주시며 말씀하시기를
9 "금산 미륵은 붉은 여의주(如意珠)를 손
에 들었으나 나는 입에 물었노라." 하
시니라.

폭 잡기 어려운 상제님

321 상제님께서는 평소 점잖으시나
때로 광인 같으시어 폭을 잡기
어려우니
2 버선 짝을 바꿔 신으시고 위가 터진
삿갓을 쓰고 다니시며 새 삿갓을 사셔
도 일부러 헌 삿갓으로 만들어 쓰시고
3 용태(容態)를 잘 바꾸시니 때로는 홀연
히 사라지셨다가 문둥이 같은 모습으
로 들어오시고, 광대처럼 빨갛게 칠하
고 오기도 하시니라.
4 또 웃으실 때는 싱긋싱긋 눈부터 웃으
시는데 공사를 보실 때는 이따금 동네
가 떠나갈 정도로 크게 웃으시니라.

상제님께서 계시면 어디든지 환해짐

5 또 어디를 가시든지 상제님께서 계시
면 주변이 환해지니
6 길을 가시면 그 길이 환해지고 집에
들어가시면 그 집이 환해지며 마을에
들어가시면 그 마을이 환해지거늘
7 이를 본 사람들은 상제님을 한 번이라
도 더 뵙고 싶어하고, 더 가까이서 모
시고 싶어하니라.

성도들이 느낀 상제님

8 상제님께서는 위엄이 씩씩하시고 화기
(和氣)가 무르녹아 누구든지 살에 붙여
가까이하고 싶어하는데
9 각기 저의 '아버지와 비교하면 너무 엄
하고, 사랑하여 주는 형님과 비교하면
같으시다.' 하니라.
10 후천대개벽기를 맞아 인간으로 오시
어 인존시대를 열어 주신 증산 상제님
께서는
11 정대하시고, 자애가 충만하시고, 호탕
하시고, 과감하시고, 소탈하시고, 웅
장하시며 항상 격에 구애받지 않고 진
실하시니라.

구릿골 중심의 안동 김씨(安東金氏) 가계도

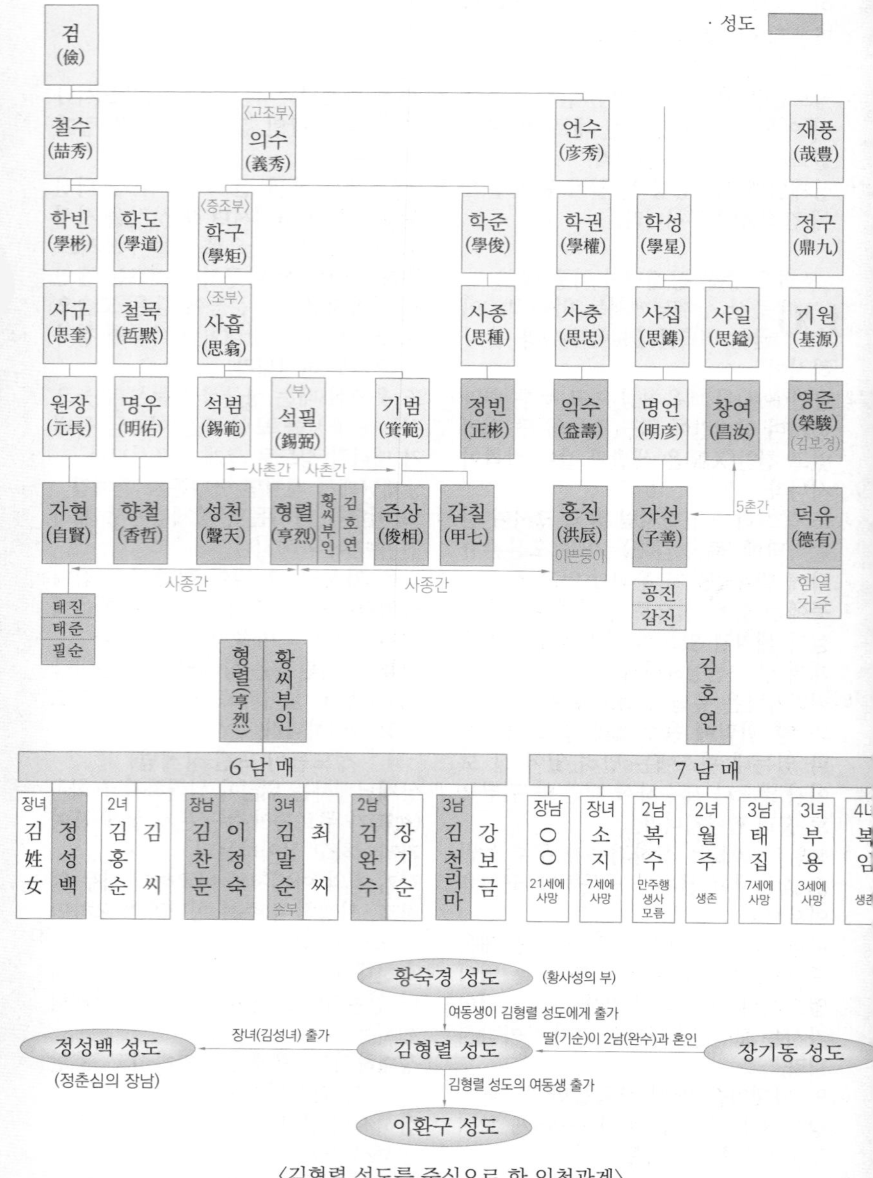

· 성도
검 (儉)
철수 (喆秀)
〈고조부〉 의수 (義秀)
언수 (彦秀)
재풍 (哉豊)
학빈 (學彬)
학도 (學道)
〈증조부〉 학구 (學矩)
학준 (學俊)
학권 (學權)
학성 (學星)
정구 (鼎九)
사규 (思奎)
철묵 (哲默)
〈조부〉 사흡 (思翕)
사종 (思種)
사충 (思忠)
사집 (思鏶)
사일 (思鎰)
기원 (基源)
원장 (元長)
명우 (明佑)
석범 (錫範)
〈부〉 석필 (錫弼)
기범 (箕範)
정빈 (正彬)
익수 (益壽)
명언 (明彦)
창여 (昌汝)
영준 (榮駿) (김보경)
사촌간
사촌간
자현 (自賢)
향철 (香哲)
성천 (聲天)
형렬 (亨烈)
황씨부인
김호연
준상 (俊相)
갑칠 (甲七)
홍진 (洪辰) 이쁜둥이
자선 (子善)
5촌간
덕유 (德有)
함열 거주
사종간
사종간
태진
태준
필순
공진
갑진
형렬(亨烈)
황씨부인
김호연
6 남 매
7 남 매
장녀 김姓女 정성백
2녀 김홍순 김씨
장남 김찬문 이정숙
3녀 김말순 수부 최씨
2남 김완수 장기순
3남 김천리마 강보금
장남 ○○ 21세에 사망
장녀 소지 7세에 사망
2남 복수 만주행 생사 모름
2녀 월주 생존
3남 태집 7세에 사망
3녀 부용 3세에 사망
4남 복임 생존
황숙경 성도 (황사성의 부)
여동생이 김형렬 성도에게 출가
장녀(김성녀) 출가
정성백 성도 (정춘심의 장남)
김형렬 성도
딸(기순)이 2남(완수)과 혼인
장기동 성도
김형렬 성도의 여동생 출가
이환구 성도

〈김형렬 성도를 중심으로 한 인척관계〉

김호연 성도 연보

연도(道紀, 서기)	나이 (김형렬 성도 나이)	주요 행적
道紀 27(丁酉)년 1897. 11. 11	1세 (36세)	전주부 부남 반석리에서 부 김택룡(金澤龍)과 모 최씨(崔氏)의 장녀로 출생.
道紀 29(己亥)년 1899	3세 (38세)	아버지를 찾아 최상문의 집에 갔다가 상제님을 처음 뵘. 이후로 상제님께서 종종 찾아오시어 귀애해 주심.
道紀 31(辛丑)년 1901	5세 (40세)	선매숭자 도수와 간소남 태소녀 도수의 사명을 띠고 9년 천지공사에 동행하기 시작함.
道紀 33(癸卯)년 1903	7세 (42세)	아버지(40세)가 운명한 뒤, 상제님께서 사 주신 흑석골 오두막으로 이사. 이후로 남장을 하고 상제님을 본격적으로 따름. 서울 안암동 대공사 시 복남을 처음 만남.
道紀 35(乙巳)년 1905	9세 (44세)	상제님의 명으로 9월 9일부터 이듬해 1월 15일까지 125일 동안 수도 공부를 하고, 신안이 열려 모든 공사를 신도 차원에서 이해함.
道紀 39(己酉)년 1909	13세 (48세)	상제님께서 어천하시자 선달까지 구릿골에 머물며 일본 내모는 공사를 이행하고, 이듬해 설날 직전에 흑석골 오두막으로 돌아감.
道紀 42(壬子)년 1912	16세 (51세)	연초, 첫 경도를 하자 김형렬 성도와 선매숭자 공사를 봄. 이후 김형렬 성도와 혼인하여 인봉리로 이사하여 첫아들을 낳음.
道紀 43(癸丑)년 1913	17세 (52세)	김형렬 성도가 새청금머리에 큰 집을 사 주어서 이사함. 상제님께서 호연의 영기(靈氣)를 거두심.
道紀 47(丁巳)년 1917	21세 (56세)	첫아들을 데리고 구릿골로 들어감.
道紀 52(壬戌)년 1922	26세 (61세)	조철제가 상제님 성골을 도굴해 갈 때, 벼락이 방안으로 들어오면서 호통치시는 상제님 음성을 들음.
道紀 62(壬申)년 1932. 11. 28	36세 (71세)	남편 김형렬 성도 별세.
道紀 64(甲戌)년 1934	38세	살던 구릿골 집을 빼앗기고 용화동으로 이사.
道紀 70(庚辰)년 1940	44세	오빠가 주지로 있는 신흥사로 이사.
道紀 121(辛未)년 1991. 12. 1	95세	전주 색장리에 사는 둘째 딸 집에서 상제님의 말씀과 성적을 증언하기 시작함.
道紀 122(壬申)년 1992	96세	전주 색장리의 둘째 딸 집에서 39차 증언까지 모두 마침.
道紀 122(壬申)년 1992. 9. 6	96세	양력 10월 1일 새벽 6시, 전주 덕진동 막내딸 옥순 집에서 별세

증산 상제님을 모신 성도들의 입문

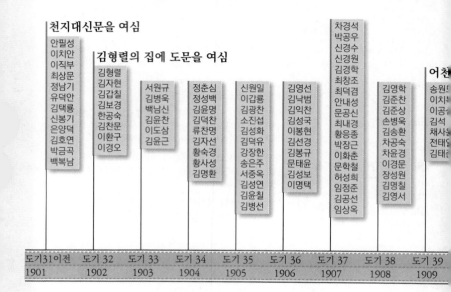

천지대신문을 여심

도기31이전 1901: 안필성, 이치안, 이직부, 최상문, 정남기, 유덕안, 김택룡, 신봉기, 은양덕, 김호연, 박금곡, 백복남

김형렬의 집에 도문을 여심

도기 32 1902: 김형렬, 김자현, 김갑칠, 김보경, 한공숙, 김찬문, 이환구, 이경오

도기 33 1903: 서원규, 김병욱, 백남신, 김윤찬, 이도삼, 김윤근

도기 34 1904: 정춘심, 정성백, 김윤명, 김덕찬, 류찬명, 김자선, 황숙경, 황사성, 김명환

도기 35 1905: 신원일, 이갑룡, 김광찬, 소진섭, 김성화, 김덕유, 강장한, 송은주, 서중옥, 김성연, 김윤칠, 김병선

도기 36 1906: 김영선, 김낙범, 김익찬, 김성국, 이봉현, 김선경, 김봉규, 문태윤, 김성보, 이명택

도기 37 1907: 차경석, 박공우, 신경수, 신경원, 김경학, 최창조, 최덕겸, 안내성, 문공신, 최내경, 황응종, 박장근, 이화춘, 문학철, 허성희, 임정준, 김공선, 임상옥

도기 38 1908: 김영학, 김준찬, 김준상, 손병욱, 김송환, 차공숙, 차윤경, 이경문, 장성원, 김명칠, 김영서

어천

도기 39 1909: 송원, 이치, 이공, 김석, 채사, 전태, 김태

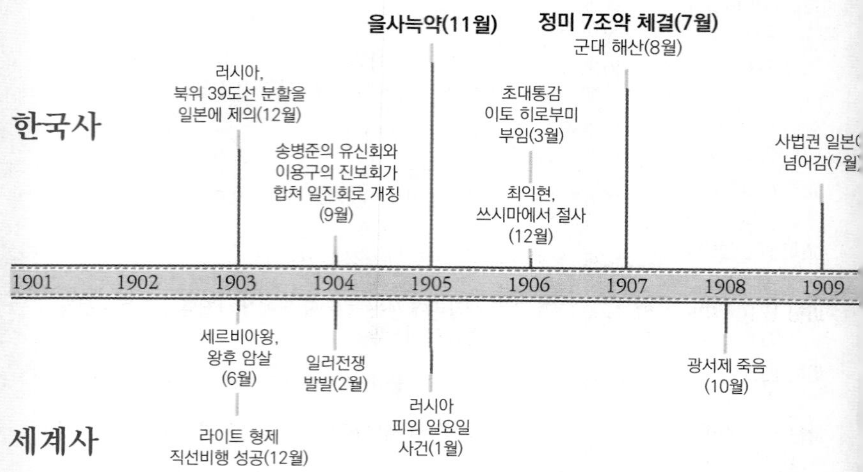

제 4 편

신도(神道)와 조화정부(造化政府)

신도(神道)와 조화정부(造化政府)

대우주 통치자 하느님

1 증산 상제님은 후천개벽 시대를 맞아 인간으로 강세하시어 인존(人尊)시대를 열어 주신 **통치자 하느님**이시니라.
2 상제님께서 신축(辛丑: 道紀 31, 1901)년 음력 7월 7일에 성도(成道)하시고
3 조화주 하느님으로서 대우주일가(一家)의 지상선경(仙境)을 여시기 위해 신명조화정부(神明造化政府)를 세우시니
4 선천 상극 세상의 일체 그릇됨을 개혁하시어 후천 오만년 선경세계를 건설하시고
5 억조창생의 지각문(知覺門)을 열어 주시어 불로장생의 지상낙원에서 영생케 하시니라.
6 이에 기유(己酉: 道紀 39, 1909)년까지 9년 동안 천도(天道)와 지도(地道)와 인도(人道)와 신명계(神明界)의 대개벽 공사를 행하시니라.

천지대신문을 열고 천지공사를 행하심

2 상제님께서 대원사에서 새 우주 개벽의 대도통문을 여신 후 객망리 본댁에 돌아오시어 천지대신문(天地大神門)을 열고 천지공사를 행하시니라.
2 이때 집으로부터 하늘로 서기(瑞氣)가 뻗쳐 있고 하늘에서는 천군만마(千軍萬馬)의 함성과 말발굽 소리가 요란하게 들리거늘
3 낮에는 아무 말씀 없이 방에 단정히 앉아 계시고, 밤이면 천지신명들을 부르시어 '이놈, 저놈!' 하며 크게 호령하시니
4 그 지엄한 기운에 눌려 식솔과 이웃 사람들이 두려워 밖으로 나오지 못하더라.

개벽장 하느님으로 오심

3 임인(壬寅: 道紀 32, 1902)년 4월에 상제님께서 김형렬의 집에 머무르실 때 형렬에게 이르시기를
2 "시속에 어린아이에게 '깨복쟁이'라고 희롱하나니 이는 개벽장(開闢長)이 날 것을 이름이라.

삼계 우주 통일의 조화정부를 여심

3 내가 삼계대권(三界大權)을 주재(主宰)하여 천지를 개벽하여 무궁한 선경의 운수를 정하고
4 조화정부를 열어 재겁(災劫)에 싸인 신명과 민중을 건지려 하나니
5 너는 마음을 순결히 하여 천지공정(天地公庭)에 수종하라.
6 내가 세상에 내려오면서 하늘과 땅의 정사(政事)를 천상의 조정(天朝)에 명하여 다스리도록 하였으나
7 신축년 이후로는 내가 친히 다스리느니라." 하시니라.

명부의 정리 공사장을 임명하심

4 이 달에 형렬의 집에서 여러 날 동안 명부 공사(冥府公事)를 행하시며 말씀하시기를
2 "명부 공사의 심리(審理)를 따라서 세상의 모든 일이 결정되나니, 명부의 혼란으로 말미암아 세계도 또한 혼란하게 되느니라.
3 그러므로 이제 명부를 정리(整理)하여 세상을 바로잡느니라." 하시고
4 "전명숙은 조선 명부, 김일부는 청국 명부, 최수운은 일본 명부, 이마두는 서양 명부를 각기 주장케 하여 명부의 정리 공사장(整理公事長)으로 내리라." 하시며 날마다 밤낮을 쉬지 않고 글을 써

서 불사르시니라.

모든 일을 신도로 다스리심

5 크고 작은 일을 물론하고 신도(神道)로써 다스리면 현묘불측(玄妙不測)한 공을 거두나니 이것이 무위이화(無爲以化)니라.

2 내가 이제 신도를 조화(調和)하여 조화정부(造化政府)를 열고 모든 일을 도의(道義)에 맞추어 무궁한 선경의 운수를 정하리니

3 제 도수에 돌아 닿는 대로 새 기틀이 열리리라.

이제는 성사재인의 시대

4 선천에는 모사(謀事)는 재인(在人)이요 성사(成事)는 재천(在天)이라 하였으나

5 이제는 모사는 재천이요 성사는 재인이니라.

성과 웅을 합해 천하를 다스리는 때

6 이전에는 판이 좁아서 성(聖)으로만 천하를 다스리기도 하고 웅(雄)으로만 다스리기도 하였으나

7 이제는 판이 넓어서 성과 웅을 합하여 쓰지 않으면 능히 천하를 다스리지 못하느니라.

신도 개방과 각 민족의 주신 지방신을 통일하심

6 선천은 삼계가 닫혀 있는 시대니라.
2 그러므로 각국 지방신(地方神)들이 서로 교류와 출입이 없고 다만 제 지역만 수호하여 그 판국이 작았으나

3 이제는 세계 통일 시대를 맞아 신도(神道)를 개방하여 각국 신명들을 서로 넘나들게 하여 각기 문화를 교류케 하노라.

모든 일은 나로 말미암는다

4 天下紛亂之事도 自我由之하고
천하분란지사 자아유지
天下從容之事도 自我由之니라
천하종용지사 자아유지
천하의 어지러운 일도 나로 말미암고
천하의 조용한 일도 나로
말미암느니라.

모든 법을 합하여 쓰심

7 지난 임진왜란에 정란(靖亂)의 책임을 '최 풍헌(崔風憲)이 맡았으면 사흘 일에 지나지 못하고

2 진묵(震默)이 맡았으면 석 달을 넘기지 않고

3 송구봉(宋龜峯)이 맡았으면 여덟 달 만에 끌렀으리라.' 하니

4 이는 선도와 불도와 유도의 법술(法術)이 서로 다름을 이름이라.

5 옛적에는 판이 작고 일이 간단하여 한 가지만 따로 쓸지라도 능히 난국을 바로잡을 수 있었으나

6 이제는 판이 넓고 일이 복잡하므로 모든 법을 합하여 쓰지 않고는 능히 혼란을 바로잡지 못하느니라.

선천 종교의 종장을 교체하시고 종교문화를 통일하심

8 선도와 불도와 유도와 서도는 세계 각 족속의 문화의 근원이 되었나니

2 이제 최수운은 선도의 종장(宗長)이 되고

3 진묵은 불도의 종장이 되고

4 주회암은 유도의 종장이 되고

5 이마두는 서도의 종장이 되어 각기 그 진액을 거두고

6 모든 도통신(道統神)과 문명신(文明神)을 거느려 각 족속들 사이에 나타난 여러 갈래 문화의 정수(精髓)를 뽑아 모아 통일케 하느니라.

7 이제 불지형체(佛之形體) 선지조화(仙之造化) 유지범절(儒之凡節)의 삼도(三道)를 통일하느니라.

8 나의 도(道)는 사불비불(似佛非佛)이요, 사선비선(似仙非仙)이요, 사유비유(似儒非儒)니라.

9 내가 유불선 기운을 쏙 뽑아서 선(仙)
에 붙여 놓았느니라.

각 신명의 자리가 잡히는 때

9 하루는 여러 성도들을 앉혀 놓고 말
씀하시기를 "최수운이 성경신이 지극
하기에 내가 천강서(天降書)를 내려 대
도를 열게 하였더니
2 수운이 능히 대도의 참빛을 열지 못하
므로 그 기운을 거두고 신미년에 직접
강세하였노라." 하시고
3 또 말씀하시기를 "지금은 천지도수가
정리되어 각 신명의 자리가 잡히는 때
라." 하시며 천지공사를 행하시니라.

천지조화로 다스리시는 상제님

10 나는 기운을 주기도 하고 빼앗기
도 하노라.
2 천지의 이치가 난리를 짓는 자도 조화
요 난리를 평정하는 자도 조화니라.
3 최수운은 천하의 난리를 지었으나 나
는 천하의 난리를 평정하노라.
4 天이 以技藝로 與西人하여
천 이기예 여서인
以服聖人之役하고
이복성인지역
天이 以造化로 與吾道하여
천 이조화 여오도
以制西人之惡하니라
이제서인지악
하늘이 기예를 서양 사람에게 주어
성인의 역사(役事)를 행하고
하늘이 조화를 나의 도에 주어 서양
사람의 악행을 제어하느니라.

만고명장 전명숙의 공덕

11 전명숙(全明淑)이 도탄에 빠진 백성
을 건지고 상민(常民)들의 천한 신
분을 풀어 주고자 하여 모든 신명들이
이를 가상히 여겼느니라.
2 전명숙은 만고(萬古)의 명장(名將)이니라.
3 벼슬 없는 가난한 선비로 일어나 천하
의 난을 동(動)케 한 자는 만고에 오직
전명숙 한 사람뿐이니라.
4 세상 사람이 전명숙의 힘을 많이 입었
나니 1결(結) 80냥 하는 세금을 30냥
으로 감하게 한 자가 전명숙이로다.
5 언론이라도 그의 이름을 해하지 말라.

천지신명이 받드는 마테오 리치 대성사

12 이마두의 공덕을 세상 사람들이 알
지 못하나 천지신명들은 그를 떠
받드나니
2 이마두는 신명계(神明4界)의 주벽(主壁)이
니라.
3 항상 내 곁에서 나를 보좌하여 모든
것을 맡아보고 있나니 너희는 마땅히
공경할지라.
4 이마두가 24절(節)의 역(曆)을 개정하
여 때(時)를 밝히매 백성들이 그 덕(德)
을 입어 왔으나
5 이 뒤로는 분각(分刻)이 나리니 분각은
우리가 쓰리라.
6 이마두는 보민신(保民神)이니라.

동서양의 벽을 허문
우주 역사의 큰 공덕

13 이마두가 천국을 건설하려고 동양
에 왔으나 정교(政教)에 폐단이 많
이 쌓여 어찌할 수 없음을 깨닫고
2 죽은 뒤에 동양의 문명신(文明神)을 거
느리고 서양으로 건너갔느니라.
3 이마두의 공덕이 천지에 가득하니 신
명계의 영역을 개방하여 동서양의 신
명들을 서로 자유롭게 넘나들게 한 자
가 이마두니라.
4 선천에는 천지간의 신명들이 각기 제
경역(境域)을 굳게 지켜 서로 왕래하지
못하였으나
5 이마두가 이를 개방한 뒤부터 지하
신(地下神)이 천상에 올라가서 천국의
문명을 본떠 사람들의 지혜를 열어

주었나니
6 이것이 오늘의 서양 문명이니라.

후천개벽 후 이마두 대성사의 신도 위격

7 **이마두는 구천상제(九天上帝)이니라.**

신농씨와 태공의 큰 은혜

14 **신농씨(神農氏)**가 **농사짓는 법**과 의술로 천하 만세를 윤택하게 하였고 **태공(太公)**이 **병법**과 **정치**로써 천하 만세에 은혜를 주었나니
2 이제 하늘과 땅이 성공하는 가을철을 맞아 천지간의 모든 신들이 그들을 높이 받들어 모시느니라.

주자를 칭찬하심

3 유가(儒家)의 인물들이 흠이 많으나 주회암(朱晦庵)은 흠잡을 데가 없느니라.

진묵대사를 선경 건설에 역사케 하심

4 진묵이 천상에 올라가 온갖 묘법(妙法)을 배워 내려 좋은 세상을 꾸미려 하다가
5 김봉곡에게 참혹히 죽은 뒤에 원을 품고 동양의 도통신을 거느리고 서양에 건너가서 문명 개발에 역사(役事)하였나니
6 이제 그를 해원시켜 고국으로 돌아와 선경 건설에 역사하게 하리라.

신도의 병마대권자 관성제군

15 관운장(關雲長)은 병마대권(兵馬大權)을 맡아 성제군(聖帝君)의 열(列)에 서게 되었나니
2 운장이 오늘과 같이 된 것은 재주와 지략 때문이 아니요 오직 의리 때문이니라.

천지에서 으뜸가는 보배, 의로움

3 천지간에 의로움보다 더 크고 중한 것은 없느니라.
4 하늘이 하지 못할 바가 없지마는 오직 의로운 사람에게만은 못 하는 바가 있느니라.
5 사람이 의로운 말을 하고 의로운 행동을 하면 천지도 감동하느니라.
6 그러므로 나는 천지의 모든 보배를 가지지 않은 것이 없으나 의로움을 가장 으뜸가는 보배로 삼느니라.
7 나는 추상 같은 절개와 태양같이 뜨거운 충의(忠義)를 사랑하노라.

영원한 화평의 바탕, 해원

16 이제 예로부터 쌓여 온 원(冤)을 풀어 그로부터 생긴 모든 불상사를 소멸하여야 **영원한 화평**을 이루리로다.
2 선천에는 상극의 이치가 인간 사물을 맡았으므로 모든 인사가 도의(道義)에 어그러져서
3 원한이 맺히고 쌓여 삼계에 넘치매 마침내 살기(殺氣)가 터져 나와 세상에 모든 참혹한 재앙을 일으키나니
4 그러므로 **이제 천지도수(天地度數)**를 뜯어고치고
5 **신도(神道)**를 바로잡아 만고의 원을 풀며
6 **상생의 도(道)**로써 선경의 운수를 열고
7 **조화정부**를 **세워** 함이 없는 다스림과 말 없는 가르침으로 백성을 교화하여 세상을 고치리라.

뿌리 깊은 단주의 원한

17 무릇 머리를 들면 조리(條理)가 펴짐과 같이 천륜을 해(害)한 기록의 시초이자 원(冤)의 역사의 처음인 당요(唐堯)의 아들 **단주(丹朱)**의 깊은 원을 풀면
2 그 뒤로 수천 년 동안 쌓여 내려온 모든 원의 마디와 고가 풀리게 될지라.
3 대저 당요가 단주를 불초히 여겨 두 딸을 우순(虞舜)에게 보내고 천하를 전하니 단주가 깊은 원을 품은지라
4 마침내 그 분울(憤鬱)한 기운의 충동으로 우순이 창오(蒼梧)에서 죽고 두 왕비가 소상강(瀟湘江)에 빠져 죽는 참혹

한 일이 일어났나니
5 이로 말미암아 원의 뿌리가 깊이 박히
게 되고 시대가 지남에 따라 모든 원
이 덧붙어서 드디어 천지에 가득 차 세
상을 폭파하기에 이르렀느니라.

선경 건설의 첫걸음, 해원 공사

6 그러므로 이제 단주 해원을 첫머리로
하고
7 또 천하를 건지려는 큰 뜻을 품었으나
시세(時勢)가 이롭지 못하여 구족(九族)
이 멸하는 참화를 당해 철천의 한(恨)
을 머금고 의탁할 곳 없이 천고(千古)
에 떠도는 모든 만고역신(萬古逆神)을
그 다음으로 하여
8 각기 원통함과 억울함을 풀고, 혹은
행위를 바로 살펴 곡해를 바로잡으며,
혹은 의탁할 곳을 붙여 영원히 안정을
얻게 함이 곧 선경을 건설하는 첫걸음이
니라.

지방신과 지운을 통일하심

18 대개 예로부터 각 지방에 나뉘어
살고 있는 모든 족속들의 분란쟁투
는 각 지방신(地方神)과 지운(地運)이
서로 통일되지 못한 까닭이라.
2 그러므로 이제 각 지방신과 지운을 통
일케 함이 인류 화평의 원동력이 되느니
라.

모든 문화의 진액을 뽑아 모으심

3 또 모든 족속들이 각각 색다른 생활
경험으로 유전된 특수한 사상으로 각
기 문화를 지어내어 그 마주치는 기회
에 이르러서는 마침내 큰 시비를 이루
나니
4 그러므로 각 족속의 모든 문화의 진액
을 뽑아 모아 후천문명의 기초를 정하
느니라.

선경을 세우려면

19 천지를 개벽하여 선경을 세우려면
먼저 천지도수를 조정(調整)하고
2 해원으로써 만고신명(萬古神明)을 조화
하며
3 대지강산(大地江山)의 정기(精氣)를 통일
해야 하느니라.

지운 통일은 부모산으로부터

4 전주 모악산(母岳山)은 순창 회문산(回文
山)과 서로 마주서서 부모산이 되었나
니
5 부모가 한 집안의 가장으로서 모든 가
족을 양육 통솔하는 것과 같이 지운(地
運)을 통일하려면 부모산으로부터 비
롯해야 할지라.
6 그러므로 이제 모악산으로 주장을 삼
고 회문산을 응기(應氣)시켜 산하의 기
령(氣靈)을 통일할 것이니라.

후천 선경시대를 여는 사명당 발음 공사

7 또 수운의 글에 '산하대운(山河大運)이
진귀차도(盡歸此道)라.' 하고
8 궁을가에 '사명당(四明堂)이 갱생(更生)
하니 승평시대(昇平時代) 불원(不遠)이
라.' 하였음과 같이
9 사명당을 응기시켜 오선위기(五仙圍碁)
로 천하의 시비를 끄르며
10 호승예불(胡僧禮佛)로 천하의 앉은판을
짓고
11 군신봉조(群臣奉朝)로 천하의 인금(人金)
을 내며
12 선녀직금(仙女織錦)으로 천하 창생에게
비단옷을 입히리니
13 이로써 밑자리를 정하여 산하대운을
돌려 발음(發蔭)케 하리라.

단주해원 도수는 오선위기로부터

20 상제님께서 말씀하시기를 "회문산
에 오선위기가 있나니 바둑은 당요
가 창시하여 단주에게 전수하였느니
라.
2 그러므로 단주의 해원은 오선위기로
부터 비롯되나니 천하의 대운이 이로
부터 열리느니라." 하시고

3 다시 말씀하시기를 "이로써 또한 조선
의 시비를 푸느니라." 하시니라.

백보좌 하느님의 서신사명, 가을 대개벽의 심판과 구원

21 이때는 천지성공 시대라.
2 서신(西神)이 명(命)을 맡아 만유
를 지배하여 뭇 이치를 모아 크게 이
루나니 이른바 개벽이라.
3 만물이 가을바람에 혹 말라서 떨어지
기도 하고 혹 성숙하기도 함과 같이
4 참된 자는 큰 열매를 맺어 그 수(壽)가
길이 창성할 것이요
5 거짓된 자는 말라 떨어져 길이 멸망할
지라.
6 그러므로 혹 신위(神威)를 떨쳐 불의를
숙청(肅淸)하고 혹 인애(仁愛)를 베풀어
의로운 사람을 돕나니
7 삶을 구하는 자와 복을 구하는 자는
크게 힘쓸지어다.

상제님께서 행차하실 때

22 한 성도가 여쭈기를 "선생님께서
비가 온 뒤에 행차하시면 진 땅이
즉시 굳고, 산간의 풀길을 가셔도 이
슬에 젖지 아니하시고
2 뜨거운 여름날에 행차하실 때에는 구
름이 양산처럼 해를 가려 서늘하게 만
들어 주니 무슨 까닭입니까?" 하거늘
3 말씀하시기를 "모든 신명들이 나에게
삼가는 것이 이와 같으니라." 하시니
라.
4 상제님께서 새벽에 가끔씩 학선암(學
仙庵)에 다녀오시는데 옷에는 이슬 하
나 묻지 않으시니라.

천지공사에 신명을 부르시는 부호

23 상제님께서 계묘(癸卯: 道紀 33,
1903)년 정월에 날마다 양지 두세
장에 글을 쓰시거나 물형(物形)을 그리
시어
2 손이나 무에 먹물을 묻혀 찍고 불사르
시니 성도들이 그 글과 물형의 의미를
여쭈거늘
3 말씀하시기를 "이는 천지공사에 신명
을 부르는 부호(符號)니라." 하시니라.

호연을 데리고 어느 섬에 가시어 공사 보심

24 이 해 어느 날 상제님께서 호연을
데리고 형렬과 함께 어느 섬에 가
시어 공사를 보시니
2 산에 오르시어 먼저 손으로 땅을 깊이
파신 뒤에 바닥에 종이 한 장을 까시
고 조그만 단지를 올려놓으시니라.
3 또 그 옆에 세 군데를 실로 동여맨 명
태를 놓으시고 이어 단지 안에 두부
세 조각과 손바닥 반만 한 크기로 썬
돼지고기와 쇠고기를 각 석 점씩 넣으
신 다음
4 술을 한 되 조금 못 되게 부으시고 '月
(달 월)' 자와 또 한 글자를 쓴 종이로
덮으시어 다시 그 위를 흙으로 덮으시
니라.
5 상제님께서 단지 묻은 옆에 앉아 동쪽
을 바라보시며 한참을 무어라 말씀하
시는데
6 호연이 이를 알아듣기 어려워 "나 좀
듣게 하지." 하거늘
7 상제님께서 "아직 너는 가르쳐 줘도
몰라. 커야 알지." 하시며 가르쳐 주지
않으시니라.
8 또 호연을 무릎에 앉히시고 "동쪽 하
늘을 쳐다보라." 하시매
9 호연이 보니, 고래 같기도 하고 염소
같기도 한 여러 모양의 구름이 떠 있
거늘
10 상제님께서 구름을 가리키시며 "저 흰
구름은 나다. 붉은 구름은 형렬이고,
청구름은 ○○다.
11 동으로 청구름, 백구름, 홍구름이 서
로 다투거든 쳐다봐라." 하시니라.

12 이에 호연이 시간 가는 줄도 모르고
계속 하늘을 쳐다보고 있는데
13 상제님께서 느닷없이 "아, 우리가 그
쪽에서 안 했냐?" 하시므로 주위를 둘
러보니 어느새 다른 산으로 와 있는지
라
14 호연이 놀라 "요것이 아까 그 산 아니
여?" 하고 여쭈니
15 상제님께서 "어디 거기에 있냐? 저기
를 쳐다봐라, 저기!" 하시므로 보매 분
명 다른 산이더라.
16 상제님께서 저쪽 산에서 하신 것과 같
이 땅에 단지를 묻으신 후 "그냥 두면
짐승이 빼먹는다." 하시며 넓적한 돌
로 단지를 눌러놓으시고
17 그 위에 작은 돌멩이로 글씨 모양을
취해 놓으시거늘 호연이 보니 한 자는
달 월 자요 한 자는 잘 모르겠더라.
18 이에 호연이 "이게 무슨 자여?" 하니
말씀하시기를 "너는 가르쳐 줘도 몰
라. 그리고 지금 너한테 가르쳐 주면
입에 익어서 나중에 못 알어.
19 그러니 내가 나중에 가르쳐 줄게, 암
말도 말고 따라댕겨라." 하시니라.

이제 이런 데서 사람이 나온다

25 상제님께서 명산을 두루 돌아다니
시며 이 같은 공사를 행하실 때 항
상 고기 썬 것과 단지 등을 가지고 다
니시거늘
2 호연이 이를 보며 "이런 걸 뭐 하려고
귀찮게 들고 다니는가 몰라." 하니
3 상제님께서 말씀하시기를 "우리가 이
런 것 하려고 다니지 뭣 하러 댕기냐."
하시니라.
4 이에 호연이 "여기다 이런 걸 묻으면
뭣 한다요?" 하고 여쭈니
5 말씀하시기를 "이제 이런 데서 다 사
람이 나온다. 이것이 그 표적이다." 하
시니라.

너를 천하에서 부를 때가 있다

26 하루는 호연이 "뭣 하러 나를 데리
고 다녀요?" 하고 여쭈니
2 상제님께서 "조그마한 동자인 너를 앞
세워 다니는 것은 쓸데가 있어서 그
려." 하시거늘
3 다시 "어디다가 써?" 하니 "너는 몰라
도 나는 쓸데가 있어서 너를 데리고
댕겨. 귀찮은데 내가 뭣 하러 너를 데
리고 다니겠냐?" 하시니라.
4 이에 호연이 "어디다가 써, 어디다가
써? 헝겊이라서 무엇을 써? 어디다가
무엇을 하려고 그래?" 하고 보채니
5 상제님께서 "아, 그것 몹시 성가시게
하네. 인제 너를 천하에서 부르도록
내가 가르쳐 줄게." 하시니라.

용이 중간에서 비를 주듯이 네가 그런다

6 호연이 "무엇을 가르쳐 줘? 가르쳐 줄
것을 말해야지!" 하니 "인제 너를 천하
에서 부를 때가 있어." 하시거늘
7 다시 "천하에서 나를 뭐 하려고 불러?
어떻게 불러? 아, 어떻게 불러~?" 하
며 매달리니
8 "요녀석아! 저 하늘이면 하늘에서 비
오는 줄 아냐? 중간에서 오는 것이
다." 하시니라.
9 이에 호연이 "중간에서 또 어떻게
와?" 하며 계속 조르니 말씀하시기를
10 "뱀이 용이 되어 하늘 중간에서 바닷
물을 써 올려서 비를 내리지, 어디 하
늘에서 내리는 줄 아냐?
11 그처럼 앞으로 네가 그런다는 것이다,
이 멍청아!" 하시거늘
12 호연이 뾰로통해져서는 "내가 어떻게
알아?" 하고 퉁명스럽게 답하니라.
13 상제님께서 "네가 그렇게 멍청해서 어
쩔거나?" 하시며 호연을 한 대 쥐어박
으시고는 "아프냐, 안 아프냐?" 하고
물으시니
14 호연이 "그러면 때리는데 안 아퍼? 내

가 한번 때릴게 아픈가 안 아픈가 봐!"
하고 대들거늘
15 상제님께서 웃으시며 "나는 때려도 너
는 때리지 못혀." 하시니라.
16 호연이 약이 올라 커다란 막대기를 주
워 와서는 "나도 때릴 테여!" 하고 씩
씩거리거늘
17 상제님께서 "내가 그걸로 때렸냐, 너
를?" 하고 웃으시니 호연이 "안 아픈게
날 때린 것 아녀?" 하며 달려드는지라
18 상제님께서 호연을 보듬으시며 "아프
라고 때리지, 그럼 안 아프라고 때리
간디? 아퍼야 다시는 그리 안 하고 말
을 듣지." 하며 달래 주시니라.

조화대권을 쥐고 계신 상제님

27 하루는 상제님께서 밖에 나가고
안 계실 때 죽어 가는 병자가 찾아
오니
2 호연이 공주(公州)에서 상제님의 명에
따라 손가락에 경면주사(鏡面朱砂)를
묻혀 인당과 명치를 찍어 사람 살린 일
이 생각나서 그대로 행하매 병자가 다
시 살아나거늘
3 돌아오신 상제님께 자랑을 하니 말씀
하시기를 "이것이 벌써 기적을 받는
다." 하시며 크게 웃으시니라.
4 이후로 사람들이 '누가 아프다.'고 하
여 여러 번 호연을 찾거늘
5 상제님께서 이를 아시고 그 때마다 기
운을 거두시니 말을 잘 하다가도 갑자
기 벙어리가 되어 하지 못하게 되니라.
6 이와 같이 무슨 조화라도 상제님께서
허락하셔야 하지, 못 하게 하시면 아
니 되더라.

모든 역신을 별자리로 붙여 보내심

28 이때는 해원시대라. 사람도 이름나
지 않은 사람이 기세를 얻고 땅도
이름 없는 땅이 기운을 얻느니라.
2 나는 동서양의 만고역신(萬古逆神)을 거
느리느니라.
3 원래 역신은 시대와 기회가 지은 바라.
역신이 경천위지(經天緯地)의 재능으로
천하를 바로잡아 건지려는 큰 뜻을 품
었으나
4 시세가 이롭지 못함으로 그 회포(懷抱)
를 이루지 못하고 멸족의 화(禍)를 당
하여 천추에 원귀가 되어 떠돌거늘
5 세상 사람들은 사리(事理)를 잘 알지
못하고 그들을 미워하여 '역적놈'이라
평하며 일상용어에 모든 죄악의 머리
로 일컬으니 어찌 원통치 않겠느냐.
6 그러므로 이제 모든 역신을 만물 가운
데 시비(是非)가 없는 성수(星宿)로 부
쳐 보내느니라.
7 하늘도 명천(明天)과 노천(老天)의 시비
가 있고, 땅도 후박(厚薄)의 시비가 있
고, 날도 수한(水旱)의 시비가 있고, 때
도 한서(寒暑)의 시비가 있으나
8 오직 성수에는 그런 시비가 없느니라.

우주일가 문명의 큰 기틀

29 인륜(人倫)보다 천륜(天倫)이 크니
천륜으로 우주일가(宇宙一家)니라.
2 인사는 기회(機會)가 있고 천리는 도수(度
數)가 있느니라.
3 아무리 큰 일이라도 도수에 맞지 않으
면 허사가 될 것이요
4 경미하게 보이는 일이라도 도수에만 맞
으면 마침내 크게 이루어지느니라.

모든 일을 있는 말로 지으면

5 모든 일을 있는 말로 지으면 천지가
부수려 하여도 못 부술 것이요, 없는
말로 꾸미면 부서질 때에 여지가 없느
니라.
6 나는 선천에 이름이라도 있는 것을 쓰
느니라.

요순에 얽힌 역사의 진실

30 세상에서 우순(虞舜)을 대효(大孝)라
일러 오나 순은 천하의 대불효니라.

2 그 부친 고수(高叟)의 악명이 반만년 동
안이나 사람들의 입에 오르내리게 하
였으니 어찌 한스럽지 않으리오.
3 세상에서 요순지치(堯舜之治)를 일러
왔으나 9년 홍수는 곧 창생의 눈물로
일어났나니
4 요(堯)는 천하를 무력으로 쳐서 얻었
고, 형벌(刑罰)은 순(舜)으로부터 나왔
느니라.

대동세계를 만들고자 한 단주의 진실 왜곡사

5 하루는 상제님께서 말씀하시기를 "'요
(堯)의 아들 단주가 불초(不肖)하였다.'
는 말이 반만년이나 전해 내려오니 만
고의 원한 가운데 단주의 원한이 가장
크니라.
6 정말로 단주가 불초하였다면 조정의
신하들이 단주를 계명(啓明)하다고 천
거하였겠느냐.
7 만족(蠻族)과 이족(夷族)의 오랑캐 칭호
를 폐하자는 주장이 어찌 말이 많고
남과 다투기를 좋아하는 것이겠느냐?
8 온 천하를 대동세계(大同世界)로 만들자
는 주장이 곧 '시끄럽고 싸우기 좋아한
다.'는 말이었느니라." 하시니라.
9 한 성도가 상제님께 여쭈기를 "우(禹)
가 단주의 허물을 들어 말하기를 '밤낮
쉬지 않고 강마다 배를 띄우고, 벗들과
떼를 지어 집 안에서 마시며 세상을 없
애려 하였다.' 하였습니다." 하니
10 말씀하시기를 "단주가 밤낮없이 쉬지
않았다는 것은 쉬지 않고 무엇인가를
하며 부지런하였다는 것이요
11 강마다 배를 띄웠다는 것은 대동세계
를 만들자는 것이며
12 벗들과 떼지어 집 안에서 마셨다 함은
사람들과 더불어 즐거움을 함께 하였
다는 말이요
13 세상을 없애려 하였다 하는 것은 서로
주장하는 도(道)가 같지 아니하였다는
말이니라." 하시니라.

만고원신 해원 공사

31 상제님께서 이어 말씀하시기를 "요
순시대에 단주가 세상을 다스렸다
면 시골 구석구석까지 바른 다스림과
교화가 두루 미치고
2 요복(要服)과 황복(荒服)의 구별이 없고
오랑캐의 이름도 없어지며, 만리가 지
척같이 되어 천하가 한집안이 되었을
것이니 요와 순의 도는 오히려 좁은
것이니라.
3 단주가 뜻을 이루지 못하고 깊은 한을
품어 순이 창오에서 죽고 두 왕비가
소상강에 빠져 죽는 참상이 일어났나
니
4 이로부터 천하의 크고 작은 모든 원한
이 쌓여서 마침내 큰 화를 빚어내어 세
상을 진멸할 지경에 이르렀느니라.
5 그러므로 먼저 단주의 깊은 원한을 풀
어 주어야 그 뒤로 쌓여 내려온 만고
의 원한이 다 매듭 풀리듯 하느니라.
6 이제 단주를 자미원(紫微垣)에 위(位)케
하여 다가오는 선경세계에서 세운(世
運)을 통할(統轄)하게 하느니라." 하시
니라.

난법을 지은 후에 진법을 내는 통치 정신

32 원래 인간 세상에서 하고 싶은 일
을 하지 못하면 분통이 터져서 큰
병을 이루나니
2 그러므로 이제 모든 일을 풀어놓아 각
기 자유 행동에 맡기어 먼저 난법을
지은 뒤에 진법을 내리니
3 오직 모든 일에 마음을 바르게 하라.
4 거짓은 모든 죄의 근본이요 진실은 만
복의 근원이니라.

운수는 좋건마는 목 넘기기 어렵다

5 이제 신명으로 하여금 사람에게 임감
(臨監)하여 마음에 먹줄을 잡아 사정(邪
正)을 감정케 하여 번갯불에 달리리니
6 마음을 바르게 못 하고 거짓을 행하는 자

는 기운이 돌 때에 심장과 쓸개가 터
지고 뼈마디가 튀어나리라.
7 운수는 좋건마는 목 넘기기가 어려우
리라.

천상 옥경에 다녀온 김형렬

33 하루는 상제님께서 형렬에게 말씀
하시기를 "형렬아, 평소에 너의 지
극한 소원이 천상에 올라가서 천조(天
朝)를 보고자 하는 것이니 오늘은 이
를 허락하리라." 하시고
2 "내 뒤를 따르라." 하시니 홀연 천문(天
門)이 널따랗게 열리거늘
3 형렬이 날개가 돋쳐 신선이 된 듯 가볍
게 하늘을 날아올라 상제님을 모시고
따르니라.
4 천상에 다다르니 문무백관이 상제님
의 영(令)을 받들기 위해 모여서 기다
리고 있는데
5 하나같이 환한 관복으로 성장(盛裝)하
였고 그 선명한 옷차림이 오색으로 조
화되어 인간 세상의 법식과 다르니
6 나아가고 물러남과 온갖 언행의 규범
이 정연하고 눈부시며
7 동정어묵(動靜語默)이 우아하고 화락
(和樂)하며 환하고 밝아서 마치 어린아
이 같더라.
8 굽이굽이 난간에는 봉황이 간간이 울
고, 파랗고 노란 지붕에는 상서로운
용이 때때로 돌며
9 뜰 앞에는 온갖 꽃나무들이 아름답게
꽃을 피워 그 향기가 참으로 그윽하니
10 그 갖가지 화초는 인간 세상에서 보지
못한 기이한 것들이더라.
11 또 진기한 새들과 이상한 짐승들이 그
사이에서 혹은 날고 혹은 뛰면서 노래
하며 울어대고
12 청아한 선악(仙樂) 소리가 유량한 가운
데 선녀들이 아름다이 춤을 추니 그
고운 자태가 황홀하도록 그윽하더라.
13 또 화려하게 채색한 층층의 누대에는
나는 듯한 용마루가 하늘 높이 솟았는
데
14 단청 빛깔 또한 지극히 곱고 먼지 하
나 없이 맑고 투명하여 그 영롱한 광
채가 완연히 유리세계(琉璃世界)더라.

천상의 보좌에 앉으신 상제님

15 어느 대전(大殿)에 이르니 안에는 용상
(龍床)이 있는데
16 황금과 백옥으로 용이며 봉황이며 거
북과 기린, 그리고 온갖 아름다운 짐
승들을 새겼거늘 휘황찬란하여 똑바
로 쳐다볼 수가 없더라.
17 상제님께서 용상에 앉으시니 만조백
관이 모두 절을 드리니라.
18 잠시 후에 한 선관(仙官)이 들어와서
상제님 곁에 있는 책상 앞에 앉거늘
19 백금 조각으로 비늘을 한 관을 쓰고
옷을 입었는데 그 의관이 햇빛에 반사
되어 온갖 빛깔로 황홀하게 반짝이더
라.
20 길고 고운 손은 분가루보다 희고, 그
윽하고 서기 어린 얼굴은 흰 눈보다
더 맑으며 붓놀림 또한 놀랍도록 유려
하니라.
21 이때 죄수 한 명이 대전(大殿) 아래에
불려 와 고통으로 절규하며 상제님께
살려 달라고 호소하거늘
22 신장(神將)이 아랑곳 않고 여러 차례
죄를 물으니 그 모습이 지극히 엄중하
더라.

형렬이 천상에서 만난 부친과 조부

34 조회가 끝나자 상제님께서 형렬을
돌아보시며 말씀하시기를 "네가
여기까지 왔으니 네 부친과 조부를 만
나 보지 않겠느냐?" 하시므로
2 형렬이 "자손 된 도리로 진실로 그 이
상의 소원이 있겠습니까?" 하고 대답
하니
3 잠시 후에 몇 계단 아래 조금 떨어진
곳에 있는 문 하나가 저절로 열리며

4 형렬의 부친과 조부가 청수를 올리고
향을 사른 후에 정성스럽게 주문을 읽
는 모습이 보이거늘
5 줄곧 얼굴에 매우 기쁜 빛을 띠고 있
을 뿐이요 형렬에게는 아무 말도 하지
않더라.

석가불의 신도 위격과 신계의 주벽 동방칠성

35 형렬이 다시 세상에 내려와서는 그
기쁨을 말로 다할 수 없더니
2 하루는 상제님께 여쭈기를 "천상에서
선생님 앞에 앉아 흰옷을 입고 글씨
쓰던 선관은 누구입니까?" 하니 말씀
하시기를 "석가불이니라." 하시니라.
3 형렬이 다시 여쭈기를 "석가불이 천조
에서 무슨 직책을 맡고 있사옵니까?"
하니
4 말씀하시기를 "대제군(大帝君)의 높은
자리이며 서방칠성(西方七星)이니, 항상
내 곁에서 나를 보좌하느니라." 하시
거늘
5 형렬이 "그러면 동방칠성(東方七星)은
누구입니까?" 하고 여쭈니
6 말씀하시기를 "동방칠성은 신계(神界)의
주벽이니라. 장차 너희와 한가족이 되
리라." 하시니라.
7 또 여쭈기를 "천상에서 저의 아버지와
할아버지가 아무 말이 없었는데 무슨
연고입니까?" 하니
8 말씀하시기를 "내가 가까이에 있으니
삼간 것이며 혹시 말을 했다가 망령되
이 천기를 누설하면 죄가 되기 때문이
니라." 하시니라.

나라를 그르친 큰 죄인, 안녹산

9 형렬이 다시 "대전에 끌려온 죄수는
무슨 큰 죄를 지었기에 그와 같이 엄
하게 다스리는 것입니까?" 하고 여쭈
니
10 상제님께서 말씀하시기를 "그 죄인은
안녹산(安祿山)이니라." 하시거늘
11 형렬이 여쭈기를 "안녹산이 배은망덕한
죄를 지은 것이 이미 천여 년 전의 일
인데 지금까지도 미결수로 남아 있다
는 말씀이옵니까?" 하매
12 상제님께서 답하여 말씀하시기를 "나
라를 그르친 큰 죄인은 그 죄가 워낙
크기 때문에 백 년에 한 번씩도 신문
(訊問)하게 되느니라." 하시니라.
13 또 말씀하시기를 "천상의 칠성당(七星
堂) 앞에 남새밭이 있으니, 내 마음이
소박하고 담백함을 좋아함이 이와 같
노라." 하시니라.

태백산에서 형렬을 살려 주심

36 상제님께서 여러 산을 다니시며 많
은 공사를 행하시니, 크고 높은 산
일수록 더 찾으시고 그 산의 폭포 밑
을 가기도 하시니라.
2 갑진(甲辰: 道紀 34, 1904)년 초봄에 상
제님께서 형렬과 호연을 데리고 각처
를 돌아다니시다가 하루는 태백산에
오르시니 산에 눈이 살짝 덮여 있더
라.
3 상제님께서 공사를 보시던 중에 갑자
기 형렬을 향하여 이쪽으로 오라는 듯
손짓을 하시는데 형렬이 어리둥절하여
그대로 서 있거늘
4 호연이 "바로 서래요!" 하고 소리치매
그제야 알아듣고 상제님 쪽으로 한 발
을 옮겨 놓으니
5 그 순간 큰 바위가 형렬의 뒤로 벼락
같이 굴러 떨어지니라.

나무 위에서 보신 공사

37 상제님께서는 나무를 잘 타시니,
하루는 큰 나무 꼭대기에 오르시
어 금방 까마귀로 변하시고 다시 까치
로 변하시니라.
2 또 나무 사이를 자유롭게 날아다니시
며 새소리를 내시거늘 호연이 "떨어지
면 어쩌려고 그래요?" 하니 "너는 떨

어져도 나는 안 떨어진다." 하시며 계
속 날아다니시니라.
3 이에 호연이 "그러면 나 보듬고 다녀
요!" 하고 조르니 "데리고 다니다가 너
빠지면 죽어." 하고 타이르신 뒤에
4 더 높은 가지로 올라가시어 "너 거기
있냐? 거기 있냐?" 하고 부르시거늘
호연이 골이 나서 대답을 하지 않는지
라
5 상제님께서 "대답 안 하면 못쓰지. 그
러면 너 맛난 것 안 사 준다." 하시니
호연이 마지못해 대답하니라.
6 또 상제님께서 나뭇잎을 뜯어 피리를
부시니 형렬이 나무 아래에서 그 소리
를 받아 상제님의 옥단소를 부니라.

산마다 두드리시면 큰 악기 소리가 나더라

38 하루는 상제님께서 대공사를 보시
며 "칠보산에서는 봉황새가 나오고,
백두산에서는 학이 나오고, 또 ○○산
에서는 ○○새가 나온다." 하시니라.
2 또 오르시는 산마다 손으로 '똑똑똑'
하고 두드려 보시는데, 그러면 산 속
에서 '팽팽' 소리가 나기도 하고, 장구
소리, 양금소리, 북소리 등 악기 소리
가 나기도 하더라.
3 상제님께서 호연에게 말씀하시기를
"이제 천지개벽을 당하였을 때 장수들
이 나오는가, 그 귀추(歸趨)를 보느라
고 그런다." 하시며 그 뜻을 일러 주시
고
4 이 밖에도 종종 "내가 무엇 하러 왔다,
무엇을 하러 왔다." 하시며 공사 내용
을 말씀해 주시니라.

너는 이 다음에 뜰 사람

5 호연이 조금 전 소리가 났던 자리에
가서 뚜드려 보며 흉내를 내니 상제님
께서 "너, 거문고는 잘 뜯것다." 하시
거늘
6 호연이 "나 거문고 하나 사 줘!" 하며
떼를 쓰는지라
7 상제님께서 "못쓰지, 내가 생각이 있
으니 너를 안 사 주는 것이다." 하고
타이르시니라.
8 이에 호연이 "그건 또 무슨 소리예
요?" 하고 여쭈니 대답하시기를 "그것
을 잘해서 명창이 되면, 네가 양반의
노리개가 되어서 불려 댕겨.
9 네가 천하의 ○○으로 앉을 판인데 그
래서야 쓰겠냐? 지금은 천해서 이러
지, 천지에 제(祭)를 지냈으니 너는 이
다음에 뜰 사람이여.
10 네가 아는 체하는 통에 어느 귀신이
잡아갈지 모르니, 그런 것 가르쳐서는
안 되게 생겨서 네 글도 싹 씻어 가지
고 간다." 하시니라.

천지신명들이 다 손을 잡느니라

39 상제님께서 말씀하시기를 "개벽이
될 때에는 온 천지에 있는 신명들
이 한꺼번에 손을 잡고 나의 명을 따
르게 되느니라." 하시고
2 또 말씀하시기를 "병겁이 밀려오면 온
천하에서 너희들에게 '살려 달라'고 울
부짖는 소리가 진동하고
3 송장 썩는 냄새가 천지에 진동하여 아
무리 비위(脾胃)가 강한 사람이라도 밥
한 술 뜨기가 어려우리라." 하시니라.

네 몸에 천지공사를 띠고 가는 연고

40 5월에 상제님께서 밤재에 계실 때
김갑칠이 구릿골에서 와 뵙거늘
2 상제님께서 물으시기를 "요즘 농사짓
는 형편이 어떠하더냐?" 하시니
3 갑칠이 대답하여 아뢰기를 "가뭄이 심
하여 이종(移種)을 못하므로 민심이 소
란합니다." 하니라.
4 상제님께서 말씀하시기를 "네가 비를
빌러 왔도다. 네게 우사(雨師)를 붙이나
니 곧 돌아가되 길에서 비를 맞을지라
도 피하지 말라.

5 이는 네 몸에 천지공사를 띠고 가는 연고
니라." 하시니라.
6 갑칠이 발병이 있어 주저하며 돌아가
려 하지 않거늘
7 상제님께서 재촉하며 말씀하시기를
"사람을 구제함에 어찌 일각을 지체하
랴." 하시니
8 갑칠이 명을 받들어 돌아가는데 청도
원에 이르러 비가 내리기 시작하여 삽
시간에 냇물이 넘치는지라
9 이로부터 물이 풍족하게 되어 며칠 동
안에 모심기를 마치니라.

우사장 김갑칠

10 상제님께서 이후로도 종종 갑칠에게
우사 신명을 붙여 비를 부리시니 어천
하신 후에 사람들이 그를 우사장(雨師
丈)이라 부르니라.

화기를 옮겨 불길을 거두심

41 6월에 형렬을 데리고 태인 신배(新
培)에 있는 김 모의 집에 가실 때
2 그 마을의 어떤 집에 불이 났는데 모
진 바람을 타고 기세가 크게 일어나거
늘
3 상제님께서 불쌍히 여기시며 "저 불을
그대로 두면 이 바람에 온 마을이 재
가 되리니 맞불을 놓아 끄리라." 하시
고
4 형렬에게 명하시어 섶으로 불을 피우
게 하시니 곧 바람이 자고 불기가 쇠
하여지니라.
5 이에 형렬이 여쭈기를 "이곳에 섶을 쌓
아 놓고 불을 붙였는데 저 집의 불이
꺼지는 까닭이 무엇입니까?" 하니
6 상제님께서 말씀하시기를 "화기(火氣)
를 옮겼기 때문이니라." 하시니라.

산운(山運)을 옮기심

42 하루는 공사를 행하실 때 "백두산
의 기운을 뽑아 제주 한라산(漢拏
山)에 옮기고, 덕유산에 뭉쳐 있는 기
운을 뽑아서 광주 무등산(無等山)으로
옮기고, 금강산의 기운을 뽑아 영암
월출산(月出山)으로 옮긴다." 하시니
2 한 성도가 그 이유를 여쭈거늘 상제님
께서 말씀하시기를 "백두산에 천지(天
池)가 있고 한라산에도 못이 있으며,
금강산이 일만 이천 봉이요 월출산도
일만 이천의 기운이 있음이로다." 하
시니라.

백두산의 수기를 돌리심

3 하루는 상제님께서 말씀하시기를 "조
선이 동과(冬瓜)의 형체인데 뿌리에 수
기(水氣)가 고갈되어 이제 죽을 지경에
이르렀다." 하시고
4 또 말씀하시기를 "백두산이 근본처이
므로 그곳에 가서 수기를 돌리고 오리
라." 하시니라.

백두산에 가시어 공사 보심

43 상제님께서 형렬과 호연을 데리고
어느 산에 이르시어 "여기가 백두
산이다." 하시거늘
2 호연이 보니 산은 높은데 꼭대기 부분
이 벗겨져 있어 마치 머리가 허옇게 센
것 같더라.
3 상제님께서 호연을 업고 산에 오르실
때 호연이 보기에는 흥얼흥얼하며 그
냥 걸어가시는 것 같은데 어느새 커다
란 호수가 있는 꼭대기에 다다르거늘
4 봉우리에 서서 내려다보니 천지만물이
훤하게 다 보이더라.
5 상제님께서 천지(天池)를 둘러싼 여러
봉우리 가운데 한 봉우리에 앉으시고
6 형렬과 호연을 각기 다른 봉우리에 앉
도록 하시니, 멀리 떨어져 있는데도
바로 곁에 계신 것처럼 보이더라.
7 상제님께서 차례로 세 봉우리를 향하여
이름을 부르시니 첫 봉우리에서는 눈
처럼 희고 커다란 학이 나오고
8 두 번째 봉우리에서는 알롱달롱 황금
빛이 감도는 붉은 새가 나오고, 세 번

째 봉우리에서는 파란색의 새가 나와
각 봉우리에 앉거늘
9 상제님께서 말씀하시기를 "이제 세상
이 뒤집어지면 이 산, 저 산이 자던 사
람처럼 다 만난다.
10 어디서는 옷을 가져오고, 어디서는 기
치창검을 가져오고, 장수들이 다 가지
고 오느니라." 하시며 장수들의 이름
을 모두 부르시니라.

백두산의 모든 나무와 풀이 너울너울 춤을 추고

44 상제님께서 새들을 향하여 "너희
들 만나서 춤을 한번 춰 봐라." 하
시고 노래를 부르시거늘
2 학이 먼저 오른쪽 날개를 쭉 펴니 다
른 새들도 따라서 날개를 펼치고 상제
님의 노래 장단에 맞춰 날개를 접었다
폈다 하며 날개춤을 추더라.
3 호연이 이를 보고 "이런 데서 동무도
없이 노래를 부르네." 하니 상제님께
서 "그러면 네가 한번 받아 봐라." 하
시거늘
4 호연이 "아이고, 내가 노래 부를 줄 알
면 뭐 하러 따라댕겨?" 하니라.
5 이에 상제님께서 형렬에게 "받아 불러
라." 하시니 형렬이 부르지 아니하거
늘
6 말씀하시기를 "노는 데서는 상하가 없
이 하자." 하시니라.
7 상제님께서 형렬과 노래를 주고받으
시며 한바탕 흐드러지게 노시는 중에
춤을 추듯 손장단을 하며 흥을 돋우시
니
8 새들이 천지의 수면 위로 날아 올라
날개를 펄럭이며 춤을 추다가
9 수면으로 내려가 날갯짓으로 점벙점벙
물을 치며 다시 공중으로 솟구쳐 오르
더니 양 날개를 쭉 펼친 채 서로 빙빙
돌거늘
10 온 산의 나무들도 손을 흔들 듯 너울
너울 춤을 추고, 풀잎도 바르르 떨며
춤을 추는지라
11 상제님께서 "나를 따라서 모두가 춤을
추는구나." 하시며 흥겹게 웃으시니
라.
12 이 뒤에 백두산에서 돌아오시어 말씀
하시기를 "이제 수기를 돌려 회생케
하였노라." 하시니라.

천지공사를 행하실 때 온갖 조화권능을 보이심

45 상제님께서 말씀하시기를 "선가(仙
家)의 도술이 산(算)가지 하나로 백
만 대군을 물리치나니
2 내 평천하의 도는 방안에 앉아 지필(紙
筆)로써 천하를 다스리느니라." 하시니
라.
3 상제님께서 공사를 보실 때는 붓으로
글이나 부(符)를 쓰시고 점을 찍으시어
천 가지 만 가지 조화를 부리시니
4 때로는 멀쩡한 사람을 광대 모양으로
만드시고, 곁에 있는 사람의 혼을 빼
시어 허수아비처럼 멍하니 앉아 있게
하시고
5 난데없이 먹을 것을 나오게 하시어 성
도들과 함께 드시기도 하니라.
6 또 붓에 먹물을 묻혀 상모를 돌리듯이
한번 내두르시면 순식간에 무지개가
생기더라.

공자와 맹자의 기운을 거두심

46 상제님께서 하루는 큰 소리로 공
자를 불러 말씀하시기를 "공자야,
네가 천추(千秋)에 대접을 받았으니 내
세상에는 그 녹(祿)을 끊으리라." 하시
더니
2 다시 말씀하시기를 "그러나 네가 간절
히 비는 고로 물밥은 내려 주리라." 하
시니라.
3 이어서 성도들에게 말씀하시기를 "이
제 천하에 공자 신명이 머물 만한 땅

이 없게 되었느니라." 하시고
4 다시 큰 소리로 맹자를 부르시어 "맹
자야, 이 역적놈아!" 하고 꾸짖으시니
라.
5 이에 한 성도가 여쭈기를 "맹자를 역
적이라고 꾸짖으시니 무슨 까닭입니
까?" 하니
6 말씀하시기를 "마음속에 임금과 신하
의 의리가 있다면 임금을 임금 같지
않게 볼 수가 있겠느냐.
7 신하가 임금을 원수같이 보았으니 내
쳐도 무방하니라." 하시니라.

석가는 삼천 년 도수

47 하루는 상제님께서 금곡과 함께
계실 때 문득 큰 소리로 말씀하시
기를 "이놈아, 너는 누구를 믿을 것이
냐?
2 석가는 삼천 년 도수밖에 안 되느니
라. 너는 오만년 운수를 안 받을 테
냐?" 하시고
3 "앞으로는 미륵존불의 세상이니라. 내
가 곧 미륵이니 나중에 우리가 다시
만나야 하지 않겠느냐." 하시니라.
4 이에 금곡이 아뢰기를 "저는 석가 부
처를 믿지 않고 증산 당신님만 믿겠습
니다." 하니 상제님께서 크게 웃으시
며 "믿어 보소." 하시니라.
5 상제님께서는 금곡에게 '석가가 삼천
년 도수인데 삼천 년이 곧 물러간다.'
는 말씀을 자주 하시니라.

천지개벽도 신명이 들어야

48 천지개벽을 해도 신명 없이는 안
되나니 신명이 들어야 무슨 일이든
지 되느니라.
2 그때 그때 신명이 나와야 새로운 기운
이 나오느니라.

경위는 천하가 같다

3 경위(經緯)는 천하가 같으니라.
4 파리 죽은 귀신이라도 원망이 붙으면
천지공사가 아니니라.

신명을 박대하는 서교의 운명

5 서교(西敎)는 신명을 박대하므로 성공
치 못하리라.
6 이는 서양에서 신이 떠난 연고니라.
7 구천에 사무치는 '시~' 소리에 서양이
덜덜 떠느니라.

신도가 대발하는 개벽의 운

49 하루는 어떤 사람이 신도(神道)를
가벼이 말하거늘
2 상제님께서 문득 "이놈을 참수할복(斬
首割腹)하라. 혀를 뽑고 눈을 파내어
버려라." 하고 큰 소리로 꾸짖으시니
그 목소리가 천둥소리 같더라.
3 그 사람이 크게 두려워하여 엎드려 죄
를 빌거늘 상제님께서 타일러 말씀하
시기를 "신명들이 내 말을 듣고 그대
를 용서하리니 다시는 그리 마소, 응."
하시는데
4 그 온화한 음성이 봄바람과 같이 화기
(和氣)가 가득하여 듣는 사람이 만감
(萬感)이 새로워지더라.
5 이때 한 성도가 여쭈기를 "어찌하여
그렇게 엄하게 꾸짖으셨습니까?" 하
니
6 상제님께서 말씀하시기를 "신명의 세
상에 만신(萬神)을 분노하게 하였으니
이 자는 반드시 죽을 목숨이라.
7 그러므로 내가 신명들을 위로하여 이
사람을 구한 것이니라.
8 신도가 대발(大發)하는 개벽의 운을 당
하여 신명을 능멸하고서 어찌 살기를
바랄 수 있겠느냐!" 하시니라.

비구름의 운행도 신명의 명을 따르는 것

50 한 성도가 여쭈기를 "선생님께서
길을 가실 때면 혹 비구름이 몰려
오다가도 계신 곳 가까이 와서는 갑
자기 좌우로 갈라져서 한 방울의 비도

뿌리지 아니하다가
2 가시고자 하는 곳에 도착하시면 다시
모여 장대비가 내리니 어떠한 까닭입
니까?" 하니
3 상제님께서 말씀하시기를 "비구름의
운행도 또한 그것을 맡은 신명의 명
(命)을 따르는 것이니라." 하시고
4 "단비에 우산을 들지 말라. 하늘을 공
경하고 백성을 사랑하는 정이 이에 있
느니라." 하시니라.

막걸리를 즐겨 드신 상제님

51 상제님께서 평소에 막걸리를 즐겨
드시니 하루는 한 성도가 여쭈기
를 "막걸리는 술 가운데 가장 하품(下
品)이온데 항상 이를 즐겨 드시니 그
이유가 무엇입니까?" 하거늘
2 말씀하시기를 "천하의 농민이 마시므
로 내가 그 술을 즐기느니라." 하시니
라.

양껏 마시라

3 상제님께서는 이따금 들에 나가시어
농부들이 모인 자리에서 환담하시며
함께 즐거워하시니
4 하루는 들에서 여러 농부들이 나누는
한담(閑談)을 기쁘게 들으시고 말씀하
시기를
5 "세상 인심이 종잇장처럼 각박하거늘
농부들에게는 덕스런 말이 많도다."
하시니라.
6 이때에 농부들이 무더운 날씨에 술을
구하지 못해 목말라하거늘
7 상제님께서 가엾게 여기시고 "빈 동이
에 물을 길어 오라." 하시어 "양껏 마
시라." 하시니라.
8 잠시 후에 상제님께서 "술맛이 어떠하
냐?" 하고 물으시니
9 농부들이 매우 기뻐하며 "선주(仙酒)요
선미(仙味)입니다! 맛 좋은 술을 이렇
게 구할 수만 있다면 어찌 술이 없다
고 근심하겠습니까?" 하고 대답하거
늘 상제님께서 들으시고 심히 즐거워
하시니라.

남사당패와 노시며 공사 보심

52 매년 여름이면 구릿골 동구 모시
밭 터에 남사당패가 들어와 굿을
치고 노는데
2 굿을 시작하면 보통 밤이 새도록 하
므로 동네에서 한 집씩 돌아가며 밥을
해 주더니
3 이 해에는 형렬의 집 차례가 되었으나
마침 쌀이 떨어져 형렬과 며느리가 큰
걱정을 하니라.
4 이에 상제님께서 상투를 끌러 머리를
땋으시고 그 끝에 짚신을 매달아 상모
처럼 돌리시며 그들과 어울려 신명나
게 노시는데
5 아무리 키가 큰 사람이 꼿꼿이 서 있
을지라도 그 머리 위를 훌쩍훌쩍 넘으
시거늘
6 남사당패가 모두 놀라 "대체 이게 누
구냐." 하며 잡으려 하면 더 높이 뛰어
오르시어 구름을 안으시니
7 모두들 넋을 잃고 구경하느라 저녁 먹
는 것도 잊고 밤늦도록 흥겹게 노니
라.
8 이튿날 아침이 밝으니 상제님께서 문
득 남사당패에게 "여기가 너희들 노는
데냐? 여기가 어디라고 들어오느냐?"
하시며 호통을 치시거늘
9 "여기서 우리가 나쁘다고 말했다가는
가지도 못하고 벙어리가 될 터이니 아
무 소리도 말고 가자." 하며 서둘러 이
웃 마을로 떠나니라.

정신 차리라

53 상제님께서 익산(益山)에 가셔서 한
달 남짓 계시다가 다시 함열 회선
동(咸悅 會仙洞)에 이르시니 김보경의
모친이 병들어 위독하거늘
2 상제님께서 사랑으로 보경을 불러 말

씀하시기를 "오늘밤에 **명부사자**(冥府使
者)가 병실에 침입하여 **나의 사자**(使者)
의 틈을 엿보아 병인(病人)을 해할지니
3 병실을 떠나지 말고 한 사람씩 서로
번갈아 밤을 새우라." 하시매 보경이
명을 좇아 집안사람들을 단속하여 한
사람씩 교대로 밤을 새우니라.
4 이렇게 여러 날을 계속하매 집안사람
들 모두 몹시 지쳐 피곤해지거늘 보경
이 병실을 지키다가 깜빡 잠이 들었더
니
5 그 순간 사랑에서 다급히 소리쳐 부르
시는 상제님의 음성이 들리는지라 보
경이 놀라 깨어 보니 벌써 모친이 숨
을 거두었더라.
6 보경이 사랑으로 달려가 슬피 울며 상
제님께 이 사실을 아뢰니
7 위로하며 말씀하시기를 "사람이 죽으
면 그 방 네 구석에 글을 써 붙이는 풍
속이 있느니라." 하시고
8 종이 네 조각에 각기 '**사람 인**(人)' 자를
쓰시고 그 아래에 '**김보경**(金甫京)'이라
써 주시며 "병실 네 구석에 붙이라."
하시니라.
9 보경이 명하신 대로 종잇조각을 병실
구석에 붙이고 나오니 상제님께서 다
시 부르시거늘
10 사랑에 이르자 상제님께서 갑자기 집
이 쩌렁쩌렁 울리도록 큰 소리로 "정신
차리라!" 하시는지라
11 보경이 어찌할 줄 모르고 서 있는데
상제님께서 다시 "병실에 다녀오라."
하시므로 병실에 들어가 보니 그 모친
이 회생하였더라.
12 대저 상제님께서 말씀하신 '**나의 사자**'
라 함은 '**시병인**(侍病人)'을 가리키심이
니라.

사람 몸속에 다 신이 있느니라

54 섣달 그믐 경에 호연이 "선생님,
오늘 저녁은 마당밟이하게 재인(才
人) 좀 부르세요!" 하니 "무엇 하려고
불러?" 하시거늘
2 "심심하니 굿하고 노는 것 좀 보게요.
다른 사람들은 무얼 하러 가는지 자기
들끼리 수군거리는데, 나는 동무가 있
어야 놀지.
3 그러니 굿이나 좀 보게 백정놈 좀 불
러야겠어요." 하니라.
4 상제님께서 "백정놈을 불러? 무당을
부르지!" 하시니 호연이 "응, 무당. 무
당 불러요! 선생님 때문에 무서워서
못 오니 좀 오라고 해요." 하고 조르니
라.
5 이에 상제님께서 "오라고 해서 되겠
냐? 저기 가서 부지깽이 하나 가져와
라." 하시어 땅바닥에 열십자를 그으
시고 그 가운데 동그라미를 그리시니
곧 무당이 오는지라
6 호연이 신기해하며 "여기서 그었는데
어떻게 무당이 알고 온대요?" 하니
7 말씀하시기를 "아, 내가 하니 내 신바
람으로 데리고 오는 것이지." 하시거
늘
8 호연이 다시 "내 눈에는 뵈지도 않네."
하매 "너도 있고 다른 사람도 있고 사
람마다 몸속에 신이 있단다. 사람마다
그것이 없으면 죽는 것이여." 하시니
라.
9 이에 호연이 자꾸 몸을 두드려 보며
"없네, 어디가 있어?" 하니
10 말씀하시기를 "너 도둑질하면 어깨에
서 내려다보고 있다가 나에게 다 이른
다." 하시거늘
11 호연이 제 어깨를 툭툭 치며 "여기에가
신이 있어? 에이, 이놈의 것! 신이 어
디에 있어?" 하니 "흥, 너는 몰라도 다
있어." 하시니라.
12 호연이 이 말씀을 들은 이후로 방에
돈이 통으로 수북하게 있어도 한 닢도
손을 대지 못하니라.

장구와 북을 치며 흥겹게 노심

13 이때 무당이 광문을 열어 쌀 한 가마
니를 내어다가 토방에 쏟아 놓고 깃대
를 찌른 후에 바라를 두 손에 들고 춤
을 추는데
14 먼저 부엌에 가서 '조왕굿'을 하고, 다
음에는 광으로 가서 '광대감'을 부르며
굿을 하고, 마지막에는 마당에서 밤새
도록 굿을 하니라.
15 상제님께서 이를 지켜보시다가 "제법
이구나! 무당도 저런 재주는 있어야
부려 먹지. 아이구야, 자빠질라. 내가
받아 줄거나!" 하시며 무당과 함께 즐
겁게 노시거늘
16 잠자는 아이들을 깨워 손바닥에 올려
놓고 마치 공기 다루듯 하시고, 쌀 한
가마니를 한 손으로 들어 제치기도 하
시고
17 또 장구와 북을 빼앗아 치시며 외다리
로 디디고 서서 좌우로 몸을 흔들며
흥을 내시고, 발로도 장구를 자근자근
하게 잘 치시니라.
18 굿을 마치고 상제님께서 호연에게 "한
달 먹을 놈을 없애버리니 시원하냐?"
하시거늘
19 호연이 "아이구! 같이 실컷 놀아 놓고
나보고 그려." 하며 볼멘소리를 하니
라.

대세몰이 도운의 산운 발음 대공사

55 을사(乙巳: 道紀 35, 1905)년에 하루
는 형렬과 호연을 데리고 전주 두
리봉(斗里峯)에 가시니라.
2 호연이 여쭈기를 "놀려면 평지도 많은
데 어찌 산으로만 댕겨요?" 하니
3 상제님께서 "응, 이 속에 좌우로 장수
신명이 들어 있어서 '들으라.'고 그런
다. 너는 안 들리지만 나는 들으니 이
렇게 둘러보는 것이여." 하시니라.
4 상제님께서 정상에 오르시어 두리봉,
오봉, 칠봉, 육봉을 부르시니 각 신명
들이 나와 무릎을 꿇거늘
5 말씀하시기를 "기(旗)를 만들어라. 앞
으로 천상에서 부를 적에는 오봉이부
터 불러서 '기를 들라.'고 이를 것이다.
6 오봉이가 기를 갖고 나서면 두리봉에
서도 나서고, 칠봉, 육봉에서도 나서
라. 그러면 오봉이가 기를 갖고 춤을
추어라.
7 그런 후에 모든 산들이 기를 갖고 쑥쑥
나서서 춤을 추면 이제 우리가 손을 잡는
다." 하시고
8 각기 만들 깃발의 색을 정해 주시니
신명들이 "누가 먼저 기를 만드나 내
기해 보자!" 하며 물러가니라.

기가 발동을 해야 한다

9 상제님께서 종이에 붉은 달과 검은 달
을 그리시며 계속 기를 만드시니
10 호연이 "무엇이라고 그것을 만들어대
요?" 하고 여쭈거늘 말씀하시기를 "기
(氣)가 발동을 해야 한다." 하시니라.
11 호연이 어린 마음에 "그것이 발이 달
려서 날아가요?" 하니 말씀하시기를
"이것이 종이라 널려 댕겨도 다 쓰는
기품이니라. 앞으로 쓰일 날이 있다."
하시니라.
12 상제님께서 종이가 들어오는 대로 붉
은 기, 푸른 기, 검은 기 등을 수없이 만
들어 책처럼 쌓아 두시니라.

각 사람에게 산운을 붙이심

56 이후 상제님께서 여러 성도들을 데
리고 다시 두리봉에 오르시어 성도
들을 두 줄로 길게 세우신 뒤에
2 일일이 한 사람씩 가리키시며 "너는
두리봉이다.", "너는 육봉이다.", "너는
무엇이다." 하시며 각 봉우리의 이름
을 맡기시니라.
3 하루는 말씀하시기를 "인제 각 명산마
다 장수가 나온다." 하시고
4 다시 "두리봉에서 장수가 나온다. 두
리봉, 칠봉, ○○봉에서 기(旗)가 솟으

리라." 하시니라.

기지신에게 치성을 올려야

57 하루는 성도들에게 말씀하시기를
"대인이나 소인을 막론하고 공사
간(公私間)에 일을 이루려면 터를 정하
여야 하나니
2 그러므로 기지신(基址神)에게 치성을 올
리는 것이 옳으니라." 하시니라.

산도 신명이 들어 있어서

3 하루는 호연에게 말씀하시기를 "산도
신명이 들어 있어서 비가 억수같이 많
이 오면 산사태 날 것을 두려워한 신
명들이 자기 앉을 자리를 찾아 산을
옮기는데
4 그 모습이 마치 구름이 둥둥 떠서 걸
어가는 것 같으니라.
5 아낙들이 이를 보고 '아이, 산도 걸어
가네. 바위도 걸어가네.' 하며 입방정
을 떨면 산이 '요망스럽다.' 하여 주저
앉고 가지 못하느니라." 하시니라.

우주 통치의 근본원리

58 대저 천하사를 함에 때가 이르지
않아서 세상 사람들이 알게 되면
그 음해가 적지 않나니 그러므로 나는
판밖에서 일을 꾸미노라.
2 나의 일은 무위이화(無爲以化)니라.
3 신도(神道)는 지공무사(至公無私)하니라.
신도로써 만사와 만물을 다스리면 신
묘(神妙)한 공을 이루나니 이것이 곧 무
위이화니라.
4 내가 천지를 주재하여 다스리되 생장
염장(生長斂藏)의 이치를 쓰나니 이것
을 일러 무위이화라 하느니라.

정음정양의 남녀동권 세계를 개벽하심

59 상제님께서 말씀하시기를 "이때는
해원시대라.
2 몇천 년 동안 깊이깊이 갇혀 남자의
완롱(玩弄)거리와 사역(使役)거리에 지
나지 못하던 여자의 원(冤)을 풀어 정음
정양(正陰正陽)으로 건곤(乾坤)을 짓게
하려니와
3 이 뒤로는 예법을 다시 꾸며 여자의 말
을 듣지 않고는 함부로 남자의 권리를 행
치 못하게 하리라." 하시니라.
4 하루는 상제님께서 공사를 보신 후에
'대장부(大丈夫) 대장부(大丈婦)'라 써서
불사르시니라.
5 또 하루는 성도들에게 말씀하시기를
"부인들이 천하사를 하려고 공을 들이
니, 그로 인하여 후천이 부녀자의 세
상이 되려 하네." 하시고
6 한참 계시다가 무릎을 탁 치시며 "그
러면 그렇지, 큰일이야 남자가 해야
지." 하시니라.
7 또 말씀하시기를 "판대까지야 여자에
게 주겠느냐. 판대야 남자가 쥐지." 하
시니라.

주무실 때 성령은 천상으로 올라가심

60 하루는 한 성도가 여쭈기를 "선생
님께서 주무실 때는 아무리 급한
일이라도 고하지 못하도록 하시니 무
슨 까닭입니까?" 하니
2 상제님께서 말씀하시기를 "내가 비록
잠들어 있을 때라도 신도(神道)에 어명
을 내리고 있으니 나는 인간세계에 있
지 아니하노라." 하시니라.
3 하루는 상제님께서 말씀하시기를 "하
늘이 큰 눈을 내리거든 천상에 대공사
(大公事)가 있는 줄로 알라." 하시니라.

상제님께서 주무실 때

61 상제님께서는 가만히 주무시다가
도 갑작스레 '오늘은 이러저러하
다. 누가 오면 어찌해라.' 하고 잘 일러
주시니라.
2 이때 상제님께서 그저 주무시는 것으
로 생각하여 곁에 앉아 함부로 속닥거
리면 큰일이 나는데

3 이는 비록 잠드셨을지라도 깨어 계실
때와 같이 마음속까지 읽고 계시기 때
문이더라.
4 하루는 상제님께서 코를 골며 주무시
니 누가 호연에게 "오늘 내가 어디 가
려 하니 그렇게 알고, 선생님이 찾으시
면 호연 아씨가 말을 잘해 주소." 하고
나가려 하거늘
5 상제님께서 벌떡 일어나시며 "네 이놈,
어디 가냐?" 하고 호통치시고
6 호연에게도 "제가 본체라고 대답을 하
고 앉았어, 또?" 하시며 꾸중하시니라.
7 하루는 상제님께서 숨소리를 크게 내
며 주무시는데
8 호연이 "안 자네? 자는 줄 알고 뭐라
얘기하면 왜 음흉하게 다 듣고 그래
요?" 하고 톡 쏘듯 말하니 상제님께서
빙그레 웃으시며 일어나시니라.

신도(神道)와 인도(人道)의 일체 관계

62 하루는 성도들에게 말씀하시기를
"너희들이 신명 보기를 원하니 내일
은 신명을 많이 불러 너희들에게 보여
주리라." 하시거늘 성도들이 기뻐하니
라.
2 상제님께서 이튿날 성도들을 데리고
높은 곳에 오르시어, 전에 없이 광부
들이 무수히 모여들어 사방에 널리 흩
어져 있는 원평 앞들을 가리키시며 말
씀하시기를
3 "저들이 곧 신명이니, 신명을 부르면 사
람이 이르느니라." 하시니라.

우주의 실상을 보는 도통의 관건

4 상제님께서 말씀하시기를 "천지간에 가
득 찬 것이 신(神)이니
5 풀잎 하나라도 신이 떠나면 마르고 흙
바른 벽이라도 신이 떠나면 무너지고,
손톱 밑에 가시 하나 드는 것도 신이
들어서 되느니라.
6 신이 없는 곳이 없고, 신이 하지 않는 일이
없느니라." 하시니라.

재생의 은혜를 내려 주옵소서

63 하루는 상제님께서 구릿골에 계실
때, 전주 용머리고개에 사는 앉은
뱅이 김 모가 들것에 실려 와서 상제
님께 애원하기를
2 "제가 전생에 죄가 많아 나면서부터
앉은뱅이가 되었사오나 이렇게 구차
한 몸으로 더 살자니 세월은 슬픔뿐
이요, 죽자니 인생이 너무 비참하옵니
다.
3 이와 같이 폐인(廢人)의 지경이 된 형편
을 하늘만이 아시고 사람들은 알지 못
하오니 저에게 새 생명을 열어 주시어
재생의 은혜를 내려 주옵소서." 하고
비 오듯이 눈물을 흘리며 슬픈 사연을
아뢰더라.

하느님이 강림하지 않고서야

4 상제님께서 그 하소연을 들으시고 불
쌍히 여기시어 그 사람을 앞에 앉히시
고 담뱃대를 들어 올리며 말씀하시기
를
5 "이 담뱃대를 따라서 차차 일어서라."
하시니 그 사람이 담뱃대를 따라 무릎
과 다리를 조금씩 펴며 천천히 일어서
거늘
6 형렬에게 명하시어

曳鼓神 曳彭神 石蘭神
예고신 예팽신 석란신

東西南北 中央神將
동서남북 중앙신장

造化造化云 吾命令 吽
조화조화운 오명령 훔

이라 큰 소리로 외우게 하신 뒤에
7 그 사람으로 하여금 마당에서 걸어 보
게 하시고 잠시 후에는 광찬에게 명하
시어 회초리로 다리를 때려 빨리 걷게
하시니 마치 성한 사람 같은지라
8 그 사람이 기뻐 미친 듯이 뛰고 마당
을 돌아다니며 외치기를
9 "하느님께서 이 세상에 강림하지 아니
하셨다면 어찌 이럴 수 있으리오!" 하

고 눈물을 삼키며 어떻게 보답해야 할
지 모르더라.
10 상제님께서 그 사람에게 이르시기를
"들것을 버리고 걸어서 돌아가라." 하
시고
11 사례금으로 받으신 서른 냥으로 큰
길가 주막에 나가시어 오가는 행인들
을 불러 술을 사 주시며 말씀하시기를
"다리를 펴 주니 고맙도다." 하시니라.

말을 못 하게 해야 하리라

64 상제님께서 을사년 9월 9일부터
호연에게 수도 공부를 시키시더니
병오(丙午: 道紀 36, 1906)년 정월 보름
에 이르러 공부를 마치게 하시니라.
2 호연이 이로부터 신명의 소리와 짐승
의 말소리까지 다 알아듣고 누구에게
나 보고 들은 대로 말을 옮기니
3 상제님께서 성도들과 무슨 말씀을 나
누시다가도 호연이만 들어오면 "요것
듣는 데서는 말을 마라." 하시니라.
4 하루는 형렬의 며느리가 상제님의 자
리끼로 숭늉을 자배기에 담아 뒷문 밖
에 두었는데
5 난데없이 숭늉이 엎질러지니 사람들이
그걸 닦는다고 소란하거늘 호연이 이
를 보며 웃음을 터뜨리는지라
6 상제님께서 "왜 웃냐?" 하시니 호연이
연신 웃어 대며 "쥐란 놈들이 와서 새
끼가 '물이 많아서 못 먹겠다.'고 하니
어미쥐가 '발로 그릇을 눌러라. 엎질
러서 땅으로 내려지거든 주워 먹어라.'
하잖아요.
7 그런데 새끼라서 못 엎지르니 어미가
대신 해 주었는데 갑자기 물이 엎질러
지니 쥐들은 들킬까 봐 도망가 버리고
밖에 있는 사람들은 그걸 닦아 낸다고
저 야단인데 안 우스워요?" 하니라.
8 상제님께서 이야기를 들으시고 나서
걱정하시며 형렬에게 말씀하시기를
"그냥 두면 크게 일을 낼 것이니 벙어
리를 만들까, 저걸 어쩔까?
9 우리가 죽고 없을 때에도 저렇게 쏙쏙
나서고 하면은 저것을 죽이지 살릴 것
이냐?
10 제 어미, 아비에게는 복을 주겠다고
해서 딸을 데려왔는데 저것을 죽이면
우리가 한 말이 헛말이 되니 못쓰고
11 저것을 가만 두면은 나발나발해 갖고
우리 일을 망치고 제 생명도 없어질 것
이니 못쓰고
12 어디를 병신 만들어 놓을까? 에이, 말
을 못 하게 하자!" 하시니
13 이후로는 호연이 듣고 본 것을 말하려
고 하면 가슴이 답답하고 입이 안 벌
어져 말을 못 하게 되니라.

천상에서 내려온 흰 노인과 도용이

65 하루는 호연이 상제님과 함께 방
에 있는데 하늘에서 눈같이 흰 사
람이 내려와 문밖에 서더니 "도용아~!"
하고 부르는지라
2 호연이 "도용이가 누구예요?" 하고 여
쭈니 상제님께서 호연의 입을 꽉 틀어
막으시며 "암말도 마라." 하시고 노인
을 향해 뭐라 대답하시니라.
3 눈같이 흰 노인이 '○○꽃을 보았냐.'고
물으니 상제님께서 호연 대신 거기를
아직 못 당했다고 하시거늘
4 다시 '속히 보라.' 당부를 하고는 어디
로 흔적도 없이 사라지는데
5 호연이 보니 그 모습이 환하고, 얼굴
과 수염, 머리와 옷이 온통 백설같이
희더라.
6 이후로 상제님께서 호연을 부르실 때
간혹 '도용이'라는 이름으로 부르시니
라.

내가 참하늘이니라

66 상제님께서 하루는 하늘을 가리키
시며 말씀하시기를 "사람들은 여
기서 보이는 하늘이 전부인 줄 알아도

그것은 중간하늘일 뿐이니라.
2 내가 참하늘이니라.
3 사람들이 허리띠를 가운데에 띠고 위
에 목도리를 하고 밑에 꽃대님을 하듯
이, 천상사람이 있고 땅속에도 사는
사람이 또 있느니라." 하시니라.

이 천지에 명관 따로, 큰 선관 따로 있다

4 하루는 상제님께서 말씀하시기를 "명
관 따로 있고, 선관이 따로 있느니라.
5 그런 명관들과 함께 입을 쉬어서 말하
는 사람이 좀체로 없구나." 하시니라.

천지공사를 신명과 더불어 판단하심

67 5월에 하루는 성도들에게 일러 말
씀하시기를 "귀신(鬼神)은 천리(天理)
의 지극함이니, 공사를 행할 때에는 반
드시 귀신과 더불어 판단하노라." 하
시고
2 글을 써서 형렬의 집 방 벽에 붙이시니
이러하니라.

知事萬忘不世永定化造主天侍
지사만망불세영정화조주천시

至氣今至願爲大降
지기금지원위대강

師 사　法 법

全州銅谷解寃神
전주동곡해원신

慶州龍潭報恩神
경주용담보은신

日 일　月 월　年 년

부(符)는 귀신의 길

3 상제님께서 밤에 혼자 계실 때도 자주
문명을 써서 불사르시며 공사를 행하
시는데 아침이 되면 그 재를 형렬에게
치우도록 하시니라.
4 하루는 한 성도가 여쭈기를 "글이나
부적을 쓰시어 공사를 행하신 후에는
모두 불살라 버리시니 그 까닭이 무엇
입니까?" 하니
5 상제님께서 말씀하시기를 "사람은 나
타남(現)으로 알고 귀신은 불사름(燒)으
로 아느니라.
6 내가 옥황상제로서 천지공사를 행하
는 고로 반드시 불살라야 하느니라.
7 부(符)는 귀신의 길이니라." 하시니라.

대신명들이 들어설 때

8 상제님께서 부를 그리실 때 형렬이 신
안(神眼)이 열리어 보니 천신(天神)들이
정연하게 자리 잡고 봉명(奉命)을 준비
하고 있더라.
9 상제님께서 대신명(大神明)이 들어설 때
마다 손을 들어 머리 위로 올려 예(禮)
를 표하시니라.
10 또 점을 찍으시며 칙령을 내리실 때는
"아무개 이 점 찍는 대로 살려 줘라." 하
시며 항상 '~해라' 하고 명하시지 '~해
주시오', '~허소' 하시는 경우는 없으시
니라.
11 호연이 보니 상제님께서 점을 찍으시
는 것도 다 요령이 있어서 고축하시는
내용에 따라 점의 수(數)가 다 다르더
라.

공사를 행하실 때는

12 공사를 행하실 때에는 반드시 술과 고
기를 장만하여 여러 사람들과 함께 잡
수시며, 때로는 식혜(食醯)를 만들어
성도들과 더불어 잡수시니라.

종도들을 '후' 하고 한번 부시면

68 상제님께서 간혹 먼 길로 심부름
을 시키실 때 심부름하는 사람을

앞에 세우시고
2 등 뒤에서 '후' 하고 한번 부시면 그 사
람이 원앙새, 학, 기러기, 황새 등이 되
어 날아가니
3 이렇게 새가 되어 심부름을 많이 한
사람은 진수, 성수, 남수 세 사람과 임
○○라는 사람이더라.
4 한번은 전주 송광사(松廣寺)에 가 머무
르실 때 이와 같이 세 사람에게 심부
름을 시키시니
5 상제님께서 이들을 보내시면서 "너희
는 각기 어느 나라, 어디어디에 가서
누구누구를 만나고 아무 날 돌아오
라." 하시니라.
6 세 사람이 명을 받고 날아서 갔다가
올 때도 역시 날아서 오는데
7 닷새 후에 한 사람은 아침에 오고, 한
사람은 조금 후에, 또 한 사람은 한낮
이 되어서 돌아와 각기 상황을 아뢰니
라.
8 송광사에서 이 공사를 보시고 돌아오
실 때 논에 가서 왕골을 뽑아 말을 만
드시고, 삼대를 뽑아 교군(轎軍)을 만
들어 타고 오시니라.

신흥사에서 보신 신명 공사

69 상제님께서 송광사에서 여러 날을
지내시고 임실(任實) 사자산(獅子山)
신흥사(新興寺)에 가시어 머무르실 때
2 밤낮으로 신명들을 불러들여 공사를
보시니 어떤 때는 호랑이며 말, 소 등
짐승이 되어 오고
3 잘 차린 사람 모습으로 오기도 하고,
농사꾼 차림으로 오기도 하더라.
4 상제님께서 방이나 마루에 앉아 계시
면 신명들이 채 마루나 토방까지도 오
지 못하고 양옆으로 서 있는데
5 하루는 호연이 "저 사람은 뭔 사람이
고, 저 사람은 뭔 사람이에요?" 하고
여쭈니
6 말씀하시기를 "그것도 죽은 사람, 그
것도 죽은 사람." 하시니라.
7 이에 호연이 "죽은 사람이 어찌 저렇게
눈을 멀뚱거리며 들어와요?" 하니
8 "눈을 떠야 짐승이라도 들어오지, 눈
안 뜨고 어떻게 들어오냐? 말시키지
말고 가만 앉았거라." 하시고 신명들
에게 "저만치 물러나라!" 하고 명하시
거늘
9 한 신명이 나서며 바닥에 선을 그으니
모두 선 밖으로 물러나 정렬하더라.
10 상제님께서 박 크기만 한 쇳덩이를 주
시며 "들어 보라." 하시거늘 어떤 신명
은 들고 어떤 신명은 힘이 부쳐서 들
지 못하니
11 말씀하시기를 "산해박 뿌리를 캐서 칡
뿌리와 ○○ 뿌리와 함께 먹어라. 칡뿌
리는 기운을 돋우는 것이니라.
12 그리고 ○○에 가서 동삼(童蔘)을 먹고,
칡뿌리와 산해박 뿌리와 ○○ 뿌리를
함께 넣어 술을 해 놓아라. 그래야 장
수들이 목을 축이느니라." 하시니라.
13 또 쇳덩이 몇 개를 주시며 "이놈을 들
어 보면서 먹어라. 기운을 돋우라는
것이다." 하시고
14 이어 "행여 네가 뒤떨어져서 죽더라도
한을 말아라." 하시며 돌려보내시니
라.

계룡산 정씨 왕국 기운을 거두심

70 성도들이 계룡산(鷄龍山) 정씨 왕국
에 대해 여쭈니 말씀하시기를
2 "일본 사람이 모든 섬과 산을 샅샅이
뒤지고 물밑까지 더듬어 보았나니
3 정씨가 몸 붙여 일 벌일 곳이 어디 있
으리오. 그런 생각은 다 버릴지어다."
하시고
4 "속담에 정가를 방문하면 '방정(訪鄭)
맞다.' 하고, 또 사리가 밝으면 '내정(來
鄭)이 있다.' 하나니
5 내가 그 기운을 뽑아 내정(內鄭)으로
정하여 하동 정씨(河東鄭氏) 가문에 취

객(嫛客)이 되었노라." 하시니라.
6 또 말씀하시기를 "계룡산은 수계룡이
요 모악산은 암계룡이라. 나는 암계룡
을 택하였노라." 하시니라.

죽었던 말이 눈을 뜨며

71 하루는 호연을 데리고 계룡산에
오르시어 서 계시는데
2 어디선가 백마 한 필이 훌쩍 뛰어올라
저 하늘 끝까지 날아오르더니 갑자기
뚝 떨어져 상제님의 목덜미에 목도리
처럼 앉는지라
3 상제님께서 웃으시며 "이제 그만 떨어
져야지." 하시니 말이 땅으로 내려앉
거늘
4 다시 "어느 앞이라고 꼿꼿할꼬?" 하시
매 말이 고개를 수그리니라.
5 상제님께서 말을 향해 "너, 하늘 ○○
나라에 가서 ○○을 잡아오겠느냐?"
하시니 말이 고개를 끄덕이고 하늘로
올라가거늘
6 상제님께서 옥단소를 꺼내시어 열십자
로 한 번 그으시니 말이 떨어져 죽으
니라.
7 호연이 "아이고, 무슨 심사로 그런대
요? 살려 주세요!" 하고 애원하니
8 상제님께서 "그 말이 네 어미냐 아비
냐, 왜 살려 달라고 네가 빌어? 제 어
미가 있는데." 하시거늘 "제 어미가 어
디에 있어요?" 하고 대꾸하니라.
9 이에 상제님께서 "그럼 네가 잘 해 줘
라." 하시니 호연이 뾰로통하게 "어떻
게 해? 가르쳐 주어야지." 하거늘
10 "달 월(月) 자, 날 일(日) 자를 써라." 하
고 일러 주시니라.
11 호연이 "내가 쓸 줄 알간디?" 하니 상
제님께서 직접 호연의 손을 잡고 글을
써 주시거늘
12 죽었던 말이 곧바로 눈을 뜨며 고개를
드는지라
13 호연이 "아주 일어나게 해 주지." 하매
상제님께서 다리 하나를 일으켜 세워
주시니 말이 벌떡 일어서고
14 다시 "아주 걸어 댕겨서 저 갈 데로 가
게 해 주세요." 하고 조르니
15 상제님께서 고개를 저으시며 "아이고,
내가 요것 데리고 못 댕겨. 네 소원대
로 하자." 하시고는 말의 엉덩이를 한
번 들어 주시니 말이 제 갈 길로 가더
라.
16 호연이 여쭈기를 "왜 시켜 놓고 그래
요?" 하니 말씀하시기를 "나의 명을
받고 간다고는 했으나 정작 가서 하지
못하게 생겼으니 내가 그랬다." 하시
니라.

개벽천지의 지운(地運) 발음의 섭리

72 하루는 김갑칠이 친산(親山)의 면례
(緬禮)를 하려고 장례에 소용되는
장비와 제수를 지극한 정성으로 준비
하였더니
2 상제님께서 이르러 말씀하시기를 "갑
칠아, 내가 너를 대신하여 산소를 옮
겨 장사 지내 주리라." 하시므로 갑칠
이 기쁨을 이기지 못하니라.
3 상제님께서 명하시기를 "장례에 쓸 물
건을 모두 태우라." 하시고 마을 사람
들에게 술과 음식을 나누어 주시며
4 말씀하시기를 "오늘 면례를 잘 하였도
다." 하시고 갑칠에게 "그 재를 앞내에
버리고 하늘을 살펴보라." 하시니라.
5 갑칠이 명을 좇아 하늘을 우러러 살피
니 맑은 기운 한 줄기가 북에서 남으
로 가로질러 뻗쳐 있더라.
6 이에 갑칠이 상제님께 "저 기운이 왜
하필 북에서 남으로 뻗쳐 있습니까?"
하고 여쭈니
7 상제님께서 말씀하시기를 "수화(水火)
가 먼저 그 북쪽을 따르고 차례로 그
남쪽을 따르기 때문이니라." 하시니
라.

명당 장사하는 자들의 대죄악

8 한 성도가 여쭈기를 "방금 치르신 면
례법이 예로부터 행해 온 방법과는 너
무 달라서 갑칠이 아쉬워하지 않을까
합니다." 하니
9 상제님께서 말씀하시기를 "선천에는
사람이 땅을 가려서 뼈를 묻은 다음에
야 신명이 응기하였기 때문에 그것을
차지하기 위하여 여러 악이 함께 일어
났느니라.
10 그러나 내 세상에는 먼저 신명에게 명
하여 지운(地運)을 받게 하므로 백골을
묻지 아니하나니
11 공덕에 따라서 복지(福地)도 크고 작게 내
리는 것이니라." 하시니라.
12 이에 다시 여쭈기를 "그러면 그 때는
명당을 구하여 백골을 그 혈(穴)에 장
사하면 어떻습니까?" 하니
13 말씀하시기를 "혈을 얻었어도 복이 발
할 수 없느니라." 하시니라.

하늘이 손을 다 잡았다 할 때는

73 상제님께서 명산마다 다니시며 단
지에 술과 명태, 두부와 돼지고기,
쇠고기를 넣어 땅에 묻으시니
2 하루는 호연이 이를 보고 "그게 뭐예
요? 이렇게 해 놓으면 누가 먹어요?"
하고 여쭈거늘
3 말씀하시기를 "누가 먹는 것이 아니라,
우리가 가면 각 신명들이 먹느니라.
4 우리가 일을 해도 신명이 안 들고는
못 하고, 일을 하다가도 갑옷 얻고 투
구 얻고 칼을 얻는 것은 천상에서 다 하
는 것이니라." 하시니라.
5 이에 호연이 "어디로 싸움하러 가요?"
하니 "그런 것이 아니라 그들이 죽어
서 우리를 보살펴 주는 법이 있나니
6 오다가 중도에서 만나기도 하고, 선몽
(現夢)을 대기도 하느니라. 그러니 귀
신도 스스로는 발복을 하지 못하느니
라." 하시니라.
7 또 말씀하시기를 "우리 조선에서 하나
가 되어서 일을 하면 천지신명이 일어
나느니라.
8 전쟁에서 싸우다 죽은 장수 신명들의
원을 풀어 주려고 내가 제를 지내는
것이니 일이 되고 보면 모든 대장수
신명들이 일어나느니라.
9 일이 되어서 하늘이 손을 다 잡았다 할
때에는 만방에서 나와 나를 따르느니
라.
10 신명이 같이 해야지, 천상에서도 신명이
없으면 일을 하지 못하느니라." 하시
니라.

폭우 올 때의 상제님 행차

74 하루는 한 성도가 여쭈기를 "지난
날 불가지(佛可止)에서 전주로 가실
때 홀연히 폭우가 몰려와 들에 있던
사람들이 급히 비를 피하느라 어지러
이 소란스러웠으나
2 선생님께서 행차하시는 데에 이르러서
는 빗줄기가 두 갈래로 나뉘고, 가운
데 하늘이 맑게 개어 긴 거울을 걸어
놓은 듯하고
3 한 방울의 비도 떨어지지 아니하여 보
는 사람들이 모두 이상히 여겼사오니
어찌 된 연고입니까?" 하니
4 상제님께서 말씀하시기를 "우사(雨師)
가 내가 가는 것을 알고 그리하였느니
라." 하시니라.

비 내리고 그치는 것을 마음대로

5 상제님께서 길을 가실 때에 간혹 비가
쏟아지는 일이 있는데
6 동쪽을 바라보시며 허공에 대고 손가
락으로 무어라 쓰시면 곧바로 비가 그
치니 가던 길을 그대로 가시니라.

천둥소리도 나를 안다

7 하루는 길을 가시는데 비가 오려는 듯
'우르릉우르릉' 하고 천둥이 울어대거
늘
8 상제님께서 손짓을 하시매 곧바로 천

둥이 그치는지라 호연이 신기해하며
그 연유를 여쭈니
9 말씀하시기를 "천둥소리, 어찌 나를
몰라야!" 하시니라.

상제님 앞을 그냥 지나가면

75 하루는 일본 헌병이 말을 탄 채로
상제님 앞을 그냥 지나다가 말이
벌러덩 넘어져 길바닥에 곤두박질치거
늘
2 성도들이 그 연유를 여쭈니 말씀하시
기를 "내 앞을 지나는 것을 도로신장
(道路神將)들이 불경히 여겨 꾸짖은 것
이니라." 하시니라.
3 길에서 상제님을 뵈면 평소 상제님을
아는 사람들은 저만치서 얼른 허리를
굽히는데
4 혹 그리하지 않으면 "저놈이 아는 사
람을 보고도 모른 체하고 간다." 하며
꾸중하시니
5 이는 상제님을 옹위하는 대신장들의
신벌을 면케 해 주시기 위함이더라.

천지조화로도 어려운 법을 행하심

76 병오년 10월에 청도원(淸道院)에서
공사를 행하시고 구릿골로 돌아오
시어 말씀하시기를
2 "풍운우로상설뇌전(風雲雨露霜雪雷電)
을 일으키기는 쉬우나 오직 눈 온 뒤
에 곧 비 내리고, 비 온 뒤에 곧 서리
치게 하기는 천지조화로도 오히려 어
려운 법이라.
3 내가 오늘 저녁에 이와 같은 일을 행
하리라." 하시고 글을 써서 불사르시
니
4 과연 눈이 내린 뒤에 곧 비가 오고, 비
가 개자 곧 서리가 치니라.

모과 신명을 불러내심

77 상제님께서 종종 섶다리골에 있는
모과나무에서 모과를 따 오시니라.
2 하루는 모과를 품에 한아름 안고 오
시는데 호연이 "모과는 뭐 하러 따 와
요?" 하거늘
3 상제님께서 "거 시고도 개미가 있다잉.
그런데 모과가 망신을 시킨단다." 하
시는지라
4 호연이 "망신시킬 것을 따 갖고 와
요?" 하니 "이런 것도 있어야 잘난 놈
이 있지, 다 잘나 놓으면 못난 놈은 어
떻게 되겠냐?" 하시며 모과를 한 줄로
쌓으시니라.
5 이에 호연이 "사람 키만큼 뭐 하러 그
렇게 세워요? 자빠지라고." 하니
6 상제님께서 "여기 가까이 오지만 마
라." 하시고 모과 앞으로 가까이 다가
서시어 작은 소리로 "모과야! 모과야!
왜 아무 말도 않느냐? 배고파서 대답
못 하겠느냐?" 하시거늘
7 성도들이 모두 궁금히 여겨 상제님 등
뒤에 바짝 붙어 귀를 기울이니라.
8 상제님께서 "모과야! 아, 모과라고 하
니 삐졌냐? 목 첨지라고 할꺼나?" 하
시니 역시 아무 기척이 없거늘
9 다시 "그러면 뭐라고 할거나…, 모 생
원?" 하시매 그제야 모과가 끄덕이며
"예." 하고 대답하더라.
10 이에 상제님께서 웃으시며 "그려. 모
생원!" 하고 부르시니 가장 위에 놓여
있던 모과 하나가 앞으로 툭 떨어지며
"증산!" 하고
11 그 밑에 있던 모과가 뒤따라 떨어지며
또 무어라 말하거늘
12 상제님께서 그 모과에게 "너는 뭐라고
했냐?" 하시매 "앞에서 '증산' 하길래
저는 '강가' 그랬어요." 하는지라
13 상제님께서 "내가 강증산이냐, 이놈
아?" 하시며 서 있는 모과의 밑동을
발로 툭 차시니 모과 하나가 뒤로 튕
겨 나가니라.
14 호연이 이를 보고 "아이들마냥 그것
갖고 장난을 하네. 모과가 말을 다 해

요?" 하며 다가서니 상제님께서 "네가
한번 말 시켜 봐라!" 하시거늘
15 호연이 "모과야! 모과야!" 하고 말을
거니 모과들이 춤을 추듯 달랑달랑 움
직이더라.
16 상제님께서 "네가 말하니 대답도 안
하고 막 까불기만 한다. 아이라고 장
난하느라고 그러니 너도 한번 때려 봐
라." 하시거늘
17 호연이 "이까짓 것 그럼 못 때려요?"
하며 발로 툭 차니, 순간 한 줄로 서
있던 모과가 휘청거리며 호연의 목을
탁 때리는지라
18 호연이 원망스러운 눈빛으로 상제님
을 쳐다보며 "맥없이 이런 것 주워 와
서 사람을…." 하며 울먹이니
19 상제님께서 말씀하시기를 "모과라고
헤프게 알고 때리니까 그런다." 하시
며 호연을 달래어 방으로 데려가시니
라.
20 성도들이 하도 신기하여 떨어진 모과
를 주워 들고 "요것이 때려? 어디 나
도 한번 때려 봐라." 하며 모과를 툭툭
치니
21 모과들이 사방으로 날아다니며 성도
들을 사정없이 때리거늘
22 상제님께서 뒤에서 이를 바라보시며
"저놈들 봐라. 모과한테 맞고 우는 꼴
들 좀 봐라!" 하시고 크게 웃으시니라.

도깨비를 불러 공사 보심

78 상제님께서 메밀죽을 자배기에 퍼
서 담 밑에 놓으시고 "죽을 끓여다
담 밑에 놓았으니 와서 먹으라." 하고
도깨비를 부르시면
2 잠시 후 죽을 먹는 소리가 '쭉쭉쭉' 나
는데 호연이 보니 그 생김새와 옷차림
이 보통 사람과 꼭 같더라.
3 하루는 도깨비들이 줄을 서서 죽을 먹
고 있거늘 상제님께서 오른발을 들어
왼쪽으로 원을 그리며 한 바퀴 빙 돌
리시니
4 도깨비들이 모두 사라지고 부지깽이
와 빗자루만 남았더라.

조화주 하느님의 상징 ; 증가(甑哥)

5 또 하루는 몇몇 도깨비들을 잡아 "내
일 이놈들을 단단히 봐야겠다." 하시
며 허리띠를 끌러 나무에 묶어 두셨는
데 아침에 보니 막대기와 빗자루만 묶
여 있거늘
6 호연이 놀랍기도 하고 신기하기도 하
여 "이것이 어떻게 된 일이에요?" 하고
여쭈니
7 말씀하시기를 "거기에 신이 붙어서 그
러지, 이런 막대기가 뭔 일을 하겠느
냐!" 하시니라.
8 이에 호연이 "빗자루로 쓸고 다니죠."
하니 상제님께서 "증가(甑哥)가 도깨비
성(姓)이니 내가 증가다." 하시거늘
9 호연이 "증산은 무슨, 도깨비지." 하매
"그래. 도깨비다, 도깨비." 하며 맞장
구를 치시니라.
10 이때 호연이 평소 상제님께서 도깨비
를 친구라고 하신 말씀이 생각나 "도
깨비보고 '막대기가 무슨 일을 하겠
냐.'면서 그게 친구예요?" 하니 그저
웃기만 하시니라.

제사 음식을 가져다 잡수시는 공사

79 날이 궂을 때에는 상제님께서 종
종 도깨비를 부르시어 없는 물건
을 가져오라 명하시는데
2 이때 도깨비라 부르지 아니하시고 다
른 여러 이름으로 부르시더라.
3 병오년 동짓달 초이튿날에 상제님께
서 바닥에 막대기로 금을 그으시니
4 호연이 "무엇 하려고 금을 긋고 보세
요?" 하거늘 "잔나비 오라고 그런다."
하시니라.
5 호연이 다시 "잔나비는 무엇 하게요?"
하고 여쭈니 "심심하니 여기 없는 것
가지고 오라고 해 보련다." 하시거늘

6 김덕찬이 옆에서 듣고 있다가 신이 나
서 말하기를 "선생님 덕분에 목 좀 축
여야겠습니다." 하니라.
7 이에 상제님께서 "그래라. 실컷 먹고
나중에 배가 터지거든 저 말총으로 꿰
매라." 하시는데
8 그 찰나에 도깨비들이 나타나며 "바로
왔습니다." 하고 절을 하는지라
9 상제님께서 도깨비들에게 "왔느냐. 너
희들 대장이 어디 있는고?" 하시니 그
중 몸집이 큰 도깨비가 앞으로 나서거
늘
10 상제님께서 "네가 장수냐?" 하시니
"예." 하고 대답하니라.
11 상제님께서 다시 "대루(對壘)장수가 누
구냐?" 하고 물으시니 여기저기서 몇
몇이 나서거늘
12 상제님께서 그들을 향하여 "너희들 내
가 시키는 대로 하겠느냐?" 하시니 모
두 "예!" 하고 큰 소리로 다짐하니라.
13 상제님께서 명하시기를 "좁은목 오목
대가 너희들 구역이지? 오늘 그 밑에
있는 생교골에서 제를 지내니 음식을
다 가져오너라. 내가 먹어야겠다." 하
시니
14 대장 도깨비가 나서며 "드신다면 그렇
게 하지요. 보자기 하나만 주십시오."
하니라.
15 이에 큰 이불보를 하나 주시니 과연
차려 놓은 음식을 모두 싸 오거늘
16 음식을 나누어 드신 후에 오른발을 들
어 왼쪽으로 원을 그리며 한 바퀴 빙
돌리시니 도깨비들이 모두 사라지더
라.

부정한 자는 출입할 수 없는 대공사장

80 정미(丁未: 道紀 37, 1907)년에 하루
는 구릿골 이장이 추렴을 하러 마
당으로 들어서며 "으렁아!" 하고 부르
거늘
2 으렁이가 "당신 부르라는 으렁이오?
내 주인이 나를 으렁이라 대지 당신이
왜 내 이름을 부르시오?" 하며 퉁명스
럽게 대꾸하니 서로 다툼이 일어나니
라.
3 상제님께서 이를 아시고 이장에게 "네
이놈, 어디라고 발을 댈꼬?" 하며 호
령하시니 이장이 '추렴을 하러 왔다.'
고 아뢰거늘
4 "달라고 하려면 저 바깥에서 찾을 일
이지, 왜 안에다가 발모가지를 들이느
냐!" 하시며 크게 호통치시니 순간 이
장의 발목이 비틀어져 버리는지라
5 이장이 이 뒤로는 형렬의 집에 추렴할
것이 있어도 문 앞에 서서 들어오지를
못하니 받아가지 못하고
6 멀쩡하게 길을 걷다가도 발목이 홱홱
돌아가 넘어지니 이장 노릇조차 제대
로 하지 못하니라.
7 이후로는 다른 이들도 모두 상제님을
경외하여 출입할 때마다 상제님께서
계신지 안 계신지를 먼저 살피며 함부
로 드나드는 것을 삼가니라.

일월의 정음정양 대개벽 공사

81 하루는 호연이 "해가 물에 빠지면
물이 부글부글 끓는다던데, 나 그
것 좀 구경시켜 줘요." 하니
2 상제님께서 "네 눈에는 그렇다 해도
산 기구가 있어서 그놈이 돌아가면 밤
이고 낮이고 한다." 하시니라.
3 한번은 호연과 동네 아이를 앉혀 놓으
시고 "달이 너희 눈으로는 얼마나 크
냐?" 하고 물으시니
4 먼저 동네 아이가 "아이구, 우리 엽전
크기만 하지요, 뭐. 좀 더 클까, 이 맷
방석만 할까요?" 하거늘
5 상제님께서 호연을 바라보시며 "너
는?" 하고 물으시니 답하기를 "달이
정녕 조선만 하니까 비출 테지, 쪼그
마하면 이 천하를 다 비추간디? 그러
니 맷방석보다는 더 크지." 하니라.

6 상제님께서 웃으시며 "역시 호연이는
호연이다! 호연아, 네 마음에는 어째
달이 그렇게 커 보이냐?" 하시니
7 호연이 "크니까 천하에 다 보이지, 쪼
그마하면 보이겠냐구요." 하고 대답하
니라.
8 상제님께서 말씀하시기를 "그려, 이를
테면 해는 머슴애고 달은 계집애인데
내가 바꿔 놨다. 그러니 달이 남자고
해가 여자란다." 하시니
9 호연이 "어째서 계집애인데요?" 하고
여쭈거늘 "달이 계집애라서 밤이면 혼
자 무섭다고 해서 바꿨단다.
10 해를 보면 계집애라 하도 이뻐서 눈이
안 시리냐, 달을 보면 맹랑하고 밝기
만 하지! 그게 서로 바뀌어서 그런 것
이다." 하시니라.
11 이에 호연이 "그렇게 바꾸는 수도 있어
요? 고추를 떼다가 바꿨겠네?" 하니
12 상제님께서 "그런 것까지? 아이구, 난
저것하고 같이 말 못 한다니까, 멍청
해서." 하며 웃으시니라.

신도(神道)에서 정성을 가늠한다

82 용암리 물방앗집 김치경(金致京)의
곁방에 사는 정태문(鄭泰文)이 상제
님을 모시고 여러 날 동안 한 방에서
지낼 때
2 토질(土疾)로 몹시 고생하여 고쳐 주시
기를 청하니 상제님께서 허락만 하시
고 고쳐 주지 않으시다가
3 하루는 태문에게 "네가 병을 고치려
하느냐?" 하시거늘 태문이 대답하기
를 "진실로 그러하옵니다." 하니라.
4 이에 상제님께서 말씀하시기를 "내가
모레 정읍으로 갈 것이니 지금 치료하
여 주리라." 하시고
5 글을 써 주시며 말씀하시기를 "이 글
을 네가 자는 방 베개 위에 두고 자
라. 내일 아침에 일어나 방문을 열면
개가 방문을 향해 앞발을 모으고 피
를 토하리니
6 이는 곧 네 병을 개에게 옮겨서 낫게
함이라. 그러나 그 개도 죽지는 않으
리라." 하시니라.
7 이에 태문이 명하신 대로 하니 과연
말씀하신 바와 같은지라 상제님을 모
시고 주막에 가서 술을 올리는데
8 상제님께서 말씀하시기를 "만일 술을
먹고 술값을 늦게 갚으면 먹지 않음만
못하니 잘 생각하여 하라." 하시거늘
9 태문이 말하기를 "내일 틀림없이 갚으
려 하나이다." 하고 일곱 냥어치를 먹
으니라.
10 이튿날 상제님께서 정읍으로 떠나신
뒤에 태문이 술값을 '천천히 주리라.'
고 생각하였더니 갑자기 복통이 나서
고통스럽거늘
11 '술값을 천천히 갚으려 한 까닭인가?'
하여 '나으면 곧 갚으리라.' 결심하니 복
통이 곧 그치매 즉시 술값을 갚으니라.

그 기운이 빠르다

83 대흥리에서 몇 달 동안 머무르실
때 하루는 차문경(車文敬)이 가물치
를 낚아 회를 쳐서 상제님께 올리매
2 잡수신 뒤에 문밖을 거니시다가 하늘
을 바라보고 웃으시며 "그 기운이 빠
르다." 하시거늘
3 성도들이 하늘을 올려다보니 구름과
같은 이상한 기운이 가물치 모양을 이
루어 동쪽을 향하여 떠가더라.

나는 모든 일을 함부로 하기 어려우니라

4 하루는 성도들이 금사(琴師)를 불러 가
야금을 타게 하고 유쾌히 놀거늘
5 상제님께서 이를 금하시며 말씀하시기
를 "저 허공을 보라. 나는 모든 일을 함
부로 하기 어려우니라. 가야금 소리를
듣는 것조차 하늘이 그 모습을 드러내
는도다." 하시니라.
6 이에 성도들이 모두 올려다보니 구름

과 같은 이상한 기운이 가야금 타는
형상과 대여섯 사람이 벌여 앉은 모양
을 이루어 허공에 떠 있더라.
7 하루는 상제님께서 말씀하시기를 "내
가 하늘의 보좌(寶座)에 있을 때에는
담배 연기를 천지 분향(焚香)으로 삼느
니라." 하시니라.

천지만사가 이치 없이는 못 하는 것

84 정미년에 하루는 호연이 "사진이
나 박을 줄 알면 내 사진이라도 박
을 텐데, 왜 그런 재주는 없어요?" 하
고 투덜거리니
2 말씀하시기를 "앞으로 세상에 그런 일
이 흔하게 퍼져. 그렇지만 나는 그런
기구가 없어." 하시니라.
3 호연이 다시 "왜 다른 것은 다 하면서
그런 것은 못 해요?" 하니
4 말씀하시기를 "그것도 다 이치가 있어
야 하지, 모든 일이 이치 없이는 못 하는
것이다." 하시니라.

하느님이 있응게 하느님이지

5 평소 호연이 아는 체하며 쏙쏙 나서기
를 잘하니 상제님께서 그 때마다 쥐어
박으시며 '똑똑한 체한다.'고 꾸중하시
고 늘 염려하시니라.
6 하루는 상제님께서 호연을 걱정하시며
형렬에게 말씀하시기를 "저것을 어찌
하면 좋겠냐?" 하시니
7 형렬도 한숨을 지으며 "우리가 일을
그르치면 저것으로 인해 죄가 되지 않
을까요?" 하며 호연을 바라보거늘
8 이를 듣고 있던 호연이 "맥없이 남의
어린애 데려다 놓고는 이것, 저것…."
하고 퉁명스럽게 말하니라.
9 이에 상제님께서 "이것, 저것이 무엇이
여?" 하시니 호연이 "내가 이 세상에
나와 고생하는데 그런 걸 선생님한테
돌리는가
10 젖 먹던 어린 내가 왜 여기에 와서 이
런 공폐를 당한대?" 하거늘
11 상제님께서 빙긋이 웃으시며 "전생에
네가 그랬으니 하느님이 알고 너를 데리
고 가." 하시니라.
12 호연이 "하느님이 어디 있어요?" 하니
"하느님이 있응게 하느님이지, 저 하
늘 없냐?" 하시거늘
13 호연이 하늘을 보니 막대기로 찌르면
닿을 것만 같아 "간짓대로 푹 쑤셔 볼
까요?" 하매
14 상제님께서 크게 웃으시며 "만날 쑤셔
봐라. 가까운 성싶어도 몇천 리여." 하
시니라.

하늘의 신들을 꾸짖으시는 인존상제님의 권능

85 이 해 6월 중복날 상제님께서 대
흥리 부근의 접지리(接芝里) 주점에
가시어
2 경석을 비롯한 여러 성도들에게 이르
시기를 "오늘 번개가 일어나지 않으면
충재(蟲災)가 생겨서 농작물이 큰 해를
입으리니 잘 살피라." 하시거늘
3 모두 주의하여 날이 저물도록 살피되
번개가 나지 아니하는지라
4 상제님께서 하늘을 향하여 꾸짖으시
기를 "천지가 어찌 생민의 재앙을 이
렇듯 돌아보지 아니하느냐! 내가 이제
민록(民祿)을 내리리라." 하시고
5 마른 짚 한 낱을 무명지 길이로 끊어
서 화로에 꽂아 불사르시니 별안간 북
방에서 번개가 일어나니라.
6 상제님께서 말씀하시기를 "북방 사람
만 살고 다른 지방 사람은 다 죽어야
옳겠느냐!" 하시며 다시 하늘을 향하
여 꾸짖으시니 사방에서 번개가 번쩍
이거늘
7 한 식경(食頃)쯤 지나 "그치라!" 명하시
니 사방의 번개가 곧 그치니라.
8 이에 말씀하시기를 "이제 충해는 없이
하였으니 금년 농사는 풍년이 들어 만
백성이 즐겁게 살리라." 하시니라.

보리씨에 생기를 붙여 주심

86 상제님께서 손바래기나 와룡리로 가실 때는 대개 수금면 월성리(水金面 月城里) 김중범의 집 앞을 지나다니시니라.
2 상제님께서 가끔 중범의 집에 들르시는데 이때 중범의 집이 가난하여 어쩔 수 없이 보리밥으로 공양하거늘
3 말씀하시기를 "내 밥은 수북이 담아야 한다." 하시니라.
4 한번은 보리갈이 하는 철에 상제님께서 중범의 집에 들르시어 "보리 가냐?" 하고 물으시매 "예, 보리 갑니다." 하고 대답하니
5 말씀하시기를 "못 먹을 텐데, 저 보리." 하시며 "좋은 수가 있다. 그 보리씨 이리 가져오너라." 하시고는 밭둑에 앉아 지필묵을 꺼내 부(符)를 그려 불사르시고
6 보리씨에다 그 재를 섞어 중범과 함께 밭에다 뿌리시며 "먹을 때나 좋은 줄 알지 어느 미친놈이 했는지 누가 알어!" 하시니라.
7 이듬해 3월에 큰비가 내려 다른 사람들의 보리는 다 썩었으나 중범의 보리만은 아무런 해를 입지 않고 잘 자라 풍작을 이루니
8 중범이 그 보리를 수확하여 상제님께서 들르실 때면 정성스레 밥을 지어 대접하니라.

깊은 산속에 들어가시면

87 상제님께서 깊은 골짜기에 들어가시어 "산이 높으면 골도 깊더라고, 다독아!" 하고 부르시니 말소리만 "예~." 하고 들리거늘
2 다시 상제님께서 "다독이 나오니라." 하시니, 또 "예~." 하는 소리가 들리며
3 산이 떨리면서 막히고 우거지고 엉클어졌던 것이 벌어져 보지도 못하던 한 길이 나더라.
4 길을 떠나며 호연이 "다독이가 누구예요?" 하고 여쭈니 말씀하시기를 "다독거리고 댕긴다고 다독이라고 있어." 하시니라.
5 한참을 가시다가 상제님께서 "어빅이 나오너라. 이리 나와 인도를 해야지." 하시니 "예~." 하며 주걱같이 생긴 막대기가 우뚝 나서거늘
6 상제님께서 "요놈의 자식이 누구를 놀리려고." 하시면서 왼쪽 빰을 탁 때리시매 사람의 모습이 되어 눈을 멀뚱거리며 무릎을 꿇고 절을 올리더라.
7 이에 상제님께서 "너 다독이 못 봤냐?" 하고 물으시니 "봤습니다." 하고 대답하거늘
8 다시 "그래, 몇이라고 하더냐?" 하시니 "예. 네 분이라고 하던데 어찌 두 분뿐이신가요?" 하는지라
9 말씀하시기를 "네 눈이 둘이지, 한번 세어 봐라. 죽으나 사나 사람을 똑똑하게 잘 보고 심부름 혀! 어찌 그래 가지고 사람을 하늘로 인도할꼬!" 하시니라.

산신을 불러 하명하심

10 또 어느 산에 오르시어 상제님께서 왼쪽 발을 구르시니 산이 뭉개져 내리며 산사태가 나거늘
11 상제님께서 "뭉실 뭉실 뭉실아! 내 품안으로 들어라." 하시니 "두리뭉실 두리뭉실 둥글이, 여기 있습니다." 하며 신명이 나타나거늘 상제님께서 그 신명에게 하명하시니라.

박공우에게 용호대사의 기운을 붙여 보심

88 정미년 11월에 상제님께서 구릿골에 머무르실 때 박공우가 상제님을 뵈려고 오는 길에
2 저도 모르게 흥이 나서 "모시러 가자. 모시러 가자. 부처님 모시고 우리 집으로 돌아오자." 하고 연이어 노래를

부르니라.
3 구릿골에 이르러 상제님께 예를 올리
니 빙긋이 웃으시며 "내가 네 집에 함
께 가기를 원하느냐?" 하시거늘
4 공우가 기뻐하며 "지성소원입니다."
하고 대답하매 상제님께서 흔쾌히 허
락하시니라.
5 이에 공우가 상제님을 모시고 집으로
돌아오다가 용암리 물방앗간에 들어
가 잠시 쉬는데
6 상제님께서 문을 열고 남쪽 하늘을 바
라보시며 "높도다, 높도다." 하시거늘
7 공우가 바라보니 온 하늘에 구름이 가
득 덮이고 바람이 소슬히 불며 눈이
내리는데 다만 한쪽에 방석 넓이만큼
푸른 하늘이 보이더라.
8 상제님께서 문득 공우에게 말씀하시
기를 "공우야, 나와 친구로 지내자."
하시므로 공우가 그 말씀에 황공해하
며 한편으로 이상히 여기거늘
9 또 말씀하시기를 "기운이 적다." 하시
매 공우가 부지중에 "바람이 좀더 불리
이다." 하니 과연 바람이 크게 부니라.
10 이어 상제님께서 다시 "나와 친구로
지내자." 하시고 또 "기운이 적다." 하
시거늘
11 공우가 또 아뢰기를 "바람이 더 높아
지리이다." 하니 바람이 크게 일어나
서 모래와 돌이 날리더라.
12 이윽고 상제님께서 말씀하시기를 "용호
대사(龍虎大師)의 기운을 공우에게 붙여
보았더니 그 기운이 적도다." 하시니라.

마음자리에 응기하여 신명이 드나든다

89 공우가 여쭈기를 "신명이 응기(應
氣)하면 사람이 신력(神力)을 얻게
되는 것입니까?" 하니
2 상제님께서 말씀하시기를 "성현의 신
이 응기하면 어진 마음이 일어나고
3 영웅의 신이 응기하면 패기(霸氣)가 일
어나고
4 장사(壯士)의 신이 응기하면 큰 힘이 생
겨나고
5 도적의 신이 응기하면 적심(賊心)이 생
기나니
6 그러므로 나는 목석이라도 기운을 붙
여 쓸 수 있느니라." 하시니라.
7 또 말씀하시기를 "마음이란 귀신이 왕래
하는 길이니
8 마음속에 성현을 생각하면 성현의 신
이 와서 응하고
9 마음속에 영웅을 생각하고 있으면 영
웅의 신이 와서 응하며
10 마음속에 장사를 생각하고 있으면 장
사의 신이 와서 응하고
11 마음속에 도적을 생각하고 있으면 도
적의 신이 찾아와 응하느니라.
12 그러므로 천하의 모든 일의 길흉화복
(吉凶禍福)이 스스로의 정성과 구하는 바
에 따라서 얻어지는 것이니라." 하시니
라.

호연에게 천상 구경을 시켜 주심

90 하루는 상제님께서 호연을 데리고
하늘로 오르시어 천상 구경을 시켜
주시니라.
2 호연이 비 내리는 것을 보니 하늘에서
내리는 것이 아니라, 용이 하루에 두
번씩 바닷물과 강물을 써 올려서 내려
주는 것이더라.
3 상제님께서 말씀하시기를 "하늘 어디
에 물이 있어서 천지에 뿌리겠느냐?
4 중간하늘에서 용이 물을 주는 것이니 용
도 한 마리라야 제때에 물을 주지 두
마리가 되면 서로 미뤄서 가물게 되느
니라." 하시고
5 또 말씀하시기를 "구름이 중간하늘에
있듯이 천지신명들도 중간에서 오고 가
는 것을 세상 사람들은 모르느니라.
6 그러니 사람은 마땅히 신도(神道)에 따라
신명을 공경하며 살아야 하느니라." 하
시니라.

죽은 처녀를 살리심

91 하루는 상제님께서 안내성(安乃成)을 데리고 길을 가시는데 문득 어느 집에서 울음소리가 크게 들리거늘
2 내성이 안으로 들어가 그 까닭을 물으니 집주인의 외동딸이 조금 전에 죽었다고 하더라.
3 이때 죽은 처녀의 부모가 슬픔을 이기지 못하여 죽은 딸을 끌어안고 울부짖는데
4 상제님께서 집 주위를 둘러보시더니 "못된 놈들이 와서 데려갔구나." 하시고는
5 갑자기 "야, 이놈아! 일어나라. 내가 왔다." 하고 크게 소리치시니 순간 죽었던 처녀가 벌떡 일어나며 멀쩡히 살아나니라.
6 이에 그 부모가 감격하여 눈물을 흘리며 미친 듯이 상제님께 절을 올리거늘
7 상제님께서 말씀하시기를 "조금만 늦었어도 큰일날 뻔했느니라." 하시니라.

순식간에 부고를 전해 주심

92 하루는 상제님께서 고부(古阜)를 지나시다 어떤 집 앞에 이르시니 사람들이 눈보라치는 동지 날씨에 방문을 열어 놓고 밖을 내다보며 걱정하는 말들을 하고 있는지라
2 상제님께서 그 연유를 물으시니 한 사람이 대답하기를 "이 집 작은아들이 장성 북일(長城 北一)에 살아 거기에 모친의 부고를 보내야 하는데
3 이런 눈바람 속에 갈재 너머로 사람을 보낼 수가 없어 걱정만 하고 있습니다." 하거늘
4 상제님께서 "그럼 내가 기별해 주마." 하시고 방문을 닫으시니라.
5 장성은 초상집에서 30리 길인 데다가 이런 눈보라 속에서는 도저히 그 날로 기별할 수 없는 상황인지라 가족들 모두 상제님의 말씀을 믿지 않더니
6 저녁이 되어 장성 사는 작은아들이 눈물을 흘리며 집으로 들어서거늘
7 모두 놀랍기도 하고 궁금하기도 하여 "어떻게 해서 네가 왔냐?" 하고 물으니 "기별이 왔더이다." 하고 대답하므로
8 기별 받은 시각을 물어본즉 그 때가 상제님께서 방문을 닫으신 바로 그 시각이더라.

상제님 계신 곳에 자미성이 비침

93 상제님께서 고부에 계실 때 청국의 천문학자 두 사람이 조선에 자미성(紫微星)이 비추는 것을 보고 고부까지 찾아오니라.
2 두 사람이 곳곳을 수소문하며 자미성의 주인을 찾으러 다니다가 마침 고부에 머물고 있던 신원일(辛元一)의 처소에 이르거늘
3 뜻밖에 청나라 사람들을 맞아 원일이 수일 동안 필담(筆談)으로 문답을 주고받으며 친분을 쌓으매
4 두 사람 다 천문과 지리를 통달하여 모르는 것이 없는지라 원일이 크게 놀라 찾아온 사연을 물으니
5 "자미성이 조선을 비추기에 천자를 찾아 전라도 고부 땅까지 왔습니다." 하니라.
6 이에 원일이 "내가 모시는 선생님 한 분이 계신데 그분을 한번 만나 보시오." 하고서 먼저 상제님을 찾아뵙고 사유를 아뢰니
7 말씀하시기를 "그 사람들이 천문을 잘못 봤다. 오늘 저녁에 천문을 다시 보라고 해라." 하시거늘
8 원일이 상제님의 말씀을 그들에게 전하매 "그럴 리 없다." 하며 믿지 않다가
9 그 날 밤 천문을 다시 보니 전날까지만 해도 찬란하게 빛나던 자미성이 흔적도 없이 사라졌더라.
10 이에 두 사람이 심히 허망하여 다음날 하릴없이 청국으로 돌아가니라.

천지신명과 함께하시는 상제님

94 공우가 도문에 들어온 직후부터
자주 상제님을 모시고 다니거늘
2 상제님께서 머무시던 곳에서 다른 곳
으로 떠나려 하실 때는, 밤이면 달무리
가 나타나고 낮이면 햇무리가 나타나
는 것을 여러 차례 경험하니라.
3 이에 언제든지 달무리(月暈)나 햇무리
(日暈)가 나타나면 출행하실 줄을 알고
미리 신발과 행장을 준비하여 명(命)을
기다리는데
4 그 때마다 어김없이 공우를 부르시어
"어디로 가자." 하시며 출발하시니
5 대저 상제님께서는 어디를 가시든지
미리 말씀하지 않으시니라.

농담 한마디도 천지의 도수

95 무신(戊申: 道紀 38, 1908)년 2월에
성도들을 데리고 어디를 가실 때
보리밭 가를 지나시는데
2 성도들이 서로 말하기를 "이 세상에
빈부의 차별로 인하여 곡식 중에 오직
먹기 어려운 보리가 빈민의 양식이 되
어 먹을 때에 항상 괴로움을 느끼니,
보리를 없애 버려야 먹는 데 차별이 없
이 일치하리라." 하거늘
3 상제님께서 들으시고 말씀하시기를
"너희들의 말이 유리(有理)하니 보리를
없애 버리자." 하시고 부(符)를 그려 불
사르시더니
4 4월에 크게 가물어 보리가 다 말라 죽
으매 농민들이 크게 소동하니라.
5 이에 성도들이 이 일을 아뢰며 "이제
만일 보리 흉년이 들면 굶어 죽는 자
가 많을 것입니다." 하거늘
6 상제님께서 꾸짖어 말씀하시기를 "전
에는 너희들이 '보리를 없애 버림이 옳
다.' 하고는 이제 다시 보리 흉년을 호
소하느냐!
7 나의 일은 비록 농담 한마디라도 도수에
박혀 천지에 울려 나가나니 이 뒤로는
모든 일에 실없는 말을 삼가라." 하시
니라.
8 이어 전주 용머리고개에 가시어 김낙
범(金洛範)에게 "거친 보리밥 한 그릇
과 된장국 한 사발을 가져오라." 하시
고
9 "궁민의 음식이 이러하리라." 하시며
된장국에 밥을 말아서 다 드시니
10 문득 검은 구름이 일며 비가 내리거늘
보리가 다시 생기를 얻어 풍작을 이루
니라.

천지의 마음을 나의 심법으로 삼고

11 상제님께서 말씀하시기를 "대인을 배우
는 자는 천지의 마음을 나의 심법으로 삼
고 음양이 사시(四時)로 순환하는 이치
를 체득하여 천지의 화육(化育)에 나아
가나니
12 그런고로 천하의 이치를 잘 살펴서 일
어일묵(一語一默)이 정중하게 도에 합
한 연후에 덕이 이루어지는 것이니라.
13 만일 사람이 사사로운 욕심에 사로잡
혀 자기 좋은 대로 언동하고 가볍고
조급하며 천박하게 처세하면 큰 덕을
이루지 못하느니라." 하시니라.

신장과 신병이 참여해야 일이 된다

96 무신년 3월 초이튿날, 군인 옷을
입고 기치창검을 한 신장(神將)들
이 형렬의 집 마당에 우뚝우뚝 서 있
거늘
2 호연이 무서워서 "누구 죽이려고 저렇
게 칼을 가지고 저런대요?" 하니
3 상제님께서 말씀하시기를 "아니여, 저
희 노릇 한다고 그려. 저놈들 무당 집
에 가서 처먹고 왔으니 무엇을 주어도
마다할 것이다." 하시니라.
4 이때 신명들이 상제님 계신 방안의 동
정을 살피며 조심스레 지나가거늘
5 상제님께서 "○○야, ○○야!" 하고 부
르시니 순식간에 모든 신명들이 두 줄
로 서니라.

6 이어 한 신장이 거수경례하듯 인사를
올리니 상제님께서 "이리 오너라!" 하
시거늘
7 그 신명이 "예!" 하고 다가와 머리를
숙이니 "너 어디어디를 좀 다녀오너
라." 하고 명하시니라.
8 이에 호연이 "뭐 하게 그 사람을 갔다
오라고 해요?" 하고 여쭈니
9 말씀하시기를 "산 사람이 일을 한다고
해도 신명이 들어야 쉽게 되느니라.
10 천하의 장수가 앙심을 품고 죽어서 우
리가 높이 쳐들어 줘야 저희들이 기를
날리며 일을 할 것이니, 죽었다고 아
주 죽은 것이 아니니라.
11 이 세상 되는 것도 군인이 끼어야 하
느니라. 언제 또 벼락이 나서 아까운
목숨이 많이도 죽을 것이다." 하시니
라.

그대로 하니 곧 나으니라

97 대흥리 아래 거슬막에 사는 장성
원(張成遠)의 어린아이가 병이 들어
낮이면 나았다가 밤이면 다시 신열(身
熱)과 기침으로 잠을 자지 못하며 두어
달 동안 고통이 심하거늘
2 성원이 아이를 안고 와서 고쳐 주시기
를 애원하니 말씀하시기를 "이 병은
멀리 서양으로부터 온 비별(飛鼈)로 인함
이라.
3 낮이면 나가서 놀고 밤이면 돌아와 자
나니 불가불 다른 곳으로 옮겨야 나을
지라.
4 산으로 옮기자니 금수도 또한 생명이
요, 바다로 옮기자니 어별(魚鼈)도 또
한 생명이라. 전선에 붙여서 사방으로
흩어 가게 하리라." 하시고
5 성원에게 명하시어 "철사 두어 자를
구하여 아이의 머리맡에 두었다가 전
봇대 밑에 버리라." 하시므로 성원이
그대로 하니 곧 나으니라.

김준찬의 아들을 살려 주심

98 전주에 사는 김준찬(金俊贊)의 아
들이 병들어 사경에 이르매 준찬이
황급히 구릿골에 와서 상제님께 아뢰
니 아무런 말씀도 아니하시는지라
2 준찬이 초조하여 곧 돌아갈 것을 고하
니 상제님께서 만류하시며 "오늘은 늦
었으니 밤을 지내고 내일 가라." 하시
니라.
3 이에 명을 어기지 못하여 아들 걱정에
뜬눈으로 밤을 지새우고
4 이튿날 이른 아침에 구릿골을 떠나 집
으로 돌아오니 병든 아들이 나아서 쾌
활하게 뛰어 놀고 있는지라
5 준찬이 그 병세가 쾌차된 때를 물으니
상제님께 병세를 아뢴 시각과 일치하
더라.

나는 일동일정을 사사로이 못하노라

99 상제님께서 하루는 여러 성도들을
데리고 익산 목천포(木川浦)에 이르
시니 사공은 없고 빈 배만 떠 있거늘
2 몸소 노를 저어 건너신 후에 하늘을
바라보고 웃으시며 "나는 무슨 일이든
지 행하기 어렵도다." 하시니라.
3 이에 성도들이 모두 하늘을 우러러보
니 구름이 노를 저어 배가 떠가는 형
상을 본뜨거늘
4 상제님께서 다시 말씀하시기를 "나는
일동일정(一動一靜)을 사사로이 못하노
라." 하시니라.

도통문을 여는 심법 닦는 대도를 내려 주심

100 무신년 6월 어느 날, 태인에 사
는 신경원(辛京元)이 급히 사람을
보내어 상제님께 아뢰기를 "경관의 조
사가 심하여 날마다 제 집에 와서 선
생님의 주소를 묻습니다." 하니
2 상제님께서 심부름 온 사람에게 물어
말씀하시기를 "급한 일로 오면서 도중

에 지체하게 된 이유가 무엇이냐?" 하
시거늘
3 그 사람이 대답하여 아뢰기를 "길에서
주역(周易)으로 운명을 보는 자가 있어
구경하다 늦었사오니 용서하옵소서!"
하니라.
4 이에 상제님께서 글을 써 주시며 말씀
하시기를 "이 글을 경원에게 전하여
한 번 읽고 곧 불사르게 하라." 하시니
그 글은 이러하니라.
5 天用雨露之薄則 必有萬方之怨하고
천용우로지박즉 필유만방지원
地用水土之薄則 必有萬物之怨하고
지용수토지박즉 필유만물지원
人用德化之薄則 必有萬事之怨하니라
인용덕화지박즉 필유만사지원
하늘이 비와 이슬을 적게 내리면
반드시 만방에서 원망이 일고
땅이 만물을 기르는데
물과 흙을 박하게 쓰면
반드시 만물이 원성을 발하며
사람이 덕화(德化)가 부족하면
반드시 만사에 원망이 붙느니라.
6 天用地用人用이 統在於心하니
천용지용인용 통재어심
心也者는 鬼神之樞機也요
심야자 귀신지추기야
門戶也요 道路也라
문호야 도로야
하늘이 비와 이슬을 내리고
땅이 물과 흙을 쓰고
사람이 덕화에 힘씀은
모두 마음자리에 달려 있으니
마음이란 귀신(鬼神)의 문지도리요
드나드는 문호요 오고가는 도로이라.
7 開閉樞機하고 出入門戶하고
개폐추기 출입문호
往來道路에 神이
왕래도로 신
或有善하고 或有惡하니
혹유선 혹유악
善者師之하고 惡者改之하면
선자사지 악자개지
吾心之樞機門戶道路는 大於天地니라
오심지추기문호도로 대어천지
그 문지도리를 여닫고
문호에 드나들고 도로를 왕래하는 신이
혹 선하기도 하고 악하기도 하니
선한 것을 본받고 악한 것을 잘 고치면
내 마음의 문지도리와 문호와 도로는
천지보다 더 큰 조화의 근원이니라.
8 경원이 이 글을 받아 읽은 후에 곧 불
사르니 그 뒤로 경관의 조사가 그치니
라.

비 좀 주셔야겠습니다

101 덕두리 최덕겸이 모내기를 하려
는데 오랜 가뭄 끝에 논바닥이
타들어 가매 하늘만 바라보며 속을 태
우니라.
2 이에 덕겸이 비를 기다리다 못해 하루
는 상제님께서 계시는 구릿골로 단숨
에 달려가니
3 "덕겸이가 어쩐 일이냐?" 하며 맞으시
거늘 덕겸이 절을 올리고는 머뭇거리
며 서 있으니
4 상제님께서 까닭을 재촉하시는 듯 쳐
다보시므로 용기를 내어 "비 좀 주셔
야겠습니다." 하고 아뢰니라.
5 이에 상제님께서 말씀하시기를 "우사
(雨師)들을 다른 일로 멀리 보내 놓았
으니 돌아가 편안한 마음으로 며칠 기
다리라." 하시거늘
6 덕겸이 집에 돌아가 기다리는데 며칠
이 지나도록 비가 내리지 않는지라
7 내심 상제님을 원망하는 차에 곧 시원
스레 빗줄기가 쏟아지니
8 덕겸이 상제님을 원망한 얕은 소행이
민망하여 크게 뉘우치니라.

너무 애타게 기다리지 말라

9 하루는 상제님께서 만경을 지나시는
데 농부들이 날이 가물어 애타게 비

오기만을 기다리며 일손을 놓고 앉았
거늘
10 "며칠날에는 비가 올 터이니 너무 애
타게 기다리지 말라." 하시니라.
11 상제님께서 말씀하신 날이 되자 과연
비가 풍족히 내리거늘 만경의 농부들
이 기뻐하며 모내기를 하니라.
12 상제님께서 어디에 계시든지 성도들이
가뭄으로 인한 민생의 고초를 아뢰기
만 하면 "며칠날에 비가 올 테니 우의
를 준비해서 오너라." 하시는데
13 말씀하신 그 날이 되면 어김없이 필요
한 만큼 비가 오더라.

마음을 속이면 하늘을 속이는 것

102 상제님께서 공사를 행하시며 원
평장터 김경집(金京執)의 주막에
단골을 정하시고 오랫동안 머무르시니
2 누구든지 '상제님의 허락이 있었다.'
하고 술과 밥을 청하면 주막 주인은
돈이 있고 없음을 묻지 않고 기꺼이
내주거늘
3 하루는 태인 청석골(靑石谷)에 사는 강
팔문(姜八文)이 술과 밥을 많이 먹은
뒤에
4 돈 가진 것을 주인에게 들키고도 상제
님의 말씀이 있었다고 거짓 빙자하여
돈을 지불하지 않고 가니
5 팔문이 이로부터 먹은 것이 체하여 창
증(脹症)이 생기니라.
6 그 뒤에 하루는 상제님께서 불가지에
서 공사를 보시고 팔문과 더불어 구릿
골로 오시는데
7 낙수동(洛水洞)에 이르자 철기신장(鐵騎
神將)들이 술과 고기를 간청하거늘
8 상제님께서 팔문에게 "돈 석냥 칠전
오푼이 있느냐?" 하고 물으시니 팔문
이 돈을 두고도 없다고 대답하니라.
9 상제님께서 그에게 돈이 있음을 아시
고 말씀하시기를 "기심(欺心)이면 기천
(欺天)이네." 하시고
10 달리 돈을 주선하시어 개똥이 주점에
서 술과 고기를 사서 신명들에게 먹이
시고 구릿골로 오시니라.
11 이날부터 팔문이 창증이 악화되어 사
경에 이르거늘 신경수(申京守)가 그 사
실을 상제님께 아뢰니 아무 말씀도 않
으시다가
12 며칠 후에 경수가 다시 와서 팔문의
목숨이 경각에 달렸음을 아뢰니
13 말씀하시기를 "몹쓸 일을 행하여 신명
에게 죄를 짓고 그릇 죽음을 당하게
되었으니 할 수 없다." 하시니라.
14 그 다음날 김갑칠의 아우가 원평에 다
녀와서 '강팔문이가 죽었더라.'고 전하
거늘
15 상제님께서 말씀하시기를 "이는 마음
을 속인 연고니 너희들은 마음을 속이
지 말라." 하시니라.

조왕신에게 받은 신벌

103 하루는 상제님께서 고부 벌미면
괴동(伐未面 槐洞) 손병욱(孫秉旭)
의 집에 가시니 성도들이 많이 모였거
늘
2 병욱이 아내를 시켜 점심을 짓게 하니
날이 매우 더우므로 병욱의 아내가 괴
로워하며 혼자 불평을 하매 갑자기 와
사증(喎斜症)이 일어나는지라
3 황응종이 이를 보고 깜짝 놀라 상제
님께 아뢰니 말씀하시기를 "이는 불평
하는 말을 하다가 조왕(竈王)에게 벌을
받은 것이니라." 하시고
4 글을 써 주시며 병욱의 아내로 하여금
부엌에서 불사르며 사죄하게 하시니
곧 나으니라.

황천신과 중천신

104 하루는 성도들에게 일러 말씀하
시기를 "중천신(中天神)은 후사
(後嗣)를 두지 못한 신명이요, 황천신
(黃泉神)은 후사를 둔 신명이라.

2 중천신은 의탁할 곳이 없어 황천신에
게 붙어서 물밥을 얻어먹어 왔으므로
원한을 품었다가 이제 나에게 하소연
을 하니
3 이후로는 중천신에게 복을 맡기어 사
(私)가 없이 고루 나누게 하노라." 하
시니라.

모악산의 상(相)을 평해 주심

105 하루는 형렬을 불러 모악산을
가리키시며 "사람 같으면 눈이
어디쯤 되겠느냐?" 하고 물으시니
2 형렬이 대하여 아뢰기를 "금산사가 눈
이 될까요?" 하는지라
3 상제님께서 웃으시며 "눈이 입에 가서
붙었더냐? 사람의 낯바닥 상도 보기
가 어렵거늘 모악산 상(相)을 보겠느
냐?" 하시니라.
4 상제님께서 다시 물으시기를 "그러면
젖은 어디만큼 되겠느냐?" 하시니 형
렬이 "구릿골쯤 될까 합니다." 하고 대
답하거늘
5 말씀하시기를 "그렇지, 그것은 네가
잘 보았다. 그러나 젖은 양쪽에 있는
데 물이 양쪽에 있느냐?" 하시니 "청
도원 골짜기에 물이 많습니다." 하고
아뢰니라.
6 이에 말씀하시기를 "그래, 그것은 네
가 잘 본 듯싶다. 양쪽 젖을 한 사람이
먹으니, 구릿골 앞에 둠벙이 있느냐?"
하시므로
7 형렬이 여쭈기를 "예, 깊은 소(沼)가 있
습니다." 하매 "그래야지." 하시고 친
히 가서 보시더니
8 말씀하시기를 "좀 컸으면 좋겠다." 하
시고 또 "여기가 젖 같으면 구릿골 약
방이 잘되었구나." 하시니라.
9 하루는 원평에 계실 때 말씀하시기를
"이곳에 삼십만 철기신장을 명하여 진
을 치고 때를 기다리게 하느니라." 하
시고
10 "원평에 배가 다니게 되면 세상일이 가
까우리라." 하시니라.

금산 쪽이 앞이니라

106 하루는 상제님께서 공우를 데리
고 전주 세내(三川)를 지나실 때
2 모악산을 가리키며 물으시기를 "금산
쪽이 앞이 되겠느냐, 세내 쪽이 앞이
되겠느냐?" 하시니
3 공우는 세내 쪽이 훤히 트인 것을 좋
게 생각하여 장차 앞이 될 듯싶어 막
대답하려는데
4 상제님께서 먼저 "금산 쪽이 앞이니
라." 하시니라.

이곳은 방한간 모퉁이라

107 하루는 상제님께서 성도들을 데
리고 구릿골에서 원평으로 내려
가실 때 물방앗간 모퉁이에 이르시어
오른편 소리개봉을 가리키며 말씀하
시기를
2 "이 봉우리를 '소리개봉'이라 이르나
소리개봉이 아니요 수류개봉(水流開封)
이니라." 하시고
3 또 이르시기를 "이곳을 '방앗간 모퉁
이'라 이르나 방앗간 모퉁이가 아니요
방한간(防旱間) 모퉁이니라." 하시니라.
4 상제님께서 종종 내장산(內藏山)에 가
시거늘 하루는 성도들이 그 이유를 여
쭈니 말씀하시기를 "내장 단속하러 간
다." 하시니라.

바른 이름(正名)의 중요성

108 상제님께서 공우를 데리고 태인
남촌이변면 장재동(南村二邊面
壯才洞)을 지나실 때 길가에 있는 박씨
묘를 보시고 말씀하시기를
2 "이 혈(穴)이 와우형(臥牛形)인데 금혈
형(琴穴形)이라고 혈명을 잘못 지어 발
음(發蔭)이 잘 못 되었느니라.
3 어디든지 혈명을 모르거든 용미(龍尾)

없이 조분(造墳)하였다가 명사(名師)에
게 혈명을 지은 뒤에 용미를 달면 발
음이 되느니라." 하시니라.

천지에 수기가 돌 때에는

4 또 하루는 공우에게 말씀하시기를 "고
부 살포정이 뒤의 호승예불(胡僧禮佛)
을 써 주리니 일꾼을 먹일 만큼 술을
많이 빚어 넣으라." 하시므로 공우가
명하신 대로 하였더니
5 그 뒤에 상제님께서 "장사 지내 주리
라." 하시며 성도들과 함께 그 술을 잡
수시고 글을 써서 불사르시니라.
6 이윽고 말씀하시기를 "지금은 천지에
수기(水氣)가 돌지 않으므로 묘를 써도
발음이 되지 않느니라.
7 이 뒤에 수기가 돌 때에는 와지끈 소리가
나리니 그 뒤에라야 땅 기운이 발하리
라." 하시니라.

회문산은 산군 도수, 변산은 해왕 도수

109 하루는 종이에 글을 써서 불사
르시니 이러하니라.

2 天下自己神은 古阜運回하고
천하자기신 고부운회
天下陰陽神은 全州運回하고
천하음양신 전주운회
天下通情神은 井邑運回하고
천하통정신 정읍운회
天下上下神은 泰仁運回하고
천하상하신 태인운회
天下是非神은 淳昌運回하니라
천하시비신 순창운회
천하의 자기신은 고부로 운이 돌아오고
천하의 음양신은 전주로 운이 돌아오고
천하의 통정신은 정읍으로 운이
돌아오고
천하의 상하신은 태인으로 운이
돌아오고
천하의 시비신은 순창으로 운이
돌아오느니라.
3 상제님께서 말씀하시기를 "사람의 몸에
24추(椎)가 있듯 회문산과 변산에도 24
혈(穴)이 있어 큰 기운을 간직하였나니
4 이제 회문산은 산군(山君) 도수, 변산은
해왕(海王) 도수를 정하여 천지공사에
그 기운을 쓰노라." 하시니라.

각국 말과 천상 말로 지상천국 공사를 집행하심

110 하루는 부(符)를 그려 불태우시
며 신명을 부르시는데 호명하신
신명이 올 때마다 "○○ 신명이 온다."
하시니라.
2 각국의 신명들을 부르시어 각기 그 나
라말로 공사를 보시더니
3 얼마 뒤에는 천상신명(天上神明)을 부르
시어 천상 말로 공사를 보시니라.
4 이때 천상 말로 무어라 명하시어 다짐
을 받으시고 천상 글로 무엇인가를 써
서 불사르시며 말씀하시기를
5 "천상 말을 모르고 지상천국 도수를 어
이 보며 천상 글을 모르고 천상 공사
를 어찌 집행하겠느냐?" 하시고
6 또 말씀하시기를 "육두문자(肉頭文字)가
나의 비결이니라. 육두문자를 잘 살피
라. 아무 것도 모르는 놈이 아는 체하
느니라." 하시니라.

해와 달도 명만 내리면 운행을 멈추느니라

111 하루는 상제님께서 구릿골에 계
시는데 한 성도가 아뢰기를
2 "옛날에 진시황(秦始皇)이 만리장성을
쌓을 때에 돌을 채찍질하여 스스로 가
게 하고, 밤의 잔치에는 흘러가는 시
간을 아까워하여 지는 달을 꾸짖어 머
물게 하였다 하옵니다.
3 이것은 시황의 위세가 높고 커서 돌을
채찍질하고 달을 꾸짖는 권능을 가진
것 같았다는 것이니 후세에 지어낸 말
이 아닙니까?" 하거늘
4 상제님께서 말씀하시기를 "그러하냐.

이제는 판이 크고 일이 복잡하여 가
는 해와 달을 멈추게 하는 권능이 아
니면 능히 바로잡을 수 없느니라." 하
시니라.
5 이때 아침 해가 제비산 봉우리에 솟
아오르거늘 상제님께서 해를 향하여
손으로 세 번 누르시며 "가지 말라!"
하시고
6 담뱃대에 담배를 세 번 갈아 천천히 빨
아들이시니 문득 해가 멈추어 더 이상
솟아오르지 못하더라.
7 한참 후에 성도들이 아뢰기를 "사람들
이 모여들어 '아침 해가 가다 말고 멈
춘 것은 천고에 듣지 못한 일이라.' 하
며 각양각설로 길조인가 흉조인가 하
여 매우 소란합니다." 하니
8 상제님께서 말씀하시기를 "세론(世論)
이 소동할까 염려되니 오래 하지는 못
하리라." 하시고 담뱃재를 떠시며 "가
라!" 하고 명하시거늘
9 이 명이 떨어지자마자 해가 문득 몇
길을 솟아오르매 사람들이 모두 놀라
이상히 여기니라.

나는 천지일월이니라

10 이에 한 성도가 여쭈기를 "해가 선생님
의 명을 받고 멈췄다가 또 명을 기다려
서 가니 어찌 된 영문입니까?" 하니
11 상제님께서 말씀하시기를 "이를 보고
너희들의 신심(信心)을 돈독히 하라. 해
와 달이 나의 명에 의하여 운행하느니
라." 하시니라.
12 한 성도가 다시 여쭈기를 "해와 달이
차고 기우는 것은 자연의 이치가 아닙
니까?" 하니
13 이치가 곧 하늘이요 하늘이 곧 이치이
니, 그러므로 나는 사(私)를 쓰지 못하
노라." 하시니라.
14 또 말씀하시기를 "나는 천지일월(天地日
月)이니라." 하시고
15 "나는 천지(天地)로 몸을 삼고 일월(日月)
로 눈을 삼느니라." 하시니라.

용주의 폐병을 고쳐 주심

112 김경학의 스물한 살 된 아들 용
주(龍胄)가 여러 해 동안 폐병으
로 고생하는지라
2 경학이 상제님께 아뢰면 곧 나았다가
오래되면 재발하므로 온 집안이 걱정
으로 지내더니
3 하루는 밤중에 상제님께서 이르시어
용주의 침실로 향하시니 이때 용주는
사경에 이르러 혼수상태이더라.
4 상제님께서 문밖에서 큰 소리로 "아
비가 오는데도 일어나 맞지 아니하니
그런 도리가 어디 있느냐. 빨리 일어나
라!" 하고 꾸짖으시니 용주가 문득 정
신을 차리거늘
5 경학이 붙들어 일으키려 하매 상제님
께서 이를 말리시며 스스로 일어나기
를 명하시니라.
6 용주가 억지로 몸을 떨며 일어나거늘
문밖으로 내보내어 한참 동안 달음질
을 시키시고
7 "밥을 가져다 먹이라." 하시매 용주의
모친이 밥 짓고 있는 중임을 아뢰니
말씀하시기를
8 "이제야 짓는 밥을 기다릴 수 없으니
용주의 저녁밥 담아 둔 것을 가져오
라." 하시니라.
9 이에 경학이 그 밥이 식어서 사늘하여
졌음을 아뢰니 "관계없으니 가져오라."
하시어 용주에게 "먹으라." 하시매 용
주가 그 밥의 삼분지 이를 먹는지라
10 말씀하시기를 "달음질도 하고 밥도 많
이 먹으니 아픈 사람이 아니로다." 하
시고 이튿날 정읍으로 가시니 이로부
터 용주의 병이 완쾌되니라.
11 경학이 '아비'라 하신 말씀을 괴이하게
여겨 생각해 보니 일찍이 시속을 따라
금산사 미륵불에게 이 아이를 판 일이
있거늘 상제님은 곧 미륵불의 화신(化
身)인 까닭이더라.

경학의 병을 고쳐 주심

12 이 뒤에 경학이 병들어 위독하거늘 상
제님께서 아시고 경학에게 명하시기를
"사물탕(四物湯) 한 첩을 달여서 땅에
붓고 달빛을 우러러보라." 하시니 경
학이 그대로 하여 반 시간 만에 나으
니라.
13 경학이 내환으로 독삼탕(獨蔘湯)을 많
이 쓰다가 상제님께 그 가부를 여쭈니
14 말씀하시기를 "인삼은 내가 모르는 약
이로다." 하시니라.

살아서 잘되려 하나이다

113 하루는 상제님께서 공우에게 "죽어서 잘될 줄 알면 죽겠느냐?" 하고 물으시거늘
2 공우가 생각해 보니 상제님께 아뢴 말
씀은 항상 씨가 되어 그대로 이루어지
므로 죽을까 두려워하여
3 "살아서 잘되려 하나이다." 하고 대답
하니라.

가을개벽 인종 대심판의 만국대장, 박공우

114 무신년 여름에 상제님께서 경석의 집 서쪽 벽에 '28장(將)'과 '24장(將)'을 써 붙이시니 이러하니라.

2 二十八將
이십팔장

鄧禹 馬成 吳漢 王梁 賈復 陳俊 耿弇
등우 마성 오한 왕량 가복 진준 경감

杜茂 寇恂 傅俊 岑彭 堅鐔 馮異 王霸
두무 구순 부준 잠팽 견담 풍이 왕패

朱祐 任光 祭遵 李忠 景丹 萬修 蓋延
주우 임광 채준 이충 경단 만수 갑연

邳彤 銚期 劉植 耿純 臧宮 馬武 劉隆
비동 요기 유식 경순 장궁 마무 유융

3 二十四將
이십사장

長孫無忌 李孝恭 杜如晦 魏徵 房玄齡
장손무기 이효공 두여회 위징 방현령

高士廉 尉遲敬德 李靖 蕭瑀 段志玄
고사렴 울지경덕 이정 소우 단지현

劉弘基 屈突通 殷開山 柴紹 長孫順德
유홍기 굴돌통 은개산 시소 장손순덕

張亮 侯君集 張公謹 程知節 虞世南
장량 후군집 장공근 정지절 우세남

劉政會 唐儉 李勣 秦叔寶
유정회 당검 이적 진숙보

4 이어 공우의 왼팔을 잡으시고 소리를
높여 "만국대장(萬國大將) 박공우!" 하고
외치시거늘
5 이후로 공우가 어디에 가든지 문밖에
나서면 어디선가 방포성(放砲聲)이 나
더라.

대장 노릇을 하려면

6 하루는 상제님께서 공우를 부르시어
"대장 노릇을 하려면 비는 안 맞고 다
녀야 하지 않겠느냐." 하시고 주문을
일러 주시니
7 공우가 이후로 비를 맞지 않고 다니게
되니라.

귀신을 뜻대로 부리는 조화

115 무신년 여름에 대흥리에서 공사를 보실 때 종이에 글을 써서 불사르시니 이러하니라.

2 姜太公이 用七十二候하여
강태공 용칠십이후

使鬼神如奴之하고
사귀신여노지

張子房이 用三十六計하여
장자방 용삼십육계

使鬼神如友之하고
사귀신여우지

諸葛亮은 用八陣圖하여
제갈량 용팔진도

使鬼神如師之하니라
사귀신여사지

강태공은 칠십이후를 써서
귀신을 종처럼 부렸고
장자방은 삼십육계를 써서

귀신을 친구처럼 부렸으며
제갈량은 팔진도를 써서
귀신을 군사처럼 부렸느니라.

사람이 귀신의 법을 쥔다

3 하루는 성도들에게 일러 말씀하시기
를 "지금은 귀신이 사람의 법을 쥐고
있으나 앞세상에는 사람이 귀신의 법
을 쥐게 되느니라.
4 그러니 어서 부지런히 닦으라." 하시니
라.

장수 해원 공사

116 하루는 무주에서 전주로 오실
때 진안 봉촌(鎭安 鳳村)에 있는
어느 산의 한 무덤 앞에서 호연을 안
고 앉으시어 주문을 읽으시니 갑자기
무덤이 들썩들썩하거늘
2 호연이 "아이고, 저기서 무엇 나오네."
하고 계속 지켜보니 관운장과 같이 생
긴 장수가 흙을 떨며 나오더라.
3 잠시 후 장수가 자리에 앉으니 상제님
께서 "괜찮으니 누워 있거라.
4 이 다음에 때가 되어 우리가 일을 할 때
는 죽었다 말고 혼이라도 애를 써라. 그
리하면 네 원을 풀어 주마." 하시니라.
5 이에 장수가 아무 말 없이 고개를 드니
다시 말씀하시기를 "아무리 죽었다 해
도 넌들 몸뚱이에 쓸개가 없을 것이냐?
6 네 부하들이 다 죽은 것을 애석하게
여겨 한을 품지 말아라." 하시니 장수
가 도로 벌떡 드러눕거늘 땅을 다시
다독거려서 덮어 주시니라.
7 하루는 호연에게 말씀하시기를 "일이
되면 너도나도, 죽었던 송장도 다 일
어난다.
8 장수들이 나오는데 그 가운데에 인자
가 있느니라." 하시니라.

천상 신도세계의 구조

117 하루는 김송환(金松煥)이 상제님
께 여쭈기를 "한 가지 알고 싶은
게 있습니다." 하거늘 상제님께서 "무
엇이 알고 싶으냐?" 하시니라.
2 이에 송환이 "하늘 위에 무엇이 있는
지 그것만 알면 죽어도 소원이 없겠습
니다." 하니 상제님께서 "하늘이 있느
니라." 하시니라.
3 송환이 다시 여쭈기를 "하늘 위에 또
하늘이 있습니까?" 하니 말씀하시기
를 "있느니라." 하시매
4 또 여쭈기를 "그 위에 또 있습니까?"
하니 말씀하시기를 "또 있느니라." 하
시고
5 이와 같이 아홉 번을 대답하신 뒤에
"그만 알아 두라. 그 뒤는 나도 모르느
니라." 하시니라.
6 이어 송환에게 물으시기를 "죽어도
그것만 알면 원 없다 했으니 죽을 테
냐?" 하시거늘
7 송환이 잔뜩 겁을 먹고 "죽기 싫습니
다." 하니
8 상제님께서 송환을 꾸짖으며 말씀하
시기를 "죽어도 원이 없다고 하더니
이제 와서 죽기 싫다 하느냐?" 하시고
9 그 뒤에 송환을 '만사불성(萬事不成)'이
라 평하시니라.

문턱 밖이 곧 저승길

10 또 말씀하시기를 "사람의 죽음길이 먼
것이 아니라 문턱 밖이 곧 저승이니
11 나는 죽고 살기를 뜻대로 하노라." 하
시니라.
12 하루는 상제님께서 말씀하시니 이러
하니라.
13 生由於死하고 死由於生하니라
생유어사 사유어생
삶은 죽음으로부터 말미암고
죽음은 삶으로부터 말미암느니라.

눈 깜짝할 새에 사라지시는 상제님

118 상제님께서는 필성과 단둘이 계
시다가도 필성이 잠깐 한눈을
파는 사이에 자주 사라지시니

2 함께 술을 마시다가도 온데간데없이
사라지기도 하시고
3 만났다가 헤어질 때도 서로 '자네 먼저
가게.', '아니, 너 가는 거 보고 갈란다.'
하는 중에 홀쩍 사라지기도 하시니라.
4 한번은 필성이 상제님과 함께 길을 가
는데 방금 전까지만 해도 바로 옆에
계시던 상제님께서 눈 깜짝할 사이에
또 사라지신지라
5 필성이 '물속으로 들어갔나? 땅으로
꺼졌나?' 하고 사방을 두리번거리면서
금난바위에 이르니
6 상제님께서 벌써 바위에 올라앉아 필
성을 기다리고 계시더라.
7 이에 필성이 "아, 벌써 여기 와 있구만.
나는 그걸 모르고 찾았네 그려." 하니
8 상제님께서 웃으시는가 싶더니 금방
또 사라져 버리시니라.

온갖 조화를 자유자재로 행하시니

119 상제님께서는 함께 앉아 계시다
가도 종종 몸을 두고 성령만 빠
져나가시어 어떤 일을 하고 돌아오시
는데
2 이때 곁에 있는 성도들은 물론 호연조
차 그 사실을 눈치채지 못하니라.
3 하루는 상제님께서 호연과 함께 앉아
말씀을 나누시다가 갑자기 빰을 딱 때
리시므로
4 호연이 "왜 맥없이 때려요?" 하며 상제
님을 툭 건드리니 앉아 계시던 형상대
로 옷만 남아 있고 상제님은 안 계시
더라.
5 호연이 이상히 여겨 "옷 벗고 어디 갔
대? 벌거벗고 옷만 여기 있네." 하며
갸웃거리니
6 상제님께서 허허 웃으시며 "옷 안 입
고 가긴 어떻게 가나?" 하고 몸을 드
러내시니라.
7 이에 호연이 "때릴 때는 옷만 있더니
언제 이 속으로 들어갔어요? 아이구,
나 좀 가르쳐 주세요. 나 동무들하고
숨바꼭질하게 좀 가르쳐 줘!" 하고 조
르니
8 상제님께서 "이따가 가르쳐 줄게,
잉?" 하며 부드러운 목소리로 달래시
거늘
9 호연이 그 말씀을 믿고 기다리나 끝내
가르쳐 주지 않으시니라.

호연의 영혼을 빼서 보신 개벽 공사

120 하루는 상제님께서 호연을 약방
에 앉혀 놓으신 채로 영혼만 빼
서 데리고 나가시니라.
2 이때 다른 사람들 눈에는 호연이 그냥
앉아 있는 것으로 보이나 아무리 불러
도 대답을 하지 않거늘
3 이를 이상히 여겨 한 사람이 방으로
들어와 "호연이 어디 갔냐?" 하며 손
을 대니 호연의 몸이 스르르 넘어지더
라.
4 공사를 마치고 돌아오신 상제님께서
호연의 몸에 손을 댄 사람에게 "왜 호
연이 만졌냐?" 하고 꾸짖으시며 손목
을 꺾으시니 어깨까지 비틀어지고
5 다른 한 손으로 빰을 치시니 그 사람
의 머리가 마당에 떨어져 뒹구니라.
6 상제님께서 그 머리통을 발로 툭툭 차
며 공놀이를 하듯 하시니 호연이 이를
지켜보다가 걱정이 되어
7 '아이고, 어쩔거나! 저렇게 함부로 해
서 눈이랑 입에 뭐 들어가면 어쩔려
고….
8 내가 가서 덮어 주고 못하게 해야겠
다.' 하고 상제님의 곁으로 다가가 손
을 꽉 잡으니 별안간 몸이 전혀 움직
여지지 않더라.
9 이때 어떤 이가 호연을 부르며 약방
마당으로 들어서거늘 상제님께서 그
사람 또한 말뚝처럼 멀뚱하게 서 있게
만드시고
10 집 안에서 밥을 먹던 사람들도 모두

순가락을 든 채로 꼼짝 못하게 만드시
니 그 누구도 간섭하지 못하니라.

콧구멍으로 드나드는 사람의 혼기(魂氣)

121 하루는 비가 내리니 한 성도가
약방 사랑에서 비를 구경하다
잠이 들거늘
2 상제님께서 호연에게 가만히 오라는
손짓을 하시므로 호연이 다가가니 "가
만 앉아 봐라. 저거 봐라, 저거! 저 사
람 콧구멍에서 나오는 것 좀 봐라." 하
고 속삭이시니라.
3 호연이 신안이 열려서 보매 꼭 생쥐같
이 생긴 것이 콧구멍에서 토방까지 나
오더니
4 빗물에 잘박잘박하며 발을 대 보다가
다시 콧구멍으로 들어가고, 또 나왔다
가 들어가고, 그러기를 계속하는지라
5 상제님께서 말씀하시기를 "저것이 사람
의 혼이여. 저것이 하나라야 내 본심이
고, 둘이면 도둑놈이다.
6 쥐가 둘이어서 양쪽 콧구멍으로 들어
가는 사람은 마음보가 커서 담장을 넘
어 도둑질을 하니
7 그중 하나를 때려 죽여야지 그냥 놔두
면 커서 일을 저지른다." 하시니라.
8 또 말씀하시기를 "저놈이 다시 콧구멍
으로 안 들어가면 사람이 죽어 버리니
들어가야 산다. 저놈을 다시 들여보낼
까, 말까?" 하시거늘
9 호연이 놀라며 "아이고, 내버려둬요.
이 집에서 송장 치우려고 그래요?" 하
니
10 상제님께서 손가락을 조용히 입에 대
시며 "아무 말도 마라." 하시고
11 이어 말씀하시기를 "자는 사람을 억지
로 깨우면 농판이 들거나 죽거나 할
테니
12 쥐가 나갔다가 안 들어올까 싶어 혼구
멍도 못 준다." 하시며 깨우지 않고 스
스로 일어날 때까지 기다리시니라.
13 한참 후에야 그 사람이 깨어나니 "요
놈이 제 마음대로 자빠져 잔다." 하시
며 불호령을 내리시니라.

자손 싸움이 선령신 싸움으로

122 사람들끼리 싸우면 천상에서 선
령신들 사이에 싸움이 일어나나
니
2 천상 싸움이 끝난 뒤에 인간 싸움이
귀정(歸正)되느니라.
3 전쟁사(戰爭史)를 읽지 말라.
4 전쟁에서 승리한 자의 신명은 춤을 추
되 패한 자의 신명은 이를 가나니
5 도가(道家)에서 글 읽는 소리에 신명이
응하는 까닭이니라.

죽음의 세계로 들어갈 때

123 상제님께서 말씀하시기를 "사람
이 살다가 죽게 되면 삼신(三神)
도 따라 떠나느니라.
2 그러므로 밥을 해 놓고 적삼을 흔들어
초혼(招魂)하는 것은 다 부당한 일이니
3 삼신에게 고함이 옳으니라." 하시니
라.
4 어떤 사람이 여쭈기를 "제사 때 우는
것이 옳습니까, 울지 않는 것이 옳습
니까?" 하니
5 말씀하시기를 "원통히 죽은 신에게는
우는 것이 옳으나, 원통함이 없이 죽
은 신에게는 울지 않는 것이 옳으니
라." 하시니라.

죽은 아이를 살려 주심

124 구릿골에서 술장사하는 김사명
(金士明)의 아들 성옥(成玉)이 어
느 날 급증에 걸려서 나흘 만에 죽거
늘
2 한나절이 넘도록 살리려고 백방으로
주선하여도 회생할 여망(餘望)이 없는
지라

3 할 수 없이 그 어머니가 숨이 끊어진
아이를 안고 구릿골 약방으로 찾아오
니
4 상제님께서 미리 아시고 문득 말씀하
시기를 "약방이 안 되려니 송장을 안
고 오는 자가 있도다." 하시니라.
5 성옥의 어머니가 죽은 아들을 상제님
앞에 눕혀 놓고 애처로이 울면서 살려
주시기를 애걸하니
6 상제님께서 말씀하시기를 "죽은 자는
다시 살아나지 못하는 법인데 나라고 어
찌 살리겠는가?" 하시거늘
7 아이의 어머니가 더욱 슬피 울부짖으
며 "이 아이는 외아들입니다. 아이가
살아날 수 없다면 저도 아들을 따라
죽어 버리렵니다.
8 가련한 이 모자의 형편을 불쌍히 여기
시옵소서." 하고 애원하니 그 애절한
울음소리가 하늘에 닿을 듯하더라.

미수야, 우암을 잡아 오너라

9 상제님께서 차마 보지 못하시고 죽은
아이를 무릎 위에 눕혀 배를 만져 내
리시며
10 허공을 향하여 큰 소리로 "미수(眉叟)
야, 우암(尤庵)을 잡아 오너라." 하고 외
치신 뒤에
11 모과를 씹어 그 즙과 함께 침을 흘려
서 죽은 아이의 입에 넣으시니 아이가
문득 항문으로 추깃물을 쏟거늘
12 상제님께서 "나가서 회초리 하나 끊어
오라." 하시어 회초리로 아이의 종아
리를 탁탁 때리시매 죽었던 아이가 크
게 소리를 지르며 홀연히 살아나더라.
13 이에 아이의 어머니가 기쁨에 넘쳐 눈
물을 흘리며 미친 듯 술 취한 듯이 말
하기를
14 "하느님이시여! 하느님이시여! 죽은 자
식을 살려 주시니 이 큰 은혜 호천망
극(昊天罔極)하옵니다." 하니라.
15 상제님께서 아이에게 미음을 쑤어 먹
이게 하신 후 그 어머니에게 이르시기
를 "요 모퉁이에 가면 걸인이 하나 죽
어 있으리니 옷 입혀서 양지바른 곳에
잘 묻어 주라." 하시고
16 또 말씀하시기를 "죽은 아이가 다행히
살아났으니 잘 가르쳐서 어진 사람을
만들라." 하시며 아이를 걸려서 돌아
가게 하시니라.

네가 천하에 맥을 전하니

125 무신년에 하루는 호연에게 말씀
하시기를 "사람이란 낳기는 제 어
미가 낳았어도 맥이 떨어지면 죽는 것인데
2 네가 천하에 맥(脈)을 전해 주니 할애비
같은 사람도 너를 보고 굴복할 것이
다. 걱정을 말아라.
3 너는 천하에서 돌보는 사람이 있느니
라." 하시며 마음을 달래 주시니라.

먹장난하다 한 맺고 죽은 신명을 위로하심

126 하루는 경석에게 "검은 두루마
기를 가져오라." 하여 입으시고,
또 속옷을 벗으시고 긴 수건으로 허리
를 매신 뒤에
2 여러 성도들에게 물으시기를 "이리하
면 일본 사람과 같으냐?" 하시니 모두
대답하기를 "같습니다." 하니라.
3 이에 다시 벗으시고 말씀하시기를 "내
가 어려서 서당에 다닐 때에 한 아이
와 더불어 먹장난을 하였는데, 그 아
이가 지고 울며 돌아가서는 다시 오지
않고 다른 서당에 다니다가 그 후에
병들어 죽었거늘
4 그 신명이 그 일로 원한을 품었다가 이
제 나에게 와서 해원시켜 주기를 원하
므로 '어떻게 하면 해원이 되겠느냐?'
물으니
5 그 신명이 내가 일본옷을 싫어하는 줄
알고 '일본옷을 입으라.' 하므로 내가
이제 그 신명을 위로함이로다." 하시
니라.

상제님의 표정에 따라서 날씨가 변함

127 상제님께서 웃으시면 구름이나
안개가 잔뜩 끼었다가도 금세
운무가 걷히며 해가 반짝 나고
2 화를 내거나 얼굴을 찡그리시면 맑은
하늘에 갑자기 구름이 끼어 캄캄해지
고 안개가 자욱해지며 비가 오니라.
3 이렇듯 상제님의 표정에 따라 비가 오
다가도 그치고 해가 떴다가도 날이 흐
려지니
4 호연이 "아이구, 변덕도 그렇게 부리
는 수가 없어. 변덕을 사다 넣어~!"
하고 놀려대거늘
5 상제님께서 웃으시며 "변덕이 어쩌면
변덕이냐? 대답을 해 봐라, 잉!" 하시
며 와락 달려드시니라.
6 이처럼 상제님의 일노일소(一怒一笑)에
따라 날씨가 변함은 천지의 주재자이신
상제님의 마음에 천기가 응하는 까닭
이니라.

천지 일에 괴로운 소리를 내지 말라

128 성도들이 상제님을 모시고 출행
할 때 풍우한서(風雨寒暑)에 괴로
운 말을 하면 그 때마다 천기(天氣)를
돌리시어 편의를 봐주시더니
2 하루는 말씀하시기를 "너희들은 이 뒤
로 추워도 춥다 하지 말고, 더워도 덥
다 하지 말고, 비나 눈이 와도 괴로운
말을 내지 말라.
3 천지에서 쓸데가 있어서 하는 일에 항
상 말썽을 부리면 역천(逆天)이 되느니
라." 하시니라.
4 하루는 한 성도가 비를 맞고 들어오며
비가 온다고 투덜대니 말씀하시기를
"이놈아, 좋은 날일수록 비가 오느니
라." 하시니라.

나의 말은 온 우주에 사무치느니라

129 상제님께서 말씀하시기를 "대인
의 말은 구천에 사무치나니 나의
말도 그와 같아서 늘지도 줄지도 않고
부절(符節)과 같이 합하느니라." 하시
니라.
2 하루는 공사를 보시며 글을 쓰시니 이
러하니라.
3 閑談敍話로 可起風塵이요
한담서화 가기풍진
閑談敍話로 能掃風塵이라
한담서화 능소풍진
한가롭게 주고받는 말로
천하의 난리를 일으킬 수 있고
한가롭게 주고받는 말로
천하의 난리를 쓸어낼 수도 있느니라.

하루면 마음이 천 가지로 들어간다

4 또 말씀하시기를 "내가 이렇게 앉아
있어도 내 혼은 돌아다니면서 일을 하
느니라.
5 하루면 마음이 천 가지로 들어간다."
하시니라.

개고기를 즐겨 잡수신 까닭

130 상제님께서 항상 개고기를 즐기
시더니 하루는 "개 한 마리를 잡
아 오라." 하시거늘 개를 잡아 구탕(狗
湯)을 지어 올리니
2 말씀하시기를 "이 고기는 상등 사람의
음식이니라." 하시니라.
3 이에 성도들이 그 이유를 여쭈니 말씀
하시기를 "이 고기를 농민들이 즐기나
니 이 세상에 상등 사람은 곧 농민인
까닭이라." 하시고
4 이어 말씀하시기를 "이 고기는 또한
천지망량(天地魍魎)이 즐기나니, 선천에
는 도가(道家)에서 이 고기를 기피하였
으므로 망량신명이 응하지 아니하였
느니라." 하시니라.

천상 벽라사자들이 알현함

131 하루는 박공우가 상제님을 모시
고 신경수(申京守)의 집에서 잠을
자는데

2 꿈에 불빛 같은 사람 수십 명이 하늘로
부터 내려와 상제님이 계신 문밖 뜰에
서 절하고 뵙거늘 공우가 두려워하여
상제님의 등 뒤로 숨으니라.
3 다음날 상제님께서 "꿈에 무엇을 본
일이 있느냐?" 하고 물으시므로 공우
가 그 일을 아뢰니
4 말씀하시기를 "그들이 곧 천상 벽락사
자니라." 하시니라.

신장들이 상제님 앞에 서서 아뢸 때

132 상제님께서 신명을 불러 공사를
보실 때면 성도들은 그저 혼잣
말씀을 하시는 것으로 여기나 호연의
눈에는 신명이 보이더라.
2 하루는 신명들이 약방으로 들어오지
못하고 대문 앞에서 서로 고개만 기웃
거리며 방안의 동정을 살피더니
3 한 신명이 뽈뽈 기어서 마당으로 들어
와 상제님께 절을 하고 엎드리거늘
4 상제님께서 "이제 일어나거라. 아직 우
리가 나설 때가 못 되었으니 가서 준
비를 하고 내가 부를 때까지 안존(安
存)하라." 하시니 모두 대답하고 물러
가더라.
5 신명들이 올 때는 매양 고샅에서 벌이
웅웅거리는 듯한 소리가 나며 불빛이
반짝반짝하거나 그보다 더 훤하게 비
치기도 하는데
6 상제님께서 막대기로 마당에 금을 그
으시며 "와라!" 하시면 그제야 마당으
로 들어와 절을 올리니라.
7 그중에 높은 신명은 토방 밑까지 오
고, 더러는 토방에 올라서서 인사를
드리거늘
8 이들이 먼저 상제님을 향하여 손을 들
면 상제님께서도 손을 들어 답하시니
라.
9 또 신명마다 입고 있는 옷이 다르니,
토방까지 올라오는 신명들은 붉은빛
이 도는 누르스름한 빛깔의 군복 같은
옷을 입고 허리에 띠를 둘렀더라.

네 생명을 천지에 제(祭) 지내서

133 기유(己酉: 道紀 39, 1909)년 봄에
상제님께서 호연을 깨끗이 목욕
시키신 후 천지에 제를 지내시니
2 종도들이 약방 마당에서부터 고샅까
지 꽉 들어차니라.
3 이때 덕석을 깐 위에 자리를 펴고, 돼
지와 개를 통째로 올려 칼을 꽂아두
고, 술도 동이째 놓게 하신 뒤에
4 상제님께서 호연을 곁에 세우시고 제
를 지내시니 성도들도 모두 상제님의
동정(動靜)에 따라 의식을 행하니라.
5 제를 마치고 호연에게 이르시기를 "네
가 하느님에게다 목숨을 바쳤으니 안 죽
느니라." 하시고
6 또 말씀하시기를 "고목에서 움이 돋아
나면 추수할 도인이 생긴다. 네 목숨을
살려 낼 사람이 다시 생기느니라.
7 죷던 사람은 고목인데 거기서 움이 나
면 너의 생활이 있을 것이다. 네 목숨
을 살려 낼 사람이 그렇게 생기느니
라." 하시니라.
8 이어 형렬에게 당부하시기를 "선매숭
자를 얻어 맥을 이으려고 어려서부터 호
연이를 데려다 길렀느니라.
9 호연이 죽으면 증인이 없어지니 큰일
나느니라. 그러니 호연이를 잘 보살펴
야 하리라." 하시니라.

호연이 다섯 살부터 상제님 어천하실 때까지

134 상제님께서 일찍이 호연을 남장
시키시어 다섯 살 때부터 당신
께서 어천하신 열세 살 때까지
2 9년 천지공사에 동행하게 하시어 앞세상
의 증인으로 삼으시니라.
3 상제님께서 호연을 데리고 다니실 때
사랑에서 주무시면 같이 사랑에 재우시
고, 안에서 주무시면 안에서 재우시며

4 호연을 귀여워하시어 늘 팔베개를 해
주시니라.
5 또 세수하실 때는 낯을 씻어 주시고,
항상 먹을 것을 챙겨 주시니라.

불경한 자를 다스리실 때

135 상제님께서 태인 읍내 이속(吏
屬)의 집에 간혹 왕래하시는데
그 읍리(邑吏)가 재산이 풍요하므로 항
상 거만하고 상제님께도 언행이 불손
한지라
2 어느 날 상제님께서 그에게 일러 말씀
하시기를 "어른에게 언행을 잘못하면 벼
락 맞는 법이니라." 하시니
3 즉시 맑은 하늘에 뇌성(雷聲)이 진동하
며 벼락불이 그 읍리의 몸을 범할 듯
이 주위를 둘러 끊이지 않으니라.
4 이에 읍리가 크게 놀라 사색이 되어
상제님의 등 뒤로 와서 살려 달라고
애걸하거늘
5 상제님께서 물리치시며 말씀하시기를
"모진 놈 곁에 있다가 애매한 사람 벼
락 맞겠다." 하시니
6 천둥과 번개가 더욱 심하여지매 읍리
는 거의 죽을 지경이 되니라.
7 그제야 상제님께서 손을 드시며 "그만
하라." 하시니 천둥과 번개가 바로 멈
추니라.

불경한 말에는 반드시 벌을 주나니

136 하루는 한 성도가 상제님께 친
족들을 자주 찾지 않으시는 까
닭을 여쭈니
2 말씀하시기를 "내가 고부 고향에 가면
일가 중에 항렬(行列) 높은 이를 대할
때에 반드시 항렬을 따라서 말하게 되
나니
3 이것은 윤리상 전통이라 무슨 관계가
있으리오마는 신명들은 그 불경한 말
을 괘씸하게 여겨 반드시 벌을 주느니
라.
4 그러므로 나는 이 일이 어려워서 친족
과 상종을 적게 하노라." 하시고
5 또 말씀하시기를 "내가 천하를 돌리는
사람이거늘 어느 겨를에 집안을 생각
하겠느냐?
6 나는 집안도 친척도 하나 없느니라.
나는 하늘에서 떨어졌느니라." 하시니
라.

아무리 항렬이 높아도

137 어느 해에 하루는 상제님께서
오랜만에 고향에 가시니 마침
당고모의 혼례일이라 집안의 남녀노
소가 많이 모였는데
2 상제님께서 들어서시자 친척들이 모두
반가이 맞으며 말하기를
3 "어이 일순이, 너 본 지 오래구나. 듣
자니 너는 비상한 조화를 부린다던데
우리는 전혀 보지 못했으니, 오늘 너
잘 만났다. 어디 그 술법 구경 좀 하자
꾸나!" 하거늘
4 상제님께서 웃으며 말씀하시기를 "술
만 많이 있으면 보여 드리리다." 하시
니라.
5 이에 집안 어른들이 "술은 얼마든지
있으니 어디 한번 맘껏 해 봐라." 하고
술상을 내오게 하거늘
6 상제님께서 보시고 "이것으로는 안 되
니 술을 더 가져오시오." 하시므로 술
을 더 내오니 모두 한 동이 한 양푼이
나 되더라.
7 상제님께서 동이의 술을 양푼에다 부
으시매 술이 넘쳐흐르지 아니하고 양
푼 둘레대로 위로 차차 쌓여 올라가더
니
8 이윽고 사람 앉은키보다 술 기둥이 더
높아지는지라 이를 본 종친들이 모두
그 신기한 조화에 황홀해하니라.
9 이어 상제님께서 젓가락으로 그 술 기
둥을 위아래로 반을 가르시니 마치 묵
을 칼로 자른 듯이 두 쪽이 되었으나

역시 흐르거나 넘어지지 않거늘
10 반으로 갈라진 술을 젓가락으로 꿰어
서 잡수시는데 남은 반은 그대로 서
있으니 사람들이 모두 경탄을 금치 못
하더라.
11 이 신비로운 광경을 지켜본 사람들이
다시 말하기를 "너는 하늘의 벼락도
마음대로 쓴다 하니 오늘 우리에게 그
구경도 좀 하게 해 다오." 하는지라
12 상제님께서 흔쾌히 승낙하시며 '성냥
을 가져오라.' 하여 불을 켜시니
13 순간 벽력이 치고 뇌성이 일며 온 집안
이 푸른 불에 휩싸여 무섭게 번쩍거리
거늘
14 사람들이 혼비백산하여 "아이구, 제발
그만 거두게!" 하며 바닥에 엎드려 고
개를 들지 못하니라.
15 이에 상제님께서 벼락을 거두시니 그
후로는 항렬이 아무리 높은 종친일지
라도 함부로 '너', '해라' 하고 말을 낮
추지 못하더라.

진묵대사의 참혹한 죽음과 서양문명 개척

138 전주 서방산(西方山) 봉서사(鳳棲
寺) 아래에 계실 때 하루는 성도
들에게 말씀하시기를
2 "김봉곡(金鳳谷)이 시기심이 많더니 하
루는 진묵(震默)이 봉곡에게서 성리대
전(性理大全)을 빌려 가면서
3 봉곡이 곧 후회하여 찾아올 줄 알고
걸어가면서 한 권씩 보고는 길가에 버
려 봉서사 산문(山門) 어귀에 이르기까
지 다 보고 버렸느니라.
4 봉곡이 책을 빌려 준 뒤에 곧 뉘우쳐
생각하기를 '진묵은 불법을 통한 자인
데 만일 유도(儒道)까지 정통하면 대적
하지 못하게 될 것이요, 또 불법이 크
게 흥왕하여지고 유교는 쇠퇴하여지
리라.' 하고
5 급히 사람을 보내어 그 책을 도로 찾
아오게 하니, 그 사람이 뒤쫓아가면서
길가에 이따금 한 권씩 버려진 책을
거두어 왔느니라.
6 그 뒤에 진묵이 봉곡에게 가니 봉곡이
빌려 간 책을 돌려달라고 하거늘
7 진묵이 '그 책은 쓸데없는 것이므로 다
버렸노라.' 하니 봉곡이 크게 노하는지
라
8 진묵이 말하기를 '내가 외우리니 기록
하라.' 하고 외우는데 한 글자도 틀리
지 아니하였느니라.

천하를 크게 문명케 하고자 하였더니

9 봉곡이 이로부터 더욱 시기하더니, 그
뒤에 진묵이 상좌(上佐)에게 단단히 이
르기를 '내가 8일을 기한으로 하여 시
해(尸解)로 천상에 다녀올 것이니 절대
로 방문을 열지 말라.' 하고 떠나거늘
10 하루는 봉곡이 봉서사로부터 서기가
하늘로 뻗친 것을 보고 '내가 저 기운
을 받으면 진묵을 능가할 수 있으리
라.' 하며 즉시 봉서사로 올라갔느니
라.
11 봉곡이 서기가 뻗치는 법당 앞에 당
도하여 진묵을 찾으매 상좌가 나와서
'대사님이 출타하신 지 얼마 안 됩니
다.' 하니
12 봉곡이 '옳거니, 법당의 서기를 이 참
에 받아야겠다.' 하고 '법당 문을 열
라.' 하매 상좌가 '대사님께서 자물쇠
를 가지고 가셨습니다.' 하거늘
13 봉곡이 큰 소리로 호령하며 기어이 문
을 부수고 들어가니 뜻밖에 진묵이 앉
아 있고 그의 몸에서 서기가 뻗치더라.
14 봉곡이 잠시 당황하다가 문득 진묵이
시해로 어디론가 갔음을 알아차리고
'서기를 못 받을 바에는 차라리 돌아
오지 못하게 해야겠다.'고 마음먹고
15 상좌에게 '어찌 시체를 방에 숨겨 두고
혹세무민하느냐! 중은 죽으면 화장을
해야 하느니라.' 하며
16 마침내 마당에 나무를 쌓고 진묵의 육

신을 화장하니 어린 상좌가 울면서 말
리거늘 봉곡은 도리어 화를 내며 상좌
를 내쳤느니라.
17 이때 마침 진묵이 돌아와 공중에서 외
쳐 말하기를 '너와 내가 아무 원수진
일이 없는데 어찌 이러느냐!' 하니 상
좌가 진묵의 소리를 듣고 통곡하거늘
18 봉곡이 '저것은 요귀(妖鬼)의 소리니라.
듣지 말고 손가락뼈 한 마디, 수염 한
올도 남김없이 잘 태워야 하느니라.'
하며 일일이 다 태워 버리니
19 진묵이 다급한 음성으로 상좌에게 '손
톱이라도 찾아 보라.' 하는데 봉곡이
상좌를 꼼짝도 못하게 하며 '손톱도
까마귀가 물고 날아갔다.' 하는지라
20 진묵이 소리쳐 말하기를 '내가 각 지방
문화의 정수를 거두어 모아 천하를 크
게 문명케 하고자 하였으나
21 이제 봉곡의 질투로 인하여 대사(大事)
를 그르치게 되었으니 어찌 한스럽지
않으리오.
22 나는 이제 이 땅을 떠나려니와 봉곡의
자손은 대대로 호미질을 면치 못하리
라.' 하고
23 동양의 도통신(道統神)을 거느리고 서양
으로 건너갔느니라." 하시니라.

천지대권을 사용하실 때는

139 상제님께서는 천지대권을 뜻대
로 사용하시되 일정한 법이 없
고 때와 장소에 따라 달리 행하시니
2 큰비를 그치게 하실 때는 말씀으로도
하시고, 담뱃대나 술잔을 두르기도 하
시며, 혹 성도들에게 명하여 화로의
불덩이를 문밖에 던지게도 하시니라.
3 날이 가물 때는 청수동이에 오줌을 조
금 타면 곧 비가 내리어 모든 곡물이
풍성해지고
4 또 충재가 있을 때는 청수동이에 고춧
가루를 풀어 넣으면 충재가 걷히더라.
5 상제님께서 혹 성도들로 하여금 공사
를 대신 행하게 하실 때는 그 대행하
는 성도로 하여금 능히 화권(化權)을
행하게 하시니라.

출입과 공사 시에 운사(雲師)를 부리심

6 또 밤길을 가실 때 구름이 달을 가리
면 달을 향하여 손을 오른쪽으로 둘러
구름을 둥그렇게 열어젖혀 달빛이 내
비치게 하시고
7 가시는 곳에 이르신 뒤에 달을 향하여
손을 들어 왼쪽으로 두르시면 구름이
다시 원상태로 합하여지더라.
8 천문을 보실 때는 구름으로 온 하늘을
덮으신 후 별을 하나씩 나타나게 하여
성도들로 하여금 살피게 하시니라.

날마다 둥근달이 환하게 떠 있더라

140 기유년 3월 그믐날 상제님께서
형렬과 자현, 자현의 아들 태준
을 데리고 대원사로 가시는 도중에
2 금산사 돌무지개문에 이르시어 "무지
개문의 내력을 아느냐?" 하시고
3 무지개문 안에 서시어 위쪽을 가리키
시며 "한 일(一) 자 돌 네 개로 우물 정
(井) 자가 된 그 가운데를 쳐다보라."
하시므로
4 세 사람이 바라보니 주먹만큼 허물어
진 틈으로 푸른 하늘이 보이더라.
5 잠시 후에 태준이 무지개문의 내력을
여쭈거늘 상제님께서 별 말씀 없이 그
냥 금산사 경내로 들어가시니라.
6 이때 대원사에 가시어 십여 일을 머무
시는데, 밤에 성도들이 소변을 보러
나가면 날마다 둥근달이 환하게 떠 있
더라.

천지가 역으로 가니 역(逆) 도수를 보노라

141 하루는 상제님께서 "천지가 역
(逆)으로 가니 역 도수를 볼 수밖에
없노라." 하시고 공사를 보시며 글을
쓰시니 이러하니라.

2 左旋 四三八 天地는 魍魎이 主張하고
좌선 사삼팔 천지 망량 주장
九五一 日月은 竈王이 主張하고
구오일 일월 조왕 주장
二七六 星辰은 七星이 主張이라
이칠륙 성신 칠성 주장
좌선이라.
사삼팔, 천지는 망량이 주장하고
구오일, 일월은 조왕이 주장하고
이칠륙, 성신은 칠성이 주장하느니라.

천주를 영세토록 잘 모시라

3 運이 至氣今至願爲大降이니
운 지기금지원위대강
無男女老少兒童咏而歌之라
무남녀노소아동영이가지
是故로 永世不忘萬事知니
시고 영세불망만사지
侍天主造化定 永世不忘萬事知니라
시천주조화정 영세불망만사지
이제 천지의 대운이 성숙의 가을 천지
기운 크게 내려 주시기를 간절히
원하고 비는 때이니
남녀노소 어린아이 할 것 없이
모두 이를 노래하느니라.
그러므로 (너희가) 만사에 도통하는
큰 은혜 영원히 잊지 못할지니
'인간 세상에 오신 천주를 모시고
무궁한 새 세계의 조화를 정하나니
천지만사를 도통하는 큰 은혜
영세토록 잊지 못하옵니다.' 라고
기도하느니라.

신미생 양띠로 오신 상제님

142 증산 상제님은 새 천지를 열어
주신 개벽장 하느님이시니, 9년
동안 천지공사를 행하실 때 항상 종이
에 글이나 물형을 써서 불사르시니라.
2 하루는 어떤 사람이 상제님을 헐뜯어
말하기를 "종이만 보면 사족을 못 쓴
다." 하거늘
3 상제님께서 들으시고 일러 말씀하시기
를 "내가 신미생(辛未生)이라. 통속에 미
(未)를 양(羊)이라 하나니 양은 종이를
잘 먹느니라." 하시니라.
4 일찍이 '어린양'으로 불리운 성자 예수
가 십자가에 못 박히기까지 아버지의
천국 복음을 전하였나니
5 '아버지 하나님'이신 상제님께서 예수
를 해원시켜 이 땅 위에 천국을 열어
주시기 위해 신미생 양띠로 오시니라.

사람 만들기 좋아하시는 상제님

6 상제님께서는 흙으로 그릇은 물론 어
떤 것이든 잘 만드시는데 특히 사람을
잘 빚으시니라.
7 하루는 말씀하시기를 "내 재주가 천
가지 만 가지 재주니라." 하시니라.

칠성을 밟아 성령의 세계로

143 하루는 공사를 보시며 글을 쓰
시니 이러하니라.
2 我得長生飛太淸하니
아득장생비태청
衆星要我斬妖精이라
중성요아참요정
惡逆催折邪魔驚하고
악역최절사마경
躡罡履斗躋光靈이라
섭강이두제광령
내가 장생을 얻어 태청을 날으니
뭇 별이 나에게 요사스런 정기를
베어 달라 호소하네.
패악과 무도한 기운 꺾으니 사악한
마들이 놀라고 칠성을 밟아 빛나는
성령의 세계로 올라가노라.
3 天回地轉步七星하고
천회지전보칠성
禹步相催登陽明하니
우보상최등양명
一氣混沌看我形하고
일기혼돈간아형
唵唵急急如律令이라
엄엄급급여율령

하늘을 돌고 땅을 굴러 칠성을 밟고
우보(禹步)를 재촉하여
밝은 세계에 오르니
천지에 가득한 한 기운은
혼돈 속에서 나의 모습을 보고
율령을 집행하듯 신속하게 처리하라.

장차 진법이 나오리라

144 상제님께서 세상에 전하여 온
갖가지 예식을 두루 살피시고
크게 꺼려하시며 말씀하시기를
2 "이는 묵은하늘이 그르게 꾸민 것이니 장
차 진법(眞法)이 나오리라." 하시니라.
3 또 제례진설법(祭禮陳設法)을 보시고
말씀하시기를 "이 또한 묵은하늘이 그
릇 정한 것이니
4 찬수는 깨끗하고 맛있는 것이 좋은 것
이요, 그 놓여 있는 위치로 인하여 귀
중하게 되는 것은 아니니라.
5 신(神)은 사람 먹는 데 따라서 흠향(歆
饗)하느니라." 하시니라.

상복의 기원

6 하루는 한 상인(喪人)이 상복 입은 모
습을 보시고 미워하여 말씀하시기를
"상복(喪服)은 거지 죽은 귀신이 만든 것
이니라." 하시니
7 한 성도가 여쭈기를 "유가(儒家)에서 정
한 것이 이와 같지 않습니까?" 하거늘
8 말씀하시기를 "추하고 험악하니 앞세
상에는 이 옷을 없애리라." 하시니라.

죽은 부모를 묶지 말라

9 또 말씀하시기를 "부모의 시신을 묶
어서 묻는 것은 부모를 원수로 여기는
것이라.
10 묶지 말고 그대로 입관하여 흙으로 덮
어 두는 것이 옳으니라." 하시니라.

천지신명이 신농씨와 태공의 은혜에 보답한다

145 신농씨가 온갖 풀을 맛보아 의
약을 짓고 농사짓는 법과 백곡
을 정함으로써 천하가 그 은택(恩澤)을
입어 왔으나
2 그 공덕을 앙모하여 보답하지 않고 간
혹 의원가에 '신농유업(神農遺業)'이라
써 붙일 뿐이며
3 강태공이 제잔금폭(除殘禁暴)의 묘략과
부국강병(富國强兵)의 술법을 전수함으
로부터 천하가 그 덕으로 대업을 이루
었으되
4 그 은덕을 보답지 않고 다만 디딜방아
에 동티막이로 '경신년 모월 모일 강태
공 조작(姜太公造作)'이라 써 붙일 뿐이
니 어찌 도의(道義)에 합당하리오.
5 또한 강태공이 십 년 경영으로 삼천
육백 개의 낚시를 벌였음이 어찌 한갓
주(周)나라를 일으켜 봉작(封爵)을 얻기
위함이었으랴.
6 이를 널리 후세에 전하려 하였음이니
라.
7 이제 해원시대를 당하여 모든 신명이
신농씨와 태공의 은혜에 보답하게 되
리라.

나는 삼리화(三離火)로다

146 하루는 상제님께서 말씀하시기
를 "봉서사의 진묵은 3둔(遁)을
하였고 주나라의 강태공은 52둔을 하
였으나
2 나는 이제 72둔(遁)을 다 써서 화둔(火
遁)을 트리라." 하시니라.
3 항상 성도들에게 일러 말씀하시기를
"나는 곧 남방 삼리화(三離火)로다." 하시
고
4 "사람으로서는 알기 어려운 일이니
라." 하시니라.

오는 대개벽기에 약은 태을주

147 신농씨가 백초(百草)를 맛보아
약을 만들어 구제창생(救濟蒼生)
에 공헌하였거늘
2 우리는 입으로 글을 읽어서 천하창생

을 구제하느니라.
3 태을주(太乙呪)는 수기 저장 주문이니 병
이 범치 못하느니라.
4 내가 이 세상 모든 약기운을 태을주에
붙여 놓았느니라. 약은 곧 태을주니
라.

모악산의 살기로 세계가 물 끓듯 하리라

148 상제님께서 하루는 성도들에게
말씀하시기를 "모악산 치맛바람
을 아느냐? 모악산 치맛바람이 장차
천하를 진동케 하리라.
2 모악산은 청짐관운형(青鴆貫雲形)인데
그 살기(殺氣)를 피워 내는 바람에 세계
가 물 끓듯 하리라." 하시니라.

말씀에 따라 천지기운이 응함

3 하루는 어디를 가시다가 한 곳을 가리
키시며 "이곳은 주사형(走蛇形)이니라."
하시자 뱀 한 마리가 나타나 기어가거
늘
4 말씀하시기를 "나는 말도 쉽게 할 수
없노라. 천지가 확증하노라." 하시니
라.
5 또 하루는 어디를 가시다가 어느 밭을
가리키시며 "이곳은 금계포란형(金鷄抱
卵形)이니라." 하시니
6 별안간 사방이 둘러싸인 산중에 암탉
한 마리가 나타나 밭 가운데를 걸어다
니는지라
7 말씀하시기를 "나는 말도 쉽게 하지 못
함이 대개 이와 같으니라." 하시니라.

천하의 법은 대중화에서

149 하루는 한 성도가 "매양 공사를
보신 후에는 공우에게 각지에
순회하여 저희들에게 공사 내용을 알
리게 하시고
2 '이것은 천하의 대순이라.' 하시니 무
슨 뜻입니까?" 하고 여쭈거늘
3 상제님께서 말씀하시기를 "천하의 법이
대중화(大中華)에서 나와 만국(萬國)에 미
치는 것이니라." 하시니라.

상제님을 뵙는 의전 절차

150 성도들은 상제님을 보통 '선생
님'이라 부르나 마음속으로는
'인간으로 오신 참 하느님'이라 믿으
니라.
2 또 상제님을 뵙기 위해 찾아오는 사람
들은 대개 '증산 어른'이라 호칭하나
면전에서는 부르지 못하고
3 무엇을 여쭈고자 할 때는 먼저 서기에
게 "선생님께서 엊저녁에 무어라고 명
하셨소?" 하고 물으면
4 서기가 형렬에게 말하고, 형렬이 상제
님께 가서 "그것을 어떻게 하시렵니
까?" 하고 말씀을 올리지 직접 여쭙지
는 못하니라.

감히 상제님 앞에서는

151 상제님께서 팔을 앞뒤로 활개
치고 걸어가시면 팔의 움직임에
따라 큰바람이 일어, 앞벽도 무너지고
뒷벽도 무너지고 언덕도 무너지며
2 저 멀리 있는 사람이 이쪽으로 끌려오
고, 여기 있는 사람이 저쪽 물에 빠져
서 허우적거리기도 하니
3 사람들이 비록 죄 지은 것이 없을지라
도 상제님과 마주치게 될까 심히 두려
워하니라.

천지대세의 바탕을 돌려 놓으심

152 공부하는 자들이 '방위가 바뀐
다.'고 이르나니 내가 천지를 돌
려놓았음을 세상이 어찌 알리오.
2 나는 서신사명(西神司命)이니라.

하늘 아래에 상극하는 이치가 없느니라

3 水火金木이 待時以成하나니
수화금목 대시이성
水生於火라
수생어화

故로 天下에 無相克之理니라
고 천하 무상극지리
수화금목(四象)이
때를 기다려 생성되나니
물(水)이 불(火)에서 생성되는 까닭에
천하에 서로 극(克)하는 이치가
없느니라.
4 내가 이제 천지를 개벽하여 물샐틈없이
도수를 정하였느니라.

성도들이 공사에 참견하다가

153 하루는 마을 사람들이 상제님께
소와 개를 잡아서 올리거늘
2 상제님께서 "신명이 같이 해야지, 신
명 없이는 일을 하지 못하느니라." 하
시며 제를 지내 신명 대접을 하신 뒤에
나누어 먹게 하시고
3 호연에게 말씀하시기를 "형렬과 나
는 열매나 먹지, 그런 건 입에 안 넣는
다." 하시니라.
4 이에 호연이 "아무 것도 아니고만 그
런 것을 먹어?" 하니
5 상제님께서 "흥!" 하며 노려보시는데
시커멓고 긴 눈썹이 꼿꼿하게 선 모습
이 매우 무섭더라.
6 이렇듯 상제님께서 공사를 보실 때,
호연이 버릇없이 굴거나 성도들이 나
서서 참견을 하면 노려보곤 하시는데
7 이때 용안을 빤히 쳐다보면 "무엇이
잘났다고 쳐다보느냐?" 하시며 탁 때
리시니 그제야 놀라 고개를 숙이니라.

사람마다 신명이 호위하여 있다

154 하루는 상제님께서 말씀하시기
를 "사람마다 그 닦은 바와 기국
(器局)에 따라서 그 임무를 감당할 만한
신명이 호위하여 있나니
2 만일 남의 자격과 공부만 추앙하고 부
러워하여 제 일에 게으른 마음을 품으
면 신명들이 그에게로 옮겨 가느니라.
3 못났다고 자포자기하지 말라. 보호신
도 떠나느니라." 하시니라.
4 또 말씀하시기를 "일심으로 하라. 일
심하지 않으면 막대기에 기운 붙여 쓸
란다." 하시니라.

어찌할 수 없이 맡게 되었노라

155 하루는 상제님께서 말씀하시기
를 "내가 이 공사를 맡고자 함
이 아니로되 천지신명(天地神明)이 모
여들어
2 '상제님이 아니면 천지를 바로잡을 수 없
다.' 하므로 괴롭기는 한량없으나 어찌
할 수 없이 맡게 되었노라." 하시니라.

치천하는 너희들이 하라

3 하루는 성도들에게 일러 말씀하시기
를 "평천하(平天下)는 내가 하리니 치천하
(治天下)는 너희들이 하라." 하시니라.

이십팔장(二十八將)

28수		이 름(생몰년)	출신지	벼 슬
동방 창룡(東方 蒼龍) 7수	각(角)	등우(鄧禹, 2~58)	남양(南陽) 신야(新野)	태부(太傅) 고밀후(高密侯)
	항(亢)	마성(馬成, ?~56)	남양(南陽) 극양(棘陽)	중산태수(中山太守) 전초후(全椒侯)
	저(氐)	오한(吳漢, ?~44)	남양(南陽) 원(宛)	대사마(大司馬) 광평후(廣平侯)
	방(房)	왕량(王梁, ?~38)	어양(漁陽) 안양(安陽)	하남윤(河南尹) 부성후(阜成侯)
	심(心)	가복(賈復, ?~55)	남양(南陽) 관군현(冠軍縣)	좌장군(左將軍) 교동후(膠東侯)
	미(尾)	진준(陳俊, ?~47)	남양(南陽) 서악현(西鄂縣)	낭야태수(琅邪太守) 축아후(祝阿侯)
	기(箕)	경감(耿弇, 3~58)	부풍(扶風) 무릉(茂陵)	건위대장군(建威大將軍) 호치후(好畤侯)
북방 현무(北方 玄武) 7수	두(斗)	두무(杜茂, ?~43)	남양(南陽) 관군현(冠軍縣)	표기대장군(驃騎大將軍) 참거향후(參蘧鄉侯)
	우(牛)	구순(寇恂, ?~36)	상곡(上谷) 창평(昌平)	집금오(執金吾) 옹노후(雍奴侯)
	여(女)	부준(傅俊, ?~31)	영천(潁川) 양성(襄城)	적노장군(積弩將軍) 곤양후(昆陽侯)
	허(虛)	잠팽(岑彭, ?~35)	남양(南陽) 극양(棘陽)	정남대장군(征南大將軍) 무음후(舞陰侯)
	위(危)	견심(堅鐔, ?~50)	영천(潁川) 양성(襄城)	좌조(左曹) 합비후(合肥侯)
	실(室)	풍이(馮異, ?~34)	영천(潁川) 부성(父城)	정서대장군(征西大將軍) 양하후(陽夏侯)
	벽(壁)	왕패(王霸, ?~59)	영천(潁川) 영양(潁陽)	상곡태수(上谷太守) 회릉후(淮陵侯)
서방 백호(西方 白虎) 7수	규(奎)	주우(朱祐, ?~48)	남양(南陽) 원(宛)	건의대장군(建義大將軍) 격후(鬲侯)
	루(婁)	임광(任光, ?~?)	남양(南陽) 원(宛)	신도태수(信都太守) 아릉후(阿陵侯)
	위(胃)	체준(祭遵, ?~33)	영천(潁川) 영양(潁陽)	정로장군(征虜將軍) 영양후(潁陽侯)
	묘(昴)	이충(李忠, ?~43)	동래(東萊) 황(黃)	예장태수(豫章太守) 중수후(中水侯)
	필(畢)	경단(景丹, ?~26)	풍익(馮翊) 역양(櫟陽)	표기대장군(驃騎大將軍) 역양후(櫟陽侯)
	자(觜)	만수(萬修, ?~?)	부풍(扶風) 무릉(茂陵)	우장군(右將軍) 괴리후(槐里侯)
	삼(參)	갑연(蓋延, ?~39)	어양(漁陽) 요양(要陽)	호아대장군(虎牙大將軍) 안평후(安平侯)
남방 주작(南方 朱雀) 7수	정(井)	비동(邳彤, ?~?)	신도(信都)	태상(太常) 영수후(靈壽侯)
	귀(鬼)	요기(銚期, ?~34)	영천(潁川) 겹(郟)	위위(衛尉) 안성후(安成侯)
	유(柳)	유식(劉植, ?~?)	거록(鉅鹿) 창성(昌城)	효기장군(驍騎將軍) 창성후(昌城侯)
	성(星)	경순(耿純, ?~37)	거록(鉅鹿) 송자(宋子)	동군태수(東郡太守) 동광후(東光侯)
	장(張)	장궁(臧宮, ?~58)	영천(潁川) 겹(郟)	성문교위(城門校尉) 낭릉후(朗陵侯)
	익(翼)	마무(馬武, ?~61)	남양(南陽) 호양湖陽)	포로장군(捕虜將軍) 양허후(楊虛侯)
	진(軫)	유융(劉隆, ?~57)	남양(南陽)	표기장군(驃騎將軍) 신후(慎侯)

이십사장(二十四將)

24절기	이 름(생몰년)	출신지	봉 호
동지	장손무기(長孫無忌, ?~659)	하남(河南) 낙양(洛陽)	조공(趙公)
소한	이효공(李孝恭, 591~640)	?	하간왕(河間王)
대한	두여회(杜如晦, 585~630)	경조(京兆) 두릉(杜陵)	내성공(萊成公)
입춘	위징(魏徵, 580~643)	위군(魏郡) 내황(內黃)	정문정공(鄭文貞公)
우수	방현령(房玄齡, 579~648)	제주(齊州) 임치(臨淄)	양공(梁公)
경칩	고사렴(高士廉, 575~647)	발해(渤海) 수(蓚)	신공(申公)
춘분	울지경덕(尉遲敬德, 585~658)	삭주(朔州) 선양(善陽)	악공(鄂公)
청명	이정(李靖, 571~649)	옹주(雍州) 삼원(三原)	위공(衛公)
곡우	소우(蕭瑀, 574~647)	남난릉(南蘭陵)	송공(宋公)
입하	단지현(段志玄, 598~642)	제주(齊州) 임치臨淄)	포충장공(褒忠壯公)
소만	유홍기(劉弘基, 582~650)	옹주(雍州) 지양(池陽)	기공(夔公)
망종	굴돌통(屈突通, 557~628)	옹주(雍州) 장안(長安)	장충공(蔣忠公)
하지	은개산(殷開山, ?~ 622)	옹주(壅州) 호(鄠)	운절공(鄖節公)
소서	시소(柴紹, ?~638)	임분(臨汾)	초양공(譙襄公)
대서	장손순덕(長孫順德, ?~?)	하남(河南) 낙양(洛陽)	설양공(薛襄公)
입추	장량(張亮, ?~646)	정주(鄭州) 형양(滎陽)	운공(鄖公)
처서	후군집(侯君集, ?~643)	빈주(豳州) 삼수(三水)	진공(陳公)
백로	장공근(張公謹, ?~?)	위주(魏州) 번수(繁水)	추양공(鄒襄公)
추분	정지절(程知節, ?~665)	제남(濟南) 동아(東阿)	노공(盧公)
한로	우세남(虞世南, 558~638)	월주(越州) 여요(餘姚)	영흥문의공(永興文懿公)
상강	유정회(劉政會, ?~635)	활주(滑州) 조(胙)	유양공(逾襄公)
입동	당검(唐儉, 579~656)	병주(幷州) 진양(晉陽)	거공(莒公)
소설	이적(李勣, 584~669)	조주(曹州) 이호(離狐)	영공(英公)
대설	진숙보(秦叔寶, ?~638)	제주(齊州) 역성(歷城)	호장공(胡壯公)

제5편

천지공사(天地公事)

천지공사(天地公事)

우주일가의 조화선경낙원을 여는 신천지의 새판을 짜심

천지공사의 대의(大義)

1 증산 상제님께서 선천개벽 이래로 상
극의 운에 갇혀 살아온 뭇 생명의 원
(冤)과 한(恨)을 풀어 주시고
2 후천 오만년 지상 선경세계를 세워 온
인류를 생명의 길로 인도하시니
3 이것이 곧 인존상제님으로서 9년 동안
동방의 조선땅에서 집행하신 **천지공사**
(天地公事)라.
4 이로써 하늘 땅의 질서를 바로잡아 그
속에서 일어나는 **신도**(神道)와 **인사**(人
事)를 **조화**(調和)시켜
5 원시반본(原始返本)과 보은(報恩) · 해원
(解冤) · 상생(相生)의 정신으로
6 지나간 선천상극(先天相克)의 운(運)을
끝막고 후천 새 천지의 상생의 운수를
여시니라.
7 이에 상제님께서 만고원신(萬古冤神)과
만고역신(萬古逆神), 세계문명신(世界文
明神)과 세계지방신(世界地方神), 만성
선령신(萬姓先靈神) 등을 불러모아
8 신명정부(神明政府)를 건설하시고 앞세
상의 역사가 나아갈 이정표를 세우심
으로써
9 상제님의 대이상이 도운(道運)과 세운
(世運)으로 전개되어 우주촌의 선경낙
원(仙境樂園)이 건설되도록 물샐틈없이
판을 짜 놓으시니라.

본댁에서 천지공사를 행하심

2 신축(辛丑: 道紀 31, 1901)년 겨울에 본
댁에서 **천지대신문**(天地大神門)을 여시
고 천지공사를 행하실 때
2 식음을 전폐하시고, 불을 때지 않은
방에서 창문에 종이를 바르지 않으신
채 홑옷 차림으로 아흐레를 지내시며
신명들에게 칙령(勅令)을 내리시니
3 새가 벼 말리는 뜰에 내리지 않으며 집
안 식구도 방문 가까이 가기를 두려워
하고 이웃 사람들은 문 앞을 지나가기
조차 어려워하더라.

임인(壬寅: 道紀 32, 1902)년

순결한 마음으로 천지공정에 참여하라

3 임인(壬寅: 道紀 32, 1902)년 4월에 상
제님께서 전주 하운동 김형렬(金亨烈)
의 집에 계시며 천지대신문을 열고 천
지공사를 행하시니라.
2 이때 상제님께서 말씀하시기를 "내가
이제 천지를 개벽하여 하늘과 땅을 뜯
어고치고
3 **무극대도**(無極大道)를 세워 선천 상극의
운을 닫고
4 **조화선경**(造化仙境)을 열어 고해에 빠진
억조창생을 건지려 하노라.
5 이제 온 천하를 한집안이 되게 하리니
너는 오직 순결한 마음으로 천지공정
(天地公庭)에 참여하라." 하시니라.

새로 만들어야 하느니라

6 하루는 형렬에게 이르시기를 "나의 일
은 천지를 개벽함이니 곧 천지공사니
라.
7 네가 나를 믿어 힘을 쓸진대 무릇 남

이 만들어 놓은 것을 인습(因襲)할 것
이 아니요, 새로 만들어야 하느니라."
하시고
8 또 말씀하시기를 "나의 일은 귀신도
모르나니 오직 나 혼자 아는 일이니
라." 하시니라.

서양으로 넘어가는 동양을 붙들어 주심

4 상제님께서 말씀하시기를 "동학(東學)
신도들이 안심가(安心歌)를 잘못 해석
하여 난을 지었느니라.
2 일본 사람이 3백 년 동안 돈 모으는
공부와 총 쏘는 공부와 모든 부강지술
(富强之術)을 배워 왔나니 너희들은 무
엇을 배웠느냐.
3 일심(一心)으로 석 달을 못 배웠고 삼
년을 못 배웠나니 무엇으로 그들을 대
항하리오.
4 그들 하나를 죽이면 너희들은 백이나
죽으리니 그런 생각은 하지 말라.
5 이제 최수운(崔水雲)을 일본 명부, 전명
숙(全明淑)을 조선 명부, 김일부(金一夫)
를 청국 명부, 이마두(利瑪竇)를 서양
명부로 정하여 각기 일을 맡겨 일령지
하(一令之下)에 하룻저녁으로 대세를
돌려 잡으리라.
6 이제 동양의 형세가 누란(累卵)과 같이
위급하므로 내가 붙들지 않으면 영원
히 서양으로 넘어가게 되리라." 하시
니라.

네가 등창이 나서 죽으리라

5 상제님께서 김경소를 불러 경계하여
말씀하시기를
2 "그대가 오십 년 공부로 태을주를 전하
더니 도욕이 넘쳐 '증산이 내 제자다.'
하며 천상 옥경의 옥좌를 넘보는구려.
3 허나 당신은 결국 분을 못 이겨 등창
이 나서 죽으리라." 하시니
4 말씀이 떨어지기 무섭게 경수의 등줄
기에 주먹만 한 종기가 생기니라.
5 이로부터 경수가 사경을 헤매다 숨이
떨어질 지경이 되자 그 후손을 불러
이르기를
6 "내가 이제껏 이 땅에 조화주 하느님
이 오신 걸 몰랐구나.
7 나는 그분이 이 세상의 많은 생명을
살리실 하나님이신 줄 몰라보고 이렇
게 죽게 되었으니
8 너는 오직 성심으로 참 하나님을 잘
섬겨라." 하니라.

지구촌 세계 신질서의 큰 기틀을 짜심

6 상제님께서 말씀하시기를 "내가 이제
천지의 판을 짜러 회문산(回文山)에 들
어가노라.
2 현하대세를 오선위기(五仙圍碁)의 기령
(氣靈)으로 돌리나니
3 두 신선은 판을 대하고 두 신선은 각
기 훈수하고 한 신선은 주인이라.
4 주인은 어느 편도 훈수할 수 없어 수
수방관하고 다만 손님 대접만 맡았나
니
5 연사(年事)에 큰 흠이 없어 손님 받는
예(禮)만 빠지지 아니하면 주인의 책임
은 다한 것이니라.
6 바둑을 마치고 판이 헤치면 판과 바둑
은 주인에게 돌아가리니
7 옛날 한고조(漢高祖)는 마상(馬上)에서
득천하(得天下)하였으나 우리는 좌상(坐
上)에서 득천하하리라." 하시니라.

상씨름으로 판을 마치리라

7 하루는 상제님께서 말씀하시기를 "현
하대세가 씨름판과 같으니 애기판과
총각판이 지난 뒤에 상씨름으로 판을
마치리라." 하시고
2 종이에 태극 형상의 선을 그리시며
"이것이 삼팔선이니라." 하시니라.
3 또 말씀하시기를 "씨름판대는 조선의
삼팔선에 두고 세계 상씨름판을 붙이
리라.

4 만국재판소를 조선에 두노니 씨름판에
소가 나가면 판을 걷게 되리라.
5 세속에 가구(假九)라는 노름판이 있어
서 열다섯 수(數)가 차면 판몰이를 하는
것이 곧 후천에 이루어질 비밀을 세간
에 누설(漏泄)한 것이니
6 내가 천지공사에 이것을 취하여 쓰노
라." 하시니라.

선령신을 박대하는 예수교의 기운을 거두심

8 하운동 입구 오동정(梧桐亭)에 세 아
름씩 되는 큰 둥구나무 세 그루가 서
있거늘 상제님께서 제비창골을 오가
실 때 그 나무 아래 바위에서 자주 쉬
시니라.
2 6월에 하루는 바위에서 주무시다가 갑
자기 일어나시어 그 앞에서 주막을 경
영하는 예수교인 김경안을 부르시더니
3 말씀하시기를 "네가 믿는 예수교서를
가져오라." 하시매 경안이 영문을 모
른 채 신약전서를 가져다 올리거늘 상
제님께서 불살라 버리시니라.
4 이에 경안이 깜짝 놀라 "왜 책을 사르
십니까?" 하며 소리치니
5 상제님께서 꾸짖어 말씀하시기를 "이
놈아! 이것 믿어 가지고 뭐할 것이냐!
6 이 책은 죽은 뒤에야 천당으로 간다는
조건이 붙은 책이니 살아서 잘되고 행
복하지 못하면 무슨 소용이 있겠느냐.
7 앞으로 이 교가 수많은 중생을 죽게
할 것이요, 선령신을 박대하는 길이니
태우는 것이다." 하시매
8 경안이 분을 이기지 못하여 상제님의
멱살을 잡고 흔들며 "당신이 뭘 안다
고 그러느냐!" 하고 고함치거늘 온 동
네가 소란하니라.
9 그 후에 형렬이 상제님을 모시고 오동
정 차윤필(車允必)의 집에 가니 경안이
와서 예수교서 불태운 것을 말하며 또
행패를 부리거늘
10 상제님께서 "곧 돌려주리라." 하시는데
이때 마침 한 붓장수가 지나가는지라
11 상제님께서 그를 불러들여 술을 권하
시고 붓상자를 가리키며 말씀하시기
를 "그 상자 속에 든 예수교서 좀 보
자." 하시니라.
12 이에 붓장수가 내심 놀라며 "이 속에
예수교서 있는 것을 어떻게 아셨습니
까?" 하고 여쭈니
13 말씀하시기를 "아, 저 붓 밑에 들었구
만 뭘 그려. 그대는 예수를 믿지 아니
하니 그 책을 나에게 전함이 어떠하
냐?" 하시매
14 붓장수가 대답하기를 "술도 많이 주시
어 고마운데 그냥 드리겠습니다." 하
거늘 상제님께서 그 책을 받아 경안에
게 주시니라.
15 그 후로 경안의 집은 패가하여 아들이
간질병으로 죽고, 딸도 소박 맞고 돌
아와 떠돌다 죽으니라.

물막이 공사

9 상제님께서 손바래기 본댁에서 태인,
원평, 전주 등을 왕래하실 때면 항상
물맹이를 거쳐 가시거늘
2 그 마을에서는 상제님께서 다만 삿갓
을 쓰고 다니신다 하여 상제님을 '삿
갓어른'이라 부르니라.
3 예로부터 물맹이는 장마철만 되면 마
을 전체가 물에 잠겨 그 피해가 막심
하더니
4 하루는 박동근과 동네 사람들을 냇가
로 데리고 나가시어 말씀하시기를
5 "이곳은 큰비만 오면 물바다가 되어
고생이 막심한지라 이제 물길을 막아
제방을 쌓으리니 이곳을 물막이라 하
라." 하시니라.

도로와 교량 공사를 보심

10 객망리에서 정읍을 오가려면 정읍
천을 건너야 하거늘 홍수로 다리가

쓸려가고 없을 때면 사람들이 멀리 두
승산(斗升山) 쪽으로 돌아서 다니니라.
2 장마철에 하루는 상제님께서 정읍장
에 가셨다가 뒷집에 사는 류연회(柳然
滄)를 만나 함께 손바래기로 오시는데
물이 불어 다리가 잠긴지라
3 연회가 두승산 쪽으로 돌아서 가려 하
자 "아니, 반듯한 길을 두고 뭣하러 돌
아가느냐?
4 나하고 그냥 반듯한 길로 가자." 하시
고 진펄이며 논이며 가리지 않으시고
곧장 질러가시니라.
5 이에 연회가 뒤따르며 여쭈기를 "어찌
하여 길을 두고 진흙 속으로 걸어가며
옷을 다 버리십니까?" 하니
6 "나는 일하느라고 바쁘건만…." 하시
며 뒤도 돌아보지 않고 내처 냇물을
걸어서 건너시거늘
7 연회가 깜짝 놀라 상제님께 바짝 따라
붙으매 순식간에 객망리에 당도하니
라.
8 어천하신 후에 연회가 보니 예전에 상
제님께서 반듯이 질러가신 자취를 따
라 논과 뻘에 신작로가 나고, 걸어서
건너신 냇물 위로 다리가 놓이는지라
9 크게 감탄하며 말하기를 "그 때는 내
가 어리석어 신인(神人)의 세계를 알지
못하였도다!" 하니라.

이 방죽은 없어져야 하리라

10 하루는 성도들을 거느리고 고부 거무
실 방죽을 지나며 말씀하시기를 "이곳
을 거무실이라 이르므로 이 방죽은 없
어져야 하리라." 하시더니
11 이후로 점차 물이 줄어들어 밭과 논으
로 변하매 방죽이 흔적도 없이 사라지
니라.

쉽고 간단한 문자로 통용되도록 하심

11 하루는 상제님께서 옥편(玉篇)을
불사르며 말씀하시기를
2 "내가 아는 문자만으로도 능히 모든
사물을 기록할지니 앞으로는 쉽고 간
단한 문자로 천하에 통용되도록 하리
라." 하시고
3 "장차 우리나라 말과 글을 세계 사람
이 배워 가리라." 하시니라.

장차 우리나라 문명을 세계에서 배워 가리라

4 하루는 상제님께서 성도들과 더불어
공사를 행하실 때 불가서(佛家書) 천수
경(千手經), 사요(史要), 해동명신록(海
東名臣錄), 강절관매법(康節觀梅法), 대
학(大學) 등 주요 한문 서적과 형렬의
채권부(債權簿), 약방문 등을 불사르시
며 말씀하시기를
5 "장차 신문명이 나타나리라." 하시고
6 또 말씀하시기를 "우리나라 문명을 세
계에서 배워 가리라." 하시니라.

49일 정성 공사

12 하루는 상제님께서 하운동 이환구
(李桓九)의 집에서 공사를 행하실
때
2 환구에게 이르시기를 "네 아내가 49일
동안 정성을 들일 수 있는지 잘 상의
하여 보라." 하시므로 환구가 아내에
게 그 뜻을 물으니
3 그의 아내는 형렬의 누이동생으로 상
제님의 신성하심을 익히 들은 터라 굳
게 결심하고 대답하거늘
4 상제님께서 다시 다짐을 받게 하시고
날마다 목욕재계한 후에 떡 한 시루씩
찌게 하시니라.
5 여러 날이 지나매 그 아내가 괴로워하
며 불평을 품으니 이 날은 나무 한 짐
을 다 때어도 떡이 익지 않는지라
6 환구의 아내가 크게 당황하여 어찌할
바를 몰라 하니 상제님께서 환구에게
이르시기를
7 "떡이 익지 않는 것은 성심(誠心)이 풀린
까닭이라. 네 아내가 심히 걱정하는 듯
하니 내 앞에 와서 사죄하게 하라.

8 나는 비록 용서하고자 하나 신명들이
듣지 않느니라." 하시니라.
9 환구가 아내에게 말씀을 전하니 아내
가 깜짝 놀라 사랑에 와서 상제님께
사죄하고 다시 부엌에 들어가 시루를
열어 보니 떡이 잘 익었더라.

너의 정성이 하늘을 움직였다

10 이로부터 일심으로 정성을 들여 49일
을 마치니 상제님께서 친히 부엌에 들
어가시어 그 정성을 치하하시니라.
11 이에 그 아내가 한결같이 정성을 들이
지 못하였음을 송구스러워하거늘
12 상제님께서 위로하시며 "너의 정성이
하늘을 움직이고 신명을 감동시켜 이
제 신명들이 너의 공덕을 기리고 있느
니라. 믿지 못하겠거든 저 달을 보라."
하시매
13 하늘을 쳐다보니 오색채운(五色彩雲)이
달무리를 이루고 있더라.

나 커서도 이러면 흉볼거야

13 초가을 어느 날 상제님께서 형렬과
호연을 데리고 공주에 가실 때
2 상제님께서 호연을 업고 가시다가 "오
줌 눌래?" 하고 물으시니 호연이 "안
내리고 여기다 그냥 쌀 참이야." 하니
라.
3 이에 상제님께서 "그럼 나 척척해서 어
쩌라고 내게다 싸려고 그래?" 하시니
4 호연이 등에 더 바싹 붙으며 "싫어, 나
그냥 여기에 싸." 하거늘
5 상제님께서 웃으시며 "아이고, 거머리
가 생겼다~! 에이, 너 그럴래?
6 그럼 물속에 처넣는다?" 하시며 몸을
마구 흔드시는지라
7 호연이 재미있다고 깔깔대고 웃으며
"어디 들어가 봐요.
8 아무리 물속으로 들어간들 내가 떨어
지간디? 나를 뿌리쳐야 내가 빠지지."
하며 더욱 꼭 붙드니
9 상제님께서 "아이, 요것 봐라~." 하시
며 마냥 웃으시니라.
10 잠시 후 끼니 때가 되어 주막에서 진지
를 드시는데 상제님께서 반찬을 입으
로 빨아 호연의 밥 위에 놓아 주시니
먹지 않는지라
11 상제님께서 "안 먹을라냐?" 하시니 뽀
로통한 얼굴로 "안 먹을래. 나 커서도
이러면 어디 가서 흉볼거야." 하거늘
12 상제님께서 주막집이 흔들리도록 박
장대소하시매 사랑에서 밥을 먹던 사
람들이 깜짝 놀라 밖으로 뛰어나오니
라.

내가 자르면 이제 다 자르리라

14 하루는 상제님께서 상툿고를 동곳
아래까지 잘라 손에 쥐고 들어오
시어 "마개 하나 주웠다~!" 하시니
2 호연이 진짜 마개인 줄로 알고 "뭔 마
개요?" 하거늘 상제님께서 "너를 데
리고 뭘…. 우습기야 하겠냐, 내 상투
다!" 하시니라.
3 이에 호연이 "아이고, 어디 봐. 싹둑
잘랐네. 왜 이렇게 생겼대요?" 하며 이
리저리 살피거늘
4 "마개가 없어서 마개 하느라고 그랬
다." 하시니 "뭔 마개? 작아서 병마개
는 안 되겠는데?" 하는지라
5 상제님께서 "야야, 이것이 작아?" 하
시며 상투 자른 것을 눈앞으로 밀어
보이시니
6 호연이 "아이구, 참말로 요상하게 상
투를 왜 그렇게 끊었어요?" 하며 얼굴
을 찌푸리니라.
7 이에 말씀하시기를 "이제 세상이 머리
카락이라고 생긴 것은 그냥 다 끊어
야." 하시거늘
8 호연이 주위를 둘러보며 "저이들은 다
저러고 있구만!" 하며 고개를 갸웃거
리니
9 말씀하시기를 "내가 끊으면 시나브로
다 끊어야." 하시니라.

머리 깎는 개화 공사

15 임인년 9월에 상제님께서 한쪽 머
리를 깎고 들어오시니
2 호연이 "싹 깎아 놓으니 외뚝이마냥
보기도 싫네." 하며 상제님 주위를 한
바퀴 돌더니 "어떻게 한쪽만 깎았어
요?" 하거늘
3 상제님께서 "너는 이름도 잘 짓는다. 외
뚝이가 뭐냐?" 하며 껄껄 웃으시니라.
4 며칠 후 상제님께서 밖에 나가시더니
남은 한쪽마저 깎고 들어오시어 "인제
죄다 깎어. 형렬이도 깎아야 한다. 다~
깎어!" 하시거늘
5 호연이 "왜 못 깎게 안 해요?" 하고 여
쭈니 이르시기를 "바람 부는 대로, 물
결치는 대로 살아야지.
6 우선은 이 땅에 있으니 하라는 대로
할밖에 더 있냐?" 하시니라.

상투 잡고 우는 김형렬

16 하루는 밖에 나가셨다가 밀화(蜜
花) 동곳 네 개를 가지고 들어오시
어 "예 있다!" 하시며 형렬에게 두 개
를 건네주시거늘
2 호연이 "이거 어디서 났어요?" 하니
"아이고, 내가 산으로 다니며 이것 장
만하느라 죽을 뻔했다." 하시니라.
3 이에 형렬이 "이걸로 무얼 하라는 것입
니까?" 하니 이르시기를
4 "아예 끊어 버려라. 그놈들이 달려들
어 끊기 전에 우리 손으로 끊어야 수
치를 면하리라.
5 이제 너나없이 다 끊을 것이니 애석하
게 여기지 말고 끊어라." 하시거늘
6 형렬이 "아이구, 상투가 어른인데 상
투를…. 세상에 나올 적에 머리밖에
가져온 것이 없고, 부모 문전에 지켜
가는 것도 머리밖에 없는데
7 세상이 어떻게 돌아간다고 머리를 끊
습니까?" 하며 상투를 잡고 울먹이는
지라
8 상제님께서 "어련하면 상투를 잡고 울
겠냐만 천하 사람들이 다 깎는다고 하
는데 뭐가 그렇게 서운하냐!" 하시니
9 "선생님께서 먼저 끊으셨으니 저도 끊
어야지요." 하니라.
10 상제님께서 "내가 베어 주마." 하시니
형렬이 "제가 베겠습니다." 하거늘
11 상제님께서 "네 머리를 네 어찌 친다더
냐? 누가 쳐 줘야 하리니 다른 사람이
치느니 내가 베어 주마!" 하시니라.
12 이에 형렬이 "아이고, 머리를 베어서
내버리자니 소인 한심하기 이를 데 없
습니다. 머리 베기가 제일로 원통하옵
니다~!
13 아이고 어머님~, 머리를 베겠습니
다~!" 하며 상투를 부여잡고 서럽게
울거늘
14 상제님께서도 "아이고, 나도 그렇소.
나도 그려~!" 하시며 함께 목놓아 우
시니
15 세상 백성들이 상투를 자를 때 이와
같이 울며 깎으니라.

금산의 한 예배당에 가심

17 가을에 하루는 상제님께서 "호연
아! 나하고 무주 금산에 삼(蔘)도
줍고, 상수리도 주우러 가자!" 하시며
형렬과 호연을 데리고 금산(錦山)으로
가시니라.
2 이때 날이 어두워져 호연이 자꾸만 넘
어지거늘 상제님께서 호연에게 넘어지
는 이치를 설명하며 꾸중하시니
3 호연이 "어린것이 자빠지면 안쓰럽지
도 않은가, 계속 나무라고 지청구만
하네!" 하며 투정하니라.
4 늦은 밤에야 금산에 도착하시어 한 예
배당으로 가시니 많은 사람들이 한 사
람의 설교를 듣고 있거늘
5 그가 이르기를 "하느님이 이 세상을
이토록 사랑하사 독생자 예수님을 주
셨으니 누구든지 맘 변치 말고 믿으면

영생을 얻으리라 하셨습니다.
6 자, 우리 서로 서로 손잡고 함께 믿읍
시다." 하며 열변을 토하더라.

어찌 중생을 속이느냐!

18 이때 상제님께서 앞으로 나가시며
큰 음성으로 꾸짖어 말씀하시기를
"그렇게 가르쳐서는 안 되느니라!
2 천지만사의 이치란 천지에 모여 사는
사람들 속에 있는 것이거늘 네 어찌
중생을 속이느냐!
3 가르치려거든 한길을 내듯 똑바로 가
르쳐라.
4 길이 한 번 나면 그 길이 힘줄과 같이
천지 밖으로 벌어지나니 올바른 길이
아니면 가르치지 말라." 하시니라.

환부역조의 큰 죄를 꾸짖으심

5 또 말씀하시기를 "중생들을 그릇 인도
하면 천지의 원 주인도 자리를 잡지 못
하느니라!" 하시며 환부역조(換父易祖)
의 큰 죄를 호되게 꾸짖으시니 사람들
이 술렁이며 수군거리거늘
6 상제님께서 "벼락신장은 어디 있느냐.
속히 벼락을 치라!" 하고 건물이 흔들리
도록 큰 음성으로 칙령을 내리시니라.
7 순간 창창하던 밤하늘이 칠흑같이 어
두워지더니 잠시 후 해처럼 밝은 불덩
이가 나타나 번쩍번쩍 세상을 환히 비
추고
8 뇌성벽력과 함께 비가 억수로 쏟아지
며 난데없이 하늘로부터 미꾸라지, 메
기, 쏘가리, 뿌럭지 들이 수없이 떨어
지니라.
9 이에 모두 두려움과 공포에 질려 바닥
에 고개를 박은 채 벌벌 떨기만 하는데
10 몇몇 사람이 고기를 줍는다고 뛰쳐나
가니 빛나던 불덩이가 순식간에 사라
지며 사방이 다시 칠흑같이 어두워져
한 치 앞을 분별할 수 없거늘
11 고기를 잡기는 고사하고 쏘가리에 쏘
여 아프다고 소리치며 흩어지매 실로
아수라장을 이루니라.
12 이때 호연이 보니 고기들이 꼬리를 치
며 다시 하늘로 올라가 순식간에 없어
지더라.

진산으로 가심

19 상제님께서 금산에 머무시며 한 뼘
정도의 막대기를 깎아 대롱 안에
가득 채우시고 그것으로 계속 수(數)를
놓으며 기록하시니라.
2 이후 어디서 인삼을 구해 오신 뒤 진산
으로 향하시는데 상수리가 많이 떨어
져 있거늘
3 상제님께서 토시 안에 상수리를 주워
담으시니 호연도 신이 나서 저고리 소
매를 묶고 그 안에 한가득 주워 담으
니라.

호연이 길을 잃거늘

4 진산에서 공사를 행하실 때 날이 저물
어 호연이 상제님과 떨어져 길을 잃거
늘
5 호연이 홀로 점방 앞에 주저앉아 "어
디로 갔을꼬? 나는 어쩌라고." 하며
밤이 깊도록 애타게 우니라.
6 이때 길 저편에서부터 어떤 사람이 트
림을 하며 걸어오거늘
7 호연이 지나는 취객인 줄로 알고 숨죽
인 채 앉아 있는데
8 잠시 후 그 사람이 가까이 다가와서
"흠, 흠!" 하고 인기척을 내므로 바라
보니 상제님이시더라.
9 상제님께서 빙긋이 웃으시며 "놀랬
냐?" 하고 물으시니 "놀래기는 무얼
놀래? 내가 우리 아버지보고 일러~!"
하며 심통을 부리거늘
10 "네 아버지가 무서운 줄 아냐?" 하시니
"나는 무서운데…. 흥, 그렇다고 혼자
가, 나를 떼어 놓고?" 하며 따지니라.
11 이에 상제님께서 "네가 어디로 빠졌으
니 그러지 내가 내버렸간디?" 하시니
"그럼 찾아보지!" 하며 여전히 퉁퉁거

리거늘
12 "안 가? 안 가고 여기 있을 참이여?"
하시니 뾰로통한 얼굴로 앉아서 꿈쩍
도 않는지라
13 상제님께서 "배고프지?" 하시며 호연
을 보듬어 일으켜 가까운 주막으로 데
려가시니라.

안 먹어서 그랬지

14 상제님께서 주모에게 "콩나물국에다
밥 조금 넣어서 우리 애기 주시오~!"
하시니 주모가 국밥을 말아 오거늘
15 호연이 아직도 분이 풀리지 않은 듯
쳐다보기만 할 뿐 먹지 않으니
16 "산 것인데 왜 안 먹어? 내가 안 먹어
서 그러냐?" 하시며 겨우 두 숟가락만
남기고 다 드시니라.
17 이에 호연이 "다 먹고 이것 조금 줘?"
하며 더욱 약이 올라 울거늘
18 상제님께서 웃으시며 "안 먹어서 그랬
지~. 그럼 또 사 줘?" 하고 다정하게
물으시니 호연이 토라져서는 "안 먹
어!" 하며 투정을 부리니라.

추운 겨울에 호연을 안고 다니시니

20 상제님께서 추운 겨울에 호연을
데리고 다니실 때면 저고리로 호연
을 감싸 안으시고 다리를 골마리 속에
넣고 다니시니라.
2 하루는 외출하셨다가 전주로 돌아오
시는 길에 호연이 상제님의 골마리 속
을 보고 깜짝 놀라며 "아이고, 이것
봐! 이게 뭐여? 강아지를 갖고 댕기
네." 하거늘
3 상제님께서 웃으시며 "강아지가 꽉 물
라, 가만있거라." 하고 겁을 주시니
"아이고나~!" 하며 입을 꼭 다물고 꼼
짝도 하지 않더라.
4 이윽고 호연이 집에 도착하자 상제님
의 품에서 얼른 내려 엄마에게 뽀르르
달려가서는
5 "엄마, 엄마! 저 선생님, 속에다가 시커
먼 강아지를 넣고 댕겨. 근데 나보고
말 안 들으면 꽉 문다고 그려." 하니
온통 웃음바다가 되니라.

계묘(癸卯: 道紀 33, 1903)년

후천선경의 설날 공사

21 계묘(癸卯: 道紀 33, 1903)년 설날에
한 성도가 상제님께 떡국을 끓여
올리니 한 수저도 들지 않으시고 그냥
물리시니라.
2 그 후 2월 초하룻날에 상제님께서 "떡
국을 지어 올리라." 하시거늘 다시 끓
여 올리니
3 다 잡수시고 말씀하시기를 "새해의 떡
국 맛이 좋구나. 설 잘 쇘다. 이건 내
설이다." 하시니라.
4 또 말씀하시기를 "내 세상에는 묘월(卯
月)로 세수(歲首)를 삼으리라." 하시고
5 "내가 천지간에 뜯어고치지 않은 것
이 없으나 오직 역(曆)만은 이미 한 사
람이 밝혀 놓았으니 그 역을 쓰리라."
하시니라.
6 "선천에는 음(陰)을 체(體)로 하고 양
(陽)을 용(用)으로 삼았으나 후천에는
양을 체로 하고 음을 용으로 삼느니
라." 하시니라.

제국주의 일본의 역할

22 하루는 한 성도가 여쭈기를 "올 농
사에 어떤 종자를 심는 것이 좋겠
습니까?" 하니
2 말씀하시기를 "일본 사람이 녹(祿)줄
을 띠고 왔나니 일본 종자를 심으라."
하시고
3 "생계(生計)의 모든 일에 그들을 본받
으라. 녹줄이 따라오느니라." 하시니
라.

4 하루는 한 성도가 일본 사람을 '왜놈'
이라 부르니 상제님께서 들으시고 말
씀하시기를
5 "일해 주러 온 사람들을 그렇게 험하
게 말하면 어떻게 일을 제대로 하리
오.
6 일 보는 사람이니 왜놈이라 부르지 말
고 '일본 사람'이라 부르라. 일인(日人)
은 일꾼이라. 나의 일을 하나니 큰 머
슴이 될 것이니라.
7 그러나 일꾼이 주인의 집을 빼앗으려
하므로 마침내는 크게 패망할 것이니
일본 사람은 나한테 품삯도 못 받는
일꾼이니라." 하시니라.
8 하루는 상제님께서 말씀하시기를 "일
본은 깔담살이 머슴이요, 미국은 중머슴
이요, 중국은 상머슴이니라.
9 깔담살이가 들어가면 중머슴이 나와
서 일하고, 중머슴이 들어가면 상머슴
이 나오리라." 하시니라.

조선 신명을 서양으로 보내 대역사를 시키심

23 계묘년 3월에 상제님께서 형렬과
여러 성도들에게 이르시기를 "옛적
에는 동서양 교통이 없었으므로 신명
들이 서로 넘나들지 못하였으나
2 이제 기차와 윤선으로 수출입하는 화
물의 물표를 따라 서로 통하게 되었나
니
3 조선 신명을 서양으로 보내어 역사(役
事)케 하리라." 하시니라.
4 이에 한 성도가 "조선 신명에게 서양
을 맡기심은 무슨 까닭입니까?" 하고
여쭈니
5 말씀하시기를 "조선 신명을 서양으로
보내어 천지에 전쟁을 붙이는 일꾼으로
쓰려 하노라." 하시고
6 이어서 "이제 재주(財主)를 얻어 길을
틔워야 할지니 재주를 천거하라." 하
시거늘
7 이때 마침 김병욱(金秉旭)이 전주 부호
백남신(白南信)을 천거하니라.

세계 대전쟁 공사의 녹줄을 끄르심

8 그 후에 상제님께서 남신을 대하여 물
으시기를 "가진 재산이 얼마나 되느
냐?" 하시니 남신이 "삼십만 냥은 됩
니다." 하고 대답하거늘
9 말씀하시기를 "이십만 냥으로 그대의
생활이 넉넉하겠느냐?" 하시매 남신
이 "그러합니다." 하고 아뢰니라.
10 상제님께서 다시 말씀하시기를 "이제
쓸 곳이 있으니 돈 십만 냥을 들이겠
느냐?" 하시니
11 남신이 한참 생각하다가 여쭈기를 "칠
만 냥을 드리면 어떠하겠습니까?" 하
거늘
12 말씀하시기를 "불가하니라. 반드시 십
만 냥이 있어야 하느니라." 하시니라.
13 이에 남신이 아뢰기를 "십만 냥을 채
우려면 서울 집까지 팔아야 하겠습니
다. 현재는 가진 돈이 없사오니 곧 정
리하여 올리겠습니다." 하거늘
14 상제님께서 말씀하시기를 "이제 열흘
내로 들이게 하라. 어음으로 하여도
무방하리라." 하시니
15 남신이 열흘 내에 어음 십만 냥을 상
제님께 바치겠다는 증서를 써서 올리
니라.
16 상제님께서 그 증서를 받아 병욱에게
맡기시니 병욱이 "두 분 다 희세의 대
량(大量)이로다!" 하고 탄복하더라.

당분간 세계 경제의 녹줄은 서양에 두심

24 이어 부안(扶安) 바닷가에 가시어 많
은 글을 써서 공사를 행하시고 병
욱에게 맡겼던 증서와 함께 불사르시
며
2 "지금 조선 신명을 서양으로 보내면
나중에 배에 실려 오는 화물표를 따라
다시 돌아오게 되리라." 하시니라.

3 그 후 기한이 이르매 남신이 어음 열
두 장으로 십만 냥을 드리니 이를 받
아 무릎에 놓으시고 말씀하시기를
4 "재주(財主) 기운을 서양에다 두노니
후일에 서양으로부터 재물을 보급 받
으리라." 하시고
5 어음을 도로 돌려주시며 말씀하시기
를 "그대의 돈은 이미 요긴하게 썼느
니라." 하시니라.
6 이에 남신이 현금으로 쓰지 않으심을
죄송히 여겨 여쭈기를 "현물 시세를
보아 무역하여 이익을 냄이 어떠하옵
니까?" 하니
7 말씀하시기를 "그것은 모리배나 하는
짓이니 옳지 않으니라." 하시고
8 탄식하며 말씀하시기를 "남신의 일이
용두사미(龍頭蛇尾)와 같도다." 하시니
라.

조선은 주인 없는 빈집

25 이때 상제님께서 여러 성도들에게
말씀하시기를 "이 지방을 지키는
모든 신명을 서양으로 보내어 큰 전란
(戰亂)을 일으키게 하였나니
2 이 뒤로는 외국 사람들이 주인 없는
빈집 드나들 듯하리라.
3 그러나 그 신명들이 일을 다 마치고
돌아오면 제 집 일은 제가 다시 주장
하게 되리라." 하시니라.

영광 법성으로 돈 실으러 가세

26 계묘년 초여름 함열(咸悅)에 계실
때 하루는 상제님께서 아침진지를
드시다가 문득 "가자!" 하시거늘
2 호연이 "어디를 가자고?" 하니 "돈 실
으러 가세, 돈 실으러 가. 영광 법성(靈
光 法聖)으로 돈 실으러 가세~!" 하며
노래를 부르시니라.
3 이에 호연이 정말 돈을 실으러 가는
줄 알고 "나는 주머니도 없는데 어디
에 돈을 담아서 갖고 와?" 하니
4 상제님께서 "돈은 내가 가져올 테니
그거 지고 올 생각 말고 가다가 업히
지나 말아라." 하시니라.
5 영광에 도착하니 그곳에 거주하는 문
도들이 기뻐하며 음식을 장만하여 대
접하고 옷도 지어 올리거늘
6 진지를 다 드시고 나서 호연에게 "일
본에 가고 싶으냐, 제주에 가고 싶으
냐?" 하시매
7 호연이 "일본놈한테 죽으려고 일본에
가?" 하니 "그러면 제주나 가자." 하시
며 배를 타고 제주로 향하시니라.

제주도 바다 개벽 대공사

27 제주에 당도하니 문도들이 '어른
이 오셨다.'며 매달아 두었던 쌀을
내어 서숙과 함께 밥을 하고 생선으로
찬을 올리거늘
2 호연이 "비린내 나서 못 먹어." 하고
투정을 부리매 형렬과 함께 한림 바닷
가로 데리고 나가시니라.
3 바다에서는 해녀들이 허리에 정게호미
를 차고 뒤웅박을 띄워 놓은 채 물속
을 분주히 드나들며 해물을 따는데
4 상제님께서 바닷가 둑 위에 올라서시
어 오른팔을 왼쪽 어깨까지 굽혔다가
바닷물을 밀어내듯 팔을 펴시면서 무
어라 말씀하시니
5 갑자기 '홱' 소리가 나며 바닷물이 순
식간에 없어져 벌판이 되거늘
6 물속에서 해물을 따던 해녀들은 영문
을 몰라 두리번거리며 서로 얼굴만 쳐
다보고
7 사방에서 사람들이 바구니를 들고 몰
려와 고기와 미역 등을 주워 담느라
야단이더라.
8 상제님께서 한동안 이 광경을 바라보
시더니 이번에는 바닷물을 왈칵 들어
오게 하시거늘
9 호연은 사람들이 물살에 휘말려 아우
성치는 모습을 구경하느라 배고픈 것

도 잊으니라.
10 상제님께서 말씀하시기를 "**이것이 바로 천지조화니라.**" 하시고
11 이로부터 열흘 동안 한수리, 수원리, 귀덕리 일대에서 아침저녁으로 하루에 두 번씩 바닷물을 없애시니라.

제주도에서 공사 보실 때

28 이로부터 십여 일 동안 제주도에 머무시며 공사를 행하실 때 늘 소매가 넓은 **푸른 도포**(靑袍)를 입으시고 순식간에 어음(於音)에서 서귀포(西歸浦)까지 다녀오시며
2 땅이고 바다고 제주도 곳곳에서 홀연 나타나셨다가 홀연 사라지시니
3 온 섬 안에 '푸른 청포를 입은 신인이 도포 자락을 펄럭이며 동서로 날아다니신다.'는 소문이 퍼져 상제님께서 이르시는 곳마다 많은 사람들이 몰려드니라.
4 상제님께서 공사를 마치신 뒤에 그곳에서 나오실 때면 마치 바람에 날려가듯 도포 자락을 휼날리며 유유히 사라지시니 마을 사람들이 그 모습을 넋을 놓고 지켜보더라.

바닷물 위로 걸어 다니며 공사 보심

29 하루는 바닷가로 나가시니 해녀들이 물질을 하러 오거늘
2 상제님께서 한 사람에게 다가가시어 "어깨에 두른 것은 무엇이고, 배에 차는 것은 어째서 차는가?" 하고 물으시니
3 "배에 차는 놈은 물에 가라앉으라고 차는 것이고, 어깨에 맨 놈은 제가 어디에 있다고 사람들한테 알리는 것입니다." 하니라.
4 상제님께서 "나는 그런 것 안 하고 저 물속에 그냥 들어간다, 봐라!" 하시며 마치 땅 위를 걷듯이 바닷물 위를 활개치며 다니시니
5 모두 크게 놀라며 "아, 우리는 죽을까
봐 등에 두름박을 차고 들어가는데 저 어른은 어찌 버선발로 들어가도 안 젖을까?
6 대체 저 어른이 귀신인지 사람인지 모르겠네." 하며 수군거리니라.
7 이때 한 사람이 그 신이하심에 경탄하며 "아이고, 저희들 고기 좀 잡게 해 주십시오." 하고 청하는지라
8 상제님께서 "내가 너희들 심부름하러 왔나? 너희들이 나를 사람으로 보느냐?" 하고 꾸짖으시니
9 그 사람이 "그러면 무엇이래요? 귀신이래요?" 하고 다시 여쭈거늘
10 상제님께서 큰 소리로 "**내가 귀신이다!**" 하고 외치시매 모두 소스라치게 놀라 물속에서 뛰쳐나오고 무서워 울고 야단이더라.

담배 끊으신 공사

30 하루는 상제님께서 새파란 맹감잎을 따서 담배를 말아 피우시며 "호연아, 이리 와! 나 빼끔 먹는다이." 하시거늘
2 호연이 "아이, 냄새나." 하니 말씀하시기를 "이 빌어먹을 것 때문에 성가시럽다. 성냥 챙겨야지, 종이 있어야지, 담배 썰어야지, 또 말아야지. 에이 내버리자!" 하시고
3 수건에 싸 두었던 담배를 탈탈 털어 성냥과 함께 바닷물에 내던지시니라.
4 이어 가는 모래로 양치질을 하신 뒤에 "냄새나는가 봐라, 하아~!" 하시거늘
5 호연이 "그래도 냄새나네." 하니 말씀하시기를 "이제 여러 날 되면 안 날 테지, 그럼." 하시고
6 이후로는 전과 같이 담배를 피우지 않으시니라.

제주도 세계 관광지화 공사

31 하루는 상제님께서 단장을 흔들고 다니시며 지나가는 여인들에게 "헬

로우, 헬로우." 하시거늘
2 호연이 "작대기는 뭐하러 들고 다녀
요? 늙은이나 들고 다니는 지팡이를."
하니
3 말씀하시기를 "앞으로 이러고 다니는
사람들이 모여드느니라." 하시니라.

남녀 속옷 공사

32 계묘년 여름에 하루는 상제님께서
농부들이 모심을 때 입는 하얀 쇠
코잠방이를 입으신 채 형렬의 집 마당
에서 재주를 넘으시거늘
2 호연이 이상하고 신기하여 "아니, 무
엇을 입었어요? 참말로 미쳤는가 봐.
왜 저런디야?" 하니
3 말씀하시기를 "지금 도둑놈 하나 가두
는 중이여." 하시니라.
4 호연이 다시 "어디서 났어요?" 하니
"쨌더라. 이제 이런 것이 생겨. 앞으로
이렇게 입는다." 하시니라.

양말 공사

5 또 하루는 상제님께서 발감개를 하시
고 그 이쪽 저쪽에 검정, 빨강, 노랑물
을 들이시거늘
6 호연이 "그 물감 어디서 났어? 저고리
물들이게 나 좀 줘요." 하니 "쨌다." 하
시니라.
7 이에 호연이 "어디에 쨌어?" 하고 여
쭈니 말씀하시기를 "이제 천지에 이런
것이 펴져야!" 하시니라.

신발 공사

8 하루는 상제님께서 짚을 여러 가지 색
으로 곱게 물들이시어 신을 삼아 호연
에게 신겨 주시며 "앞으로 요런 색 꽃
신이 생긴다.
9 이런 것도 아니요, 나막신보다도 더
좋은 것들이 생길 것이니 이제 좋은 신
신는다." 하시거늘
10 호연이 "어디서 좋은 놈이 생겨?" 하니
말씀하시기를 "하늘에서 뚝 떨어지면
신어라." 하시니라.

청소 공사

33 상제님께서 형렬의 집에 머무르실
때 부엌과 온 집안을 날마다 깨끗
이 청소하시며 물으시기를
2 "일본 사람이 보아도 깨끗하다고 하겠
느냐?" 하시니 이때는 아직 청결법(淸
潔法)이 시행되기 전이더라.
3 하루는 상제님께서 말씀하시기를 "앞
세상은 고샅을 넓히고, 지붕에 오색가
지 물을 들이느니라." 하시니라.

방 안 화장실 공사

34 하루는 상제님께서 계시는 방문
틈으로 긴 대롱이 나왔는데 그 끝
에서 물이 떨어지거늘
2 호연이 이상히 여겨 "선생님, 문구멍에
서 물이 나와요!" 하고 소리치며 문을
여니
3 누워 계시던 상제님께서 태연히 "누가
어쩐다고 그러냐?" 하고 물으시니라.
4 이에 호연이 "이상하네. 여기는 물이
없고만 밖으로는 물이 나오네." 하니
5 상제님께서 짐짓 모른 체하시며 "어디
서 생수(生水) 솟는가 봐라!" 하시거늘
6 호연이 "생수가 어디서 솟을까…." 하
고 가만히 대롱을 따라가다가 무엇을
발견한 듯 "물이 여기서 나오는데?"
하며 상제님의 고의를 가리키니라.
7 상제님께서 "어디, 물이 있는지 떠들
어 봐라. 참말로 철모르는 것이로고.
밖에서 나오는데 방에서 무슨 상관이
여?" 하시거늘
8 호연이 "아이구나, 어디 봐. 어디서 나
오는지." 하며 바지춤을 들추니
9 호연의 손을 떠미시며 "어리다고 그러
는 것 아녀!" 하시니라.
10 이에 호연이 "아이고, 별꼴이야. 그럼
어쩐 일인고?" 하며 밖으로 뛰어가 대
롱을 잡아당기니 "가만둬야지!" 하고
엄포를 놓으시거늘
11 호연이 손을 멈추고 그저 앉아서 대롱

끝만 물끄러미 지켜보더니 "인제 물
안 나오네~! 아니, 쪼금씩 나와, 쪼금
씩!" 하고 소리치니라.
12 이에 상제님께서 웃으시며 "이리 와~,
내가 물을 머금었다가 그리 품었어." 하
시거늘
13 호연이 상제님 곁으로 다가가 "에이,
그런 것 아녀. 이 바지 속에서 나와."
하니 시치미를 떼시며 "속 어디에서 나
와?" 하고 물으시니라.
14 호연이 "모르지. 그러니 옷을 벗겨 봐
야 알지." 하며 상제님의 고의를 벗
기려 하니 "아이고, 요것이 나를 놀리
네." 하며 웃으시거늘
15 호연이 고의를 들추다가 깜짝 놀라
"여기 강아지 들었네. 강아지가 물고
있었던 거야?" 하는지라
16 상제님께서 재미있다고 크게 웃으시며
"거기에 무슨 강아지가 있냐." 하시는
데 호연은 "참말로 강아지가 그랬어."
하고 믿지 아니하더라.
17 호연은 이 후 열 살이 넘도록 상제님
께서 강아지를 품고 다니시는 줄로 아
니라.

토지 측량 공사

35 하루는 상제님께서 손으로 거리를
가늠하여 보시며 지붕으로 산으로
훌쩍 뛰어올랐다가 다시 훌쩍 뛰어내
리고 하시니라.
2 또 산에 오르시어 나뭇가지에 줄을 묶
고, 산을 내려오시어 말뚝을 박아 줄
끝을 고정시키신 뒤에
3 다시 산에 오르시어 아래로 훌쩍 뛰시
니 말뚝을 박아 놓은 곳보다 더 멀리
이르시니라.
4 상제님께서 이번에는 말뚝 위에 올라
서시어 양팔을 앞뒤로 휘저으시다가
산을 향해 훌쩍 뛰어 공중으로 솟구쳐
오르시더니
5 나뭇가지에 줄을 매어둔 곳보다 훨씬
더 먼 곳까지 뛰시더라.
6 하루는 상제님께서 짧은 막대기로 땅
을 재시며 말씀하시기를 "내 세상에는
지면(地面)을 자세히 측량하여 온 천하의
땅을 눈앞에 보듯 환히 알 수 있게 하리
라." 하시니라.

헌 병 사시오

36 계묘년 여름에 전주에 계실 때 하
루는 성도들에게 "오늘은 동문(東
門)으로 가자." 하시며 앞서 가시니 성
도들이 뒤를 따르니라.
2 동문 밖에 최 서방네 주막이 있는데,
술맛이 좋고 인심이 후하여 두 푼에
큰 투가리로 하나 가득 술을 주니 그
주막은 늘 부중 술꾼들로 붐비더라.
3 이 날 상제님께서 최 서방네 주막에 이
르시어 술을 동이째 잡수시고 성도들
도 양껏 먹게 하신 후에
4 주막 모퉁이에 가시어 볏짚 한 줌을
가져다 왼새끼를 꼬아 두시고
5 다시 울타리 밑에 버려 둔 헌 옹기 술
병을 주워다가 그 새끼줄로 병목을 묶
어 왼쪽 어깨에 둘러메시더니
6 그 길로 주막을 나와 큰길로 걸어가시
며 "헌 병 사시오! 헌 병 사시오!" 하고
큰 소리로 외치시니라.

여름 우박에 황소 머리 깨진다

7 상제님께서 곧바로 원평 주막으로 가
시어 술을 잡수시며 성도들에게 물으
시기를 "'여름 우박에 황소 머리 깨진
다.'는 말이 있으니 참으로 그러하냐?"
하시니
8 성도들이 "예로부터 그런 말은 전해
오나 보지는 못했나이다." 하거늘 "그
러하리라." 하시고
9 밖에 나가 군중을 향하여 큰 소리로
외치시기를 "이제 곧 커다란 우박이
쏟아질 것이니 장독 덮개를 방석과 이
엉으로 덮고 새끼로 얽어 놓으라. 그
렇지 않으면 조각조각 부서지게 되리

라." 하시니라.
10 이에 다른 사람들은 무심히 들어 넘기
는데 오직 최명옥(崔明玉)만이 그 말씀
을 따르니
11 과연 두어 시간 후에 큰 우박이 쏟아
져 여러 집의 장독이 모두 깨어졌으나
명옥의 집은 무사하더라.

군산 바닷가에서 보신 공사

37 계묘년 늦여름에 상제님께서 형렬
과 호연을 데리고 군산에 가시어
공사 보실 때
2 군산항이 바로 내려다보이는 산에 오
르시어 항구에 드나드는 배를 한참 동
안 구경하시니라.
3 이때 큰 윤선이 짐을 가득 싣고 떠나
니 상제님께서 "이 뱃놈들! 배 한번 타
게 게 섰거라!" 하고 크게 호령하시거
늘
4 윤선에서 한 사람이 "어떤 놈이 그러
냐? 이리 와 봐라!" 하고 고함을 지르
는지라
5 상제님께서 "오냐, 어떤 놈인가 봐라!"
하시며 단숨에 배까지 훌쩍 건너 뛰시
니라.
6 이에 뱃마루에 있던 사람들이 모두 놀
라며 "아이구 세상에! 물 위를 날아오
다니…." 하며 말을 잇지 못하는데
7 방금 전 상제님께 소리쳤던 사람은
"당신이 사람이오, 무엇이오?" 하며
여전히 호기를 부리거늘
8 상제님께서 "내가 무엇이냐, 이놈아?
어디 무엇 좀 찾아내 봐라." 하시며 뺨
을 때리시니 그가 배 밖으로 떨어져
물에 머리를 박은 채 거꾸로 서더라.
9 상제님께서 "나보고 이리 오라더니 이
놈이 어찌 아무 말도 안 하냐?" 하시
고
10 "요런 놈은 본때를 보여 줘야 한다."
하시며 그 사람의 발바닥에 올라 발을
팡팡 구르며 노래를 부르시거늘
11 호연이 이 광경을 바라보다가 "아이
구, 코에 물 들어가면 어쩌나. 저 사람
죽겠네." 하니
12 형렬이 이르기를 "그렇지 않어. 우리
눈에만 그렇지 선생님은 공중에 떠 계
시니 안 무거워. 벌써 물은 안 들어가
게 하셨다." 하니라.

윤선을 기울이심

38 이때 상제님께서 다시 배 위로 올
라가 왼쪽발을 힘껏 내딛으시니
윤선이 기우뚱기우뚱하다가 이내 기
울어지거늘
2 모두 기겁하며 배가 솟은 쪽으로 몰려
가는데 상제님께서 왼발을 드시면 배
가 그만큼 바로 서고, 힘껏 누르시면
점점 더 기울어져서 뒤집힐 듯하더라.
3 겁에 질린 사람들이 울부짖으며 "아
이구, 용왕님! 살려 주십시오. 이 배가
파선되면 우리 모가지는 날아갑니다."
하고 애원하니
4 상제님께서 "내가 용왕님이냐, 이놈들
아?" 하고 호통치시거늘
5 다시 "아이구, 천지에서 살려 주십시
오~!" 하니 "내가 천지냐, 이놈들아?"
하며 용서치 않으시니라.
6 이를 지켜보던 부둣가의 사람들도 모
두 무릎 꿇고 비손하며 용서를 구하
고, 한쪽에서는 무당을 불러 굿을 준
비하느라 분주하거늘
7 상제님께서 이를 보시고 빙긋 웃으시
며 "장만해 놓으면 이제 내 차지다. 어
서 해라. 다 내게로 들어온다." 하시니
라.

입 벌려라, 고기 들어간다

8 잠시 후 무당이 굿을 하러 나룻배를
타고 윤선으로 오는데 상제님께서 물
위를 성큼성큼 걸어 순식간에 나룻배
까지 가시거늘
9 무당이 넋을 잃고 바라보며 '사람이 어
찌 물을 신발 삼아 올 것이며, 그러고

도 버선 하나 안 젖을 것인가.' 하며 아
무 말도 못 하니라.
10 이어 상제님께서 "다들 눈 감아라." 하
시고 장만한 음식을 조화로써 윤선으
로 옮기시니
11 윤선 안의 사람들이 음식을 정성스럽
게 차려서 올리거늘
12 상제님께서 양껏 드신 뒤에 "호연이
갖다 줘야겠다." 하시며 남은 음식을
손수건에 싸서 주머니에 넣으시니라.
13 상제님께서 다시 거꾸로 서 있는 사람
의 한쪽 발을 눌러 일으켜 세우시어
"너 물을 얼마나 켰냐?" 하고 물으시
니
14 그 사람이 "아이구, 얼마나 켰는지 귀
로도 나오고, 코로도 나와요." 하고 하
소연하는지라
15 상제님께서 "요런, 거짓말 봐라. 이놈!
내가 물을 못 들어가게 막았는데 뭣이
어째?" 하시고
16 그 사람의 뺨을 이쪽 저쪽으로 때리시
며 "고기 들어가니 입 벌려라. 고기 들
어간다!" 하시거늘
17 그 사람이 발을 동동 구르며 "아이구,
살려 주십시오!" 하고 애원하니라.
18 상제님께서 "그러니 가만히 입 벌려
라." 하시며 입 안으로 물고기를 쑥쑥
들어가게 하시니
19 "제가 천하를 모르고 그랬으니 살려
주십시오." 하며 비대발괄하거늘
20 "돈 천 냥을 가져다 놓아라. 그렇지 않
으면 너를 거꾸로 매달고 갈 터이다."
하시니라.
21 이에 뱃사람들이 서둘러 돈을 구하여
올리니 이르시기를 "가지고 가거라.
22 네 놈 말버르장머리가 미워서 그랬지
내가 네놈들 돈을 먹으면 무엇이 되겠
느냐?" 하시고
23 "이제 떠나자!" 하시며 형렬과 호연을
데리고 장암(長岩)으로 가시니라.

만백성이 힘을 얻을 것이로다

39 7월에 상제님께서 구릿골에 계실
때 하루는 한 성도가 여쭈기를 "올
해는 여름 농사를 망치고 가을 농사마
저 천재(天災)로 거둘 것이 없게 되어
2 가련한 창생들이 그저 빈 솥단지만 끌
어안게 될 것 같습니다.
3 부디 이를 불쌍히 여기시어 하느님의
큰 은덕을 내려 주옵소서." 하거늘
4 상제님께서 "네 말이 옳도다. 내가 이
땅에 있는데 어찌 이러한 민생의 고통
을 차마 볼 수 있으리오." 하시고
5 바로 우사(雨師)에게 명하시니 갑자기
검은 구름이 사방에서 일어나니라.
6 이에 상제님께서 "비를 내려라!" 명하시
니 곧 비가 내리거늘
7 "이놈아, 이따위 새 눈물 같은 비로 먼
지나 적시겠느냐. 큰비를 내려라!" 하
고 큰 소리로 꾸짖으시니 즉시 장대
같은 소나기가 쏟아지니라.
8 상제님께서 다시 뇌신(雷神)을 부르시
어 "번개를 쳐라!" 명하시니 곧 번개와
천둥이 일어나거늘
9 상제님께서 큰 소리로 꾸짖어 말씀하
시기를 "이놈아, 눈 어두운 놈은 보지
도 못하고, 귀 어두운 놈은 듣지도 못
하겠다. 크게 쳐라!" 하시니 사방에서
천둥소리가 크게 나며 천지가 진동하
니라.
10 이렇게 한동안 뇌성벽력이 일어나며
비가 크게 내리다가 상제님께서 "이제
그만 그치라." 명하시니 일시에 그치거
늘
11 상제님께서 사방을 둘러보며 말씀하
시기를 "이제 가을 농사는 풍년이 들
것이니 만백성이 힘을 얻을 것이로
다." 하시니라.

물에 빠진 호연을 건져 주고 보신 공사

40 하루는 상제님께서 호연을 업고 전
주 옥거리 사정 옆에 있는 현무지

(玄武池)에서 수건을 빠시는데 호연이
그만 거꾸로 흘러내려 물에 빠지거늘
2 상제님께서 순식간에 호연을 건져 방
죽 저편에 앉혀 놓으시고
3 "우리 호연이가 방죽에 빠져서 물귀신
됐다!" 하고 소리치시니 진북정(鎭北亭)
에 있던 성도들과 사람들이 몰려와 주
위를 빙 둘러싸니라.
4 상제님께서 "아이고, 호연이 죽었겠
다, 죽었겠다. 벌써 물 켜서 죽었겠
다." 하시며 애타게 발을 구르시니
5 사람들이 갖가지 그릇을 가져와 물을
품어 내고, 그릇이 없는 사람은 신을
벗어서라도 퍼내는데 그 가운데 몇 사
람이 호연을 찾으려고 물로 뛰어들거
늘
6 상제님께서 "너희들 들어가야 소용없
다. 다 비켜서라." 하시니라.
7 호연이 이를 지켜보기가 민망하여 '나
여기 있다.'고 소리치려 하니
8 상제님께서 발을 쿵 내딛으시며 그러
지 말라는 눈짓을 보내시므로 나서지
못하니라.

한강 다리 축조 공사

41 상제님께서 구례(求禮)에 계실 때 하
루는 형렬과 함께 누워 계시다가
2 문득 "서울을 보려느냐? 한강에 다리
하나로는 시원찮으니 필경 둘이 더 생
길 것이다.
3 여러 사람이 죽으리라. 그러니 더 놓아
야 하리라." 하시며 교량 건설 공사를
행하시니라.

앉아서 우주촌을 보는 영상문화 공사

4 상제님께서 다시 "내일은 한강으로 굿
구경 갈거나?" 하시니
5 호연이 "여기 앉아 있는 사람이 거기
까지 어떻게 구경을 가요?" 하니라.
6 이에 상제님께서 "무당들이 춤추는 것
보러 가자! 지금 삼청동에서 굿한다."
하시거늘 호연이 "아이고, 나는? 나도
따라가야지." 하니
7 말씀하시기를 "나 가는데 너 안 가리
라고. 우리, 가고 말고 할 것 없이 여기
앉아서 보자꾸나!" 하시매
8 눈앞에 골목과 점방들이 쏜살같이 지
나가더니 어느새 무당이 다리 밑에서
굿하고 있는 장면이 보이더라.
9 호연이 어리둥절하여 "여기가 어디
야?" 하니 "네가 구경시켜 달라 하지
않았느냐. 여기가 서울 삼청동이다.
10 양반집이라 집에서 굿을 할 수 없으니
여기서 하는 것이란다." 하시거늘
11 많은 사람들이 둘러서서 무당이 머리
에 시루를 얹고 춤추는 광경을 구경하
고 있더라.
12 한참 후에 구경하던 이들 가운데 몇몇
이 돈을 내어 무당에게 주니 이번에는
돈을 탁배기에 묻혀 얼굴에 붙이고 춤
을 추거늘
13 상제님께서 크게 웃으시며 "돈 둘 데
가 그리도 없어서 낯판대기에 돈을 붙
이느냐?" 하시매 문득 아무것도 보이
지 않더라.
14 이에 호연이 "나 심심하면 보게, 어떡
하면 보이는지 그것 좀 가르쳐 줘요!"
하니 "이제 크면." 하고 그저 웃으시니
라.

평양에서 집행하신 문명이기 공사

42 상제님께서 평양에 오랫동안 머무
르시며 종이를 비비고 찢어서 별의
별 것을 다 만들어 문명이기(文明利器)
공사를 보시니
2 비행기를 만들어 날려 보내시고 배도
만들어 물에 띄우시고, 온갖 짐승도
만드시니라.
3 한번은 심지를 비벼서 자전거를 만드
시어 저만큼 타고 가시거늘
4 형렬이 따라해 보나 발로 밟기만 하면
즉시 구겨져 바닥에 붙어 버리더라.
5 상제님께서 물을 떠다 놓게 하시고 만

드신 것들을 모두 태우시어 그 재를
물에 풀어 넣으시니라.
6 하루는 사람들을 데리고 물가에 가시
어 만드신 것들을 띄우시며 물 위에
넙죽 엎드리시니 금방 어디로 가고 안
계시거늘
7 사람들이 모두 떠내려가신 줄 알고 놀
라서 눈이 휘둥그레지는데
8 한참 만에 저쪽 물속에서 "얘들아!" 하
고 손짓하며 나오시니 성도들은 무슨
뜻인지 도무지 알 수 없더라.
9 하루는 상제님께서 말씀하시기를 "장
차 하늘에 쇳덩어리가 둥둥 떠다니리라."
하시니라.

공주에서 태전으로 가시며 공사 보심

43 공주의 한 주막에서 아침진지를
드시고 태전(太田)으로 향하실 때
어느 곳에 이르시니 하얀 차돌만 사방
에 널려 있거늘
2 차돌을 주워 주머니에 가득 넣으시
고는 "아이고, 우리 호연이는 어디다
넣어 갈까? 주머니에는 돌을 넣었는
데…." 하시며 형렬의 주머니에 돌을
옮겨 담으시니라.
3 이어 차돌 두 개를 꺼내어 서로 부딪치
시니 불이 번쩍번쩍하거늘
4 형렬에게도 '해 보라.' 하시므로 형렬이
그대로 하니 역시 불이 번쩍이더라.
5 상제님께서 말씀하시기를 "부시로 치
는 것의 이름을 부르라." 하시니 형렬
이 "부싯돌입니다." 하거늘
6 다시 돌을 가리키시며 "이것은 무엇인
가?" 하시매 "차돌입니다." 하고 대답
하니라.
7 이에 상제님께서 "그렇게밖에 안 되느
냐?" 하시니 "그렇게밖에는 안 됩니
다." 하거늘
8 "우리가 배우는 것이 무엇이냐? 차돌은
○○이고, 번쩍거리는 것은 ○○이고,
불은 ○○이고…." 하시며 많은 것을
가르쳐 주시는데 호연은 그 말씀의 뜻
을 잘 알지 못하니라.

서울 안암동에서 대공사를 보심

44 상제님께서 형렬과 호연을 데리고
서울 안암동(安岩洞)에서 오랫동안
머무르시며 대공사를 행하시니라.
2 하루는 밖에 나가시어 일시에 동네를
다 없애시고 텅 빈 들을 여기저기 천천
히 돌아다니시거늘
3 호연이 "뭣 하러 이러고 어정어정 댕겨
요?" 하고 여쭈니
4 상제님께서 "가만있거라. 너도 먹고살
구슬 하나 주워라. 돌아댕겨라, 돌아댕
겨." 하시니라.
5 이에 호연이 여기저기 돌아다녀 보아
도 구슬을 찾지 못하거늘
6 상제님께서 "나는 뭣 주웠는가 봐라."
하시므로 호연이 "뭣 주웠어요?" 하며
돌아 보니 돌과 막대기 하나를 손에 드
셨더라.
7 상제님께서 "너는 보물 하나 주웠냐?"
하고 물으시거늘 호연이 "보물이 뭣이
래요?" 하니
8 상제님께서 "아이고나! 내가 저런 멍청
이를 데리고 댕겨!" 하시니라.
9 이에 형렬이 "그러니 데리고 다니지요.
무엇을 다 알면 우리가 데리고 다닐
수가 있습니까." 하니
10 상제님께서 "그려, 그것은 그려. 네가
아는 체라도 했다가는 더 못써야.
11 그러니 아주 모른 듯이 해라. 그래야
한 가지라도 배우는 것이 있지." 하시
니라.

내 재주를 봐라

45 점심때가 되어 상제님께서 "밥 먹
자!" 하시니 호연이 "밥도 없이 밥
먹으라 하네." 하거늘
2 상제님께서 "내가 거짓말하는 줄 아느
냐? 돌아다봐라!" 하시니라.

3 이에 호연이 뒤를 돌아보니 어느새 밥
상이 차려져 있거늘 신기하고 좋아서
"아까 막대기가 밥이 되었네. 돌은 반
찬이 되었나?" 하니
4 상제님께서 "돌이 반찬이 될 리가 있
냐?" 하며 놀리시니라.
5 이에 호연이 "그러면 어떻게 이렇게 되
어? 금방 웬 집이 이렇게 되었댜, 또?"
하고 촐랑거리는지라
6 상제님께서 "얼른 먹고 일어나거라."
하시며 호연의 입에 밥을 자꾸 넣어
주시거늘
7 호연이 목이 메어 "안 넘어가는데 자
꾸 퍼 넣으면 어째, 숨막혀 죽으라
고?" 하며 투덜대니
8 상제님께서 숟가락으로 물을 한 모금
떠 넣어 주시며 "갑갑하냐?" 하고 등
을 토닥여 주시니라.
9 호연이 여전히 궁금한 마음에 "금방
내 이 숟가락은 어디서 나고 밥그릇은
어디서 났어요?" 하고 여쭈거늘
10 상제님께서 "그러니 내 재주를 봐라."
하실 뿐 일러 주지 않으시더니
11 호연이 밥을 배불리 먹고 나매 상제님
께서 그릇을 포개 놓으시며 "저리 옮
겨 앉아라." 하시니라.
12 이에 호연이 자리를 옮기려고 비척거
리는데 상제님께서 목덜미를 잡아 순
식간에 한쪽으로 옮겨 놓으시거늘
13 호연이 앉았던 자리를 돌아보매 그릇
이 하나도 없는지라 "어, 그릇이 없
네?" 하며 놀라서 상제님을 쳐다보니
"임자가 가져갔구나!" 하고 웃으시니
라.
14 어떤 때는 음식을 다 드시고도 반찬이
남으면 "이것을 내버리기도 아깝고 어
디 두었다가 나중에 먹으면 하겠는데
들고 다닐 수가 없으니 못쓰겠다, 도
로 주어야지." 하며 돌려보내시고
15 때로는 "갖고 가자!" 하시며 호연에게
"네가 보관해라." 하시는데
16 그럴 때면 호연이 "아이고, 난 싫어요.
나는 내 몸뚱이도 귀찮스러워." 하며
마다하니라.

삼청동에서 호연을 씻겨 주심

17 하루는 형렬에게 "삼청동(三淸洞)에 가
서 호연이를 씻기고 오라." 하시니 형
렬이 머뭇거리며 가지 않거늘
18 상제님께서 몸소 호연을 삼청동에 데
리고 가시어 맑은 물로 깨끗이 씻겨
주시니라.

내가 저울이지

19 하루는 상제님께서 밖에 나가셨다가
남색 꽃신을 사 오시어 호연에게 흔들
어 보이시며 "네 선물 사 왔다!" 하고
흐뭇하게 말씀하시니
20 호연이 내심 좋으면서도 "어디…. 발에
딱 맞으면 내 마음에 들고, 그렇지 않
으면 싫어." 하며 신을 신어 보매 맞추
기라도 한 듯 발에 딱 맞거늘
21 상제님께서 "내가 저울이지." 하며 웃으
시니라.

김병욱의 화(禍)

46 계묘년 4월부터 김병욱이 관찰사
의 명을 받아 남원에 가서 오랫동
안 머무르며 세금을 감독하여 받으니
라.
2 이때 조선 조정에서는 러시아와 결탁
하고, 일본을 견제하기 위해 일본에
망명한 박영효(朴泳孝)를 친일파로 지
목하여 그 일파를 찾아 죽이니 병욱
또한 이에 연루된지라
3 10월에 서울로부터 수많은 순검들이
전주에 이르러 병욱을 찾다가
4 전주군수 권직상에게서 병욱이 남원에
있다는 말을 듣고 그 길로 남원으로
향하니라.

김병욱을 구해 주심

47 이때 상제님께서 남원으로 병욱의
거처를 찾아가시어 "빨리 나오라."

하시니 병욱이 문밖으로 나오거늘
2 받은 세금을 주인에게 맡기게 하시고
병욱을 데리고 서둘러 남원성 밖으로
나가시니 병욱은 그 까닭을 모르더라.
3 이어 상제님께서 병욱에게 명하시어 가
죽신을 짚신으로 바꾸어 신게 하시고
4 큰길을 피해 밭두렁과 언덕, 골짜기로
만 걸어 한 주점에 들어가 점심을 잡
수신 뒤에
5 다시 10여 리를 걸어 병욱의 선산 밑
에 이르시어 "선조의 묘가 있는 곳이
어디냐?" 하고 물으시니
6 병욱이 "이곳입니다." 하고 대답하거
늘 이윽고 묘소에 이르니 날이 이미
저물었더라.
7 상제님께서 물으시기를 "혈명(穴名)이
무엇이냐?" 하시니 병욱이 "와우형(臥
牛形)이라 합니다." 하고 대답하거늘
8 말씀하시기를 "그러면 소 울음소리를
들어야 참이 되리라." 하시고 앉아 기
다리시는데 얼마 후 산 아래에서 소
울음소리가 들리는지라
9 병욱이 "소 울음소리가 들립니다." 하
니 "먼 데서 들리는 것은 소용없느니
라." 하시니라.
10 잠시 후에 한 사람이 소를 끌고 묘 앞
을 지나가니 소가 크게 울거늘
11 말씀하시기를 "혈음(穴蔭)이 이미 동하
였도다." 하시니라.
12 그 길로 병욱의 선산 재실(齋室)에 들
어가 하루를 쉬시고 다음 날 산지기에
게 명하여 "남원에 가서 형편을 살펴
오라." 하시니
13 산지기가 곧 남원에 다녀와 아뢰기를
"서울에서 수많은 순검들이 내려와 병
욱을 찾습니다." 하매 병욱이 비로소
크게 두려워하더라.

진실로 하느님이시로다

48 이튿날 가마를 준비하여 여자가
탄 것처럼 꾸미게 하신 뒤에 병욱
을 태우고 전주 상관(上關)에 이르시어
병욱에게 일러 말씀하시기를
2 "네가 먼저 서원규(徐元奎)의 집에 가서
자세히 살피라. 내 곧 뒤따라가리라."
하시니라.
3 병욱이 원규의 약방으로 들어가니 원
규가 크게 놀라며 말하기를 "자네 어
떻게 사지(死地)를 벗어났으며 이토록
위험한 땅에 들어왔는가?
4 자네 집안에서는 너무 급작스럽게 일
어난 일이라 통지할 겨를이 없어 어찌
할 줄 모르고 다만 근심으로 지낼 따
름이라네." 하거늘
5 병욱이 그 자세한 경과를 들으니 순
검대가 전주를 떠나 남원에 이른 때와
자신이 상제님을 따라서 남원을 벗어
난 때가 겨우 한두 시간 차이인지라
6 크게 감복하여 말하기를 "선생님은 진
실로 하느님이시라!
7 만일 선생님께서 구하지 않으셨다면 내
어찌 사지를 벗어났으리오." 하니라.

나를 믿고 근심을 풀어 버리라

49 순검대가 남원에서 병욱을 찾지
못하매 다시 전주로 돌아와 크게
수색하거늘
2 병욱이 심히 두려워하며 원규의 약방
이 서천교(西川橋) 사거리에 있어 안전
하지 못할 것을 근심하니
3 상제님께서 이르시기를 "모든 일에 나
를 믿고 근심을 풀어 버리라. 내가 장차
너의 환란을 끌러 주리라." 하시니라.
4 이로부터 병욱이 원규의 약방에서 오
랫동안 머무는데 아는 사람의 출입이
없고
5 매양 저녁 무렵이면 상제님께서 병욱
을 데리고 거리에 나다니며 소풍하시
고 주막을 임의로 왕래하며 술을 드시
되 한 번도 아는 사람의 눈에 띄지 않
으니라.
6 또 어떤 때는 거리에서 병욱의 이름을

크게 부르시니 병욱이 당황하여 모골
이 송연한 때도 많으니라.
7 그 후 병욱을 장흥해의 집으로 옮겨
거처하게 하시니라.

일본을 서양 세력을 몰아내는 큰 일꾼으로 세우심

50 이때 상제님께서 병욱에게 물으시
기를 "일본과 러시아가 조선의 허
약함을 틈타 서로 세력 다툼을 하는데
2 조정에서는 당파가 나뉘어 누구는 일
본과 친선하려 하고 누구는 러시아
와 결탁하려 하니 너의 생각은 어떠하
냐?" 하시니
3 병욱이 대답하기를 "인종의 차별과 동
서양의 구별이 있으니 일본과 친선하
고 러시아를 멀리함이 옳겠습니다."
하거늘
4 말씀하시기를 "네 말이 옳으니라. 이
제 만일 서양 사람의 세력을 물리치지
않으면 동양은 영원히 서양에 짓밟히
게 되리라.
5 그러므로 서양 세력을 물리치고 동양을
붙잡음이 옳으니 이제 일본 사람을 천지
의 큰 일꾼으로 내세우리라." 하시니라.
6 또 말씀하시기를 "내가 너의 화액을
끄르기 위하여 일러전쟁을 붙여 일본
을 도와 러시아를 물리치려 하노라."
하시니
7 성도들이 그 말씀을 믿지 않고 서로
이르기를 "한 사람의 액을 끄르기 위
해 두 나라 사이에 전쟁을 붙인다 함
도 그렇거니와
8 약소한 일본을 도와 천하에 막강한 러
시아를 물리친다 하심은 더욱 터무니
없는 말씀이라." 하더라.

명치에게 조선 일을 보게 하심

51 상제님께서 하루는 "조선 국운을
일본에게 맡기려면 명치(明治)를 불
러와야 하리니 이제 명치의 혼을 부르
리라." 하시고
2 명치를 불러 물으시기를 "네가 조선 일
을 보겠느냐?" 하시니
3 명치가 아뢰기를 "아무 보답도 없이
인명만 상할 터인데 어찌 남의 일에 쉬
이 나서겠나이까?" 하며 완곡하게 사
양하고 물러가니라.
4 이튿날 상제님께서 명치를 다시 불러
서 혼을 내신 뒤에 물으시매 역시 사
양하므로 돌려보내시더니
5 사흘째 밤에는 크게 화를 내시며 "이
놈! 이놈!" 하고 밤새도록 불호령을 내
리시니라.
6 이에 명치가 마지못해 굴복하여 "조선
일을 보겠습니다." 하고 대답하거늘
7 또 말씀하시기를 "항우(項羽)는 한고조
(漢高祖)의 양장(良將)이요, 명치는 나의
양장이니라." 하시니라.

천고역신을 거느려 역사하는 일본 사람

52 상제님께서 말씀하시기를 "이제 일
본 사람으로 하여금 조선에 와서
천고역신(千古逆神)을 거느려 역사케 하
느니라.
2 조선 개국 후로 벼슬하는 자들이 모두
정씨(鄭氏)를 사모하였나니 이는 곧 두
마음이라.
3 남의 신하로서 두 마음을 두면 이는
곧 적신(賊臣)이니, 그러므로 모든 역신
(逆神)들이 그들에게 이르되
4 '너희들도 두 마음을 품었으면서 어찌
역신을 그다지 학대하느냐.' 하니
5 이로 인하여 저들이 일본 사람을 대
하면 죄지은 자와 같이 두려워서 벌벌
떠느니라." 하시니라.

조선 사람이 들어서 죽고 산다

6 또 말씀하시기를 "일본 사람이 뭐 한
다고 해도 조선 사람 가운데 조조 간
신이 있어서 그놈들이 좌지우지하지,
일본 사람이 이 조선에 대해 무엇을
아느냐?

7 조선놈이 다 시켜서 그러는 것이다. 조
선 사람이 들어서 죽고 산다." 하시니라.

49일 동남풍 공사

53 상제님께서 전주에 계실 때 천지대
신문을 열고 날마다 공사를 행하시
며 성도들에게 말씀하시기를
2 "제갈량의 전무후무한 재주라 함은 남
병산(南屛山)에서 칠일칠야(七日七夜) 동
안 동남풍을 빌어 적벽화전(赤壁火戰)
에 성공함을 말함이 아니더냐.
3 이제 49일 동안 동남풍을 빌어 와야
하리라. 이 동남풍으로 밀려드는 서양
의 기세를 물리쳐야 동양을 구할 수
있으리라." 하시고
4 성도 서너 명을 거느리고 남고산성(南
固山城)으로 가시어 만경대(萬景臺)에서
49일 동남풍 공사를 행하시니라.
5 이때 장대에 종이를 달아 세우시고 글
을 써서 읽으신 뒤에 성도들로 하여금
그 자리에 서 있게 하시고
6 말씀하시기를 "제갈량이 제단을 쌓고
7일 동안 밤낮으로 공을 들여 동남풍
을 불렸다 하니 이는 우스운 일이니
라. 공들이는 동안에 일이 그릇되면
어찌하겠느냐." 하시니라.
7 이어 상제님께서 "너희들은 바람이 불
거든 오라." 하시고 남고사(南固寺)로
들어가시매
8 과연 조금 후에 동남풍이 크게 부는지
라 성도들이 들어가 아뢰니
9 상제님께서 말씀하시기를 "차길피흉(此
吉彼凶)이로다." 하시고 산성을 내려오
시니라.

한 여인이 한을 품고 돌아가니

10 그 후 상제님께서 49일을 한 도수로
계속하여 동남풍을 불리실 때
11 미처 기한이 다 차기도 전에 먼 곳에서
한 여인이 찾아와 자식의 병을 고쳐
주십사 애걸하거늘
12 상제님께서 공사에 전심하고 계시므
로 병욱이 상제님께 아뢰지 못하고 돌
려보내니
13 그 여인이 한을 품고 돌아가매 갑자기
동남풍이 그치는지라
14 상제님께서 이 사실을 아시고 급히 그
여인에게 사람을 보내어 공사에 전심
하심으로 인해 미처 대답지 못한 사실
을 말하여 안심하게 하시고
15 곧 자식의 병을 고쳐 주시니 즉시 바
람이 다시 일어나거늘
16 "한 사람의 원한이 능히 천지 기운을 막는
다." 하시니라.
17 그 뒤로 과연 일러전쟁이 일어나더니
일본 군사가 승세를 타고 해륙전에서
연속하여 러시아를 물리치니라.

갑진(甲辰: 道紀 34, 1904)년

눈길 뚫는 공사

54 갑진(甲辰: 道紀 34, 1904)년 정월 초
에 상제님께서 새끼로 동아줄을
굵게 꼬아 동네의 큰 나무와 형렬의
집 토방 기둥을 연결해 묶으시니라.
2 이로부터 얼마 후 큰 눈이 내려 마을
이 온통 눈으로 뒤덮이니 천지를 분
간하기 어려워 물도 길어다 먹지 못하
고, 서로 오가지도 못하는 지경이 되
거늘
3 상제님께서 미리 매어 둔 동아줄을 휘
휘 돌리며 내두르시매 눈더미에 구멍
이 뚫리니라.
4 이에 사람들이 나와서 넉가래와 나무
로 눈을 치우고 길을 내니 모두 무고
하게 지내는데
5 옆 마을은 눈을 치우지 못해 오두막
이 허물어지고, 길이 보이지 않아 마을
사람들이 도랑과 샘에 빠져서 인명이
많이 상하니라.

대구에서 갑자기 사라지시어 공사 보고 나타나신 상제님

55 상제님께서 대구에 머무르실 때 하
루는 아주 큰 골짜기에 가시니 양
옆으로 아름드리 정자나무가 두 그루
씩 서 있거늘
2 상제님께서 한쪽 정자나무에서 골짜
기를 가로질러 맞은편 정자나무로 날
아가셨다가 다시 날아오시고
3 다시 맞은편으로 날아가셨다 오시고,
이렇게 수차를 왕복하시더니 홀연 사
라져 보이지 않으시니라.
4 이에 형렬과 호연이 길가에 쭈그리고
앉아 상제님을 기다리는데 어찌된 일
인지 해가 져도 돌아오지 않으시거늘
5 형렬이 하는 수 없이 "둘이 가자." 하니
호연이 "캄캄한데 자빠지니까 안 걸어
갈래." 하는지라
6 형렬이 발감개를 풀어서 호연을 업는
데 호연이 "발 추울 텐데 어쩌려고 그
래요?" 하고 걱정하매
7 형렬이 "안 추우니까 괜찮아." 하며 호
연을 업고 일어서려는 찰나 갑자기 등
뒤에서 누가 확 떠밀므로 둘이 함께
앞으로 고꾸라지니라.
8 이에 형렬과 호연이 뒤를 돌아다보니
상제님께서 껄껄 웃으시며 "내려놓아
라. 내가 업고 간다." 하시거늘
9 호연이 "또 어디로 갈 참이에요?" 하고
여쭈니 "아무데라도 가자." 하시니라.

태전 근교 산에서 공사 보심

56 갑진년 봄에 형렬과 함께 호연, 복
남을 데리고 대구를 거쳐 태전의 계
룡산에 오르시니 진달래가 흐드러지게
피어 있거늘
2 상제님께서 꽃을 꺾어 호연의 머리와
옷에 꽂아 주시니라.
3 산에 오르시는 내내 막대기로 땅에 동
그라미와 점을 그리며 공사 보시고 형
렬에게만 무엇을 말씀하시므로 호연
이 가까이 가서 들으려 하매 그만 중
단해 버리시거늘
4 호연이 심통이 나서 "왜 내가 오면 그
래요?" 하니 말씀하시기를 "아는 체를
하면 네가 없어진다." 하시니라.
5 이때 공사를 행하신 뒤에 상제님께서
손으로 무엇을 지휘하시니 어디선가
여인들이 밥상을 가져오고, 다 드시고
나니 도로 가져가거늘
6 호연이 '선녀인가?' 하고 보매 보통 여
자와 같은 모습이더라.

말에 태워 보신 간태합덕 도수

57 상제님께서 종종 형렬, 복남, 호연
과 함께 말을 타고 공사를 보러 가
시는데 그 때마다 말은 항상 세 필을
준비하게 하시어
2 한 필은 상제님께서 타시고 한 필은 형
렬이 타게 하시며, 나머지 한 필은 복
남과 호연이 함께 타게 하시니라.
3 때로는 복남과 호연이 서로 다투고 타
려 하지 않으면 상제님께서 "아예 데
려가지 않으련다." 하시며 크게 꾸중
하시니
4 어쩔 수 없이 함께 말에 올라 호연이
복남의 허리를 끌어안고 가니라.

초립동 상씨름 공사

58 하루는 상제님께서 복남을 데리고
어디를 가시다가 물으시기를 "네
가 나하고 씨름을 해서 이기겠느냐?"
하시니
2 복남이 정색을 하며 "아버지, 무슨 말
씀을 그렇게 하세요?" 하니라.
3 이에 상제님께서 "나하고 씨름 한 판
하자." 하시거늘 복남이 황공하여 머
뭇거리매 재차 명하시는지라
4 복남이 하는 수 없이 상제님의 골마리
를 잡고 씨름을 하다가 어찌하다 보니
상제님을 이겨 버리니라.
5 상제님께서 "한 판 더 하자!" 하시매

다시 허리춤을 잡고 씨름을 하니 이번
에도 복남이 이기거늘
6 상제님께서 또 "다시 한 판 하자!" 하
시는지라 복남이 내심 '아버지 체면도
있고 하니 이번에는 져 드려야겠다.'
하고 다시 붙으니라.
7 복남이 처음에는 힘을 쓰지 않다가 막
상 아슬아슬한 상황이 닥치자
8 문득 '에라 모르겠다. 이번에도 내가
이겨야지.' 하는 생각이 드는지라
9 순간 기를 쓰고 상제님을 바닥에 눕혀
버리니라.

누구 있는데 하면 못써

59 하루는 호연이 "돈 실으러 가자,
돈 실으러 가. 영광 법성으로 돈
실으러 가~." 하며 노래를 부르니
2 상제님께서 "너, 그것 어디서 배웠냐?"
하시거늘 호연이 능청스럽게 웃으며
"몰라. 강가가 가르쳤는가?" 하니라.
3 이에 상제님께서 "요것 봐라! 강가가
누군데?" 하시니 "몰라, 증산이라고
하던가?" 하며 또 시치미를 떼거늘
4 상제님께서 웃으시며 "어째서 증산일
꼬? 무슨 증산이여?" 하시고
5 타이르시기를 "그런 소리 안 하는 것
이여. 누구 있는데 하면 못써. 또 그러
면 이빨을 다 뺀다!" 하시니라.

전국 명산에 제 지내심

60 하루는 상제님께서 말씀하시기를
"내가 명산을 두루 다니며 공을 들
여 놓았나니 먹고 그냥 말 수는 없느
니라.
2 물도 소금 먹은 놈이 켜지 않느냐? 그
렇듯이 이제 일을 할 때면 갑옷 갖고 오
는 놈, 투구 갖고 오는 놈, 연장 갖고
오는 놈, 별놈이 다 있고
3 접전 중에 쓰러지면 장수들이 모두 일
어나 제 소원을 풀어 달라고 전쟁을
하느니라." 하시니라.
4 상제님께서 어디에 가시어 치성을 드
리실 때는 주로 쌀과 물만 놓고 지내시
니라.

중들을 꾸짖으며 월급 공사를 보심

61 갑진년 사월 초파일에 상제님께서
성도들을 데리고 금산사에 가시니
라.
2 이때 주지가 상제님께서 지난 삼월 삼
짇날에 갖다 놓으신 궤에서 돈을 빼내
어 쓰고 거짓으로 아뢰거늘
3 상제님께서 이미 아시고 크게 꾸짖어
말씀하시기를 "시왕전(十王殿)에서 생
긴 놈은 너 먹고, 조왕에서 생긴 놈은
공양주 먹고.
4 절에서 생긴 것이니 중이 차지한다 해
도 정도가 있는 것 아니냐!" 하시니 "정
도는 무슨 정도요?" 하고 버티는지라
5 상제님께서 "야, 이놈! 책임 없는 중놈
이 어디 있더냐." 하시니 그래도 깨닫지
못하고 말대답을 하거늘
6 상제님께서 "그래. 그러면 이 터전은
네가 다 아름앗이 하느냐?" 하시매 "사
람을 두고…." 하며 말끝을 흐리니라.
7 상제님께서 "사람을 두면 그 사람들에
게 얼마씩 주었느냐?" 하시니
8 "절에서 얻어먹으려면 와서 청소하고
치우라 했지, 돈은 안 줬습니다." 하거
늘
9 "이놈, 그러면서 중 노릇을 해? 마음
을 반듯하게 먹어야 중 노릇을 하지,
네가 그러고도 큰중 노릇을 한단 말이
냐?" 하며 크게 꾸짖으신 뒤에
10 칡덩굴을 주지의 양쪽 귓구멍에서 입
으로 꿰어 대웅전 문 앞에 걸어 놓으
시니라.
11 상제님께서 "네 이놈, 네 죄를 다 말해
라." 하시며 이제껏 주지 않은 새경을
모두 나누어 주게 하시고, 앞으로도
계속 줄 것을 다짐 받으신 뒤에
12 말씀하시기를 "이 미륵전에 자물쇠 채

워 놓은 궤짝은 네 마음대로 못 연다.
13 내가 와서 돈을 꺼내 가겠느냐마는 사
람을 시켜서라도 너에게 월급을 주
마." 하시며 세상 월급 주는 공사를 행
하시니라.
14 그 후 금산사에서는 돈이 들어오는 대
로 모두 궤에 넣어 두거늘
15 상제님께서 한 달에 한 번씩 가시어 서
기로 하여금 직접 나누어 주게 하시고
상제님은 앉아서 바라보시니라.

돌무지개문 안의 도깨비가 녹으면

62 하루는 상제님께서 금산사 입구의
돌무지개문을 지나실 때 호연에게
말씀하시기를
2 "이 석문에는 도깨비가 들었는데 그놈이
녹으면 세상이 다 된 줄 알아라.
3 무쇠라더니 참말로 안 녹는구나!" 하
시니라.

봉황산 문수사에 가심

63 갑진년 초여름에 상제님께서 형렬
과 최상문, 신 주사, 호연을 데리
고 봉황산(鳳凰山) 문수사(文殊寺)에 가
시니
2 샘 옆에 보통 사람 여러 명이 함께 들
어야 들릴 만한 커다란 쇠 수조(水槽)
를 놓고 물을 퍼 쓰고 있는지라
3 상제님께서 "이것 때문에 맑은 샘으로
구정물이 들어간다." 하시고 한 손으
로 휙 집어 던지시니 그 수조가 어디로
갔는지 찾을 수가 없더라.

고사리 같은 손

4 산에서 내려오시는 길에 호연이 고사리
를 꺾어다가 "고사리 봐라, 고사리~!"
하고 자랑하거늘
5 상제님께서 흐뭇하게 바라보시며 "아
이구, 우리 애기 손하고 같구나. 고사
리하고 똑~같다." 하시매
6 호연이 "내 손이 어찌 고사리야? 그럼
고사리 먹어, 자요!" 하며 손을 내미니
상제님께서 크게 웃으시니라.

문수보살 도수를 보심

64 초여름에 상제님께서 손바래기 본
댁에 가시어 유덕안(俞德安)에게 이
르시기를 "백미 서 말과 백지 세 권을
사오라." 하시고 그 쌀로 밥을 짓게 하
시니라.
2 그 날 밤 마당에 덕석을 깔고 청수 한
동이를 떠 놓으신 뒤에 다른 가족들은
밖을 내다보지 못하게 하시더니
3 성모 권씨께 장삼(長衫)을 입혀 청수
앞에 앉히시며 "문수보살(文殊菩薩) 도
수를 본다." 하시고
4 지어 놓은 밥을 손에 쥐어 사방에 던
지시며 주문을 읽으시니라.
5 이튿날 아침에 가족들이 마당에 나가
아무리 찾아보아도 밥알 하나 보이지
않거늘 모두 신기하게 여기니라.
6 상제님께서 사흘을 더 머무르시고 "회
문산을 거쳐 모악산으로 가노라." 하
시며 집을 떠나시니라.

불경한 자에게 벌을 내리심

65 이 해 5월 찌는 듯하게 더운 날, 하
루는 상제님께서 순창 회문산에서
공사를 행하시니 백암리에 사는 박동
화(朴東華)가 함께 참여하니라.
2 상제님께서 한참 공사를 행하시다가
문득 동화에게 명하시기를 "먹을 갈고
붓에 먹물을 묻혀 너희 집 쪽으로 튕
기라." 하시거늘 동화가 명하신 대로
하니
3 상제님께서 다시 이르시기를 "너희 집
에 난리가 났으니 빨리 다녀와라." 하
시는지라
4 동화가 영문을 모른 채 급히 백암리
집으로 향하니라.
5 한편 동화의 아내 김명화(金明嬅)는 불
볕더위에 혼자서 보리를 베어 마당에
들여놓고 타작을 하다 보니 너무도 힘

이 드는지라
6 남편 동화를 원망하며 “도에 미쳐서
집안을 돌보지 않는다.” 하고 푸념하
다가
7 급기야 ‘강증산이는 믿으려면 혼자 믿
지, 살림하는 사람을 데려가서 집안도
돌보지 못하게 한다.’고 상제님께 욕
을 하니라.
8 그 순간 맑은 하늘에 갑자기 먹구름이
일어나 소나기가 쏟아지기 시작하거늘
9 금세 물이 불어 베어 놓은 보리가 몽
땅 쓸려 내려가니
10 너무도 순식간의 일인지라 보리를 하
나도 건지지 못하고 망연자실하니라.
11 이때 마침 남편 동화가 집으로 들어서
서 어찌 된 영문인지 물으니
12 명화가 눈물을 흘리며 그 연유를 말하
거늘 동화가 허망한 심정으로 회문산
으로 돌아가니라.
13 상제님께서 동화에게 “왜 자고 오지
그냥 왔느냐?” 하시거늘 동화가 한숨
을 쉬며 “거기 있으면 뭐합니까.” 하니
14 상제님께서 이미 다 아시고 “집에 보리
가 다 떠내려갔지?” 하고 웃으시니라.
15 상제님께서 동화에게 물으시기를 “내
가 너에게 먹물을 묻혀 튕기라 한 이
유를 아느냐?” 하시니 동화가 “모르겠
습니다.” 하고 대답하거늘
16 말씀하시기를 “너의 안식구가 불경스
러운 말을 하여 내가 벌을 준 것이니
라.” 하시니라.
17 이에 동화가 돌이켜 보니 집 쪽으로
먹물을 튀긴 시각이 소나기가 쏟아진
바로 그 시각이거늘
18 그제야 깨닫고 상제님께 사죄한 뒤에
백암리 집으로 가서 아내에게 자초지
종을 말하니
19 명화가 크게 놀라 그 뒤로는 상제님을
조금도 원망하지 않고 남편을 따라 죽
을 때까지 청수 모시고 주문을 읽으며
신앙하니라.

통영에 자주 가심

66 상제님께서 통영(統營)에 자주 가시
는데, 한번 가시면 오래 머무르시
니라.
2 통영은 남쪽에 미륵도(彌勒島)가 있고,
섬 중앙에 미륵산(彌勒山)이 우뚝 솟아
있거늘
3 예로부터 미륵하생(彌勒下生)의 염원을
깊이 간직해 온 곳이라.

바닷속 어족을 불러 대개벽 때 성을 쌓게 하심

4 하루는 상제님께서 민물과 바닷물이
만나는 통영의 한 포구에 가시어 공사
를 행하시니라.
5 상제님께서 거북이의 배에 무어라 글
을 써 붙이시거늘 그 거북이가 굴에
들어가더니
6 잠시 후에 다른 거북이 한 마리가 굴
에서 나와 “부르셨습니까?” 하고 아뢰
니라.
7 이에 명하시기를 “데려와라.” 하시매
거북이가 물러갔다가 토끼 몇 마리를
몰고 오는지라
8 상제님께서 토끼에게 “그래, 가지고
왔냐?” 하시니 그 가운데 한 마리가
“살려 주십시오.” 하며 두 발을 모아
빌더라.
9 상제님께서 다시 거북이에게 이르시기
를 “거북아, 너 빨리 가서 잉어를 몰고
오너라.” 하시니 거북이가 명을 받고
사라지더니 잠시 후에 잉어가 와서 대
령하거늘
10 상제님께서 잉어에게 꾸짖어 말씀하
시기를 “너는 강에서 처먹기만 하고
무엇을 하는고? 한번 재주를 부려 봐
라.” 하시니라.
11 상제님께서 다시 “작두를 빼 오너라.”
하시어 강변에 앉아 작두를 휘두르시
니
12 잉어, 상어, 물개 등 물에 사는 온갖 어
족(魚族)들이 사람처럼 똑바로 서서 떼

지어 몰려나와 상제님 앞에 열을 지어
서거늘
13 상제님께서 큰 소리로 이르시기를 “너
희들 죽겠느냐, 아니면 용궁에 가서
○○을 가지고 오겠느냐?” 하시고
14 또 말씀하시기를 “이 다음에 때가 되면
너희들이 노두를 놓아 성을 쌓아라.” 하
시니
15 어족들이 일제히 대답하기를 “그러겠
습니다.” 하고 앞다투어 물속으로 뛰
어들어 가니라.

신천지 음양개벽의 혈맥관통 공사

67 갑진년에 하루는 형렬의 셋째 딸이
초경(初經)을 하매 상제님께서 “오
늘은 혈맥관통(血脈貫通) 공사로 전 세계
생사(生死)를 판단하리라.” 하시고
2 미리 마련해 놓으신 양지 책에 글을
쓰시고 부(符)를 그리시며 형렬에게 초
경수를 받아오게 하시더니
3 그 피를 묻혀 각 장마다 도장을 찍으
시니라.
4 이어 말씀하시기를 “천지의 이치를 여
기에 판명하여 놓았나니 천지조화가 전
부 이 안에 들어 있느니라.” 하시니라.

백두산의 바위

68 하루는 상제님께서 형렬과 호연을
데리고 백두산에 가시니 거대한 바
위가 있거늘
2 호연에게 이르시기를 “사람은 살다가
죽으면 그만이지만 저 바위는 네 생전
에도 있고, 네 자식 대에도 있고, 언제
라도 있는 것 아니냐?
3 그러니 저 바위한테 가서 빌어라.” 하
시고 바위를 향해 “바우야~!” 하고 부
르시니라.

무공산 지초

4 상제님께서 백두산에서 내려와 무공산
으로 가시니 바위 그늘에 지초가 있거
늘 캐어 보매 그 크기가 무만 한지라
5 형렬이 좋아하며 “먹으면 어떨까요?”
하고 재촉하니 “지초는 동삼(童蔘)이나
한가지니 이놈이 쌀 만 섬보다도 귀한
것이다.” 하시거늘
6 형렬이 더욱 입맛을 다시며 “동삼이니
더 먹어야지요.” 하니라.
7 이에 상제님께서 지초를 건네시며 “껍
데기도 내버리지 않는 것이니 이놈을
싹싹 닦아라.” 하시거늘
8 형렬이 흙을 털고 옷으로 잘 닦아서
상제님께 드리니 반으로 쪼개어 형렬
에게 주시니라.
9 이때 호연이 “나 좀 줘~!” 하니 상제님
께서 “너는 먹으면 못쓰는 것이니 안
줘.” 하시며 그냥 다 드시니라.

무공산을 내려와 어느 낯선 곳으로

69 상제님께서 무공산을 내려오시며
형렬에게 이르시기를 “나는 수중(水
中)으로 가리니 너는 뭍으로 가라.” 하
시거늘
2 형렬이 불만스럽게 생각하여 아뢰기를
“어찌 저는 뭍으로 가라 하십니까?”
하니
3 말씀하시기를 “물로 천 리, 땅으로 천
리인데 내가 너를 생각하여 뭍으로 가
라 했거늘 어찌 그러느냐?” 하시니라.
4 이에 형렬이 아뢰기를 “선생님은 조화
를 쓰시지만 저는 재주도 못 부리니
못 걸어갑니다.” 하거늘
5 상제님께서 “그럼 함께 가자!” 하시니
갑자기 산중에서 낙타가 나타나매 형
렬을 낙타에 태워 보내시니라.

바다 속 용궁에 들어가심

70 상제님께서 형렬을 보내신 뒤에 호
연을 옆구리에 끼고 어느 굴 속으
로 들어가시니라.
2 호연이 보매 분명 굴속이었으나 상제
님께서 “내 팔뚝을 못 놀리니 앞으로
더 들어와라. 요쪽으로, 요쪽!” 하며

잡아당기시거늘
3 말씀하시는 대로 몸을 옮기느라 한눈
을 파는 사이에 어느새 바다 한가운데
에 떠 있더라.
4 상제님께서 "이제 용궁(龍宮)으로 들어간
다." 하시니 호연이 "거기에 집이 있대
요?" 하고 여쭈거늘
5 말씀하시기를 "응, 그려. 거기 가서는
아무 소리도 말아라.
6 나 하는 것만 보고 내가 앉혀 놓으면
앉혀 놓은 대로 가만히 있지, 나를 부
르지도 말아라, 잉?" 하시고 바다 속
으로 들어가시니라.
7 잠시 후 용궁에 이르니 문 앞에 거대한
물방아가 있거늘
8 상제님께서 그 위에 올라서시어 방아
타령을 하며 쩔거덩쩔거덩 방아를 찧
으시니
9 여기저기서 사람들이 나와 쭝긋쭝긋
하며 구경하다가 이윽고 한 사람이 다
가와 "어째 빈 방아를 찧소?" 하고 말
을 건네니라.
10 상제님께서 아무 대꾸없이 계속 방아
만 찧으시니 이번에는 호연에게 "얘,
저 사람이 누구냐?" 하고 묻거늘
11 호연 역시 아무 말 하지 않으니 "아니,
이것도 아무 말 않네. 벙어리인가?"
하며 호연을 떠미니라.
12 호연이 애써 참으며 상제님을 바라보
니 상제님께서 눈을 딱 감으시거늘
13 호연도 따라서 눈을 감으니 그들이 더
욱 약이 올라 "이게 사람인가 뭔가 모
르겠다." 하며 호연을 이리 둥글리고
저리 둥글리고 하더라.
14 호연이 이리저리 구르면서도 '말이 곧
나오게 생겼어도 하지 말라.' 하신 말
씀을 떠올리며 한참을 당하는데
15 이내 상제님께서 방아에서 내려오시어
"네 이놈들! 어찌 그 어린것을 그렇게
자빠뜨리느냐?" 하며 뺨을 힘껏 치시
고 발로 한번 차시니 모두 뚝뚝 나가
떨어지더라.

야이~ 늙은 놈아!

71 이때 한 늙은이가 나와서 "어떤 놈
이기에 여기 와서 이렇게 장을 치
냐?" 하고 소리치니
2 상제님께서 "야이~ 늙은 놈아, 나는
육지에서 왔거늘 너는 용궁에서 무엇
처먹고 사는 놈이냐?" 하시며 가운뎃
손가락으로 톡 튕기시매 저 멀리 가서
떨어지거늘
3 그제야 호연이 의기양양하게 나서며
"거봐라 이놈들~. 나보고 어리다고
요리 둥글리고 저리 둥글리고 그랬지?
너도 한번 둥글려 보자!" 하니라.
4 이에 상제님께서 "가 둥글려라." 하고
역성을 들어주시니 호연이 "내가 어떻
게…." 하며 머뭇거리거늘
5 상제님께서 눈짓을 하시매 알아차리
고 "야이~!" 하고 차는 시늉을 하니
그 사람이 벌떡 뒤집히더라.
6 호연이 멀리서 살짝 차기만 해도 뒤집
히는 것이 재미있어서 다시 한 사람을
차니 또 뒤집히거늘
7 뒤집힌 사람이 기가 막힌 듯 "얼레, 요
것 봐라잉!" 하며 대드니
8 호연이 "요것 보라고 했으니 너 당해
봐라." 하며 그 사람의 머리를 차매 이
번에는 빳빳하게 서더라.
9 호연이 분풀이하듯 이 사람 저 사람을
계속해서 차고 다니니
10 상제님께서 마냥 웃으며 바라보시다
가 "너하고 나하고 우리 그러고 다니
자, 응!" 하시거늘 호연도 따라 웃으며
"그래요." 하고 좋아하니라.

옥황상제가 여기 계신다

72 물방아를 지나 용궁으로 들어가려
하니 큰 문 양쪽으로 머리에 뿔이
돋친 문지기가 서 있다가 방망이를 들
어 가로막거늘

2 상제님께서 문을 세게 걷어차시며 안
으로 들어가시니라.
3 용궁에 들어가니 집들이 수없이 많고
그 한가운데에 몇 층인지 셀 수도 없이
규모가 어마어마한 기와집이 있거늘
4 상제님께서 그 집에 올라서시어 "옥황
상제가 여기 계시다!" 하고 크게 호령
하시매 바닷속이 쩌렁쩌렁 울리니
5 갑옷을 입고 기치창검으로 무장한 사
람이 뚜벅뚜벅 나와 절을 한 후에 상
제님을 모시고 첩첩이 나 있는 문을
지나 안으로 들어가니라.
6 상제님께서 그의 손을 잡고 물으시기
를 "오색에서 하나만 빠져도 내 일은
성사가 안 되느니라. 그렇지?" 하시니
7 "예, 그렇습니다. 일만 어서 되면…. 땅
이 뒤집힐 때는 전들 살겠습니까? 뜻
대로 하옵소서." 하고 대답하니라.
8 상제님께서 말씀하시기를 "그럴 적에는
바다를 말려라. 그래야 창생들이 허공
에 안 빠지고 다 살아날 것 아니냐!
9 한 번 죽지 두 번 죽는 것 아니니 조금
도 변치 말고 다 나서라.
10 다른 곳도 네가 통지해서 일이 함께
되도록 하고, 모든 용궁에서 다 나서라."
하시니 "어찌 변할 수가 있겠습니까."
하고 다짐하더라.

용궁의 쌍다리

73 상제님께서 공사를 마치시고 다시
여러 개의 문을 지나니 쌍다리가
나타나거늘
2 한쪽은 산 사람들이 통래하는 다리요,
다른 한쪽은 신명들이 왕래하는 다리
더라.
3 상제님께서 호연을 데리고 다리 위를
걸어가시니 눈 깜짝할 사이에 바다 한
가운데로 나와 있거늘
4 육지를 걷듯이 물위를 걸어나와 뭍에
앉아서 바라보매 잔잔하던 바다에 바
람이 일어 출렁출렁 물결을 이루더라.
5 이에 호연이 신기한 듯 "우리가 저 속
에 들어갔다가 나왔네~!" 하니 "그랬
다." 하시며 살며시 웃어 보이시니라.

호연이 속을 썩이니

74 어린 호연이 하도 영악스러운 짓
을 많이 하여 속을 썩이니
2 하루는 상제님께서 "아이구~ 이녀
석! 똥싸면 똥 닦아 주고 밑구녕 다 씻
겨 주고 그랬는데 네가 나에게 그러느
냐?" 하시거늘
3 호연이 "나도 그랬어, 나도!" 하매 상
제님께서 "내가 언제 뭐했기에 네가 그
랬냐?" 하시니라.
4 호연이 딱히 할 말이 없자 "강아지 품
고 댕긴다고 내가 다 일러!
5 미운 놈 물리려고 품고 댕겨? 뭣 하려
고 골마리 속에 강아지를 품고 댕겨?"
하니 상제님께서 배를 움켜잡고 크게
웃으시니라.
6 이때 호연이 난데없이 "그 강아지가
사람이 돼요?" 하고 엉뚱한 질문을 하
는지라
7 상제님께서 "강아지가 됐다, 사람이
됐다 그려." 하시니 "그럼 밥 안 먹어
도 살아?" 하거늘
8 말씀하시기를 "저런 물건 좀 봐! 내가
먹으면 그것도 먹어." 하시고 또 한참
을 웃으시니라.

호연과 복남

75 복남은 본시 성품이 착하여 항시
상제님의 말씀에 순종하며 상제님
을 성심껏 모시니 평소 꾸중을 듣지
않으니라.
2 하루는 호연에게 "나를 오빠라고 해
라." 하니 "네가 뭐라고 맥없이 오빠라
고 해?" 하고 따지거늘
3 복남이 "그럼 너는 뭐라고 내가 동생
이라고 하냐?" 하며 다툼이 나니라.
4 상제님께서 이를 들으시고 "너희들 무

엇을 가지고 그렇게 다투느냐?" 하시니
5 호연이 쪼르르 달려가 "나보고 오빠라
고 안 한다고 때려~!" 하거늘
6 상제님께서 복남을 바라보시며 "나이
먹은 놈이 어린것을 가려서 탄을 하고
싸우느냐?" 하고 꾸중하시니라.
7 이에 호연이 기세등등해하니 복남이
"밤낮 편만 들어주니까 요것이~!" 하
며 머리를 쥐어박거늘
8 호연이 "얘가 또 때려~!" 하며 울음을
터뜨리니라.
9 상제님께서 호연을 달래어 방으로 데
려가시는데 복남이 작은 소리로 "너
나오면 내가 또 때릴 것이여." 하니
10 호연이 "밖에 나오면 재가 또 때린대
요!" 하며 일러바치거늘
11 상제님께서 "저리 가지 말아라." 하고
달래 주시니라.

정(鄭)씨로 왕이 될 만한 사람이 없다

76 상제님께서 여러 성도들에게 '조선
말에 정씨가 왕이 된다.'는 말을 경
계하여 말씀하시기를
2 "정씨로 왕이 될 만한 사람이 없느니
라.
3 조선 사람은 정씨만 찾나니 아무것도
배운 것 없이 정씨만 찾아서 무엇하리
오. 한낱 분잡케만 될 뿐이라.
4 그러므로 정(鄭)씨와 조(趙)씨와 범(范)
씨를 다 없이하였노라.
5 시속에 그른 일 하는 자를 '방정(訪鄭)
맞다.' 이르고, 옳은 일 하는 자를 '내
정(來鄭)이 있다.' 이르느니라.
6 내 일이 이루어지면 천자 꿈을 꾸는 정
가(鄭哥)는 바다에 뜨느니라." 하시니
라.

여름철에 공사 보실 때

77 상제님께서 여름철에 공사를 보실
때면 몇몇 성도들로 하여금 날벌레
를 쫓게 하시니라.
2 또 밤에는 제피나무를 캐어다가 마당
에 불을 지피게 하시는데 그리하면 향
내가 진동하여 파리, 모기, 깔따구 등
이 근접하지 못하니
3 종종 길에다 불을 지펴 날벌레가 동네
로 들어오지 못하게 하시니라.

급수 공사

78 하루는 상제님께서 ○○강가에 가
시어 강물을 바라보시며 "저 강물
을 다 써야만 할 텐데…." 하시니
2 호연이 놀라며 "저 강물을 어떻게 다
써요?" 하고 여쭈거늘
3 말씀하시기를 "네가 보기에는 다 못
쓸 성싶으냐? 그놈을 먹고도 몇 바퀴
를 더 먹어." 하시니라.
4 이에 호연이 더욱 놀라며 "아이구, 배
가 소 배때기만 한가 봐! 어떻게 저걸
다 먹어?" 하니
5 "흐흥, 한꺼번에 먹는 것이 아니여. 이
산채(山菜)를 누가 다 먹냐? 천하 사람
의 입으로 다 들어간다." 하시니라.

배가 고프다

79 상제님께서 급수(給水) 공사를 행
하고 돌아오시는 길에 "배가 고프
구나." 하시니
2 호연이 "그러면 내가 저 집에 가서 밥
좀 얻어올까요?" 하거늘
3 말씀하시기를 "추접스러우니 너는 여
기 앉아서 내가 갖다 주는 놈이나 먹
어라.
4 네가 그렇게 얻어다 주는 밥 나는 안
먹어." 하시니라.
5 이에 호연이 "그럼, 그려." 하고 도랑
물에 손을 씻는데 상제님께서 "물을
이렇게 제치고 떠먹어라!" 하시거늘
6 호연이 물을 헤치고 양손으로 한가득
떠서 마시려고 보니 물속에 고기가 들
어 있는지라
7 호연이 신기해하며 "와, 여기 물고기

가 들었네. 입 벌리세요, 입 벌리세
요~!" 하고 호들갑을 떠니
8 상제님께서 "흐흥, 너 먹으라고 생겼
는데…." 하시거늘
9 호연이 먹으려고 다시 보니 어느새 물
고기가 사라지고 없더라.

우리 어머니 해원했네

80 하루는 상제님께서 불현듯 "우리
집에 큰일났네! 우리 집에 큰일났
네!" 하시더니
2 객망리 본댁에 가시어 성모 권씨께
"새로 산 고추밭 파시지요." 하시니라.
3 이에 성모님께서 정색을 하시며 "고추
밭이 어디 있는가? 없네, 아무것도 없
네!" 하시거늘
4 상제님께서 "어머니, 팔아야 하겠습니
다. 밭문서를 저에게 주시지요." 하시
니라.
5 성모님께서 계속 "없네, 없어. 어디 있
으면 찾아가시게." 하시거늘
6 상제님께서 안방에 들어가시어 주저
없이 대롱 속에 감추어 둔 밭문서를
꺼내 오시니라.
7 상제님께서 고추밭을 팔아 동네에서
없이 사는 사람들에게 돈으로 나누어
주시고, 술을 받아 주시기도 하여 다
써 버리시고
8 너울너울 춤을 추며 들어오시어 "우리
어머니 해원했네. 우리 어머니 앞길 열어
드렸네!" 하고 기뻐하시니라.
9 그 후로 성모님께서 없어진 밭을 아까
워하시며 길쌈으로 어렵게 생계를 꾸
려 나가시니라.

강경에서 보신 깃발 공사

81 가을 어느 날 강경(江景)에 가셨을
때 느닷없이 상제님 머리에 죽순이
돋듯 여러 개의 뿔이 돋아나더니 뿔
끝에서 온갖 깃발이 나오거늘
2 바람이 불어와 기가 날리면 상제님께
서 "구름도 날린다! 바람도 날린다!"
하고 노래 부르시며
3 바람을 타고 하늘로 오르셨다가 금세
뚝 떨어지곤 하시니라.

머리 벗겨 놓고 보신 공사

82 하루는 상제님께서 이마에서부터
머리 뒤까지 살갗을 벗기시니 마치
무를 깎아 놓은 것처럼 활딱 벗겨지거
늘
2 호연이 놀라며 "아이구, 어째서 머리가
없어졌어요?" 하니
3 "어떤 놈이 와서 내 머리를 이렇게 싹
베어 갔다. 아이구 어쩔까?" 하시며
남바위처럼 이렇게도 써 보시고 저렇
게도 써 보시니라.
4 호연이 "아이구, 별일이야. 아무리 한
다고 어쩌면 저래?" 하며 깔깔대고 웃
다가 "그것 나 좀 써 봐요!" 하니 호연
에게도 씌워 주시거늘
5 호연이 고개를 흔들어 보고 만져 보기
도 하며 "나 색경 하나만 사다 줘요.
어쩌면 이런가 좀 보게." 하니라.
6 상제님께서 웃으시며 "옛놈이 색경을
사다 주니 그 안에 있는 사람을 자꾸
나오라고 하더란다. 너도 그럴라구 그
러냐?" 하시니
7 호연이 "아, 그러거나 안 그러거나 하
나 사다 줘요." 하고 조르거늘
8 상제님께서 "그려, 그려. 내가 장에 가
면 좋은 놈 하나 사다 줄게." 하시니
라.

조화로 물도 되고 불도 되어 공사 보심

83 상제님께서는 그 조화가 무궁하시
어 불도 되고 물도 되어 공사를 보
시니라.
2 하루는 상제님께서 물이 되시매 마당
이 온통 시퍼런 강으로 변하며 그 가
운데에서 물이 솟아나 사방으로 쏟아
지더니

3 순식간에 물이 사라지고 본래의 마당
이 나타나니라.
4 또 하루는 상제님께서 불로 변하시어
번득번득 빛을 내며 방에 앉아 계시거
늘
5 어떤 이가 방문을 열어 보고는 안 계
시는 줄 알고 그냥 돌아가니라.
6 이때 상제님의 조화임을 알고 불을 향
해 공손히 절을 하면 상제님께서 빙긋
이 웃으시며 불을 양쪽으로 가르고 성
체를 드러내 주시니라.

네 말 한마디가 온 천지에 널린다

7 하루는 상제님께서 새파란 불덩이가 되
어 앉아 계시니 호연이 "나도 사람들
오면 불이 돼서 앉아 있게 그것 하나
가르쳐 줘요." 하거늘
8 상제님께서 말씀하시기를 "네 주둥이가
천지에 널려. 네가 방에 앉아서 하는 말
한마디가 온 천지에 널리니 조심혀. 그
러니 안 가르쳐 준다." 하시니라.

내가 또 네게 가 붙었다

84 갑진년 동짓달 어느 날 상제님께
서 호연에게 작은 거울 하나를 사
다 주시거늘
2 호연이 좋아라 하고 거울을 들여다보
며 "어, 여자가 있네?" 하니라.
3 이번에는 상제님께서 거울을 가져다
비춰 보시며 "남자이고만 그러네." 하
시니
4 호연이 다시 거울을 빼앗아 보며 "나
는 여자이고만 그러네." 하거늘
5 상제님께서 용안을 호연의 얼굴에 갖
다 대시며 "저 사람 모가지가 둘 붙었
네? 아이고! 모가지가 왜 둘이 되었대?
6 내 모가지가 왜 거기 가 붙었다냐?"
하시매 호연이 재미있다고 배꼽을 쥐
고 크게 웃으니라.
7 호연이 하도 웃으니 배가 아파서 간신
히 웃음을 참고 있는데
8 상제님께서 다시 호연의 얼굴에 용안
을 바짝 붙이시며 "내가 또 네게 가 붙
었다잉?" 하고 호연을 보듬으시니
9 호연이 웃음을 참지 못하고 박장대소
하며 한때를 즐거이 보내니라.

우리 호연이 요지경 들었다

85 하루는 호연이 "나 똥쌀 적에 밑
닦아 주면서 요지경 봤지?" 하니
상제님께서 "뭘 봐? 그것이 요지경이
다냐?" 하시거늘
2 호연이 "그것 생각해 봐요. 요지경이
지." 하매 상제님께서 "그려? 야, 반가
운 소리 한번 듣는다. 너 요지경 들었
냐?" 하시는지라
3 호연이 "그럼 뭐라고 할꼬?" 하니 상
제님께서 "나는 고추고 너는 뭣이냐?"
하고 물으시니라.
4 이에 호연이 "나는 요지경이라고 아는
데 그럼 무엇이랴? 그게 요지가지로
쓰는 거래요." 하매
5 상제님께서 손뼉을 치며 크게 웃으시
다가 성도들에게 "야, 우리 호연이는
요지경이 들었단다! 너희는 무엇이 들
었냐?" 하시거늘
6 한 성도가 "그게 무엇입니까? 아무것
도 모르겠습니다. 호연 아씨, 요지경
이 무엇이래요?" 하고 물으니
7 상제님께서 "이놈아, 호연이 크면 내
가 요지가지로 써먹는단 말이다. 호연
이 말이 딱 맞았다! 그러니 요지경이
다." 하시니라.

네가 나보다 높이 됐다

86 하루는 호연에게 말씀하시기를
"인제 네가 나보다 높이 됐다잉."
하시니
2 호연이 눈이 휘둥그레져서 "왜 내가 더
높이 되었어? 어째 높아?" 하고 여쭈
거늘
3 상제님께서 "이제 그렇게 되어." 하실
뿐 자세히 일러 주지 않으시니라.

4 이에 다시 "어째서 내가 높고 선생님이
내 아래로 떨어졌다고 그래요? 어째
선생님보다 높아요?" 하니
5 상제님께서 "내가…. 에이, 싫다. 말
안 할란다!" 하시거늘
6 호연이 더욱 궁금하여 "아이, 어째서
그런가 가르쳐 줘~!" 하며 애교를 떠
니
7 "태운장 딸을 얻었으니 네가 장모뻘이
아니냐?" 하시고 더 이상 말씀하지 않
으시니라.

조선글을 잡아야지

87 하루는 호연이 방에 들어가 몰래
울고 나오는데 상제님께서 이를
아시고 "허어~, 우리 요지경 나온다.
얘들아, 요지경 나온다! 호연씨~!" 하
고 외치시거늘
2 호연이 눈물자국을 감추며 "왜 그려?"
하니 상제님께서 "왜글은 집어내 버리
고 조선글을 잡아야지." 하시며 호연의
등을 다독여 주시는지라
3 호연이 살며시 웃음을 보이며 "그려."
하고 대답하니라.

을사(乙巳: 道紀 35, 1905)년

대장수 신명을 불러 보신 대두목 수호신 공사

88 을사(乙巳: 道紀 35, 1905)년 삼월 삼
짇날 상제님께서 큰 장수신명을
부르시어 "가서 너의 대장을 불러오너
라." 명하시고
2 종이를 한 자 가량 쌓아 두신 채 계속
종이에 용(龍)을 그려 점을 찍으시며
고축(告祝)하신 뒤에
3 "물을 떠 오라." 하시어 그 종이를 불
살라 재를 물에 풀어 넣으시니라.
4 한참 후에 밖에서 말이 코투레하는 소
리가 들리거늘 상제님께서 문을 여시
고 "왔냐." 하시며 재를 풀어 넣은 물
을 밖으로 뿌리시니라.
5 이어 형렬에게 명하시어 먼저 밖으로
나가 의자에 앉아서 신명들의 절을 받
게 하시고 잠시 후에 나오시어 의자에
앉으시거늘
6 신명들이 상제님께 절을 올리고 토방
밑으로 가서 모두 고개를 숙이니라.
7 상제님께서 커다란 종이에 용을 그려
마당에 놓으시니 신명 둘이 나와서 상
제님께서 보실 수 있도록 종이를 반듯
이 세워 양쪽으로 붙들고 서거늘
8 성도들의 눈에는 신명은 보이지 않고
허공에 떠 있는 종이만 보이는데
9 먹으로 그리신 용이 붉은 빛깔을 띠었
다가 다시 푸른빛으로 변하더라.
10 상제님께서 다시 그 종이를 살라 재를
채반에 받으시어 잘게 갈아 물에 타서
모든 성도에게 한 모금씩 마시게 하시
니라.

음양합덕의 지리가 깖아 있는 마이산

89 호남의 명산 마이산(馬耳山)은 용이
서해로 날아 뛰어드는 형국으로 음
양합덕(陰陽合德)의 지리(地理)가 깖아
있는 부부산이라.
2 마이산 암봉의 물길은 섬진강(蟾津江)
의 발원지요 수봉은 금강(錦江)의 수원
지로서 그 물길이 태전(太田)과 계룡산
을 돌아 서해로 흘러 수(水)태극을 이
루고
3 백두대간이 뻗어내려 마이산으로 해서
대둔산(大屯山), 계룡산(鷄龍山)으로 이
어지는 맥은 산(山)태극의 형세를 이루
니라.

정성 기도 중에 마이산을 계시 받은 이갑룡

4 임실 사람 이갑룡(李甲龍)은 경신생(庚
申生)으로 본명은 경의(敬義)요, 호는

석정(石亭)이라.
5 열여섯 살에 부친을 여의고 3년 시묘
살이를 하다가 산의 영기(靈氣)에 크게
감응되어
6 시묘살이 후 백두에서 한라까지 전국
의 명산을 두루 찾아다니며 3·7일 기
도를 올리니라.
7 이때 갑룡이 '나는 세상 사람들의 죄를
대속하러 나온 사람이라.'고 굳게 믿고
기도에 정진하더니
8 하루는 강원도 원주 치악산(雉岳山)에
들어가 기도 드릴 때 혼몽 중에 두 봉
우리가 선연하게 보이니라.
9 그 후 마이산에 가 보니 그 기이한 산
세가 꿈에 보았던 바로 그곳이거늘
10 갑룡이 마이산에 자리잡고 공부를 시
작하니 그의 나이 스물다섯이더라.

미륵님께 구제창생의 기도를 올림

90 갑룡은 마이산에 자리잡은 뒤 전
국의 명산을 돌며 기도하니 돌아
올 때는 돌을 주워 가져오니라.
2 이로부터 갑룡이 천지일월(天地日月)과
음양오행 이치와 팔진도법에 맞춰 천
지탑(天地塔), 일월탑(日月塔), 월궁탑(月
宮塔) 등 석탑 쌓는 고행을 하니라.
3 이어 갑룡은 유교와 도교, 불교를 회
통(會通)한 뒤 미륵부처님을 직접 조상
하여 법당에 모시고
4 비가 오나 눈이 오나 하루도 거르지
않고 억조창생의 죄업을 대속하여 매
일 밤 자시(子時)에 용궁단에 엎드려 암
축(暗祝)하며
5 일어나 앉아 천고문(天告文)을 읽으면
서 용화낙원의 도래와 창생구제를 미
륵부처님께 한평생 일념으로 기도하니
6 한겨울이면 머리에 눈이 하얗게 쌓이
고 수염에 고드름이 매달리더라.
7 훗날 상제님께서 해마다 성도들과 함
께 마이산을 찾으시어 치성을 지내고
공사를 보시니라.

백마 타고 마이산에 오르시어 공사 보심

91 상제님께서 마이산을 오르실 때면
온 마을 사람들이 큰 잔치로 알고
따라 올라가 함께 치성을 드리니라.
2 하루는 상제님께서 백마를 타고 오시
어 길도 없는 가파른 암마이봉을 오르
시니 갑룡과 마을 사람들 모두 상제님
의 신이하심에 탄복하니라.
3 이때 갑룡과 성도들이 제수(祭需)를 가
지고 마을 사람들과 함께 뒤따라 걸어
올라가니
4 상제님께서 산 정상에서 크게 천제를
지내시고 마을사람들과 함께 음복하
시니라.

말이 암수마이봉을 향해 포효함

5 하루는 상제님께서 말을 타고 오시어
천황문(天皇門)에 말을 매어 놓고 제를
지내시는데
6 갑자기 말이 몸을 일으키더니 암마이
봉과 숫마이봉을 향해 번갈아 앞발을
휘저으며 크게 포효(咆哮)하거늘 성도
들과 마을 사람들이 모두 크게 놀라니
라.

마이산 천제의 유래

7 상제님께서 천제를 지내신 뒤로 지금
까지 마이산에서는 매년 3월 9일과 10
월 9일에 천제를 올리니라.

마이산에 계실 때

92 상제님께서 마이산에 가시면 7일
정도 머무르시며 많은 공사를 보
시는데 때로는 마이산신을 불러 공사
를 행하시니라.
2 이때 갑룡이 진지를 대접하고자 하나
자신도 산초장에 참기름을 넣어 먹고
사는 형편이라 곤궁하여 진지 올리기
를 송구스러워하니 "그냥 내어 오라."
하시어 함께 드시니라.
3 상제님께서 갑룡을 항상 다정하게 대
하시더니 하루는 비가 내리는 그믐날

밤에 '어디 가서 무엇을 가져오라.' 명
하시거늘
4 갑룡이 한 치 앞도 보이지 않는 어둠을
뚫고 먼 길을 다녀와 가져다 올리매 상
제님께서 그 재주를 칭찬하시니라.
5 상제님께서 갑룡과 더불어 내기를 자
주 하시니
6 한번은 힘 겨루기를 하시면서 갑룡이
도저히 엄두도 못 내는 큰 바위를 자
유자재로 들어 옮기시고
7 또 한번은 서로 마주 대하여 한 시간
이 넘도록 눈싸움을 하시니 옆에서 구
경하는 사람들이 다리가 저릴 정도이
더라.

갑룡과 함께 공사 보심

8 갑룡이 상제님을 모시고 어두운 밤길
을 갈 때면 상제님께서 계신 곳으로부
터 빛이 나와 험한 산길도 어려움 없
이 가게 되니 상제님과 함께 있으면
마음이 편안하더라.
9 일찍이 상제님께서 갑룡을 데리고 명
산을 두루 다니시며 "저 산 너머에는
무슨 혈(穴)이 있느냐?" 하시고 또 "저
산은 무슨 형국으로 보이냐?" 하고 물
으시며 공사를 보시니
10 영암 월출산(月出山)과 원주 치악산(雉
岳山)에 가실 때는 상제님께서 빨리 가
기 내기를 하시거늘
11 갑룡이 아무리 빨리 걸어도 도저히 따
라잡을 수 없어 상제님보다 이삼 일
늦게 당도하니라.

번개 칼 끊으신 공사

93 하루는 맑은 하늘에 갑자기 번개
가 치며 상제님께서 계신 방으로
벼락이 들어오거늘
2 상제님께서 한 손으로 벼락을 잡아 부
러뜨리시니 반 토막이 땅에 떨어지는
지라
3 말씀하시기를 "내가 여기 있는데 감히
누구 앞에 칼을 함부로 내두르느냐?"
하고 크게 호통을 치시니라.
4 이때 형렬과 서중옥(徐仲玉)과 호연이
참관하니라.

양복, 넥타이 공사

94 하루는 상제님께서 저고리의 동정
과 옷고름을 뜯어내시고 옷깃을
배배 꼬아 입으시고는 호연에게 "좋으
냐? 좋으냐?" 하고 물으시니라.
2 또 목에 댕기를 묶으시고 "호연아! 모
가지에 댕기드린다, 목댕기!" 하시니
3 호연이 눈살을 찌푸리며 "아이구, 왜
그렇게 허섭이 노릇을 한대?" 하거늘
4 상제님께서 "너는 이름도 잘 짓는다.
앞으로는 목에도 댕기를 두르고, 여기
에는 단추 낀 옷을 입어." 하시고
5 또 말씀하시기를 "옷이 개화되어 조선
옷이 다 들어간다. 일본놈들 옷이 번
듯번듯하니 그게 부러워 모두 그런 걸
입어." 하시니라.

조선의 한복이 가장 좋은 옷이다

6 하루는 말씀하시기를 "이 뒤로는 저고
리에 고름이 없어져 안아팎이 동그라
미가 되고, 남녀의 구별 없이 옷을 입
게 되느니라." 하시고
7 또 말씀하시기를 "해동 조선국의 한복
이 가장 좋은 옷이니라." 하시니라.
8 하루는 상제님께서 말씀하시기를 "앞
으로 화단(花緞)이 나오고 문단(紋緞)이
나오리라." 하시니라.
9 상제님께서는 평소 검정색 옷을 싫어
하시니라.

비 오는 날 보신 생활용품 공사

95 상제님께서는 비록 한가하실 때라
도 가만히 앉아 계시지 않으니
2 혹 비 오는 날에 성도들이 방에 앉아
있으면 "야, 이놈! 짚 추려라." 하시어
짚신과 미투리를 삼으시고 소쿠리와
재삼태기, 멍석을 짜기도 하시니라.
3 또 호연이 주워 모은 머리카락을 내어

드리면 짚과 섞어 맷방석이나 멍석, 소
쿠리를 만드시고 어느 때는 종이를 말
아 미투리를 삼기도 하시는데
4 상제님께서는 댕댕이덩굴이나 아무 풀
을 가지고도 자리와 석짝, 둥구미 등
을 잘 만드시니라.

얼굴 화장 공사

5 하루는 상제님께서 붉은 꽃잎을 따서
용안에 문지르시니 연지를 바른 것처
럼 빨이 붉게 물들거늘
6 물에 그 모습을 비춰 보시며 "호연아,
호연아! 나 이쁜가 봐라." 하고 물으시니
호연이 "응, 이뻐." 하고 대답하니라.
7 또 하루는 동글동글 동전같이 말려 있
던 용수와 수염을 모두 없애신 뒤에
눈두덩이와 용안 윤곽을 따라 빨강물
을 들이고 나서시거늘
8 호연이 "아, 왜 그래요?" 하고 여쭈니
말씀하시기를 "인제 요 모양이 되야,
요 모양이." 하시니라.

광대 해원 공사

96 하루는 상제님께서 거울을 들여다
보시며 난데없이 웃다가, 화난 얼
굴을 하였다가, 입술을 내미시는 등
온갖 표정을 다 지어 보시더니
2 숯을 가져오시어 용안에 수염도 그려
보시고 볼에도 발라 보시니라.
3 또 물에 분을 타서 허옇게 바르신 뒤
에 광대처럼 빨간 물감을 칠하고 나오
시거늘
4 호연이 "아이고 무서워~!" 하고 고함
을 지르니 "인제 이런 속에서 살아야.
이런 속에서…." 하시며 빙긋이 웃으시
니라.

치아 개벽 공사

5 하루는 상제님께서 모래를 싼 헝겊으
로 이를 닦으시니 호연이 "아이고 참
말로, 소금을 두고 왜 그래요?" 하며
참견하거늘
6 상제님께서 "나 하는 대로 내버려 둬
라." 하시며 이번에는 잇몸을 통째로
빼어 이를 닦으시니라.

머리 모양 공사

97 상제님께서는 종종 호연의 머리를
이리저리 가르마를 타서 땋았다
풀었다 하시고
2 형렬의 머리도 여러 가지 모양으로 만
들어 보시니라.
3 하루는 상제님께서 머리카락을 세우
고 들어오시매 호연이 "머리를 왜 그
렇게 세워 와요?" 하니
4 말씀하시기를 "이 다음에 모두 이렇게
세우라고." 하시니라.
5 또 하루는 상제님께서 등을 돌리신 채
거울을 들여다보며 무엇을 하느라 분
주하시거늘
6 호연이 이상히 여겨 유심히 바라보니
머리를 끌어올려 밑동만 묶으셨다가
단발머리를 만드셨다가, 다시 솔잎 같
은 모양으로 만드시더니
7 가르마를 이쪽저쪽으로 타서 머리를
넘기셨다가 머릿기름을 발라 머리카
락을 꺾어 세우시고 도로 썩썩 비벼
헝클어 버리고 하시더라.
8 이에 호연이 "왜 머리에 길을 낸대요?
그리 걸어가라고?" 하니
9 말씀하시기를 "이제 어리나 크나, 여자
나 남자나 다 이렇게 할 것이니 내가 한
번 해 봤다." 하시니라.

섶다리골 구렁이 공사

98 섶다리골은 전주를 오가는 사람들
의 왕래가 잦은 곳이라.
2 하루는 상제님께서 섶다리골 길목에
구렁이를 꼿꼿이 세워 놓고 멀리 서서
지켜보시니
3 어떤 이는 구렁이를 발견하고 소스라
치게 놀라 다른 길로 돌아가고
4 징그러워서 길 한쪽으로 조심스레 피
해 가며 구렁이에게 넙죽 인사를 하고

가는 이도 있는데
5 그 중에는 구렁이를 미처 보지 못하고
지나치는 이들도 많더라.
6 이때 한 사람이 구렁이를 보고도 그냥
지나가니 상제님께서 구렁이를 그 사
람 위로 툭 넘어뜨리시거늘
7 그가 기겁을 하며 도망가매 구렁이가
쫓아가 목을 칭칭 감고 얼굴 가까이에
입을 가져다 대는지라
8 그 사람이 놀라 까무러치니 구렁이가
똬리를 풀어 주고 되돌아오거늘
9 상제님께서 다가가시어 혼절한 사람
의 이름을 두 번 불러 주시매 그제야
정신을 차리니라.
10 잠시 후 그 사람이 일어나서 주변을
빙빙 돌며 구렁이를 찾거늘
11 상제님께서 "그걸 뭐하려고 찾느냐?"
하고 물으시니 "이놈의 구렁이를 가만
둬요?" 하며 씩씩거리는지라
12 상제님께서 웃으시며 "가만두지 어쩌
냐? 그럼 가서 구렁이하고 인사나 해
라." 하시고
13 구렁이와 그 사람을 각기 제 갈 길로
가게 하시니라.

신명들을 대접하심

99 하루는 상제님께서 꽃대님을 끌러
이리저리 젖히다가 휙 집어 던지시
니
2 꽃대님은 간데없고 어디서 다리가 휘
어질 정도로 잘 차려진 상이 들어오거
늘
3 호연이 걱정스런 얼굴로 "이거 또 우리
가 다 못 먹으면 어째요?" 하니라.
4 이에 상제님께서 "신명을 불러야지." 하
시고 붓으로 ○○을 그려 회초리에 돌
돌 말았다가 홱 풀어놓으시니
5 무수히 많은 신명들이 시루 속의 콩나
물처럼 무리지어 몰려오거늘
6 호연이 깜짝 놀라 "아이고~, 웬 사람
들이 저렇게 떼거지로 몰려오지? 일본
놈인가, 헌병인가? 선생님 잡으러 오
는가 봐요, 얼른 숨어요!" 하니
7 상제님께서 웃으시며 "왜 잡으러 온다
냐?" 하고 물으시니라.
8 이에 호연이 다급한 목소리로 "꽃대님
으로 조화 부려서 음식 가져온다고 그
러나 봐요. 얼른 요리 숨어요!" 하고
재촉하는데
9 상제님께서는 "왜 숨어? 어디 잡아가
는가 봐라!" 하시며 여전히 웃고만 계
시거늘
10 신명들이 오는가 싶더니 금세 음식이
온데간데없이 사라지니라.
11 호연이 의아해하며 "아까 음식 많더만
다 어디로 갔지?" 하니 "그 신명들이
다 주워 먹고 갔다." 하시거늘
12 호연이 다시 "내 눈에는 안 보이던
데?" 하니 말씀하시기를 "네가 그런
것까지 알면 여기에 살 땅이 없어. 그
래서 너를 안 가르친다." 하시니라.

태극 술생으로 오시는 대두목 공사

100 하루는 상제님께서 개의 머리에
바가지를 씌우시니 그 개가 마
치 사람처럼 두 다리로 서서 머리를 이
쪽저쪽으로 내두르며 온 동네를 돌아
다니거늘
2 동네 사람들이 모두 문을 열고 나와
구경하니라.
3 하루는 상제님께서 말씀하시기를 "강
아지가 크면 개가 되고, 개가 되면 개
국을 끓이고, 개국을 끓이면 개벽이 되느
니라." 하시니라.

의관을 정제하시고 공사 보심

101 상제님께서는 평소 소탈한 옷차
림을 좋아하시는데 하루는 한
종도가 지어 올린 옥색 저고리와 흰 바
지를 내어 의관을 정제하시고 위엄있게
앉아 계시거늘
2 호연이 "어찌 이리 좋게 입었대요, 장

가가요? 늘 이렇게 입으면 얼마나 좋
을까!" 하며 신기한 듯 이리저리 살피
니라.
3 이때 상제님께서 누구를 기다리시는
듯 그저 먼 곳을 바라보며 아무 대꾸
도 하지 않으시더니
4 이내 누가 왔는지 호연에게 "저놈이
저기 오는구나. 너는 암말도 마라잉?"
하시니라.
5 이에 호연이 "그 사람 왔다고 왜 벙어
리가 되어 앉아 있어? 말하면 대꾸를
해야지." 하니
6 "어허, 그러면 못써. 어른을 그러면 못
쓴다." 하시거늘
7 호연이 능청을 떨며 "얼음? 어디에 얼
음이 있간디 또 얼음을 찾네?" 하는지
라
8 상제님께서 웃으시며 "아, 이놈. 이제
재담까지 하네, 참말로!" 하시고
9 소매 안에서 밤 하나를 꺼내 주시며
"너 이놈이나 깨물어라. 저기 가니 밤
이 있길래 너 주려고 하나 넣어 놨다.
10 그러니 내가 하라는 대로 가만있지 당
최 말 마라잉?" 하시니라.

내 손만 바라보고 있어라

11 이에 호연이 "그럼 오면 뭐라고 할까?
점심때 됐으니 밥 먹으라고 할까?" 하
니
12 "아니, 그런 소리도 말고 내 손만 보고
앉아 있거라." 하시거늘
13 호연이 마지못해 "응, 그려." 하고 대
답한 뒤에 상제님의 손만 뚫어져라 쳐
다보는데
14 상제님께서 손을 이리저리 자꾸 움직
이시니 호연의 얼굴이 손길을 좇아 이
쪽저쪽으로 흔들리거늘
15 상제님께서 이를 바라보며 살며시 미
소지으시니라.
16 호연이 이 틈을 타서 "손을 보라고 하
더니 웃네." 하니 "참, 어린것 데리고
무슨 말할까 무섭다." 하시거늘
17 "저 사람이 뭐 갖고 오는데요?" 하고
말을 돌리매 "돈 일 원을 가지고 오는
데 저 사람에게는 큰돈이다." 하시니
라.
18 이때 그 사람이 대문으로 막 들어서는
데 호연이 "에이~, 다른 건 아무것도
안 갖고 오네." 하거늘
19 상제님께서 호연의 입을 막기 위해 손
을 뻗치시니 호연이 "어! 손 보라고 하
더니 때리려고 하네?" 하는지라
20 상제님께서 "아이고, 내가 이것…." 하
시며 한 대 쥐어박으시고 마당에 갓
들어선 사람에게 "이것 데리고 저~리
가거라!" 하시니라.
21 이에 그 사람이 영문을 몰라 호연만
바라보며 머뭇거리니 호연이 깔깔대며
재빠르게 뛰쳐나가거늘
22 상제님께서 그 사람의 얼굴을 보며 웃
으시매 그 사람도 따라서 웃으니라.

호연이와 허물없이 지내시는 상제님

102 하루는 호연이 밖에 나갔다가
"강아지~, 강아지~!" 하며 들어
오거늘
2 상제님께서 "그 강아지 소리 빼라 잉,
너 안 맞을려면!" 하고 겁을 주시니
3 호연이 "누가 그러는데 강증산은 강아
지라던대?" 하며 까르르 웃으니라.
4 호연이 다시 "강아지!" 하고 부르니 상
제님께서 "아, 요것이 강아지라고 말
래도 자꾸 강아지, 강아지 하네." 하시
거늘
5 이번에는 "강생이!" 하니 "강생이라고
도 부르지 마라잉!" 하시고
6 타이르시기를 "누구 있을 때는 공대를
하고, 너하고 나하고 있을 때는 허물
없이 지내고 그렇게 하자, 잉?" 하시니
라.
7 상제님께서는 어린이를 만나면 항상
어린이와 친구가 되시니라.

네가 나중에 나를 못 쳐다본다

103 상제님께서는 아무 음식이나 가
리지 않고 잘 드시니
2 하루는 호연이 "나는 선생님이 못 먹
는 음식 하나도 못 봤네. 개 똥구멍도
베어다 주면 먹을랑가 몰라!" 하거늘
3 상제님께서 말씀하시기를 "너는 나보
다 더 그렇게 먹어야 해." 하시니라.
4 이에 호연이 "내가 어떻게 그렇게 먹
어?" 하니 말씀하시기를 "나는 갈수록
좋은 것을 차려 주지만 너는 갈수록
찌끄래기만 먹어." 하시거늘
5 호연이 뾰로통해서 "보기도 싫어요."
하니 "흥, 네가 인제 나를 보려면 눈뚜
껑이 무거워서 못 쳐다봐!
6 시방이나 맘대로 해라. 맘대로 혀!" 하
시니라.
7 이에 호연이 "그 때는 선생님이 늙고
나는 젊으니까 더 잘 보지! 나는 크면
젊어가고 선생님은 늙어지니 내 주먹
도 셀려면 세요." 하니
8 상제님께서 "흥, 만날 그런다고 한다
마는 내가 어떻게 생각하면 너를…,
그렇다." 하시며 말씀을 하려다 그만
두시니라.
9 호연이 손가락질하며 "똑부러지게 말
해야지 왜 그렇게 말해?" 하는지라
10 상제님께서 "어허, 손짓하면 못쓰지."
하고 나무라시니 호연이 "히히히, 내
똥꼬를 다 닦아 줘서 내가 똥구멍이랑
내 자지랑 다 보였는데 뭐 부끄러워?"
하거늘
11 상제님께서 "아이고~!" 하시며 수건으
로 입을 가리고 웃으시니라.
12 호연이 "웃는 것 안 보이려고 가리고
웃는고만요." 하니
13 말씀하시기를 "이제 철 알면 나를 부
끄러워서도 못 봐." 하시거늘
14 호연이 "철 안다고 못 봐? 이렇게 알
았는데 뭘 못 봐?" 하고 여쭈니라.
15 이에 상제님께서 "아직은 모르니 그
러지 이제 한 살, 두 살 더 먹으면 부
끄러운 줄 알고 그려." 하시니 호연이
"그런가." 하며 멋쩍게 웃거늘
16 상제님께서도 웃으시며 "내가 너 코
닦아 준 수건 다 모아 놓으련다. 너 크
면 몇 자나 되는지 보라고!" 하시니라.

눈으로 보는 건 다 달라고 하느냐

104 호연이 어릴 적에 상제님께서
김에 밥을 싸서 입에 꼭꼭 넣어
주시면 얼른 먹고 나서 "또! 또!" 하며
보채니 "나는 안 먹고 너만 줘?" 하며
웃곤 하시니라.
2 하루는 호연이 저잣거리를 지나다가
음식을 보고 "아이고, 나 저것 조금 먹
었으면 좋겠네!" 하니
3 상제님께서 "요 쪼끄만 것이 먹고 싶
은 것은 쌨다네. 배고프면 밥을 달라
고 해야지 아무것 아무것, 눈으로 보
는 건 다 달라고 하느냐?
4 쪼끄만 것이 애기 서는 사람마냥 먹을
탐만 하는구나!" 하시며 꾸중하시니라.
5 또 호연이 "아이구, 배고파. 아이구,
배고파." 하며 잠을 못 이룰 때면
6 상제님께서 "이놈아, 나는 먹을 걸 옆
구리에 차고 다니냐?" 하시며 이불을
덮어 주고 다독거려 주신 뒤에
7 어디론가 가시어 먹을 것을 구해다 주
시니라.

누이동생에 대한 상제님의 사랑

105 7월 말에 고부 선돌 마을(立石
里) 박창국(朴昌國)의 집에 이르
시니 창국의 아내는 상제님의 누이동
생이라.
2 마침 벗은 발로 밖에 다니는 것을 보
고 민망히 여기시며 "이 근처에 독사
가 있으니 벗은 발을 물면 어찌하리
오." 하시고 길게 휘파람을 부시거늘
3 느닷없이 큰 독사 한 마리가 담장 밖
풀밭에서 기어 나와 뜰 밑에 이르러

머리를 들고 가만히 엎드리니라.
4 이때 창국은 상중(喪中)인지라 상장(喪
杖)을 짚고 밖에서 들어오다가 때마침
이 광경을 보고 깜짝 놀라서 상장으로
독사를 때려 죽이니
5 상제님께서 한숨을 지으며 말씀하시기
를 "독사를 상자(喪者)가 보면 상장으
로 쳐죽이고, 도승(道僧)이 보면 선장
(禪杖)으로 쳐죽이건만 누이에게는 아
무것도 제어할 것이 없도다." 하시고
6 땅에 얼룩져 있는 독사의 피를 보며
말씀하시기를 "이 피를 벗은 발로 밟
으면 해를 입으리라." 하시고 친히 그
피를 밟아 독기(毒氣)를 제거하시니라.
7 이 뒤로 박창국의 집에 계실 때 며칠
동안 수종다릿병을 대속하여 앓으시
거늘 성도들이 그 이유를 여쭈어도 아
무 말씀을 하지 않으시니라.

우꾼하게 웃을 일을 꾸며 보리라

106 을사년 8월에 상제님께서 함열
과 임피(臨陂) 사이를 왕래하시며
대공사를 행하시니라.
2 하루는 공사를 보시며 말씀하시기를
"심심하니 세상이 한번 우꾼하게 웃을
일을 꾸며 보리라.
3 너희들은 앉아서 웃어 보아라. 많이 미칠
것이라." 하시니라.

배사율 심판 공사

107 상제님께서 충청도 노성(魯城)에
있는 어느 부잣집 사랑에서 며
칠 동안 머무실 때 그 마을 유생들이
윤증(尹拯)의 사당을 짓기 위해 희사금
을 받으러 다니더니
2 하루는 상제님께 와서 말하기를 "손님
도 마침 이 마을에 왔으니 이런 좋은
일에 희사금을 좀 내시지요." 하며 붓
과 장부를 내미니라.
3 상제님께서 "어이, 그러지." 하시며 장
부를 받으시어

忘其師之尹拯乎아
망기사지윤증호

스승을 저버린 윤증이 아니던가.
라고 글을 써 주시니
4 유생들이 그 글을 보는 순간 아무 말
도 못하고 돌아가거늘 그 뒤로 희사금
이 들어오지 않아 사당 짓기를 포기하
니라.

말이 들어야 성사되느니라

108 호연이 수도 공부를 시작하매
상제님께서 손바닥 두 개 너비
의 하얀 종이를 책처럼 묶어다 주시며
닭과 말, 그리고 뱀 모양의 것을 그리
게 하시는데
2 종이 하나에 한 마리씩 그리게 하시
고, 그림을 다 그리고 나서 그것에 점
을 찍게 하시니라.
3 호연이 명하신 대로 밤낮으로 먹을 갈
아 그림을 그려 두면 상제님께서 그것
을 모아 불사르시는데 호연은 특히 말
을 많이 그리니라.
4 하루는 호연이 지루하고 싫증이 나서
"아이고, 하기 싫어!" 하고 투정을 부
리니
5 타일러 말씀하시기를 "닭이 울어야 날
이 샌다. 암탉이 울면 죽기가 쉽고, 장
닭이 울어야 날이 새느니라." 하시니
라.
6 이에 호연이 "말은 어째서 그려요?"
하고 여쭈니 말씀하시기를 "난리 치나
안 치나 말이 들어야 성사하느니라.
말에게 이기고 지는 것이 있다." 하시거
늘
7 다시 "그럼 뱀은 뭐예요?" 하니 "그것
은 뱀이 아니라 용마(龍馬)니라. 큰 자
로 들어간다." 하시니라.

호연을 뒷바라지한 은주

109 이때 송은주가 수도 공부하는
호연의 뒷바라지를 도맡아 하니

2 매일 새벽이면 와서 씻겨 주고 움막을
청소하고 빨래도 해 주며, 매 끼니마
다 밥을 해다 주고, 간혹 호연과 함께
밥을 먹기도 하니라.
3 하루는 호연을 씻겨 주다 말고 "아이
고, 어린것이…, 무슨 꼴을 본다고 이
러냐." 하며 눈물을 보이더라.
4 또 하루는 상제님께서 출타하고 안 계
실 때 누룽지를 몰래 움막 안에 넣어
주거늘
5 상제님께서 돌아오시어 "다시는 그러
지 말라." 하고 엄하게 꾸짖으시니라.

겉눈은 감고 속눈은 떠라

110 상제님께서 호연에게 칠성경(七
星經)과 개벽주(開闢呪)를 읽히며
수도 공부를 시키실 때 "겉눈은 감고,
속눈은 뜨고 보라." 하시거늘
2 호연이 "어떤 게 속눈이고, 어떤 게 겉
눈인지 알 수가 있어야지. 아, 어떻게?
난 속눈 몰라, 어떡하면 속눈인지." 하
고 투덜대니
3 "아이고, 이것 데리고 뭔 일을 할 거
라고. 실금이 떠!" 하고 면박을 주시니
라.
4 이에 "실금이 떠!" 하고 본떠 말하며
장난을 치니 상제님께서 "흉내내지 말
아라, 눈구녕을 잡아 뺄란다. 실직이
감아 봐, 실직이!" 하시거늘
5 호연이 눈을 살며시 감으며 실눈을 뜨
니 "그게 속눈을 뜬 것이다." 하시고
6 다시 "꽉 감아 봐!" 하시므로 눈을 꼭
감으니 "그게 겉눈을 감은 것이다." 하
고 일러 주시니라.
7 호연이 공부하다가 눈을 조금 떠 보니
자배기에 잉어나 메기 또는 가물치가
떠서 벌떡벌떡 물을 마시는 것이 보이
는데
8 공부가 깊어짐에 따라 눈을 조금씩 더
떠도 보이고 나중에는 눈을 완전히 떠
도 보이더라.

마차, 마차, 마차

9 이때 자배기에 잉어가 뜨면 하늘에서
선녀들이 내려오고
10 가물치가 뜨면 투명한 선관(仙冠)을 쓴
일곱칠성이 내려오는데 호연의 눈에는
선녀처럼 보이나 남자이더라.
11 하루는 메기가 뜨매 기치창검으로 무
장한 말 탄 장수신장들이 마치 어느
골짜기에서 몰려나오는 듯 마당으로
달려 들어와 하나 가득 모이더니
12 모두 두 줄로 서서 호연이 공부하는
움막을 쳐다보며 호위하거늘 호연이
놀라 까무러치니라.
13 이에 상제님께서 "호연이 깨어나지 못
하면 죽으리니 살려야 된다." 하시고
14 대나무로 호연의 등을 두드리시며 "마
차, 마차, 마차!" 하시니
15 호연이 깨어나며 "마차는 무슨 마차?
내가 말이간디?" 하거늘
16 상제님께서 "그러는 것이라 그런다."
하시며 청수를 마시게 하시니라.

너의 증언이 온 천하에 퍼진다

111 호연이 청수를 마시고 이내 정
신을 차리니 상제님께서 말씀하
시기를 "마음을 단단히 먹어야 한다.
2 이 천하신명 속에서 살려면 맘을 독하
게 송죽같이 먹어라. 굳은 맘 송죽 같
아야 혀." 하시고
3 또 말씀하시기를 "네가 조선에서 한 사
람에게 말을 하면 그 사람이 다른 사람
에게 말을 하고
4 그 사람이 또 다른 사람에게 말을 하고
해서 온 천하에 퍼지느니라." 하시니라.

총기가 있어야 한다

5 하루는 상제님께서 호연에게 말씀하
시기를 "어려도 총기(聰氣)가 있어야 한
다. 총기가 없으면 못쓴다." 하시고
6 또 이르시기를 "너, 총기가 있어야 다
듣고 옮긴다." 하시니라.

남조선 배 도수를 돌리는 공사

112 을사년 10월에 하루는 상제님께 서 성도들을 데리고 익산 배산(舟山) 부근에 있는 만중리(萬中里) 정춘심(鄭春深)의 집에 가시어 대공사를 행하시니라.
2 이때 성도 여덟 명을 뽑아 동서남북 사방으로 각기 두 사람씩 보내시며 명하시기를 "술을 사서 지나가는 사람들에게 대접하라." 하시니
3 동은 익산(益山), 서는 만경 입석(萬頃立石), 남은 김제(金堤), 북은 함열(咸悅)이더라.
4 이에 중옷(僧服) 한 벌을 지어오게 하시어 벽에 걸어 두시고
5 7일 동안 불을 때지 않은 냉방에서 사명당(四明堂)을 외우시며
6 "산하대운(山河大運)을 돌려 남조선배 도수를 돌리리라." 하시니라.

살아 있는 것은 하나도 없더라

7 이어 춘심에게 명하시어 선제(船祭)에 쓸 소머리 한 개를 푹 삶아 문 앞에 놓게 하신 뒤에 "배질을 하여 보리라." 하시더니
8 정성백(鄭成伯)에게 명하시기를 "마르지 않은 나무 한 짐을 가져다 부엌에서 중옷을 불사르되 그 연기가 기선 연통처럼 피어오르게 하라." 하시니라.
9 성백이 그대로 행하매 문득 큰 소리로 "닻을 올렸으니 이제 배를 띄우리라!" 하고 외치시거늘
10 갑자기 번개가 치고 뇌성이 뱃고동 소리와 같이 크게 울리며 석탄 연기가 코를 찌르고
11 가옥 전체가 크게 진동하여 흡사 큰 풍랑에 흔들리는 배와 같은지라
12 마당에 덕석이 날아다니고 닭들이 날다 떨어지며 개가 짖다가 나동그라져 죽고
13 집 안에 있는 모든 사람이 거꾸러지고 토하며 정신을 잃고 나뒹구니 온 집 안에 살아 있는 것은 하나도 없더라.
14 이때 참석한 사람은 김형렬, 김자현(金自賢), 김갑칠(金甲七), 김광찬(金光贊), 소진섭(蘇鎭燮), 김보경(金甫京)과 그의 아들 김덕유(金德有), 정춘심과 그 아들 정성백과 가족들로
15 그 중 덕유는 하사(下瀉)까지 하며 문 밖에서 쓰러지고, 춘심의 권솔들은 집 안 여기저기에서 혼도하니라.

이 일이 우리들의 기초

113 한편 갑칠은 인사불성이 되어 숨을 쉬지 못하고 쓰러져 있거늘
2 상제님께서 갑칠의 입에 청수를 흘려 넣으신 후 귀에다 대고 작은 음성으로 "갑칠아~." 하고 길게 부르시니
3 갑칠도 역시 작은 음성으로 "예~." 하고 길게 대답하매 즉시 회복되니라.
4 상제님께서 차례로 청수를 얼굴에 뿌리기도 하시고 혹 먹이기도 하시니 모두 정신을 차리거늘
5 "역사(役事)하느라고 애들 썼으니 밥이나 제때에 먹어야 하리라." 하시고 글을 써서 갑칠에게 주시며 "부엌에서 사르라." 하시니라.
6 이에 갑칠이 부엌에 들어가니 성백의 아내가 기절하여 부엌 바닥에 쓰러져 있는지라
7 갑칠이 급히 글을 사르니 곧 회생하여 밥을 지어 올리니라.
8 상제님께서 큰 그릇에 밥을 많이 비벼 여럿이 함께 먹게 하시며 말씀하시기를 "이것이 곧 불사약이니라." 하시거늘
9 모든 사람이 그 밥을 먹은 뒤에 정신이 맑아지고 기운을 완전히 회복하니 덕유는 말기에 이르렀던 폐병까지 완쾌되니라.
10 상제님께서 말씀하시기를 "남조선배가 떠나오니 어떠하냐? 이 일이 우리들의 기초니라." 하시거늘

11 모두 일어나 절하며 아뢰기를 "참 무
섭습니다. 선생님이 아니면 다 죽겠습
니다." 하니
12 말씀하시기를 "이렇게 허약한 무리들
이 어찌 일을 재촉하느냐. 육정육갑(六
丁六甲) 쓸어들이고 갑을청룡이 내달릴
때는 살아날 놈이 없으리라.
13 이처럼 급할 때 나를 부르라." 하시니라.
14 이로부터 한동안 상제님께서 만중리
주막에 머무르시니 이때 김성화(金聖
化)와 그의 아들 윤칠(允七), 김광찬과
그의 조카 김병선, 김보경 부자가 함
께 모시고, 그 경비는 정춘심이 부담
하니라.

민영환 순절 명부공사

114 을사년 늦가을에 김자현의 집에
계시면서 자현에게 이르시기를
2 "이 방은 이후에 반드시 약방이 되리
라." 하시며 글을 쓰시니 이러하니라.

3 大人輔國正知身이요
대인보국정지신
磨洗塵天運氣新이라
마세진천운기신
遺恨警深終聖意요
유한경심종성의
一刀分在萬方心이라
일도분재만방심

대인이 나라 위해 일함에
정히 자신을 알고
티끌세상 갈고 씻어내니
운수가 새롭구나.
남긴 원한을 깊이 경계하여
성상(聖上)의 뜻을 다하고
한 칼로 몸을 가름에
천하 사람의 마음이 있노라.

4 이 글을 자현에게 주시며 말씀하시기
를 "이것은 민영환(閔泳煥)의 만장(輓章)
이니라. 이 글을 암송하면 후일에 반
드시 쓰일 곳이 있으리라." 하시고
5 또 말씀하시기를 "시세(時勢)를 짐작해
보건대, 일도분재만방심(一刀分在萬方
心)으로 세상일을 알리라." 하시니라.

곽종석의 기운을 거두심

115 곽종석(郭鍾錫)이 세상에 나오매
천하가 모두 촉망하거늘 상제님
께서 하루는 구릿골에서 공사를 보시
고 말씀하시기를
2 "곽면우(郭俛宇)의 이름이 세상에 들리
니 무엇으로 그리 인망을 끄느냐? 다
만 헛된 이름에 지나지 않으니 그 기운
을 누르리라." 하시고
3 우물에 손을 넣어 저으시더니 댓가지
하나를 건져내시니라.

물로 술을 빚으심

116 하루는 상제님께서 안필성(安弼
成)과 함께 팥정이 박봉민(朴奉
敏)의 주막에 가시어 술을 드시는데
2 새로 올려 드리기 바쁘게 술병을 비우
시니 주막의 술이 이내 동나니라.
3 상제님께서 주모에게 "술을 더 가져오
라." 하시니 주모가 송구스러워하며
아뢰기를 "이제 술이 다 떨어지고 없
습니다." 하거늘
4 상제님께서는 전혀 개의치 않으시고
다시 명하시기를 "술이 있으니 더 가
져오라." 하시니라.
5 이에 주모가 어찌할 바를 몰라 주저하
다가 하는 수 없이 술동이 앞으로 가
보니
6 분명히 아까 옆으로 기울여 다 비운
술동이에 술이 가득 차서 찰랑찰랑하
더라.
7 또 한번은 빈 술독을 가져오게 하시어
그 독에 물을 채우시더니
8 상제님께서 손으로 저으신 뒤에 먼저
잡수시고 성도들에게 나누어 주시거
늘
9 성도들이 그 맛을 보매 본래 술맛과
똑같더라.

병오(丙午: 道紀 36, 1906)년

호소신 공사

117 상제님께서 병오(丙午: 道紀 36, 1906)년 정월 초사흗날 구릿골에 계실 때
2 김형렬, 김광찬, 김병선, 정성백, 김성화 부자, 김보경 부자에게 만 하루 동안 말을 못 하게 하시고 담배를 금하시니라.
3 초닷샛날 모든 성도들에게 이르시기를 "오늘은 호소신(好笑神)이 올 것이니 너희들은 웃음을 조심하라.
4 만일 웃는 자가 있으면 이 신명이 공사를 보지 않고 그냥 돌아가리니 한번 가면 언제 다시 올지 모르리라." 하시거늘
5 여러 사람이 특별히 조심하는데 뜻밖에 정성백이 웃으므로 모든 사람이 다 함께 따라 웃으니라.
6 이 날 오후에 성백이 갑자기 오한이 나고 크게 아프더니 사흘 동안 몸져누워 일어나지 못하거늘
7 상제님께서 배를 어루만져 주시니 곧 나으니라.
8 이때 상제님께서 날마다 양지(洋紙)에 물형약도(物形略圖)를 그려 불사르시니라.

조선은 일본의 선생국이었나니

118 하루는 상제님께서 말씀하시기를 "조선은 원래 일본을 지도하던 선생국이었나니 배은망덕(背恩忘德)은 신도(神道)에서 허락하지 않으므로
2 저희들에게 일시의 영유(領有)는 될지언정 영원히 영유하지는 못하리라." 하시니라.

대국의 호칭을 조선이 쓴다

3 또 말씀하시기를 "시속에 중국을 대국(大國)이라 이르나 조선이 오랫동안 중국을 섬긴 것이 은혜가 되어
4 소중화(小中華)가 장차 대중화(大中華)로 바뀌어 대국의 칭호가 조선으로 옮겨오게 되리니 그런 언습(言習)을 버릴지어다." 하시니라.

일본은 배사율로 망한다

119 상제님께서 말씀하시기를 "서양 사람에게서 재주를 배워 다시 그들에게 대항하는 것은 배은망덕줄에 걸리나니
2 이제 판밖에서 남에게 의뢰함이 없이 남모르는 법으로 일을 꾸미노라." 하시고
3 "일본 사람이 미국과 싸우는 것은 배사율(背師律)을 범하는 것이므로 장광(長廣) 팔십 리가 불바다가 되어 참혹히 망하리라." 하시니라.

해복혈 기운을 일본 국운에 붙이심

120 병오년에 하루는 공사를 보시며 성도들에게 말씀하시기를 "충청도 대흥(大興)에 해복혈(蟹伏穴)이 있으니 그 기운을 걷어 일본 국운에 붙이리라." 하시고
2 또 말씀하시기를 "게(蟹)들이 구멍 밖으로 나와 각기 이리저리 헤매며 돌아다니다가는 사람에게 짓밟히거나 잡혀 죽기 쉽고
3 게가 나온 빈 구멍을 막으면 게는 하릴없이 돌아들지 못하고 길이 막혀 오도가도 못하게 되나니 게의 집은 헛구멍이 되느니라." 하시며 계속하여 공사를 행하시니라.
4 상제님께서 매양 말씀하시기를 "일본은 내 일을 해 주는 일꾼이나 물러갈 때는 떨어진 신발만 양손에 들고 돌아가게 되리라." 하시니라.

천자부해상(天子浮海上) 공사

조선 국운 수습과 천하대운을 정하심

121 하루는 상제님께서 구릿골에 머무르시며 갑칠에게 명하시어 "남원 김병선(金炳善)에게 가서 돈 사백 냥을 가져오라." 하시니라.
2 2월에 대공사를 행하시려고 서울로 떠나시며 말씀하시기를 "전함을 순창(淳昌)으로 돌려 대리니 형렬은 지방을 잘 지켜 모든 일에 소홀히 임하지 말라." 하시고
3 또 여러 성도들에게 명하시기를 "이 일은 천하의 대운(大運)을 정하는 일이니 깨끗한 종이에 각기 소원을 기록하라." 하시어 그 종이로 안경을 싸 넣으시니라.
4 이어 상제님께서는 정남기, 정성백, 김갑칠, 김광찬, 김병선 등을 데리고 군산으로 가서 배를 타기로 하시고
5 신원일과 김선경, 김보경, 김봉규와 그 외 한 사람에게 "태전(太田)으로 가서 기차를 타라." 하고 명하시며
6 말씀하시기를 "내가 이제 조선의 국운을 바로잡으려 하나니 이는 수륙병진(水陸竝進)이니라." 하시니라.
7 다시 원일에게 명하시기를 "너는 먼저 서울에 들어가 '천자부해상(天子浮海上)'이라 써서 남대문에 붙이라." 하시니
8 원일이 명을 받아 일행을 거느리고 태전으로 떠나니라.

군산에서 배를 타고 서울로 가심

122 상제님께서 일행을 거느리고 군산으로 떠나실 때 김병선에게 명하시어 글 한 수를 외우게 하시니 이러하니라.

2 永世花長乾坤位요
영세화장건곤위
大方日明艮兌宮이라
대방일명간태궁
영원한 평화의 꽃은 건곤위에서
길이 만발하고
대지 위의 태양은 간태궁을 밝히리라.

3 군산에 이르시어 성도들에게 물으시기를 "속행이 가할까, 완행이 가할까?" 하시니
4 모두가 대답하기를 "속행하여이다." 하거늘 갑칠에게 "일인당 오매(烏梅) 한 개씩 준비하게 하라." 하시고 윤선에 오르시니라.

일후에는 어찌할까

5 이어 상제님께서 부(符)를 써서 불사르시매 바람이 크게 일어나고 천지가 진동하거늘
6 배 안의 사람들이 모두 혼비백산하여 쓰러지며 "선생님 살려 주십시오." 하고 소리치니
7 "아직 큰 줄을 놓지도 아니했는데 야단치느냐. 일후에는 어찌할까." 하시며 오매를 입에 물게 하시어 안정시키시니라.

북방은 살아남을 자가 없으리라

123 이 날 밤, 종이에 싼 안경을 꺼내시어 종이 심지로 코를 찔러 피를 낸 다음 그 피를 안경알에 발라 다시 종이로 싸신 뒤에
2 갑칠에게 주시며 명하시기를 "이것을 북쪽을 향하여 바다에 던지라." 하시니라.
3 이에 갑칠이 뱃머리에 올라가 보니 밤이라 천지가 혼돈하여 남북을 분별할 수 없으매 한참을 머뭇거리거늘
4 다시 불러들여 물으시기를 "왜 빨리 던지지 않느냐?" 하시니
5 "먹구름이 가득 덮여 방향을 분별치 못하겠습니다." 하고 대답하는지라
6 말씀하시기를 "번개 치는 곳으로 던지라." 하시니라.
7 갑칠이 다시 갑판 위에 올라가 살피니 별안간 번개가 치거늘 그 방향으로 던

져 놓고 들어오니
8 일시에 풍파와 벽력이 그치고 바다가
잔잔해지니라.
9 이에 상제님께서 말씀하시기를 "일후
에 북방에는 살아남을 자 없으리라."
하시니라.
10 이튿날 인천에 당도하여 보니 배에 '연
(蓮)'이라 써 붙이셨더라.
11 곧 기차로 바꾸어 타고 서울에 이르시
어 "각기 담배를 끊으라." 하시고
12 광찬의 인도로 황교(黃橋)에 사는 그의
종제 영선(永善)의 집에 드시니 원일 일
행이 먼저 당도하여 있더라.

온 장안 인심이 들끓는지라

124 상제님 일행이 서울에 도착하여
보니 원일이 아직 글을 붙이지
못한지라
2 상제님께서 "즉시 가서 붙이라." 하고
추상같이 명하시니 모두 크게 놀라거늘
3 원일이 곧 써서 붙이니 갑자기 명랑하
던 날씨가 변하여 가랑비가 내리니라.
4 상제님께서 이를 바라보시고 "하늘이
응기(應氣) 아니 할 수 있나." 하시니
5 즉시 온 장안이 소란하여지고 인심이
들끓거늘 관헌들이 집집마다 조사하
며 이상한 분위기를 은밀히 탐지하니
라.
6 이때 관헌들이 여관에 와서 상제님과
성도들을 심문하거늘
7 상제님께서 성도들을 가리키며 말씀
하시기를 "저 사람들과 동행하여 서울
구경하러 왔노라." 하시고
8 술을 불러 관헌들을 대접하시며 "그대
도 조선인 나도 조선인, 무슨 관계가
있으리오." 하시니 더 의심치 않고 돌
아가니라.

조선 국운을 거두심

125 그 뒤에 서울 황교에 머무르시
며 천지대신문을 열고 대공사를
행하시니 성도들은 명에 따라 담배를
금하니라.
2 이때 상제님께서 여러 날 동안 신명들
에게 칙령을 내리며 말씀하시기를 "내
가 이제 조선의 국운을 거두어 잠시
일본에 맡기려 하노니 최수운이 보증
을 서리라." 하시거늘
3 한 성도가 여쭈기를 "지금 조선의 운
을 거두시니 그 까닭이 무엇입니까?"
하니
4 말씀하시기를 "하늘의 정사(天政)가 동
방에 있건만 수운이 죽음을 당하고 국
운은 다하여 백성이 하늘에 호소하기
때문이니라." 하시니라.
5 이에 그 성도가 다시 "최수운의 죽음
이 어찌하여 그렇게 큰일이 되옵니
까?" 하고 여쭈니
6 말씀하시기를 "선천의 모든 일이 그대
로 인간 세상에 재앙을 일으키면 천하
를 건지기 어려우므로 천지신명들이
구천(九天)에 있는 나에게 호소하매
7 내가 차마 물리치지 못하고 어찌할 수
없이 세상에 내려오면서
8 수운으로 하여금 내가 장차 세상에 내려
옴을 알리게 하였더니 조선 조정이 그
를 죽였으므로 천지의 모든 신명들이
분노하였느니라." 하시니라.

백 가지 일에 적중하리라

9 또 말씀하시기를 "일본은 나의 일을
해 주고 품삯도 받지 못하고 가는 일
꾼이니라." 하시고
10 "세간에서 칠월 보름을 백중(百中)이라
하나니
11 백중백중(百中百中)이라 일백 가지 일이
모두 적중하리라." 하시니라.

원일을 경계하심

126 상제님께서 황교에 계실 때 하
루는 신원일에게 뜰아래 서서
명을 기다리게 하시고
2 말씀하시기를 "원일아, 정가(鄭哥)를 따

르는 자는 삼족(三族)이 멸할 것이니라."
하시거늘
3 한 성도가 여쭈기를 "선생님을 따르는
자들이 많사온데 하필 원일이 그런 경
계를 받사옵니까?" 하니
4 말씀하시기를 "공연히 하는 말이 아니
니라." 하시니라.

진고개 극장에 가시어

127 서울에 계실 때 하루는 진고개
(泥峴) 극장에 가시어 여러 가지
마술을 구경하시던 중에
2 한 술사가 입으로 불덩이를 먹고 또
양지를 오린 긴 종이를 한없이 뽑아
내는 것을 보시고
3 성도들에게 "왼손을 골마리 속에 넣고
있으라." 하시므로 그대로 하니
4 갑자기 그 술사가 기절하여 극장 안이
크게 소란스러워지니라.
5 이에 헌병까지 출동하였으나 쉽게 진
정되지 않거늘
6 상제님께서 다른 곳으로 자리를 옮기
시며 냉수를 입에 머금어 뿜으시니 곧
큰비가 쏟아져 군중이 스스로 흩어지
니라.

때가 아니면 모르는 일

128 황교에 계실 때 하루는 성도들
에게 많은 봉물(封物)을 들리고
뒤따르게 하시어 산에 오르시더니
2 산마루에 이르러 동쪽으로 한 봉물을
던지시거늘 즉시 동쪽에서 번개가 치
고, 서쪽으로 던지시니 곧 서쪽에서
번개가 일어나니라.
3 이렇게 동서남북으로 하나씩 던지신 다
음 사방으로 한꺼번에 던지시니 동서남
북에서 일시에 번개가 번쩍이더라.
4 돌아오시는 길에 다시 또 한 걸음 옮
길 때마다 봉물 하나씩을 던지시니 집
문 앞에 이르매 봉물의 수도 다한지라
5 한 성도가 상제님께 공사의 뜻을 여쭈
니 말씀하시기를 "때가 이르지 않으면
모르는 일이니라." 하시니라.

오의관의 병을 고쳐 주심

129 이때 상제님께서는 김영선의 집
에 계시고 성도들은 여관에 머
물러 있는데
2 객지에 여러 날 있다 보니 가지고 온
여비가 떨어져 여관 부채가 적지 않게
밀린지라 성도들이 내심 걱정을 하니
3 상제님께서 이를 아시고 성도들을 불
러 말씀하시기를 "너희들이 여비 때문
에 걱정이냐? 내가 시키는 대로 하면
좋은 방책이 되리라." 하시고
4 "이곳에서 서문(西門)거리로 가면 오의
관(吳議官)이란 문패가 있을 것이니 그
집에 들어가서 주인과 인사를 하면 주
인의 안색에 근심이 있을지라.
5 그 연고를 물어 보면 주인이 사실을
설명하고 '천 냥을 준다고 해도 고쳐
주는 의원이 없다.' 할지니
6 그 때 너희들이 '우리 선생님의 의술이
신묘하니 선생님을 모셔다가 진찰해
보라.' 하면 즉시 나를 찾아올 것이니
라.
7 그 병을 낫게만 해 주면 천 냥이 생길
지니 근심들 말고 속히 가 보라." 하시
니라.
8 성도들이 가 본즉 과연 오의관이 3년
전부터 폐병과 불면증에 걸려 이미 위
기에 이르렀거늘
9 상제님께서 명하신 대로 하니 의관이
함께 와서 상제님을 뵙고 집으로 모셔
가니라.
10 상제님께서 의관을 진찰하시고 가미
사물탕(加味四物湯) 세 첩을 지어 그중
한 첩을 손수 부채로 부치며 달이신
뒤에
11 의관에게 "흰 소금을 네 뜻대로 가져
오라." 하시어 밥상에 청수 한 그릇과
흰 소금과 약을 놓으시고

12 의관을 상 앞에 앉히시어 약을 먹이시
고 "그 흰 소금과 청수를 다 먹어야 병
이 낫는다." 하시며 다 먹게 하시니라.
13 이어 사랑채로 나오시어 나머지 약 두
첩은 본인이 잘 달여 먹게 하시며 말
씀하시기를 "흰 소금과 청수도 먼저와
같이 하라.
14 그리하면 내일 이른 아침에는 쾌차하
리라." 하시거늘 명하신 대로 하니 과
연 이튿날 아침에 완쾌하니라.

오의관 아내의 눈을 뜨게 하심

130 또 오의관의 아내가 젊어서부터
청맹과니가 되어 앞을 보지 못
하더니
2 남편의 병이 나은 것을 보고 상제님께
찾아와 그 고통을 슬피 하소연하며 자
신도 눈을 뜨게 해 주시기를 지성으로
발원하거늘 이 광경을 보는 사람들 모
두 눈물을 흘리니라.
3 상제님께서 말씀하시기를 "너도 일월
의 광명을 보게 될 것이니라." 하시고
4 병자의 방문 앞에 가시어 병자를 동쪽
을 향해 세우시고 양산대로 땅을 그어
돌리신 뒤에
5 소금을 조금 먹이시고 햇빛이 내리비
치는 곳에서 사성음(四聖飮) 한 첩을
달여 땅을 파고 부으시니
6 문득 그 눈이 환히 밝아져 만물이 또
렷이 보이거늘 기쁨에 넘쳐 "이것이 꿈
이냐, 생시냐!" 하고 소리치니라.
7 이 소문이 널리 퍼져 사람들이 인성(人
城)을 이루매 모두 칭송하며 말하기를
"천주님께서 강세하셨으니 장차 새 세
상이 될 것이라." 하니라.
8 이에 의관이 약속한 사례금 일천 냥을
올리며 주안을 성대히 차려 일행을 대
접하니
9 상제님께서 그 돈으로 여관 부채를 청
산하게 하시니라.

앉은뱅이 여자를 걷게 하심

131 이때 광찬이 어느 곳에 부탁하
여 상제님의 의복 한 벌을 지어
오거늘 상제님께서 그 정교한 바느질
솜씨를 칭찬하시니
2 광찬이 여쭈기를 "이 옷을 지은 여자
가 범절은 매우 훌륭하나 앉은뱅이라
참으로 불쌍합니다." 하니라.
3 이에 말씀하시기를 "내가 한번 가 보
리라." 하시고 광찬과 함께 그 여인의
집을 두어 번 찾으시니
4 별다른 치료법을 베풀지 아니하셨는
데도 저절로 굳은 다리가 펴지고 힘을
얻어 자유로이 걷게 되니라.

경복궁 앞에 벽력표를 묻으시고

132 서울에서 10여 일을 머무르시며
여러 가지 공사를 행하시고 경복
궁 앞에 벽력표(霹靂表)를 묻으신 뒤에
2 성도들에게 이르시기를 "모두 흩어져
돌아가라. 10년 뒤에 다시 만나리라.
10년도 10년이요, 20년도 10년이요,
30년도 10년이니라." 하시거늘
3 한 성도가 "40년은 10년이 아닙니
까?" 하고 여쭈니 말씀하시기를 "40년
도 10년이야 되지만 넘지는 아니하리
라." 하시니라.
4 이어 광찬을 만경으로 보내시며 "통지
가 있을 때까지 기다리라." 하시고 나
머지 성도들은 다 돌려보내시며 오직
갑칠만 남게 하시니라.
5 한편 형렬은 집에 있으면서 아무리 생
각해 보아도 '전함을 순창으로 돌려
댄다.' 하신 상제님의 말씀을 이해할
수 없더라.

갑칠의 병을 낫게 하심

133 갑칠이 서울에 머무를 때 설사
로 괴로워하다가 상제님께 고쳐
주시기를 청하매
2 상제님께서 웃으며 말씀하시기를 "이

제부터 설사가 막히고 구미가 돋아나
리라." 하시니 과연 그 날부터 설사가
그치고 입맛이 돌아오니라.
3 그러자 이번에는 며칠 동안 뒤를 보지
못하여 다시 고민하니
4 상제님께서 "너의 대변은 터져도 걱정
이요, 막혀도 걱정이로다." 하시고 냉
면집에 가서 냉면 다섯 그릇을 먹이시
니라.
5 이때 갑칠이 상제님께, 영선의 아우가
순검으로 있을 때 김병욱을 잡으러 간
일을 아뢰니
6 상제님께서 물으시기를 "군도(軍刀)는
어디 있느냐?" 하시매 "집에 있습니
다." 하거늘
7 이에 곧 그 군도를 가져오라 하시어
영선의 침실 벽에 붙여 세우시며 갑칠
로 하여금 "홀로 자라." 하시고
8 "오늘 저녁에는 담배 한 갑을 다 피우
라. 내일 새벽에는 대변을 통하게 되리
라." 하시니라.
9 갑칠이 숙소에 돌아와 담배 네 개비를
피우고 홀로 잠이 들더니 새벽에 갑자
기 벽에 세워 둔 군도가 저절로 넘어지
며 소리를 내거늘
10 갑칠이 잠결에 심히 놀라 깨어나매 곧
대변이 통하니라.

종로에서 보신 상씨름 매듭 대공사

134 황교에 계실 때 하루는 상제님
께서 의관을 단정히 갖추시고
"오늘은 종로(鐘路)를 구경하리라." 하
시니라.
2 갑칠이 명을 받들어 상제님을 모시고
따르는데 마침 조정의 군부대신(軍部大
臣)이 말을 타고 지나가거늘
3 그 행차가 매우 호방하여 양쪽 길가에
구경하는 사람이 많더라.
4 이에 상제님께서 소매를 걷어 올리시
며 큰 걸음으로 말 앞에 다가가시어
양손을 벌려 말을 멈추시고
5 큰 소리로 꾸짖어 말씀하시기를 "네가
개화(開化)를 원하면 네 머리나 깎을
일이지 말의 갈기는 어찌하여 잘랐느
냐!" 하시니
6 상제님의 천둥 같은 목소리에 혼이 달
아나 마부는 감히 한마디도 못하고 고
개를 떨어뜨린 채 뻣뻣이 굳어 버리고
7 말 위에 앉은 대신은 두렵기도 하고
분하기도 하여 안색이 붉으락푸르락
하며 상제님의 옷차림과 언행을 살피
나 의혹만 일어나니라.
8 이에 구경하는 사람들도 겁에 질려 하
더니 잠시 후에 그 대신이 말에서 내려
통성명을 청하거늘
9 상제님께서 말씀하시기를 "나는 고부
사람 강증산(姜甑山)이니라." 하시고
대신의 손을 힘있게 잡아끄시며 말씀
하시기를
10 "내가 그대와 더불어 조용히 술을 마시
며 할 말이 있노라." 하시고 손을 잡은
채 구경꾼들 사이로 길을 열며 걸어가
시니
11 대신이 망연자실하여 말을 버리고 따
라가매 수많은 구경꾼들이 이상스럽
게 생각하여 뒤를 따르니라.
12 이에 상제님께서 길가 주점에 들어가
정좌하시고 "내가 먼저 잔을 들지 않
을 수 없노라." 하시며 술을 드신 뒤에
대신에게 술을 따라 주시거늘
13 이렇게 여러 번 잔을 주고받으시더니
상제님께서 부드럽고 온화한 목소리
로 말씀하시기를
14 "나와 그대가 서로 잘 사귀면 천하가
태평하리라." 하시매 군부대신이 어찌
할 바를 모르다가
15 공무(公務)가 시급함을 간절히 고하며
다시 만날 것을 약속하고 물러가니라.

대개벽기 49일 대공사

135 상제님께서 오의관에게 받은 돈
가운데 오백 냥을 갑칠에게 주

시며 말씀하시기를
2 "이백 냥은 만경(萬頃)의 김광찬에게
전하고, 남은 것으로 구릿골에 가서
형렬, 성백과 더불어 49일 동안 날마
다 종이등(燈) 한 개씩을 만들고 각기
짚신 한 켤레씩을 삼아 두라.
3 그 신으로 천하 사람을 신게 할 것이요,
그 등으로 천하 사람의 어두운 길을 밝히
리라." 하시니라.
4 갑칠이 구릿골로 돌아와 명하신 대로
행하매 그 뒤에 상제님께서 돌아오시
어 짚신은 원평장에다 팔게 하시고
5 종이등에는 각기 '음양(陰陽)' 두 글자를
쓰신 뒤에 다 불사르시고 갑칠에게 "은
행 두 개를 구하여 오라." 하시니라.
6 갑칠이 사방으로 구하여도 은행을 얻
지 못하다가 그의 종형에게 두 개가
있음을 알고 가져다 올리니
7 종이등을 사른 재 속에 은행을 넣으시
고 다시 갑칠에게 명하시어 "그 재를
모아 앞 내에 가서 한줌씩 물에 띄워
보내며 하늘을 보라." 하시니라.
8 이에 갑칠이 명하신 대로 하며 하늘을
우러러보니, 재가 물에 떨어져 흩어지
는 것처럼 구름이 무디무디 피어나더
라.
9 공사가 끝난 뒤에 은행은 갑칠이 간직
하여 두니라.

후천선경 건설의 푯대를 태전에 꽂으심

136 하루는 상제님께서 말씀하시기
를 "일꾼이 콩밭(太田)에서 낮잠을
자며 때를 넘보고 있느니라." 하시고
2 "내가 후천선경 건설의 푯대를 태전(太田)
에 꽂았느니라." 하시니라.

작은 서울이 큰 서울 되리니

3 하루는 말씀하시기를 "새 세상이 오
면 서울이 바뀌게 되느니라. 큰 서울이
작은 서울 되고, 작은 서울이 큰 서울
이 되리니 서울은 서운해지느니라.
4 허미수(許眉叟)는 하루 만에 강선루(降
仙樓)를 지었다 하나 나는 하루 만에
36만 칸 옥경대(玉京臺)를 짓느니라.
5 금강산 구룡폭포의 금(金)이 서해바다
에 와 묻혔나니 장차 36만 칸 옥경대
의 상량이 되리라." 하시니라.

최익현의 의병 기운을 거두심

137 병오년 윤4월에 상제님께서 형
렬과 성도들을 데리고 만경으로
가시니라.
2 이때 최익현(崔益鉉)이 태인에서 의병
을 일으키거늘
3 때마침 날까지 가물어 인심이 흉흉하
여 의병에 가입하는 자가 날로 늘어나
매 그 군세를 크게 떨치니라.
4 이에 상제님께서 수일 동안 만경에 머
무르며 말씀하시기를 "최익현이 고종
부자의 천륜을 끊어 그 대죄(大罪)가
그의 몸에 붙어 있노라.
5 장차 백성들이 어육지경이 되리니 이
는 한갓 민생을 해칠 따름이니라." 하
시니라.
6 이 말씀이 떨어지자마자 검은 구름이
사방에서 일어나고 큰비가 쏟아져 여
러 날 계속되니 의병의 기세가 크게 약
해지니라.

그 재질이 대사를 감당치 못하므로

138 상제님께서 최익현이 잡혔다는
소식을 들으시고 만경을 떠나
익산 만중리(益山 萬中里)로 가시며 말
씀하시기를
2 "이번에 최익현의 동함으로 인하여 천
지신명이 크게 동(動)하였나니 이는 그
혈성에 감동된 까닭이니라.
3 그러나 그 재질이 부족하여 대사(大事)
를 감당치 못할 것이요
4 일찍 진정시키지 않으면 온 나라가 참
화를 입어 무고한 창생만 사멸에 빠뜨
릴 따름이라.
5 더욱이 이번 한해(旱害)를 물리치지 않

아 기근까지 겹치면 생민을 구제할 방
책이 전무하여 실로 양전(兩全)치 못하
리니 내 어찌 차마 볼 수 있으리오.
6 그러므로 내가 공사로써 진압하였노
라." 하시니라.

최익현의 명줄을 거두심

139 이때 한 성도가 여쭈기를 "최익
현이 국난으로 죽고자 하였으니
충의로운 사람이 아닙니까?" 하니
2 말씀하시기를 "익현은 벼슬이 참판(參
判)에 이르러 국은(國恩)을 많이 입었으
니 이제 국난을 당하여 마땅히 죽음으
로써 갚는 것이 의리상 옳으니라.
3 익현이 또한 이러한 뜻을 가져 나라를
위해 한 목숨 바치고자 하니 나는 그
뜻을 가상하게 여기노라.
4 그러나 그 뜻을 행동으로 옮김이 천운
(天運)을 거스르고 천하대세를 역행하
는 일이라.
5 일본에 항거하는 격문을 날렸으니 이
는 자기 한 몸의 죽음으로써 만백성의
목숨을 해치려는 것이로다.
6 그러므로 나는 익현으로 하여금 신하
의 절개를 지켜 죽게 하고 그 세력을
거두려 하노라." 하시고
7 "이는 최익현의 만장(輓章)이니라." 하시
며 글을 써 주시니 이러하니라.
8 讀書崔益鉉이 義氣束劍戟이라
독서최익현 의기속검극
十月對馬島에 曳曳山河橇라
시월대마도 예예산하교
글을 읽던 최익현이
의기로써 창검을 묶었도다.
시월이면 대마도에
산하마다 덧신 자국 길게 끌리리라.
9 이어 말씀하시기를 "이는 최익현이 죽
은 뒤에 옳은 귀신(鬼神)이 되게 함이
라." 하시고
10 최익현으로 하여금 대마도로 끌려가
절사하게 하시니라.

11 하루는 말씀하시기를 "최익현이 굶어
죽었다 하나 뒷골방에 죽 그릇이 웬
말이냐!" 하시니라.

민영환의 충의에 혈죽을 내리심

140 하루는 한 성도가 여쭈기를 "민
영환이 나라를 위하여 자결하였
는데
2 벽혈(碧血)이 나오고 그 자리에서 청죽
(靑竹)이 생겨났다 하니 이는 어떤 연
고입니까?" 하거늘
3 상제님께서 말씀하시기를 "민영환이
나라를 위하여 의롭게 죽었으므로 내
가 혈죽을 내려 그의 충의(忠義)를 표창하
였느니라." 하시니라.

난법 거두시는 대공사

141 하루는 한 성도가 여쭈기를 "일
전에 전주 청도원(淸道院)에 계실
때에 '장검(長劍)을 주조하여 오라.' 하
시고
2 이를 '구성산(九城山)에 묻으라.' 하셨사
온데 그 까닭이 무엇입니까?" 하니
3 상제님께서 말씀하시기를 "때가 되어
그 장검이 나오면 세상에 영웅이라 칭
할 사람이 없으리라." 하시니라.

아들을 만나러 오신 성부님

142 7월 초에 하루는 성부께서 구릿
골에 찾아오시어 형렬에게 상제
님 계신 곳을 물으시거늘
2 형렬이 성부님을 모시고 임피 군둔리
김성화의 집에 찾아가매 상제님께서
며칠 전에 군항(群港)으로 떠나신지라
3 형렬이 다시 성부님을 모시고 군항으
로 찾아가니 상제님께서 말씀하시기
를 "군항은 오래 머물 곳이 못 되니 속
히 돌아가소서." 하시므로 이튿날 집
으로 돌아가시니라.
4 상제님께서는 군항에서 한 달여를 더
머무르신 후 익산 만중리 정춘심의 집

으로 가시니라.

군창은 천하의 큰 곳간이 된다

143 군산에 가시어 공사를 행하시고 글을 써서 불사르시니 이러하니라.

2 地有群倉地하니 使不天下虛라
지유군창지 사불천하허
倭萬里 淸萬里에 洋九萬里나
왜만리 청만리 양구만리
彼天地는 虛하고 此天地는 盈하리라
피천지 허 차천지 영
군창이란 땅이 있으니
천하를 비지 않게 하리라.
왜국 만 리 청국 만 리에 서양은 구만
리나 저 천지는 텅 비고
이 천지는 가득 차리라.
3 이에 한 성도가 여쭈기를 "천지의 운
이 동(東)은 가득 차고 서(西)는 텅 빈
다 하시니 어인 연고입니까?" 하니
4 말씀하시기를 "천지대운이 그러하니
라. 내 세상에는 군창이 천하의 큰 곳
간이 될 것이니라." 하시니라.

금강 하굿둑 공사

144 병오년 여름 군창에 머무르실 때 하루는 금강 하구에 가시어 서천 쪽을 향해 물 위로 걸어가시니 갑칠이 상제님 옷자락을 잡고 따르니라.
2 이때 갑칠이 보따리 때문에 좀 방심하
여 옷자락을 느슨히 잡으면 목까지 물
속으로 빠지고, 꼭 잡으면 다시 물 밖
으로 나오더라.
3 군산에 계실 때 상제님께서 홍어회와
장어회를 즐겨 드시니라.

호연을 데리고 다니실 때

145 상제님께서는 아침나절에 서울에 계시다가도 잠시 후 대구에 계시고, 또 저녁에는 다른 나라에 가 계시니 그 행보를 도무지 종잡을 수가 없더라.
2 상제님께서 호연을 데려가기 곤란한
곳이나 사람이 많은 곳에 가실 때는
3 호연을 거미로 만들어 "꽉 붙어 있어
라." 하시며 겨드랑이 밑이나, 턱밑, 귓
속, 옷 속 등에 딱 붙이고 다니시는데
4 이때 상제님께서 공사 보시며 하시는
말씀과 다른 사람들의 말소리는 들리
지 않고
5 다만 상제님께서 호연에게 하시는 말
씀과 곁에서 성도들이 "거미야, 거미
야, 왕거미야!" 하고 부르는 소리만 들
리더라.
6 상제님께서 거미가 된 호연에게 붓으
로 눈과 입을 그려 주시면 눈이 떠지
고 입이 벌어져서 말도 하고 음식도
먹을 수 있는데
7 호연이 길을 가다가 뒤가 마렵다고 하
면 옆구리로 똥이 나오게 하시고 나온
똥과 오줌은 저절로 없어지게 하시니
라.
8 또 때에 따라 호연을 강아지로 만들어
안고 다니시고, 방아깨비로도 만들어
붙이고 다니시며
9 이 외에도 여러 가지 동물로 만들어
온갖 동물 나라에 데려가시니라.
10 하루는 호연이 "재주가 이렇게 많은데
무엇 때문에 자주 굶고 다녀요?" 하고
여쭈거늘
11 "열두 가지 재주 있는 놈이 하루아침
에 굶는단다." 하며 웃으시니라.

후천선경의 어획 공사

146 병오년 여름에 상제님께서 경상도 통영으로 가시니라.
2 이때 두룡포(頭龍浦)에 가시어 천지제
를 지내시니 온 고을에 '전라도에서 온
어떤 선비가 천지굿을 한다.'는 소문이
퍼져 무수히 많은 사람들이 모여드니
라.
3 이때 바닷가에 나가시어 "고기잡이한

다." 하시며 막대기로 바다 저 먼 곳을
향해 천천히 반원을 그리시니
4 선을 경계로 그 안의 고기들이 모두
상제님 앞으로 모여드니라.
5 이에 상제님을 따라온 마을 사람들이
고기를 잡으려고 모두 자루를 벌리고
기다리니 고기들이 자루 안으로 한가
득 들어오거늘
6 자루를 묶어서 집으로 가져가 쏟아 보
니 잡을 때는 분명 작은 고기였으나
어찌된 영문인지 모두 팔뚝만 한 대어
가 되어 있더라.
7 상제님께서 이렇듯 조화를 자유자재
로 쓰시니 이르시는 곳마다 '선생님'이
라 칭하며 많은 사람들이 따르는데
8 혹 무서워서 벌벌 떨며 곁에 오지 못하
는 이들도 있더라.

통영에서 여수로 가심

147 상제님께서 이후 여수(麗水)에 가
시어 대하, 전복 등을 잡아 통째
로 드시고 홍어를 잡아 주머니칼로 회
를 쳐서 드시기도 하니라.
2 하루는 상제님께서 팔을 크게 휘저으
시니 문어들이 서서 걸어오거늘
3 입을 빠끔거리며 오는 모습이 마치 삿
갓을 쓴 사람 같더라.
4 상제님께서 통영에서 보신 공사와 같
이 어획 공사를 행하시는데 동네 사람
들이 넋을 잃고 구경만 할 뿐 자루에
주워 담지 않거늘
5 상제님께서 크게 노하시어 사람들을
개, 돼지, 송아지, 당나귀 등 별의별
짐승으로 만드시니라.
6 상제님께서 싸리비를 가지고 짐승이
된 사람들을 한 줄로 늘여 세우신 뒤
에
7 바닥에 앉으시어 '춤 한번 추어라. 노
래 한번 불러라. 너 시조 한번 해라.'
하고 명하시는데
8 혹 누가 '못 한다.'고 아뢰면 상제님께
서 빰을 때리시며 "너 이놈, 밥만 먹고
인제까지 뭣했냐?" 하고 나무라시니
라.

어째서 너는 못 가져오느냐

9 또 상제님께서 각 사람마다 "너 아무
산에 가서 동삼을 파 와라, ○○을 파
와라." 하고 명하시거늘
10 어떤 이는 명하신 것을 구해오는데 어
떤 이는 포기한 채 그냥 돌아오니
11 상제님께서 빈손으로 돌아온 사람들
의 빰을 때리시며 "이 사람은 가지고
오는데, 어째서 너는 못 가져오느냐?"
하고 꾸중하시니라.
12 잠시 후 상제님께서 "가서 낯들 씻고
오너라." 하고 명하시므로 모두 달려
가 얼굴을 씻으니 그 즉시 허물이 벗
겨지며 사람으로 돌아오더라.

하늘로 솟구쳐 올라 빙빙 도심

148 이때 상제님께서 호연에게 "눈
을 가려라." 하시더니 돌연 하늘
로 솟구쳐 오르시어 공중에서 빙빙 도
시거늘
2 점차로 바람이 거세어져서 흙과 모래
가 날리고 이내 사람까지 날려 동네
사람들이 마구 내동댕이쳐지는지라
3 호연이 재미있다고 실눈을 뜨고 지켜
보는데 여기저기서 흙모래가 사람들
을 마구 때리거늘
4 사람들이 아프다고 비명을 지르며 도
망하매 실로 아수라장이더라.
5 이 뒤로 마을 사람들이 상제님을 뵈면
두려워서 모두 벌벌 떨며 서로 이르기
를 "저 어른만 만나면 무서워서 풀잎
도 떤다." 하더라.
6 이후 상제님께서 대구와 평택에서도
공중으로 솟구쳐 올라 바람을 일으키
시니 이르시는 곳마다 상제님을 더욱
경외하고 칭송하더라.

조화로 고기를 잡아서 나누어 주심

7 하루는 상제님께서 방에 앉으시어 "아

무개야!" 하고 각 물고기의 이름을 부
르시니 고기들이 상제님 계신 집의 앞
마당까지 쫑긋쫑긋하며 걸어 들어오
거늘
8 대구와 명태, 문어, 가오리 등 종류도
다양하고 그 수효 또한 헤아릴 수가
없더라.
9 상제님께서 이렇게 조화로 잡으신 고
기를 채반에 말리시어 동네 사람들에
게도 나누어 주시고
10 여수에서 내주평을 거쳐 구릿골로 돌
아오시는 길에 내내 드시며 굶주린 사
람들에게도 나누어 주시니라.

길 가다 배고프시니

149 가을 어느 날 상제님께서 호연을
데리고 마산으로 가시는 길에
2 주린 배를 채우시기 위해 빈 주막에
들러 독에 담가 둔 술을 통째로 들고
벌컥벌컥 들이켜시거늘
3 호연도 배가 고파서 밀대를 꽂고 빨아
먹는데 어찌나 달고 맛있던지 한참을
먹고 나니 땅이 벌떡 뒤집어지는 것 같
더라.
4 이에 호연이 "나 못 가." 하며 길가에
드러누우니 상제님께서 "그렇게 못 가
누는 것을 뭐 하러 먹었냐, 가눌 만해
야 먹지." 하시거늘
5 호연이 "아휴~! 두 독을 먹고도 암시
랑 않아요?" 하니
6 빙긋이 웃으시며 "음, 난 지금도 얼마
든지 먹겠다." 하시니라.

해남에서 호연을 시켜 말 그려 주게 하심

150 하루는 상제님께서 호연을 데리
고 해남(海南) 두륜산(頭崙山)에
가시는데 시원한 나무 그늘 아래 여러
사람이 모여 바둑과 장기를 두고 있거
늘
2 상제님께서 이르시기를 "길을 가다가
경계 좋고 물 좋은 데가 있으면 신인
도 돌아다 보랬다." 하시고 그 자리에
합석하시니
3 그 사람들이 오래 전부터 면식이 있는
듯 상제님을 반갑게 맞이하니라.
4 상제님께서 그들에게 물으시기를 "얼
마쯤이나 시험 봤느냐?" 하시니
5 그들이 제각기 그린 것을 내보이며 상
제님께 가르침을 여쭈거늘
6 호연이 보매 동그라미를 그린 사람도
있고, 열십자를 그린 사람도 있고, 까
치를 그린 사람도 있더라.
7 상제님께서 그림을 죽 보시더니 "호연
아, 네가 한 장 그려 줘라." 하고 명하
시거늘
8 호연이 고개를 가로저으며 "싫어요."
하매 "싫어도 그냥 너 하는 것마냥으
로 해라." 하고 타이르시니라.
9 이에 호연이 종이에 말 한 마리를 그려
주니 상제님께서 그들을 바라보시며
"애만도 못하냐?" 하시거늘
10 이번에는 그 사람들이 직접 말을 그려
보는데 곱사등으로도 그리고 배를 잘
록하게도 그리며 말의 생김새를 제대
로 그리지 못하는지라
11 상제님께서 "아무것도 모르고 작대기
로만 쭉 그어서 점만 집어넣으니 그게
말이 되냐?" 하고 나무라시며 "우리
호연이한테 물어봐라." 하시니라.
12 이에 호연이 "안 해. 나 데리고 다니면
서 이럴라고?" 하며 버티다가 상제님
께서 연신 눈짓을 하시므로 하는 수
없이 말 몇 마리를 더 그려 주니라.
13 이후 해남에서 나오시어 호연을 데리
고 진산(珍山)으로 가시니라.

네가 배고프다고 하니

151 하루는 상제님께서 호연을 데리
고 길을 가시는데 호연이 "아이
고, 배고파! 배고프지 않아요?" 하니
2 상제님께서 "배고파? 그럼 거기 앉아

있어라." 하시며 수건을 내어 바닥에
깔아 주시고
3 허공에 대고 무어라 글씨를 쓰시거늘
잠시 후에 어떤 여인들이 상을 차려
오는지라
4 호연이 신기하여 "아까 내가 보니 기
역 자를 그리더만 또 가져오는가 나도
한번 써 볼까?" 하며 기역 자를 써 보
나 아무리 기다려도 음식을 가져오지
않더라.
5 이에 상제님께서 말씀하시기를 "흥,
네가 그런 재주 지녔으면 어쩌라고.
네가 배고프다고 하기에 가져오라 한
것이지." 하시니
6 호연이 "그럼 알지도 못하는데 가져오
라고 했어요?" 하고 여쭈거늘
7 말씀하시기를 "아, 내가 글씨 안 쓰더
냐?" 하시니라.

선매숭자 도운의 개척 정신

152 상제님께서는 종종 호연을 거미
로 만들어 거미줄을 치게 하시는
데 그 때마다 거미줄의 모양과 크기가
다 다르니
2 호연이 거미가 되어 줄을 칠 때면 상제
님께서 계속 지켜보시며 줄 치는 방향
과 줄의 수를 일러 주시니라.
3 하루는 호연이 나뭇가지 위에서 분주
하게 거미줄을 치는데 상제님께서 연
신 손가락으로 가리키시며 "덜 쳤다,
덜 쳤어. 요리 쳐라. 저리 쳐라. 욜~!"
하고 명하시거늘
4 호연이 가슴이 너무 답답하고 힘이 드
는지라 옆 가지로 옮겨 가서 꼼짝도
하지 않으니
5 상제님께서 "너 팽겼냐?" 하시며 밑으
로 내려오게 하시니라.
6 이에 호연이 나무 밑쪽으로 내려오자
순식간에 다시 사람으로 변하더라.

호연을 거미로 만들어 공사 보심

7 평소 상제님께서 호연을 여러 가지 동
물로 만들어 공사 보시는 것을 형렬만
알 뿐 다른 사람들은 전혀 알지 못하니
8 혹 주변에 다른 사람들이 있으면 상제
님께서 호연만 알아들을 수 있는 소리
로 말씀하시니라.
9 하루는 거미로 변한 호연에게 상제님
께서 나뭇잎 피리를 불어 말씀하시거
늘
10 사람들에게는 그저 '삑, 삐이익, 삑~!'
하는 피리 소리로 들리나 호연에게는
"남서쪽, 북쪽, 어느쪽." 하고 명하시
는 말씀으로 들리더라.
11 호연이 거미줄을 다 치고 나니 상제님
께서 "얼른 내려와라." 하시며 손바닥
을 펼치시거늘
12 거미가 된 호연이 순식간에 상제님 손
바닥 위에 올려져 있더라.

마이산 연 공사

153 하루는 성도들을 거느리고 진안
마이산에 가시어 종이로 큰 연
(鳶)을 만드신 뒤에
2 김병선에게 명하시어 "연 위에 올라 앉
으라." 하시거늘
3 병선이 연 위에 올라앉으니 잠시 후에
말씀하시기를 "그만하면 되었느니라."
하시고 연을 들어 불사르시니라.

성탄절·어천절 치성 공사

154 상제님께서 매년 9월 19일과 6
월 24일에 천지제(天地祭)를 지내
시니 그 규모가 다른 어느 치성보다도
성대하거늘
2 성도들이 치성의 뜻을 궁금히 여겨 상
제님께 여러 번 여쭈어도 일러 주지 않
으시니라.
3 이 해에도 9월 19일이 되어 치성 준비
를 하느라 분주하거늘 호연이 "아, 도
대체 어째서 그래요?" 하고 형렬에게
물으니
4 "선생님 생신날이란다. 아버지가 나신

날이니 그 날을 잊지 말라고 그러시는
것이다." 하니라.
5 호연이 "또? 또 다른 날은 어째 그래
요?" 하고 묻거늘 이는 형렬도 미처
알지 못하더니
6 후에 보니 그 날이 바로 상제님께서 어
천하시는 날이더라.

가을 대개벽의 여명의 천지 북소리

155 9월에 상제님께서 형렬을 데리
고 함열 회선동(會仙洞) 김보경(金
甫京)의 집에 가시어 보경으로 하여금
큰 북을 구해 오게 하시니
2 보경이 가져다 올리매 그 북을 새끼로
묶어 대들보에 매달고 '병자(丙子) 정축
(丁丑)'을 계속하여 외우시면서 북을 치
며 흥을 내어 노래하시니 이러하니라.

3 丙子丁丑 丙子丁丑 丙子開路아
병자정축 병자정축 병자개로
병자정축 병자정축
병자(丙子)에 길을 여는구나.

4 子兮子兮天開하고 丑兮丑兮地闢이라.
자혜자혜천개 축혜축혜지벽
자(子)여 자여 하늘이 열리고
축(丑)이여 축이여 땅이 열리도다.

5 寅兮寅兮人起하니 卯兮卯兮奇妙로다.
인혜인혜인기 묘혜묘혜기묘
인(寅)이여 인이여 사람이 일어나고
묘(卯)여 묘여 기묘하도다.

6 辰兮辰兮雲起하니 九節竹杖高氣하여
진혜진혜운기 구절죽장고기
六丈金佛宛然이라.
육장금불완연
진(辰)이여 진이여
동방의 구름이 일어나니
아홉 마디 대지팡이 드높은 기운에
여섯 길 금부처(가을부처) 완연하구나.

우리의 득의지추 아닐런가

7 밤이 깊어가매 더욱 흥을 내어 북을
치시며 시 한 수를 읊어 주시니 이러하
니라.

8 時節花明三月雨요 風流酒洗百年塵이라
시절화명삼월우 풍류주세백년진
철 꽃은 내 도덕의 삼월 비에
밝게 피고
온 세상의 백년 티끌
내 무극대도의 풍류주로 씻어 내니
9 우리의 득의지추(得意之秋) 아닐런가.
10 이어 말씀하시기를 "좋구나, 좋구나!
이 북소리가 멀리 서양까지 울려 들리
리라.
11 이 북소리에 천하가 한번 우꾼하리
라." 하시되 보경은 그 뜻을 알지 못하
더라.

목신을 불러 공사 보심

156 병오년 10월에 상제님께서 형렬
과 호연을 데리고 독배(獨排)고
개를 넘어가시는 길에
2 상제님께서 나무 지팡이 하나를 형렬
에게 주시며 "짚고 올라가라." 하시니
호연이 "나는? 나는 업고 갈 거지요?"
하거늘
3 상제님께서 "걸어가지 뭘 업고 가니?"
하시는지라
4 형렬이 지팡이 끝을 호연에게 주며 '잡
고 올라오라.'고 하니
5 말씀하시기를 "장래에 짝이 될 테니
사정 두느만." 하시니라.
6 재를 넘어가는 도중에 갑자기 상제님
께서 손을 휘두르시니 박달나무, 개암
나무, 아그배나무 들이 칼로 쪼개어
놓은 것처럼 한 토막씩 잘려 나와
7 상제님께서 목신(木神) 이름을 부르시
는 대로 쫑긋쫑긋 줄을 지어 서거늘
8 "저리 가라." 하시면 가고 "이리 오라."
하시면 오며
9 "공중에서 놀아라." 하시면 나무토막들
이 동서남북으로 서로 어우러져 돌다가
다시 상제님 앞에 와서 절을 하더라.
10 상제님께서 공사를 끝내시고 일어나
길을 떠나시니 나무토막들이 원래대

로 다시 붙여지니라.

산에 도로 내는 대공사

157 한참을 더 가시니 가운데 산봉우리는 낮고 양쪽 봉우리가 높은 산이 나타나거늘
2 상제님께서 큰 소리로 무어라 외치시니 산신령이 대령하니라.
3 산신에게 물으시기를 "여기는 무엇이 들고, 또 여기는 무엇이 들었느냐?" 하시니 "아무것도 없습니다." 하고 대답하거늘
4 상제님께서 말씀하시기를 "그럼 내가 한번 뒤집어 볼 테니 보아라." 하시고 산을 뒤집어 엎으시니 그 속에서 동자가 나오더라.
5 이에 산신에게 말씀하시기를 "네가 알아보겠느냐?" 하시니 산신이 "모르겠습니다." 하거늘
6 상제님께서 "신명이니라." 하시매 산신이 묻기를 "그 신명이 어찌 이렇게 젊은가요?" 하는지라
7 상제님께서 문득 호령하시며 "그런 망설이 어디 있는고! 신명도 젊어야 일을 하느니라." 하시고
8 또 말씀하시기를 "지금은 이것이 산이라도 앞으로 큰길이 나느니라." 하시니라.

과일 개량 공사

158 하루는 상제님께서 자배기에 담겨 있는 배를 쳐다보시며 "배 생원~! 쫄쫄이를 모르는가?" 하시니
2 배 하나가 상제님 쪽으로 걸어나오며 "언제는 배 생원이라 하고, 언제는 쫄쫄이라 하고!" 하며 투덜대거늘
3 상제님께서 "허허, 제가 된 체하고 지랄하네." 하시며 배를 발로 툭 차시니 반으로 쫙 쪼개지는지라
4 상제님께서 "씨도둑을 못 하냐. 덩치만 컸지 씨값도 못 하는구나." 하시고
5 "말을 못 하도록 다 싼다." 하시며 나머지 배들을 종이로 싸 두시니라.

인존시대 길 닦는 도로 공사

159 하루는 상제님께서 가는 대를 둥그렇게 휘어 장대 끝에 고정시키시고, 둥근 부분에 거미줄을 감아 세워 놓으시거늘
2 호연이 "그래서 무엇하게요?" 하니 말씀하시기를 "거미가 줄을 치면 매미도 잡고 잠자리도 잡고 오만 놈의 깔따구를 다 잡어.
3 거미줄 치는 이치가 길 내는 이치와 같으니 새끼가 줄을 치면 길이 가늘고, 큰놈이 줄을 치면 대로가 번듯하듯이 인제 그와 같이 길이 나.
4 산이 평지가 될지 어찌 아냐? 산이 높기는 해도 다 길을 낸다." 하시니라.

서교(西教) 의전을 참관하심

160 병오년 10월에 한 예수교 교당에 가시어 모든 의식과 교의(教義)를 직접 보고 들으신 뒤에
2 성도들에게 이르시기를 "족히 취할 것이 없다." 하시고
3 또 말씀하시기를 "내가 예수의 기운을 다 거두었노라." 하시니라.

여우 잡았다

161 하루는 상제님께서 깨소금 밥을 뒤웅박에 넣어 산에 가져다 놓으시니
2 호연이 "무엇 하려고 박적을 그래요?" 하고 여쭈거늘
3 "가만있거라. 암말 말고 저리로 가라." 하시며 멀찌감치 데리고 가 함께 지켜보시니라.
4 그렇게 한참을 기다리니 여우 한 마리가 깨소금 냄새를 맡고 와서 뒤웅박 안으로 머리를 들이밀더니
5 잠시 후에 머리를 빼내려고 해도 빠지

지 않으매 머리를 이리저리 내두르며 땅에 부딪혀 보고 제 힘껏 당겨 보기도 하는데 좀처럼 빠지지 않더라.
6 이때 상제님께서 "여우 잡았다!" 하시며 잡아서 내다 팔게 하시니라.

언제나 정심하라

162 천지공사를 행하실 때나 어느 곳에 자리를 정하여 머무르실 때는 반드시 성도들에게 "정심(正心)하라." 명하시고
2 혹 방심하는 자가 있으면 마음속을 보시는 듯 일깨워 주시며
3 주무실 때도 마음을 환히 들여다보시고 "마음을 거두라." 명하시니라.
4 상제님께서 이르시기를 "나무도 바람에 흔들리면 잎이 떨어지지 않느냐. 사람도 그와 같아서 몸을 흔들면 혼신이 흩어지나니 몸을 진중히 하여 경솔히 동요치 말라." 하시고
5 "이는 유교가 낳은 부습(腐習)이니라." 하시니라.

예수꾼들이 청지기를 맡았느니라

6 하루는 상제님께서 말씀하시기를 "예배당 귀신들은 옷을 다른 신명과 같이 입고 있지만 힘을 못 쓰느니라.
7 예수꾼들이 청지기를 맡았느니라." 하시니라.

남조선 배말뚝 공사

163 상제님께서 섣달 그믐날 해질녘에 임피 김보현의 집에 가시어
2 닭 한 마리를 안주 삼아 술을 잡수신 뒤에 "잠시 다녀올 테니 술이나 많이 걸러 놓으라." 하시거늘
3 보현이 걱정하며 말하기를 "날이 어두워져 지척을 분간하기 어려우니 달빛이 있으면 오죽이나 좋겠나이까?" 하니
4 상제님께서 "달을 보고 싶으면 따라오라." 하시며 취성산(鷲城山)에 올라가시니라.
5 이어 말씀하시기를 "동쪽을 보라." 하시매 바라보니 큰 수레바퀴 같은 달이 밝게 빛나고 있거늘
6 상제님께서 "달 보았느냐?" 하시니 보현이 "예, 보았나이다. 항상 이와 같이 밝으면 좋겠습니다." 하고 대답하니라.
7 상제님께서 산을 내려오시어 이르시기를 "나는 오성산(五聖山)에 다녀올 터이니 너는 집으로 돌아가라." 하시거늘
8 보현이 달빛으로 환한 길을 따라 집 앞에 당도하니 금세 달이 지고 캄캄해지더라.
9 자정 후에 상제님께서 오성산에 배말뚝을 박고 보현의 집에 돌아오시어 술을 드시며 말씀하시기를 "남조선배가 잘 도착하였노라." 하시니라.
10 상제님께서 갑진년부터 섣달그믐날마다 이 공사를 행하시니 이 날 세 번째 말뚝을 박으시니라.

정미(丁未: 道紀 37, 1907)년

조선이 서양에 넘어가면 다시 올 날 없다

164 정미(丁未: 道紀 37, 1907)년에 하루는 전주 용머리고개에서 공사를 행하시며 말씀하시기를
2 "조선 강토가 서양으로 둥둥 떠 넘어가는구나." 하시고 성도들에게 물으시기를 "어찌하면 좋겠느냐?" 하시니
3 김공선(金公先)이 아뢰기를 "운세(運勢)가 부득이하면 일본에 의탁하는 것이 좋은 방편일 듯하옵니다." 하거늘
4 말씀하시기를 "네 말이 옳도다." 하시

고 "지역별로 동양에 붙여 두면 다시
올 날이 있으리라.
5 그러나 만약 서양으로 가면 다시 올
날이 없으리라." 하시니라.

대전쟁 도수 ; 천하대세를 잘 살피라

165 하루는 원평 김명보(金明甫)의
주점에 이르러 미리 준비된 황
구(黃狗) 한 마리로 개장국을 끓여 술
과 함께 잡수시고 성도들에게 "구미산
(龜尾山)에 오르라." 하신 후에
2 상제님께서는 유문거리를 돌아서 구
미산에 올라 물으시기를 "지금 어느
때나 되었느냐?" 하시니
3 한 성도가 "정오시쯤 되었을 듯합니
다." 하고 아뢰니라.
4 이때 김자현(金自賢)이 문득 시장 쪽을
바라보며 아뢰기를 "장꾼들이 대가리
놀음을 합니다." 하거늘
5 성도들이 모두 장터를 바라보니 장꾼
들이 남녀 할 것 없이 서로 멱살을 잡
고 머리를 부딪치고 상대가 없으면 아
무 기둥이나 벽에다 자기 머리를 들이
받기도 하니라.
6 이를 본 성도 하나가 상제님께 여쭈기
를 "이것은 무슨 도수입니까?" 하니
7 말씀하시기를 "전쟁 도수니라. 내가 한
날 한시에 전 세계 사람들을 저와 같
이 싸움을 붙일 수 있노라.
8 부디 조심하라. 나의 도수는 밖에서 안
으로 욱여드는 도수이니 천하대세를 잘
살피도록 하라." 하시니라.
9 이때 한 성도가 여쭈기를 "오시(午時)
에 공사를 보셨으니 오시에 전쟁이 나
겠습니까?" 하거늘
10 상제님께서 "그것은 너희들이 잘 생각
해 보아라." 하시니라.
11 공사를 마치신 뒤에 원평장의 아낙들
이 밥을 하려고 보니 솥뚜껑이 모두
솥 안으로 들어가 있거늘
12 사람들이 이구동성으로 이르기를 "신
의 조화로다." 하니라.

관운장에게 세계 대전쟁의 천명을 내리심

166 4월에 신원일을 데리고 태인 성
제묘 제원(聖帝廟 祭員) 신경원(辛
京元)의 집에 머무르실 때
2 하루는 원일, 경원과 함께 성제묘에
가시어 관운장(關雲長)에게 천명을 내리
시며 공사를 행하시니라.
3 이때 상제님께서 말씀하시기를 "이제
동양에서 서양 세력을 몰아내고 누란(累
卵)의 위기에 처한 약소국을 건지려면
서양 열강 사이에 싸움을 일으켜야 하리
라.
4 관운장이 조선에 와서 극진한 공대를
받았으니 그 보답으로 당연히 공사에
진력 협조함이 옳으리라." 하시고
5 양지에 글을 써서 불사르시며 관운장
을 초혼하시니 경원은 처음 보는 일이
므로 이상히 생각하니라.
6 이때 자못 엄숙한 가운데 상제님께서
세계대세의 위급함을 설하시고 서양에
가서 대전쟁을 일으키라는 천명을 내리
시거늘
7 관운장이 감히 거역할 수는 없으나 선
뜻 마음이 내키지 않아 머뭇거리는지
라
8 상제님께서 노기를 띠시며 "때가 때이
니만큼 네가 나서야 하나니 속히 나의
명을 받들라. 네가 언제까지 옥경 삼
문(玉京三門)의 수문장 노릇이나 하려
느냐!" 하고 엄중히 꾸짖으시니라.
9 관운장이 그래도 대답을 아니하매 상
제님께서 관운장의 수염을 휙 잡아당
기시고 옷을 찢어 버리시니
10 이때 조상(彫像)에서 삼각수(三角鬚) 한
갈래가 바닥에 떨어지니라.
11 이렇게 하룻밤을 지새시며 '이놈, 저놈'
하고 불호령을 내리시거늘 관운장이
마침내 굴복하고 상제님의 명을 받들

어 서양으로 가니라.
12 이후에 김경학(金京學), 최창조(崔昌祚), 최내경(崔乃敬), 최덕겸(崔德兼) 등 태인 사람들이 상제님의 면모를 숭배하여 상제님을 따르니라.

여기서 무슨 제사를 지내느냐

13 그 뒤에 하루는 상제님께서 김성연(金成淵)과 함께 말을 타고 관왕묘에 이르시어 말씀하시기를
14 "내가 관운장을 서양으로 보냈는데 여기서 무슨 제사를 지내느냐." 하시고
15 성냥을 그어 관왕묘에 불을 지르려 하시다가 성연의 간곡한 만류로 그만두시니라.

최창조에게 삼신 도수를 붙이심

167 새울 최창조의 집에 계실 때 하루는 상제님께서 "오늘은 삼신(三神) 도수를 보리라." 하시며 성도들을 방 안에 둘러 앉히시고 공사를 행하시니라.
2 이때 창조는 '또 무엇을 하시려는고.' 하며 한쪽 구석에 웅크리고 앉아 있는데
3 상제님께서 "오색실을 가져오라." 하시어 그 실을 손으로 비벼 돌돌 뭉쳐서 창조 앞으로 휙 던지시매 실이 확 풀어지니라.
4 이에 말씀하시기를 "어이, 이래서는 안 된다. 안 되고 말고." 하시고 다시 주워 던지시니 또 풀어지거늘
5 이번에는 실을 단단하게 감아 창조 앞으로 던지시매 실꾸리가 대굴대굴 구르며 풀어지지 않는지라
6 상제님께서 무릎을 탁 치시며 "그러면 그렇지! 하마터면 도통 날 뻔했다." 하시고
7 창조를 바라보시며 "저 못난 것한테 삼신 도수를 붙였더니 저렇게 쭈그리고 앉았다." 하시니라.

너는 말밥을 먹을 것이다

8 하루는 창조에게 말씀하시기를 "너는 말밥을 먹을 것이다." 하시거늘
9 창조가 생각하기를 '참 별일이다. 내가 늙어서 밥 한 그릇도 잘 못 먹고 그렇다고 장사도 아닌데 어떻게 말(斗)밥을 먹겠는가?' 하고 대수롭지 않게 여기더라.

정 도령의 기운을 없애심

168 상제님께서 전주 장승백이 물방앗간에 계실 때 성도들에게 말씀하시기를 "이 앞길에 나가면 봇짐장수가 지나가리니 데리고 오라." 하시매
2 성도들이 나가 보니 과연 봇짐장수가 지나가거늘 상제님께 데리고 오니라.
3 상제님께서 물으시기를 "무기가 있지 않으냐?" 하시니 봇짐장수가 대답을 못 하고 살려 주시기를 애원하거늘
4 상제님께서 이르시기를 "살려 줄 테니 돌아가서 정 도령에게 다시는 이런 짓을 말라고 전하라." 하시고 돌려보내시니라.
5 성도들이 그 사람에 대해 여쭈니 말씀하시기를 "정 도령이 나를 죽이려고 보낸 자객이라." 하시니라.
6 또 상제님께서 태인 백암리(白岩里)에 계실 때 하루는 방 안에 들어가시어 성도들의 출입을 금하시더니
7 하루 밤낮으로 방 안에서 속닥이는 소리가 들리므로 성도들이 엿보니 한 더벅머리 총각과 말씀을 나누고 계시더라.
8 다음 날 아침 그 총각을 돌려보내실 때 한 성도에게 철인(鐵印)을 주시며 말씀하시기를
9 "하직 인사를 할 때 총각의 이마에 인을 쳐라." 하시거늘 명대로 행하니 총각이 통곡하고 돌아가니라.
10 그 뒤에 성도들에게 말씀하시기를 "전일에 나를 죽이려고 자객을 보낸 정 도령이니라." 하시니라.

구례에서 서○○로 가심

169 정미년 여름에 상제님께서 구례
에 가셨다가 길을 나서시며 호
연에게 "우리, 저기로 가자!" 하시니
"어디로 가?" 하고 여쭈거늘
2 상제님께서 "서○○로 가자. 거기 가면
구경거리도 많고, 너 먹을 것도 쌨고.
이제 가자!" 하시는지라
3 호연이 "태운장보고 말도 안 하고?"
하매 "알고 올 테지. 내버려 두고 그냥
가자." 하시니라.
4 호연이 한껏 들떠서 "그러면 뭣 갖고
와?" 하니 상제님께서 "너 더우니 부
채 하나 맹글어 줄게." 하시고 달부채
를 만들어 주시므로 그것을 부치면서
가니라.
5 이윽고 서○○ 바닷가에 당도하니 석
화(石花)가 지천으로 널려 있고 다른
먹거리들도 많이 있거늘
6 호연이 상제님과 함께 앉아 저녁을 먹
고 있으려니 그제야 형렬이 도착한지
라
7 호연이 형렬과 함께 석화와 해물을 잔
뜩 주워서 구릿골로 돌아올 때 가지고
오니라.

계룡산 꼭대기에서 공사를 보심

170 무더운 여름날 하루는 여러 성
도들을 데리고 충청도 계룡산
꼭대기에 오르시어 공사를 행하시니
라.
2 상제님께서 성도들로 하여금 쪼그리
고 앉아 '꼬꼬꼬' 하고 닭울음소리를
내며 걷게 하시니
3 모두 비오듯 땀을 흘리는데 몇몇 성도
는 숨이 차서 불평을 하는지라
4 상제님께서 "너희들 더우냐?" 하시매
그 말씀이 떨어지자마자 문득 먼 하늘
에서 큰 구름 한 장이 떠와 해를 가리
거늘 금세 땀이 마르고 시원해지더라.
5 이에 계속하여 공사를 행하시다가 한
참 후에 마치시니라.

태전 봉황산으로 응기된 지기

171 상제님께서 하루는 성도들과 함
께 임실 관촌(任實 館村) 사선대
(四仙臺)에 가시니
2 마침 엄청나게 큰 지네가 암꿩을 물고
폭포 아래 넓은 바위 위로 올라오고
있더라.
3 상제님께서 공우에게 "저게 무엇 같으
냐?" 하고 물으시니 공우가 "기차 같
습니다." 하고 대답하거늘
4 상제님께서 말씀하시기를 "만리장성
구룡을 타고 백두산으로 해서 노령산
으로 해서 경상도 지리산으로 해서 전
라도 모악산으로 해서 충청도 계룡산
으로 해서 태전 봉황산(鳳凰山)이니라."
하시니라.

선천 술법 기운을 거두심

172 상제님께서 대흥리 위에 있는
새술막에서 성도들과 술을 잡숫
고 계실 때 40세 전후의 두 사람이 이
르니 한 사람은 상복(喪服)을 입었더
라.
2 술을 다 드시고 나서 성도들과 차경석
의 집으로 돌아오시는데 두 사람이 뒤
를 따라오거늘
3 성도들에게 말씀하시기를 "저 자들은
큰 술객으로 나를 시험하고자 찾아왔
느니라." 하시니라.
4 상제님께서 집에 이르러 마루에 앉아
계시다가 술객들이 오매 앞에 앉히시
고 한참 동안 아무 말씀도 하지 않으
시는데
5 문득 두 사람이 어깨로부터 발끝까지
움직이기 시작하더니 마침내 일어서서
춤을 추더라.
6 이에 상제님께서 크게 호령하시기를
"상주(喪主)의 몸으로 어찌 춤을 추는
고!" 하시니

7 두 술객이 황급히 춤을 멈추고 민망함
을 금치 못하며 사죄하고 돌아가거늘
8 말씀하시기를 "이로써 선천의 술법 기
운을 걷어 버리노라." 하시니라.
9 만경에 계실 때 하루는 한 무당이 마을
사람들을 속이며 굿을 하고 있는지라
10 상제님께서 그 무당을 크게 꾸짖으시
고 다시는 무당노릇을 하지 못하게 하
시니라.

칠산바다 위를 날아다니며 공사 보심

173 상제님께서 안내성(安乃成)을 데
리고 변산(邊山) 칠산바다에 자주
가시니라.
2 정미년 초가을에 하루는 경학과 내성을
데리고 칠산바다 어느 섬에 가시어
3 바다 위를 걸어다니기도 하시고 훌쩍
훌쩍 날아다니기도 하시며
4 사라졌다가 다시 나타나시기를 여러
차례 행하시되 공사의 뜻은 말씀하지
않으시니라.
5 이때 경학이 보니 상제님께서 나막신
을 신고 바다를 건너시는데 그 모습이
평지를 걸으실 때와 똑같더라.

목사 이자익을 건네주심

174 하루는 팔정이에 사는 장로교
조사(助事) 이자익(李自益)이 상
나무쟁이에서 큰비로 불어난 내를 건
너려고 옷을 벗으려 하는데
2 상제님께서 다가가 물으시기를 "이 목
사, 내가 건네주랴?" 하시거늘
3 자익이 황송해 하며 "선생님 부탁드립
니다." 하고 벗던 옷을 다시 입으니
4 상제님께서 자익을 한 손으로 옆구리
에 끼시고 폭이 수십 보가 되는 내를
한 걸음으로 뛰어넘으시니라.

오선위기(五仙圍碁) 진주(眞主) 공사

순창에 큰 기운이 묻혀 있으니

175 정미년 가을에 순창 피노리에 계
실 때 농바우 박장근(朴壯根)의 집
에 이르시어 성도들에게 말씀하시기를
2 "이곳에 큰 기운이 묻혀 있으니 이제
풀어 쓰리라.
3 전명숙과 최익현은 그 사람이 아니므로
도리어 해를 받았느니라." 하시니라.
4 이어 공사를 행하실 때 마침 황응종(黃
應鐘)이 이르거늘 말씀하시기를 "고부
사람이 오니 바둑판을 가히 운전하리
라." 하시고 글을 외우시니 이러하니라.
5 英雄消日大中華요 四海蒼生如落子라
영웅소일대중화 사해창생여락자
영웅은 대한(大韓)의 땅에서 바둑으로
소일하고
사해 창생은 모두 바둑돌이로구나.
6 또 상제님께서 양지로 고깔을 만들어
'마장군(馬將軍)'이라 써서 문지방 위에
걸어 놓으시고
7 짚으로 두 아름쯤 되는 인경(人磬)을
만들어 방 가운데 달아매시고 백지로
돌려 바르신 뒤에
8 24방위 글자를 돌려 쓰시고 간간이 다
른 글자도 쓰시어 그 위에 양지를 비
늘같이 오려 붙이시니
9 그 모양이 쇠비늘을 잇대어 붙인 갑옷
과 같더라.
10 이 날 참석한 사람은 형렬, 공신, 광
찬, 원일, 도삼, 응종, 갑칠, 장근 등이
더라.

조선 국운 심판 공사

176 이어 상제님께서 장근에게 명하
시어 "식혜 한 동이를 빚으라."
하시고
2 이 날 밤 초경에 식혜를 자배기에 담
아 인경 밑에 놓으시며 말씀하시기를

3 “회문산(回文山)에 오선위기혈(五仙圍碁
穴)이 있으니 이제 바둑의 원조인 단주
의 해원 도수(解冤度數)를 이곳에 붙여
조선 국운을 돌리려 하노라.” 하시니
라.
4 이어 말씀하시기를 “다섯 신선 중에
한 신선은 주인이라 수수방관만 할 따
름이요
5 네 신선이 판을 대하여 서로 패를 들
쳐서 따먹으려 하므로 시일만 끌고 승
부가 속히 나지 않느니라.
6 이제 최수운을 불러 증인으로 세우고 승
부를 결판 내려 하나니 이 식혜는 곧 최
수운을 대접하려는 것이로다.
7 너희들 중에 그의 문집에 있는 글귀를
아는 자가 있느냐?” 하시니 몇 사람이
대답하기를 “기억하는 구절이 있나이
다.” 하거늘
8 상제님께서 양지에 ‘걸군굿 초라니패
남사당 여사당 삼대치’라 쓰시며 말씀
하시기를
9 “이 글이 주문이라. 외울 때 웃는 자가
있으면 죽으리니 조심하라.” 하시니
라.
10 또 말씀하시기를 “이 글에 고저청탁(高
低淸濁)의 곡조가 있나니 외울 때 곡조
에 맞지 아니하면 신선들이 웃으리니
곡조를 잘 맞추라.” 하시고
11 상제님께서 친히 곡조에 맞춰 읽으시
며 모두 따라 읽게 하시니 이윽고 찬
기운이 사람들을 엄습하니라.
12 상제님께서 읽기를 멈추시고 말씀하
시기를 “최수운이 왔으니 조용히 들어
보라.” 하시니
13 문득 인경 위에서 “가장이 엄숙하면
그런 빛이 왜 있으리. 이 내 수치 씻어
주면 그 아니 성덕인가.” 하고 외치는
소리가 들리거늘
14 상제님께서 물으시기를 “이 말이 어디
있느냐?” 하시니 한 사람이 말하기를
“수운가사에 있습니다.” 하니라.

조선을 잠시 일본에 넘겨주어야

177 상제님께서 인경 위를 향하여
여러 말씀을 하시는데 성도들이
들으니 그 말씀의 뜻을 알 수 없고 조
선말이 아닌 것 같더라.
2 상제님께서 말씀하시기를 “조선을 잠
시 다른 나라에 넘겨주고 천운(天運)을
기다리게 할 것이니라.” 하시고
3 “조선을 서양으로 넘기면 인종이 다르
므로 차별과 학대가 심하여 살아날 수
없을 것이요
4 청국으로 넘기면 그 민중이 우둔하여
뒷감당을 못할 것이요
5 일본은 임진란 후로 도술신명(道術神明)들
사이에 척이 맺혀 있으니 그들에게 넘겨
주어야 척이 풀릴지라.
6 그러므로 내가 이제 일본을 도와 잠시
천하통일(天下統一)의 기운과 일월대명(日
月大明)의 기운을 붙여 주어 천하에 역사
를 하게 하리라.
7 그러나 그들에게 한 가지 못 줄 것이
있으니 곧 어질 인(仁) 자라.
8 만일 어질 인 자까지 붙여 주면 천하
는 다 저희들의 소유가 되지 않겠느
냐.
9 그러므로 어질 인 자는 너희들에게 붙
여 주리니 다른 것은 다 빼앗겨도 어
질 인 자는 뺏기지 말라.
10 너희들은 편한 사람이요 저희들은 곧
너희들의 일꾼이니라.
11 모든 일을 분명하게 잘하여 주고 갈
때는 품삯도 못 받고 빈손으로 돌아가
리니 말대접이나 후하게 하라.” 하시
니라.
12 이어서 양지에
天下是非神淳昌運回
천하시비신순창운회
13 라 쓰시며 말씀하시기를 “이 공사의
결정으로 인하여 천하의 모든 약소민
족도 조선과 같이 제 나라 일은 제가
주장하게 되리라.” 하시니라.

전봉준 해원 공사

178 이튿날 농바우를 떠나 피노리 이
화춘(李化春)의 집에 이르시어 성
도들로 하여금 누렁개 한 마리를 잡고
술 한 동이를 받아 오게 하신 뒤에
2 "뒷산 솔밭에서 가장 큰 소나무 한 그
루를 베어 오라." 하시고 "남방(南方)
황토(黃土)를 파 오라." 하시니라.
3 또 백지 석 장을 청(靑), 홍(紅), 황(黃)
삼색으로 물들여 그 가장자리를 서로
이어 붙인 다음 베어 온 소나무 윗가
지에 달아매시고
4 다른 백지 석 장에 각기 시천주주(侍天
主呪)를 쓰시어 황토를 조금씩 싸서 소
나무에 함께 내려 다신 뒤에 집 앞에
세우시니 마치 깃대와 같은지라
5 성도들에게 말씀하시기를 "전명숙이
이곳에서 잡혔는데 사명기(司命旗)가
없어 한을 품었나니 이제 기를 세워
해원시키려 하노라.
6 또 개장국은 세상에서 먹는 음식인데
도가에서는 먹지 않았으므로 이 또한
한이 붙어 있나니
7 이제 이 국을 먹는 것은 해원 겸 개정
(改政)하려 함이로다." 하시고 성도들
과 나누어 잡수신 뒤에
8 화춘에게 명하시어 돈 서른석 냥을 준
비하게 하시고 모든 물품을 둔 곳에
같이 두게 하시니라.
9 공사를 마치신 후 성도들을 모두 돌려
보내시고 오직 공신만 머물게 하시니
라.

이게 도둑놈 다리다

179 농바우에 계실 때 하루는 상제
님께서 문공신(文公信)과 차경석
(車京石)을 데리고 노루목을 지나 두주
막거리 주막에 이르시어 밥과 술을 드
신 뒤에 장검산(長劍山) 아래 이화동(梨
花洞)으로 가시니라.
2 이때 상제님께서 "경석아, 나하고 목
욕하자." 하시며 개울에 들어가시거늘
3 경석이 '쌀쌀한 날씨에 저러시는 데는
필시 연유가 있다.' 생각하고 상제님을
따라 물속으로 들어가니라.
4 이에 공신도 따라 들어가려 하니 상제
님께서 들어오지 못하게 하시매 밖에
서 구경을 하는데
5 문득 상제님께서 경석의 다리를 잡고
외치시기를 "이게 도둑놈 다리다!" 하시
니라.
6 이후 회문산 각처에서 여러 공사를 행
하시고 사실재를 넘어 돌아오시니라.

장덕리에서 공사 보심

7 상제님께서 회문산에 가실 때 종종 장
덕리(長德里)를 들르시니라.
8 하루는 피노리에서 용전리(龍田里)를
지나고 밤재를 넘어 장덕산 아래 장덕
리에 가시어
9 회문산을 바라보시며 말씀하시기를
"산꼭대기에 올라갈 필요는 없다." 하
시고 한참 동안 공사를 보시니라.

초패왕 도수를 붙이심

180 하루는 형렬과 경석을 데리고
순창 장군암(將軍岩)에 가시어 공
사를 행하실 때
2 경석을 장군바위에 앉히시고 상제님께
서는 형렬과 함께 바위 아래에 서시어
말씀하시기를
3 "오늘 너에게 초패왕(楚霸王) 도수를 붙
이노니 모든 일을 잘 진행하라." 하시
고
4 형렬에게 말씀하시기를 "너는 이 공사
의 증인이니라." 하시고 돌아오시니
라.

스물한 명은 할 수 없다

181 이 뒤에 문공신으로 하여금 돈
서른석 냥을 지니게 하시고 피
노리를 떠나 태인 행단(杏壇) 앞 주막
에 드시니라.

2 상제님께서 주모를 불러 “술을 내오라.” 하시니 주모가 술이 없다고 하거늘
3 상제님께서 “이런 주막에 어찌 술이 없으리오.” 하시매
4 주모가 대답하기를 “물을 붓지 않은 새 독 술은 있습니다.” 하니라.
5 이에 말씀하시기를 “술은 새 독 술이 좋으니라. 안주가 있어야 하리니 돼지 한 마리를 잡으라.” 하시고
6 글을 써서 주모에게 주시며 돼지막 앞에서 불사르게 하시니 돼지가 곧 죽는지라
7 상제님께서 주모에게 이르시기를 “돼지를 삶을 때 누구든지 먼저 고기를 맛보면 죽으리니 주의하라.” 하시니라.
8 이어 삶은 돼지를 그릇에 담아 뜰 가운데 놓고 술은 독째로 걸러서 마루 위에 놓게 하신 뒤에 글을 써서 주인에게 주시며 뜰 가운데서 불사르게 하시고
9 참관한 마을 사람들과 행인들을 불러 술과 고기를 나누어 잡수시더니
10 문득 큰 소리로 외쳐 말씀하시기를 “무엇을 더 요구하느냐! 이 일은 하늘도 뜻대로 못 하리니 글자 수효대로만 가져가라.” 하시며
11 “스물한 명은 할 수 없다.” 하시니라.

글자 한 자에 하나씩밖에 죽지 않게 하였으니

182 밤을 지내시고 아침에 공신이 지닌 서른석 냥을 술과 고기 값으로 주신 뒤에 행단을 떠나 솔밭 속을 지나시다가
2 갑자기 길옆의 동자석을 보시고 “고얀 놈이 안 가고 여기 자빠져 있구나. 예끼놈, 빨리 달아나라!” 하고 호통치시니 공신이 무슨 말씀인지 몰라 어리둥절해하더라.
3 원평으로 가시며 공신에게 말씀하시기를 “뒷날 보라. 그곳에 일본 군사가 매복하여 있다가 수많은 사람을 상하게 할 것이라.
4 그러나 글자 한 자에 하나씩밖에 죽지 않게 하였으니 저희들이 이를 알면 나를 은인으로 여기련만 누가 능히 알리오.” 하시더니
5 무신(戊申: 道紀 38, 1908)년 8월 16일 비가 내리는 날 시천교(侍天教) 간부 서른세 명이 행단 주막에서 유숙하는데 일본 군사가 의병으로 오인하여 발포하매 스물한 명이 죽으니라.

신경수의 집에 들어가시어

183 하루는 공신을 데리고 고부로 가실 때 물으시기를 “가는 길에 아는 벗이 있느냐?” 하시니
2 공신이 “운산리(雲山里)에 신경수(申京守)가 있습니다.” 하고 아뢰거늘
3 상제님께서 경수의 집으로 들어가 마루에 앉으시어 글을 써서 불사르시고 공신에게 “집에 다녀오라.” 하시니라.
4 공신이 집에 가 보니 일진회 두목 송대화(宋大和)가 와 있거늘 잘 대접하여 보내고 다시 운산으로 오니
5 상제님께서 물으시기를 “손님이 있었더냐?” 하시매 대답하기를 “손이 있어서 보내고 왔나이다.” 하고 상제님을 모시고 집으로 가니라.
6 이때 공신의 모친이 요통을 앓으므로 상제님께 아뢰거늘
7 “매실 한 냥쭝을 가져오라.” 하시어 종이에 싸서 들보에 걸어 놓고 글을 써서 불사르시니 곧 나으니라.

금강산 부처 기운을 거두심

184 상제님께서 순창 농바우에 계실 때 조선 국운 심판 공사를 마치시고 형렬에게 이르시기를
2 “허미수가 중수한 성천(成川) 강선루의

일만 이천 고물에는 녹(祿)줄이 붙어
있고
3 금강산 일만 이천 봉에는 겁살(劫煞)이
끼어 있나니 이제 그 겁살을 벗겨야
하리라." 하시고
4 "너는 광찬과 원일을 데리고 구릿골로
돌아가 열흘 동안 아침저녁으로 청수
한 동이씩을 길어서 스물네 그릇에 나
누어 놓고
5 밤에는 칠성경을 스물한 번씩 읽으며
백지를 사방 한 치씩 오려 그 종이에
한 사람이 모실 시(侍) 자 사백 자씩 써
서 네 벽에 돌려 붙이고 나를 기다리
라." 하시며
6 엄히 경계하시기를 "붙일 때는 종이가
포개져서도 안 되고 요만치 틈이 있어
도 안 되나니 끝이 딱 맞아야 하느니라."
하시니라.
7 원일이 형렬로부터 이 말씀을 전해 듣
고 싶은 기색을 띠거늘 형렬이 상제님
께 아뢰니 상제님께서 "이도삼(李道三)
을 데려가 행하라." 하시매
8 형렬이 도삼, 광찬과 함께 구릿골로
돌아가 명하신 대로 행하여 열흘에 마
치니 글자의 총수 일만 이천 자요, 종
이도 틈 하나 없이 정확하게 붙었더
라.

사기는 김제로 옮겨야 하리라

185 상제님께서 구릿골에 이르시어
갑칠에게 염소 한 마리를 사 오
라 하시거늘
2 갑칠이 염소를 사서 지고 오매 말씀하
시기를 "너 소 한 마리 메고 오느라고
욕봤다." 하시고
3 염소를 잡아 그 피를 손가락으로 찍어
벽에 돌려 붙인 일만 이천 모실 시 자
위에 일일이 점을 치신 뒤에
4 성도들에게 물으시기를 "이 형상이 무
엇과 같으냐?" 하시니 갑칠이 아뢰기
를 "아라사 병정 같습니다." 하거늘
5 상제님께서 말씀하시기를 "아라사 병
사가 내 병사니라." 하시고 "모든 일을
잘 알아서 하라." 하시니라.
6 상제님께서 다시 말씀하시기를 "사기
(邪氣)는 김제(金堤)로 옮겨야 하리라."
하시더니 마침 김제 수각(水閣)에 사는
임상옥(林相玉)이 이르거늘
7 청수 담던 사기그릇을 개장국에 씻어
주시며 말씀하시기를 "인부(人夫)를 많
이 부릴 때 쓰라." 하시고
8 "다 쓴 뒤에는 김제장에 가서 매각하
라." 하시니라.

금강산의 정경을 읊어 주심

9 하루는 상제님께서 옛시 한 수를 외워
주시니 이러하니라.
10 步拾金剛景하니 青山皆骨餘라
보습금강경 청산개골여
其後騎驢客이 無興但躊躇라
기후기려객 무흥단주저
걸어서 금강산의 정경을 둘러보니
푸른 산이 모두 뼈만 남아 있구나.
저 뒤의 나귀 탄 나그네
흥이 없어 주저만 하는구나.

마음이 첫째이니

186 상제님께서 금강산 공사를 보시
고 형렬에게 말씀하시기를
2 "내가 장차 머리를 깎으리니 너도 또
한 머리를 깎으라." 하시니 형렬이 내
키지 않아 마지못해 대답하거늘
3 갑칠을 불러 말씀하시기를 "내가 머리
를 깎으리니 내일 모악산 대원사에 가
서 금곡을 불러오라." 하시매 형렬이
크게 근심하니라.
4 이에 상제님께서 말씀하시기를 "중이
상투가 있더냐? 마음이 첫째이니 머리
는 아무 상관이 없느니라." 하시더니
다음 날 다시 말씀치 않으시니라.

미륵의 도는 신선 부처(仙佛合德)

5 하루는 상제님께서 형렬에게 "애기부
처를 조성하라." 하시며 말씀하시기를

6 "너는 삭발하고 중이 되라. 불지양생(佛之養生)이니 불(佛)로써 깨치라." 하시고
7 "너는 좌불(坐佛)이 되어 집을 지켜라. 나는 선불(仙佛)이 되어 왕래를 임의로 하리라." 하시니라.

평사낙안(平沙落雁) 기운을 원평으로 옮기심

187 하루는 성도들에게 말씀하시기를 "세상 사람들이 태인 산외 평사리(山外 平沙里)를 평사낙안(平沙落雁)이라 하여 피난처로 알고 있으니 그 기운을 빼리라." 하시니라.
2 상제님께서 성도들을 거느리고 원평 김명보(金明甫)의 주점에 가시어 명하시기를 "개장을 만들어 술과 함께 가져오라." 하여 성도들과 나누어 잡수신 뒤에
3 솟튼재에 올라 한 발은 태인 쪽을, 한 발은 원평 쪽을 밟고 서시어
4 양쪽을 번갈아 바라보면서 발을 구르시며 개벽주(開闢呪)를 읽으시니 지면(地面)과 초목이 크게 진동하니라.
5 이와 같이 한참을 행하시더니 말씀하시기를 "평사낙안 기운을 원평으로 돌렸노라." 하시고
6 "이제 운암(雲岩)은 물방죽이 되리라." 하시니라.

철로 공사를 보심

188 하루는 상제님께서 태인에서 정읍 갈재로 가시며 공사를 행하시니라.
2 이때 길을 가시면서 지팡이로 땅을 탁탁 짚으시며 "전봇대 꼽자, 전봇대 꼽자." 하시고
3 이따금 지팡이를 땅바닥에 탁 꽂으시고는 "여기가 역전이다." 하시며 갈재 아래 군령교(軍令橋) 마을까지 가시거늘
4 성도들이 이상히 여겨 "그게 무슨 공사입니까?" 하고 여쭈니라.
5 이에 상제님께서 말씀하시기를 "야, 이놈아. 얼마 안 있어 여기도 기차가 다닌다. 기찻길 옆에는 전봇대가 서는 것이다." 하시더니
6 얼마 후에 과연 상제님이 걸어가신 길을 따라 철로가 놓이고 지팡이로 짚으신 곳에 전봇대가 세워지며, 역전이라 하신 곳에는 정거장이 생기니라.

장차 삼국대전을 하여야 터지리라

189 하루는 대흥리에서 성도들에게 말씀하시기를 "차는 고동을 틀어야 가느니라.
2 이곳은 양 병방(丙方)이 막혀 있으니 이를 터놓아야 크게 유리하리라." 하시고
3 군령교에 가시어 지팡이로 산에다 구멍을 뚫으시며 "이곳은 장차 삼국대전(三國大戰)을 하여야 터지리라." 하시니라.

도로 내는 공사

190 하루는 대흥리에서 공사를 마치고 구릿골로 돌아오실 때 길을 버려 두고 논과 밭을 가리지 않으시며
2 물을 만나도 아랑곳하지 않으시고 그대로 걸어서 앞서 가시니 수행하는 성도들이 따르지 못하더라.
3 사람들이 이 광경을 보고 말하기를 "논둑 밭둑으로 헤매는 꼴이 우습다." 하니
4 상제님께서 그 말을 들으시고 "나는 바삐 일하는데 흉보고 비웃는 것은 한가한 자나 할 일이로다." 하시니라.
5 그 후에 새로 도로가 나니 상제님께서 걸어가신 대로 길이 크게 터져서 오늘날 그 길로 사람들이 왕래하니라.

참으로 장하다

191 모악산 청련암 앞에 큰 은행나무 한 그루가 서 있는데
2 상제님께서 청련암에 왕래하실 때면 항상 "참으로 장하다." 하시며 어루만지시고 안아 주시니라.
3 그 후 청련암 주지가 그 나무를 어느 목수에게 팔았는데
4 하루는 목수가 은행나무를 베려고 톱을 대자 갑자기 맑은 하늘에 천둥이 치고 번개가 크게 일어나 나무 주위를 빙빙 돌거늘
5 목수가 대경실색하여 나무 베는 것을 포기하고 돌아가니라.

천지의 일이 그렇게 쉽게 되겠느냐

192 상제님께서 평소에는 "일이 금방 된다. 이제 다 되었다." 하시더니
2 하루는 하늘을 올려다보시며 "한쪽에서 틀어 버리니 화목이 안 되는구나.
3 서로 다 되어 가는데 아직도 앙칼 있는 놈이 있다.
4 한쪽에서 시끄러워지니 애석하고 불쌍한 꼴을 또 보겠구나." 하며 혼잣말씀을 하시니라.
5 이에 호연이 "얼른 돼 버리면 괜찮은데 또 왜 그래요?" 하고 아는 체를 하니
6 한숨을 내쉬며 "너희들은 대수롭지 않은 일로도 서로 화목이 안 되는데
7 작은 일도 아니요 천지의 일일진대 그리 쉽게 되겠느냐, 이 멍청아!
8 아무리 어린것이라도 소견이 그렇게 좁아서 어쩌냐?" 하고 나무라시니라.

박공우를 시험하심

193 박공우가 상제님을 모시고 처음 구릿골로 올 때, 갑옷과 투구를 갖춘 한 대장이 큰 칼을 짚고 제비산 중턱에 서서 아래를 내려다보고 있거늘
2 공우가 슬금슬금 곁눈질하면서 그 앞을 지나 김준상(金俊相)의 집으로 들어가니라.
3 이 날 밤 어떤 사람이 준상의 집에 찾아와 아뢰기를 "헌병이 선생님을 잡으려고 오늘 밤 구릿골로 온다는 말을 들었습니다." 하거늘
4 상제님께서 들으시고 태연히 계시다가 여러 성도들을 준상의 집에 머무르게 하시고 형렬의 집으로 가시니라.
5 이때 다른 성도들은 깊이 잠들었으나 공우는 헌병이 올까 두려워 뒷산에 올라가 망을 보는데
6 한밤에 원평 쪽으로부터 대여섯 명이 등불을 들고 구릿골을 향해 오더니 그들이 정문(旌門)에 이르자 불이 꺼지는지라
7 공우가 크게 두려워하여 준상의 방에 들어가 성도들을 깨워 함께 도피하려 하였으나 모두 깊이 잠들어 쉽게 깨어나지 않으매 안절부절못하더니
8 한 식경이 지나도 밖으로부터 아무 기척이 없으므로 안심하고 잠을 자니라.
9 다음 날 상제님께서 공우에게 이르시기를 "대장은 도적을 잘 지켜야 하느니라." 하시니라.

도통문을 잠그심

194 이 뒤에 상제님께서 공우를 데리고 전주로 가시다가 쇠내(金川)에 이르러 점심때가 되니
2 공우가 상제님을 모시고 고송암(高松庵)을 추종하는 친구의 집에 찾아가 점심밥을 부탁하니라.
3 상제님께서 진짓상을 받으시다가 문득 말씀하시기를 "서양 기운을 몰아내어도 다시 몰려드는 기미가 있음을 이상히 여겼더니 딴전 보는 자가 있는 것을 몰랐도다." 하시고
4 젓가락으로 상을 탁 치시며 "뒷골방에 살강이 있는지 몰랐도다." 하시니라.

5 이어 공우에게 명하시어 "고송암에게
가서 문상(問喪)하고 오라." 하시고
6 칠성경(七星經)의 문곡(文曲)의 위차를
바꾸어 도통문을 잠그시니라.

후천 오만년 첫 공사

195 하루는 공우에게 이르시기를
"후천 오만년 첫 공사를 행하려
하노니 너는 잘 생각하여 가장 중대한
것을 들어 말하라." 하시니
2 공우가 "지식이 없어 아뢸 바를 모르
겠습니다." 하며 사양하다가 이윽고
여쭈기를
3 "선천에는 청춘소부(靑春少婦)가 수절
한다 하여 공방을 지켜 적막히 늙어
버리는 것이 옳지 않사오니
4 후천에는 이 폐단을 없애시어 젊은 과
부는 젊은 홀아비를, 늙은 과부는 늙
은 홀아비를 각기 가려서
5 일가와 친구를 모두 청하여 잔치를 베
풀고, 예를 갖추어 개가하게 하는 것
이 옳을 줄 아옵니다." 하매
6 상제님께서 무릎을 치며 칭찬하시기를
"네가 아니면 이 공사를 보지 못하겠
으므로 네게 맡겼더니 잘 처결하였도
다.
7 이제 결정한 이 공사가 오만 년을 내
려가리라." 하시니라.
8 공우가 다시 아뢰기를 "바라옵건대 다
가오는 선경낙원에서는 수모와 천대
를 받는 농사꾼을 해원시켜 주옵소
서." 하니
9 상제님께서 "좋구나! 공우가 참으로
대공사를 잘 행하였도다.
10 후천에는 농민을 상등 사람으로 만들
것이니라." 하고 크게 칭찬하시니라.

후천선경 건설의 진주천자(眞主天子) 도수 : 문공신

칠성용정(七星用政)의 선기옥형 도수

196 정미년 12월에 정토칠봉(淨土七
峰) 아래 와룡리(臥龍里) 문공신(文
公信)의 집에 계시며 대공사를 행하시
니라.
2 며칠 동안 진액주(津液呪)를 수련케 하
시고 당요(唐堯)의 '역상일월성신경수인
시(曆象日月星辰敬授人時)'를 해설하시며
3 "천지가 일월이 아니면 빈껍데기요, 일
월은 지인(至人)이 아니면 빈 그림자라.
4 당요가 일월이 운행하는 법을 알아내어
온 누리의 백성들이 그 은덕을 입게 되
었느니라." 하시고
5 日月無私治萬物하고
일월무사치만물
江山有道受百行이라
강산유도수백행
일월은 사사로움 없이 만물을 다스리고
강산은 큰 도가 있어 온갖 작용을
수용하느니라.
를 외우시며 선기옥형(璿璣玉衡) 도수를
보실 때
6 天地大八門이요 日月大御命이라
천지대팔문 일월대어명
7 禽獸大道術이요 人間大積善이라
금수대도술 인간대적선
8 時乎時乎鬼神世界니라
시호시호귀신세계
라 쓰시어 경수의 집 벽에 붙이시고
9 경수의 집에 저울갈고리 도수를 정하시
니라.
10 이어 응종의 집에 추 도수, 공신의 집
에 끈 도수를 정하신 뒤에
11 다시 경수의 집에 일월대어명(日月大御
命) 도수와
12 공신의 집에 천지대팔문(天地大八門) 도
수를 정하시고
13 여러 날 동안 주야로 세 집을 번갈아
왕래하시며 공사를 행하시니라.

후천개벽 추 도수를 보실 때

197 와룡리 황응종의 집에서 추 도수를 보실 때 상제님께서 응종의 딸에게 이르시기를 "앞마당에 볏짚을 깔고 청수 한 동이를 모시라." 하시니라.
2 이에 응종의 딸이 명을 받들어 청수 동이를 볏짚 위에 올려놓는 순간 맑은 하늘에 갑자기 뇌성벽력이 크게 일고 폭우가 쏟아지거늘
3 볏짚 깐 자리에는 비가 한 방울도 떨어지지 않으니라.
4 얼마 후 담뱃대로 해를 향해 원을 그리시니 구름이 걷히며 곧 비가 그치니라.

능히 하늘을 겨루리라

198 상제님께서 다시 성도들로 하여금 공신의 집에서 수일 동안 진액주를 수련하게 하시고
2 운산리 신경수의 집에 가시어 공사를 행하시며 성도들에게 물으시기를
3 "일곱 고을 곡식이면 양식이 넉넉하겠느냐?" 하시니 대답하기를 "쓰기에 달렸습니다." 하거늘
4 다시 말씀하시기를 "그렇기야 하지만 찻독이 찼다 비었다 하면 못 쓸 것이요, 아무리 써도 마르지 않아야 하리니 어떻게 하여야 하겠느냐?" 하시매
5 성도들이 대답하기를 "그것은 알지 못하겠습니다." 하니라.
6 이에 상제님께서 양지에 무수한 선을 그리시니 성도들이 "신작로 같은 것을 왜 그리십니까?" 하고 여쭈거늘
7 "이게 신작로로 보이냐? 물 나가는 물도랑이니라." 하시고 저수지와 물도랑의 도면을 그리시어 불사르며 말씀하시기를
8 "이곳이 운산(雲山)이 아니냐. 운암(雲岩) 물줄기를 금만경(金萬頃)으로 돌리더라도 하류에서 원망은 없을 것이니 이 물줄기가 대한불갈(大旱不竭)이라. 능히 하늘을 겨루리라." 하시니라.
9 또 말씀하시기를 "강태공은 제(齊)나라 한 고을의 흉년을 없게 하였다 하나 나는 전북 일곱 고을의 큰 흉년을 없게 하리니 운암은 장차 만인간의 젖줄이 되리라." 하시니라.
10 또 행단 앞산을 가리키시며 "저 산에 콧구멍이 둘이 있으니 후일에 저 콧구멍으로 물이 나와 불을 쓰리라." 하시더니
11 훗날 과연 상제님께서 도면을 그리신 대로 댐과 저수지가 생기고 행단 앞산에는 수력 발전소가 생기니라.

계화도 공사

12 상제님께서 말씀하시기를 "운암강(雲岩江)이 흘러 두치강이 되었으나 장차 계화도(界火島)로 나가게 되리라." 하시더니
13 하루는 계화도에 가시어 바다에 떠 있는 배를 가리키시며 "저 배가 물속에 가라앉아 있으니 내가 육지로 건져 놓으리라." 하시니라.

최익현과 박영효 해원 공사

199 하루는 성도들에게 이르시기를 "최익현은 나라의 운수를 돌려 잡으려다 실패하였고, 박영효는 평민의 권리를 신장하려다가 실패하였나니 두 사람의 고충은 한가지라.
2 이제 최익현과 박영효의 원을 풀어 주리라." 하시고 글을 써서 불사르시니 이와 같으니라.

3 千歲千歲 千千歲 萬歲萬歲 萬萬歲
천세천세 천천세 만세만세 만만세
日月의 崔益鉉
일월 최익현

4 千胞千胞 千千胞 萬胞萬胞 萬萬胞
천포천포 천천포 만포만포 만만포
蒼生의 朴泳孝
창생 박영효

지구촌 만민의 새 생활법 공사

200 상제님께서 공신의 집에 계실 때 밤중에 여러 성도들로 하여금 서로 번갈아 가며 물독의 물을 반 바가지씩 퍼내어 우물에 쏟아 붓고
2 다시 우물의 물을 반 바가지씩 길어 독에 붓게 하시니라.
3 이어서 또 다른 사람들로 하여금 여러 우물의 물과 독의 물을 전과 같이 갈아 붓게 하시며 말씀하시기를
4 "이것은 천하만국이 물화(物貨)를 통상하는 공사이니 만국 인민의 새 생활법이니라." 하시니라.

지금은 천지의 가을 추수기

5 또 말씀하시기를 "이 세상에 허다한 주의(主義)로 허다한 단체가 모임은 가을에 오곡을 거두어 결속(結束)하는 것과 같으니라." 하시니라.

진주천자 도수를 준비하심

201 12월에 상제님께서 와룡리 문공신의 집과 운산리 신경수의 집을 왕래하시며 공사를 행하실 때
2 "이곳에 천자피금혈(天子被擒穴)이 있으니 이제 그 기운을 풀어 쓰리라." 하시며 여러 가지 의식을 행하시니라.
3 이 일을 행하시기 한 달 전에 상제님께서 공신의 집에 이르시어 말씀하시기를
4 "쓸데가 있으니 돈 천 냥을 준비해 놓으라." 하시매 공신이 돈을 준비하여 궤짝에 넣어 두니라.

하루 종일 슬피 우심

5 하루는 응종의 아들 내자와 공신의 큰 아들 광옥(光玉)이 공신의 집 마당에서 놀면서 보니
6 상제님께서 사랑에 홀로 계시어 궤짝을 끼고 옆으로 누우신 채 궤짝을 두드리시며 하루 종일 대성통곡을 하시거늘
7 이때 궤를 두드리시는 소리가 마치 북소리와 같더라.
8 20일에 형렬을 불러 이르시기를 "집에 돌아가서 의복을 지어 입고 자현과 함께 오라." 하시는지라
9 형렬이 명을 좇아 구릿골에 갔다가 23일에 자현과 함께 신경수의 집에 와서 상제님을 뵈니라.
10 이때 광찬의 양모(養母)가 운명하였거늘 광찬이 부음을 듣고도 집으로 돌아가지 않으니 상제님께서 여러 번 집으로 돌아가기를 권하시되 듣지 아니하니라.
11 이에 상제님께서 노하여 말씀하시기를 "저놈이 내 자식 같았으면 때려 죽였다." 하시니라.

상씨름 종결 세계 대전쟁 공사

202 12월 24일 공신의 집에 계실 때 성도들에게 물으시기를 "이후에 전쟁이 있겠느냐, 없겠느냐?" 하시니
2 있으리라는 사람도 있고 없으리라는 사람도 있거늘
3 상제님께서 말씀하시기를 "천지개벽 시대에 어찌 전쟁이 없으리오. 앞으로 천지전쟁이 있느니라." 하시니라.
4 이어 "전쟁 기구를 챙긴다." 하시며 방에 있는 담뱃대 20여 개를 거두어 거꾸로 모아 세우시고
5 공우와 여러 성도들로 하여금 갓을 벗고 테머리 수건으로 이마를 동인 채 수건으로 다리를 동여매어 각반처럼 하게 하시니라.
6 또 백지에 시천주(侍天主) 주문을 써서 심을 만들고 그 심지에 불을 붙여 문창에 구멍을 뚫게 하신 뒤에
7 담뱃대를 거꾸로 메게 하시고 성도들을 줄지어 세우시며 말씀하시기를 "줄이 흐트러지면 군사가 상하리라." 하시니라.
8 이어 성도들로 하여금 뒷문으로 나가서 부엌으로 돌아 들어와 물부리를 창

구멍에 대고 입으로 총소리를 내게 하시고
9 다시 측간으로 돌아 들어와 창구멍에 대고 총소리를 내게 하시며
10 또 헛청으로 돌아들어 그와 같이 하되 궁을형(弓乙形)을 지어 빨리 달리게 하시니 늙은 사람은 힘에 부쳐 헐떡거리더라.
11 이때 상제님께서 말씀하시기를 "뒷날 대전쟁이 일어나면 각기 재주를 자랑하여 재주가 일등 되는 나라가 상등국이 되어 전쟁은 장차 끝을 막으리라." 하시니라.

행군하는 북 도수

203 이어서 응종의 집에 가시어 응종으로 하여금 태인 신경원(辛京元)의 집에서 새 숟가락 한 개를 가져오게 하시고
2 일전에 빚으라 하신 식혜 아홉 사발을 가져오라 하시어 단지 한 개에 쏟아 부으니 단지에 꼭 차더라.
3 이에 양지와 백지와 장지(壯紙)를 각각 여러 권씩 준비하여 놓고 말씀하시기를
4 "비인(庇仁) 복종(覆鍾)이 크다 하므로 이에 행군하는 북 도수를 보노라.
5 북은 채가 있어야 하나니 이 숟가락이 북채가 되리라.
6 행군할 때에 이 숟가락으로 북채를 하여야 녹(祿)이 진진(津津)하여 떨어지지 아니하리라." 하시고
7 양지와 백지와 장지를 모두 조각조각 떼어 그 조각마다 글을 써서 숟가락으로 단지에 말아 넣으시니
8 종이가 단지에 가득 찼으나 식혜는 넘치지 않더라.
9 이에 단지 입을 잘 봉하여 공신의 집 앞에 있는 언덕 깨끗한 곳에 묻으시니 이때 사방에서 천고성(天鼓聲)이 울리니라.
10 이 뒤에 공신의 집에 30여 명을 모아 놓고 진액주를 외우게 하시니라.

후천 음양 도수

204 25일 새벽이 되매 성도들을 정좌케 하시고 각기 종이 한 조각씩을 나누어 주시며 말씀하시기를
2 "후천 음양 도수를 보려 하니 각자 마음에 있는 대로 점 하나에 아내 하나씩 표하여 점쳐 들이라." 하시고
3 점 찍은 표를 함에 넣게 하시어 상제님께서 손으로 휘저어 한 장씩 뽑으시니
4 경석은 열두 점이요, 응종은 두 점이요, 경수는 석 점이요, 내성은 여덟 점이요, 공신은 한 점이라.
5 상제님께서 말씀하시기를 "아홉 점은 없으니 일남구녀란 말을 알 수 없도다." 하시고
6 경석에게 물으시기를 "너는 웬 아내를 열둘이나 원하느냐?" 하시니
7 경석이 대답하기를 "십이제국에 한 명씩 두고 달마다 한 나라씩 순유하면 남아 행락(行樂)의 극치일까 하옵니다." 하거늘
8 상제님께서 말씀하시기를 "네 말이 그럴 듯하도다." 하시니라.
9 경수와 응종에게 물으시기를 "칠십 노옹이 한 사람도 어렵겠거늘 아내 둘, 셋을 어떻게 감당하려느냐?" 하시니
10 응종이 대답하기를 "후천에는 노인이 다시 젊어진다 하오며 자고로 좌처우첩(左妻右妾)이란 말이 있사오니 둘을 원합니다." 하고
11 경수는 "천지인(天地人) 삼재(三才)로 셋을 원합니다." 하고 아뢰니라.
12 상제님께서 말씀하시기를 "너희 말도 그럴 듯하도다." 하시고
13 내성에게 말씀하시기를 "육관대사(六觀大師)의 제자 성진(性眞)이 팔선녀를 데리고 희롱한다 하였으니 네가 선관이 되려고 여덟 점을 쳤구나." 하시니라.

오직 건곤뿐

14 이어 공신에게 물으시기를 "칠십 노옹
도 둘, 셋을 원하거늘 너는 청년으로서
어찌 한 사람에 만족하느냐? 근력이 부
족해서 하나밖에 못 하냐?" 하시거늘
15 공신이 대답하기를 "하늘도 하나고 땅
도 하나입니다." 하매
16 상제님께서 무릎을 치며 말씀하시기
를 "그려, 그렇지! 네 말이 옳도다. 오
직 건곤뿐이니 이로써 공사를 마치노
라." 하시고
17 무를 잘라 무엇을 새기신 뒤에 먹물을
묻혀 모든 종잇조각에 도장찍듯이 찍
으시니라.
18 이어 말씀하시기를 "오늘 공사를 잘
보았으니 점심과 술안주를 특별히 성
대하게 준비하여 손님 대접을 잘하여
돌려보내라." 하시니라.
19 이때 광찬과 공우는 정읍 차경석의 집
으로 보내시고 원일은 태인 신경원의
집으로 보내시니
20 이는 공우가 여러 번 관재로 곤욕을
당했음을 아시고 곧 닥칠 화액을 면케
하려 하심이요
21 광찬과 원일은 그 성품이 너무 과격하
여 불참케 하심이더라.

동학 역신 해원 공사

205 공신이 여러 성도들을 돌려보낸
뒤에 상제님께서 공신, 경수, 응
종에게 일러 말씀하시기를
2 "경석이 성경신(誠敬信)이 지극하므로
달리 써 볼까 하였으나 제가 스스로 청
하니 어찌할 수 없는 일이로다.
3 지난 갑오년에 동학 신도들이 여러 만
명 학살되어 모두 지극히 원통한 원귀
(冤鬼)가 되어 우주간에 나붓거리는지
라
4 원래 동학은 보국안민(輔國安民)을 주
창하였으나 때가 때인 만큼 안으로는
불량하고 겉으로만 꾸며대는 일이 되
고 말았나니
5 다만 후천 일을 부르짖었음에 지나지
못함이라.
6 마음으로 각기 왕후장상(王侯將相)을
바라다가 뜻을 이루지 못하고 그릇 죽
은 자가 수만 명이니
7 그 신명들을 해원시켜 주지 않으면 후
천에 반역과 화란이 자주 일어나 역도
(逆度)에 걸려서 정사(政事)를 못 하게
되리라.
8 그러므로 이제 그 신명들을 해원시키
려고 원혼을 통솔할 자를 정하려는 중
인데 경석이 십이제국을 말하니 이는
스스로 청함이라.
9 이제 경석에게 동학 역신 해원의 삼태
육경(三台六卿) 도수를 붙이리라." 하시
고
10 "그 부친이 동학 접주로 그릇 죽었고
경석도 또한 동학 총대(總代)였으니 오
늘부터는 동학 때 한 맺힌 신명들을
전부 경석에게 붙여 보내어 이 자리에
서 왕후장상의 해원이 되게 하리라."
하시니라.
11 또 말씀하시기를 "춘치자명(春雉自鳴)의
설화(說話)를 들어 보라.
12 배짱이 그만하면 능히 그 책임을 감당
하리니 뒷날 두고 보라.
13 경석이 금전도 무수히 소비할 것이요,
사람을 모으는 것도 갑오년보다 훨씬
많게 될 것이니라.
14 경석에게 밥주걱을 맡겼나니 경석은
제왕(帝王)만큼 먹고 지내리라.
15 이렇게 풀어놓아야 후천에 아무 일도
없으리라." 하시고
16 두루마리에 글을 써서 대공사를 처결
하시며 외인의 출입을 금하시니라.

내가 이 세상에 온 것은

206 이 공사를 시작하실 때 성도들
에게 "각기 새 옷을 지어 입으
라." 하시더니

2 이 날 성도들로 하여금 모두 새 옷으로
갈아입게 하시고
3 상제님께서는 좋은 통량갓에 새로 지
은 일광단(日光緞) 두루마기와 무문모
초(無紋毛綃) 바지저고리로 의관을 정
제하시어 의식을 집행하시니
4 마치 천자가 묘당(廟堂)에 임어한 모습
처럼 장엄하더라.
5 이때 상제님께서 말씀하시기를 "내가
천자피금(天子被擒) 도수에 걸렸으니 만
약 나의 권능으로 이를 물리치면 만세
토록 억조창생에게 헤아릴 수 없는 영
향을 미치리라.
6 내가 세상에 온 것은 나를 위한 것이
아니요, 천하의 백성들을 위함이니 내
가 이제 스스로 그 운수를 받으리라."
하시니라.

정음정양 도수와 문왕 도수

207 상제님께서 공신에게 일러 말씀
하시기를 "너에게 정음정양 도
수를 붙이나니 네가 온전히 잘 이기어
받겠느냐.
2 정심으로 잘 수련하라.
3 또 문왕(文王) 도수가 있으니 그 도수를
맡으려면 극히 어려우리라.
4 미물곤충이라도 원망이 붙으면 천지
공사가 아니니라." 하시니라.

천하사 일꾼의 심법

208 이어 천지대신문을 여시고 사람
수효를 삼십삼천 수(三十三天數)
로 채우신 뒤에 성도들에게 말씀하시
기를
2 "이제 만일 일을 당하여 순검이나 병
정이 들어오는 것을 보고 겁을 내어
도망할 마음이 있는 자는 다 돌아가
라.
3 열 사람이 있다가 한 사람만 도망하여
도 아홉 사람은 그 해를 입어 죽게 되
리니
4 도망할 마음을 두는 자는 미리 돌아가
고, 마음을 지켜 도망하지 않을 자는
굳은 다짐을 해 두라.
5 천하사(天下事)를 하는 자는 위태로움에
들어서서 편안함을 얻고, 죽음에 들어
서서 삶을 얻는 것이니
6 일을 하는 자는 화지진(火地進)도 해야 하
느니라." 하시니라.
7 이에 성도들이 "삼가 마음을 굳게 지
켜 변함이 없겠나이다." 하고 다짐하
니 남은 사람은 모두 스물한 명이더라.
8 이때 성도들은 상제님의 조화권능을
익히 알고 있으므로 혹은 '선생님이 계
신데 무엇이 무서우리오.' 생각하고
9 혹은 '무슨 화란이 있으리오. 이는 필
시 우리들을 시험하는 말씀일 것이라.'
고 생각하니라.

천자가 여기 계신데

209 상제님께서 성도들에게 "경칩절
(驚蟄節)이 언제냐?" 하고 물으
시니
2 성도들이 "2월 초나흗날입니다." 하고
아뢰거늘 "경칩절에 일을 알게 되리
라." 하시니라.
3 이때 상제님께서 미처 말씀을 마치지
아니하셨는데 면장 양 모(梁某)와 이장
이 세금을 받으러 오거늘
4 상제님께서 그들을 향하여 큰 소리로
꾸짖으시기를 "천자(天子)가 여기 계신
데 누가 감히 세금을 받으러 오느냐!"
하시고
5 "내가 천지공사를 행하여 천하를 바로
잡으려 하나니 너는 어찌 그런 음모에
참여하느냐." 하시니
6 두 사람이 깜짝 놀라 돌아가서 '와룡
리에 십수 명이 모여 대사(大事)를 경영
한다.'고 고부경찰서에 고발하매 순사
네 명이 나와서 비밀리에 조사하니라.
7 이에 상제님께서 김형렬, 김자현, 문공
신, 박장근, 이화춘 등 스물한 명을 모

아 놓으시고
8 형렬에게 이르시기를 "너는 자현과 함
께 공신의 집에 있으라. 나는 신경수의
집에 가 있을 것이니라." 하시고
9 구르멧산(雲山) 아래 운산리 경수의 집
으로 옮기시며 다시 형렬에게 말씀하
시기를
10 "순검들이 와서 나의 거처를 묻거든 숨
기지 말고 사실대로 바르게 고하라."
하시니 모두 이상하게 생각하니라.
11 이날 밤 상제님께서 경수의 집에 가시
어 멀리 칠보 쪽을 쳐다보시며 "건너
올 텐데 안 온다. 올 텐데 안 온다." 하
시고 한참 동안 누군가를 기다리시는
듯하더라.

새벽에 무장 순검들이 들이닥침

210 이 날 저녁에 신경수의 집에서는
상제님의 명(命)에 따라 공신과
여러 사람들이 초저녁부터 윗방에서
불을 끄고 자고, 상제님께서는 아랫방
에서 주무시니라.
2 26일 새벽이 되자 백낙두(白樂斗)를 비
롯하여 무장한 순검 수십 명이 공신의
집을 에워싸고 형렬과 자현 등 여러 사
람을 결박한 뒤에 상제님의 처소를 묻
거늘
3 성도들이 비로소 상제님의 말씀을 깨
닫고 신경수의 집에 계심을 바른대로
고하니라.
4 이에 순검들이 상제님 계신 곳으로 들
이닥치더니 총대로 문을 푹 쑤시며
"이놈들 나오라!" 하고 소리치거늘
5 상제님께서 들어온 총대를 마주잡으
시고 "총 놓으라." 하시니 순검이 순간
기세에 눌려 "그대가 놓으시오." 하는
지라
6 상제님께서 큰 소리로 말씀하시기를
"이놈이 말귀도 못 알아듣는다. 어서
총을 놓으라!" 하시니라.
7 이렇게 한참 실랑이를 하는데 한 순검
이 공신을 찾거늘 공신이 대답하고 나
서니 곧 포박하고, 이어서 상제님과
여러 사람들을 의병 혐의로 모두 포박
하니라.
8 이때 순검들이 윗목에 놓여 있는 돈을
보고 도둑질을 했다 하여 무명 몇 필
과 함께 압수하니라.
9 날이 밝자 순검들이 상제님 일행을 고
부경찰서로 끌고 가거늘 상제님께서
자현에게 말씀하시기를
10 "이 소식이 집에 들어가면 금번 서울서
과거 급제했다는 소식만큼이나 즐거
워할까. 가족들은 하여튼지 자네는 그
소식으로 알고 있으라." 하시니라.

꼭 바른말만 하라

211 이 날 상제님과 성도들이 체포
되니 그 소문이 원근에 자자하
여 놀라지 않는 사람이 없거늘
2 여러 성도의 가족들이 통곡하며 '이번
화액으로 반드시 죽으리라.'는 패설(悖
說)을 뱉기도 하고 화액에 걸린 성도들
도 상제님을 원망하니라.
3 이때 상제님께서 여러 사람에게 이르
시기를 "이 시대는 거짓말하는 자를
없이하는 시대니 꼭 바른말만 하라."
하시고
4 순검들에게 이르시기를 "그대들은 상
관의 명령을 받고 왔으니 거짓말 말고
본 대로 말하라." 하시니라.

천지가 다 내 것이다

212 운산리를 떠난 일행이 칠성(七星)
바위를 지나 수금(水金)을 거쳐
다내(達川)에 이르니 상제님께서 순검
대장을 불러
2 "그대들도 배고프고 우리도 배가 고프
니 여기서 요기나 하고 가지 않으려느
냐?
3 우리는 이왕 잡혀가는 몸, 그 돈은 다
내 돈이니 내가 그대보고 사란 말 않

고 내가 사겠노라." 하시거늘
4 순검들도 저녁내 잠을 못 자고 아침
또한 못 먹었는지라 대장이 이를 허락
하고 포승줄을 풀어 주니라.
5 이에 주막 주인을 불러 큰 통돼지 두
마리와 술 몇 동이를 준비시켜 모두
배불리 먹이시고 다시 길을 떠나실 때
6 상제님께서 갑자기 벌떡 일어서시더
니 하늘을 향해 양손을 크게 벌리시며
"천지가 다 내 것이다!" 하고 큰 소리
로 외치시니라.
7 일행이 황토현(黃土峴)을 지나 두승산
하늘재(天峙)를 넘어 고부 장터에 이르
니
8 옷을 번듯하게 입고 끌려오는 상제님
의 행렬을 보고 장꾼들이 서로 말하기
를
9 "고부는 장차 쏘가 되리라. 저런 큰 인
물들이 잡혀왔으니 어찌 무사하기를
바라리오." 하며 불안히 여기거늘
10 대저 이때는 각처에서 의병이 일어나
므로 인심이 소동하여 실로 공포 시대
를 이루었더라.

천하사에 뜻하는 자 어찌 별로 있으리오

213 경찰서에 이르니 수사관이 성도
들에게 "병기를 가졌느냐?" 하
고 묻거늘
2 모두 없다고 대답하니 즉시 여러 사람
을 구류간(拘留間)에 가두고 공신은 모
든 것을 볼 수 있도록 임시 막간 문턱
에 앉혀 놓으니라.
3 이어 순검들이 상제님의 상투를 풀어
대들보에 매달고 옷을 다 벗긴 뒤에
십여 명이 사방에 늘어서서 죽검으로
사정없이 옥체를 후려치며 묻기를
4 "네가 대장이냐? 관리는 몇 명이나 죽
였으며, 일본 사람은 몇 명이나 죽였
느냐?" 하매
5 상제님께서 말씀하시기를 "우리를 의
병으로 알고 묻는 말이냐?" 하시니 순
검이 "그러하다." 하니라.
6 이에 말씀하시기를 "의병을 일으키려
면 깊숙한 산중에 모일 것이거늘 어찌
태인 읍내에서 오 리 안에 들 하나 떨
어져 사람들이 날마다 왕래하는 번잡
한 곳에서 의병을 일으키리오." 하시
고
7 물으시기를 "그대들이 묻는 의병이란
것은 무엇을 이름이냐?" 하시니
8 순검이 말하기를 "이씨 왕가를 위하여
일본에 저항하는 것을 이름이라." 하
는지라
9 말씀하시기를 "그러면 그대들이 그릇
알았도다. 우리는 그런 일을 아니하노
라." 하시니라.
10 순검이 다시 묻기를 "그러면 무슨 일
로 모였느냐?" 하거늘
11 상제님께서 말씀하시기를 "이제 혼란복
멸(覆滅)에 처한 천지를 뜯어고쳐 새 세상
을 열고
12 대비겁(大否劫)에 싸인 사람과 신명을 널
리 건져 각기 안락을 누리게 하려는 모임
이로다." 하시니라.
13 이에 통역순검 문형로(文亨魯)가 놀라
말하기를 "어찌 감히 그런 대담한 말
을 하느냐!" 하거늘
14 말씀하시기를 "사람마다 지혜가 부족
하고 도략(韜略)이 없으므로 천하사를
도모치 못하나니 천하사에 뜻하는 자
어찌 별로이 있으리오.
15 그대가 만일 도략과 자비가 있다면 어
찌 가만히 앉아서 볼 때리오." 하시니
라.

나는 천하를 갖고 흔든다

16 이에 순검들이 계속하여 심문하며 "네
가 누군데 감히 그런 말을 하느냐?"
하니 상제님께서 큰 소리로 "나는 강
천자(姜天子)다!" 하시매
17 "어찌 강 천자냐?" 하니 "너희가 나를
강 천자라 하니 강 천자이니라. 나는

천하를 갖고 흔든다." 하시거늘
18 형렬과 자현은 이 말씀을 듣고 혼비백
산하여 "이제 우리는 다 죽었다." 하고
19 성도들 가운데 누군가는 "저, 죽일 놈
보게." 하며 욕을 하니라.

천지역군에게 닥칠 큰 화액을 대속하심

214 이때 순검들이 상제님의 옥체를
죽검으로 사정없이 후려치며 갖
은 욕을 보이는데
2 공신이 보니 상제님의 가슴이 갑자기
20세 처녀의 젖가슴처럼 부풀거늘 순
검들도 놀라 매질을 멈추니라.
3 잠시 후 다시 혹독한 매질이 계속되매
상제님께서 온 몸이 피투성이가 되고
안구가 튀어나온 채 혀를 물고 혼절하
시거늘
4 순검들이 비로소 상제님을 대들보에
서 내려 구류간으로 옮기니라.
5 이어서 순검이 "집주인이 누구냐?" 하
매 공신이 "내가 주인이다." 하고 나
서자 박 권임(權任)이 공신에게 다가와
"이놈도 같은 놈이다." 하며 구둣발로
앞가슴을 걷어차거늘
6 공신이 마음 속으로 '나도 저렇게 맞으
면 죽으리라.' 생각하고 일부러 난간으
로 떨어져 짐짓 기절한 체하니
7 문 총순(總巡)이 박 권임을 꾸짖으며
말하기를 "죄의 유무를 결정하지도 못
하였는데 어찌 그다지 혹독히 다루느
냐." 하고 공신에게 차꼬를 채워서 구
류간에 넣어 여러 사람과 함께 가두니
라.
8 이어 다른 사람도 낱낱이 신문하거늘
대답이 한결같지 못하여 혹은 '도를 배
우기 위하여 따랐다.' 하고 혹은 '속임
을 당하여 따랐다.' 하니 신문을 마친
뒤에 모두 옥에 가두니라.

일본 공주를 해원시키려 함이라

9 이때 상제님의 옥체는 피가 낭자하게
흐르고 만신창이가 되시어 차마 눈뜨
고 볼 수 없는 지경이라.
10 상제님께서 옷도 입지 못하시고 겨우
몸만 가리신 채 밤을 새우시거늘
11 이튿날 성도들이 상제님의 옥체를 살
피니 거짓말처럼 상처가 깨끗이 나아
있고, 용안은 화기(和氣)가 충만하여
평소와 같으시더라.
12 이 뒤에 상제님께서 공신에게 이르시
기를 "이는 일본 공주를 해원시키려
함이니라." 하시고
13 "지난 임진난리에 사명당이 일본에 가
서 인피 삼백 장을 받아 오려 하였나
니 그 때 일본 공주가 '나 먼저 벗기
라.' 하고 자결하였느니라.
14 그 죽은 혼령이 원귀가 되어 내가 죽
은 뒤에 너희를 죽이려고 헌병을 이끌
고 왔나니 내가 해원시켜 그 도수를
때웠노라." 하시니라.

너희가 혈심을 갖지 못해 장상신이 응하지 않노라

215 일전에 상제님께서 이번 화액에
쓰기 위하여 약간의 돈을 준비
하신 뒤에 갑칠에게 명하시어 '경석에
게 전하라.' 하시더니
2 갑칠의 심부름 맡은 사람이 화란을 틈
타 그 돈을 훔쳐 도망하는 것을 갑칠
이 쫓아가서 되찾아 경석에게 전하매
3 경석이 그 돈으로 옷과 침구와 음식
등을 준비하여 옥중으로 들여보내니
라.
4 그믐날 저녁에 우레와 번개가 크게 일
어나거늘 상제님께서 말씀하시기를
"이는 서양에서 천자신(天子神)이 넘어옴
이니라." 하시고
5 또 말씀하시기를 "이제 천자신은 넘어
왔으나 너희들이 혈심을 가지지 못하였
으므로 장상신(將相神)이 응하지 아니하
노라." 하시니라.

무신(戊申: 道紀 38, 1908)년

대공사를 처결함이니라

216 무신(戊申: 道紀 38, 1908)년 설날 모질게 추운 날씨에 눈비가 많이 내리며 우레와 번개가 크게 일어나거늘
2 상제님께서 말씀하시기를 "이는 대공사(大公事)를 처결함이니라." 하시니라.

공신이 죽으면 우리가 다 죽을 것이니

217 이때 공신은 구듯발에 채인 곳이 크게 결리며 열이 심하게 나고 몸이 으슬으슬 떨려 매우 위독하거늘
2 간수가 들어와 차꼬를 끌러 주고 상제님의 차꼬도 끌러 드리니라.
3 상제님께서 여러 사람에게 일러 말씀하시기를 "이제 만일 공신이 죽으면 우리가 다 죽을 것이니 인곽(人槨)을 써서 낫게 해야 하리라." 하시더니
4 마침 아침밥이 들어오거늘 상제님께서 "음식에 독이 있으니 먹지 말라." 하시고 밥그릇마다 그 위 공중에 무슨 글자를 쓰신 뒤에 다 드시고는
5 그릇을 물리며 말씀하시기를 "인곽을 써야 하리니 모두 일어서라." 하시고
6 좌우로 일곱 사람씩, 위로 두 사람 아래로 한 사람을 서게 하시어 널과 같이 만드신 뒤에 공신을 그 가운데에 눕히시니라.

그래야 네가 사느니라

218 이때 구류간에 바람을 통하게 하는 작은 구멍이 있어 그 구멍에 종구라기 한 개를 두고 오줌을 받아내는데
2 마침 그 종구라기에 오줌과 오줌 찌꺼기가 반쯤 괴어 있는지라
3 상제님께서 종구라기를 손에 들고 인곽 안에 누워 있는 공신을 일으켜 세우시고
4 얼굴빛 하나 변하지 않으시며 친히 종구라기에 있는 오줌 찌꺼기를 손으로 훑어 세 모금을 드시더니
5 그 나머지를 공신에게 주시며 명하시기를 "공신아, 이것을 마시라." 하시니라.
6 공신이 순간 크게 감동하여 생각하기를 '선생님은 나를 살리기 위해 이 더러운 것을 얼굴빛 하나 변치 않고 잡수셨는데
7 내가 어찌 마시지 못하리오.' 하고 받아 마시매 오장이 뒤집히는 듯하거늘
8 억지로 참으니 말씀하시기를 "참지 말고 올라오는 대로 다 토하라. 그래야 네가 사느니라." 하시는지라
9 공신이 비로소 깨닫고 토하니 그 뒤로 땀이 많이 나며 열이 내리고 결리던 곳이 나으니라.

점점 더 원망하는 종도들

219 여러 날이 지날수록 인심이 동요하며 상제님을 원망하는 사람이 늘어나거늘
2 상제님께서 일러 말씀하시기를 "대저 인생이 일사(一死)면 도무사(都無事)라 하나니 죽어도 원망은 말라." 하시고
3 또 공신에게 이르시기를 "일을 하려다가 이루지 못하고 죽을지라도 원통히 여기지는 말라.
4 죽을지라도 곱게 죽는 것이 좋으니라. 너는 자식이라도 있으니 한이 없으리라." 하시니라.
5 이에 상제님께서 천지를 개벽하여 선경을 열어 각기 영화를 누리게 해 주실 것으로 믿었던 성도들은 더욱 두려워하여
6 그 중 몇 사람은 "저런 말을 하는 것은 이런 화액에 능히 대처할 권능이 없음을 스스로 드러냄이라.

7 우리가 믿었던 그의 권능은 한낱 무용
의 믿음이요, 다만 혹세무민(惑世誣民)
의 삿된 일로 우리를 사지(死地)에 몰
아넣은 것에 지나지 못함이라." 하고
크게 원망을 하니라.

비록 십만 대중이
이러한 화액에 걸려도

220 운곡(雲谷)에 사는 노씨(盧氏)는
평소에 형렬과 자현을 잘 아는
사이로 고부경찰서 총순(總巡)과 이종
간이라.
2 이때 노씨가 편지를 써서 김태오(金太
五)를 고부로 보내니 태오가 고부에 가
서 죽마고우인 옥사장 김검암(金劍岩)
에게 그 편지를 보여 주며 말하기를
3 "형렬과 자현은 나의 친족이니 면회도
시켜 주고 이왕이면 두 사람을 좋은
방으로 옮겨 주오." 하고 청하거늘
4 검암이 두 사람의 방을 옮겨 주려 하
매 형렬이 그 간수에게 청하여 상제님
도 옮겨 드리게 하니라.
5 상제님께서 형렬과 자현을 보시고 "속
언에 세 사람이 모이면 관장(官長)의
공사를 처결한다 하니
6 우리 세 사람이 모였으니 천하사를 도
모하자." 하시매 두 사람이 아무런 대
답을 못 하거늘
7 상제님께서 "왜 복이 무거워서 대답을
못 하느냐?" 하시고 "금일 천지공사를
세 사람이 결정한다." 하시니라.
8 또 자현에게 조용히 이르시기를 "비록
십만 대중이 이러한 화액에 걸려도 털
끝 하나 상함이 없이 다 끌러 내리니
안심하라." 하시니라.

성도들의 석방

221 이 뒤로 경관이 아무리 조사하여
도 의병의 증거가 나오지 않고
2 또한 사람들이 '선생님은 신의(神醫)로
서, 부모나 처자의 병을 낫게 해 주신
은혜를 잊지 못하여 설날을 맞아 세찬
(歲饌)을 드리러 왔다.' 하며 혹은 '공신
의 친척으로서 인사차 왔을 따름이라.'
하므로
3 마침내 정월 10일에 사람들을 석방하
며 이르기를 "지금은 비상시라 단체로
모일 때가 아니니 이 뒤로는 특히 주
의하라." 하니라.

공신에게 어천 후 성체를 부탁하심

222 이때 다른 사람은 모두 석방하
고 상제님과 공신만 남겨 두니 공
신은 구둣발에 채인 곳이 덜 나은 까
닭이라.
2 상제님과 공신이 함께 차꼬에 채워져
있는데 하루는 상제님께서 문득 눈물
을 흘리시며
3 "공신아, 너는 자식이라도 있지 않으
냐. 나는 죽어서 뼈가 일본으로 갈지,
만주로 갈지…. 나는 자식이 없으니 누
가 찾을 것이냐.
4 내 몸이 조선을 떠나면 안 되느니라.
내가 죽은 뒤에 백골이라도 전라도에
묻혀야 할 것 아니냐." 하시니라.
5 이에 공신이 "아들 없는 게 무슨 걱정
입니까. 제가 있지 않습니까?" 하니
6 상제님께서 "그럴런가나." 하시고 더
말씀치 않으시니라.

천자를 도모하는 자는 다 죽으리라

223 며칠 후에 공신은 석방하였으나
상제님의 말씀은 한낱 '광인의
미친 소리'라 하여 상제님을 구류간에
홀로 감금해 두더니
2 38일 만인 무신년 2월 4일 만물이 싹
트는 경칩절(驚蟄節)에 석방하니라.
3 이때 차경석과 안내성이 돈 120냥을 가
지고 와서 새 옷을 지어 드리려 하거
늘 그만두게 하시고는
4 압수당한 돈과 무명을 찾아 순검과 빈
궁한 사람들에게 나누어 주시고 술을

사 주시기도 하니라.
5 고부에서 사흘을 머무르신 뒤에 와룡
리 황응종의 집으로 가시니 차경석이
따르거늘
6 이때 상제님께서 말씀하시기를 "천자
를 도모하는 자는 다 죽으리라." 하시고
7 "꿈만 꾸는 자도 죽으리라." 하시니라.
8 또 말씀하시기를 "내가 이곳에서 죽으
면 땅에서 떨어지지 아니하리라." 하
시고
9 이후 경석을 데리고 손바래기 본댁으
로 가셨다가 김성연의 주막에서 술을
잡수시고 대흥리로 가시니라.

화액에 참여한 사람들

224 이 화액에 참여한 사람은 김형
렬, 김자현, 문공신, 공신의 형
학철(學哲), 당질 수암(首岩), 매부 허성
희(許聖喜)와
2 김광수(金光洙), 김공빈(金工彬), 김 참봉
(金參奉), 이화춘(李化春), 박장근(朴壯根)
등이요, 그 외 열 명은 성명이 밝혀지
지 않으니라.
3 그 가운데 허성희는 수금되었을 때 불
평하는 사람들을 잘 효유하여 진정시
키기에 많은 노력을 하였다 하거늘
4 이 화액을 겪은 뒤로 형렬과 자현 등
은 여전히 상제님을 받들고
5 나머지 사람은 모두 흩어져 "선경(仙
境)세계를 열어 평생 영화와 복락을 누
리게 해 준다고 하더니 그 말에 속아
자칫 죽을 뻔했다." 하며 상제님을 심
히 원망하더라.

이화춘, 박장근의 배신과 최후

6 경찰서에 수금되었을 때 박장근, 이화
춘 등은 상제님을 심히 원망하며 불경
한 말을 하더니
7 2월 초에 상제님께서 대흥리 차경석의
집에 계실 때 이화춘이 오거늘
8 상제님께서 이르시기를 "사람이 비록
불길 속으로 들어갈지라도 더욱 마음
을 굳게 하여 본심을 지키고 의리를
존중하여야 하거늘 너는 어찌 그렇듯
무례하게 불의를 감행하느냐.
9 이 뒤로는 깊이 참회하여 모든 일에 의
리를 지켜 나의 가르치는 바를 잘 따
르라. 그렇지 않으면 신명을 그르치리
라." 하시니라.
10 또 일러 말씀하시기를 "네가 지금 돌
아가거든 방문을 굳게 닫고 출입을 폐
하되 문구멍을 뚫어 밥을 들여 먹고
대소변도 받아내며 보름을 지낼지어
다.
11 만일 그렇게 하지 않으면 큰 화를 당
하리니 부디 명심하여 잊지 말라." 하
며 여러 번 이르시거늘 화춘이 명을 받
고 물러가는데
12 내성에게 명하시어 화춘을 다시 불러
이르시기를 "네가 만일 나의 말을 믿
지 아니하여 비록 죽는 일을 당할지라
도 나를 원망치 말라." 하시니 화춘이
대답하고 물러가니라.

귀신으로나 좋은 곳에 가게 하리라

225 다음 날 상제님께서 세수하시다
가 문득 말씀하시기를 "시체 썩
는 냄새가 코를 찌른다." 하시더니
2 이윽고 화춘의 집 사람이 급히 와서
화춘이 밖에 나갔다가 의병에게 총살
당하였음을 아뢰거늘
3 한숨을 쉬시며 "귀신으로나 좋은 곳에
가게 하리라." 하시고 글을 써서 불사
르신 뒤
4 심부름꾼에게 이르시기를 "시체는 단
단히 묶지 말고 널에 넣되 널덮개도 단
단히 잠그지 말고 양지쪽에 외빈하여
비바람이나 가리게 하라." 하시니라.

귀한 것이 인망이니라

5 이어 탄식하며 말씀하시기를 "박장근
도 또한 죽으리라. 그 성질을 고치기
어려우니 어찌할 수 없노라." 하시거늘
6 경석과 내성이 함께 여쭈기를 "그 위인

이 성질은 몹시 사납고 포악하나 여러 달 동안 닦아 온 정성을 살피시어 그 죽음을 면케 하여 주옵소서." 하니라.
7 이에 말씀하시기를 "귀한 것이 인망(人望)이니라. 인망이 그러하니 다른 도리를 생각하여 보리라." 하시고 다시 "생명은 보전케 하리라." 하시니라.
8 그 뒤에 장근이 의병에게 맞아서 다리가 부러지니라.

신천지의 참주인
진주노름의 독조사 도수

226 공신이 출옥한 뒤에 하루는 고부 주막 주인이 공신의 집에 와서 느닷없이 공신 앞으로 달아 둔 밥값을 내놓으라며 살림살이를 차압해 가거늘
2 상제님께서 출옥하시면 압수당한 돈과 무명을 찾아 외상을 갚아 주실 줄 믿었던 공신은
3 큰 돈을 내고도 다시 수저 하나 남김없이 살림살이를 차압당하매 크게 불평을 품고 있더니
4 얼마 후 상제님께서 집에 찾아오시매 지난 일을 낱낱이 헤어 아뢰며 불쾌한 어조로 폭담을 하니라.
5 이때 상제님께서 고개를 숙인 채 듣고 계시다가 공신에게 "이제 말 다했느냐?" 하시니 공신이 분이 풀리지 않은 얼굴로 "다 했지요." 하거늘
6 말씀하시기를 "네 말을 들으니 그렇겠도다. 내가 순창 농바우에서 사흘 동안 머물며 너를 처음 만난 뒤로 네가 여러 가지 큰 공사에 참관하여 너에게 이윤(伊尹) 도수를 붙인 바 있고
7 고부 도수를 보려 하나 가히 감당해 낼 만한 사람이 없으므로 네게 주인을 정하여 독조사 도수를 붙였노라.
8 진주(眞主)노름에 독조사라는 것이 있어 남의 돈은 따 보지 못하고 제 돈만 잃어 바닥이 난 뒤에 개평을 뜯어 새벽녘에 회복하는 수가 있으니 같은 끗수에 말수가 먹느니라.
9 네가 고부에서도 밥값을 말한 일이 있었으나 그 돈을 쓰면 독조사가 아니니라.
10 만일 네가 꼭 돈이 있어야 되겠으면 내가 주마. 그러나 그리하면 그 도수는 다른 사람에게 옮겨야 하느니라." 하시니
11 공신이 '어차피 돈은 쓴 것인데 도수까지 남한테 뺏긴다니 말도 안 되는 소리'라 생각하여 여쭈기를 "일이 그와 같을진대 그만두시옵소서." 하니라.

화둔(火遁) 공사를 준비하심

227 그 후 대흥리로부터 태인 신경원(辛京元)의 집에 이르시어 한 달 동안 머무르실 때 신경원, 최창조, 김경학, 최내경이 상제님을 모시니라.
2 상제님께서 백암리 김경학의 집과 최창조의 집 양가를 왕래하시며 광찬의 양모(養母) 성복제(成服祭)를 창조의 집에서 거행케 하시니라.
3 하루는 상제님께서 신경원의 집에 계실 때 성도들에게 말씀하시기를
4 "천지에 변산처럼 커다란 불덩이가 있으니 그 불덩이가 나타나 구르면 너희들이 어떻게 살겠느냐." 하시며
5 誰識南方埋火家
수식남방매화가
라 글을 쓰신 뒤에 창조에게 명하시기를
6 "돼지 한 마리를 잡아 계란으로 저냐를 부쳐서 대그릇에 담아 깨끗한 곳에 두라." 하시고
7 이어 "내 옷 한 벌을 지어 두라. 장차 쓸 곳이 있노라." 하시니 창조가 대답하고 돌아가서 명하신 대로 행하니라.
8 그 뒤에 상제님께서 구릿골로 가시니라.

죽어서야 쓰겠느냐

228 얼마 후 공신이 발에 채인 곳이
재발하여 마당 출입도 못하게
되거늘
2 응종을 구릿골로 보내어 상제님께 아
뢰니 "그리 내비둬라. 죽게 냅둬." 하
시는지라
3 돌아와 그대로 전하매 공신이 다시 심
사가 나서 아무 약도 쓰지 않고 있더니
4 병세가 점점 위중해져서 몸을 전혀 움
직이지 못하게 되니라.
5 응종이 민망히 여겨 다시 상제님을 찾
아가 뵈니 "공신의 병세가 어떠하더
냐?" 하시거늘
6 응종이 대답하기를 "드러누워 움직이
지 못하옵니다." 하니라.
7 이에 상제님께서 말씀하시기를 "죽어
서야 쓰겠느냐. 찹쌀밥 아홉 때를 지어
먹으라 하라." 하시니
8 응종이 돌아가 명하신 대로 전하매 그
대로 하여 곧 완쾌하니라.

천지의 화액 불 기운을 묻는 화둔 공사

229 무신년 3월에 구릿골에 머무르
실 때 창조가 사람을 보내어 아
뢰기를
2 "돼지고기로 전을 부쳐 둔 것이 다 썩
었사오니 어찌합니까?" 하거늘
3 상제님께서 "좀 기다리라." 하시더니
그 후에 형렬에게 명하시기를
4 "태인에 가서 신경원과 최내경을 데리
고 새울 창조의 집에 가서 이르되
5 '일찍이 준비하여 둔 옷 한 벌을 세 사
람이 한 가지씩 나누어 입고 돼지 한
마리를 잡아서 삶은 다음
6 오늘 저녁에 인적이 그치기를 기다려
한 사람은 그 집 정문 밖에 사람 하나
엎드릴 만한 작은 구덩이를 파고
7 그 앞에 청수 한 그릇과 화로를 놓은
다음 깨끗한 그릇에 호주(胡酒)와 문어
와 삶은 돼지고기를 담고 그 위를 두
부로 덮어서 구덩이 속에 넣은 뒤에
8 또 한 사람은 돼지고기 전을 한 점씩
들어 청수와 화로 위로 계속하여 넘기
되 남은 한 사람이 그것을 받아서 구
덩이 속에 다 넣은 다음 흙으로 덮으
라.'고 자세히 일러 주고 빨리 돌아오
라." 하시니라.
9 이에 형렬이 명을 받들어 태인에 가서
일일이 지휘한 뒤에 서둘러 집으로 돌
아오니
10 맑은 밤하늘에 갑자기 검은 구름이 몰
려와 지척을 분간할 수 없이 캄캄해지
며 큰비가 쏟아지고 천둥과 번개가 크
게 일어나니라.
11 상제님께서 형렬에게 물으시기를 "이
때쯤 일을 행하겠느냐?" 하시니 대답
하기를 "행할 때가 꼭 되었습니다." 하
거늘
12 말씀하시기를 "만일 변산 같은 불덩이
를 그냥 두면 전 세계가 재가 될 것이
니라.
13 그러므로 내가 이제 그 불을 묻었노라."
하시니라.

부처와 보살 음양 공사

230 하루는 장성 백양사(白羊寺)에 가
시어 밤새도록 공사를 행하시니
라.
2 그 절의 중들이 상제님의 명을 받들어
법당 문을 모두 열어 놓으니
3 상제님께서 담뱃대로 부처의 머리를
세 번 치시고 여러 보살들에게도 똑같
이 하신 뒤에
4 말씀하시기를 "사람들 사는 세상에서
아내 얻어 자식 낳고 즐겁게 살지어
다." 하시니라.

술객 기운을 거두는 공사

231 상제님께서 백양사에서 돌아오
시는데 한 사람이 앞에서 마주
걸어오거늘 그는 주위에서 '정(鄭) 선

생'으로 받드는 술객(術客)이더라.
2 그 사람이 가까이 이르매 상제님께서
말씀하시기를 "나에게 바치거라." 하
시니
3 그 사람이 쩔쩔매며 땅바닥에 엎드려
명을 기다리니라.
4 잠시 후에 상제님께서 다시 명하시기
를 "나에게 바치라." 하시니
5 그가 더욱 두려워서 바짝 엎드리거늘
아무 말씀도 하지 않으시고 가던 길을
가시니라.
6 그 뒤에 상제님 일행 가운데 한 사람
이 이상히 여겨 정 선생이란 사람을
찾아가니 이미 폐인이 되었거늘
7 그 까닭을 물으니 말하기를 "하느님이
아니라면 어찌 그럴 수 있으리오.
8 처음에 그분이 명하시니 하늘에서 큰
천둥소리가 들리며 정신이 혼미해지
고, 다시 명하시니 하늘에서 번개가 치
면서 혼이 달아나 버려
9 가지고 있는 재주가 모두 없어지고 폐
인이 되었소이다.
10 그분이 누구신지 성명도 모르지만 하
느님이 강세하시지 않고서야 어찌 그럴
수 있겠소." 하니라.

문공신의 불의를 경계하심

232 여름에 문공신이 구릿골에 와서
상제님을 뵙거늘 꾸짖어 경계하
시기를
2 "네가 만일 허물을 뉘우쳐 전습(前習)
을 고치지 아니하면 장차 어떠한 난경
을 당할지 모르리라.
3 내가 만세의 억조창생을 위하여 그 운
수를 순리로 받았으나 천지간의 모든
신명들은 혹 내 몸이 다칠까 걱정하고
4 혹 내가 마음 상할까 두려워하여 그림
자처럼 나를 따르며 잠시도 곁을 떠나
지 않나니
5 너는 어찌 감히 나의 덕(德)을 해하느
냐.
6 내가 너를 버리면 너는 성명(性命)을
보전키 어려우리라.
7 공신아! 천지에 사죄하고 나에게 돌아와
서 영화를 구하라.
8 나는 너를 버려 내 덕을 상하려 하지
않노라." 하시고
9 자현을 불러 말씀하시기를 "네가 공
신의 집에 가서 여러 날 숙식하였으니
공신을 네 집에 데려다가 잘 대접하
라." 하시니라.
10 이후 자현이 그 분부를 잊어버리고 지
냈더니 하루는 상제님께서 말씀하시
기를 "네가 잘못했도다.
11 이 뒤로는 대접하려 해도 만날 기회가
없으리라." 하시거늘 과연 그 뒤로는
서로 만나지 못하니라.

손병희의 기운을 거두심

233 하루는 상제님께서 원평을 지나
구성(九星)바위가 있는 성계리(星
溪里) 신암(新岩) 주막에 이르시어 말씀
하시기를
2 "내 들으니 손병희(孫秉熙)가 전주에 왔
는데 서울에 교당 짓는 것을 빙자하여
3 그 부하들의 어린아이 옷고름에 채운
돈까지 떼어다가 큰집과 작은집을 거
느리고 행락하며 온 부하들을 망친다
하니 그 무능함을 가히 알 만하도다.
4 만일 재능이 있다면 천하의 집이 모두
저의 집이 될 터인데 집은 지어 무엇하
리오.
5 이제 호남 각지를 돌고 나면 그 부하
들은 다 망하게 될 것이라.
6 누구든지 몽둥이를 들어 그 머리를 치
며 '네 재능이 무엇이건대 사설(邪說)로
써 민중을 속이며 부하들을 그다지 망
치느냐!'고 꾸짖으면 대답하지 못하고
돌아갈 것이니라." 하시니라.

인내천이 아니니라

7 이에 한 성도가 "손병희가 어떤 사설
을 퍼뜨려 행세한다는 말씀이옵니

까?" 하고 여쭈니
8 말씀하시기를 "천(天)은 천이요 인(人)은
인이니 인내천(人乃天)이 아니니라.
9 또 손병희가 '아이를 때리는 것(打兒)'
을 '하늘을 때리는 것(打天)'이라고 이
르나 아이를 때리는 것은 아이를 때리
는 것이요, 감히 하늘을 때린다고 할
수 없느니라.
10 하물며 사람의 생사와 화복이 하늘에
달려 있거늘 어찌 하늘을 때린다 하리
오.
11 하늘은 억조창생의 임금(君)이요 억조
창생의 아버지(父) 되나니
12 옛 성현들이 하늘을 모시는 도가 지극
히 엄숙하고 지극히 공경스러워 동동
촉촉(洞洞屬屬)하고
13 수운의 하늘을 모시는 가르침이 지극
히 밝고 정성스러웠느니라.
14 큰 근본(大本)이 어지러워지면 만덕(萬
德)이 모두 그르게 되느니라." 하시니
라.
15 또 말씀하시기를 "저희들은 다 구암
(久庵)이요, 이곳은 신암(新庵)이니 곧
도안(都安)의 집이니라." 하시니라.

진실로 쾌남자로다

16 공우에게 말씀하시기를 "공우야, 손병
희의 피폐가 극도에 이르렀으니 너는
내일 전주에 가서 손병희를 좇아 보내
고 오라." 하시니
17 옆에서 듣고 있던 응종이 몽둥이를 들
며 여쭈기를 "제가 좇아가서 그리하겠
나이다." 하거늘
18 말씀하시기를 "네가 진실로 쾌남자로
다." 하시니라.
19 공우가 명을 받고 이튿날 출발하려다
가 다시 말씀치 아니하시매 이상히 여
겨 그만두었더니
20 이때 손병희가 호남 지방을 순회하려
다가 갑자기 일정을 바꾸어 서울로 돌
아가니라.

천하사를 하는 자는 화지진도 해야

234 무신년 여름에 구릿골에 계실
때 여러 날 동안 양지에 글을 쓰
시어 크게 두루마리를 만드신 뒤에
2 하루는 형렬, 갑칠, 경학, 광찬, 윤근,
원일 등에게 명하시기를
3 "방 안에서 문을 닫고 이 두루마리를
화로에 불사르되 연기가 방 안에 가득
차게 하고 다 사른 뒤에 문을 열라.
4 일을 하려면 화지진(火地進)도 해야 하느
니라." 하시니라.
5 여러 사람이 명하신 대로 하매 연기가
방 안에 가득 차서 숨을 쉬기가 어렵
거늘
6 윤근과 원일은 밖으로 나가고 남은 사
람은 다 타기를 기다려 문을 여니라.

필성이 너는 그러지 말라

235 하루는 상제님께서 구릿골 어귀
의 금난바위(金生巖)에 앉아 계실
때
2 안필성이 일을 나가다가 상제님 일행
을 보고 바위에 올라 앉으며 "증산이,
무엇하고 있나?" 하고 물으니
3 대답하시기를 "보는 바와 같이 천지공
사 중이네." 하시니라.
4 이에 필성이 비웃으며 말하기를 "자네
가 무슨 하늘일을 한다고, 항상 실없
는 말로 천지공사를 한다 하나 별일
아닌 것 같네.
5 세상 사람들은 바삐 일하는데 제자들
을 데리고 하늘일만 하다가 세월 다
가겠네그려." 하니
6 말씀하시기를 "천하 사람들이 다 그래
도 필성이 너는 그러지 말라." 하시니
라.
7 그러나 이후로도 필성은 "증산은 맥없
이 천지공사 한다고 맨 무식한 놈들
데리고 다니면서 도술이나 부리고 눈
속임이나 한다."라는 말을 자주 하니
라.

황건역사의 숫대 공사

236 상제님께서 구릿골에 계실 때 하루는 황응종이 이르니 말씀하시기를
2 "황천신(黃泉神)이 이르니 황건역사(黃巾力士)의 숫(數)대를 불사르리라." 하시고
3 갑칠에게 짚 한 뭇을 물에 축여 숫대를 만들게 하시어 화로에 불사르시니라.

무뢰한들이 음모를 꾸미거늘

237 태인 반곡리(盤谷里) 김경현(金京玄)의 집에 여러 날 머무르실 때
2 하루는 읍내 무뢰한들이 "강 모가 요술로 사람을 속이니 마을을 떠날 때 길가에 매복하였다가 혼을 내 주자." 하고 음모를 꾸미거늘
3 상제님께서 미리 아시고 다른 길로 가시니라.

산하대운을 거두어들이는 공사

238 무신년 여름에 새울 최창조의 집에 계실 때 창조로 하여금 포대를 만들어 벼 서 말과 짚재를 섞어 넣게 하시고
2 응종에게 포대를 주시며 이르시기를 "네 집에 가서 항아리에 물을 부은 후 이 포대를 그 속에 담가 두고
3 날마다 한 번씩 둘러 저으며 식혜 일곱 사발을 빚어 놓아라. 내가 사흘 후에 네 집에 가리라." 하시니라.
4 응종이 명을 받고 돌아가 그대로 행하니 물이 잿빛이 되고 하늘 또한 잿빛이 되어 사흘 동안 해가 나지 않으니라.
5 사흘 뒤에 응종의 집에 이르시어 말씀하시기를 "이제 산하대운(山河大運)을 거두어들이리라." 하시고
6 이날 밤에 백지로 고깔을 만들어 응종의 머리에 씌우고 포대에 넣었던 벼를 꺼내어 집 주변 사방에 뿌리게 하시니라.

종이고깔 회색 도수를 보심

7 또 백지 백이십 장과 양지 넉 장에 글을 쓰시어 식혜에 버무려 주시며 "깊은 밤중에 인적이 없는 틈을 타서 시궁 흙에 파묻고 고깔 쓴 채로 세수하라." 하시니
8 응종이 명하신 대로 하매 갑자기 양미간에 콩알만 한 큰 사마귀가 생겨나서 손에 걸리더라.
9 상제님께서 말씀하시기를 "일후에 나의 제자는 중이 되지 않고는 나의 일을 옳게 하지 못하겠으므로 종이고깔 회색 도수를 보았노라." 하시니라.
10 이튿날 아침에 벼 뿌린 곳을 두루 살피니 하나도 남아 있는 것이 없더라.

그놈을 입어야 선녀가 된다

11 하루는 상제님께서 호연에게 이르시기를 "때가 되어 뇌성벽력이 일고 불칼이 들어오거든 팔대장삼을 입고 고깔을 쓰고 나서라.
12 그놈을 입어야 선녀(仙女)가 된다." 하시니라.

정씨 기운을 꺾는 공사

239 5월에 고부 와룡리 문공신의 집에 계실 때 경학이 와 뵈니
2 상제님께서 이르시기를 "내일 일찍 살포정이에서 만나자." 하시니라.
3 경학이 집으로 돌아갔다가 이튿날 아침을 먹은 후 살포정이 주막에 이르니
4 행객 두 사람이 싸우고 있고 상제님께서는 큰길가 높은 둔덕에 돌아앉아 계시거늘
5 경학이 올라가 인사를 드리니 상제님께서 대답만 하실 뿐 여전히 돌아앉으시어 노기를 띠고 계시더라.
6 이에 경학이 무슨 일인지 알지 못하여 황공한 마음으로 모시고 섰을 따름이더니
7 이윽고 상제님께서 싸우는 자들을 향하여 "그만두라." 하시거늘 그 사람들

상제님의 천지공사 연대표

도기31 1901	도기 32 1902	도기 33 1903	도기 34 1904	도기 35 1905
중통인의(中通人義)의 대도통을 이루시고 삼계 대권을 주재하심 천지대신문을 여시고 천지공사를 준비하심 후천음개벽에 소녀 호연을 천지제물로 삼으심	김형렬에게 식주인을 정하시고 도문(道門)을 여심 삼계우주 통일의 조화정부를 여심 명부정리 공사 단주해원 도수 선천종교의 기운 거두시고 종장을 교체하심 만고역신 해원 공사를 집행하심 지운과 지방신을 통일하심	후천선경 설날 공사 조선 대신명을 서양으로 보내 대역사를 시키심 일본을 서양제국 몰아내는 일꾼으로 세우심 모악산 청련암에서 용봉 도수를 보심 제주도 바다 개벽 대공사 제주도 세계 관광지화 공사 백두산 대공사 생활문명 공사 토지 측량 공사 군산 바닷가 공사 한강다리 축조 공사 문명이기 공사 서울 안암동 대공사 일러전쟁 발주 공사 49일 동남풍 공사	십무극과 일태극의 십일성도 인사공사 황극 말(馬) 공사 태전 근교 산에서 공사보심 전국 명산에 제를 지내심 수중 신명세계 공사 백두산 대공사 일진회 공사 문수보살 도수를 보심	산운 발음 대공사 마이산 공사 정음정양의 남녀동권 계를 개벽하심 선천 부유 개벽 공사 호연을 수도 시키심 민영환을 순절하게 하 명부 공사 남조선배 도수 공사

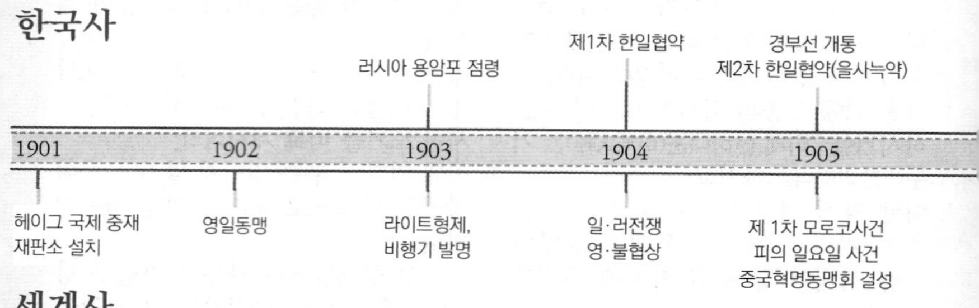

소신 공사
한민국 국호도수
본국운 심판 공사
자부해상 공사
조선국운을 수습하시고 천하대운을 정하심
종로에서 상씨름 대공사를 보심
9일 대공사
제님 대행자 20년 둔 도수
천선경 건설의 푯대 태전에 꽂으심
익현 의병 기운을 거 심
법 거두신 대공사
강 하굿둑 공사
천선경 어획 공사
이산 연 공사
자 정축 공사
조선 배말뚝 공사

난법 기운을 거두는 추수 일꾼 출세 공사
관운장에게 세계 대전쟁의 천명을 내리심
일월의 정음정양 대개벽 공사
오선위기 진주 도수
●조선국운 심판공사
●전봉준 해원공사
●장군 도수
●초패왕 도수
●이윤 도수
금강산 겁기 제거 공사
천지대도의 수부 공사
●수부님께 천지대업의 종통대권을 전하심
●음양합덕의 지천태 공사
후천 음양 도수
진주천자 도수
●선기옥형 도수
●지구촌 상씨름 대전쟁 공사
●비인 복종 북 도수
●동학 역신 해원 공사
●정음정양 도수

진주노름의 독조사 도수
화둔 공사
산하대운을 거두어 들이는 공사
오선위기도 공사
의통성업의 약방 공사
●만국의원 공사
만국대장을 임명하심
28장에 붙인 의통 공사
천지에 수기 돌리는 대공사
태을주 전수 공사
지구촌 인구 조사 공사
현대의학 개벽 공사
후천 선경 낙원의 복록소·수명소·대학교 공사
도통맥 전수 대공사
세계구원의 육임 의통 구호대 조직 공사
태전콩밭 도수
●추수도운의 진주 공사
●장암 금(金) 도수
●군산 전쟁 공사
●임피 술산 대공사
●태전 도공전수 공사
칠성 도수

한족 주권 회복 대공사
살막이 공사
황극 종통 공사
세계일가 통일정권 대공사
도통판의 진주 도수
무신납월 공사
●의통구호대 육임군령 받드는 대공사
●서울 대공사
●육임도꾼 지도자 출세 공사
●과학문명 공사
●일등무당 도수
●난법자 심판 공사
●상제님 어진 봉안 공사
●팔봉 맡기는 공사

의통병세문 공사
도세 만회의 새울 도수
의통집행 공사 (숙구지 도수)
천하통일의 사마소 도수
천지공사 마무리 49일 대공사
주문 포교의 천명을 내리심
입도식 예법 공사
김호연 성도를 천지에 제 지내심
후천 개벽문을 여는 칠성 도수
세운·도운의 상씨름 공사
태전 태봉산에 깃대를 세우심
천지일월 사체(四體) 공사
조선천지의 사명당 발음 공사
상제님 말씀 성편 공사
제3변 추수도운의 용둔 공사
중국의 사회주의 국운 공사
천지대업을 이루는 거백옥 도수
초립동이 대운 공사
천지공사 마치심
●선천성인 심판 공사(22일)
●대두목 출세와 후비소 공사(23일)
●의통을 전수하심

어천하심(6월 24일)

36 | 도기 37 | 도기 38 | 도기 39
6 | 1907 | 1908 | 1909

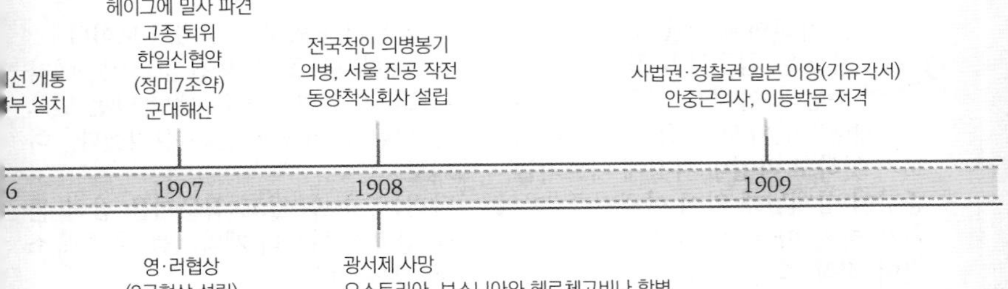

이 곧 싸움을 그치고 다른 곳으로 가
니라.
8 경학이 "어떠한 사람들이 싸웠습니
까?" 하고 여쭈니
9 말씀하시기를 "우리 국운(國運)을 위하
여 정(鄭)씨를 없이하였음에도 불구하고
세상에서 정씨의 노래가 끊이지 않으
니 혹 이(李)씨가 정씨의 화(禍)를 받을
염려가 있겠으므로
10 이제 그 살(煞)을 풀기 위하여 이씨 기
운을 돋우고 정씨 기운을 꺾는 공사를
보았노라." 하시니라.

조선과 일본의 국운 공사

240 하루는 상제님께서 경학의 말을 타고 고부 살포정이 주막에 이르시니라.
2 이때 경학의 마부 총각이 다른 총각
두 사람을 상대하여 서로 머리채를 잡
고 발길로 차며 싸우니 상제님께서 문
밖에서 노기를 띠고 계시는지라
3 경학이 뒤좇아와 싸움을 말려 마부와
한 총각은 떼어 보냈으나 다른 한 총
각은 가지 않고 폭언을 계속하거늘 상
제님께서 술 한 잔을 주어 보내시니
라.
4 그 뒤에 공우가 그 사유를 여쭈니 말
씀하시기를 "이씨와 일본 왕과의 싸움을
붙였더니 이씨가 패하였다." 하시니라.

세상일이 가까워 올 때

5 하루는 상제님께서 원평을 지나실 때
말씀하시기를 "시속에 오비이락(烏飛
梨落)이라 이르나니
6 이 앞들에 큰 윤선(輪船)이 떴다가 길
위로 올라오지는 못하고 까마귀 날며
배는 떨어진다는 말이니라." 하시니
라.
7 또 하루는 용암리 앞을 지나시며 말씀
하시기를 "지금은 이곳에서 원평이 건
너다 보이나 뒷날 보이지 않을 때가
있을 것이요
8 후에 다시 건너다 보일 때가 있으리니
그 때가 되면 세상일이 가까이 온 줄
알지어다." 하시니라.

28수(宿) 공사

241 하루는 류찬명(柳贊明)으로 하여금 두루마리에 28수(宿)를 왼쪽으로부터 가로로 쓰게 하시니 이러하니라.
2 角亢氐房心尾箕 斗牛女虛危室壁
각항저방심미기 두우녀허위실벽
奎婁胃昴畢觜參 井鬼柳星張翼軫
규루위묘필자삼 정귀류성장익진
3 이어 그 종이를 끊어서 자로 재니 한
자가 되거늘 이를 불사르시니라.

후천 대개벽 심판 의통성업의 약방 공사

김준상 아내의 종창을 고쳐 주심

242 하루는 김준상의 집에 계실 때 준상의 아내가 양쪽 발바닥에 종창(腫瘡)이 나서 모든 약에 효험을 보지 못하고 마침내 사경에 이르거늘
2 준상이 상제님께 와서 아뢰기를 "저의
처가 발이 아픈 지 일 년이 되었는데
발이 점점 썩어 냄새가 나서 살 수가
없습니다.
3 발은 영영 버렸으나 사람이 차마 볼
수 없는지라 약국 의원에게 보이니
4 '그 종창 난 곳이 용천혈(湧泉穴)이라
다스리기 어려우나 돈 백닷 냥만 있으
면 발은 버려도 사람은 살리겠다.' 하
기로
5 달리는 할 수 없고 집문서를 잡혀 돈
을 얻고자 하오니 계약서를 써 주옵소
서." 하니라.
6 상제님께서 들으시고 말씀하시기를
"준상아, 네가 아내의 발을 낫게 해 주

려고 집을 잡히려 하는구나." 하시니
준상이 "예, 그렇습니다." 하거늘
7 "그렇다면 집을 나에게 잡혀라. 너는
네 아내의 병만 고치면 그만 아니냐."
하시매
8 준상이 흔쾌히 대답하고 집문서를 올리
니 상제님께서 받으시어 불사르신 뒤
에
9 "준상아, 이 집을 잘 지켜라. 그러면 한
평생 밥은 굶지 않으리라." 하시니라.

만법 중에 의통법이 제일

10 이어 준상과 갑칠에게 명하시기를 "오
늘밤에 서로 교대하여 병자 곁에 있으
면서 병자를 자지 못하게 하고 밤을
새우라.
11 명부사자(冥府使者)와 내 사자를 비교하
여 누가 강한지 보리라." 하시니라.
12 이에 준상과 갑칠이 명을 좇아 그대로
행하거늘 병자가 정신을 잃고 매우 위
독하더니 날이 밝아 오매 차츰 정신을
차리는지라
13 상제님께서 말씀하시기를 "이제는 근
심을 놓을지어다." 하시고 손가락으로
쌀뜨물을 찍어 종창 난 곳에 바르시며
14 "내일부터 병을 낫게 하리니 그리 알
라." 하시더니
15 과연 일 년이 넘도록 낫지 않고 다 썩
었던 발이 보름 만에 완쾌되거늘 준상
의 아내가 상제님 전에 백배사례하니
라.
16 상제님께서 웃으며 말씀하시기를 "세
상은 저렇도다. 몰라서 욕을 하지 알
고 보면 누구를 물론하고 저토록 좋아
할지라.
17 병이 들어 죽게 된 놈 병만 낫게 해 주
면 그만이지.
18 만법 가운데 의통법이 제일이로구나!" 하
시니라.
19 이후에 그 집은 준상으로 하여금 전과
같이 살게 하시고 다만 머릿방 한 칸
을 수리하여 약방을 차리시니라.

김준상의 집에 약방을 차리심

243 상제님께서 지난 4월 11일에 공
신의 집 상량보에 오선위기도(五
仙圍碁圖)를 그려 붙이시고 공신에게
말씀하시기를
2 "그 안에 도깨비가 꽉 찼느니라. 도깨
비로 인해 너희 집이 하루아침에 망할
것이니 일절 뜯어 볼 생각을 하지 말
라." 하시며 엄중히 단속하시니라.
3 그 후 구릿골로 돌아오신 뒤에 백남신
에게서 돈 천 냥을 가져오시어 준상의
집 방 한 칸에 약방을 꾸미시니라.
4 이때 공신으로 하여금 고부장에 가서
장판을 사 오게 하시어 약방 바닥에
깔며 말씀하시기를
5 "이는 고부의 선인포전(仙人鋪氈) 기운
을 씀이로다." 하시니라.
6 상제님께서 목수 이경문(李京文)을 불
러 약방 마루에서 약장과 궤를 짜게
하시니
7 향나무와 오동나무, 대추나무로 짜되
이음새는 못을 쓰지 않고 부레풀을 사
용해서 붙이게 하시니라.
8 상제님께서 그 크기와 짜는 방법을 세
세히 일러 주시며 "몇 날이면 약장 원
목을 완치하고 몇 날이면 약장을 다
짜겠느냐?" 하고 물으시거늘
9 경문이 아뢰기를 "예, 몇 날이면 다 완
공하겠습니다." 하고 약속을 정하더니
정한 날에 이르러 마치지 못하니라.

약장 늦게 짠 이경문에게 내리신 천벌

244 하루는 상제님께서 자현과 형렬
을 데리고 구릿골로 돌아오시는
길에 문득 성을 내시며
2 "이놈아, 천지공사(天地公事)를 몰라! 이
제는 죽지 못 살리라." 하시더니
3 구릿골 약방에 이르시어 이경문에게
물으시기를 "편목(便木)이 완비되었느
냐?" 하시니 경문이 "완비가 못 되었
습니다." 하매

4 크게 꾸짖어 말씀하시기를 "천지조화
를 약장에 장치하려 하는데 너는 태연
하니 무의무도(無義無道)한 자라." 하시
니라.
5 이어 판자를 잘라 포개 놓은 목재를
발로 무너뜨리시고 한 조각을 발로 밟
으며 말씀하시기를
6 "잣대 갖다가 재어 보아라." 하시니 그
순간 경문이 기절하는지라
7 급히 업어다 눕히니 잠시 후 깨어나거
늘 "너는 오늘 저녁에 불칼로 죽을 것
이다." 하시니라.
8 상제님께서 저녁 진지를 드신 뒤에 다
시 경문을 부르시어 천둥 같은 소리로
꾸짖어 말씀하시기를
9 "네가 천명(天命)을 알지 못하여 오늘 천
벌로 너를 죽일 것이니 원통히 생각지
말라." 하시니 경문이 살려 주시기를
간절히 애원하거늘
10 "천지의 불칼로 죽이는 일 내가 어찌 살
릴 수 있겠느냐." 하시니라.
11 이에 경문이 대경실색하여 약방 뜰 앞
에 엎드려 "선생님 살려 주십시오." 하
고 애걸하는데
12 문득 맑게 갠 푸른 하늘에 뇌성이 진
동하고 번개칼이 경문의 온몸을 둘둘
두르매 경문이 거꾸러져서 순식간에
사경에 이른지라
13 성도들이 어찌할 줄 몰라 황급히 상제
님 앞으로 달려와 "살려 주사이다." 하
고 간곡히 청하니라.
14 이때 상제님께서 성도들로 하여금 경
문을 방으로 끌어들이게 하시니 번개
칼이 따라 들어와 방 안에 가득 차거
늘
15 상제님께서 "저 자 때문에 다른 사람
도 죽겠으니 속히 그치라." 하고 호령
하시매
16 옆에 앉아 있던 성도들 네댓 명이 전부
쓰러져서 똥을 싸고 정신을 잃으니라.

하느님, 살려 주옵소서

245 이윽고 번개가 그치자 형렬이 살
려 주시기를 애원하니
2 말씀하시기를 "벼락 맞아 죽은 놈은
까마귀도 뜯지 않고 땅에 묻지도 않는
다는데 내가 어찌 살리겠느냐." 하시
니라.
3 그래도 형렬이 그치지 않고 지성껏 애
원하니 "자네 살릴 기술이 있거든 살
려 보소." 하시거늘
4 형렬이 그제야 허락하신 줄 알고 재빨
리 옆방으로 경문을 옮겨 놓고 숯덩이
같은 몸을 주무르며
5 "하느님, 살려 주옵소서. 하느님, 살려 주
옵소서." 하고 쉴 새 없이 애원하니 이
윽고 경문이 다시 살아나니라.
6 이에 상제님께서 말씀하시기를 "허허,
저 사람 보소. 벼락 맞은 사람을 살려내
는 기술이 있었구만. 내가 몰랐네." 하
시며 무수히 칭찬하시고
7 다시 살아난 경문에게 이르시기를 "청
수를 모셔 놓고 '천지공사를 어겼사
오니 죄를 사하여 주옵소서.' 하고 빌
라." 하시니라.

천지사업을 허수히 알기로

8 다음 날 경문을 불러 또 말씀하시기를
"나는 천지사업(天地事業)을 경영하는데
네가 허수히 알기로 천지에서 너를 죽
이려다가 하도 불쌍히 애걸하여 살려
주는 것이니 약장 짤 편목을 잘 상고
(詳考)하여 보라." 하시거늘
9 경문이 상고하여 보니 편목 한 쪽이
부족한지라 다시 살려 달라고 애걸하
매
10 상제님께서 용서하시고 타일러 말씀
하시기를 "앞으로는 부디 조심하라.
11 그대를 데려올 적에는 그대가 잘한다
고 시킨 것 아닌가. 삼가 조심하라." 하
시고 거듭 명하시기를 "속히 약장을
짜라." 하시니라.
12 이후 경문이 수전증(手顫症)이 나서 한

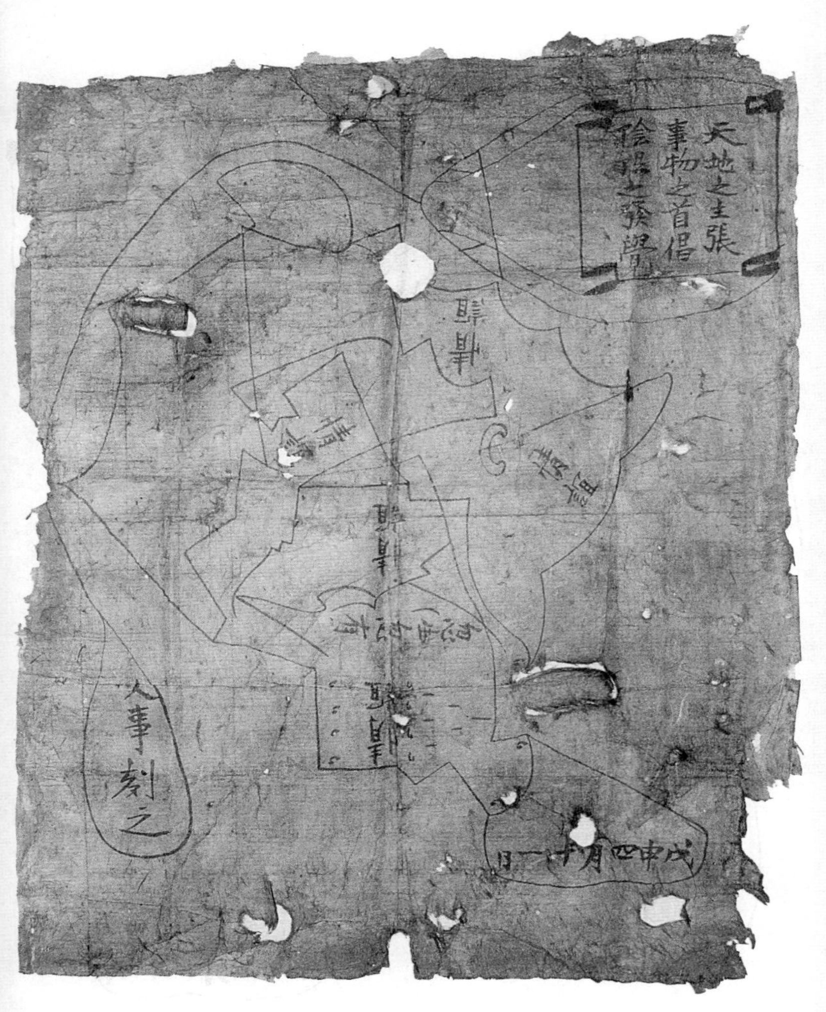

문공신 성도 후손이 소장하던 오선위기도

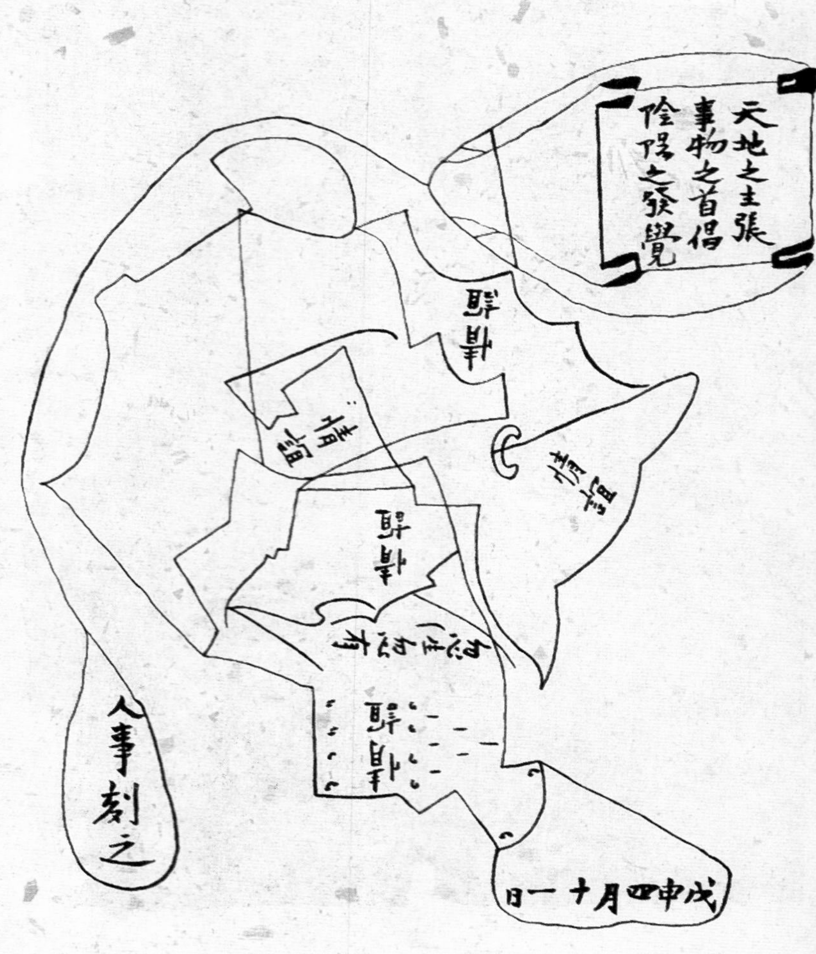

소장본을 알아보기 쉽게 필사한 그림

달이 넘은 뒤에야 비로소 약장을 완성
하니라.

약장 재목을 훔쳐간 성배

246 하루는 성배가 약방에 들어가
니 다듬어진 약장 재목이 바닥
에 놓여 있는데 그 빛깔이 유난히 붉
고 고운지라
2 문득 딸아이에게 실꾸리를 만들어 주
고 싶은 마음이 생겨 호패 크기만 한
조각 하나를 주머니에 넣으니 돌연 손
이 벌벌 떨리다가 방바닥에 붙어 버리
거늘
3 아무리 힘껏 당겨도 떼어지지 않으므로
하는 수 없이 "손 좀 떼어 주시오~!" 하
고 소리치며 사정하니라.
4 이에 주변 사람들이 몰려와 다 같이
힘을 모아 당겨 보고, 방구들까지 파
보아도 떨어지지 않거늘
5 모두 이구동성으로 "방을 파라 말고
잘못했다고 빌게." 하고 타이르는데
6 성배가 뉘우치기는커녕 오히려 "이놈
들, 내가 도둑이냐, 빌게?" 하며 발끈
하는지라
7 사람들이 더는 손 쓸 방도를 찾지 못
하고 돌아서니 그제야 하는 수 없이
사죄하니라.
8 이에 상제님께서 뺨을 몇 대 때리시고
는 느닷없이 방구들이 덜덜 울리도록
크게 웃으시니
9 순간 성배의 손이 방바닥에서 떨어지
니라.

호연을 천장에 붙여 놓으시고

10 호연이 "기운이 얼마나 세면 방구들이
다 흔들려요?" 하니 상제님께서 "너
한번 웃어 봐라." 하시거늘
11 "어디, 호호!" 하고 웃어 보더니 "에이,
아무렇지도 않네." 하니라.
12 이에 상제님께서 웃으시며 호연을 천
장에 붙여 놓으시고 "얘들아, 너희들
호연이 좀 봐라." 하고 외치시거늘
13 밖에 있던 성도들이 호연을 돌보라는
것으로 알고 "예!" 하며 뛰어오니
14 상제님께서 손가락으로 천장을 가리
키시며 "저기 호연이 좀 쳐다봐라." 하
시고
15 호연에게 "거기서 똥 쌀래, 오줌 쌀
래?" 하며 놀리시니라.

약장에 번개가 들어야 하리니

247 약장이 완성되자 상제님께서 경
문에게 이르시기를 "약장에 번
개가 들어야 하리니
2 너는 반드시 목욕재계하고 의관을 정
제한 뒤에 약장 앞에 청수(淸水) 한 그
릇을 올리고 정성스런 마음으로 공경
히 절하라." 하시니
3 경문이 명하신 대로 하매 즉시 맑은
하늘에 번개가 크게 일어나니라.

약장을 들인 뒤에 제를 지내심

248 약장을 들이신 뒤에 서랍을 모
두 빼서 약장 앞에 쭉 세워 놓으
시고 그 앞에 제물을 차리게 하시어 천
지에 제를 지내시니 각지의 여러 종도들
이 참예하거늘
2 상제님께서 먼저 절을 하신 다음 형렬
과 그 외의 사람들로 하여금 절하게
하시니라.
3 제를 마치신 후에 상제님께서 약방문
앞에 새끼줄을 쳐 21일 동안 출입을
일절 금하시거늘
4 오직 갑칠의 출입만을 허락하시어 이
른 아침마다 약방 청소를 시키시니라.

주역을 보면 내 일을 안다

5 21일을 지낸 뒤에 비로소 방(房)을 쓰
실 때 통감(通鑑), 서전(書傳), 주역(周易)
각 한 질과 철연자(鐵硏子), 삭도(削刀)
등 모든 약방 기구를 장만하여 두시고
6 말씀하시기를 "주역(周易)은 개벽할 때
쓸 글이니 주역을 보면 내 일을 알리
라." 하시니라.

7 하루는 상제님께서 말씀하시기를 "경
면주사(鏡面朱砂) 삼천 근(三千斤)이라야
내 일이 다 끝나느니라." 하시니라.

천하 만세의 병을 다스리는 만국의원 공사

249 약장을 설치하고 약재를 구하러
가실 적에 "큰비가 와야 할 텐데
비가 오지 않으니 약탕수가 없노라."
하시고 가지 않으시다가
2 그 뒤에 전주 용머리고개에 가시어 공
우에게 말씀하시기를 "천지에서 약 기
운이 평양으로 내렸으니 내일 평양에
가서 약재를 사 오라." 하시거늘
3 공우가 행장을 수습하여 다시 명이 있
기를 기다리는데
4 이 날 밤에 오랫동안 신명에게 명을
내리시고 글을 써서 불사르시며 말씀
하시기를
5 "평양서 약 기운이 전주로 왔도다." 하
시고 김병욱을 불러 "약 삼백 냥어치
를 사 오라." 하시니라.
6 며칠 후에 상제님께서 구릿골로 돌아
오시어 밤나무로 약패를 만들어

萬國醫院
만국의원

이라 새기시고 글자 획에 경면주사를
바르신 뒤에
7 공우에게 명하시기를 "이 약패를 원평
길거리에 붙이라." 하시므로 공우가
대답하고 원평으로 가려 하거늘
8 물으시기를 "이 약패를 붙일 때에 경
관이 물으면 어떻게 대답하려 하느
냐?" 하시니
9 공우가 아뢰기를 "'만국의원을 설립하
여 죽은 자를 다시 살리고 눈먼 자를
보게 하며 앉은뱅이를 걷게 하며
10 그밖에 모든 병의 대소를 물론하고 다
낫게 하노라.' 하겠습니다." 하니라.
11 이에 상제님께서 크게 기뻐하시며 말
씀하시기를 "네 말이 옳으니 꼭 그대로
하라." 하시고 약패를 불사르시니라.
12 이어 여러 성도들에게 말씀하시기를
"한 지방의 병만을 막아도 아니 될 것
이요, 온 세상의 병을 다 고쳐야 하리라.
13 또 한 때의 병만을 막아도 아니 될 것
이요, 천하 만세의 병을 다 고쳐야 하리니
이로써 만국의원을 개설하노라." 하시니
라.
14 김병욱이 전주로부터 약재를 가져올
때 마침 비가 오거늘
15 말씀하시기를 "이는 약탕수니라." 하시
니라.

약장의 구조와 공사 정신

250 약장의 크기는 가로 세로가 각
석 자 세 치, 두 자 반 정도로 맨
아래에 큰 칸 하나가 있고, 바로 그 위
에 서랍 세 칸이 가로로 놓여 있으며
2 또 그 위에 가로로 다섯, 세로로 셋,
모두 합하여 열다섯 개의 서랍 칸이
있는데
3 한가운데 칸에는 목단피(牧丹皮)를 넣
고 중앙에

丹朱受命
단주수명

이라 쓰신 후 그 위아래에
4 烈風雷雨不迷와
열풍뇌우불미

太乙呪
태을주

를 쓰시고
5 그 위칸에는 천화분(天花粉), 아래칸에
는 금은화(金銀花)를 각각 넣으시니라.
6 또 양지를 오려서 칠성경(七星經)을 외
줄로 길게 내려쓰신 다음 그 끝에
7 禹步相催登陽明
우보상최등양명

이라 쓰시고
8 陽曆六月二十日 陰曆六月二十日
양력유월이십일 음력유월이십일

이라 가로로 써서 약장 위로부터 뒤로

넘겨 붙이시니라.
9 또 궤 안에는
八門遁甲
팔문둔갑
이라 쓰시고
10 그 위에
舌門
설문
두 자를 불지짐하여 쓰신 뒤에 그 주
위에 스물넉 점을 붉은 물로 돌려 찍으
시니라.

내 일은 판밖에서 성도한다

11 하루는 상제님께서 약장에
奉天地道術藥局 在全州銅谷生死判斷
봉천지도술약국 재전주동곡생사판단
이라 쓰시고 성도들에게 "몇 자인지
세어 보라." 하시거늘
12 성도들이 "열여섯(十六) 자입니다." 하
고 아뢰니 말씀하시기를 "진주(眞主)에
서 한 끗이 튀었네." 하시고
13 "내 일은 판밖에서 성도(成道)하느니
라." 하시니라.

스물네 가지 약종만 잘 쓰면

251 약재는 이상 세 가지 외에 스물
네 가지가 있는데 하루는 응종
이 여쭈기를
2 "시속에 인삼이 약중 영장(靈長)이라
하는데 어찌 24종 중에는 인삼이 들어
있지 않습니까?" 하니
3 말씀하시기를 "삼정(蔘精)은 가는 곳이
있느니라." 하시거늘 응종이 다시 "어
디로 가옵니까?" 하니
4 말씀하시기를 "형렬(亨烈)에게로 가느
니라." 하시고
5 "스물네 가지 약종(藥種)만 잘 쓰면 만
국의원이 되리라." 하시니라.
6 이어 상제님께서 명하시기를 "약방 문
위에
回水氣之藥 上房
회수기지약 상방
이라 써서 붙이라." 하시니라.

약방 조직 체계

252 상제님께서 약방을 여시고 성도
들의 성정에 따라 각기 다른 역
할을 맡기시니 형렬이 상제님을 보필
하여 약방을 운영하니라.
2 형렬의 보좌로는 약방 관리 겸 총서기
가 있고, 총서기의 아래로 서기와 재무
가 있어
3 이 세 사람이 자주 상제님과 형렬을
따르며 상제님께서 하시는 일이나 말
씀을 기록하고 명을 집행하니
4 기록은 주로 총서기가 하고, 서기와
재무는 성도들이 가져오는 성금을 관
리하며 약방 살림을 맡아 하니라.
5 처음에는 서기가 방 청소와 잔심부름
도 겸해서 하더니 고창 사람 유관수가
약방에 살면서 청소를 도맡아 하고,
또 복남이 이런저런 심부름을 맡아서 하
고부터는 관계치 않으니라.
6 또 몇 명의 종도들은 필요한 약초를
캐어다가 약재를 마련하고
7 각지에서 오는 사람들이 점차 늘어나
일거리가 끊이지 않으매 손을 대접하
는 사람도 따로 있더라.
8 이 많은 사람들의 밥 수발은 형렬의
큰며느리인 이정숙이 하고, 바느질은
운봉에서 온 송은주가 하는데
9 서기와 재무, 은주와 복남 등 몇몇은
약방 사랑이나 형렬의 집에서 지내며
명절에도 집에 가지 않고 시중을 드니
라.

약방을 여신 후로는

253 상제님께서 약방을 여신 이후로
는 주로 약방에서 주무시는데
2 성도들이 많은 날에는 약방을 내어 주
고 형렬의 집 바깥 사랑으로 가 주무
시니라.
3 또 약방 마당에서 개, 돼지, 소를 잡아
자주 제를 지내시고

4 제를 마치면 성도들과 함께 마당에 둘
러앉아 음복을 하시니라.

상제님을 알현하는 의전 절차

254 상제님께서는 누구도 약방에 함
부로 들지 못하게 하시고 다만
형렬과 호연만 들게 하시니
2 서기가 매일 아침 상제님과 형렬의 방
석을 깔아 두고 나가면
3 상제님께서 형렬을 대접하시어 아랫목
을 내어 주시고 윗목에 앉으시니라.
4 서기는 방문 밖에서 무릎 꿇고 기다리
다가 성도들이 오면 방문을 열고 누가
왔음을 아뢰는데
5 찾아온 이들이 토방 아래에서 방을 향
해 절을 하고 여쭙고자 하는 말씀을
서기에게 전하면
6 서기가 그것을 말씀이나 글로써 형렬
을 통해 상제님께 올리니라.
7 그러면 형렬이 상제님의 동정을 살펴
서 서기에게 상제님의 의중을 전달하
고
8 서기가 다시 그 말씀을 기록하여 성도
들로 하여금 돌려가며 읽게 하니라.
9 간혹 상제님께서 성도들을 직접 부르
시는 경우에도 마루에서 고개를 숙인
채 말씀을 받들 뿐 방에는 들어가지
못하니라.
10 또 여름에는 방문을 열어 둔 채 발을
치고 계시고, 추운 겨울날에는 사람이
찾아와 인사를 올릴 때만 잠시 방문을
여시니
11 서기가 쪽지에 글을 써서 올리면 형렬
이 다시 글을 써서 내려 주니라.
12 끼니때가 되면 상제님께서 형렬, 호연
과 함께 방에서 드시고 다른 사람들은
밖에서 먹는데
13 그중에서도 마루에서 먹는 사람이 있
고 마당에서 먹는 사람이 있더라.
14 호연은 평소에 상제님의 양쪽 무릎에
번갈아 가며 앉아 있다가 지루해지면
밖에 나가서 놀고, 다시 들어와 무릎
에 앉고 하니라.

약방 차리신 이후의 출행

255 상제님께서 약방을 여신 뒤로는
전보다 외지(外地)에 적게 다니
시며 약방에서 공사를 자주 행하시니
각지에서 많은 사람들이 모여드니라.
2 상제님께서 출타하실 때는 형렬에게
약방을 지키게 하시고, 형렬이 밖에
나가 있으면 출타하지 않으시며
3 형렬과 함께 나가실 때는 서기나 재무
로 하여금 약방을 지키도록 하시니라.
4 또 외지에 한번 나가시면 보통 열흘이
나 보름 만에 오시고 한 달 만에 돌아
오기도 하시니
5 주로 형렬과 호연, 서기와 복남이 따
르며 상제님을 모시는데
6 때에 따라 하나나 둘을 데려가기도 하
시고, 넷을 모두 데려가기도 하시니
라.
7 또 형렬과 따로 떠나실 때는 서기를
형렬과 함께 보내시고 형렬에게 통지
를 하여 소식을 전하시니
8 일이 있을 때마다 서기로 하여금 세세
히 기록하게 하시니라.

대개벽기, 박공우에게 내린 사명

256 여름에 대흥리에 계실 때 28장
(將)과 24장(將)을 쓰신 뒤에
2 공우의 손을 잡으시고 마당을 걸으시
며 흥을 내어 큰 소리로 명하시기를
"만국대장(萬國大將) 박공우!" 하시니
3 공우가 기쁨을 이기지 못하여 '평생소
원이 성취되었다.' 하며 자신도 모르게
어깨를 으쓱거리거늘
4 이때 옆에 있던 경석의 안색이 문득 변
하니라.
5 상제님께서 다시 "신대장(神大將) 박공
우!" 하시니
6 공우가 '혹시 죽어서 대장이 되는 게 아

닌가.' 하여 마음속으로 걱정을 하니라.

천자를 꿈꾸는 월곡의 속마음

257 하루는 성도들에게 말씀하시기를 "너희들에게 장차 운수를 열어 주려 하나니 각기 뜻하는 대로 나에게 말하라." 하시거늘
2 경석이 "십오(十五) 주시기를 원하옵니다." 하고 아뢰니
3 상제님께서 문득 표정을 바꾸시며 "도적놈이로다." 하고 꾸짖으시니라.
4 한 성도가 상제님께 여쭈기를 "시속에 십오수를 진주(眞主) 도수라 이르거늘 경석이 제 분수를 모르고 있습니다." 하니
5 탄식하며 말씀하시기를 "내가 마음을 다하여 이끄는데도 끝내 개심(改心)하지 못하면 그 또한 경석의 운이니 어찌할 수 없노라." 하시니라.

박공우와 차경석

258 하루는 상제님께서 성도들과 함께 길을 가시다가 고부 두승산 뒷못방죽에 이르시니
2 갑자기 경석이 새카맣게 타서 퍽 고꾸라지더니 죽은 듯 꼼짝도 하지 않으니라.
3 이에 성도들이 크게 놀라 눈이 휘둥그레져서 아무 말도 못하고 상제님과 경석을 번갈아 보거늘
4 갑자기 공우가 배를 움켜쥐고 깔깔깔 웃으니라.

28장에 붙인 의통 공사

259 대흥리에 계실 때 하루는 성도들에게 이르시기를 "스물여덟 명을 가리라." 하시어 28장(將)을 정하시고
2 각기 주머니 한 개씩을 주시니 주머니 속에는 칙서(勅書)가 들어 있거늘
3 그 가운데 왕량신장(王梁神將)에게 내리는 칙서를 보니 이러하니라.
4 將 令
장 령

入水不溺하고 入火不滅하며
입수불익 입화불멸

水陸萬里에 去平安來平安하라
수륙만리 거평안래평안

장령이니라.

물에 들어가도 빠지지 말고
불에 들어가도 타지 말며
바다 건너 아무리 먼 곳이라도
가고 옴에 내내 평안하라.

5 이 외에 다른 주머니에 들어 있는 칙령은 상제님의 명에 의하여 성도들이 보지 못하니라.

호연을 제비로 만드심

260 하루는 상제님께서 "호연아, ○○에 가서 먹을 것 좀 가져와라." 하시거늘
2 호연이 "날 어떻게 해서 또 뭘 갖고 오라고 할려구?" 하니 그 말이 끝나자마자 호연을 제비로 만들어 잔칫집에 보내시니라.
3 호연이 음식 그득한 상을 보며 "어떻게 하면 저놈을 갖고 갈꼬…." 하고 궁리하는데
4 상제님께서 그 집 사람들의 눈을 보이지 않게 만드시니 그 틈을 타 음식을 옷에 싸서 돌아오니라.
5 호연이 가져온 음식을 내놓으며 짐짓 의기양양해하거늘
6 상제님께서 "내가 여기 앉아서 조화를 안 부려도 네가 그것 갖고 와?" 하시니
7 호연이 고개를 끄떡이며 "그렇긴 그려. 접시 하나도 못 갖고 와." 하니라.

천하에 맹인을 없애는 공사

261 대흥리에 계실 때 하루는 상제님께서 갑자기 신음하시며 "내가 무슨 죄가 있어 맹인이 되었는고!" 하시거늘

2 성도들이 놀라 용안을 바라보니 백태
(白苔)가 눈을 덮어 맹인이 되신지라
3 성도들이 크게 놀라고 당황하여 어찌
할 바를 모르고 있는데 상제님께서 여
러 시간 고통하시며
4 "내가 무슨 죄가 있어 눈이 멀게 되었는
가." 하시고 계속 눈물을 흘리시니라.
5 이에 곁에 있던 한 성도가 상제님의 눈
가까이에 손을 가져가려 하니 문득 큰
소리로 꾸짖으시기를 "누구 몸에 감히
손을 대려 하느냐!" 하시고
6 여러 시간이 지난 후에 간신히 백태를
뽑아내시니 두께가 한 치가 넘고, 그
떨어지는 소리에 성도들이 소스라치게
놀라더라.
7 상제님께서 말씀하시기를 "내가 천지
에 있는데 천하의 백성 중에 일월을
보지 못하는 자가 있다면 내 어찌 차
마 보리오.
8 앞세상에는 앞 못 보는 자를 없게 하노
라." 하시니라.

천지에 수기 돌리는 대공사

262 무신년 6월에 상제님께서 대흥
리에 계실 때 하루는 성도들에
게 일러 말씀하시기를 "이제 앞으로
천하에 수기(水氣)가 마를 것이니 수기
를 돌려야 하리라." 하시고
2 뒷산 피난동(避難洞) 안(安)씨 재실(齋室)
에 가시어 집 앞 동쪽 우물을 댓가지로
한 번 저으시며 말씀하시기를
3 "음양이 고르지 못하니 무슨 연고가
있을지라. 재실에 가서 물어 오라." 하
시니라.
4 내성이 명을 받고 가서 사연을 물으니
'사흘 전에 재지기는 죽고 그 아내만
있다.' 하거늘
5 돌아와 아뢰니 말씀하시기를 "다시 행
랑에 가 보라. 딴 기운이 떠 있도다."
하시매
6 내성이 행랑에 들어가 보니 봇짐장수
남녀 두 사람이 있거늘 돌아와서 그대
로 아뢰니라.
7 이에 상제님께서 재실 대청에 오르시
어 여러 사람들로 하여금 "서쪽 하늘
을 바라보고 만수(萬修)를 크게 부르
라." 하시고
8 말씀하시기를 "이 가운데 수운가사를
가진 자가 있으니 가져오라." 하시니
9 과연 한 사람이 가사를 내어 올리거늘
상제님께서 그 책을 펴시어 한 절을 읽
으시니 이러하니라.
10 詩云伐柯伐柯여 其則不遠이로다
시운벌가벌가 기칙불원
도끼자루를 베고 도끼자루를 벰이여.
그 법칙이 멀리 있지 않도다.
11 눈앞에 보는 바는 어길 바 없지마는
이는 도시(都是) 사람이요
부재어근(不在於斤)이라.
12 목전지사(目前之事) 쉽게 알고
심량(深量) 없이 하다가서
말래지사(末來之事) 같잖으면
그 아니 내 한(恨)인가.
13 처음에 작은 소리로 한 번 읽으시니
문득 맑은 하늘에 뇌성이 일어나고
14 다시 큰 소리로 읽으시니 뇌성이 대포
소리와 같이 크게 울리며 화약 냄새가
코를 찌르니라.
15 또 지진이 강하게 일어나 천지를 진동
하니 여러 사람들이 정신을 잃고 마루
위에 엎어지거늘
16 내성에게 명하시어 각기 물을 먹이니
모두 일어나니라.

태을주를 내려 주신 개벽기 인류구원 대공사

263 하루는 상제님께서 말씀하시기
를 "염제 신농씨에게 제를 지낸 후
에 태을주(太乙呪)를 반포하리라." 하시
니라.
2 그 후에 하루는 안내성의 집에 가시어
내성에게 이르시기를 "너, 오늘 천지에

진지 올려라." 하시고
3 "상 세 개를 차리고 내게 폐백 삼백 냥
을 올려라." 하시니라.
4 내성이 워낙 가난하여 모친에게 걱정
하며 말하기를 "어머니, 선생님께서 폐
백 삼백 냥을 올리라 하시는데 저는
일 전 한 푼도 없고 어떻게 했으면 좋
겠습니까?" 하니
5 모친이 대답하기를 "우리 형편에 삼
백 냥이란 거금이 어디 있겠느냐. 내가
한 닢 두 닢 푼푼이 모아 둔 것이 단지
에 있는데 그것이라도 꺼내 보아라."
하거늘
6 세어 보니 모두 삼백 닢인지라 상제님
께 아뢰기를 "엽전 삼백 닢밖에 없습
니다." 하니라.
7 상제님께서 이르시기를 "삼백 닢을 삼
백 냥 대신으로 쓰면 될 것이 아니냐.
어서 가져오너라." 하시거늘
8 내성이 가져다 올리매 "삼백 닢어치 술
을 사 오라." 하시는지라
9 내성이 지게를 지고 가까운 주막에 가
서 술을 사 오니 장정 한 사람이 바듯
이 져야 할 양이더라.
10 내성과 모친이 나물과 보리밥으로 상
을 차려 올리매 상제님께서 "술을 세
상에 나누어 올리고 절하며 심고하
라." 하시거늘
11 내성이 상을 향해 절을 올리는데 상제
님께서 가운데 상에 앉으시어 진지를
드시니라.
12 이윽고 상제님께서 말씀하시기를 "글
받아라. 천하의 복록과 수명이 이 주문에
들어 있느니라." 하시고
13 친히 태을주를 일곱 번 읽어 주시며 따
라 읽게 하시니라.

안내성에게 우주의 율려 도수를 붙이심

14 이어서 다시 내성에게 말씀하시기를
"너는 내 도의 아내라. 태을주만은 너에
게 전하여 주리니 태을주를 많이 읽으
라." 하시고
15 "너는 이 세상에 태을주를 전파하라.
태을주는 우주 율려(律呂)이니라." 하시
니라.
16 또 말씀하시기를 "파라, 파라, 깊이 파
라. 얕게 파면 죽나니 깊이깊이 파야 하느
니라." 하시니라.
17 이로써 내성에게 율려 도수를 맡기시니
그 후 내성이 상제님의 명을 받들어 3
년 동안 자리를 뜨지 않고 일심으로
태을주를 읽으니라.

관운장이 되시어 공사 보심

264 하루는 상제님께서 공우를 데리
고 태인 새울에서 백암리로 가실
때
2 갑자기 관운장(關雲長)의 형모로 변하
시어 돌아보며 물으시기를 "내 얼굴이
관운장의 형모와 같으냐?" 하시거늘
3 공우가 바라보매 용안과 체격이 관운
장과 아주 흡사하더라.
4 이에 공우가 놀랍고 의아하여 "감히
알지 못하겠나이다." 하니 그와 같이
세 번을 물으시거늘
5 공우가 '이 물으심에 반드시 무슨 까닭
이 있다.'고 생각하여 아뢰기를 "관운
장과 흡사하옵니다." 하니
6 그제야 본래 모습으로 돌아오시어 경
학의 집에 이르러 공사를 행하시니라.

엽전을 오래 쓰게 하심

265 하루는 상제님께서 약방에 이
르시어 경학에게 말씀하시기를
"네 아들 용주(龍胄)가 수(數)를 모르니
수를 가르쳐야 할지라. 속히 보내라."
하시니 경학이 돌아가 용주를 약방으
로 보내니라.
2 이때 당국에서 엽전을 모아 없애려 하
거늘 상제님께서 엽전 일흔 냥을 약방
에 간수해 두시며 말씀하시기를 "아직
다 없애는 것은 옳지 않다." 하시더니
3 용주가 이르자 엽전 두 푼으로 수를

두시다가 말씀하시기를 "이 방에 있
는 엽전이 도합 백두 냥 두 푼이어야
하리니 여러 사람에게 있는 것까지 다
찾아내어 세어 보라." 하시니라.
4 성도들이 각기 가진 돈을 털어 내고
약방에 간수해 둔 돈까지 합하여 계산
하니 백두 냥밖에 되지 않거늘
5 상제님께서 다시 이르시기를 "맞지 않
으면 못쓰리니 잘 찾아 보라." 하시니
라.
6 이에 성도들이 주머니를 더듬어 보니
형렬의 부시쌈지에 총전 한 푼이 있
고, 약방 궤 속에 또 한 푼이 있더라.
7 이때 말씀하시기를 "엽전과 되말(升斗)
은 원평이 근본이니 오래도록 쓰게 하
리라." 하시더니
8 그 뒤에 전국에서 엽전을 다 쓰지 않게
되었으나 원평 부근에서만은 수십 년
이 지난 경오, 신미년까지 쓰이니라.

지구촌 인구조사 공사

266 하루는 구릿골에 계실 때 한공
숙(韓公淑)이 이르거늘 공숙에게
친히 술을 따라 주시며 말씀하시기를
2 "내 일을 많이 하였으니 술을 마시라."
하시니라.
3 공숙이 대하여 아뢰기를 "당신님의 일
을 한 바가 없나이다." 하니 말씀하시
기를 "한 일이 있느니라." 하시거늘
4 공숙이 어리둥절하여 술을 받아 등을
돌려 마시고 한참 앉아 있다가 여쭈기
를 "간밤 꿈에는 한 일이 있었나이다."
하매
5 말씀하시기를 "꿈에 한 일도 일이니
라." 하시니라.
6 여러 사람이 공숙에게 그 꿈을 물으니
말하기를 "선생님께서 우리 집에 오시
어 '천하호구(天下戶口)를 성책(成冊)하여
오라.' 명하시므로
7 오방신장(五方神將)을 불러 호구조사를
하여 올리니 선생님께서 받으시는 것
을 보았다." 하더라.

돌아가신 부친을 살려 주심

267 무신년에 하루는 상제님의 부친
께서 병이 들어 돌아가신지라
2 응종이 부고(訃告)를 가지고 급히 구릿
골로 달려가 상제님 계신 곳을 물으니
"고산 화정리에 계신다." 하거늘
3 구릿골에서 고산은 80리 길이라 황급
히 고산에 찾아가 상제님을 뵙고 부고
를 전하니
4 상제님께서 술 한 잔을 주신 뒤에 돈
열 냥을 주시며 말씀하시기를
5 "날은 이미 늦었으나 불쾌한 마음을
품지 말고 곧장 돌아가되 청도원 김송
환(金松煥)의 집에 들어가 자고
6 내일 아침 구릿골 갑칠에게 들러 내
모시 두루마기 한 벌을 가지고 집에
돌아가 부친에게 입혀 드려라.
7 그러면 깨어나시리니 이 돈으로 자양
물(滋養物)을 사서 잘 공양하라." 하시
니라.

해를 잡아매신 상제님

8 날은 이미 저무는데 응종이 감히 명을
어기지 못하고 화정리를 떠나 길을 걸
어가매 해가 줄곧 같은 자리에 머물러
있더니
9 한 시간이 채 못 되어 뜻밖에도 길가
에 비(碑)가 보이거늘 자세히 살피니
곧 청도원이라.
10 응종이 탄복하며 생각하기를 '지금껏
해가 지지 않은 것도 그렇거니와 팔십
리 길을 이렇게 빨리 당도함은 틀림없
이 선생님의 조화로다.' 하니라.
11 이윽고 송환의 집 싸리문 앞에 이르니
해가 툭 떨어져 캄캄해지거늘 곧 송환
의 집에 들어가 자고
12 이튿날 아침에 구릿골에 들러 두루마
기를 가지고 손바래기로 돌아가 성부
께 입혀 드리니 곧 깨어나시니라.
13 이에 자양물을 사서 공양하니 즉시 원

기를 회복하시니라.

병자에게 자기 뱃속을 보게 하는 공사

268 상제님께서 병을 고쳐 주실 때
는 흔히 병자에게 "가슴과 뱃속
을 들여다보라." 하시는데 들여다보면
속이 훤히 다 보이더라.
2 또 혈맥과 장부(臟腑)를 가리키시며 '이
곳은 어디이고, 이곳은 어디인데, 어느
장부에서 병이 났노라.' 하시며 낱낱이
가르쳐 주시고
3 이따금 "누릿누릿하게 장부에 끼어 있
는 것은 담(痰)이니라." 하시니라.

사람 몸 수술 공사

269 상제님께서 구릿골에 계실 때
하루는 순천에 사는 성도가 손
바래기 편에 미역과 오징어를 보내 오
거늘
2 손바래기가 밥을 먹고 돌아가며 '갖다
줘야 대가리나 주고 찌끄래기나 줄까,
못 얻어먹는다.'며 불평을 하니
3 상제님께서 이를 아시고 먹줄을 튕긴
것처럼 손바래기의 몸을 좌우로 쪼개
어 길 가운데 세워 놓으시고는
4 기보를 부르시어 짐짓 이르시기를 "손
바래기를 남원 ○○네 집에 심부름 보
냈더니 오지도 않고 뭐하고 자빠졌는
가 모르겠다. 그 집에 좀 가 보아라."
하시니라.
5 이에 기보가 남원으로 털레털레 가다
보니 길 가운데에 손바래기의 몸이 한
뼘 정도의 간격으로 갈라진 채 세워져
있거늘
6 '아이고, 저 사람이 저렇게 생겼으니
못 왔구나!' 하고 벌벌 떨며 돌아와서
"손바래기가, 손바래기가…." 하며 말
을 잇지 못하니라.

멀쩡한 놈보고 죽었다고 하냐

7 상제님께서 시치미를 떼시며 "그놈 가
서 뭣하더냐, 잠자더냐?" 하시니 기보
가 "아이고, 말도 못하겠습니다." 하거
늘
8 "답답하다, 이놈아! 어떻게 생겼기에
그러냐, 응? 어서 말해라." 하고 재촉
하시니
9 "아, 해골이 딱 쪼개져 가지고 다 죽어
서는 길 가운데 오똑하니 세워져 있습
니다." 하니라.
10 이에 상제님께서 짐짓 놀란 표정을 지
으시며 "쪼개진 놈이 어떻게 서 있느
냐?" 하시니
11 기보가 "아이고, 몰라요, 어떻게 생겼
는지. 보니까 징그러워서…." 하며 눈
살을 찌푸리거늘
12 상제님께서 "아, 그러면 손바래기인
줄을 네가 어떻게 알았느냐?" 하고 물
으시니라.
13 이에 기보가 난감한 기색으로 "얼굴을
보니까 그런 것 같던데요." 하니
14 말씀하시기를 "아, 그럼 ○○네 집에
가서 손바래기가 있는가 없는가 알아
보고 와야 할 것 아니냐?
15 그 집에 손바래기가 없으면 그런가 하
겠지만 손바래기가 있으면 누구인지
모르는 것 아니냐?
16 심부름 간 놈이나 네놈이나 똑같다!
내가 가 봐야지. 넌 여기 앉았거라. 내
잠깐 갔다 오마." 하며 일어나시거늘
17 기보가 "잠깐만요, 거기를 하루면 가
는 줄 아십니까?" 하고 만류하는지라
"허, 이놈! 내가 한걸음에 갔다 오마."
하고 나서시니라.
18 잠시 후 상제님께서 손바래기를 도로
붙여 데리고 들어오시며 기보를 향하
여 "멀쩡한 놈보고 죽었다고 했냐, 이
놈아!
19 너도 이놈같이 세워 놓을란다." 하고
호통을 치시니 기보가 무서워서 벌벌
떠니라.
20 이후로는 누가 불평하는 소리만 하여
도 "너 손바래기 짝 나고 싶어서 그러

냐?" 하고 겁을 주시면
21 성도들이 기겁하여 "아이고, 저 남원 안
갈랍니다." 하며 말꼬리를 감추니라.

수염을 한 번 쓰다듬으시니

270 하루는 상제님께서 호연과 함께
약방에 앉아 계시다가 어느 결
에 나가셨는지 밖에서 호연을 부르시
거늘
2 호연이 나가 보니 어느새 지붕 위에
올라앉아 계시더라.
3 호연이 "불렀어요?" 하고 소리치니 상
제님께서 "어디 불났어?" 하시거늘
4 다시 "안 불렀어요?" 하니 "멀쩡한 날
에 불났다고 하네." 하시니라.
5 이때 어디선가 "불이야!" 하고 외치는
소리가 들리므로 호연이 달려가 보니
쌓아 둔 낟가리에 불이 붙은지라
6 사람들이 불 끌 엄두도 내지 못하고
주변으로 번질까 두려워 울며 아우성
치거늘
7 호연이 "불이 나서 어쩔거나." 하며 걱
정스런 눈빛으로 상제님을 바라보매
8 상제님께서 수염을 한 번 쓰다듬으시
니 그 즉시 불길이 잡히니라.
9 또 하루는 마당에서 춤을 추듯 허공을
향해 주먹을 지르시니
10 갑자기 이 집 저 집에 불이 붙어 우르
르우르르 담이 헐어지거늘
11 사람들이 어느 집부터 불길을 잡아야
할지 몰라 우왕좌왕하다가 달리 수습
할 방도가 없어 하염없이 바라만 보는
데
12 문득 불이 꺼지며 언제 그랬냐는 듯
불에 탄 흔적이 말끔히 사라지고 담도
멀쩡해지더라.

연금술 공사

271 상제님께서는 밖에 나가시면 종
종 소쿠리나 골마리 또는 저고
리 앞자락에 둥글둥글한 고운 돌을 한
가득 담아서 가져오시니라.
2 하루는 호연이 "무엇 하려고 그렇게
돌을 주워 와요?" 하고 여쭈니 "내가
금덩이 주워 왔고만 그런 소리 하네.
3 보기 좋은 떡은 먹기도 좋단다. 돌이
좋길래 다 주워 왔다. 이게 다 금이다~!"
하시며 아랫목에 쏟아서 덮어 두시니
라.
4 또 어느 날은 호연에게 "너 돈 없냐?"
하고 물으시거늘 호연이 "없어요." 하
니
5 "아이구, 야야! 너 돈 없으면 나보고
말해라, 내가 주마. 여기 돈 많다." 하
시며 방 안의 돌들을 주시니라.

개벽 상황에 천지백성을 건져내는 독대 공사

272 하루는 상제님께서 약방에 앉아
계시는데 갑자기 하늘에 구멍이
뚫린 듯 장대비가 억세게 쏟아지거늘
2 상제님께서 "억수가 온다! 대수가 온다!
천하수(天下水)가 온다!" 하시며 낚싯대
를 챙겨 들고 부리나케 제비산으로 올
라가시니
3 성도들이 영문을 몰라 '행여 이 큰비에
선생님만 사시려고 그러시는가.' 하여
뒤쫓아가니라.
4 상제님께서 제비산 꼭대기에 오르시어
성도들에게 물으시기를 "너희들은 무
슨 이치로 산에 오르느냐?
5 나는 이치를 따라 오르거늘 너희들이
천지이치를 아느냐?" 하시며 원평 쪽
을 향하여 낚싯대를 드리우시거늘
6 모두 의아히 바라보기만 하는데 호연
이 "마른 땅에 고기가 어디 있어서 낚
시를 해요?" 하고 여쭈니
7 말씀하시기를 "이것이 낚시가 아니라
천하의 독대다, 독대! 사람을 낚는 것
이니 너희는 몰라도 천지백성을 다 건
져내는 중이니라." 하시고
8 잠시 후에 낚싯대를 들어올리시며 "어

이쿠, 잉어 잡혔다." 하시고는 한동안 낚시질을 계속하시니라.

자치기를 시키시며 공사 보심

273 하루는 상제님께서 공우와 갑칠을 불러 자치기를 시키시거늘
2 먼저 공우가 작은 자를 가져다 놓고 큰 자로 탁 치니 저만큼 날아가고
3 이어 갑칠이 자를 치니 거리가 공우에 미치지 못하는지라
4 상제님께서 갑칠의 머리를 한 대 때리시며 "이놈아, 그것밖에 못 나가냐?" 하시니라.
5 잠시 후 상제님께서 공우에게 물으시기를 "저 막대기가 어디로 가겠느냐? 서양으로 가느냐, 중국으로 가느냐?" 하시거늘
6 공우가 대답하기를 "이것이 가면 얼마나 가겠습니까? 중국으로나 가지, 서양으로는 못 갑니다." 하니
7 옆에 있던 갑칠이 아뢰기를 "중국으로 갈 것 같으면 그냥 우리 조선에서 살랍니다." 하니라.
8 이에 상제님께서 말씀하시기를 "앞으로 우리나라가 도주국(道主國)이 된다." 하시니라.

후천 선경 낙원의 복록소·수명소·대학교 공사

274 하루는 상제님께서 공우에게 글을 써 주시니 이러하니라.

2 壽命圖
수명도

天人天地天天
천인천지천천

地人地地地天
지인지지지천

人人人地人天
인인인지인천

3 이어 말씀하시기를 "이것을 신경수(申京守)의 집 벽에 붙이라." 하시고
4 "경수의 집에 수명소를 정하나니, 너희들은 모든 사람을 대할 때에 그 장처(長處)만 취하여 호의를 가질 것이요
5 혹 단처(短處)가 보일지라도 잘 용서하여 미워하는 마음을 두지 말라." 하시니라.
6 이때 공우를 시키심은 공우가 신경수의 집에 함께 사는 까닭이더라.
7 또 형렬에게 물으시기를 "법이 시골에서 만들어져 서울로 가느냐, 서울에서 만들어져 시골로 가느냐?" 하시니
8 형렬이 "법이야 서울에서 만들어져 시골로 내려오지요." 하고 대답하거늘
9 "그러면 그렇지. 무릇 법이란 서울로부터 내려와 만방에 펴내리는 것이니 서울 경(京) 자 이름 가진 사람의 기운을 뽑아 써야 할지라.
10 그러므로 경수(京守)의 집에 수명소(壽命所)를 정하노라." 하시니라.
11 또 경학(京學)의 집에 대학교(大學校)를 정하시며 말씀하시기를 "경학의 학(學) 자가 배울 학 자이니 대학교를 정하노라." 하시고
12 경원(京元)의 집에 복록소(福祿所)를 정하시니라.

화신 세력을 꺾으심

275 하루는 금산사 돌무지개문에서 개벽 공사를 보신 후에 글 한 수를 읽어 주시니 이러하니라.

2 長安長唱吾笑歌
장안장창오소가
誰識南方埋火家
수식남방매화가

3 이어 '매화(埋火)'라 쓰시어 형렬의 집 대밭에 묻으시고 형렬에게 일러 말씀하시기를 "내가 이제 화둔(火遁)을 하였나니 너의 집에 불을 조심하라.
4 만일 너의 집에 불이 나면 화신(火神)이 세력을 얻어 온 세계에 큰 재앙을 끼치리라." 하시거늘

5 형렬이 놀라 집안사람들을 단속하여
종일토록 불을 조심하니라.

동쪽 하늘에 별을 나타나게 하심

276 구릿골에서 공사를 행하실 때
하루는 밤중에 양지에 글을 쓰
시며 김보경에게 명하시기를 "동쪽 하
늘에 별이 나타났는가 보라." 하시므
로
2 보경이 밖에 나가 하늘을 보고 들어와
아뢰기를 "검은 구름이 온 하늘을 덮
고 있어서 별이 보이지 않나이다." 하
거늘
3 상제님께서 문을 열고 동쪽 하늘을 향
하여 입으로 한 번 부시니 구름이 흩
어지고 별이 나타나더라.

천하의 불평줄을 끄르는 공사

277 6월에 광찬에게 물으시기를 "네
가 평소에 나를 어떻게 불러 왔
느냐?" 하시니
2 광찬이 대답하기를 "존양반이라고 불
렀습니다." 하거늘
3 다시 물으시기를 "존양반은 너를 어떻
게 불렀겠느냐?" 하시매
4 광찬이 아뢰기를 "고을 아전(衙前)이라
고 부르셨을 것입니다." 하니라.
5 이에 말씀하시기를 "존양반은 고을 아
전에게 아전놈이라 부르고, 고을 아전
은 존양반에게 양반놈이라 부르나니
이것이 모두 불평줄이라.
6 이제 너와 내가 서로 화해하면 모든
신명들과 인간이 본받아 천하가 다 화
평하게 되리라." 하시니라.

제 지내며 대공사 보실 때

278 상제님께서는 평소 격식에 구애
받지 않고 옷을 입으시는데 제
를 지내시며 대공사를 보실 때는 반드
시 의관을 정제하시고
2 참관하는 성도들 역시 깨끗한 옷으로
갈아입게 하시니라.
3 또 제는 꼭 특정한 날을 택해 지내시
고, 그 때마다 돼지, 소, 개를 여러 마
리씩 잡아 제물로 올리시니라.

김형렬의 집 마당에서 보신 도통맥 전수 대공사

279 명절 때가 되면 성도들이 돈이
나 쌀, 곡식 등 여러 가지를 가
져오는데
2 서기가 상제님께 일일이 말씀드리면
그것을 모두 형렬의 집으로 가져다 놓
게 하시니라.
3 하루는 형렬의 집 마당에 단을 설치하
여 제물을 차리게 하시고, 용과 말을
그린 종이를 한 자 반 높이로 쌓아 놓
으시니라.
4 이어 형렬이 구슬 달린 네모반듯한 관에
새 옷을 입고 마당에 나가서 상제님을
기다리니
5 상제님께서 푸르스름한 저고리와 오
동꽃색 고의를 입으시고, 그 위에 긴
두루마기와 도복을 걸치신 뒤에
6 뿔이 달린 관을 쓰고 혼례식 할 때 신
는 목화를 신고 나오시거늘
7 기다리고 있던 성도들이 양쪽으로 나
뉘어 상제님의 뒤를 따르니라.
8 상제님께서 마당에 이르시어 의자에
앉으시매 뒤따르던 성도들이 좌우로
엎드리거늘
9 자리에서 일어나시어 "재배를 하라."
명하시니 먼저 형렬의 옆에 있는 성도
들이 일어나 절을 올리고, 이어 다른
성도들도 따라서 절을 올리니라.
10 호연이 평소에 공사 보실 때는 항시
사배하는 것을 보았던 터라 상제님께
"네 번 하는데 오늘은 왜 두 번만 해
요?" 하고 여쭈니
11 "아이고, 알지도 못하는 소리 말어. 이
것 데려다 어디 방에 가두어 놓고 해
야지 내놓고 못 하겠다." 하시거늘

12 호연이 “자기들은 옷을 그렇게 해 입
고 나는 안 해 주고!” 하며 토라지는지
라
13 상제님께서 “해 줄게, 해 줄게. 인제
천지가 네 옷이여, 천지가 네 옷.” 하
시며 얼러 주시니라.

하늘에도 수많은 나라가 있다

280 상제님께서 제를 지내시는 동안
용과 말을 그린 종이를 일일이
소지하며 고축하시니 마당이 불꽃밭
처럼 환하거늘
2 호연이 “하늘이 쳐다보간디? 뭣 하려
고 맥없이 종이를 불지를까. 이런 것
하면 하늘이 뜨겁다고 하겠네!” 하니
3 시종 엄숙하게 제를 모시는 중인지라
상제님께서 검지를 조용히 입에 대시
며 눈치를 주시니라.
4 호연이 그 모습을 흉내내며 “이게 뭣
이랴? 간짓대 가져와?” 하고 시치미를
떼니
5 주먹으로 쥐어박는 시늉을 하시며 “이
리 와 앉아라.” 하시거늘
6 호연이 다가가 앉으매 상제님께서 백
지로 호연의 입을 봉하시며 말씀하시
기를
7 “하늘도 수수천 리이고, 수많은 나라
가 있어. 이런 평지에서 사는 것하고
똑같다.” 하시니라.
8 이에 호연이 “아이고 깝깝햐~, 아이
고, 아휴~!” 하고 엄살을 부리니
9 상제님께서 종이를 조금 떠들어 주시
며 “아이, 요것 때문에 내가 큰일이
여!” 하시니라.

중요한 공사 말씀은 못 듣게 하심

281 상제님께서 몇몇 성도들과 함께
중요한 공사를 행하실 때는 다
른 사람의 근접을 일절 금하시니
2 호연이 궁금해서 조금 들으려 해도 곁
에 다가오지 못하게 하시니라.

망신당하는 꼴 한번 보게 할 테야

3 하루는 상제님께서 성도들과 말씀을
나누시는데 호연이 자꾸 끼어드니 ‘똑
똑한 체한다.’ 하며 나무라시거늘
4 호연이 토라져서 “내가 이제 망신당하
는 꼴 한번 보게 할 테야.” 하니라.
5 상제님께서 웃으시며 “어떻게 할라
냐?” 하시니 호연이 퉁명스럽게 “꾀를
활딱 벗겨 놓지.” 하거늘
6 다시 “내 꾀를 네가 어떻게 벗겨?” 하
시매 “자면 중의를 활딱 벗겨서 저기
갖다 놓지.” 하니라.
7 이에 상제님께서 “아, 굿 보고 웃으면
좋지! 사람 한번 웃기기가 어디라고.”
하시며 더욱 크게 웃으시니 방 안이
온통 웃음바다가 되니라.

미륵전 앞을 넓히는 공사

282 하루는 약방 후원에 푸른 대나무
10여 그루를 친히 심으신 뒤에
2 약방에 갖추어 둔 모든 비품 물목을
깨끗한 종이에 차례로 적으시고 글을
쓰시니 이러하니라.
3 世界有而此山出하니
세계유이차산출
紀運金天藏物華라
기운금천장물화
應須祖宗太昊伏인댄
응수조종태호복
何事道人多佛歌오
하사도인다불가
세계가 생겨나고 이 산이 나왔으니
후천 (가을)문명을 여는 운수가
이 산에 갊아 있느니라.
마땅히 선천 문명의 조종(祖宗)은
태호 복희씨인데
웬일로 도 닦는 자들이
허다히 부처 타령들이냐!
4 상제님께서 그 글 쓴 종이를 공우와
광찬에게 주시며 말씀하시기를
5 “금산사 미륵전 앞에 대장전(大藏殿)이

있어 불편하니 너희 두 사람은 이것을 금산사에 가지고 가서
6 대장전 석가불상을 바라보며 마음속으로 '불상을 업어다 마당 서편으로 옮겨 세운다.'는 생각을 하면서 불사르라." 하시니
7 두 사람이 금산사에 가서 명하신 대로 행하니라.
8 그 뒤에 금산사를 중수할 때 대장전을 마당 서편으로 옮겨 세우니 비로소 미륵전 앞이 넓어지니라.

너희들은 청수를 마시라

283 7월에 하루는 상제님께서 백암리 경학의 집에서 백지를 사지(絲紙) 오리듯 하여 두 가닥을 길이로 벽에 붙이시고
2 입에 물을 머금어 종이에 뿜으시니 곧 하늘에서 비가 쏟아지니라.
3 이에 성도들에게 명하시어 "청수 한 동이를 떠 오라." 하시더니 상제님께서 한 그릇을 떠서 반을 드시고
4 나머지 물은 도로 물동이에 부으시며 이르시기를 "너희들도 각기 한 그릇씩 마시라." 하시니라.

그까짓 것 말로 따질라요

284 하루는 경학에게 말씀하시기를 "교(教)끼리 전쟁을 하면 견잡을 수 없다." 하시고
2 "앞으로 도전(道戰)이 나면 어쩔란가?" 하고 물으시니 경학이 "그까짓 것 말로 따질라요." 하고 대답하니라.

백암리에서 보신 공사

3 상제님께서 경학의 집에 계실 때 말을 타고 어디를 가시다가도 걸인을 만나면 말에서 내리시어
4 "너하고 나하고 옷을 바꿔 입자." 하시며 옷을 모두 벗어 주시고
5 걸어서 가실 때는 종종 마을 어귀에서부터 신발을 벗고 버선발로 가시니라.

일본이 몰고 온 천지기운

285 하루는 한 성도가 여쭈기를 "이렇게 어지러운 세상을 당하여 어떻게 하는 것이 화를 피하는 길입니까?" 하니
2 말씀하시기를 "이때는 일본 사람을 잘 대접하는 것이 곧 피난이니라." 하시니라.
3 이에 그 성도가 다시 여쭈기를 "무슨 연고입니까?" 하니
4 상제님께서 말씀하시기를 "서방 백호(白虎)가 들어오는데 개를 보고 들어온다.
5 일본 사람이 서방 백호 기운을 띠고 왔나니 숙호충비(宿虎衝鼻)하면 상해를 받느니라.
6 범은 건드리면 해를 끼치고 건드리지 않으면 해를 끼치지 않으며, 또 범이 새끼 친 곳은 그 부근 동리까지 보호하나니
7 사사로운 일로 그들을 너무 거스르지 말라. 이것이 곧 피난하는 길이니라." 하시고
8 "동방의 청룡(青龍)기운이 동(動)하면 백호는 물러가느니라." 하시니라.

일본의 3대 원한을 해원시켜 주심

286 지난 임진란에 일본 사람이 조선에 와서 성공치 못하여 세 가지 한이 맺혀 삼한당(三恨堂)이 있다 하나니
2 먼저 도성(都城)에 들지 못하였음이 일한(一恨)이요
3 인명을 많이 죽였음이 이한(二恨)이요
4 수종(水種)을 가르쳤음이 삼한(三恨)이라.
5 그러므로 이제 해원시대를 당하여 먼저 도성에 들게 됨에 일한이 풀리고
6 인명을 많이 죽이지 않게 됨에 이한이 풀리고
7 3년 가뭄으로 백지(白地) 강산에 백성들이 추수하지 못하게 됨에 삼한이 풀

리리라.

일본 사람이 제 선령신을 찾아가게 하심

287 하루는 상제님께서 말씀하시기를 "지금은 천지도수(天地度數)가 정리되어 각 신명의 자리가 잡히는 때라.
2 일본 사람이 효(孝)줄을 띠고 조선에 건너와서 임진란 때에 각 오지(奧地)에 들어가 죽은 저의 선령신들을 찾아가려 하므로
3 이제 조선의 의병들이 그 일을 이루어 주려고 산중 깊숙한 곳까지 그들을 이끌고 들어가느니라." 하시니라.

월경 없애는 공사

288 하루는 태인에 계실 때 "여자를 한 사람 구해 오라. 오늘 내가 함께 자리라." 하시거늘
2 한 성도가 여쭈기를 "마침 매춘부가 있사온데 경도(經度)가 있어 안 되겠습니다." 하니라.
3 이에 말씀하시기를 "내가 바로 그 여자를 찾고 있노라." 하시고는
4 그 여자와 함께 주무시고 다음 날 도포자락 여기저기에 피를 잔뜩 묻힌 채로 길을 떠나시니
5 성도들이 놀라 아뢰기를 "핏자국이 옷에 가득하니 그대로 가실 수 없겠습니다." 하거늘
6 말씀하시기를 "사람들이 나를 욕하면 신명들이 내 말을 들으리라. 앞세상에는 여자에게 경도가 없느니라." 하시고
7 "불편이 막심하니 내 세상에는 없애리라." 하시니라.

개장국은 개정국이니라

289 하루는 상제님께서 말씀하시기를 "선천에는 도가(道家)에서 개장국을 먹지 아니하였으므로 망량신(魍魎神)이 응하지 않아 큰 도통이 없었느니라." 하시고
2 "개장국은 개정(改政)국이니라." 하시니라.

금평제 공사

290 상제님께서 용암리 물방앗간에서 구릿골로 가시며 "여기를 수리재라 하라." 하시거늘
2 한 성도가 "수리재가 무엇입니까?" 하고 여쭈니 "아, 이놈아. 물 넘어가는 고개도 모르냐?" 하시고
3 "이리로 물이 넘어가니 수리재라 불러라." 하시니라.
4 이에 성도들이 "아, 냇물은 멀쩡히 잘 흐르는데 고개가 어디 있어서 물이 넘어오는 수리재라 하십니까?" 하고 여쭈니
5 상제님께서 "그만 알아 두라." 하시니라.
6 또 말씀하시기를 "모악산 천황봉(天皇峰)에 불이 켜지면 때가 가까이 온 줄 알아라." 하시니라.

나의 운수는 더러운 병 속에

291 7월에 제비창골 삼밭에서 공사를 보신 뒤에 성도들을 거느리고 서전재 꼭대기 십자로에서 공사를 행하실 때
2 손사풍(巽巳風)을 불리시며 장질부사 열병을 잠깐 앓으시고 말씀하시기를 "이만하면 사람을 고쳐 쓸 만하도다." 하시고
3 손사풍을 더 강하게 불리신 후에 "손사풍은 봄에 부는 것이나 나는 동지섣달에도 손사풍을 일으켜 병을 내놓느니라.
4 병겁이 처음에는 약하다가 나중에는 강하게 몰아쳐서 살아남기가 어려우리라.
5 나의 운수는 더러운 병(病) 속에 들어 있노라." 하시니라.

병목이 너희들 운수목

6 이에 갑칠이 여쭈기를 "이해를 잘 못
하겠습니다. 치병을 하시면서 병 속
에 운수가 있다 하심은 무슨 연고입니
까?" 하니
7 말씀하시기를 "속담에 '병 주고 약 준
다.'는 말을 못 들었느냐. 병목이 없으
면 너희들에게 운수가 돌아올 수가 없
느니라.
8 **병목이 너희들 운수목이니 장차 병으로 사람을 솎는다.**" 하시고
9 "내가 이곳에 무명악질(無名惡疾)을 가
진 괴질신장들을 주둔시켰나니
10 신장들이 움직이면 전 세계에 병이 일
어나리라.
11 이 뒤에 이름 모를 괴질이 침입할 때는
주검이 논 물꼬에 새비떼 밀리듯 하리
라." 하시니라.
12 또 말씀하시기를 "앞으로 세상이 한바
탕 크게 시끄러워지는데 병겁이 돌 때
서신사명 깃대 흔들고 들어가면 세계
가 너희를 안다.
13 그 때 사람들이 '아, 저 도인들이 진짜
로구나.' 하는 것을 깨닫게 되리라."
하시니라.

칠성경 공사

292 하루는 김덕찬(金德贊)에게 양지
한 장을 주시며 "칠성경(七星經)
을 쓰라." 하시므로
2 덕찬이 글자의 크기를 여쭈니 "네 마
음대로 쓰라." 하시거늘
3 뜻대로 쓰매 글자가 종이 전체에 가득
차고 다만 글자 석 자 쓸 만한 여백이
남는지라
4 이에 말씀하시기를 "그 여백에 칠성경
석 자를 쓰라." 하시고 그 종이를 받아
불사르시니라.
5 상제님께서 말씀하시기를 "**칠성경은 재
액(災厄)을 물리치고 복을 구하는 큰 경문
(經文)이요, 개벽주에는 천하의 큰 권능이
깃들어 있느니라.**" 하시니라.
6 상제님께서 평소 성도들을 공부시키실
때는 먼저 칠성경을 읽히시고 후에 개
벽주(開闢呪)를 읽히시니 그 주문은 이
러하니라.

7 七星經
칠성경

七星如來 大帝君 北斗九辰 中天大神
칠성여래 대제군 북두구진 중천대신

上朝金闕 下覆崑崙 調理綱紀 統制乾坤
상조금궐 하부곤륜 조리강기 통제건곤

大魁貪狼 文曲巨門 祿存廉貞 武曲破軍
대괴탐랑 문곡거문 녹존염정 무곡파군

高上玉皇 紫微帝君 大周天際 細入微塵
고상옥황 자미제군 대주천제 세입미진

何災不滅 何福不臻 元皇正氣 來合我身
하재불멸 하복부진 원황정기 내합아신

天罡所指 晝夜相輪
천강소지 주야상륜

俗居小人 ○○生 ○○○ 好道求靈
속거소인 생 호도구령

願見尊儀 永保長生 三台虛精 六淳曲生
원견존의 영보장생 삼태허정 육순곡생

生我 養我 護我 形我 許身形
생아 양아 호아 형아 허신형

魁魡𩴵䰢 魤𩲸魒 尊帝急急 如律令
괴작관행 화보표 존제급급 여율령

8 開闢呪
개벽주

天上玉京天尊神將 天上玉京太乙神將
천상옥경천존신장 천상옥경태을신장

上下變局雷聲霹靂將軍
상하변국뇌성벽력장군

白馬元帥大將軍
백마원수대장군

雷聲霹惡將軍 惡鬼雜鬼禁亂將軍
뇌성벼락장군 악귀잡귀금란장군

三首三界都元帥 地神霹靂大將軍
삼수삼계도원수 지신벽력대장군

天地造化風雲神將 太極斗破八門神將
천지조화풍운신장 태극두파팔문신장

六丁六甲遁甲神將 三台七星諸大神將
육정육갑둔갑신장 삼태칠성제대신장
二十八宿諸位神將
이십팔수제위신장
感我微誠 助我大力 力拔山
감아미성 조아대력 역발산
吾奉 九天上世君
오봉 구천상세군
勅速勅速 唵唵急急 如律令
칙속칙속 엄엄급급 여율령

후천개벽 인기어인(人起於寅) 시간 도수

293 하루는 어둠이 내리는 저녁 무렵에 상제님께서 새파란 불덩이로 변하시거늘
2 아침해가 뜬 것처럼 약방 주변이 온통 환해지더니 잠시 후에 집채만 한 호랑이가 입을 떡 벌리고 호연에게 성큼성큼 다가오더라.
3 이에 호연이 포대기를 뒤집어쓰며 "아이고~, 누구 죽이려고 이런대요?" 하고 소리치니
4 상제님께서 "그러지 마라. 호랑이가 무섭냐? 내가 무섭지." 하시거늘
5 호연이 연신 진저리를 치며 "아이고, 쫓아내요. 나 무서워 죽겠어. 호랑이는 사람 잡아먹는대요." 하며
6 불덩이로 변해 계신 상제님을 껴안으니 순간 형상만 두고 어디론가 사라지시니라.
7 잠시 후 상제님께서 모습을 드러내시며 "그것이 허물만 호랑이지 속도 호랑이냐?" 하고 웃으시니라.

불의한 순사에게 신벌을 내리심

294 하루는 구릿골 입구 정괴산(丁槐山)의 주점에서 술을 마시고 계시는데 마침 고부화란 때 면분이 있던 이 순사가 이르거늘
2 상제님께서 술을 사서 대접하시니 그가 떠나면서 돈을 요구하며 상제님 조끼 주머니에 손을 넣어 돈 10원을 꺼내 가는지라
3 상제님께서 말씀하시기를 "모든 일을 의로써 하여야 하거늘 어찌 이렇게 무례하뇨." 하시니라.
4 이 순사가 전주에 가서 다시 편지로 40원을 청구하거늘
5 형렬에게 명하여 돈 약간을 구해 보내시며 말씀하시기를 "의롭지 못한 사람이다." 하시더니
6 그 후 8월에 이 순사가 고부로 돌아가다가 정읍 한다리(漢橋)에서 도적들에게 맞아 죽으니라.
7 상제님께서 그 소식을 들으시고 말씀하시기를 "도적을 다스려야 할 순사가 오히려 분수 밖의 재물을 즐기니 도적에게 죽음은 당연치 아니하랴.
8 이것이 다 신명이 행하는 바이니라." 하시니라.

일본의 강렬한 땅기운을 제어해 주심

295 상제님께서 하루는 저녁 어스름 무렵이 다 되어 성도들을 데리고 태인(泰仁) 신방죽(神濠) 쇠부리깐에 가시니라.
2 상제님께서 한 성도에게 부를 그려 주시며 명하시기를 "불무간에서 불을 붙여다가 한 방향으로 사르라." 하시거늘
3 그 성도가 명하신 대로 하였더니 상제님께서 "천기를 보라." 하시니라.
4 이에 성도들이 하늘을 보니 산마루에 불빛이 반짝반짝하며 동쪽으로 돌아가거늘
5 상제님께서 큰 소리로 말씀하시기를 "신의 조화가 빠르긴 빠르도다!" 하시니라.
6 며칠 후에 상제님께서 "소식이 이렇게 둔해서야 쓰겠느냐." 하시고 갑칠에게 명하시어 "전주 김병욱에게 가서 세상 소문을 들어 오라." 하시므로

7 갑칠이 병욱의 집에 이르니 때마침 '일
본 신호(神戶)에 큰 화재가 일어나서
피해가 많다.' 하거늘
8 갑칠이 돌아와 그대로 아뢰니 말씀하
시기를 "일본은 너무 강렬한 지기(地
氣)가 모여 있어 그 민족성이 사납고
탐욕이 많으며 침략열이 강한지라
9 조선이 예로부터 그들의 침노(侵擄)를
받아 편한 날이 적었나니
10 그 지기를 뽑아 버려야 조선도 장차
편할 것이요 저희들도 또한 뒷날 안전
을 누리리라.
11 그러므로 내가 그 지기를 뽑아 버리기
위해 전날 신방죽 공사를 본 것인데
12 신방죽과 어음(語音)이 같은 신호에서
화재가 일어난 것은 장래에 그 지기가
크게 뽑혀질 징조니라." 하시니라.

회문산에서 보신 추수도운의 진주 공사

296 무신년 가을에 상제님께서 수부
(首婦)님과 김형렬, 김갑칠, 박
공우, 문공신, 안내성, 차경석 등 여러
성도들을 데리고 태전 콩밭 도수를 보
러 떠나시니라.
2 상제님께서 회문산에 이르시어 공우에
게 물으시기를 "공우야, 여기가 어디
냐?" 하시니 공우가 "순창 회문산입니
다." 하고 아뢰니라.
3 공우가 상제님께 여쭙기를 "여기는 무
슨 도수를 보러 오셨습니까?" 하니 말
씀하시기를 "오선위기 도수를 보러 왔
다." 하시고
4 "밤밭이 어디 있느냐?" 하시거늘 수부
님께서 "밤이 익었겠지요." 하시니라.
5 이에 상제님께서 명하시기를 "가서 밤
송이를 주워 와라." 하시니 성도들이
상제님의 말씀을 따라 밤을 주워 오니
라.
6 상제님께서 다시 "밤을 까라." 하시고
잠시 후 "밤을 몇 번 깠느냐?" 하고 물
으시니 성도들이 "세 번 깠습니다." 하
고 아뢰거늘
7 상제님께서 "밤을 한 번 까면 정월이
요, 두 번 까면 사월이요, 세 번을 까면
가을 아니냐." 하신 후 치성을 올리시
고 오선위기 공사를 보시니라.
8 상제님께서 회문산에서 공사를 마치시
고 성도들을 데리고 눈깜짝할 사이에
고창 사창리로 가시니 성도들이 잠깐
사이의 일에 놀라 서로 웅성거리더라.

흥덕에서 보신 투전 공사

297 상제님께서 흥덕(興德) 하오산
(下鰲山) 앞의 알미장(卵山場)에
이르시어 성도들을 사방위로 앉게 하
시고 가운데로 들어가시어 투전 공사
를 보시니라.
2 상제님께서 성도들에게 투전목을 돌
리시고 얼마간의 돈을 걸게 하신 뒤에
3 이르시기를 "패를 지어 차례로 내보이
라." 하시니 성도들이 말씀을 좇아 한
명씩 패를 보이니라.
4 상제님께서 '너는 무엇이다, 너는 무엇
이다.' 하시며 각 성도들의 패를 읽어
주시고
5 상제님의 차례가 되자 띠자리 위로 패
를 후려치시니 패 석 장이 '짝' 하고 펼
쳐지거늘
6 "나는 순이다!" 하시고 판돈을 모두 거
두어들이시니라.
7 상제님께서 이어 말씀하시기를 "지혜
있는 장수가 복 있는 장수를 못 당하느니
라." 하시니라.

순이 옥황상제다

298 상제님께서 유소시에 하오산 알
미장에서 '한 일(一)' 자를 쓰신
바 있더니
2 이때 다시 알미장에 이르시어 종이 위
에 '한 일(一)' 자 를 쓰시고 수부님께
"이것이 무엇 같으냐?" 하고 물으시니
라.

3 이에 수부님께서 "누에 같습니다." 하
고 대답하시니 상제님께서 한 일 자를
입으로 후 하고 부시고 천지가 울리도
록 크게 외치시기를
4 "나는 순이다. 순이 옥황상제다." 하시
니 순간 글자가 살아나 마치 누에처럼
기어가니라.
5 장꾼들이 탄성을 지르며 이 광경을 지
켜보는데 상제님 일행 모두가 사람들
눈앞에서 홀연히 사라지시거늘
6 모두 놀라 '어디로 갔냐.'며 상제님을
찾느라 소란을 떠니라.
7 이때 한 풍물(風物) 장수가 큰 소리로
"저기로 갔다!" 하며 한 쪽을 가리키니
장꾼들이 소리치며 풍물 장수가 말한
쪽으로 몰려가나 아무런 흔적도 찾을
수 없거늘
8 사람들이 경탄하여 이르기를 "큰 귀신
이 다녀가셨다." 하니라.

추수도운의 텃밭

299 상제님께서 서산(西山)에 이르시
어 공우에게 물으시기를 "공우
야, 내가 텃밭을 찾아가는데 내 텃밭
이 어디로 가야 있겠느냐?" 하시거늘
2 수부님께서 불쑥 대답하시기를 "당
신 마음먹고 가시는 길이 텃밭 아닙니
까?" 하시니라.
3 이어 공우가 상제님께 여쭙기를 "어디
로 가시렵니까?" 하니 상제님께서 "임
피로 해서 태전 간다." 하시니라.

선운사와 연기동에서 공사 보심

300 상제님께서 고창 선운사(禪雲寺)
에 들러 공사를 보신 후 부안 줄
포(扶安 茁浦)로 향하시다가 연기동(煙
起洞)을 앞에 두고 인천강(仁川江)을 만
나니라.
2 이때는 마침 밀물이라 조수가 들어와
다리를 찾을 수가 없거늘
3 공우가 옆에 계신 상제님을 믿고 '물
위를 걸어 보리라.' 하여 강으로 발을
내딛으니
4 순간 강한 조수에 휩쓸려 공우의 몸이
손쓸 틈도 없이 강물로 빨려들어 가니
라.
5 상제님께서 물속에서 허우적거리는 공
우를 건져 주시니 간신히 물 밖으로
나오거늘 모두들 크게 웃으니라.
6 공우가 정신을 차리고 옷이 젖었음을
걱정하니 순식간에 옷이 말라 새로 빤
것처럼 빳빳해지니라.
7 이어 상제님께서 성도들의 손을 잡고
강을 건너 줄포로 향하시니라.

바다를 가르심

301 줄포로 가시는 중에 비가 내리
거늘 상제님께서 가시는 길은
비가 내리지 않으니라.
2 한참을 걸어 곰소만을 만나니 줄포로
가려면 길을 멀리 돌아가야 할 상황이
된지라
3 상제님께서 발걸음을 멈추시고 담뱃대
를 꺼내 바닷물을 향해 내리치시거늘
4 순간 바닷물이 양옆으로 솟구치고 줄
포까지 일자로 갈라져 맨땅이 그대로
드러나니라.
5 이에 성도들이 탄성을 연발하며 갈라
진 바닷길을 걷는데 바닥에 물기가 하
나도 없어 마치 들길을 걷는 듯하더
라.

줄포에서 뱃노래를 부르심

6 바다를 건너 줄포에 다다르니 새끼를
까고 빈껍질만 남은 우렁이가 빗물에
둥둥 떠내려가거늘
7 상제님께서 "저게 무엇 같으냐?" 하시
니 한 성도가 "배 같습니다." 하고 아
뢰니라.
8 이때 수부님께서 비 내리는 바다를 바
라보시며 노래하시기를
9 "배 떠나간다. 배 떠나간다. 우렁이 껍
질 떠내려가듯 배 떠나간다." 하시니라.

변산에서 산신제를 지내심

302 상제님께서 다시 길을 떠나 변산에 이르시어 말씀하시기를 "여기가 **영천구미혈**(泳川龜尾穴)이다." 하시고
2 또 말씀하시기를 "거북은 꼬리에 묘를 써야 재주가 난다." 하시니라.
3 공우가 상제님의 말씀을 듣고 입맛을 쩝쩝 다시거늘 상제님께서 공우에게 이르시기를 "당치 않은 욕심은 내지도 말아라." 하시니라.
4 상제님께서 변산에서 **산신제**(山神祭)를 지내신 후 군산으로 향하시니라.

장암에서 금 도수를 보심

303 상제님께서 군산 바닷가에 이르시어 내성을 옆구리에 끼시고 바다 위를 걸어 서천 장암(長岩)으로 건너 가시거늘
2 수부님과 성도들은 일렬로 상제님의 발자국을 밟으며 뒤를 따르니라.
3 상제님께서 장암에 이르시어 **금 도수**(金度數)를 보시니라.

전쟁 공사: 파탄(破綻)이 나간다

4 금 도수를 보신 다음 상제님께서 담뱃대에 불을 붙여 몇 모금을 빨아 '푸우, 푸우' 하고 연기를 내 뿜으신 뒤에
5 공우에게 물으시기를 "이 연기가 무엇과 같으냐?" 하시거늘 "산불이 난 것 같습니다." 하고 아뢰니라.
6 상제님께서 이번에는 불씨가 담긴 담뱃대로 허공을 후려치시니 담배 불똥이 흩어지거늘
7 성도들에게 대통을 가리키시며 "이것은 무엇 같으냐?" 하고 물으시니라.
8 이에 누구는 '수박덩이 같다.' 하고 또 누구는 '포탄(砲彈) 같다.' 하거늘
9 상제님께서 담뱃대를 재떨이에 탕탕 털며 말씀하시기를 "**이것이 파탄**(破綻)**이 나가는 연기다.**" 하시고
10 노래하듯 말씀하시기를 "파탄이 나간다. 파탄이 나간다." 하시니라.
11 장암에서 공사를 마치신 뒤에 임피로 향하시는데 성도들 모두 기분이 들떠 서로 웃고 떠들며 가니라.

임피 술산에서 대공사를 보심

304 상제님께서 **공주산**(公主山)과 입마산(立馬山), **어래산**(御來山)을 지나 임피 **술산**(戌山)에 이르시어
2 성도들에게 명하시기를 "**망량신 대접**을 하리니 개를 잡으라." 하시고
3 크게 제를 지내신 후에 말씀하시기를 "**인신합덕**(人神合德)**을 술래**(戌來)**로 하느니라.**" 하시니라.
4 상제님께서 임피에서 태전으로 향하시니라.

말이 콩밭으로 들어가는구나

305 상제님 일행이 태전에 거의 다다르니 두 사람이 서로 판을 대하여 머리를 맞대고 앉아 있거늘
2 상제님께서 "저 사람들 무엇 하고 있느냐?" 하고 물으시니 공우가 "장기를 둡니다." 하고 아뢰니라.
3 이때 성도들이 장기 두는 사람들 옆으로 다가가 장기판을 구경하는데 공우가 큰 소리로 "저 차(車), 저 차, 저 차! 차가 죽게 생겼다." 하니
4 장기 두던 사람들이 버럭 화를 내며 "왜 훈수를 두느냐." 하며 싫은 소리를 하니라.
5 이때 상제님께서 말씀하시기를 "아, **말**(馬)**이 콩밭에 들어가는구나! 여봐, 말이 콩밭으로 들어가는데 안 쫓아?**" 하시니라.

참으로 무서운 건 졸(卒)이다

6 상제님께서 또 말씀하시기를 "사(士) 두 개는 좌우에서 왕을 보호하여 제 목숨을 아끼지 않는 것이요
7 차(車)는 선이 그어진 자리면 아무 데나 휘젓고 다니니 무서우니라.
8 차도 무섭고 포(包)도 무서우나 참으로

무서운 건 졸(卒)이니 졸은 후퇴하는 법
없이 오직 전진만 하느니라." 하시고
9 또 말씀하시기를 "알들은 서로 친하고
비켜 주고 보호하느니라." 하시니라.
10 잠시 후에 상제님께서 태전으로 들어가
시며 말씀하시기를 "우리 일에 말이 들
어야 한다." 하시니라.

이곳이 제왕지지니라

306 상제님께서 얼마를 더 가시다가
문득 한 자리에 멈추어 서시더
니 오른발로 땅을 힘껏 세 번을 구르
시며 큰 소리로 외치시기를
2 "이곳이 제왕지지(帝王之地)니라! 여기서
왕이 나온다! 장차 여기에서 전무지후무
지법(前無知後無知法)이 나오리라.
3 태전을 집을 삼고 인신합덕을 하리니
태전이 새 서울이 된다." 하시고
4 또 말씀하시기를 "오로봉전이십일(五
老峰前二十一)이 아니라 오로봉전태전이
니라." 하시니라.
5 이때 상제님께서 글 한 수를 읽어 주시
니 이러하니라.
6 萬國活計南朝鮮이요 淸風明月金山寺라
만국활계남조선 청풍명월금산사
文明開化三千國이요 道術運通九萬里라
문명개화삼천국 도술운통구만리
만국을 살려낼 활방은 오직 남쪽 조선에
있고
맑은 바람 밝은 달의 금산사로다.
가을의 새 문명은 삼천 나라로 열려
꽃피고
도술 문명의 대운은 우주 저 끝까지
통하리라.
7 이후 상제님께서 틈만 나면 이 노래를
부르시니 성도들도 따라서 종종 읊조
리니라.

태전에서 도공(道功)전수 공사를 행하심

307 태전에 도착하시어 처소를 정하
신 뒤 저녁 어스름 무렵부터 성
도들과 함께 띠자리를 깔아 놓고 주문
을 읽으시니라.
2 상제님께서 성도들에게 태을주를 시작
으로 시천주주와 개벽주 등 주문을 읽
게 하시니 좌중에 점점 흥이 더해 가
고
3 신이 내리매 모두들 몸을 들썩들썩하며
크게 웃기도 하고 문답을 받아서 스스
로 떠드니 왁자지껄하여 크게 소란하
여지니라.
4 한참 그렇게 기운을 받아 몸을 흔들며
떠드는 중에 상제님께서 종이에 점을
찍으시며 벼락같이 외치시기를
5 "마신이 하는 얘기냐! 참신이 하는 얘
기냐!" 하시니
6 공우가 부지간(不知間)에 오른팔을 하
늘 높이 들고 큰 소리로 "이것은 참신
(眞神)이오!" 하고
7 왼 주먹으로 방바닥을 쾅 내리치며
"이것은 마신(魔神)이오!" 하고 소리치니
라.
8 이때 상제님께서 말씀하시기를 "참신
은 오른쪽에 있고, 마신은 왼쪽에 있
다." 하시니라.
9 이윽고 상제님과 수부님께서 시천주주
(侍天主呪)를 읽으시며 "나나나나~" 하
고 몸을 격렬히 흔드시다가 갑자기 앉
으신 채 공중으로 뛰어오르시거늘
10 성도들도 따라서 "시천주 조화정 영세
불망만사지, 응아야 응아야~" 하다가
기운이 솟구쳐 펄쩍펄쩍 뛰어 오르는
데
11 그 때마다 수부님의 치마가 머리 위까
지 뒤집혀 펄럭펄럭하고
12 상제님의 동곳이 상량보에 부딪혀 상
툿고가 바서질 정도이더라.

강강술래로 태극을 돌리신 공사

308 한참을 그리 하다가 더욱 신명
이 오르니 모든 사람들이 일어
나 서로서로 손을 잡고 원을 그리며

흥겹게 '강강술래놀이'를 하거늘
2 가락이 자진모리로 들어가매 상제님께
서 원을 끊고 머리가 되시어 성도들의
손을 잡고 태극 문양(紋樣)으로 도신
후 중앙에 들어와 앉으시고
3 이어 수부님께서 머리가 되시어 태극
문양으로 도신 후 상제님 옆으로 앉으
시니라.
4 이런 식으로 한 사람씩 차례로 가운데
로 들어와 뛰는데
5 상제님께서는 "술래야, 술래야, 강강술
래야. 네가 좋으면 내가 좋고, 내가 좋으면
네가 좋고!" 라 노래하시고
6 수부님께서는 크게 뛰시며 "오만 년
대동 세계 개벽선경이 온다. 지천태(地
天泰) 운으로 여자 세상이 돌아온다!"
하시며 흥을 돋우시니라.
7 상제님께서 다 뛰고 난 사람의 머리 위
를 손으로 훑어 주시니라.
8 초저녁부터 시작된 공부가 늦은 밤까
지 계속되니 온 동네가 괴이한 소리에
떠들썩하니라.

너희들은 살릴 공부를 하라

9 상제님께서 주신(呪神) 공부를 시키신
후 말씀하시기를 "내 일은 나나니같이
되느니라. 너희는 죽일 공부를 하지 말
고 살릴 공부를 하라." 하시고
10 또 말씀하시기를 "훔치는 소울음 훔
자이니라. 나는 소체니라. 장차 소가 나
와서 좋은 세상을 만들 것이니라.
11 소가 하도낙서(河圖洛書)를 지고 나오리
라." 하시니라.
12 이후 틈만 나면 하루가 멀다 하고 이
런 공부를 하시니라.

일본 헌병의 출동

309 상제님께서 태전에 오시어 무수
한 기행이적을 보이시니 누군가
"신들린 강증산이 요술을 부린다." 하
며 일본 헌병대로 신고를 하거늘
2 일본 헌병들이 출동하여 총검을 들이
대고 상제님을 찾으나 방금 전까지
계시던 상제님께서 보이시지 않으니
라.
3 일병들이 집 안팎을 샅샅이 뒤져도 찾
을 수가 없으매 포기하고 돌아가거늘
4 문득 상제님께서 상량 위에서 홀연히
몸을 드러내 내려오시니라.

어디에도 계시지 않더라

5 하루는 일본 헌병들이 '요술쟁이를 잡
는다.' 하여 약방을 포위하고 숨어서
상제님을 기다리고 있더니
6 상제님께서 돌아오시어 약방 안으로
들어가시매 포위망을 좁혀 방문을 열
어 젖히고 안으로 뛰어드니라.
7 허나 분명히 방으로 들어가신 상제님
이 어디에도 계시지 않거늘 사방을 뒤
지며 난리를 피우다가 어리둥절하여
돌아가니라.

개벽주를 읽다가 혼쭐난 박공우

310 하루는 상제님께서 주신도공(呪
神道功) 공부를 시키시며 말씀하
시기를 "오늘은 개벽주를 읽지 말아
라." 하시니라.
2 성도들이 도공을 하며 한참 신명이 나
서 주문을 읽으며 뛰고 솟구치고 소리
치는데
3 공우는 일전에 상제님께서 개벽주로
천지신장들을 부르심을 보고 '한번 해
보리라.'고 마음먹은 터라 혼자서 개벽
주를 읽거늘
4 문득 하늘로부터 기치창검을 한 신장
들이 쏟아져 나와 공우의 머리 위로
진을 치니라.
5 공우가 화들짝 놀라 몸을 숨기려 하나
어느 틈엔지 상투가 처마에 붙고 몸이
대롱대롱 매달려 꼼짝도 할 수 없거늘
6 공우가 상제님을 부르며 비명을 지르
니 좌중이 웃음바다가 되니라.
7 한참을 그리하고 있으니 수부님께서
상제님께 "이제 그만 내려 주시지요."

하시거늘 그제야 공우의 상투가 처마
에서 떨어지니라.

봉무산에서 산신제를 지내심

311 상제님께서 성도들을 데리고 태
전에서 여러 날을 머무시거늘
하루는 봉무산(鳳舞山)에 가시어 산신
제를 지내시니라.
2 이때 시집 안 간 처녀들을 뽑아 입을
봉하고 예를 갖추어 지극정성으로 치
성 음식을 준비하게 하신 뒤
3 상제님과 수부님께서도 정성을 다하
여 제를 지내시니 그 법도가 엄중하여
성도들도 저절로 엄숙하여지니라.

주무시는 법이 없더라

4 상제님께서 태전에 머무르시며 공사를
보실 때는 누워서 잠을 주무시는 법이
없고 간혹 자리에 앉으신 채 눈을 감
고 계실 뿐이거늘
5 이에 성도들도 잠을 잘 수가 없어 밤
을 새기 일쑤요, 행여 아침에 잠깐이
라도 눈을 붙이면 불호령이 떨어져 정
신을 차릴 수 없더라.

철기신장을 불러 진을 치심

312 하루는 상제님께서 "군병을 부
르리라." 하시고 천지신장들을
부르시어 보법(步法)을 행하게 하시니
라.
2 이때 상제님께서 엄지손가락으로 어찌
하시니 수없이 많은 철기신장들이 들
어서는데
3 상제님의 손짓에 따라 어찌하면 나타
나고 또 어찌하면 사라지거늘
4 신장들이 보법을 행할 때마다 무엇이
번쩍번쩍하고 그 기강과 위엄이 지극
한지라
5 성도들이 두려워 몸을 떨고 공우도 며
칠 전에 놀란 바가 있어 기가 팍 죽으
니라.

태전에서 머무르실 때

313 공우는 양판이라 평소 남의 눈
을 개의치 않고 행동하거늘
2 수부님께서 공우를 아끼시어 누룽지
를 주시면 그 자리에서 와드득와드득
씹어 먹기도 하고
3 상제님께서 계신 자리에서도 눈치 없
이 나서는 때가 많아 형렬로부터 자주
핀잔을 들으니라.
4 상제님을 모시고 태전에 머무를 때도
공우가 분별 없이 나서매 형렬이 상제
님 몰래 공우의 엉덩이를 꼬집으니
5 공우가 "아야! 아, 형님 왜 꼬집소?"
하며 크게 소리치거늘 방 안이 온통
웃음바다가 되니라.
6 이때 갑칠이 근처에 사는 처녀를 탐내
어 그 집 울타리를 넘다가 상제님께
꾸중을 들으니라.

상씨름 공사

314 일찍이 상제님께서 구릿골에 계
실 때 성도들을 약방 울타리 밖
으로 불러내시어 씨름을 시키시더니
2 태전에 오시어 상씨름의 결판을 짓게
하시니라.
3 이때 동서남북 사방에 방주를 두고 여
덟 명이 힘을 겨루는데
4 끝판으로 공우와 경석이 시합을 하여
공우가 일등을 하거늘
5 상제님께서 공우에게 상으로 태극 문
양이 들어간 한 돈짜리 금구슬을 주시
니라.
6 상제님께서 보름 동안의 태전 콩밭 공
사를 마치시고 구릿골로 돌아오시니
라.

장기 이식 공사

315 하루는 상제님께서 한 농가에
들어가시어 소의 간을 꺼내시니
소가 풀썩 주저앉거늘 영문을 모르는
집안사람들이 이를 보고 크게 걱정을

하매
2 상제님께서 개의 간을 꺼내어 소에게
넣어 주시니 그제야 일어나 움직이니
라.
3 이에 머슴이 논을 갈기 위해 소를 끌
고 가려는데 아무리 코뚜레를 잡아당
겨도 자꾸 뒷간으로만 가려 하는지라
4 주인에게 달려가 "소가 일은 안 하고
개처럼 똥만 먹으려고 합니다. 어쩌면
좋을까요?" 하니
5 집안사람들이 모두 나와 소가 하는 양
을 근심스럽게 바라보다가
6 그중 한 사람이 상제님께 와서 여쭈기
를 "어르신, 논을 갈아야 하는데 소가
저러니 어찌해야 좋겠습니까?" 하거늘
7 상제님께서 말씀하시기를 "논에 보리
를 갈아야 헛것이더라. 나는 보리 안
먹을란다." 하시니라.
8 이에 그 사람이 "그러하면 소라도 살
려 주십시오." 하고 간청하니
9 "아, 살아 있으니 뒷간에 가서 똥이라
도 먹는 것 아니냐. 어쩔거나, 네 창자
라도 빼서 저놈 살릴 거나?" 하시거늘
10 모여 있는 사람들이 정말로 그리하실
까 두려워 멀찌감치 물러서니라.
11 잠시 후 상제님께서 구럭을 메고 나가
시니 집주인이 "소를 살려 달라 했더
니 남 일처럼 그냥 가네." 하며 뒷말을
하거늘
12 상제님께서 다시 들어오시어 냅다 뺨
을 치시고는 "네놈 간을 내야겠다. 이
놈, 요절을 낸다." 하시며 우물에 빠뜨
리시고 다시 구럭을 메고 나가시더니
13 한참 만에 돌아오시어 소의 간을 도로
넣어 주시니라.

몸이 약한 홍수를 고쳐 주시며 보신 공사

316 본래 몸이 약한 홍수가 하루는
입가에 피를 흘리고 있거늘
2 호연이 놀라 "어머나, 저 사람 왜 저래
요? 피가 너무 많이 나면 못쓴다던데,
왜 저렇게 피를 흘린대?" 하니
3 상제님께서 홍수에게 다가가시어 "밥
은 먹었느냐?" 하고 물으시니라.
4 이에 홍수가 "예, 먹었습니다." 하고
대답하니 다시 "웬 피가 그렇게 나오
냐?" 하고 물으시거늘
5 홍수가 "코에서 나오는지 입에서 나오
는지 모르겠습니다." 하매 상제님께서
"이놈아, 그것도 몰라?" 하고 나무라
시는지라
6 홍수가 얼떨결에 "왼쪽 코에서 나오는
가 봐요." 하고 대답하니라.
7 상제님께서 피지를 주시며 "닦아 봐
라." 하시므로 콧구멍을 닦아 보았으
나 피가 묻지 않거늘
8 고개를 갸웃거리며 "아무것도 안 묻었
는데 피는 나왔어요." 하고 아뢰니
9 상제님께서 "네 코빼기에서 나오는 것
도 몰라?" 하시며 홍수의 코를 위로
잡아 올리시매 살집이 들어올려져 그
안의 뼈가 환히 보이더라.
10 상제님께서 말씀하시기를 "코가 요렇
게 뚫어져 있으니 코에서 나오는 것이
입으로 나오는 것이다." 하며 이치를
설명해 주시고
11 "제 콧구멍도 모르는 놈이 밥 먹고 사
느냐?" 하시며 홍수의 눈을 콕 찌르시
니 이번에는 눈알이 빠져 대롱거리거
늘
12 상제님께서 "홍수야, 너 나 좀 쳐다보
아라." 하시매 "아이고, 아무것도 안
보여요~!" 하고 우는 소리를 하니라.
13 이에 상제님께서 "이놈아! 눈구녕으로
바로 봐!" 하시매 홍수가 "눈구녕이 빠
졌는가 아무것도 안 보여요.
14 아이고, 선생님! 다른 것은 장난하실
망정 눈구녕일랑은 그냥 두셔요!" 하
고 사정하거늘
15 상제님께서 "흥, 이놈 봐. 눈구녕이 바
로 박혀야 살어. 눈구녕을 어만 곳에 두

면 죽기가 쉬우니 바로 떠야 하는 것
이다." 하시니
16 "아, 눈구녕 좀 박아 주셔요. 캄캄해서
죽겠습니다." 하며 울며 애원하는지라
17 상제님께서 빰을 한 번 툭 치시자 눈
이 쏙 들어가더라.

내 손이 약손이다

18 상제님께서 기뻐하는 홍수에게 "네가
빰 한번 때려 봐라." 하시니
19 홍수가 "제 빰을 제가 친들 안 들어가
요. 선생님 손이나 닿아야 들어가지
요." 하거늘
20 상제님께서 웃으시며 "그러니 내 손이
약손이다. 누구든지 내가 만지면 미운
것도 고와지고 아픈 것도 다 낫는다."
하시니라.
21 홍수가 "그러면 도용이 애기씨 좀 예뻐
지게 만져 주시지요." 하니
22 "이쁘면 누가 가져가라고. 안 이뻐야
안 가져가지." 하시거늘 머리를 긁적
이며 "그런가요?" 하매
23 상제님께서 크게 웃으시며 "병을 고
쳐 줬더니 네가 나하고 재담을 하는구
나." 하시니라.

호연을 선(仙) 체질로 바꿔 주심

317 상제님께서는 뒷간을 보통 사흘
이나 닷새 만에도 가시고, 열흘
만에도 가시는데 그 때마다 날이 밝기
전에만 가시니
2 하루는 호연이 "어쩌면 추운 새벽에만
가는가 모르겠네?" 하거늘
3 말씀하시기를 "크게 될 사람은 새벽이라
야 똥을 누는 것이지 결의없이 싸는 것
이 아니여. 너도 나마냥으로 그렇게
싸." 하시니라.
4 호연이 장성한 이후로 상제님 말씀과
같이 뒷간을 닷새 만에도 가고 열흘
만에도 가며 항상 이른 아침에만 가니
라.

불로장생의 선경세계를 여는 칠성 도수

318 9월에 상제님께서 양지 일곱 장
에 좌서(左書)하시니 이러하니
라.
2 病은 自己而發하나니
병 자기이발
3 葬死病衰旺冠帶浴生養胎胞니라
장사병쇠왕관대욕생양태포
4 이어 그 글을 봉하여 형렬에게 주시며
"전주에 가서 아는 사람을 만나거든
한 장씩 내어 주고 날 저물기 전에 돌
아오라." 하시거늘
5 성도들이 그 글의 뜻을 여쭈매 말씀하
시기를 "지금은 말하여도 모를 것이
요, 성편(成編)한 뒤에 스스로 알게 되
리라." 하시니라.

아는 사람이 일곱 명도 없느냐

6 형렬이 명을 받고 전주에 이르러 김낙
범, 김병욱, 김광찬, 김준찬(金俊燦), 김
윤근(金允根) 등 다섯 사람에게 나누어
주고
7 해지기 전에 돌아오라는 명을 어기지
않으려고 서둘러 돌아와 남은 두 장을
상제님께 올리니
8 상제님께서 "이 땅에 사는 사람으로서
아는 사람이 일곱 명도 없느냐!" 하고 꾸
짖으시며
9 "마당에 멍석을 펴고 청수 한 동이를
길어다가 자리 가운데 모신 후 남은
두 장을 소지하여 올리라." 하시매 형
렬이 명하시는 대로 일일이 거행하니
라.
10 그 후 형렬이 공사 내용을 여쭈니 말
씀하시기를 "칠성 도수를 보았노라." 하
시니라.

후천선경 무병장수의 칠성도 공사

319 상제님께서 모악산 밤티재 너머
구이(九耳) 양생동(養生洞)에 가끔
가시는데 그곳은 깊은 산골이라.
2 그 마을에 사는 한 노인이 상제님께서

오시면 먼 길도 마다 않고 술을 받아
다 드리며 극진히 대접하더니
3 하루는 상제님께서 찾아오시어 그림
한 장을 주시며 말씀하시기를
4 "이것은 칠성도(七星圖)니라. 잘 간직해
두면 네 집안에 아무 우환이 없을 것
이다." 하시니라.
5 이에 받아서 펴 보니 경면주사로 북두
칠성이 그려져 있고 각 별의 이름에 따
라 글과 부(符)가 쓰여져 있거늘
6 노인이 소중히 보관하매 과연 그 후로
는 가족 모두가 감기 한 번 걸리지 않
고 아무 탈 없이 잘 지내니라.

이제 구천을 맞혔노라

320 10월에 구릿골에 계실 때 하루
는 공우에게 명하시기를 "고부
에 가서 돈을 주선하여 오라." 하시어
그 돈으로 약방을 수리하신 뒤에
2 갑칠에게 명하시어 "활 한 개와 화살
아홉 개를 만들어 오라." 하시고
3 공우로 하여금 그 활로 천장을 쏘아
맞히게 하신 뒤에
4 말씀하시기를 "이제 구천(九天)을 맞혔
노라." 하시니라.
5 또 말씀하시기를 "고부 돈으로 약방을
수리한 것은 선인포전(仙人鋪氈) 기운을
쓰이로다." 하시니라.

남북 상씨름 49일 의통집행 공사

321 하루는 상제님께서 남쪽을 향해
누우시며 덕겸에게 이르시기를
"내 몸에 파리가 앉지 못하게 잘 살피
라." 하시고 잠드시니라.
2 반 시간쯤 지난 뒤에 덕찬이 덕겸을
부르며 "점심을 먹으라." 하거늘 덕겸
이 상제님의 명이 계심을 말하고 가지
않으니
3 덕찬이 누차 말하기를 "주무시니 관계
없다." 하므로 덕겸이 주위의 파리를
멀리 쫓고 발을 옮기려 하매
4 상제님께서 갑자기 일어나 앉으시며
말씀하시기를 "네가 밥 얻어먹으러 다
니느냐. 공사 보는 중에 그런 법은 없
나니 차례로 돌아가며 먹으라." 하시
니라.
5 상제님께서 덕겸과 겸상하여 점심을
드신 후 양지에 수십 개의 태극을 그려
놓으시고
6 그 네 귀퉁이에 다른 글자를 쓰신 뒤
덕찬에게 "동도지(東桃枝)를 꺾어 오
라." 하시어
7 덕겸에게 이르시기를 "태극을 세는데
열 번째에 가서는 동도지를 물고 세
라." 하시므로 다 세어 보니 모두 마흔
아홉 개더라.
8 그대로 아뢰니 말씀하시기를 "맞았다.
만일 잘못 세었으면 큰일이 나느니
라." 하시며
9 동도지를 손에 들고 큰 소리로 무어라
외치신 뒤에 태극을 그린 양지 두루마
리를 약방으로 가져가 불사르시니라.
10 그 후 양지에 '용(龍)' 자 한 자를 써 주
시며 "약방 우물에 넣으라." 하시매 그
대로 하니 그 종이가 우물 속으로 들
어가니라.

한족 주권 회복 대공사

322 하루는 신원일과 최덕겸에게 명
하시기를 "오늘은 청국 공사(淸國
公事)를 행하려 하노니
2 너희 두 사람은 덕찬의 모방을 치우고
이레 동안을 한 도수(度數)로 하여 문
밖에 나가지 말고 중국 일을 가장 공
평하게 재판하라.
3 이 재판으로 중국 일이 결정되리라."
하시니라.
4 두 사람이 명하신 대로 이레 동안 전
심으로 연구하더니
5 이레가 지난 뒤에 상제님께서 원일을
불러 물으시기를 "중국 재판을 어떻게
하였느냐?" 하시니

6 원일이 대답하기를 "청조가 실정(失政)
하고 열국(列國)의 침략을 당하여 백성
이 의지할 곳이 없사오니
7 이는 하늘이 주는 기회라 당신님의 무
상한 권능으로 이를 평정하시고 제위
(帝位)에 오르시옵소서.
8 옛말에
'天與不取면 反受其殃이라
천여불취 반수기앙
하늘이 주는 것을 받지 않으면
도리어 재앙을 받는다.' 하였습니다."
하니라.

청나라 국운을 거두심

9 상제님께서 대답지 않으시고 덕겸에게
물으시기를 "너는 어떻게 재판하였느
냐?" 하시니
10 덕겸은 이레 동안 연구하여도 요령을
얻지 못하다가 묻는 말씀에 문득 생각
이 나서 대답하기를
11 "물중지대(物重地大)하기 천하에 짝이
없고 예악문물(禮樂文物)이 크게 발달
하였던 명나라의 국토와 백성이
12 오랑캐의 칭호를 받던 청국에게 정복
되었으니 어찌 원한이 맺히지 않겠습
니까.
13 이제 그 국토와 주권을 회복하게 함이
옳을까 하옵니다." 하니라.
14 상제님께서 무릎을 치시며 칭찬하여
말씀하시기를 "네가 재판을 잘 하였
다! 이 재판으로 인하여 중국이 회복하게
되리라." 하시니라.

한국과 중국의 상생 공사

15 또 원일에게 말씀하시기를 "벼슬은 넘
나들지라도 왕은 제 나라 사람이 하여
야 호원(呼冤)이 없느니라." 하시니
16 원일이 불평하여 아뢰기를 "이제 명나
라 백성의 해원 공사로 돌리면 우리
나라 일은 어떻게 하려 하십니까?" 하
거늘
17 상제님께서 일러 말씀하시기를 "순망
즉치한(脣亡則齒寒)이라, 입술이 없으면
이가 시리나니 중국 인민이 부흥하여야
우리도 이어서 부흥하게 되리라.
18 중국이 오랫동안 조선의 조공을 받아
왔으니 이 뒤로 25년 만이면 중국으로
부터 보은신(報恩神)이 넘어오리라." 하
시니라.

어렵게 빠져 나오는구나

323 하루는 처마에 등불을 달고 공
사를 행하시며 말씀하시기를
2 "오랜만에 어렵게 빠져나오는구나."
하시고 시를 쓰시니 이러하니라.
3 面分雖舊心生新하고
면분수구심생신
只願急死速亡亡이라
지원급사속망망
虛面虛笑去來間에
허면허소거래간
不吐心情見汝矣라
불토심정견여의
너와 내가 비록 면분은 오래지만
만날 때마다 마음은 새로워지고
다만 빨리 죽고 속히 망하기를
원하노라.
공연히 만나 헛웃음 짓고 오고 가는
사이에
그대를 보고도 내 심정 토로하지
못하노라.
4 歲月汝遊劍戟中이나
세월여유검극중
往劫忘在十年乎아
왕겁망재십년호
不知而知知不知하고
부지이지지부지
嚴霜寒雪大鴻爐라
엄상한설대홍로
세월아! 너는 전쟁의 겁액 속에서
흘러가는데
가는 겁액이 십년 세월에 있음을
잊었느냐!
내 일은 모르면서도 알 것이요

알면서도 모르리니
이 끔찍한 겁액의 고난도
큰 화로에 상설이 녹듯 하리라.

묵은하늘이 두 사람의 살을 쓰려 하거늘

324 운산리 신경수의 집에 계실 때 하루는 공우에게 물으시기를 "너의 살과 나의 살을 떼어서 쓸 곳이 있으니 네 뜻은 어떠하냐?" 하시니
2 공우가 "쓸 곳이 있으면 쓰시옵소서." 하고 대답하니라.
3 그 뒤로 직접 살을 떼어 쓰신 일은 없으나 다음 날부터 상제님과 공우의 용모가 심히 수척해지는지라
4 공우가 여쭈기를 "살을 떼어 쓴다는 말씀만 하시고 행하지는 않으셨는데 그 뒤로 선생님과 저의 용모가 함께 수척하여짐은 무슨 연고입니까?" 하니
5 말씀하시기를 "살은 이미 떼어 썼느니라." 하시고
6 "묵은하늘이 두 사람의 살을 쓰려 하거늘 만일 허락하지 않으면 배은(背恩)이 되는 고로 이를 허락한 것이니라." 하시니라.

계룡산 살막이 공사

7 하루는 상제님께서 공신과 여러 성도들을 데리고 고부군 벌미면 살막에 가시어 "충청도 계룡산에 살(煞)이 있다." 하시고
8 "계룡산의 살을 막는다." 하시며 살막이 공사를 보시니라.

세계일가 통일정권 대공사

325 무신년 10월에 고부 와룡리 문공신의 집에 머무르시며 대공사를 행하실 때
2 성도들에게 말씀하시기를 "이제 천하의 난국을 당하여 장차 만세(萬世)의 대도정사(大道政事)를 세우려면 황극신(皇極神)을 옮겨 와야 하리니
3 황극신은 청국 광서제(光緖帝)에게 응기되어 있느니라." 하시니라.
4 또 말씀하시기를 "황극신이 이 땅으로 옮겨 오게 된 인연은 송우암이 만동묘(萬東廟)를 세움으로부터 비롯되었느니라." 하시고
5 친히 곡조를 붙여 시천주주를 읽어 주시며 성도들로 하여금 밤마다 읽게 하시니라.

선천세계의 제왕기운을 거두심

6 며칠이 지난 뒤에 말씀하시기를 "이 소리가 운상하는 소리와 같도다." 하시며
7 "운상하는 소리를 어로(御路)라 하나니 어로는 곧 임금의 길이라.
8 이제 황극신의 길을 틔웠노라." 하시고
9 문득 "상씨름이 넘어간다!" 하고 외치시니 이때 청국 광서제가 죽으니라.
10 이로써 세계일가(世界一家) 통일정권(統一政權) 공사를 행하시니
11 성도들을 앞에 엎드리게 하시며 말씀하시기를 "이제 만국 제왕의 기운을 걷어 버리노라." 하시고 성도들에게 "하늘을 보라." 하시매
12 하늘을 보니 문득 구름과 같은 이상한 기운이 제왕의 장엄한 거동처럼 허공에 벌여져 있다가 곧 사라지니라.

중국을 여러 나라로 나누심

13 한 성도가 여쭈기를 "황극신이 이 동토(東土)에 넘어오면 천하의 대중화(大中華)는 조선이 된다 하였사온데 그렇게 되면 청나라는 어떻게 됩니까?" 하니
14 "내가 거처하는 곳이 천하의 대중화가 되나니 청나라는 장차 여러 나라로 나뉠 것이니라." 하시니라.

인존시대의 짐승 제어 공사

326 태인 백암리에 계실 때 하루는 경학이 아뢰기를 "요즘 이 지방

에 호랑이로 인한 피해가 빈번하여 사람들이 자못 두려워하고 있나이다." 하니
2 상제님께서 말씀하시기를 "만물의 영장인 사람이 짐승을 제어함이 옳거늘 이 짐승은 사람을 잡아먹으니 어찌 변괴가 아니리오.
3 그 악기(惡氣)가 눈에 있으니 악기를 제하리라." 하시고
4 호담요를 가져오게 하시어 호랑이의 눈에 먹으로 점을 찍으시며 신명들에게 명을 내리시니 이후로 호랑이의 폐해가 없어지니라.

단발 공사를 행하심

327 하루는 태인 새울 최창조의 집에 계실 때 성도들에게 명하시어 짚 인형 두 개를 만들게 하시니
2 하나는 상투가 있고 하나는 상투가 없는 것이라.
3 상제님께서 이르시기를 "머리를 깎으리니 가위를 가져오라." 하시고
4 성도들에게 물으시기를 "상투 있는 것과 없는 것 중에 어느 것이 더 좋으냐?" 하시니 누구도 대답하지 못하는지라
5 말씀하시기를 "단발(斷髮)한 것이 보기에 좋으니라." 하시고 글을 써서 불사르신 뒤에 짚 인형을 땅에 묻으시니라.

천지 일꾼의 심법 전수 ; 백만 명은 당적해야

328 11월에 하루는 경학을 바라보시며 "오늘 두문동(杜門洞) 성수(星數) 72인 공사를 보려는데 나를 잘 믿겠느냐?" 하고 물으시거늘
2 경학이 "예, 잘 믿겠습니다." 하고 대답하니 이와 같이 세 번을 다짐받으신 뒤에 물으시기를
3 "자네, 사람 하나에 얼마나 당적했으면 하는가?" 하시니라.
4 이에 경학이 "백(百) 명을 당적하면 안 되겠습니까?" 하거늘
5 상제님께서 "아니지." 하시니 경학이 다시 "천(千) 명 당적이면 적당하겠습니까?" 하는지라
6 상제님께서 거듭 "아니지." 하시니 "만(萬) 명 당적이면 적당하겠습니까?" 하매 "그것도 아니지." 하시니라.
7 이에 경학이 "사람 한 명이 만 명 이상을 당적한다는 말씀이십니까?" 하고 여쭈니
8 말씀하시기를 "사람 하나가 백만 명은 당적해야 하느니라." 하시니라.

두문동 성수 공사

329 이 달에 태인 신경원의 집에 머무르실 때 천지대신문을 열고 벽 위에 두문동(杜門洞) 성수도(星數圖)를 써 붙이시니라.
2 그 글을 쓰실 때 옆에서 지켜보던 경원이 상제님께 여쭈기를 "신농패(神農牌)가 무엇입니까?" 하니 "귀신이 차는 것이다." 하시고
3 경원이 다시 "그러면 유사표(有司標)는 무엇입니까?" 하고 여쭈니 "너희들이 찬다." 하시니라.
4 또 말씀하시기를 "일후에 누가 찾으러 올 사람이 있으리니 이것을 뜯어 주어라.
5 혹 먼저 떼는 자가 있으면 멸문지화를 당하리라." 하시매 경원이 그 옆에 가는 것도 두려워하더니
6 상제님께서 어천하신 후에 김경학이 찾아와 떼어가니라.

천하에 기차 기운 돌리는 대공사

330 겨울에 하루는 구릿골 약방에서 천지대신문을 열고 대공사를 행하시니라.
2 이때 백지 한 권을 가늘고 길게 잘라 풀로 이어 붙이신 뒤에 한쪽 끝은 사

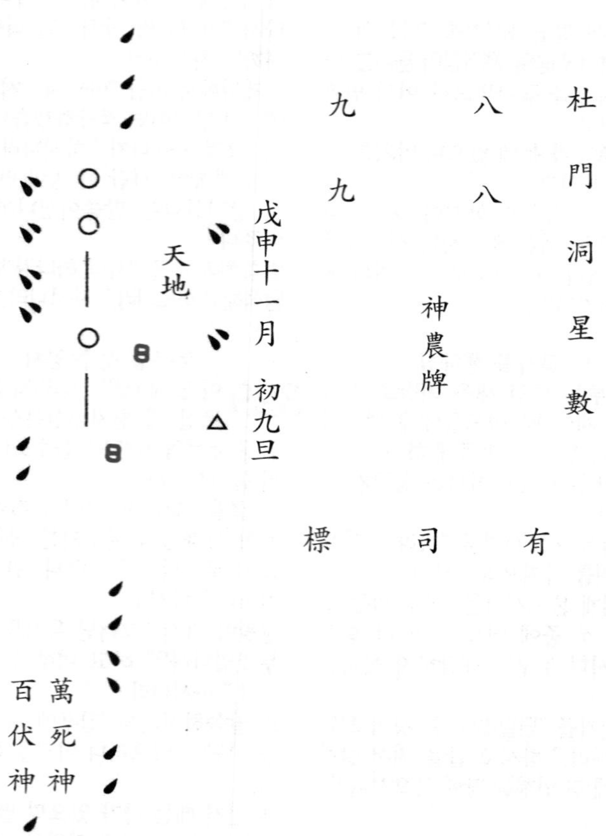

두문동 성수도

상제님께서 이성계의 역성혁명을 반대하여 두문동에 은거하며 지조를 지키다 몰살당한 고려의 유신 72현의 충절 정신을 높이 기려 후천선경 창업 공사에 취해 쓰셨다. 이 성수도는 김경학 성도가 보관해 오다 그 사본을 신유(申酉: 道紀 51, 1921)년 음력 8월 15일 경 장기준에게 전하여 세상에 알려지게 되었다.

립문에, 다른 쪽 끝은 집 앞 감나무에
맞추어 자르시고
3 그 한 끝을 약방 문구멍으로 꿰어 방
안에서 말아 감으시며 원일로 하여금
아궁이에 청솔가지로 불을 때면서 부
채로 부치게 하시니
4 문득 연기가 일며 집이 크게 흔들리므
로 성도들이 모두 놀라 문밖으로 뛰쳐
나가니라.
5 종이를 다 감으신 뒤에 말씀하시기를
"이것을 뒷간 보꾹에 달아매고 불을
피우라." 하시고
6 경학에게 명하시어 빗자루로 부치게
하시니 뒷간이 다 타 버리니라.
7 이에 말씀하시기를 "종이가 덜 탔는가
보라." 하시매 자세히 살피니 과연 한
조각이 뒷간 옆 대나무 가지에 걸려
있거늘
8 그대로 아뢰니 "속히 태우라." 하시므
로 명하신 대로 행하니라.
9 상제님께서 하늘을 쳐다보며 "빠르
다." 하시매 모두 올려다보니
10 햇무리가 지는데 한 쪽이 끊어져 있다
가 남은 종이쪽이 탐에 따라 완전히
잇대어지더라.
11 상제님께서 말씀하시기를 "이것은 천
하에 기차 기운을 돌리는 공사니라." 하
시니라.

사철 채소 자라게 하신 공사

331 상제님께서는 겨울에도 푸성귀
를 돋아나게 하시어 생것으로
드시니라.
2 어느 눈 내린 겨울날 내성이 상제님을
모시고 하운동의 한 집에 들르니 그
안주인이 보리밥과 된장국을 정성껏
차려 올리매
3 상제님께서 진짓상을 받으시며 말씀
하시기를 "아, 이 사람아. 내가 좋아하
는 채소는 없는가?" 하시거늘
4 주인이 송구스러워하며 "이 겨울에 채
소가 어디 있겠습니까?" 하고 대답하
니라.
5 상제님께서 진지를 다 드시고 주인에
게 "배추씨를 가져오라." 하시더니 눈
이 수북이 쌓인 마당 텃밭에 가시어
그 씨를 훽 뿌리시니라.
6 며칠 후 그 집에 다시 들르시어 진지를
드시면서 내성에게 "텃밭 눈 속을 헤
쳐 보라." 하시거늘
7 가 보니 씨 뿌리신 곳마다 월동추가
먹기 좋게 자라 있는지라
8 상제님께서 그것을 무침으로 해서 드
시는데 내성이 먹어 보니 여름에 먹는
채소보다 더 맛나더라.
9 하루는 상제님께서 구릿골 약방에 계
실 때 김익수의 아내에게 "대밭에 가
면 포기 찬 배추가 있으리니 그놈을
뽑아다가 생지래기를 해 오라." 하시
거늘
10 익수의 아내가 의아히 여기며 '동지섣
달에 배추가 다 얼어 죽었지 있겠는
가.' 하고 대밭에 가 보니
11 과연 배추가 얼어 죽지 않고 새파랗게
나 있는지라
12 이를 겉절이로 만들어 올리매 상제님
께서 맛있게 드시니라.

무신납월(戊申臘月) 공사: 천지의 대공사

앞세상에는 족속에 따라 나라를 세우리라

332 무신년 겨울 대흥리에 머무르시며
대공사를 행하시니라.
2 하루는 방 안에 홀로 앉아 계시며 사
람들의 출입을 금하시더니 얼마 후 하
늘에서 행군하는 말발굽소리가 크게
들리거늘

3 말씀하시기를 "○○나라 신명들이 왔
도다." 하시며 그 신명들에게 여러 시
간 동안 분부하시고
4 다시 공중에서 말발굽 소리가 들리니
"○○나라 신명들이 오는구나." 하시
며 그 신명들에게 오랫동안 칙령을 내
리시니라.
5 상제님께서 이와 같은 공사를 여러
날 동안 행하시는데 각 나라 신명들
이 올 때마다 쓰시는 언어가 다 다르
거늘 성도들은 하나도 알아듣지 못하
니라.
6 한 성도가 여쭈기를 "이번 공사는 만국
신명(萬國神明)을 차례로 불러 무슨 일
을 분부하시니 그 뜻을 가르쳐 주옵소
서." 하거늘
7 말씀하시기를 "때가 오면 알게 되리
라." 하시니라.
8 한 성도가 다시 여쭈기를 "나라 이름
이 어찌 그리 많습니까?" 하니
9 "앞세상에는 족속에 따라 나라를 세우리
라." 하시고
10 다시 여쭈기를 "저희들이 성도(成道)하
는 날에는 만국언어에 능통하게 됩니
까?" 하니
11 말씀하시기를 "어찌 능통하지 못하겠
느냐." 하시니라.

천만 신병을 불러 진 치신 대공사

333 겨울에 대흥리에 계실 때 하루
는 들에 나가시어 성도들을 열
(列) 지어 세우신 뒤에
2 "너희들은 오늘 진(陣)을 보리니 이제
부터 천만 신병(神兵)을 모아 진을 치리
라." 하시고
3 한 곳을 정하여 엄숙한 모습으로 앉으
시며 성도들에게 "정심(正心)하고 기다
리라." 하시니라.
4 잠시 후 성도들이 문득 신안이 열려서
보니 깃발과 창검으로 무장한 수많은
병사들이 산과 들을 가득 메우며 달려
와서
5 상제님 앞에 이르러 앉았다 섰다 나아
갔다 물러섰다 하며 보법(步法)을 행하
는데
6 그 위의(威儀)와 법도(法度)가 이루 말
할 수 없이 장엄하더라.
7 이에 성도들이 담이 떨어지고 혼이 빠
져나가는 듯 망연자실하더니
8 진 치기를 행하신 지 여러 시간이 지난
뒤에 상제님께서 명하여 물리시니라.

의통구호대 육임군령 받드는 대공사

334 대흥리에 계실 때 하루는 상제
님께서 "오늘밤에는 너희들을 거
느리고 행군을 하리라." 하시고
2 성도들에게 군대에서 쓰는 물건을 준
비하게 하시고 열을 지어 진군하도록
명하시니라.
3 성도들이 명을 좇아 군량과 그릇을 메
고 행군 구령 소리를 내어 위세를 떨치
고
4 장령(將令)을 복창하며 군율(軍律)을 집행
하니 행진하는 모습이 지엄하여 한밤
중이 소란하니라.
5 천원에 이르러 일본군 병참 앞을 지
나는데 당시의 시국이 의병으로 여겨
지면 옳고 그름을 가리지 않고 발포
하고
6 민간인이라도 의심스러운 것이 있으면
총살하는 일이 사방에서 행해지므로
성도들이 모두 두려워하니라.
7 그러나 구령 소리를 내며 병참을 통과
하여도 일병이 알지 못할 뿐 아니라
다시 군사를 돌이켜 돌아올 때도 일병
은 물론이요 근처의 민가에서도 알지
못하더라.
8 행군을 마친 뒤에 준비하신 돈으로 밥
을 짓고 국을 끓여 마을 사람들에게
나누어 주시고 "오늘밤에 행군을 잘 하
였도다." 하시니라.

무신 납월의 대공사를 위해 떠나심

335 무신년 섣달에 상제님께서 수부님과 함께 서울에 가시어 공사를 행하시니
2 이때 김형렬, 김호연, 김갑칠, 안내성, 박공우, 문공신, 차경석 등 성도들 대부분과 문정삼, 차윤칠, 차윤덕, 차순옥, 차평국 등이 따르니라.
3 상제님께서 대흥리를 떠나시며 성도 여덟 명으로 하여금 상제님의 앞뒤로 네 명씩 서서 걷게 하시니 나머지 성도들은 몇 걸음을 떨어져 따르니라.
4 상제님께서 길을 떠나시며 말씀하시기를 "조선이 팔도(八道)니라." 하시니라.

공주를 지나 서울로 가심

5 상제님께서 태전을 지나 계룡산을 거쳐 공주에 이르시니 이때부터 큰길을 두고 험한 솔밭길을 택해 가시거늘
6 성도들이 눈 녹은 진창에 발이 빠져 걸음을 옮기지 못하매 "선생님, 땅이 질어 더 이상 못 가겠습니다." 하니라
7 이에 상제님께서 "모두들 그 자리에 서 있으라." 하시고 잠시 주문을 읽으시더니
8 풍운신장을 부르시어 어떤 법을 행하시매 이내 서풍이 불어와 질던 길이 금세 마르니라.

내 도수는 바둑판과 같으니라

336 상제님 일행이 서울에 도착하니 때마침 큰 눈이 내려 걷기조차 쉽지 않더라.
2 상제님께서 덕수궁 대한문(大漢門)과 원구단(圜丘壇) 사이의 광장에 가시어 성도들 중 네 명을 뽑아 사방위로 둘러 앉히시고 그 한가운데에 앉으시어 말씀하시기를
3 "이곳이 중앙 오십토(中央五十土) 바둑판이니라." 하시니라.
4 이때 상제님께서 공우에게 물으시기를 "공우야 쌀이 솥을 따르느냐, 솥이 쌀을 따르느냐?" 하시니 공우가 "쌀이 솥을 따르지요." 하고 아뢰거늘
5 말씀하시기를 "네 말이 옳도다. 쌀은 미국이고 솥은 조선이니 밥을 하려면 쌀이 솥으로 올 것 아니냐." 하시고
6 "장차 일본이 나가고 서양이 들어온 연후에 지천태 운이 열리느니라." 하시니라.
7 또 말씀하시기를 "내 도수는 바둑판과 같으니라. 바둑판 흑백 잔치니라. 두 신선은 바둑을 두고 두 신선은 훈수를 하나니
8 해가 저물면 판과 바둑은 주인에게 돌아가느니라." 하시고
9 "난리가 나간다, 난리가 나간다. 난리가 나가고 병이 들어오리라." 하시니라.

새 부처가 오시네

10 이어 말씀하시기를 "불은 새 불이 나와야 천지공사가 되느니라." 하시고 "내가 너희들에게 듣기 좋은 소리 한번 해야겠다." 하시더니

11 佛○佛○四月來 至氣今至四月來
불이불이사월래 지기금지사월래

12 天增歲月人增壽요 春滿乾坤福滿家라
천증세월인증수 춘만건곤복만가

하늘은 세월을 늘려가고
사람은 수를 늘려간다.
봄은 천지에 가득하고
복은 집안에 가득하구나.

하고 노래 부르시니라.

육임도꾼 지도자 출세 공사

337 이때 문득 공우가 여쭈기를 "누구를 큰아들로 세우시렵니까?" 하매
2 상제님께서 잠시 머뭇거리시다가 말씀하시기를 "형렬이니라." 하시니라.
3 이에 공우가 형렬에게 빈정대듯 농을 던지기를 "형님이요, 아우요?" 하니 상제님께서 "공우야, 너는 왜 그러냐?" 하시니라.

4 공우가 "저는 막고 품는 것을 좋아혀
요!" 하더니 다시 여쭈기를 "그럼 막내
아들은 누구입니까?" 하니 말씀하시기
를
5 "갑칠(甲七)이니라. 갑칠이가 갑오갑자
(甲午甲子)꼬리니라." 하시니라.
6 공우가 잠시 후에 "그럼 큰아들 주신(主
神)은 누구입니까?" 하니 상제님께서
"진묵(震默)이니라." 하시거늘
7 이에 공우가 "막내아들 주신은 누구입
니까?" 하니 말씀하시기를 "강감찬(姜
邯贊)이니라." 하시니라.
8 상제님께서 말씀을 모두 마치신 후 글
을 써서 불사르시고 치성을 준비케 하
시되 모두 입을 봉하게 하시고
9 모든 제수는 날것으로 올리되 칼을 쓰
지 못하게 하시니라.
10 이후 수부님께서 막내 도수를 붙인 갑
칠에게 스스럼없이 자주 심부름을 시
키시니라.

창경궁에 머무시며 공사 보심

11 공사를 마치신 뒤에 성도들을 데리고
창경궁으로 가시니 수십 명이 궁 안에
드는데도 수문장들이 전혀 제지하지
않더라.
12 이곳에서 여러 날 머무시며 공사를 행
하시니 이때 필요한 물품은 관원들이
직접 내어주고
13 밖으로 출입하실 때는 쌍두마차를 마
음대로 타고 다니시는데
14 때는 한겨울이라 음식을 구하기가 쉽
지 않거늘 상제님께서 월동추를 가져
오라 하시어 잡숫곤 하시니라.

미륵산 아래 미륵사지에서 공사 보심

338 상제님께서 서울에서 장광 팔십
리를 다니시며 공사를 보신 후
익산 금마면(金馬面) 미륵사지(彌勒寺址)
에 이르시어 성도들에게 물으시기를
2 "미륵세존이냐? 미륵신이냐?" 하시니
성도들이 대답하기를 "미륵신이지요."
하니라.
3 상제님께서 다시 물으시기를 "천상천
하 유아독존(天上天下 唯我獨尊)으로 불
러야 하느냐, 천상천하 유아독신(天上
天下 唯我獨身)으로 불러야 하느냐?" 하
시니
4 공우가 "유아독신으로 불러야 합니다."
하고 대답하거늘
5 상제님께서 다시 "그럼 거기에다 대
(大) 자를 붙여야 하느냐, 콩 태(太) 자
를 붙여야 하느냐?" 하고 물으시니라.
6 이에 공우와 다른 성도들 모두 머뭇거
리기만 할 뿐 대답하지 못하거늘
7 상제님께서 말씀하시기를 "큰 대(大)
자에 점 하나 찍으면 콩 태(太) 자니
라." 하시고
8 익산 용안(龍安)과 태인을 들러 대흥리
로 돌아오시어 돼지를 잡아 천지에 제
를 지내시니라.

동서양의 창업군주와 만고명장을 받드는 공사

339 하루는 성도들에게 명하시어
"과거의 모든 명장(名將)을 써 들
이라." 하시니
2 경석이 여쭈기를 "창업군주(創業君主)
도 명장의 열에 들겠나이까?" 하니 대
답하여 말씀하시기를 "그러하니라."
하시니라.
3 경석이 자고이래 모든 창업군주와 명장
들을 차례로 기록하고 맨 끝에 전명숙
(全明淑)을 써서 올리니
4 상제님께서 물으시기를 "왜 전명숙을
맨 끝에 썼느냐?" 하시거늘
5 경석이 아뢰기를 "왼편으로부터 보시
면 전명숙이 첫머리가 됩니다." 하니라.
6 이에 상제님께서 말씀하시기를 "네 말
이 옳도다. 전명숙은 진실로 만고명장
이라.
7 백의한사(白衣寒士)로 일어나서 능히
천하를 움직였느니라." 하시니라.

천상 과학문명 지상 이식 공사

340 이때 경석에게 말씀하시기를 "전날에는 네가 나의 말을 좇았거니와 이 공사에는 내가 네 말을 좇으리니 모든 일을 묻는 대로 잘 생각하여 대답하라." 하시고
2 "서양 사람이 발명한 모든 문명이기(文明利器)를 그대로 두어야 옳겠느냐, 거두어 버려야 옳겠느냐?" 하시니
3 경석이 대답하기를 "그대로 두는 것이 인간 생활에 이로울 듯합니다." 하니라.
4 이에 상제님께서 말씀하시기를 "네 말이 옳으니 그들의 문명이기는 하늘로부터 내려온 것이니라." 하시고
5 "옛것을 그대로 지키고 있으면 몸을 망치고 새 기운을 취하면 몸도 영화롭게 되나니 나의 운은 새롭게 바꾸는 데 있느니라." 하시니라.
6 이어 경석에게 여러 가지를 물으신 뒤에 공사로써 결정하시니라.

천지의 일등일꾼 출세 공사

341 무신년 겨울 상제님께서 대흥리에 계실 때 하루는 청수를 모시고 마루에 쪼그려 앉으시어 내성에게 명하시기를 "내 몸을 결박하라." 하시니
2 내성이 겁에 질려 아뢰기를 "차라리 죽을지언정 어찌 감히 당신님의 몸을 묶을 수 있겠습니까?" 하매
3 말씀하시기를 "내가 명하거늘 어찌 망설이느냐! 단단히 결박하라." 하시니라.
4 내성이 마침내 눈물을 흘리며 명을 받들어 옥체를 꼭 묶으니
5 상제님께서 다시 명하시기를 "내성아, 큰 몽둥이로 내 몸을 세게 치며 '일등방문(一等方文)이 제일이냐, 이등방문이 제일이냐? 일등방문이다!' 하고 소리쳐라. 도수이니 빨리 쳐라!
6 만일 이행치 않으면 신명들에 의해 큰 해를 당하리니 사정없이 쳐라!" 하고 호령하시니라.
7 이에 내성이 어쩔 수 없이 상제님의 몸을 치는데 차마 세게 치지 못하고 때리는 시늉만 하거늘
8 상제님께서 큰 소리로 호통치시며 "너 이놈 죽을 테냐! 뒤꿈치를 딸싹딸싹하며 쳐라. 그렇지 않으면 천지에서 너를 죽일 것이니라." 하시니라.
9 내성이 엄명에 눌려 "일등방문이 제일이냐, 이등방문이 제일이냐? 일등방문이 제일이다!" 하고 크게 소리치며 있는 힘껏 옥체를 세 번 내리치니
10 상제님께서 떼굴떼굴 구르시며 "아이고, 이놈이 나를 죽이네! 이룰 성(成)자로 이름을 고쳐 줬더니 나를 죽이네!" 하고 비명을 지르시니라.
11 잠시 후에 상제님께서 껄껄 웃으시며 "이제 되었다. 이등방문이 넘어가니 일등방문인 네가 났다." 하시니라.

이등방문을 폐하심

12 다시 내성에게 명하시기를 "담뱃대를 들고 나를 향해 총 쏘는 흉내를 내며 꼭 죽인다는 마음으로 '탕탕' 소리를 내라." 하시니 내성이 명에 따라 총 쏘는 흉내를 내거늘
13 이에 한 성도가 여쭈기를 "이제 이등방문을 폐하시는데 어찌 내성을 쓰셨습니까?" 하니
14 말씀하시기를 "안성(安姓)을 썼노라." 하시니라.
15 이 공사를 행하신 뒤에 수부님에게 무당 도수를 붙이시니라.

운상을 하리라

342 하루는 대흥리에 계실 때 성도들에게 "멍석을 크게 만들라." 하신 뒤
2 그 위에 모래를 수북이 담게 하시고 멍석에다 긴 새끼줄을 여러 개 달아 멍석을 끌 수 있게 하시니라.
3 이어 상제님께서 말씀하시기를 "내가 오늘 너희들과 함께 운상(運喪)을 하리

라." 하시고
4 성도들에게 상여(喪輿) 나가는 소리를 내며 멍석을 앞 개울까지 끌고 가 모래를 버리게 하시니라.

십일전 상량 공사

343 하루는 성도들에게 일러 말씀하시기를 "있는 기운 그대로 풀어 버릴 수밖에 없다." 하시고
2 경석에게 백목(白木)을 가져오라 하시어 상량 공사(上樑公事)를 행하시다가
3 "백목이 부족하다." 하시며 경석으로 하여금 더 가져오게 하시어 공사를 마저 마치시니라.
4 이어 경석에게 이르시기를 "너는 천자 소리를 듣기는 듣는다만 집을 지으면 죽으리라." 하시니라.
5 상제님께서는 이따금 경석의 이름을 부르지 않고 '주인'이라 부르시니라.

이 공사가 천지의 대공사니라

344 무신년 섣달에 상제님께서 대흥리에 계시며 천지대신문을 열고 대공사를 행하시는데
2 밤과 낮을 쉬지 않고 여러 날 동안 글을 쓰시니 그 종이가 산더미같이 쌓이니라.
3 공사를 마치고 말씀하시기를 "이번 공사는 무신납월 공사(戊申臘月公事)니 무신납월 공사가 천지의 대공사니라." 하시되 자세히 말씀치 않으시니라.

천·지·인 삼계의 틀이 바뀌는 대개벽기

4 이어 경석에게 글을 써 주시니 이러하니라.

5 北玄武는 謝亥去하고
북현무 사해거
東靑龍은 自子來라
동청룡 자자래
黙然坐하여 通古今하니
묵연좌 통고금
天地人이 進退時라
천지인 진퇴시
片片雪은 棋一局이요
편편설 기일국
家家燈은 天下花라
가가등 천하화
去歲去하고 來歲來하리니
거세거 내세래
有限時하여 萬方春이라
유한시 만방춘

북방의 현무는 해(亥)에서 물러가고
동방의 청룡은 자(子)로부터 오는구나.
고요히 앉아 고금을 꿰뚫어 보니
하늘과 땅과 사람이 나아가고
물러가는 때로다.
흩날리는 눈은 한 판의 바둑이요
집집마다 밝힌 등불 천하에 핀 꽃이라.
선천세상 가고 후천세상 들어오리니
정한 그 때 이르면
온 누리에 봄이 찾아오리라.

기유(己酉: 道紀 39, 1909)년

이것이 곧 절사니라

345 기유(己酉: 道紀 39, 1909)년 설날에 경석이 선령에게 차례를 지내려 하거늘
2 상제님께서 "장만한 찬수를 가져오라." 하시어 여러 성도들과 나누어 잡수시며
3 말씀하시기를 "이것이 곧 절사(節祀)니라." 하시니라.

안내성의 집에서 현무경을 쓰심

346 이어 안내성의 집에 가시어 사시(巳時)에 현무경(玄武經)을 쓰시고 말씀하시기를

2 "현무경에 천지이치와 조화의 오묘함을
다 뽑아 놓았느니라." 하시니라.
3 이때 양지 두 장에 글을 쓰시어 심지
처럼 돌돌 말아 작은 흰 병 두 개에 한
장씩 나누어 넣으시고
4 병 입을 종이 마개로 막아 방 한쪽에
세워 놓으신 뒤 그 앞에 백지를 깔고
현무경과 작은 칼을 놓아 두시니라.
5 상제님께서 어천하신 후 내성이 태을
주 수련을 하기 위해 셋집을 얻어 들어
가면서 수부님을 찾아뵙고 현무경과
흰 병 두 개와 칼을 올리니라.
6 이후 경석이 그 사실을 알고 수부님께
억지를 쓰며 '내성이 맡겨 놓은 물건을
달라.' 하므로 수부님께서 어쩔 수 없
이 내어 주시거늘
7 경석이 병 하나를 들어 그 속에 든 작
은 심지를 빼어 보니 '흉화개흉실(凶花
開凶實)'이라 적혀 있고
8 다른 병에서는 '길화개길실(吉花開吉實)'
이라 적힌 종이 심지가 나오니라.

인류가 앓고 있는 병의 대세

347 경석이 현무경을 펴 보매 부(符)
와 여러 글이 써 있으니 이러하
니라.

2 病有大勢하고 病有小勢하니
병유대세 병유소세
병에는 큰 병세가 있고
작은 병세가 있나니

3 大病은 無藥하고 小病은 或有藥이라
대병 무약 소병 혹유약
然이나 大病之藥은 安心安身이요
연 대병지약 안심안신
小病之藥은 四物湯八十貼이라
소병지약 사물탕팔십첩
큰 병은 약이 없고
작은 병은 혹 약이 있으나
대병을 고치는 약은
마음과 몸을 편히 하는 데 있고
작은 병의 약은 사물탕 팔십 첩이니라.

4 祈禱
기도
侍天主造化定永世不忘萬事知
시천주조화정영세불망만사지
至氣今至願爲大降이라
지기금지원위대강

5 大病도 出於無道하고
대병 출어무도
小病도 出於無道하니
소병 출어무도
得其有道면 則大病도 勿藥自效하고
득기유도 즉대병 물약자효
小病도 勿藥自效니라
소병 물약자효
큰 병도 무도에서 비롯하고
작은 병도 무도에서 생기나니
도를 얻으면 큰 병도 약 없이 스스로
낫고
작은 병도 약 없이 스스로 낫느니라.

四月來
사월래

6 至氣今至 禮章
지기금지 예장
願爲大降
원위대강

왜 의통성업으로 세상을 끝막는가

7 醫統
의통
忘其君者無道하고 忘其父者無道하고
망기군자무도 망기부자무도
忘其師者無道하니
망기사자무도
世無忠 世無孝 世無烈하니
세무충 세무효 세무열
是故로 天下가 皆病이니라
시고 천하 개병
임금에게 입은 은덕을 잊은 자도
도리에 어긋난 자요
어버이에게 입은 은덕을 잊은 자도
도리에 어긋난 자요
스승에게 입은 은덕을 잊고 배반하는
자도 도리에 어긋난 자이니

세상에 충(忠)도 없고 효(孝)도 없고
열(烈)도 없는 고로 천하가 모두 병들어
있느니라.

8 病 勢
병 세

有天下之病者는 用天下之藥이라야
유천하지병자 용천하지약

厥病이 乃癒니라
궐병 내유

천하의 병을 가진 사람은
천하의 약을 써야 그 병이 낫느니라.

9 聖父
성부 元亨利貞奉天地道術藥局
聖子 원형이정봉천지도술약국
성자 在全州銅谷生死判斷
聖身 재전주동곡생사판단
성신

성부 천지의 정신인 원형이정의 도를
바탕으로 천지를 받드는
성자 도술약국이라
전주 동곡에서 천하 사람의
성신 생사 판단을 하느니라.

무병의 길

10 大仁大義는 無病이니라
대인대의 무병

대인대의하면 병이 없느니라.

11 三界伏魔大帝神位는
삼계복마대제신위

遠鎭天尊關聖帝君이라
원진천존관성제군

오직 대세에 눈떠야 산다

12 知天下之勢者는 有天下之生氣하고
지천하지세자 유천하지생기

暗天下之勢者는 有天下之死氣니라
암천하지세자 유천하지사기

천하대세를 아는 자에게는
천하의 살 기운(生氣)이 붙어 있고
천하대세에 어두운 자에게는 천하의
죽을 기운(死氣)밖에는 없느니라.

13 東有大聖人하니 曰東學이요
동유대성인 왈동학

西有大聖人하니 曰西學이니
서유대성인 왈서학

都是敎民化民이니라
도시교민화민

동방에 대성인이 있으니 곧 동학이요
서방에 대성인이 있으니 곧 서학이라.
이는 모두 창생을 교화하는 데
그 사명이 있느니라.

14 孔子는 魯之大司寇요
공자 노지대사구

孟子는 善說齊梁之君이라
맹자 선세제량지군

공자는 노나라에서 대사구 벼슬을
하였고
맹자는 제나라와 양나라의 군주에게
유세를 잘 하였느니라.

15 近日日本國文神武神이
근일일본국문신무신

竝務道統이니라
병무도통

근일 일본의 문신과 무신들이 모두
도를 받아 문명을 여는 데 힘쓰고
있느니라.

제 뿌리를 못 찾고 환부역조하는
조선인을 경계하심

16 朝鮮國 上計神 中計神 下計神이
조선국 상계신 중계신 하계신

無依無托하니
무의무탁

不可不 文字戒於人이니라.
불가불 문자계어인

조선국 상계신(환인) 중계신(환웅) 하계신
(단군)이 몸 붙여 의탁할 곳이 없나니
환부역조하지 말고 잘 받들 것을
글로써 너희들에게 경계하지 않을 수
없노라.

성인의 직업은 의통

17 宮商角徵羽는 聖人이 乃作이라
궁상각치우 성인 내작

先天下之職하고 先天下之業하니
선천하지직 선천하지업

職者는 **醫也**요 **業者**는 **統也**니
직자 의야 업자 통야
聖之職이요 **聖之業**이니라
성지직 성지업
궁상각치우의 오음은
자연의 소리(율려)를 듣는
성인이 지은 것이라
성인은 천하의 직책과
천하의 업무를 우선으로 삼나니
천하의 직은 병들어 죽어 가는 삼계를
살리는 일(醫)이요
천하의 업은 삼계문명을 통일하는
일(統)이니라.
성스러운 직이요 성스러운 업이니라.

배례와 제법의 절차를 가르치심

348 정월 초이튿날 경석의 집에서
제물을 많이 준비하여 차리게
하시고
2 백로지 한 장 전폭에 인형을 그리신
뒤에 경석과 광찬 두 사람으로 하여금
그 아래에 24절후를 쓰게 하시며 말씀
하시기를
3 "번갈아 가며 글을 쓰되 붓을 땅에 놓
지 말고 한 사람이 동지(冬至)를 쓰고
나면 또 한 사람이 동지를 덧붙여 쓰
라." 하시매
4 그대로 쓰다 보니 지면 하단이 부족할
듯하여 글자를 점점 작게 쓰니 맨 끝
은 작은 글씨로 마치니라.
5 평소에 상제님께서 짚고 다니시는 모
과나무 단장이 위는 굵고 아래는 가늘
거늘
6 그 단장을 글씨 쓴 곳에 놓으니 대소
장단이 일호의 차이도 없이 꼭 같은지
라
7 그 종이를 벽에 설위(設位)하시고 경
석에게 반천무지(攀天撫地) 배례법과 제
법(祭法)의 절차를 일일이 가르치시니
라.

한 시대가 끝날 때

349 이어서 종이 한 장을 가져오라
하시어 우리나라 형상의 지도를
그리시고 각처로 철도선을 그리신 다음
선마다 점을 쳐서 역을 표시하시니라.
2 또 한 점에 '정읍'이라 쓰시고 그 남쪽
에 점을 찍어 '사거리'라 쓰신 뒤에 두
점 중앙에 점을 찍으려다 그치기를 여
러 번 하시더니
3 대흥리를 떠나실 때 점을 찍으시며 말
씀하시기를 "이 점이 되는 때에 세상일이
바로잡히게 되리라." 하시니라.
4 또 지도 한가운데에 선 하나를 가로로
그으시되 그 선에는 점을 찍지 않으시
니라.

경석의 기국을 시험하심

350 초이튿날 모든 일을 마치시고
경석에게 이르시기를 "초사흗날
천지신명에게 고사치성제(告祀致誠祭)를
거행하리라." 하시더니
2 이때 차문경이 술에 취하여 골목으로
돌아다니면서 "경석의 집에서 강 모(姜
某)가 역모한다!"고 큰 소리로 외치거
늘
3 이 말이 천원 병참(兵站)에까지 들어가
헌병이 출동하려 하니라.
4 상제님께서 이를 아시고 수부님과 경
석에게 이르시기를 "너희는 집을 지키
면서 나를 대신하여 치성을 드리되 내
일 자정에 문틈을 봉하고
5 모든 제수(祭需)를 화로에 구우며 술병
은 마개만 빼고 지성으로 심고하라. 이
것이 곧 고사니라." 하시고
6 양지 64장으로 책 한 권을 매어 주시
며 "한 장씩 연속하여 태우고 제를 지
내라." 하신 뒤 곧 비룡촌(飛龍村) 차윤
경의 집으로 가시니라.
7 초사흗날 새벽에 수부님과 경석이 명하
신 대로 행하고 나니 곧 날이 밝아오
거늘

8 무장한 일본 헌병 수십 명이 들이닥쳐
경석을 위협하며 상제님이 계신 곳을
캐묻는지라
9 경석이 말하기를 "그분은 의술로 행세
하시는 분인데 수삼 일 전에 우리 집
에 오셨다가 떠나시어 어디로 가셨는
지 모르겠소이다." 하고 둘러대니라.
10 이에 경석이 일병들에게 맞아서 상처
를 약간 입었으나 마침내 일이 매듭지
어지니라.

김경학을 이부에 명하심

351 초사흗날 상제님께서 관재(官災)
를 피하여 백암리 김경학의 집
에 가 계실 때
2 경학에게 '이부(吏部)'라 써 주시며 집
벽에 붙이게 하시고
3 경학으로 하여금 그 글을 향해 사배(四
拜)하게 하신 뒤에
4 말씀하시기를 "너를 이부에 명하노라."
하시니라.

경학을 시험하심

352 이때 태인 읍내에서 경학의 형이
사람을 보내어 경학을 부르거늘
2 상제님께서 이를 아시고 발을 만지며
말씀하시기를 "상말에 발복이라 하나
니 모르는 길에 잘 가면 다행이요, 못 가
면 불행이라는 말이니라." 하시고
3 곧 홀로 떠나시어 최창조의 집에 가셨
다가 다시 그 앞 솔밭길을 통하여 최덕
겸의 집으로 가서 머무르시니 아무도
상제님이 계신 곳을 알지 못하더라.
4 평소에 경학의 형은 경학이 이상한 술
객에게 홀려 살림을 돌보지 않음을 심
히 염려하던 차에
5 마침 관청에서 그 술객과 경학을 잡으
러 간다 하거늘 따로 아우만 불러다가
몰래 숨기려 함이었는데
6 이때 경학이 태인 읍내로 가는 도중에
순검에게 붙잡혀 집으로 되돌아오니라.
7 이에 순검들이 경학을 협박하며 상제
님을 잡으려고 사방을 수색하거늘
8 그 계신 곳을 알 수 없으매 창조의 집
까지 갔다가 결국 찾지 못하고 돌아가
니라.
9 한편 응종과 공신은 상제님께 세배를
드리려고 창조의 집에 갔다가 순검에
게 구타를 당하니라.

무사히 겪어 내니 다행이로다

10 이 날 경석이 정읍으로부터 공우와 윤
경을 상제님께 보내어 일이 무사히 된
경과를 아뢰니
11 말씀하시기를 "내가 공사를 마친 뒤에
경석을 시험함이었는데 무사히 겪어 내
니 다행이로다." 하시니라.

천주님을 모시고 행세하는데

353 5일에 상제님께서 백암리로부터
구릿골로 돌아와 머무르시더니
2 며칠 후에 공우에게 일러 말씀하시기
를 "공우야, 너는 태인에 가서 아무 일
도 없는가 살피고 오라.
3 삼가고 또 삼가 마을 근처에 가서 몸
을 숨기고 사람을 시켜 알아보도록 하
라." 하시니라.
4 공우가 태인으로부터 돌아와 일이 무
사히 된 전말을 아뢰니
5 상제님께서 "공우야, 너는 내가 시킨
대로 하였느냐?" 하시거늘
6 공우가 대답하기를 "바로 두 집에 가
서 안부를 물었습니다." 하니라.
7 이에 상제님께서 "너는 겁도 없느냐?"
하시니 공우가 아뢰기를 "천주님을 모
시고 행세하는데 무슨 겁이 나겠습니까?"
하거늘
8 상제님께서 들으시고 기쁘게 웃으시니
라.

경석이 경학보다 낫다

9 상제님께서 말씀하시기를 "정읍 일은
하루 공사인데 경석에게 맡겼더니 하
루아침에 끄르고

10 태인 일은 하루아침 공사인데 경학에
게 맡기매 하루가 걸렸으니 경석이 경
학보다 낫다." 하시고
11 또 말씀하시기를 "경석은 병판감이요,
경학은 사람됨이 직장(直腸)이라 돌리
기 어려우나 만일 돌리기만 하면 좋은
사람이 되리라." 하시니라.

인간으로 오신 하느님이 부활하신 날

354 하루는 공사를 보실 때 글을 써서 불사르시니 이러하니라.

2 佛之形體 仙之造化 儒之凡節
불지형체 선지조화 유지범절
3 無奈八字 至氣今至願爲大降
무내팔자 지기금지원위대강
4 欲速不達
욕속부달

侍天主造化定 永世不忘萬事知
시천주조화정 영세불망만사지
5 九年洪水 七年大旱 千秋萬歲歲盡
구년홍수 칠년대한 천추만세세진
6 佛仙儒
불선유
7 一元數 六十三合爲吉凶度數
일원수 육십삼합위길흉도수
8 十二月二十六日 再生身姜一淳
십이월이십육일 재생신강일순

선지후각, 포교 오십년 공부

355 하루는 공사를 보시며 글을 쓰시니 이러하니라.

2 聖師 醫統 无極神
성사 의통 무극신
3 慶州龍潭
경주용담
4 大道德奉天命奉神教
대도덕봉천명봉신교

大先生前如律令審行
대선생전여율령심행

先知後覺元亨利貞
선지후각원형이정

布教五十年工夫
포교오십년공부

천하통일의 사마소 도수

356 상제님께서 구릿골 약방에 계실 때 하루는 여러 성도들을 벌여 앉히시고 큰 소리로 글을 읽히시니 이러하니라.

2 三國時節이 誰知止於司馬昭리오
삼국시절 수지지어사마소

삼국시절이 사마소에서 대세가 그칠
줄을 그 누가 알았으리오.
3 또 말씀하시기를 "술수(術數)가 삼국시
절에 나와서 해원하지 못하고 이제야
비로소 해원하게 되었느니라." 하시고
4 "내 일은 삼변성도(三變成道)니라." 하시
니라.

도운(道運)을 추수하는 매듭 일꾼

357 이어 말씀하시기를 "삼국시절이 돌아갈 곳을 안 사람은 사마소 한 사람뿐이었느니라." 하시거늘

2 한 성도가 "앞으로 천하사의 장래를
아는 사람이 한 사람 있사옵니까?" 하
고 여쭈니
3 "너희들이 성도(成道)하기 전에 한 사람
이 먼저 천명(天命)과 신교(神教)를 받들어
천지에 보은할 것이니라." 하시니라.

같은 끗수에 말수가 먹느니라

4 또 말씀하시기를 "현하대세가 가구(假
九)판 노름과 같으니 같은 끗수에 말수가
먹느니라." 하시고
5 "그 때는 무위이화로 내 일이 이루어
지리니 갑오갑자(甲午甲子)꼬리니라.
6 갑자꼬리로 종장(終章)을 짓느니라." 하
시니라.

공신에게 석 달간 진액주 수련을 시키심

358 상제님께서 문공신의 집에 계실 때 친히 법사(法師)가 되시어 공신

에게 진액주 수련을 시키시니라.
2 상제님께서 공신으로 하여금 아랫방에 청수를 모시게 하시고 명하시기를 "잠도 자지 말고 석 달간 일심으로 주문을 읽으라." 하시거늘
3 먼저 상제님의 무극대도를 받아 천지로부터 인증(認證) 받는 공부인 의통(醫通) 공부를 5일 도수로 하게 하시고
4 허령(虛靈), 지각(智覺), 신명(神明) 공부를 각각 7일, 21일, 21일 도수로 시키신 후
5 마지막으로 옥추통부(玉樞統符) 공부를 시키시니라.
6 이때 상제님께서 종종 출타를 하시나 순간순간 꼭 그 자리를 지키시니
7 공신이 주문을 읽다 깜박 졸거나 딴생각에 빠지려 하면 윗방에서 상제님의 불벼락 같은 호통이 들려오므로 잠시도 방심하지 못하거늘
8 후에 공신이 말하기를 "그 때는 잠 한 숨만 잤으면 살겠다 싶더라." 하니라.

나중에 큰 스승이 나와서 공부시킨다

9 상제님께서 어천하신 뒤에는 공신이 법사가 되어 자신의 제자들에게 이와 같이 공부를 시키는데 신명 공부는 시키지 않으니라.
10 공신이 자주 말하기를 "내가 하는 것은 그저 대강일 뿐이요, 나중에 큰 스승이 나와서 따로 공부시키신다." 하니라.

수행법의 기본 틀과 시간의 음양 정신

359 하루는 상제님께서 공사를 행하시며 글을 쓰시니 이러하니라.

2 道傳於夜 天開於子
도전어야 천개어자
轍環天下 虛靈
철환천하 허령
도는 밤에 전하라.
하늘은 자시(子時)에 열리느니라.
공자는 천하를 두루 돌아다녔느니라.
허령(虛靈)

3 教奉於晨 地闢於丑
교봉어신 지벽어축
不信看我足 智覺
불신간아족 지각
교는 새벽에 받들라.
땅은 축시(丑時)에 열리느니라.
석가는 세상을 떠날 때 믿지
못하겠으면 내 발을 보고
생사의 도를 깨우치라 하였느니라.
지각(智覺)

4 德布於世 人起於寅
덕포어세 인기어인
腹中八十年 神明
복중팔십년 신명
덕을 세상에 펴라.
사람은 인시(寅時)에 일어나느니라.
노자는 제 어미 뱃속에서
80년을 살다 태어났느니라. 신명(神明)

칠성 도수, 태을주로 포교하라

360 하루는 성도들에게 물으시기를 "최수운은 시천주주로 포교해 달라 하고, 김경소는 50년 공부 태을주로 포교하여 달라 하니 어떤 주문으로 포교함이 좋겠느냐?" 하시거늘
2 광찬이 대답하기를 "당신님 처분대로 하옵소서." 하니라.
3 이에 말씀하시기를 "시천주주는 갑오동학란을 일으켰으니 전하지 못할 것이요, 태을주로 포교하라. 포교는 매인이 천 명씩 하라." 하시니
4 성도들이 모두 전하지 못하겠다 하였으나 형렬과 자현 두 사람만은 "전하겠습니다." 하고 대답하매
5 말씀하시기를 "전하기 쉬우니라. 먼저 7인에게 전한 후에 매인이 7인씩 전하면 천 명이 많은 것 같아도 시작하면 쉬우니라." 하시니라.
6 상제님께서 말씀하시기를 "태을주라야 포덕천하(布德天下) 광제창생(廣濟蒼生) 하느니라.

7 태을주 공부가 치천하(治天下) 공부니라."
하시니라.

밤을 새워 송주하라

361 하루는 태인 새울에 계시며 공
사를 행하실 때 성도들에게 수
저로 장단을 맞추어 주문을 외우게 하
시며 말씀하시기를
2 "밤을 새워 송주(誦呪)하라. 밤새도록
주문을 읽는데 읽다가 그치면 죽으리
라." 하시니
3 성도들이 명을 받들어 밤을 지새우며
주문을 외우니라.
4 다음 날 아침에 상제님께서 마당에서
빠르게 뛰어다니시며 말씀하시기를
5 "피난(避難)하는 걸음걸이가 이러하니
라." 하시니라.

후천대개벽의 여명

362 하루는 김병선(金炳善)에게 글 한
장을 써 주시니 이러하니라.
2 日入酉配 亥子難分
일입유배 해자난분
日出寅卯辰 事不知
일출인묘진 사부지
日正巳午未 開明
일정사오미 개명
日中爲市交易退 帝出震
일중위시교역퇴 제출진
해가 유시에 들어가 모습을 감추니
해시와 자시에는 분별하기 어렵고
해가 인시, 묘시, 진시에 나오는데
아직 세상일을 알지 못하며
해가 사시, 오시, 미시에 남중하는 때
나의 도(道)와 세상일이 환히
드러나느니라.
해가 정중하여 문명의 장이 서고
교역이 끝나 장이 파하면
태조가 진방에서 나오느니라.
3 또 말씀하시기를 "닭이 울면 새벽이요
개가 짖으면 사람이 다니게 되느니라.
4 금년 운수가 명년 4월까지 가느니라."
하시고
5 "진사(辰巳)에 성인출(聖人出)하고 오미
(午未)에 낙당당(樂堂堂)이라." 하시니
라.
6 상제님께서 말씀하시기를 "개명장(開明
章) 나는 날엔 일체 개심(開心)하느니라."
하시니라.

삼계 복마를 물리치는 운장주를 내려 주심

363 기유년 봄에 와룡리에 사는 황
응종이 누런 암탉 한 마리를 가
지고 와서 상제님께 올리니
2 말씀하시기를 "황계(黃鷄)가 동하니 필
시 적벽대전(赤壁大戰)의 조짐이라. 어
서 관운장을 불러 화용도(華容道)의 목
을 단단히 지키게 하리라." 하시고
3 일어서시어 멀리 청도원 쪽을 바라보
며 손을 흔드시니 문득 동남풍(東南風)
이 일어나니라.
4 이에 글을 써서 불사르시고 형렬에게
그 닭을 삶아 오게 하시어 성도들과
나누어 잡수신 뒤에
5 운장주(雲長呪)를 써 주시니 이러하니
라.
6 雲長呪
운장주
天下英雄關雲長 依幕處 謹請
천하영웅관운장 의막처 근청
天地八位諸將
천지팔위제장
六丁六甲 六丙六乙 所率諸將
육정육갑 육병육을 소솔제장
一別屛營邪鬼
일별병영사귀
唵唵急急 如律令 娑婆訶
엄엄급급 여율령 사파하
7 또 말씀하시기를 "이 글이 대차력주(大
借力呪)니라." 하시고 성도들로 하여금
한 번 보아 외우게 하시니

8 이때 참석한 사람은 형렬, 공숙, 찬명, 자현, 갑칠, 송환, 광찬, 응종 등이더라.
9 하루는 상제님께서 공우에게 말씀하시기를 "너는 운장주를 많이 읽으라." 하시니라.

대원사 칠성각에서 보신 49일 대공사

364 기유년 봄에 상제님께서 내성과 형렬 등 여러 성도들을 데리고 대원사에 들어가시어 대공사를 행하시거늘
2 이때 성도들에게 여러 가지 명을 내리시니 내성과 성도들이 아랫마을 등지로 출입하며 심부름을 하니라.
3 하루는 금곡과 성도들을 불러 말씀하시기를 "내가 이제 칠성각에 들어가리니 밖에서 종이를 발라 방문을 밀봉하고
4 내가 부를 때까지 칠성각 근처에는 얼씬도 하지 말라." 하시고
5 칠성각 안으로 들어가시어 남쪽에 청수 한 그릇을 모신 후 방문을 잠그시니
6 금곡과 성도들이 명을 좇아 출입문을 완전히 봉하니라.
7 이에 성도들이 말하는 것도 삼가는데 금곡 또한 일체 불공을 올리지 않으며 내성이 칠성각 주위를 돌면서 보초를 서니라.
8 그 후 수십 일이 지나도록 간간이 기침 소리만 내실 뿐 물 한 모금 잡숫지 않고 공부에만 전념하시거늘 금곡과 성도들이 심히 걱정하더니
9 49일째 되는 날 상제님께서 방을 나오시어 기지개를 크게 켜시며 "다 끝났다. 가자." 하시는데 용안에서 환하게 빛이 나는지라
10 금곡이 순간 탄복하여 말하기를 "이 어른이 하느님이네! 어떻게 사람으로서 49일 동안 물 한 모금 안 마시고 도를 구하겠는가!" 하니라.
11 이때 상제님께서 내성에게 오른쪽 버선 한 짝을 건네시거늘 내성이 보니 담(痰)이 가득 담겨 있더라.

너의 신세를 많이 지고 가는구나

12 이어 상제님께서 금곡에게 물으시기를 "며칠이나 되었는고?" 하시니 금곡이 "49일 되었습니다." 하고 아뢰거늘 "그러하냐." 하시고
13 곧바로 대원사를 떠나시며 "금곡아, 내가 너의 신세를 많이 지고 가는구나." 하시매
14 금곡이 몸둘 바를 몰라하며 "선생님 말씀이 석가의 도수는 삼천 년밖에 안 된다 하셨사온데 제가 선생님을 믿지 누구를 믿겠습니까?" 하니
15 크게 웃으며 말씀하시기를 "이 다음에 자네하고 나하고 다시 만나세." 하시니라.
16 이후로 금곡은 상제님이 마지막으로 다녀가신 그 방을 금쪽같이 아끼며 "미륵님이 여기 계시는데 석가모니가 무슨 필요 있는가." 하고 죽는 날까지 일체 불공을 올리지 않으니라.
17 훗날 내성의 큰아들 문환(文煥)이 칠성각에 들어가 보니 상제님께서 앉으셨던 자리만 마치 불을 땐 것처럼 따뜻하였다 하니라.

이등박문을 만나심

365 이등박문(伊藤博文)은 명치를 도와 일본의 근대화에 앞장서고, 조선에 통감부를 세워 한일병탄을 주도한 인물이라.
2 그가 일찍부터 상제님의 성예(聲譽)를 접하고 여러 번 뵙기를 청하거늘
3 기유년 봄에 상제님께서 형렬을 데리고 친히 통감부를 찾으시니라.
4 상제님께서 형렬과 함께 안내를 받아 통감의 집무실에 드시니 이등박문이 상제님의 용안을 뵙자마자 정신을 잃고 고꾸라지니라.
5 잠시 후 그가 깨어나매 형렬이 "대왕

인 그대가 어찌 천자를 보고 쓰러지느
냐!" 하니 이등박문이 놀라며 "천자라
니 무슨 천자인가?" 하거늘
6 형렬이 "조선의 천자다." 하고 다시 "○
○이 있느냐? 그것이 있어야 우리 선
생님과 대면하지 없으면 상대를 못 한
다." 하니 이등박문이 기세에 눌려 말
을 더듬는지라
7 형렬이 "네가 어디서 벼슬을 사 왔든
지 훔쳐 온 게로구나! 진짜가 아니니
말을 더듬는 것 아니냐?
8 대왕치고 어찌 그것이 없냐? 가짜도
있고, 참짜도 있냐? 뿌리 없는 대왕이
어디 있느냐?" 하니
9 이등박문이 "그대는 통변을 하면서 어
찌 증산 선생만 위하고 나는 쳐서 말
하는가?" 하니라.
10 이에 형렬이 "나는 평평하게 공도로써
바로 말하지 사사로이 하지 않는다.
그런 걸로 조조 간신이 있지 않느냐?
어째서 우리 선생님과 대면하려 했느
냐?" 하거늘
11 이등박문이 "내가 전부터 증산 선생의
명성을 익히 들어 혜안(慧眼)을 얻고자
상우(相遇)를 청하였다." 하거늘
12 형렬이 "그런다고 하늘에서 정하여 준
재주가 늘겠느냐? 신명 탓이지. 네가
아무리 올라가고 싶어도 신명 위로는
못 올라가는 것이다.
13 네가 글을 배워도 헛것을 배웠구나. 대
왕은 당치도 않다." 하니라.
14 이때 상제님께서 자리에서 일어나시며
형렬에게 이르시기를 "말도 알아들을
만한 것보고 해야지, 말 못 알아듣는
건 사람도 아니니 가리지 말고 우리가
돌아서자." 하시니
15 이등박문이 상제님께 달려들며 "제 편
이 되어 저를 도와 주시오!" 하고 사정
하거늘
16 상제님께서 "나는 누가 말해도 안 듣
는다. 나는 너희와는 상종(相從)이 못
되니 이만 가노라." 하시고 곧장 밖으
로 나오시니라.
17 상제님께서 안암동(安岩洞)으로 돌아
다음 날 구릿골로 돌아오시니라.
18 이 해 10월 26일, 이등박문이 의사(義
士) 안중근(安重根)의 저격을 받아 하얼
빈 역에서 죽음을 당하니라.

부안에서 공사를 행하심

19 기유년 윤 2월에 상제님께서 부안에
가시어 이치복(李致福)을 데리고 공사
를 행하시니라.

선천우주를 문 닫고
신천지 조화선경을 여는 칠성 도수

366 상제님께서 형렬과 호연에게 신
안을 열어 주시어 신명의 모이
고 흩어짐과 공사 과정을 참관케 하시
니라.
2 하루는 상제님께서 백로지 한 장에 무
엇을 쓰시어 불사르시고 그 재를 물
에 풀어 밖으로 뿌리시며 "계룡산 금옥
아!" 하고 소리치시니 이는 신명을 부
르심이라.
3 상제님의 명이 떨어지자 곧 새가 지저
귀는 듯한 소리가 나며 상제님께서 문
쪽으로 내미신 손 위에 무엇이 내려와
앉거늘
4 말씀하시기를 "내려서거라." 하시고
명하시기를 "너 가서 너희 어른을 불
러 박적 몇 개 가져오너라." 하시니라.
5 이에 금옥 신명이 아뢰기를 "칠성에서
아니 심어서 박이 없답니다." 하니 "아
니 요런 놈이 있나!" 하고 추상같이 호
통을 치시며
6 금옥의 뺨을 냅다 때리시니 사람들의
눈에는 아무것도 보이지 않는데 허공
에서 '짝' 소리가 나더라.
7 이어 말씀하시기를 "네 이년! 몇 대 더
맞으려느냐? 어서 가거라." 하시니라.
8 이어 상제님께서 붓으로 종이에 점을
찍으시고 형렬은 말을 그리며 앉아 있

으니 호연이 옆에서 "나도 한번 해 볼
게요." 하거늘
9 말씀하시기를 "내가 천지신명에게 오
라 가라 얘기를 하는데, 네가 알 수가
있냐? 그러니 넌 천천히 가르쳐 주마,
응." 하시며 달래시니라.

신장들의 힘을 겨루어 볼 터이니

10 얼마가 지난 후 금옥이 바가지를 큰
것, 작은 것으로 세 개를 가지고 와서
상제님께 올리며 "가져오라고 하시어
가져왔지만 어떻게 하실 건가요?" 하
고 여쭈니
11 말씀하시기를 "이것이 그냥 박적이 아
니라 내가 씀으로 인하여 조화박적이
되는 것이니라." 하시니라.
12 상제님께서 잠시 후에 방문을 여시더
니 공중에 대고 한 신명을 불러 말씀
하시기를
13 "내가 날을 잡아 신장들의 기운을 보
기 위하여 힘을 겨루어 볼 터이니 준비
해라. 시원찮게 하면 못쓰느니라. 새
겨들어라." 하시니라.
14 이에 그 신명이 여쭈기를 "그리하소서.
날은 삼월 삼짇날로 받을까요?" 하니
"그래라." 하시고
15 또 말씀하시기를 "장소는 여기까지 올
것 없이 옥거리 사정으로 오너라." 하
시니 그 신명이 그곳을 알지 못함을
아뢰거늘
16 상제님께서 꾸짖어 말씀하시기를 "너
는 신명이 되어서 그것도 모르느냐.
그래 가지고 어떻게 천지 일을 할 것이
냐, 이놈아!
17 신명이라도 똘똘해야 된다. 바삐 가서
서둘러라." 하시매 절을 하고 물러가
더라.

수십 개의 깃대를 준비하심

367 상제님께서 성도들에게 삼월 삼
짇날에 쓰실 깃발을 준비하게
하시되 그 크기를 세 가지로 만들게
하시니
2 큰 깃발 하나와 그보다 조금 작은 것
네 개를 만들고, 그보다 더 작은 크기
로 삼십여 개의 깃발을 만들게 하시
니라.

육임도꾼 조직 공사

3 이윽고 삼월 삼짇날이 되매 상제님께
서 바가지와 활을 준비하시어 성도들
에게는 깃발을, 복남에게는 화살집을
지우시고
4 비루먹은 말 네 필을 준비하여 형렬과
복남 등이 각기 한 필씩 타고 상제님께
서는 흰말에 술이 달린 붉은 천을 두르
고 나가시는데
5 호연이 "나는 어쩌고, 나는 어쩌고~."
하고 보채므로 한 성도로 하여금 업고
따르게 하시니라.
6 옥거리 사정에 이르시니 이미 수많은
신장들이 말을 타고 기다리고 있거늘
7 그 신명들이 상제님 일행을 보니 자
기들보다 숫자도 적거니와 모두들 비
루먹은 말을 타고 박 하나씩만 덜렁덜
렁 차고 오는지라 '한 손으로도 이기겠
다.'고 쉽게 생각하니라.
8 상제님께서 성도들에게 명하시어 활
터의 한가운데 지점에 제일 큰 깃발을
꽂으라 하시고, 동서남북 사방에 중간
깃발을 하나씩 꽂게 하신 뒤에
9 그 바깥쪽으로 나머지 깃발들을 빙 둘
러서 꽂게 하시니라.
10 이어 상제님께서 박을 가운데에 놓고
주문을 외우시니
11 한 박에서는 투구를 쓰고 기치창검을
한 아주 작은 사람들이 헤아릴 수 없
이 나오고
12 또 다른 박에서는 무장된 말들이 고자
리처럼 꼬약꼬약 나오더라.
13 이에 상제님께서 그 작은 사람과 말들
을 현무지(玄武池)의 물속에 넣으시니
14 실제의 사람과 말 크기가 되어 검은
옷을 입고 말을 타고 기치창검을 한

채 줄지어 늘어서매 그 숫자가 저쪽의
세 배도 넘더라.

나와 똑같이 입어야 한다.

15 상제님께서 붉고 푸른 색이 섞인 옷으
로 갈아입으시더니 형렬은 검은 옷으
로, 복남은 상제님과 같은 옷으로 입
게 하시거늘
16 형렬이 "복남은 왜 그렇게 입히십니
까?" 하고 여쭈니
17 말씀하시기를 "이 아이는 나와 똑같이
입어야 한다." 하시니라.
18 이때 저쪽 신장들의 우두머리가 상제
님께 와서 "언제나 왕림을 하시겠습니
까?" 하고 여쭈니
19 말씀하시기를 "곧 가리라. 가는 날이
되어야 가지. 너 뱃속에 애기 나오라
고 하면 나오더냐?
20 그것도 시간이 되어야 한다." 하시니라.
21 이에 그 신명이 "알겠사옵니다. 그럼 이
만 물러가겠습니다." 하고 대답하거늘
22 상제님께서 "아니 씨름도 안 하고 물러
가냐, 이놈아?" 하시니 "그러면 하겠
습니다." 하니라.

세운과 도운의 상씨름 공사

368 이어 상제님께서 형렬에게 "오
른쪽으로 서라." 하시고 상제님
은 왼쪽에 서시어 양쪽으로 대열을 정
리하시니
2 청수정(淸水亭)에서 쳐다보고 있던 호
연이 "이겨라, 이겨라!" 하고 소리치거
늘 말 위에서 손을 흔들며 웃어 보이
시니라.
3 상제님께서 형렬에게 "먼저 나서 보아
라." 하시니 형렬이 말을 몰아 나서서
저쪽 장수와 맞붙어 겨루다가 말에서
떨어지거늘
4 어느 틈에 신명들이 형렬을 공중에서
받아 진북정(鎭北亭)에 내려놓으니라.
5 이에 상제님께서 나서시며 손을 한 번
내두르시니 저쪽 편의 장수가 말과 함
께 쓰러져 땅에 뒹굴거늘
6 좌우로 정렬한 신병들이 상제님의 명
을 받아 일제히 나서매 저쪽 신장들은
모두 삼대 쓰러지듯 하는지라
7 상제님께서 말씀하시기를 "기운 좋~
다!" 하시니라.

모든 일꾼 장수에게 기운을 돋우려고

8 또 말씀하시기를 "다리 아프다고 꼭
오그리고 앉아 있으면 못쓰고 자꾸 걸
어봐야 하며, 일은 해 봐야 하고, 무서
워서 못 하는 것은 장부가 작아서 그
러느니라.
9 내 목숨을 생각지 않아야 큰일을 하는 것
이며 큰일을 하는 사람이 작은 일을 생각
하면 뜻을 이루지 못하느니라." 하시니
라.
10 이윽고 신명들이 모두 물러가거늘 상
제님께서 형렬에게 말씀하시기를
11 "하늘에도 나라가 있고 나라마다 각 고
을마다 다 장수가 있느니라." 하시고
12 또 말씀하시기를 "모든 장수에게 기운
을 돋우려고 칡뿌리를 썼느니라. 약장
을 그래서 만들었느니라." 하시니라.

이 같은 공사를 세 번 행하라

13 공사를 마치시고 상제님께서 복남에
게 명하시기를 "나중에 이곳에 와서
깃발을 꽂고 이 같은 공사를 세 번 행
하라." 하시거늘
14 복남이 상제님께서 어천하신 이후 명
하신 대로 옥거리 사정에서 500명이
넘는 제자들을 데리고 이와 같이 공사
를 세 번 행하니라.

서양에 가서 보신 지구촌 세계화 공사

369 상제님께서 기유년 봄에 형렬과
호연을 데리고 국외의 여러 나라에
다니며 공사를 행하실 때
2 "윗물이 맑아야 아랫물이 맑다 하나니
위에서부터 잡아야 하느니라." 하시고
3 어느 나라에 가시든지 매양 그곳의 우
두머리 격인 사람을 만나시지 소소한

사람은 잘 찾지 않으시니라.
4 하루는 형렬이 상제님을 따르며 여쭈
기를 "아직 저희 나라의 공사도 다 마
치지 못하였는데 어찌 남의 나라까지
다니시며 공사를 보십니까?" 하니
5 말씀하시기를 "이것이 한 나라의 일이
라면 더딜 것이 있겠느냐?
6 내 나라 일만 같으면 천하에 쉬울 것
이나 수수 나라가 다 같이 손을 잡아야
만 한 나라가 되겠으므로 이렇게 다니는
것이거늘 네 어찌 내 나라만 생각하느
냐?
7 그리 소견이 좁고 갑갑해서 어찌할꼬.
사람이란 많을수록 휘어잡기가 어려
운 법이니라." 하시며 나무라시니라.

어찌 하느님을 모를 리가 있겠습니까

370 하루는 어느 나라의 큰 문 앞에
이르러 상제님께서 양팔을 벌리
고 서 계시니
2 안에서 사람 둘이 나와 상제님은 왼쪽
으로, 형렬은 오른쪽으로 인도하여 들
어가는데
3 이때 호연은 아무도 알아보지 못하게
거미가 되어 상제님의 등에 붙어 있었
으므로 다만 구경만 하니라.
4 상제님께서 안으로 드시매 오색 옷에
빨간 관을 쓰고, 어깨에는 번쩍이는
금장띠를 두른 사람이 의자에 앉아 있
다가 벌떡 일어나 거수례를 하거늘
5 상제님께서 눈살을 찌푸리시니 얼른
손을 내리고 차려 자세로 꼿꼿하게 서
니라.
6 이에 상제님께서 "그렇게 하는 것이
냐?" 하고 물으시니 "어찌 하느님을
모를 리 있겠습니까?" 하거늘
7 "내가 하늘이냐? 사람이지!" 하시고
그 사람의 자리에 앉으시며 "앉거라."
하시매 모두 무릎을 꿇고 앉으니라.

일하는 기국을 보러 왔노라

8 그 사람이 "무슨 일로 왕림을 하셨습
니까?" 하고 여쭈니 "너희들 일하는 기
국을 보러 왔노라.
9 우리가 늘 이렇게 하고 말 것이냐? 이
래 가지고 세상을 뒤집겠느냐?" 하시거
늘
10 답하여 아뢰기를 "그것도 좋지마는 점
차로 할 일이지 금방이야 잡을 수 있
습니까?" 하니라.
11 이에 상제님께서 "대체 너희들 무엇을
하고 사느냐?" 하시니 "제 나라 사람
들을 가르치며 삽니다." 하거늘
12 꾸짖어 말씀하시기를 "너는 네 앞의
밥만 알지 저쪽에 있는 밥을 당겨서
먹을 줄은 모르는구나. 네 밥만 먹으
면 제일이냐?
13 또 네 밥도 먹으려면 곡식을 심어서 몇
번을 손대야 먹지 않느냐. 그렇듯이
백성들이 어떻게 하면 잘사는지 알고
있느냐?" 하시니 "잘 모르옵니다." 하
고 대답하니라.
14 이에 상제님께서 "네가 그것도 모르면
서 무엇을 가르치며 백성의 어른 노릇
을 한단 말이냐?
15 천지이치로 신하와 백성들을 데리고
어떻게 해야 하는지 모르느냐?" 하시
니
16 "제 나라나 쉬울까 남의 나라까지는
제가 해 볼 수가 없습니다." 하거늘
17 다시 "그럼 너의 나라는 어떻게 하는
것이냐?" 하고 물으시니 "신하들이 뜻
을 합하여 올리면 저는 '이리해라, 저
리해라.' 하고 판단만 해 주지 어쩌지
는 못합니다." 하니라.

세계가 하나로, 동서통일 공사

371 상제님께서 말씀하시기를 "네
가 그래 가지고 어떻게 왕 노릇
을 하겠느냐? 그러지 말고 내 손에 잡
혀라." 하시니 "어떻게 그 손에 잡히겠
습니까?" 하거늘
2 타이르시기를 "나라라고 다 나라가 아

니고, 천자라고 다 천자가 아니니 한
나라 백성의 주인 노릇을 하는 법은 그런
것이 아니니라.
3 그러니 네 나라 내 나라를 합치는 것
이 어떻겠느냐? 장수는 장수대로 둔
다 해도 왕은 한 사람이 해야지, 여러
사람이 되면 시끄럽지 않겠느냐?
4 그러니 우리가 하나로, 한 나라로 만들자."
하시매 선뜻 대답을 하지 않는지라
5 상제님께서 "이놈아, 잠들었느냐? 어
찌 어른이 말하는데 대답이 없을꼬!"
하시니
6 그제야 "그렇다고 대답 드릴 수는 없
습니다." 하고 대답하니라.

한맘 한뜻으로 싹 나서서 한 손 잡자

7 상제님께서 다시 물으시기를 "너희 나
라를 숙이지 못할 것 같아 합친다는
말을 못 하는 것이냐?" 하시니 "그렇
습니다." 하거늘
8 "그러면 내가 시키는 대로 해라. 그래야
네 나라 내 나라 없이 편해지느니라.
9 백성들이 편해야지, 백성들이 편치 못
하면 우리도 편하지 못할 것이니 어떻
게든 우리 백성들이 다 평평하게 좋게
나아가야 하느니라.
10 또 우리 맘이 시끄러우면 백성인들 좋
을 것이냐! 그러니 아무 때 내가 부르
거든 우리 한맘 한뜻으로 싹 나서서
한 손 잡자." 하시니라.
11 이에 그 사람이 "그 때 가서는 몰라도
지금 당장은 대답을 못 하겠습니다."
하니
12 상제님께서 "어찌하여 대답을 못 하느
냐?" 하고 호령하시며 빰을 때리시매
한 쪽 이가 쏙 빠져 달아나거늘
13 그 사람이 조심스레 빠진 이를 줍더니
눈치를 보며 "일을 하시러 북쪽으로
가시옵니까?" 하고 여쭈는지라
14 상제님께서 "서쪽은 모르고 북쪽만 아
냐, 이놈아!" 하시며 반대쪽 빰을 때
리시매 이번에는 다른 쪽 송곳니가 쏙
빠지니라.
15 그 사람이 다시 여쭈기를 "그럼 서쪽
으로 행하시렵니까?" 하니 "흥, 이제
조금 뚫어지냐? 나 간다." 하시며 일
어서시거늘
16 황급히 따라나서며 "한 말씀 더 해 주
고 가시지요." 하매
17 "남은 이마저 빼고 싶으냐? 네가 하라
는 대로 안 하고 옆길로만 가니 내 좋
게 하겠느냐?" 하시는지라
18 그제야 "말씀대로 기울어지겠습니다."
하고 대답하니라.
19 이에 상제님께서 흐뭇하신 듯 바라보
시며 "그렇지! 그러면 당장에 네 부하
들을 구주(歐洲)로 보내겠느냐?" 하시
니 "그리 가면 되겠습니까?" 하거늘
20 이르시기를 "네 부하들이 거기에서 합
수(合手)가 되면 다시 ○○로 가거라.
21 내가 아무데로 돌아서 그리로 행하
마." 하시매 "그리하옵소서." 하며 절
을 올리니 그곳에서 나오시니라.

남방의 나라에 가심

372 호연이 상제님을 따라 여러 나
라를 다니면서 보니 붉은 옷을
입은 나라, 푸른 옷을 입은 나라, 소매
없는 살색 옷을 입은 나라 등 나라마
다 그 모습이 각양각색이더라.
2 하루는 남방의 어느 나라에 가시니 사
람들이 저마다 얼굴에 검은 줄로 대나
무 잎 모양을 그렸거늘 눈동자의 색이
동양인과는 다르더라.
3 그들이 상제님을 뵙고 모두 두려워 떠
는데 한쪽에서는 대접을 한다고 서둘
러 음식을 차려 오거늘
4 호연이 뼈다귀같이 생긴 낯선 음식
에 얼굴을 찌푸리며 "이것이 무엇이래
요?" 하고 여쭈니 상제님께서는 그저
웃기만 하시니라.
5 잠시 후에 저녁을 대접한다고 염소를
잡아서 구워 올리거늘

6 상제님께서 슬며시 코를 막으시며 한
점도 들지 않으시는지라 형렬이 여쭈
기를 "생각해서 해 왔는데 왜 안 드십
니까?" 하니
7 상제님께서 "나는 안 먹네. 형렬이 먹
으려는가?" 하시매 형렬이 "선생님께
서 안 드시는데 제가 어떻게 먹겠습니
까?" 하니라.
8 이에 "내가 안 먹는다고 어찌 안 먹는
가." 하시니 형렬이 "저도 안 먹던 것
이라 생각이 없습니다." 하거늘
9 상제님께서 "저 사람들이 만들어 준
정성은 생각지 않고 모두 안 먹어서야
쓰나…." 하시고
10 그 사람들에게 "음식을 다 차려다 줬
거든 그만 나가서 밥들 먹어라." 하시
더니
11 그들이 모두 나가매 밥과 고기를 종이
에 싸서 온 그릇을 비우시니라.
12 상제님께서 공사를 마치고 나오시는
길에 종이를 풀어 염소고기를 물에 띄
우시며
13 "저희는 생각해서 해 준 것을 안 먹고
그냥 가면 기운 상할 테고, 먹은 체하
느라고 음식을 싸 오기는 했으나 버릴
수도 없고 어찌할 수 없으니 고기 밥
이나 주노라." 하시니
14 호연이 "그럼 굶을 거예요?" 하고 볼
멘소리를 하는지라
15 상제님께서 "나는 며칠쯤 굶어도 참을
수 있어. 너는 배고프지?" 하시고 밥
에 소금을 쳐 주시거늘
16 호연이 "써서 못 먹겠어요." 하며 먹지
않으니 장을 발라 주시어 먹게 하시니
라.

여러 나라를 다니시며
세계일가 공사 보심

373 ○○나라에 가셨을 때 하루는
길을 가시다가 갑자기 어느 집
으로 들어가시어 "먹을 가져오라." 하
고 명하시니라.
2 이에 먹을 올리매 종이에 말을 그려
불사르시거늘 종이가 타면서 한 필의
말로 변하니 형렬, 호연과 함께 그 말
을 타고 길을 나서시니라.
3 이윽고 어느 나라에 도착해서 잠시 앉
아 있는데 상제님께서 벌떡 일어나시
며 "○○산 수문장수가 나를 부르니
나는 떠나련다." 하시고 성큼성큼 걸
어 나가시거늘
4 호연이 뒤따라 나가며 "어째 금방 가
요?" 하니 "나는 간다. 형렬이는 호연
을 데리고 두리봉으로 오거라." 하시고
공중으로 훌쩍 날아가시니라.
5 순식간에 따로 남겨진 형렬과 호연이
힘없이 앉아 상제님께서 사라지신 쪽
만 멍하게 바라보는데 어느 결에 이미
두리봉에 올라 있거늘
6 꼼짝 않고 앉아서 상제님이 오시기만
을 기다려도 상제님은 오시지 않고 해
질 무렵이 되니 갑자기 뇌성벽력이 일
며 소나기가 쏟아지니라.
7 이에 주변을 둘러보는데 아무리 살펴
도 마땅히 비를 피할 곳이 없는지라
그저 수건으로 얼굴을 가린 채 비를
맞으며 기다리니
8 빗줄기가 어찌나 굵고 강하던지 빰이
아파 도저히 견딜 수가 없더라.
9 이때 갑자기 등 뒤에서 누가 목덜미를
툭 치므로 호연이 깜짝 놀라 돌아다보
니 상제님께서 웃고 계시거늘
10 호연이 "아이고, 어쩌면 그러세요? 나
깜짝 놀랐어요." 하니
11 "어린것이 뭘 깜짝 놀랬냐! 너 주려고
내가 오다가 사탕 사 가지고 왔다." 하
며 사탕을 내미시니라.
12 호연이 별 반갑지 않은 기색으로 사탕
을 받으니 "고맙다고 절하고 먹어야
지!" 하시거늘
13 호연이 "미운데 절해요?" 하고 퉁명스
럽게 말하매 상제님께서 "내가 무엇이

미워? 이런 것이랑 사다 주는데." 하
며 싱긋이 웃으시니라.

지구촌의 여러 나라를 다니며 공사 보실 때

374 하루는 ○○나라에 가시어 어떤
사람과 무엇을 주고받으시는데
2 그 사람이 상제님께 한 줌을 드리니
그것을 일일이 세어 보시고 말씀하시
기를
3 "너희는 너희 나라라고 이러지만 이는
내 마음의 반의반 쪽에도 미치지 못하
니 이것을 채우도록 하여라." 하시매 "채
우겠습니다." 하고 대답하니라.
4 또 하루는 어느 나라의 성문 입구에 이
르시니 문이 저절로 열리며 구레나룻
이 텁수룩하게 난 문지기들이 손에 방
망이를 들고 양쪽 입구로 나와 서거늘
5 위에는 불그스레한 옷을, 밑에는 푸
르스름한 옷을 입고, 머리에는 패랭이
같은 모자를 썼더라.
6 상제님께서 그들을 거들떠보지도 않
으시고 곧장 안으로 드시니
7 안에 있던 사람들이 서둘러 나와 양쪽
으로 서며 "어서 왕림하옵소서." 하고
인사를 올리니라.
8 상제님께서 사람들을 향하여 "들어가
자." 하시고 안으로 들어가 의자에 앉
으시니 온갖 진귀한 안주로 술상을 소
담스럽게 차려 오거늘
9 형렬과 호연에게 술을 따라 주시매 평
소에는 술 냄새조차 못 맡던 형렬도
한 잔을 마시고, 호연도 맛있다고 다
마시니라.
10 이때 상제님께서 "나는 어설피 이런 것
가지고는 안 되느니라." 하시니
11 사람들이 곧 커다란 나뭇독에 찰랑찰
랑하게 술을 한가득 담아 오거늘
12 곁에 있는 사람에게 "갖다 대라." 하고
명하시어 단숨에 모두 마시시니라.

모든 나라가 다 손을 잡아야

375 상제님께서 말씀하시기를 "모든
나라가 다 손을 잡아야 조화되느니
라.
2 손을 하나만 내두르면 소리가 없고,
두 손을 마주쳐야 소리가 나듯이
3 어떻게 하든지 서로 화목이 되어 합심
을 해야 한 손을 잡느니라.
4 내 집안의 하루 일도 모르는데 천하
의 일이 어디 그리 쉽겠느냐? 조급한
자들이 일이 더디다고 날로 야단이구
나." 하시며
5 "모르는 것을 스스로 알 수 있도록 귀
도 밝고 눈도 밝아야지, 귀는 어둡고 눈
만 떠서도 안 되느니라." 하시니라.
6 상제님께서 여러 나라를 다니시며 그
때마다 "너희들이 머리를 한군데로 모
을 것이냐, 안 모을 것이냐?" 하고 다
짐을 받으시니라.

하느님께서 오시려고 산이 울었다

376 또 하루는 형렬과 호연을 데리
고 공중으로 떠다니며 여러 산
을 다니시니
2 이 산에서 저 산으로 푹 들어갔다가
쑥 나오시고, 또 다른 산으로 푹 들어
갔다 나오시고 하더라.
3 이렇게 깊은 산도 지나고, 웅덩이도 지
나고, 얕은 산도 지나고, 한참을 가시
다가 산림이 울창한 어느 산꼭대기에
서 멈추시거늘
4 호연이 밑을 내려다보니 강과 마주 닿
은 산기슭에 원두막처럼 생긴 집들이
모여 마을을 이루고 있더라.
5 상제님께서 산마루에 올라앉으시어 ○
○을 하시니 산밑에서부터 코끼리, 사
슴, 기린, 메뚜기, 방아깨비 등 갖가지
크고 작은 짐승들이 수없이 몰려와 줄
을 서듯 상제님 주변을 에워싸거늘
6 상제님께서 돌아다니시며 그것들의 머
리 수를 일일이 세어 보시니라.

7 이때 사람들이 웅성거리는 소리가 들
려 호연이 바라보니
8 피부는 붉고, 옷은 배자 비슷한 짙푸
른 색 상의에 짧은 바지를 입었는데
9 얼굴에는 검은 무늬를 그렸으며 머리
가운데는 민머리를 하였고 양쪽 귀 뒷
부분에는 깃털 같은 것을 꽂은 사람들
이 모두 집 밖으로 나와 상제님께 연
거푸 절을 하며 무어라 중얼거리거늘
10 상제님께서 호연에게 기운을 열어 주
시어 호연이 들어보니 그들이 서로 말
하기를 "며칠 전부터 산이 울더니 하
느님께서 오시려고 그랬는가 보다.
11 산이 하느님을 받아들이려고 '윙~윙~' 쇳
소리를 내며 울었다." 하더라.
12 이 공사를 마치시고 평양을 거쳐 전주
로 돌아오시니라.

동양의 운명을 뒤집는 세계 상씨름 매듭 공사

377 하루는 구릿골 입구 삼거리 주
막 앞 둑에 올라가시며 돌연 큰
소리로 외치시기를
2 "동양 기운이 떠내려간다, 빨리 당겨라!
동양이 서양으로 떠밀려 가느니라."
하시고
3 두 손으로 땅을 움켜잡으신 채 바닥이
옴쏙옴쏙 패이도록 몸부림을 하시다
가 문득 혼도하시거늘
4 형렬과 자현 두 사람은 감히 옥체에
손을 대지 못하고 자현의 아들 태준이
상제님의 옥체를 붙들고 우니라.
5 잠시 후 깨어나시매 형렬과 자현이 일
으켜 드리고자 하니
6 말씀하시기를 "세계씨름 상씨름을 이
겼는데 그냥 일으키면 되는가. 상씨
름꾼은 지렛대로 양쪽에서 드는 법이
네." 하시니라.
7 이에 형렬과 자현이 갑작스레 지렛대
를 구하지 못하고 '팔뚝을 지렛대로
이용하자.'고 꾀를 내어
8 "지렛대질이오!" 하고 소리치며 양쪽에
서 지레질하는 식으로 일으켜 세우니
이때 태준은 상제님의 허리를 양팔로
끼고 일으켜 드리니라.
9 상제님께서 일어나시어 말씀하시기를
"하마터면 동양 기운을 떨굴 뻔했구
나." 하시고
10 "등의 땀을 닦으라." 하시며 태준을 무
수히 칭찬하시니라.

한강을 건네주심

378 기유년 봄에 상제님께서 수부님
과 성도들을 데리고 공사를 보
러 떠나시니라.
2 상제님께서 일행을 거느리시고 용인(龍
仁)을 들러 서울 한강에 이르시더니 순
식간에 강을 건너시거늘
3 성도들이 강 건너 마포나루에 계신 상
제님을 보니 너무 작아 분별할 수도
없는 지경이더라.
4 이때 상제님께서 성도들을 향해 "배꼽
을 떼고 유리창을 붙일 놈들아! 빨리
건너와라!" 하고 외치시며 성도들을
향해 담뱃대를 두르시거늘
5 성도들이 보니 순간 상제님께서 찬란
한 빛을 발하며 거대한 미륵불의 모습으
로 서 계시더라.
6 이에 수부님께서 앞장을 서시어 강물
위를 걸어서 성큼성큼 건너가시거늘
7 공우가 시퍼런 강물을 보니 일전에 인
천강에 빠져 죽을 뻔한 일이 떠올라
덜컥 겁이 나 주저하다가 생각하기를
8 '죽어도 선생님께서 죽이는 것이요, 살
아도 선생님께서 살려 주심이다.' 하며
9 눈을 질끈 감고 강물로 발을 내딛으니
마치 맨땅을 밟듯이 발이 물 위에 뜨
니라.
10 성도들이 일렬로 강을 건너며 미륵불
로 서 계신 상제님을 다시 뵈니 가슴
에 밝은 별이 칠성처럼 찬연하게 빛나
거늘

11 공우가 강을 건넌 뒤 상제님께 여쭈기
를 "둔갑을 하신 겁니까? 어떻게 하신
겁니까?" 하니
12 상제님께서 말씀하시기를 "사람이 환
형탈태, 환골탈태를 할 때는 다 크고
변화를 한다." 하시니라.
13 이때 강가에 있던 다른 사람들은 전혀
상제님과 성도들을 보지 못하니라.

연백평야를 가심

14 상제님께서 서울을 떠나 황해도 연백
평야에 가시어 한 곳을 지나시다 말씀
하시기를 "대하혈이다."하시고
15 또 말씀하시기를 "대하는 제 새끼를
잡아먹으니 손이 없는 혈이다." 하시
니라.

개성 송악산에서 태봉기를 만드신 공사

379 황해도(黃海道) 개성(開城)에 있는
송악산(松嶽山)은 동서로 솟은 용
호산(龍虎山)과 진봉산(進鳳山)을 청룡
(靑龍)과 백호(白虎)로 삼은 명산이라.
2 상제님께서 수부님과 성도들을 데리고
서울과 연백평야를 들르신 뒤 송악산
으로 가시어 공사를 보시니 인근 마을
사람들이 따라 올라와 수종을 드니라.
3 상제님께서 갑칠에게 명하시기를 "명
주베 스물한 자를 구해 오라." 하시고
공우에게는 "경면주사(鏡面朱砂)를 구해
오라." 하시거늘
4 공우와 갑칠이 상제님의 말씀을 좇아
각기 명주베와 경면주사를 구해 오니
라.
5 상제님께서 성도들로 하여금 명주베
스물한 자를 바닥에 펼쳐 사방을 꿰매
게 하시고 다른 성도들에게는 "고를 만
들라." 하신 뒤에
6 공우에게 명하시기를 "근처에서 가장
큰 대(竹)를 구해 오되 나무가 상하지
않게 뿌리째 뽑아 오라." 하시니라.
7 이때 수부님께서 장정 여럿이서도 들
기 어려울 만큼 큰 아름드리 벽조목(霹
棗木)을 구하여 치마폭에 싸서 안고 오
시거늘
8 상제님께서 그 벽조목에 크게 글자를
새겨 도장을 만드시니라.
9 이때 성도들은 모두 "얼싸 절싸 얼럴
럴 상사디야~."라 소리하며 흥에 겨워
춤을 추고
10 태을주(太乙呪)와 진액주(津液呪)를 읽으
며 몸을 흔들다가 구르기도 하니라.
11 이윽고 상제님께서 벽조목 도장에 경
면주사를 바르신 후 번쩍 드시어 명주
베 한가운데에 도장을 찍으시거늘

太
鳳

이라는 두 글자가 뚜렷하더라.
12 이어 깃발 네 귀퉁이에 차례로 '一',
'二', '三', '四'를 쓰시고 각 수 아래에
세계 여러 나라의 이름을 그 나라 말
로 쓰신 후에
13 성도들로 하여금 태봉기를 대나무 깃
대에 묶게 하시니라.
14 이때 문득 공우가 상제님께서 시키신
바도 없는데 으쓱으쓱 어깨춤을 추며
깃대를 세워 드니
15 마을 사람들도 입을 맞춰 창을 하며
고를 메는데 대부분이 나이 어린 초립
동이더라.

태전 가는 길놀이 공사

380 공우가 기(旗)를 들고 신명나게
춤을 추며 앞으로 나아가매 상
제님과 수부님께서 나아가시고 성도
들과 고가 뒤따르니라.
2 상제님 수부님과 모든 성도들이 신명
나게 춤을 추더니
3 훔치 훔치 태을천 상원군
훔리치야도래 훔리함리사파하
시천주 조화정 영세불망만사지
를 노래부르듯 읽으며 몸을 흔들고 흥
을 돋우다가
4 얼마후 여기저기서 신도를 내려받아

공중으로 펄쩍펄쩍 뛰고 공우도 신명이 나 깃대를 휘젓고 주문을 외우며 신명나게 개성장터로 향하니라.
5 이 날은 마침 장날이라 장터 사람들이 멀리에서 거대한 깃발이 펄럭이며 사람들이 허공으로 훌쩍훌쩍 솟았다 떨어지는 모습을 보고 크게 놀라 "저 봐라! 저 봐라! 저것 봐라!" 하며 웅성거리는데
6 어른들은 깃발에 쓰인 글을 읽고자 애쓰고 아이들은 환호성을 지르며 깃발을 향해 모여드니라.
7 이에 상제님께서 혼잣말처럼 말씀하시기를 "해원을 할 것이다." 하시고 수부님께서는 아이들을 보시고 말없이 웃으시니라.
8 상제님 일행이 드디어 개성장 안으로 들어오니 사람들이 순식간에 구름같이 모여들어 발 디딜 틈 없이 북새통을 이루거늘 갑칠이 앞으로 나서서 구경꾼들의 질서를 잡으니라.
9 이때 행렬의 뒤에는 주로 아이들이 따르며 성도들을 흉내내어 주문도 따라해 보고 깡충깡충 뛰어 보기도 하는데
10 갑칠이 아이들에게 주문도 일러 주고 인파에 휩쓸리지 않도록 보호하니
11 아이들이 갑칠의 얼굴을 올려다보며 갑칠의 손등을 조그만 손으로 톡톡 건드리고 만져 보기도 하더라.
12 이때 송악산에서부터 상제님 일행을 따라 온 아리따운 색시 하나가 남몰래 갑칠을 훔쳐보니라.

조화권으로 순식간에 사천강을 건너심

381 어느덧 일행이 큰 무리가 되어 개성장을 벗어나 사천강(沙川江)으로 향하니 개성 전체가 크게 떠들썩하거늘
2 공우가 오른쪽 어깨에 깃대를 걸치고 왼손으로 고의 용(龍) 머리를 잡은채 "얼럴럴 상사디야~." 하며 선소리를 하기도 하더니
3 상제님께서 사천강에 이르시어 고를 강 양편에 걸치게 하시니라.
4 이때 순사들이 군중을 해산시키고 '수상한 자들'을 잡으려고 상제님 계신 곳까지 이르거늘
5 상제님께서 조화권을 쓰시어 순식간에 성도들을 데리고 강을 건너 그들의 눈앞에서 차츰 사라지시니라.
6 이에 흥에 겨워 춤을 추며 사천강까지 따라온 개성 사람들이 그저 멍하니 바라보고
7 갑칠을 훔쳐보던 색시도 말을 잃고 갑칠의 뒷모습만 보니라.

태봉산으로 가자

382 상제님께서 수부님과 성도들을 데리고 강을 건너신 후 산맥을 짚으시며 동해 쪽으로 나오시더니
2 울릉도 성인봉(鬱陵島 聖人峰)으로 가시어 점심을 드시고 다시 경기도 검단산(黔丹山)으로 가시니라.
3 검단산에 이르시어 산신제를 지내시니 공우가 함박웃음을 지으며 깃대를 들고 덩실덩실 춤을 추니라.
4 산신제가 끝난 후 성도들이 여기저기에서 웃고 떠들고 있으려니
5 상제님께서 갑자기 자리에서 일어서시어 크게 소리치시기를 "태봉산(太鳳山)으로 가자!" 하시니라.

태봉산에 깃대를 세우심

383 상제님과 수부님께서 태전에 도착하시어 태봉산을 오르시는데 공우는 주문을 읽으며 그 박자에 맞춰 태봉기(太鳳旗)를 신나게 흔들고
2 성도들도 상제님의 별다른 명이 없음에도 끊임없이 주문을 외우니라.
3 상제님께서 정상에 도착하시자 공우에게 "깃대를 가져오라." 명하시어 깃대로 삼은 대나무를 뿌리째로 산 정상에

꽂으시고
4 이어 성도들에게 큰 옹기 항아리를 가
져오게 하시어 태봉기 앞에 청수를 모
셔 놓으신 후
5 상제님과 수부님께서 대나무를 향해 읍
배를 하시니라.
6 이에 성도들도 읍배를 올리면서 보니
스물한 자나 되는 큰 깃발이 태전 어
디에서도 선명히 보일 듯 바람에 펄럭
이더라.

이 물이 어디로 가는 물인지 아느냐

384 상제님께서 태봉산에서 내려오
시어 성도들과 함께 태전을 흐
르는 내(川)를 따라 다니시며 태을주와
진액주를 읽으시니라.
2 이때 산골짜기의 작은 내에서부터 큰
내까지 성도들과 오르내리시는데
3 성도들은 주문을 읽고 신도(神道)를 받
아 산골짜기의 큰 바위들을 만나도 전
혀 힘든 줄을 모르고
4 평지를 걸을 때도 저절로 몸이 들썩거
려 공중으로 튀어오르니라.
5 이때 문득 상제님께서 성도들에게 물
으시기를 "이 물이 어디로 가는 물인
지 아느냐?" 하시거늘
6 성도들이 머뭇거리기만 할 뿐 아무도
대답하지 못하니라.
7 상제님께서 이번에는 태전 외곽을 따
라 둥그렇게 원을 그리며 도시니라.

영산과 초산, 단산

385 하루는 상제님께서 낙수동(洛水
洞) 오경재의 물방앗간 집에 방
을 빌려 성도들에게 태을주 수련을 시
키시니라.
2 이때 상제님께서 마당에 멍석을 깔고
그 가운데에 반듯하게 누우시어
3 한쪽에는 영산을, 한쪽에는 초산과 단
산을 앉혀 놓고 인사를 시키시거늘
4 사람들이 영산(瀛山)과 초산(楚山), 단산
(丹山)을 일컬어 삼산(三山)이라 이르니
영산은 문공신이요, 초산은 오씨(吳氏)
로 중국 사람이요, 단산은 이씨(李氏)
로 충청도 사람이라.
5 이는 상제님께서 초산과 단산을 화권
으로 순식간에 불러 영산과 서로 만나
게 하심이더라.

천지일월 사체(四體) 공사

6 이 날 황새머리에 사는 송원도(宋元道)
가 함께 참석하니라.
7 으스름한 황혼 무렵에 공신을 비롯한
성도들이 방 안에서 태을주를 읽고 있
는데
8 상제님께서 공신을 데리고 슬그머니
마당으로 나가시더니 잠시 후에 밖에
서 도란도란 이야기하는 소리가 들리
거늘
9 방문 가에 앉아 있던 송원도가 호기심
이 나서 손끝으로 창호지를 뚫고 내다
보니
10 상제님과 세 사람이 서 있는데 발은
땅을 딛고 있으되 머리는 구름을 뚫고
하늘까지 닿아 있더라.
11 이를 보고 깜짝 놀란 송원도는 죽는
날까지 "하느님이 넷이다."라고 이르니
라.

단산의 운명을 일러 주심

12 하루는 상제님께서 단산에게 말씀하
시기를 "너는 술이나 먹고 기생 끼고
놀면서 그렇게 지내라." 하시거늘
13 후에 단산이 얼마 살지 못하고 세상을
떠나니라.

사람보다 더 무서운 사람

386 기유년 봄에 형렬의 집 살구(殺
狗)나무에 유난히 살구가 많이
열리니라.
2 하루는 상제님께서 살구나무 앞으로
가시어 동서남북으로 뻗은 가지의 열
매 수를 말씀하시며 "동쪽 ○○군! 서쪽
○○군! 남쪽 ○○군! 북쪽 ○○군!" 하

고 군대(軍隊) 이름을 부르시거늘
3 호연이 "살구가 사람이간디 쳐다보고
그래요?" 하니 "사람보다 더 무서운
사람." 하시니라.
4 잠시 후 상제님께서 "너 가서 하나 따
갖고 와라." 하시며 호연을 살구나무
쪽으로 훌쩍 던지시거늘
5 호연이 날아가다가 살구나무 앞에서
멈추더니 공중에 뜬 채로 떨어지지 않
는지라
6 상제님께서 말씀하시기를 "이제 어리고
시원찮은 사람에 의해 일이 되고 말 것이
니 '시원찮은, 에그 에그 저런 것이' 그
런 놈이 설두(說頭)를 한다.
7 앞으로 시원찮은 사람이 너를 구완하
러 나선다." 하시니라.

북학주에게 벌을 내리심

387 하루는 백남신과 함께 전주 남
문 누각에 오르시어 글 한 장을
써서 불사르신 뒤에
2 한동안 누군가를 기다리시다가 다시
글을 써서 불사르시고 잠시 후 또 한
장의 글을 써서 불사르시니
3 옥골선풍의 한 아름다운 청년이 상제
님 앞에 이르러 고개를 숙인 채 눈물
을 흘리며 살려 주시기를 빌거늘
4 상제님께서 벼락같이 호통치시며 "한
번 부르면 올 것이지 어찌 세 번 만에
오느냐!" 하시고
5 붓에 먹을 묻혀 양미간에 점을 찍으시
니 그 청년이 곧 물러가니라.
6 그 뒤에 김갑칠이 전주 서천교(西川橋)
다릿목을 지나면서 보니 한 옥골선풍
청년이 죽어 있는지라 상제님께 와서
그 사실을 아뢰니 말씀하시기를
7 "그는 북학주(北學主)로서 무고한 창생
을 무수히 살해할 자라. 그러므로 천도
(天道)에서 벌을 받음이니라." 하시니
라.

남조선 국운 도수

388 하루는 약방에 성도 여덟 사람을
벌여 앉히신 뒤 사물탕 한 첩을
지으시어 그 봉지에 사람을 그리시고
2 두 손으로 약봉지를 받쳐 드시며 시천
주주를 세 번 읽으시니라.
3 이어 여덟 사람으로 하여금 차례로 돌
려서 그와 똑같이 하게 하신 후에
4 "남조선배가 범피중류(泛彼中流)로다."
하고 노래하시며 말씀하시기를
5 "갑오년(甲午年)에는 상륙을 못 하여
풍파를 당하였으나 이제는 상륙하였으
니 풍파는 없으리라.
6 장차 조선이 제일로 좋으니라." 하시니
라.

후천선경 종주국 공사

389 상제님께서 매양 뱃소리를 내시
매 성도들이 그 뜻을 여쭈니
2 "조선을 세계 상등국으로 만들려면
서양 신명을 불러와야 할진대 이제
그 신명이 배에 실려 오는 화물표를
따라 넘어오게 되므로 그리하노라."
하시고
3 "해동조선 사람들은 장차 세계의 조물
(兆物)을 받아먹고 사느니라.
4 앞으로 세계 각국에서 다 다닐 길이
난다." 하시니라.

금 생산 공사

390 상제님께서는 종종 약방 앞 개
울에 나가시어 모래를 일어 호
박씨만 한 금을 캐기도 하시니
2 하루는 호연이 금가락지를 해 달라고
조르거늘 상제님께서 "그러마." 하고
대답하시니라.
3 또 하루는 말씀하시기를 "앞으로 금
생산이 전고에 유례없이 늘어날 터인
데
4 이는 다 내가 장차 걸어 쓰기 위함이로
다." 하시니라.

국가와 사가의 큰 불덩어리를 묻어 주심

391 하루는 밤중에 약방에서 '삼십육
만신(三十六萬神)'이라 쓰시고 또
운장주를 쓰시어 성도들로 하여금 "7
백 번씩 외우라." 하시며
2 말씀하시기를 "이제 국가(國家)에나 사
가(私家)에나 화둔을 하였는데
3 날마다 바람이 불다가 그치고 학담(瘧
痰)으로 넘어가니 사람이 많이 상할까
하여 그리하노라." 하시니라.

때를 아는 사람은 실수가 없다

392 하루는 상제님께서 정괴산의 주
점에서 때도 없이 술을 잡수시
는데 자현이 아뢰기를 "그만 가소서."
하니
2 "가만있어 보아라. 때를 아는 사람은 실
수가 없나니, 걱정 말라." 하시니라.
3 이윽고 어디서 닭 우는 소리가 들리거
늘 상제님께서 "이것 잘 되었다. 속히
가자." 하시고 하촌(下村)에 당도하시니
4 자현이 집으로 가려 하매 못 가게 하
시고 이르시기를 "나와 같이 상촌(上
村)까지 가자." 하시니라.
5 이에 자현이 모시고 가는데 상촌 앞
다리 한가운데 왔을 때 닭이 또 울거
늘
6 다리(橋)를 탁 구르시면서 "그러면 그
렇지! 어길 리가 있겠느냐. 이렇게 맞
아야지 안 맞으면 안 되느니라." 하시
니라.
7 이어 말씀하시기를 "나는 알고 너는
모르니 맹인 잔치란 말이다. 아는 사람
은 알지마는 누가 가르쳐 주나, 제가
알아야 하지." 하시고
8 "술집을 함부로 다니면 패가망신근본
(敗家亡身根本)이요, 주막집 입소리가
총부리 같으니 내가 없더라도 조심하
라." 하시니라.

기유년 4월 대공사

약명 기운 공사

393 4월에 전주 용머리고개 김주보
(金周甫)의 주막집에 머무르시며
대공사를 행하시니라.
2 하루는 광찬에게 명하시어 방약합편(方
藥合編)을 사 오게 하신 뒤에
3 광찬에게 이르시기를 "김병욱의 집에
가서 이 책에 있는 약 이름에 주묵(朱墨)
으로 비점(批點)을 쳐 오라." 하시거늘
4 광찬이 명하신 대로 행하여 올리니 상
제님께서 보시고 그 책을 불사르시니
라.

천지 동과혈에 수기를 돌리심

394 상제님께서 김주보의 집에 계실
때 이치복과 채사윤(蔡士允)이 이
르거늘
2 말씀하시기를 "금년에는 비가 없나니
만일 오늘 비가 오지 않으면 천지의 동
과혈(冬瓜穴)이 말라 죽을 것이니라.
3 그러므로 서양으로부터 우사(雨師)를
불러들여 비를 주리라." 하시고 주보
에게 술상을 차리게 하신 후에
4 "치복은 술을 받으라." 하시며 치복에
게 친히 술 두 잔을 주시고 다시 술 한
잔을 따라 요강에 부으시니 요강에는
피가 좀 있더라.
5 또 사윤에게는 "바둑판을 그려 오되
장점(丈點)을 꽃 모양으로 그려 넣으
라." 하시매 사윤이 곧 그려 올리니라.

조선천지의 사명당 발음 공사

395 이어 양지 석 장을 펴 놓으시고
귀마다 '천곡(泉谷)'이라 쓰시거
늘
2 치복이 "어떠한 사람입니까?" 하고 여

쭈니 "임진왜란 때 동래부사(東萊府使)
로 가서 절사(節死)한 사람이니라." 하
시고
3 치복과 송환에게 명하시어 양지를 마
주 들게 하시며 말씀하시기를 "그 모
양이 상여(喪輿)의 호방산(護防傘)과 같
도다." 하시니라.
4 이어 양지를 땅에 놓게 하시고 갑칠에
게 이르시기를 "밖에 나가서 하늘에
구름이 있는가 보라." 하시매
5 갑칠이 나가 보니 서쪽 하늘에 구름
한 점이 떠 있거늘 들어와 아뢰니라.
6 이에 또 말씀하시기를 "구름이 하늘을
덮었는가 보라." 하시므로 다시 나가
보니 삽시간에 구름이 하늘을 덮은지
라
7 그대로 아뢰니 양지 중앙에

胡僧禮佛 群臣奉朝
호승예불 군신봉조
五仙圍碁 仙女織錦
오선위기 선녀직금

이라 쓰시며
8 치복에게 일러 말씀하시기를 "세상에
서 궁을가(弓乙歌)의 '사명당이 갱생'이
란 말을 중 사명당(四溟堂)으로 잘못
알아 왔으나
9 이는 본래 이 '사명당(四明堂)'을 이르는
말이니라.
10 조화(造化)는 불법에 있으니 호승예불의
기운을 걷어 조화를 쓰고
11 무병장수는 선술(仙術)에 있으니 오선위
기 기운을 걷어 무병장수케 하고
12 군신봉조는 장상(將相)이 왕명을 받는
것이니 그 기운을 걷어 나라를 태평케
할 것이요
13 선녀직금은 선녀가 비단을 짜는 것이
므로 그 기운을 걷어 창생에게 비단옷
을 입히리니
14 6월 보름날 신농씨(神農氏) 제사를 지낸
뒤에 일을 행하리라.
15 올해는 천지의 한문(閈門)이라. 이제 일
을 하지 못하면 일을 이루지 못하리
라." 하시니라.
16 하루는 새울 최창조의 집에 '사명당(四
明堂)'이라 쓴 종이를 종처럼 매달아 놓
으시고 "이 사명당 기운으로 사람 하나가
나오느니라." 하시니라.

난법 도운(道運)의 27년 헛도수

396 또 양지에 '이십칠년(二十七年)'이
라 쓰시므로 치복이 그 뜻을 여
쭈니 말씀하시기를
2 "홍성문(洪成文)이 회문산에서 27년 동
안 헛공부를 하였다 하니 이로부터 27
년 동안의 헛도수가 있노라." 하시니
라.
3 이어서 양지 한 장을 열두 조각 내어 조
각마다 글을 쓰신 뒤에 한 조각은 친
히 불사르시고 열한 조각은 치복에게
명하여 불사르게 하시니
4 갑자기 비가 크게 내려 그로 인해 보리
가 잘 자라게 되니라.

불가지 기운을 거두어 창생을 건지리라

397 이 뒤에 치복과 여러 성도들에
게 이르시기를 "불가지(佛可止)는
'부처가 가히 그칠 곳'이란 말이요
2 예로부터 그곳을 '가활만인지지(可活萬
人之地)'라 일러 왔나니 이제 그 기운을
걷어 창생을 건지리라." 하시고
3 가마를 타고 불가지로 가시며 옛글 한
수를 외우시니 이러하니라.
4 金屋瓊房視逆旅하고
금옥경방시역려
石門苔壁儉爲師라
석문태벽검위사
絲桐蕉尾誰能解오
사동초미수능해
竹管絃心自不離라
죽관현심자불리
금집과 구슬방을 역려처럼 보고
돌문과 이끼 낀 벽의 검소한 삶을

본받으라.
사동과 초미(거문고)의 음을
누가 능히 해석하련마는
피리와 거문고 소리는
자연히 어우러지는구나.
5 匏落曉星霜可履요 土墻春柳日相隨라
포락효성상가리 토장춘류일상수
革援瓮畢有何益고 木耜耕牛宜養頤라
혁원옹필유하익 목사경우의양이
별이 지고 샛별이 뜨면 서리를 밟고
흙담장에 늘어진 봄버들은 날로 서로
가까워지네.
마원과 필탁의 일이 무슨 이익이
있겠는가.
나무 보습과 밭갈이 소로 마땅히 기를
것을 기르리라.

제3변 추수도운의 용둔 공사

398 그 길로 불가지 김성국(金成國)의
집에 이르시어 "용둔(龍遁)을 하
리라." 하시니라.
2 이어 양지 이십 장을 가로 세로 각 사
절과 팔절로 잘라 책을 만드신 다음
3 보시기에 실로 '미(米)' 표와 같이 둘러
매시어 그 실올을 오색(五色)으로 물들
이시고
4 그릇 가장자리에 푸른 물을 발라 책장
마다 돌려 찍으신 뒤에
5 책장을 모두 떼어 사절로 꺾어 접은 후
풀로 이어 붙여 시렁에 걸어 놓으시니
6 오색찬란한 문채(文彩)가 용의 형체 같
더라.
7 이에 그 종이를 걷어서 가마를 내려놓
았던 자리에서 불사르시니라.

이마두와 최수운을 장사지내 주심

399 이어 상제님께서 비에 물을 적
셔 그 집 방벽에 사람 형상을 그
리시고
2 그 앞에 청수를 놓고 꿇어앉으시어 상
여 소리를 내며 말씀하시기를
3 "이마두를 초혼(招魂)하여 광주 무등산
(無等山) 상제봉조(上帝奉朝)에 장사지내
고
4 최수운을 초혼하여 순창 회문산 오선
위기에 장사하노라." 하시니라.
5 이어 성도들에게 24절을 읽히시며 "그
때도 이때와 같아 천지에서 혼란한 시
국을 바로잡으려고 당 태종(唐太宗)을
내고
6 다시 24절에 응하여 24장을 내어 천하
를 평정하였나니 너희들도 장차 그들
에 못지않은 대접을 받으리라." 하시
니라.
7 이 공사를 마치신 후에 덕찬을 데리고
싸리재를 넘어오시다가 고사리 꺾는
노파가 지나가는 것을 보시고
8 "중이 동냥을 비노라." 하시니 노파가
말하기를 "없습니다." 하니라.
9 상제님께서 다시 청하시니 대답하여
말하기를 "쌀 두 되만 있나이다." 하는
지라
10 이에 말씀하시기를 "그 중에서 한 홉
만 베풀기를 원하노라." 하시니 노파
가 허락하거늘
11 그 쌀을 받으시며 덕찬에게 이르시기
를 "중은 본래 걸식하는 것이니 이 땅
을 불가지(佛可止)라 함이 옳도다." 하
시니라.

유(儒)로써 폐해를 당한다

400 상제님께서 불가지에 계실 때
하루는 유(儒), 불(佛), 선(仙), 석
자를 써 놓으시고 성도들에게 "각기
뜻 가는 대로 한 자씩 짚으라." 하시니
2 김낙범(金洛範)의 아들 석(碩)이 불(佛)
자를 짚으려 하매 때마침 불목하니가
와서 무슨 일을 하는지 묻거늘 성도들
이 그 방자함을 꾸짖어 쫓으니라.
3 상제님께서 말씀하시기를 "그도 또한
인생이거늘 어찌 쫓아내느냐?" 하시고
4 그 불목하니를 불러 말씀하시기를 "우

리가 교(教)를 세우려 하는데 무슨 교가
좋을지 의논 중이니 너도 이 석 자 중
에서 한 자를 짚어 보아라." 하시니
5 그 아이가 유(儒) 자를 짚거늘 말씀하
시기를 "이 일로 인하여 훗날 너희들
이 유로써 폐해를 당하게 되리라.
6 유는 부유(腐儒)니라." 하시니라.
7 상제님께서 불가지에 머무르실 때 류
찬명, 김송환, 김덕찬, 김낙범 등이 모
시고 이치복도 내왕하니라.

관운장의 서양 대전쟁 공사

401 전주 김준찬의 집에 계실 때 김
덕찬과 김낙범 등이 모시니라.
2 하루는 낙범에게 물으시기를 "관왕
묘에 치성이 있느냐?" 하시니 낙범이
"있나이다." 하고 대답하거늘
3 말씀하시기를 "관운장이 지금 이 지방
에 있지 않고 서양에 가서 큰 난리를 일
으키고 있나니 치성은 헛된 일이니라."
하시니라.

중국의 사회주의 국운 공사

402 하루는 성도들에게 일러 말씀하
시기를 "이제 청국 일을 볼 터인
데 청국에 가려면 길이 멀고
2 청주 만동묘(萬東廟)에 가서 천지신문(天
地神門)을 열고자 하나 또한 가기가 불
편하니
3 다만 음동(音同)을 취하여 청도원(淸道
院)에 그 기운을 붙여 일을 보려 하노
라." 하시니라.
4 이어 김형렬, 김자현, 박공우, 안내성,
안필성, 박금곡을 데리고 청도원으로
가실 때 청도원고개에 이르시어 성황
묘(城隍廟) 마루에 누우시며 "좀 쉬었
다 가자." 하시고
5 잠시 조시더니 일어나시어 말씀하시기
를 "아라사 군사가 내 군사니라.
6 청국은 아라사 군사에게 맡길 수밖에
없노라." 하시니라.

조선의 조공을 받은 중국의 죄

7 또 말씀하시기를 "중국은 동서양의 오
가는 발길에 채여 그 상흔(傷痕)이 심하
니 장차 망하리라.
8 이는 오랫동안 조선에서 조공 받은 죄로
인함이니라." 하시고
9 김송환의 집에 이르시어 글을 써서 불
사르시니라.
10 그 날 밤 류찬명의 집에 머무르시어 대
신문(大神門)을 열고 공사를 행하시며
무수히 글을 써서 불사르시니라.

청국 기우제 공사

403 기유년 여름에 하루는 구릿골에
계시며 대공사를 행하실 때 "청
국 기우제(祈雨祭)를 지내리라." 하시고
2 돼지 한 마리를 잡아 찜을 하게 하시
어 소주를 사서 성도들과 더불어 잡수
시니라.
3 하루는 성도들에게 말씀하시기를 "오
늘은 청국 만리창 신명(萬里倉神明)이 이
르리니 대접하여야 하리라." 하시고
술을 사서 성도들과 함께 드시니라.

호연의 천지 마음에 붙인 일본 내모는 대공사

404 기유년 어천하실 무렵에 상제님
께서 호연에게 "공부해야지, 저
놈들을 싹 쓸어 보내야지!" 하시거늘
2 호연이 "어떤 놈?" 하니 "아, 까만 놈
말여." 하시고
3 "호연아! 이제부터는 앉으나 누우나
붓으로 점을 찍으며 '일본놈 씨도 없이
해 주십시오. 이 땅에서 개가 핥은 듯
이 없애 주십시오.
4 우리 조선을 찾게 해 주십시오.' 하고 항
시 입에 달고 다녀라." 하시니라.
5 이후로 호연이 틈만 나면 먹을 갈아
가르침대로 행하니
6 불을 때면서도 부지깽이로 땅에 점을
찍으며 읽고, 뒷간에 가서도 막대기로

두드리며 외우는데
7 기유년 섣달까지는 구릿골에서 머무르며 행하고
8 그 이듬해인 경술(庚戌: 道紀 40, 1910)년부터는 전주 본집으로 돌아가 명하신 대로 하거늘
9 을유(乙酉: 道紀 75, 1945)년에 해방이 되매 과연 일본 사람들이 모두 개가 핥은 듯이 깨끗하게 물러가니라.

오선위기 세계질서의 대세

405 하루는 상제님께서 말씀하시기를 "장차 일청전쟁이 두 번 일어나리니 첫 번째에는 청국이 패하고 말 것이요
2 두 번째 일어나는 싸움이 10년을 가리니 그 끝에 일본은 패하여 쫓겨 들어가고 호병(胡兵)이 침노하리라. 그러나 한강 이남은 범치 못하리라." 하시고
3 사발에 물을 떠 오라 명하시어 손가락으로 물을 튕기시며 "서양은 어족이라 '시~시~' 소리가 나면 한 손가락을 튕기지 않아도 쉬이 들어가리라." 하시니라.
4 이 말씀을 마치신 뒤에 "동래울산(東萊蔚山)이 흐느적흐느적 사국(四國) 강산이 콩 튀듯 한다." 하고 노래 부르시니라.

상씨름 종결 대전쟁 공사

406 하루는 상제님께서 말씀하시기를 "장차 난리가 난다. 우리나라에서 난리가 나간다." 하시고
2 문득 크게 호통치시기를 "불칼로 쳐도 안 들을거나!" 하시니라.
3 이어 말씀하시기를 "대란지하(大亂之下)에 대병(大病)이 오느니라. 아동방(我東方) 삼일 전쟁은 있어도 동작강(銅雀江)은 못 넘으리라.
4 서울은 사문방(死門方)이요, 충청도는 생문방(生門方)이요, 전라도는 둔문방(遁門方)이니 태전으로 내려서야 살리라.
5 서울은 불바다요 무인지경(無人之境)이 되리라." 하시니라.
6 또 말씀하시기를 "무명악질이 돌면 미국은 가지 말라고 해도 돌아가느니라.
7 이마두가 선경을 건설하기 위해 도통신과 문명신을 거느리고 화물표를 따라 동방 조선으로 들어오리니
8 신이 떠난 미국 땅은 물방죽이 되리라." 하시고
9 "일본은 불로 치리니 종자도 못 찾는다." 하시니라.

이 글은 세상 비결이라

407 하루는 성도들에게 "이 글은 세상 비결이니 잘 기억하여 두라." 하시며 옛글 한 수를 외워 주시니 이러하니라.

2 三人同行七十里요 五老峰前二十一이라
삼인동행칠십리 오로봉전이십일
七月七夕三五夜요 冬至寒食百五除라
칠월칠석삼오야 동지한식백오제

도전 간행과 후천개벽 날 새는 시간 도수

408 하루는 공사를 행하시며 성도들에게 옛글을 외워 주시니 이러하니라.

2 七八年間古國城은
칠팔년간고국성
畵中天地一餠成이요
화중천지일병성
黑衣飜北風千里하고
흑의번북풍천리
白日頃西夜五更이라
백일경서야오경

칠팔 년 동안에 고국성은
그림 속의 세상, 한 조각의 떡과 같네.
검은 옷이 북쪽으로 나부끼니
바람은 천 리에 이르고
환한 해가 서쪽으로 기우니
밤이 벌써 깊었구나.

3 東起靑雲空有影하고
동기청운공유영
南來赤豹忽無聲이라
남래적표홀무성
虎兎龍蛇相會日에
호토용사상회일
無辜人民萬一生이니라
무고인민만일생
동쪽에서 일어난 푸른 구름은
허공에 그림자만 드리우고
남쪽에서 온 붉은 표범 홀연히 소리를
죽이는구나.
호랑이(寅), 토끼(卯), 용(辰), 뱀(巳)이
서로 만나는 날에
아무 죄 없는 창생들이 무수히도
죽겠구나.

동서양 통일과 언어 통일

409 하루는 어떤 사람이 계룡산 건국의 비결을 여쭈니 말씀하시기를
2 "동서양이 통일하게 될 터인데 계룡산에
건국하여 무슨 일을 하리오." 하시니라.
3 그 사람이 다시 여쭈기를 "언어가 같
지 않으니 어찌하옵니까?" 하니
4 말씀하시기를 "언어도 장차 통일케 되리
라.
5 개벽선경 오만년 대동 세계에서 읽는
글은 다시 고안해서 나오리라." 하시
니라.

어찌 방심하느냐

410 하루는 약방 마루에 앉으시어 류찬명을 마루 밑에 앉히시고
2 淳昌 回文山 五仙圍碁
순창 회문산 오선위기
長城 巽龍 玉女織錦
장성 손룡 옥녀직금
務安 僧達山 胡僧禮佛
무안 승달산 호승예불
泰仁 拜禮田 群臣奉朝
태인 배례밭 군신봉조
淸州 萬東廟
청주 만동묘
라 쓰게 하시어 불사르시니라.
3 이때 찬명이 좀 방심(放心)하였더니 상
제님께서 꾸짖으시기를 "신명이 먹줄
을 잡고 섰는데 어찌 방심하느냐." 하
시니라.

묵은하늘의 말세 재앙 기운

411 하루는 성도들에게 이르시기를 "묵은하늘이 사람 죽이는 공사만 보고 있도다.
2 이 뒤에 생활용품이 모두 핍절(乏絕)하
여 살아 나갈 수 없게 되리니 이제 뜯
어고치지 않을 수 없노라." 하시고
3 사흘 동안 공사를 보신 뒤에 말씀하시
기를 "간신히 연명하게는 하였으나 장
정의 배는 채워 주지 못하리니
4 배고프다는 소리가 구천(九天)에 사무치
리라." 하시니라.

의통을 알아 두라

412 하루는 상제님께서 말씀하시기를 "선천에는 위무(威武)를 보배로 삼아 복과 영화를 이 길에서 구하였나니 이것이 상극의 유전이라.
2 아무리 좋은 것이라도 쓸 곳이 없으면
버린 바 되고, 비록 천한 것이라도 쓸
곳이 있으면 취한 바 되나니
3 이제 서양에서 건너온 무기의 폭위(暴
威)에는 짝이 틀려 겨루어 낼 것이 없
으리니 전쟁은 장차 끝을 막으리라." 하
시고
4 "그러므로 모든 무술과 병법을 멀리하
고 비록 비열한 것이라도 의통(醫統)을
알아두라.
5 사람을 많이 살리면 보은줄이 찾아들
어 영원한 복을 얻으리라." 하시니라.

난은 병란이 제일 무서우니라

6 또 말씀하시기를 "내가 이 동토에 삼
재팔난(三災八難)의 극심함을 모두 없

이하고 오직 병겁만은 그대로 남겨 두
었나니
7 앞으로의 난은 병란(病亂)이니라.
8 난은 병란이 제일 무서우니라." 하시고
9 "앞으로 환장 도수(換腸度數)가 열리고
괴병이 온 천하에 퍼져 '아이고 배야!'
하며 죽어 넘어가리니
10 그 때에 너희들로 하여금 포덕천하(布
德天下)하고 광구창생(匡救蒼生)하게 하
리라." 하시니라.

수십 일씩 굶주리며 대속하심

413 상제님께서 가끔 수십 일씩 굶
으시며 말씀하시기를 "뒷날 박
복한 중생들에게 식록(食祿)을 붙여 주
기 위함이니라." 하시니라.
2 또 여름에 솜옷을 입기도 하시고, 겨
울에 홑옷을 입기도 하시니 성도들이
그 뜻을 여쭈면
3 "뒷날 빈궁에 빠진 중생으로 하여금
옷을 얻게 함이로다." 하시니라.

천지대업을 이루는 거백옥 도수

414 상제님께서 천지공사를 마치신
뒤에

布敎五十年工夫終筆
포교오십년공부종필

이라 써서 불사르시고
2 여러 성도들에게 이르시기를 "옛 사람
거백옥(蘧伯玉)이 50세에 49년 동안의
그름을 깨달았다 하나니 이제 그 도수
를 썼노라.
3 내가 천지운로(天地運路)를 뜯어고쳐 물
샐틈없이 도수를 굳게 짜 놓았으니 제
도수에 돌아 닿는 대로 새 기틀이 열
리리라.
4 너희들은 삼가 타락치 말고 오직 일심
으로 믿어 나가라.
5 일심이면 천하를 도모하느니라.
6 이제 9년 동안 보아 온 개벽 공사(開闢公
事)의 확증을 천지에 질정(質定)하리니
7 너희들도 참관하여 믿음을 굳게 하라.
8 천지는 말이 없으되 오직 뇌성과 지진
으로 표징하리라." 하시고
9 글을 써서 불사르시니 갑자기 천둥과
지진이 아울러 크게 일어나니라.

오선위기 도수의 총결론

415 상제님께서 천지공사를 마치시
고 말씀하시기를 "상씨름으로 종
어간(終於艮)이니라.
2 전쟁으로 세상 끝을 맺나니 개벽시대
에 어찌 전쟁이 없으리오." 하시니라.

상씨름 대전(大戰)의 대세

3 또 말씀하시기를 "아무리 세상이 꽉 찼
다 하더라도 북쪽에서 넘어와야 끝판이
난다.
4 난의 시작은 삼팔선에 있으나 큰 전쟁
은 중국에서 일어나리니 중국은 세계
의 오고 가는 발길에 채여 녹으리라."
하시고
5 "장차 병란(兵亂)과 병란(病亂)이 동시에
터지느니라.
6 전쟁이 일어나면서 바로 병이 온다. 전
쟁은 병이라야 막아 내느니라.
7 그 때는 모든 것이 뒤죽박죽이 되어
이기고 지는 쪽 없이 멸망하리라.
8 그 때가 되면 천하대세가 너희들에게
돌아가리니 내 일이 일시에 이루어지느
니라." 하시니라.

판과 바둑은 주인에게 돌아간다

9 하루는 상제님께서 말씀하시기를 "매
사에 주인 없는 공사가 있느냐.
10 각국에서 와서 오선위기 도수로 바둑을
두다가 갈 적에는 판과 바둑은 주인에
게 도로 주고 가느니라." 하시니라.

이제 물샐틈없이 도수를 굳게 짜 놓았으니

416 이제 하늘도 뜯어고치고 땅도 뜯어
고쳐 물샐틈없이 도수를 굳게 짜
놓았으니

2 제 한도(限度)에 돌아 닿는 대로 새 기틀이
열리리라.
묵은 기운이 채워져 있는 곳에서는
3 오직 어리석고 가난하고 천하고 약한
것을 편히 하여
4 마음과 입과 뜻으로부터 일어나는 죄
를 조심하고 남에게 척을 짓지 말라.
5 부하고 귀하고 지혜롭고 강권을 가진
자는 모든 척에 걸려 콩나물 뽑히듯
하리니
6 이는 묵은 기운이 채워져 있는 곳에서는
큰 운수를 감당키 어려운 까닭이니라.

만사의 분수가 이미 정해져 있다

417 하루는 성도들에게 옛 시를 외
워 주시니 이러하니라.
2 道通天地無形外하고
도통천지무형외

思入風雲變態中이라
사입풍운변태중

萬事分已定이어늘
만사분이정

浮生이 空自忙이니라
부생 공자망

도는 천지 무형의 밖까지 통하고
생각은 풍운의 변화 속에 드는구나.
모든 일은 분수가 이미 정해졌거늘
덧없는 인생은 부질없이 스스로
바쁘구나.

천하사인 고로 더디노라

418 상제님께서 말씀하시기를 "내가
보는 일이 한 나라의 일에 그칠
진대 어렵지 않지마는 천하사(天下事)인
고로 이렇듯 더디노라." 하시니라.

유치한 종말 신앙을 경계하심

2 하루는 호연에게 말씀하시기를 "일이
아무리 금방 된다 된다 해도 그렇게
쉽게 되는 것이냐.
3 인간이 나 사는 하루 일도 제대로 모
르는데 이 세상 이치가 그렇게 쉬운 줄
아냐? 좁은 소견이지.
4 지금 한쪽에서는 신명들이 싸움을 하
여 이기고 죽고 야단인데, 철모르는 것
들은 날마다 기다리고 앉아서 '언제나
나를 살리려고, 언제나 나를 살리려고.'
하며 신세타령만 하는구나." 하시고
5 다시 이르시기를 "남자도 많은데 너를
데리고 다니는 것은 천지도수를 맞춘
것으로
6 어린것을 데려다 쓴 내정(內情)을 생각
해서 내 너를 잊지 않는다.
7 그러니 어린것이라도 밤낮 나만 쳐다
보며 '언제나 돼?' 하고 조르면서 그렇
게 어두운 생각을 먹지 말고
8 너 고생한 것만큼은 다 돌아갈 터이니 가
만있거라.
9 우리 일은 절로 된다." 하시니라.

천지에서 호연을 보호하게 하심

419 하루는 상제님께서 호연을 안쓰
럽게 바라보시며 말씀하시기를
2 "내가 너를 그냥 두고 가면 어느 사람
이 주워 가도 주워 갈 터이니 네가 살
는지 죽을는지도 몰라.
3 그러나 천지에 네 피를 뿌렸는데 어찌
죽을 수가 있냐?
4 내가 누구라도 너를 못 건드리게 할
것이니 내게서 배운 재주만 싹 걷어
가면 괜찮아." 하시거늘
5 호연이 "또 어떻게 해서 싹 걷어 간
대?" 하고 여쭈니 "너 금방 밥 먹은 것
도 내가 없애려면 없애." 하시니라.

첫발은 항상 동쪽으로

420 상제님께서는 어디를 가실 때
항상 머리를 동쪽으로 먼저 두르
시고, 동쪽으로 한 발을 내딛으신 뒤
에야 비로소 다른 곳으로 향하시니라.
2 상제님께서 날씨가 좋을 때는 주로 삿
갓을 쓰시고, 날이 궂을 때는 삿갓을
벗고 다니시는데

3 항라옷을 입으신 채 아무리 소나기 속
을 다니셔도 옷이 젖지 않으시니라.

어디를 가시려면 옥단소를 부시니라

421 상제님께서 어디를 가실 때는
항상 오른쪽 주머니에 무명 천
을 넣고 다니시며
2 호연을 냇물에 씻겨 물기를 닦아 주기
도 하시고, 물에 적셔 얼굴을 씻겨 주
기도 하시며, 천을 길게 찢어 발감개
로 쓰기도 하시니라.
3 또 종이를 수첩같이 만들어 무명 천과
함께 오른쪽 주머니에 넣으시고, 왼쪽
주머니에는 터럭끝을 거미줄로 감아
삘기처럼 만든 작은 붓과 먹을 넣고
다니시는데
4 대개는 먹을 도막 내어 가지고 다니시
고, 간혹 통째로 갖고 다니기도 하시니
5 어디에서든지 먹은 돌에 갈고, 붓끝은
침으로 잘 다듬어서 글을 쓰시니라.
6 상제님의 옷에는 홑옷이든 겹옷이든 전
부 속주머니가 전대처럼 달려 있는데
7 평소에는 아무것도 넣지 않으시다가
호연을 집에 두고 어디를 다녀오실 때
면 그 안에 먹을 것을 넣어 오시어 호
연에게 주시니라.
8 또 저고리의 앞섶을 살짝 터서 그 속
에 항시 옥단소를 넣고 다니시며
9 어디 좋은 데를 가실 때면 그것을 내
어 부시고, 돌아오시다가도 앉아서 불
곤 하시니라.

공사 보러 다니실 때 주무시려면

422 상제님께서 각지를 다니며 공사
보실 때 미처 주무실 곳을 정하
지 못한 채 날이 저물면 장소를 가리지
않고 아무데서나 주무시니
2 추운 겨울날에는 남의 집 헛청이나 방
앗간에서 추위를 피하시고, 큰 바위
밑에서 바람을 피하기도 하시니라.
3 또 공동묘지에 가서 주무시는 때도 많
으니 하루는 초빈을 해 놓은 나래 몇
장을 떠들어 호연을 눕히시고, 상제님
께서는 널 반대쪽에 누우시거늘
4 호연이 "냄새나면…." 하고 막 말하려
는데 "그런 소리 마라. 냄새난다고 하
면 참말로 냄새난다. 아무 소리 마라."
하시니라.
5 이에 호연이 잠시 아무 말 못하다가
이내 "아이고, 나 무서워~!" 하며 몸을
움츠리니
6 상제님께서 널 위로 호연의 손을 꼭
잡아 주시며 호연과 함께 널 쪽으로
고개를 둔 채 잠을 청하시니라.

멍청해서 그랬냐

423 하루는 상제님께서 호연에게,
배고파 냇가에 쓰러져 있다가
물새우 한 마리를 서로 입에 넣어 주
던 부녀의 이야기를 해 주시니
2 호연이 "아이구, 얼마나 배고프면 그
랬을까." 하거늘
3 상제님께서 "그 때 너하고 나하고 동
문(東門)에 가서 무 하나 주워 갖고 먹
을 때
4 네가 더럽다고 안 먹어서 껍데기는 내
가 베어먹고 알맹이만 주니까 너 먹었
지?" 하고 물으시니라.
5 이에 호연이 "응, 그랬지." 하니 "그 때
둘이 먹자고 안 하고 너 혼자 다 먹었
지? 나는 껍데기만 먹고." 하시거늘
6 "그려. 그렇게 내가 멍청했어." 하니 빙
긋이 웃으시며 "멍청해서 그랬냐?" 하
시니라.
7 호연이 고개를 끄떡이며 "그랬지. 우
선 주니까 먹을 줄만 알았지." 하니
8 말씀하시기를 "너는 봐~, 참말로 좋은
세상이 돌아와." 하시니라.

상제님께서 주무실 때

424 상제님께서는 주무시는 시간이
일정치 않으니 성도들조차 언제

주무시는지 잘 알지 못하는데
2 어떤 때는 모두 자는 시간에 일어나시
어 마당도 쓸고, 무언가를 하시며 분
주히 들락날락하시다가 성도들이 일
어나면 그제야 주무시니 아무도 그 뜻
을 알지 못하더라.
3 또 상제님께서는 이부자리를 깔지 않
고 맨바닥에서 주무시고, 아무리 추운
겨울에도 이불을 덮지 않으시며
4 베개 대신 목침, 사발 등을 눈에 보이
는 대로 베고 주무시니
5 형렬을 비롯한 여러 성도들은 편안함
을 구하지 않으시는 상제님을 본받아 아
무런 불평없이 그와 같이 지내니라.
6 추운 겨울날이면 어린 호연이 추위를
이기지 못하여 몸을 웅크린 채 덜덜
떨며 잠을 이루지 못하므로
7 상제님께서 옷을 벗어 덮어 주시며 옷
이 들뜨지 않도록 다리로 감싸고 다독
거려 주시니라.

여름과 겨울의 옷차림

425 상제님께서는 겨울에도 솜을 넣
지 않은 광목 겹저고리와 겹바
지 한 벌로 추위를 견디시고
2 여름에는 그것을 뜯어 홑저고리, 홑바
지로 만들어 입으시며
3 아무리 추운 날에도 춥다고 하지 않으
시고, 아무리 더운 날에도 덥다고 불평
하지 않으시니라.
4 하루는 날씨가 추워서 거울에 성에가
낀 것을 보고 호연이 "선생님, 색경에
얼음이 있어요. 너무 추워~!" 하며 호
들갑을 떠니 상제님께서 이를 꾸짖으
시니라.

오직 공사에만 일심하시니

426 상제님께서 공사를 행하실 때는
어떤 일로도 중지하지 않으시고
오직 공사에만 일심하시며 반드시 공사
를 마친 뒤에 다른 일을 보시니라.
2 하루는 더운 여름날에 진지도 거르신
채 자리를 한시도 떠나지 않고 공사에
만 전념하시니
3 공우가 민망하여 젖은 수건을 가져다
용안을 닦아 드리니라.
4 또 때로는 진지를 드실 새도 없이 공
사를 보러 떠나시는데
5 이때 서둘러 진지를 준비해 올리면 손
에 물을 묻히시고 밥을 세 덩이로 뭉쳐
서 눈 깜짝할 새에 드시고 떠나시니라.

즐겨드신 음식

6 상제님께서는 가물치회를 좋아하시
고, 논에서 잡히는 우렁이와 미꾸라지
를 좋아하시니
7 우렁이는 '토삼(土蔘)'이라 하시며 잘 드
시고 미꾸라지는 탕으로 즐겨 드시니
라.
8 또 배추나 월동추 같은 채소 겉절이를
무척 좋아하시니라.

문명은 뒷날에 나리라

427 상제님께서 공사를 보실 때는
항상 글이나 물형을 써서 불사르
시는데
2 성도들은 물형의 뜻을 알 수 없고 다
만 글을 알아볼 뿐이므로
3 성도들이 그 글이라도 기록해 두려 하
면 상제님께서 금하시며 말씀하시기를
4 "들을 때에 명심하였다가 구전심수(口
傳心授)하라. 문명(文明)은 뒷날에 나리
라." 하시니라.
5 어천하실 무렵에 하루는 형렬의 집 마
당에 글 쓰신 것과 책을 쌓아 놓으시
고 형렬에게 명하시기를
6 "이것을 모두 태우라. 그래야 난법 기
운을 일찍 거두느니라." 하시니라.

셋도수를 맞추심

428 상제님께서 셋도수를 맞추시기
위해 임인년 이래로 8년 동안 형
렬과 호연을 함께 데리고 다니시고, 공

사로써 두 사람이 부부의 연을 맺게 하
시니
2 형렬의 자식들은 늙은 아버지가 어린
호연을 첩으로 얻은 것으로만 생각하
여 호연을 대접하지 아니하므로 호연
이 갖은 고초를 겪으니라.
3 더욱이 형렬이 작고한 뒤로는 생활이
이루 말할 수 없이 곤궁해지니 신세를
한탄하며 상제님을 원망하는 일이 많
거늘
4 하루는 상제님께서 호연을 찾아오시
어 위로하여 말씀하시기를
5 "천하에서 할아버지 같은 사람들도 다
무릎 꿇을 것이요, 네가 정녕 하늘로
올라갈 터인데 이런 좋은 일을 어찌
마다하느냐!
6 네 위에 사람 없다. 네가 부릴 사람이 천
지다." 하시며 기운을 북돋워 주시니라.

중요한 공사 내용은 쉽게 깨닫지 못하게 하심

429 상제님께서 공사 보실 때 중요
한 공사 내용은 부(符)나 칙령(勅
令)으로써 영을 내리시니 성도들이 그
내용을 쉽게 깨닫지 못하니라.
2 하루는 호연이 "쉽게 가르쳐 주지 않
고, 꼭 문자로만 가르치니 어떻게 알
아요? 못 알게 할려고 그렇게 가르치
지!" 하고 따지듯 말하니
3 말씀하시기를 "네가 다 알아 봐라. 네
신명(神明)이 있는가.
4 이 천지 사람이 다 그려. 모르고 사는
사람이 많지 알고 사는 사람은 드물
어." 하시니라.
5 또 말씀하시기를 "내 도수(度數)는 참빗
과 같아서 앞이 뒤가 되고, 뒤가 앞이 되
는 일이니라." 하시니라.

부를 보지 못하게 하심

6 상제님께서 평소 성도들에게 공부를
시키실 때는 아무 것도 적지 못하게
하시고
7 공사를 행하시며 부(符)를 쓰실 때는 성
도들이 보지 못하게 가리고 쓰시니라.
8 광찬이 본래 총명하여 뒤에서 붓대 끝
돌아가는 것만 봐도 무엇을 쓰시는지
훤히 알거늘
9 하루는 상제님께서 부를 그리시니 살
며시 어깨 너머로 보려 하매
10 상제님께서 갑자기 "네 이놈!" 하고 호
통을 치시며 보지 못하게 하시니라.

여러 말씨를 사용하심

430 상제님께서는 여러 말씨를 자유
자재로 사용하시니 평소 호연과
형렬에게는 전라도 말씨로 격의 없이
대하시고
2 그 외의 성도들에게는 보통 사투리를
쓰지 않으시는데 간혹 전라도 말씨를
쓰기도 하시니라.
3 또 상제님께서 몸소 타관에 가시거나
타지에서 사람이 찾아오면 그 지역의
말씨로 응대하시고
4 외국에 나가 공사 보실 때는 그 나랏
말로 말씀하시니라.
5 그러나 공사를 보시거나 성도들에게
명을 내리시고, 신장들에게 칙령을 내
리실 때는 사투리를 전혀 쓰지 않으시
니라.

글은 나 같은 글이 없었다

6 하루는 글씨를 빨리 쓰시며 이르시기
를 "바쁠 때에는 완만을 허락하지 않
나니 글을 쓰되 말 위에서 격서(檄書)
쓰듯이 빨리 쓰기를 공부하라." 하시고
7 "세상에 잘 쓰는 글씨도 많이 있지만
글은 나 같은 글이 없었다." 하시니라.

항상 공사 보시는 데 몰두하심

431 상제님께서는 길을 가시다가 잠
시 앉아 쉬실 때도 땅에 막대기
로 동그라미를 그리거나 점을 찍고 글
씨를 쓰시며 공사에 몰두하시니라.
2 또 공사를 보신 후에는 왼손에 먹을

묻혀 부(符)나 글을 쓴 종이 위에 찍기
도 하시고, 무를 잘라 무엇을 새겨서
찍기도 하시니
3 그 모습이 마치 도장 찍는 것과 흡사
하더라.
4 상제님께서는 작은 종이라도 있으면
반드시 글을 쓰시고 짧은 시간이라도
옥(玉)같이 여기시니라.

갑칠아, 먹 갈아라

432 하루는 상제님께서 갑칠을 데리
고 산골 깊숙한 곳에 가시어 문
득 "갑칠아, 먹 갈아라." 하시거늘
2 갑칠이 당황하여 여쭈기를 "무슨 물이
있어야 먹을 갈지요. 침 뱉을까요?"
하니 "침은 안 된다." 하시니라.
3 갑칠이 생각다 못해 "그럼 제 오줌이
라도 쌀까요?" 하니
4 상제님께서 웃으시며 "그래라, 네 오
줌에다 갈아라." 하시거늘
5 갑칠이 그대로 하여 올리니 그 먹물로
글을 쓰시어 공사를 보시니라.

국내외 여러 곳을 자주 다니심

433 상제님께서 함열(咸悅)에 자주
가시니 성도들이 그 뜻을 여쭈
면 "이는 만인함열(萬人咸悅)의 뜻을 취
함이라." 하시니라.
2 천지공사를 행하심으로부터 국내외의
여러 곳을 두루 다니시는데
3 그 가운데 전라도에서 자주 다니신 곳
은 전주, 태인, 정읍, 고부, 부안, 순
창, 함열, 익산, 만경, 진안 등이더라.

이 일은 곧 천지의 대순

4 공우가 상제님을 종유(從遊)한 이후로
3년 동안 천지공사에 자주 수종하는
데
5 공사 뒤에는 항상 공우로 하여금 각처
성도들에게 순회연포(巡廻演布)하라고
명하시며
6 "이 일은 곧 천지의 대순(大巡)이니라."
하시니라.

천하사는 직접 뛰어다녀야 한다

434 한 성도가 "선생님께서는 왜 항
상 풀대님으로 다니시는지요?"
하고 여쭈니
2 "천지공사는 대님 차고는 못 하는 것
이다." 하시며
3 "천하사는 글만 가지고 안 되나니 직접 뛰
어다녀야 하느니라." 하시니라.
4 또 말씀하시기를 "모사(謀事)는 내가 하
리니 성사(成事)는 너희들이 하라." 하시
고
5 "공부는 입 공부가 가장 크니라." 하시니
라.

9년 동안 인간 생활의 모든 질서를 결정하심

435 상제님께서 9년 동안 공사를 행
하시어 선천 말대의 천지운로(天
地運路)를 뜯어고치시고 후천세계 인간
생활의 모든 질서를 결정하시니
2 세간(世間)의 만사만물이 상제님의 붓
끝을 거쳐가지 않은 것이 없더라.
3 이에 공사를 행하신 횟수가 무한하고
실로 그 양이 방대하나
4 모든 것을 신도(神道)로써 행하시니 성도
들이 그 뜻을 알지 못할 뿐만 아니라
5 공사 보실 때에 성도들을 일정하게 참
관시키지 않으시고 기록 또한 남기지
못하게 하시거늘
6 이는 성편될 일부만 허락하시고 일체
의 기운을 거두심이라.
7 상제님께서는 우주 내에 운행하는 기
운을 걷어잡으시어
8 천리(天理)와 지의(地義)와 신도(神道)와
인사(人事)에 가장 합리적인 도수를 짜 놓
으시고
9 모든 것이 제 도수에 맞추어 인사로 실현
되도록 신도의 기틀을 굳게 질정하시니
라.

제 6 편

도통(道統)과 진주(眞主)

도통(道統)과 진주(眞主)

도체(道體: 四體)를 바로잡으심

1 천지의 이치는 삼원(三元)이니 곧 무극(無極)과 태극(太極)과 황극(皇極)이라.
2 무극은 도의 본원(本源)이니 십토(十土)요, 태극은 도의 본체로 일수(一水)니라.
3 황극은 만물을 낳아 기르는 생장(生長) 운동의 본체이니 오토(五土)를 체(體)로 삼고 칠화(七火)를 용(用)으로 삼느니라.
4 우주는 일태극수(一太極水)가 동(動)하여 오황극(五皇極)의 생장 운동을 거쳐 십무극(十無極)에서 가을개벽의 성숙운을 맞이하니라.
5 상제님께서 "나는 천지일월(天地日月)이니라." 하시고 건곤감리 사체(四體)를 바탕으로 도체(道體)를 바로잡으시니
6 건곤(乾坤:天地)은 도의 체로 무극이요, 감리(坎離:日月)는 도의 용이 되매 태극(水)을 체로 하고 황극(火)을 용으로 삼나니 이로써 삼원이 합일하니라.
7 그러므로 도통(道統)은 삼원합일(三元合一)의 이치에 따라 인사화(人事化)되니라.

신천지 진법 도운의 종통맥

2 상제님께서 선천 억음존양의 건곤을 바로잡아 음양동덕(陰陽同德)의 후천세계를 개벽하시니라.
2 이에 수부(首婦)님께 도통(道統)을 전하시어 무극대도를 뿌리내리시고
3 그 열매를 수화(水火:坎離)의 조화 기운을 열어 주는 태극과 황극의 일월용봉도수(日月龍鳳度數)에 붙이시어
4 신천지(新天地) 도정(道政)의 진법 도운을 여시니라.
5 상제님의 도권(道權) 계승의 뿌리는 수부도수(首婦度數)에 있나니
6 수부는 선천 세상에 맺히고 쌓인 여자의 원(冤)과 한(恨)을 풀어 정음정양의 새 천지를 여시기 위해 세우신 뭇 여성의 머리요 인간과 신명의 어머니시니라.
7 대두목(大頭目)은 상제님의 도권 계승자요, 대개벽기 광구창생의 추수자이시니
8 상제님의 계승자인 고수부님께서 개척하신 무극대도 창업의 추수운을 열어 선천 인류문화를 결실하고 후천 선경세계를 건설하시는 대사부(大師父)이시니라.

마음을 깊이 파라

3 파고 또 깊이 파라.
2 마음 얕은 것이 가장 큰 한(恨)이 되리라.
3 나의 마음은 한결같으니라.
4 내가 마음을 한결같이 먹어야 백성들이 본받아 한마음을 가질 것이로되 내 마음이 그렇지 않고 남보고만 그렇게 하라고 하면 쓰겠느냐?
5 나를 믿고 마음을 정직히 하면 하늘도 오히려 떠느니라.

일이 되면 내가 관을 쓴다

4 임인(壬寅: 道紀 32, 1902)년 여름에 상제님께서 호연을 데리고 무주(茂朱)에 행차하시어 "일이 되고 보면 내가 관(冠)을 쓴다." 하시니
2 호연은 그것이 죽어서 쓰는 관인 줄 알고 "뭣하게 관을 짜?" 하고 여쭙는지라
3 상제님께서 웃으시며 말씀하시기를 "머리에 쓰는 관이다. 이제 일이 되면 그것을 얻는다.
4 세상이 다 화목이 되면 각 사람들의 혼이 하나가 되어 나를 옹위하여 모든 백

우주 생명의 순환도

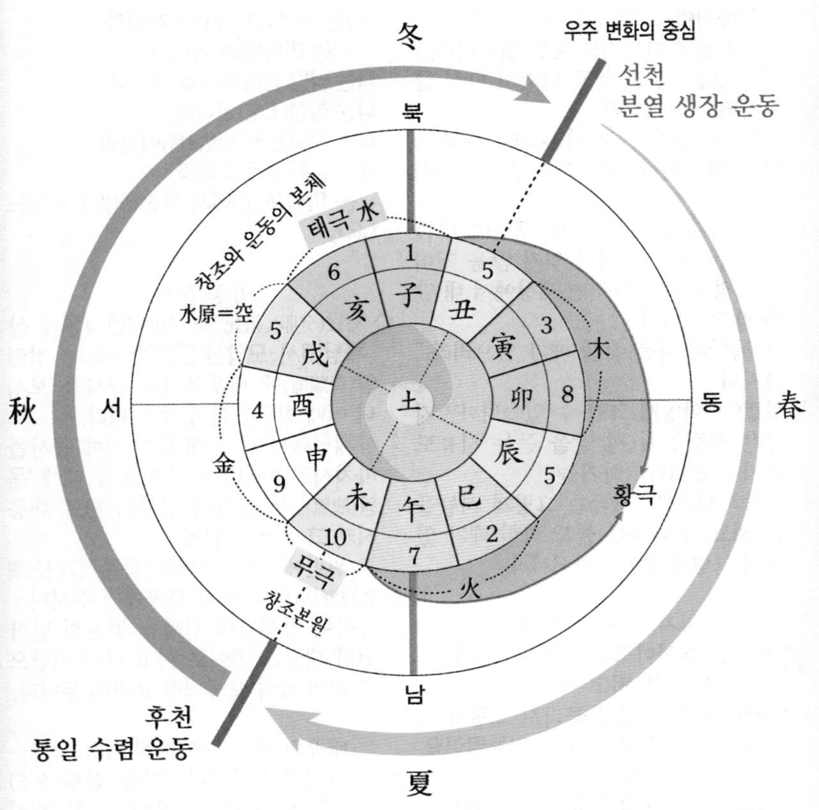
冬
우주 변화의 중심
선천
분열 생장 운동
북
창조와 운동의 본체
태극 水
水原=空
1
6
5
子
亥
丑
5
3
寅
戌
木
卯
8
秋
서
4
酉
土
동
春
申
辰
金
9
5
未
午
巳
황극
10
2
7
무극
火
창조본원
남
후천
통일 수렴 운동
夏

성들에게 덕을 베푸느니라." 하시니라.

온 세상이 나를 찾을 때가 있다

5 하루는 형렬에게 이르시기를 "너희는
한 점 잠이나 자지 나는 세상 이치를
맞추고 뜻을 맞추려면 제대로 잠도 한
숨 못 자느니라." 하시니
2 형렬이 "무엇 때문에 잠을 못 주무십
니까?" 하고 여쭈거늘
3 말씀하시기를 "세상을 들어갔다 나왔
다, 문 열고 다니기도 힘든 법이니라.
4 너는 문을 한 번 열고 나와서 다시 들
어가면 그만이지만
5 나는 천 가지 만 가지 조화를 부리고
앉아 있으려니 힘이 드는구나." 하시
니라.
6 또 이르시기를 "너는 내 생전에 나를
수종 든 제자라 해서 잊지 않을 것이
니 걱정 말고 기다리면 세상에서 내 말
을 할 것이니라.
7 온 세상이 나를 찾을 때가 있으리라."
하시니
8 형렬이 "어떻게 그럴 수 있습니까? 지
금은 사람들이 제 말을 듣는 시늉도
하지 않습니다." 하거늘
9 말씀하시기를 "지금은 그렇게 시늉을
안 해도, 흘러가는 물도 막힐 때가 있
나니 그렇게 알라." 하시니라.

천지가 다 내 자식

6 하루는 호연이 "왜 우리 선생님은 아
들이 없어요?" 하고 여쭈니
2 말씀하시기를 "네가 몰라서 그렇지 아
들이 왜 없어? 천지가 내 아들딸이요,
다 나를 받드는데.
3 아래로 살피면 아랫자식이요 위로 뜨
면 큰자식들이 빙빙 도는데, 내가 자식
을 둘 필요가 있겠느냐?" 하시니라.

나의 마음은 한 가지

4 하루는 형렬에게 말씀하시기를 "큰일
을 할 사람은 아내와 멀어져야지 가깝
게 해서는 못쓰느니라.
5 가지가 여럿이면 마음도 여러 가지로
갈라지나니 부모를 위해 장가는 갔을
지언정 나는 애초에 가지를 벌리지 않
노라.
6 나는 독불이다. 그러므로 나의 마음은
한 가지니라." 하시니라.

나는 마상에서 득천하

7 나는 옥황상제(玉皇上帝)니라.
2 나는 미륵(彌勒)이니라.
3 나는 남방 삼리화(三離火)로다.
4 나는 칠성(七星)이니라.
5 나는 천지일월(天地日月)이니라.
6 내가 장차 불로 오리라.
7 나는 마상(馬上)에서 득천하(得天下)하느
니라.

용봉 도수

8 계묘(癸卯: 道紀 33, 1903)년 4월에 상
제님께서 모악산 안양동(安養洞) 청련
암(靑蓮庵)에 머무르시며 공사를 보시
니 이때 박금곡이 수종 드니라.
2 상제님께서 11일 해 돋기 전에 공사를
마치시고 아침해가 솟아오를 때에 '용
봉(龍鳳)' 두 글자를 상하(上下)로 대응
시켜 크게 쓰신 뒤에
3 그 왼편에 작은 글씨로 '독존석가불(獨
尊釋迦佛)'이라 써서 금곡에게 주시니
4 금곡이 상제님의 친필을 공손히 받아
먼저 깨끗한 종이로 싸고 다시 비단으
로 고이 감아 보물처럼 보관해 두니라.

태공의 도술은 이때에 나온다

9 상제님께서 말씀하시기를 "문왕(文王)
은 유리(羑里)에서 384효(爻)를 해석
하였고
2 태공(太公)은 위수(渭水)에서 3,600개의
낚시를 벌였는데
3 문왕의 도술은 먼저 나타났거니와 태
공의 도술은 이때에 나오느니라." 하

시고 또 말씀하시니 이러하니라.
4 天地無日月空殼이요
천지무일월공각
日月無至人虛影이니라
일월무지인허영
천지는 일월이 없으면 빈껍데기요
일월은 지인(至人)이 없으면
빈 그림자니라.

박람박식이 천하무적

5 가장 두려운 것은 박람박식(博覽博識)이
니라.
6 현세의 복희(伏羲)가 갓 쓴 사람 아래
있으니 박람박식이 천하무적이니라.

내주평에서 말 타고 활 쏘시며 보신 공사

10 상제님께서 종종 내주평에 가시어
말타기와 활쏘기를 하시는데
2 백지를 한쪽은 검게, 한쪽은 붉게 칠해
서 막대기에 매달아 깃대처럼 드시고
말을 타고 나가시면 성도들은 마부가
되어 활을 들고 따르니라.
3 상제님께서 "막대기에 실을 묶어 엽전
을 매달아 놓으라." 하시면 성도들이
엽전 구멍이 과녁판 중앙에 오도록 매
달아 놓거늘
4 활을 쏘실 때마다 화살이 모두 엽전
구멍으로 들어가니 성도들이 좋아라
하니라.
5 하루는 상제님께서 성도들에게 활을
주시며 "쏘아 보라." 하시므로 모두 활
시위를 당겨 보거늘
6 과녁판만 맞힐 뿐 그 누구도 엽전 구
멍은 맞히지 못하니라.
7 상제님께서는 말을 타시면 말이 앞발
을 치켜들고 겅중거려도 말 위에 딱
붙어서 떨어지지 않으시는데
8 말과 대화를 나누시는 듯 뭐라 말씀을
하시며 말에게 "입 벌리라." 하시어 달
걀을 한 줄씩 목구멍에 넣어 주기도
하시니라.
9 상제님께서 타신 말은 좀처럼 넘어지
지 않으나 하루는 넘어져서 상제님과
함께 뒹굴거늘
10 상제님께서 "왜 자빠지게 했냐?" 하시
며 말의 볼기를 탁탁 때리시니
11 말이 무릎을 꿇고 고개를 깐닥깐닥하
매 상제님께서 "경례하냐, 경례?" 하
며 용서해 주시니라.

똑똑히 들어 두어라

11 하루는 형렬이 상제님께서 출세하
실 때를 여쭈니 "응." 하시고 "나의
말을 듣기가 어렵다." 하시며
2 "잦히고 눕히고 엎치고 뒤치고 들어치
고 내치고 좌(左)로 돌리고 우(右)로 돌
리고…, 알겠느냐? 똑똑히 들어 두어
라.
3 내가 도솔천궁에 있다가 서양 대법국
천개탑으로 내려와 모악산 금산사 삼
층전에 머물며 경주용담 구경하고
4 고부 객망리 강씨 문중에 탄생하여 기해
년에 포(胞)하고 경자년에 득천문(得天文)
하고 신축년에 대원사에서 도통하고
5 임인년에 너와 상봉하고 계묘년 봄에
동곡에 들었노라.
6 나의 말은 쌀에서 뉘 가리기와 같으니
라. 알아듣겠느냐?
7 알기 쉽고 알기 어렵고 두 가지다. 알
아듣겠느냐?
8 우리 일은 쉽고도 어려운지라, 알고도
어렵고 모르고도 쉬우니라.
9 똑똑한 것이 병통이니 식자우환(識字憂
患)이라. 아는 것도 병이 되느니라." 하
시니라.

눈을 좋아하시는 무극 상제님의 태극 공사

12 상제님께서는 눈이 많이 내릴수록
좋아하시니라.
2 갑진(甲辰: 道紀 34, 1904)년 정월에 하
루는 눈이 크게 내리니 상제님께서 눈

을 뭉쳐 방문에 던지시거늘
3 방안에 있던 성도들이 문을 열고 내다
보매 미리 뭉쳐 놓으신 눈덩이를 던지
시고 눈을 퍼서 뒤집어씌우기도 하시니
4 마루며 방이 온통 눈으로 뒤범벅이 되
고 성도들은 눈도 바로 뜨지 못하더
라.
5 이에 형렬이 나와 솔방울과 짚에 눈을
똘똘 뭉쳐 상제님께 던지거늘
6 상제님께서 피하시며 다시 던지시고
하여 눈싸움이 시작되니라.
7 잠시 후에 다른 성도들도 따라 나와서
눈을 뭉쳐 형렬에게 건네니
8 상제님께서 "저, 알쌍할 놈들이 나 때
리라고 눈을 싸 줘?" 하시며 눈을 뭉쳐
주는 성도들에게도 눈을 던지시거늘
9 모든 이들이 서로서로 눈을 던지며 한
때를 즐겁게 보내니라.

십무극과 일태극의 십일성도(十一成道) 인사 도맥 공사

13 이 달에 하루는 상제님께서 형렬
과 함께 솔방울 여러 개를 실로 묶
어서 주먹 정도의 크기로 만드신 뒤에
손으로 둥글둥글 굴리시니 큰 눈덩이
가 되거늘
2 이렇게 두 개를 만드시어 서로 한 덩어
리처럼 눈으로 덧발라 눈사람을 만드
시니라.
3 이어 형렬에게 숯을 구해 오게 하시어
눈, 코, 입을 만드시니 언뜻 보면 꼭
사람 같거늘
4 상제님께서 눈사람을 고샅 여기저기에
세워 놓으시고 다른 동네에도 세워 놓
으시매 지나는 사람마다 절을 하고 가
더라.
5 상제님께서 절하고 있는 사람의 곁
에 서시며 넌지시 "왜 그렇게 절을 하
냐?" 하고 물으시니 "아, 그 증산 어른
아녀요?" 하거늘
6 "아이고, 미친놈! 내가 여기 있는데 그
게 사람으로 뵈냐? 눈구녕이 개 눈구
녕만도 못하구나!" 하시며 크게 웃으
시니라.

설경 놀이 공사

7 상제님께서는 눈이 오는 날이면 항상
음식을 많이 해 드시며 "설경 놀음 안
할래, 설경 놀음?" 하고 노래를 부르시
니라.
8 하루는 성도들에게 명하시어 새끼를
굵게 꼬아 줄을 만들고 그 가운데에
눈을 크게 뭉치게 하신 다음
9 일곱 명의 성도들을 두 편으로 나누고
상제님께서도 한 편으로 들어가시어
"양쪽에서 잡아당기자." 하시니 성도
들이 힘껏 잡아당기거늘
10 이때 갑자기 "줄을 놓으라." 하시어 맞
은편 사람들을 모두 쓰러지게 만드시
니라.
11 또 송판으로 썰매를 만들어 타기도 하
시고 가마니를 깔고 미끄럼을 타기도
하시며
12 누가 초례(醮禮)를 치르는 날이면 신방
을 차린 문에 눈벼락을 치기도 하시고
13 눈이 많이 오는 날에는 형렬과 함께 언
덕에 오르시어 서로 부둥켜안고 데굴데
굴 굴러 언덕 아래까지 내려오기도 하
시니라.
14 호연이 이를 보고 "눈 오면 왜 그렇게
좋아하는지 몰라." 하니라.

무극과 태극과 황극말(馬) 공사

14 상제님께서 때로는 담 위에 올라
앉으시어 마치 말을 타신 듯이 "이
랴~, 이 말! 마차!" 하시며 담을 때리기
도 하시는데
2 다른 사람의 눈에는 마치 담이 앞으로
가는 것처럼 보이더라.

나는 말 하나 탔다

3 하루는 상제님께서 형렬과 호연을 데리
고 길을 가시던 중 느닷없이 막대기 하
나를 가랑이 사이에 넣고 끌고 가시며

"아이들마냥으로 말 탄다." 하시거늘
4 호연이 "뭔 말을 타요? 막대기 하나
주워서 찔러 가지고 찍찍 그시면서."
하고 코웃음을 치는데
5 이때 "나는 말 하나 탔다!" 하고 외치
시는 소리에 쳐다보니 어느새 저만치
가 계시더라.
6 이에 호연이 "아이구, 어떻게 저러고
간대?" 하며 의아해하니 뒤를 돌아보
시며 "너도 이렇게 와라." 하시거늘
7 호연이 "하이고, 나는 죽었다 깨나도
못 따라가." 하니라.

말순과 다툰 호연

15 갑진년 단오에 상제님께서 호연을
데리고 형렬의 집에 가시니 이 날
은 마침 형렬의 생일이더라.
2 호연과 형렬의 셋째 딸 말순(末順)이 사
랑에서 노는데 말순이 호연을 때리거늘
3 호연이 질세라 "네가 뭣이라고 나를
때리냐?" 하며 손으로 이마를 쿡 찧으
니 구멍이 뚫려 피가 나더라.
4 말순이 울음을 터뜨리니 형렬이 놀라
"어째 그러냐?" 하고 다그치거늘
5 "호연이 그랬어요." 하매 조심스레 상
처를 닦아 주며 "뭘로 그랬기에 피까
지 나냐?" 하고 물으니
6 말순이 "그 가시내가 손으로 찧었어
요." 하니라.
7 이에 형렬이 경계하여 이르기를 "어린
애 손이 너에게 갔다고 구멍이 날 것
이냐?
8 그것도 선생님 조화니라. 선생님 따라
다니더니 손에 조화가 붙었구나!
9 너보다 더한 사람도 그 아이가 건드리
면 표가 나. 그러니 어리다고 때리지
말고 근처에 얼씬거리지도 말아라."
하거늘
10 말순이 눈을 흘기며 "어디서 가시내
하나 데려와서는 금이야 옥이야 해
요?" 하며 심통을 부리니라.

호연이 좀 달래라

11 호연이 이를 듣고 씩씩거리며 상제님
께 달려가 그대로 전하니
12 상제님께서 호연의 얼굴에 용안을 가
까이 하시며 "그래, 그 소리가 좋으냐,
나쁘냐?" 하고 물으시거늘
13 호연이 "나쁘지 그럼 좋아요? 내가 엄
마가 없는 것도 아닌데 왜 여기 와서
이런 창피한 소리를 들어?" 하고 서럽
게 말하는지라
14 상제님께서 호연의 등을 다독여 주시
며 "탓 말어, 탓 말어. 너는 그 아이보
다 솟은 사람인게." 하고 달래 주시니
라.
15 호연이 여전히 분이 풀리지 않아 구석
에 쪼그리고 앉아 있거늘
16 상제님께서 안쓰러워하시며 "그리 마
라." 하시고 한 성도에게 "우리 호연이
좀 데리고 나가서 달래라." 하시니라.

각시 삼아야겠다

17 호연이 이도 못마땅하여 "다른 사람은
나를 부르지도 못하게 하면서 저 사
람은 무엇이간디 날 데려가라 해? 안
가!" 하며 꼼짝도 하지 않으니
18 상제님께서 호연의 기분을 풀어 주시
기 위해 "다친 아이 나오라고 해라."
하시거늘
19 말순이 나와서는 무어라 하시기도 전
에 "죄송합니다." 하며 사죄하니라.
20 이에 호연이 들은 바가 있어 "각시 삼
으려고 사정 두느만요." 하니
21 상제님께서 껄껄 웃으시며 "어디서 그
런 소리 들었냐? 네가 그러니 할 수
없이 내가 각시 삼아야겠다." 하시니라.

천지 사도문화(師道文化)의 기강을 잡으심

16 호연이 구릿골 글방 앞을 지날 때
마다 "하늘 천, 따 지." 하며 글 읽
는 소리를 따라 하더니
2 하루는 "나도 글 배울래요." 하며 서당

에 보내 달라고 조르거늘
3 상제님께서 "저거 말이 선생이지, 저런
것이 무슨 선생 노릇을 하나?" 하시며
가지 못하게 하시니라.
4 하루는 책거리를 한다고 아이들이 팥
죽과 다른 먹을거리를 가지고 글방에
가니
5 훈장이 "혼자 먹을 수는 없고, 가서 증
산 어른을 모셔오든지 태운장을 모셔
오든지 해라." 하며 한 아이를 보내온
지라
6 상제님께서 "어린애 글 가르치느라고
욕봤다 해서 '선생이 똥을 싸면 개도
안 먹는다.' 하는데
7 저 먹을 것을 나를 주려고 오라 하는
것은 고마우나, 나는 생각이 없으니
많이 먹으라고 전해라." 하시거늘
8 아이가 돌아가 그대로 전하니 훈장이
못마땅해하며 "생각해서 오라고 하니
오지도 않고서 콩이야 팥이야 하네."
하고 중얼거리니라.

죽어 마땅하리라

9 상제님께서 이를 아시고 이튿날 훈장을
부르시어 "가서 저릅을 가져오너라."
하시니 훈장이 밀대를 가지고 오거늘
10 "저릅을 가져오랬더니 왜 밀대를 가지
고 왔느냐?" 하고 물으시니
11 "무엇을 보고 저릅이라고 하는 것입니
까?" 하며 난감해하니라.
12 이에 상제님께서 "저릅도 모르냐, 이
놈! 이놈을 어떻게 할까? 살려, 죽
여?" 하시거늘
13 훈장이 "사람을 마음대로 살리고 죽이
고 하는가 봅니다?" 하며 말대꾸를 하
니
14 그 순간 훈장의 몸이 섶다리골 길목의
정자나무 아래에 가 있더라.
15 상제님께서 훈장에게 호통치시기를
"네가 어제 저녁에 뭐라고 했더냐?
16 가르치지도 못하는 것이 가르친다고 건
방지게 주둥이만 놀리고 앉아서 남의
돈만 먹고 있으니 너는 죽어 마땅하리
라." 하시거늘
17 순간 어디선가 알 수 없는 무엇이 달
려들어 훈장을 구덩이에 파묻으니라.

제일 큰 도둑놈

18 상제님께서 말씀하시기를 "도둑놈이
따로 없나니 글 배운 사람이 도둑놈이니
라.
19 붓대 가진 놈이 앉아서 이리저리 다 만
드니, 그들이 제일 큰 도둑놈이니라."
하시니라.

손병희가 선진주

17 하루는 어떤 사람이 여쭈기를 "조
선 말에 이란(吏亂)이 있으리라 하
니 정녕 그러합니까?" 하거늘
2 상제님께서 말씀하시기를 "손병희(孫
秉熙)가 영웅이라. 장차 나라를 위하여
일을 일으키므로 분란될 것을 이름이
니라.
3 손병희가 선진주(先眞主)이나 박절하게
성(城)돌 밑에 가까이 앉아 거의(擧義)
하므로 성사는 못 되리라." 하시니라.

도성덕립의 득도시(得道詩)를 내려 주심

18 구릿골 김창여(金昌汝)가 여러 해
된 적체(積滯)로 음식을 먹지 못하
여 심히 고통스러워하거늘
2 상제님께서 불쌍히 여기시어 평상 위
에 눕히시고 배를 어루만지시며 형렬
에게 명하시어 시 한 수를 외우게 하
시니 그 뒤로 창여의 체증이 곧 나으
니라.
3 調來天下八字曲하니
조래천하팔자곡
淚流人間三月雨라
누류인간삼월우
葵花細忱能補袞이나
규화세침능보곤
萍水浮踵頻泣玦이라
평수부종빈읍결

천하 사람의 팔자타령을 읊조려
보노라니
인간 세상에 흐르는 눈물
춘삼월의 비와 같도다.
해바라기의 님향한 마음
천자를 보필할 수 있으나
부평초 같이 떠도는 이 내 신세
자주 눈물 흘리네.

4 一年月明壬戌秋요
일년월명임술추
萬里雲迷太乙宮이라
만리운미태을궁
淸音蛟舞二客簫요
청음교무이객소
往刦烏飛三國塵이라
왕겁오비삼국진
한 해 밝은 달은 임술년의 가을이요
만리에 뻗은 구름 태을궁을 가리네.
두 나그네의 맑은 퉁소소리에
교룡이 춤을 추고
가는 겁액(刦厄) 기운 까마귀 나니
삼국에 풍진이 이는구나.

수부를 천거하라

19 갑진년에 하루는 상제님께서 김형
렬에게 명하시기를 "나의 일은 수부
(首婦)가 있어야 되는 일이니 수부를 천거
하라." 하시므로
2 형렬이 셋째 딸 말순을 수부로 내세워
상제님을 시봉케 하되 사람들의 비난
을 꺼려 예식을 올리지 아니하고 뒷날
로 미루기만 하더니
3 상제님께서 "정식으로 수부의 예(禮)를
갖추어 식을 거행하라." 하고 누차 엄명
하시는데도
4 형렬이 끝내 말씀을 따르지 아니하니
라.

오성산 은둔 공사

20 을사(乙巳: 道紀 35, 1905)년에 하루
는 상제님께서 임피 오성산(五聖山)
에 가시어 "세상이 칭찬할 만한 곳이
라." 하시니라.
2 또 상제님은 임피 읍내 강장한(康壯翰)
의 집에 종종 오가시는데 이해 섣달그
믐날 늦은 밤중에 어디를 가셨다가 자
정 이후에 이르신지라
3 장한이 "밤중에 어디를 갔다 오십니
까?" 하고 여쭈니
4 말씀하시기를 "오성산에 가서 큰 말뚝을
박고 온다." 하시니라.

난법자 멸망 공사

21 하루는 말씀하시기를 "나의 도(道)
를 열어 갈 때에 난도자(亂道者)들이
나타나리니 많이도 죽을 것이니라." 하
시고 가르침을 내리시니 이러하니라.

2 不知赤子入暴井하니
부지적자입폭정
九十家眷總沒死라
구십가권총몰사
알지 못하는 갓난아이가 깊은 우물에
빠지니
구십 가솔들이 모두 떼죽음을
당하는구나.

3 또 말씀하시기를 "난법난도하는 사람
날 볼 낯이 무엇이며, 남을 속인 그 죄
악 자손까지 멸망이라." 하시니라.

상제님 도권 계승자의 20년 은둔 도수

22 병오(丙午: 道紀 36, 1906)년 3월에
상제님께서 광찬을 데리고 말도(末
島)에 들어가실 때
2 갑칠과 형렬을 만경 남포로 부르시어
말씀하시기를 "내가 이제 섬으로 들어
가는 것은 천지공사로 인하여 귀양 감이
라.
3 20일 만에 돌아오리니 너희들은 지방
을 잘 지키라." 하시니라.
4 이때 상제님께서는 대삿갓에 풀대님
차림으로 섬에 들어가시어 20일 동안
차마 겪기 어려운 고생을 하시니라.

김도일에게 베푸신 의술

23 구릿골 근처에 사는 김도일(金道一)
이 상제님께 매우 거만하더니 한번
은 배앓이를 얻어서 여러 날 동안 고
생하거늘
2 상제님께서 도일을 찾아가 보시고 손
으로 가슴에서부터 배꼽 위까지 만져
내리고 돌아오시니라.
3 그 뒤로 배꼽 위로는 아픈 증세가 없
어졌으나 배꼽 밑으로는 통증이 전과
같은지라
4 도일이 사람을 보내어 상제님께 다시
만져 주시기를 청하니 상제님께서 도
일을 부르시어 방 한가운데 눕히시고
문밖을 거닐다 들어오시며
5 느닷없이 꾸짖어 말씀하시기를 "이 무
례한 놈아, 감히 네가 어찌 어른 앞에
누웠느냐!" 하시고 성도들에게 명하여
일으켜 쫓아내시므로
6 도일이 크게 성내며 돌아가니 그 때부
터 병이 곧 낫거늘 도일이 비로소 그
꾸지람이 약이었음을 깨달으니라.

이것이 의술이니라

7 성도들이 꾸지람으로 병을 고치시는
까닭을 여쭈니 말씀하시기를 "그 병은
회충의 장난으로 인함이니라.
8 내가 한 번 만지매 회충이 배꼽 밑으로
내려가서 감히 올라오지 못하는데, 만
일 다시 만진다면 회충은 녹아서 죽겠
지만 사람의 생명까지 위태롭게 될지라
9 그러므로 병인의 분노를 일으켜 회충
이 그 기운을 타고 올라와서 본처로
돌아가 안정을 얻도록 한 것이니 이것
이 의술(醫術)이니라." 하시니라.

모악산 금산의 땅을 도모하는 자를 경계하심

24 도일이 병이 나은 뒤에도 요통이
풀리지 아니하여 지팡이를 짚고 다
시 와 뵙거늘
2 상제님께서 말씀하시기를 "병이 나은
뒤에 오히려 지팡이를 짚고 다님은 웬
일이냐?" 하시니
3 도일이 대답하기를 "요통이 나서 그러
하나이다." 하는지라
4 상제님께서 광찬에게 명하시어 그 지
팡이를 꺾어 버리게 하시매 이로부터
요통이 곧 나으니라.
5 상제님께서 다시 도일에게 명하시어
"서쪽 하늘에 붉은 구름이 떠 있는가
보라." 하시니
6 도일이 나가서 보고 아뢰기를 "붉은 구
름이 떠 있나이다." 하거늘
7 말씀하시기를 "금산을 얻기가 심히 어려
운 일이니라." 하시니라.

살구가 나를 이긴다

25 형렬의 집 외양간 옆에는 커다란
살구나무가 있는데 매년 살구가 흐
드러지게 열려도 누구든지 살구를 따
려고만 하면 어깨가 빠질 듯이 아파
손을 대지 못하니라.
2 정미(丁未: 道紀 37, 1907)년 봄에 호연이
탐스럽게 열린 살구를 보며 "저 살구
떨어지겠네. 살구 조금 따 먹지." 하니
3 상제님께서 "그래라." 하시며 바지랑
대를 가지고 가서 살구를 따려 하시거
늘
4 장대가 가지에 딱 들러붙어 떨어지지
아니하매 그냥 빈손으로 오시는지라
5 호연이 "살구를 따 오라니까 왜 장대
만 거기 달아 놓고 와요?" 하매 말씀
하시기를 "살구가 나를 이긴다." 하시
니라.
6 호연이 의아한 얼굴로 "왜 살구한테
못 이겨요? 잡아땡기지!" 하니 "내버려
둬라. 내가 지고 말지." 하시거늘
7 호연이 형렬에게 "왜 살구한테도 못
이기고 바지랑대를 달아 놓고 저렇게
온대요? 우리 따 먹을까봐 그런대요?
8 살구가 사람마냥으로 기운이 있어서
장대를 잡고 안 놔? 어째 그래요?" 하

고 물으니
9 형렬이 "네가 모르니 그러지 이치가 있
어서 그려. 살구한테 선생님이 졌어
야." 하니라.

시원찮은 것이 설두를 한다

10 호연이 더욱 궁금하여 "무슨 이치요?
그 이치 좀 나 가르쳐 줘요. 아무리 생
각해도 모르겠어요." 하고 조르니
11 형렬이 "말이 그렇지, 쬐깐한 살구한
테 지시겠냐? 천지에서 지금 잡아당기
니 그러지. 살구가 그냥 살구가 아녀."
하거늘
12 호연이 더욱 알 수가 없어 "나는 그냥
살구인데?" 하매
13 형렬이 "그게 살구가 아니라 신명이
여. 시원찮은 놈이 일어나면 설두(說
頭)를 한다. 인제 아차차 하는 사람이
돼. 그러니 선생님께서 살구를 안 따
신 것이여.
14 그게 매달려 있어도 땅을 내려다보며
선생님을 가르치는 것이다." 하니라.
15 호연이 "살구가 어떻게 가르쳐? 입으
로 들어가면 똥 되는데?" 하니 "그게
선생님 ○○이다." 하니라.

북녘 하늘에서 오는 천하사 일꾼 도수

26 하루는 상제님께서 정읍 삼산교(三
山橋)를 지나시는데, 한 젊은이가
다 떨어진 옷에 맨발로 길가에 앉아
있거늘
2 비록 차림새는 남루하나 기골이 장대
하고 면모가 풍후(豊厚)하여 누가 보아
도 부귀한 가문의 자제 같더라.
3 상제님께서 그 젊은이 앞을 지나시면
서 말씀하시기를 "내 뒤를 따르라." 하
시니
4 그 젊은이가 아무런 대꾸도 하지 않고
일어나서 상제님의 뒤를 따르니라.
5 상제님께서 대흥리(大興里)에 도착하
시어 밤새 그 젊은이를 안고 주무시고
낮에도 함께 계시며 한마디 말씀도 하
지 않으시거늘
6 성도들이 이를 매우 이상히 여기던 차
에 마침 상제님께서 외출을 하시매 그
틈을 타서 젊은이에게 인사를 청하니
7 젊은이가 아무 표정 없이 거절하면서
"인사는 무슨 인사요?" 하므로
8 성도들이 묻기를 "총각은 풍모와 기상
(氣像)이 완연히 부귀한 가문의 자제이
거늘 어찌 장가들어 살림은 아니하고
이와 같이 남루한 차림으로 걸식을 하
는가?" 하니라.
9 이에 그 젊은이가 천연스럽게 대답하
기를 "대장부가 당당히 천하사(天下事)
를 하여야 하리니 이 세상에 한 집안
이나 다스리려고 온 것이 아니오." 하
거늘
10 성도들이 그 말을 듣고 더 자세히 물
어보려 하는데 상제님께서 돌아오시어
젊은이에게 "가거라." 하고 이르시니
11 그 젊은이가 아무 대답도 하지 않고
몸을 일으키니라.
12 상제님께서 그 젊은이와 함께 나서시
니 성도들이 모시고 가기를 청하거늘,
허락지 아니하시고 몇 마장을 동행하
다가 떠나보내시니라.
13 성도들이 여쭈기를 "그 총각은 누구입
니까?" 하니
14 말씀하시기를 "북녘 하늘의 먼 곳에서
천하사를 하고자 하는 사람이니라." 하
시니라.
15 성도들이 다시 여쭈기를 "그 총각의
이름은 무엇입니까?" 하니
16 상제님께서 말씀하시기를 "때가 오면
한집안 사람이 되리라." 하시니라.

내가 지고 가련다

27 상제님께서 출행하실 때는 무슨
짐이든지 항상 안내성(安乃成)에게
지우시니라.
2 하루는 여러 성도들을 데리고 길을 떠
나시는데 또 내성에게만 쌀 닷 말을

지게 하시거늘
3 내성이 은근히 부아가 나서 '젊은 사람
들은 그냥 가라고 하시면서 나보고만
짐을 지라고 하시네.' 하며 마음으로
불평을 품으니
4 문득 상제님께서 내성을 돌아보시며
"네 이놈! 못 지고 가겠으면 그냥 내려
놓지 '나만 지고 가란다.'고 하냐, 이놈
아!
5 무거우면 거기 내려놔라. 내가 지고 갈
란다." 하시며 벼락처럼 호통을 치시
니라.
6 이에 내성이 크게 놀라 상제님께 엎드
려 사죄하고, 이후로는 어떤 궂은 일
도 시키시는 대로 불평 없이 따르니
아무리 무거운 짐도 오히려 가벼워지
니라.

가는 곳마다 네가 따라와야 한다

7 하루는 내성에게 짐을 지우시고 길을
떠나며 말씀하시기를 "내성아! 너는 내
가 가는 곳마다 가야 한다. 네가 따라와
야 한다." 하시고
8 "너는 아들을 많이 낳아라. 아들을 많
이 낳거든 풍물이나 가르쳐라." 하시
니라.

내성을 시험하심

28 하루는 상제님께서 성도들을 데리
고 산길을 가시다가 고갯마루에서
쉬시고 다시 길을 가시던 중에
2 내성을 돌아보시며 말씀하시기를 "저
위에 담뱃대를 놓고 왔으니 네놈이 가
서 좀 가져오너라." 하시니라.
3 이에 내성이 고갯마루로 되돌아가니
큰 호랑이 한 마리가 바위 위에 앉았
는데 바로 그 앞에 담뱃대가 놓여 있
거늘
4 속으로 '네가 나를 잡아먹으려면 잡아
먹어라.' 하며 눈을 질끈 감고 담뱃대
를 가져다 올리니
5 상제님께서 다만 "응, 갖고 왔냐." 하
시며 담뱃대를 받으시고는 계속 길을
가시니라.

나도 미친놈, 저놈도 미친놈

6 상제님께서 성도들과 함께 어디를 가
시면 내성은 방에 같이 들지 못하게
하시고 잠도 꼭 밖에서 재우시니라.
7 또 심부름을 도맡기시면서도 밥을 굶
기시니 성도들이 내성을 불쌍히 여겨
몰래 먹을 것을 가져다주면
8 상제님께서 이미 아시고 "너 이놈! 왜
갖다 주느냐, 응? 저놈이 아직도 배가
불러서 저 지랄을 하는데 왜 갖다 주
느냐?" 하고 호되게 꾸짖으시며 누구
도 간섭을 못 하게 하시니라.
9 또 하루는 성도들에게 내성을 가리키
시며 "나도 미친놈이지만 저놈도 미친
놈이다." 하시니라.

난법 기운을 거두는 추수 일꾼 출세 공사

29 하루는 상제님께서 태인 하마거리
에 있는 한 주막의 마루에 단정히
앉아 계시는데
2 한 사람이 베망건을 쓰고 바지를 걷어
올린 채 한 손에 채찍을 들고 들어와
이리저리 휘두르면서 마당을 왔다갔
다하며
3 큰 소리로 "천하의 도적놈을 모조리
잡아들여라!" 하고 같은 말을 되풀이
하여 외쳐대니라.
4 박공우(朴公又)가 생각하되 지존(至尊)
하신 분 앞에서 그 행동이 무례한 것
같아 꾸짖으려 하니
5 상제님께서 눈에 위엄을 띠시고 엄히
경계하시거늘 공우가 비로소 무슨 까
닭이 있음을 깨달아 삼가 명을 기다리
는데
6 오랜 시간이 지난 뒤 말씀하시기를
"공우야, 네가 가진 돈을 저 자에게 주
어라." 하시니라.
7 공우가 명하신 대로 가진 돈을 그에게

주니 그 사람이 아무 말도 없이 돈을
받고 상제님께 묵묵히 절하고 물러가
는지라
8 성도들이 "그 사람이 어떤 사람입니
까?" 하고 여쭈니
9 말씀하시기를 "북녘 하늘의 먼 곳에서
천하사를 하고자 하는 사람이니라." 하
시니라.
10 다시 여쭈기를 "그 사람이 천하의 도
적들을 다 잡사옵니까?" 하니
11 말씀하시기를 "천하의 도적들을 다 잡
느니라." 하시니라.
12 성도들이 다시 "그 사람의 성명이 무
엇입니까?" 하고 여쭈니
13 "때가 오면 너희들과 한집안 사람이
되어 서로 기뻐하리라." 하시니라.

나는 말로 보인다

30 정미년 여름에 크게 홍수가 져서
논과 밭이 모두 잠기고, 냇물이 불
어 사람의 키를 넘기니 인명이 많이 상
해 크게 어수선하니라.
2 이때 상제님께서 호연을 데리고 전주
남천교(南川橋)에 가시니 물이 크게 불
어 물살이 매우 거세거늘
3 상제님께서 급류를 거꾸로 거슬러 오르
시며 "말도 거꾸로 타냐? 말도 거꾸로
타냐?" 하고 호연에게 물으시는지라
4 호연이 "아이고, 그게 물이지 말이에
요?" 하니 상제님께서 "나는 말로 보인
다." 하시고
5 연신 "이러~이 끌끌! 이러~이 끌끌!"
하고 외치시며 말을 타시듯 하시니라.

경석아, 너의 운수가 부족하니

31 하루는 대흥리에 계실 때에 경석에
게 물으시기를 "경석아, 너의 평생
소망이 무엇이냐?" 하시니
2 경석이 아뢰기를 "저의 평생 소원은
돈을 물 쓰듯이 써 보는 것입니다." 하
니라.
3 잠시 후 상제님께서 대들보에 긴 베를
걸게 하신 뒤에 공우로 하여금 북을 치
게 하시고 경석에게 춤을 추게 하시며
4 말씀하시기를 "너는 성(姓) 중에서 가
장 좋은 성을 가지고 있구나." 하시고
5 "경석아, 너의 운수가 부족하니 이제
네 선조의 묘가 있는 구월산(九月山)
금반사치혈(金盤死雉穴)의 기운을 옮겨
와야 하리라." 하시니라.
6 잠시 후 다시 말씀하시기를 "이 혈음
은 반드시 장풍(長風)을 받아야 발(發)
하리라." 하시니
7 이때 마침 이도삼(李道三)의 아우 장풍
(長豊)이 들어오거늘 공우가 북채를 잠
깐 멈추고 "장풍이 오느냐." 하고 인사
하매
8 상제님께서 그만 그치게 하시고 경석
에게 말씀하시기를
9 "너의 소원을 허락하여 장차 돈을 물
쓰듯 하게 해 주리니 덕(德)이 근본이요
재물은 말단(末端)이니라." 하시니라.

강령을 받아야 하느니라

32 하루는 경석에게 말씀하시기를
"너는 강령(降靈)을 받아야 하느니
라." 하시고
2 '元皇正氣 來合我身'을
원황정기 내합아신
읽히시며 방문을 여시니
3 경석이 갑자기 소리를 내며 통곡하다
가 이윽고 그치거늘
4 상제님께서 말씀하시기를 "그 울음은
신명에게 벌 받는 소리니라." 하시니라.

너는 국량이나 키워라

33 하루는 상제님께서 공사를 보시다
가 일꾼이 없음을 한탄하시며 "사
람이 없다. 사람이 없다." 하시더니
2 내성을 보시고 "갈보야, 칠보야! 짧달막
한 네가 있구나!" 하시니라.
3 상제님께서는 소나 돼지를 잡아도 내

성에게는 "저놈은 뼈다귀만 줘라." 하
시며 고기 맛을 못 보게 하시고
4 국물만 큰 그릇에 하나 가득 주시며
"너는 국량이나 키워라." 하시더니
5 하루는 한 성도를 불러 말씀하시기를
"저 수탉 큰 놈 한 마리 잡아 푹 삶아
서 내성에게 주고 깃털과 뼈다귀 하나
남기지 말고 다 먹으라고 해라. 안 먹
으면 큰일 나니 다 먹으라고 해라." 하
시니라.
6 그 성도가 명하신 대로 닭을 삶아 내
성에게 주며 상제님의 말씀을 전하니
7 굶주린 내성이 털째로 삶은 수탉을 정
신없이 다 먹은 뒤에 입맛을 다시며
상제님께 와서 "다 먹었습니다. 터럭
하나 안 남겼습니다." 하고 아뢰거늘
8 상제님께서 웃으시며 "아따 그놈, 계룡
산 도둑놈이로구나!" 하시니라.

내 일은 수부가 들어야 되는 일

34 정미년 10월에 상제님께서 순창
농바우에서 대흥리로 가실 때 태
인 행단에 이르시어
2 차경석에게 일러 말씀하시기를 "천지
에 독음독양(獨陰獨陽)은 만사불성이니
라. 내 일은 수부(首婦)가 들어야 되는
일이니, 네가 참으로 일을 하려거든
수부를 들여세우라." 하시니라.

수부 택정의 특명

3 또 말씀하시기를 "천지공사에 수부가
있어야 순서대로 진행할 터인데 수부
가 없으므로 도중에 지체되는 공사가
많으니라." 하시고
4 "수부의 책임하에 있는 중요한 공사가
산더미같이 쌓여 있으니 속히 수부를
택정(擇定)하라." 하고 특명을 내리시
니라.
5 이때에 마침 경석의 이종누님 고부인
(高夫人)께서 홀로 사시는 중이므로 경
석이 그 사정을 말씀드리니
6 상제님께서 재촉하시며 "속히 주선하
라. 공사가 지연이로다." 하시니라.

상제님의 붉은 손수건

35 상제님께서 그 길로 대흥리에 오시
어 경석의 집에 머무르시니
2 경석은 동학을 추종하다 가산을 탕진
하여 상제님을 만났을 때는 집만 클
뿐 안살림은 곤란하더라.
3 상제님을 집으로 모셨으나 깔아 드릴
자리조차 없으므로 같은 마을에 사는
이종누님의 집에 가서 누님의 혼석자
리를 빌려다 깔아 드리고 감주를 지어
올리거늘
4 상제님께서 손에 들고 잡수시다가 사
발이 미끄러져 감주가 엎질러진지라
5 경석이 걸레를 가지러 밖으로 나간 사
이에 상제님께서 붉은 손수건으로 닦으
시니 혼석자리에 붉은 얼룩이 지니라.
6 상제님께서 가신 후에 경석이 닦아 보
아도 얼룩이 빠지지 않거늘 그 자리를
가지고 누님에게 가서 미안하다고 사
과하니라.

수부님을 처음 만나시던 날

36 며칠 후에 상제님께서 다시 오시어
경석에게 '수부를 천거한다.' 한 일
을 물으시거늘
2 그 동안 경석은 이종누님이 혼자되신
지 불과 일 년밖에 안 된지라 쉬이 말
을 꺼내지 못하고 있다가
3 그 길로 고부인께 가서 변통으로 꾸
며 말하기를 "제가 내일 새벽에 서울
을 가는데 도복 준비가 안 되어 그러
니 누님이 와서 도복을 손질해 주십시
오." 하고 재촉하므로
4 고부인께서 경석을 따라 그의 집으로
오시니라.

수부감을 지척에 두고 못 정했구나

5 고부인께서 대문으로 드시니 문득 광
명이 열리며 달덩이가 환하게 행랑방
문지도리에 솟아 있거늘

6 그 달을 바라보니 둥근 달 속에 한 선관
(仙官)이 좌정(坐定)해 계시는지라
7 고부인께서 정신을 가다듬어 다시 바
라보시매 여전히 달 가운데에 선관이
좌정하여 계시거늘
8 한참을 바라보시다가 아녀자의 체면
에 미안한 생각이 들어 이내 안채로
들어가시니라.
9 이로부터 바느질을 하시는데 훤하게
달 속 선관만 눈에 어리어 황홀한 생
각 속에 계실 뿐이요, 바느질이 손에
잡히지 않으시니라.
10 경석이 상제님께 여쭈어 말하기를 "지
금 안채로 들어간 분이 저의 이종누님
입니다. 수부로서 어떠하옵니까?" 하니
11 상제님께서 말씀하시기를 "수부감을
지척에 두고 못 정했구나." 하시니라.

수부 공사 사명을 흔쾌히 승낙하심

12 이어서 이르시기를 "공사 시간이 촉박
하다." 하시고 "속히 주선하라." 하시
므로
13 경석이 당황하여 어떻게 말문을 열지
모르다가 누님에게 가서 말하기를
14 "우리 선생님께서 지금 천지공사를 보
고 계시는데 그 가운데 수부 공사라는
것이 있으나 수부가 없으므로 못 보고
계신다 하니 누님이 그 수부공사를 맡
아봄이 어떻겠습니까?" 하고 여쭈거늘
15 고부인께서 뜻밖에 흔쾌히 승낙하시
니라.

고수부님께 천지대업의 종통대권을 전하심

37 동짓달 초사흗날 대흥리 차경석의
집 두 칸 장방(長房)에 30여 명을
둘러 앉히시고 수부 책봉 예식을 거행
하시니라.
2 상제님께서 말씀하시기를 "내가 진주
(眞主) 도수를 천한 데 가서 가져온다."
하시고
3 "정읍은 왕자포정지지(王者布政之地)요,
정(井) 자는 새암 정 자 아니냐." 하시
니라.
4 이어 경석에게 명하여 "수부 나오라
해라." 하시고 부인께 이르시기를
5 "내가 너를 만나려고 15년 동안 정력을
들였나니 이로부터 천지대업을 네게 맡기
리라." 하시며
6 수부님을 옆에 끼시고 붉은 책과 누런
책 각 한 권씩을 앞으로 번갈아 깔게
하시며 그 책을 밟고 방에서 마당까지
나가시어
7 "남쪽 하늘의 별을 바라보고 네 번 절
하라." 하신 뒤에 다시 그 책을 번갈아
깔게 하시며 밟으면서 방으로 들어오
시니라.

천지대업에 중도불변 하겠느냐

8 이어 수부님께 "웃통을 벗고 누우라."
하시고 배 위에 걸터앉으시어 "경석
아, 장도칼 가져오너라." 하고 명하시
니라.
9 상제님께서 장도칼을 수부님의 목에
대고 말씀하시기를 "죽어도 나를 섬기
겠느냐, 천지대업에 중도불변(中途不變)
하겠느냐?" 하고 다짐을 받으시니
10 수부님께서 "변할 리가 있으리까." 하
매 상제님께서 "그러면 그렇지." 하고
기뻐하시니라.
11 이번에는 상제님께서 친히 누우시어
수부님께 말씀하시기를 "내 배 위에
앉아서 그와 같이 다짐을 받으라." 하
시거늘
12 수부님께서 하는 수 없이 그와 같이
하시며 "나를 일등(一等)으로 정하여 모
든 일을 맡겨 주시렵니까?" 하니
13 상제님께서 "변할 리가 있으리까, 의
혹하지 마소." 하시고 부(符)를 써서
불사르시며 천지에 고축(告祝)하시니라.
14 상제님께서 말씀하시기를 "대인의 말
은 천지에 쩡쩡 울려 나가나니 오늘의
이 다짐은 털끝만큼도 어김이 없으리
라." 하시고

15 이도삼(李道三), 임정준(林正俊), 차경
석(車京石) 세 사람으로 하여금 증인을
세우시니라.

만백성의 부모가 되려면

38 두 분이 번갈아 다짐을 받는 예식
을 행하신 뒤에 말씀하시기를 "이
것이 천지대도의 수부 공사(首婦公事)니
라.
2 만백성의 부모가 되려면 이렇게 공사를
맡아야 하느니라." 하시고
3 잠시 후에 "우리 내외 하나 되자!" 하
시며 천지가 무너지도록 소리를 지르
시니 엄숙히 앉아 있던 방안의 성도들
이 모두 크게 놀라니라.
4 이어 말씀하시기를 "세상 사람이 내가
누군지만 알려 해도 지각이 있어야 하
느니라." 하시니라.
5 이로부터 수부님께 일일이 모든 일을
가르치시니, 문명(文命)을 쓰실 때도
반드시 수부님의 손에 붓을 쥐게 하시
고
6 상제님께서 등 뒤에 겹쳐 앉으시어 수
부님의 손목을 붙들고 쓰게 하시니라.
7 또 경석의 집에 수부님의 처소를 정하
여 머물게 하시고 '수부소(首婦所)'라 부
르게 하시니라.

수부를 부정하는 자는

39 상제님께서 수부님께 수부의 법도
를 정하시고 말씀하시기를 "나는
서신(西神)이니라.
2 서신이 용사(用事)는 하나, 수부가 불응
(不應)하면 서신도 임의로 못 하느니라."
하시고
3 여러 가지 공사를 처결하실 때 수부님
께 일일이 물으신 뒤에 행하시니라.
4 상제님께서 말씀하시기를 "수부의 치마
그늘 밖에 벗어나면 다 죽는다." 하시니
라.

새 천지를 만들리니

40 상제님께서 수부님께 말씀하시기
를 "신축년 이후로는 세상일을 내
가 친히 맡았나니
2 이제 사절기(四節氣)는 수부가 맡고 24방
위는 내가 맡으리라.
3 동서남북에서 욱여들어 새 천지를 만
들리니 혼백(魂魄) 동서남북이라.
4 이 일은 판밖에서 이루어져 들어오는
일인즉 그리 알라." 하시니라.

물과 불만 가지면

41 초나흗날 대흥리에서 백미 한 섬을
방에 두시고 백지로 만든 고깔 20
여 개를 쌀 위에 놓으신 후에
2 엽전 아흔 냥과 메주콩 한 자배기와
성냥 아홉 통과 청수 아홉 그릇을 놓
으시고
3 수부님으로 하여금 종이에 글을 쓰게
하시어 불사르시고 말씀하시기를
4 "물과 불만 가지면 비록 석산(石山) 바위
위에 있을지라도 먹고사느니라." 하시
며
5 그 백미로 밥을 지어 이 날 모인 사람
들을 배불리 먹이시니라.

청수를 올리고 공사를 보시니

6 상제님께서 수부님을 맞아들이시니
동네 사람들이 서로 수군대는지라 경
석의 집안사람들이 신씨(申氏) 집안의
눈치를 살피거늘
7 상제님께서 경석의 집 마당 한가운데
청수를 올리고 무어라 말씀하시며 공
사를 보시니 이후로 동리에서 수군거
리는 일이 없어지니라.

수부님과 합덕하여 삼계를 개조하심

42 하루는 상제님께서 남을 등지고 북
을 향하여 서시고 수부님으로 하여
금 북을 등지고 남을 향하여 서게 하신
뒤에
2 그 가운데에 술상을 차려 놓게 하시고

수많은 글을 써서 술상 위에 놓으시고
는 수부님과 함께 서로 절하시니라.
3 이어 상제님께서 말씀하시기를 "그대
와 나의 합덕으로 삼계(三界)를 개조하느
니라." 하시니라.

음양합덕의 지천태 공사를 보심

43 하루는 수부님께 문명(文命)으로
말씀하시니 이러하니라.
2 驅情萬里山河友요 供德千門日月妻라
구정만리산하우 공덕천문일월처
明月千江心共照요 長風八隅氣同驅라
명월천강심공조 장풍팔우기동구
정을 만리에 모니 산하가 내 벗이 되고
덕을 온 천하에 베푸니 일월이 내 짝이
되는구나.
강마다 밝은 달은 내 마음을 함께
비추고
온 천지에 큰 바람은 내 기운을 함께
모는구나.

차경석에게 내려 주신 인권(人權)

44 하루는 상제님께서 경석을 불러
말씀하시기를 "경석아, 너는 접주
(接主)가 되라. 나는 접사(接司)가 되리
라." 하시고
2 "이 뒤로는 출입을 폐하고 집을 지키
라. 이것은 자옥 도수(自獄度數)니라."
하시니라.

서전서문을 많이 읽으라

45 상제님께서 경석을 남달리 사랑
하시어 "허물을 깨닫고 덕을 닦으
라." 하고 거듭 당부하시니라.
2 하루는 경석에게 말씀하시기를 "나의
조정(朝廷)에 설 사람은 서전서문(書傳序
文)을 많이 읽어야 하느니라.
3 너는 만 번을 읽으라. 대운(大運)이 그에
있느니라." 하시니라.
4 이에 경석이 상제님의 명을 좇아 바깥
출입을 일절 금하고 조용히 앉아 밤낮
으로 서전서문을 읽으니
5 상제님께서 친히 밥상을 가져다주시
고 궂은 일을 손수 하시며 어린 자식
을 품에 안고 기르듯 정성을 쏟으시니
라.
6 하루는 성도들에게 말씀하시기를 "서
전서문이 나의 비결(秘訣)이니라." 하시
니라.

내가 너 되고 네가 나 되는 일

46 무신(戊申: 道紀 38, 1908)년 2월에
하루는 상제님께서 성도 10여 명
을 뜰아래 늘여 세우신 뒤에 수부님과
더불어 마루에 앉으시어
2 경석에게 망치를 들리시고 상제님과 수
부님을 치며 동상례(東床禮)를 받게 하
시니
3 수부님께서 방으로 뛰어 들어가며 말
씀하시기를 "죽으면 한 번 죽을 것이
요, 두 번 죽지는 못하리라." 하시니
라.
4 상제님께서 크게 칭찬하시고 다시 안
내성에게 망치를 들리시어 경석을 치
며 "무엇을 하려느냐?" 하고 묻게 하
시니
5 경석이 "역모(逆謀)를 하겠다." 하고 대
답하니라.
6 이어 수부님께 일러 말씀하시기를 "네
나이는 스물아홉이요, 내 나이는 서른
여덟이라.
7 내 나이에서 아홉 살을 빼면 내가 너
될 것이요, 네 나이에 아홉 살을 더하
면 네가 나 될 것이니
8 곧 내가 너 되고, 네가 나 되는 일이니라."
하시니라.

모든 일을 수부님과 의논하심

47 이 달에 상제님께서 태인 새울에
계실 때 하루는 공우를 보내어 경
석을 부르시므로 경석이 가서 뵈니
2 상제님께서 돈을 주시며 "돌아가서 쌀

을 팔아 놓으라." 하시거늘 경석이 그
돈을 사사로이 써 버리니라.
3 그 뒤에 상제님께서 오시어 수부님께
물으시기를 "쌀을 많이 팔았느냐?" 하
시니 수부님께서 "알지 못하옵니다."
하시니라.
4 이에 상제님께서 경석을 불러 물으시
기를 "일전에 새울에서 네게 돈을 주
며 쌀을 팔라 하였는데 네 매씨(妹氏)
에게 그 말을 알리지 않았느냐?" 하시
니
5 경석이 "알리지 않았습니다." 하고 대
답하거늘
6 이 뒤로는 상제님께서 모든 일을 경석
에게 부탁하지 않으시고 바로 수부님
과 의논하여 조처하시니라.

치마 밑에서 대도통 난다

7 상제님께서 하루는 성도들을 데리고
태인 항가산(恒伽山)에 올라 치마바위
에서 여러 공사를 행하시고
8 말씀하시기를 "치마 밑에서 대도통(大道
通) 난다." 하시니라.

도운의 천맥 도수

48 정읍 대흥리에 계실 때 하루는 성
도들에게 "정읍에 천맥(阡陌) 도수
를 붙인다." 하시고
2 공사를 행하신 후에 말씀하시기를 "여
기가 못자리니 이것이 천하파종(天下播
種) 공사니라." 하시니라.

차경석을 경계하심

49 하루는 경석을 부르시니 경석이
방 안에 들어와 서서 명을 기다리
는데 상제님께서 종일 주무시기만 하
고 아무런 말씀이 없으신지라
2 경석이 감히 움직이지 못하고 선 채로
모친이 쑤어 준 미음(米飮)을 먹고 저
녁때까지 서서 기다리니라.
3 이윽고 상제님께서 깨어나시어 말씀하
시기를 "왜 불러 깨우지 않고 오랫동
안 고생하고 있었느냐?" 하시고 물러
가게 하시니 경석이 다리가 조금 부어
올랐더라.
4 한 성도가 여쭈기를 "오늘 경석을 부
르시어 종일 서 있게 하시니 무슨 까
닭입니까?" 하니
5 말씀하시기를 "경석을 크게 경계함이
니라." 하시니라.

상제님 성령을 친견하기까지 닦으라

50 하루는 상제님께서 성도들과 함께
구릿골 앞길을 가시다가 땅에 한
발을 툭 내딛다가 멈추시며 "아차, 나
는 여기가 물이라고." 하시고 신을 고
쳐 신으시며
2 말씀하시기를 "나의 일은 한 걸음 한 발
짝도 하늘에서 흉내를 내는 법인데, 조금
도 어김이 없나니 하늘을 보라." 하시
니라.
3 이에 형렬이 하늘을 쳐다보니 구름이
상제님같이 생겼는데 한 발을 내렸다
가 들어올리는 형상이 완연한지라
4 형렬이 자연히 허리가 굽혀져서 푸른
하늘을 향하여 절을 하니 상제님께서
보시고 말씀하시기를
5 "나를 옆에 두고 구름을 보고 절을 하
느냐? 이 뒤에 나의 코도 보지 못한
사람이 나의 모양을 만들어 놓고 얼마
나 절을 할지.
6 나를 본 자는 나 같지 않으면 절을 하
지 않지만, 나를 보지 못한 사람은 형
렬이 구름보고 절하는 것 같으리라."
하시고
7 또 말씀하시기를 "네가 오늘 큰 도수
를 쳤다. 공사를 잘 넘겼다.
8 나를 옆에 두고 구름을 보고 나라고
절을 했으니, 네가 생각해 보아도 우
습겠구나." 하시니 형렬이 부끄러워하
거늘
9 "그 일이 참으로 신통한 공사라고 생
각하니 부끄러워 말라. 너의 마음으로

한 일이 아니어든 어찌 그리 부끄러워
하는고?" 하시니라.

후천선경을 여는 도운(道運) 개창 도수 : 음이 먼저

51 하루는 상제님께서 약방 벽 위에
土農工商 陰陽
사농공상 음양
氣東北而固守 理西南而交通
기동북이고수 이서남이교통
과 그밖에 여러 글을 써 붙이시고
2 형렬에게 명하시어 "그 위에 흰 종이로
포개어 붙이라." 하신 뒤에 말씀하시
기를 "오늘은 천지대공판을 떼는 날이
니 자네들 그렇게 아소." 하시니라.
3 이어 김준상(金俊相)에게 명하여 "보시
기 한 개를 가져오라." 하시고
4 자현에게 이르시기를 "마음 가는 대로
보시기를 종이 바른 곳에 대고 도려
떼라." 하시므로
5 자현이 명하신 대로 하니 그 속에서
'음(陰)' 자가 나오는지라
6 상제님께서 무릎을 탁 치시며 "옳다!
천지도수가 맞아 들어간다." 하시니라.

도운 개창의 출발점

7 이어 말씀하시기를 "음과 양을 말할
때에 음(陰) 자를 먼저 읽나니 이는 지
천태(地天泰)니라. 너의 재주가 참으로
쓸 만하구나. 옳게 떼었느니라.
8 그러나 음 자의 이치를 아느냐? 사람은
여자가 낳는 법이므로 옳게 되었느니
라." 하시고
9 "후천에는 음(陰) 도수가 뜬다." 하시니
라.
10 또 말씀하시기를 "약장(藥欌)은 곧 안
장롱(安葬籠)이며 신주독(神主櫝)이니라.
11 약방 벽지를 뜯을 날이 속히 이르러야
하리라." 하시니라
12 이 뒤에 대흥리에 가시어 수부님께 일
러 말씀하시기를 "약장은 곧 네 농바리
가 되리라." 하시니라.

개벽기의 의통 구호대 육임 조직 공사

52 무신년 6월에 천원(川原)에서 새 붓
으로 경면주사(鏡面朱砂)를 찍어 28
장(將)과 24장(將)을 써서 벽에 붙이시
고 겉육임을 정하신 뒤에
2 그 성도들에게 "각기 마음에 드는 대
로 장수의 이름을 짚으라." 하시고
3 경면주사로 써서 비단으로 만든 주머
니에 넣어 채우시더니 그 뒤에 불사르
시니라.
4 이때 어떤 사람이 참외를 가져와 올리
매 상제님께서 잡숫지 않고 두시거늘
5 공우가 한 개를 먹었더니 설사가 나서
낫지 않는지라
6 상제님께 아뢰니 말씀하시기를 "본래
그 아내가 주기 싫어하였으므로 살기
(煞氣)가 붙어 있었나니 네가 그 살기
를 맞았도다." 하시고
7 "닭국을 먹으라." 하시므로 공우가 명
하신 대로 하매 곧 나으니라.

새벽에 한 시간씩 자고 공부하라

53 6월에 대흥리에 계실 때 공우로 하
여금 각처 성도들에게 "순회하여
전하라." 하시며 명하시기를
2 "21일 동안 잠자지 말고 새벽에 한 시간
씩만 자고 공부하며 수마를 극복하라. 큰
힘을 얻으리라." 하시니라.

네가 무슨 천자냐

3 기한이 다 차매 모두 심히 피로해 하
는데 경석이 가장 심하더니
4 밖에 나갔다가 들어오는 길에 문 앞
모시밭 가에 이르러 정신을 잃고 쓰러
지거늘
5 상제님께서 말씀하시기를 "네가 무슨
천자냐!" 하시고 "천자(天子)를 도모하
는 자는 다 죽으리라." 하시니라.

큰 이무기를 잡았노라

54 대흥리에서 하루는 차경석, 안내
성, 박공우를 데리고 앞내에 나가

목욕하실 때
2 경석에게 명하시어 소금 한 줌을 가져
다 물 위에 뿌리게 하시고
3 물에 들어서시며 "고기잡이를 하리라."
하시더니 느닷없이 경석의 다리를 잡
고 "큰 이무기를 잡았다." 하시거늘
4 경석이 아뢰기를 "제 다리입니다." 하
니 "그렇게 되었느냐?" 하시고 놓으시
니라.
5 이후에 경석과 공우를 데리고 어디를
가실 때 경석을 돌아보며 말씀하시기를
6 "이무기가 용(龍)이 되려다가 되지 못하
고 땅에 떨어지면 30리 안이 쏘가 되나
니 이 말을 잘 기억하라." 하시니라.

천지대업의 배반자를 경계하심

55 대흥리 경석의 집에 계실 때 하루
는 경석을 마당에 꿇어앉히시고
2 공우에게 망치를, 윤경에게 칼을 들리
신 뒤에 대청마루에 올라 정좌하시더니
3 경석을 향해 큰 소리로 말씀하시기를
"네가 이후에도 지금 나를 모시고 있을
때와 같이 마음이 변하지 않겠느냐?
4 일후에 만일 마음이 변개함이 있으면
이 망치로 더수기를 칠 것이요, 이 칼
로 배를 가르리라.
5 꼭 변함이 없겠느냐?" 하고 다짐을 받
으시니라.
6 또 말씀하시기를 "나를 따르는 자는
창성하고, 나를 배반하는 자는 멸망하
느니라." 하시니라.

상씨름은 상두쟁이가

56 상제님께서 공우를 데리고 김제 봉
황산(鳳凰山)을 지나시다가 말씀하
시기를
2 "저기 저 산이 황우산(黃牛山)이니라.
애기씨름, 총각씨름 다 지내고 비교씨
름 상씨름에는 황우를 거는데
3 봉황산 와우(臥牛)로 씨름판 소를 걸어
놓았느니라.
4 상씨름 하는 자는 콩밭 이슬을 맞으며
판밖에서 술 고기 많이 먹고 있다가
'아우' 소리 한 번에 똑 한 사람 지우고
황우를 몰아가느니라." 하시니라.

상두는 칠성

5 상제님께서 또 말씀하시기를 "상씨름
은 상두쟁이가 하네." 하시거늘
6 공우가 상두의 뜻을 여쭈니 "상두(上
斗)는 북두(北斗)니 칠성(七星)이니라." 하
시니라.

칠성이 응했느니라

57 하루는 자현의 아들 태준(泰俊)에
게 일러 말씀하시기를 "상두가 무
엇인 줄 아느냐?
2 앞으로 네 번 돌리고 뒤로 세 번 돌리
니 칠성이 응했느니라.
3 또 사람마다 칠성을 얼굴에 붙이고 다
니느니라. 눈 둘, 콧구멍 둘, 귓구멍
둘, 입 하나, 칠성 아니냐!
4 그리고 두 구멍은 감추고 다니느니라.
그러고도 이용을 잘 못하는구나.
5 중국 사람은 앞이마를 깎고 우리 사람
은 가운데 배코를 치니 중이 다 되었
구나." 하시며 머리카락을 한 줌 뽑으
시니라.
6 또 말씀하시기를 "뾰족한 수란 상투의
덕을 이름이니 판밖에서 일을 지을 때
에 한번 크게 쓸 것이니라.
7 담뱃대와 상투는 시세에 따라 이미 버
린 바 되었으나
8 사람들이 버린 것을 내가 취하여 세상
을 건지는 대업(大業)에 쓰노라." 하시
니라.

천지대업의 개척 일꾼은 젊은이들

58 상제님께서 말씀하시기를 "지금은
포태(胞胎)의 운이니 어린아이의 세상
이니라. 그러므로 치성을 드릴 때에는
두루마기를 벗고 절을 하라." 하시니
라.

2 대흥리에 계실 때 하루는 한 성도에게
"초립(草笠)을 사다가 간수하여 두라."
명하시고
3 말씀하시기를 "나의 도를 천하에 펼
일꾼은 이제 초립동(草笠童)이니라." 하
시니라.
4 상제님께서는 평소 청년들을 무척 사
랑하시니라.

구월산에서 아기장수 난다

5 하루는 한 성도가 여쭈기를 "예로부터
'애기장수가 난다.'는 말이 있사온데
그 장수들은 지금 어디서 무엇을 하고
있습니까?" 하거늘
6 상제님께서 담배를 피우시다가 "구월
산!" 하시고는 아무 말씀이 없으시니라.

막둥이 도수

59 상제님께서 내성에게 일러 말씀하
시기를 "초복, 중복 다 제끼고 말
복 운을 타라." 하시고
2 또 말씀하시기를 "말복 운이 가장 크니
라.
3 늦게 들어온 사람이 크게 받나니 '막둥
이 놀음'이니라." 하시고 내성에게 막둥
이 도수를 붙이시니라.
4 하루는 문공신에게 말씀하시기를 "나
의 일은 결인(結咽) 도수로 되느니라."
하시니라.

돌아서면 네가 일등이 아니냐

5 하루는 상제님께서 공사를 보시는데
제일 끝에 선 성도 하나가 "제가 왜 맨
끝입니까?" 하고 볼멘소리를 하니
6 상제님께서 말씀하시기를 "돌아서면
네가 일등 아니냐." 하시거늘
7 그 성도가 생각해 보니 과연 그러한지
라 마음을 누이고 공사에 수종드니라.

인류 구원의 남은 조선 사람

60 7월 어느 날 성도들을 거느리고 제
비창골 입구를 지나실 때 건너편
삼밭에서 사람들이 삼을 치거늘
2 상제님께서 "삼대 석 다발을 가져오
라." 하시므로 갑칠이 잘 골라서 안아
다 올리니라.
3 이에 삼대 석 다발을 한데 섞으신 뒤
에 먼저 상(上)대를 추려 뽑아 버리시
고 다시 중(中)대를 추려 버리시니 가
장 가늘어 쓸모없는 하(下)대만 한 줌
남는지라
4 그 하대를 한 손으로 들고 이리저리
재시더니 끈으로 묶고 한 발로 탁 차
시며 말씀하시기를
5 "이것들이 내 자식이니라. 가장 못나
고 모자란 사람, 이리 가지도 않고 저
리 가지도 않는 사람이 내 사람이다."
하시고
6 또 말씀하시기를 "동남풍이 불면 살
수 없는 병이 오느니라." 하시니라.
7 이후에 성도들에게 이르시기를 "시속
에 남조선(南朝鮮) 사람이라 이르나니,
이는 남은 조선 사람이란 말이라.
8 동서 각 교파에 빼앗기고 남은 못난
사람에게 길운(吉運)이 있음을 이르는
말이니 그들을 잘 가르치라." 하시니
라.

천지 일꾼 기르는 상제님 대학교 도수

61 무신년 가을에 태인 백암리 김경학
(金京學)의 집에 계실 때 천지대신
문을 여시고 글을 써서 벽에 붙이시니
이러하니라.

2 一身收拾重千金이니
일신수습중천금
頃刻安危在處心이라
경각안위재처심
多有曲岐橫易入이나
다유곡기횡이입
非無坦道正難尋이라
비무탄도정난심
내 한 몸 잘 가짐이 천금보다 중하니
순간의 평안함과 위태로움이
마음가짐에 달려 있느니라.

굽은 길과 갈림길이 많아
죽는 길로 쉽게 빠져드는데
탄탄한 대도의 살 길이 없는 게 아니요
바로 찾기가 어려울 뿐이니라.
3 奇珍落地泥沙混하고
기진낙지니사혼
仙鶴移巢野鵠侵하니
선학이소야곡침
行止莫輕跬步內요
행지막경규보내
出門氷薄又淵深이라
출문빙박우연심
기이한 보배가 땅에 떨어지면
진흙 속에 묻히고
선학이 둥지를 옮기면
들고니가 침노하나니
가고 그침은 반걸음 이내라도
가벼이 말라.
문을 나서면 살얼음판 위요
또 심연과도 같으니라.
4 이때 상제님께서 신명에게 칙령을 내
리시며 말씀하시기를 "경학(京學)의 학
(學) 자가 '배울 학' 자이니
5 경학의 집에 대학교(大學校)를 정하노
라." 하시고
6 또 "학교는 장차 이 학교가 크리라." 하
시며
7 "내 세상에는 새 학교를 세울 것이니
라." 하시니라.

후천선경의 대학교 사명, 육임 조직

62 백암리에 계실 때 하루는 경학에게
"무당 여섯 명을 불러오라." 하시어
2 경학으로 하여금 두건과 두루마기를
벗기고 각기 청수 한 그릇씩 모시게 한
뒤에 여섯 사람에게 "청수 그릇을 향
하여 사배(四拜)하라." 하시니라.
3 이어 상제님께서 먼저 시천주주(侍天主
呪)를 세 번 읽으시고 여섯 명에게 따라
읽게 하신 뒤에
4 거주성명을 물으시고 "세상에서 사람
들이 다 아는 이름이냐?" 하시니 모두
가 "그러하옵니다." 하고 대답하니라.
5 상제님께서 다시 "청수를 마시라." 하시
매 여섯 사람이 명하신 대로 하니 말
씀하시기를 "이것이 복록이니라." 하시
고
6 "이제 여섯 사람에게 도(道)를 전하였
으니 이는 천하의 대학(大學)이니라.
7 이때는 해원시대라. 도를 전하는 것을
빈천한 사람으로부터 시작하느니라."
하시니라.
8 또 말씀하시기를 "내가 비로소 '육기초
(六基礎)'를 놓고 신명 공부를 시켰느니
라." 하시니라.

반드시 스승이 있어야

63 하루는 상제님께서 토방 아래에
깊이 구덩이를 파게 하시고 한 사
람에게 명하시어 "안에 들어가라." 하
시니
2 그 사람이 '어떤 연유로 여기를 들어가
라 하실꼬? 들어갈까 말까?' 하고 망
설이며 눈치를 보거늘
3 상제님께서 "흥, 이 못난 놈아! '소도
언덕이 있어야 비빈다.'는 말이 있지
않느냐?" 하시니라.
4 그래도 그 사람이 "어른은 어디 믿는
데가 있어서 그러시지만…." 하며 주저
하니
5 말씀하시기를 "아, 내가 서 있어도 못
들어가냐? 들어가라! 이놈이 의지가
없구나!" 하시고
6 "너, 내가 어떻게 들어갔다 나오는가
봐라!" 하시며 구덩이에 들어가셨다가
꼿꼿이 서서 나오시니라.
7 그 사람이 그제야 안심하고 들어갔으
나 막상 나오려고 보니 무엇을 잡지
않고는 도저히 구덩이에서 나올 수가
없거늘
8 빙빙 돌며 잡을 것을 찾아보는데 아무
것도 보이지 않는지라

9 상제님께 "아이고, 살려 주십시오. 안
잡고는 못 나가겠습니다." 하며 꺼내
주시기를 애원하더라.
10 이에 상제님께서 말씀하시기를 "그러
니 어른 없이는 못 사는 것이니라. 어른
을 잘 받들어라." 하시니
11 그 사람이 "이런 걸로 양반, 상놈이 따
로 있나 봅니다. 어찌한들 제가 선생
님을 따를 수 있겠습니까?" 하거늘
12 상제님께서 "그만하면 됐다. 그렇게
차차로 어른을 받들어야 하느니라.
13 네가 꾀를 내어 여러 사람을 살리겠는
가 그 의지를 보려 함인데, 네가 그것
도 못 나오면서 누구를 살리겠느냐?"
하시고
14 손을 잡아 꺼내 주시며 말씀하시기를
"그른 놈을 깨우칠 적에는 반드시 스승
이 있어야 한다." 하시니라.

내 일을 할 사람은 다시 나온다

64 하루는 구릿골 약방에서 말씀하시
기를 "지금은 나하고 일할 사람이
없느니라.
2 내 일을 할 사람은 뒤에 다시 나오느
니라.
3 이제 나와 같은 사람이 나온다. 뛰어나는
사람이 있다.
4 알려고 힘쓰지 말고 시대가 돌아가며
가르치는 시기를 봐라. 이제 곧 돌아
오느니라.
5 썩은 고목에서 새순이 돋아나서 내 일
을 이루느니라." 하시니라.
6 또 하루는 형렬을 부르시더니 "늦게
오는 자를 상등 손님으로 삼으리라."
하시니라.

도운 개척기
대사부(大師父)의 고난 도수

7 상제님께서 말씀하시기를 "이제 초막
(草幕)에서 성인이 나오느니라.
8 삼천(三遷)이라야 내 일이 이루어지느
니라." 하시니라.

대두목이 새판을 열어 매듭짓는다

65 상제님께서 말씀하시기를 "사람이
낳기는 제 어미가 낳았어도 맥을
전해 주는 사람이 있어야 산다.
2 사람이 아프면 맥을 먼저 짚어 보지
않느냐? 맥 떨어지면 죽느니라.
3 사람이 다 죽고 나면 어떻게 해서 나
간 곧이를 알 것이냐?
4 가만히 있어도 세상의 이치가 일을 성
사시키는 우두머리를 불러낸다.
5 내 이름은 죽으나 사나 떠 있느니라."
하시니라.
6 성도들이 '일을 이루는 사람은 뒤에 나
온다.'는 말씀에 속으로 애만 태우거늘
7 하루는 호연이 상제님께 "여기 있는
이렇게 많은 사람들 애터지게 하지 말
아요." 하니
8 말씀하시기를 "저것들 다 하루살이다,
하루살이! 문을 열면 불을 보고 깔따
구와 하루살이가 막 달려드는 것과 같
은 이치니라." 하시고
9 또 말씀하시기를 "내 일은 고목에서
움이 돋고, 움 속에서 새끼를 낳아 꽃
이 피고(枯木生花) 열매가 되어 세상에
풀어지느니라." 하시니라.

큰스승은 따로 있다

10 하루는 상제님께서 성도들에게 이르시
기를 "너희들이 아무리 별스러워도 나
를 따르는 자들의 선생밖에는 못 되느
니라.
11 나의 일은 판밖에 있나니 뒤에 큰스승이
나와 천하창생을 가르치리라." 하시니
라.
12 이어 말씀하시기를 "내 일은 꼭 된다.
물샐틈없이 꼭 된다." 하시니라.

대사부는 개척의 첫발을 용화동에서

66 하루는 공우를 데리고 용화동(龍華
洞)을 지나며 이르시기를 "이곳이
곧 용화도장이라.
2 이 뒤에 이곳에서 사람이 나서거든 부

디 정분을 두고 지내라." 하시니라.
3 하루는 용화동 뒤의 계룡봉(鷄龍峯)을
가리키며 말씀하시기를 "이곳이 불무
발판이니 불무는 두 발판을 부지런히
밟아야 바람이 나는 것이라.
4 그러니 이곳을 자주 밟아야 바람이 나
게 되리라." 하시니라.
5 또 하루는 안필성(安弼成)을 데리고 계
룡봉에 올라가시어 말씀하시기를 "앞
을 보아라, 참 좋구나. 노승(老僧)이 팔
대장삼을 입고 있는 형국이로구나.
6 또한 용이 누워 있는 형국이니 용은
뿔이 나야 되느니라." 하시고
7 계룡봉을 내려오시다가 한 곳을 가리
키시며 "필성아, 여기가 네가 들어갈
자리다." 하시니라.

천지의 도정(道政)을 집행하는 대사부

8 하루는 공우에게 말씀하시기를 "공우
야, 때가 이르러 한 사람이 허락하지 아
니하면 너희들도 내가 있는 곳에 들어
오지 못하게 되느니라." 하시고
9 또 말씀하시기를 "공우야, 비록 나이
가 너보다 적은 사람이라도 너보다
높은 자리에 있고 덕이 너보다 높으
면 그를 만났을 때에 반드시 공경하여
라." 하시니라.

도운(道運) 개창 도수

67 하루는 상제님께서 수부님께 "금구
(金溝)로 가자." 하고 성화같이 재
촉하시므로 수부님께서 행구(行具)를
수습하시니 다시 말씀치 아니하시고
2 수일 후에 이경문(李京文)에게 "천원에
서 일등 교자와 일등 하인을 구하여
오라." 하시어 마당에 꾸며 놓게 하시
니라.
3 이어 수부님과 나란히 앉으시어 다시
"금구로 가자." 하시며 길을 재촉하시
다가
4 말씀하시기를 "밥 한 그릇 가지면 둘
이 먹고 남는데 창피 볼 것 없다." 하
시고
5 잠시 후에 다시 말씀하시기를 "이만하
면 간 셈이라." 하시니라.

금구로 가면 네 몸이 부서진다

6 8월 18일 저녁에 상제님께서 말을 타
고 대흥리에 가시어 곧바로 안중선(安
中善), 차윤경(車輪京)을 불러 명하시기
를
7 "이 길로 구릿골에 가서 일등 교자와
일등 하인을 구하여 날 밝기 전에 오
라.
8 내일 수부를 데리고 구릿골로 이사하
리라." 하시니 두 사람이 명을 받고 곧
떠나니라.
9 이튿날 아침에 상제님께서 수부님께
이르시기를 "네가 금구로 가면 네 몸이
부서질 것이요
10 이곳에 있으면 네 몸이 크리니 이곳에 있
는 것이 옳으니라." 하시고
11 홀로 떠나시어 살포정이에 이르러 교
자를 만나시매 말을 버리고 교자로 바
꾸어 타시고 구릿골로 가시니라.

천하 만백성의 생명의 어머니 수부님

68 8월에 상제님께서 구릿골에 계실
때 차윤칠(車輪七)이 찾아와 뵈니
상제님께서 이르시기를
2 "네 매씨를 잘 공양하라. 네 매씨가 굶
으면 천하 사람이 모두 굶을 것이요,
먹으면 천하 사람이 다 먹을 것이라.
3 눈물을 흘리면 천하 사람이 다 눈물을
흘릴 것이요, 한숨을 쉬면 천하 사람
이 다 한숨을 쉴 것이요
4 기뻐하면 천하 사람이 다 기뻐하리
라." 하시니라.
5 상제님께서 성도들에게 말씀하시기를
"수부 대우를 잘하면 수명도 연장될
수 있느니라." 하시고
6 또 이르시기를 "두목(頭目)은 사람의 복
중(腹中) 출입을 마음대로 한다." 하시니
라.

종통 후계자 수부님이 도통 받는 때

69 상제님께서 매양 수부님의 등을 어
루만지시며 말씀하시기를
2 "너는 복동이로다. 장차 천하 사람의
두목이 되리니 속히 도통하리라." 하
시니라.

천정연분의 상제님과 수부님

70 10월에 상제님께서 구릿골에서 대
흥리로 가시어 성도들과 함께 밖
에 나가 무를 뽑아 잡수시며 다음날
수부님을 구릿골로 데려가실 일을 의
논하고 들어오시니라.
2 이어 수부님께 일러 말씀하시기를 "내
털토시와 남바위를 네가 쓰고 우리 둘
이 함께 걸어가자.
3 우리가 그렇게 걸어서 곳곳을 구경하
며 가면 사람들이 우리를 보고 부러워
하여 말하기를 '저 양주(兩主)는 둘이
똑같아서 천정연분(天定緣分)이로다.'
하리니
4 세상 사람들은 우리를 구경하고, 우리
는 세상 사람들을 구경하며 천천히 걸
어가는 것이 좋으리라." 하시더니
5 그 이튿날 다시 말씀치 않으시니라.

후천대개벽의 추수운, 갑자꼬리 도수

71 구릿골에 계실 때 하루는 말씀하
시기를 "나의 일은 상씨름 씨름판
과 같으니라.
2 상씨름 딸 사람은 술이나 먹고 잠이나
자면서 누워서 시치렁코 있다가 '상씨
름이 나온다.'고 야단들을 칠 때, 그제
야 일어나서 판 안에 들어온다.
3 다리를 둥둥 걷고 징검징검 들어가니
판 안의 씨름꾼들 여기저기 쑤군쑤군.
4 들은 체도 아니하고 샅바 잡고 한 번
돌더니, '상씨름 구경하라. 끝내기 여기
있다.
5 갑을청룡(甲乙靑龍) 뉘 아닌가. 갑자(甲子)
꼬리 여기 있다.'
6 두 활개 쭉 펴면서 누런 장닭 두 홰 운
다. '상씨름꾼 들어오라.' 벽력같이 고래
장 치니 어느 누가 당적할까?
7 허허, 헛참봉이로고. 소 딸 놈은 거기
있었건만 밤새도록 헛춤만 추었구나.
8 육각(六角) 소리 높이 뜨니 상씨름이
끝이 났다." 하시니라.

상씨름이 넘어가는 상황

9 하루는 상제님께서 옛 시 한 수를 외
워 주시니 이러하니라.
10 胡來不覺潼關隘인대
호래불각동관애
龍起猶聞晉水淸이라
용기유문진수청
오랑캐가 쳐들어올 때
(장수는) 동관의 험함을 깨닫지
못했는데
용(지존)이 일어나 진수가 맑아졌다는
소식 또 들리는구나.

판밖 도운 개창의 중심지

72 하루는 상제님께서 말씀하시기를
"바둑도 한 수만 높으면 이기나니
'남모르는 공부'를 하고 기다리라." 하
시니라.
2 또 "나의 일은 상씨름판에서 주인이
결정되나니 상씨름꾼은 술, 고기 많이
먹고 콩밭(太田)에서 잠을 자며 끝판을 넘
어다보는 법이니라." 하시고
3 "상씨름에 뜻하는 자 끝판에 나아가
한 판으로 상씨름판을 매듭짓느니라."
하시니라.

내 일은 판밖의 일

73 하루는 사요(史要) 일편을 천지에
고축(告祝)하신 뒤에 불사르시고
말씀하시기를
2 "판안 사람 둘러보니 많고 많은 저 사
람들, 어떤 사람 이러하고 어떤 사람
저러한가.
3 판안 사람 판안 공부 할 수 없어 허리

끈 졸라매고 뒷문 열고 내다보니 봉황
이 지저귄다.
4 황계성이 죽지 털면 판밖 소식 이르리
라." 하시니라.
5 또 말씀하시기를 "내 일은 판밖의 일
이니라. 가르쳐도 모를 것이요, 직접
되어 보아야 아느니라." 하시니라.

도운의 매듭 공사, 도통판의 진주 도수

74 상제님께서 평소 성도들과 노실
적에 종종 '가구(假九) 진주(眞主)치
기 노름'을 하시니라.
2 하루는 상제님께서 "다 터라." 하시고
투전을 들고 탁 치시며 "○씨가 판을
쳤다!" 하시고 다 거두어들이시며
3 "파라, 파라, 깊이 파라. 얕게 파면 다
죽는다. 잘못하다가는 십년공부 도로
아미타불이란 말이니라. 알겠느냐?
4 도로 본자리에 떨어진단 말이다. 나는
알고 너는 모르니 봉사 잔치란 말이다.
5 아는 사람은 알지만 누가 가르쳐 주
랴. 제가 알아야 하느니라." 하시고
6 또 말씀하시기를 "끝판에 ○씨가 있는
줄 몰랐지. 판 안 끗수 소용 있나. 끝
판에 ○씨가 나오니 그만이로구나.
7 나의 일은 알다가도 모르는 일이라.
나의 일은 판밖에 있단 말이다. 붉은
닭 소리치고 판밖 소식 들어와야 도통
판을 알게 되고, 도통판이 들어와야
나의 일이 될 것이다." 하시니라.
8 경학이 여쭈어 말하기를 "도통판은 어
디 있습니까?" 하니
9 말씀하시기를 "가르쳐 주어도 모르리
라. 똑똑히 들어 봐라.
10 전라도 백운산으로 지리산으로 장수 팔
공산으로 진안 운장산으로 광주 무등
산으로 제주 한라산으로 강원도 금강산
으로, 이처럼 가르쳐 주니 알겠느냐?
11 알기 쉽고 알기 어렵고 두 가지라. 장
차 자연히 알게 되리라. 내가 가르치
니 알게 된다는 말이니라." 하시니라.

숙구지 공사로 일을 돌리리라

75 하루는 상제님께서 개의 창자를
빼내신 후 그 가죽을 둘러쓰시고
사람들에게 달려드시니 모두 크게 놀
라니라.
2 어느 날 공신에게 일러 말씀하시기를
"'잠자던 개가 일어나면 산 호랑이를
잡는다.'는 말이 있나니
3 태인 숙구지(宿狗地) 공사로 일을 돌리리
라." 하시니라.
4 또 하루는 공신에게 글 한 수를 읽어
주시니 이러하니라.
5 孤忠一代無雙士니
고충일대무쌍사
獻納三更獨啓人이라
헌납삼경독계인
평생의 외로운 충절은 필적할 선비가
없으니
삼경까지 충언을 올리는 사람
오직 그 혼자뿐이네.

남은 7년 공사

6 하루는 상제님께서 공신에게 말씀하시
기를 "남은 7년의 공사를 너에게 맡기
노라." 하시니라.

안내성에게 전하신 후천 선경의 태을주 선맥(仙脈)

76 하루는 상제님께서 안내성(安乃成)
에게 이르시기를 "내성아! 너는 내
도(道)의 아내요, 나는 너의 남편이니
라." 하시고
2 이어 말씀하시기를 "너는 내 도의 어머
니 노릇을 해야 하느니라. 모악산이 포
해지형(抱孩之形) 아니더냐!
3 아기는 어미젖으로 사는 법이니 너는
창생들에게 태을주를 잘 가르치라.
4 태을주를 읽는 것은 천지 어머니 젖을
빠는 것과 같아서 태을주를 읽지 않으
면 그 누구도 개벽기에 살아남지 못하
느니라.
5 어머니가 있어 자식을 길러내듯 내성이

네가 먼저 태을주를 읽어 내 도의 어머니
노릇을 해야 하느니라." 하시며
6 "너는 나중에 어머니 산인 모악산(母岳
山)에 가서 내 도를 펴라." 하시니라.
7 하루는 상제님께서 내성에게 말씀하
시기를 "온갖 것을 다 주어도 감 하나
는 안이 주네." 하시니라.

무신납월 공사를 시작하심

77 동짓달에 수부님께서 안질을 앓으
시매 윤경이 구릿골에 와서 상제님
께 고하니
2 27일 밤에 상제님께서 성도들을 데리
고 대흥리에 가시어 수저를 돌려가며
저녁을 함께 잡수시고
3 성도들에게 명하시어

慶州龍潭 大道德 奉天命 奉神教
경주용담 대도덕 봉천명 봉신교

大先生前 如律令 審行
대선생전 여율령 심행

先知後覺 元亨利貞 布教 五十年工夫
선지후각 원형이정 포교 오십년공부

를 읽게 하시고 수부님을 팔에 안아
재우시거늘
4 날이 밝으려 할 때에 수부님께서 잠
을 깨어 눈을 뜨시니 눈에서 뜨거운
눈물이 많이 흘러내리고 곧 안질이
나으니라.
5 그 후로 수일 동안 수부님의 시력을
검사하실 때 기(旗) 수십 개를 세우시
고 그 아래에 한 사람씩 세우신 뒤에
그들의 이름을 낱낱이 물어 알게 하시
고
6 또 깃발에 글자를 써 놓고 낱낱이 물어
알게 하시며 밤에는 등불을 향하여 불
모양을 물어 분명히 알게 하시니라.
7 하루는 상제님께서 입으신 색저고리를
수부님께 입히시어 "밖으로 나가서 집
을 돌아 뒷문으로 들어오라." 하시고
8 수부님께서 막 들어오실 때 미리 엎어
두었던 양푼을 들라 하시거늘
9 수부님께서 들어 보니 그 밑에 머리카
락 한 올이 있는지라
10 그 머리카락을 들고 아뢰시매 상제님
께서 말씀하시기를 "이제는 염려 없
다." 하시니라.

정읍에 포정소 도수를 정하심

78 무신년 겨울에 정읍 대흥리에 계시
며 대공사를 행하실 때
2 경석과 성도 수십 명을 부르시어 상제
님께서 수부님과 함께 앞서 가시고 성
도들은 뒤따르게 하여 대흥리 주변을
한 바퀴 도신 뒤에
3 집으로 돌아오시어 백지에 글을 써서
불사르시고 말씀하시기를
4 "이는 포정 공사(布政公事)라. 정읍에 포
정소(布政所)를 정하노라." 하시며
5 "장차 크게 흥하리라." 하시니라.

왕대 뿌리에서 왕대 난다

79 하루는 수부님께서 모친이 단독(丹
毒)을 앓는다는 기별을 들으시고
근친을 가려 하시거늘
2 상제님께서 "좀 기다려서 함께 가자."
하시므로 마음으로 기뻐하며 기다리
시는데
3 얼마 지나지 않아 마침 모친께서 오시
어 아랫방에 들어와 앉으시는지라
4 상제님께서 말씀하시기를 "왕대 뿌
리에 왕대 나고 시누대 뿌리에 시누
대 나나니 딸이 잘 되도록 축수하십시
오." 하고 부탁하시니
5 이로부터 모친의 단독이 곧 나으시니
라.

말을 엎어 놓고 공사를 행하심

80 하루는 상제님께서 마당에 말(斗)
을 엎어 놓으시고 그 위에 요를 깔
고 왼손에는 칼을, 오른손에는 망치를
들고 앉으시어
2 수부님으로 하여금 땅에 앉아 손으로

말을 가리키게 하시니라.
3 다음에는 수부님께 칼과 망치를 들리
시어 말 위에 앉게 하시고
4 상제님께서 땅에 앉으시어 말을 가리
키시니라.

지천태가 크다

81 상제님께서 수부님께 글을 써 주시
니 이러하니라.
2 天反低而地高하고 中央備而五十이라
천반저이지고 중앙비이오십
하늘은 도리어 낮은데 땅은 높고
천지조화의 중앙은 오십토(五十土)를
갖추어 만물을 생성하느니라.
3 이어서 말씀하시기를 "이후로는 지천
태(地天泰)가 크다." 하시니라.

'옥황상제'라 명정을 써 주심

82 무신년 겨울에 대흥리에 계실 때
어느 날 수부님께
2 玉皇上帝
옥황상제
라 써서 붉은 주머니에 넣어 주시며
3 "잘 간직해 두라. 내가 옥황상제니라."
하시니라.

도운 개척의 세 살림 도수

4 또 수부님께 이르시기를 "내가 없으면
그 크나큰 세 살림을 어떻게 홀로 맡아
서 처리하리오." 하시니
5 수부님께서는 다만 상제님께서 어느
외처에 출입하시겠다는 말씀으로 아
시니라.

천하사 일꾼의 심법 전수 공사

83 상제님께서 정읍 대흥리 경석의 집
에 포정소를 정하시고 공사를 행
하시는데
2 양지에 24방위 글자를 돌려 쓰시고 중
앙에
血食千秋 道德君子
혈식천추 도덕군자
라 쓰신 후에 말씀하시기를
3 "'천지가 간방(艮方)으로부터 시작되었
다.' 하나 그것은 그릇된 말이요, 24방
위에서 한꺼번에 이루어진 것이니라."
하시고
4 또 말씀하시기를 "이 일은 남조선 배질
이라. 혈식천추 도덕군자의 신명이 배질
을 하고 전명숙(全明淑)이 도사공이 되
었느니라.
5 이제 그 신명들에게 '어떻게 하여 만
인으로부터 추앙을 받으며 천추에 혈
식을 끊임없이 받아 오게 되었는가.'
를 물은즉 모두 '일심에 있다.'고 대답
하니
6 그러므로 일심을 가진 자가 아니면 이 배
를 타지 못하리라." 하시고 모든 법을
행하신 후에 불사르시니라.

시간이 바쁘다

84 무신년 어느 날 경석의 집 남쪽 벽
에다 '천하지대아방궁(天下之大阿房
宮)'이라 쓰시고
2 그 밑에 태을주(太乙呪), 절후주(節候
呪), 진액주(津液呪), 칠성주(七星呪),
이십사장주(二十四將呪), 이십팔장주
(二十八將呪), 진법주(眞法呪), 운장주(雲
長呪), 개벽주(開闢呪), 예고주(曳鼓呪)
등을 종이에 써서 붙이시니라.
3 이어 그 벽 앞에 성도들을 태좌법으로
앉히시고 상제님께서 성도들의 뒤에
서시어 명하시기를 "유식한 자는 보고
외우고 무식한 자는 손을 모으고 생각
하여 외우라." 하시고
4 "시간이 바쁘다." 하시며 외우기를 재
촉하시니 무식한 사람들이 먼저 큰 소
리로 읽는지라
5 상제님께서 무릎을 치시면서 말씀하
시기를 "그러면 그렇지, 무식도통 났구
나!" 하시니라.

도운 개척의 병권 공사

85 하루는 상제님께서 황극수(皇極數)
를 돌리시며 여러 성도들에게 각각
소원을 물으시고
2 다시 차경석에게 소원을 물으시니 경
석이 열지(裂地)를 원하거늘
3 상제님께서 말씀하시기를 "너는 병부
(兵部)가 마땅하리라." 하시니 경석이
불쾌히 여기는지라
4 이에 말씀하시기를 "직신(直臣)이 아니
면 병권을 맡기기 어려우므로 이제 특
히 너에게 맡기노라." 하시니라.

전쟁의 무용함을 읊으심

86 하루는 경석에게 글을 읽어 주시니
이러하니라.
2 吟兵戈無用
음병과무용

兵以爲名卽害人이니
병이위명즉해인
自古帝王不已事라
자고제왕불이사
聊憐種德千尋樹하여
요련종덕천심수
枝枝葉葉一般春하라
지지엽엽일반춘

전쟁의 무용함을 읊음
전쟁이란 이름 그대로 사람을 해하는
행위이니
예로부터 제왕들이 끊임없이 일삼아
온 일이니라.
애오라지 불쌍히 여겨
상생의 덕 심기를 천 길 생명의 나무
심듯 하여
가지마다 풍성한 사시장춘의 후천선경
맞이하길 바라노라.

천지 귀신 축문

87 무신년 12월 7일 대흥리에서 공사
를 보실 때에 글을 써서 불사르시
며 "이는 천지 귀신 축문(天地鬼神祝文)
이니라." 하시니 이러하니라.
2 天地鬼神祝文
천지귀신축문

所願人道는 願君 不君하고
소원인도 원군 불군
願父 不父하고 願師 不師라
원부 불부 원사 불사

천지귀신에게 내리는 축문이라
인도가 원하는 바는
인군다운 인군이길 원하나
인군답질 못하고
아비다운 아비이길 원하나
아비답질 못하고
스승다운 스승이길 원하나
스승답질 못하니라.
3 有君無臣이면 其君何立이며
유군무신 기군하립
有父無子면 其父何立이며
유부무자 기부하립
有師無學이면 其師何立이리오
유사무학 기사하립
大大細細를 天地鬼神은 垂察하라
대대세세 천지귀신 수찰

인군다운 인군이 있어도
신하다운 신하가 없다면
그 인군이 어찌 인군 노릇을 하며
아비다운 아비가 있어도
아들다운 아들이 없다면
그 아비가 어찌 아비 노릇을 하며
스승다운 스승이 있어도
제자다운 제자가 없다면
그 스승이 어찌 스승 노릇 하리오.
이제 천지간의 크고 작은 모든 일들을
천지 귀신은 고개를 드리우고 세세히
살펴야 할지니라.

난법 거두는 공사

88 대흥리에 계실 때 하루는 성도들
에게 짚인형 한 개를 만들게 하시
어 그 머리에 무수히 침을 꽂으시고
2 박공우에게 명하시어 "이것을 버드나

무 앞 도랑에 묻으라." 하시니 공우가
명하신 대로 행하니라.

옥황상제라 자칭하는 난법자 심판 공사

3 대흥리에 계실 때 하루는 양지 몇 조
각에 각기 '옥황상제'라 쓰시고 측간에
가시어 후지(后紙)로 사용하시니라.
4 이에 한 성도가 여쭈기를 "지금 옥황
상제라 쓰시어 후지로 쓰시니 어인 연
고입니까?" 하니
5 말씀하시기를 "천지에 감히 누가 이와
같이 할 수 있겠느냐?
6 만일 옥황상제라 자칭하는 자가 나타
나면 천지신명이 그 목을 베고 몸을
찢어 죽일 것이니라.
7 이 뒤에 대도(大道)를 거스르고 패역하는
자가 있어 세상을 그르치며 백성을 상
하게 할 것을 경계하는 것이니라." 하
시니라.

수부님께 경석을 경계하게 하심

89 하루는 상제님께서 경석에게 "세숫
물을 가져오라." 명하시므로 경석
이 세숫물을 가져다 올리고 나가거늘
2 상제님께서 손가락으로 경석을 가리
키시며 수부님께 이르시기를
3 "저 살기(殺氣)를 보라. 경석은 만고대
적(萬古大賊)이라.
4 자칫하면 내 일이 낭패 되리니 극히 조
심하라." 하시니라.
5 대흥리에 계실 때 하루는 수부님을 돌
아보시며 말씀하시기를 "그대 세 식구
먹은 밥값을 후히 갚아야 하리라." 하
시니라.

네가 나를 꼭 믿겠느냐

90 하루는 상제님께서 한참 바쁘게
공사를 보시다가 느닷없이 "경석
아! 네가 나를 꼭 믿겠느냐?" 하시니
경석이 "예! 꼭 믿겠습니다." 하고 대
답하거늘
2 이와 같이 세 번을 다짐받으신 후에 다
시 물으시기를 "그렇다면 내가 두겁을
써도 믿겠느냐?" 하시니 "예! 그대로
믿겠습니다." 하고 대답하니라.
3 상제님께서 말씀하시기를 "너희 집안
은 전주 이씨(全州李氏) 때문에 망하게
되리라." 하시고
4 다시 이르시기를 "내 일은 셋만 있어도
하고, 셋이 없으면 둘만 있어도 하고,
둘이 없으면 하나만 있어도 하느니라.
5 그 하나도 없으면, 말뚝에다 기운만
붙이면 천하사를 하느니라." 하시고
붓대를 던지시니라.

대도의 험난함을 한탄하심

91 하루는 대흥리에 계실 때 경석이
뜰 앞을 지나가거늘 바라보시고
탄식하여 말씀하시기를
2 "숙살지기(肅殺之氣)가 온몸에서 뚝뚝
떨어지니 백성들이 많이 상하겠구나."
하시고
3 "내 도(道)가 험난하겠구나." 하시니라.
4 상제님께서 경석에게 말씀하시기를
"동학(東學)은 차정(車鄭)으로 망하느니
라." 하시고
5 또 하루는 성도들에게 말씀하시기를
"잠시 시운(時運)으로 경석을 쓰려 하
는 것이니라." 하시니라.

장군이 제지하라

92 12월 20일에 성도들에게 24절후
를 읽히신 후 밤중에 경석의 집 앞
버드나무 밑에 벌여 세우시고
2 북쪽을 향하여 휘파람을 부시니 난데
없이 방장산(方丈山)으로부터 한 줄기
실구름이 일어나서 사방을 둘러 문턱
모양을 이루거늘
3 상제님께서 큰 소리로 외쳐 말씀하시
기를 "곤이내(閫以內)는 짐(朕)이 제지
(制之)하리니 곤이외(閫以外)는 장군이
제지하라!" 하시니라.

수부님께 붙이신 천하 일등 무당 도수

93 대흥리에서 공사를 행하실 때 하루는 "유생(儒生)들을 부르라." 하시어 경석의 집 두 칸 장방에 가득 앉히시고
2 재인(才人) 여섯 명을 불러오게 하시어 풍악을 연주하게 하시니라.
3 이어 "수부 나오라 해라." 하시니 수부님께서 춤을 우쭐우쭐 추며 나오시는지라
4 상제님께서 친히 장고를 치시며 말씀하시기를 "이것이 천지굿이라. 나는 천하 일등 재인(才人)이요, 너는 천하 일등 무당(巫堂)이니 우리 굿 한 석 해 보세.
5 이 당(黨) 저 당(黨) 다 버리고 무당 집에 가서 빌어야 살리라." 하시고 장고를 두둥 울리실 때
6 수부님께서 장단에 맞춰 노래하시니 이러하니라.

세상 나온 굿 한 석에
세계 원한 다 끄르고
세계 해원 다 된다네.

7 상제님께서 칭찬하시고 장고를 끌러 수부님께 주시며 "그대가 굿 한 석 하였으니 나도 굿 한 석 해 보세." 하시거늘
8 수부님께서 장고를 받아 메시고 두둥둥 울리시니 상제님께서 소리 높여 노래하시기를
9 "단주수명(丹朱受命)이라.
단주를 머리로 하여
세계 원한 다 끄르니
세계 해원 다 되었다네."
하시고
10 수부님께 천하 일등 무당 도수를 붙이시니라.

후천선경의 후비택정 공사

94 하루는 수부소(首婦所)에 차경석의 모든 권솔과 성도 수십여 명을 벌여 앉히시고
2 양지에 부서(符書)를 쓰시어 북쪽을 향해 불사르시고 말씀하시기를
3 "이 공사는 수부에게 후비임직(后妃任職)을 정하는 공사니라." 하시고
4 將相 方伯 守令 蒼生點考 后妃所
장상 방백 수령 창생점고 후비소
라 써서 불사르시며
5 "잘 받들고 공경하라." 하시니라.

수부님께 종통대권을 전수하심

95 무신년 섣달에 하루는 상제님께서 자리에 누우시더니 식칼을 내 놓으시고 수부님께 이르시기를
2 "나에게 올라타서 멱살을 잡으라." 하시고 다시 "그 칼을 잡으라." 하시며
3 "나를 찌를 듯이 하여 '꼭 전수(傳授)하겠느냐?' 하고 다짐을 받으라." 하시니라.
4 수부님께서 차마 말이 나오지 않아 머뭇거리시니 상제님께서 역정을 내시며 "시간이 지나간다." 하시거늘
5 수부님께서 하는 수 없이 목안 소리로 "반드시 꼭 전하겠느냐?" 하시니
6 상제님께서 "예, 전하지요." 하시고 "이왕이면 천지가 알아듣게 크게 다시 하라." 하시므로
7 수부님께서 좀더 큰 소리로 "꼭 전하겠느냐?" 하시니 "꼭 전하지요." 하시며
8 이렇게 세 차례에 걸쳐 다짐을 받게 하시니라.

수부는 천지대업의 생명의 어머니

96 이로부터 상제님께서 "침식(寢食) 절차와 모든 일들을 네가 먼저 하라." 하시고
2 모든 공사를 수부님께 말씀하시어 그 가부를 물으시고 응낙을 받은 후에야 행하시니라.
3 진지를 드실 때면 수부님께 수저를 드리고 먼저 드시기를 권하시며
4 담배를 피우실 때도 담뱃대에 담배를 넣고 불을 붙여 '먼저 피우시라.'고 주

신 뒤에 담배를 피우시니라.
5 상제님께서 일러 말씀하시기를 "나의
수부, 너희들의 어머니를 잘 받들라. 내
일은 수부가 없이는 안 되느니라." 하
시고
6 또 말씀하시기를 "수부의 치마폭을 벗
어나는 자는 다 죽으리라." 하시니라.

수부님께 인사대권을 전하는 예식

97 하루는 대흥리에 계실 때 상제님께
서 수부님께 큰절을 하시니 수부님
께서 그 사유를 몰라 당황하시거늘
2 상제님께서 어렸을 때부터 있었던 일
들을 낱낱이 말씀하시며 착했던가 모
질었던가를 일일이 물으시고
3 "옳지 못한 일에는 용서를 하십시오." 하
며 간절히 비시니라.

스스로 죽음의 무리를 짓는구나

98 기유(己酉: 道紀 39, 1909)년에 하루
는 공사를 보시며 글을 쓰시니 이
러하니라.
2 天下紛紜하여 自作死黨하니
천하분운 자작사당
以不安聖上之心하고
이불안성상지심
以不安聖父之心하고
이불안성부지심
以不安教師之心하니라
이불안교사지심
세상이 어지러운데
스스로 죽음의 무리를 지으니
성상(聖上)의 마음을 불안케 하고
성부(聖父)의 마음을 불안케 하고
스승(教師)의 마음을 불안케 하느니라.

난법자에 대한 경계

99 하루는 공사를 보시며 글을 쓰시
니 이러하니라.
2 非人情이면 不可近하고
비인정 불가근
非情義면 不可近하고
비정의 불가근
非義會면 不可近하고
비의회 불가근
非會運이면 不可近하라
비회운 불가근
인간다운 정이 아니거든 가까이 말고
그 정이 의롭지 않거든 가까이 말며
의로워도 모일 만하지 않거든 가까이
말고
모일 만해도 운에 맞지 않거든 가까이
말지라.

궁극의 사는 길 ; 종통 도맥을 찾는 참신앙

3 非運通이면 不可近하고
비운통 불가근
非通靈이면 不可近하고
비통령 불가근
非靈泰면 不可近하고
비영태 불가근
非泰統이면 不可近하라
비태통 불가근
운수가 맞아도 형통하지 않거든
가까이 말고
형통해도 신령하지 않거든
가까이 말 것이며
신령함이 크고 평안치 않거든
가까이 말고
크고 평안해도 종통(宗統)이 아니거든
가까이하지 말지어다.

난법자의 종말

100 상제님께서 말씀하시기를 "나
의 일은 실제의 말을 해야지 거
짓말로 하였다가는 여지없이 부서지리
라." 하시니라.
2 하루는 안내성과 성도들을 데리고 태
인 하마거리를 지나시다가 붓 한 자루
를 주워 드시고 "천하에 대적(大賊) 놈이
라." 하시니라.
3 하루는 상제님께서 필성에게 말씀하

시기를 "용화동은 사룡(死龍)이 되리
라." 하시니라.

저 양반은 사람 없어 어찌하랴

101 하루는 상제님께서 수부님을 보
시고 말씀하시기를 "저기 앉은
저 양반은 사람 없어 어찌하랴." 하시니
2 경석이 아뢰기를 "제가 도와 한 가지
를 하려 합니다." 하거늘
3 말씀하시기를 "혼자 할 일은 못 되느
니라." 하시니라.

상제님 어진(御眞) 봉안 공사

102 경석의 집에 계실 때 양지 전면
(全面)에 사람을 그려 벽에 붙이
시고 제사 절차와 같이 설위(設位)하신
뒤에
2 성도들에게 명하시어 그곳을 향해 "반
천무지(攀天撫地)식으로 사배(四拜)하고
마음으로 소원을 고하라." 하시며 사람
을 그려 붙이신 곳에 친히 서시더니
3 식을 마친 뒤에 물으시기를 "누구에게
심고(心告)하였느냐?" 하시거늘
4 성도들이 대답하기를 "선생님께 소원
을 고하였습니다." 하니라.
5 상제님께서 웃으시며 말씀하시기를
"내가 산 제사를 받았으니 이 뒤에까지
미치리라.
6 사배를 받았으니 내가 한 번 절하리
라." 하시고 단배(單拜)하시며
7 "자리는 띠자리가 정(淨)한 것이니라."
하시니라.

후천선경 건설의 대문명신, 진묵대사 귀국 공사

103 기유년 정월 초이튿날 대흥리에
서 제수를 준비하여 성대하게
차리시고
2 성도들로 하여금 목욕재계하고 정성
을 다하여 고축(告祝)하게 하시니 이러
하니라.
3 祝文
축문

維歲次己酉正月二日昭告
유세차기유정월이일소고

化被草木 賴及萬方
화피초목 뢰급만방

魂返本國勿施睚眦伏祝
혼반본국물시애자복축

南無阿彌陁佛
나무아미타불

축문
기유년 정월 이일에 밝게 고하노라.
덕화는 초목에 이르기까지
입지 않음이 없고
이로움은 온누리에 미치었도다.
혼(魂)이 본국에 되돌아오니
조금도 원망치 말기를 엎드려
축원하노라.
나무아미타불

4 상제님께서 말씀하시기를 "진묵이 봉
곡에게 죽음을 당하고 동방의 도통신
(道統神)을 거느리고 서양으로 건너가
서양의 문명을 열었나니
5 이제 다시 진묵을 동토로 불러와서 선
경을 건설하는 데 역사하게 하리라." 하
시니라.
6 또 말씀하시기를 "내 세상에 진묵의
소임이 막중하니 장차 천하 사람들의
공경을 받으리라." 하시고 진묵대사 초
혼(招魂) 공사를 처결하시니라.
7 이때 여러 성도들에게 말씀하시기를
"진묵의 혼이 도통신을 데리고 넘어온
다." 하시며 하늘을 바라보시는데
8 구름이 무수히 많은 사람 모양을 이루
어 하늘 서쪽에서 동으로 이동하는 모
습이 완연하더라.

나는 독불이다

104 하루는 상제님께서 형렬과 격의
없이 이야기를 나누시며 말씀하
시기를 "나는 독불이다.

2 너하고 나하고는 참말로 맞수로구나.
3 너도 독신, 나도 독신. 독신이 독신을
만났는데 어찌 이렇게 더디 나갈까!"
하시거늘
4 형렬이 말하기를 "좁은 길을 넓게 내
려면 집도 여러 집이 안 헐어지는가
요." 하니
5 상제님께서 말씀하시기를 "그러니 우
리가 타고나기를 그렇게 타고난 것이다."
하시니라.

지구촌 곳곳에 열어 가는 상제님 도운 개척 과정

105 하루는 상제님께서 말씀하시기
를 "처음에는 길을 논두렁같이
좁게 만들어도 그것이 점점 넓혀져 대
로가 되고, 천 가지 만 가지로 벌어져
나가듯이
2 비록 나는 혼자이나 장차 나의 일도 그
렇게 벌어져 나갈 것이다." 하시거늘
3 호연이 "길이 천 가지면 뭐하고 만 가
지면 뭐해요?" 하고 여쭈니
4 말씀하시기를 "어허, 철모르는 것이로
고…. 우리가 길을 내려니 그러지." 하
시니라.

도운의 개창자와 추수자

106 상제님께서 구릿골 약방에서 천
지대신문을 여시고 대공사를 행
하실 때
2 성도 아홉 사람을 벌여 앉히신 뒤에 이
르시기를 "이제 도운(道運)을 전하리라."
하시고
3 성도들에게 물으시기를 "일 년 중에
가장 빨리 자라나는 것이 무엇이냐?"
하시니 모두 "대나무입니다." 하고 대
답하거늘
4 말씀하시기를 "대(竹)의 기운이 만물
중에 제일 크니 그 기운을 덜어 쓰리
라." 하시니라.
5 이어 갑칠(甲七)에게 "푸른 대 하나를
뜻대로 잘라 오라." 하시어 그 마디 수
를 헤아리니 모두 열한 마디이거늘
6 한 마디를 끊게 하시어 무릎 밑에 넣으
시고 남은 열 마디 중 끝의 한 마디를
잡으시며
7 말씀하시기를 "이 한 마디는 두목(頭目)
이라. 왕래와 순회를 마음대로 할 것
이요
8 남은 아홉 마디는 구궁 도수(九宮度數)
로 교(敎) 받는 자의 수효와 맞는도다."
하시고
9 갑칠에게 "뜰에 나가 하늘에 별이 몇
개나 나타났는가 보라." 하시니라.
10 갑칠이 밖에 나가 살펴본즉 검은 구름
이 온 하늘을 덮었는데
11 다만 하늘 복판이 열려서 별 아홉 개
가 나타났거늘 그대로 아뢰니
12 말씀하시기를 "이는 교 받는 자의 수
효에 응함이니라." 하시고
13 또 말씀하시기를 "도운(道運)의 개시(開
始)가 초장봉기지세(楚將蜂起之勢)를 이루
리라." 하시니라.
14 이 해에 대가 크게 흉년이 드니라.

천지를 뒤집어야 하는데

107 상제님께서는 구릿골 냇가의 나
무 밑에 가시어 자주 씻으시는데
2 하루는 씻으시다 말고 넋을 잃은 듯이
한참을 앉아 계시더니 문득 '휴우!' 하
고 한숨을 쉬시는지라
3 호연이 "왜 그러고 앉았어요? 뭣 생각
해?" 하고 여쭈니
4 말씀하시기를 "내가 무엇을 생각하겠
냐, '언제나 세상을 뒤집어 버릴까.' 그
생각이지.
5 그래야만 내가 괜찮을 터인데, 이놈의
것이 뒤집어쓰려니 무거워서 안 뒤집
어진다." 하시니라.
6 호연이 다시 "어디가 무거워요? 얘기
좀 해 봐요! 오른팔이 무거워, 왼팔이
무거워?" 하고 여쭈니 상제님께서 "천

지가 다 무거워야~." 하시거늘
7 "선생님이 천지가 그렇게 다 무거울
적엔 다른 사람도 무거워서 죽을 테
고, 새로 이루려는 사람도 죽고, 몇 번
죽어야 해?
8 그러니 선생님은 몇 번 죽을 참이야?"
하고 여쭈는지라
9 상제님께서 말씀하시기를 "나는 손마
디 하나, 머리카락 하나만 있어도 천
지신명이 옹호를 해서 그것으로 살지,
죽는 사람이 아니여!" 하시니라.

골패와 장기, 바둑 공사

108 여러 성도들이 약방에 모이면
종종 방이며 마루에 몇 사람씩
둘러앉아 골패를 놀거나 바둑과 장기
를 즐겨 두니라.
2 하루는 상제님께서 형렬과 조 참봉 등
을 데리고 골패와 바둑알로 쌓기 내기
를 하시는데
3 상제님께서는 골패로 굴도 만드시고,
첩첩이 집도 만드시고 성도 쌓으시거늘
4 바둑알 쌓는 성도들이 상제님 쪽을 쳐
다보며 연신 따라해 보아도 번번이 허
물어지니 상제님께서 크게 호통을 치
시니라.
5 상제님께서 이번에는 장기를 두는 쪽
으로 가시어 "장이다!" 하고 소리치시
며 말씀하시기를
6 "야, 이놈아! 살려면 요리로 들어가야
지 여기다 왜 붙였냐? 이런 놈이 무슨
장기를 두느냐!" 하시며 빰을 한 대 때
리시고 길을 가르쳐 주시니라.

도운의 시작과 종결, 분열과 대통일

109 하루는 세수를 하신 뒤에 "도운
(道運)을 보리라." 하시고 세숫물
을 가리키시며 성도들에게 "눈을 감고
보라." 하시거늘
2 모두 명하신 대로 보니 문득 넓은 바
다에 뱀의 머리와 용의 꼬리가 굽이치는
지라
3 그대로 아뢰니 말씀하시기를 "나의 형
체가 사두용미(蛇頭龍尾)와 같으니라.
4 용은 한 잔의 물만 있어도 능히 천하
의 비를 지어내느니라." 하시니라.
5 또 말씀하시기를 "이 운수는 천지에
가득 찬 원원한 천지대운(天地大運)이
므로
6 갑을(甲乙)로서 머리를 들 것이요, 무기
(戊己)로서 굽이치리니
7 무기는 천지의 한문(閈門)인 까닭이니
라." 하시니라.

육임구호대 조직과 도세 만회의 새울 도수

110 1월 14일 밤에 덕두리(德斗里) 최
덕겸(崔德兼)의 집에 계실 때 '새
울'이라 써서 불사르시고
2 덕겸에게 명하시어 "새울 최창조(崔昌
祚)에게 가서 전도하라." 하시므로 덕
겸이 그 방법을 여쭈니
3 말씀하시기를 "창조의 집 조용한 방을
치운 뒤에 청수 한 동이를 길어다 놓고
4 수도자들을 모아서 숟가락 마흔아홉
개를 동이 앞에 놓고 시천주주(侍天主
呪)를 일곱 번 읽은 뒤에
5 다시 숟가락을 모아 잡고 쇳소리를 내
며 닭 울기까지 시천주주를 읽으라.
만일 닭 울기 전에 잠든 자는 죽으리
라." 하시니
6 덕겸이 창조의 집에 가서 명하신 대로
낱낱이 행하니라.
7 보름날 상제님께서 신원일(辛元一)을 데
리고 백암리로부터 새울에 이르시어
8 원일에게 백암리에서 가져온 당성냥과
두루마리를 덕겸에게 전하게 하시니
9 두루마리는 태을주(太乙呪)와

天文地理 風雲造化 八門遁甲
천문지리 풍운조화 팔문둔갑

六丁六甲 智慧勇力
육정육갑 지혜용력

이라 쓰신 것이더라.
10 또 창조에게 명하시어 "밖에 나가서
살피라." 하시니
11 창조가 나갔다가 들어와서 아뢰기를
"태인 순검이 선생님을 체포하려고 백
암리로 나갔다는 말이 있습니다." 하
니라.
12 이에 상제님께서 일어나시며 창조에게
일러 말씀하시기를 "너도 피하라." 하
시고
13 또 덕겸에게 이르시기를 "일 분 동안
의 일이니 빨리 집으로 돌아가라." 하
시고 창조에게 "돈 두 냥을 가져오라."
하시어
14 새울에 사는 이공삼(李公三)에게 간직
하게 하시고 통머릿골로 향하여 비틀
걸음으로 가시며 말씀하시기를
15 "도망하려면 이렇게 걸어야 하리라."
하시고 그 길로 구릿골로 가시니라.

후천 대개벽 구원의 의통 집행 공사: 숙구지 도수

111 태인 화호리(禾湖里) 숙구지(宿狗
地)에 사는 전태일(全泰一)이 운산
리(雲山里)에 머물고 있는 공우에게 찾
아와 말하기를
2 "시천주(侍天主) 주문을 읽었더니 하루
는 한 노인이 와서 '살고 잘 될 곳을 가
려면 남쪽으로 20리를 가라.' 하므로
찾아왔노라." 하니라.
3 공우가 태일을 데리고 와서 아뢰니 상
제님께서 글 한 장을 써서 태일에게
주시거늘
4 태일이 집에 돌아와서 펴 보니 곧 태을
주(太乙呪)라.
5 이에 하룻저녁을 읽으니 온 마을 남녀
노소가 다 따라 읽는지라
6 이튿날 태일이 와서 상제님께 그 사실
을 아뢰니 말씀하시기를
7 "이는 문공신(文公信)의 소위라. 숙구지
는 곧 수(數) 꾸지라. 장래 일을 수놓아
보았노라.
8 아직 시기가 이르니 그 기운을 거두리
라." 하시고
9 약방 벽에

氣東北而固守 理西南而交通
기동북이고수 이서남이교통

이라 쓰시고 문밖 반석(盤石) 위에 물
형(物形)을 그려 점(點)을 치신 다음
10 종이에 태을주(太乙呪)와 '김경소'를 써
붙이시고 일어나 절하신 뒤에 말씀하
시기를 "내가 김경소에게서 받았노
라." 하시니라.

김경소를 명부시왕전에 앉히심

11 이후 상제님께서 성도들을 데리고 비
인(庇仁)에 가시어 복종(覆鍾)도수를 보
시며 말씀하시기를
12 "김경소를 천상의 명부시왕전(冥府十王
殿)에 앉혀 해원시키리라." 하시니라.

태을주를 쓰라

112 또 칼 한 개와 붓 한 자루와 먹
한 개와 부채 한 개를 반석 위에
벌여 놓으시고 성도들로 하여금 뜻 가
는 대로 들게 하시니
2 찬명(贊明)은 칼을 들고, 형렬(亨烈)은
부채를 들고, 자현(自賢)은 먹을 들고,
한공숙(韓公淑)은 붓을 드니라.
3 이어 성도들을 약방 네 구석에 갈라
앉히시고 상제님께서 방 한가운데 서
서 '이칠륙(二七六) 구오일(九五一) 사삼
팔(四三八)'을 한 번 외우신 뒤에
4 성도 세 사람으로 하여금 종이를 지화
(紙貨)와 같이 끊어서 벼룻집 속에 채
워 넣게 하시고
5 한 사람이 한 조각을 집어내어 '등우(鄧
禹)'를 부르고 다른 한 사람에게 전하
며
6 그 종잇조각을 받은 사람도 또 등우를
부르고 다른 한 사람에게 전하며
7 다른 사람도 그와 같이 한 뒤에 세 사
람이 함께 '청국지면(淸國知面)'이라 부

르게 하시니라.
8 또 이와 같이 하여 '마성(馬成)'을 부른
뒤에 세 사람이 '일본지면(日本知面)'이
라 부르고
9 다시 그와 같이 하여 '오한(吳漢)'을 부
른 뒤에 세 사람이 '조선지면(朝鮮知面)'
이라 부르게 하시거늘
10 이와 같이 28장(將)과 24장(將)을 다 맡
기기까지 종잇조각을 집으니 그 종잇
조각 수효가 꼭 들어맞으니라.
11 태일이 집에 돌아갔다가 며칠 후에 다
시 와서 '그 뒤로는 마을에서 태을주를
읽지 않는다.'고 아뢰더라.
12 이후에 하루는 상제님께서 성도들에게
"태을주를 쓰라." 하시며
13 일러 말씀하시기를 "태을주를 문 위에
붙이면 신병(神兵)이 지나다가 도가(道家)
라 하여 침범하지 않고 물러가리라." 하
시니라.

주문 포교의 천명

113 기유년 봄에 구릿골에 계실 때
하루는 성도들을 둘러앉히시고
진액주(津液呪)를 써서 한 사람에게 주
시어 읽게 하시고
2 "만 명에게 전하라." 하시며 다짐을 받
으신 뒤에
3 그 사람으로 하여금 다시 그와 같이
다른 사람에게 차례차례로 돌려서 서
로 전하여 읽게 하시니라.

입도식 예법 공사

4 전주에서 김석(金碩)을 입도(入道)시키
실 때 광찬과 형렬을 좌우에 세우시
고
5 그 앞에 청수(淸水)를 놓고 청수를 향
하여 사배(四拜)하게 하신 뒤에
6 두 사람에게 태을주(太乙呪)를 중이 염
불하듯이 스물한 번 읽게 하시고
7 이어서 김석으로 하여금 읽게 하시니
라.

개벽 상황에 광제 나갈 때

114 하루는 상제님께서 공우를 불러
말씀하시기를 "일후에 광제(廣
濟)하러 나갈 때에는 용봉기(龍鳳旗)와
장군기(將軍旗)를 원평에 꽂아라.
2 원평이 이제 장상기지(將相基址)니라."
하시고
3 또 말씀하시기를 "그 때에는 광제표(廣
濟票)와 천표(天票)를 들고 나가야 하리
라." 하시니라.
4 이에 공우가 여쭙기를 "광제표를 들고
나가는 것은 무슨 연유입니까?" 하니
5 말씀하시기를 "신명을 위로하기 위함
이니라." 하시니라.
6 그 뒤에 상제님께서 공우를 불러 말씀
하시기를 "병겁으로 다 죽어 나갈 그
때
7 광고판을 길거리에 붙여 광제 나가는
것을 세상 사람들에게 알려라." 하시
니라.
8 이어 말씀하시기를 "앞으로 때가 되면
나의 계승자가 나와서 광제를 나가느
니라." 하시니라.

육임군 발동으로 난법 도운을 종결하심

115 상제님께서 공우에게 일러 말씀
하시기를 "육임은 군대와 같으니
라." 하시고
2 '육임노래'라 하시며 매양 노래를 부르
시니 이러하니라.
3 큰 놀음판이 생겼구나.
육임군(六任軍)이 들어가면 그 판이
깨어지네.
육임군 뒤에는 건달이 따르네.
건달도 한 짓 먹네.

이것이 포덕천하

116 하루는 상제님께서 공우를 데리
고 금구 수류면(水流面) 거야(巨
野) 마을을 지나실 때
2 어느 집에서 갓난아이가 죽어 그 부모

가 땅을 치며 대성통곡을 하고 있거늘
3 상제님께서 죽은 아이를 잠시 살피시
다가 갑자기 아이의 부모에게 "나를 따
르겠느냐?" 하시니
4 그 부모가 "따르고 말고요. 아이를 살
릴 수만 있다면 무슨 일이든 하겠습니
다." 하고 아뢰니라.
5 이에 상제님께서 "그러면 닭 한 마리
를 잡아 오너라." 하시니 아이의 부모
가 즉시 술과 닭을 준비하여 올리거늘
6 상제님께서 다 잡수시고 상을 물리시
니 순간 죽은 아이가 깨어나 울음을
터뜨리는지라
7 놀란 부모가 살아난 아이를 끌어안고
기뻐하며 상제님께 연신 절을 올리니
라.
8 이에 상제님께서 웃으시며 그 부모에
게 이르시기를 "아이가 새로운 생명을
받았으니 반듯하게 키워라." 하시고
집을 나서시거늘
9 공우가 여쭈기를 "대뜸 아이의 부모에
게 선생님을 따르겠냐고 물으시니 무
슨 까닭입니까?" 하니
10 상제님께서 말씀하시기를 "이것이 포
덕천하(布德天下)니라." 하시니라.

공신을 원시천존들께 인사시키심

117 상제님께서 구릿골에 계실 때
하루는 한밤중이 되어 여러 성
도들 틈에서 잠을 자는 공신을 툭 치
시며 따라 나오라고 손짓을 하시거늘
2 공신이 밖으로 나오니 상제님께서 "내
등에 업혀라." 하시고 "업혀 있는 동안
은 눈을 뜨지 말아라." 하시니라.
3 공신이 상제님의 등에 업히며 눈을 감
으니 붕 떠서 어디론가 올라가는데
4 공신의 귀에는 바람 스치는 소리만 맹
렬히 들리거늘 이는 상제님께서 축천
(縮天)을 하심이라.
5 이윽고 바람소리가 그치더니 상제님께
서 한 곳에 공신을 내려놓으시며 "눈을
떠라." 하시므로
6 공신이 눈을 뜨니 요운전이라는 현판
이 걸린 장대한 궁궐 앞에 와 있더라.
7 상제님께서 공신을 데리고 궁 안으로
드시더니 여러 천존(天尊)들께 공신을
인사시키시거늘
8 선관들이 "그려~." 하고 대답하시고
는 아무 말씀도 하지 않으시니라.
9 이어 상제님께서 보좌에 오르시어 만
조백관에게 명을 내리시니라.
10 공신이 궁 안의 여러 곳을 구경하고
다시 상제님을 따라 내려와 잠자리에
드니 다른 성도들은 눈치 채지 못하니
라.

도운의 추수운은 판밖에

118 하루는 상제님께서 말씀하시기
를 "일을 해야 되니 불가지(佛可
止) 김성국(金成國)을 데리고 오라.
2 천지공사를 결정하리라.
3 우리끼리 일했으나 나의 일은 판밖에
있느니라." 하시고
4 또 손을 오므리시고 말씀하시기를 "이
손 안에 무엇이 있는 줄 아느냐?
5 방 안에 일을 두고 마당에서 야단친단
말이니라." 하시니라.

젊은 일꾼이 나와서 일한다

119 상제님께서는 매양 '일이 곧 된
다.', '좋은 세상을 본다.' 하실
뿐 그 때가 언제라고 분명하게 가르쳐
주지 않으시니라.
2 하루는 말씀하시기를 "고목에 움이 나
서 그놈이 또 고목이 되어 다시 움이
돋아 거기서 새끼를 친다." 하시니라.
3 또 호연에게 종종 이르시기를 "고목에
서 움이 나서 난데없는 도인이 나선다.
4 그 도인이 너를 만나러 와. 앞으로 네
목숨 살려 낼 사람이 다시 생기니 넌
안 죽느니라. 이제 네 생활이 나온다."
하시니라.

천지에서 현무가 쌀을 부르니

120 구릿골에 계실 때 하루는 경석의 아우 윤경(輪京)이 찾아와 뵈니
2 상제님께서 이르시기를 "천지에서 현무(玄武)가 쌀을 부르니 네 형의 기운을 써야 할지라.
3 돌아가서 네 형에게 '혀와 입술을 움직이지 말고 시천주주를 읽으라.' 하라." 하시고
4 "앉고 섬에 잠시도 쉬지 말고 읽게 하라." 하시니라.

대문명을 여는 젊은 일꾼

121 하루는 공사를 보시며 김송환(金松煥)에게 옛 글을 읽어 주시니 이러하니라.
2 少年才氣拔天摩하니
소년재기발천마
手把龍泉幾歲磨오
수파용천기세마
石上梧桐知發響하니
석상오동지발향
音中律呂有餘和라
음중율려유여화
소년의 재기는 하늘을 쓰다듬을 듯 빼어나니
손에 잡은 용천검 몇 해를 갈아 왔던가.
돌 위에서 자란 오동은 소리를 낼 줄 아니
소리 속의 율려에는 화기(和氣)가 넉넉하구나.
3 口傳三代詩書教하고
구전삼대시서교
文起千秋道德波라
문기천추도덕파
皮幣已成賢士價하니
피폐이성현사가
賈生何事怨長沙오
가생하사원장사
입으로는 삼대에 걸쳐 시서(詩書)의 가르침을 전하고
글로는 천추에 도덕의 물결을 일으켰도다.
폐백은 이미 어진 선비를 값있게 하였는데
가생(賈生)은 무슨 일로 장사(長沙)에 있음을 원망하느냐!

천하사 성공의 이윤(伊尹) 도수

122 하루는 류찬명이 모실 때 공사를 보시며 글을 쓰시니 이러하니라.
2 正心
정심
修身齊家治國平天下라
수신제가치국평천하
爲天下者는 不顧家事니라
위천하자 불고가사
마음을 바로 하여야 몸을 닦을 수 있고
집안을 다스릴 수 있으며 나라를
다스릴 수 있고 천하를 평안케 할 수 있느니라.
천하사를 하는 자는 집안일을 돌볼 수가 없느니라.
3 桀은 惡其時也요 湯은 善其時也니라
걸 악기시야 탕 선기시야
걸(桀)은 그 때를 악으로 다스리고
탕(湯)은 그 때를 선으로 다스렸느니라.
4 天道 教桀於惡하고 天道 教湯於善하니
천도 교걸어악 천도 교탕어선
桀之亡과 湯之興이 在伊尹이니라
걸지망 탕지흥 재이윤
천도가 걸에게는 악을 가르치고
천도가 탕에게는 선을 가르쳤나니
걸이 망하고 탕이 흥한 것이 모두
이윤(伊尹)에게 달려 있었느니라.

대두목이 강세하는 때

123 하루는 성도들에게 말씀하시기를 "대인의 행차에 삼초(三招)가 있느니라.

2 갑오(甲午: 道紀 24, 1894)년에 일초가
되었고, 갑진(甲辰: 道紀 34, 1904)년에
이초가 되었고, 손병희(孫秉熙)는 삼초
를 맡았나니
3 삼초 끝에는 대인이 나오리라." 하시고
손병희의 만사(輓詞)를 지어 불사르시
니 이러하니라.
4 知忠知義君事君하니
지충지의군사군
一魔無藏四海民이라
일마무장사해민
孟平春信倍名聲하니
맹평춘신배명성
先生大羽振日新이라
선생대우진일신
충을 알고 의를 아는 그대가 임금을
섬기더니
일본놈의 마수에 사해 백성을 숨겨
주지 못하는구나.
전국시대 사군자인 맹상군(齊)
평원군(趙) 춘신군(楚) 신릉군(魏)의
명성보다도 훨씬 뛰어나니
선생이 큰 날갯짓을 떨치매
민족의 정기가 새로워지리라.

상제님 말씀 성편 공사

124 기유년 4월에 용머리고개에 머무
르실 때 하루는 광찬(光贊)에게
명하시기를
2 "너는 김병욱의 집에 있으면서 내가 전
하는 글을 낱낱이 정서(淨書)하여 오
라." 하시고 형렬로 하여금 광찬에게
글을 전하여 정서하여 오게 하신 뒤에
3 광찬에게 "이 글을 세상에 전함이 옳
으냐?" 하고 물으시니
4 광찬이 "감히 알지 못하겠으니 뜻대로
하옵소서." 하고 아뢰니라.
5 상제님께서 그 글을 불태우시며 말씀
하시기를 "정읍에 한 책을 두었으니
그 책이 세상에 나오면 천하가 내 일을
알게 되리라." 하시고
6 모두 불사르신 뒤에 구릿골로 돌아오
시니라.
7 그 책 속에 있는 글이 많으나 전하지
못하고 다만 광찬이 한 절을 기억하여
전하니 이러하니라.
8 士之商은 職也요 農之工은 業也이니
사지상 직야 농지공 업야
士之商과 農之工이 職業也니라
사지상 농지공 직업야
선비와 상인은 직(職)이요
농부와 공인은 업(業)이니
선비와 상인과 농부와 공인이
직업(職業)이니라.

인간농사 짓는 우주일년 사계절의 변화성

9 萬物資生하여 羞恥하나니
만물자생 수치
放蕩神道는 統이니라
방탕신도 통
春之氣는 放也요 夏之氣는 蕩也요
춘지기 방야 하지기 탕야
秋之氣는 神也요 冬之氣는 道也니
추지기 신야 동지기 도야
統은 以氣主張者也라
통 이기주장자야
知心大道術이니라
지심대도술
戊申 十二月 二十四日
무신 십이월 이십사일
만물은 어머니 곤덕(坤德: 땅)에
바탕하여 생겨나 부끄러워하는 본성이
있으니
방(放) 탕(蕩) 신(神) 도(道)는 천지변화의
큰 법도와 기강(統)이니라.
봄기운은 만물을 내어놓는 것(放)이고
여름기운은 만물을 호탕하게 길러내는
것(蕩)이요
가을기운은 조화의 신(神)이며
겨울기운은 근본인 도(道)이니라.
내가 주재하는 천지 사계절 변화의
근본 기강은 기(氣)로 주장하느니라.

마음을 훤히 들여다보는 대도술이니라.
무신 12월 24일.

진법 도운의 도전(道典) 간행 공사

125 하루는 김형렬에게 이르시기를
"도(道)를 전하고자 하는 자는
대학(大學) 경일장(經一章) 장하(章下)를
잘 알아 두어야 하느니라." 하시고
2 글을 외워 주시니 이러하니라.
3 右는 經一章이니 蓋孔子之言을
우 경일장 개공자지언
而曾子述之하고 其傳十章은
이증자술지 기전십장
則曾子之意를 而門人記之也라
즉증자지의 이문인기지야
舊本에 頗有錯簡일새
구본 파유착간
今因程子所定하고 而更考經文하여
금인정자소정 이갱고경문
別爲序次하니 如左하노라
별위서차 여좌
오른쪽 글은 대학경문 일장이니
대개 공자의 말씀을 증자가 기술한
것이요
전문(傳文) 십장은 증자의 뜻을 문인이
기술한 것이니라.
옛 책에는 자못 착간이 있으므로 이제
정자(程子)가 정한 바에 따라 다시
경문을 상고하여 별도로 차례를
만드니 다음과 같노라.
4 하루는 성도들에게 일러 말씀하시기
를 "일후에 도수가 실현되어 기록이 나
오리라." 하시고
5 "알려고 하지 말라. 너희들은 알려고
해도 알지 못할 것이요, 일러 주어도
알지 못하리라." 하시니라.

진법이 나오리라

126 하루는 성도들에게 말씀하시기
를 "이제 천하의 마(魔)를 해원
시켜 난신(亂神)들로 하여금 각기 그
소원을 이루게 하여
2 앞으로 오는 후천 오만년에는 다시 망
령된 짓을 못 하게 하리라." 하시니라.
3 또 말씀하시기를 "나의 일이 장차 초
장봉기지세(楚將蜂起之勢)로 각색이 혼
란스럽게 일어나 잡화전 본을 이루리
라.
4 그러나 그 후에 다시 진법(眞法)이 나오
게 되리라." 하시고
5 "이제 전 세계에 가(假)망량을 배치하
였으나 일심자(一心者)에게는 진(眞)망
량을 응케 하리라." 하시니라.

아(亞) 자를 잘 알아 두라

127 상제님께서 성도들과 용머리고
개에 이르시어 공사를 행하실
때 "백지 넉 장을 사 오라." 하시어 네
사람으로 하여금 각기 한 귀씩 들게
하시고
2 성도들에게 물으시기를 "이 형상이 무
엇과 같으냐?" 하시니 성도들이 모두
"불삽(黻翣)과 같습니다." 하고 대답하
니라.
3 다시 "불삽에 무슨 글자를 쓰느냐?"
하고 물으시니 성도들이 일제히 "버금
아(亞) 자를 씁니다." 하고 아뢰거늘
4 말씀하시기를 "아(亞) 자를 잘 알아 두
라." 하시니라.

도통자가 나온다

128 하루는 성도들에게 일러 말씀하
시기를 "과거에는 도통이 나지
않았으므로 해를 끼치면 해를 받았지
만
2 이 뒤에 도통한 사람이 나오면 해를 끼
치다가는 제가 도리어 해를 입으리라.
3 이 뒤에 도통자가 나오면 조심조심하
라." 하시니라.

종통맥이 사는 맥

4 사람은 그 사람이 있고, 도는 그 도
(道)가 있고, 땅은 그 땅이 있느니라.

5 시속에 '맥 떨어지면 죽는다.' 하나니
연원(淵源)을 잘 바루라.
6 도통천지보은(道通天地報恩)이니라.

신천지 도통줄이 열릴 때는

129 하루는 성도들이 도통에 대해
여쭈니 말씀하시기를 "때가 오
면 한 사람이 먼저 도통을 받나니
2 이는 만도(萬道)가 귀일(歸一)하는 천명
이니라." 하시니라.
3 또 말씀하시기를 "도통줄은 대두목에게
주어 보내리라.
4 법방(法方)만 일러 주면 되나니 내가 어
찌 홀로 맡아 행하리오.
5 도통시킬 때에는 유불선 각 도통신(道
通神)들이 모여들어 각기 그 닦은 근기
(根機)에 따라서 도를 통케 하리라." 하
시니라.

참일꾼이 받는 도통

130 박공우가 여쭈어 말하기를 "동
학주(東學呪)를 읽고 강(降)을 받
는 자가 많이 있으되
2 저는 아무리 열심히 읽어도 강을 받지
못하였으니 무슨 까닭입니까?" 하니
3 상제님께서 웃으며 말씀하시기를 "동
학주에 내가 들었으므로 읽는 자가 다
두려워하여 떠는 것이요 강령은 아니
니라.
4 이는 다 제우강(濟愚降)이요 천강(天降)
은 아니니
5 천강을 받는 자는 병든 자를 한 번 만
져도 낫고 건너보기만 하여도 낫느니
라." 하시니라.
6 또 공우가 여쭈기를 "동학에 강필(降
筆)로 부(符)를 그려서 병자를 먹이면
낫는 자도 있고 죽는 자도 있어 일치
하지 않으니 무슨 까닭입니까?" 하니
7 대답하여 말씀하시기를 "부를 먹이면
비위(脾胃)를 상하게 하여 해가 될지언
정 이롭지는 못하니라. 혹 차효를 보
았다는 자는 본시 나을 사람이니라.
8 강에는 허강(虛降)과 진강(眞降)이 있나
니 진인(眞人)은 허강이 없느니라.
9 도통시킨 뒤에 강을 내려 주리니 진강
을 받은 자는 병자를 건너다보기만 하
여도 낫고, 말만 하여도 낫고, 만지기
만 하여도 낫느니라." 하시니라.

쓸 때에 열어 주리라

131 하루는 한 성도가 도술(道術)을
가르쳐 주시기를 청하니 말씀하
시기를
2 "지금은 가르쳐 주어도 들어가지 않고
밖으로 흘러 바위에 물주기와 같으니
쓸 때에 열어 주리라." 하시니라.
3 또 이르시기를 "옛날에 제갈공명이 동
남풍을 불렸다 하나 이는 제단을 쌓고
여러 날 빌어서 이루어진 것이니
4 때가 오면 너희들은 명(命)으로써 그
자리에서 바람을 불리리라." 하시니
라.
5 하루는 성도들에게 말씀하시기를 "내
가 너희에게 용기(龍氣)만 주면 너희는
비를 마음대로 오게 할 수 있고
6 병든 사람을 말로써 고치며, 죽은 사
람을 다시 살려 내느니라." 하시니라.

상제님의 공부법: 체를 잡고 광명을 얻어야

132 하루는 구릿골에서 공사를 보실
때 글을 쓰시니 이러하니라.
2 一三五七九 二四六八十
일삼오칠구 이사륙팔십
成器局 塚墓天地神 基址天地人
성기국 총묘천지신 기지천지인
運靈臺四海泊 得體 得化 得明
운영대사해박 득체 득화 득명
선천의 일삼오칠구,
후천의 이사륙팔십.
기국을 이루나니
선천의 총묘(陰宅)천지신,

후천의 기지(陽宅)천지인.
마음은 사해에 뻗어서 머무느니라.
체를 잡고, 변화를 얻고,
광명을 얻어야 하느니라.

각기 기국에 맞추어 주리라

133 하루는 글을 쓰시니 이러하니
라.
2 充者는 慾也라
충자 욕야
以惡充者도 成功하고
이악충자 성공
以善充者도 成功하니라
이선충자 성공
채운다는 것은 욕심이라.
악으로 채우는 자도
성공(자기 충족)하고
선으로 채우는 자도
성공(자기 충족)하느니라.
3 양이 적은 자에게 지나치게 많이 주면
배 터져 죽고, 양이 큰 자에게 너무 적
게 주면 곯아 죽나니
4 각기 기국(器局)에 맞추어 주리라.

나의 도통 공부는 삼등이 있나니

134 나의 공부는 삼등이 있나니
2 상재(上才)는 만사를 심단(心端)
으로 용사하고
3 중재(中才)는 언단(言端)으로 용사하고
4 하재(下才)는 알기는 하나 필단(筆端)으
로 용사를 하리라.

닦은 바에 따라 도통을 주리라

135 하루는 공우가 여쭈기를 "도통
을 주옵소서!" 하니
2 상제님께서 꾸짖으시며 "그 무슨 말이
냐. 도통을 네가 하겠느냐? 판밖에서
도통하는 이 시간에 생식가루 먹고 만
학천봉 돌구멍 속에, 죽었는지 살았는
지 내 가슴이 답답하다.
3 들으라. 각 성(姓)의 선령신(先靈神) 한 명
씩 천상공정(天上公庭)에 참여하여 제 집
안 자손 도통시킨다고 눈에 불을 켜고
앉았는데
4 이제 만일 한 사람에게 도통을 주면
모든 선령신들이 모여들어 내 집 자손
은 어쩌느냐고 야단칠 참이니 그 일을
누가 감당하리오.
5 그러므로 나는 사정(私情)을 쓰지 못하
노라.
6 이 뒤에 일제히 그 닦은 바를 따라서
도통이 한 번에 열리리라.
7 그런 고로 판밖에 도통종자(道通種子)를
하나 두노니
8 장차 그 종자가 커서 천하를 덮으리
라." 하시니라.

도통을 할 때는

9 하루는 상제님께서 말씀하시기를 "도
통은 우레와 같이 하리라.
10 도통은 비 쏟아지듯 하리라." 하시니
라.

천지공사에는 인정도 사정도 없다

136 하루는 말씀하시기를 "천지공사
에는 인정도 사정도 없느니라."
하시니
2 성도들이 "어찌 그렇습니까?" 하고 여
쭈거늘
3 말씀하시기를 "허허~, 각기 하고 싶
은 일을 하니 어찌 그 뜻을 다 받아 줄
까." 하시니라.

도운 추수자의 고난과 도성덕립의 심법

137 상제님께서 하루는 성도들에게
글을 써 주시니 이러하니라.
2 鍾鼓一聲에 天下號令하고
종고일성 천하호령
鳳鳴一唱에 天下鷄鳴이라
봉명일창 천하계명
八方失頭나 黃土通明이로다
팔방실두 황토통명

성인이 종고소리 한 번 울려 천하를 호령하고
봉황이 한 번 울면 천하의 닭이 우느니라.
온 세상이 머리(君師父)를 잃고 헤매고 있으나
중앙(五皇極)은 세상사를 훤히 꿰뚫고 있도다.

3 前後風霜에 年年多苦나
전후풍상 연년다고
醫世之心이요 功名之情이로다
의세지심 공명지정
外有氣和하고 內有神靈하니
외유기화 내유신령
搖之不動이요 激之不濁이요
요지부동 격지불탁
一片丹心으로 以待其時라
일편단심 이대기시
한평생 온갖 시련 해마다 더 괴로우나
병든 세상 건지려는 마음 공명을
세우고픈 심정이로다.
외양은 화평한 기운 넘쳐나고
안은 신령스러우니
흔들어도 움직이지 아니하고 격류에도
흐려지지 아니하며
일편단심으로 그 때를 기다리는구나.

4 瞻彼南山한대 惟石巖巖이로다
첨피남산 유석암암
正冠天下하니 有何虛妄고
정관천하 유하허망
緩則稍急이요 急則稍緩이라
완즉초급 급즉초완
風風雨雨에 忍耐其心이라
풍풍우우 인내기심
저 남산 바라보니
암석이 우뚝우뚝하도다.
천하를 바로잡아 으뜸이 되니
어찌 허망함이 있으리오.
더디면 조금 급하게,
급하면 조금 더디게 하라.
몰아치는 비바람에도
마음을 잘 참고 견디는도다.

5 出入必敬하고 有望有心이라
출입필경 유망유심
扶植綱紀는 明公其誰오
부식강기 명공기수
億兆欽望이 允則允矣로다
억조흠망 윤즉윤의
나와서나 들어가서나 반드시 만사에
공경히 하고
세상 건지려는 소망과 참된 마음
있도다.
세상의 기강 바로잡으려는 밝은 어른
그 누구신가.
억조창생이 우러러 바라는 사람
진실로 그 사람이로다.

6 朝東暮西에 曰是曰非하니
조동모서 왈시왈비
生我者誰오 粒粒難望이로다
생아자수 입립난망
아침에는 동쪽으로 저녁에는 서쪽으로
옳다 그르다 말들도 많은데
진정 나를 살릴 자 그 누구신가.
하나하나를 다 바라기는 진실로
어렵도다.

7 生生氣氣요 望望立立이라
생생기기 망망입립
世事風潮는 修德可知요
세사풍조 수덕가지
神出鬼沒은 淸濁五音이로다
신출귀몰 청탁오음
끊임없이 솟구치는 기백이여!
살리고 살리기를 소망하고
또 소망하도다.
세상사 돌아가는 세태는
덕을 닦아야 알 수 있고
신출귀몰한 신도(神道) 조화는
청탁 오음의 주문소리에 응하도다!

만국 통일의 심법과 행동

138 惟靈惟氣여 錫我鴻福이로다
유령유기 석아홍복

英雄才氣는 處處飛騰이나
영웅재기 처처비등
桑田碧海는 自在其時라
상전벽해 자재기시
回首江山하니 更起精神이로다
회수강산 갱기정신
충만한 기와 영이여!
나에게 주어진 홍복이로다.
선천 영웅들의 재기는 곳곳마다
날뛰는데
상전벽해의 개벽천지는 스스로 정해진
때가 있느니라.
강산을 되돌아보니 다시금 새 정신이
용솟음치는도다.

2 楚歌環悲하니 自醒其心이라
초가환비 자성기심
金聲振之는 良有以也로다
금성진지 양유이야
鼓動萬物에 和氣自發하고
고동만물 화기자발
開閉樞機하고 出入門戶하니
개폐추기 출입문호
帶道日月에 聖靈其旺이라
대도일월 성령기왕
사면초가(四面楚歌)의 고난과 비통함에
둘러싸이니
이 마음 스스로 깨어지는구나.
가을 소식 퍼뜨리고 거둠에는 진실로
까닭이 있음이로다.
만물을 고동시키니
화기가 절로 일고
문지도리요 문호인 내 마음을
천지신명이 여닫고 출입하니
변화의 도를 그려가는 일월이
성령을 왕성케 하는구나.

3 仁慈其心이요 措縱其聲이라
인자기심 조종기성
萬國統合이 實由此矣리니
만국통합 실유차의
萬人之誠이요 萬世之寶라
만인지성 만세지보
千機萬機요 萬化千化니
천기만기 만화천화
三山神靈이 舞哉舞哉로다
삼산신령 무재무재
마음은 어질고 자비로우며 진리의
말씀 베풀어 새 세상을 열어가는도다.
만국의 통합이 실로 이러한 심법과
행동으로 말미암으니 모든 일꾼의
정성이요 만세의 보배로다.
인자한 그 마음 천 가지 만 가지
기틀이요
온갖 조화 일으키니 삼산의 신령들이
춤을 추며 기뻐하는구나.

도덕천지 '요순세계' 되는구나

139 梧桐明月에 鳳凰來儀로다
오동명월 봉황래의
靜則正體요 動則正聲이라
정즉정체 동즉정성
오동나무에 보름달이 걸리니 봉황이
날아와 춤을 추도다.
고요하면 바른 몸짓이요 움직이면
정법의 말씀 노래하네.

2 萬目所照하고 萬耳所通하니
만목소조 만이소통
道德乾坤에 堯舜世界로다
도덕건곤 요순세계
만백성의 눈이 열리고 만백성의 귀가
소통되니
도통 열린 도덕천지 '요순세계'
되는구나.

3 天必有志하면 地必有應하나니
천필유지 지필유응
世世承承하여 千世萬世로다
세세승승 천세만세
하늘이 반드시 뜻을 두면
땅이 꼭 받아 응하나니
세세로 이어받아 천 년 만 년
이어가리.

계묘(癸卯: 道紀 33, 1903)년에 상제님께서
대원사 주지 박금곡에게 써 주신 글

제7편

후천개벽(後天開闢)과 조화선경(造化仙境)

후천개벽(後天開闢)과 조화선경(造化仙境)

우주일가의 선경낙원을 열어 주심

1 증산 상제님께서는 천지가 성공하는 가을 대개벽기를 맞아 인간으로 강세하신 개벽장(開闢長) 하느님이시니라.
2 삼계대권의 무궁한 조화권으로 천지공사(天地公事)를 집행하시어 그릇된 신도와 인사 질서를 바로잡으시니
3 상씨름과 추살(秋殺)의 병겁(病劫) 심판으로 선천 상극 세상을 마감하시고
4 의통(醫統) 대권으로 천하창생을 건져 우주일가(宇宙一家)의 조화선경을 열어 주시니라.
5 후천 선경세계는 가가도장(家家道場)이요, 인신합덕(人神合德)으로 인인(人人)이 성신(聖神) 되어 만백성이 성숙하고 불로장생하는 무궁한 조화낙원이라.
6 상제님은 당신의 도꾼들이 건설하는 신천지(新天地)의 후천 조화선경에 성령으로 강세하실 것을 언약하시니
7 후천선경은 만사지(萬事知) 문화 속에서 상제님 일꾼이 천지의 도정(道政)을 주관하는 인존(人尊)의 새 역사니라.

후천선경 세계 건설

2 상제님께서 9년 천지공사를 행하시며 항상 이르시기를 "천하의 백성들이 한마음 한뜻으로 살 수 있는 후천 오만년 선경세계를 건설하리라." 하시니라.
2 호연이 때때로 "언제나 개벽이 될까요?" 하고 여쭈면 매양 "곧 된다."고만 하시니 호연이 늘 궁금해하거늘
3 하루는 상제님께서 말씀하시기를 "여러 나라를 한목에 잡으려면 핑계 없는 나라 없다고 쉬운 일은 아니니라.
4 한 나라의 나라님이 편하고 아니 편하고는 신하들이 하기에 달렸느니라.
5 신하가 잘해야 나라님도 편한 것이지 나라님 혼자 잘한다고 편한 것은 아니니라. 그 뜻을 알겠냐?
6 내가 이렇게 앉아 있다고 편한 줄 알아도, 여러 나라를 서로 손잡게 하려니 힘이 드는구나!
7 한집안 식구간의 대수롭지 않은 언약이라도 틀어지는 수가 있는데
8 어찌 이 천지에서 한마음이 그렇게 쉽게 되겠느냐?
9 그러니 마음을 급하게 먹지 말라.
10 이 구멍, 저 구멍 중에 한 구멍이 제일 크니 천하에 입구멍이 제일로 큰 것이니라.
11 나중에 너희가 해석을 하고 살아보면 알 것이다. 말을 해서 아는 것이 아니라 때가 너희를 가르쳐 주느니라." 하시니라.

개벽이 될 때는

3 상제님께서 말씀하시기를 "개벽 시간은 도통군자도 모르게 하느니라.
2 너희가 그토록 애태우며 기다리나 눈 한 번 깜짝하는 때에 개벽이 되느니라. 되느라면 그렇게 바짝 되느니라." 하시고
3 또 말씀하시기를 "천지에서 위해야 날이 닥치고 시간이 되어야 날이 닥치느니라.
4 아무리 배가 고파도 풋나락은 못 먹는 법이니라.
5 아기가 열 달을 별러 나오는 것과 같이 때가 되어야 천지개벽이 되느니라.
6 앞으로 오는 세월이 연(年)으로 다투다가, 달(月)로 다투다가, 날(日)로 다

투다가, 시간(時)으로 다투다가, 분(分)
으로 다투게 되리니 대세를 잘 살피라."
하시니라.

도(道)를 잘 닦고 정의롭게 살아야

7 한 성도가 여쭈기를 "세간에 '도하지(道
下止)'라는 말이 있사온데 과연 그러합
니까?" 하니
8 말씀하시기를 "이제 하늘과 땅이 대비
겁(大否劫)에 처하였으니 천지대도에
머물지 않는다면 어떻게 살겠느냐?"
하시니라.
9 또 이르시기를 "성경신(誠敬信) 주장하
여 원형이정(元亨利貞)으로 행한다면
도하지가 예 아닌가!
10 원형이정으로 살아야 한다. 그러면 정
의가 승리한다." 하시고
11 "앞세상은 가가운장(家家雲長)이니라."
하시니라.

지구촌이 한집안 되는 후천선경

4 후천에는 천하가 한집안이 되리니 모
든 언어동정을 통일하여 조금도 편색
(偏塞)함이 없게 하리라.
2 위무(威武)와 형벌을 쓰지 않고 조화로
써 창생을 다스리되 자기의 잘못을 스
스로 깨닫게 하며
3 벼슬아치는 직품(職品)에 따라 화권(化
權)이 열리므로 분의에 넘치는 폐단이
없고
4 모든 백성의 쇠병사장(衰病死葬)을 물
리쳐 불로장생(不老長生)으로 영락을 누
리게 하리니
5 너희들은 환골탈태(換骨奪胎) 되어 키
와 몸집이 커지고 옥골풍채(玉骨風采)가
되느니라.
6 후천에는 덕을 근본으로 삼아 이 길에서
모든 복록과 영화를 찾게 되느니라.

선경세계의 생활 문화

5 후천에는 만국이 화평하여 백성들이
모두 원통과 한(恨)과 상극과 사나움
과 탐심과 음탕과 노여움과 번뇌가 그
치므로 말소리와 웃는 얼굴에 화기(和
氣)가 무르녹고
2 동정어묵(動靜語默)이 도덕에 합하며,
사시장춘(四時長春)에 자화자청(自和自
晴)하고, 욕대관왕(浴帶冠旺)에 인생이
불로장생하고
3 빈부의 차별이 철폐되며, 맛있는 음식
과 좋은 옷이 바라는 대로 서랍 칸에
나타나며
4 운거(雲車)를 타고 공중을 날아 먼 데와
험한 데를 다니고 땅을 주름잡고 다니
며 가고 싶은 곳을 경각에 왕래하리라.
5 하늘이 나직하여 오르내림을 뜻대로 하
고, 지혜가 열려 과거 현재 미래와 시방
세계(十方世界)의 모든 일에 통달하며
6 수화풍(水火風) 삼재(三災)가 없어지고
상서가 무르녹아 청화명려(淸和明麗)한
낙원의 선세계(仙世界)가 되리라.

신명이 수종 드는 세계

7 선천에는 사람이 신명을 받들어 섬겼
으나 앞으로는 신명이 사람을 받드느
니라.
8 후천은 언청계용신(言聽計用神)의 때니
9 모든 일은 자유 욕구에 응하여 신명이
수종 드느니라.

김형렬에게 열어 주신 도통의 경지

6 하루는 상제님께서 김형렬(金亨烈)을
불러 "너의 천백번 소청이 도통하는
것이었으니 오늘은 너에게 도통을 내
려 주리라." 하시니
2 그 즉시 형렬의 눈앞에 삼계가 환히
트이며 삼생(三生)이 밝게 비치고
3 일원세계(一元世界)가 눈앞에 있고 사해
중생(四海衆生)이 마음에 나타나며, 모
든 이치가 뚜렷이 드러나고 만상(萬象)
이 펼쳐지며
4 서양에도 마음대로 가고 하늘 끝으로
새처럼 날아오르기도 하며, 풍운조화
(風雲造化)가 마음대로 되고 둔갑장신

(遁甲藏身)이 하고자 하는 대로 이루어
지며
5 천지가 내 마음과 일체가 되고 삼교(三
敎)를 두루 쓰며, 모르는 것이 없고 못
하는 바가 없게 되니라.
6 이에 형렬이 기쁨을 이기지 못하고 있
는데, 며칠 지나지 않아 상제님께서
"이제 그만 거두리라." 하시니
7 그 말씀이 떨어지자 바로 밝은 기운이
모두 사라져 겨우 신명의 출입을 보고
신명과 문답만 조금 할 수 있게 되니
라.

하늘을 나직하게 한다

7 하루는 성도들을 데리고 구릿골 앞을
지나시다가 말씀하시기를 "하늘은
공각(空殼)이니라.
2 선천에는 빈껍데기인 하늘이 부질없이
높기만 하였으나 후천에는 하늘을 나
직하게 하여 사람들의 키에 알맞게 하
리라.
3 장차 하늘에 배가 뜨고, 옷도 툭툭 털
어서 입는 잠자리 속날개 같은 옷이
나오느니라.
4 축지술(縮地術)을 배우지 말라.
5 운거를 타고 바람을 어거(馭車)하여 만
리 길을 경각에 대리라.
6 용력술(用力術)을 배우지 말라.
7 기차와 윤선으로 백만 근을 운반하리
라." 하시니라.
8 이어 말씀하시기를 "장차 쇠꼬챙이에
서 불이 나와 방안에서 세상을 다 볼
수 있게 되느니라.
9 또 멀리 있어도 옆에 있는 것처럼 서로
얼굴을 보면서 얘기하는 좋은 세상이
오리라." 하시니라.

선천의 문명이기는 도술로 평정

8 하루는 상제님께서 성도들에게 말씀
하시기를 "앞으로 세계 여러 나라들
이 일어나 각기 재주 자랑을 하리니
큰 재주가 나올수록 때가 가까이 온
것이니라.
2 재주 자랑이 다 끝난 후엔 도술로 세
상을 평정하리니 도술정부(道術政府)가
수립되어 우주일가를 이루리라." 하시
니라.
3 또 말씀하시기를 "선천은 기계선경(機械
仙境)이요, 후천은 조화선경(造化仙境)이
니라." 하시니라.

요술쟁이라 놀리는 자들을 벌하심

9 상제님께서 초강리(楚江里) 주막에 이
르시니 평소에 지면이 있던 동년배들
이 "요술쟁이가 왔다." 하며
2 "야! 요술 한번 해 봐라, 요술 한번 해
봐!" 하고 반말로 놀려대거늘
3 상제님께서 "야, 이놈들아. 어서 술이
나 먹어라." 하며 농을 받는 척하시니,
"아이고, 요술도 못하는 것이 젠체한
다." 하며 비웃으니라.
4 이에 상제님께서 "어여 술이나 먹어
라." 하고 타이르신 후에 태연히 앉아
술을 드시니 계속 비웃으며 '요술을 한
번 해 보라.' 하거늘
5 상제님께서 술을 다 드시고 나서 주모
에게 물 한 그릇을 떠 오라 하시어
6 그 사람들이 앉아 있는 방 앞에 놓았
다가 이내 방에다 확 쏟아 부으시니
라.
7 그 순간 문이 닫히며 방안이 갑자기
물바다로 변하여 소용돌이가 일고 파
도가 치는지라
8 방안에 있던 사람들이 물살에 휘말려
허우적거리다가 방문을 열면 될 듯싶
어 문 쪽으로 다가가려 하는데 아무리
발버둥을 쳐도 허사이거늘
9 마침내 그 사람들이 용서를 빌며 살려
달라고 애원하니라.
10 한참 후에야 상제님께서 방문을 열어
주시니 마치 아무 일도 없었던 듯 물
건들이 모두 제자리에 있으나 사람들

은 물에 흠뻑 젖어 덜덜 떨고 앉아 있
거늘
11 상제님께서 웃으시며 "멀쩡하구만 소
리들을 지른다." 하시니라.

공주에서 보신 의통 집행 공사

10 임인(壬寅: 道紀 32, 1902)년 초가을
에 하루는 공주(公州)에 사는 한 사
람이 찾아와 '부친이 죽게 생겼다.'며
살려 주시기를 애원하거늘
2 상제님께서 형렬과 호연을 데리고 공주
로 가시니라.
3 그 집에 이르시어 바가지에 물을 떠다
가 문턱 가운데에 놓게 하시고 호연
에게 명하시어 약지에 물을 묻혀 방의
네 구석에 튕기게 하신 뒤에
4 그 손가락에 경면주사(鏡面朱砂)를 묻혀
인당(印堂)을 찍으며 "어(御)!" 하고, 명
치를 쿡 찌르며 "명(命)!" 하게 하시니
5 병자가 진저리를 치며 깜짝 놀라 깨어
나거늘 이로부터 병이 완쾌되니라.

죽음에 대한 선(仙)문화 개벽 공사

11 계묘(癸卯: 道紀 33, 1903)년 어느 날
상제님께서 황해도(黃海道)에 가시
니라.
2 이때 마침 운상 행렬이 지나가는데 요
령잡이가 "이 길을 한번 가면 언제 다
시 올거나~!" 하고 구슬프게 만가(輓
歌)를 부르거늘
3 뒤따르던 상인(喪人)들이 모두 눈물을
흘리며 돈을 줄에다 꿰어 상여에 걸어
주니라.
4 이윽고 상여꾼들이 장지(葬地)에 도착
하여 관을 내리고 뚜껑을 여니 죽은
자의 시신은 간데없고 상제님께서 관
속에 태연히 누워 계시거늘
5 난데없는 일에 사람들이 모두 말문이
막혀 하늘만 쳐다보더라.

송장 찾았냐, 이놈아!

6 이때 상제님께서 관에서 자리를 털고
일어나시며 "먹을 것 갖고 왔으면 모
두 가져오너라, 먹자꾸나." 하시니
7 모두들 어안이 막히어 엉뚱한 곳을 바
라보며 헛웃음을 짓거늘
8 상제님께서 한 사람을 가리키시며 "이
놈아! 왜 헛간 데를 보고 웃어, 사람을
보고 웃지!
9 먹을 것 가지고 왔을 테니 이제 먹자.
죽은 놈 줄라고 했냐, 너희가 먹으려
고 가져왔지. 그러니 함께 먹게 갖고
오너라." 하시니라.
10 이에 그 사람이 너무 놀라고 경황이
없어 "아이구, 가슴이 뛰어서 갖고 오
지도 못하겠습니다." 하니
11 "하이, 요놈 봐라. 주기가 아까워서 그
러냐? 어서 처먹고 집에 가서 송장이
나 다시 떠메고 와라." 하시거늘
12 그 사람이 허탈하기도 하고 우습기도
하여 "서글프다가도 참 우스운 꼴도
다 보겠네." 하며 울지도 웃지도 못하
더라.
13 이에 상제님께서 "야, 이놈아! 내가 춤
을 추간디 우스워? 어찌 우습냐!" 하
시고 상여를 화닥닥 뜯으시며 "송장
찾았냐, 이놈아! 여기 없냐?" 하시니
14 그 사람이 "아까 관에서 일어나시더니
송장을 어찌했길래…." 하며 좌우를
두리번대거늘
15 이때 상제님께서 "내가 보듬고 있어도
모르냐?" 하시므로 관 속을 보니 시신
이 그대로 있더라.
16 이를 지켜보던 사람들이 "귀신도 속을
일이네!" 하며 모두 경탄하니
17 상제님께서 "귀신을 속여 봐라, 이놈
들아!" 하시거늘 모두가 어안이 벙벙
하여 할 말을 잃으니라.

기운만 붙이면 소생하느니라

12 계묘년 가을에 구릿골 김성천(金
聲天)의 채소밭에 진딧물과 석음이
일어 채소가 죄다 죽게 되었거늘

2 상제님께서 보시고 말씀하시기를 "죽
을 사람에게 기운을 붙여 회생케 함이
이 남새를 소생케 함과 같으니라." 하
시고 곧 비를 내리시니라.
3 그 뒤에 출타하셨다가 돌아오시어 김
자현(金自賢)에게 물으시기를 "전날에
진딧물과 석음으로 전멸케 되었던 김
성천의 남새밭이 어떻게 되었느냐?"
하시니
4 자현이 대답하기를 "지난번 비가 온
뒤로 다시 소생하여 이 부근에서 으뜸
이 되었습니다." 하거늘
5 일러 말씀하시기를 "사람의 일도 이와
같아서 병든 자와 죽는 자도 기운만 붙이
면 일어나느니라." 하시니라.

이 집, 저 집 담을 차시니

13 상제님께서 구릿골 형렬의 집에서
공사를 보실 때 하루는 어떤 집 담
을 발로 슬쩍 차시니
2 담이 허물어지며 담 밑에 있던 장독들
이 깨져서 장이 흘러나오는지라
3 집주인이 달려와 장을 떠 담으며 "아
이구, 장이 이래서 어쩔거나!" 하며 안
타까워하거늘
4 상제님께서 "너희 집에 무슨 장이 섰
느냐? 아, 어디가 장 섰어?" 하고 놀
리시니
5 집주인이 부아가 나서 "아, 장이 흐른
다는 말이지 누가 장 섰다고 해요?"
하며 불평하니라.
6 이 뒤에도 종종 상제님께서 허공에 대
고 주먹을 내두르시니 그 때마다 이
집, 저 집에서 '와그르르' 하고 담 무너
지는 소리가 들리니라.

하늘을 오르내리며 보신 선경의 진주 황극 공사

14 갑진(甲辰: 道紀 34, 1904)년에 상제
님께서 종종 구릿골 장텃날앞 언
덕에 가시어 하늘을 뱅뱅 돌며 오르내
리시는데
2 호연이 상제님께서 담 위에 올라가 장
난치시는 것으로 알고 "담 헐어져, 담
헐어져!" 하고 외치니
3 상제님께서 긴 탱자 가시를 가지고 오
시어 "이놈으로 입을 꼬매 놓는다." 하
시거늘
4 호연이 무서워 옷으로 입을 가린 채
죽는다고 소리를 지르는지라
5 이 소리에 놀라 사람들이 몰려오거늘
상제님께서 "요놈의 자식들, 뭣 하러
오느냐? 어린애 우는 것도 흉이냐?"
하고 꾸짖으시니라.
6 상제님께서 하늘을 오르내리실 때 매
번 옷 색깔이 달라지는데
7 올라가실 때는 흰옷으로 보이다가 내
려오실 때는 빨간색으로, 아주 내려오
시면 또 다른 색으로 보이더라.
8 하루는 상제님께서 하늘 높이 오르시
거늘 호연이 겁이 나서 "아이고, 떨어
져요. 이리 와, 이리 와!" 하고 소리치
니
9 오히려 상제님께서 호연을 향해 '이리
오라'는 손짓을 하시는지라
10 호연이 "아이고, 나는 못 올라가~. 잡
어 가, 잡어 가~!" 하며 소리를 지르거
늘
11 다른 성도들도 이 소리를 듣고 하늘에
오르신 상제님을 보고 싶어 안달이더
라.
12 호연이 고개를 뒤로 젖히고 오르내리
시는 광경을 지켜보다가 "아이고, 어
지러워. 어지러워~!" 하고 소리치니
13 상제님께서 "누워라. 누워서 보아라."
하시므로 호연이 누워서 쳐다보는데
14 푸르고 붉은 빛깔의 한복 같은 옷을 입
고, 오색 구슬 끈이 달린 방갓 모양의
곱게 짠 관을 쓴 선녀들이 줄을 내려
주고 있더라.
15 그 줄은 마치 주머니 끈처럼 붉고 가
늘며, 줄 끝에 말안장처럼 생긴 황금빛

발판이 달려 있는데
16 상제님께서 줄을 잡고 발판에 올라서
시니 선녀들이 줄을 끌어올리고 잠시
후에 다시 내리고 하더라.
17 호연이 이를 보고 "그 끄나풀 좀 나 주
머니 끈 하게 끊어 갖고 오지." 하고
청을 하니 "그것이 끊는 줄이간디?"
하시며 웃으시니라.

볍씨 뿌리는 공사

15 하루는 안필성(安弼成)이 못자리하
려고 볍씨를 찰벼와 메벼로 갈라
각기 오쟁이에 담아서 지게에 짊어지
고 팔정이 주막 앞을 지나는데
2 상제님께서 홀로 주막에 앉아 개고기
를 안주로 술을 드시다가 필성을 보고
반가워하시며 술을 권하시거늘
3 필성이 개고기를 보고 질겁하여 "볍씨
를 뿌려야 하니 바빠서 못 들어가네."
하며 그냥 지나치려 하는지라
4 상제님께서 길을 막아서시며 "필성아,
바람도 불고 하니 나하고 술이나 마시
고 쉬었다 가자." 하고 재차 권하시니
라.
5 이에 필성이 "시간 지나면 바람이 더욱
거세어져 지금 뿌려야 하니 다음에나
사게." 하고 사양하는데
6 상제님께서 "이리 들어와라. 볍씨는 내
가 대신 쳐 주마." 하며 지겟다리를 잡
아당기시니
7 오쟁이가 땅에 나동그라지며 찰벼 씨
와 메벼 씨가 뒤범벅되어 흩어지거늘
8 전혀 개의치 않으시고 필성의 손목을
잡아끌며 막무가내로 술을 권하시므
로 하는 수 없이 개고기를 안주 삼아
대취하도록 마시니라.
9 해 질 무렵이 되어 필성이 볍씨 오쟁이
도 내버려 둔 채 비틀비틀 집으로 향
하며 "금년 농사는 이제 다 지었다."
하고 한숨을 쉬는데
10 상제님께서 뒤에 대고 말씀하시기를
"못자리 물 말리면 농사 그르친다. 내
일 아침 일찍 가서 물이나 봐라." 하시
니라.
11 필성이 이튿날 아침 일찍 잠에서 깨어
생각하니 참으로 낭패인지라
12 서둘러 주막거리로 나가 보니 어찌된
영문인지 길바닥에 엎질렀던 볍씨가
한 톨도 보이지 않고 오쟁이와 지게도
없어졌거늘
13 낙심하여 못자리판에 가 보매 뜻밖에
도 볍씨가 뿌려져 있는데 그 간격이
놀랍도록 일정하더라.
14 필성이 그제야 안심하고 집에 돌아와
곰곰이 생각해 보니 메벼 씨와 찰벼
씨가 분명 섞인 채 뿌려졌을 터라
15 '금년은 찹쌀이 섞인 밥을 먹겠구나.'
하며 술 마신 일을 크게 후회하더니
16 얼마 후 모가 자라는 것을 보매 메벼
와 찰벼가 각기 나뉘어 모판에 뿌려져
있었더라.
17 그 후 가을이 되어 추수를 해 보니 예
년보다 수확량이 월등히 많거늘
18 필성이 그 쌀로 지은 밥을 먹을 때마
다 '내가 과연 쌀밥을 먹는 것인가, 모
래를 먹으면서 증산에게 홀린 것인
가?' 하고 생각하니라.

생활용품 공사

16 하루는 상제님께서 잇꽃을 따다가
막대기에 노란 물과 빨간 물을 들
여 호연에게 보여 주시며
2 "앞으로 요렇게 너희들 쓸 게 나온다.
지금 우리는 이래도 앞으로는 좋은 것
이 다 나와." 하시고
3 다시 종이로 버선과 고무신 모양을 만
드시고 이제껏 보지 못한 갖가지 새로
운 물건의 모양을 만들어 물들이시니
라.

배, 비행기, 자동차 공사

4 또 하루는 배를 타고 가실 때에 종이
로 배와 비행기 모형을 만드시고

5 심지처럼 비벼서 바퀴를 만들어 온갖
탈것을 만드시니라.
6 상제님께서 "세상이 인제 이렇게 되어
간다." 하시며 밤에도 주무시지 않고
만드시니
7 보는 이마다 '애들 장난한다.' 하며 '미
친놈'이라 수군거리나 상제님께서는
전혀 개의치 않으시니라.

목 넘기기를 잘 하라

17 운수는 가까워 오고 도(道)는 멀리
가리니 마음을 굳게 가져 목 넘기
기를 잘 하라.
2 부하고 귀하고 강권을 가진 자는 모든
척(隻)에 걸려 콩나물 뽑히듯 하리라.
3 지금은 원시반본(原始返本)하는 시대니
혈통줄을 바르게 하라.
4 환부역조(換父易祖)하는 자는 다 죽으
리라.

대개벽의 전주곡

5 가마(釜)가 끓고 인후(咽喉)가 타고 창
자(魚腹)가 썩으면 세상일을 가히 알리
라.
6 고기는 꼬리(魚尾)가 병들면 힘을 못
써 죽느니라.
7 천하에 지진이 자주 일어나면 일이 다
된 줄 알아라.

우리가 살 땅이 새로 나오리라

18 하루는 한 성도가 여쭈기를 "세상
이 땅은 좁고 사람은 많아서 살 수
가 없사오니 속히 개벽을 하시어 수효
를 덜게 하옵소서." 하니
2 상제님께서 말씀하시기를 "예로부터
남통만리(南通萬里)라 하였나니, 장차
우리가 살 땅이 새로 나오리니 안심하
라.
3 부명(符命) 하나로 산을 옮길 것이니,
이 뒤에는 산을 옮겨서 서해(西海)를
개척할 것이니라." 하시니라.
4 하루는 말씀하시기를 "앞으로 중국과
우리나라가 하나로 붙어 버린다." 하
시고
5 "장차 동양 삼국이 연륙(連陸)되리라." 하
시니라.

자손에게 선령은 곧 하느님

19 만성 선령신(萬姓 先靈神)들이 모두
나에게 봉공(奉公)하여 덕을 쌓음
으로써 자손을 타 내리고 살길을 얻게
되나니 너희에게는 선령(先靈)이 하느님
이니라.
2 너희는 선령을 찾은 연후에 나를 찾으
라. 선령을 찾기 전에 나를 찾으면 욕
급선령(辱及先靈)이 되느니라.
3 사람들이 천지만 섬기면 살 줄 알지마
는 먼저 저희 선령에게 잘 빌어야 하
고, 또 그 선령이 나에게 빌어야 비로
소 살게 되느니라.
4 이제 모든 선령신들이 발동(發動)하여
그 선자선손(善子善孫)을 척신(隻神)의
손에서 건져 내어 새 운수의 길로 인
도하려고 분주히 서두르나니
5 너희는 선령신의 음덕(蔭德)을 중히 여
기라.
6 선령신은 그 자손줄을 타고 다시 태어
나느니라.

하늘 땅 밝히는 꽃등 공사

20 상제님께서 말씀하시기를 "앞으
로 오는 좋은 세상에는 도인(道人)
의 집마다 선등(仙燈) 한 개씩 세우는데
온 고을이 크게 밝아 햇빛이 비치는
듯하리니
2 지금의 전등은 그 표본에 지나지 못한
것이니라.
3 기차는 화통 없이 몇만 리를 삽시간에
통행하며 저 하늘에 배가 떠다니게 되
리라.
4 또 문고리와 옷걸이는 황금으로 만들
며 신도 금당혜(金唐鞋)를 신으리라."
하시니라.

5 하루는 상제님께서 난초와 지초, 박꽃
과 호박꽃 등 온갖 꽃을 다 그리시거
늘
6 호연이 "그거 무엇 하려고 그려요?"
하고 여쭈니 말씀하시기를 "천지 불이
다." 하시니라.

공덕에 따라 복록을 받는다

21 후천에는 공덕(功德)에 따라 사는
집도 등급을 둘 것이니
2 공덕이 아래 등급인 자가 제 등급보다
상급의 집에 살면 신명이 쇠채찍으로
쳐서 쫓아내고
3 아래 등급인 자가 윗사람을 헐뜯으면
그 자리에서 입이 비뚤어지느니라.
4 그러나 식록(食祿)은 고르게 하리니 만
일 급이 낮고 먹기까지 고르지 못하면
원통(寃痛)치 않겠느냐!

앞으로 더 썩을 것이다

22 하루는 상제님께서 거적에다 썩은
개머리를 둘둘 말아 걸머지고 어느
군청에 가시어 큰 소리로 "군수를 찾
아왔노라!" 하고 외치시니
2 안에서 사람이 나와 "무슨 일로 그러
시오?" 하고 묻거늘 "내가 볼일이 있
어서 왔노라." 하시니라.
3 이때 문득 썩는 냄새가 진동하니 그
사람이 코를 싸쥐고 "이게 뭐요?" 하
고 묻거늘
4 상제님께서 "군수에게 줄 것이니라."
하시니 그 사람이 더 이상 묻지 아니
하고 군수를 만나게 해 드리니라.
5 상제님께서 군수 앞에 거적을 탁 놓으
시며 큰 소리로 "내가 이걸 가지고 왔
으니 펴 보라." 하시므로
6 군수가 자신에게 주는 봉물로 알고 거
적을 들추니 그 속에 구더기가 꾸물꾸
물 기어다니고 악취가 코를 찌르는 썩
은 개머리가 하나 들어 있거늘
7 상제님께서 큰 소리로 말씀하시기를
"너희 놈들이 이 지경으로 썩어서 그
냄새가 천지에 진동하고 있구나." 하
시고
8 "앞으로 더 썩을 것이다!" 하시며 호통
을 치시니라.

후천대개벽의 심판 모습

23 하루는 상제님께서 어린 호연에게
말씀하시기를 "앞으로 개벽이 될 때
에는 산이 뒤집어지고 땅이 쩍쩍 벌어져
서 푹푹 빠지고 무섭다.
2 산이 뒤집혀 깔리는 사람, 땅이 벌어져
들어가는 사람, 갈데없는 난리 속이니
3 어제 왔다가 오늘 다시 와 보면 산더
미만 있지 그 집이 없느니라." 하시고
4 "정신을 똑바로 차리고 다녀야 한다.
먼 데 보지 말고 앞을 보고 다녀라.
5 하늘에서 옥단소를 불 적에는 귀가 밝
아야 하느니라." 하시니라.

동서남북이 바뀔 때

24 앞으로 저녁에 본 사람 아침에 못
보고, 아침에 본 사람 낮에 못 보
는 때가 있느니라.
2 동서남북이 바뀔 때는 천동지동(天動地
動) 일어나고 송장이 거꾸로 서며 불도
켜지지 않으리니 놀라지 말고 마음을
키우라.
3 오장(五臟)이 바르지 못한 자는 수숫대
꼬이듯 하여 죽고, 거짓말하는 자는
쓸개가 터져서 죽으리라.
4 죄가 없어도 있는 듯이 잠시라도 방심
하지 말고 조심하라.

내 자식도 복이 있어야 산다

5 앞으로는 적선적덕(積善積德)한 사람이
라야 십 리 가다 하나씩 살 동 말 동
하느니라.
6 내 집안, 내 동기간, 내 자식이라고 다
사는 것이 아니요, 내 자식도 복이 있
어야 사느니라.
7 천하에서 개벽이 되어야 서로 상봉이

되느니라.
8 그러면 이제 태평시대가 오느니라.

상제님 옥단소의 조화

25 상제님께서는 저고리 앞섶을 살짝 터서 그 속에 항시 옥단소를 넣고 다니시는데
2 그 색은 백지처럼 뽀얗고 길이는 한 뼘 정도이며 구멍이 여섯 개가 나 있더라.
3 상제님께서는 옥단소를 구성지게 잘 부시니 그 곡조에 따라 천지가 소란해지기도 하고 비가 오거나 개며, 멀쩡한 날에 공중에서 잉어가 툭툭 떨어지기도 하더라.
4 또 어떤 때는 "선녀가 비 오게 한다." 하시며 옥단소로 선녀를 부르시니라.

신명들이 불칼을 휘두를 때

26 이때는 신명시대(神明時代)라.
2 삼가 죄(罪)를 짓지 말라.
3 새 기운이 돌 때에 신명들이 불칼을 번뜩이며 죄지은 것을 내놓으라 할 때에는 정신을 놓으리라.

살 기운을 얻는 길

4 이 어지럽고 악한 세상을 당하여 마음을 바르게 하고 기운을 가다듬어 도를 잘 닦고 몸을 편안히 하는 것이 곧 살 기운을 얻는 길이니라.
5 오욕(五慾)으로 뒤섞여 번뇌에서 벗어나지 못하는 자는 옥추문(玉樞門)을 열 때에 뼈마디가 뒤틀려 살아남기 어려우리라.

성주(聖主)를 모시는 후천 조화선경

27 하루는 글을 쓰시니 이러하니라.
2 三尺輕琴에 萬國和朝하고
삼척경금 만국화조
千仞重劍에 四海湯裂이라
천인중검 사해탕렬
석 자 가벼운 거문고 소리에
만국이 화합하고
천 길 무거운 창검에
온 천하가 분열되느니라.
3 天地大氣는 務在好生하고
천지대기 무재호생
陰陽正氣는 自由合和라
음양정기 자유합화
천지의 큰 기운은 호생(好生)에 힘을 쓰고
음양의 바른 기운은 자유로이 어울려 화합하네.
4 古樹新枝에 來棲鳳鳥하고
고수신지 내서봉조
大地春林에 出生麟子라
대지춘림 출생인자
고목의 새 가지에는 봉황(鳳凰)이 깃들고
대지(大地)의 춘림(春林)에는
기린이 태어나는구나.
5 光明日月에 瞽者還見하고
광명일월 고자환견
制克五行에 病者可癒라
제극오행 병자가유
밝고 환한 일월에 장님이 눈을 뜨고
상극이 제어된 오행으로 병자가 낫느니라.
6 暮日還明하니 更見堯舜世하고
모일환명 갱현요순세
長春無時하니 何見霜雪寒고
장춘무시 하견상설한
저문 해가 밝아오니 요순 세상이 다시 나타나고
긴 봄은 정해진 때가 없이 계속 되니
어찌 서리와 눈 내리는 겨울을
보겠는가.

유전공학 공사

28 병오(丙午: 道紀 36, 1906)년 여름에 상제님께서 김갑칠(金甲七)을 데리고 군산(群山)에서 바다를 건너신 뒤에
2 갑칠에게 "배고프냐? 참외 하나 먹으려느냐?" 하고 물으시니

3 보따리를 짊어지고 가던 갑칠이 "예, 먹고 싶습니다." 하고 대답하니라.
4 이에 상제님께서 금세 어디서 났는지 참외씨를 땅에 심으시거늘
5 순식간에 싹이 돋아 줄기가 뻗고 먹음직스런 참외가 탐스럽게 열리면서 금방 익는지라
6 갑칠이 참외를 따서 상제님께 드리고 자기도 실컷 먹으니 상제님께서 "배부르냐? 가자." 하시고 다시 길을 떠나시니라.
7 하루는 충남 장암(長岩)에 가시어 자가사리를 잉어로 만드시고 말씀하시기를 "고기도 다 이름이 있느니라.
8 장래에는 이런 것도 크고 작은 것이 있어서 내가 이렇게 하는 것이다." 하시니라.
9 또 말씀하시기를 "앞으로는 소가 짝 없이도 새끼를 낳는 수가 있을 것이요, 사람도 또한 그러하니라." 하시니라.

각종 과일 재배 공사

29 어느 해 겨울에 상제님께서 필성에게 "너 수박 맛 좀 볼 테냐?" 하시니 필성이 "그러세!" 하며 기뻐하거늘
2 상제님께서 수박씨를 손으로 비비시며 무슨 주문을 외우시니 순식간에 씨에서 싹이 돋아 잎사귀가 무성해지며 수박이 주렁주렁 열리니라.
3 상제님께서 같은 방법으로 참외와 오이 등도 열리게 하시거늘 필성이 배가 불러 다 먹지도 못할 지경이더라.
4 상제님께서 이렇듯 숱한 이적을 보이시니 후에 필성이 이를 두고 말하기를
5 "증산이는 저 하고 싶은 대로 다 했다." 하니라.

해인을 전하여 주리라

30 정미(丁未: 道紀 37, 1907)년 11월에 하루는 구릿골에서 형렬에게 명하시어 종이에 64괘를 점(點) 치고 24방위 글자를 둘러 쓰게 하신 뒤에
2 그 종이를 가지고 문밖에 나가시어 태양을 향하여 불사르시며 "나와 더불어 함께 살자." 하시고
3 형렬을 돌아보시며 "잘 믿는 자에게는 **해인(海印)을 전하여 주리라.**" 하시니라.
4 이어 말씀하시기를 "세상 사람들이 해인사에 해인이 있는 것으로 알고 또 정씨의 것이라 하나, 실물은 없고 기운만 있는 것을 내가 가지고 왔으니
5 **일심자(一心者)에게 전하여 주리라.**" 하시니라.

인류 구원의 의통구호대 육임조직 공사

31 무신(戊申: 道紀 38, 1908)년 여름에 고부 와룡리(古阜 臥龍里)에 계실 때
2 하루는 상제님께서 박공우(朴公又)에게 "마음으로 속 **육임(六任)을 정하라.**" 하시거늘
3 공우가 마음으로 육임을 생각하여 정할 때 한 사람을 생각하니 문득 "불가하다." 하시므로 다른 사람으로 바꾸어 정하니라.
4 이 날 저녁에 그 여섯 사람을 부르시어 밤이 깊은 뒤에 등불을 끄고 방안을 돌아다니면서 **시천주주(侍天主呪)**를 읽게 하시니 문득 한 사람이 거꾸러지거늘
5 여러 사람이 놀라 주문 읽기를 그치니 말씀하시기를 "놀라지 말고 계속하여 읽으라." 하시니라.
6 이에 계속하여 읽다가 한 식경을 지낸 뒤에 그치고 불을 밝히니 손병욱(孫秉旭)이 거꾸러져 죽어 있는지라
7 말씀하시기를 "이는 몸이 부정한 연고라." 하시고 "병욱에게 손병희(孫秉熙)의 기운을 붙여 보았더니 이기지 못한다." 하시며
8 물을 머금어서 얼굴에 뿜으시니 병욱이 겨우 정신을 돌리거늘
9 병욱에게 "나를 부르라." 하시므로 병

욱이 목안 소리로 겨우 상제님을 부르
니 곧 기운이 회복되니라.

나를 부르면 살리라

10 이에 말씀하시기를 "시천주주에 큰 기
운이 박혀 있도다." 하시고
11 "너를 그대로 두었더라면 밭두둑 사이
에 엎어져서 우마(牛馬)에게 밟혀 오작
(烏鵲)의 밥이 될 것이므로 이제 이같
이 하였노라." 하시니라.
12 이어 말씀하시기를 "이 뒤에 괴질병(怪
疾病)이 엄습하여 온 세계를 덮으리니
13 자던 사람은 누운 자리에서 일어나지
못하고 죽고, 앉은 자는 그 자리를 옮
기지 못하고 죽고, 행인은 길 위에 엎
어져 죽을 때가 있을지니 지척이 곧 천
리니라.
14 이와 같이 몸 돌이킬 틈이 없이 사람을
죽이는 위급한 때에 나를 부르면 다 살
리라." 하시니라.
15 속 육임을 정할 때 불가하다고 말씀하
신 사람은 며칠 후에 죽으니라.

장차 병겁이 들어오는데

32 장차 세계 각국이 있는 재주를 다
내어 싸우리니 재주가 가장 뛰어난
나라가 상등국이 되리라.
2 당래에는 병겁(病劫)이 들어와 천하를 진
탕으로 만들 것인데 뉘라서 활방(活方)
을 얻어 멸망하는 인종을 살리리오.
3 이제 서양에서 넘어오는 무기에는 대
항할 자가 없으니 전쟁을 멀리하고 의
통(醫統)을 알아 두라.
4 동서양의 전쟁은 병으로 판을 고르리
라.
5 장차 온 세상 사람들이 조선에서 개벽
기운을 받아 가 저희 나라에 퍼뜨리게
되리니
6 그 때에 너희들이 천하를 추수하리라.
7 사람을 많이 살리면 보은줄이 찾아들
어 영원한 복을 얻으리라.

괴질병이 전 지구를 엄습한다

33 바둑도 한 수만 높으면 이기나니
남모르는 공부를 하여 두라.
2 이제 비록 장량(張良), 제갈(諸葛)이 두
름으로 날지라도 어느 틈에 끼인지 모
르리라.
3 선천개벽 이후로 홍수와 가뭄과 전쟁
의 겁재(劫災)가 서로 번갈아서 그칠
새 없이 세상을 진탕하였으나 아직 큰
병겁은 없었나니
4 이 뒤에는 병겁이 전 세계를 엄습하여
인류를 전멸케 하되 살아날 방법을 얻
지 못할 것이라.
5 그러므로 모든 기사묘법(奇事妙法)을
다 버리고 오직 비열한 듯한 의통(醫統)
을 알아 두라.
6 내가 천지공사를 맡아봄으로부터 이
땅의 모든 큰 겁재를 물리쳤으나
7 오직 병겁만은 그대로 두고 너희들에
게 의통을 붙여 주리라.
8 멀리 있는 진귀한 약품을 중히 여기지
말고 순전한 마음으로 의통을 알아 두
라. 몸 돌이킬 겨를이 없고 홍수 밀리
듯 하리라.

병란(兵亂)과 병란(病亂)이 함께 온다

34 상제님께서 말씀하시기를 "병란(兵
亂)과 병란(病亂)이 함께 오느니라.
2 동서양 싸움을 붙여 기울어진 판을 바
로잡으려 하였으나 워낙 짝이 틀려 겨
루기 어려우므로 병(病)으로써 판을 고
르게 되느니라.
3 전쟁이 나면 무명악질(無名惡疾)이 발
생하리니 수화병침(水火竝侵)이니라."
하시니라.
4 또 말씀하시기를 "난은 병란(病亂)이 크
니라.
5 병겁이 일어나면 두더지가 땅을 뒤지
지 못하고 제비가 하늘을 날지 못하리
라." 하시니라.
6 상제님께서 말씀하시기를 "앞으로 무법

(無法) 삼 년이 있다.
7 그 때는 사람들이 아무 집이나 들이닥
쳐 같이 먹고살자고 달려들리니 내 것
이라도 혼자 먹지 못하리라." 하시니라.

세계전쟁이 붙으리라

35 상제님께서 말씀하시기를 "때가
되면 세계전쟁이 붙으리라. 전쟁은
내가 일으키고 내가 말리느니라.
2 난의 시작은 삼팔선에 있으나 큰 전쟁
은 중국에서 일어나리니 중국은 세계
의 오고가는 발길에 채여 녹으리라."
하시고
3 "병이 돌면 미국은 불벌자퇴(不伐自退)
하리라." 하시니라.

전쟁은 병으로 판을 막는다

4 이에 성도들이 "전쟁은 어떻게 말리려
하십니까?" 하고 여쭈거늘
5 말씀하시기를 "병으로써 말리느니라.
장차 전쟁은 병으로써 판을 막으리라.
6 앞으로 싸움 날 만하면 병란이 날 것
이니 병란(兵亂)이 곧 병란(病亂)이니라."
하시니라.
7 또 말씀하시기를 "괴병이 온 천하에
퍼질 때에는 뒤꼭지가 발뒤꿈치에 닿
을 듯이 활처럼 휘어 죽어 넘어가리라.
8 그 다음에는 하늘에서 천둥 나고 땅에
서 지진 나서 물이 몰랑몰랑해져 송장
을 다 치워 버리게 되리니
9 그쯤 되면 높은 데 가야 살 것이니라."
하시니라.

괴병이 돌 때의 상황

36 이 뒤에 괴병이 돌 때는 자다가도
죽고 먹다가도 죽고 왕래하다가도
죽어
2 묶어 낼 자가 없어 쇠스랑으로 찍어
내되 신 돌려 신을 정신도 차리지 못
하리라.
3 병이 여기저기서 정신없이 몰아 올 적
에는 '골치 아프다.', '배 아프다.' 하면
서 쓰러지나니
4 여기서 죽고 나면 저기서 죽고, 태풍에
삼대 쓰러지듯 척척 쌓여 죽는단 말이니라.
5 그 때는 문중에 한 사람만 살아도 그 집
에 운 터졌다 하리라.
6 산 사람은 꿈에서 깬 것같이 될 것이다.

병겁이 들어올 때는

37 상제님께서 말씀하시기를 "병겁이
들어올 때는 약방과 병원에 먼저
침입하여 전 인류가 진멸지경(盡滅之
境)에 이르거늘 이때에 무엇으로 살아
나기를 바라겠느냐.
2 귀중한 약품을 구하지 말고 오직 성경
신으로 의통을 알아 두라." 하시니라.
3 한 성도가 "수운이 '아동방 삼 년 괴질
죽을 염려 있을쏘냐.' 하고
4 또 '십이제국(十二諸國) 괴질운수 다시 개
벽 아닐런가.' 하고 말하였는데 과연
그러합니까?" 하고 여쭈니
5 말씀하시기를 "그 괴질의 형세가 큰 것
을 말함이니 천하가 다 그렇게 되리라.
6 병겁의 때가 되면 홍수 넘치듯 할 것이니
누운 자는 일어날 겨를이 없고 밥 먹
던 자는 국 떠먹을 틈도 없으리라." 하
시니라.

가을개벽의 대병겁 심판

38 한 성도가 "세상에 백조일손(百祖一
孫)이라는 말이 있고, 또 병란(兵亂)
도 아니고 기근(饑饉)도 아닌데 시체가
길에 쌓인다는 말이 있사오니 이것을
말씀하시는 것입니까?" 하고 여쭈니
2 말씀하시기를 "선천의 모든 악업(惡業)
과 신명들의 원한과 보복이 천하의 병
을 빚어내어 괴질이 되느니라.
3 봄과 여름에는 큰 병이 없다가 가을에
접어드는 환절기(換節期)가 되면 봄여
름의 죄업에 대한 인과응보가 큰 병세
(病勢)를 불러일으키느니라." 하시고
4 또 말씀하시기를 "천지대운이 이제서야

큰 가을의 때를 맞이하였느니라.
5 천지의 만물 농사가 가을 운수를 맞이
하여, 선천의 모든 악업이 추운(秋運)
아래에서 큰 병을 일으키고 천하의 큰
난리를 빚어내는 것이니
6 큰 난리가 있은 뒤에 큰 병이 일어나서
전 세계를 휩쓸게 되면 피할 방도가
없고 어떤 약으로도 고칠 수가 없느니
라." 하시니라.
7 상제님께서 말씀하시기를 "병겁이 휩
쓸면 자리를 말아 치우는 줄초상을 치
른다." 하시고
8 또 말씀하시기를 "병겁으로 사람을 솎
아야 사(私)가 없다." 하시니라.

나를 따르는 자는 대비겁에서 살아나리라

39 한 성도가 여쭈기를 "병겁이 이와
같은데 이 병을 다스릴 약이 천하
에 없다는 말씀입니까?" 하니
2 말씀하시기를 "이는 구원의 법방이 판
밖에 있는 까닭이라. 만약 약을 가진 자
는 병겁이 휩쓸 때 먼저 죽을 것이니라.
3 병겁이 돌 때는 세상의 모든 의술은
무용지물(無用之物)이 되느니라.
4 그러나 하늘에는 다 죽이는 이치는 없
는 것이니 그러므로 하늘에 있는 신선
과 부처와 성신(聖神)들이 나에게 탄원
하여
5 '세상에 내려가셔서 억조창생의 병사
(病死)를 건져 주옵소서.' 하고 간곡히
하소연해 오므로 내가 이 세상에 내려
왔느니라.
6 내가 이제 억조창생을 죽음에서 건져
만세(萬世)의 선경을 열려 하나니, 나
를 따르는 자는 이 대비겁에서 살아나
리로다." 하시니라.

대병겁의 첫 심판은 동방에서

40 한 성도가 여쭈기를 "괴병이 온 세
계를 휩쓸게 되면 어느 나라에서
먼저 발생하게 됩니까?" 하니
2 말씀하시기를 "처음 발병하는 곳은 조선
이니라. 이는 병겁에서 살리는 구원의
도(道)가 조선에 있기 때문이니라." 하시
니라.
3 한 성도가 여쭈기를 "세간에 '광라지지
(光羅之地)를 밟지 못하리라.' 하는 말
이 있사온데 무슨 연고입니까?" 하니
4 "광라(光羅)의 땅은 패운(敗運)에 들어서
있느니라." 하시니라.

지구촌 대병겁의 전개 상황

41 또 말씀하시기를 "이 뒤에 병겁이
군창(群倉)에서 시발하면 전라북도
가 어육지경(魚肉之境)이요
2 광라주(光羅州)에서 발생하면 전라남도
가 어육지경이요
3 인천(仁川)에서 발생하면 온 세계가 어
육지경이 되리라.
4 이 후에 병겁이 나돌 때 군창에서 발
생하여 시발처로부터 이레 동안을 빙빙
돌다가 서북으로 펄쩍 뛰면 급하기 이
를 데 없으리라.
5 조선을 49일 동안 쓸고 외국으로 건너
가서 전 세계를 3년 동안 쓸어버릴 것
이니라.
6 군창에서 병이 나면 세상이 다 된 줄
알아라. 나주에서 병이 돌면 밥 먹을
틈이 있겠느냐." 하시고
7 또 말씀하시기를 "그러면 천시(天時)인
줄 아소." 하시니라.

가을개벽의 대급살병

42 시속에 부녀자들이 비위만 거슬리
면 '급살 맞아 죽으라.'고 이르나니
이는 곧 급살병(急煞病)을 이름이라.
2 하룻밤 하루낮을 잠도 못 자고 쉬지도
못하고 짚신 세 켤레씩 떨어뜨리며 주
검을 밟고 넘어 병자를 건지게 되리니
3 이렇듯 급박할 때에 나를 믿으라 하여
안 믿을 자가 있으리오.

4 시장이나 집회 중에 가더라도 '저 사람
들이 나를 믿으면 살고 잘되련만.' 하
는 생각을 두게 되면, 그 사람들은 모
를지라도 덕은 너희들에게 있느니라.
5 '시루 증(甑)' 자, '뫼 산(山)' 자만 똑똑히
알면 살리라.

인개벽을 당하리라

43 불(火)개벽은 일본에서 날 것이요,
물(水)개벽은 서양에서 날 것이니라.
2 인천에서 병이 나면 전 세계가 인(人)개벽
을 당하리니 세상을 병으로 쓸어 버리
리라.

피란은 콩밭에서

3 피란은 콩밭(太田) 두둑에서 하느니라.
4 태전(太田)이 문턱이니라.

광제창생 나가는 때

44 하루는 상제님께서 말씀하시기를
"초광제(初廣濟)는 못 하느니라." 하
시고 글을 쓰시니 이러하니라.
2 急則用獨活湯하고 緩則用濟衆丸하라
급즉용독활탕 완즉용제중환
위급하면 독활탕을 쓰고
완만하면 제중환을 쓰라.
3 이에 성도들이 무슨 뜻인지 몰라 상제
님께 여쭈니 일러 말씀하시기를
4 "독활은 혼자서라도 산다는 뜻이니 병
이 막 생겨 급할 때는 먼저 너희들 살
방법을 구하고
5 병이 퍼져서 세상에 널리 유행할 때는
광제창생을 하라는 말이니라." 하시
니라.
6 이어 말씀하시기를 "그 때는 아무리 내
자식을 살리고 싶어도 내 자식은 놔두
고 남 살리러 나가느니라." 하시니라.

구원 받는 사람 수를 놓아 보심

45 상제님께서 전주(全州)에서 성도 수
십 명을 모아 놓고 공사를 행하시
며 말씀하시기를
2 "이 공사는 병겁이 닥치는 말세에 각
나라와 민족마다 살고 죽는 숫자를 헤
아려 보는 공사니라." 하시고
3 마당에 나와 하늘을 바라보시니 검은
구름이 하늘을 가렸더라.
4 상제님께서 일러 말씀하시기를 "천상
의 별의 수(數)가 사람의 수와 서로 응
하나니, 내가 이제 하늘을 열어 개벽기
에 살아남는 사람 수를 천상 성수(星宿)에
붙여 그 수를 보리라." 하시고
5 남쪽 하늘을 향하여 "일본과 중국의 수
를 보자." 하시고 발을 구르시니 남쪽
하늘에서부터 검은 구름이 걷히며 별
들이 나타나거늘
6 말씀하시기를 "일본과 중국은 그 수가
○○이로구나." 하시니 검은 구름이 다
시 하늘을 가리더라.
7 또 "이번에는 서양을 보자." 하시고 발
을 구르시니 검은 구름이 걷히며 별들
이 보이다가 도로 가려지거늘
8 말씀하시기를 "서양의 수는 ○○이로구
나." 하시니라.
9 상제님께서 "이번에는 조선의 숫자를
보자." 하시고 발을 구르시니 다시 검
은 구름이 걷히며 별들이 나타나는지라
10 말씀하시기를 "그 수를 알았노라. 조
선의 수가 그중 낫구나!" 하시니라.

이 고개를 몇 사람이나 넘으리오

46 하루는 상제님께서 전주에서 공사
를 마치시고 용머리고개에 이르시
어
2 갑자기 두 주먹을 불끈 쥐고 뛰어 올
라가시니 성도들은 영문도 모른 채 뒤
를 좇아 뛰어가니라.
3 상제님께서 한참을 올라가시다가 고개
를 돌려 전주 쪽을 힐끔 보시고, 또 한
참을 올라가시다가 힐끔 돌아보시고
4 이렇게 몇 차례 행하신 후에 말씀하시
기를 "이 고개를 몇 사람이나 넘을 수
있으리오." 하며 깊이 탄식하시니라.

흐느껴 우신 상제님

47 하루는 상제님께서 벽을 향하여 돌아누워 계시더니 문득 크게 슬퍼하시며
2 "전 인류가 진멸지경에 이르렀는데 아무리 하여도 전부 다 건져 살리기는 어려우니 어찌 원통하지 않으리오."
하시고 흐느껴 우시니라.

일심자가 하나라도 있어야

3 상제님께서 말씀하시기를 "일심자(一心者)가 하나라도 있어야 한다. 하나도 없으면 내 일은 오만년 공각(空殼)이 되느니라." 하시고
4 "너희들은 일심으로 빌어라. 너희가 비는 대로 천하를 만들어 주리라." 하시니라.

인류의 운명을 생각하며 통곡하심

48 하루는 어디를 가시다가 흐르는 도랑물에 호연을 씻겨 주시고 나서 감발을 풀고 발을 씻으시던 중에
2 문득 "아차차! 아차차!" 하시며 큰 소리로 목 놓아 슬피 우시거늘
3 호연이 상제님의 발을 닦아 드리며 "누가 도망가는데 못 잡아서 '아차차' 해요? 누가 어쩌간디 발 씻다 말고 울어요?" 하고 여쭈니 "저 물을 들여다 봐라." 하시는지라
4 호연이 보니 맑은 도랑물에 송사리들이 먹이를 먹으려고 사방에서 모여들거늘
5 호연이 "고기 새끼구먼!" 하니 말씀하시기를 "아서라, 너는 뒤로 가 있거라.
6 천하창생이 모두 저 송사리떼와 같이 먹고살려고 껄떡거리다가 허망하게 다 죽을 일을 생각하니 안타깝고 불쌍해서 그런다." 하시고
7 "허망한 세상! 허망하다, 허망하다!" 하시며 혀를 차시니라.
8 이에 호연이 "아이고, 노래나 하나 하세요. 나 노래 듣고 배울라요." 하니
9 상제님께서 "세상만사 덧없이 넘어간다. 세상만사 헛되고 허망하다!" 하고 구슬피 읊조리시니라.

고을떨이가 천하떨이

49 하루는 상제님께서 용머리고개를 지나시다 전주를 바라보시며 말씀하시기를
2 "방안떨이가 동네떨이요, 동네떨이가 고을떨이요, 고을떨이가 천하떨이니라.
3 너희들, 도시 송장 어찌할 것이냐. 송장, 송장 말이다! 코도 못 들겠다. 시골 송장은 오히려 가소롭다." 하시니라
4 이에 한 성도가 "그러면 도시 송장은 어떻게 됩니까?" 하고 여쭈니
5 말씀하시기를 "아이고 냄새야, 아이고 냄새야! 오뉴월 삼복지지(三伏之地)에 송장 썩는 냄새야!" 하시고
6 고개를 돌리며 말씀하시기를 "오뉴월 송장 썩는 냄새에 코를 못 튼다." 하시고
7 또 말씀하시기를 "망량신 시켜서 하룻저녁에 서해 바다로 긁어 내려 버린다." 하시니라.

객망리는 초빈터

8 하루는 상제님께서 태인(泰仁) 근처의 산을 넘어 가시는데 아래로 몇 동네가 보이거늘
9 한 성도가 "선생님, 저 아래 동네 사람들은 몇이나 살겠습니까?" 하니
10 상제님께서 한 손으로 약지와 새끼손가락을 펴 보이시며 "일곱!" 하시니라.
11 한 성도가 또 여쭈기를 "그러면 ○○에서는 몇이나 살겠습니까?" 하니 "○○는 녹줄이 비어서 공각이니라. 남문 밖에 부엌데기 하나 살겠다." 하시거늘
12 다시 "그러면 선생님의 고향 객망리(客望里)는 몇이나 살겠습니까?" 하니 말씀하시기를 "객망리는 초빈터니라." 하시니라.

너희들이 천하창생을 건지느니라

50 하루는 한 성도가 여쭈기를 "큰 병이 선생님을 받드는 도인(道人)들에게는 범하지 못하는 이유가 무엇입니까?" 하니
2 말씀하시기를 "괴질신장(怪疾神將)이 천명(天命)을 받고 세상에 내려오는 고로 괴병이 감히 범하지 못하는 것이니라.
3 병겁이 밀어닥치면 너희들이 천하의 창생을 건지게 되느니라.
4 그리하면 천하의 억조창생이 너희들의 가르침을 받들고 너희들에게 의지하게 되리니
5 통일천하가 그 가운데 있고 천지대도가 그 가운데서 행하여지며 만세의 영락(榮樂)이 그 가운데서 이루어지느니라." 하시니라.

한국은 온 인류 구원의 나라

51 상제님께서 또 말씀하시기를 "병겁이 닥쳐오면 달리 방도가 있나니
2 너희들에게 명하여 때를 기다리게 하였다가 때가 오면 천하에 쓰도록 할 것이니라.
3 세상 모든 나라들이 차마 눈뜨고 볼 수 없는 진멸의 지경이 되었다가 너희들로 인하여 구원을 얻을 것이니
4 이후에 세계의 만백성들이 너희들을 맞아다가 진수성찬(珍羞盛饌)을 차려 놓고 한바탕 풍류를 펼쳐 크게 환대하리라.
5 그 때 너희들의 영락이 지금 내 눈에 선연하니라." 하시니라.

후천세계의 장례법

52 일찍이 상제님께서 금산사 청련암(靑蓮庵)의 중 김현찬(金玄贊)에게 "명당 쓰기를 원하느냐?" 하고 물으시니
2 현찬이 "평생 소원입니다." 하매 다만 "믿고 있으라." 하시니라.
3 그 뒤에 김병욱(金秉旭)에게 물으시기를 "명당을 쓰려 하느냐?" 하시니
4 병욱이 대답하되 "진실로 소원입니다." 하거늘 상제님께서 그저 "믿고만 있으라." 하시더니
5 그 뒤로 수 년이 지나도록 다시 말씀하지 않으시므로 두 사람은 다만 상제님의 뜻만 바라고 있다가
6 하루는 병욱이 여쭈기를 "전에 말씀하신 명당은 언제 주시렵니까?" 하니
7 말씀하시기를 "그것이 무슨 말이냐? 내가 명당을 내려 준 지 이미 오래되었느니라." 하시거늘
8 병욱이 까닭을 여쭈니 말씀하시기를 "네가 아들을 원하므로 그 때에 명당을 썼나니 이미 발음되었느니라." 하시니라.
9 이는 원래 병욱이 자식 없음을 한탄하다가 명당을 허락받은 뒤에 소실을 얻어서 아들을 낳게 된 것을 이르심이니
10 병욱이 심히 허탄하게 여기매 말씀하시기를 "선천에는 백골을 묻어서 장사지냈으나, **후천에는 백골을 묻지 않고** 장사지내게 되느니라." 하시니라.
11 그 뒤에 또 현찬이 여쭈니 말씀하시기를 "너는 퇴속하여 아내를 얻어서 가정을 이루고 아들을 낳았으니 이미 명당이 발복한 것이니라." 하시거늘
12 대저 현찬도 명당을 허락 받은 뒤에 환속하여 장가들어 아들을 낳았으므로 그 일을 이르심이더라.

그들이 상등 사람

53 하루는 공우에게 이르시기를 "죽을 사람을 가려내라." 하시니
2 공우가 한참 생각하다가 아뢰기를 "도인(道人)으로서 표리가 같지 않은 자가 먼저 죽어야 옳겠나이다." 하거늘
3 상제님께서 대답하지 않으시고 또 물으시기를 "살 사람은 누구이겠느냐?" 하시니

4 대답하기를 "들판에서 농사짓는 사람
과 산중에서 화전 파는 사람과 남에게
맞고도 대항치 못하는 사람이 살아야
하겠나이다." 하므로
5 말씀하시기를 "네 말이 옳으니 그들이
상등 사람이니라." 하시니라.

농민을 상등 사람으로

54 후천에는 농민도 상등 사람이니라.
농사는 천하의 대본(大本)이요, 백
성은 먹는 것을 하늘처럼 여기느니라.
2 오랫동안 천대 받아 온 농민의 원한을
풀어야 할지니 이제 농민을 해원시켜 상
등 사람으로 삼으리라.
3 앞으로 아랫목에서 밥 먹고 윗목에서
똥 싸는 세상이 오느니라.
4 그 때가 오면 솥에다 불 안 때고도 방
에 가만히 앉아서 밥해 먹게 되느니라.
5 손에 흙을 묻히지 않고 농사지으며 소
와 말이 일하던 것은 기계가 대신하도
록 할 것이니라.
6 곡식 종자도 한 번 심어서 거두어들인
후에 해마다 그 뿌리에 움을 길러서
거두어들이는 것이 생겨 지금처럼 심
고 거두는 데 큰 힘이 들지 않으며
7 또 아무리 박전(薄田)이라도 옥토가 되
게 하리니, 이는 땅을 석 자 세 치로
태운 까닭이니라.

후천선경의 통치 조직

55 하루는 상제님께서 말씀하시기를
"선천에는 삼상(三相)으로 인하여
음양이 고르지 못하다." 하시고
2 居住姓名 西神司命
거주성명 서신사명
左相 右相 八判 十二伯
좌상 우상 팔판 십이백
縣令 縣監 皇極 后妃所
현령 현감 황극 후비소
라 쓰신 뒤에
3 김광찬(金光贊)에게 명하시어 "약방 문
지방에 맞추어 보라." 하시매 "맞지 않
습니다." 하고 아뢰니
4 말씀하시기를 "일이 헛일이라." 하시
므로 김경학(金京學)이 아뢰기를 "여백
을 오려 버리고 글자 쓴 곳만 대어 보
면 맞겠나이다." 하여 그대로 하니 꼭
맞더라.

대개벽 후 국가 건설의 단위

56 상제님께서 경학에게 물으시기를
"십 인 적(敵)이면 왕이 되겠느냐?"
하시니 경학이 "적의 뜻을 모르겠습니
다." 하거늘
2 말씀하시기를 "일 적이 열 사람이니라."
하시니 경학이 아뢰기를 "십 인 적이면
왕이 되지 못하겠나이다." 하니라.
3 또 물으시기를 "백 인 적이면 어떠하
겠느냐?" 하시니 대답하기를 "그도 불
가합니다." 하거늘
4 "천 인 적이면 어떠하냐?" 물으시니
"그도 불가합니다." 하고
5 "만 인 적이면 어떠하냐?" 하시니 "그
도 불가합니다." 하고 아뢰니라.
6 상제님께서 다시 "십만 인 적이면 어떠
하냐?" 하시니 경학이 비로소 "십만 인
적이면 가하겠습니다." 하고 대답하거늘
상제님께서 글을 써서 불사르시니라.
7 하루는 상제님께서 말씀하시기를 "사
람이 얼마나 살겠냐고 해도 똥 눈 자
리에 고자리 사는 이치다." 하시니라.

앞으로 천지가 뒤집어진다

57 상제님께서 호연이 세 살 되는 해
부터 최상문의 집에 자주 드나드
시며 재롱을 받으시다가
2 호연이 일곱 살 되는 해에 아버지가
죽은 이후로는 사내아이 옷을 입혀 아
주 데리고 다니시니라.
3 하루는 명절 때가 되어 같은 또래의
여자아이들이 꽃무늬 자주 고름을 단
각색 치마저고리를 입은 것을 보고

4 "저 애들은 좋게 입었고만…, 나는 언
제나 저러고 다닐꼬?" 하며 부러워하
거늘
5 말씀하시기를 "너는 인제 옷 속에 파묻
혀 죽을 테니 걱정 말아라." 하시니라.
6 호연이 그래도 "아이고, 저런 사람은
저렇게 옷 입고…, 나는 이게 명절 때
여, 명절 때?" 하고 투정을 부리니
7 상제님께서 말씀하시기를 "이제 그렇
게 입을 때가 와. 너는 비단 속에 파묻
히고, 할애비 같은 놈들이 네게 절하
고 그래. 그까짓 것 소용없어." 하며
달래시니라.
8 이에 호연이 "아이고, 내게다 할아버지
가 절을 해요?" 하니
9 말씀하시기를 "그런 사람이 다 생겨.
인제 옷 속에 푹 파묻히고 돈 속에 가
앉아 있어." 하시거늘
10 호연이 더욱 궁금하여 "그러면 왜 지
금은 이래요?" 하고 여쭈매 "다 때가
있고 시가 있지." 하시니라.
11 이에 호연이 "어디에 때가 있고 시가
있을까?" 하니 말씀하시기를 "앞으로
천지가 뒤집어져." 하시거늘
12 호연이 다시 "어떻게 하늘이 뒤집어질
까?" 하니 이르시기를
13 "이제 그려. 농사지어서 백성들 먹고살
라고 하늘에서 비 오고, 바람 불고, 구
름 들듯이 나는 너희들을 가르쳤다 뿐
이여.
14 인제 너같이 호강 받을 사람이 없어. 천지
에서 너를 그렇게 해 주어." 하시니라.

후천선경의 황극종통 공사

58 무신년 10월에 하루는 상제님께서
양지(洋紙) 책에 무수히 글을 써서
한 장씩 떼신 뒤에
2 성도들로 하여금 마음대로 찢게 하시
어 한 조각씩 세어서 불사르시니 모두
삼백여든 세 조각이라.
3 상제님께서 말씀하시기를 "한 조각이
부족하니 자세히 찾으라." 하시므로
두루 찾으니 사람을 그린 한 조각이
요 밑에 들어 있거늘
4 마저 불사르시며 말씀하시기를 "이것
이 곧 황극수(皇極數)라. 당요(唐堯) 때
에 나타났던 수(數)가 이제 다시 나타
난다." 하시니라.

환골탈태로 선풍도골이 된다

59 상제님께서 태인 새울 최창조(崔昌
祚)의 집에 계실 때 하루는 양치와
세수를 하신 뒤에
2 그 물을 버리지 않고 공우를 불러 명
하시기를 "공우야, 이 물로 세수하고
이를 닦으라." 하시니라.
3 공우가 명을 받들고 나서 종일 정읍(井
邑)을 갔다 왔는데 이르는 곳마다 모든
사람들이 상제님으로 대접을 하거늘
4 이때 공우의 얼굴 모습과 풍채며 말소
리와 행동거지가 상제님과 하나도 다
름이 없더라.
5 상제님께서 말씀하시기를 "때가 오면
너희들은 모두 환골탈태(換骨奪胎)하여
선풍도골(仙風道骨)이 되느니라." 하시
니라.

천지대세 사오미 개명 도수

60 하루는 안내성(安乃成)이 "때는 언
제 오나이까?" 하고 여쭈거늘
2 손가락을 하나씩 꼽았다가 새끼손가
락을 펴 여섯을 세어 보이시며 "이것이
조화봉(造化棒)이다. 새끼손가락이 조화
낸다." 하시고 시 한 수를 읽어 주시니
이러하니라.

3 나도 가네 나도 가네
임을 따라서 나도 가네
저 임을 따라서 나도 가네
4 십리사장(十里沙場) 너른 들에
오색포장(五色布帳) 둘러치고
일이삼사오륙(一二三四五六) 중에
고장(鼓杖) 소리만 둥둥 난다

5 **인묘진(寅卯辰) 사부지(事不知)**
사오미(巳午未) 개명(開明).

6 이에 내성이 "잘 모르겠습니다." 하니
상제님께서 다시 노래를 부르시니 이
러하니라.

7 난(難)이라 난이라 사난(四難)이로구나
저 건너 갈미봉에 비 몰아온다
우장을 허리에 두르고 논에 지심이나
매러 가자
어렵다 어렵다 네 가지가 어렵구나
부자 걸뱅이 되는 것 똑똑한 놈 병신
되는 것
유식한 놈 무식 되는 것 양반 상놈 되
는 것.

살릴 사람은 나 하나뿐

61 상제님께서 하루는 달이 휘영청 밝
은 밤에 내성과 함께 어디를 가시
다가 탄식하시기를

2 "사람들 다 죽었네, 다 죽었어. 살릴
사람, 건질 사람이라고는 나 하나네."
하시며 눈물을 떨구시거늘

3 갑자기 바람이 불며 먼지가 뿌옇게 일
어나더니 후둑후둑 비가 떨어지니라.

누가 신선의 길을 찾으리오

62 하루는 공사를 보시며 옛글 한 수
를 읽어 주시니 이러하니라.

2 **青龍皇道大開年에**
청룡황도대개년
王氣浮來太乙船이라
왕기부래태을선
誰能勇退尋仙路리오
수능용퇴심선로
富不謀身歿貨泉이라
부불모신몰화천
청룡의 황도가 크게 열리는 해에
왕도(王道)의 운기 태을선을 띄워 오네.
누가 용감히 부귀영화 물리치고
신선의 길을 찾을 수 있으리오.
부로는 네 몸 사는 길을 꾀할 수
없나니 재물에 빠져 죽느니라.

가을개벽 전 시두가 대발한다

63 하루는 최창조의 집에서 성도 수십
명을 둘러앉히시고 "각기 글 석 자
씩을 부르라." 하시므로

2 천자문의 처음부터 부르기 시작하여
최덕겸(崔德兼)이 '일(日) 자'까지 부르
니

3 상제님께서 말씀하시기를 "덕겸은 일
본 왕도 좋아 보이는가 보다." 하시며
"남을 따라 부르지 말고 각기 제 생각
대로 부르라." 하시니라.

4 그 다음 날 밤에 담뱃대 진을 쑤셔 내
시며 덕겸에게 "한 번 만에 잡아서 놓
치지 말고 뽑아내어 문밖으로 내버리
라." 하시거늘

5 덕겸이 명하신 대로 하니 온 마을의 개
가 일시에 짖어대는지라, 덕겸이 여쭈
기를 "어찌 이렇듯 개가 짖나이까?"
하니

6 말씀하시기를 "대신명(大神明)이 오는
까닭이니라." 하시거늘 또 여쭈기를
"무슨 신명입니까?" 하매

7 말씀하시기를 "**시두손님인데 천자국(天
子國)이라야 이 신명이 들어오느니라.**

8 내 세상이 되기 전에 손님이 먼저 오느
니라.

9 앞으로 **시두(時痘)가 없다가 때가 되면 대
발할 참이니** 만일 시두가 대발하거든
병겁이 날 줄 알아라.

10 그 때가 되면 잘난 놈은 콩나물 뽑히듯
하리니 너희들은 마음을 순전히 하여
나의 때를 기다리라." 하시니라.

한탄한들 무엇하리

64 만인경(萬人鏡)에 비추어 보면 제 지
은 죄를 제가 알게 되니 한탄한들
무엇하리.

2 48장(將) 늘여 세우고 옥추문(玉樞門)을
열 때는 정신 차리기 어려우리라.

3 四十八將
사십팔장

九天應元雷聲普化天尊 上清靈寶天尊
구천응원뇌성보화천존 상청영보천존

太淸道德天尊 萬法教主 東華教主
태청도덕천존 만법교주 동화교주

大法天師 神功妙濟許眞君
대법천사 신공묘제허진군

弘濟丘天師 許靜張天師 旌陽許眞君
홍제구천사 허정장천사 정양허진군

海瓊白眞人 洛陽薩眞人 主雷鄧天君
해경백진인 낙양살진인 주뢰등천군

判府辛天君 飛捷張天君 月孛朱天君
판부신천군 비첩장천군 월패주천군

洞玄教主辛祖師 清微教主祖元君
통현교주신조사 청미교주조원군

清微教主魏元君 洞玄傳教馬元君
청미교주위원군 통현전교마원군

混元教主路眞君 混元教主葛眞君
혼원교주노진군 혼원교주갈진군

神霄傳教鐘離呂眞仙 火德謝天君
신소전교종리여진선 화덕사천군

玉府劉天君 甯任二大天君
옥부유천군 영임이대천군

雷門苟元帥 雷門畢元帥 靈官馬元帥
뇌문구원수 뇌문필원수 영관마원수

都督趙元帥 虎丘王高二元帥
도독조원수 호구왕고이원수

混元龐元帥 仁聖康元帥 太歲殷元帥
혼원방원수 인성강원수 태세은원수

先鋒李元帥 猛烈鐵元帥 風輪周元帥
선봉이원수 맹렬철원수 풍륜주원수

地祇楊元帥 朗靈關元帥 忠翊張元帥
지기양원수 낭령관원수 충익장원수

洞神劉元帥 豁落王元帥 神雷石元帥
통신유원수 활락왕원수 신뢰석원수

監生高元帥 素車白馬大將軍
감생고원수 소거백마대장군

마음을 잘 닦아 새 세상을 맞으라

4 사람마다 각기 주도신(晝睹神), 야도신
(夜睹神)을 하나씩 붙여 밤낮으로 그
일거일동을 치부(置簿)케 하리니
5 신명들이 공심판(公審判), 사심판(私審
判)을 할 때에 무슨 수로 거짓 증언을
하리오.
6 너희들은 오직 마음을 잘 닦아 앞으로
오는 좋은 세상을 맞으라.
7 시속에 '병신이 육갑(六甲)한다.' 하나
니 서투른 글자나 안다고 손가락을 꼽
작거리며 아는 체하는 자는 죽음을 면
치 못하리라.

이것이 체면장이니라

65 무신년 12월에 대흥리(大興里)에 머무르시며 대공사를 행하실 때
2 "이것은 체면장(體面章)이니라." 하시며
글을 써서 불사르시니 이러하니라.

3 維歲次戊申十二月七日
유세차무신십이월칠일

道術 、、、 敢昭告于
도술 감소고우

惶恐伏地 問安 氣體候
황공복지 문안 기체후

万死不忠不孝無序身
만사불충불효무서신

泣祝於君於父於師
읍축어군어부어사

氣體候大安 千萬伏望伏望
기체후대안 천만복망복망

무신년 십이월 칠일
도술 、、、 삼가 밝게 고하노라.
황공히 엎드려 기체후 문안드리오니
불충하고 불효하고 두서가 없는 몸은
만 번 죽을 것이나 군(君)과 부(父)와
사(師)에게 눈물로 축원하노라.
기체후 대안하기를 천 번 만 번 거듭
엎드려 바라노라.

인류의 생사 심판: 의통공사

66 이 달에 대흥리 차경석(車京石)의 집에 계실 때 하루는 종이 서른 장 되는 양지 책에

2 앞 열다섯 장에는 면마다 옆으로
背恩忘德萬死身
배은망덕만사신
이라 쓰시고
3 또 그 면마다 가운데에는 세로로
一分明 一陽始生
일분명 일양시생
이라 쓰시고
4 뒤 열다섯 장에는 면마다 옆으로
作之不止聖醫雄藥
작지부지성의웅약
이라 쓰시고
5 또 그 면마다 가운데에는 세로로
一陰始生
일음시생
이라 쓰신 뒤에
6 경면주사 가루와 보시기 한 개를 놓고
광찬에게 이르시기를 "이 일은 살 길과
죽을 길을 결정하는 것이니 잘 생각하여
말하라." 하시니
7 광찬이 아뢰기를 "선령신을 부인하거
나 박대하는 놈은 살 기운을 받기 어
려울까 하옵니다." 하거늘
8 상제님께서 한참 생각하시다가 말씀
하시기를 "너의 말이 옳다." 하시고
9 보시기를 종이로 싸서 경면주사 가루
를 묻혀 각 장마다 앞뒤로 도장 찍듯
이 찍어 넘기시며 말씀하시기를
10 "이것이 마패(馬牌)니라." 하시니라.
11 이때 양지 책 한 권을 묶어
醫藥卜筮種樹之文
의약복서종수지문
이라 쓰시니라.

팔봉(八封)을 맡기는 공사

67 대흥리에 계실 때 하루는 차윤경
(車輪京)에게 이르시기를 "저녁 식
사 후를 기하여 여덟 사람을 구해 너의
집에 모아 놓고 나에게 알리라." 하시
거늘
2 윤경이 명하신 대로 여덟 사람과 약속
하여 해가 진 뒤에 집에 모이게 하였더
니 뜻밖에도 아홉 사람이 모이게 된지
라
3 윤경이 어찌할 바를 몰라 상제님께 와
사유를 아뢰니 말씀하시기를 "무방하
니 한 사람은 나의 시종으로 쓰리라."
하시니라.
4 이어 비룡촌(飛龍村) 윤경의 집에 이르
시어 등불을 끄신 뒤에
5 상제님께서 차공숙(車公淑)을 데리고
중앙에 서시고 여덟 사람을 팔방으로
벌여 세우신 다음 '건감간진손이곤태(乾
坎艮震巽離坤兌)'를 외우게 하시고
6 또 곁에서 이를 지켜보던 성도 20여
명으로 하여금 각기 정좌케 하여 따라
외우게 하시니라.
7 이윽고 밤이 깊어 읽기를 그치게 하시
고 불을 켜신 후에 둘러선 여덟 사람
에게 각기 분부를 내리시고
8 다시 한쪽 눈이 먼 차공숙에게 이르시
기를 "다른 사람은 두 눈으로 한 달이
면 30일을 보는데 너는 눈이 한쪽밖에
없으니 한 달이면 보름밖에 못 보지
않느냐." 하시며
9 "너는 통제사(統制使)라. 연중(年中) 360
일을 맡았나니 돌아가서 360명을 구
하여 오라.
10 이 일은 곧 팔봉(八封)을 맡기는 공사니
라." 하시니라.
11 이에 공숙이 명을 받들고 돌아가서 며
칠 후에 한 사람을 데리고 오거늘
12 상제님께서 그의 직업을 물으시매 그
사람이 "농사에 전력하여 다른 출입
은 없고, 다만 추수 후에 한 번 시장
출입이 있을 따름입니다." 하고 아뢰
니
13 말씀하시기를 "참으로 순민(順民)이로
다." 하시고 "정좌하여 잡념을 두지 말
라." 하신 뒤에
14 윤경에게 "밖에 나가 구름이 어느 곳
에 있는가 보라." 하시므로

15 윤경이 나가 살핀즉 하늘이 맑은데 오
직 상제님 계신 위에 돈닢만 한 구름
한 점이 떠 있을 뿐이라.
16 윤경이 그대로 아뢰니 말씀하시기를
"다시 나가서 그 구름이 어디를 향해
펼쳐지는가 보라." 하시매
17 윤경이 다시 나가 보니 벌써 구름이
온 하늘을 덮고 다만 북쪽 하늘만 조
금 터져 있는지라
18 그대로 아뢰니 말씀하시기를 "그곳이
조금 터졌다고 안 될 리 없으리라." 하
시고 두어 시간 후에 그 사람을 돌려
보내시니라.

인절미를 허공에 던지심

68 무신년 겨울에 대흥리에 계실 때
하루는 신 재인(申才人)이 와서 "집
에 인절미를 하였으니 오셔서 좀 드시
지요." 하는지라
2 상제님께서 그 집에 가시어 토방 아래
서서 말씀하시기를 "인절미를 그릇째
다 가져오라." 하시니라.
3 이에 그 아내가 함지에 담은 인절미를
가져오니 "토방 위에 놓으라." 하시고
4 양손으로 번갈아 인절미를 잡고 어깨
너머로 연신 던지시거늘
5 신 재인이 깜짝 놀라 인절미를 받으려
고 두 손을 모으고 뛰어다니는데 허공
에 던지신 인절미는 어디로 갔는지 하
나도 떨어지지 않더라.

천지의 화(禍)와 복(福)이 닥친다

69 기유(己酉: 道紀 39, 1909)년 정월에
하루는 공사를 보시며 글을 쓰시
니 이러하니라.
2 至曰天地禍福至요
지왈천지화복지
氣曰天地禍福氣요
기왈천지화복기
今曰至無忘이요
금왈지무망
降曰天地禍福降이니라
강왈천지화복강
지(至)는 천지의 화복이 지극하다는
말이요
기(氣)는 천지의 화와 복의 기운이라는
말이요
금(今)은 지극하여 잊을 수 없다는
말이요
강(降)은 천지의 화복이 내린다는
의미니라.

장래 일을 구슬로 수 놓아 보심

70 이 해 봄에 상제님께서 호연에게
말씀하시기를 "내가 세상을 떠서
어디로 가서 무엇을 한다." 하시며 끈
에 꿴 구슬들을 보여 주시니라.
2 호연이 보니 마치 밀화(蜜花)와 같은
노란 구슬, 파란 구슬, 빨간 구슬들인
데, 그 구슬은 맑으면서도 속에 아른
아른한 무엇이 들어 있거늘
3 상제님께서 구슬을 흔드시니 그 안에
아른거리던 것이 온갖 나비와 짐승 모
양으로 변하더라.
4 상제님께서 그 구슬들을 만지며 이르
시기를 "이제 가서 몇십 년간의 일을
꾸미는데, 이 구슬의 끝에 와야 내 일
이 된다." 하시니라.

개벽이 실제로 이루어질 때는

5 하루는 제비산(帝妃山)을 바라보시며
"제비산에 배가 올라와야 일이 되느니
라. 나갔던 제비가 다시 들어오리라."
하시고
6 말씀하시기를 "개벽은 기둥 하나 안고
도는 동안에 된다." 하시니라.
7 하루는 상제님께서 "제비산에 대어 본
다." 하시며 성도들을 간짓대처럼 이
어서 높이 세워 놓으시니라.

후천선경의 선매숭자 공사

71 하루는 호연에게 말씀하시기를
"천하 사람이 제 어미가 낳아서 생

겨났지만 맥은 네가 붙인다. 맥 떨어
지면 죽느니라." 하시고
2 "천지신명이 다 모인 자리에서 너를 천
지에다 제(祭)지냈는데, 어린 사람으로
선매숭자 쓴 것을 우리들이나 알지 그
누가 알 것이냐?" 하시니라.
3 또 말씀하시기를 "귀신은 먹어서가 아
니라 기운으로 응감한다." 하시니라.

개벽기에는 태을주를 쓰라

72 하루는 성도들에게 물으시기를
"최수운의 시천주주에는 포교 50
년 공부가 들어 있고
2 김경소는 50년 공부로 태을주(太乙呪)
를 얻었나니
3 경수가 그 주문을 받을 때 신명이 이
르기를 '이 주문으로 사람을 많이 살
리게 되리라.' 하였느니라.
4 이제는 신명시대라. 같은 50년 공부에
어느 주문을 해원시킴이 옳으냐?" 하
시니 광찬이 대답하기를 "당신님의 처
분대로 하옵소서." 하니라.
5 이에 상제님께서 말씀하시기를 "시천
주주는 이미 행세되었으니태을주를 쓰
라." 하시고
6 "나는 옛것을 고쳐서 쓰나니 훔치(吽
哆) 훔치(吽哆)를 덧붙여 읽으라." 하시
며 술잎같이 '훔치' 두 줄을 붙이시니
이러하니라.

7 **태을주(太乙呪)**

吽哆
훔치
太乙天 上元君 吽哩哆哪都來 吽哩喊哩 娑婆訶
태을천 상원군 훔리치야도래 훔리함리 사파하
吽哆
훔치

태을주는 새 생명을 구하는 녹표

73 하루는 공사를 행하실 때 태을주
를 써 놓으시고 성도들에게 "이 형
상이 무엇 같으냐?" 하시니 갑칠이
"밥숟가락 같습니다." 하거늘
2 말씀하시기를 "내가 동서양을 밥 비비
듯 할 터이니 너희들은 이 숟가락으로
먹으라.
3 태을주는 후천 밥숟가락이니라.
4 태을주는 오만년 운수 탄 사람이나 읽
느니라." 하시니라.
5 이어서 말씀하시기를 "이 모양이 숟가
락 같으니 이것이 곧 녹표(祿票)니라.
6 이 녹을 붙이면 괴질신명이 도가(道家)임
을 알고 들어오지 않느니라." 하시니라.
7 하루는 성도들에게 태을주를 읽히시
고 말씀하시기를 "태을주는 천지 어머니
젖줄이니 천지 젖줄을 놓지 말아라." 하
시고
8 "나무가 땅에다 뿌리를 박지 않으면
하늘이 우로(雨露)를 내린들 그 나무가
어찌 기름지게 자라며
9 그 어미의 젖을 마다하고 먹지 아니하
면 그 자식이 어찌 삶을 구하리오." 하
시니라.

'훔치'는 천지부모를 부르는 소리

74 '훔치'는 천지부모를 부르는 소리니
라.
2 송아지가 어미를 부르듯이 창생이 한
울님을 부르는 소리요
3 낙반사유(落盤四乳)는 '이 네 젖꼭지를
잘 빨아야 산다.'는 말이니
4 '천주님을 떠나면 살 수 없다.'는 말이
니라.
5 태을주를 읽어야 뿌리를 찾느니라.
6 태을주는 수기(水氣) 받아 내리는 주문이
니라.

태을주 소리가 천지에 으근으근하다

7 내가 인간 일을 하러 지상에 내려오므

로 천상 선녀들이 인간들보다 나중에
태을주를 받았느니라.
8 선녀들이 꽃밭에 물을 주며 태을주 읽
는 소리가 천지에 으근으근하다.
9 너희들은 읽고 또 읽어 태을주가 입에
서 흘러넘치도록 하라.

오는 잠 적게 자고 태을주를 읽으라

75 오는 잠 적게 자고 태을주를 많이
읽으라.
2 태을천(太乙天) 상원군(上元君)은 하늘 으
뜸가는 임금이니 오만년 동안 동리동리
각 학교에서 외우리라.
3 태을주에는 율려(律呂) 도수가 붙어 있느
니라.
4 태을주 공부는 신선(神仙) 공부니라.

태을주는 여의주

5 만사무기 태을주(萬事無忌 太乙)
만병통치 태을주(萬病通治 太乙呪)
소원성취 태을주(所願成就 太乙呪)
포덕천하 태을주(布德天下 太乙呪)
광제창생 태을주(廣濟蒼生 太乙呪)
만사여의 태을주(萬事如意 太乙呪)
무궁무궁 태을주(無窮無窮 太乙呪)
6 태을주는 여의주(如意珠),
여의주는 태을주니라.

세계 구원의 대세

76 기유년 여름에 용머리고개에 계실
때 하루는 마당에 촛불을 밝히고
대공사를 행하시며 글을 쓰시니 이러
하니라.
2 天有日月之明이요 地有草木之爲라
천유일월지명 지유초목지위
天道在明故로 人行於日月하고
천도재명고 인행어일월
地道在爲故로 人生於草木이라
지도재위고 인생어초목
하늘에는 일월의 광명이 있고
땅에는 초목의 생성이 있느니라.
하늘의 도는 일월의 광명에 있는 고로
사람은 일월의 운행 도수를 따라
살아가고
땅의 도는 만물을 낳아 기르는 조화에
있는 고로
사람은 초목을 먹고 살아가느니라.
3 이 글을 써서 불사르시니 갑자기 검은
구름이 하늘을 덮고 강풍이 불며 비가
내리되 오히려 촛불은 꺼지지 아니하
더라.
4 이때 상제님께서 류찬명(柳贊明)에게
명하시어 "서북쪽 하늘에 별이 나타났
는가 보라." 하시매
5 찬명이 살펴보니 구름이 온 하늘을 덮
었거늘 "캄캄합니다." 하고 아뢰니 아
무 말씀이 없으신지라
6 찬명이 상제님께서 듣지 못하신 줄 알
고 큰 소리로 다시 아뢰기를 "별이 하
나도 안 보입니다." 하니
7 이번에는 "동남쪽 하늘을 보라." 하시
므로 바라보니 동쪽 하늘에는 엷은 구
름이 간간이 열려 사이사이로 별들이
보이고 남쪽 하늘은 구름이 없이 푸르
러서 수많은 별들이 밝게 빛나더라.
8 그대로 아뢰니 말씀하시기를 "서북은
살아날 사람이 없고, 동남은 살아날
사람이 많으리라." 하시니라.

서양 기운이 조선에 들어오리라

9 공사를 행하신 후에 다시 찬명에게 명
하시어 "하늘을 보라." 하시니 찬명이
보매 어느새 구름이 하늘을 덮고 다만
큰 별 하나가 보이거늘
10 그대로 아뢰니 말씀하시기를 "서양 기
운이 왔구나." 하시고
11 "장차 서양 기운이 조선에 들어오리
라." 하시니라.

개벽 후 금산 일대는 아무도 살지 못하는 참배 성지

77 상제님께서 말씀하시기를 "금산
사 황금대맥은 천지의 대용맥(大龍
脈)이니 누구든지 가히 범접치 못하리

라." 하시니라.
2 상제님께서 구릿골 앞 큰 정자나무 밑
에서 소풍하실 때 항상 금산 안과 용화
동(龍華洞)을 가리키시며 말씀하시기를
3 "이곳이 나의 기지(基址)라. 장차 꽃밭
이 될 것이요, 이곳에 인성(人城)이 쌓
이리라." 하시고 "수양산 그늘이 강동
팔십 리니라." 하시니라.
4 또 말씀하시기를 "천황지황인황후(天皇
地皇人皇後)에 천하지대금산사(天下之大
金山寺)라." 하시니라.
5 하루는 성도들이 여쭈기를 "금산 산골
짜기가 좁은 것 같사옵니다." 하니
6 말씀하시기를 "장차 부(符) 한 장만 그
려 신명에게 명하면 힘들이지 않고 산
을 옮기고 땅을 개척하리라." 하시고
7 산을 향해 막대기로 내리그으시며 "장
차 제비산과 송장산을 세 번 불칼로
깎아야 하리니
8 제비산과 비재와 송장산은 발 한번 구
르면 서해 바다로 나가느니라." 하시
니라.
9 하루는 구릿골 약방에서 동구를 가리
키며 말씀하시기를 "저곳에 물이 차서
못이 되리라.
10 내가 출세할 때는 금산사로부터 물 찬
방죽 사이에는 너희들이 살지 못할 것
이니라." 하시니라.

이곳이 금암문이니라

11 또 하루는 팔정이 입구 냇가에 있는
금난바위(金生巖)를 가리키며 말씀하시
기를
12 "이곳이 금암문(金巖門)이니라. 이곳에
서부터 금산사까지는 문(門) 안이요,
이곳에서 원평 쪽으로는 문 밖이 되느
니라." 하시니라.

강감찬의 벼락칼 공사

78 상제님께서 하루는 구릿골 약방
마루에서 남쪽을 향해 앉으시어
형렬에게 말씀하시기를 "강감찬(姜邯
贊)이 벼락칼을 잊느라 욕보는구나. 어
디 시험하여 보리라." 하시며
2 오른손을 들어 왼 무릎을 치시고 왼손
을 들어서 오른 무릎을 치시는데
3 오른손을 드실 때 소리개봉 머리에서
번개가 일어나 왼 무릎을 치실 때 제
비산 밑에 벼락이 치고
4 왼손을 드실 때 제비산 머리에서 번개
가 일어나 오른 무릎을 치실 때 소리
개봉 밑에 벼락이 치더라.
5 이와 같이 무수히 벼락을 쓰실 때에
"좋다! 좋다!" 하며 무릎을 치시니, 천
지가 자지러지고 산악이 무너지는 듯
하여 성도들은 모두 넋이 빠졌더라.
6 한참이 지난 후에 그치시니 한 사람이
가만히 말하기를 "우리가 요술에 속은
듯하니 가서 확인해 보자." 하거늘
7 이에 두 패로 갈라져서 한 패는 소리
개봉 밑에 가 보고 또 한 패는 제비산
밑에 가 보니 수목들이 벼락에 타고
찢기어 그 참상이 험하더라.

별자리 돌리는 법을 가르쳐 주리라

79 공우가 상제님을 모시고 다닐 때
여러 차례 "도통하는 법을 가르쳐
주옵소서." 하고 애원하거늘
2 하루는 상제님께서 공우를 바라보시
며 "네가 그토록 원하니 하늘의 별자리
돌리는 법을 가르쳐 주리라." 하시고
3 밤하늘을 가리키며 말씀하시기를 "제일
맘에 드는 별을 하나 골라라." 하시니
공우가 명을 좇아 별 하나를 고르니라.
4 이에 상제님께서 그 별을 향하여 손을
두르시니 그 별을 중심으로 다른 모든
별들이 원을 그리며 돌아가거늘
5 상제님께서 "공우야, 따라 해라." 하시
므로 공우가 상제님을 따라 별을 향하
여 손을 두르니
6 잠시 후 상제님께서 손을 내리시되 별
들은 공우가 손을 두르는 대로 계속하
여 돌아가더라.

사흘 동안 도통 기운을 열어 주심

80 성도들이 매양 '언제나 도통을 할
거나.' 하며 도통 내려 주시기를 간
청하거늘
2 상제님께서 하루는 성도들에게 도통
기운을 열어 주시니라.
3 이때 한 성도가 산 사람의 혼을 불러
"돈 얼마를 가져오라." 하니 그 사람이
마치 무엇에 홀린 듯 돈을 가져오거늘
4 상제님께서 이를 아시고 크게 노하시
어 사흘 만에 도통을 거두시니라.

대두목의 도통줄

81 하루는 한 성도가 도통을 원하거
늘 "때가 오면 도통을 먼저 대두목
(大頭目)에게 주리니
2 그가 천하의 도통신(道通神)을 거느리
고 각기 공덕의 크고 작음에 따라 모
두 도통을 시키느니라." 하시니라.

직품에 따라 열리는 도술

3 또 말씀하시기를 "앞세상에는 도술이
직품(職品)에 따라서 열리느니라.
4 성경신으로 믿어 잘 닦으면 상재(上才)
는 병자를 바라만 보아도 낫고
5 중재(中才)는 손으로 만져야 낫고
6 하재(下才)는 주문을 읽어 낫게 하느니
라." 하시니라.

온 인류의 마음을 밝혀 주리라

82 하루는 성도들에게 이르시기를
"'공자는 72인을 도통케 하고 석
가모니는 500인을 도통케 하였다.'
하나
2 나는 차등은 있을지라도 백성까지 마
음을 밝혀 주어 제 일은 제가 알게 하
며
3 남자는 남의 여자에게 탐심을 내지 않
고, 여자는 남의 남자에게 탐심을 내
지 않으며
4 길에 흘린 것을 줍는 자가 없게 하고,
산에는 도적이 없게 하리라." 하시니라.

한국이 세계의 일등국

83 하루는 말씀하시기를 "조선이 중
국을 대국이라 칭한 고로 중국 인
종이 조선 사람보다 큰 것이니라.
2 또 대국의 위에 특대국이 있으니 이는
곧 서양이라. 그러므로 서양 인종이
제일 크니라.
3 그러나 앞으로는 조선이 세계의 일등
국이 되리니 선생국의 인종이 서양 사
람보다 작아서야 쓰겠느냐.
4 내가 너희들의 키를 여섯 자 여섯 치로
쭉 늘여 뽑으리라." 하시니라.
5 이때 한 성도가 여쭙기를 "일등국이
되려면 전쟁으로 세계 각국을 다 이겨
야 되지 않습니까?" 하거늘
6 상제님께서 말씀하시기를 "넌 왜 그리
멍청하냐? 세계 사람들이 '선생님'이
라 하면 일등국이 될 것 아니냐." 하
시니라.

조선이 천하의 도주국

7 상제님께서 안내성에게 말씀하시기를
"내가 이곳 해동조선에 지상천국을 만
들리니 지상천국은 천상천하가 따로
없느니라." 하시며
8 "장차 조선이 천하의 도주국(道主國)이 되
리라." 하시니라.

내 일은 여동빈의 일과 같나니

84 천지 안에 있는 말은 하나도 헛된
것이 없느니라.
2 세간에 '짚으로 만든 계룡'이라는 말이
있나니 그대로 말해 주는 것을 사람들
이 모르느니라.
3 또 나의 일은 여동빈(呂洞賓)의 일과 같
으니
4 동빈이 사람들 중에서 인연 있는 자를
가려 장생술(長生術)을 전하려고 빗 장
수로 변장하여 거리에서 외치기를
5 '이 빗으로 빗으면 흰머리가 검어지고,
빠진 이가 다시 나고, 굽은 허리가 펴
지고, 쇠한 기력이 왕성하여지고

6 늙은 얼굴이 다시 젊어져 불로장생하
나니 이 빗 값이 천 냥이오.' 하며 오랫
동안 외쳐도
7 듣는 사람들이 모두 '미쳤다.'고 허탄하
게 생각하여 믿지 아니하더라.
8 이에 동빈이 그중 한 노파에게 시험하
니 과연 흰머리가 검어지고 빠진 이가
다시 나는지라
9 그제야 모든 사람이 다투어 사려고 모
여드니 동빈이 그 때에 오색구름을 타
고 홀연히 승천하였느니라.
10 간 뒤에 탄식한들 무슨 소용 있겠느냐!

최 풍헌의 큰 지혜 ;
변국을 꿰뚫어 본다

85 상제님께서 하루는 성도들에게 최
풍헌(崔風憲)의 옛일을 말씀해 주시
니 이러하니라.
2 최 풍헌은 지난 임진란(壬辰亂) 때 전라
도 고흥(高興) 사람이라.
3 풍헌이 밤낮 술에 취해서 비틀거리며
동리 사람들에게 욕설을 하고 툭하면
지나가는 행인에게 시비를 거니 모두
미친 사람으로 취급하니라.
4 그러나 류 훈장(柳訓長)은 그런 풍헌을
그 때마다 타이를 뿐이니, 이는 풍헌
이 일에 임하면 명민하고 지혜가 뛰어
나므로 일찍부터 범상치 않게 보아 온
까닭이라.
5 한번은 고을 현령이 풍헌을 못마땅히
여겨 파면할 구실을 찾으려고 고을 호
구대장과 토지대장을 주며 몇 달이 걸
릴 일을 '보름 안에 조사해 오라.' 하고
명하니
6 풍헌이 아랑곳하지 않고 여전히 술에
취해 돌아다니다가 기한이 차매 뜻밖
에 한 사람도 빠트리지 않고 정확히
조사하여 올리거늘
7 조사한 날이 모두 한날한시인데다 수
결(手決)까지 쓰여 있어 현령이 크게
놀라 아무 말도 하지 못하니라.
8 몇 달 후에 '왜병이 침입하리라.'는 풍설
이 널리 퍼져 민심이 크게 소동하거늘
류 훈장이 풍헌에게 피난할 일을 부탁
하되 풍헌은 '알지 못한다.'며 수차 사
양할 뿐이더니
9 하루는 술에 취하여 말하기를 '그대의
가산과 전답을 다 팔아서 나에게 맡기
라.' 하매 훈장이 풍헌을 믿고 그대로
따르거늘
10 풍헌이 그 돈으로 날마다 술을 마시며
방탕히 지내다가 갑자기 한 달 동안
사라져 보이지 않으니라.
11 훈장은 믿는 바가 있어 모르는 체하며
지내는데 하루는 '풍헌이 사망하였다.'
는 부고가 이르거늘
12 훈장이 크게 놀라 풍헌의 집에 찾아간
즉 풍헌의 막내아들이 건을 쓰고 곡하
며 훈장을 맞으매
13 '어떻게 돌아가셨나?' 하고 물으니 '술
에 취해 넘어지면서 구정물통에 머리
가 박혀서 돌아가셨다.' 하므로 시신
을 살펴보니 과연 최 풍헌이라.
14 훈장이 상제(喪制)를 위로하고 나서 '유
언이 있느냐?' 하고 물으니
15 대답하기를 '류 훈장에게 통지하여 그
가솔과 더불어 상복을 입고 상여 뒤
를 따르게 하여 지래산(智萊山) 아무
골짜기에 장사지내라 하였습니다.' 하
는지라
16 훈장이 집에 돌아와 가족들과 의논하
니 모두 곧이듣지 않고 막내아들 하나
만 뜻을 따르거늘
17 사흘 후에 굴건제복(屈巾祭服)하고 운
상하여 지래산 속으로 들어가니 골짜
기 위에서 '상여를 버리고 이곳으로 오
라.'는 소리가 들리므로 바라보니 곧
풍헌이라.
18 이에 상여를 버리고 올라가니 그곳에
가옥을 지어 놓고 양식을 풍부히 마련
해 두었더라.
19 얼마 후 밤이 되어 살던 마을 쪽을 바

라보니 불빛이 환하거늘 풍헌이 말하
기를 '이는 왜병이 침입하여 온 마을에
불을 지른 것이라.' 하매 훈장이 더욱
탄복하니라.
20 그런데 그 골짜기 위에서 본 최 풍헌
의 얼굴이 본래 모습과는 조금 달랐다
하니라.

큰 도적놈이로구나

86 형렬이 상제님을 모시면서 얼마 안
되는 살림마저 거의 없어질 지경에
이르거늘
2 하루는 상제님께서 형렬을 부르시어
임인년 추석에 솥단지 판 일을 말씀하
시며 "식주인의 조력이 없었다면 나의
일을 어떻게 감당하였겠느냐." 하시고
3 "네 정성은 칠년가뭄에 단비 얻기보다
어렵고 구년홍수에 나무 한 묶음 얻기
보다 어려우니 너의 지극한 정성이 천
지에 차고 남느니라.
4 내가 네 신세를 못 잊겠구나. 이제 너
의 소원 한 가지 들어주마." 하시니라.
5 이에 형렬이 곰곰이 생각하다가 선천
말대의 대개벽에 대한 상제님의 말씀
을 떠올리며 "그러면 '때가 되면 괴질
로 다 죽는다.' 하셨으니, 천지에 병겁
이 돌 때 저희 자식이나 다 살려 주십
시오." 하거늘
6 상제님께서 갑자기 노기 띤 음성으로
"에이, 대적(大賊)놈 같으니! 그건 내
마음대로 못 한다." 하시고
7 타일러 말씀하시기를 "형렬아, 식구 살
리려 하지 마라. 오만년 너 하나 시조
(始祖) 되면 되지 않겠느냐." 하시니라.
8 이어 말씀하시기를 "내가 출세할 때
는 대두목이라도 다섯 사람 데리고
따르기가 어려우리니 부디 마음을 잘
가지라.
9 희귀하다는 희(稀) 자가 '드물 희' 자
니라.
10 때가 되어 내가 부르면 참여할 사람이
별로 없으리라." 하시니라.

굶어 죽는 폐단을 없애심

87 내가 천지공사를 맡아봄으로부터
모든 연사(年事)를 맡아 일체의 아
표신(餓莩神)을 천상으로 올려 보냈나
니
2 앞세상에는 굶어 죽는 폐단이 없으리
라.

선경세계의 복록 분배

3 후천에는 자식 못 두는 자가 없으리라.
4 또 부자는 각 도에 하나씩 두고 그 나
머지는 다 고르게 하여 가난한 자가
없게 하리라.
5 후천 백성살이가 선천 제왕보다 나으
리라.

사람을 해롭게 하는 것을 없애심

88 하루는 이도삼(李道三)에게 명하시
기를 "사람을 해롭게 하는 물건을
낱낱이 헤아려 보라." 하시니
2 도삼이 범과 사자와 이리로부터 모기
와 이와 벼룩과 빈대에 이르기까지 자
세히 헤아려 아뢰거늘
3 상제님께서 말씀하시기를 "후천에는
사람을 해롭게 하는 것은 모두 없애리
라." 하시니라.

호랑이 기운을 거두고 종자만 남기심

4 하루는 성도들에게 말씀하시기를 "범
의 성질이 너무 사납다 하므로 내가
그 성질을 알아보려고
5 일찍이 손바래기 뒷산에서 호둔하여
보았더니 모든 사람이 개나 돼지와 같
이 보이는지라
6 범을 그대로 두면 인간에 해를 끼침이
많겠으므로 종자만 남겨 두고 없애 버
렸노라." 하시니라.

지구촌의 세계 통일정부 건설

89 내가 출세할 때에는 주루보각(朱樓
寶閣) 삼십육만 칸을 지어

2 각기 닦은 공력(功力)에 따라 앉을 자리
에 들어앉혀 신명들로 하여금 옷과 밥
을 받들게 하리니
3 만일 못 앉을 자리에 앉은 자가 있으
면 신명들이 그 목을 끌어 내칠 것이
니라.

잘못 닦은 자의 심판

4 하루는 우레와 번개를 크게 일으키며
말씀하시기를 "뒷날 출세할 때에는 어
찌 이러할 뿐이리오. 천지가 진동하고
뇌성이 대작하리라.
5 잘못 닦은 자는 죽지는 아니하나 앉을
자리가 없어서 참석하지 못할 것이요
6 갈 때에 따라오지 못하고 엎어지리라.
7 부디 마음을 부지런히 닦고 내 생각을 많
이 하라." 하시니라.
8 또 이르시기를 "나의 얼굴을 잘 익혀
두라. 후일에 출세할 때에는 눈이 부
시어 보기 어려우리라.
9 예로부터 신선이란 말은 전설로만 내
려왔고 본 사람은 없었으나 오직 너희
들은 신선을 보리라." 하시니라.
10 또 말씀하시기를 "내가 참으로 일하려
고 들어앉으면 너희들이 아무리 나를
보려 하여도 못 볼 것이요, 내가 찾아
야 보게 되리라." 하시니라.

이제 세상이 다 됐다

90 하루는 상제님께서 돌멩이로 짚을
빻고 계시니 호연이 "왜 그렇게 빻
아요? 손 안 아파요?" 하거늘
2 말씀하시기를 "이제 천백 개벽을 하리
라." 하시니라.
3 이에 호연이 "천백 개벽이라니 그게 무
슨 소리예요?" 하고 여쭈니
4 "거, 덥적거리지 말고 가만히 생각을
좀 해 보아라.
5 이제 천이 천 말 하고, 만이 만 말 하는
세상이 오느니라. 그렇다 해도 네 마음
하나만 꿋꿋이 지키면 괜찮으니라.
6 이 뒤로는 누워서 밥 먹는 세상이 오
리니 나는 그런 세상을 못 보고 가지
만 너는 본다." 하시니라.
7 이에 호연이 "세상이 어떻게 그럴까?"
하고 의아한 듯 여쭈니
8 말씀하시기를 "앞으로 밖에 나가지 않
고도 방에 앉아서 바위 같은 기구로 밥
해 먹고 사는 이치가 돌아온다. 이제
세상이 다 됐다. 다 됐어!" 하시니라.
9 호연이 더욱 궁금하여 "어떻게, 어떻
게?" 하며 보채니 말씀하시기를 "이제
이 세상 이치가 아침 다르고 저녁 다
르니라.
10 세상이 아침저녁으로 두 번 가르치리
니 무슨 말이 소용 있겠느냐? 날로 다
르고 참으로 편할 것이다.
11 복 없는 놈은 고생하고 배고플 테지
만, 눈이 바로 박힌 놈은 제가 먹고도
남으리니
12 좋은 세상이 돌아와 좋은 꼴을 볼 것
이다." 하시니라.

지구촌 언어 통일의 계기

91 천지에 수기(水氣)가 돌면 만병이 모
두 물러갈 것이요, 만국 사람이 배
우지 않고도 말을 통하게 되나니
2 수기가 돌 때에는 와지끈 소리가 나리
라.

세계 창생을 가르치는 교도시(敎都市) 건설

92 하루는 상제님께서 형렬에게 말씀
하시기를 "장차 ○○○에다 동대문
달고, ○○ ○○에다 남대문 달고
2 ○○○에다 서대문 달고, ○○○에다
북대문 달아 세계 사람들을 가르치는
큰 도시를 만들 것이니라.
3 후천선경에는 판이 이렇게 크리라.
4 세계 창생이 모여 내 도를 공부하리니
너희는 잘 닦아 그들을 가르치라." 하
시니라.

제 8 편

천하사(天下事) 일꾼

천하사(天下事) 일꾼

일꾼의 대도

광구천하의 대업을 실현하는 자

1 일꾼은 천명(天命)을 받아 천지사업에
종신하여 광구천하의 대업을 실현하는
자니라.
2 모사재천(謀事在天)하고 성사재인(成事
在人)하는 후천 인존(人尊)시대를 맞이
하여
3 천지부모이신 증산 상제님과 태모 고
수부님께서 인간과 신명이 하나되어
나아갈 새 역사를 천지에 질정(質定)하
시고
4 일월(日月)의 대사부(大師父)께서 천지
도수에 맞추어 이를 인사(人事)로 집행
하시니
5 일꾼은 천지일월(天地日月) 사체(四體)의
도맥과 정신을 이어받아 천지대업을 개
척하여 후천 선경세계를 건설하는 자이
니라.

선경 건설의 천지 녹지사

6 상제님께서 말씀하시기를 "모사재천
은 내가 하리니 성사재인은 너희들이
하라. 치천하 50년(五十年) 공부니라."
하시니라.
7 하루는 성도들에게 말씀하시기를 "시
속에 전명숙(全明淑)의 결(訣)이라 하여
'전주 고부 녹두새'라 이르나 이는 '전
주 고부 녹지사(祿持士)'라는 말이니
8 장차 천지 녹지사가 모여들어 선경(仙
境)을 건설하게 되리라." 하시니라.

꽃 중에 제일 좋은 꽃

2 상제님께서는 사람이 많이 있을수록
좋아하시니라.
2 임인(壬寅: 道紀 32, 1902)년에 하루는
상제님께서 아랫목에 앉으시어 윗목
에 모인 성도들을 바라보시며 "너희
들, 심심하면 심심풀이 좀 해 봐라."
하시거늘
3 성도들이 꽃타령을 부르니 "너희들은
꽃 중에 무슨 꽃이 좋으냐?" 하고 물
으시니라.
4 이에 누구는 '볍씨꽃이 좋다.' 하고, 누
구는 '목화꽃이 좋다.' 하고, 또 누구는
'담배꽃이 좋다.' 하거늘
5 상제님께서 말씀하시기를 "방안꽃이
제일이니라. 다른 것은 한 번 보고, 두
번 보고 하면 사랑이 멀어지는 법이나
6 사람은 볼수록 정이 드는 것이니 참으
로 꽃 중에는 인간꽃이 제일이니라." 하
시니라.
7 또 말씀하시기를 "자식을 낳아 보아
라, 볼수록 새 사랑이지.
8 나무가 외줄로만 크는 놈은 윗동을 쳐
야 가지를 뻗듯이
9 사람이 자식을 낳으면 그것이 곧 가지
를 뻗는 셈이니라." 하시니라.

사람 마음이 천층만층 구만층

3 하루는 상제님께서 저잣거리를 지나
시며 말씀하시기를 "사람이란 지혜가
있고 눈치가 빨라야 하느니라.
2 꾀 많은 놈은 재치가 있고 미련한 놈
은 천천히 자기 죽을 꾀만 내느니라.
3 사람이라는 것은 사람 속에서 살아야 귀
를 얻는 것인데 몹쓸 놈들은 사람을 피
해서 사니 말을 들어도 무슨 소리인
줄을 모르느니라.
4 사람이 귀를 얻어야 좋은 소리, 낮은

소리를 알아들을 수 있나니 사람이란
사람이 많은 곳으로 뻗쳐야 하느니라."
하시고
5 또 말씀하시기를 "사람이라고 다 같은
사람이 아니라 크고 작고 깊고 얕음이
천층만층 구만층이니라.
6 사람이 아무리 많아도 그 가운데 사람
맘 하나 추려 내기가 어려우니라." 하
시니라.

대인을 배우는 자는

4 무릇 대인을 배우는 자는
取天下之長하고 捨天下之短하라
취천하지장 사천하지단
천하 사람의 장점을 취하고
천하 사람의 단점을 버리라.
2 광인(狂人)의 한마디 말에도 취할 것이
있느니라.
3 대인을 배우는 자는 고금의 흥망에 밝
고 세상 사람과 동고동락(同苦同樂)해
야 하느니라.
4 두루 놀아야 신선(神仙)이니라.
5 음양을 겸전(兼全)해야 하느니라.

내 한 몸 잘 닦는 일

5 상제님께서 공사를 보시며 글을 쓰시
니 이러하니라.
2 一身收拾重千金이니
일신수습중천금
頃刻安危在處心이라
경각안위재처심
내 한 몸 잘 가짐이 천금보다 중하니
순간의 평안함과 위태로움이
마음가짐에 달려 있느니라.
3 潛心之下에 道德存焉이요
잠심지하 도덕존언
反掌之間에 兵法在焉이라
반장지간 병법재언
무심한 사이에 도덕이 존재하고
손바닥 뒤집는 사이에도
병법이 있느니라.

송죽처럼 한마음을 잘 가지라

6 마음 지키기가 죽기보다 어려우니라.
2 사람 마음이 열두 가지로 변하나니,
오직 송죽(松竹)처럼 한마음을 잘 가지
라.
3 口重崑崙山하고 心深黃河水하라
구중곤륜산 심심황하수
입 무겁기를 곤륜산같이 하고 마음
깊기를 황하수같이 하라.

부단히 공부하라

7 생각에서 생각이 나오느니라.
2 무엇을 하나 배워도 끝이 나도록 배
워라.
3 세상에 생이지지(生而知之)란 없느니라.
4 천지에서 바람과 비를 짓는 데도 무한
한 공력을 들이느니라.
5 너희들 공부는 성경신(誠敬信) 석 자 공
부니라.

말을 앞세우지 말라

6 말을 듣고도 실행치 않으면 바위에 물
주기와 같고 알고도 행하지 않으면 모
르는 것만 같지 못하니라.
7 줄을 쳐야 빨래를 너는 것 아니냐? 조
그만 거미도 줄을 치면 새도 잡아먹고
뭣도 잡아먹는데, 그 작은 거미만도
못한 놈도 많으니라.
8 말부터 앞서면 일이 안 되나니 일을 도모
할 때에는 뒷감당을 해 놓고 말해야
하느니라.

나의 도가 얼마나 괴로울까

8 하루는 상제님께서 김형렬(金亨烈)에
게 "너는 무엇이 장기더냐?" 하고 물
으시니 형렬이 "아무것도 장기가 없나
이다." 하고 대답하는지라
2 상제님께서 이르시기를 "그러면 너는
이 세상에 무용지물이로구나. 네가 무
용지물이면 나는 무엇이 될거나." 하
시고
3 이어 말씀하시기를 "세상 사람들은 저

사람 못살면 내가 못사는 법을 모르니
세상이 모두 망하고 마는 것이며
4 제자가 못쓰면 선생이 못쓰게 되는 법
을 모르다가 저놈도 죽고 이놈도 죽는
것이니
5 도시 제 마음 잘못 먹어 제가 죽는 줄
모르는구나.
6 그러니 나의 도가 얼마나 괴로울까
나." 하시고 무엇을 속으로 읽으시며
한없이 슬퍼하시니라.

씨종자는 어찌할 수 없다

9 상제님께서 이따금 김준상(金俊相)의
집 뒤쪽 대밭에 가시어 죽순을 가꾸
시니
2 하루는 호연이 "그 죽순은 뭣 하러 가
꿔요?" 하고 여쭈거늘
3 상제님께서 말씀하시기를 "대라고 다
같은 대가 아니니라." 하시니라.
4 이에 호연이 "대는 한가지지, 어찌 대
가 다른 것이 또 있어요?" 하니
5 말씀하시기를 "대도 잔대가 있고 왕대
가 있느니라. 이것은 큰 대이니 왕대니
라.
6 씨종자는 어찌할 수 없느니라." 하시
니라.

사람은 타고나느니라

7 또 말씀하시기를 "사람이 다 쓸데가
있나니 천황(天皇)에서 짚자리 뚝 떨어
질 때 '너는 천하를 위해 뭐 돼라. 너는
뭐 돼라.' 하고 타고나느니라.
8 팔도 사람 모이는 것도 다 이치가 있
어서 되는 것이니라." 하시니라.

가난은 사람 가난이 크다

10 상제님께서 무엇을 가르치실 때는
바로 일러 주지 않으시고, 항상 조
화로써 어려움을 겪게 하고 그 끝에
일러 주시어 스스로 깊이 깨우치도록
하시니라.
2 상제님께서 말씀하시기를 "사람은 본
을 받아서 깨쳐야 한다.
3 천지간에는 작은 겁불만도 못한 놈도
많으니라.
4 모르는 놈은 손에 쥐어 줘도 모르느니
라.
5 사람 못난 것은 쓸데가 없나니, 가난
은 사람 가난이 가장 크니라." 하시니
라.

도판을 더럽히는 자

11 임인년 가을에 하루는 어떤 사람이
상제님을 뵈러 왔다가 밖에 나가서
남의 밭 무를 뽑아 먹은지라
2 상제님께서 "저 도둑놈! 남의 무를 뽑
아 먹고 다녀서 흉잡히게 한다. 저놈
아가리를 찢어라." 하시며 불같이 꾸
짖으시니라.
3 하루는 성도들에게 이르시기를 "외식
(外飾)을 버리고 실지(實地)에 힘쓰라.
4 안으로 불량하고 겉으로만 꾸며대면
수숫대 꼬이듯 하고 쓸개가 터지리
라." 하시고
5 또 말씀하시기를 "도(道) 밖의 사람은
써도 법(法) 밖의 사람은 못 쓰느니라."
하시니라.
6 상제님께서 말씀하시기를 "수운가사에
'인물 보고 가사(家舍) 보고 모몰염치(冒
沒廉恥) 추존(推尊) 말라.' 하였으며
7 또 동경대전에

善不處卞名不秀라
선불처변명불수

잘 처사하지 못하면
이름을 드날리지 못하리라.

하였나니 잘 알아 두라." 하시니라.

하늘의 기밀을 누설하면

12 상제님께서 말씀하시기를 "도를
이루면 속으로만 알고 마음에 감
춰 두어 있어도 없는 것같이 하여야
하나니
2 남들에게 뽐내어 비밀을 많이 누설하

면 하늘이 도로 밝음을 거두어들이느
니라." 하시고
3 또 말씀하시기를 "안다고 하여 망령되
이 움직여 말로 세상일의 기밀을 많이
누설하고 행동으로 천리를 범하면, 그
것이 작을 때는 신벌(神罰)을 받고 크면
천벌(天罰)을 받게 되느니라." 하시니라.
4 하루는 어떤 사람이 아뢰기를 "고창(高
敞) 선운사(禪雲寺)에 이인(異人)으로 이
름난 처사 한 사람이 있사온데
5 그가 앞으로 다가올 일을 불 보듯 훤
히 알아서 '세상을 구원하는 분이 지금
이 세상에 내려와 계신데 그분은 강성
(姜姓)이시다.' 하고 말하였다 합니다."
하니
6 말씀하시기를 "그러하냐?" 하시니라.
7 그 후 며칠이 지나지 않아 그 사람이
찾아와서 아뢰기를 "선운사의 그 처사
가 병도 없이 무척 건강하였는데 며칠
전에 비명횡사하였다 하옵니다." 하니
8 상제님께서 말씀하시기를 "하늘의 기
밀을 누설하면 살 수가 없느니라." 하
시니라.

난법자의 종말

13 남을 지도하는 자가 알고도 죄를
범하면 천도(天道)에 벗어나 더욱
벌이 크니라.
2 내 도(道)에 없는 법으로 제멋대로 행
동하고 난법난도(亂法亂道)하는 자는 이
후에 날 볼 낯이 없으리라.
3 안다는 자는 죽으리니 아는 것도 모르
는 체하여 어리석은 자와 같이 하라.
4 남이야 어떻게 알든 실속만 있으면 되
느니라.
5 길가에 좋은 꽃을 심어 두면 아이도
꺾고 어른도 꺾느니라.

현세에 안다는 자는

14 이 시대가 장차 길에는 두 사람이
뭉쳐 가기 어렵고, 방에는 다섯 사
람이 모여 앉기 어려우리니
2 아는 것도 모르는 체하고 엄벙덤벙하
여 폭 잡기 어렵게 지낼지어다.
3 현세에 안다는 것은 다 때 찐 소리니라.

내 일은 감나무 접붙이듯이 된다

15 임인년 가을에 하운동 형렬의 집
앞 감나무에 가지가 휘도록 감이
풍성하게 열리니라.
2 하루는 상제님께서 감나무 밑에 앉아
감을 쳐다보며 노래하시기를
3 "감아, 감아. 열거든 떨어지지 말고 떨
어지려면 열지를 말거라." 하시니라.
4 하루는 상제님께서 말씀하시기를 "내
일은 고욤나무에 좋은 감나무 접붙이
듯이 된다." 하시니라.

마음씨 고약한 부자의 버릇을 고치심

16 계묘(癸卯: 道紀 33, 1903)년 봄에 하
루는 상제님께서 함열 어느 마을에
가시니 고을의 한 부자(富者)가 농사를
짓지 못하고 있는지라
2 상제님께서 마을 사람에게 그 연유를
물으시니 대답하기를 "그 집에 일을
가서 끼니때가 되면
3 반찬이 많으면 밥이 적어서 못 먹고,
밥이 많으면 반찬이 없어서 못 먹고
하니 그 집에 일을 가라 하면 다 마다
합니다." 하더라.
4 그리하여 온 고을에서 인심을 잃어 아
들 셋을 모두 장가보내지 못했거늘
5 상제님께서 그 부자에게 가시어 "내가
아들을 장가보내 줄거나?" 하고 물으
시니 "아이고, 그러면 얼마나 좋겠습
니까." 하는지라
6 상제님께서 "너, 저 물에 가 물고기 잡
겠냐?" 하시니 "무엇을 놓고 잡아야지
요." 하거늘
7 "아, 그냥 한번 잡아 봐라." 하시니 "어
떻게 잡아요?" 하고 반문하니라.
8 이에 상제님께서 "내가 잡을게 너 봐

라." 하시고 개울가로 데리고 가시어
"저 송사리들이 내 입으로 들어가는가
안 들어가는가 봐라!" 하시며 자리에
서신 채로 훅 빨아들이시거늘
9 물이 기둥처럼 빨려 들어오면서 송사
리들까지도 함께 따라 들어오더라.
10 이어 상제님께서 "그대로 해 봐라." 하
시매 그 부자가 따라 해 보는데 아무
리 해도 아니 되거늘
11 상제님께서 "그것도 못하는 주제에 네
가 잘산다고 교만하게 굴면 일이 되겠
느냐?
12 이 동네에서 내가 며느리 하나 생기게
해 주랴?" 하시니 과연 얼마 뒤에 한
처녀가 느닷없이 그 집 며느리가 되기
를 자청하여 큰아들과 혼인을 하니라.

집안을 일으키는 며느리

17 며느리가 집안에 들어온 지 며칠이
지나 시어머니에게 '열쇠꾸러미를
달라.' 하거늘
2 시어머니가 "엊그제 들어온 것이 무엇
을 안다고 열쇠를 달라 하느냐!" 하고
3 그 남편에게 이르기를 "열쇠를 맡기고
나면 주관을 뺏겨서 이제 큰소리도 못
칠 것 아니오?" 하며 주려하지 않는지
라
4 시아버지가 "다 같은 자식인데 왜 큰
소리를 못 치겠소?" 하며 열쇠를 맡기
니 이로부터 집안 살림을 며느리가 맡
게 되거늘 마침 이날은 모내기를 하는
날이더라.
5 식사 때가 되어 일꾼들 밥을 하는데
시어머니가 쌀 한 말을 내놓거늘 며느
리가 사람 수를 세어 보고는 한 말은
당치도 않다며 두 말을 내어 밥을 지
으니 모두 배불리 먹으니라.
6 하루는 집안 제삿날이 되어 시어머니
가 장을 보아다 주거늘
7 며느리와 새서방이 목욕재계를 한 후
벼 한 되를 가져다가 무릎을 꿇고 손
톱으로 일일이 다 까더니
8 그 쌀을 절구통에 넣어 일곱 번 찧은
후에 메를 지어 정화수 한 그릇과 함
께 제사상을 차려 놓으니라.
9 시어머니가 이를 보고 "장을 보아다
주었더니 어찌 네 마음대로 하느냐?"
하고 꾸중하거늘
10 며느리가 답하여 말하기를 "정화수는
깨끗하게 솟는 물이고, 쌀은 손톱으로
깠으니 그것이 정성입니다.
11 저 음식들은 무엇을 뜯어먹고 사는 깨
끗하지 못한 것들이니 저 하는 대로
하세요, 어머님." 하더라.
12 이 뒤로 그 부자는 동네에서 다시 인
심을 얻어 남은 두 아들을 장가보내
고, 농사도 잘 되어 더 큰 부호가 되니
라.

저놈들 어찌 근심이 없을까

18 하루는 비가 내리니 성도들이 앉아
있다가 졸음을 참지 못하고 낮잠
을 자거늘
2 상제님께서 이를 보시고 호연에게 "저
놈들, 잠을 자게 할까, 어쩔까?" 하시
니
3 호연이 "아이고, 왜 그래요? 내버려 두
세요!" 하고 만류하니라.
4 상제님께서 "저놈들 어찌 근심이 없을
까?" 하시니 호연이 "근심은 무슨 근
심이요?" 하거늘
5 말씀하시기를 "여기를 오려면 노자도
있어야 하고, 또 제 집에 돌아가 먹고
살려고 해도 돈이 있어야 할 터인데,
그 일을 생각하면 무슨 연구를 한들
저렇게 잠이 와?
6 가만둬서는 못쓴다, 가서 눈구녕에 불
을 질러야지." 하시며
7 성냥불을 콧구멍에 갖다 대시고 또 눈
썹도 그스시니 곤히 자던 성도들이 화
들짝 놀라 일어나니라.

먼저 할 일과 나중 할 일

19 대학(大學)에
物有本末하고 事有終始하니
물유본말 사유종시
知所先後면 則近道矣리라
지소선후 즉근도의
其本이 亂而末治者否矣며
기본 난이말치자부의
其所厚者에 薄이오
기소후자 박
而其所薄者에 厚하리 未之有也니라
이기소박자 후 미지유야
만물에는 본말(本末)이 있고
일에는 시종(始終)이 있으니
먼저 할 일과 나중 할 일을
가릴 줄 알면 도에 가까우니라.
그 근본이 어지럽고서
끝이 다스려지는 자는 없으며
후하게 할 것에 박하게 하고
박하게 할 것에 후하게 할 자는
없느니라.
2 하였나니 '인도(人道)의 규범' 이니라.

일은 때가 있다

3 今日之事는 今日爲之하고
금일지사 금일위지
明日之事는 明日爲之하라
명일지사 명일위지
오늘 할 일은 오늘 하고
내일 할 일은 내일 해야 하느니라.

기회는 잠시뿐인 천지대사

20 지금은 하늘이 세상에서 천심(天心)
가진 자를 구하는 때니라.
2 수운가사에 '제 소위 추리(推理)한다고
생각나니 그뿐이라.' 하였나니
3 너희들이 이곳을 떠나지 않음은 의혹
이 더하는 연고라. 이곳이 곧 선방(仙房)
이니라.
4 수운가사에 '운수는 길어지고 조같은
잠시로다.' 하였나니 이는 도(道)에 뜻
하는 자의 거울이니라.

천하창생의 생사가 너희들 손에

21 내 밥을 먹는 자라야 내 일을 하여
주느니라.
2 장차 천지에서 십 리에 사람 하나 볼
듯 말 듯하게 다 죽일 때에도 씨종자는
있어야 하지 않겠느냐.
3 천하창생의 생사가 다만 너희들 손에 매
여 있느니라.
4 다 죽고 너희만 살면 무슨 낙이 있겠
느냐.

장차 탄식줄이 나오리라

5 너희들이 지금은 이렇듯 친숙하되 뒷
날에는 눈을 바로 뜨지 못하리니 마음
을 바로 갖고 덕 닦기에 힘쓰라.
6 수운가사에 '많고 많은 사람 중에 어
떤 사람 이러하고 어떤 사람 저러한
가.'라 함과 같이 탄식줄이 나오리라.
7 나를 잘 믿으면 양약(良藥)이요, 잘못
믿으면 사약(死藥)이니라.

천하사 일꾼의 길

22 천하사를 하는 자는 먼저 망한 뒤
에야 흥하고, 죽음에 들어가야 살
길을 얻게 되느니라.
2 대장부 일을 도모함에 마땅히 마음을
크고 정대히 가져 '내가 죽어도 한번
해 보리라.' 하고 목숨을 생각지 말아
야 할지니
3 작은 일에 연연하면 큰일을 이루지 못
하느니라.
4 일꾼이 일을 도모함에 무서워서 못하는
것은 의기(義氣)가 부족한 연고니라.
5 내 일을 하다가 곤란은 있을지언정 그
릇 죽지는 아니하리라.
6 천하사 하려다가 좀 갇히는 것이야 무
서울 것이 있느냐.
7 爲天下者는 不顧家事니
위천하자 불고가사
천하사를 하는 자는
집안일을 돌볼 수가 없나니
8 제갈량(諸葛亮)이 성공치 못한 것은 유

상팔백주(有桑八百株)로 인함이니라.
9 수운가사에 '연포(連抱)한 좋은 남기
두어 자 썩었은들 양공(良工)은 불기
(不棄)라도 그 말이 민망하다. 장인(匠
人)이 불급(不及)하여 아니 보면 어찌하
리.'라 하였나니 잘 알아 두라.

기운 센 놈 나서라

23 하루는 상제님께서 "기운 센 놈 나
서라." 하시며 성도 몇 명에게 활과
화살을 지우시고 어디로 향하시는데
2 한참을 가다가 한 성도가 "선생님은
말을 타고 가시니 발이 안 아프시지
만, 저는 발에 이렇게 물집이 잡혔고
만요~!" 하며 앓는 소리를 하거늘
3 상제님께서 "그럼 내 말에 네가 타라."
하시며 그 성도를 태우신 뒤에 말의
고삐를 잡고 걸어가시니라.
4 다시 한참을 가다가 그 성도가 "어디
로 가시는 길입니까?" 하고 여쭈니
"옥거리에 과녁이 있으니 그리로 가
자." 하시니라.

이렇게도 해 보고 저렇게도 해 봐야지

5 이윽고 옥거리 사정(射亭)에 당도하매
상제님께서 형렬과 함께 과녁 중앙에
둥근 종이를 붙여 정곡(正鵠)을 표시하
시고
6 말씀하시기를 "활이 이놈에 맞아야 이
기는 것이다. **이렇게도 해 보고 저렇게**
도 해 봐야지, 재주를 한 가지만 부리면
쓰겠느냐?" 하시고 활쏘기 내기를 하
시는데
7 상제님께서는 활을 쏘기만 하시면 정
가운데를 맞히시나, 형렬은 매번 과녁
의 가장자리만 맞히는지라
8 상제님께서 "내 재주만 못하구나!" 하시
며 누각으로 가시어 벌떡 누우시니라.
9 상제님께서 호연에게 "금강산도 식후
경이라고, 먹어야지 안 먹으면 기력이
있냐!
10 내가 배고플 적에 넌들 안 고프겠냐.
너도 배고프지?" 하고 물으시니
11 호연이 "나는 부아나고 울고만 싶어.
나 우리 집에 갈래." 하거늘
12 상제님께서 "네 집은 멀찍이 가. 여기
서 너희 마을이 어디만치 있냐?" 하시
매 호연이 우물쭈물하며 대답하지 못
하니라.
13 상제님께서 성도들을 데리고 마을로
가시어 허리끈을 풀러 매듭을 세 번
묶으시거늘
14 호연이 "꽉꽉 홀맺히면 끄르기 귀찮구
먼 왜 그래요?" 하니 "너더러 끄르라
냐? 저절로 끌러지지." 하시니라.
15 이에 호연이 "허리띠를 가지고 열십자
로 하네? 요리, 요리!" 하며 흉내를 내
는데
16 상제님께서 "오른편으로 들어갈까, 왼
편으로 들어갈까? 저~쪽 쳐다봐라!"
하시거늘
17 호연이 상제님께서 가리키는 쪽을 바
라보니 어떤 아낙이 머리에 밥을 이고
오더라.

가장 큰 공덕은

24 가장 큰 공부는 입 공부니라.
2 세 번은 권하여 보아라. 공은 포
덕(布德)보다 더 큰 공이 없느니라.
3 선배는 반드시 몸에 지필묵(紙筆墨)을
지녀야 하느니라.

모든 사람이 알기 쉬운 말을 하라

4 하루는 말씀하시기를 "말할 때에 남이
알아듣지 못하는 어려운 문자를 써서
유식함을 자랑하고자 하나 알아듣지
못하는 말을 해서 무엇하리오.
5 남이 모르는 어려운 문자를 써서 말하
지 말라. 모든 사람이 알기 쉬운 말을
하라." 하시니라.
6 또 말씀하시기를 "남이 모르는 전자
(篆字)나 초서(草書)를 쓰지 말라.
7 문자는 다른 사람에게 그 뜻을 알리
고자 함이거늘 남이 모르는 글을 써서

무엇하리오. 꼭 정자(正字)를 쓰라." 하
시니라.

기본 지식은 있어야 한다

8 윗사람이 되어서는 영지(令旨) 한 장은
쓸 줄 알아야 할 것이요, 아랫사람이
되어서는 계목(啓目) 한 장은 쓸 줄 알
아야 하느니라.

일꾼 된 자, 색·기·영을 알아야

25 상제님께서 하루는 글을 쓰시니 이
러하니라.

2 文則天文이니 文有色하고
문즉천문 문유색
色有氣하고 氣有靈하니라
색유기 기유령
氣靈不昧하여 以具衆理而應万事라
기령불매 이구중리이응만사
문(文)은 곧 천문이니
문에는 색(色)이 있고
색에는 기(氣)가 있고
기에는 영(靈)이 있느니라.
기의 신령함(기 속의 영)은 어둡지 않아
모든 이치를 갖추어 만사에
응하느니라.
3 이어 말씀하시기를 "색(色)·기(氣)·영
(靈)을 모르면 선배가 아니니라." 하시고
4 "보고도 모르고 쥐어 주어도 모르고,
일러 주어도 모르는 것이 글이니
5 호박(浩博)한 이 세상에 자작도통(自作
道通) 언제 하여 광제창생(廣濟蒼生) 한
단 말가!" 하시니라.

스스로 당해야 한다

26 상제님께서 평소 홀로 어디를 가실
때나 형렬과 호연을 데리고 가실
때는 아무리 먼 길이라도 날아서 순식
간에 가시는데
2 다른 성도들과 함께 가실 때는 여느
사람들처럼 걸어서 가시니 시간이 많
이 소요되니라.
3 하루는 상제님께서 호연과 여러 성도
들을 데리고 산에 오르시니 성도들이
뒤쫓아오느라 안간힘을 쓰거늘
4 호연이 뒤처진 성도들을 돌아보며 "저
사람들 빨리 기운 나게 해 주세요." 하
니 "그러는 것 아니여." 하시니라.
5 이에 호연이 "그러는 것 아니면 어떻게
하는 것이여?" 하고 여쭈거늘
6 말씀하시기를 "그럴 것 같으면 힘들
것이 뭐 있냐! 머리가 아파도 내가 당
해야 하는 것이지." 하시고
7 성도들이 올라오니 짐짓 "어휴, 어휴!"
하고 숨을 몰아쉬시며 땀이 난 것처럼
침을 바르시니라.
8 하루는 절벽을 평지처럼 걸어 오르시
어 절벽 위에 핀 꽃을 한아름 꺾어다
가 호연에게 주시니라.

제 일은 제가 하라

27 제 일은 제가 스스로 하여야 하느
니라.
2 하루는 한 성도에게 '무엇을 사 오라.'
명하시거늘 그 성도가 다른 사람을 대
신 시켰더니
3 일러 말씀하시기를 "그 노고(勞苦)의
대가는 그 사람이 받을 것이니라." 하
시니라.

남에게 의지하는 자는

4 선천은 남에게 기대고 의지하는 바람
에 망하나니 너희들은 하다못해 방 벽
에도 기대지 말라.
5 남의 덕 보기를 바라지 말라. 남의 은
혜를 많이 입으면 보은줄에 걸려 행동
하기가 어려우니라.
6 낭패(狼狽)란 짐승이 외발이기 때문에
두 마리가 서로 의지하여야 행보(行步)
하게 되나니 남에게 의지하면 낭패를
당하리라.

오직 언덕을 잘 가지라

28 한고조(漢高祖)는 소하(蕭何)의 덕
으로 천하를 얻었으나

2 너희들은 베풀 것이 없으니 오직 언덕
(言德)을 잘 가지라. 덕 중에는 언덕이
제일이니라.
3 남의 말을 좋게 하면 그에게 덕이 되어
잘되고, 그 남은 덕이 밀려서 점점 큰
복이 되어 내 몸에 이르고
4 남의 말을 나쁘게 하면 그에게 해가 되
어 망치고, 그 남은 해가 밀려서 점점
큰 재앙이 되어 내 몸에 이르느니라.
5 뱀도 인표(人票)를 얻어야 용이 되나니,
남의 말을 좋게 하면 덕이 되느니라.
6 평생 선(善)을 행하다가도 한마디 말로
써 부서지나니 부디 말조심하라.
7 너희들의 말과 행동은 천지에 그려지
고 울려 퍼지느니라.
8 식불언(食不言)이라 하였으니 남의 먹
는 일을 말하지 말며, 침불언(寢不言)이
라 하였으니 남의 누행(陋行)을 말하지
말라.

말끝이라도 토가 다르니라

29 누가 찾아왔을 때 '나가셨다고 여
쭈어라.' 하는 것은 제집의 사람만
높이고 찾아온 사람은 아랫사람으로
깎아서 하는 말이니
2 '나가셨다고 사뢰어라.'고 해야 그 사람
도 위하고 이 사람도 위하는 것이니라.
3 말끝이라도 토가 다르니라. 글씨를
써도 점의 숫자, 획수가 다 다르나니
점 하나 더 찍고 덜 찍는 차이가 큰
것이니라.

인간이 베푸는 은혜가 신보다 더 크다

30 신보(神報)가 인보(人報)만 같지 못
하니라.
2 인망(人望)을 얻어야 신망(神望)에 오르
느니라.

덕은 음덕이 크니라

3 크게 덕을 베풀고도 베풀었다는 생각
을 하지 말라.
4 외식(外飾)을 버리고 음덕에 힘쓰라. 덕
은 음덕이 크니라.

모든 일은 정도(正道)대로

31 하루는 성도들에게 말씀하시기를
"너희들은 어디를 가든지 누구를
해코지하지 말고, 남의 험담을 하지
말고, 매사에 원형이정(元亨利貞)으로
나아가거라.
2 모든 일을 천도이성(天道理性)으로 해야
지 남의 것을 탐내면 못쓰나니 마음을
잘 먹어야 하느니라." 하시고
3 또 말씀하시기를 "새끼줄도 거칠게 꼬
는 놈, 곱게 꼬는 놈이 있듯이 마음도
다 좋은 것이 아니니 한결같이 고른
놈도 있고 그른 놈도 있느니라.
4 그 이치를 생각하면 다 다르게 타고나
는 것이니라." 하시니라.
5 상제님께서 호연에게 말씀하시기를
"나무도 잘 자란 놈은 서까래도 하고
기둥도 하지만
6 조그만해서 더덕더덕 자란 놈은 연재(椽
材)로도 못 쓰이고 불로 들어가느니라.
7 그렇듯이 내 마음대로 쭉 뻗어나가야
하나니, 너는 아직 어리니 지금부터라
도 마음을 굳게 먹지 말고 곧게 먹어
라." 하시니라.
8 이에 호연이 "어떻게 하면 곧게 먹는
거여?" 하고 여쭈니
9 말씀하시기를 "네가 지금도 '이럴까 저
럴까, 저놈을 어떻게 할꼬.' 하는 고민
이 있어." 하시거늘
10 호연이 "응, 나 그려. 누가 와서 좋게 말
하면 '그런가 보다.' 하고 좋게 들어도
11 누가 '강증산 따라다닌 지가 몇 해인데
아직도 좋은 꼴을 못 본다.'고 나쁜 소
리 하면 듣기가 싫어." 하니라.
12 이에 상제님께서 이르시기를 "네 마음
이나 내 마음이나, 너 그렇다고 하면
내가 좋으냐, 나 못났다고 하면 네가
좋으냐? 그렇듯이 그 이치가 같어.
13 그러나 죽을 데로 가는 놈을 좋은 데

로 보내 줘야지, 죽으러 간다고 아주
죽여서는 못쓰느니라." 하시고
14 또 말씀하시기를 "사람이 옳고 그름을
알아야 하나니 경위(涇渭) 밖에 나면
못쓰고, 귀신도 경문(經文) 밖에 나면
못 사느니라." 하시니라.

이치 없는 법은 없다

32 하루는 상제님께서 어느 마을을
지나시는데 한 집에서 제사를 지내
고 있거늘
2 정작 제사 받는 신명은 마당을 겉돌고
다른 신명이 들어가 제사상을 받고 있
는지라
3 상제님께서 그 신명을 부르시어 "저
사람의 날인데 어찌 네가 먹느냐?" 하
시니
4 그가 답하기를 "저 사람이 살아생전에
저의 재산을 모두 탕진시킨 채 갚지
못하였는데
5 죽어서도 그 은혜를 갚지 아니하니 오
늘은 비록 자기 날이라고 하나 저의
것이나 진배없습니다." 하니라.
6 후에 상제님께서 이 이야기를 들려주
시며 말씀하시기를 "세상에 이치 없는
법은 없느니라." 하시니라.

천하사의 대인 공부

33 상제님께서 말씀하시기를 "천하사
를 하는 자는 넘어오는 간을 잘 삭
여 넘겨야 하느니라.
2 대인의 공부는 참는 데 있느니라.
3 자고로 선지선각(先知先覺)은 훼방을 많
이 받나니 천하사를 하는 데 비방과
조소를 많이 받으라.
4 남의 비방과 조소를 잘 이기어 받으면
내 세상에 복 탈 것이 크리라." 하시니
라.

비소와 조소를 많이 받으라

5 어떤 사람이 상제님을 모심으로부터
남이 비소하는 것을 괴로워하므로 말
씀하시기를
6 "남의 비소(誹笑)를 비수(匕首)로 알며,
남의 조소(嘲笑)를 조수(潮水)로 알라.
7 대장이 비수를 얻어야 적진을 헤치며,
용이 조수를 얻어야 천문(天門)에 오르
느니라.
8 남의 비소를 잘 받아 쌓으면 내어 쓸 때
에 비수 내어 쓰듯 하리라." 하시니라.

서슴지 말고 내어 쓰라

9 또 말씀하시기를 "나의 말은 한마디라
도 땅에 떨어지지 않으리니, 들을 때에
익히 들어 두어 내어 쓸 때에 서슴지
말고 내어 쓰라." 하시고
10 "이치에 부합되는 지극한 말은 능히
만세토록 행해지느니라." 하시니라.

참 믿음의 길

34 하루는 성도들에게 말씀하시기를
"春無仁이면 秋無義라
춘무인 추무의
봄에 씨(仁)를 뿌리지 않으면 가을에
결실(義)할 것이 없느니라.
2 농가에서 추수한 뒤에 곡식 종자를 가
려두는 것은 오직 토지를 믿는 연고니
이것이 곧 믿음의 길(信路)이니라." 하
시니라.

닦지 않고 때를 기다리는 자

35 공부를 잘해야 하느니라.
2 모든 것은 너희들 자신이 닦은
바에 따라서 되느니라.
3 평소에 도를 닦지 않고 때를 기다리고
있다가 정작 성도(成道)의 때를 당하게
되면 뼈마디가 뒤틀리느니라.
4 사람이 높고 높지마는 마음 새로 추스
르기가 어려운 것이니라.
5 죽은 사람 갖고는 내 마음대로 해도
산 사람 마음은 내 마음대로 못한다.
6 사람 마음은 일일시시(日日時時)로 변
하기 때문이니라.

항상 평화를 주장하라

36 너희들은 항상 평화를 주장하라.
너희들끼리 서로 싸우면 밖에서는
난리가 일어나느니라.
2 남에게 척을 짓지 말고 천하 사람을
한집안 식구로 여기라.
3 너희들은 말을 삼가라. 너희들 세 사
람이 입을 모아 죽는다고 말하면 그
사람이 정말 죽느니라.
4 시속에 길성소조(吉星所照)를 찾으나
길성소조가 따로 있는 것이 아니요
5 덕을 닦고 사람 잘 대우하는 데에 길
성(吉星)이 비치나니 이 일이 곧 피난하
는 길이니라.
6 德懋耳鳴하고 過懲鼻息하라
덕무이명 과징비식
덕을 힘쓰기는 귀울림같이 하고 허물
다스리기를 코로 숨쉬듯 하라.

남 용서하기를 힘쓰라

7 너희들은 남 용서하기를 힘쓰라. 한량
없는 덕이 있느니라.
8 참는 덕이 크고 용서하는 덕이 크니라.
9 원수를 풀어 은인과 같이 사랑하면 덕
이 되어 복을 이루느니라.
10 악을 악으로 갚으면 피로 피를 씻기와
같으니라.

때리는 자의 손을 만져 위로하라

37 상제님께서는 새해가 되면 항상
호연에게 덕담을 해 주시니라.
2 하루는 상제님께서 "이쪽은 스물이요
저쪽은 서른인데, 양쪽으로 버티면 많
은 놈이 쓰러지겠냐, 적은 놈이 쓰러
지겠냐? 너는 어디로 갈래?" 하고 물
으시거늘
3 호연이 "사람이 많으면 기운이 세니까
그리 갈래요." 하니
4 말씀하시기를 "이겼다고 좋은 것이 아
니라 진 놈이 이긴 것이다. 때린 놈이
이긴 줄 알아도 진 놈이 이긴 것이니라.
5 그러니 내 말을 헤프게 알지 말고 그
대로 행하면 이제 복을 받을 것이다.
6 시비 끝에 혹 맞았다고 해서 원수스럽
게 생각지 말고 때리는 손을 만져 용
서해 주어라." 하시니라.

죄를 짓고는 못 사는 것

38 사람이 죄를 짓고는 못 사느니라.
2 선천에는 죄를 지어도 삼대(三代)
가 물러나면 받았으나 현세에는 그 당
대로 받느니라.
3 죄악이 소멸되는 곳에 행복이 이르나니
4 너희는 모든 죄를 나에게 충심으로 고
하라.
5 내가 일일이 사하여 주리라.
6 너희가 어느 때 어디서든지 내게 지성
으로 심고하면 내가 받으리라.
7 다급할 때 나를 세 번 부르라.

믿음과 정성 가늠질

39 너희들이 믿음을 주어야 나의 믿음
을 받으리라.
2 사람마다 성의를 말하나 무물(無物)이
면 불성(不成)이니, 마음을 알아보려면
돈을 불러 보아야 하느니라.

제 살림만 하려는 자는

3 주머니에 한 냥이 있든지 닷 돈이 있
든지 서 돈이 있든지
4 어디를 가다가 맛 좋은 음식을 보고
사 먹지 않고 집에 가 살 일만 생각하
는 자는 천하사를 못 하느니라.

돈은 활기 있게 써야

40 돈은 활기 있게 써야 하느니라.
2 돈을 활기 있게 쓰면 천지 천황에
서 생기는 복이 있나니
3 그 돈이 미처 떨어지기도 전에 자연히
도로 생겨 주머니로 들어가나
4 속이 좁은 놈은 돈을 주머니에 넣어
두고도 '지금 이 돈을 다 쓰면 나중에
어디서 나리.' 하고 뒷셈하다가 꼭 쓸
곳에 못쓰나니 돈줄이 안 도느니라.

5 고기도 먹어본 놈이 먹고 돈도 써본
놈이 쓰느니라.

굵게 먹고 굵게 써야

6 어려서부터 가난에 졸아진 사람은 후
에 잘살아도 남에게 곡식을 푹 떠 주
면서 먹으라고 하지 못하느니라.
7 대를 사려고 해도 왕대를 찾아야지 시
누대를 찾으면 못쓰는 것이니
8 사람은 굵게 먹고 굵게 써야 하느니라.
9 큰 대들보가 되려면 배짱이 커야 하
고, 일꾼은 제 몸에 만 석 값을 지녀야
하느니라.

패기 있는 일꾼을 좋아하심

41 하루는 한 성도가 여쭈기를 "세간에
있는 '영판 좋다.'는 말을 흥을 돋우
어 가르치시니 무슨 뜻입니까?" 하니
2 상제님께서 말씀하시기를 "영남(嶺南)
판이라는 말이니라." 하시니라.
3 이어 말씀하시기를 "풍신 좋고 재주
있는 자를 보고 기운을 잃어 생각하되
'저런 사람이 일을 이룰 것이요, 나와
같이 졸(拙)한 자가 어찌 큰일을 감당
하리오.' 하여 낙심하는 소리를 내면
4 스스로 일을 깨뜨리는 것이라 아무 일
도 못 이룰 것이요, 아무리 잘되려 하
여도 못 될지라.
5 이는 그를 호위한 신명(神明)들이 의구
심을 내어 '저런 나약한 자에게 붙어
있다가는 우리 일까지 그르치게 되리
라.' 하여 서로 이끌고 떠나기 때문이
니라." 하시니라.

상제님이 사람 쓰시는 기준

6 상제님께서 말씀하시기를 "내가 사람
을 쓰되 향리(鄕里)에 있어 농판의 정
평을 듣고
7 외론(外論)으로 군자와 천진(天眞)이라
는 정평을 듣는 자를 택하노라." 하시
니라.
8 상제님께서는 젊은 사람들을 보시면
무척 좋아하시니라.

언제나 활달한 기백을 가지라

42 상제님께서는 항상 성도들에게
"걸음을 걸어도 활달하게 걸어라."
하시고
2 평소에 '슬픈 기운이 든다.' 하시며 상
가(喪家)에 잘 가지 않으시니라.
3 상제님께서 말씀하시기를 "아무리 빈
궁하여 상에 올릴 것이 없을지라도 장
은 빠뜨리지 말며
4 장도 준비하지 못하게 되면 소금물 장
이라도 지어 올릴지니 이는 걸인의 상
에 장이 없는 까닭이니라.
5 또 아무리 추워도 팔짱을 끼지 말고
불도 쬐지 말라.
6 천하사를 하는 자는 항상 활달한 의표
를 가져야 하는 까닭이니라." 하시니라.
7 하루는 날이 몹시 추운지라 한 성도가
호주머니에 손을 넣고 다니거늘
8 상제님께서 이를 보고 꾸짖으시기를
"저놈 창새기가 터져서 손에 쥐고 다
니는구나." 하시고
9 성도들의 주머니를 가리키며 말씀하시
기를 "모두 꿰매 버려라." 하시니라.

일꾼은 잘 먹어야

43 상제님께서 주막에서 술을 드실
때는 항상 말술을 드시고 안주는
돼지고기든 개고기든 다리째 통으로
들고 잡수시며 그 주막의 술이 바닥나
야 일어나시니라.
2 누구든지 상제님과 같이 있으면 언제
나 실컷 얻어먹게 되는데
3 항상 "일꾼은 잘 먹어야 한다. 잘 먹어
야 일을 잘한다." 하시며 술값을 아끼
지 않으시고
4 또한 "신명들 대접한다. 신명도 먹지
않고는 일을 못 한다." 하시며 주막을
지나는 사람이 있으면 종종 데려다가
술, 고기를 한껏 먹여 보내시니라.
5 하루는 어느 주막에 가시어 술상을 준
비하려는 주모에게 "상 차릴 것 없이

술을 동이째 가져오라." 하시므로
6 주모가 술 한 동이를 가져와서 상제님
께 공손히 따라 올리니 "자네도 한 잔,
나도 한 잔." 하시며 주모가 따라 주는
술을 드시다가
7 갑자기 "주모도 필요 없다. 천지공사
보기도 바쁜데 언제 주모가 따라 주는
걸 받아먹겠냐. 우리가 그러게 생겼
냐?" 하시며 주모를 물리치시고
8 성도들과 술을 마저 드신 뒤에 급히
떠나시니라.

동방 한민족의 인류사 개벽의 심법 전수

44 을사(乙巳: 道紀 35, 1905)년 8월에
하루는 성도들을 줄지어 앉히시고
어렸을 때 지은 글이라 하시며
2 "정심(正心)으로 삼가라." 하시고 글을
외워 주시니 이러하니라.
3 運來重石何山遠이오
운래중석하산원
粧得尺椎古木秋라
장득척추고목추
무거운 돌을 운반하여 옴에
어찌 산이 멀다 하리오.
잘 깎은 방망이로 세상을 다듬질하니
고목 된 가을이구나!
4 "이는 선생문명(先生文明) 아닐런가." 하
시고 "이 글을 심고하고 받으라." 명하
시므로 모든 성도들이 심고하고 받으
니라.
5 이어서 말씀하시기를
霜心玄圃淸寒菊이여
상심현포청한국
石骨靑山瘦落秋라
석골청산수락추
서리 내린 현포(玄圃)에 핀 맑은 국화여
바위가 드러난 청산은
낙엽 진 가을이구나!
6 "이는 선령문명(先靈文明) 아닐런가." 하
시고 "이 글을 심고하고 받으라." 명하
시므로 모든 성도들이 심고하고 받으
니라.
7 또 말씀하시기를
千里湖程孤棹遠이요
천리호정고도원
萬邦春氣一筐圓이라
만방춘기일광원
천리나 되는 호수길 외로운 배질
아득하고
온 천하의 봄기운 한 광주리에
가득하도다!
8 "이는 선왕문명(先王文明) 아닐런가." 하
시고 "이 글을 심고하고 받으라." 명하
시므로 모든 성도들이 심고하고 받으
니라.
9 다시 말씀하시기를
時節花明三月雨요
시절화명삼월우
風流酒洗百年塵이라
풍류주세백년진
철 꽃은 내 도덕의 삼월 비에 밝게
피고
온 세상의 백년 티끌
내 무극대도의 풍류주로 씻노라.
10 "이는 선생선령선왕(先生先靈先王) 합덕
문명(合德文明) 아닐런가." 하시고 "이
글을 심고하고 받으라." 명하시므로
모든 성도들이 심고하고 받으니라.
11 다시 말씀하시기를
風霜閱歷誰知己오
풍상열력수지기
湖海浮遊我得顔이라
호해부유아득안
驅情萬里山河友요
구정만리산하우
供德千門日月妻라
공덕천문일월처
만고풍상의 고난을 다 겪은 나를 누가
능히 알리오.
저 우주의 조화 바다에 떠서 노니 내
얼굴이 드러나는구나.
정을 만리에 모니 산하가 내 벗이 되고

덕을 천지에 베푸니 일월이 내 짝이
되는구나.
12 "이는 우리들의 득의지추(得意之秋)가 아
닐런가." 하시고 "이 글을 심고하고 받
으라." 하시므로 모든 성도들이 심고
하고 받으니라.

벼슬도 공명도 얻지 못하였으니

45 상제님께서 하루는 "내가 일곱 살
에 지은 글이다." 하시며 성도들에
게 글을 읽어 주시니 이러하니라.
2 四五世에 無顯官하니
사오세 무현관
先靈은 生幼學이요 死學生이라
선령 생유학 사학생
二三十에 不功名하니
이삼십 불공명
子孫은 入書房이요 出碩士라
자손 입서방 출석사
사오대 동안 뚜렷한 벼슬이 없었으니
선령들이 살아서는 유학(幼學)이요
죽어서도 학생(學生)일 뿐이라.
이삼십 세에 공명을 얻지 못하였으니
자손들이 집에서는 서방(書房)이요
나와서도 석사(碩士)일 뿐이라.

도생(道生)이라 부르라

46 하루는 김자현(金自賢)에게 이르시
기를 "학생이라 부르지 말라. 죽은
놈을 보고 학생이라 하지 산 놈을 학
생이라 하느냐.
2 너희들끼리는 도생(道生)이라 불러라."
하시니
3 훗날 자현이 이 말씀을 생각하여 자손
들을 학교에 보내지 않으니라.

진정한 통정을 하라

47 너희는 진정한 통정을 한번 해 보라.
2 한신(韓信)이, 한고조(漢高祖)가
자기 밥을 밀어 주어 먹이고(推食食之)
자기 옷을 벗어 입혀 준(脫衣衣之) 은
혜에 감격하여 괴통(蒯通)의 말을 듣지
않았나니
3 한신이 한고조를 저버린 것이 아니요,
한고조가 한신을 저버렸느니라.

사람이란 깊어야

4 사람이란 크고 작고 간에 틀이 있나니
큰 틀이 되어야지, 작으면 내두르기 쉽
고 바람만 불어도 날아가기 쉬우니라.
5 사람은 무거운 사람, 가벼운 사람이
있느니라.
6 사람이란 깊어야 하나니 크게 될 사람
은 벌써 마음이 두루 깊어서 널리 생
각하고 소소한 일은 개의치 않느니라.
7 그러니 너희들은 돌아오는 일에 힘쓸
것이요, 지나간 일은 힘쓰지 말라.

부부지간에도 통정을 못 하는 것

48 하루는 호연이 '언제나 일이 될는지
통정을 한번 해 보자.'고 조르거늘
2 상제님께서 말씀하시기를 "부부지간
에도 통정을 못 하는 것인데 한번 생
각해 봐라, 이 소견아!
3 내가 물에 빠지라면 너 빠질래?" 하시고
4 이어 말씀하시기를 "그 이치만 해독을
하면 내 가르쳐 주마. 이미 가르쳐 준
것이나 진배없다." 하시니라.

참다운 친구를 사귀는 대도

49 하루는 상제님께서 호연에게 지혜
로운 한 사람이 자신의 절친한 친구
를 가난으로부터 구제하고 나라의 인재
로 만든 옛 이야기를 들려주신 후에
2 말씀하시기를 "친구를 잘 두면 보배
요, 못 두면 수난이라.
3 친구를 삼으려면 아주 삼아야 하고 같
이 죽고 같이 살기로 삼아야 하느니라.
4 골이 깊으면 마음도 깊더라고, 음성싶
고 농이 있어야 하느니라.
5 속이 넓어서 이리저리 시비를 가릴 줄
알아야 밝고 어두운 것을 알지
6 아무것도 모르면서 똑똑한 척 어른 노

릇만 하면 필한에는 인심을 잃어 지기
(知己)가 없게 되느니라." 하시니라.

사람의 마음을 꿰뚫어 보심

7 상제님께서는 평소 "친구를 둬도 사생
결단을 같이 할 다정한 놈을 두어야
지, 친구라고 다 좋은 것은 아니니라."
하시고
8 같은 친구 사이라 할지라도 마음보를
보시고 그 마음이 틀어진 사람과는
'한물이 든다.'며 어울리지 못하게 하
시니
9 혹 마음을 잘못 쓰는 사람이 상제님을
뵙고 돌아갈 때는 그 사람과 함께 온
사람까지 고생을 시키시니라.

마음을 눅여 지는 사람이

50 상제님께서 말씀하시기를 "남과 시
비하지 말라. 하늘이 싫어하느니라.
2 나를 모르는 자가 나를 헐뜯나니 내가
같이 헐뜯음으로 갚으면 나는 더욱 어
리석은 자가 되느니라." 하시니라.
3 어떤 사람이 남의 일을 비방하니 일러
말씀하시기를 "각기 제 노릇 제가 하
는데 어찌 남의 시비를 말하느냐.
4 남이 트집을 잡아 싸우려 할지라도 마
음을 눅여 지는 사람이 상등 사람이라
복을 받을 것이요
5 분을 참지 못하고 어울려 싸우는 자
는 하등 사람이라 신명(神明)의 도움을
받지 못하나니 어찌 잘되기를 바라리
오." 하시니라.
6 또 말씀하시기를 "만일 남과 시비가
붙어 그가 옳고 너희가 그를 때에는
스스로 뉘우치면 화(禍)가 저절로 풀리
느니라." 하시니라.

사람이란 마음이 넓고 두름성이 있어야

7 하루는 어떤 두 사람이 서로 상투를
잡고 심하게 싸우는지라
8 상제님께서 이를 보시고 "저런 흉악한
놈들, 가서 상투를 베어 버려라!
9 사람이란 마음을 넓게 먹고, 둘러 생
각하는 두름성이 있어야 하고, 진득하
니 참을성이 많아야 하는 법이거늘
10 조잔한 놈들, 그런 걸 가지고 싸움을
해?" 하고 호통치시니라.

천지의 근본은 나의 도심주

51 하루는 성도 여러 명을 둘러앉히시
고 말씀하시기를 "천지집을 지으
려면 기둥이 튼튼해야 하겠는데 무슨
기둥이 제일 단단하겠는가, 잘 생각해
서 말들 해 보아라." 하시니
2 성도들이 저마다 "소나무 기둥입니
다.", "참나무 기둥입니다.", "대추나무
기둥입니다.", "돌기둥입니다.", "쇠기
둥입니다." 하고 아뢰거늘
3 상제님께서는 그 때마다 "그것 참 좋
지.", "참나무가 참 단단할 거여.", "그
것 참 잘 생각했다.", "옳지, 그렇겠
다.", "그럴 일이다. 쇠기둥이 오죽 단
단하겠느냐." 하시니라.
4 이때 김태준이 느닷없이 "도심주(道心
柱)도 기둥입니까?" 하고 여쭈니
5 상제님께서 물어 말씀하시기를 "너는
어찌 도심주 생각이 나느냐?" 하시고
"그렇지 그럴 일이여, 그렇고 말고.
6 심주(心柱)라는 기둥이 허망하면 분각에
이리 자빠지고 저리 자빠지고 하지마는
7 도심주를 복중(腹中)에서 턱밑에까지 단
단히 받쳐 놓으면 아무리 요동해도 꿈
쩍도 아니하며
8 도끼로도 못 찍고 짜구로도 못 깎고,
끌로도 못 쪼으며 톱으로도 못 자르고
9 썩지도 않고 불로도 못 태우고 벼락이
라도 못 때릴 터이니 부디 영구장생(永
久長生) 하는 도심주를 잘 가지라.
10 천지집을 지으려면 기둥이 완전히 서야
천지공사가 무궁하리라." 하시니라.

성공은 오직 일심뿐

52 상제님께서 말씀하시기를 "이제
모든 일에 성공이 없는 것은 일심

(一心) 가진 자가 없는 연고라.
2 만일 일심만 가지면 못 될 일이 없나니
그러므로 무슨 일을 대하든지 일심 못
함을 한할 것이요
3 못 되리라는 생각은 품지 말라.
4 혈심자(血心者)가 한 사람만 있어도 내
일은 성사되느니라.
5 복마(伏魔)를 물리치는 것이 다른 데 있
지 않고 일심을 잘 갖는 데 있나니, 일
심만 가지면 항마(降魔)가 저절로 되느
니라." 하시니라.

일심의 힘

53 병오(丙午: 道紀 36, 1906)년에 하루
는 최익현(崔益鉉)이 순창에서 잡히
거늘
2 상제님께서 말씀하시기를 "일심의 힘
이 크니라. 같은 탄우(彈雨) 속에서 정
시해(鄭時海)는 죽었으되 최익현은 살
았으니 이는 일심의 힘으로 인하여 탄
환이 범치 못함이라.
3 일심을 가진 자는 한 손가락을 튕겨
능히 만리 밖에 있는 군함을 깨뜨리느
니라." 하시니라.

천지신명이 감동한 왕발의 일심

54 하루는 상제님께서 말씀하시기를
"우리 일은 왕발(王勃)의 일과 꼭
같으니라." 하시고
2 이어 말씀하시기를 "하루는 왕발의 꿈
에 한 노인이 나타나 '등왕각(滕王閣)
낙성식에 서문(序文)을 지으라.' 하므로
3 왕발이 의연히 배를 타고 등왕각을 향
하니 때마침 순풍이 불어 놀랍게도 칠
백 리 먼 길을 하루 만에 당도하였느
니라.
4 왕발이 얼마나 애를 쓰고 공부를 하였
으면 천지신명이 감동하여 하루에 칠
백 리 길을 보내어 등왕각 서문을 쓰
게 하고
5 마침내 그 이름을 만고천추(萬古千秋)
에 떨치게 하였겠는가
6 그 지극한 마음을 잘 생각해 볼지어다."
하시니라.

천하사 경영의 심법 전수 공사

55 구릿골에 계실 때 하루는 상제님
께서 김병선(金炳善)에게 콩 약간을
주시며
2 "삼략(三略)의 머릿장(首章)을 하루 밤낮
으로 읽되 콩으로 그 횟수를 세어라."
하시는지라
3 병선이 벽을 향하여 앉아 콩으로 횟수
를 세며 삼략 머릿장을 읽는데 어느덧
콩이 다하거늘
4 상제님께서 "다 읽었느냐?" 하시고 콩
을 세어 보게 하시므로
5 병선이 세어 보니 꼭 일천 개더라.

천하사의 심법, 항상 깨어 있으라

56 상제님께서 구릿골에 계실 때 하루
는 밤이 삼경(三更)에 이르러 성도
들에게 명하시기를 "모두 잠을 자라."
하시므로
2 성도들이 모두 옷을 벗고 곤히 자거늘
사경(四更)이 되자 상제님께서 갑자기
서두르시며 "빨리빨리 일어나 밥을 지
으라." 하시니라.
3 이에 성도들이 황급히 일어나 밥을 지
으려고 겨우 불을 지폈는데
4 다시 명하시기를 "어서 밥상을 차려
오라." 하시는지라
5 한 성도가 주저하며 "이제 겨우 물 붓
고 불을 지펴서 아직 익지 않았습니
다." 하고 아뢰니
6 경계하여 말씀하시기를 "천하사를 하
는 자는 항상 생각이 멀고 깊어야 하
고, 불시의 일에 대비하여야 하며, 경
계함을 게을리 하지 말아야 하느니
라." 하시니라.

일심으로 믿는 자

57 상제님께서 말씀하시기를 "너희는
매사에 일심하라.
2 일심하면 안 되는 일이 없느니라.
3 일심으로 믿는 자라야 새 생명을 얻으
리라.
4 일심으로 믿는 자는 물속인들 못 찾으
며 불속인들 못 찾을쏘냐.
5 내가 비록 서촉(西蜀)에 있을지라도 일
심하는 자는 다 찾으리라." 하시니라.
6 상제님께서 성도들에게 무슨 일을 명
하심에 혹 '힘이 미치지 못하여 거행하
기 어렵다.' 하는 자가 있으면
7 즉시 꾸짖어 말씀하시기를 "무슨 일이
든지 '하리라.'고 결심하면 안 되는 일
이 없나니
8 만일 겁을 내어 '못하겠다.'는 말을 하
면 이루지 못하는 기운이 따라 드느
니라." 하시고 반드시 다짐을 받으시
며
9 또 무슨 일을 경영하실 때에 곁에서
'못 되리라.' 하는 자가 있으면 곧 '방
정맞은 말이라.' 하시며 꾸짖으시니
라.

일심으로 나를 찾으면

58 반딧불은 반드시 제 몸으로 빛을
내나니 너희는 일심으로 고하라.
2 일심이 없으면 너도 없고 나도 없느니
라.
3 가난하고 병들고 약한 자와 신음하는
자가 일심으로 나를 찾으면 나는 그의
곁을 떠나지 못하느니라.

일심하면 이루지 못할 바가 없나니

4 모든 일에 일심하면 이루지 못할 바가
없나니
5 천지만물과 천지만사가 일심이 없으
면 불성(不成)이니라.
6 나를 찾으며 일심하지 않으면 내 그늘
로 들어오는 문을 스스로 닫는 것이니
라.

네 말 한마디에 있느니라

59 정미(丁未: 道紀 37, 1907)년에 구릿
골 박순여(朴順汝)가 부종(浮腫)으
로 다리가 큰 기둥같이 되어 조금도
움직이지 못하더니
2 마침내 반신불수가 되어 사경에 이르
거늘 상제님께 사람을 보내어 고쳐 주
시기를 간청하니라.
3 상제님께서 자현에게 물으시기를 "순
여의 병을 다스려 살게 함이 옳으냐,
그대로 두어 죽게 함이 옳으냐? 네 말
한마디에 있느니라." 하시니
4 자현이 이상히 여기며 아뢰기를 "살려
주심이 옳겠습니다." 하매
5 말씀하시기를 "순여는 불량한 사람이
라. 순여가 네게 불평을 끼친 일이 많
으니 너와 함께 가서 다스리리라." 하
시고
6 자현을 데리고 순여의 집에 이르시어
휘파람을 한 번 부시고 병들어 부은
다리를 주물러 내리시며 끓인 물 한
그릇을 먹이시니 그 병이 곧 나으니
라.
7 이는 본래 순여가 자현보다 나이가 많
다 하여 항상 무례하므로 자현이 말은
아니하였으나 속으로 몹시 불평을 하
였더니
8 상제님께서 그 일이 척이 되어 병이 들
었음을 아시고 물으심이더라.

주장(主將)의 일하는 법

60 10월에 순창 농바우 박장근(朴壯
根)의 집에서 차경석에게 장군도수
를 붙이시고 대흥리로 돌아오시는 길
에
2 태인 고현내 행단(古縣內 杏壇)에 이르
시어 경석에게 말씀하시기를
3 "공자가 행단(杏壇)에서 도를 가르쳤다
하나니 여기서 네게 한 글을 전하리
라." 하시고 옛글 한 장을 외워 주시니
이러하니라.

4 夫主將之法은 務攬英雄之心하고
부주장지법 무람영웅지심
賞祿有功하고 通志于衆이라
상록유공 통지우중
故로 與衆同好靡不成이요
고 여중동호미불성
與衆同惡靡不傾하니
여중동오미불경
治國安家는 得人也요
치국안가 득인야
亡國破家는 失人也라
망국파가 실인야
含氣之類는 咸願得其志라
함기지류 함원득기지
무릇 주장(主將)의 일하는 법은
영웅의 마음을 사로잡을 수 있도록
힘쓰고
공 있는 자는 상과 녹을 주고
뭇 사람과 한마음으로
뜻을 통하는 데 있느니라.
그러므로 여러 사람과 좋아하는 것을
함께 하면 이루지 못할 것이 없고
여러 사람과 싫어하는 것을 함께 하면
기울어지지 않는 것이 없나니
나라를 잘 다스리고 집안을 평안케
함은 사람을 얻는 데 달려 있고
나라가 망하고 집안을 망침은 사람을
잃는 데 있느니라.
생명을 가진 만물은 모두
그 뜻을 이루기 원하느니라.
5 이어 말씀하시기를 "이 글은 장수(將帥)
가 될 자의 대감(大鑑)이니라." 하시니라.

일꾼을 쓰는 대도

61 구릿골에 계실 때 하루는 형렬에게
옛글을 외워 주시며 "이 글을 잘
기억하라." 하시니 이러하니라.
2 夫用兵之要는 在崇禮而重祿하니
부용병지요 재숭례이중록
禮崇則義士至하고
예숭즉의사지
祿重則志士輕死니라
녹중즉지사경사
故로 祿賢에 不愛財하고
고 녹현 불애재
賞功에 不踰時하면
상공 불유시
則士卒竝하여 敵國削이니라
즉사졸병 적국삭
무릇 용병의 요체는
예를 숭상하고 녹을 중히 여김에
있나니
예를 숭상하면 의로운 일꾼이
들어오고
녹을 중히 여기면 뜻 있는 일꾼은
죽음을 가볍게 여기느니라.
그러므로 현자(賢者)에게 녹을 주되
재물을 아끼지 않고
공 있는 자에게 상을 줌에
때를 넘기지 않으면
큰 일꾼과 작은 일꾼이 다 함께 적을
무찌르느니라.
3 이어 말씀하시기를 "사람을 쓸 때에는
남녀의 구별이 없나니, 옛날에 진평(陳
平)은 '야출동문(夜出東門) 여자 이천인
(女子二千人)' 하였느니라." 하시고
4 "대장부가 여자 대장부니라." 하시니라.

심법을 쓰는 대도

62 상제님께서 옛사람을 평론하실 때
는 매양 강태공, 석가모니, 관운
장, 이마두를 칭찬하시니라.
2 상제님께서 말씀하시기를 "일꾼된 자
강유(剛柔)를 겸비하여 한편이라도 기
울지 아니하여야 할지니
3 천지의 대덕(大德)이라도 춘생추살(春生
秋殺)의 은위(恩威)로써 이루어지느니라."
하시니라.
4 또 말씀하시기를 "의로움(義)이 있는 곳
에 도(道)가 머물고, 도가 머무는 곳에 덕
(德)이 생기느니라." 하시니라.
5 하루는 말씀하시기를 "사람이란 벌처

럼 톡 쏘는 맛이 있어야 하느니라." 하
시니라.

마음 쓰는 법

63 하루는 형렬에게 서전(書傳)의 진서
장(秦誓章)을 외워 주시며 "잘 기억
하라." 하시니 이러하니라.
2 如有一介臣이 斷斷猗無他技나
여유일개신 단단의무타기
其心이 休休焉한대 其如有容이라
기심 휴휴언 기여유용
人之有技를 若己有之하며
인지유기 약기유지
人之彦聖을 其心好之하되
인지언성 기심호지
不啻如自其口出이면 是能容之라
불시여자기구출 시능용지
以保我子孫黎民이니 亦職有利哉인저
이보아자손여민 역직유리재
만일 한 신하가 오직 정성스럽고
한결같을 뿐 다른 재주는 없으나
그 마음이 착하고 아름다워 포용함이
있는 듯하여
남이 가진 재주를 자기가 가진 것처럼
아끼고
남의 훌륭함과 통달함을 마음으로
좋아하되 비단 말뿐이 아니라면
이는 남을 포용하는 것이니라.
나의 자손과 백성을 보전할 것이니
또한 이롭다 할 것이니라.
3 人之有技를 冒疾而惡之하며
인지유기 모질이오지
人之彦聖을 而違之하여
인지언성 이위지
俾不達이면 是不能容이라
비부달 시불능용
以不能保我子孫黎民이니
이불능보아자손여민
亦曰殆哉인저
역왈태재
남이 가진 재주를 시기하고 미워하여
남의 훌륭함과 통달함을 드러내지
못하게 한다면
이는 포용하지 못하는 것이니라.
나의 자손과 백성을 보전하지
못하리니 또한 위태롭다 할 것이니라.
4 상제님께서 이르시기를 "나라의 흥망
(興亡)이 이 두 마음에 달려 있고
5 신하로서 충성하느냐 반역하느냐가
이 두 마음에 달렸느니라." 하시고
6 또 말씀하시기를 "천하사의 성패가 또
한 이 두 마음에 매여 있느니라." 하시
니라.

주문을 읽을 때 ; 주문 소리는 속마음

64 정미년 겨울에 하루는 운산리에서
진액주를 읽히실 때
2 성도들에게 이르시기를 "너희들의 속마
음이 곧 성(聲)이니 주문을 읽을 때는 그
소리를 중히 여기라." 하시니라.
3 성도들에게 주문을 읽게 하실 때는 항
상 "음절과 고저장단을 맞추어 읽으
라." 하시고
4 여러 성도들의 주문 소리를 일치하게
하시며 이르시기를 "주문을 읽을 때
소리가 맞지 않으면 신명(神明)들이 불
쾌하게 여기느니라." 하시니라.

다가오는 대개벽기를 준비하라

65 무신(戊申: 道紀 38, 1908)년에 하루
는 성도들에게 이르시기를 "한 농
부가 이른 봄 농한기에 쉬지 않고 논
에 도랑을 깊이 파서 수원지(水源地)에
이르게 하니
2 여러 사람들이 비웃어 말하기를 '이 논
은 예로부터 천수(天水)만 받아도 흉작
이 없었는데 쓸데없는 힘을 그렇게 들
이느냐.' 하더니
3 마침내 농사철이 되어 크게 가물어서
온 들이 적지(赤地)가 되었으나
4 그 농부는 파 놓았던 도랑으로 물을
끌어대어 가뭄을 면해 농사를 잘 지었

나니 이 일을 알아 두라." 하시니라.
5 하루는 상제님께서 모심기하는 곳을
지나시며 "저 농군들 손 빠르게 해 주
소!" 하시고
6 성도들에게 말씀하시기를 "흐르는 땀이
오뉴월에 가면 열매가 되어 먹는다." 하
시니라.

포교는 세계 구원의 대도

66 상제님께서 말씀하시기를 "도적 잡
는 자를 포교(捕校)라고 부르나니 도
를 전할 때에 포교(布敎)라고 일컬으라.
2 우리 일은 세상의 모든 불의를 밝히려
는 일이니
3 세상에서 영웅이란 칭호를 듣는 자는
다 잡히리라." 하시니라.

사람이 많은 곳으로 뻗어야

4 상제님께서 호연에게 말씀하시기를
"사람이란 사람이 많이 모인 곳으로
뻗어야 하느니라.
5 큰마음을 먹으려거든 사람이 모인 곳
으로 다녀야 귀로 듣고 눈으로 보고
하는 것이지
6 없는 곳으로 좇으면 가지도 적은 법이
니 자존심 있고 잘난 체하는 놈이 혼
자 있기를 바라느니라." 하시거늘
7 호연이 "선생님은 혼자인데 어째 이렇게
따르는 사람이 많아요?" 하고 여쭈니
8 말씀하시기를 "나는 혼자라도 나뭇가
지 벌듯 한다." 하시니라.
9 상제님께서는 어느 지역을 가시든 맨
처음 들어가실 때는 반드시 그 마을의
큰사람을 먼저 찾으시니라.

꼭 성사시키자

67 상제님께서는 외국에도 자주 다니
시며 공사를 보시는데
2 한번은 호연을 데리고 길을 나서시며
"○○에 가자!" 하시니 발이 공중에 떠
서 가더라.
3 호연이 "뭣 하러 이렇게 다녀요?" 하
고 여쭈니 "이 사람들 싹수를 좀 보고,
그 귀추(歸趨)를 보려고 그런다." 하시
니라.
4 또 가시는 곳마다 그 사람의 성(姓)을
물으시고 "○○는 나를 만났으니 꼭 성
사(成事)시키자!" 하고 다짐을 받으시며
5 종이에 기(旗)를 그리고 점을 찍어 증
표로 주시니라.

천지신명이 가정의 기국을 시험하나니

68 상제님께서 말씀하시기를 "부부간
에 다투지 말라. 신명들이 가정 기
국을 시험하느니라." 하시니라.
2 하루는 박공우(朴公又)가 아내와 다투고
와 뵈니 상제님께서 문득 꾸짖으시며
3 "나는 독(毒)함도 천하의 독을 다 가졌
고 선(善)함도 천하의 선을 다 가졌나
니, 네가 어찌 내 앞에서 그런 일을 행
하느냐.
4 이제 천지신명들이 운수 자리를 찾으
려고 각 사람의 가정에 들어가서 기국
(器局)을 시험하느니라.
5 만일 가정에서 솔성(率性)이 용착(庸窄)
하여 화기(和氣)를 잃으면 신명들이 웃
고 손가락질하며
6 '기국이 하잘것없으니 어찌 큰일을 맡
기리오.' 하고 서로 이끌고 떠나가나니
7 일에 뜻하는 자 어찌 한시라도 소홀하
리오." 하시니라.

천하사의 성패, 아내의 덕성

69 하루는 성도들에게 말씀하시기를
"천하사의 성패가 지덕(地德)의 후
(厚)하고 박(薄)함에 있나니
2 성인의 심법과 영웅의 도략이 있더라
도 지덕(地德)이 박하면 성공하기 어려우
니라." 하시니라.
3 무신년에 대흥리에 계실 때 하루는 상
제님께서 경석 부부가 정성껏 지어 올
린 새 옷을 갈아입고 외출하시더니
4 저녁 무렵에는 의복에 진흙을 잔뜩 묻

히고 돌아오시어 말씀하시기를 "이 옷
이 더러워져서 입을 수가 없으니 밤에
급히 빨아 놓아라. 내일 아침에 일이
있느니라." 하시니라.
5 이에 경석이 여쭈기를 "새로 지은 옷이
있으니 새 옷으로 갈아입고 가시면 어
떠하겠습니까?" 하거늘
6 상제님께서 "불가하니라." 하시므로
경석이 아내를 독촉하여 밤새 자지 않
고 깨끗이 빨아서 올리니 그대로 두고
입지 않으시니라.

도가에서는 제가를 잘해야

70 최창조(崔昌祚)의 아내가 매양 상제
님께서 오시는 것을 싫어하더니
2 하루는 상제님께서 끼니때가 지나서
이르시매 밥 짓기가 싫어 마음에 불평
을 품은지라
3 상제님께서 창조에게 이르시기를 "도
가(道家)에서는 반드시 아내의 뜻을 잘
돌려서 아무리 괴로운 일이라도 어기
지 않고 순종하여야 복이 이르느니
라." 하시니
4 이때 창조의 아내가 방문 앞을 지나다
가 이 말씀을 듣고는 보이지 않는 사
람의 속마음까지 살피심에 놀라 이로
부터 마음을 고치니라.
5 하루는 성도들에게 말씀하시기를 "제
가(齊家)를 못 하면 신명에게 미움을
받느니라." 하시니라.

손병욱 아내의 불평줄

71 고부 벌미면 괴동(伐未面 槐洞)의 손
병욱(孫秉旭)이 지성으로 상제님을
믿으나 그 아내가 불쾌히 생각하여 항
상 병욱의 믿음을 방해하되 박공우에
게는 심히 후대하더니
2 그 뒤에 병욱의 아내가 병이 들어 골절
이 쑤시고 아파 입맛을 잃으매 마침내
식음을 전폐하여 사경에 이르니라.
3 공우가 이를 불쌍히 여겨 상제님께 아
뢰어 고쳐 주려고 생각하던 차에 하루
는 정읍으로부터 상제님을 모시고 와
룡리(臥龍里) 네거리에 이르거늘
4 동북으로 가면 공우가 더불어 살고 있
는 운산리(雲山里) 신경수(申京守)의 집
이 있고, 남으로 가면 와룡리 황응종
(黃應鐘)의 집이 있는데
5 상제님께서 네거리 한복판에 서시어 공
우에게 물으시기를 "어디로 가는 것이
마땅하냐?" 하시니 공우가 대답하기를
"황응종의 집으로 가사이다." 하니라.
6 상제님께서 허락지 않으시고 이윽히
서 계시다가 다시 물으시는지라 공우
가 또 응종의 집으로 가시기를 청하
거늘 세 번을 거듭 물으시매 한결같이
대답하니
7 부득이하여 응종의 집으로 가시는데
응종이 상제님께 병욱의 아내가 사경
에 이르렀음을 아뢰니라.
8 이에 상제님께서 응종과 공우를 데리
고 병욱의 집에 가시어 병자가 누워
있는 안방에 들어가 앉으시며
9 병욱에게 물으시기를 "돈 서 돈이 있느
냐?" 하시니 병욱이 "있습니다." 하며 세
어 올리거늘 공우에게 간직하게 하시고
10 또 병욱에게 "돈 두 냥이 있느냐?" 하
시므로 병욱이 "있습니다." 하고 다시
세어 올리니 이번에도 공우로 하여금
간직하게 하시니라.

신명들이 없애려는 것을 살려 주심

72 이윽고 상제님께서 응종에게 "와
병(臥病)에 인사절(人事絕)이니 병인
을 붙들어 일으키라." 하시므로
2 응종이 병욱의 아내를 부축하여 일으
키매 상제님께서 갑자기 '이년, 저년'
하며 욕을 하시더니
3 "부부 일심동체라고, 남편 몸이 네 몸이
고 네 몸이 남편 몸이거늘 남편을 그
렇게 하시(下視)해서 쓰겠느냐!" 하시
고 "왜 그리하였느냐?" 하시며 세 번

을 꾸짖으신 뒤에
4 고개를 한쪽으로 돌리시며 혼잣말씀
으로 "다른 죽을 사람에게 가라." 하시
니라.
5 병욱이 상제님께 공양할 술을 준비하
려 하니 말씀하시기를 "나 먹을 술은
있으니 준비하지 말라." 하시거늘
6 과연 한동네에 사는 병욱의 장모 배
(裵)씨가 상제님께서 오셨음을 알고 술
과 안주를 가져오니라.
7 술을 잡수신 뒤에 병욱에게 물으시기
를 "병욱아, 너 자식 더 두고 싶으냐?"
하시니 병욱이 아뢰기를 "아들 둘이
있어 만족합니다." 하거늘
8 말씀하시기를 "꼭 죽어야 하는 병이니
대신 한 사람을 보내야겠다." 하시니라.
9 이때 배씨의 집안에 사람 노릇을 못
하는 딸이 있었는데 일을 하다가 아무
이유도 없이 갑자기 숨을 거두니라.
10 상제님께서 병욱의 집에서 응종의 집
으로 가셨다가 주무시지 않고 새벽에
구릿골로 떠나실 때 길에서 공우에게
이르시기를
11 "사나이가 잘되려고 하는데 아내가 방
해하니 제 연분이 아니라 신명들이 없
이하려 하는 것을 구하여 주었노라.
12 이제 병은 나았으나 이 뒤로 잉태는
못하리라." 하시더니 과연 그 뒤로 병
욱의 아내가 잉태하지 못하니라.

성부님을 도와준 병욱을 꾸짖으심

73 이후에 병욱이 상제님께서 아내를
살려 주심에 깊이 감사하여 본댁의
성부께서 빈궁하심을 알고 쌀을 갖다
드리니
2 상제님께서 이를 아시고 크게 노하시
어 "저런 죽일 놈이 있나!" 하시며 심
한 언사로 꾸짖으시거늘
3 병욱이 뜻밖에 꾸중을 듣고 분한 마음
이 들어 어쩔 줄 몰라하는지라
4 이에 상제님께서 타이르시기를 "이 세
상에서 자기 부모에게 잘하는데 자식
으로 어느 누가 나쁘다고 하겠느냐?
내 얘기를 들어 보아라." 하시고
5 말씀하시기를 "내가 부친께 신발을 삼
는 고채를 채워 그 죄를 더실 수 있도
록 하였는데 너로 인하여 그 기간을
연장하게 되었느니라.
6 네 마음은 그게 아니나 결국 부친의
고생을 더하게 했으니, 내가 화가 나
지 않겠느냐?" 하시니라.
7 이에 병욱이 "참으로 몰랐습니다. 저
는 먹고 남는 쌀이고 해서 가져다 드
렸는데 말씀을 듣고 보니 역정이 나시
겠습니다." 하며 백배사죄하거늘
8 상제님께서 말씀하시기를 "내가 심히
괴로워서 그러하노라." 하시니라.

마음 변하면 죽으리라

9 병욱이 상제님을 처음 좇을 때는 열심
이더니 차차 진력이 나서 마음이 풀어
지고 명하시는 일을 등한히 하거늘
10 상제님께서 경계하여 말씀하시기를
"이놈아, 방심하지 마라. 마음 변하면
너는 죽느니라." 하시니라.

마음을 정대히 하여 그칠 곳을 알아야

74 하루는 김영서(金永西)와 정남기(鄭
湳綺)가 상제님께 와 뵙고 난 뒤에
서로 사담을 하는데
2 남기가 일본말 배운 사람을 부러워하
며 말하기를 "요사이 일본말을 아는
사람은 출세하기도 쉽고 돈벌이도 잘
하더라." 하거늘
3 영서는 배우를 부러워하며 말하기를
"요사이는 연극을 잘 하여도 돈벌이가
잘 되더라." 하며
4 서로 그런 일에 등한히 하였음을 후회
하니 느닷없이 남기는 손을 흔들며 유
창한 어조로 일본말을 지껄이고
5 영서는 마치 상자(喪者)가 된 듯 수건을
흔들며 일어서서, 소매로 북 치는 흉내
를 내면서 춤추고 노래하여 등이 젖도

록 땀을 흘리니 좌중이 크게 웃으니라.
6 상제님께서도 웃으시며 "너희는 속히
도 소원을 이루었구나." 하시고
7 "남기의 말은 일본인과 틀림이 없고
영서의 재주는 배우 중에 독보(獨步)가
되겠구나." 하시니 두 사람이 비로소
정신을 차리고 부끄러워하거늘
8 상제님께서 이르시기를 "대인(大人)을
배우는 자 마땅히 마음을 정대히 하여
그칠 곳을 알아야 할 것이요
9 한 가지라도 분수 밖의 생각을 가져
실없는 말을 해서는 안 되느니라." 하
시니라.
10 또 말씀하시기를 "안으로는 불량하고
겉으로만 꾸며대면 누가 능히 분별하
리오.
11 사람이 몸가짐과 처사와 어습(語習)을
제 본성대로 할 것이요, 억지로 꾸며서
점잔과 교식을 내는 것은 삿된 일이니
라." 하시니라.

천지일은 언제 됩니까

75 상제님께서 동령리에 계실 때 하
루는 한 성도가 "선생님, 천지일은
언제 됩니까?" 하고 여쭈니
2 말씀하시기를 "네가 기다리나 안 기다
리나 오기는 오느니라." 하시니라.
3 이에 그 성도가 조급증이 나서 "언제
옵니까, 곧 옵니까?" 하며 채근하듯
여쭈더니 마침내는 "선생님의 권능으
로 속히 천지를 개벽하소서." 하거늘
4 상제님께서 꾸짖으시기를 "그건 역
천(逆天) 아니냐! 네가 하늘을 이기느
냐?" 하시고
5 "나도 역천은 못 하느니라." 하시며 "그
러다가 정말 큰일 내겠구나." 하고 걱
정하시니라.
6 평소에 그 성도는 '내가 자리를 비운
사이에 개벽이 와서 세상이 바뀌면 어
떡하나.
7 나를 빼고 다른 사람들만 도통을 주
시면 어떡하나.' 하여 오랫동안 집에도
가지 않더니
8 이제 상제님의 말씀을 듣고 일이 금방
되지는 않겠다고 생각하여 상제님께 아
뢰기를 "집에 다녀온 지도 오래고 하니
이참에 한 번 다녀오렵니다." 하거늘
9 말씀하시기를 "그러면 미루지 말고 얼
른 다녀와라." 하시고 "돌아올 때는 돌
창이 주막으로 오라." 하시니라.

너는 천벌을 받았노라

76 그 성도는 다른 농사는 없고 다만
그 아내가 돌창이고개에서 담배
농사 세 마지기를 지어 살림이 가난한
지라
2 앞으로 살아갈 일을 걱정하며 맥없이
태인 집을 향해 가는데, 돌연 거센 바
람이 불며 멀쩡하던 하늘에 먹구름이
시커멓게 몰려들더니
3 솟튼재 못 미쳐서 뇌성벽력과 함께 폭
우가 쏟아져 내리거늘 비를 피할 도리
가 없어 고스란히 비를 맞으니라.
4 한편 다른 성도들은 상제님을 모시고
동령리에 머물고 있는데 갑자기 폭우
가 억수로 쏟아지매 한 성도가 아뢰기
를 "선생님, 그 사람 가다가 비 많이
맞겠습니다." 하니
5 상제님께서 한숨을 쉬시며 "하늘이 이
렇게 생겼으니 많이 맞을 테지." 하시
니라.
6 오후가 되어 비가 잦아드니 상제님께
서 성도들을 데리고 돌창이 주막으로
가서 술을 드시는데
7 집으로 갔던 그 성도가 온몸이 흠뻑
젖은 채로 허겁지겁 달려와 상제님께
울며 하소연하기를
8 "아이고 선생님, 천지공사 봐서 좋은
천지를 본다 하시더니 집에 가 보니 비
가 얼마나 왔는지 산 밑에 있는 집하고
담배밭이 다 떠내려가고 없습니다.
9 세상에 천지를 믿는 사람에게 어떻게

이럴 수가 있습니까." 하니라.
10 이에 상제님께서 큰 소리로 "그러니 천
지개벽을 자꾸 바라지 말라.
11 어찌 그리 조급하게 굴며 하늘을 이기
려 하느냐. 너는 천벌을 받았노라." 하
고 꾸짖으시니
12 그 성도가 "다시는 안 그럴 테니 용서
해 주옵소서." 하며 크게 사죄하거늘
13 상제님께서 "장차 네게 식록을 붙여
줄 것이니 앞으로는 그리하지 마소."
하시며 잘 타이르시니라.

마음에 응하는 신도(神道)

77 모든 일에 마음을 바로 하여 정리
(正理)대로 행하여야 큰일을 이루
나니
2 만일 사곡(邪曲)한 마음을 가지면 사신
(邪神)이 들어 일을 망치고
3 믿음이 없이 일에 처하면 농신(弄神)이
들어 일을 번롱(飜弄)케 하며
4 탐심을 두는 자는 적신(賊神)이 들어
일을 더럽히느니라.

신명의 음호를 받지 못하는 것은

78 하루는 공우를 데리고 어디를 가
실 때 공우로 하여금 우산을 사서
들고 가게 하시거늘
2 상제님께서 평소에 우산을 받으시는
일이 없고 비록 비 오는 날에 길을 가
실지라도 비에 옷체가 젖으시는 일이
없었으므로 공우가 이상히 여기는데
마침 비가 오는지라
3 상제님께서 공우에게 "우산을 받으
라." 하시니 공우는 상제님께 받으시
기를 청하여 서로 사양하다가 함께 비
를 맞아 옷이 흠뻑 젖으니라.
4 상제님께서 말씀하시기를 "이 뒤로는
우산을 들지 말라. 의뢰심과 두 마음
을 품으면 신명의 음호(陰護)를 받지
못하느니라." 하시니라.

경석과 공우의 순명

79 상제님께서 고부 살포정이에 있는
김선달 주막에서 지내시다가 하루
는 그 주막 부엌데기를 보시고
2 경석과 공우에게 명하시어 "저 여인
이 오늘밤 나를 모시도록 허락을 받으
라." 하시니
3 경석과 공우가 의아히 여기면서도 그
여인에게 사정을 말하고 성의로 설득
하여 승낙을 받으니라.
4 두 성도가 사실을 아뢰니 상제님께서
웃으시며 "그 여자가 3년간을 이곳에
서 부엌데기로 있어 그것이 덕이 되었
으니 좋은 데로 보내 편히 있게 하려
는 것이로다." 하시고 잠시 후에 살포
정이를 떠나시거늘
5 과연 얼마 지나지 않아 그 동네의 부
자 한 사람이 상처하고 그 여자를 데
려가니 그 후로는 편히 살게 되니라.

못난쟁이가 내 차지로구나

80 상제님께서 정읍 동면(東面) 버들리
이무홍(李茂洪)의 집에 자주 가시는
데
2 버들리는 온 마을 사람들이 모시 농사
를 많이 지어 마을 전체가 거의 모시
밭이라.
3 하루는 무홍이 한참 모시를 찌고 있는
데 대나무 삿갓을 쓰신 상제님께서 오
시어 "어이, 낫 좀 주게나." 하시는지라
4 무홍이 '뭘 하시려고 그러시는가.' 하
고 의아하게 여기면서도 공손히 낫을
드리니
5 한바탕 쪄 널어놓은 모시를 얼마간 모
아 묶으시고 위아래를 낫으로 고르게
쳐서 세워 놓으시고는
6 제일 길고 살진 상(上)치를 가려 뽑아
이리저리 재 보시며 "좋구나." 하시더
니 갑자기 낫으로 착착 쳐서 못 쓰게
만들어 버리시니라.
7 무홍은 버린 모시가 심히 아까우나 감

히 말은 못하고 다만 지켜볼 뿐인데
8 상제님께서 이번에는 모시 다발에서
중(中)치를 뽑아 재 보시고는 역시 낫
으로 쳐서 못 쓰게 만드시니
9 결국 옷감 짜는 데는 쓰지 못하고 피모
시 재료로나 쓰는 하(下)치만 남았거늘
10 상제님께서 그 남은 하치를 추려서 꽉
묶어 어깨에 턱 짊어지시고
11 "허허, 이 못난쟁이가 내 것이다. 못난
것이 내 차지로구나." 하시며 길을 떠
나시니라.

일심이면 천하를 돌린다

81 도(道)라는 것이 따로 없나니 제 마
음속에 도가 있느니라.
2 일찍 들어왔다고 뽐내지 말고 늦게 들
어왔다고 주눅들지 말며 돈 많다고 뽐
내지 말라.
3 일심이면 천하를 돌리는데 다른 무엇
이 필요하겠느냐? 나중 난 뿔이 우뚝
할 수 있느니라.
4 오로지 일심으로 닦고 혈심으로 일하
는 자가 큰 복을 받으리로다.

분수에 맞게 원형이정으로 살라

5 돈 욕심 내지 말아라. 가난한 사람이
나의 제자니라.
6 나의 도문에 부자가 못 들어오게 차돌
을 깎아 방천(防川)하였노라.
7 그러나 부자라도 나를 알아보고 따르
기를 원하면 할 수 없이 허락하노라.
8 내 도를 믿어서 혹 가난해지는 것을
괴로워 말고 분수에 맞게 원형이정으
로 살라.

일심이라야 궁궁이라

82 하루는 상제님께서 주막에서 술을
드시며 안내성(安乃成)에게 이르시
기를
2 "매관매작 세도자(勢道者)도 일심(一心)
이면 궁궁(弓弓)이요
3 전곡(錢穀) 쌓은 부첨지(富僉知)도 일심
이면 궁궁이요
4 유리걸식 패가자(敗家者)도 일심이면
궁궁이니라." 하시니라.

일심으로 하는 자만을 내가 기운 붙여 쓴다

5 또 말씀하시기를 "나를 믿느라 고생스
러워도 애통히 여기지 말라. 고생 끝에
성공이 있느니라.
6 조금만 더 참으면 좋은 운수가 돌아오
느니라.
7 나에게 엎어지려면 마른땅에 코가 쏙
빠지도록 엎어지고, 나를 믿으려면 사
대삭신이 노골노골하게 믿어야 하느
니라." 하시니라.
8 상제님께서 말씀하시기를 "나는 일심으
로 하는 자만을 기운 붙여 쓴다.
9 나를 제대로 믿으면 기운을 아낌없이
내어 주리라." 하시니라.

제 힘으로 하라

83 상제님께서 약방을 여신 이후로 필
요한 약재들은 모두 성도들에게
직접 구해 오게 하시니 몇몇 성도들이
전담하여 약재를 캐어 오니라.
2 하루는 성도들이 상제님께서 일러 주
신 약초를 분별하지 못하여 산을 헤매
다가 "선생님은 어찌 다 아시는가 모
르겠네그려.
3 우리는 캔다고 왔어도 무엇이 무엇인
지를 모르는데 어떻게 방에 앉으셔서
뭐 캐 와라, 뭐 캐 와라 하실꼬?" 하며
푸념을 하거늘
4 갑자기 성도들의 몸이 벌벌 떨리더니
순식간에 약방 토방 앞으로 옮겨져 있
더라.
5 이에 상제님께서 "야, 이놈들아! 약 캐
오라 했더니 왜 거기 가 서 있나?" 하
고 물으시거늘
6 한 성도가 "저도 모르게 갑자기 여기
에 서 있습니다." 하고 아뢰니
7 문득 안색을 바꾸시며 크게 꾸짖으시

기를 "요놈의 자식들 봐라! 산에 가 무
어라 했길래 여기 서 있느냐?" 하시고
다시 산으로 돌려보내시니라.
8 이에 성도들이 산에 올라 만나는 이마
다 물어 가며 약재를 찾아보나 날이
저물도록 찾지 못하거늘
9 "그냥 가면 다시 캐 오라 하실 테고,
해는 져서 가야 하고, 어떻게 해야 하
나?" 하며 울상을 짓고 있는데
10 이때 산에 나무하러 온 형렬의 종 으
렁이를 우연히 만나게 되니라.
11 으렁이가 "그, 왜들 울상이시오?" 하
니 성도들이 반가운 마음에 넙죽 인사
를 하고는 약초가 있는 곳을 묻거늘
12 으렁이가 본시 무식하나 마음이 천심
이고 실물 보는 눈이 밝아 약종을 잘
알고 있으므로 성도들에게 일일이 약
재를 일러 주는데
13 "저것은 ○○이고, ○○는 저기에, 그
리고 ○○은 여기에 있소. 그게 다 약
방으로 들어가나 보오?" 하매
14 성도들이 "머슴도 이런 재주를 배웠구
려!" 하며 감탄하니라.

너희들이 나보다 더 고생하는 줄 아느냐

84 이튿날 상제님께서 다시 약재들을
일러 주시며 캐어 오라고 명하시니
2 성도들이 '오늘은 또 어떻게 할꼬.' 하
며 걱정하는데 한 성도가 제비산 산제
당 뒤에서 나무하고 있는 으렁이를 찾
아가 사정하거늘
3 으렁이가 "찾는 약초는 물론이고 여기
에 다른 약재들도 쫙 찼으니 아무 것
이나 캐어 가도 약이오." 하며 다른 약
재들까지 자세히 일러 주니라.
4 이에 그 성도가 많은 약재들을 캐어서
우쭐한 마음으로 약방에 돌아오니
5 문득 상제님께서 "으렁이가 밤낮 너만
가르쳐 주려고 서 있다더냐?" 하시며
크게 호통치시고
6 으렁이를 부르시어 "너, 가르쳐 주지
말아라. 애를 좀 씌우려고 그러는데
왜 가르쳐 주느냐?" 하시거늘
7 으렁이가 "선생님을 뵈려고 그 멀리에
서 여기까지 왔는데, 불쌍해서…." 하
며 고개를 숙이더라.
8 이에 상제님께서 "흥, 부처 믿으러 절
에 다니면서 산을 깨작깨작 올라가는
것도 다 제 죄를 감하고 덕을 쌓으려
는 것인데, 이런 대수롭지 않은 일도
제 힘으로 못 하느냐?
9 내가 그냥 이러고 앉아 있는 줄 알아
도 사방천지를 다 찾아 다니건만, 너
희들이 나보다 더 고생하는 줄 아느
냐?" 하고 꾸짖으시니
10 으렁이가 "아이고, 저는 그런 것도 모
르고…. 용서하십시오!" 하며 사죄하
거늘 성도들도 죄스럽고 민망하여 몸
둘 바를 모르더라.

천하의 부귀영화가 이르리라

85 하루는 공사를 보신 후에 성도들
에게 물으시기를 "너희들이 부귀영
화를 바라느냐?" 하시니
2 성도들이 일제히 "갈망하나이다!" 하
고 대답하는지라
3 상제님께서 웃으며 말씀하시기를 "나
를 믿고 일심을 다하면 천하의 부귀영
화가 너희에게 이르리라." 하시고
4 또 말씀하시기를 "내가 온 천하에 부
귀를 비 뿌리듯 해 놓았노라." 하시니
라.
5 하루는 김광찬(金光贊)이 장래의 일을
걱정하니 말씀하시기를 "땅을 파면 물
이 나고, 못을 파면 고기가 나오느니
라." 하시니라.
6 하루는 성도들에게 글 한 수를 외워
주시니 이러하니라.
7 飛鳥不壟斷大空이요
비조불농단대공
遊魚不獨占大海니라
유어부독점대해

故로 能自由自生하니라
고 능자유자생
나는 새는 창공을 농단치 않고
노니는 물고기는 대해를 독점치 않으니
그러므로 능히 자유롭고 자생하느니라.

오죽이나 좋겠느냐!

86 상제님께서 내성에게 이르시기를
"내성아, 너는 오래 살 것이다. 화
초병풍 둘러친 방에서 잠자리 날개 같
은 좋은 옷을 입고
2 천하 각국의 말을 앉아서도 다 들을
수 있고, 아들도 많이 낳고 할 것이니
오죽이나 좋겠느냐!
3 좋은 때가 올 것이니 너는 걱정하지
말거라. 너는 참 좋겠다." 하시니라.

안내성에게 주신 경계의 말씀

4 또 경계하여 말씀하시기를 "너는 장차
농사도 많이 짓고 풍족하게 살 것이니
5 부지런히 농사짓고, 밖으로 봉공(奉公)
의무와 안으로 선령 제사와 제가 양육
(齊家養育)에 힘써 몸을 잘 닦을지어다.
6 남의 재물을 탐하지 말고 남의 자녀를
그릇 유인하지 말며 간음하지 말고 남
과 서로 싸우지 말며 매사에 진실을
지키도록 하라.
7 너같이 배우지 못하여 무식한 백성이
야말로 진실로 내 사람이니, 서민과
상민을 천대하지 말고 도한(屠漢)과 무
당에게 경대하라.
8 무릇 사람의 높고 낮음이 따로 있지
않나니 내 집에 오는 손님이야 문둥이가
되었든지 거지가 되었든지 절대 괄시
하지 말고 잘 대접하라.
9 네가 죄를 짓지 않고 나의 명을 기다
리면 내 세상에는 너 또한 영화를 누
리리라." 하시니라.

하늘이 내리는 고난의 깊은 섭리

87 하루는 성도들에게 말씀하시기를
"이 글을 잘 보아 두면 이 책에서
는 더 볼 것이 없느니라." 하시고
2 맹자(孟子) 한 절을 외워 주시니 이러
하니라.
3 天將降大任於斯人也인대
천장강대임어사인야
必先勞其心志하고
필선노기심지
苦其筋骨하고 餓其體膚하고
고기근골 아기체부
窮乏其身行하여 拂亂其所爲하나니
궁핍기신행 불란기소위
是故는 動心忍性하여
시고 동심인성
增益其所不能이니라
증익기소불능
하늘이 장차 이 사람에게 큰 임무를
내리려 할 때에는
반드시 먼저 그 심지를 지치게 하고
뼈마디가 꺾어지는 고난을 당하게
하며 그 몸을 굶주리게 하고
그 생활은 빈궁에 빠뜨려
하는 일마다 어지럽게 하느니라.
이는 그의 마음을 두들겨서 참을성을
길러 주어
지금까지 할 수 없었던 일도
할 수 있게 하기 위함이니라.

일꾼을 돌보는 자의 음덕

88 하루는 성도들에게 옛 이야기를
들려주시니 이러하니라.
2 한 대인이 가사를 돌보지 않고 천하사
를 위해 먼 길을 떠나매 그 부모처자가
의탁할 곳이 없게 된지라
3 그 따르는 무리 중에 한 사람이 그 일
을 근심하여 구호할 길을 백방으로 생
각해 보았으나 빈궁하여 어찌할 방도
를 찾지 못하더니
4 마침 장에 가서 고기전을 지나다가 다
시 그 일이 생각나서 '어찌하면 저 고
기를 얻어 그 어른의 부모를 공양할
것인가.' 하여 차마 떠나지 못하고 머

묻거리는데
5 고기전 주인이 이상히 여겨 물으니 그
사람이 사실대로 사정을 말하거늘
6 고기전 주인이 감동하여 함께 대인의
집에 가 보니 과연 말한 바와 같은지라
7 스스로 구호를 담당하여 양미(糧米)와
찬용(饌用)을 계속하여 공급하니라.
8 그 뒤에 대인이 일을 마치고 돌아와
보니 부모와 처자가 모두 무사할 뿐
아니라 그 부모는 전날 자기가 받들
때보다 오히려 건강해졌거늘
9 그 연고를 물어 알아내고는 두 사람에
게 후히 갚았다 하니라.

교만한 자는 반드시 패한다

89 하루는 대흥리 장성원(張成遠)에게
"잘 간직하였다가 뒷날 보라." 하시
며 글 한 절을 써 주시니 이러하니라.
2 將驕者는 敗니 見機而作하라
장교자 패 견기이작
장수된 자 교만하면 패하리니
기틀을 보고 일을 지으라.

자리 탐을 내는 자는

3 상제님께서 말씀하시기를 "앉을 자리
를 탐내어 당치 않은 자리에 앉으면 신
명(神明)들이 등을 쳐서 물리칠 것이요
4 자리 탐을 내지 않고 덕 닦기에 힘쓰
며 마음을 잘 가지면 신명들이 자리
를 정하여 서로 받들어 앉히느니라."
하시니라.

남 속이지 않는 공부

5 성도들에게 늘 남 속이지 않는 공부를
시키시며 말씀하시기를
6 "없는 말을 거짓으로 꾸며 대면 부서
질 때는 여지없나니
7 비록 성냥이라도 다 쓴 뒤에는 그 빈
갑을 깨어서 버리라." 하시니라.

황응종의 믿음

90 응종의 아들이 병들어 위독하거늘
응종이 청수를 떠 놓고 상제님 계
신 곳을 향하여 낫게 해 주시기를 기
원하니 그 병이 곧 낫는지라
2 이튿날 구릿골에 와서 상제님을 뵈니
상제님께서 물으시기를 "어제 구름을
타고 내려다본즉 네가 손을 비비고 있
었으니 무슨 일이 있었느냐?" 하시거늘
3 응종이 그 일을 아뢰니 상제님께서 웃
으시니라.

개벽타령하는 김광찬의 불의

91 광찬이 천지개벽(天地開闢)이 더딤
을 불평하여 언제나 좌석을 시끄럽
게 하거늘
2 상제님께서 이르시기를 "모든 일이 욕
속부달(欲速不達)이라.
3 마음을 평안케 하여 유치함을 버리
라." 하시니라.

일꾼은 뒷구멍이 넓어야

4 하루는 호연에게 물으시기를 "고기
는 설고 꼬챙이는 타 버린 것을 어이
할꼬?" 하시니 "불이 없으니까 고기가
설었지." 하거늘
5 상제님께서 다시 "그러면 꼬챙이는 왜
탔지? 그것은 무슨 이치로 그러냐?"
하고 물으시니라.
6 이에 호연이 선뜻 대답을 하지 못하니
말씀하시기를 "그것과 같이 일이 금
방 된다고 해도 천지일심으로 하나가 되
어야 일이 되지, 한 곳에서만 되어도 안
되느니라.
7 손뼉을 쳐도 한 손만 내두르면 소리가
없고, 두 손을 탁 쳐야 소리가 나는 것
아니냐?
8 그러니 일꾼은 뒷구멍이 넓어야 한
다." 하시니라.
9 이에 성도들이 모두 궁금해하거늘 한
성도가 나서며 "무엇을 보고 뒷구멍이
라 하는 것입니까?" 하고 여쭈니
10 말씀하시기를 "저런 멍청이, 그러니 깔
따구밖에 못 돼, 저놈들." 하시며 일러
주시기는커녕 꾸중만 하시니 성도들

이 더는 여쭈지 못하니라.

운수에 맞추지 못한 자는

92 기유(己酉: 道紀 39, 1909)년에 하루
는 어떤 사람이
'有天下之病者는 用天下之藥이라야
유천하지병자 용천하지약
厥病이 乃癒라'
궐병 내유
하는 구절의 뜻을 여쭈니
2 말씀하시기를 "천하사에 뜻하는 자 일
을 이루지 못하여 병을 이루어 골수에
들어서 백약이 무효하다가
3 어디서 좋은 소식이 들리면 약을 쓰지
않고도 저절로 병이 낫나니(勿藥自效)
이 일을 이름이라.
4 운수에 맞추지 못한 자는 내종(內腫)을
이루리라." 하시니라.

오직 창생을 생각하라

93 주색으로 방탕히 지내지 말고 본
성대로 행하며 마음을 잘 지키라.
2 사람이 하는 일은 밤하늘의 별과 같아
서 세상에 알려질 때에는 여실히 드러
나느니라.
3 사람들은 제 자손만 잘되어 부귀하기
를 바라나 너희는 부디 그러지 말라.
4 우리 일은 천하창생이 함께 잘되자는
일이니 사욕을 버리고 오직 창생을 생
각하라.
5 형제가 환란이 있는데 어찌 구하지 않
을 수 있으랴. 사해(四海) 내에는 다 형
제니라.

사람은 행실로 이름을 얻는다

6 천하를 공평하게 하려는 생각을 가져
야 신명의 감화를 받고 모든 일에 성
공이 있느니라.
7 사람이 아무리 하고 싶어도 못하고 천
지신명이 들어야 되느니라.
8 주인 없는 나무 위의 저 열매도 달린
대로 그 이름이 있나니
9 나무는 그 열매로써 이름을 얻고 사람
은 그 행실로써 이름을 얻느니라.

인도(人道)의 5대 덕성: 인의예지신의 참뜻

94 하루는 공사를 보시며 글을 쓰시
니 이러하니라.
2 不受偏愛偏惡曰仁이요
불수편애편오왈인
不受全是全非曰義요
불수전시전비왈의
不受專强專便曰禮요
불수전강전편왈예
不受恣聰恣明曰智요
불수자총자명왈지
不受濫物濫欲曰信이라
불수남물남욕왈신
치우치게 사랑하고 미워한다
평(評) 받지 않음이 참된 어짊(仁)이요
모두 옳다거나 그르다
평 받지 않음이 바른 의(義)이며
너무 뻣뻣하거나 편의를 따른다
평 받지 않음이 옳은 예(禮)이고
방자히 총명을 뽐낸다 평 받지 않음이
성숙한 지혜로움(智)이며
함부로 낭비하고 욕심부린다 평 받지
않음이 진정한 믿음(信)이니라.

재판을 해도 양쪽을 다 들어 봐야겠다

95 하루는 호연이 동무들과 함께 놀
고 있는데 상제님께서 호연에게 다
가오시어 "너하고 재하고 친하냐?" 하
시니 호연이 "응, 친해." 하거늘
2 이번에는 호연의 친구에게 가시어 "재
가 너보고 욕하지?" 하시니 "예, 그래
서 안 놀려고 그 동안 안 왔어요." 하
고 대답하니라.
3 상제님께서 다시 호연에게 오시어 "너
는 재랑 안 놀래?" 하시니
4 호연이 "내가 욕했어도 자기가 달라들
어 함께 놀자고 하면 놀지만, 내가 밤

낮 선생님하고만 다니니까 놀 새가 있
어요?
5 내가 남자를 좋아해서 따라다니는 것
도 아닌데, 쟤가 무얼 안다고 '저 가시
내는 왜 동무를 마다하고 남자만 따라
다니냐.'고 하니 내가 욕을 할밖에요."
하거늘
6 상제님께서 다 들으시고는 "그렇겠다.
그러니 재판을 해도 양쪽을 다 들어
봐야지 한쪽만 들어서는 공사가 안 되
겠다이?
7 코에 걸면 코걸이 귀에 걸면 귀걸이니,
그 애 말만 들어서는 네가 나쁘고 네
말을 들으면 그도 그럴 성싶다.
8 내가 내일은 재판을 해야겠다." 하시
니라.

사람이 와야 하느니라

96 형렬이 양식이 떨어져서 손님 오는 것을 괴롭게 여기거늘
2 "開門納客에 其數其然이라
개문납객 기수기연
문을 열고 손님을 맞이함에는
수가 그 정도는 되어야 하느니라.
3 하였나니 사람이 와야 하느니라." 하
시니라.
4 하루는 형렬에게 어려운 살림살이를
위로하시며 옛글 한 구절을 읽어 주시
니 이러하니라.
5 弊衣多垢勝金甲이요
폐의다구승금갑
頹屋無垣似鐵城이라
퇴옥무원사철성
내 일을 잘 하면 때 묻고 해진 옷도
금으로 장식한 갑옷보다 낫고
찌그러진 오두막에 담이 없어도
철성과 같으니라.

세상을 사는 처세의 도(道)

97 하루는 형렬에게 말씀하시기를 "너는 광(狂)이 되지 못하였으니 농판으로 행세함이 옳으니라." 하시고
2 옛 글을 외워 주시며 "잘 기억하라."
하시니 이러하니라.
3 處世柔爲貴요 剛强是禍基라
처세유위귀 강강시화기
發言常欲訥하고 臨事當如癡하라
발언상욕눌 임사당여치
急地常思緩하고 安時不忘危하라
급지상사완 안시불망위
一生從此計면 眞個好男兒리라
일생종차계 진개호남아
세상을 사는 데는 부드러움을 귀히
여기라.
굳세고 강하기만 한 것이 재앙의
근원이니라.
말을 할 때는 언제나 천천히 하려 하고
매사에 임할 때는 마땅히 어리석은
듯이 하라.
급한 지경을 당하면 항상 천천히
생각해 보고
평안할 때에도 위태롭던 때를 잊지
말지어다.
한평생 이러한 인생의 계략을
잘 실행해 나간다면
진실로 호남아라 하리라.

대세가 넘어갈 때에는

98 하루는 구릿골에 계실 때 성도들에게 말씀하시니 이러하니라.
2 束手之地는 葛公謀計라도
속수지지 갈공모계
不能善事요 瓦解之餘는
불능선사 와해지여
韓信兵仙이라도 亦無奈何니라
한신병선 역무내하
속수무책의 지경에는 제갈공명의
모계(謀計)로도 능히 풀 수가 없고
대세가 넘어가 와르르 무너져 내린
뒤에는 한신과 같은 병선(兵仙)도
어찌할 수 없느니라.

능소능대한 일꾼이 되어야

99 안 될 일을 되게 하고 될 일을 못
되게 하는 것이 일꾼이니라.
2 모든 일을 알기만 하고 변통(變通)을 못
하면 모르는 것만 같지 못하느니라.
3 공명(孔明)은 능히 조조(曹操)로 하여금
화용도(華容道)로 오게 하였고
4 손빈(孫臏)은 방연(龐涓)으로 하여금 해
질 무렵에 마릉(馬陵) 땅에 이르게 하
였느니라.
5 너희들은 폭 잡히면 일을 못 하느니라.
6 내가 하는 일은 세상에서 폭 잡히지
않느니라.
7 강태공이 52둔을 하였으나 죽고 사는
것은 뜻대로 못하였나니
8 나는 너희들 마음을 뺐다 넣었다 하고,
죽고 사는 것을 마음대로 하느니라.

경위가 많아야

9 공우에게 이르시기를 "내가 너를 데리
고 다니는 것은 네 뱃속에 경위(涇渭)가
많은 연고라.
10 여인도 경위가 많아야 아이를 많이 낳
느니라." 하시니라.

지금은 천지에서 사람을 쓰는 때

100 하루는 성도들에게 말씀하시니
이러하니라.
2 事之當旺이 在於天地요
사지당왕 재어천지
必不在於人이라
필부재어인
然이나 無人이면 無天地故로
연 무인 무천지고
天地生人하여 用人하나니
천지생인 용인
以人生으로 不參於天地用人之時면
이인생 불참어천지용인지시
何可曰人生乎아
하가왈인생호
일이 흥왕하게 됨은 천지에 달려 있는
것이요 반드시 사람에게 달린 것은
아니니라.
그러나 사람이 없으면 천지도 또한
없는 것과 같으므로 천지가 사람을
낳아 사람을 쓰나니 사람으로 태어나
천지에서 사람을 쓰는 이때에
참예하지 못하면 어찌 그것을
인생이라 할 수 있겠느냐!

포교의 도(道), 육임조직의 연맥 도수

101 나를 믿는 자는 매인(每人)이 6
인씩 전하라.
2 포교의 도(道)가 먼저 육임(六任)을 정하
고 차례로 전하여 천하에 미치게 되나
니 이것이 연맥(連脈)이니라.

육임조직의 천명을 내리심

3 하루는 류찬명(柳贊明)과 김자현(金自賢)
에게 이르시기를 "각기 10만 명에게
포교하라." 하시니
4 찬명은 대답하고 자현은 대답지 않거
늘 재촉하시어 대답을 받으신 뒤에 말
씀하시기를
5 "평천하(平天下)는 내가 하리니 치천하
(治天下)는 너희들이 하라. 치천하 50년
공부니라." 하시니라.

태을주로 천명을 이룬다

6 하루는 상제님께서 말씀하시기를 "천
하생명을 태을주(太乙呪)로 살린다. 태
을주로 천명(天命)을 이루느니라." 하시
니라.

태을주를 읽으라

102 하루는 상제님께서 말씀하시기
를
"呪誦은 神之路也요 符는 神之宅也라
주송 신지로야 부 신지택야
2 주송을 해야 신이 내 마음에 출입을
하며 부는 신명의 집이니라." 하시니
라.
3 또 말씀하시기를 "신장들로 하여금 매
일 밤마다 도생들의 집을 찾아 돌며
태을주 읽는 것을 조사하게 하리니 태

을주를 꼭 읽어야 하느니라." 하시고
4 "나의 일을 하려거든 깊이 파야 하느
니라." 하시니라.

천하사의 대의(大義)

103 하루는 상제님께서 공사를 보시
며 글을 쓰시니 이러하니라.
2 誓者는 元天地之約이니
서자 원천지지약
有其誓하고 背天地之約하면
유기서 배천지지약
則雖元物이나 其物이 難成이니라
즉수원물 기물 난성
맹세한다는 것은 원원한 천지에 대한
으뜸가는 서약이니 그런 맹세를
하고서도 천지와의 약속을 저버리면
비록 그 하고자 하는 일이 아무리
바르고 큰일이라 할지라도 그 일은
이루어지기 어려우니라.
3 상제님께서 말씀하시기를 "믿는 자를
가려 손을 꼽는데, 만일 배신하는 행
위가 있어 꼽혔던 손이 펴지는 때에는
살아남지 못하리로다.
4 귀신도 정문(精門)이 막히면 죽는 법이
니 사람도 언약을 어기면 못쓰는 것이
니라.
5 '도지근원(道之根源) 안다 해도 행(行)할
길이 최난(最難)이라.' 하였나니
6 구슬이 서 말이어도 꿰어야 보배지 꿰
지 못하면 보배가 되지 못하느니라."
하시니라.

한 번 뜻을 세우면 평생을 일관해야

104 하루는 상제님께서 성도들에게
말씀하시기를 "속담(俗談)이 모
두 성담(聖談)이요, 인생의 비결이니
라." 하시고
2 이르시기를 "유지자사경성(有志者事竟
成)이라. 뜻 있는 자는 한 번 뜻을 세
우면 평생을 한결같이 일관하여 필경
에는 성취한다는 말이요
3 지성이면 감천이라고, 말로는 쉽지마
는 어찌 쉽게 행하리오." 하시니라.

도장(道場) 개척의 공덕

105 하루는 성도들에게 이르시기를
"나의 일은 어떤 부랑자의 일과
같으니, 옛적에 한 사람이 지조가 견
실치 못하여 방탕히 지내다가
2 하루는 홀로 생각하기를 '내 일생에 이
룬 것이 없고 세월은 덧없이 흘러가서
이제 한갓 늙게 되었으니 어찌 한할
바 아니리오.
3 이제부터 마음을 고치고 선인(仙人)을
찾아서 선학(仙學)을 배우리라.' 하고
4 그로부터 맑고 깨끗한 곳에 단(壇)을
쌓고 지성으로 하늘에 기원하였더니
5 하루는 갑자기 심신(心神)이 날아서 하
늘에 올라가 한 신선을 만나게 되거늘
6 그 신선이 말하기를 '네가 이제 방탕을
뉘우치고 선학을 배우려 하니 그 뜻이
가상하구나.
7 내가 너에게 선학을 가르쳐 주리니 조
촐한 땅에 도장(道場)을 세우고 동지를
많이 모아 기다리고 있으면 장차 너를
찾아 신선의 도를 일러 주리라.' 하였
느니라.
8 그 사람이 이 날부터 조촐한 땅을 찾
아 동무를 구하거늘 그의 방탕하던 버
릇에 의심을 두어 듣는 자가 적고, 다
만 평소에 기미가 맞던 자 몇 명이 모
여서 도장을 열었더니
9 별안간 하늘로부터 오색 구름이 찬란
하고 선악(仙樂) 소리가 유량히 들리는
가운데 이윽고 그 신선이 내려와 일제
히 선학을 가르쳐 주었느니라." 하시
니라.

구도자의 길

106 상제님께서 성도들에게 말씀하
시기를 "옛적에 어떤 사람이 선
술(仙術)을 배우기 위하여 스승을 찾으

려고 돌아다니더니
2 어떤 사람이 선술 가르쳐 주기를 허락
하며 '십 년 동안의 성의를 보이라.' 하
므로
3 그 사람이 머슴살이로 진심갈력(盡心竭
力)하여 그 집 농사에 힘썼느니라.
4 10년이 찬 뒤에 주인이 그 성의를 칭
찬하며 '선술을 가르쳐 주리라.' 하고
5 그 부근에 있는 연못에 데리고 가서
이르기를 '물 위로 뻗은 버들가지에 올
라가서 물로 뛰어내리면 선술을 통하
게 되리라.' 하거늘
6 머슴이 그 말을 믿고 나뭇가지에 올라
가 물로 뛰어내리니
7 미처 떨어지기 전에 뜻밖에도 오색 구
름이 모여들고 선악 소리가 들리며,
찬란한 보련(寶輦)이 나타나서 그 몸을
태우고 천상으로 올라갔다 하였나니
8 이것이 그 주인의 도술로 인함이랴, 학
인(學人)의 성의로 인함이랴.
9 이 일을 잘 해석하여 보라." 하시니라.

예를 아는 일꾼

107 하루는 상제님께서 현무경 공사
를 보시며 글을 쓰시니 이러하
니라.
2 動於禮者는 靜於禮하나니 曰道理요
동어예자 정어예 왈도리
靜於無禮하면 則曰無道理니라
정어무례 즉왈무도리
예에 맞게 동(動)하는 자라야 예에
맞게 정(靜)하나니
이것이 세상에서 말하는 도리(道理)요
무례를 보고도 정(靜)하면
도리가 아니라고 하느니라.

천하사는 운수노름

108 상제님께서 말씀하시기를 "우리
일은 부자 형제 간이라도 운수
가 각각이니라.
2 운수를 열어 주어도 이기어 받지 못하
면 그 운수가 본처로 돌아가기도 하
고, 또 남에게 그 운수를 빼앗기기도
하느니라." 하시니라.
3 하루는 성도들이 앉아 다가오는 대
개벽기를 걱정하여 말하기를 "그 때
를 당하여 일꾼들이 없으면 어찌합니
까?" 하니
4 말씀하시기를 "원평 장꾼도 없다더
냐." 하시니라.

사람 발길에 승패가 달려 있다

109 하루는 성도들에게 말씀하시기
를 "사람이 천층만층 구만층이
라 해도 이제 어린 시원찮은 사람에
의해 일이 되고 말 것이다." 하시고
2 또 이르시기를 "사람은 발길 돌리는
대로 일이 허사가 되기도 하고 이(利)
가 되기도 하니 발이 부모와 같은 것
이니라.
3 발을 잘 돌리면 그 날 재수가 있어 좋
은 일이 생기고 발을 잘못 돌리면 큰
낭패를 당하기도 하나니
4 일의 승패가 발 떼는 것에 달려 있느
니라." 하시니라.

한 방죽에 든다

5 상제님께서 말씀하시기를 "하나가 잘
못하면 열 방죽이 글러진다.
6 전부 한 방죽에 드느니라.
7 그러니 어쨌든지 마음따구를 잘 먹어
라." 하시니라.

대개벽기에 게으른 자는

110 하루는 공우로 하여금 각처 성
도들에게 "순회하며 전하라." 하
시고 말씀하시기를
2 "해가 떠오르도록 이불 덮고 아침 늦
게까지 자는 자는 내 눈에 송장으로
보인다 하라." 하시니라.

부지런히 움직여라

3 또 말씀하시기를 "수운가사에 '원처(遠
處)에 일이 있어 가게 되면 이(利)가 되

고 아니 가면 해(害)가 된다.' 하였으며
4 또 '네가 무슨 복력(福力)으로 불로자
득(不勞自得)하단 말가.'라 하였나니 알
아 두라." 하시니라.
5 하루는 공우에게 말씀하시기를 "사람
이 아무리 무식할지라도 물목기(物目
記)는 기록할 수 있어야 하고 거주성명
은 쓸 줄 알아야 하느니라." 하시니라.
5 여기가 맞나 저기가 맞나 기웃거리는
자와 방안에 발 하나 들여놓고 들어갈
까 말까 하는 자는 가랑이가 찢어지느
니라.
6 물샐틈없이 짜 놓은 도수이니 죽자 사
자 따라가라.
7 나를 잘 믿으려면 죽기보다 어려우리
라." 하시니라.

서전서문 심법 공부의 역사의식

111 하루는 상제님께서 말씀하시기
를 "큰 운수를 받으려는 자는
서전서문(書傳序文)을 많이 읽으라."
하시고
2 "서전서문 가운데 이 구절은 천지에
청수를 떠 놓고 읽을 만한 글이니라."
하시니 이러하니라.
3 且生於數千載之下하여
차생어수천재지하
而欲講明於數千載之前하니
이욕강명어수천재지전
亦已難矣라
역이난의
더구나 수천 년 뒤에 태어나
수천 년 전의 것을 밝히려 하니
또한 심히 어려운 일이로다.

믿음의 정도(正道)

112 하루는 상제님께서 말씀하시기
를 "때만 기다리지 말아라." 하
시고
2 "믿기를 활 다리듯 하라. 활 다리는 법
이 너무 성급하면 꺾어지나니 진득이
다려야 하느니라.
3 나의 일은 운수(運數) 돌아 닿는 대로
될지니 욕심부리지 말라. 욕심이 앞서
면 정성이 사무치지 못하느니라." 하
시니라.
4 또 말씀하시기를 "믿으려면 크게 믿어
라. 믿음이 없으면 신명들이 흔드느니
라.

상제님의 천명을 완수하지 못하면

113 하루는 형렬에게 이르시기를
"모든 일에 삼가 조심하여
無恨有司之不明하라.
무한유사지불명
맡은 바 일을 바르게 처리하지 못해
한(恨)을 남기지 마라.
2 마속(馬謖)은 공명의 친구 아우로되 처
사를 잘못하였으므로 휘루참지(揮淚斬
之)하였느니라." 하시니라.

조아시와 묘시를 외워 주심

114 상제님께서 하루는 조아시(鳥兒
詩)와 묘시(猫詩)를 외워 주시니
이러하니라.
2 조아시(鳥兒詩)
嘴力未穩全信母하고
취력미온전신모
卵心常在不驚人이라
난심상재불경인
부리 힘이 약한 어린 새는 어미만을
믿고
알 속에 있을 때의 마음이 항상 있어
사람을 경계하지 않느니라.
3 묘시(猫詩)
身來城國三千里로되
신래성국삼천리
眼辨西天十二時라
안변서천십이시
몸은 삼천리 금수강산에 왔으되
눈은 서천 십이시까지 변별하느니라.

마음을 넉넉하게 먹어야

115 하루는 성도들이 “어찌 일이 이
렇게 더디 가는가.” 하며 불평하
는 소리를 하니
2 상제님께서 말씀하시기를 “어떤 사람
이든지 조그만 터를 늘리고 싶어하지
오므라들게 하겠느냐?” 하시고
3 이어 말씀하기를 “마음을 널리 잡아야
할진대 급하게 마음먹고는 쫄아져서
‘어서어서’ 하니 그렇게 해서 무엇이 되
겠느냐?
4 무슨 일이든지 작은 일도 크게 잡아야
하고 마음을 넉넉하게 먹어야 살지
5 쫄아진 마음에 그냥 어서 거머잡으려
고만 하면 잡지도 못하고 도리어 죽느
니라.
6 바삐 먹은 밥에 목 막히고, 물에 체한
놈은 약도 없느니라.” 하시니라.
7 또 말씀하시기를 “이제 세상이 다 됐
느니라. 이제 판을 굳게 짜 놓았으니
목만 잘 넘기면 좋은 세상을 보게 되
리라.
8 장차 오만년 대동세계(大同世界)가 오
느니라.” 하시니라.

천하사 일꾼이 죽어 천상에 올라가면

116 이제 천하사(天下事)에 뜻한 자 어
려움을 헤치고 괴로움을 무릅
쓰며 정성과 힘을 다하여 뜻을 이루려
하다가 설혹 성공치 못하더라도
2 죽어서 천상에 올라가면, 예로부터 몸
을 던져 천하사에 종사하다가 시세(時
勢)가 이롭지 못하여 성공치 못하고
3 죽어서 잘된 신명(神明)들이 서로 반겨
맞아 상좌에 앉히고 ‘고생 많이 하였
다.’ 하여 극진히 위로하며
4 여러 가지 진귀한 것으로 즐겁게 하여
천상의 모든 영화를 누리게 하리니 무
슨 한(恨)이 있으리오.

인류의 생사를 쥐고 다니는 너희 일꾼

117 너희들은 손에 살릴 생(生) 자를
쥐고 다니니 득의지추(得意之秋)
가 아니냐.
2 삼천(三遷)이라야 일이 이루어지느니라.
3 천하사는 생사양도(生死兩道)에서 그치
나니 우리의 부단한 노력은 하루에 밥
세 때 벌이 하는 일이니라.
4 나의 일은 남 죽을 때에 살자는 일이
요, 남 사는 때에는 영화(榮華)와 복록
(福祿)을 누리자는 일이로다.

일꾼 된 자 끝판을 잘 꼬느라

5 일꾼 된 자 씨름판을 본받을지니
6 씨름판에 뜻하는 자는 판밖에서 보양물
(補陽物)을 많이 먹고 기운을 잘 길러
끝판을 꼬누고 있느니라.
7 시속에서 씨름판에 소를 상금으로 거
나니 나를 잘 믿어 일을 잘하는 자에
게 익산(益山) 삼기산(三箕山) 와우(臥
牛)를 주리라.

대개벽 후 일꾼들이 지구촌을 누빈다

118 공자는 3천 명 제자 중에 72인
을 통예(通藝)케 하고, 석가모니
는 500인에게 도를 통하게 하였으나
2 나는 비록 차별은 있을지라도 일만 이
천 명을 통케 하여 모든 창생에게 혜택
을 열어 주리라.
3 너희들이 장차 세계 창생을 널리 건지리
니 어찌 영귀(榮貴)가 되지 아니하며
4 창생을 살린 후에는 천하 만국을 돌아
다니며 그들을 가르치리니 어찌 큰 대
우를 받지 아니하리오.

제9편

복록(福祿)과 수명(壽命)

복록(福祿)과 수명(壽命)

인간의 복록은 내가 맡았노라

1 인간의 복은 녹줄에 있고 오래 삶은
명줄에 있으니
2 증산 상제님과 태모 고수부님은 뭇 생
명의 부모 되시어 녹(祿)과 명(命)을 다
스리시니라.

녹 떨어지면 죽느니라

3 상제님께서 성도들에게 이르시기를
"신축(辛丑)년 이후로는 연사(年事)를
내가 맡았느니라.
4 세상에서 '수명(壽命) 복록(福祿)이라.'
하여 복록보다 수명을 중히 여기나
5 복록이 적고 수명만 긴 것보다 욕된
것이 없느니라.
6 그러므로 나는 수명보다 복록을 중
히 여기나니 녹(祿)이 떨어지면 죽느니
라." 하시고
7 또 말씀하시기를 "인간의 복록을 내가
맡았느니라.
8 그러나 태워 줄 곳이 적음을 한하노니
이는 일심 가진 자가 적은 까닭이라.
9 만일 일심 자리만 나타나면 빠짐없이
베풀어 주리라." 하시니라.

해마를 주장하시는 상제님

2 상제님께서 말씀하시기를 "나는 해마
(解魔)를 주장하는 고로 나를 따르는
자는 모든 복마(伏魔)가 발동하나니
2 복마의 발동을 잘 받아 이겨야 복이
이어서 이르느니라.
3 시속에 '화복(禍福)'이라 이르나니, 이는
복보다 화가 먼저 이름을 말함이로다.
4 이르는 화를 잘 견디어 받아야 복이
이어서 이르느니라.
5 좋은 복을 내려 주어도 이기어 받지
못하면 그 복이 다른 곳으로 돌아가느
니라." 하시니라.

바르게 사는 길

3 하루는 한 성도가 여쭈기를 "어떤 것
이 삿된 것을 버리고 바르게 사는 길
입니까?" 하니
2 상제님께서 말씀하시기를 "성경신(誠
敬信)이라 하지 않더냐. 마음을 속이지
말고 생명을 해하지 말라.
3 인륜(人倫)을 상(傷)하게 하지 말고 사
람들을 그릇 인도하지 말지라.
4 또 간음하지 말며 재물을 탐하지 말
라." 하시니라.
5 이어 말씀하시기를 "스스로 분수를 지
켜 즐거워할 줄 알고 마음 닦는 공부
를 잘하라.
6 정성스러운 마음이 잠시라도 끊어지지
않게 하며 날마다 더 널리 덕을 베풀
기에 힘쓰라." 하시니라.

복과 참된 마음

4 상제님께서 말씀하시기를 "수운시(水
雲詩)에 '도기장존사불입(道氣長存邪不
入)'이라 하였으나
2 나는 '진심견수복선래(眞心堅守福先來)'라
하노라." 하시고
3 또 이르시기를 "마음을 깨끗이 하여야
복(福)이 이르나니 남의 것을 탐내는
자는 도적의 기운이 따라들어 복을 이
루지 못하느니라." 하시니라.

상제님께서 거처하시는 곳의 하늘 기운

5 임인(壬寅: 道紀 32, 1902)년 겨울에 김
형렬(金亨烈)이 상제님을 모시는데 마
침 큰 눈이 오거늘
2 형렬이 아뢰기를 "전설에 '송우암(宋尤

庵)이 거처하는 지붕에는 눈이 쌓이지
않고 녹았다.' 하니 진실로 천지의 지
령지기(至靈之氣)를 타고난 사람인가
합니다." 하매
3 상제님께서 말씀하시기를 "천지의 정
기가 몸에 충만하면 그러하니라. 이제
나 있는 곳을 살펴보라." 하시므로
4 형렬이 밖에 나가 보니 날이 차고 눈
이 많이 내려 쌓였으되 오직 그 지붕
에는 눈 한 점 없고 맑은 기운이 구름
을 뚫고 하늘에 뻗쳐 푸른 상공이 보
이더라.
5 이 뒤로 형렬이 항상 유의하여 살피니
언제든지 상제님께서 머무시는 곳에는
반드시 맑은 기운이 푸른 하늘에 통하
여 구름이 가리지 못하며 비록 큰비가
올지라도 그러하더라.

이경오의 아들을 살려 주심

6 이경오(李京五)의 어린 아들이 배앓이
를 하여 여러 날 동안 대소변을 보지
못하더니 얼마 후 생명이 위독하게 된
지라
2 경오가 아이를 안고 와서 고쳐 주시기
를 청하거늘 상제님께서 아이를 앞에
뉘시고 손으로 배를 만져 내리시니 곧
소변이 통하니라.
3 그릇에 소변을 받아 두었다가 내어본
즉 그릇 바닥에 무슨 가루가 가라앉아
있거늘
4 상제님께서 여러 성도들에게 일러 말
씀하시기를 "이것은 사탕가루라. 어린
아이가 사탕을 많이 먹으면 한문(汗門)
이 막히고 이러한 병이 나기 쉬우니 주
의하라." 하시니라.

어린이를 사랑하시는 상제님

7 상제님께서는 평소 어린이를 무척 사
랑하시니라.
2 하운동(夏雲洞)에 계실 때 동네 아이들
에게 옷소매에서 종종 장난감과 먹을
것을 꺼내 주시니 아이들이 상제님을
잘 따르거늘
3 하루는 난데없이 비둘기를 꺼내 보여
주시매 아이들이 신기해하며 서로 만
져 보려고 야단이더라.
4 이때 한 아이가 손을 대니 비둘기가
'푸드덕' 하고 하늘로 날아가더라.

아이들을 괄시하지 말라

8 상제님께서는 평소 아이들에 대해 함
부로 말하는 것을 엄히 경계하시니
2 혹 아이들을 꾸짖으실 때에도 '알쌍할
놈', '네 이 급제할 놈', '데끼 이놈' 또
는 '알성급제할 놈'이라 하시어 욕에도
덕을 붙이시니라.
3 하루는 어떤 사람이 지나가는 아이를
보고 "저 바보놈! 저놈은 배지만 생겼
다." 하며 비아냥대거늘
4 상제님께서 이를 들으시고 꾸짖으시
기를 "흥, 그놈도 어찌 될지 누가 아느
냐?
5 아이들은 괄시하지 않는 것이다. 윗목
에 가서 똥 싸고 아랫목에 가서 밥 먹
던 놈도 때가 있어서 잘 사나니
6 천하에 가진 것 없는 사람이라고 괄시
하지 말고, 또 있다고 해서 남을 조소
하지 말라.
7 이제 어린아이인데 장차 어찌될 줄 알
아서 큰소리를 치느냐?" 하시니라.
8 반면에 활발하고 영리한 아이를 보
고 '잘났다.'고 일컬으면 말씀하시기
를 "아이는 먼저 오래 사는 것이 잘난
것이니라. 수명을 모르고 어찌 잘났다
이르느냐." 하고 꾸중하시니라.

어린아이들의 심성을 살피심

9 상제님께서 금구 내주평에 계실 때 평
사리(平沙里)에 자주 다니시며 어린아
이들의 심성을 살피시거늘
10 아이들을 보실 때마다 "너 커서 뭐 되
고 싶냐? 너는 뭐 되고 싶냐?" 하고
물으시니라.

이 일은 신명공사에서 결정된 일

9 임인년 9월에 농가에서 보리갈이로
분주하매 상제님께서 한숨지으시며
말씀하시기를 "이렇게 힘을 들여도 수
확을 얻지 못하리니 어찌 애석하지 아
니하리오." 하시거늘
2 형렬이 이 말씀을 듣고 보리농사를 폐
하였더니, 계묘년 봄에 이르러 기후가
순조로워 보리가 크게 풍등(豐登)할 조
짐이 보이더라.
3 이에 김보경(金甫京)과 장흥해(張興海)
를 비롯한 여러 성도들과 이웃 사람들
이 모두 형렬을 비웃거늘
4 상제님께서 말씀하시기를 "이 일은 신
명공사(神明公事)에서 결정된 일인데 아
직 결실기에도 이르지 못하여 어찌 풍
작이라고 장담하느냐." 하시더니
5 과연 5월 5일에 내린 큰비로 보리 이
삭이 다 말라서 수확이 아주 없게 되
고 이로 인해 쌀값이 한 말에 일곱 냥
으로 오르는지라
6 이로부터 모든 사람이 더욱더 상제님
을 믿고 따르니라.

천지의 농사에 농비를 붙이심

10 하루는 상제님께서 이도삼(李道三)
에게 이르시기를 "금년에 농사를
지으리니 농비(農費)를 준비하여 오라."
하시거늘
2 도삼이 아뢰기를 "제가 가진 돈이 없
어 준비하기 어렵겠습니다." 하니
3 말씀하시기를 "네가 한 말 서 되지기
논이 있어 팔면 백서른 냥이 되리니 그
만하면 넉넉하리라." 하시니라.
4 도삼이 이에 논을 팔아 백서른 냥을
장만하여 올리니
5 상제님께서 종이에 한 일 자를 길게
그어 놓으시고 그 획에 걸쳐서 '만물대
선록(萬物大善祿)'이라 써서 불사르신
뒤에
6 그 돈을 도삼에게 들리시고 주막에 가
시어 길 가는 사람들에게 술을 받아
주어 다 쓰시니라.

복은 위로부터 내려온다

11 하루는 상제님께서 어디를 가시다
가 장익모(張益模)가 그의 어린 아
들을 심히 사랑하는 것을 보시고
2 가르쳐 말씀하시기를 "복(福)은 위로부
터 내리는 것이요, 아래에서 치오르지
아니하나니 부모를 잘 공경하라." 하
시니라.
3 또 말씀하시기를 "자식을 낳아 아무리
예쁘다 해도 '가서 할아버지 때려 줘
라, 아버지 때려 줘라.' 하지 않는 것이
다." 하시니라.

시아버지를 때리는 며느리

12 하루는 상제님께서 호연에게 옛이
야기를 들려주시니 이러하니라.
2 어느 가난한 집 며느리가 시아버지를
때리는 일이 잦더니 아이들도 그 본을
받아 할아버지를 때리더라.
3 하루는 한마을에 사는 시아버지의 친
구가 찾아와 "내일이 내 생일이니 자
네도 오소." 하고 청하매
4 차마 거절할 수 없어 마지못해 "내 가
지." 하고 대답하거늘
5 다음날이 되어 막상 가려고 하니 마땅
히 입고 갈 옷이 없는지라
6 홀로 앉아서 '아이, 속없는 놈 봐라. 세
상에 내가 옷도 없는데 무엇을 입고
남의 생일에 간다고 주전없이 그리 답
했을꼬!' 하며 자책하는데
7 때마침 며느리가 냇가로 빨래를 하러
나가므로 몰래 아들의 옷을 입고 집을
나서니라.
8 시아버지가 며느리를 살피며 냇가를
조심조심 지나는데 그만 며느리에게
들키고 말거늘
9 며느리가 하던 빨래를 제쳐두고 방망
이를 들고 좇아오니 두려운 마음에 친

구집까지 한달음에 달려가 대문 안으
로 쑥 들어가니라.

이런 효부가 어디 있느냐

10 방망이를 손에 들고 대문 앞까지 쫓아
온 며느리가 마당에 꽉 들어찬 손님을
보고는 멈칫하며 들어서지 못하니
11 친구가 이를 알고 "자네 뒤에 서 있는
게 누군가?" 하고 묻거늘
12 시아버지가 면목이 없어 둘러대기를
"아, 이 사람아. 내가 오랜만에 걸음을
걸으니 넘어질까 걱정이 되어 며느리
가 빨래를 하다 말고 여기까지 쫓아왔
네그려." 하고 허허 웃으니라.
13 이에 친구가 '저렇게 군자 같은 시아버
지를, 저런 못된 것이 그러는구나!' 하
여 더욱 괘씸한 생각이 들거늘
14 방에 상을 크게 차리도록 이른 뒤에
그 며느리에게 안으로 들기를 청하니
극구 사양하는지라 그의 가족들이 거
의 떠메다시피 하여 방에 앉히니라.
15 시아버지의 친구가 그 며느리를 가리
키며 자식들에게 이르기를
16 "너희들 좀 들어 보거라. 내 친구가 여
기를 오는데 넘어질까 걱정이 되어 빨
래를 하다 말고 여기까지 쫓아왔구나!
이런 효부가 어디 있느냐?" 하며 짐짓
칭찬을 하니
17 시아버지는 이 틈을 타서 옷을 벗어
두기 위해 집으로 돌아가고
18 며느리는 부끄럽고 염치가 없어 음식
을 전혀 먹지 못하고 낯만 붉히며 앉
아 있거늘
19 친구가 다시 "아이고, 이 효부는 시아
버지가 음식을 안 자시고 그냥 가니
못 먹고 있구나!" 하며 가서 시아버지
와 함께 들라고 음식을 싸 주니라.

사람은 본을 떠서 깨우쳐야

13 며느리가 하는 수 없이 음식을 받
아들고 엉거주춤 일어서서 나오며
곁눈으로 보니
2 자식들이 "아버님, 아버님!" 하고 절을
하며 지극히 위하거늘
3 며느리가 이에 감화되어 '이 못된 년은
남편 옷 입고 간다고 잡으려고 막 뛰
어왔는데
4 그것을 넘어질까 걱정이 되어 쫓아왔
다고 말씀해 주시는 아버님께 그렇게
죄를 져서 쓰겠는가.' 하며 뉘우치고
5 그 후로는 마음을 돌이켜 시아버지를
진실로 공경하고 극진히 받드는 효부
가 되었다 하더라.
6 상제님께서 이야기를 다 들려주신 후
에 이르시기를 "사람 못된 것은 쓸데
가 없나니 될 사람은 이렇듯 본을 떠
서 깨우쳐 주어야 하느니라." 하시고
7 또 말씀하시기를 "아무리 죽을 사람이
라도 제 마음씨 하나만 고우면 일등이
니라." 하시니라.

재덕이 정성을 가늠하는 표준

14 상제님께서 말씀하시기를 "너희들
이 나에게 하나의 정성을 바치면 나
는 만(萬)으로 갚노라.
2 나를 따르는 자가 나에게 정성스런 말
을 하거든 재물로써 그의 정성을 시험
하여 보라.
3 재덕(財德)이 정성을 가늠하는 표준이
되느니라." 하시니라.
4 또 말씀하시기를 "곁보리 서 말이라도
있어야 운수를 받느니라." 하시니라.

성금 바치는 마음가짐

15 상제님께서 말씀하시기를 "제 마
음이 동하여 스스로 가져온 것을
취할 뿐 내가 청하지는 않느니라." 하
시니라.

부부의 정성에 은혜를 내려 주심

2 하루는 어떤 사람이 모시 적삼을 지어
올리거늘 상제님께서 입어 보시며 "네
안사람이 눈물깨나 흘렸겠구나!" 하시
고

3 몇 살이나 먹었고 무엇을 하는지 등
그의 신상을 세세하게 물으시니라.
4 이에 호연이 "물어서 뭐하게요? 뭐 줄
라구요?" 하니
5 말씀하시기를 "제가 내 덕을 봐야지,
내가 제 덕을 봐서야 쓰겠느냐. 내가
저 공을 갚아야지.
6 신이나 한 켤레 삼아 줄거나?" 하시고
는 한나절이 넘도록 신을 곱게 삼아서
주시니라.

인색한 색시

16 계묘(癸卯: 道紀 33, 1903)년 늦여름
에 군산(群山)의 어느 우물가를 지
나시는데 한 여인이 무를 씻고 있거늘
2 상제님께서 "애기씨, 애기씨!" 하고 부
르시니 "애기씨 아니어요." 하고 수줍
은 듯 말하니라.
3 이에 상제님께서 "어~ 낭군이 있구만!
그 무 가운데 하나를 내게 부조하면
어떨꼬?" 하시니
4 여인이 못 들은 척하고 그냥 일어서서
무를 이고 가거늘 얼마 가지 못해 미
나리꽝에 엎어져 무를 다 버리게 되니
라.
5 이를 본 호연이 "그까짓 것 먹지도 안
할 거면서…." 하니
6 말씀하시기를 "무 퍽 맛날 때다. 주고
갔으면 그리 안 되었지. 무 하나 청했
는데 그냥 갖고 가니 미워서 내가 둥
글려 버렸지." 하시거늘
7 호연이 "더러운 미나리꽝에 둥글렸으
니 먹지도 못하고 어쩐대!" 하며 아까
워하니라.

재물을 풍족하게 하는 길

17 하루는 말씀하시기를 "대학(大學)에
生財有大道하니 生之者衆하고
생재유대도 생지자중
食之者寡하며 爲之者疾하고
식지자과 위지자질
用之者舒하면 則財恒足矣리라
용지자서 즉재항족의
재물을 생산하는 데 큰 도가 있으니
생산하는 자가 많고 먹는 자가 적으며
생산하기를 빨리 하고
쓰기를 느리게 하면
재물이 항상 풍족하리라.
2 하였나니 이 말이 지언(至言)이니라."
하시니라.

직업에는 녹줄이 달려 있나니

18 상제님께서 말씀하시기를 "직업에
는 귀천이 없고 녹줄이 달려 있나
니 성의를 다하여 직업을 따르는 것이
옳거늘
2 조금 고달프면 이기지 못하여 '이 직업
을 언제나 모면할꼬.' 하며 괴로워하는
말을 하니 이는 제 녹을 제가 끊는 것
이라.
3 그러므로 모든 일이 뜻대로 되지 않느
니라." 하시고
4 "사람이 제 일에 만족하지 못하고 바
꾸려고만 하다가는 평생을 그르치느
니라." 하시니라.

이렇게 먹고사는 것도 천지조화

5 또 말씀하시기를 "바깥에 나가지 않고
방에서 밥해 먹는 세상이 돌아와도 제
가 노력을 안 하면 굶어 죽느니라.
6 이 세상 돌아가는 것이 날로 다르나니
이렇게 먹고사는 것도 천지조화니라."
하시니라.

돈 계산은 분명히 하라

19 상제님께서 하루는 성도들에게 말
씀하시기를 "글도 않고 일도 않는
자는 사농공상(士農工商)에서 벗어난
자니 쓸데가 없느니라.
2 일하지 않고 품삯을 말하지 못하며, 하
루 품에 이틀 삯을 받지 못하느니라.
3 '재상분명(財上分明)은 대장부(大丈夫)라.'
이르나니 이 말이 지언이니라." 하시고

4 "어떤 대신이 민정(民情)을 알기 위해
그 첫 공사로 장안에 있는 청루(靑樓)
의 물정을 물었나니 이것이 옳은 공사
니라." 하시니라.

돈은 순환지리로 돌려쓰는 것

5 또 말씀하시기를 "돈 전(錢) 자에는 쇠
끝 창이 두 개니라.
6 돈이란 것은 순환지리(循環之理)로 생겨
쓰는 것이요, 구하여 쓸 것은 못 되나
니
7 '백년탐물(百年貪物)이 일조진(一朝塵)이
라.' 하느니라." 하시니라.

제가 노력해서 먹어야 탈이 없느니라

20 하루는 상제님께서 호연과 함께 방
에 누워 계시는데 제비가 날아가다
거미줄에 걸려 움직이지 못하거늘
2 호연이 "아이고, 어쩔거나? 날개로 탁
쳐 버리면 될 텐데, 저기 붙어서 가지
를 못하네." 하며 의아히 여기니라.
3 이에 상제님께서 이르시기를 "보아라!
잠자리고 나비고 저런 새고, 걸리기만
하면 다 거미의 밥이 되어 뜯어 먹히느
니라.
4 사람도 못된 곳에 걸리면 저 모양이 되
느니라." 하시고
5 또 말씀하시기를 "거미도 제 밥은 제
재주를 부려서 먹느니라. 남이 쳐 놓
은 데 걸린 것을 먹으려다가는 죽기가
쉬우니, 세상 이치가 그러한 것이니라.
6 사람도 제가 노력을 해서 먹어야 아무
탈이 없지, 남이 해 놓은 것을 먹는 것
은 도둑질하기와 같은 것이니라." 하
시니라.

불사약과 불로초

21 하루는 한 성도가 여쭈기를 "세상
에 불사약과 불로초가 있습니까?"
하니 상제님께서 "있느니라." 하시고
2 일러 말씀하시기를 "불사약은 밥이요,
불로초는 채소니라." 하시니라.
3 이에 한 성도가 "시속에 배추김치는
담(痰)이 성한다 합니다." 하고 여쭈니
4 말씀하시기를 "풀려 나오는 담을 그르
게 알고 성한다 이르는 것이니라." 하
시니라.
5 또 하루는 이르시기를 "가래(痰)는 불
덩이니 삼키지 마라. 가래는 구름이
하늘을 가리는 이치와 같으니라." 하
시니라.

약을 가까이 하지 않으심

6 상제님께서는 평소 약을 가까이 하지
않으시고 술도 약주(藥酒)라 하면 드시
지 않거늘
7 한 성도가 그 연유를 여쭈니 말씀하시
기를 "내가 병들어서 약술 먹어야? 천
지의원이 무슨 약을 먹느냐." 하시니
라.

천하사는 살고 죽는 두 길에 그치나니

22 어떤 사람이 생식(生食)과 벽곡(辟
穀)의 편리함을 말하니
2 상제님께서 놀라며 말씀하시기를 "천
하사는 살고 죽는 두 길에 그치나니
우리가 쉴 새 없이 서두르는 것도 하
루에 밥 세 때 벌이로 잘 먹고 살려는
일이니라.
3 이제 먹지 않기를 꾀하는 자 무슨 영
위(營爲)가 있으리오." 하시니라.
4 하루는 김병욱(金秉旭)이 차력약(借力
藥)을 먹고자 하여 아뢰니
5 말씀하시기를 "네가 약 먹고 차력하여
태전(駄錢) 짐을 지겠느냐, 길품을 팔
겠느냐, 난리를 치겠느냐? 그것은 사
약이니라." 하시니라.

배고픈 놈들은 다 오너라

23 하루는 형렬의 큰며느리가 밥을
하는데 사람이 워낙 많아 밥이 부
족한지라
2 상제님께서 며느리에게 집안 식솔들의
밥을 먼저 푸게 하신 후에 "나머지는

모두 너러기에 펴라." 하시거늘
3 며느리가 자배기에 밥을 퍼 담으며
"아이구, 밥그릇에다 밥을 퍼도 모자
라겠고만 어찌 너러기에 푸라고 하시
는고?" 하며 군말을 하니라.
4 이를 들은 호연이 "어른이 하라면 시
키는 대로 하지 무슨 잔소리예요?" 하
고 면박을 주매
5 며느리가 호연을 흘겨보며 밥그릇에
담긴 밥을 윗동에서 조금씩 덜어내어
자배기에 보태어 올리거늘
6 상제님께서 밥에 반찬을 가지가지 넣
으시고 손으로 주물러 주먹밥을 만드
신 후에
7 "너희들, 내 손으로 주물렀다고 안 먹
으려면 먹지 말고, 먹으려면 먹어라.
배고픈 놈들은 다 오너라." 하시니 성
도들이 앞다투어 모이니라.
8 이에 상제님께서 사람마다 골고루 나눠
주시니 주먹밥이 금세 동난지라 호연
이 "내 건 없네." 하고 이내 울상을 짓
거늘
9 상제님께서 "안에 들어가 누가 남겼으
면 좀 얻어먹어라." 하시매
10 호연이 "남기기는커녕 거기도 사발째
깨물려고 할 테고만!" 하며 퉁명스럽
게 대꾸하니라.

이제 밥을 벌어들여야겠다

11 상제님께서 형렬을 바라보시며 "우리
도 굶었다, 잉?" 하고 웃으시니
12 호연이 빈 자배기만 바라보며 "어른의
밥도 남기지 않고 저희들만 다 먹었
네." 하거늘
13 형렬도 "이제 저희들이 굶고 안 굶고
는 선생님께 매여 있습니다." 하며 말
을 거드니라.
14 상제님께서 "그나저나 호연이가 배고
파서 못쓰겠다. 이제 밥을 벌어들여야
겠구나." 하시고
15 성도들에게 "너희들, 내가 밥 먹으면
쳐다볼 테냐, 안 쳐다볼 테냐?" 하고
물으시거늘
16 성도들이 모두 송구스럽고 민망해서
어쩔 줄을 모르는데 한 성도가 나서며
"아이구, 못 드려서 한인데 쳐다볼 까
닭이 있겠습니까?" 하니
17 상제님께서 색대님을 밖으로 휙 내던
지시고는 그 성도에게 "저 꽃댕기 주
워 올래, 안 주워 올래?" 하고 물으시
니라.
18 이에 그 성도가 대님 던지신 쪽으로
가 찾아보나 보이지 않거늘 "어디다가
던지셨습니까?" 하고 여쭈니
19 "이리 갔는지, 저리 갔는지, 동서남북
을 다 찾아보아라." 하며 일러주지 않
으시니라.
20 그 성도가 하는 수 없이 마당 곳곳을
다시 살피는데 아무리 하여도 찾지 못
하겠거늘
21 "동서남북을 다 훑어봐도 없습니다."
하고 아뢰니 상제님께서 "네 눈에 없
지, 어찌 없느냐?" 하고 나무라시니
라.
22 호연이 이를 지켜보다가 "내가 갖고
올까요?" 하고 나서려 하니 "가만 두
어라. 이제 댕기가 들어오면서 밥이 올
것이다." 하시거늘
23 앉아서 얼마를 기다리니 잠시 후에 과
연 어떤 여인이 원평에서 밥을 이고 오
니라.

먹고 싶은 사람은 또 오너라

24 상제님께서 여인이 가져온 밥을 형
렬, 호연과 함께 드시며 말씀하시
기를
2 "밥을 남겨서 저놈들 조금 더 줬으면
하지만 버릇돼서 못쓰니, 남겨서 안식
구들 줘야겠다." 하시거늘
3 형렬이 "안사람들은 배고프면 무엇이
라도 해 먹을 테니 내버려 두시고 저
사람들이나 더 주시지요." 하매 "그러
자꾸나." 하고 응해 주시니라.

4 잠시 후 형렬과 호연이 밥을 다 먹고
나니 상제님께서 성도들을 바라보시며
"너희들 밥 조금 더 주랴?" 하시거늘
5 성도들이 "주시면 먹고 안 주시면 말
지요." 하고 대답하니라.
6 이에 상제님께서 "손 씻고 와서 손바
닥들 벌려라!" 하시니 성도들이 모두
손을 씻고 오는데
7 그중 한 성도가 그릇에 물을 떠서 가
져오는지라 상제님께서 물으시기를
"내가 물 달라고 하였느냐?" 하시니
8 그 성도가 "아닙니다. 손을 씻고 왔는
데 '안 씻고 와서 씻었다고 한다.' 하실
까 싶어 떠 온 것입니다." 하고 아뢰거
늘
9 상제님과 그 자리에 있던 모든 성도들
이 크게 웃으니라.
10 상제님께서 그 성도에게 밥을 더 주
시며 "먹고 싶은 사람 있으면 또 오너
라." 하시니 또 한 성도가 오거늘
11 상제님께서 유심히 바라보시며 "이놈
은 물도 안 떠 오고, 손도 안 씻고 오
는구나." 하시니
12 "저는 아가리로 바로 들어갈 테니 그
냥 주십시오." 하매 상제님께서 "오냐,
그래라." 하시고 크게 웃으시며 밥을
주시니라.

똘똘한 놈은 안 굶는다

13 하루는 상제님께서 성도들로부터 '여
우의 둔갑과 소금장수의 이야기'를 들
으시고
14 말씀하시기를 "꾀 많은 놈이다. 똘똘
한 놈은 그렇게 돌아다녀도 안 굶지만
멍청한 놈은 굶느니라." 하시니라.

동물로 둔갑하여 공사를 보심

25 상제님께서 공사를 보실 때 때로
는 여러 가지 크고 작은 짐승으로
둔갑하기도 하시니, 갑자기 세상에 없
는 짐승들로 나타나곤 하시니라.
2 하루는 성도들과 함께 방안에 계시던
상제님께서 홀연 어디를 가셨는지 보
이지 않으시고, 큰 황소만 한 호랑이
가 시뻘건 입을 벌리고 앉아 있거늘
3 배는 숨을 쉴 때마다 불뚝불뚝 불거지
고, 눈은 누렇다가 빨개지고 검어지고
하며 여러 가지 색깔로 변하니 그 모
습에 모두 질겁하여 밖으로 도망하니
라.
4 이에 호둔(虎遁)하신 상제님께서 꼬리
를 한 번 흔드시니 나갔던 사람들이
바람에 날리듯 다시 방으로 들어오거
늘
5 호연이 꼬리를 잡는다고 가까이 다가
갔다가 내두르는 꼬리에 맞고 벌러덩
나자빠지니라.
6 이때 호랑이가 형렬과 호연을 번갈아
보며 무슨 소리를 내니 형렬이 "호연
이 오란다." 하고 이르거늘
7 호연이 놀라서 "하, 뭣 할려고 오래
요?" 하며 멈칫하는지라
8 형렬이 호연을 놀려 주려는 마음에
"잡아먹으려고 그러지." 하니
9 호연이 울상을 지으며 "내가 결국은
호랭이 굴로 들어가? 그러면 선생님은
어디로 갔어?" 하며 상제님을 애타게
찾으니라.
10 이를 지켜보시던 상제님께서 "허허허
허!" 하고 크게 웃으시니 그 소리에 방
구들이 덜컥덜컥 울리거늘
11 호연이 "아이고 잡상스러워라! 호랑이
가 웃는데 왜 방둑이 다 떨어?
12 아이고, 나 무서워서 안 봐." 하며 두
손으로 얼굴을 가리고 빼꼼이 쳐다보
니 호랑이는 금세 어디로 가고 없더라.
13 성도들이 밖에서 '호랑이가 나왔다.'며
수군거리고 있는데, 이번에는 몸통은
영락없는 말이나 머리에 나뭇가지처럼
뿔이 돋려 난 짐승이 방으로 들어오거
늘
14 호연이 "아이고, 저것은 또 무엇이래?
저 뿔 좀 싹 끊지, 어디 걸릴까 무섭

네." 하니 둔갑하신 채 밖으로 나가시
니라.
15 이때 상제님을 아는 사람이 멀뚱멀뚱
쳐다보며 그 앞을 그냥 지나가면 뽈로
받으시니라.

부모 없는 아이를 기르시는 공사

26 하루는 상제님께서 사내아이를 하
나 데리고 오시며 "호연아! 나 손
자 하나 주웠다.
2 네 동생으로 알고 딱 데리고 댕겨라,
잉? 그럴래? 그럴래?" 하시거늘
3 호연이 "그 아이를 어디서 데려와요?"
하니 "저 도마다리에서 데리고 온다."
하시니라.
4 본디 이 아이는 어릴 적에 엄마를 잃은
후로 아버지와 함께 살았더니
5 하루는 아버지가 국수 한 그릇을 먹고
돌아와 갑자기 복통을 호소하며 마루
를 뒹굴다가 죽거늘
6 전주 박 서방의 집에서 이를 애처롭게
여겨 거두어 주었더라.
7 이 아이의 이름은 석두이고 나이는 호
연보다 한 살이 적은데
8 어린 석두가 아버지를 그리워하여 다
리에서 눈물 흘리기가 수차례더니 이
날도 "아버지, 아버지!" 하며 슬피 울
고 있거늘
9 상제님께서 그곳을 지나시다가 딱한
사정을 들으시고 "내가 아버지를 찾아
주마!" 하시며 석두의 손을 잡고 데려
오신 것이더라.
10 호연이 동생이 생겼다고 좋아서 "석두
야, 석두야!" 하고 큰 소리로 부르니
11 상제님께서 "석두 귀 안 먹었어, 가만
가만히 말혀!" 하고 꾸중하시니라.
12 이후로는 석두가 상제님을 좇아 구릿
골에 자주 드나들며 심부름도 하고 청
소도 거드니
13 상제님께서 멀리 가고 안 계실 때는
동네 사람들이 돌봐 주니라.

호연을 잘 따르는 석두

27 호연이 석두를 무척 귀애하여 먹
을 것이 생기면 꼭 챙겨 두었다가
주니 석두가 진종일 호연의 뒤만 졸졸
따라다니니라.
2 하루는 호연이 석두의 손을 잡고 "너
하고 나하고 아버지 꼭 보자, 잉?" 하
고 새끼손가락을 걸며 "요것도 다 이
치가 있는 것이여." 하니
3 석두가 눈을 동그랗게 뜨며 "무슨 이
치가 있어?" 하고 묻는지라
4 호연이 "새끼손가락을 한번 걸면 변치
못하는 것이니 이게 맹세여." 하고 일
러 주니
5 석두가 고개를 끄덕이며 "아, 어쨌든
지 나는 누나라고 하고 따라댕길게!"
하니라.

아버지를 그리워하는 석두

6 하루는 석두가 "언제나 아버지를 뵐
까?" 하고 물으니 호연이 "네가 커야
하고, 나도 좀더 커야지.
7 우리 둘이 이렇게 쪼그만하니 보여 주
시겠냐? 그러니 더 있어야지." 하고 달
래니라.
8 그러나 석두가 아버지 만날 날만을 애
타게 기다리며 호연에게 자꾸만 물어
대니
9 호연이 더 이상 대답하기도 곤란하고
한편으로는 궁금하기도 하여 "석두가
제 아버지를 보여 달라고 하는데, 언
제나 보여 주실래요? 우리 아버지도
보여 주실래요?" 하고 여러 차례 여쭈
거늘
10 상제님께서는 매번 "곧 봐 주지." 하실
뿐 다른 말씀은 하지 않으시니라.

거의 맞아 간다

28 하루는 호연이 답답한 마음에 "거
짓말하지 말고 말 좀 해 봐요!" 하
고 조르니
2 상제님께서 "야! 죽은 사람이 어떻게

찾아온다고 제 아버지를 본다냐?" 하
시는지라
3 호연이 "그럼 왜 거짓말로 봬 준대
요?" 하고 따지듯 여쭈니 "그렇게 생
긴 사람이 인제 저를 찾지." 하시니라.
4 이에 호연이 "아휴! 어쩌면 거짓말을,
저런 명관들도 거짓말을 잘 하네." 하
며 빈정거리니
5 상제님께서 "내가 명관이냐, 내가?"
하시거늘 호연이 말꼬리를 낮추며 "그
럼 뭣이라고 할까?" 하매
6 상제님께서 "내가 가르쳐 주래? 내가
명관이 아니라…. 에이, 안 가르쳐 줄
란다. 쪼그만 것이 주둥이 놀리고 댕
기니 안 가르쳐 줘." 하시니라.
7 이에 호연이 "신선밖에 더 될까?" 하
니 상제님께서 "아, 거의 맞아 간다.
8 해가 지면 구석부터 그늘이 지는데, 그
것 참으로 묘한 일 아니냐?" 하시거늘
9 호연이 "신선이 되면은 바람이 너무
심하지 않아요?" 하고 여쭈니 상제님
께서 "그러면 나무 잎사귀가 엎어지
냐, 뒤집어지냐?" 하고 되물으시니라.
10 호연이 "비가 올려면 잎이 엎어지고,
마파람이 불면 흔들리기만 하지 안 엎
어져요." 하니
11 상제님께서 "아따, 나보고 명관이라
하더니, 그런 이치를 아는 것이 네가
명관이 되겠다!" 하며 칭찬해 주시니
라.

어린 시절의 바른 공부법

29 하루는 상제님께서 석두에게 한자
를 가르쳐 주시며 "하늘 천은 무엇
이고, 따 지는 무엇이냐?" 하고 물으
시니
2 호연이 옆에서 보고 있다가 "아이구,
어린애가 뭔 해독을 하리라고 그래
요?" 하거늘
3 상제님께서 말씀하시기를 "뜻을 알고
해야 글이 느는 것이지, 해독을 못 하
고 글을 하면 쓰겠느냐?" 하시니라.
4 이에 호연이 얼른 "그러면 어린애를 가
르쳐 줘야지! 하늘 천은 하늘이고, 따
지는 땅 아녀요?" 하고 말하니
5 상제님께서 "너더러 누가 그 소리 하
라더냐?" 하고 면박을 주시거늘
6 호연이 토라져서 석두를 잡아끌며
"야! 선생님보고 가르쳐 달라 말고 이
리 와라, 내가 가르쳐 줄게." 하고는
7 "일천 천(千)! 글자 자(字)!" 하고 글을
일러 주니 상제님께서 웃으시며 "너희
들, 잘들 만났다!" 하시니라.

감기 걸린 아이를 고쳐 주심

30 어느 추운 겨울날 전주 서천교(西
川橋)에서 공사를 행하실 때 감기
에 걸린 아이 하나가 심하게 기침을
하며 다리를 지나가거늘
2 상제님께서 보시고 한 성도에게 물 한
동이를 길어 오라 하시어 아이에게 찬
물을 확 쏟아 부으시니라.
3 이에 함께 가던 아이의 부모가 크게
놀라 미친 사람이라고 화를 내며 급히
집으로 돌아가니 어느새 아이의 기침
이 멎고 감기도 깨끗이 나았거늘
4 아이의 부모가 상제님께 가서 사죄하
고 그 후로 상제님을 극진히 모시며
따르니라.

갑칠 아우의 종기를 고쳐 주심

31 김갑칠(金甲七)의 아우 정회(正會)가
정강이에 종기가 생겼는데 그럭저
럭 견딜 만하여 아무 내색 않고 3년을
앓더니
2 급기야는 정강이에서 진물이 흘러내리
고 도저히 고통을 참을 수 없는지라
3 하루는 상제님께 찾아와 "선생님, 다
리에 종기가 난 지 삼 년이나 되었는
데 낫지도 않고 어찌해야 좋을지 모르
겠습니다." 하고 하소연하매
4 상제님께서 혀를 차시며 "미친놈!" 하

시고 이르시기를 "사흘 뒤 그믐날에
세 집에 들러 시룻번을 얻어 오너라."
하시니라.
5 이에 정희가 사흘 뒤에 명하신 대로 시
룻번을 구해 올리니
6 상제님께서 시룻번을 물에 이겨서 종
처(腫處)에 발라 주시며 "사흘 지나서
떼어 봐라." 하시거늘
7 정희가 사흘이 지나서 떼어 보니 종기
가 깨끗이 나았더라.

박복한 창생에게 녹을 붙여 주심

32 뭇 생명의 아버지이신 증산 상제님
께서는 종종 가난에 헐벗고 굶주
린 창생들에게 녹(祿) 붙여 주는 공사
를 행하시니
2 동냥아치들의 얼굴과 머리를 씻겨 주
시고, 가지고 계신 돈을 탈탈 털어 주
시며
3 입고 계신 옷을 동냥아치와 문둥병 환
자들에게 벗어 주시고 가난한 사람들
에게 쌀을 주시는 등 살길을 열어 주
시니라.

그들이 곧 내 사람

4 하루는 상제님께서 누가 배고파 하는
것을 보시고 "가서 콩나물국 사 먹고
오라." 하시며 돈을 주신 뒤에
5 성도들에게 말씀하시기를 "부귀한 자
는 빈천함을 즐기지 않으며, 강한 자
는 잔약(孱弱)함을 즐기지 않으며, 지
혜로운 자는 어리석음을 즐기지 않느
니라.
6 그러므로 나는 그들을 멀리하고 오직
빈천하고 병들고 어리석은 자를 가까
이하나니 그들이 곧 내 사람이니라."
하시니라.

헐벗은 사람에게 옷을 벗어 주심

33 갑진(甲辰: 道紀 34, 1904)년 봄부터
운봉(雲峰)에서 온 송은주가 상제
님을 모시는데 종종 저고리와 바지 등
옷을 지어서 올리니라.
2 하루는 상제님께서 새 옷을 입으시매
호연이 "아이구, 참말로 좋아요!" 하며
빙그레 웃거늘
3 상제님께서도 기분이 좋으신 듯 옷을
이리저리 아래위로 훑어보시더니 밖으
로 나가시니라.
4 잠시 후 상제님께서 옷을 모두 벗으신
채 수건으로 옥경(玉莖)만 감아서 양손
으로 잡고 들어서시며 "어서 가서 옷
가져오너라." 하시거늘
5 호연이 "아까 옷 입고 갔는데 왜 그
러고 들어와요? 아이구, 거기 다쳤어
요?" 하며 수건을 떠들어 보려 하니
6 상제님께서 "만지지 말아라, 야아~
나 시방 죽겠다." 하시니라.
7 이에 호연이 "무엇 때문에 죽어요, 부
끄러워 죽어요?" 하고 여쭈니
8 "부끄러우면 내가 벗어 주고 와? 얼른
거적때기 하나 챙겨 오너라." 하시거
늘
9 호연이 "저기 헛청에 가면 거적때기 있
고만, 가서 그놈 둘러써요. 아니, 소가
썼던 놈 내가 가져다가 씌워 줄 테니
엎드리세요." 하니라.
10 상제님께서 "내가 저것 때문에 웃어!"
하시며 허공을 향하여 웃으시다가
11 다시 호연을 바라보시며 "얼른 가서
옷 내 오지, 건너다보면 십 리라고…,
그래야 옳겠느냐?
12 너 내 연장 보고 웃으려고 그러냐?"
하고 재촉하시니 호연이 그제야 서둘
러서 옷을 내어다 드리니라.
13 상제님께서 옷을 다 입으신 후에 "아
따, 내 상전 모시고 오느라고 욕봤다."
하시며 한숨을 돌리시니
14 호연이 "이것이 상전이여?" 하며 상제
님의 허리춤을 들추거늘
15 상제님께서 "야야, 떨어질라." 하고 호
연의 손을 잡으시며 말씀하시기를
16 "배고픈 사람에게 밥 잘 줘야 하고, 옷

없는 사람에게 옷 잘 줘야 한다." 하시
니라.

맨발 벗은 사람 주려고 한다

17 상제님께서는 밖에 나가실 때면 늘 짚
신 한 켤레를 허리 뒤춤에 차고 나가
시거늘
18 하루는 호연이 "그건 뭣 하러 달고 가
요?" 하니 말씀하시기를 "맨발 벗은
사람 있으면 줄려고 한다." 하시니라.
19 또 상제님께서 신고 계신 신마저 벗어
주시고 맨발로 들어오시는 일도 잦으
니
20 어디를 가시다가도 좋은 짚을 보시면
"저놈 신 삼으면 좋겠다." 하시며 짚을
추려 오시어 짬짬이 짚신을 삼아 걸어
두시니라.

너나 나나 똑같다

34 평소 상제님께서 헐벗은 사람에게
옷 벗어 주시는 모습을 자주 본 호
연이 하루는 형렬의 앞집 마루에 옷을
벗어 두고 알몸으로 들어오거늘
2 상제님께서 "너 옷 어디다 두고 왔
냐?" 하시니 "선생님도 옷 벗어서 누
구 주대요! 나도 누구 주고 왔어. 얼른
옷 줘요." 하는지라
3 상제님께서 "아이고, 어찌해야 좋을
꼬?" 하시니 "저 사람들이 쳐다보고 웃
어요. 얼른 옷 줘." 하며 재촉하니라.
4 이에 상제님께서 안으로 들어가 "호연
이 옷 어쨌냐?" 하고 물으시니 "아직
빨지 못해서 저기 그냥 있어요." 하거
늘
5 "옷을 벗어 놓으면 당장에 빨아야지,
그냥 두었느냐?" 하고 꾸중하시며 빨
지 않은 호연의 옷을 챙겨 밖으로 나
오시니 호연이 옷을 입은 채 웃고 서
있는지라
6 상제님께서 "엇, 이것 봐라. 요 옷을
누구 주었다가 도로 벗겨 왔냐?" 하시
거늘
7 호연이 "으응, 저기 가는 아이 벗어 주
었다가 도로 벗겨 왔어. 옷이 없는데
어쩌? 꾀 벗고 댕기니까 부끄럽고." 하
니라.
8 상제님께서 "아, 부끄러운 줄을 아냐?
그럼 어째서 그랬을꼬?" 하시니 "그러
면 선생님은 왜 꾀 벗고 와서 거적때기
달랬어요?" 하거늘
9 상제님께서 웃음을 터뜨리시며 "피차
똑같으니 너나 내나 할 것 없다이!" 하
시니라.

우렁이를 잡으심

35 상제님께서 용궁 공사를 마치고
밖으로 나오시어 어느 논배미를
지나시는데 논바닥에 구멍이 숭숭 뚫
렸거늘
2 구멍마다 손가락으로 쑤시시며 "우렁
이 나오고, 우렁이 나오고." 하시니 손
을 잡아 빼실 때마다 우렁이가 나오더
라.
3 상제님께서 껴입으신 중의를 벗으시어
두 가랑이를 서로 묶고 한가득 우렁이
를 주워 담으신 후에
4 한 손으로는 호연을 받쳐 업으시고 한
쪽 어깨에는 우렁이를 걸쳐 메고 돌아
오시다가
5 전주에 이르시어 호연에게 "야, 이거
네가 좀 갖고 가거라." 하시니 호연이
정색하며 "내가 어떻게 들고 가?" 하
거늘
6 "이것 참 귀찮구나." 하시며 호연을 등
에서 내려 목마를 태우시고 우렁이도
고쳐 메시니라.
7 호연이 "어디로 갈 거예요?" 하니 "너
희 집으로 갈거나? 이것을 애써서 잡
았으니 너희 집으로 갖다 줘야겠다."
하시거늘
8 호연이 "상문 아저씨 집으로 갖다 주
지. 아니, 신 주사네 집으로!" 하니
9 상제님께서 "그 계집은 요망스러워 못

써. 우리들 가면 심술이나 놓고 맘보
가 못쓰겠더라. 저 신가는 계집 잘못
얻어서 아깝다.
10 너희 집하고 상문네 집에 나눠 주자."
하시고 두 집에 들러 한쪽 가랑이씩
쏟아 주고 돌아오시려는데
11 상문이 막 집밖으로 뛰어나오며 "선생
님, 들어오셨다 가십시오!" 하고 청하
니라.

친히 우렁탕을 끓여 주심

36 상제님께서 방안으로 드시니 잠시
후 상문의 아내가 무엇을 내오며
"우렁이를 데쳤습니다. 드셔 보십시
오." 하거늘
2 상제님께서 "이것밖에 못 해 먹느냐?
우렁탕을 한번 해 봐라." 하시니
3 상문의 아내가 "우렁탕은 또 어떻게
하는 것입니까?" 하고 여쭈니라.
4 상제님께서 의아하신 듯 "그 나이 먹
도록 우렁탕도 못 해 먹느냐?" 하시고
5 몸소 우렁탕을 끓여 한 그릇씩 떠 주
시며 "이것을 못 한단 말이냐?" 하고
재차 물으시니
6 상문의 아내가 멋쩍은 얼굴로 "눈으로
봐야 하는 것이지, 안 보고도 하는 것
입니까?
7 거짓말도 어디가 조금이라도 같아야
하는 것이지, 전부 다 모르고서야 어
떻게 거짓말을 하겠습니까?" 하거늘
8 상제님께서 "아따, 그년 해설은 좋다!"
하시며 무릎을 치시니라.
9 이에 상문의 아내가 "공연히 '년' 소리
만 듣네." 하고 혼잣말을 하니
10 상제님께서 "그렇겠다, 그렇겠다! 그
말도 근사하다! 그건 내가 잘못했으니
용서를 빌어야겠다." 하시거늘
11 상문의 아내가 "죄송합니다. 선생님
께서 애써 잡아 오셨길래 제 나름대로
는 잘 잡수시라고 한 것이 그리 되어
참지 못해 그렇게 말한 것이니 용서해
주십시오." 하고 뉘우치매
12 상제님께서 흔쾌히 "내가 열 번이라도
용서하마." 하시니라.

중들에게 녹줄을 붙여 주심

37 갑진년 삼월 삼짇날에 상제님께서
형렬과 많은 성도들을 데리고 금
산사에 가시니라.
2 이때 상제님의 명을 받아 한 성도가
궤짝 하나를 지고 따르니
3 미륵전으로 가시어 미륵불상 앞에 있
는 탁자 위에 놓게 하시고 용이 그려
진 자물쇠를 채우신 뒤에
4 "미륵존불, 미륵존불." 하고 절을 하며
제를 지내도록 하시니라.
5 호연이 "궤짝을 여기다 놓고 가면 누
가 돈 넣어도 우리가 못 가져가는데,
어쩌라고 놓고 가요?" 하니
6 말씀하시기를 "팔도에서 나를 보러 와
서 이 궤짝에 돈을 넣으면 주지도 쓰
고 중도 좀 가져야 먹고살 것 아니냐."
하시니라.

미륵불 앞에서 공사 보심

7 하루는 상제님께서 금산사에 가시어
"야, 이놈들아! 야, 까까야!" 하고 부르
시니 중들이 모두 고개를 숙이고 나오
며 "예." 하고 대답하니라.
8 상제님께서 중들을 향하여 "여기 불공
안 모시느냐?" 하고 호통을 치시니
9 중들이 주욱 서서 목탁을 치며 "지장
보살, 지장보살." 하고 불공을 드리거
늘
10 호연이 "아, 왜 지장을 찾아싼대요?"
하고 여쭈니 "따라다니며 체통 빠진
벌마냥으로 실없는 소리만 퉁퉁 한
다." 하시며 일러 주지 않으시니라.

용마 내려졌다

38 하루는 상제님께서 금산사 천왕문
(天王門)의 상량을 커다란 구렁이로
만드시니 중들이 무섭고 징그러워 근

접을 못하는지라
2 호연이 "아이고, 왜 그런대요?" 하고
여쭈니 말씀하시기를 "구렁이라고 이
상량을 짐승으로 알지 말아라." 하시
고 간짓대 끝에 구렁이를 올려 기둥처
럼 세워 놓으시거늘
3 다른 사람들은 이를 알지 못하고 여느
때와 같이 자유로이 왕래하더라.
4 잠시 후 상제님께서 간짓대 앞에 서시
어 구렁이 흉내를 내며 춤을 추시니
구렁이가 바닥으로 떨어져 함께 춤을
추거늘
5 상제님께서 "용마(龍馬) 내려졌다!" 하
고 소리치시니라.

죄지은 자를 경계하심

39 4월 초파일에 상제님께서 공사를
행하시기 위해 다시 여러 성도들을
데리고 금산사에 가시니라.
2 많은 사람들이 예불을 드리려고 모여
드는데 갑자기 사천왕상 꼭대기에서 커
다란 먹구렁이가 기어 나와 혀를 내두
르며
3 "남의 것 훔쳤거나 훔쳐 먹은 사람들,
죄지은 사람들은 다 나와라." 하고 사
천왕문을 가로막거늘
4 죄 있는 사람들이 두려워 사천왕문을
지나지 못하고 다른 이의 등뒤에 숨어
서 주춤거리니
5 중들이 나와서 주춤거리는 사람들을
밀쳐 내며 출입을 금하니라.
6 이때 구렁이가 한 여인의 옷을 벗기며
말하기를 "남의 길쌈해 주고 실꾸리
도둑질해서 옷 해 입고 온 사람은 비
켜서라." 하니
7 사람들이 크게 두려워하며 "아이고,
참말로 맘씨 옳은 사람이나 다닐까,
맘씨 궂은 사람은 여기 못 오겠네." 하
고 수군거리니라.
8 이때 어디선가 "형렬아, 형렬아!" 하고
부르시는 소리가 들리거늘 형렬과 성
도들이 돌아다보니
9 상제님께서 어느새 미륵전 꼭대기에
올라앉아 계시더라.
10 이후로는 '사천왕님이 죄 있는 사람은
못 들어가게 한다.' 하여 죄 있는 사람
들은 금산사에 불공을 드리러 가지 못
하니라.

땅 탐하는 외공장을 징벌하심

40 상제님께서 금산사에서 여러 날
동안 머무르시며 공사를 행하시니
라.
2 이때 낙수동(洛水洞)의 한 외공장(外工
匠)이 땅 탐을 많이 하더니 무슨 일로
자기 땅을 남에게 빼앗기게 생겼거늘
3 상제님께 찾아와 자초지종을 말씀드
리며 도움을 청하니 "이놈아! 내가 네
얘기 해 주려고 생긴 사람이냐?" 하고
꾸짖으시니라.
4 외공장이 그래도 말씀을 기다리며 "선
생님은 다 아시니 어찌하면 좋을지 좀
일러 주십시오." 하니
5 "네 땅 가지고 네가 말하지 왜 날더러
말하라냐, 내 땅이간디?" 하시거늘
6 형렬이 옆에 있다가 말하기를 "내 땅
이라도 뺏기게 되면 뺏기는 것이니, 주
고 싶으면 주지 물어볼 것 없소.
7 더 물어 보려 했다가는 당신 턱이 없어
질 테니 그렇게 아시오." 하니라.
8 이에 외공장이 형렬에게 눈을 흘기며
"내가 뭔 죄를 졌다고 당신 앞에서 굴
복을 해야 하나?" 하니
9 상제님께서 이를 아시고 "야, 이놈아!
너는 늙었고 저이는 젊다고 그렇게 말
하느냐? 네놈이 그렇게 말해서는 안
되느니라." 하고 호통치시거늘
10 순간 외공장의 목이 뚝 떨어져 금산사
문지기의 머리 위에 가서 붙는지라
11 문지기가 목이 아파서 죽는다고 고함
을 지르니 상제님께서 "문지기가 막대
기인 줄 알았더니 사람이더냐?" 하시고

12 외공장의 목을 작대기에 꿰어 금산사
입구에 세워 놓으시니라.

네 땅, 내 땅이 어디 있느냐

41 외공장이 목만 동그마니 꿰여서
말은 못 하고 눈물을 뚝뚝 흘리거
늘
2 상제님께서 "그래도 네 죄를 모르느
냐?" 하고 물으시니 대답을 하지 못하
더라.
3 이때 김기보가 와서 "아이고, 살려 주
십시오, 살려 주십시오!" 하고 애원하
니
4 상제님께서 "이놈아, 내가 너를 어쨌
간디 살려 달라느냐?" 하시며 아랑곳
하지 않으시니라.
5 기보가 다시 "보기가 딱합니다. 죄도
없는 놈을…." 하며 간곡히 사정하거늘
6 상제님께서는 "죄 없으면 왜 그러겠느
냐, 그냥 내버려 두어라." 하시고
7 점심때가 되어 어디서 음식이 오니 외
공장의 머리 앞에서 진지를 드시니라.
8 점심 식사를 마치고 일행이 떠날 채비
를 하니 상제님께서 비로소 외공장에
게 말씀하시기를
9 "이놈아! 네 땅, 내 땅이 어디 있느냐?
너 사는 곳이 네 땅이니라. 남의 땅을
욕심 내지 말아라.
10 없는 사람들이 있으니 네놈이 부자가
된 것이지, 네가 부자라고 하늘에서
떨어졌느냐 땅에서 솟았느냐?
11 없는 놈이 네 돈을 키워 주는데 없는
놈의 가웃 땅마저 네가 빼앗으려 하면
되겠느냐, 이 도적놈아!" 하시고
12 그제야 목에 꽂힌 작대기를 빼 주시며
"너는 네 것 먹고살지, 그 없는 백성들
을 그렇게 우려먹고 살지 말아라." 하
시고 길을 떠나시니라.
13 이후 외공장의 목에는 작대기에 꿰인
자국이 그대로 남아 지워지지 아니하
더라.

도적떼를 꾸짖고 수월을 구하심

42 갑진년에 하루는 상제님께서 형렬
을 데리고 모악산(母岳山)을 넘으시
다가
2 홀연히 걸음을 멈추시고 말씀하시기
를 "나는 볼일이 있으니 너는 먼저 가
라." 하시고 헤어지시니라.
3 얼마 후 그곳에 무뢰한 몇 명이 다 죽
어 가는 젊은 여인 한 명을 강제로 끌
고 오는데 그 여인은 십여 년 전 청수
암(淸水庵)에서 불공드리던 기생 수월
(水月)이라.
4 상제님께서 미리 아시고 앞질러 모악
산 상봉 근처에 있는 활빈당의 소굴
금강대(金剛臺) 뜰 안으로 들어가시어
추상같이 호통치시기를
5 "천하에 이 고약한 놈들아! 훌륭한 교
리를 도적질하여 백주에 사기를 치고,
밤에는 약탈을 일삼으며 부녀자를 희
롱하는 네놈들의 소굴을 없애 버리리
라." 하시고
6 뜰 앞에 있는 큰 나무를 한 손으로 잡
아당기시니 몇백 년 묵은 나무가 뿌리
째 뽑혀 나오고, 집 기둥을 미시니 집
이 와르르 무너져 버리니라.
7 이에 괴수 서동팔(徐東八)과 그 무리들
이 사색이 되어 벌벌 떨며 백배사죄하
거늘
8 말씀하시기를 "백성을 괴롭히고 인명
을 해하는 너희들은 죽어 마땅하다."
하시고
9 하늘을 향해 두어 번 손으로 지휘하시
니 맑은 하늘에 뇌성벽력이 요란히 일
어나더라.
10 상제님께서 다시 "하늘을 잘 보아라."
하시며 오른발을 위아래로 한 번 들었
다 놓으시니
11 하늘이 아득히 어두워지며 뇌성이 더
욱 커지고 장대 같은 비가 퍼붓는지라
도적떼들이 너무 놀라 정신을 잃고 땅
에 엎어지거늘

12 상제님께서 두 손을 번쩍 들어 공중을
향해 몇 번 내흔드시니 순간 장대비와
뇌성벽력이 뚝 그치니라.
13 상제님께서 엄히 꾸짖어 말씀하시기를
"하늘의 힘은 이렇게 무서운 것이니라.
14 **너희들의 죄는 마땅히 목숨을 보전키**
어려운 것이로되 인생이 불쌍하여 살
려 주는 것이니 이후로는 일체 패악을
금하라." 하시니
15 서동팔 무리가 상제님께 넙죽넙죽 절
을 하며 각기 흩어지니라.
16 상제님께서 수월을 일으키시니 곧 정
신을 차리거늘 수월이 지난날의 사모
의 정으로 흐느껴 울며 간절히 소원하
기를 "생명의 은인이신 선생님이시여,
이 미천한 소첩을 거두어 주십시오."
하니
17 이때 수월은 오래 전부터 친정에서 살
고 있는 중이라, 상제님께서 타일러
말씀하시기를 **"금년 팔월 보름이면 좋**
은 배필을 만날 것이다." 하시니라.

수월과 치창의 인연을 맺어 주심

18 이 해 8월 보름 상제님께서 전주 서원
규(徐元奎)의 약방에 계시다가
19 한벽당 산기슭에서 노숙하며 깊은 절
망에 빠져 신음하는 남원(南原) 사람
윤치창(尹致昌)을 찾아가시니
20 치창은 본시 착한 성품이나 만형의 난
봉으로 재산을 탕진하고 병으로 처자
를 잃은 후에 패가(敗家)하여 떠돌아다
니는 사람이라.
21 상제님께서 치창에게 **"너의 사정이 너**
무 딱하여 내가 살길을 열어 주려고
찾아왔노라." 하시고
22 치창을 수월의 집으로 보내 인연을 맺
어 주시니라.

나도 사람이네

43 하루는 어디를 가시다가 어느 누
추한 집에 들어가시니 노파가 막
저녁밥을 지으려 하는지라
2 상제님께서 **"이 집에서 좀 유하고 가**
면 어떨까요, 할멈?" 하시니
3 노파가 아뢰기를 "아이고, 집이 어찌
나 누추한지 황공해서 어떻게 주무시
라는 말도 못하겠습니다." 하니라.
4 상제님께서 **"아, 자네들도 자는데 나**
라고 해서 못 자겠는가? 그냥 머무르
세." 하시니
5 노파가 치마를 벗어 아랫목에 깔아 드
리며 "더러워서 죄송스럽지만 그대로
알고 앉으십시오." 하니라.
6 상제님께서 다시 **"이러고 앉아 있으면**
밥은 못 해 주겠소?" 하시니
7 노파가 "밥이야 해 드린다고 하지마
는 음식이 추해서 잡수실까 싶지 않네
요." 하거늘
8 말씀하시기를 **"나도 사람이네. 자네도**
눈이 있고 나도 눈이 있고, 자네도 귀
가 달리고 나도 귀가 달리고. 어서, 할
멈!" 하시니라.
9 이에 노파가 밥을 지으러 부엌에 들어
가더니 연신 무엇을 담았다, 도로 부
었다 하는 소리가 나거늘
10 호연이 "무엇을 저런대요?" 하고 여쭈
니 말씀하시기를 **"밥을 해 주면 내일**
아침 양식이 없고
11 **저녁에 죽을 끓여 먹으면 내일 아침까**
지는 먹겠는데 우리 때문에 그럴 수도
없으니 어쩌지도 못하고 그러는구나."
하시니라.
12 이어 호연에게 **"아, 먹어야 옳을거**
나?" 하고 물으시니 호연이 "먹지 말
고 다른 데로 가지, 그런 양식을 먹고
앉았어?" 하거늘
13 말씀하시기를 **"배고파서 그런 게 아니**
라, 이런 데로 들어왔으니 남 좋은 일
이나 한번 해 주고 가야지 그냥 갈 수
가 있나?" 하시니라.

먹는 대로만 주면 나 먹소

14 상제님께서 **"할멈! 자네 밥하려고 그**
러는가?" 하시니 "아이고, 해는 뉘엿

뉘엿 지고 얼른 해 드려야 할 텐데, 찬
이 없어 그러네요." 하거늘
15 다시 이르시기를 "찬 없는 대로, 자네
먹는 대로만 주면 나 먹소!" 하시니라.
16 노파가 그제야 있는 쌀을 모두 쏟아서
밥을 하고, 있는 대로 찬을 준비해 상
을 올리거늘
17 호연이 숟가락을 든 채 상제님의 눈만
쳐다보며 먹지 않는지라
18 상제님께서 호연의 밥을 된장으로 비
벼 주시며 "먹어라." 하시니 겨우 몇
술을 뜨고 숟가락을 내려놓으니
19 상제님께서 호연의 남은 밥까지 가져
다가 드시니라.

노파의 아들을 장가보내 주심

44 이때 마당 안으로 더벅머리 총각
하나가 숯 짐을 지고 들어오는지라
2 상제님께서 "자네 아들인가?" 하시니
노파가 "예." 하고 대답하며 청년에게
이르기를 "얘야, 참 큰 신선께서 들어
와 계신데 방이 누추해서 내가 치마를
깔아 드렸다." 하거늘
3 총각이 밖에 나가 얼굴과 머리를 말끔
히 씻고 상제님 계신 방으로 들어와
절을 하니라.
4 상제님께서 "네가 나무를 베어서 숯을
굽고 사는구나. 나이는 몇 살이나 먹
었느냐?" 하시니 스물일곱이라고 아
뢰거늘
5 "장하구나, 이 동네에 과부가 한 명 있
느냐?" 하고 다시 물으시니 있다고 아
뢰는지라
6 상제님께서 "그 과부를 불러오너라."
하고 명하시니라.
7 이에 그 총각이 과붓집으로 향하며 생
각하기를 '부잣집에서 하인을 부리고
사는 사람이 오란다고 오겠는가?' 하
며 미심쩍어하더니
8 과붓집에 이르러 연유를 말하매 뜻밖
에도 과부가 순순히 총각의 집까지 따
라와서는 "누가 부르셨소?" 하고 묻거
늘
9 상제님께서 "내가 불렀느니라. 애비
같은 사람이 괜한 말 한다고 서운하게
알지 말고
10 내 말대로만 하면 평생 좋을 것이니
이후로는 이 총각과 다정히 지내도록
해라.
11 있다고 뽐내고 없다고 괄시하면 못쓰
는 것이니라. 천석꾼이 하루아침인 사
람도 있느니라." 하시니라.
12 이에 과부가 "하루아침이라니 그게 무
슨 뜻인지요?" 하니 "하루아침에 천
석이 다 무너지는 수가 있다는 말이니
이제 돌아가거라." 하시고
13 청년을 돌아보시며 "집에 쌀이 없어
네 어미가 쌀을 들었다 부었다 하니
나는 내일 아침에 떠나련다." 하시거
늘
14 청년이 "제가 어디서 구해서라도 해 드
릴 것이니 그리 마십시오." 하니라.
15 상제님께서 웃으시며 "허어, 말은 고
맙다마는 내가 안 가고 있다 한들 무
엇하겠느냐!" 하시고
16 다시 "네 아비의 묘를 어디다 썼느
냐?" 하고 물으시거늘 '저기 아무 곳에
모셨다.'고 답하니
17 말씀하시기를 "너를 생각하면 이왕 끝
이 나게 해 줘야지, 중동만 부려 놓고
가면 아무것도 안 될 테지…." 하시니
라.

빈대 있다고 칭얼대는 호연이

45 상제님께서 잠을 주무시는데 호연
이 자꾸 몸을 긁으며 "아이고, 가
려워서 못 자. 여기 뭐 있어." 하니
2 상제님께서 저고리를 벗어 바닥에 깔
아 주시니라.
3 호연이 그래도 잠을 자지 못하며 "이
것 깐다고 안 옮간디? 빈대 있구만."
하고 투정을 부리니

4 "아, 그러면 어쩔거나? 어떻게 하면 좋
냐?" 하시거늘 호연이 "나 어떻게 잘
꼬? 바깥에 가서 자지!" 하는지라
5 상제님께서 "바깥에서는 무서워서 못
자, 호랑이 나와!" 하시니라.
6 이에 호연이 "호랑이도 제 밥이라야
잡아가지." 하며 그래도 나가자고 자
꾸 조르거늘
7 상제님께서 "참 딱한 노릇이다. 어떻
게 할까?" 하고 생각하시다가 한쪽 무
릎을 내 주시며 "요리 와서 자거라,
잉?" 하시니 호연이 무릎 위로 올라오
는지라
8 상제님께서 호연을 한 대 쥐어박으시
며 "무르팍으로 올라오라고 하니 참말
로 기영기영 올라오는구먼?" 하시매
9 "그럼 자야겠는데 어쩌? 따라댕기면서
잠 못 자서 죽겠네!" 하니라.
10 상제님께서 노파를 부르시어 "우리 애
기 조금 업고 날 샐라는가?" 하시니
"그러지요." 하며 호연을 업으려 하거늘
11 호연이 싫다 하므로 상제님께서 발감
개를 풀어서 업어 주시니 곧 잠이 드니
라.

명당을 내려 주심

46 이튿날 새벽이 되자 상제님께서
"내가 자리를 내려 줄 터이니 괭이
와 삼태기를 가지고 가자!" 하시며 청
년과 함께 그 아버지의 묘가 있는 산
으로 가시니라.
2 산에 이르시어 한 곳을 정해 주시며
"여기에 새 구덩이를 파라." 하시므로
광중(壙中)을 다 파니 벌써 아침때가
되었거늘
3 "아침을 준비해서 다시 오라." 하시매
청년이 생각하기를 '집에는 양식이 없
으니 과붓집에 가서 구하는 수밖에 없
다.' 하여 과붓집으로 가니
4 어찌 된 영문인지 이미 아침밥을 해 놓
았더라.
5 이에 그 청년이 과부와 함께 하인들에
게 음식을 지우고 산으로 와서 어서
하관하기를 청하니
6 상제님께서 "아직 시(時)가 안 되어 못
들어가느니라. 조금 기다리라." 하시
거늘
7 잠시 기다리매 이내 "이제 하관을 하
라." 하시므로 그제야 체백(體魄)을 묻
고 봉분하니라.

욕심을 부리지 말라

8 이어 아침진지를 드시고 과부에게 일
러 말씀하시기를 "이 묘를 쓰고 아들
형제를 낳을 것이니 둘째 아들을 낳으
면 이 총각이 부자가 되느니라.
9 그러다가 아들 하나가 죽거든 달음박
질해 와서 이 묘를 파 버려라. 그러면
아들 둘이 다 잘 살고, 너도 늙어서 잘
사느니라." 하시니라.
10 이후 두 사람이 연을 맺어 아들 둘을
낳고 부자가 되어 잘 사는데 과연 아
들 하나가 먼저 죽거늘
11 내외가 장사를 지내고 돌아오며 생각
하기를 '그 묘를 쓰고서 이렇게 잘 되
었는데 어떻게 파내리오?' 하고 묘를
파지 않으니 남은 아들마저 죽고 도로
가난해지니라.
12 후에 상제님께서 이를 일러 말씀하시
기를 "사람 욕심이 이러하니, 욕심을 부
리지 말라." 하시니라.

담배를 즐겨 피우시는 상제님

47 상제님께서 담배를 즐겨 피우시니
성도들이 뵈러 올 때면 종종 담배
를 가지고 오거늘
2 평소에는 담뱃대로 피우시나 때에 따
라 종이와 온갖 나무 잎사귀에 말아
피우시고
3 수리취를 말려서 담배 대신 말아 피우
기도 하시니라.
4 상제님의 담뱃대는 물부리가 옥으로
되어 있고 그 길이가 넉 자도 더 되는

장죽이라.
5 담배를 잘게 썰어 대통으로 하나 가득
담아 드리면 한나절을 피우시는데
6 그렇게 두 번을 피우시면 방안이 온통
연기로 자욱해지므로 성도들이 성주
구멍을 열어 환기시키니라.
7 또 성도들을 나무라실 때면 종종 담뱃
대로 머리를 때리시니
8 담뱃대에 불이 있건 없건 맞은 부분이
대통 모양대로 움푹 들어갔다가 시간
이 지나면 자연 괜찮아지더라.
9 하루는 호연이 몰래 상제님 담배를 빼
어다가 성도들에게 조금씩 나누어 주
니 상제님께서 문득 "너 왜 빼 줬냐?"
하시거늘
10 호연이 "한 푼이라도 가져오느라 돈이
없을 테니, 눈 이렇게 감고 줬다 말 마
세요." 하매 그저 웃고 마시니라.
11 또 하루는 상제님께서 담배를 피우시
다가 호연에게 "너, 빨아 봐라." 하시
거늘
12 호연이 한 모금을 빨고는 계속 헛기침
을 하며 괴로워하니 기운을 붙여 주시
어 기침을 가라앉히시니라.

남과 같이하여야 좋으니라

48 상제님께서 어느 주막을 들르시든
지 항상 사처(私處)를 정하지 않으
시고 반드시 봉놋방으로 들어가시므로
성도들이 그 이유를 여쭈니
2 말씀하시기를 "봉놋방은 '복으로 늙은
방(福老房)'이니 진실로 좋은 방이라."
하시고
3 또 "모든 것을 남과 같이하여야 좋으
니라." 하시니라.
4 하루는 말씀하시기를 "성인도 여세출
(與世出)이니라." 하시니라.

입은 다 같다

49 상제님께서 구릿골에 계실 때 하
루는 동네 아낙 한 명이 죽을 쑤어
올리니 먼저 몇 술을 드시고 성도들에
게 건네주시니라.
2 이때 수저가 세 개뿐인지라 성도들이
수저를 돌려가며 죽을 먹는데 한 성도
가 자기 차례가 되자 옷섶으로 수저를
닦고 먹으려 하거늘
3 상제님께서 큰 소리로 "이놈아! 네 주
둥이는 별 주둥이냐? 입은 다 같은데
별 주둥이라고 닦아서 먹냐?" 하고 꾸
짖으시니라.

함께 먹는 식사 공사

4 상제님께서 성도들과 함께 공사를 행
하실 때면 쌀이 부족하여 종종 무밥과
콩나물밥, 당근밥과 감자밥을 해서 비
벼 드시니라.
5 하루는 성도들의 밥을 각기 푸지는 못
하고 상제님의 진지만 따로 퍼서 올리
거늘
6 상제님께서 "나 조금 먹으라고 그러
냐?" 하시며 성도들의 밥이 담긴 자배
기에 밥을 부으시니라.
7 상제님께서 두 손을 걷어붙이시고 반
찬과 양념장을 넣고 밥을 비비시며
8 한 성도에게 "너 조금 먹어 봐라. 어떠
냐? 짜냐, 싱겁냐?" 하고 물으시니 그
성도가 맛을 보고는 "모르겠습니다."
하거늘
9 "이놈이 한 번이라도 더 먹고 싶어서
처먹고는 모른다고 하는구나!" 하시고
직접 간을 보시며 비비시니라.

그래야 더 먹지

10 성도들이 이를 지켜보며 기다리는데
상제님의 얼굴이며 팔에 온통 밥풀이
붙었거늘
11 호연이 "왜 그런대요?" 하고 인상을
찌푸리니 상제님께서 "그래야 더 먹
지." 하고 환하게 웃으시며 비빔밥을
내놓으시니라.
12 이에 성도들이 서로 더 먹겠다며 소매
를 걷어붙이고 달려들거늘
13 이는 상제님께서 임의롭게 대하시어

성도들로 하여금 체면을 생각지 않고
배불리 먹게 하심이더라.

배고픈 자에게 식록 붙이신 공사

50 상제님께서 감자밥을 드실 때면
감자를 으깨어 밥과 함께 들기도
하시고 때로는 감자밥을 절구에 쳐서
떡처럼 만들어 드시니라.
2 하루는 감자밥을 드시다 말고 부엌에
서 바가지를 가져다가 남은 밥을 모조
리 한데 부으시고 이내 호연의 밥까지
부으려 하시거늘
3 호연이 "나는 먹어!" 하니 "그만 먹어
라." 하고 뺏어다가 마저 부으시니라.
4 상제님께서 다 모은 밥에 반찬을 골고
루 넣고 고추장으로 잘 비비신 후에
5 "너 이리 오니라." 하고 길가는 사람을
부르시어 다짜고짜 "아가리 벌려라.
크게 벌려라." 하시거늘
6 그 사람이 당황하여 멈칫하니 "혓바닥
을 뺀다, 아~" 하며 억지로 입을 벌리
시니라.
7 이에 그 사람이 "대체 이것이 무엇이길
래 주려고 하십니까?" 하니 "너 지나
가는 것을 보니 배고파서 준다." 하시
고 실컷 먹이시거늘
8 그 사람이 의아한 듯 "제 배가 고픈지
안 고픈지 어떻게 아십니까?" 하고 여
쭈니라.
9 이에 상제님께서 "나는 안다. 너는 몰라
도 나는 안다." 하시며 돌아서시거늘
10 그 사람이 뜻을 알지 못하여 상제님의
뒷모습만 물끄러미 바라보더라.

문둥병자를 고쳐 주심

51 갑진년 12월에 구릿골에 계실 때
김자선(金子善)의 아들 갑진(甲辰)이
문둥병으로 얼굴과 손발에 부종이 나
고 눈썹이 다 빠지거늘
2 자선이 갑진을 데리고 상제님께 와서
아들의 병을 고쳐 주시기를 울며 간청
하니라.
3 이에 상제님께서 갑진으로 하여금 정
문 밖에서 방을 향해 서게 하시고
4 형렬과 두서너 사람에게 "대학 머릿장
(首章)을 소리내어 읽으라." 하시고 잠
시 후에 병인을 돌려보내시니
5 이로부터 갑진의 병이 차도가 있어 얼
마 후에 완쾌하니라.

전순일의 병을 고쳐 주심

52 구릿골 앞에서 술장사하는 전순일
이 신병(身病)을 오랫동안 앓다가
상제님께서 한번 보아 주시기를 간절
히 원하거늘
2 하루는 상제님께서 한공숙(韓公淑)을
데리고 그 집에 가시어 순일을 보시고
죽 한 그릇을 먹게 하신 후에
3 공숙에게 이르시기를 "이 병에는 은영
자(銀纓子)가 있어야 치료하리라." 하
시니
4 공숙이 "마침 저에게 있나이다." 하고
주머니 속에서 은영자 한 개를 내어
드리니라.
5 이에 상제님께서 방 가운데 있는 깨진
거울 한 조각을 가져다 그 위에 은영
자를 얹어 구석에 두시고
6 순일에게 이르시기를 "병이 낫거든 나
있는 곳에 술 한 상을 차려 오라." 하
시니라.
7 상제님께서 십여 분간 방에 머무신 뒤
에 일어나시며 "의원이 떠나니 병인은
문밖에 나와 송별하라." 하시매
8 순일이 억지로 기운을 내어 사람을 붙
들고 일어나서 문밖에 나와 상제님을
전송하니 병이 곧 나으니라.
9 그 뒤에 순일이 상제님께 술상을 차려
오지 않거늘 말씀하시기를 "그 사람이
입맛을 회복하지 못하여 신고(辛苦)하
리라." 하시더니
10 과연 순일이 구미가 돌지 않아 두어
달을 고생하니라.

내가 신약을 가르쳐 주리라

53 태인 감산면(泰仁 甘山面)에 사는 한 병자가 아침밥을 먹으면 낮에 토하고, 저녁밥을 먹으면 새벽녘에 토하는 증세로 고생하다가 상제님께 와 뵙고 치료를 청하거늘
2 상제님께서 그에게 이르시기를 "집에 돌아가서 술과 안주와 떡을 많이 장만하여 이곳으로 가져오라. 약을 가르쳐 주리라." 하시니
3 그 사람이 명을 좇아 집에 돌아가서 술과 안주와 떡을 많이 장만하여 가져오니라.
4 상제님께서 흔연히 받으시어 성도들과 함께 드시려 하시다가 별안간 성을 내시며 음식을 도로 주어 보내시거늘
5 그 사람이 분을 품고 돌아갔으나 이내 자기의 허물이 없는지 스스로 반성하니라.
6 며칠 후에 상제님께서 그 병자를 찾아가시니 심사가 다 풀리지 않아 무심히 대하는지라
7 상제님께서 병자를 타이르시며 "내가 신약(神藥)을 가르쳐 주리라." 하시고
8 "옹이를 쪼개어 달여 먹으라." 하시며 손으로 배를 어루만져 주시고 돌아오시니
9 그 사람이 곧 명하심을 좇아 옹이 조각을 달여 마시고 쾌차하니라.
10 대저 상제님께서 그 음식을 돌려보내며 성내심은 병인으로 하여금 분노케 하여 폐부를 뒤집어서 병을 낫게 하려 하심이더라.

약을 땅에 써야 하리라

54 구릿골 박순여(朴順汝)의 모친이 나이 60여 세에 병이 들었는데 매우 위독하여 회복될 가망이 없으므로
2 순여가 초상 치를 제구를 준비하고 장사에 쓸 술까지 빚어 놓으니라.
3 상제님께서 들으시고 순여의 집에 가시어 순여에게 이르시기를 "장에 가서 초종(初終)에 쓰는 모든 물건에 대하여 쓰이지 않게 해 달라는 심고(心告)를 정성껏 하고 돌아오라." 하시고
4 사물탕(四物湯) 한 첩을 달이신 뒤에 그 병실의 정문 밖 뜰 밑에서 열두 걸음을 걸으시어 땅을 장방형으로 파고 그 약을 부으시며
5 "병이 이미 장기(葬期)에 이르렀으니 약을 땅에 써야 하리라." 하시고 돌아오시니 병인이 이로부터 곧 회생하니라.
6 이때 순여가 장에서 돌아오거늘 상제님께서 물으시기를 "장에서 누구에게 심고하였느냐?" 하시니
7 순여가 대답하기를 "선생님께 심고하였습니다." 하매
8 상제님께서 웃으시고 "그 빚어 놓았던 술을 가져오라." 하시어 이웃 사람들을 불러서 나누어 먹이시니라.

병을 다스리시는 법

55 상제님께서 병자를 치료하실 때는 말씀으로 그 자리에서 낫게도 하시고 병자의 심정에 충격을 주어 불쾌하게 하여 고치기도 하시며 손으로 어루만져 낫게도 하시니라.
2 또한 병자를 천거하거나 인도한 사람에게 묘법의 신술(神術)을 붙여서 고쳐 주시거나 인도한 사람의 말을 들으시고 그 기운을 끌어다 쓰시어 쾌유케도 하시니라.
3 이와 같이 치병에 대해 일정한 법칙이 없으시고 그때그때 형편에 따라 사(邪)를 제하고 마(魔)를 없애시어 즉시 쾌유케 하시며 죽은 자도 회생케 하시니라.

잣을 올리려고 왔다가 입이 돌아간 판동

56 을사(乙巳: 道紀 35, 1905)년 봄에 함열(咸悅)에 사는 조판동이 상제님의 신성하심을 듣고 잣 두 되를 까 백

지로 세 겹을 싸서 가져오거늘
2 상제님께서 판동에게 "네 부친은 있느
냐?" 하고 물으시니 판동이 '부친? 부
친이 무엇인가?' 하고 생각하다가
3 궁색하게 대답하기를 "뒷간에 가면 똥
치우는 것은 있어요." 하니라.
4 상제님께서 "야, 이놈아! 뒷간의 부추
리가 네 아버지냐? 내가 네 아비를 물
었지. 어디 뒷간에 가서 네 아비 좀 데
려오니라. 어디 있느냐?
5 에이, 이놈. 네가 나이를 먹었어도 헛
나이를 먹었으니 나를 섬기겠느냐!" 하
고 호통치시며 뺨을 한 대 때리시니 판
동의 입이 돌아가서 귀에 가 붙는지라
6 판동이 당황하여 수건으로 입을 가리
며 "아이고, 집을 어찌 갈까! 나를 보
고 내가 아니라고 하면 어쩔꼬?" 하고
울먹이거늘
7 호연이 안쓰러워 "저 사람 입 좀 바로
잡아 주세요." 하니 "돌아간 걸 어떻게
바로잡느냐?" 하시며 들어주지 않으
시니라.

이 배워 먹지 못한 놈아

8 이에 호연이 판동에게 다가가 "가져온
잣을 내드리세요." 하고 넌지시 일러
주니
9 판동이 손을 여러 번 씻은 후에 양손
을 조롱박 모양으로 벌리고 잣을 가져
다가 올리며 "이놈 좀 잡수어 보십시
오." 하거늘
10 상제님께서 "네 손을 베어 먹으랴, 이
배워 먹지 못한 놈아!" 하고 꾸중하시
니라.
11 판동이 계속되는 상제님의 꾸중에 어
찌할 바를 몰라 그저 우두커니 서 있
는데
12 호연이 뒤춤에 종발을 숨기고 다가가
살며시 건네며 "어른께 드리는데 어떻
게 손에다 갖다 드리는 수가 있어요?"
하고 속삭이니
13 판동이 정신을 가다듬고 잣을 종발에
담아서 올리거늘
14 상제님께서 이를 받으시며 "우리 호연
이가 가르쳐 줘서 네가 그릇에 담아
왔지, 이 배우지 못한 놈아!" 하시니
순간 판동의 입이 감쪽같이 제자리로
돌아오니라.

판동에게 부를 그려 주심

57 잠시 후 판동은 돌아가고 상제님
께서 판동이 올린 잣을 잡숫고 계
시니
2 호연이 옆에 와서 "그 사람 입은 비
틀더니 먹기는 잘 먹네. 나도 좀 주세
요." 하거늘
3 상제님께서 "내 입에서 냄새나 맡어라.
하~" 하며 호연을 향해 입김을 부시
니라.
4 호연이 "아이고, 입내!" 하며 손으로
코를 막으니 상제님께서 "나 담배 안
먹어." 하시거늘
5 "담배 먹는다고 그래요? 뭐 먹으면 잇
새에서 냄새 나니까 그러지." 하고 뾰
로통하게 말하니라.
6 이에 상제님께서 호연에게 와락 달려
드시며 "아이고, 냄새 나냐?" 하시니
7 호연이 밀쳐 내며 "그 사람 돈도 없고
만 노자나 좀 주세요." 하거늘 "있는지
없는지 네가 어찌 아냐?" 하고 물으시
니라.
8 호연이 "내가 보니까 하나도 없어. 얼
마를 걸어가야 하는데 배고파서 쓰겠
어요?
9 그렇지 않으면 가다가 밥 좀 생기게
해 주든지. 내가 가서 어찌하라고 시
키게." 하니 상제님께서 부(符)를 하나
그려 주시거늘
10 의아한 얼굴로 "이것이 어떻게 밥이 돼
요?" 하매 "주기만 해라." 하시니라.

어떻게 하는지 보려고 그런다

11 호연이 저만치 가고 있는 판동을 뒤쫓
아가며 "여보시오!" 하고 이리 오라는

손짓을 하니 판동이 막 뛰어오거늘
12 상제님께서 그려 주신 부를 전하며 말
하기를 "선생님이 이것을 주시면서 '판
동이 가다가 밥도 먹을 수 없고 배고
파서 못 가니, 가다가 밥 생기면 먹으
라.'고 하셨어요." 하니라.
13 판동이 부를 이리저리 살펴보더니 "이
것이 무슨 밥이 될까?" 하며 별 반가
운 기색 없이 그냥 돌아서서 가거늘
14 상제님께서 종이를 대롱처럼 말아서
이 광경을 보시다가 호연이 방에 들어
서매 "에이, 저놈 뺏어 버릴까나!
15 '그 어른이 주더냐.'고 반갑게 안 여기
고, 빌어먹을 놈! 그놈 없애 버릴까나,
어쩔까나!" 하시니라.
16 이에 호연이 "어찌 멍청한 것을 눈을
틔워 주지 못하고 그래요?" 하니
17 말씀하시기를 "그놈 말 본새가 못써.
말 한마디에 천냥 빚도 가리는 것인데
말을 정떨어지게 한다." 하시거늘
18 호연이 "그것을 뭣하러 엿봐요? 줘 놓
고서 뭐라고 하는가 엿보는 것도 큰
죄예요." 하매
19 말씀하시기를 "내가 엿봤간디? 그놈
이 어떻게 하는지 보니라고 그러지."
하시니라.

이것 참말로 잘 두어야겠다

58 저녁이 되어 상제님께서 "저놈 봐
라, 저놈!" 하시니 호연이 "왜? 뭣
을 그래요? 나 좀 보여 줘!" 하고 조르
거늘
2 상제님께서 호연에게 두루마리의 맞
은편을 들여다보게 하시며 "내 눈하고
네 눈하고 똑같이 보여라, 잉!" 하시니
눈앞에 판동이 길 가는 광경이 펼쳐지
니라.
3 날이 저물어 길은 보이지 않고, 배가
고파 더 이상 갈 수도 없는데 집은 아
직도 멀어 막막하기만 하므로
4 판동이 "밥 생긴다고 하더니 밥도 안
생기고 어쩔까?" 하고 탄식하며 울고
있거늘
5 상제님께서는 재미있다고 계속 웃기만
하시는지라 호연이 보다 못해 "아이
고, 좀 살려 주세요!" 하고 부탁을 드
리니 순간 초가집과 김이 모락모락 나
는 밥이 생기더라.
6 이에 판동이 맨손으로 밥을 허겁지겁
먹으며 '어찌 된 영문인가?' 하고 연신
두리번거리거늘
7 이 모습을 지켜보시던 상제님께서 "저
놈, 난데없는 밥 생겨서 먹는 것 좀 봐
라." 하고 빙그레 웃으시니라.
8 판동이 밥을 다 먹으매 문득 길이 훤
하게 밝아 오거늘 그제야 부를 꺼내어
보며
9 "이것 참말로 잘 두어야겠다. 가다가
밥도 생기고 한다더니, 아이고 좋아
라! 감사합니다, 참말로 감사합니다."
하며 여러 차례 절을 한 후에
10 소매에도 넣어 보고 앞섶에도 넣어 보
고, 또 허리춤에도 넣어 보고, 연신 더
듬어가며 즐거워 어쩔 줄을 모르더라.
11 상제님께서 이를 지켜보시다가 신명에
게 명하시어 "그 부를 빼 오라." 하시
니 금세 가져오거늘
12 호연은 판동이 그토록 진귀하게 여기
던 부가 없어져 얼마나 애타게 찾을까
를 생각하니 자꾸만 웃음이 나더라.

논에서 물고기를 낚아 드심

59 어느 해 봄에 필성이 '증산에게 항
상 술을 많이 얻어먹었으니 이번에
만나면 내가 술을 대접하리라.' 하고
마음먹으니 뜻밖에 상제님을 만나게
되거늘
2 필성이 "오늘은 내가 술을 사리니 팔
정이 주막으로 가세." 하니라.
3 이에 상제님께서 말씀하시기를 "네가
술을 사겠다면 안주는 내가 장만하
마." 하시고

4 장대에 새끼를 매신 다음 못을 뽑아
새끼에 매달고 필성의 논으로 가시어
그 옆 웅덩이에 못을 담그시거늘
5 조금 후에 장대를 낚아채시며 "어이,
이놈 크다." 하시므로 필성이 보니 큰
붕어가 물렸더라.
6 필성이 붕어를 받아 꿰미를 만들며 바
라보니 상제님께서 못을 살짝 웅덩이
에 담그셨다가 장대를 들면 큰 붕어와
뱀장어, 메기, 잉어가 연신 물려 나오
거늘
7 상제님께서 고기를 낚으시며 필성에게
말씀하시기를 "낚는 것보다 꿰는 것이
더디더냐?" 하시니라.
8 필성이 술을 대접하며 붕어회를 먹어
보니 진짜 붕어 맛이므로
9 넌지시 말하기를 "이것이 진짜 붕어회
인가?" 하니 상제님께서 "허허, 네 입
은 고기 맛도 모르냐?" 하시며
10 잡은 고기는 회를 쳐서 술안주로 다
드시고 그 뼈와 껍질을 물가에 놓아두
시니 어느새 물고기가 다시 살아나서
펄떡펄떡 물속으로 들어가더라.
11 그 뒤에 어느 날은 담뱃대로 날피리를
낚아서 물속에 도로 놓아주기도 하시
니라.

요리법 공사

60 상제님께서 때로는 성도들에게 직
접 요리를 해 주시고 요리하는 법을
가르쳐 주기도 하시니라.
2 상제님께서 옥단소를 부시면 난데없
이 물고기가 펄쩍펄쩍 뛰어 들어오고
간혹 공중에서 잉어가 떨어지는데
3 그것을 끓여 성도들과 함께 드시기도
하고 잘 씻어서 꼬챙이에 꿰어 기름을
치고 마늘, 깨소금 등 양념을 발라 구
워 주시기도 하니 그 맛이 일품이더라.
4 또 그 때마다 상제님께서 "가시 먹고
내 애 잦힌다." 하시며 일일이 가시를
발라 호연의 밥 위에 놓아 주시니 어
린 호연도 잘 먹으니라.
5 하루는 누가 고기를 마구 두들겨서 국
을 끓여 올리니 말씀하시기를 "이게
곰국이지…. 이렇게 끓이면 맛이 없느
니라.
6 국 하나도 제대로 못 끓이는 것이 국
끓인다고 했구나." 하고 나무라시거늘
7 호연이 "고기가 많아야 국을 끓이지
조금인데 어떻게 그래요?" 하니
8 "그러냐? 어린것이 그런 것을 아냐?"
하시며 머리를 쓰다듬어 주시니라.

제를 지내실 때

61 상제님께서 매양 제를 지내실 때는
방에 설단(設壇)을 하지 않으시고
마당에 설단하신 후에 제를 모시니라.
2 호연이 하루는 치성 제수 차리는 것을
보고 상제님께 여쭈기를 "치성에 장만
할 것 다 갖다 놔야지 왜 머리만 갖다
놔요?" 하니
3 대답하시기를 "머리가 첫째니라. 머리
를 쓰면 한 마리 통으로 쓰는 것과 같
으니라. 귀신도 대가리라야 첫째로 삼
느니라." 하시니라.
4 상제님께서 천제를 지내실 때는 치성의
제수로 주로 머리와 술과 밥 그리고 청
수를 쓰시는데
5 머리는 소머리, 돼지머리, 개머리 등을
쓰시며 술은 조롱박을 띄워 동이째 갖
다 놓으시고 밥은 자배기에 퍼서 놓으
시니라.

금(禁)줄을 걸어 놓으심

6 치성을 준비할 때는 주위에 줄을 쳐
솔가지를 꽂고 종이에 글을 써서 달아
놓으시어 부정한 사람들과 여인의 출
입을 금하시거늘
7 제수를 준비할 때면 백지로 입을 봉하
게 하시고 떡방아도 남자들이 찧게 하
시니 그 모습이 매우 정성스러우니라.
8 이때 치성 제수는 상을 차리지 않고
짚을 깔고 병풍을 둘러치신 후에 자

배기에 담으시고 칼을 잘 갈아 머리에
꽂아 놓으시니라.
9 제수를 차리시면 상제님께서 그 앞에
앉으시어 술을 두 잔씩 떠서 동서남북
사방에 흩뿌리시고 친히 음복을 하시
는데
10 먼저 소머리를 얼마간 썰어 드신 다음
그것을 동서남북으로 한 점씩 던지시
니라.
11 이때 몇몇 성도들이 병풍 뒤로 가 엎드
려 고개를 숙이고 있다가
12 신명들이 오는 소리며 고기 써는 소리
와 '쪼르륵쪼르륵' 하고 술 뜨는 소리
가 들리면 모두 "드신다." 하며 기뻐하
니라.
13 치성이 끝난 후에는 온 마을 사람들을
불러서 함께 드시니라.

땅 어머니에게 고축하심, 고수레

62 상제님께서 성도들과 함께 들에서
진지 드실 때는 항상 음식을 드시
기 전에
2 "어머니, 어머니! 제가 여기 도량 구경
을 왔는데, 여기 데리고 온 일꾼들 모
두 충실하게 해 주십시오." 하고 고축
(告祝)하시며 밥을 세 번 떠 놓고 드시
니라.

집 없는 상제님의 명절 차례

63 상제님께서 추석과 설에 차례를 지
내실 때는 마당에 설단을 하지 않
으시고 형렬의 집 마루에서 지내시니
라.
2 섣달 그믐날 저녁에는 떡국제를 지내시
고, 정월 초하룻날 아침에는 떡국과 식
혜를 올리고 평제를 지내신 뒤에 과일
과 밥을 올려놓고 다시 제를 지내시니
3 형렬의 집은 명절 때면 늘 방과 마루
에서 각기 두 집 차례를 지내느라 몹
시 바쁘더라.
4 하루는 호연이 이상히 여겨 상제님께
여쭈기를 "천지조화를 쓰시면서 왜 그
렇게만 해요? 아, 내가 다 알았어."
하니
5 상제님께서 이르시기를 "그래, 네가
알았거든 말을 해 봐라." 하시거늘
6 호연이 "조상 제사를 자기 집에서 안
지내니까 남의 집 방 안에서 안 지내
는 거지." 하니라.
7 이에 상제님께서 말씀하시기를 "그럴
성도 싶다. 남의 귀신이 그 집 성조하
고 인사도 안 하고 들어와 밥 먹겠냐.
네가 어린것이라도 이치가 있다." 하
고 칭찬하시며
8 또 이르시기를 "제 집에서는 방 안에
서 지내지만 내가 천지를 떠돌며 일하
는데 어찌 내 조상을 챙길 수 있겠느
냐." 하시니라.

성부님의 죄를 끌러 주심

64 상제님께서 어느 날 부친께 "일생
을 살아오시는 중에 잘못한 일을
빠짐없이 기록하십시오." 하시므로
2 성부께서 낱낱이 기록하여 유칠룡(兪
七龍)을 시켜 올리니 상제님께서 일일
이 보신 뒤에 불사르시고
3 "이제 잘못된 과거는 다 풀렸으나 신
을 더 삼아야 합니다." 하시니라.
4 이에 성부께서 임자(壬子: 道紀 42,
1912)년까지 8년간을 더 미투리를 삼
으시니
5 상제님께서 어천하신 후에도 유덕안
(兪德安)의 협실에 살면서 영달리 주막
에 나와 짚신을 삼아 팔기도 하시고
6 장날이 되면 성모께서 다리를 저는 정
씨 부인 대신 장에 나가 팔기도 하시
니라.

정씨 부인과 딸 이순의 앞날을 경계하심

65 하루는 상제님께서 고부 본댁에
가시어 성모님과 정씨 부인, 딸 이

순(二順)을 가마에 태우시고 태인 동진
강 징검다리를 건너시니라.
2 상제님과 성모님의 가마가 먼저 건너
고 이어 정씨 부인과 이순이 탄 가마
가 징검다리를 건너는데
3 가마 멘 사람이 실수하여 정씨 부인과
이순이 물에 빠져 허우적대니 그 모양
이 우습게 된지라
4 상제님께서 보시고 "에잇, 저 ○○○
○!" 하시며 길가는 사람들을 향하여
"저것들 보라! 저기 ○○○○ 지나간
다." 하고 소리치시더니
5 상제님께서 어천하신 후에 정씨 부인
과 이순이 허령이 들리니라.

제사 음식상을 가져오는 신명은

66 상제님께서 형렬과 함께 앉아 계실
때면 종종 꽃대님을 끌러 장난하
시듯이 이리 젖히고 저리 젖히고 하시
다가 마당으로 휙 던지시는데
2 그 때마다 꽃대님은 어느새 방으로 들
어와 있고, 잠시 후에는 먹을 것이 들
어오거늘
3 때에 따라 사람이 직접 가져오기도 하
고, 신명이 가져오기도 하니라.
4 하루는 형렬과 호연이 함께 있는데 순
간 바람이 훅 불며 눈 깜짝할 사이에
제사상이 통째로 들어오고 밥도 솥째
로 들어오거늘
5 호연이 "저 상이 걸어왔대요, 누가 들
고 왔대요?" 하니 대답하시기를 "제사
받는 사람의 혼이 가지고 온다.
6 너희가 밥을 임의로 먹는 줄 알아도,
이게 ○○의 밥이다." 하시며 제사 받
는 신명의 이름을 일러 주시고
7 다시 말씀하시기를 "훗날 우리 일이
되면 인제 이것을 다 풀어서 먹이느니
라." 하시니라.
8 상제님께서 손을 씻으신 다음 모든 음
식을 솥에 넣고 비비시어 형렬과 함께
마주앉아 드시니
9 호연이 그 모습을 보며 "아이고 상투
가 싸움하네, 상투가 상투잡고 싸움하
네." 하며 놀리니라.
10 이후 호연이 수도 공부를 마치고 제사
상이 들어오는 것을 신안으로 보니
11 때로는 여인들이 가져오기도 하고, 남
자들이 가져오기도 하는데
12 아무리 잘 차려진 큰 상일지라도 항상
둘이 마주잡고 가져오며, 순식간에 방
이나 마루에 놓고는 사라지더라.

배례는 반천무지법으로

67 상제님께서 말씀하시기를 "치성 때
에는 배례(拜禮)하되 하늘을 받들
고 땅을 어루만지는 반천무지법(攀天撫
地法)으로 행하라.
2 이는 하늘과 땅과 사람이 합덕(合德)하는
이치니라." 하시니라.

나는 예의상 둘째가 될 수 없다

3 한 성도가 여쭈기를 "음식을 잘 차려
놓고 여럿이서 식사를 할 때에 어떤
사람이 먼저 수저를 들면 진지를 들지
않고 물리시니 무슨 까닭입니까?" 하
니
4 상제님께서 이르시기를 "나는 천하에
예의상 둘째가 될 수 없느니라." 하시
니라.
5 상제님께서 도통문을 여신 뒤에는 고
향에 잘 가지 않으시니라.
6 이는 상제님께서 문중의 종손이시나
항렬이 낮은 까닭에 일가 어른들이 으
레 "해라." 하고 말을 하니
7 상제님께서는 개의치 않으시되 수행하
는 천지의 대신장들이 대로하여 그 사
람을 벌하려 하므로 그들을 보호하려
하심이더라.

손댄 음식을 드시지 않고 물리심

68 하루는 해가 지고 날이 어둑해질
때 상제님께서 청도원 귀신사(歸信
寺)에 들르시어 저녁상을 청하시니

2 그 절에 공양주로 있는 여인이 상을 차
려 올리매 "그냥 내가거라." 하시거늘
3 이는 그 여인이 음식에 이미 손대었음
을 아시고 상을 물리신 것이더라.

호연이 받을 신벌을 면해 주심

69 하루는 누가 전복을 가져다 올리
니 한 성도가 호연에게 '전복을 조
금 달라.'고 청하거늘
2 호연이 생각하기를 '같은 제자이고 전
복이 많으니 조금 줘도 괜찮겠지.' 하
여 "갖고 가 먹으세요." 하며 전복을
주니라.
3 상제님께서 이를 아시고 "손모가지를
끊을란다!" 하고 크게 호통치시며 호
연의 오른손을 무엇으로 찌르시니
4 엄지손톱의 왼쪽 절반 가량이 떨어져
나가고, 새끼손가락은 뻗쳐져서 잘 구
부러지지 않게 되거늘
5 이는 호연이 신벌 받을 것을 면케 해
주시기 위함이더라.
6 잠시 후 상제님께서 호연을 타이르시
며 말씀하시기를 "왜 주책없이 내 말
도 듣지 않고 주었느냐?" 하시거늘
7 호연이 울먹이며 "줄거냐 어쩔거냐, 대
수롭지 않은 것도 물어야 해?" 하더니
8 이후로 호연이 누구에게 음식을 주고
자 할 때는 반드시 상제님께 먼저 여
쭈니라.

불결하고 정성 없는 음식은

70 상제님께서는 성도들이 깨끗하지
않은 손으로 과일 등 음식을 올리
면 미리 아시고 들지 않으시니
2 아낙들이 물을 떠서 올릴 때에도 두
손으로 그릇을 받치고 드려야지 한 손
으로 그릇 어귀를 잡고 드리면
3 "손가락이 물에 빠져서 손톱 때가 불
어 나온다." 하시며 드시지 않으니라.
4 하루는 진짓상을 올리니 파리가 날아
와 앉거늘 상제님께서 "네가 먼저 숫밥
을 먹으니 나보다 더 높구나." 하시고
5 성도들을 바라보시며 "세상에 파리같
이 더러운 것이 없느니라." 하시고 드
시지 않으니라.
6 이후로 상제님께서 진지를 드실 때면
성도들이 주변에서 부채질을 하여 파
리를 쫓는데
7 하루는 연신 부채질을 하는 성도에게
"야, 이놈아! 부채질을 너무 심히 하는
구나. 자그마치 해라." 하시며 자리에
앉게 하시니라.

입 냄새를 경계하심

71 하루는 공사를 보시기 전에 성도
들에게 "양치질을 깨끗이 하고 오
라." 하시니 성도들이 이를 닦고 다시
모이거늘
2 경계하여 말씀하시기를 "신명들로 하
여금 너희들의 몸속에 드나들게 하
여 병든 뼈와 오장으로부터 질고(疾苦)
를 긁어내리니 항상 양치질을 잘해 두
라." 하시고
3 이어 말씀하시기를 "신명들은 사람의
입 냄새를 싫어하느니라." 하시니라.

아이구, 우리 호연이

72 상제님께서 평소 밤참을 즐겨 드
시고 형렬도 밤참을 매우 좋아하
거늘
2 호연이 당신께서 좋아하시는 모습을
보려고 낮에 밥 한 그릇씩을 감춰 두
었다가 밤에 안 주무시고 계실 때 무
비빔밥을 해서 내드리면
3 호연을 기특하게 바라보시며 "아이구,
우리 호연이, 우리 호연이!" 하고 토닥
여 주시니라.
4 하루는 누가 바가지에 밥을 비벼 밤참
으로 올리매 상제님께서 형렬과 함께
드시거늘
5 호연이 보다가 "나도 먹게 쪼깨 줘요."
하니 "너는 똥싸고 밑 닦았응게 안 준

다." 하시니라.
6 이에 호연이 "누구는 똥싸고 밑 안 닦
간디? 다 똥싸고 밑 닦지. 나는 그래
도 손 깨끗이 씻어서 괜찮아." 하고 조
르거늘
7 상제님께서 "요것한테 맥없이 밑지는
소리했네, 또." 하시며 비빔밥을 나누
어 주시니라.

살구씨로 죽을 쑤어 드림

73 하루는 호연이 살구씨를 주워다가
일일이 껍질을 까서 절구에 넣고
빻은 다음, 물에 우렸다가 죽을 쑤어
상제님께 드리거늘
2 "이게 무엇이냐?" 하고 물으시니 호연
이 "저기…, 그냥 드셔 보세요." 하니
라.
3 상제님께서 죽을 맛보시고는 "꼬숩고
맛나다잉! 이게 무엇이냐, 또 해 줄 테
냐?" 하시거늘
4 호연이 "요놈 해 주면 돈 얼마나 줄 건
데?" 하니 "내가 돈은 많이 줄 테니 또
해 줘라, 응?" 하시니라.
5 상제님께서 죽을 다 드시고 나서 호연
에게 돈 얼마를 주시니
6 그 돈으로 달떡 두 개를 사 가지고 와
서 하나를 상제님께 드리거늘
7 상제님께서 "너나 먹어라." 하시며 마
다하시니라.
8 이에 호연이 "다 같이 먹어야지 나만
먹어서 쓰나요?" 하며 떡 하나를 둘로
쪼개어 상제님과 형렬에게 나누어 드
리고 나머지 하나는 혼자서 다 먹거늘
9 상제님께서 "어른은 조금 주고, 애는
통째로 먹어? 그것이 옳냐?" 하시니
10 호연이 "아이, 그놈도 안 주고 다 먹으
려다가 껄쩍지근해서 주는 것인데, 어
른이 남겨 줘야지 애가 남겨 줘요?
11 주어도 트집을 잡네. 인제 몰래 먹지,
알게는 안 먹을래요." 하니라.
12 이에 상제님께서 웃으시며 "알게 먹어
도 내가 알고, 모르게 먹어도 내가 알
고." 하시니
13 호연이 "그럼 아무 말도 하지 말지, 그
런 것까지 싫은 소리를 해요?" 하거늘
14 상제님께서 "저것, 장래에 시집가서 시
어미가 뭔 말하면 '볶아 먹는다.'고 저
렇게 할 것이다." 하고 나무라시니라.
15 이후로도 호연이 종종 살구씨를 주워
다가 죽을 쑤어 드리니라.

부잣집의 척신 재앙

74 한 성도가 여쭈기를 "간혹 부호(富
豪) 집에서 각별히 마음을 써서 진
수성찬을 차려 놓고 모시면 세 술도
뜨지 않으시고 물리시니 무슨 까닭입
니까?" 하니
2 말씀하시기를 "그 부호의 마음이나 힘
들인 정성을 모르는 바는 아니나 부잣
집에는 원귀(怨鬼)가 많아서 쌀 한 톨
에까지 원귀가 붙어 있나니 먹을 수가
없느니라." 하시니라.
3 또 말씀하시기를 "부호 중에 천심(天心)
가진 자가 드무니라. 부잣집 창고에는
원귀가 가득하여 때가 되면 폭발하게
되느니라." 하시니라.
4 하루는 상제님께서 말씀하시기를 "때
가 오면 선악(善惡)을 가려냄이 콩나물
뽑는 것과 같으리라." 하시고
5 "보화(寶貨)라는 글자에 낭패(狼狽)라는
패(貝) 자가 붙어 있느니라." 하시니라.

사람은 크게 먹어야

75 상제님께서 말씀하시기를 "사람은
크게 먹어야 된다." 하시고
2 "어려서부터 남 주는 것도 모르고 제
앞에다가만 갖다 놓는 놈이 있고
3 또 남 줄 줄만 알았지 제 입에다 안 넣
는 놈이 있느니라.
4 베푸는 것은 모두 장래에 제가 쟁여
놓고 살 것이라.
5 근본이 쫄아진 놈은 어려서부터 제 입

만 알지 동무는 모르느니라.
6 그러니 동기간이나 친구간에 우애 있
고 없음도 모두 부모에게 매여 있는
것이니라." 하시니라.

자식에게 눈을 틔워 주어라

7 상제님께서 말씀하시기를 "자식에게
전답을 전해 주려고 하지 말고 눈을
틔워 주어라.
8 눈을 틔워 놓으면 세상만사를 다 알지
만, 눈을 틔워 놓지 않으면 저를 욕해
도 모르고 저를 죽여도 모르느니라.
9 사람이란 귀가 밝아야 하고 눈치가 빨
라야 하나니, 많은 사람 속에서도 잘
되고 못됨은 내 행실에 매여 있느니
라." 하시니라.

도를 닦은 자와 닦지 않은 자

76 상제님께서 말씀하시기를 "도(道)
를 잘 닦는 자는 그 정혼(精魂)이 굳
게 뭉쳐서 죽어서 천상에 올라가 영원
히 흩어지지 아니하나
2 도를 닦지 않는 자는 정혼이 흩어져서
연기와 같이 사라지느니라." 하시니
라.

상제님 성령의 천수

3 한 성도가 여쭈기를 "저의 수한(壽限)
은 얼마나 됩니까?" 하매 말씀하시기
를 "너는 일만 년 동안 살게 되리라."
하시니
4 그 성도가 다시 여쭈기를 "선생님의
수한은 얼마나 되시옵니까?" 하거늘
5 상제님께서 말씀하시기를 "나는 천지
와 더불어 동행하노라." 하시니라.

공부하다 타락하면 죽는다

77 상제님께서 말씀하시기를 "공부하
다가 낭에 떨어지면 죽느니라." 하
시니라.

수행 공부와 보호성신

2 또 이르시기를 "내가 부안(扶安) 신명
을 불러도 응하지 않으므로 살펴보니
3 신원일(辛元一)이 공부할 때에 그 지방
신들이 호위하여 떠나지 못한 까닭이
라. 이 일을 볼진대 공부를 어찌 등한
히 알겠느냐.
4 공부가 그렇게 소중한 것이니 참공부
는 지성으로 해야 하느니라." 하시니라.
5 상제님께서 말씀하시기를 "공부를 제
대로 한번 해 보아라. 그 재미에 똥구
멍이 옴쏙옴쏙 하느니라." 하시니라.

공부는 쉬지 않고 꾸준히 하는 것

78 하루는 성도들에게 이르시기를 "옛
사람이 삼 년 동안 공부하고 집에
돌아갈 때 길에서 사람을 대하면 그 성
명이 알아지므로 낱낱이 말하였더니
2 집에 돌아간 뒤에는 지각이 막히어 도
로 어두워졌다 하니라." 하시니라.
3 또 말씀하시기를 "시속에 어린 학동들
에게 통감(通鑑)을 가르치나니 이는 첫
공부를 시비(是非)로써 들여 넣는 것이
라. 어찌 마땅하리오." 하시니라.

빼놓지 말고 심고하라

79 상제님께서 말씀하시기를 "나를
믿는 자가 나에게 기도할 때에는
심고(心告)로 하라.
2 사람마다 저의 속사정이 있어서 남에
게는 말할 수 없고 남이 듣게 할 수 없
는 일이 있음이니라.
3 그러므로 하나도 숨기거나 빼놓지 말고
심고하되 일심으로 하라." 하시니라.

필성이 소원을 고하니

80 어느 날 필성이 함열에 사는 채 참
봉을 만나고 집으로 돌아오는 길
에
2 금구(金溝)에 이르러 주막에서 술 한
잔을 마시며 잠시 쉬었다가 싸리재 마
루에 다다라 담배를 피우려 하는데,
생각해 보니 담배쌈지와 담뱃대를 깜
빡 잊고 주막에다 두고 온지라

3 하는 수 없이 그냥 집에 돌아와 앉아
있으려니 20리 밖에 두고 온 담뱃대
생각이 나서 아무 일도 못 하겠더라.
4 이때 문득 상제님께서 평소 필성에게
"네가 나에게 특별히 청할 일이 있으
면 윗목에 볏짚이나 백지 한 장을 깔
고 청수 한 그릇을 떠다 모신 후에
5 내 이름을 세 번 부르며 일심으로 고
하면 그 소원이 이루어질 것이다." 하
신 말씀이 떠오르거늘
6 필성이 청수를 모시고 상제님께 정성
껏 고하고 나니 금구 주막에 두고 온
담배쌈지와 담뱃대가 문갑 위에 가지
런히 놓여 있더라.
7 이후로도 필성이 상제님을 뵙고자 하
거나 원하는 바가 있으면 이처럼 청수
를 모셔 놓고 상제님을 세 번 부르거늘
그 때마다 원대로 이루어지더라.

물에 빠져 죽은 자의 영혼을 천도해 주심

81 하루는 상제님께서 형렬과 호연을
데리고 금산사 용소(龍沼)에 이르
시어 "내 손 잡아라." 하고 손을 내미
시거늘
2 형렬과 호연이 손가락을 잡자마자 상
제님께서 용소 물속으로 쑥 들어가시
니라.
3 이때 호연은 상제님을 놓치면 홀로 떨
어져 길을 잃을 듯싶어 꼭 잡고 따라
가는데 난데없이 급류가 나타나거늘
4 상제님께서 손을 둥그렇게 한 번 내저
으시니 순간 물속 나라로 들어가지더
라.
5 잠시 후 어디선가 "오빠, 오빠~" 하고
애타게 부르는 소리가 들리거늘
6 형렬이 "대체 어떤 놈의 오빠를 거기서
부르냐?" 하고 소리치니
7 호연이 "오빠가 물에 빠졌는데 행여나
살았는가, 살아있으면 대답하라고 그
러나 봐요." 하니라.
8 이에 상제님께서 "그렇지 않어." 하
시니 호연이 "그럼 저 사람은 누구예
요?" 하거늘
9 말씀하시기를 "여기에 거꾸로 빠져서
죽은 사람인데 자기 오빠를 슬프게 부
르고 있구나." 하시고
10 용소 밖으로 나오시어 제물을 차리고
친히 제를 지내 주시며 신도에 칙령을
내려 그 여인의 영혼을 데려가라고 명
하시니라.

죽는 것도 제 팔자다

82 하루는 상제님께서 호연을 데리고
섶다리골을 지나시다가 냇가에 있
는 넓은 바위에 돌로 금을 그으시며
2 "호연아, 이게 장화홍련인데 요건 성
이고, 요건 동생이다." 하시거늘
3 호연이 "장화홍련이 왜 여기에 깔려
갖고 있어?" 하고 여쭈니
4 상제님께서 장화홍련전에 곡조를 매
겨서 구수하게 읊어 주시는지라
5 호연이 내내 귀를 기울이고 듣다가 장
화와 홍련이 억울하게 죽는 대목이 나
오니 "아이고, 그걸 가만두었어요?
6 왜 죽게 만들어, 살리지!" 하며 안타까
운 얼굴로 바라보거늘
7 상제님께서 말씀하시기를 "신세가 그
렇게 생겼으니 그러지. 우연히 죽는 것
도, 억지로 죽는 것도 다 제 팔자다.
8 그렇게 죽으라는 팔자이니 그러지, 안
씌워 대면 못 죽어. 아무리 죽고 싶어
도 못 죽는다." 하시니라.

용소 메우는 공사

83 하루는 상제님께서 금산사에 가셨
을 때, 어디를 가셨다가 호박꽃을
들고 오시거늘 호연이 "호박꽃은 어디
서 땄어요?" 하니
2 말씀하시기를 "누가 그 귀추를 보려고
넣은 것인데, 내가 부처님 똥구녕에서
나오는 것을 용소에서 건져 왔다. 용

소를 메워야 한다." 하시니라.
3 이에 호연이 "용소를 왜요?" 하니 말
씀하시기를 "까딱하면 사람 빠져 죽기
가 쉽고, 중놈들이 꾀를 부려 사람들
을 속여먹으니 그려." 하시니라.

곱사등이를 고쳐 주심

84 상제님께서 하루는 고창(高敞)을
가시는 길에 힘겹게 걸어가는 한
곱사등이를 만나시거늘
2 그가 스스로 신세를 한탄하기를 "먹을
양식도 재산도 없는데 의지할 친족마
저 없이 곱추가 되었으니
3 하늘이시여! 어찌 저의 팔자를 이처럼
기구하게 지어 주셨나이까?" 하고 울
먹이니 그 모습이 참으로 애절하더라.
4 상제님께서 말씀하시기를 "하늘이 어
찌 너 한 사람을 미워하여 곱사등이로
만들었겠느냐." 하시고
5 불룩 튀어나온 등을 막대기로 살살 치
시니 그 등이 점점 똑바로 펴져서 온
전하게 되거늘
6 이에 곱사등이가 기뻐 춤추며 외치기
를 "하느님께서 이 가련한 인생에게
천은(天恩)을 내려 주시어 재생의 광영
을 누리게 하셨도다." 하고 은혜에 감
읍하니라.
7 이에 구경하던 사람들과 지나는 사람
들이 모두 놀라 등이 바로 펴진 곱사
등이를 우두커니 바라보고 서 있는데
8 삽시간에 소문이 퍼져 장이 선 것처
럼 사람들이 모여들더니 앞다투어 상
제님께 아픈 곳을 보이며 고쳐 달라고
애원하니라.

정성껏 잘 차려야 하느니라

9 이에 상제님께서 한동안 고창에 머무
시며 찾아오는 수많은 병자들을 고쳐
주시거늘
10 한번 만지시면 다리를 절뚝거리는 사
람도 다리가 낫고
11 정신이 나가 거리에서 날뛰는 사람도
특별한 치료법 없이 "네 이놈!" 하시면
벌벌 떨며 그 자리에 주저앉았다가 정
신을 차리니라.
12 때로는 주문을 읽히시어 병자를 고치
시고 난치병에는 크게 치성을 모시도
록 하시는데
13 이때마다 상제님께서 이르시기를 "신
명의 눈에 들게 하려면 정성껏 잘 차
려야 하느니라." 하시니라.

아이의 부스럼을 낫게 해 주심

85 하루는 어떤 여인이, 머리에 온통
부스럼이 나서 살가죽이 심하게
헌 아이를 데려와 '선생님을 뵙게 해
달라.'며 하소연하거늘
2 방안에서 이를 듣고 있던 호연이 "아
이고, 더럽게 파리가 앉으면 어쩔꼬.
좀 낫게 해 주세요!" 하니
3 상제님께서 "내가 어찌 낫게 하느냐,
칼로 깎으랴?" 하시니라.
4 이에 호연이 "칼로 깎으면 죽으라고
요? 아이, 조금만 가르쳐 주세요!" 하
니
5 상제님께서 마당에 있는 아이를 향해
핥는 시늉을 하시거늘
6 호연이 "용하다고 해서 왔는데 낫게
해 주라니까 왜 그래요?" 하며 눈살을
찌푸리니라.
7 상제님께서 "내가 용하기는 뭣이 용하
다냐, 데리고 가래라!" 하시거늘
8 여인이 상제님을 뵙지 못하고 힘없이
돌아가는데 가는 길에 무심코 보니 어
느새 아이의 부스럼이 감쪽같이 나았
더라.

내가 시키는 대로 하면 나으리라

86 상제님께서 임피 강장한(康壯翰)의
집에 가시니 장한이 안질로 눈이
멀 지경인지라
2 상제님께서 장한에게 물으시기를 "어
찌 그러고 있느냐?" 하시니

3 "안질로 수십 일 동안 앓다가 이젠 봉
사가 될 지경에 이르렀습니다. 어찌하
면 좋겠습니까?" 하고 아뢰거늘
4 상제님께서 "내가 시키는 대로 하면
곧 나으리라." 하시니라.
5 이에 장한이 간청하며 "더욱이 일군(一
郡)의 중책을 맡고 있사오니 속히 낫게
하여 주시기를 갈망하옵니다." 하거늘
6 상제님께서 일러 말씀하시기를 "일신
중에서 눈은 천지에 일월(日月)과 같다."
하시고 "술과 닭고기를 먹어야 곧 쾌
차하리라." 하시니라.
7 장한이 생각하되 '선생님께서 드시려
고 그러시나?' 하여 아뢰기를 "집에 닭
도 있고 술도 있으니…." 하며 하인을
불러 지시하려 하거늘
8 상제님께서 "집에 있는 것은 소용이
없다. 사서 먹어야 한다." 하시니라.
9 이에 장한이 "그러면 사다가 듭시다."
하니 상제님께서 "가서 먹어야 한다."
하시거늘
10 장한이 아뢰기를 "눈이 이와 같은데
어떻게 갈 수 있겠습니까?" 하매 상제
님께서 "부축을 하고 가자." 하시니라.

배불리 먹어야 낫는다

11 이에 하인의 부축을 받아 관청노비의
집으로 간 장한이 "주안을 차려 들이
라." 하여 상제님께 올리고 자신은 먹
지 않는지라
12 상제님께서 보시고 "그러면 나도 먹지
않겠다." 하시니 하는 수 없이 먹는 체
하거늘
13 상제님께서 다시 장한에게 말씀하시
기를 "배불리 먹어야 낫는다." 하시고
"닭국에 고춧가루를 많이 타서 먹으
라." 하시니라.
14 장한이 어쩔 수 없이 국과 술을 많이
먹고 집으로 돌아오니 눈이 더욱 아파
서 견딜 수가 없거늘
15 상제님께서 일러 말씀하시기를 "조용
히 자고 내일 이른 아침에 동쪽을 향
하여 떠오르는 해를 보라. 그러면 알
리라." 하시더니
16 말씀하신 후로 졸음이 쏟아지므로 잠
이 들었다가 다음날 이른 아침에 일어
나 상제님께서 당부하신 대로 해를 바
라보니
17 양쪽 눈이 회복되어 다시 또렷하게 보
이고 통증도 깨끗이 없어지니라.

모든 병의 근원

87 한 성도가 여쭈기를 "매양 병자를
보시면 차마 그 아픔을 보지 못하
시어 몸소 대속하시니 무슨 까닭입니
까?" 하니
2 상제님께서 말씀하시기를 "모든 병은
척(隻)이 있어 생기고 수(數)가 있어 앓는
것이니라.
3 그러므로 척을 풀어 주지 않으면 척으
로 돌아가고 수를 제거하여 주지 않으
면 화액(禍厄)으로 돌아가나니
4 내가 병고(病苦)를 대신 앓게 되면 척
은 스스로 풀리고 수는 자연히 소멸되
느니라.
5 내가 천하의 모든 병을 대속하리니 그
러므로 후천에는 억조창생에게 병고
가 없느니라." 하시니라.

염색이 질 때 네 아내의 병도 나으리라

88 병오(丙午: 道紀 36, 1906)년 5월에
임피 읍내 이봉현(李鳳鉉)의 집에 머
무르실 때
2 그 이웃 사람이 아내가 폐병을 앓은
지 오래되어 나을 가망이 없으므로 상
제님께 찾아와 살려 주시기를 애걸하
거늘
3 상제님께서 그 집에 가시어 파란색, 빨
간색 염색약을 물에 풀어 그 사람에게
손으로 젓게 하시니 손에 청홍색 물이
드니라.
4 이에 웃으시며 말씀하시기를 "손을 씻
지 말고 염색이 저절로 지게 둘지어다.

그 염색이 질 때에 네 아내의 병도 나
으리라." 하시니 과연 그러하더라.

저 별의 정기를 네 눈에 옮겼노라

5 또 이웃 사람 이명택(李命澤)이 안질로
고생하다가 상제님께 와서 고쳐 주시
기를 청하거늘
6 상제님께서 명택으로 하여금 술을 마
시게 하시고 백지에 글을 쓰신 다음
비벼서 심지를 만들어 눈에 대어 주시
니 눈물이 흐르고 곧 나으니라.
7 상제님께서 동쪽 하늘을 가리키시며
"우러러보라." 하시매 모두 바라보니
대낮임에도 밝은 별이 나타나 있거늘
8 말씀하시기를 "저 별의 정(精)을 네 눈
에 옮겼느니라." 하시니라.

봉현의 노모에게
무병장수의 은혜를 베푸심

9 상제님께서 봉현의 집에서 여러 날 머
무르시다가 떠나실 때
10 봉현에게 이르시기를 "네 집에 폐를
많이 끼쳤으나 갚을 것이 없으니 너의
병쇠한 노모나마 건강하게 하여 세상
떠날 때까지 무병케 하여 주리라." 하
시며
11 "푸른 대 한 개를 가져오라." 하시어
당신의 발에 맞추어 끊으시고 종이에
글을 써서 그 대에 감아 정문 앞에 가
로놓고 모래로 양 끝을 덮으신 후에
12 봉현에게 이르시기를 "오늘밤에 보이
는 것이 있으리라." 하시니라.
13 그 날 밤에 그곳으로부터 서기(瑞氣)가
일어나 하늘에 뻗치는데 마치 밝은 달
빛과 같더니
14 이로부터 봉현의 노모가 기력이 성하
여져 팔십이 넘어 세상을 떠날 때까지
병 없이 지내니라.

죽을 자의 명줄을 이어 주심

89 병오년 6월 초에 임피 군둔리(軍屯
里) 김성화(金聖化)의 집에 가시어
김광찬과 함께 머무르실 때
2 이웃 사람 김 모가 급병으로 사경에
이르매 그 병자의 늙은 어머니가 상제
님께 와서 살려 주시기를 애원하거늘
3 상제님께서 말씀하시기를 "그대의 자
식은 본래 명(命)이 짧아 어찌할 수 없
노라." 하시니
4 늙은 어머니가 울며 "이 몸이 대신 죽
고 자식을 살려 주시면 안 되겠습니
까?" 하고 더욱 간절히 하소연하니라.
5 상제님께서 문득 광찬에게 물으시기
를 "젊은 자의 명과 늙은 자의 명 중에
어떤 것이 중하냐?" 하시니 "젊은 자
의 명이 중하나이다." 하고 대답하거
늘
6 다시 물으시기를 "그러면 늙은 자로
하여금 젊은 자의 명을 대신하여 죽게
함이 어떠할꼬?" 하시니
7 광찬이 "그렇게만 된다면 다행이 될
것으로 압니다." 하고 아뢰니라.
8 이에 상제님께서 병자의 노모에게 말
씀하시기를 "그 병은 그대로 치료하기
어려우므로 함열 숭림사(崇林寺)의 노
승에게 옮겼으니 그 노승은 내일 죽으
리라.
9 병인은 내일 그 절에 가서 노승을 조
문하고 돌아오라." 하시니
10 이로부터 김 모가 완쾌되어 이튿날 그
절에 간즉 과연 한 노승이 죽었으므로
조문하고 돌아오니라.

이놈들아, 송장도 안 가지고 와서

90 하루는 어느 동네에 이르시니 구
슬픈 만가를 부르며 운상 행렬이
지나가거늘
2 상제님께서 어느 곁에 들어가셨는지
상여 안에서 고개를 내밀며 "너희들
뭐하나?" 하시니
3 장강채 위에 서 있던 선소리꾼이 상제
님을 보고는 기겁하여 땅으로 떨어지
니라.
4 이에 모두 크게 놀라 운상 행렬을 멈

추고 주위를 두리번거리며 "아, 왜 그
러시오?" 하고 묻거늘
5 선소리꾼이 두려움에 벌벌 떨며 "저기
를 보시오." 하고 상여를 가리키매 모
두 쳐다보는데
6 순간 상제님께서 상여 속으로 쏙 들어
가시어 노래를 흐드러지게 부르시니
모두 혼비백산하니라.
7 이때 상제님께서 다시 고개를 내미시
며 "이놈들아, 송장도 안 가지고 오고
나를 데리고 와서 그러느냐? 너희 집
에 가 봐라." 하시거늘
8 사람들이 서둘러 집으로 가 보니 말씀
하신 대로 망자의 시신이 방 아랫목에
그대로 있더라.
9 또 하루는 상제님께서 운상하는 상여
위에 오르시어 만가를 부르시니 상여
꾼들이 모두 멈추어 서서 듣고만 있거
늘
10 상제님께서 "왜 안 가고 그러고 서 있
느냐?" 하고 야단을 치시므로 그제야
정신을 차리고 장지를 향해 가는데
11 아무리 가고 또 가도 그 집 문 앞을 벗
어날 수가 없더라.

사금 캐는 사람을 도와주심

91 모악산 일대는 본래 사금(砂金)이
많이 나는 곳이라. 하루는 원평 사
는 한 광부가 주저앉아 크게 한숨만
쉬고 있거늘
2 상제님께서 지나시다가 사유를 물으
시매 그 광부가 아뢰기를 "저는 사금
을 캐서 먹고사는데 비는 오지 않고
물도 바싹 말라 사금을 캐어 놓고도
일지를 못하고 있습니다.
3 벌써 며칠째 양식이 없어서 식솔들은
모두 굶고 있는데 비는 올 가망이 없
으니 답답하고 한스러워 그럽니다."
하니라.
4 이에 상제님께서 "비를 내려 주리니 술
좀 받아 오고, 명태 한 마리 삶아 오너
라." 하시매 광부가 반신반의하며 술
과 명태를 간신히 구해다 올리거늘
5 상제님께서 "명태를 앞에 놓고 술을
따른 다음에 절을 하라." 하시므로 광
부가 명하신 대로 정성껏 절을 하고
일어나니
6 이내 구름 한 점 없이 쨍쨍하던 하늘
에 먹구름이 몰려들어 사금을 채취하
려는 모래 위로 소나기가 쏟아지는지
라
7 광부가 재빨리 금을 일어서 사금을 많
이 채취하매 이후로 잘살게 되니라.

함께 사는 상생 정신을 일깨우심

92 하루는 오랜 가뭄 끝에 비가 오거
늘 윗논은 물이 없어 그대로 말라
있고 아랫논은 물이 넘쳐흐르는지라
2 호연이 이를 보고 이상히 여겨 "어째
위에서 내려오는 물이 아래에는 있고
위에는 없대?" 하고 여쭈니
3 상제님께서 고갯짓을 하시며 "네가 몰
라~, 네가 몰라!" 하고 호연을 놀리시
다가
4 말씀하시기를 "나는 그렇다. 윗논 부
치는 놈은 심보가 나빠서 아랫논 사람
이 배고플수록 좋아라 하니
5 이 사람 잘되게 하느라고 여기만 물을
주었다. 내 심보도 못쓰냐?" 하시니
라.
6 이어 말씀하시기를 "배고픈 놈은 물을
줘야 밥 먹고 살어. 밝은 대낮에 불을
쓰면 밝은 줄을 모르지만 캄캄한 밤에
불을 쓰면 밝고 좋은 줄을 알지?
7 그와 같이 배고픈 사람에게 밥을 줘야
감사하게 알지, 배부른 놈은 줘도 고
마운 줄을 몰라.
8 가난한 사람이니 물을 줘서 살려야 안
하겠냐? 저놈은 줘도 그만 안 줘도 그
만!" 하시고 손에 입을 대시며 아무 말
말라는 눈짓을 하시거늘
9 이때 윗논 주인이 상제님께 찾아와

"아이고, 아무개 논에는 물이 있는데,
우리는 물이 없습니다!" 하고 하소연
하니
10 상제님께서 "야, 이놈아! 물이 없는 것
을 뉘 집에 와서 탄을 허냐!" 하고 꾸
짖어 돌려보내시니라.

마음보 궂은 놈은 못쓴다

93 구릿골에 사는 어떤 사람이 상을
당하여 남의 산에 몰래 묘를 썼거늘
2 상제님께서 "마음보 궂은 놈은 못쓴
다." 하시고 밤에 그 송장을 그 사람의
집 방문 앞에 도로 가 있게 하시니라.

극락이 내 마음속에

3 상제님께서 하루는 말씀하시기를 "땅
탐을 하면 구렁이가 되나니 탐을 말아
라. 극락이 다 내 마음속에 있느니라.
4 배고픈 사람 밥 주고, 옷 없는 사람 옷
주는 내 마음을 바르게 하고, 그 바른
마음을 일상으로 유지해야 극락을 가
는 것이지
5 줘 놓고도 흠구덕을 하고 '나는 아무
것을 줬다, 어쨌다.' 하고 자랑하면 안
준 것만 못하니라.
6 사람이 마음을 잘 먹으면 되는 것이
지, 극락이 따로 있느냐? 다 내 마음
에 있는 것이니라." 하시니라.

독한 놈이 산단다

94 하루는 상제님께서 어느 냇가를
지나시는데 두 노인이 번갈아 가
며 냇물에 빠지려 하거늘
2 상제님께서 그 연유를 물으시니 그 중
한 노인이 "제가 빚을 졌는데 오늘 안
으로 갚지 못하면 죽인다고 하니 차라
리 스스로 죽고자 합니다." 하니라.
3 이번에는 그 옆 노인에게 물으시니 아
뢰기를 "마누라가 길쌈하고 남은 꽁댕
이를 하나 둘씩 이어 간신히 베 두 필
을 짜 주면서 '이것을 팔아 양식을 해
오라.' 하였는데
4 베 판 돈을 내어 주면 이 사람이 빚을
갚을 수는 있겠으나 이 사람을 살리고
보면 집에서 솥 씻어놓고 기다리는 식
구들이 헛일이요
5 그렇다고 저희가 살자면 이 사람이 죽
을 것이니 어찌하면 좋을지 모르겠습
니다." 하거늘
6 상제님께서 말씀하시기를 "마음이 훈
한 놈이 죽어라. 독한 놈이 산단다."
하시니라.

그냥 돌아서 가자

95 하루는 성도들을 데리고 길을 가
시는데 어떤 사람이 인적이 드문
길에서 똥을 누고 있는지라
2 상제님께서 성도들에게 "저기 저 놈이
길 가운데서 똥을 누는데 한 마디 하
고 가랴, 그냥 가랴?" 하고 물으시더
니
3 성도들이 미처 대답하기도 전에 "길가
에서 똥을 누는 놈은 훈계를 들을 것
이나 길 가운데서 똥 누는 놈은 곧 죽
어도 반박할지니 그냥 돌아서 가자."
하시고 산길로 돌아서 가시니라.

장가 못 간 노총각의 한을 풀어 주심

96 구릿골 앞 동네에 사는 노병권이
라는 사람이 어려서부터 남의 집
머슴으로 살다가 마흔이 다 되도록 장
가를 못 간 채 허연 머리를 길게 땋고
다니거늘
2 하루는 상제님께서 "야! 그 머리 끊어
버려라. 보기 싫지 않느냐?" 하시니
3 병권이 "어머니가 절 낳을 적부터 이
머리를 갖고 나왔는데 저 혼자 끊기가
난망하옵니다." 하고 아뢰니라.
4 이에 상제님께서 "이놈아, 건상투라도
꼽지, 어디 늙은 놈이 머리를 갈치 꼬
랑이마냥 길게 늘이고 다니느냐?" 하
시니
5 병권이 "장가도 안 간 놈이 머리를 올

리는 수가 있나요." 하거늘
6 "어째서 장가를 못 갔느냐?" 하고 물
으시매 "제가 죄를 많이 졌는지 부모
덕을 못 입어 조실부모하고 남의 집에
살면서 어찌하다 보니 이렇게 다 늙었
습니다." 하니라.

선령 봉제사도 못 하는 놈이 사람이냐

7 상제님께서 병권의 나이와 이름을 물
으신 후에 "그럼 어찌 그 집에서 마냥
늙느냐? 무슨 연유가 있어 그 집과 같
이 늙는구나!" 하시거늘
8 병권이 "어찌하면 좋겠습니까?" 하고
여쭈니 "어허~ 이놈, 세상에 나와서
부모 대를 못 잇는 놈은 자식이 아니
니라.
9 대를 이어서 그 집안을 퍼뜨리는 것이
장가의 원 뜻일진대 선령 봉제사도 못
하고 죽는 놈이 사람이냐, 이놈아!" 하
고 병권의 뺨을 때리시며
10 "너 내 말 들을 테냐? 그러면 너 한번
좋은 꼴 볼 것이다. 늦복이나 터지게
가르쳐 줄거나?
11 내가 너 장가가게 해 주랴? 어떻게 하
는가 가르쳐 줘?" 하시거늘
12 병권이 일어나 절을 하며 "복 없는 놈
이 무슨 복으로 좋은 꼴을 보겠습니
까? 그렇게만 해 주신다면 원이 없겠
습니다." 하니라.

내가 살게끔 해 주마

13 이에 상제님께서 "네 인생이 불쌍해 내
가 살게끔 해 주마.
14 저 깊은 산중에 칡이 이리 넝쿨지고 저
리 넝쿨지고 서로 어우러져서 더 이상
뚫고 나갈 수 없는 곳이 나오거든 그
곳에서 하루가 저물도록 앉아 있거라.
15 밤이 되어 앉아 있는 땅이 들썩들썩하
거든 옆으로 옮겨 앉아라.
16 그러면 거기서 사람이 나올 것이니 그
사람을 바짝 따라가면 장가도 가고 네
분도 풀게 될 것이다." 하시니라.
17 병권이 이를 믿지 못하여 망설이다가
또 한편으로 생각하기를 '여차가 실차
된다고, 죽느니 한번 가서 해 볼거나?
18 내가 이렇게 살아서 무엇할꼬. 하라
시는 대로 한번 해 보자!' 하며 가르쳐
주신 곳을 찾아가니라.
19 병권이 밤이 깊도록 한참을 자리에 앉
아서 지키니 과연 엉덩이가 들썩들썩
하거늘
20 '옳거니.' 하고 옮겨 앉아 그곳을 가만
히 지켜보니 한 노인이 나오고 조금
후에 말이 뒤따라 나오더라.
21 병권이 일러 주신 대로 노인의 뒤를 바
짝 따라가니 말을 타고 한참을 가다가
어느 부잣집으로 들어가거늘
22 문 안으로 들어서니 마당에는 모깃불
을 피운 채 많은 사람들이 모여 앉아
있는데
23 노인이 마구간에 말을 매어 두고는 제
사상을 차려 둔 방으로 들어가 병풍
뒤에 앉더라.

그 노인의 제삿날이라

97 연전에 그 노인에게 이런 일이 있
었으니, 서로 내 것 네 것 없이 지
내던 친구와 동업으로 장사를 하다가
2 욕심 많은 친구가 노인을 죽여 버리고
깊은 산 칡 덩굴진 곳에 말과 함께 묻
은 뒤에 돈을 챙겨 혼자 집으로 돌아
왔더라.
3 노인의 집에서는 아무리 기다려도 돌
아오지 않으므로 노인이 집을 떠난 날
을 기일(忌日)로 삼아 제사를 지내 오
더니 이 날이 바로 그 노인의 제삿날이
라.
4 참석한 사람들이 많아 모두 방에 들지
는 못하고 일부는 마당에 모여 제사를
지내는데
5 자식들이 차례로 술을 올리고 이어 노
인의 친구가 술을 올리니 갑자기 잔이
툭 떨어지며 술이 엎질러지거늘
6 병권이 마당에서 그 광경을 지켜보다

가 '옳다, 저놈이구나! 무슨 사정이 있
어 술을 주니 그러는구나.' 하며 돌아
앉아 물을 마시고는
7 잠시 후 노인의 아들을 불러 "부친의
시신을 찾았소, 못 찾았소?" 하고 물
으니
8 "나가신 지 삼 년이 되었는데 아직도
찾지 못하여 집 떠나신 날로 제사를
지냅니다." 하고 대답하니라.

죽을 놈도 배고픈 놈도 살려 주어야

9 병권이 "내가 당신의 아버님 시신을
찾아 주면 어찌하겠소?" 하니
10 그 아들이 "내 재산을 반분해 줄 터이
니 우리 아버지 묻힌 곳만 가르쳐 주
시오." 하며 간청하는지라
11 병권이 이를 수락하며 "조금 전에 와
서 술잔을 올린 게 누구요?" 하고 물
으니
12 "아버님이 저 친구 분과 함께 나가셨
는데 저분은 돌아오시고, 아버님은 어
디를 가신 줄 모릅니다." 하니라.
13 이에 병권이 "바로 저 사람이 당신 아
버지를 죽였소. 내일 나와 함께 갑시
다." 하고 이튿날 가족들을 데리고 가
서 노인이 묻힌 곳을 찾아 주거늘
14 이 일로 약속했던 많은 재산을 얻고
그 집 딸과 혼인하여 큰 복을 누리게
되므로 상제님께 찾아와 연거푸 절을
하니
15 상제님께서 말씀하시기를 "죽을 말년
에도 한때를 보려면 보느니라." 하시
니라.
16 하루는 동무들과 싸우고 돌아온 호연
에게 타일러 말씀하시기를 "죽을 놈도
살려 주고, 배고픈 놈도 살려 주고 해
야 덕을 짓는 것이다." 하시니라.

김갑칠에게 내려 주신 은혜

98 하루는 갑칠이 급히 돈 쓸 일이 있
어서 사방으로 구하거늘
2 상제님께서 아시고 갑칠에게 명하여
"돈 삼백 냥을 구하여 오라." 하시매
갑칠이 달리 구할 길이 없으므로 논밭
여섯 두락을 급히 팔아서 올리니
3 상제님께서 돈을 방바닥에 깔고 공사
를 보신 뒤에 도로 돌려주시니라.
4 갑칠이 이 돈을 급히 쓸 곳에 써서 없
앴더니 김제 부자 윤휘영이 그 논밭을
사서 갑칠에게 위토답(位土畓)으로 맡
기니라.

동기간에 우애 있고 일가간에 화목해야

99 상제님께서는 부모에게 불효하거
나 동기간에 못할 짓 하는 사람을
보시면
2 "요런 것은 사람이 아니다." 하시며 그
자리에서 바로 뺨이나 목을 때리시는
데
3 상제님께 맞으면 뺨과 목이 그대로 떨
어져 나가니라.
4 상제님께서 말씀하시기를 "동기간에
우애 있고 일가간에 화목해야지, 어찌
세상에 나와서 부모도 모르고 동기간
도 모르느냐?
5 나 잘살기를 원하지 말고 형제가 잘살
기를 원해야 하느니라." 하시니
6 호연이 여쭈기를 "어찌 그리해야 옳아
요?" 하거늘
7 다시 말씀하시기를 "죽은 선령 봉제사
를 해도 형이 하니 형이 잘살아야 아
우도 살지 형이 못살면 아우도 못산
다.
8 그러니 어쨌든지 동기간에는 우애가
있어야 하고 부모에게는 효자동이 해
야 한다." 하시니라.

알고 짓는 죄가 크다

100 상제님께서 말씀하시기를 "사람
이 남 잘사는 것을 부러워 말고,
남을 해치려고 하지 말아야 할지라.
2 무엇을 믿는다고 해서 내 죄가 감해지
는 것이 아니니라.

3 믿으면서도 내 마음이 궂으면 오히려
알고 짓는 죄가 더 큰 것이니 내 마음
하나만 닦으면 그만이니라." 하시니
라.

불효하는 사람의 코를 꿰어 조리를 돌리심

101 하루는 상제님께서 어떤 사람의
코를 뚫어 끈으로 묶고 조리를
돌리시니
2 호연이 "코를 왜 그래요?" 하거늘 말
씀하시기를 "저놈이 제 부모에게 못된
짓을 했으니 그런다." 하시니라.
3 이에 호연이 "어떤 잘못을 했는데 코
를 뚫어?" 하고 여쭈니
4 "어린것보고 할 소리가 아니다, 어른
보고나 하는 거지." 하시며 웃기만 하
시니라.
5 호연이 더욱 궁금하여 상제님의 귀에
대고 "왜 그려? 나만 가르쳐 줘. 나만
알고 안 가르쳐 줄게." 하는지라
6 상제님께서 "어린것보고 말하면 의젓
지 못해서 안 해. 또 다른 사람들이 '뭐
라고 하더냐?' 하며 너를 성가시게 할
테니 그만두고 저리 가라." 하시고
7 사람들을 향하여 말씀하시기를 "전부
터 나쁜 짓을 하고 집안에 궂은 일을
내면 샘에 여물을 썰어 넣고 코를 뚫
어 조리를 돌렸나니
8 그리해야 본을 뜨고 다시는 그리 않는
다고 그러는 것이다." 하시니라.

큰 죄와 작은 죄

102 상제님께서 말씀하시기를 "창생
이 큰 죄를 지으면 천벌(天罰)을
받고, 작은 죄를 지으면 신벌(神罰) 혹
은 인벌(人罰)을 받느니라." 하시니라.

천벌 받아 구렁이로 태어난 인간

2 구릿골에 계실 때 하루는 성도들이 아
뢰기를 "지금 마당에 큰 구렁이가 있
는데 어디서 왔는지 모르겠으나 이 왕
뱀이 몸을 구부려 움츠리고 눈물을 흘
리고 있습니다.
3 몸집과 길이가 세상에서 보기 드물게
큰 뱀으로 그 모습이 무엇인가 애원하
는 듯합니다." 하거늘
4 상제님께서 친히 밖으로 나가시어 구
렁이를 한동안 바라보시더니 "빨리도
되었구나." 하시니라.
5 성도들이 아뢰기를 "저 구렁이가 무슨
죄를 지었는지, 이토록 애원하니 그
죄를 풀어 구하여 주소서." 하니 상제
님께서 들으시고 "너희들의 말이 가상
하도다." 하시고
6 말씀하시기를 "죄는 제 스스로 짓고
내가 구해 주어야 하니 괴로운 일이로
구나. 남의 천륜(天倫)을 상하게 하는
일이 가장 큰 죄니라." 하시거늘
7 이 말씀이 떨어지자마자 그 구렁이가
기운을 얻은 듯이 즐거운 빛을 띠고
사라지더라.
8 한 성도가 여쭈기를 "사람이 큰 죄를
지으면 죽어서 구렁이가 됩니까?" 하
니
9 상제님께서 이르시기를 "하늘에 이러
한 벌(罰)이 있느니라." 하시니라.

천륜을 끊는 죄

103 상제님께서 말씀하시기를 "죄는
남의 천륜(天倫)을 끊는 것보다 더
큰 것이 없느니라.
2 최익현(崔益鉉)이 고종 부자의 천륜을
해하였으므로 죽어서 죄가 되어 나에
게 하소연하는 것을 볼지어다.
3 유부녀를 범하는 것은 천지의 근원을
떼는 것과 같아 워낙 죄가 크므로 내
가 간여치 아니하노라." 하시니라.

씨도둑은 못 속인다

4 어떤 여인이 간부(姦夫)를 보아 자식을
낳았으나 본부(本夫)는 알지 못하거늘
5 하루는 상제님께서 그 여인에게 이르
시기를 "저 아이가 혈통이 바르지 못

한데도 어찌 모호하게 하여 큰 죄를
짓느냐?" 하시니
6 그 여인이 마침내 모든 사실을 자백하
니라.

오던 길을 되돌아가게 하라

104 상제님께서 하루는 전주 서천교
를 지나실 때 거지들이 떼를 지
어 전주성 쪽으로부터 다리를 건너오
려 하거늘
2 상제님께서 다리를 막아서시며 성도들
에게 이르시기를 "너희들이 이 다리를
먼저 건너가 저들에게 돈을 주어 오던
길을 되돌아가게 하라." 하시므로
3 김병선(金炳善)이 다리를 건너가서 고
루 돈을 나누어 주며 "오던 길을 되돌
아가겠느냐?" 하니 그들이 반가워하
며 돈을 받아 들고 되돌아가니라.
4 이에 상제님께서 그들이 보이지 않을
때까지 기다리시다가 다리를 건너시니
라.

어려서 잘 가르쳐야

105 형렬의 막내아들 천리마는 태어
나는 날 상제님께서 그 이름을
지어 주셨는데, 영리하여 글을 가르치
면 잘 이해하고 뜀박질도 잘 하니라.
2 천리마가 어려서 채 걸음을 걷지 못할
때도 상제님께서 "천 리를 뛰어라, 천
리마야! 만 리를 뛰어라, 만리마야! 어
디 뛰어 봐라!" 하시면
3 상제님의 기운으로 말씀에 따라 걷고
뛰고 하니라.
4 정미(丁未: 道紀 37, 1907)년 정월을 맞아
여자들이 짚단 위에 송판을 얹어 놓고
널을 뛰거늘
5 상제님께서 짚다발을 더 높이 쌓게 하
신 뒤에 천리마에게 "저놈을 뛰어서 넘
어라." 하시니
6 천리마가 거짓말처럼 훌쩍 뛰어 넘으
니라.
7 또 하루는 천리마에게 "저 지붕을 넘
어라." 하시며 형렬에게 이르시기를
"아이들은 어려서 가르쳐야 한다." 하시
니라.

이제 두고 보라

8 하루는 호연이 궁금하여 "어디가 천
리를 뛰어, 만 리를 뛰어? 뭐, 어디를
뛰어서 천리마예요?" 하고 여쭈니 상
제님께서 "인제 두고 봐라." 하시니라.

남은 복을 구하라

106 어떤 사람이 연사(年事)를 여쭈
니 말씀하시기를
2 "칠산(七山) 바다에 조기잡이도 먹을
사람을 정하여 놓고 잡히나니, 농사도
또한 그와 같아서 먹을 사람을 정하고
될지니 그러므로 굶어 죽지는 아니하
리라." 하시니라.
3 또 하루는 형렬에게 이르시기를 "너는
도선(徒善)이라. 오히려 복(福) 마련하기
어렵도다." 하시고
4 "남 잘되는 것을 부러워 말고 남은 복
이 많으니 남은 복을 구하라.
5 호한(呼寒)도 신천(信天)이니 유불사(猶
不死)니라." 하시니라.

세계 구원의 뿌리장사

6 하루는 성도들에게 일러 말씀하시기
를 "세상 사람들이 물건 장사 할 줄만
알지, 천지공사 뿌리장사 할 줄은 모
르는구나." 하시고
7 또 말씀하시기를 "너희들 배고프다는
소리 마라. 호한이라는 새도 사느니
라." 하시니라.

병이란 제 믿음과 정성으로 낫느니라

107 정미년 봄에 전주 불가지(佛可
止) 김성국(金成國)의 집에 계실
때
2 황새골(黃鳥洞)에 사는 문치도(文致道)
가 상제님을 뵈러 오면서 이성동(伊城
洞)의 송대수(宋大綏)에게 들러 함께 오

려 하였더니
3 대수는 마침 일이 있어 같이 오지 못
하고 그 사촌 아우를 딸려 보내며 말
하기를 "내 종제(從弟)가 폐병으로 고
생한 지 여러 해라.
4 이제 위기에 이르렀으니 선생님께 말
씀을 잘 드려 좋은 약을 얻어 주기 바
라노라." 하고
5 돈 이 원을 그 사촌 아우에게 주며 "비
록 약소하나 가지고 가서 술이나 한잔
공양하게. 갚을 때에 이자는 받지 않
겠네." 하니
6 병자가 돈을 받았다가 갚으라는 말
을 듣고 일 원을 되돌려주며 말하기를
"일 원이면 넉넉합니다." 하고 치도를
따라와 상제님을 뵈니라.
7 치도가 상제님께 그의 병세를 아뢰고
고쳐 주시기를 청하니 말씀하시기를
"인색한 자는 병을 고치지 못하느니
라." 하시니라.
8 치도가 말씀드리기를 "이 사람이 본래
가난하여 인색할 거리가 없나이다."
하니
9 말씀하시기를 "주는 것을 받아 가지
고 오지 않았으니 어찌 인색이 아니리
오. 병이란 제 믿음과 정성으로 낫느
니라." 하시거늘
10 치도가 이 말씀을 듣고 상제님의 신성
하심에 놀라고 병자는 부끄러워하며
돌아가니라.

보리밥을 먹게 하라

11 이 날 치도가 돈 일 원을 내어 성국에
게 부탁하여 약간의 술과 안주를 준비
하여 올리니
12 상제님께서 "이것이 어디서 난 것이
냐?" 하고 물으시므로 성국이 치도가
올렸음을 아뢰거늘
13 말씀하시기를 "그 돈이 오늘 저녁에
많이 불어날 것인데 부질없이 소비하
는도다." 하시니라.
14 대저 그 돈은 그 날 저녁에 노름 밑천
을 하려고 준비해 둔 것이라, 치도가
더욱 놀라며 천신(天神)이 강세하신 줄
로 믿으니라.
15 치도가 물러감을 아뢰니 상제님께서
말씀하시기를 "병자는 오늘 저녁부터
보리밥을 먹게 하라." 하시거늘
16 치도가 돌아와서 병자에게 그대로 이
르니 과연 보리밥을 먹으매 얼마 안
있어 병이 나으니라.

정괴산에게 주신 복솥

108 구릿골 앞에서 술장사하는 정괴
산(丁槐山)이 가난하여 겨우 연
명하되 항상 상제님을 지성으로 공대
하니라.
2 하루는 상제님께서 그 집에 가시니 괴
산이 상제님께 대접하려고 질솥에 개
장국을 끓이다가 갑자기 질솥이 깨어
지매 괴산의 아내가 낙담하여 울고 서
있거늘
3 상제님께서 불쌍히 여기시고 신경원(辛
京元)에게 명하시어 그가 경영하는 솥
점에서 철솥 한 개를 가져다주시며 말
씀하시기를
4 "이 솥을 잘 간수하라. 그러면 집안 살
림이 일어나리라." 하시더니
5 이로부터 그 부부가 돈을 많이 벌어
가세가 점점 넉넉하여지니라.
6 그 뒤에 괴산이 태인 방아다리(芳橋)로
이사할 때에 그 철솥을 환평에 사는
정동조(鄭東朝)에게 팔았더니
7 괴산은 도로 가난하여지고, 동조는 넉
넉하게 되거늘 사람들이 그 철솥을 복
솥이라 일컬으니라.

참 잘 먹었다

109 상제님께서 하루는 끼니때가 지
나 어느 누추한 집에 들어가시
어 "아침밥을 내오라." 하시니
2 주인 내외가 "밥이 하나도 없습니다."
하매 상제님께서 "그러면 밥 해 먹은

솥에 물이라도 부어서 긁어 오너라."
하시거늘
3 내외가 아뢰기를 "아침에 메밀죽을 묽
게 끓여 먹고 솥을 닦아 버려서 남은
게 아무것도 없습니다." 하니라.
4 이에 상제님께서 "그럼 그 솥에다 물
한 그릇 부어서 가져오너라." 하시니
안주인이 명하신 대로 물을 떠다 올리
매
5 상제님께서 단숨에 다 드시고 "참 잘
먹었다." 하시며 길을 떠나시니라.
6 이후로 그 집 내외가 전과 달리 돈을
잘 벌게 되어 가세가 점점 넉넉해지니
라.

사람이 만들 탓이지 먹을 것 없다 말아라

110 이 해 봄에 호연이 "선생님, 먹
을 게 아무것도 없어요. 소금이
라도 있으면 넣어서 간을 맞추겠는데
소금도 없고 어쩌면 좋아요?" 하고 걱
정하더니
2 잠시 후에 소쿠리를 들고 밭에 나가
보리를 베어 오니라.
3 상제님께서 이를 보시고 "아이구 어쩔
거나, 보리를 베다가 임자에게 들켜서
물어내라고 하면 어쩌려고 그렇게 베
어 먹어?" 하고 겁을 주시거늘
4 호연이 뾰로통해져서 "시켰다고 그러
지." 하니 상제님께서 호연을 타이르
시며 "사방 천지에 풀도 많더라. 그런
놈도 베어다가 먹게 해 놓으면 다 먹
어져." 하시니라.
5 이에 호연이 "좀 조용히 해요." 하고
사방을 둘레둘레 살피며 "어쩔까…."
하고 망설이거늘
6 상제님께서 "야야, 소쿠리 줘 봐라. 내
가 가서 쑥이나 좀 캐 와야겠다." 하시
니
7 호연이 소쿠리를 내어 드리며 "쑥은
써서 못 먹어요." 하는지라
8 상제님께서 "쑥이라는 것은 뱃속에 들
어가면 속을 따뜻하게 하는 것이니,
그놈도 시퍼런 물 쏙 빼고 채에다 조
로록 받쳐서 씻으면 괜찮아.
9 다 사람이 만들 탓이지 먹을 것 없다
말아라." 하시거늘 호연이 그제야 "그
려." 하고 대답하니라.
10 이후로 상제님께서 종종 쑥을 캐 오시
니 그 때마다 호연이 상제님께서 일러
주신 대로 쑥물을 빼고 쑥개떡을 만들
어 드리니라.
11 또 상제님께서 어디를 가실 때면 호연
이 이따금씩 쑥떡을 싸서 드리는데
12 하루는 상제님께서 쑥떡을 가지고 밖
에 나가셨다가 돌아오시어 말씀하시
기를
13 "아, 이놈을 물가에 가지고 가서 먹으
니 참 맛나더라. 이런데 내가 호연이
를 잊어버리겠냐? 아이구, 손 얼었겠
다!" 하시며 손을 잡고 호호 불어 주시
니라.

송피로 떡을 만든 호연

111 하루는 상제님께서 밖에 나가시
어 송피를 한 망태기 해 오시거
늘
2 호연이 "이걸 무엇 하려고요?" 하고
여쭈니 "너 송피떡 하라고." 하시니라.
3 이에 호연이 "할 줄 알면 하세요. 나는
안 먹어 봐서 몰라요." 하니
4 "너는 할 줄 알아서 좀 얻어먹나 했더
니, 할 줄 몰라? 모르면 내버려라." 하
시거늘
5 호연이 그런다고 대답은 했으나 일일
이 손으로 송피를 벗기신 상제님의 노
고를 생각하니 아까운 마음이 드는지
라
6 송피를 몰래 가져다가 빨래를 하려고
받아 둔 콩대 잿물에 푹 삶은 후 냇가
에 가서 잘 빨아 물에 담가 두니라.
7 얼마가 지난 후 다시 개울가에 나가

송피가 뭉그러지도록 체에 밭쳐 여러
번 빨아 말린 후 가루를 내어
8 쌀과 서숙 등 곡식을 찧은 가루와 잘
버무려 찌니 송피떡이 되거늘
9 이를 상제님께 올리매 맛있게 드시며
말씀하시기를 "내버렸다더니 언제 이
렇게 했느냐? 이렇게 맛있는 것을 내
버릴 뻔했다." 하시고
10 "아이구, 우리 호연이! 이런 걸 어떻게
만들 줄 알꼬? 누가 가르쳤을까!" 하
시며 머리를 쓰다듬어 주시니라.
11 또 가을에 하루는 상제님께서 "시월이
덧없다." 하시며 언덕 밑으로 가시어
수리취를 뜯어 오시거늘 호연이 "그걸
뭣 하려고 그래요?" 하니
12 말씀하시기를 "이것으로 떡을 하면 쫄
깃쫄깃하니 동네 사람들에게 갖다 주
려고 그런다." 하시며 줄기를 추려내
어 볕에다 널어놓으시니라.

김 주사 딸의 병을 고쳐 주심

112 하루는 구릿골로 시집와 살고
있는 신암(新岩) 김 주사의 딸이
다리에 병이 들어 사경에 이르거늘
2 그 시아버지 김명우(金明佑)와 남편 향
철(香哲)이 상제님께 찾아와 살려 주시
기를 간청하니
3 상제님께서 말씀하시기를 "흰 장닭 한
마리를 사다가 털 뽑고 창자를 긁어내
어 푹 삶아 고기는 먹고 뼈다귀와 털
은 삼거리에 갖다 묻으라." 하시거늘
4 돌아가서 그대로 행하니 병이 곧 나으
니라.

주모의 연주나력을 고쳐 주심

113 용암리 앞 주막의 주모가 연주
나력(連珠瘰癧)으로 목의 힘줄과
살이 곪아 여러 해 동안 몹시 고생하
다가 말경에 이르거늘
2 하루는 상제님께서 그 주막 앞을 지나
시므로 주모가 병을 고쳐 주시기를 애
걸하니라.
3 이에 상제님께서 글을 써서 그 집 개에
게 던지시니 그 순간 개는 엎어져 죽
고 주모의 병이 곧 나으니라.

남에게 욕설을 많이 하면

114 구릿골 이재헌(李載憲)의 아내가
병들어서 수년 동안 앓으매 수
척하여 뼈만 남았거늘 재헌이 상제님
께 와서 고쳐 주시기를 간청하니
2 말씀하시기를 "그 병은 병자가 평소에
남에게 욕설을 많이 하여 그 보응(報
應)으로 난 것이니 날마다 회개하면 병
이 저절로 나으리라." 하시니라.
3 재헌이 명하신 대로 그 아내를 잘 달
래어 날마다 허물을 뉘우치게 하니 그
뒤로 곧 나으니라.

무례한 노인들을 경계하심

115 어느 무더운 여름날 상제님께서
태인 감산면 기름재(油峙)를 지
나시는데
2 모정에서 피서하던 노인들이 대뜸 반
말로 "어이 증산, 재주나 한번 부리고
가소." 하거늘
3 상제님께서 "내가 뭔 재주가 있다고
그러는지 모르겠소." 하시며 그냥 지
나려고 하시니
4 노인들이 서로 "빼지 말고 재주 한번
부려 보소." 하고 조롱하니라.
5 이에 상제님께서 하늘을 향해 손짓을
하시매 어느새 시커먼 구름 하나가 둥
둥 떠 와서 하늘을 덮더니 갑자기 광
풍이 휘몰아치며 소나기가 퍼붓기 시
작하거늘
6 바람이 어찌나 세찬지 빗줄기가 모정
안으로 곧장 들이쳐서 노인들의 온몸
이 그대로 흠뻑 젖으니라.
7 달리 피할 곳도 없는 터라 노인들이
그 자리에서 한참을 덜덜 떨고 있는데
비바람은 잦아들 기미가 없고 시간이

흐를수록 오히려 그 기세가 더하거늘
8 마침내 누가 먼저랄 것도 없이 상제님
을 향해 "좀 살려 주소. 제발 그만 오
게 해 주소." 하며 애걸을 하니라.
9 이에 상제님께서 느린 걸음으로 정자
주위를 몇 차례 도시다가
10 노인들을 측은히 바라보시며 말씀하
시기를 "언제는 나보고 재주 한번 보
여 달라 하더니 이제는 살려 달라고
애걸을 하요?" 하시고
11 하늘을 향해 손짓을 하시니 순간 사납
게 몰아치던 비바람이 딱 그치니라.
12 이에 노인들이 민망해하며 슬쩍 상제
님을 바라보니 의관에 물방울 하나 묻
지 않으셨더라.

내가 팔아 줄 테니 가만있거라

116 상제님께서 구례(求禮)에 가시니
한 농부가 원두막에서 수박밭과
참외밭을 지키고 있거늘
2 상제님께서 "내가 지켜 주겠노라." 하
시고 농부를 보내신 후에 수박과 참외
를 다 따서 줄에 달아 그물 모양으로
쭉 걸어 놓으시니
3 그 모습이 마치 사월 초파일에 등을
달아 놓은 것 같더라.
4 잠시 후 밭주인이 와서 이를 보고는
"아이고, 참외를 지킨다더니 당신이
여기를 망쳐 놨소." 하며 울상을 짓거
늘
5 상제님께서 "어디가 망했느냐?" 하고
물으시니 그가 참외를 팽개치며 "아,
밭을 지켜 준다더니 익은 것이나 설익
은 것이나 다 따서 이렇게 줄에다 달
아 놨으니 내 밭은 망한 것 아니오?
6 이제는 팔아먹지도 못하고, 나는 목숨
다 떨어졌소." 하며 울먹이니라.
7 이에 상제님께서 "이놈아, 사람들이
사러 오면 하나씩 뚝뚝 따 줘라." 하시
니
8 밭주인이 "저렇게 다 땄는데 참외가
어디에 있소?" 하며 툴툴대거늘
9 상제님께서 "망했는가, 안 망했는가
어디 두고 봐라. 내가 다 팔아 줄 테니
가만 앉아 있거라." 하시니라.

내게 욕하니 허신이 그랬는가 보구나

10 호연이 매달아 놓은 수박과 참외를 보
니 그 모습 그대로도 밭처럼 보이거늘
11 사람들이 수박과 참외를 사기 위해 이
따금 찾아오면 그 때마다 줄에서 쏙쏙
빼 주시니라.
12 잠시 후에 상제님께서 밭주인을 바라
보시며 "이래도 망했냐? 절반씩 나누
자!" 하시니 주인이 여전히 불평을 하
거늘
13 상제님께서 "너, 대가리 두 조각 나고
싶으면 그리하고, 그리 안 하고 좋게
사귀려면 가만히 저 막에 가 있어라.
가는 길에 밥이나 갖고 오너라." 하시
니라.
14 이에 밭주인이 돌아서며 "이쁘지도 않
은 가오리가 뭣 한다." 하고 중얼거리
니 순간 입이 열십자로 쭉 찢어져 버리
거늘
15 주인의 아내가 크게 놀라 황급히 밥을
챙겨 와서는 "아이구, 째보가 됐으니
어떻게 밥을 먹고 살아요? 참외고 뭐
고 우선 살려 주십시오!" 하며 간청하
니라.
16 상제님께서 "내가 그랬느냐? 내게 욕
하니 허신(虛神)이 그랬는가 보다!" 하
시며 딴전을 부리시거늘
17 그의 아내가 더욱 매달리며 살려 주시
기를 애원하니 못마땅해하시며 "내가
안 했다 하지 않더냐! 내가 너한테 '그
랬다, 안 그랬다.' 하고 빌어야 하느
냐?
18 잔말 말고 밥이나 이리 가져오고, 저
기 가서 우리 호연이도 좀 데려오너
라." 하시니라.
19 이에 하는 수 없이 그의 아내가 호연
을 찾아 나서며 "호연아, 호연아~" 하

고 부르는데 상제님께서 "'호연아' 말
고 '호연씨' 그래라." 하시거늘
20 다시 "호연씨~ 호연씨~!" 하고 부르
니 호연이 참외를 먹으러 오라는가 하
여 얼른 달려오니라.
21 상제님께서 호연에게 "밥 먹어라. 찬
문이 집에서는 밥을 해 놓고 기다리면
파리가 먼저 앉지?" 하시니
22 호연이 "아이, 이제 파리 안 먹게 덮어
놨던데요." 하거늘 "파리 밥 먹지 말고
우리 이놈 먹자." 하시니라.
23 이어 상제님께서 호연과 함께 진지를
드시는데 누가 수박을 사러 오거늘
24 헐값에 파시니 입소문이 번져 순식간
에 참외와 수박이 동나니라.

네가 가서 낫게 해 주어라

117 상제님께서 밭주인을 향하여 말
씀하시기를 "쨰보야, 쨰보야! 이
수박, 참외 다 팔았다." 하시니
2 "아이구, 얼마를 받으셨든지 이 입이
나 고쳐 주십시오!" 하며 간곡히 청하
거늘
3 상제님께서 "그러면 이 돈은 내가 먹
고, 입만 고쳐 주랴?" 하고 떠 보시는
데
4 밭주인이 "마음대로 하십시오." 하고
대답하매 그저 웃기만 하시니라.
5 이에 호연이 "남을 그렇게 하면 못쓰
니 고쳐 주세요." 하고 청하니
6 상제님께서 귓속말로 이르시기를 "네
가 가서 낫게 해 줘라. 씨아똥풀을 끊
으면 젖 같은 물이 나오니 그 물을 발
라 준 후에 밤나무 잎사귀로 닦아 주
어라." 하시는지라
7 호연이 일러 주신 대로 하니 밭주인의
입이 예전과 같이 돌아오거늘
8 상제님께서 수박과 참외 판 값을 내어
주시매 좋아서 어쩔 줄을 모르더라.
9 상제님께서 이르시기를 "야, 이놈아.
내가 팔아 준 값 내놔라." 하시니
10 밭주인이 한껏 기분이 좋아 "얼마를
드려야 할지 가늠할 수 없으니, 요량
해서 저를 주십시오." 하거늘
11 상제님께서 "에라, 너 다 가져라. 나는
이제 떠난다." 하시며 호연을 데리고
길을 떠나시니라.

천지에 거름 주는 공사

118 상제님께서는 종종 담 밑에 검
불이나 마분지를 깔고 용변을
보신 다음 둘둘 말아서 남의 집 텃밭
이나 남새밭에 휼떡 던지시는데
2 매번 새벽에 일을 보시니 호연만 알
뿐 동네 사람들은 알지 못하니라.
3 하루는 아침이 밝자 "어떤 놈이 똥을
싸서 여기다 집어 던졌어?" 하고 불평
하는 이웃집 아낙의 소리가 들리거늘
4 호연이 "저 집에서 똥 싸서 내버렸다
고 욕해요." 하고 여쭈니
5 상제님께서 도리어 역정을 내시며 "내
가 거름을 주었는데 나쁘다고 해? 거
름 줘서 나쁘다는 년은 그년이다." 하
고 호통을 치시니라.

극심한 가뭄에 비를 내려 주심

119 하루는 상제님께서 차경석(車京
石), 차순옥(車順玉) 등 성도들과
함께 모악산 부근을 지나시는데 날이
가물어 논에 벼가 빨갛게 타들어 가거
늘
2 성도들이 탄식하며 아뢰기를 "흉년이
들면 인심이 사나워질 텐데 소작하는
농민들만 안됐습니다." 하니라.
3 상제님께서 이 말을 들으시고 문득
"너희들 내 삿갓 옆으로 바짝 오면 비
안 맞고 멀리 가면 비 맞는다." 하시니
4 말씀이 끝나자마자 돌연 산 밑으로 돌
풍이 불면서 굵은 소나기가 퍼붓거늘
순식간에 너른 들판에 물이 넘쳐나니
라.

닦지는 않고 죄만 지으면

120 상제님께서 말씀하시기를 "닦지 는 않고 죄만 지으면 도가니 속 에 무쇠 녹듯 하리라.
2 어리석고 약하고 빈하고 천한 것을 편히 생각하고 모든 죄를 짓지 말라." 하시니라.
3 또 말씀하시기를 "날마다 새로워지도록 덕(德) 닦기에 힘쓰라." 하시니라.
4 하루는 성도들에게 이르시기를 "공(功)은 포덕(布德)보다 더 큰 것이 없고, 죄(罪)는 남의 윤리를 상하게 하는 것보다 더 큰 것이 없느니라." 하시니라.

끌러 버린 허물은 생각지 말라

5 차경석이 지난날의 허물을 생각하여 근심하거늘 상제님께서 일러 말씀하시기를
6 "일찍이 '내 앞에 낱낱이 생각하여 풀어 버리라.' 하였거늘 어찌 지금까지 남겨 두었느냐. 이 뒤로는 다시 생각하지 말라." 하시니라.
7 이어 성도들에게 말씀하시기를 "과실(過失)이 있거든 다 풀어 버리라. 만일 하나라도 남아 있으면 신명(身命)을 그르치느니라." 하시니라.

나는 대효를 행하고 있느니라

121 하루는 상제님께서 채사용(蔡士用)과 성도 여러 명을 데리고 천원리에 이르시어 한 집으로 들어가시니라.
2 이에 성도들이 따라 들어가 보니 한 노인이 신을 삼고 있는데 상제님께서 삿갓을 들고 그 옆에서 한참을 바라보시다가 나오시거늘
3 성도들이 "그 노인은 누구십니까?" 하고 여쭈니 말씀하시기를 "나의 부친이니라." 하시니라.
4 사용이 황송한 마음에 즉시 백미 한 말을 져다 드리고 오니
5 상제님께서 이미 아시고 "나의 부친이 죄가 많으므로 신틀로써 그 죄를 감하게 하였거늘 너로 인하여 나의 부친은 3년을 더 신을 삼아야 하리라." 하시니라.
6 상제님께서는 성도들이 간혹 부친의 빈궁함을 보고 돈이나 곡식을 드리는 자가 있으면 크게 꾸짖으시고 도로 거두시어 가난한 사람들에게 나누어 주시거늘
7 성도들이 그 연고를 여쭈니 말씀하시기를 "하늘의 복(福)이 다시 시작되는 그 처음의 때를 당하여 내가 모범을 보이나니 나는 대효(大孝)를 행하고 있느니라." 하시니라.
8 하루는 문공신(文公信)에게 말씀하시기를 "나의 부친도 나중에 잘 살아야 되지 않겠느냐." 하시니라.

네 부친의 가슴을 헤아려 보라

122 하루는 상제님께서 정남기(鄭湳綺)의 집에 이르시니
2 남기의 아우가 무슨 일로 부친에게 꾸지람을 듣고 불손한 말로 대답하고는 밖으로 나가다가 다시 안으로 들어오더니
3 갑자기 문 앞에 우뚝 서서 움직이지 못하고 계속 소리를 지르면서 땀을 흘리며 괴로워하거늘
4 온 집안 사람들이 크게 놀라 어찌할 바를 모르더라.
5 이윽고 상제님께서 돌아보시며 "어찌 그렇게 고통스러워하느냐?" 하시니 그제야 움직이며 정신을 차리거늘
6 집안 사람들이 그 까닭을 물으니 대답하기를 "갑자기 정신이 혼미해지고 숨이 막혀 호흡이 잘 되지 못하며 뼈마디가 굳어져 옴짝달싹도 못했습니다." 하니라.
7 상제님께서 물으시기를 "그 때에 네 가슴이 답답하더냐?" 하시니 아뢰기를 "심히 답답하여 견딜 수가 없었습

니다." 하거늘
8 상제님께서 크게 꾸짖어 말씀하시기를
"네가 당한 바로써 네 부친의 가슴을
헤아려 보라.
9 네 부친에게 그렇게 불경한 말을 하였
으니 부친 가슴이 어떠하였겠느냐.
10 효는 만복의 근원이요 만행의 근본이니
이 뒤로는 허물을 뉘우쳐 다시는 그리
하지 말지어다." 하시니라.

만복의 근원, 부부의 도(道)

123 상제님께서 하루는 성도들에게
말씀하시기를 "부부란 인도(人道)
의 시작이요 만복(萬福)의 근원이니라.
2 그러므로 한 남편과 한 아내가 복으로
써 일가를 이룸이 천하에 미치는 영향
이 막대하고
3 화(禍)로써 한 가정을 이룸이 천하에
미치는 영향이 막대하니라.
4 얼굴도 모르고 마음도 모른 채 부모
의 명에 따라야 하는 것이 선천의 혼인
이었나니 이로 인해 온갖 악폐가 함께
생겨났느니라.
5 앞 세상에는 여자도 제 짝은 제가 골
라 시집가게 하리라.
6 남녀가 마음이 맞으면 부모에게 허락
을 청하여 승낙을 받고
7 나에게 공경을 다해 혼인을 고하면서
두 사람의 마음을 맹세하고 소망을 기
원하며
8 그 부모에게 효도를 다해 낳아서 길러
준 공덕에 보답할 것을 서약하여 부부
가 되나니
9 그 부부는 종신토록 변치 않느니라."
하시니라.

지성에 움직이지 않는 마음은 없다

10 하루는 한 성도가 여쭈기를 "아내 된
자가 완강하여 순종하지 않고 끝내 남
편을 따르지 아니하면 어떻게 하옵니
까?" 하니
11 말씀하시기를 "사리에 맞게 이야기하
고 따뜻한 정으로 권하여 정성을 다해
타이르면 반드시 마음을 합하게 되느
니라.
12 온화한 마음으로 잘 달래어 정성을 보
이라. 지성(至誠)에 움직이지 않는 마
음은 없느니라." 하시니라.

삼신 들어가니 아기 받으라

124 상제님께서 하운동의 어느 집을
자주 찾으시는데 하루는 그 집
내외가 "아들 하나 점지해 주옵소서."
하고 간청하거늘
2 웃으며 말씀하시기를 "이 사람들아,
자네들은 팔자에 아들이 없어." 하시
니라.
3 얼마 후에 그 집을 다시 찾으시어 문
밖에서부터 '아무개댁, 아무개댁.' 하
고 택호를 부르시며
4 "삼신(三神) 들어가니 아기 받으라." 하
시는지라
5 그 집 내외가 태기(胎氣)가 전혀 없는데
상제님께서 그리 말씀하시니 이상하
게 생각하면서도 "예." 하고 대답하였
더니
6 과연 며칠 후부터 태기가 있어 열 달
뒤에는 고대하던 아들을 낳으니라.
7 이에 그 내외가 아들을 안고 상제님을
찾아와 정성껏 폐백을 올리며 은혜에
감사하니라.

전통 의례의 칠성 기운

125 하루는 상제님께서 성도들에게
물으시기를 "너희들이 상투의 이
치를 아느냐?" 하시니 성도들이 대답
하지 못하거늘
2 상제님께서 말씀하시기를 "상투가 앞
으로는 네 번 돌고, 뒤로는 세 번 돌아
칠성(七星)이 응하였나니
3 너희들 각자가 칠성을 짊어지고 다니
느니라." 하시니라.
4 상제님 어천 후에 성도들은 이 말씀을

상기하여 각기 상투를 보전하니
5 김자현(金自賢), 차경석, 안내성(安乃成)
등 많은 성도들이 상제님의 말씀을 중
히 여겨 죽을 때까지 머리를 깎지 않
으니라.

전생의 보복을 받은 것

126 하루는 신경수(申京守)가 돼지
한 마리를 기르다가 도둑 맞고
와서 아뢰기를
2 "내성이 본시 가난하여 돼지 구할 돈
이 없을 터인데, 제 집에서 기르는 돼
지를 훔쳐 온 것이 틀림없습니다." 하
니
3 상제님께서 말씀하시기를 "이놈아! 내
가 시켰다. 그 돼지를 찾지 말라.
4 네가 전생에 남의 눈을 속여서 손해를
끼쳤으므로 금세(今世)에 그 보복을 받은
것이니 분해하지도 말고 아까워하지
도 말라." 하시니라.

부모가 잘못해서 죽었다

127 정미년 초겨울에 상제님께서 내
성을 데리고 전주 난전면(亂田面)
도덕골을 지나시는데
2 어느 집에서 곡소리가 들리므로 내성
이 서둘러 들어가 보니 그 집 외아들
이 방금 죽었더라.
3 상제님께서 내성에게 말씀하시기를
"저 부모가 잘못해서 죽었다." 하시며
4 "어허, 저놈이 어거지로 죽었으니 아직
영(靈)이 있어. 살려 줘야겠다." 하시고
방에 들어가시더니
5 내성에게 "말라붙어 있는 피마자 잎사
귀 몇 개 따 오라." 하시어 죽은 아이
가슴을 피마자 잎으로 덮으시고
6 다시 아이를 이불로 싸서 반듯하게 뉘
어 놓으신 뒤에 집주인에게 "방이 뜨
끈뜨끈하도록 불을 때라." 하시니라.
7 이어 내성에게 "우리도 좀 쉬었다 가
자." 하시고 한두 시간쯤 지나자 집주
인에게 "이제 방에 가 보라." 하시매
8 집주인이 방문을 여니 아들이 멀쩡히
깨어나 놀고 있거늘
9 상제님께서 아이의 몸을 가리키시며
"잘 살펴보라." 하시므로 집주인 내외
가 보니 아이의 땀구멍에 꿀이 땀처럼
배어 나왔더라.
10 이는 단것을 좋아하는 아이에게 그 내
외가 꿀을 너무 많이 먹인 까닭이더라.

고기 반찬에 잘 먹어야 하리라

128 11월에 상제님께서 정읍을 떠나
시며 내성에게 명하시기를 "내
가 돌아올 때까지 모든 일을 전폐하고
절곡(絕穀)하며 문밖 출입도 삼가라."
하시고
2 구릿골로 가셨다가 7일 뒤에 박공우
(朴公又)를 데리고 다시 대흥리 경석의
집에 가시니 내성이 기운을 못 차리고
기어와 방에 엎드려 울고 있더라.
3 상제님께서 말씀하시기를 "어찌 그러
느냐?" 하시니 대답하기를 "여러 때
굶어서 그렇습니다. 굶주려서 더 이상
살 수가 없습니다." 하매
4 불쌍히 여겨 눈물을 흘리시며 "네가
심히 굶주렸구나." 하시고 무른 감 한
개를 먹이시니 기운이 곧 소생하거늘
5 상제님께서 측은히 바라보시며 말씀
하시기를 "내성아, 네 몸에 후히 녹(祿)
을 붙여 주리니 이 뒤로는 의식을 풍
족히 누리리라. 고기 반찬에 잘 먹어
야 하리라." 하시니라.

죽었을 때는 안 울더니 살아나니 우는구나

129 이 해 겨울에 공신의 집에 머무
르실 때 하루는 상제님께서 어
둑새벽에 일어나 아무 말씀도 없이 짚
신을 신고 급히 길을 나서시거늘
2 성도들이 모두 무슨 일인가 하여 뒤를
따르니 상제님께서 한 시오리 남짓을

걸어 새울에 사는 사음 박씨의 집으로
가시니라.
3 이때 평소에는 상제님께서 오시면 버
선발로 문 앞까지 뛰어나와 반기던 박
씨가 웬일인지 밖에서 인기척을 하여
도 내다보지 않거늘
4 상제님께서 "이 사람, 집에 있는가?"
하시고 성도들과 더불어 안으로 들어
가시니
5 그제야 박씨가 방문을 열고 상제님을
맞이하는데 눈가에 눈물이 번진 채 넋
이 나간 얼굴로 아뢰기를 "복래라는
놈이 엊저녁에 죽었습니다." 하고 털
썩 주저앉더라.
6 이에 상제님께서 성도들과 더불어 방
안에 드시어 박씨의 죽은 아들 복래의
옷을 벗긴 후 방 한가운데다 옮겨 누
이시고는 성도들로 하여금 빙 둘러앉
게 하시더니
7 박씨에게 처방을 일러 주시며 급히 약
을 달여 오게 하시어 숟가락으로 죽은
아이의 입에다 조금씩 떠 넣으시니라.
8 이때 공신은 상제님께서 죽은 사람 살
리시는 것을 처음 보는지라
9 내심 의혹을 품고 '만약 저 아이를 살
리지 못하면 뒤꼭지가 부끄러워 어떻
게 이 집을 나설꼬.' 하고 생각하니라.

막걸리가 심장에 올라붙어서

10 그 후 한나절이 지나도록 소생의 기미
가 없거늘 성도들 모두 은근히 조바심
이 나서 애써 눈길을 돌리는데
11 이윽고 상제님께서 "저놈 손가락 까딱
거리지 않는가?" 하시는지라
12 모두 죽은 아이를 유심히 살피니 순간
아이의 발가락이 까딱거리거늘
13 상제님께서 다시 "저놈 발가락 까딱
거리지 않는가?" 하시니 모두 반갑게
"예!" 하고 대답하니라.
14 얼마 후에 죽은 아이가 눈까풀을 파르
르 떨더니 "앙!" 하고 울음을 터뜨리며
깨어나 눈을 뜨거늘 눈알이 충혈되어
좀 빨갛더라.
15 이때 윗방에서 창호지에 구멍을 뚫고
가슴 졸이며 지켜보던 복래의 어머니
가 너무 기뻐서 울음을 터뜨리니
16 상제님께서 말씀하시기를 "죽었을 때
는 안 울더니만 살아나니까 우는구나.
죽은 자식 살려놨으니 술도 가져오고
안주도 가져와야지." 하시니라.
17 이어 박씨에게 이르시기를 "애가 조금
있다가 오줌 마렵다고 할 테니 그 오
줌을 받아서 나에게 가져오라." 하시
어 오줌을 보시니 그 색깔이 뿌옇거늘
18 상제님께서 성도들에게 "이것이 무엇
같으냐?" 하고 물으시니 저마다 "쌀뜨
물 같다.", "구정물 같다." 하는데
19 "이것이 막걸리 빛 안 같으냐? 이 아이
가 어제 막걸리를 부모 몰래 먹었는데
그것이 그만 심장(心臟)에 올라붙어서
그 지경이 되었느니라." 하시니라.
20 이에 박씨가 '영영 놓칠 뻔한 아들을
살려 주시니 이 은혜를 어찌 갚을꼬.'
하며 기쁜 마음으로 주안상을 차려 올
리니 상제님께서 성도들과 더불어 즐
겁게 드시니라.

이제는 복록을 먼저 하라

130 하루는 성도 서른세 명을 모아
주문을 지어 읽히시니 이러하니
라.
2 新天地家家長世 日月日月萬事知
신천지가가장세 일월일월만사지
新天地造化定 永世不忘萬事知
신천지조화정 영세불망만사지
侍天主造化定 永世不忘萬事知
시천주조화정 영세불망만사지
侍爲天主顧我情 永世不忘萬事宜
시위천주고아정 영세불망만사의
壽命誠敬信 至氣今至願爲大降
수명성경신 지기금지원위대강
福祿誠敬信 至氣今至願爲大降
복록성경신 지기금지원위대강

明德 觀音 八陰八陽
명덕 관음 팔음팔양
至氣今至願爲大降
지기금지원위대강
三界解魔大帝神位
삼계해마대제신위
願趁天尊關 聖帝君
원진천존관 성제군
3 상제님께서 말씀하시기를 "동학은 드
는 날로부터 녹(祿)이 떨어지나니
4 대저 녹이란 것은 곤(坤)에 붙어 있는 것
이거늘 동학은 '시천주조화정(侍天主造
化定)'이라 하여 하늘에만 편중하는 까
닭이요
5 또 '수명복록(壽命福祿)'이라 하지마는
수명만 길고 복록이 없으면 죽는 것만
같지 못하거늘 수명을 먼저 하고 복록
을 뒤로 하는 까닭이니라.
6 그러므로 이제는 복록을 먼저 하라."
하시며 소리 높여 외우게 하시니라.

선천의 고루한 체면 문화를 개벽하심

131 상제님께서는 항상 성도들에게
그릇된 양반의 체면에 조금이라
도 얽매이는 것을 경계하시니
2 길을 가시다가도 쓰러져 가는 누추한
집을 보시면 지붕을 이어 주시고
3 벼 베는 머슴들의 수고를 안쓰럽게 여
기시어 손수 벼를 베어 주기도 하시거
늘
4 상제님께서 들어가시는 곳에서는 저마
다 '횡재 만났다.'며 좋아하더라.

누추한 집을 몸소 청소해 주심

132 무신(戊申: 道紀 38, 1908)년에 하
루는 상제님께서 안양동(安養洞)
을 지나시다가 누추한 집을 보시고 몸
소 팔을 걷어붙이신 채 맨발로 청소를
해 주시거늘
2 호연이 "아이구, 이 마을에서도 흉잡
히겠어요. '저기 저 양반이 구릿골 강
증산이 아니냐.'고 그래요." 하고 속삭
이니 상제님께서 "누가 그러더냐?" 하
고 물으시니라.
3 이에 호연이 "저기 노광범이란 사람
이." 하고 대답하니 문득 노기를 띠시
며 "노광범이라는 놈 잡아 오너라! 그
놈이 나를 어떻게 알고!" 하고 호통치
시거늘
4 광범이 이를 전해 듣더니 버럭 화를 내
며 "어쩐 주전없는 사람이 나를 언제
봤다고 '이놈 저놈' 하는가, 대체 얼마
나 잘나서 그런가 따져 봐야겠다." 하
고는
5 소매를 걷어붙이고 싸울 기세로 달려
와 "어이~ 여기 왔다!" 하며 거드름을
피우니라.

양반의 체면 문화를 꾸짖으심

6 상제님께서 "네가 노광범이냐?" 하고
물으시니 광범이 "그렇다. 나 노광범
이를 불러서 무엇 할 것이냐?" 하고
대들거늘
7 상제님께서 "네가 얼마나 똑똑하고 잘
나서 이놈아, 나를 어떻게 생겼는지
본다고 따지러 와? 요놈의 자식, 어디
해 봐라." 하시며 뺨을 한 대 때리시고
8 "어떠냐, 고치겠느냐?" 하고 물으시나
광범이 전혀 아랑곳하지 않더라.
9 이에 뺨을 한 대 더 때리시며 "이놈아,
고치겠느냐? 네 혓바닥 좀 짧은가 긴
가 내놔 봐라." 하시거늘
10 광범이 여전히 기세를 피우며 "짧으면
어쩌고 길면 어쩔 것이오?" 하고 말대
꾸를 하는지라
11 상제님께서 더욱 노하신 음성으로 "짧
은 놈은 상놈이요, 긴 놈은 양반이니
라.
12 감히 나를 네게다 대느냐? 구릿골 무
엇이? 얼마나 똑똑한가 네가 봐?" 하
며 한 말씀을 하실 때마다 이리 치고
저리 치고 하시니
13 광범이 팽이 돌아가듯 이쪽 저쪽으로

정신없이 넘어지며 코피를 줄줄 흘리
더라.
14 광범이 그제야 "제가 잘못했습니다.
제가 몰라서 그런 것이니 용서해 주십
시오." 하며 사죄하거늘
15 상제님께서 "그래야지. 진작에 그리했
으면 내가 용서하고 말 터인데 누가
그러라더냐!" 하고 타이르시며
16 "가서 탁배기나 한 그릇 받아 먹어라."
하시고 엽전 열 닢을 던져 주시니
17 이를 지켜보던 호연이 "실컷 맞고는
탁배기 한 그릇 얻어 먹네." 하며 웃더
라.

살려면 무엇이라도 해야 하는 법

133 하루는 상제님께서 밖에 나가
고 안 계시는 사이 호연이 자랑
하고 싶은 마음에 구릿골 입구에 있는
고추밭을 몰래 매어 놓고 돌아오니라.
2 상제님께서 저녁을 드시며 말씀하시기
를 "누가 고추밭을 매어 놨는데 죄다
똥구멍을 들쑤셔 가지고 다 죽여 놨더
라." 하시거늘
3 호연이 눈치를 살피며 "아이고, 그럼
어쩔까나, 내가 그랬는데." 하고 조심
스럽게 말하니라.
4 이에 상제님께서 "할 줄도 모르는 것
이 왜 주전없이 나섰어!" 하고 나무라
시니
5 호연이 나름대로는 잘한 줄로 생각하
던 터라 "정자나무 밑에 있는 거기를
내가 맸는데….
6 잘 봤는가 잘못 봤는가, 한번 가 볼래
요." 하거늘 상제님께서 "바로 그놈이
여, 그놈!" 하시니라.
7 호연이 그래도 믿을 수가 없어 상제님
과 함께 밭으로 가 보니 말씀대로 고
추들이 다 쓰러져서 시들어 있거늘
8 상제님께서 뿌리를 발로 꼭꼭 밟으시
며 일일이 일으켜 세우시니라.
9 호연이 아무 말도 하지 못하고 몸을
배배틀며 지켜만 보다가
10 "사람만 살리는 줄 알았더니 고추나무
도 살려 놨네?" 하며 빈정거리듯 말하
거늘
11 상제님께서 "네가 나를 그렇게 아냐?"
하시며 그저 웃기만 하실 뿐 전혀 개
의치 않으시니
12 호연이 약이 올라 말하기를 "그런데
저 앞집에서 '선비가 지붕에 가 섰더
라.'고 흉보대요." 하는지라
13 상제님께서 "후레아들놈들! 사람이 살
려면 무엇이라도 해야 하는 법인데 그런
다고 흉을 봐?
14 누가 그러더냐? 그것들 미워서라도 오
늘 저녁에 지붕 한번 이어 봐야겠다."
하시니라.

재앙을 면케 하리니 근심을 풀라

134 태인 백암리에 사는 김명칠(金明
七)이 산 속 비탈진 땅을 개간하
여 담배를 심었는데 거름을 주고 북돋
아 놓았더니 별안간 소나기가 쏟아지
거늘
2 명칠이 가슴을 치면서 "내 농사는 담
배 농사뿐인데 애써 거름 주고 북돋운
뒤에 이렇게 소나기가 퍼부으니 필시
사태(沙汰)에 밀려 다 버리게 되리라.
3 이제 나는 어찌 살아가리오. 딸린 식
솔들은 많고 살 가망이 없구나." 하고
울부짖으니 그 곡성이 애절하여 구천
(九天)에 사무치는 듯하더라.
4 상제님께서 들으시고 불쌍히 여겨 말
씀하시기를 "근심을 풀라. 그 재앙을
면케 하여 주리라." 하시므로
5 비가 그친 뒤에 명칠이 가 보니 다른
사람의 담배 밭은 모조리 사태의 해를
입었는데 자신의 담배 밭은 멀쩡하더
라.
6 명칠이 기운이 나서 상제님께 돌아와
땅에 엎드려 아뢰기를 "하느님의 돌보
심으로 진실로 재생의 은혜를 입었습

니다." 하고 지극히 감사하니
7 상제님께서 말씀하시기를 "돌아가서
가족들을 잘 돌보라." 하시니라.
8 한편 다른 사람의 담배밭은 모조리 사
태의 해를 입어 이 해에 담배농사가
큰 흉작을 이루니라.

아궁이와 입은 한가지니라

135 상제님께서 말씀하시기를 "아궁
이와 입은 한가지니라.
2 천지에서 농사를 지어 입으로 다 들어
가나니 천하에 여러 구멍이 많다 해도
입구멍이 제일 크니라.
3 산이 높아 나무가 아무리 많다 해도
아궁이로 다 들어가는 것과 같은 이치
니라.
4 사람이 태어날 적에 빈주먹으로 오고,
죽을 적에도 빈주먹으로 가나니
5 살아생전에 먹을 것을 두고도 못 먹는
것은 제가 어리석은 탓이니라." 하시
니라.

덕만 붙이면

6 최내경(崔乃敬)의 아들이 가난하여 헌
병 보조원으로 들어가 생계를 얻고자
하여 상제님께 아뢰니
7 이르시기를 "총끝이나 칼끝이나 덕(德)
만 붙이면 관계없느니라." 하시니라.
8 또 말씀하시기를 "도둑질하는 자도 나
누어 먹은 것이 덕이 되어 혹 살아남
는 자도 있느니라." 하시니라.

사람의 근본은 어려서부터

136 어려서부터 근본이 굵게 큰 놈
은 커서도 마음이 넓어서 너그
럽고, 적은 돈을 가지고도 가치 있게
쓸 줄 아나
2 어려서부터 마음이 작아 들락날락하
는 놈은 커서도 쫄아져서 아무리 잘
산다해도 벌벌 떨면서 저도 먹지 못하
고, 남에게 가치 있게 술 한 잔을 못
사느니라.
3 적은 돈도 크게 쓰려면 크게 쓰고, 많
은 돈도 좀스러운 놈은 태 있게 쓰지
못하느니라.
4 선천에는 돈의 눈이 어두워 불의(不義)
한 사람을 따랐으나 이 뒤로는 그 눈
을 틔워서 선(善)한 사람을 따르게 하
리라.

윷판의 잡기꾼들을 감복시키심

137 상제님께서 하루는 전주 용머리
고개 어느 주막에서 공사를 마
치신 후에 김덕찬(金德贊)과 김준찬(金
俊贊) 등 성도들을 거느리고 출발하려
하실 때
2 밖에 윷 치는 잡기꾼들이 모여들어 윷
판을 벌여 놓고 유인하려 하거늘
3 상제님께서 말씀하시기를 "저 사람들
이 우리 일행 중에 돈 있음을 알고 잡
기로 빼앗으려 함이니 저들이 원하는
바를 성취하게 하여 줌도 또한 해원이
라." 하시고
4 돈 50냥을 놓고 윷을 치시니 말씀하
시는 대로 윷이 놓아지거늘 잠깐 새에
잡기꾼들의 돈 여든 냥을 다 따시니
라.
5 이어 "이것이 품삯이라." 하시며 닷 돈
(五錢)을 남기고 일흔아홉 냥 닷 돈을
돌려주시며 이르시기를
6 "이는 불의한 짓이니 버리고 각기 집
으로 돌아가 직업을 구하여 안정을 구
하라." 하시니 그들이 크게 감복하여
돌아가니라.
7 이때에 성도들이 윷 치는 법을 여쭈니
말씀하시기를 "던지는 법을 일정히 하
여 변경치 아니하면 그와 같이 되나니
이것도 또한 일심의 법(法)이니라." 하
시니라.

식록을 붙였느니라

8 또 일러 말씀하시기를 "현금 조선의
정세가 직업 없는 자들이 점점 늘어나
도박으로 업을 삼는 자가 계속 나오리

니 일후에 그 법이 엄정하여지면 저들
은 굶어 죽을 수밖에 없으리라.
9 그러므로 이제 저들에게 살 수 있는 식
록을 붙였느니라." 하시니라.

돈을 씻어서 놓게 하심

138 하루는 어떤 성도가 돈을 가져
다 올리니 상제님께서 쳐다보지
도 않고 고개를 돌리시거늘
2 문득 깨닫는 바가 있어 냇가에 가서
돈을 깨끗이 씻어다 올리매 상제님께
서 살며시 웃으시니라.
3 이에 그 사람이 따라 웃으니 상제님께
서 말씀하시기를 "돈이 더러운 것이
다.
4 뭇 사람들의 손에 뒹굴고 사방 천지
놈들이 다 주무르고 난 것이니, 돈같
이 더러운 것이 없느니라." 하시거늘
5 형렬은 벌써부터 이를 알고 상제님께
돈을 드릴 때마다 물에 씻어서 드렸더
라.

처음 생긴 음식은 상제님께 먼저 드리는 형렬

6 하루는 어디서 감 하나가 생기매 형렬
이 종이에 잘 싸서 두거늘
7 호연이 "그것 뭐 하려고 싸서 두어
요?" 하고 물으니 "아, 어른이 계시니
그러지." 하고 대답하니라.
8 형렬은 이렇듯 처음 생기는 것은 무엇
이든지 반드시 상제님께 먼저 드리고
나서야 먹으니라.

그놈 맘보가 못써

139 하루는 나주에 사는 한 성도가
앵두를 따 가지고 와서 올리거
늘 상제님께서 전혀 들지 않으시니
2 호연이 "드시는가 보고 있는데, 가져
온 성의로 하나라도 드세요. 그래야
기분이 좋지 않겠어요?" 하며 앵두 하
나를 집어서 상제님의 입에다 넣어 드
리는지라
3 상제님께서 마지못해 드시며 "호연이
너 때문에 먹었다." 하시니 "왜 안 드
세요?" 하고 여쭈거늘
4 말씀하시기를 "발가락 만지던 놈이 그
것을 따 가지고 와서는 물에다 씻어서
놓지, 눈으로 안 보면 다 깨끗하다고
그냥 놓는 그놈 맘보가 못써." 하시니
라.

몸이 불결한 자는

5 하루는 성도들에게 말씀하시기를 "몸
이 불결하면 나에게 절도 하지 말라."
하시니라.

예법 가르치는 공사

140 하루는 상제님께서 성도들과 함
께 진지를 드시다가 자리가 어
수선해지니 남은 밥을 숟가락으로 잘
다독거리시며
2 경계하여 말씀하시기를 "**제석신**(帝釋
神)이 들여다보고 있으니 아무 소리 말
고 먹어라. 무슨 잔소리를 하는고." 하
시니라.
3 또 하루는 성도들과 진지를 드실 때
누가 잔소리를 하니 "밥 먹으면서 얘
기하는 놈은 못쓴다." 하시며 밥도 주
지 못하게 하시거늘
4 호연이 "어째서 그래요?" 하고 여쭈니
말씀하시기를 "음식을 보면 먹는 것에
골을 써야지 잔소리하면서 먹으면 배
도 안 부르니라." 하시니라.
5 한번은 호연이 양반 다리를 하고 밥을
먹으니 상제님께서 호연의 무릎을 탁
치시며 "제대로 앉아서 밥 먹을 줄도
모르는구나!" 하고 나무라시거늘
6 호연이 한쪽 다리는 무릎을 꿇고 한쪽
다리는 무릎을 세우고 앉으니
7 "어른 앞에서는 그렇게 앉아야 하는
것이지, 어른 옆에 가서 발 딱 개고 앉
는 것은 못쓰느니라." 하고 일러 주시
니라.
8 또 호연에게 종종 절을 시키시며 "나

이 많은 사람 앞에서는 두 손을 맞잡
고 인사를 하는 것이고, 그것도 다 칭
호를 봐 가면서 하는 것이다." 하시며
절하는 예법을 가르치시고
9 '시집가면 이리해라, 저리해라.' 하고
필요한 모든 예법을 일일이 가르치시
니라.

어린 시절 교육의 중요성

141 하루는 호연에게 이르시기를
"목마르다고 물을 대번에 벌컥
벌컥 먹으면 물도 체하는 것이다.
2 처음 먹을 적에 조금씩 목을 축인 다
음에 벌컥벌컥 먹어야지, 물에 체하면
약도 없는 것이여. 너 그런 것 아냐?
3 어른이 그렇게 무서운 줄을 알아라."
하시니라.
4 또 하루는 한 성도가 호연을 인력거에
태우거늘 상제님께서 이르시기를
5 "인력거를 타면 앞의 인력거꾼이 엉덩
이를 삐쭉빼쭉 흔들며 가는 것이 방정
맞다." 하시며 타지 못하게 하시니라.

얼굴 못난 자의 깊은 한

142 무신(戊申: 道紀 38, 1908)년 5월에
하루는 구미란(龜尾卵)에 사는
최운익(崔運益)의 아들 영학(泳學)이 병
들어서 사경에 이르거늘
2 운익이 아침 일찍 구릿골 약방에 찾아
와서 살려 주시기를 간절히 애원하니
라.
3 이에 상제님께서 "좀 기다리라." 하시
고 늦게 온 사람들은 돌보아 주시면서
운익에게는 종시 약을 지어 주지 않으
시더니
4 해질녘이 되어서야 말씀하시기를 "병
자의 얼굴이 심히 못나서 일생에 한을
품었으므로 그 영혼이 이제 청국 심양
(瀋陽)에 가서 돌아오기를 싫어하니 어
찌할 수 없노라." 하시거늘
5 운익이 곰보로 심히 얽은 자기 아들의
얼굴을 본 듯이 말씀하심을 신기하게
여기며 살지 못하리라는 말씀에 더욱
슬퍼하며 굳이 약을 청하니라.
6 이에 상제님께서 마치 난(蘭)을 치듯
회(蛔) 모양으로 부(符)를 그리시어 약
포지처럼 약을 싸 주시며
7 "뱃속에 회가 살면 병자도 살고, 회가
죽으면 아들도 죽으리라." 하시고 다
시 그 종이에 '구월음(九月飮)'이라 써서
주시거늘
8 운익이 그것을 가지고 집에 돌아가 대
문을 열고 마당에 막 들어서려 하니
해가 뚝 떨어지면서 가족들의 곡성이
들리므로 방으로 들어가니 아들이 이
미 숨졌더라.

위로하기 위해 약을 주었노라

9 운익이 돌아간 뒤에 성도들이 구월음
의 뜻을 여쭈니 말씀하시기를
10 "九月에 葬始皇於驪山下라
구월 장시황어여산하
구월에 진시황을 여산 아래에
장사하였다.
하였으니 살지 못할 뜻을 표시함이로
다.
11 만일 굳이 약을 청하여 얻지 못하면
한을 품을 것이므로 그 마음을 위로하
기 위하여 약을 주었노라.
12 그 아들이 워낙 복이 없는 자이므로
복을 주자면 들에 익은 곡식이라도 돌
려줘야 하는데 그러면 날짐승이 다 굶
어 죽을 테고….
13 죽어서 다시 태어나야 하느니라." 하
시니라.

복록을 고르게 하리라

143 상제님께서 하루는 원평에서 천
지대신명을 불러 모으시고 대공
사를 행하실 때
2 구석에 앉은 한 박복한 신명에게 이르
시기를 "네 소원이 무엇인가 말해 보
라." 하시니

3 그 신명이 아뢰기를 "자손을 둔 사람
은 살아서도 대우를 잘 받고 죽어서도
대우를 잘 받아 왔는데
4 자손이 없는 사람은 온갖 설움을 받아
왔으니 앞으로는 고루 낳아 이러한 일
이 없도록 해 주옵소서." 하거늘
5 상제님께서 허락하시고 말씀하시기를
"앞으로는 중천신에게 복록을 맡겨 고루
나누어 주게 하리라." 하시니라.
6 또 말씀하시기를 "앞세상에는 공덕(功
德)에 따라서 그 사람의 복록이 정하여
지나니 치우침과 사(私)가 없느니라."
하시니라.

식록 균등 공사

144 상제님께서 성도들과 함께 공사
를 행하시는데 식사 때가 되어
진지를 따로 차려서 올리니
2 말씀하시기를 "쇠스랑은 세 가랑이일
지라도 입은 한 가지니 함께 차려라.
3 음식으로 사람을 층하(層下) 두는 것처
럼 얄미운 것이 없나니 어른이라고 해
서 잘 주고 아랫사람이라고 해서 덜
주고 하지 말라." 하시며
4 커다란 상에 밥과 반찬을 모두 차려
놓고 한자리에서 들도록 하시니라.
5 상제님께서는 항상 소탈하게 상을 차
리게 하시고 무슨 음식이든지 남기지
않으시거늘
6 하루는 성도들에게 경계하여 말씀하
시기를 "밥 한 톨이라도 버리지 말라.
밥알 하나라도 새 짐승이 먹기까지 신
명이 지켜보느니라." 하시니라.

알 수 없는 식록 공사

7 하루는 상제님께서 성도들과 함께 진
지를 드시다가 느닷없이 밥그릇을 들
고 일어서시어 성도들의 뒤를 뱅뱅 돌
면서 드시더니
8 난데없이 뒤통수를 손가락으로 튕기
시며 "빨리 먹어라!" 하고 호통을 치시
거늘
9 주변의 성도들이 놀라 쳐다보니 이번
에는 "왜 쳐다만 보고 있느냐." 하시며
손가락으로 튕기시니라.
10 또 사람마다 '밉다'고도 튕기시고, '이
쁘다'고도 튕기시는데 한 번 튕기시면
금방 혹이 불어나므로 상제님께서 다
가오시면 서로 앞다투어 자리를 피하
니라.
11 또 한번은 진지를 드시고 난 빈 그릇
을 한 성도의 정수리에 씌우시며 "삿
갓 썼다." 하시고
12 별안간 "이놈이 내 밥 먹었다! 이놈,
내 밥 안 내놓을 테냐?" 하고 호통치
시며 때리시니
13 아무도 이 공사의 참뜻을 알지 못하더
라.

나 하는 일에 간섭 마라

145 하루는 상제님께서 밥에 김치와
콩나물 등 이것저것을 넣어 비
비시고 숟가락을 꽂은 채로 방에 그냥
두시니
2 호연이 "어쩌려고 저렇게 놨는지 모르
겠네. 저걸 누가 먹어요?" 하고 여쭈거
늘
3 아무런 대꾸도 하지 않으시고 잠시 후
에 그것을 울타리 밑으로 가져가시어
홀로 드시니라.
4 또 어떤 때는 밥을 비벼서 구석에 앉
아 드시고, 길에 가지고 다니시며 들
기도 하시니
5 호연이 "왜 그래요?" 하고 이유를 여
쭈면 매양 "나 하는 일에 간섭 마라."
하시며 일러 주지 않으시니라.

아무 음식이나 잘 드시는 상제님

146 상제님께서는 음식을 가리시지
않고 아무것이나 잘 드시니 그
중에서도 갖은 나물과 야채를 좋아하
시고 특히 부추와 콩나물을 좋아하시
니라.

2 여름이면 "아침저녁으로 이게 제일이
다." 하시며 상제님께서 몸소 부추를
뜯어 오시어 무쳐 달라 하시고
3 또 간혹 끼니 때가 지나서 돌아오시면
몸소 냇물에 부추를 씻어다가 고추장
에 무쳐 드시는데
4 밥이 없으면 그냥 부추 무침만 드시니
호연이 다음 끼니에 먹으려고 따로 담
아 둔 밥을 몰래 가져다 드리니라.
5 이에 상제님께서 "너 꾸중 들으면 어
쩔래?" 하고 물으시니 호연이 "소리는
왜 들어? 선생님이 드셨다고 그러지."
하거늘
6 상제님께서 "저희가 먹을 놈을 내가
먹었다고 그러면 눈치 먹는다. 우리가
밥을 해서 먹자!" 하시며 무밥을 해서
드시니라.
7 또 상제님께서는 나물을 좋아하시니
밖에 나가시면 고사리, 수리취, 곰취,
머위, 호박잎 등을 뜯어 오시고
8 오이를 좋아하시어 울타리 밑과 텃밭
에 심어 놓은 오이를 따다가 부추와
함께 무쳐 드시며
9 어디를 가실 때는 오이를 따서 갖고
가시다가 생으로 깨물어 드시기도 하
니라.

밥을 한 움큼씩 드심

5 하루는 호박이 반찬으로 나오니 바가
지에다 시큼하게 익은 김치를 한 사발
부으시고 호박과 함께 손으로 주물주
물해서 밥을 한 움큼씩 드시거늘
6 호연이 "아이고, 무엇을 그렇게 먹어
요?" 하고 여쭈니
7 "밥 먹는다. 쪼그만 아이들마냥 숟가
락으로 야금야금 처먹고 앉았어? 막
퍼먹어 버려야지!" 하시니라.
8 이에 호연이 "밥 정수리를 탁 엎었는가
보구만." 하니 상제님께서 "오냐, 안 먹
으려면 네 밥도 내놔라." 하시거늘
9 호연이 "아직 먹지도 않았는데 뺏어
갈려고 하네." 하며 주지 않으려 해도
그냥 가져가시는지라
10 호연이 빈 숟가락만 들고 우는데 상제
님께서는 도리어 "남 먹을 때 너는 뭐
했냐? 멍청하게 주는 것도 못 먹고 그
러는구나." 하고 꾸중하시니라.

상제님의 밥그릇

11 상제님께서 진지 드시는 밥그릇은 놋
쇠로 만든 것으로 흡사 향로와 같이
양쪽에 고리가 달려 있고, 밑에는 다
리, 위에는 뚜껑이 있으며 크기는 보
통 밥그릇보다 조금 더 크니라.

음식은 큰 그릇에 수북하게

147 하루는 어떤 사람이 접시에 음
식을 담아서 상제님께 올리니
"장가가고 시집가는가, 어째서 뽐낸다
고 음식을 다 깔아 놓았느냐!" 하고 꾸
중하시거늘
2 호연이 "그럼 어떻게 해요?" 하고 여
쭈니 이르시기를 "주발과 대접에 수북
수북하게 놔야 하느니라." 하시니라.
3 상제님께서는 밥을 절반쯤 드시면 바
가지를 가져다 남은 밥과 반찬을 모두
넣고 비벼 드시는 때가 많거늘
4 사람이 많을 때는 상에서 드시지 않고
돌아다니면서 드시니라.

신도(神道)의 밥 먹는 공사

148 하루는 상제님께 진지를 올리니
숟가락으로 밥을 꼭꼭 눌러 두
세 술 만에 다 드시고 언제 밥을 주었
냐는 듯 태연히 앉아 계시거늘
2 성도들이 '선생님께서 배가 많이 고프
셨나 보다.' 하여 각기 밥을 덜어 드리
려고 하니
3 상제님께서 "내가 왜 네 몫을 먹냐, 이
놈아!" 하고 받지 않으시니라.
4 이에 호연이 "밥을 어디에 두고 그래
요?" 하고 여쭈나 아무 말씀도 없으시
거늘
5 형렬이 "아, 그러면 밥을 더 가져오라

고 하시지 그냥 앉아 계십니까?" 하니
6 말씀하시기를 "내가 밥 먹은 줄 알아도
아까 신명이 와서 다 먹어 버리고 나는
헛첨지만 찾고 앉았네." 하시니라.
7 이에 형렬이 아이를 불러 "밥을 더 가
져오라." 하니 금방 한 그릇을 더 올리
거늘 이번에도 두세 술 만에 다 드시
니라.

나는 정배기로 먹는다

8 한 성도가 이를 신묘하게 여겨 그 방
법을 여쭈니 상제님께서 "이놈이 밥
먹을 줄도 모르냐?
9 나는 정배기로 먹는다, 정배기! 여기가
정배기다." 하시며 정수리를 가리키시
거늘
10 그 성도가 말씀을 그대로 믿고 밥그릇
을 자기 머리 위에 엎어 버리니라.
11 상제님께서 이를 보시고 "이놈은 밥
먹을 줄도 모른다." 하시며 얼굴을 한
대 치시니 이가 밥그릇으로 모조리 쏟
아지거늘
12 놀라서 황급히 밖으로 나가 침을 뱉
으려고 보니 이가 감쪽같이 그대로 있
더라.
13 그 성도가 너무도 의아스러워 고개를
갸웃하며 들어오거늘
14 상제님께서 "이놈아, 이 빠졌다고 침
뱉으러 가더니 주둥이 벌려 봐라." 하
시며 턱을 한 대 치시니 이가 도로 다
빠지는지라
15 주변에서 이를 지켜보던 성도들이 모
두 웃으며 재미있어 하더라.

나를 한번 찾아오너라

149 무신년 여름에 하루는 상제님께
서 구릿골 근처 냇가에서 목욕
을 하실 때 가까이에서 한 소년이 열
심히 몸을 씻고 있는지라
2 상제님께서 "야 이놈아, 이리 와서 등
물 좀 해 다오." 하시니 그 소년이 다
가와 상제님의 등을 밀어 드리는데
3 겉으로 보이는 모습과는 달리 등이 풍
후하시므로 소년이 무심결에 "보기 안
같고 통통하요, 잉." 하거늘
4 상제님께서 웃으시며 "에이 고얀 놈
같으니라구, 괘씸하게 어른한테 주둥
이를 함부로 내두르는구나." 하시고
5 다시 이르시기를 "약방으로 한번 오너
라." 하시니라.
6 얼마 후에 그 소년이 약방에 찾아와
뵈니 상제님께서 팔정산(八正散) 한 첩
을 지어 주시며 "너, 이놈 먹어라. 이놈
먹으면 괜찮을 것이다." 하시거늘
7 소년이 집에 돌아가 약을 달여 먹으니
그 뒤로 감기 한 번 앓지 않고 건강하
게 지내며 장수하니라.

내성의 마음을 시험하심

150 안내성의 모친이 병아리 한 마
리를 얻어 잘 키우더니 알을 낳
고 새끼를 까서 일 년 후에는 아홉 마
리로 불어나니라.
2 하루는 내성이 '선생님 오시면 전부 잡
아 드려야겠다.'고 마음을 먹으니 마침
상제님께서 내성의 집에 이르시거늘
3 이때 사방에 흩어져 있던 닭 아홉 마
리가 마치 어미를 따르듯 상제님 뒤를
쫓아가더라.
4 내성이 닭을 잡으려 하니 모친이 조심
스레 "두 마리만 잡자." 하거늘 한동안
고민하다가 우선 두 마리만 잡아 올리
니 드시지 않는지라
5 다시 한 마리를 더 잡아 올렸으나 여
전히 드시지 않으매 내성이 문득 크게
뉘우치고 남은 여섯 마리를 다 삶아
올리니
6 그제야 상제님께서 드시는데 아홉 마
리를 한 자리에서 다 드시니라.

내성의 아버지 신명을 만나게 해 주심

151 상제님께서 구릿골 약방에 계실
때 하루는 내성을 불러 물으시

기를 "내성아, 네 아버지가 보고 싶으
냐?" 하시니
2 내성이 "제 평생 소원입니다." 하고 아
뢰거늘
3 상제님께서 이르시기를 "내가 네 아버
지를 불러 왔으니 문을 열고 보아라.
만지지 말고, 말도 하지 말고, 보기만
하여라." 하시니라.
4 이에 내성이 기쁨을 감추지 못하고 명
하신 대로 문을 열고 보니 부친이 토
방에 서 있거늘
5 상제님께서 "마당에 내려가서 절을 하
라." 하시매 내성이 버선발로 토방 아
래로 내려가 절을 하니라.

하느님임을 알게 된 교만한 자

152 상제님께서 피난동 안씨 재실에
서 공사를 보실 때
2 명사(名師)로 이름난 한 사람이 상제님
의 재주와 학문을 시험하고자 찾아와
인사를 청하는데 그 태도가 심히 교만
한지라
3 상제님께서 응하지 않으시고 공사를
행하시니 그 사람이 보고 있다가 혼비
백산하여 정신을 잃고 땅바닥을 기면
서
4 "하느님, 하느님이시여! 제 한 목숨을 구
해 주소서." 하고 한 식경이나 연이어
소리치는데 그 모습이 심히 가련하더
라.
5 상제님께서 천천히 말씀하시기를 "내
가 여기 있으니 너는 놀라지 말라. 네
가 세상에 살면서 지극한 소원이 있도
다." 하시니
6 그가 아뢰기를 "아들 하나를 얻기 어
려워 자나깨나 대가 끊길까 근심하고
있으니 천은(天恩)을 내려 주시어 불효
의 대죄를 풀어 주옵소서." 하니라.

자손줄을 내려 주심

7 상제님께서 말씀하시기를 "네가 아들
을 얻으면 삼천 금(三千金)을 헌성하겠
느냐?" 하시니
8 그 사람이 아뢰기를 "비록 집안 재산
을 다 드리더라도 아까울 것이 없습니
다." 하거늘
9 말씀하시기를 "네 뜻이 독실하니 아들
둘을 내려 주리라." 하시니라.
10 후에 그 사람이 과연 아들 둘을 얻으
매 항상 말하기를 "하느님의 은혜를
잊기 어렵다." 하거늘
11 한 성도가 여쭈기를 "그 사람이 아들
을 구하매 삼천 금을 바치라 하신 후
에 허락하시고 그 돈을 받지 않으시니
무슨 까닭입니까?" 하니
12 말씀하시기를 "이 뒤에 요긴하게 쓸
사람이 있느니라." 하시더니 뒷날 경
석이 그 돈을 받아 쓰니라.

천하 대술객 기운을 거두심

153 이 해에 상제님께서 흑석골에
머무르실 때 하루는 내성을 데
리고 서천교를 지나시다가
2 다리 중간에 서시어 "예끼 이놈!" 하고
크게 소리를 지르시며 담뱃대를 내저
으시니라.
3 다음 날 아침에 상제님께서 "다리에
나가 보자." 하시므로 내성이 따라가
보니
4 청의 도복을 입고 방립을 쓴 선풍도골
의 오십 대 남자가 서천교 위에 무릎
을 꿇고 얼굴빛이 파래져서 사죄하는
모습으로 앉아 있더라.
5 내성이 상제님께 그 사람을 데리고 오
니 그가 상제님을 뵙자마자 무릎에서
피가 나도록 엎드려 빌거늘
6 상제님께서 돌아앉으시어 묵묵부답으
로 계시더니 한 시간쯤 지나서 "다시
는 그러지 마라." 하시고 돌려보내시
니라.
7 열흘 뒤에 상제님께서 다시 그 사람을
불러오게 하시어 "네 이놈, 안된 일이
지만 도저히 어찌할 수 없다. 다시는

너를 용서 못 한다." 하고 꾸짖으시며
8 소매에서 붓을 꺼내시어 먹물을 찍어
그 사람에게 가까이 가시매 그가 새카
맣게 사색이 되어 사시나무 떨듯 하더
니
9 상제님께서 양미간에 점을 찍으시자
이내 대성통곡을 하며 돌아가니라.
10 다음 날 아침에 상제님께서 "다리에
가 보라." 하시므로 내성이 나가 보니
그 사람이 죽어 있는지라
11 내성이 돌아와 그대로 말씀드리고 그
사람이 누구인지를 여쭈니
12 말씀하시기를 "천하 대술객인데, 아무
리 그러지 못하게 해도 계속 그런다."
하시며
13 "불쌍한 놈이다. 그런 공부를 좋은 데
쓰면 오죽이나 좋겠느냐. 참 안타까운
일이다." 하시고 "따뜻한 곳에 묻어 주
어라." 하시거늘
14 내성이 곤지산(坤止山) 기슭 양지바른
곳에 묻어 주니라.

모두 음양의 죄가 있으니

154 하루는 상제님께서 '음양(陰陽)'
두 자를 써서 약장 벽에 붙이신
다음 그 위에 백지를 덧붙이게 하시고
말씀하시기를
2 "김광찬(金光贊), 김병욱, 최창조(崔昌
祚)는 다 벼슬아치들이라. 모두 음양의
죄가 있으리니 누가 걸리는지 보리라."
하시더니
3 창조가 뜻밖에 실진(失眞)하여 그 허물
을 자백하거늘 "웬 유약한 자가 걸렸
도다." 하시니라.

출입을 전폐하고 짚신을 삼으라

155 한 종도가 젊어서 어떤 여인을
탐내어 그 남편을 동학당으로
몰아 해를 입힌 뒤에 그 여자와 동거
한 일이 있거늘
2 하루는 상제님께서 그에게 명하시기를
"오늘부터 출입을 전폐하고 짚신을 삼
아 생활하라. 신틀은 곧 옥중에서 쓰
는 고채니라." 하시고
3 김경학(金京學)에게 따로 이르시기를
"그가 지은 죄는 이렇게 풀지 않으면
영원히 풀리지 아니하리라." 하시니
라.
4 한편 그 종도가 상제님께서 명하신 대
로 출입을 폐하고 신을 삼아 생활하는
데
5 하루는 친구에게 이끌려 어디로 출행
하려다가 갑자기 크게 놀라며 "신도(神
道)의 꾸짖음이 있다." 하고 급히 집으
로 들어가더니
6 그 후로 생을 마칠 때까지 출입을 자
유로이 못 하니라.

개서방을 둔 여인

156 하루는 상제님께서 주사 신봉기
의 집에 가시니 마침 봉기가 상
문과 이야기를 나누고 있거늘
2 상제님께서 들어보시매 개를 서방으로
삼은 여인의 재판 이야기더라.
3 한 여인이 남편을 군대에 보내고 외로
움을 견디지 못하여 개를 서방 삼아
지내더니
4 남편이 말미를 얻어 집에 다니러 왔다
가 며칠 동안 아내가 하는 양을 보매
5 고깃국을 끓여서는 고깃덩어리를 먼저
개에게 퍼 주고, 언제든 개를 먼저 위
하더라.
6 또 아내와 함께 방에 있으면 개가 방
문 밖을 서성거리다 때로 창호지를 찢
어 문을 열기도 하고, 자신을 보면 당
장 물기라도 할 듯 으르렁대거늘
7 그 때마다 부인이 몹시 당황하여 "주
인 어른이 와 계시니 저리 가라!" 하며
남편의 눈치를 살피더라.
8 이에 남편이 이상한 기미를 눈치채고
군(軍)으로 돌아가며 누이에게 아내를
살펴보라고 부탁하거늘

9 그 누이가 어머니와 함께 몰래 장롱
속을 뒤져 보니 과연 상자에 하나 가
득 개 버선이 들어 있는지라
10 시어머니가 며느리에게 그 사실을 추
궁하니 전혀 뉘우치는 기색 없이 '그런
일이 없다.'며 완강히 부인하더라.

어찌 알 것이냐

11 이에 시비를 가릴 길 없어 관부(官府)에
고하여 진상이 밝혀지기를 기다렸으
나
12 관부에서도 쉽게 믿을 수 없는 일이거
니와 딱히 이렇다 할 단서도 없는지라
그저 시간만 흐를 뿐 도저히 해결될
기미가 보이지 않거늘
13 판사가 주야로 골몰하며 애를 태우니
하루는 그 부인이 "어째서 그렇게 시
름을 해요?" 하고 물으니라.
14 이에 정황을 설명하매 부인이 말하기
를 "내일 재판을 하거든 옷고름을 끌
러 보라고 하세요." 하거늘
15 이튿날 부인의 말대로 하니 그 여인의
양쪽 어깨 밑이 헐어 있는지라 그것을
증거로 사실을 밝혔다 하더라.
16 상제님께서 이야기를 들으신 후에 상
문에게 말씀하시기를 "나는 그럴 수가
없으니, 네 아내한테 판사의 부인도
끌러 보라고 해라. 자기가 하지 않았
다면 어찌 알 것이냐?" 하시거늘
17 상문의 처가 명하신 대로 하니 과연
판사의 부인도 그러했다 하더라.

마음에 두지 말라

157 박공우가 상제님을 모시고 태인
을 지날 때 한 젊은 여자가 지나
가거늘
2 공우가 체면상 바로 보지 못하고 그 아
름다운 자태를 사모하여 잊지 못하니
3 상제님께서 아시고 이르시기를 "색(色)
은 남자의 정기(精氣)를 모손(耗損)케 하
는 것이니 이 뒤로는 어떤 여자를 만나
든지 볼 때에 익히 보고 마음에 두지
말라." 하시니라.
4 공우가 깨닫고 그 뒤로는 여자를 대할
때에 언제나 명하신 대로 하니 마음에
탐욕이 일어나지 않더라.
5 하루는 말씀하시기를 "천지에서 사람
눈의 정기를 빼어 쓰려고 불을 내나니
불나는 곳을 보지 말라." 하시니라.

복은 웬만큼 지녀야

158 공우가 상제님을 모시고 태인
은기동면 산직촌(山直村) 앞을
지날 때
2 상제님께서 공우에게 "복을 얼마나 지
니면 쓰겠느냐?" 하고 물으시니 "많이
지녀야 하겠습니다." 하고 아뢰거늘
3 또 물으시기를 "어디다 쓰겠느냐?" 하
시니 "빈핍하여 옷과 밥이 없는 사람
을 먹이고 입혀야 하겠습니다." 하고
대답하니라.
4 이에 상제님께서 말씀하시기를 "복이
너무 많으면 귀치 않으니 웬만큼 지녀야
하느니라." 하시니라.
5 하루는 은기동면을 지나시다가 길가
의 한 주막에 가시니 병들어 크게 신
음하는 사람이 있거늘
6 상제님께서 그 자리에서 병자를 고쳐
주시고 주모에게 "돼지다리 하나 큰
놈으로 가져오라." 하시어 술 한 동이
를 드시고 길을 떠나시니라.

네 복이 아니다

159 하루는 상제님께서 구릿골을 떠
나 태인 창골에 이르시어 말씀
하시기를 "금반옥호혈(金盤玉壺穴)이구
나." 하시니 공우가 대뜸 "저에게 주옵
소서!" 하니라.
2 상제님께서 이를 허락하시매 공우가
기쁨에 겨워 상제님을 앞질러 발길을
재촉하는데
3 도랑 하나를 건너니 갑자기 입이 붙어
버린 듯 아무 말도 할 수가 없거늘

4 상제님께서 웃으시며 공우에게 "네 복
이 아니다." 하시고 다시 길을 떠나시
니라.
5 그 후에 하루는 상제님께서 공우를 데
리고 임피 술산(戌山)을 지나시다가
"공우야, 여기에 큰 혈이 있는데 너 주
랴?" 하시니
6 공우가 또 벙어리가 될까 두려워 손사
래를 치며 "아이고, 싫습니다." 하니라.

식록을 떼리라

160 상제님께서 구릿골에 계실 때
하루는 신명들에게 칙명을 내리
시고
2 성도들에게 말씀하시기를 "김병욱이
남의 나라 일만 힘쓰니 그 식록(食祿)
을 떼리라." 하시니라.
3 그 뒤에 공우에게 명하시어 "너는 지
금 전주에 가서 병욱에게서 사립(絲笠)
한 개를 구하여 오라." 하시거늘
4 공우가 전주에 가서 병욱을 만나 상제
님의 명을 전하니
5 병욱이 생계가 궁핍하여 가구를 전당
잡혀 지내며 탄식하여 말하기를 "내
신세가 이렇게 될 줄을 누가 알았으리
오.
6 수십 명의 식솔이 아궁이에 불을 때지
못해 조석(朝夕) 끼니를 잇기 어렵게 되
었으니 누가 곧이듣겠는가." 하고
7 곧 공우와 함께 사립을 구하러 가게에
가니 좋은 사립이 많이 쌓였더라.
8 병욱이 외상으로 사립 하나를 사려 하
나 아무도 응해 주지 않거늘
9 병욱이 길게 한숨을 쉬며 말하기를
"전에는 외상은 말할 것도 없고 사립
백 개라도 어렵지 않게 구할 수가 있
었는데 내 신세가 어찌하여 이 지경에
이르렀는고." 하니라.

어떻게 그와 같이 될 수 있으리오

10 공우가 구릿골로 돌아와 사실대로 아
뢰니 상제님께서 웃으며 말씀하시기
를 "절록(絕祿)을 오래 할 수 없겠구
나." 하시고 글을 써서 불사르시니라.
11 그 뒤에 공우가 상제님의 명을 받들어
다시 전주에 가서 병욱을 만나니
12 집안 형세가 풍성해진 병욱이 환대하
여 말하기를 "오늘은 무엇을 구하러
왔는가? 무엇이든지 다 받들어 행하
리라." 하거늘
13 공우가 일전에 상제님께서 행하신 공
사를 들려주며 "선생님께서 그대의 절
록을 신명에게 명하셨노라." 하매
14 병욱이 웃으면서 말하기를 "그렇지 않
으면 어떻게 그와 같이 될 수 있으리
오." 하니라.

회개의 예법을 가르치심

161 하루는 공우에게 이르시기를
"평소에 잡되게 다니며 행하던
일과 부정한 뜻을 품었던 일을 낱낱이
생각하여 거둬들이라." 하시는지라
2 공우가 일찍이 서울에서 왕의 거동과
장상의 출입을 보고 마음으로 부러워
하여 '대장부 마땅히 이와 같으리라.'
하였던 일을 낱낱이 아뢰니
3 물어 말씀하시기를 "네가 그런 생각을
죄로 알았느냐, 선으로 알았느냐?" 하
시거늘
4 공우가 대답하기를 "죄가 될지언정 선
은 되지 못할까 합니다." 하니라.
5 이에 상제님께서 말씀하시기를 "그러
면 내게 사배(四拜)하고 다시는 그러지 않
기를 심고하라." 하시니
6 공우가 명하신 대로 하매 사흘 후에 무
슨 굳은 덩이가 대변에 싸여 나오거늘
헤쳐 보니 무수한 회(蛔)의 뭉치더라.

장 이식 공사를 보시며 불평자의 버릇을 고치심

162 제주 사람 김인두(金因斗)가 '선
생님께서는 바로 일러 주시지
않고 알지 못하도록 부를 그려서 비결

로만 말씀하신다.'고 불평하며 다니니
2 하루는 상제님께서 인두를 부르시어
"네 창자 있는가 만져 봐라." 하시거늘
3 인두가 뜬금없는 말씀에 당황하여 "내
창자? 창자가 어디로 가? 내 창자가
어떻기에…." 하고 중얼거리니라.
4 잠시 후 상제님께서 "이놈아, 저 마당
에 있구나!" 하시므로 바라보니 벌써
개가 킁킁대며 냄새를 맡고 있거늘
5 "네 창자를 개가 먹으려고 하는구나."
하시매 인두가 발만 동동 구르며 애를
태우는데
6 어느 결에 개는 사라지고 개미가 떼로
모여들고 있더라.
7 상제님께서 "아이고, 개미가 저렇게 달
려드는데 너 군시러워서 어쩌냐?" 하
시니
8 인두가 연신 배를 주물러 보며 "내 창
자? 배만 꺼졌지 아무렇지도 않은데.
아, 여기가 비었구나!" 하며 울상을 짓
거늘
9 이를 지켜보던 한 성도가 "창자가 나
왔으니 어쩔꼬…. 한번 움직여 보시
오." 하고 걱정스레 말하니
10 "창자가 없으니 말도 못하겠소. 힘아
리가 하나도 없고, 숨을 쉬어도 가슴
에서 헛바람만 나는 것 같소." 하며 금
방이라도 쓰러질 듯 힘없이 대답하니
라.
11 이때 상제님께서 "저것 가져다가 냇물
에 띄워 버려라." 하시니 한 사람이 쇠
스랑으로 긁어 삼태기에 담거늘
12 상제님께서 다시 "아, 그러다가 꿰어
질라~. 잘 갖다 버려라." 하시니
13 그 사람이 "내버리는 것인데 꿰어지면
어때요? 갖다 버리면 어차피 짐승이
뜯어먹을 텐데." 하고 담아서 가져가
니라.
14 그가 냇가에 가서 막상 버리려고 보니
삼태기가 텅 비었거늘
15 '내버리라고 하셨는데 어디로 가 버렸
나.' 하고 상제님께 달려가 "어디로 달
아났는지 가지고 가니 없습니다. 무엇
이 물어갔는가? 아이고, 모르겠습니
다." 하고 아뢰니
16 상제님께서 인두를 바라보시며 "배 한
번 눌러 봐라." 하시므로 배를 눌러 보
매 창자가 다시 들어와 있더라.
17 이에 인두가 "아, 여기 왔어요~, 여기
왔어! 하하하!" 하며 기뻐하니
18 상제님께서 "제 창자가 나가도 모르고
들어가도 모르고, 네놈이 그러고도 밥
을 먹느냐?" 하고 나무라시거늘
19 인두가 아랑곳하지 않고 마냥 기뻐하
며 '아이, 창자가 들어왔구나. 이놈이
들어왔어!
20 어디로 빠져나갔던고? 이리 봐도 흔
적이 없고 저리 봐도 흔적이 없는데….
아이고 별일이다. 창자도 내었다 들여
놓는 수가 있구나.' 하며 배만 주물러
대는지라
21 상제님께서 이르시기를 "이놈아! 어서
돌아가서 이제 오지 말아라.
22 사리분별 못 하는 놈보고 '창자도 없
는 놈'이라 이르나니 제 창자가 나가
고 드는 것도 모르는 너를 내가 상대
하겠느냐." 하시니라.

너 혼자 가더니 꼴 좋다

163 대흥리에 계실 때 하루는 한 성
도가 볼일이 있어 구릿골 약방
으로 가려 하는데 상제님께서 "잠깐
기다려라. 나하고 같이 가자." 하시므
로
2 그 성도가 한참을 기다리다가 다시 말
씀이 없어 혼자 출발하였더니 도중에
갑자기 폭우가 쏟아지매 흠뻑 젖은 채
로 약방에 도착하니라.
3 잠시 후에 상제님께서 약방으로 들어
오시는데 그 성도가 보니 폭우 속에서
도 의관에 물 한 방울 묻지 않았더라.
4 상제님께서 그 성도를 보시고 "흥! 같

이 가자 했건만 너 혼자 가더니 꼴 좋
다." 하시거늘
5 그 성도가 송구하여 고개를 떨구니 큰
구렁이가 자기 다리를 감고 입을 쩍
벌리고 있는지라
6 깜짝 놀라 뒤로 벌러덩 나자빠지매 상
제님께서 웃으시며 "왜 그리 놀라느
냐. 자세히 보아라." 하시므로
7 이에 정신을 수습하여 다시 보니 다리
에 묶었던 대님이 풀어져 있더라.

소년 광부의 다리를 펴 주심

164 수류면 회평(會坪)에 사는 18, 9
세 된 소년 광부가 큰 돌에 맞아
다리가 부러지고 힘줄이 떨어져 마침
내 그대로 굳어서 다리가 오그라져 굴
신을 못 하는지라
2 상제님께 와서 고쳐 주시기를 애걸하
거늘 말씀하시기를 "남의 눈에 눈물을
흘리게 하면 내 눈에는 피가 흐르느니
라." 하시고
3 "몸을 뛰어서 뼈마디와 혈맥에 충격을
주라." 하시니
4 그 소년이 몸을 한 번 솟구치매 오그
라진 다리가 펴지며 곧 굴신을 마음대
로 하게 되니라.

앉은뱅이 아이를 고쳐 주심

165 구릿골 앞거리 주막에서 술장사
하는 과부 평양네의 다섯 살 난
아들이 앉은뱅이가 되어 일어서지 못
하거늘
2 하루는 약방에 와서 상제님께 아들을
고쳐 주시기를 간청하니 말씀하시기
를 "육회를 쳐서 먹이고 참기름을 한
깍쟁이 먹여서 데리고 와라." 하시니
라.
3 평양네가 돈이 없어 육회는 못 먹이고
참기름만 한 종지 먹이고 와서 약방에
들어가 아뢰니
4 상제님께서 아랫목 벽을 향해 돌아누
우시어 쳐다보지도 않으시거늘
5 평양네가 성질을 내며 아이의 궁둥이
를 걷어차고 "나가 죽으라!" 하매
6 그 발길질에 아이가 벌떡 일어나며 문
을 열고 뛰쳐나가더라.
7 평양댁이 그 광경을 보고 심히 기뻐하
며 상제님께 감사를 드리니 아무 말씀
도 하지 않으시니라.

나는 천 냥 만 냥으로 갚노라

166 용머리고개에서 젊은 봉사 한
사람이 항상 길가에 앉아 피리
를 불어 돈을 벌고 있거늘
2 하루는 상제님께서 갑칠을 데리고 지
나시다가 그 애처로운 모습을 한참 동
안 바라보시며 "네 돈 두 돈 닷 푼으로
술 한 잔을 사 먹어도 되겠느냐?" 하
고 물으시니라.
3 이에 그 봉사가 "다 가져다가 몇 잔이
든지 사 드시옵소서." 하거늘
4 상제님께서 웃으시며 한 돈을 집어서
술 한 잔을 사 잡수시고 말씀하시기를
"불쌍하니 편히 먹게 하리라." 하시고
5 그 길로 전주 남문 밖의 서른다섯 살
먹은 과부 부호의 집으로 가시니라.
6 이때에 며칠 전부터 과부의 두 남매가
병들어 각지의 명의를 데려다 치료해
도 아무 효험이 없으매 심히 근심하거
늘
7 상제님께서 종이에 '마귀출(魔鬼出)'이라
쓰시어 뜰로 나가 불에 태우시니 곧
남매가 회복되니라.
8 이에 과부가 탄복하여 극진히 대접하
려 하니 사양하시며 봉사를 중매하시
고 곧 떠나시거늘
9 그 과부가 상제님의 신성하심에 신념
을 얻어 급히 사인교를 보내니라.
10 상제님께서 다시 용머리고개에 가시어
주문을 외우시니 그 봉사가 눈을 떠서
광명을 얻은지라
11 그 사람이 기뻐 어찌할 줄 모르며 과

부가 보내 온 사인교를 타고 그 집으
로 가니라.
12 상제님께서 말씀하시기를 "너희들이
나를 위해서 한 냥을 쓰면 나는 천 냥,
만 냥으로 갚아 주노라." 하시니라.

뭇 중생을 사랑하시는 상제님

167 상제님께서는 말을 타고 어디를
가시다가도 종종 "아무개가 약
방에서 나를 애타게 기다리고 있으니
약을 지어 주고 와야겠다." 하시며
2 급히 말을 돌려 구릿골로 돌아가 약을
지어 주시고 다시 길을 떠나시니라.
3 때로는 새로 지어 올린 좋은 옷을 입
고 가시다가 걸인이나 옷차림이 남루
한 사람을 보시면
4 "너하고 나하고 옷을 바꿔 입자." 하시
며 두루마기든 갓이든 모두 벗어 주시
고
5 말을 타고 가시다가 걸인을 만나면 친
히 말에서 내려 옷을 바꿔 입으시니라.

음도를 보내고 양도를 오게 하리라

6 하루는 걸인과 옷을 바꿔 입고 들어오
시어 말씀하시기를 "음도(陰道)를 보내
고 양도(陽道)를 오게 하여 다 같이 잘
사는 세상을 만들려 하노라." 하시니
라.
7 또 치성을 지내실 때 개를 잡아 많이
드시므로 성도들이 "어찌하여 개고기
를 즐기십니까?" 하고 여쭈면
8 "음도를 보내기 위해 먹느니라." 하시
거늘 성도들이 "무슨 뜻인지 모르겠습
니다." 하니
9 말씀하시기를 "개고기는 농민들이 먹
는 고기이니 그들을 상등 사람으로 만
들기 위함이라." 하시니라.

병고를 아뢰면 저절로 나음

168 성도들이 무슨 병고가 있어서
찾아와 아뢰면 상제님께서 그
증세를 물으신 뒤에 특별히 어떤 법
(法)을 베풀지 않으셔도 저절로 나으니
라.
2 위경(危境)에 이른 사람은 상제님께서
친히 그 병의 증세를 대신하여 앓으시
어 곧 낫게 하시니
3 배 앓는 사람이면 문득 '배가 아프다.'
고 한 번 말씀하시고, 머리 앓는 사람
이면 '머리가 아프다.'고 한 번 말씀하
실 뿐이더라.

나의 할 일만 할 따름이라

4 형렬이 여쭈기를 "병을 고쳐 주시고도
병자에게 알리지 않으시고 자식을 태
워 주시고도 알리지 않으시니 무슨 연
고입니까?" 하니
5 말씀하시기를 "나의 할 일만 할 따름
이니 남이 알고 모름이 무슨 관계가
있으리오.
6 남이 알기를 힘씀은 소인의 일이니
라." 하시니라.

사람 고쳐 주고 돈 받지 말아라

169 하루는 공우가 어디를 가니 평
소 안면이 있는 사람이 고통을
호소하며 치료해 주기를 부탁하거늘
2 공우가 환부에 손을 대고 쓸어 주니
금세 병이 말끔히 나아 고통이 사라진
지라
3 그 사람이 크게 감동하여 사례로 공우
에게 돈 두 냥을 주매 공우가 상제님께
가다가 그 돈으로 엿을 사먹으니라.
4 상제님께서 사립문으로 들어오는 공
우를 보고 물으시기를 "너 사람 고쳐
주고 돈 받아서 어찌했느냐?" 하시니
공우가 "엿 사먹었습니다." 하니라.
5 이에 상제님께서 "맛있대?" 하고 물으
시니 공우가 "맛있습디다." 하고 대답
하거늘
6 상제님께서 "에이, 고얀놈. 그런 돈으
로 엿 사먹냐?" 하고 호통을 치시고
7 이어 말씀하시기를 "사람 고쳐 주고
돈 받지 말아라." 하시니라.

정성이니 먹어야겠다

170 하루는 상제님께서 공사를 행하
시다가 저녁 무렵이 되어 심하
게 끙끙 앓으시거늘 호연이 "왜 그래
요?" 하고 여쭈니
2 "맥없이 머리가 아프고 만신이 아프구
나." 하시는지라
3 호연이 혼잣말로 "또 누구를 얼마나
괴롭혔으면 저럴꼬?" 하매
4 상제님께서 "아니, 쪼그만 것이 억장
무너질 소리만 퉁퉁 하네." 하시니라.
5 평소에 병을 앓지 않으시는 상제님께
서 누워 계시는 모습을 보매 호연이
걱정이 되어 어찌할 바를 모르더니
6 문득 어려서 한축을 앓을 때마다 상제
님께서 머위 뿌리로 생즙을 내어 주시
던 생각이 나거늘
7 머위 뿌리를 캐어다가 절구에 꼭꼭 찧
어서 즙을 종지에 담아 가져다 드리니
라.
8 호연이 "이것 마시면 금방 나아요." 하
고 바라보니 상제님께서 호연의 손을
덥석 잡으시며 "어떻게 요것 생각이
나서 나를 해다 주냐?" 하며 대견해하
시거늘
9 호연이 "내가 돈이 없으니 약 지으러
도 못 가고, 무엇을 해 줄래도 해다 줄
것이 없길래, 이게 약 될까 싶어서 했
으니 먹어 보세요." 하니라.
10 이에 상제님께서 "어린 손으로 해다
주는 정성이니 먹어야겠다." 하시며 머
위즙을 드시고는
11 "나를 꼭 눌러라." 하시므로 호연이 상
제님의 허리를 꼭 안고 엎드리니
12 얼마 동안을 그렇게 계시다가 "네가
약 해 주어서 다 나았다. 이제 일어나
거라." 하시며 자리에서 일어나시어
13 성도들에게 "우리 꼬마가 약 해 줘서
금방 나았다이! 너희들도 그렇게 해
먹어라." 하고 자랑하시니라.

아이들을 무척 사랑하신 상제님

171 상제님께서는 길을 가시다가 코
흘리는 아이를 보시면 보듬어서
손이나 옷자락으로 코를 닦아 주시거
늘
2 하루는 호연이 "왜 더럽게 옷자락으로
닦아 주고 그래요?" 하니 "코 먹게 생
겼으니 어쩌냐?" 하시니라.
3 또 상제님께서 길을 가실 때 무엇을
바라는 듯 쳐다보거나 참외 껍질을 주
워 먹는 아이들이 있으면
4 참외를 사서 쪼개 주시며 "그 껍데기
주워 먹지 말아라, 잉?" 하시고 쓰다
듬어 주시니라.
5 상제님께서 구릿골에 사는 김익수(金
益壽)의 셋째 아들 홍진을 '이쁜둥이'라
부르며 귀여워하시는데
6 하루는 이쁜둥이가 상제님의 옷자락
을 잡아당기며 "왜 할아버지는 가시
찔리는 솔잎만 따 와? 칡 좀 캐 오지."
하거늘
7 홍진의 머리를 쓰다듬으시며 "오늘은
칡 캐 올란다. 놓아라." 하시고 산에
가시어 칡을 캐다가 주시니라.
8 상제님께서는 종종 솔잎을 말려서 손
수 가루를 내어 드시고, 생으로 그냥
드시기도 하며, 잘 빻아서 즙을 내어
드시기도 하니라.

누구 먹으라고 남기냐

172 하루는 형렬의 큰아들이 처갓집
에 갔다가 밤늦게 밤을 갖고 돌
아온지라
2 형렬이 상제님께 올리려고 보니 밤이
부족할 듯하여 성도들이 몇이나 안 자
고 있는지 살피려고 약방으로 오거늘
3 상제님께서 호연에게 집게손가락을 구
부렸다 폈다 하시며 밤을 가져오라고
신호를 하시니라.
4 이에 호연이 형렬의 집에 가서 그릇에
담긴 밤을 통째로 가져와 상제님 앞에

내려놓으니 형렬이 눈을 흘기거늘
5 상제님께서 장난스레 웃으시며 "대신
애가 가져오니 안 먹냐?" 하시니라.
6 형렬이 여전히 눈치를 주며 "조금 남
기고 가져오지 다 가져왔냐?" 하니
7 상제님께서 "누구 먹으라고 남겨 놓고
오냐?" 하시고 혼자서 밥을 드시다가
8 사랑방의 성도들을 향하여 "나는 이것
먹는다. 이놈들아! 잠만 자냐? 저놈,
먹고 싶어서 목구멍에 애 잦힌다." 하
고 놀리시거늘
9 호연이 "아이 참! 주면서나 그러세
요." 하매 "그래, 조금 줘라. 요만치
줘라." 하시며 조금 떼어서 호연에게
주시니라.

선천의 도둑놈 심법 뿌리뽑는 공사

173 약방을 여신 이후로 유관수가 약
방 청소를 담당하여 아침저녁으
로 두 차례씩 청소를 하는데
2 하루는 청소를 하다가 방바닥에 떨어
진 돈을 주머니에 집어넣고 걸레를 빨
러 나오니
3 상제님께서 마당에 있는 대나무 평상
에 앉아 계시다가 관수를 보며 배시시
웃으시니라.
4 성도들이 그 이유를 몰라 두리번거리
는데 곧이어 관수가 걸레를 빨아서 돌
아오거늘
5 상제님께서 "야, 너 방바닥에서 뭐 주
운 것 없냐?" 하고 물으시니 관수가
"예, 여기 있어요." 하며 바로 돈을 내
드리니라.
6 상제님께서 다시 물으시기를 "어째서
벼루 앞에다 놓지 거기다 넣었냐? 네
것 삼으려구 그랬냐?" 하시니
7 관수가 얼른 고개를 저으며 "아니에
요. 제가 어두워서 거기다 놓아야 되
는 줄을 모르고 주머니에 간수했다가
드리려고 그랬어요." 하거늘
8 상제님께서 "그러냐?" 하시고 별다른
말씀은 하지 않으시니라.

옷을 벗겨서 직접 곤장을 치심

174 상제님께서 종종 성도들의 버릇
을 고쳐 주시기 위해 약방에 물
건을 늘어놓고 여러 사람으로 하여금
번갈아 가며 청소하게 하시니라.
2 하루는 상제님께서 "방 청소를 하라."
하시매 유찬식이 청소를 하는데 붓이
놓여 있거늘
3 평소 상제님께서 그 붓으로 온갖 조화
를 행하시던 모습을 보아 온지라 문득
갖고 싶은 마음에 글씨를 써 보니 참
으로 좋더라.
4 이에 찬식이 붓을 만지작거리며 주변
을 살피다가 주머니에 살며시 넣으려
고 하니 갑자기 손이 파르르 떨리거늘
5 화들짝 놀라 붓을 도로 내려놓으니 곧
바로 괜찮아지더라.
6 이렇듯 주머니에 넣으려고 하면 손이
떨리고, 도로 내려놓으면 괜찮거늘
7 한참을 머뭇거리다가 이내 '에이, 죽을
란다.' 하고 주머니에 집어넣으니
8 순간 마당에 있는 평상에서 주무시는
줄로 알았던 상제님께서 벌떡 일어나
시어
9 "너, 죽는다고 했으니 죽어 봐라." 하
시며 옷을 벗겨 마루에 엎어 놓고 곤
장을 치시니라.
10 평소 상제님께서는 나무를 납작하게
엇깎아서 항시 문 옆에 세워 두셨다가
11 누가 잘못을 하면 빰을 올려붙이기도
하시고 곤장을 때리기도 하시니
12 모두 두려워하여 아무리 사소한 것이
라도 약방에 있는 물건은 가져가지 못
하고, 돈이 쌓여 있어도 한 푼 건드리
지 못하니라.
13 상제님께서는 비록 다른 곳을 보고 계
실 때라도 앞에서 보듯이 다 아시므로
털끝 하나 속일 수가 없더라.

상제님께 바치는 성금 기록 공사

175 하루는 나주에 사는 한 성도가 철궤를 바치니 그 크기는 가로 한 자 반, 높이 한 자 정도이더라.
2 상제님께서 서기에게 명하시어 약장 앞에 놓아 두고, 성도들이 성금을 올리면 장부에 먼저 기록한 후
3 돈에 이름 쓴 종이를 붙여 철궤에 넣어 보관하게 하시니라.
4 치성 때가 되면 서기가 궤짝에서 돈을 꺼내어 장부와 함께 보여 드리며 "이것은 아무개가 가져온 것입니다." 하고 일일이 아뢰는데
5 상제님께서 고개를 끄덕이시며 "갖고 가거라." 하시면 그제야 비로소 돈을 지출하니라.
6 간혹 서기가 없을 때 성도들이 성금을 가지고 오면 호연이 그 많고 적음에 따라서, 길이와 수를 다르게 금을 그어 표시해 두거늘
7 한번은 상제님께서 "언문(諺文)을 배운다더니 진서(眞書)로 써 놓았구나." 하고 칭찬해 주시니라.
8 하루는 장 생원이 거만하게 굴며 성도들이 가져온 돈을 상제님께 고하지 않고 쓰거늘
9 상제님께서 "어른 행세하며 나를 속여 먹는구나. 호연이만도 못하다." 하시며 크게 호통치시니 장 생원의 눈알이 쏙 빠져 버리더라.

천지 돈이니 손 못 댄다

176 상제님의 늙으신 부친께서 집안 살림이 어려워 이따금 약방으로 아들을 만나기 위해 찾아오시니라.
2 하루는 성부께서 어린 이순의 손을 잡고 약방에 오시어 살림의 어려움을 말씀하시므로 성도들이 돈을 내어 드리려 하거늘
3 상제님께서 괴로운 표정을 지으시며 언성을 높여 말씀하시기를 "아, 나보고 어쩌라고 그러느냐! 그 돈은 천지 돈이니 손 못 댄다." 하시니라.

정씨 부인이 찾아왔을 때

177 상제님께서 본댁에 전혀 발길을 대지 않으시니 정씨 부인이 한 달이면 한두 번씩 상제님을 뵈려고 약방으로 찾아오거늘
2 상제님께서는 좀처럼 말씀도 건네지 않으시고, 눈길도 한번 주지 않으시니라.
3 이에 형렬이 민망하여 사랑채로 모시면 며칠씩 묵고 가시는데 돌아갈 때면 형렬이 이따금씩 노자를 빌려서 드리니라.
4 하루는 정씨 부인이 찾아와 상제님을 뵙고는 어려워서 안절부절못하거늘
5 호연이 상제님께 "아, 아씨 왔어요." 하며 눈치를 주니 "왜 그러냐? 왔는데 어쩌라고!" 하시니라.
6 이에 호연이 "각시니까 '왔냐.'고 해야지." 하니 "나보러 왔간디?" 하시거늘
7 "그럼 누구 보러 여길 와? 아씨 왔다니까 딴소리를 그렇게 해 싸!" 하니라.
8 상제님께서 다시 "어쩌면 아씨랴?" 하시니 "장가갔으니 아씨지. 둘이 절이랑 했다면서?" 하거늘
9 "그려." 하고 대답하시니 "청실홍실 내린 조강지처는 하늘이 내려다 본댔어요." 하니라.
10 이에 상제님께서 "아이고, 쪼그맣다고 얕봤더니 그런 것을 다 아네!
11 내가 그런 걸로 내쫓지 못하고 저 사모님이라는 사람의 꼴을 본다." 하시거늘
12 호연이 "어서 방으로 들어가서 '오시었소.' 그려요. 천지문을 열어 갖고 바라를 치면은 다 들어온다면서?
13 어째 조강지처가 왔는데 보는 둥 마는 둥 사람 마음을 슬프게 해요!
14 신랑이라고 찾아왔는데 남 보듯이 하

고 돌아서서 가려면 얼마나 서러울
까." 하니
15 상제님께서 "어린 너를 데리고 무슨
얘기를 하겠냐." 하시며 더 이상 아무
말씀도 하지 않으시니라.

신명이 내려다본다

178 상제님께서는 돈이 생기면 그
때마다 호연에게 맡기시며 "신
명이 양어깨에 서서 네 속이 검은지 흰
지를 다 본다." 하시니
2 호연이 눈앞에 돈이 쌓여 있어도 바라
보기만 할 뿐 한 닢도 건드리지 못하
니라.

천지에서 네 옷과 밥을 받들어 줄 텐데

3 하루는 호연이 통 안에 든 돈을 보며
"저놈을 집어다 주고 옷 해 입을래요."
하니
4 상제님께서 저고리를 던져 주시며 "이
것을 뜯어서 네 옷 해 입어라." 하시거
늘
5 호연이 "남들은 모두 옷도 잘 해 입고
그러더구만, 나는 맨날 옷 없어서 이
렇게 거지 같네." 하며 투정을 하는지
라
6 상제님께서 호연을 어루만지시며 "이
제 천지가 다 네 옷이요 네 밥이 될 텐
데, 왜 그리 투정을 하느냐." 하고 달
래 주시니라.

가난 면할 길을 가르쳐 주옵소서

179 구릿골 이장 정성원(鄭成元)이
하루는 상제님께 여쭈기를 "제
가 집이 가난하여 살 수가 없사오니
청컨대 가난 면할 길을 가르쳐 주옵소
서." 하니
2 상제님께서 웃으며 말씀하시기를 "금
년에 그대가 받는 마을의 세금을 상납
하지 말고 다 쓰라. 뒷일은 내가 끌러
주리라." 하시거늘
3 성원이 여쭈기를 "너무 심한 말씀입니
다. 국세를 받아 쓰고 어찌 생명을 보
전하겠습니까." 하고 물러가니라.
4 그 뒤에 고의는 아니나 세금 수천 냥
을 사사로이 써 버리매 기유년 봄에
이르러 관청에서 독촉이 심하거늘
5 성원이 술에 취하여 고샅으로 돌아다
니며 외치기를 "내가 국세를 받아 썼
으니 누구든지 칼로 내 배를 가르라!"
하는지라
6 상제님께서 불러 위로하시며 "염려하
지 말라. 무사하게 하여 주리라." 하시
니
7 그 뒤에 과연 무신, 기유년의 세금이
면제되므로 성원의 일이 무사히 풀리
니라.

언습을 삼가라

180 하루는 성도들에게 이르시기를
"언습(言習)을 삼가라. 시속에 먹
고살려고 좋은 반찬에 잘 먹고 나서는
문득 '배불러 죽겠다.'고 말하며
2 일하여 잘 살려고 땀흘리며 일한 뒤에
는 문득 '되어 죽겠다.'고 말하나니
3 이제는 말대로 되는 때라. 병이 돌 때에
어찌 죽기를 면하리오." 하시니라.
4 또 말씀하시기를 "너희는 '배불러 죽겠
다, 좋아 죽겠다.'는 말을 하지 말라."
하시니라.
5 하루는 한 성도가 무슨 일이 있었는지
"에이, 이놈의 세상. 몹쓸 놈의 세상."
하며 세상을 원망하니
6 상제님께서 갑자기 천둥 같은 음성으
로 "야 이놈아, 이 세상이 네 세상이
냐?
7 이 세상이 뉘 세상이라고 함부로 이놈
저놈 하느냐. 이놈이면 그게 누구냐?"
하시며 크게 꾸중하다가
8 잠시 후에 다시 온화한 목소리로 "세
상살이가 고달프다고 그러면 쓰냐. 앞
으로는 그런 언습을 버리라." 하시니
라.

무슨 복이 찾아들겠느냐

9 하루는 한 시골 아낙이 그의 자식을
나무라며 온갖 욕설을 퍼붓거늘
10 상제님께서 이를 듣고 말씀하시기를
"자식을 기르는데 스스로 빌고 바라는
바가 저와 같으니 욕하는 대로 이루어
질 것이니라." 하시며
11 "구덕(口德)의 박함이 이와 같으니 무슨
복이 찾아들겠느냐." 하고 경계하시니
라.

천지에는 한량없는 큰 복이 있나니

181 상제님께서 약방 기둥에다 호한
(呼寒)이란 새를 그려 붙이시고
말씀하시기를
2 "이 새는 털이 하나도 없이 맨몸으로
하늘만 믿고 사는 새라. 바람결에 날
려 입으로 들어온 것만 먹고 사는 새
니라." 하시니라.
3 또 말씀하시기를 "천지에는 한량없는
큰 복이 있나니 세상 사람들의 작은
복을 부러워 말고 천복(天福)을 얻도록
힘쓰라." 하시니라.

누구 도둑놈 만들려고 하느냐

182 어느 날 한 성도가 여쭈기를 "병
든 사람을 낫게 하시고 죽은 사
람도 살리시며
2 가난한 사람에게 복(福)을 마련하여 잘
되게 하시고 자식 없는 사람에게는 자
식을 낳게 해 주시면서
3 어찌하여 선생님 스스로는 슬하(膝下)
에 자손을 두지 않으십니까?" 하니
4 상제님께서 그 사람을 등지고 돌아앉
아서 무엇을 하고 계시다가 고개를 돌
려 흘겨보시며 말씀하시기를 "누구를
도둑놈 만들려고 하느냐." 하시니라.

후천의 장수 문화를 개벽하심

183 하루는 약방에서 공사를 보시며
말씀하시기를 "병 고치는 약이
귀한 것이 아니요 병들지 않는 몸이
귀한 것이니 스스로 몸을 잘 지켜 달
리 약을 구하지 말라." 하시니라.
2 하루는 성도들과 길을 가실 때 한 백
발 노인이 힘겹게 걸어가는 모습을 보
시고 말씀하시기를 "사람이 저와 같이
장수함이 옳으냐?" 하시니
3 성도들이 "오래도록 사는 것이 옳을
듯하나이다." 하고 대답하니라.
4 이에 상제님께서 말씀하시기를 "사람
이 오래 살아도 무병장수라야 하겠거
늘 저와 같이 괴로워서야 쓰겠느냐?
5 앞세상에는 지지리 못나도 병 없이 오
백 세는 사느니라." 하시고
6 "후천에는 빠진 이도 살살 긁으면 다
시 나느니라." 하시니라.

수명 늘이는 공사

184 하루는 약방에 계실 때 삶은 국
수를 채반에 담아서 올리니 상
제님께서 성도들에게 "너희들 내 재주
한번 볼라냐?" 하시거늘
2 성도들이 일제히 "예, 예. 보렵니다."
하고 좋아하매 상제님께서 채반에 담
긴 국수를 모두 한 가닥으로 길게 이
으시는지라
3 호연이 "아, 이어 봐야 떨어지는구만
먹는 걸 뭣 하러 그래요?" 하니
4 상제님께서 웃으시며 길게 이은 국수
를 들어올리시는데 신기하게도 국수
가닥이 끊어지지 않더라.
5 이어 상제님께서 마당에 국수를 빨랫
줄처럼 거시니 밑으로 처지지도 않고
팽팽하거늘
6 새와 나비들이 날아와 그 위에 앉을
때마다 국수 줄이 바르르 떨릴 뿐 끊
어지지 않더라.

갱생주를 읽게 하심

185 상제님께서 어느 날 저녁에 갑
칠을 불러 갱생주(更生呪)를 읽어

주시며 "용화동(龍華洞)에 가서 사람을
만나거든 읽어 주고 오라." 하시니
2 갑칠이 명을 받고 용화동에 갔으나 어
찌된 일인지 밤늦도록 아무도 만나지
못하거늘 하는 수 없이 하늘을 바라보
고 갱생주를 읽으니라.
3 갑칠이 돌아와 상제님께 사실대로 아뢰
니 "잘 하였다." 하시며 칭찬하시니라.
4 更生呪
갱생주

天更生 地更生 人更生
천갱생 지갱생 인갱생

更生 更生 更生
갱생 갱생 갱생

天人天地天天 地人地地地天
천인천지천천 지인지지지천

人人人地人天
인인인지인천

새사람이 되지 않겠느냐

186 하루는 성도들을 데리고 어디를
가시다가 한 주막에 드시니 그
주인이 창증(脹症)으로 사경을 헤매거
늘
2 성도들에게 이르시기를 "너희가 저 병
을 치료하여 주라." 하시며

大學之道는 在明明德하며
대학지도 재명명덕

在新民하며 在止於至善이니라
재신민 재지어지선

3 라는 글을 읽게 하시니 금시에 아래로
물이 흘러내리고 부기가 빠지는지라
4 상제님께서 웃으며 말씀하시기를 "너
희들의 재주가 묘하도다." 하시고 떠
나시니라.
5 성도들이 대학(大學) 머릿장(首章)의 글
한 절로 병을 치료한 이유를 여쭈니
6 말씀하시기를 "재신민(在新民)이라 하
였으니 새사람이 되지 않겠느냐." 하
시니라.
7 하루는 구릿골 이정삼(李正三)이 발찌
(髮際)가 나서 크게 고통스러워하거늘
8 상제님께서 보시고 광찬에게 명하여 배
코를 쳐 주시니 그 병이 곧 나으니라.

친히 약을 달여 병자를 고치심

187 상제님께서 성도들을 데리고 정
읍(井邑)으로 가시는데 어느 마을
에서 한 사람이 길을 막아서며 사경에
이른 아내를 살려 달라고 간청하거늘
2 이에 허락하시고 그 사람의 집에 당
도하여 병자를 보시더니 한 성도에게
"약 지어 온 것을 가져오라." 하고 명
하시니라.
3 상제님께서 손수 약탕관에 약을 넣고
물을 부어 봉지로 봉하신 후에 왼손으
로는 약탕관을 싸 쥐시고 오른손으로
부채를 부쳐 화롯불에 약을 달이시니
4 곧 약이 끓어 손가락 사이로 뜨거운
김이 솟아오르는데 전혀 뜨거워하는
기색이 없으시니라.
5 잠시 후에 약을 직접 짜 주시며 "병자
에게 먹이라." 하시므로 집주인이 약
을 받아 명하신대로 행하니 즉시 회생
하니라.
6 한 성도가 혹 상제님께서 손을 데시지
않았을까 걱정하여 상제님의 손을 보
니 조금도 이상이 없더라.

신 재인 아들의 흉복통을 고쳐 주심

188 대흥리 신 재인(申才人)의 아들이
흉복통으로 사경에 이르매 재인
신씨가 상제님께 찾아와 고쳐 주시기
를 청하거늘
2 말씀하시기를 "돼지 한 마리를 잡아서
삶아 오라." 하시므로 신씨가 명하신
대로 하려 하니
3 문득 다시 말씀하시기를 "좀 있으면
돼지고기 석 점이 이르리니 돼지를 잡
지 말라." 하시니라.
4 이윽고 차윤경이 제사지낸 집에서 술
상을 가져오니 과연 술상에 돼지고기

석 점이 있는지라
5 신 재인에게 주시어 그 아들에게 먹이
게 하시니 흉복통이 곧 나으니라.

뼈가 나와 약이 소용없다

189 하루는 호연이 상제님께 여쭈기
를 "저기 살던 박을비가 시집을
갔는데 못 살고 도로 온대요. 예쁘더
니만 왜 그러는가 몰라." 하니
2 상제님께서 "그럴 만도 하지야! 여편
네가 아무리 해도 남자 노리개 된 세
상인데, 얼굴만 예뻤지 사랑받는 것이
없으니 그럴 것이다." 하시니라.
3 이에 호연이 "어디가 어쩌길래? 그럼
약 좀 가르쳐 주세요." 하니
4 말씀하시기를 "그건 뼈가 나왔으니 약
이 소용없다. 뼈를 빼면 제가 죽을 것
이니 어떻게 고쳐 주겠느냐." 하시며
그 여자를 보신 듯 훤히 아시니라.
5 훗날 이야기를 들은즉 본시 그 여인은
하초(下焦)에 뼈가 나와 남편과 잠자리
를 할 수 없는데 그 어머니가 그 사실
을 미처 모르고 시집보낸 것이더니
6 동네 사람들은 영문도 모른 채 '저런 예
쁜 각시를 내쳤다.'며 신랑만 욕하더라.

지천태 세상이 온다

190 하루는 상제님께서 여러 성도들
에게 이르시기를 "앞으로 여자
가 위에서 합궁(合宮)하는 때가 오느니
라." 하시니
2 내성이 "무슨 뜻인지 잘 모르겠습니
다." 하거늘
3 말씀하시기를 "사람은 맷돌과 같다.
맷돌 돌아가는 이치와 같으니라." 하
시니라.

미친 여인을 고쳐 주심

191 하루는 청도원 류찬명(柳贊明)의
집에 계실 때 한 미친 여인이 머
리를 풀고 들어오는지라
2 상제님께서 불쌍히 여기시어 방에서
하룻밤을 자고 가게 하시거늘 이튿날
그 여인이 떠날 때 보니 완전히 성한
사람이 되어 있더라.
3 며칠 후에 그 여인이 머리를 곱게 빗고
와서 상제님께 큰절을 올리며 은혜에
감사하니라.

상제님께 욕을 많이 했더니

192 류찬명의 집에 머무르실 때 하
루는 평소 상제님께 욕을 잘하
는 그 마을의 젊은이가 머리가 깨질
듯이 아프다고 하소연하며 살려 주시
기를 무릎 꿇고 애원하니
2 상제님께서 말씀하시기를 "앞으로는
그러지 말라. 집에 가서 얼굴 닦고 한
숨 푹 자거라. 그리하면 나을 것이니
라." 하시므로
3 돌아가서 명하신 대로 하매 과연 씻은
듯이 낫거늘 이후로 상제님께 심히 공
대하니라.

병을 아뢰는 자가 찾아오면

193 상제님께서는 병을 아뢰는 자가
있으면 세 손가락으로 담뱃대를
짚어 진맥하기도 하시고, 혹 방바닥을
짚어 진맥하기도 하시거늘
2 병자와의 관계를 물으시어 일가나 척
분(戚分)이 되지 않는다 하면 그 부형
과의 관계를 물으시고
3 그래도 아무 관계가 없다고 하면 "어
찌 무관계한 사람이 왔느냐." 하시며
곧 물리쳐 보내시되 그 병은 낫게 하
시니라.

약 제조하는 공사

194 상제님께서는 평소 말씀과 신권
의 조화로 병든 자를 살려 주시는
데 때로 약을 써서 고쳐 주기도 하시니
2 저울에 약재를 올려놓으려 하시면 병의
깊고 얕음에 따라 필요한 만큼 저절로

저울이 기울어져 자연 가늠이 되더라.
3 평소 상제님께서 "백 가지 풀이 약이 다." 하시며 성도들로 하여금 갖은 약초를 캐어 오라 하시어
4 경우에 따라 약초를 말려서 **탕제**(湯劑)로 만들거나 식초를 넣고 환(丸)을 지어 쓰기도 하시는데 **사물탕**(四物湯)과 **화풍단**(化風丹) 등을 자주 쓰시니라.
5 이때 사용한 약재들 가운데 그 이름이 전해지는 것은 약장에 쓰신 약재와 바위손, 지초, 엉겅퀴, 산모초, 딱지꽃, 할미꽃, 꾸지뽕나무, 산해박, 골담초, 접시꽃, 생지황, 하늘수박, 진득찰, 가시오갈피, 엄나무, 쇠무릎, 제피나무, 아그배, 개암나무, 반하, 선모, 머위뿌리, 상수리, 삼(麻), 초오, 뱀딸기, 느릅나무 등이더라.

산삼을 들고 나타나심

6 하루는 가파른 절벽 아래 난 산삼을 캐려고 사람들이 허리끈을 끌러 단단히 묶은 다음 한 사람에게 그것을 잡고 내려가게 하거늘
7 그 사람이 조심조심 내려가 삼을 뽑으려고 손을 뻗치니 삼이 순식간에 없어져 당황하는데
8 잠시 후에 상제님께서 손에 산삼을 들고 나타나시니라.

제사의 참뜻

195 무신년 12월에 차경석의 집에 계실 때 경석이 그 부친 치구(致九)의 기일(忌日)을 맞아 제를 올리고자 하니
2 상제님께서 말씀하시기를 "그 상을 내 앞으로 들여라." 하시고
3 경석의 형제와 성도들에게 "반천무지(攀天撫地)로 사배하고 심고를 하라." 하시니라.
4 이에 성도들이 정성스레 사배를 마치니 상제님께서 "누구에게 심고하였느냐?" 하고 물으시거늘
5 모든 성도들이 "저의 선령신을 해원시켜 달라고 선생님께 심고하였습니다." 하니
6 상제님께서 기쁘게 웃으시며 "일이관지(一以貫之)니 이것이 곧 **기제**(忌祭)니라." 하시고
7 음식을 맛보신 다음 "진평(陳平)이 분육(分肉)하듯 균일하게 나누어 먹으라." 하시니라.
8 또 말씀하시기를 "사람이 조상에게서 몸을 받은 은혜로 조상 제사를 지내는 것은 천지의 덕에 합하느니라.
9 지금 너희가 행하는 제사 범절은 묵은 하늘이 그릇 지은 것이니 **이제 진법**(眞法)**이 다시 나오리라.**" 하시니라.

조상 제향을 지낼 때

10 하루는 말씀하시기를 "앞으로 때가 되어 너희들이 **조상 제향**(祭享)을 지낼 때 나를 맨 위쪽에 모시고
11 너희들의 부모가 나를 모시는 영화와 즐거움을 누리게 하여 나에게 맑은 술을 올리고 공경하여 절하면
12 너희 조상의 영광과 행복 그리고 너희들 마음속의 기쁨을 말로써 다하지 못하리라." 하시니라.

말이 앞서면 못쓰는 것

196 상제님께서 제사에 올리는 메는, 쌀을 일곱 번 찧고 일곱 번 씻어서 짓도록 가르치시니
2 기유(己酉: 道紀 39, 1909)년에 하루는 호연이 "왜 제사도 안 지내면서 남 제사지내는 데 관여를 해요?" 하고 나서거늘
3 상제님께서 버릇을 고쳐 주시기 위해 "내가 요것을 한번!" 하고 호연의 엉덩이를 힘껏 꼬집으시는지라
4 호연이 "아이, 따가워라!" 하고 울며 상제님을 안고 뒤로 돌아가니라.
5 이에 상제님께서 웃으시며 "너는 아프다고 울면서 저리 가지, 왜 나를 안고

그리 가냐?" 하시거늘
6 호연이 "천리를 가도 만리를 가도 내
가 안아야만 떨어지지 않지." 하며 상
제님을 더욱 꼭 안으니라.
7 또 상제님께서 까불고 아는 체하는 호
연을 꾸짖어 이르시기를 "아는 체하면
내가 혼을 쏙 빼 갈 테니 너 아는 체하
지 마라!
8 어느 귀신이 집어가는 줄 모르게 네
신명이 없어지니 본 것도 못 본 듯이
하고, 들은 것도 못 들은 듯이 하여라.
9 일이 앞서야지 말이 앞서면 못쓰는 것
이니라." 하시니라.

제사를 모시는 마음

197 하루는 한 성도가 여쭈기를 "오늘이 모친의 기일인데 기르던 개가 새끼를 낳았으니 제사를 지내지 말아야겠지요?" 하니
2 상제님께서 말씀하시기를 "그래, 지내
지 마라." 하시니라.
3 다음날 아침에 또 한 성도가 여쭈기를
"오늘이 제 부친의 기일인데 아침에
아내가 출산을 하였습니다. 그래도 제
사를 지내야겠지요?" 하거늘
4 상제님께서 말씀하시기를 "그래, 지내
라." 하시니라.
5 이에 한 성도가 여쭈기를 "앞의 사람
은 개가 새끼를 낳아도 제사를 지내지
마라 하시고, 좀 전의 그 사람은 부인
이 출산을 해서 피가 방안에 있는데도
제사를 지내라 하십니까?" 하니
6 상제님께서 말씀하시기를 "앞의 놈은
'제사를 지내지 말아야겠지요?' 하니
지내지 말라 한 것이고, 뒤에 온 놈은
'아비의 제사를 지내야겠죠?' 하니 지
내라 한 것이니라." 하시니라.

오주(五呪)와 도통천지보은

198 하루는 공사를 보실 때 오주를 가르치며 말씀하시기를 "후천선경의 조화가 이 주문 속에 있느니라." 하시고 글을 쓰시니 이러하니라.
2 五呪
오 주
天文地理 風雲造化 八門遁甲
천문지리 풍운조화 팔문둔갑
六丁六甲 智慧勇力
육정육갑 지혜용력
3 道通天地報恩
도통천지보은

태을주와 운장주의 신권(神權)

199 하루는 성도들에게 이르시기를 "태을주(太乙呪)와 운장주(雲長呪)를 내가 시험하였나니 너희들은 많이 읽으라.
2 일찍이 김병욱(金秉旭)의 화는 태을주
로 풀었고, 장효순(張孝淳)의 난은 운
장주로 끌렀노라.
3 태을주는 역률(逆律)을 범하였을지라도
옥문이 스스로 열리고
4 운장주는 살인죄에 걸렸을지라도 옥문이
스스로 열리느니라." 하시니라.

여의주 도수는 태을주

5 만사무기(萬事無忌), 만사여의(萬事如意)
하니 여의주(如意珠) 도수는 태을주니라.
6 '훔치'는 아버지, 어머니 부르는 소리니
율려(律呂) 도수는 태을주니라.
7 태을주는 뿌리 찾는 주문이요 선령 해원
주문이니라.

수도 공부의 정법(正法)

200 하루는 상제님께서 성도들에게 말씀하시기를 "주문을 읽는 방법은 마음을 바르게 갖고 단정하게 앉아 성경신을 다하면 되는 것이니라." 하시니라.
2 또 말씀하시기를 "공부할 때 몸을 떨
고 허령(虛靈)에 빠지는 것은 마음속에
부정한 생각이 있고 척을 많이 지어
그러하니라." 하시고

3 "올바른 공부 방법을 모르고 시작하면
난법의 구렁에 빠지게 되느니라." 하
시니라.

일심 정성으로 천지 기운이 열린다

201 하루는 상제님께서 "주문은 무
슨 주문이든지 믿고만 읽으면
좋으니라." 하시고
2 말씀하시기를 "혼기를 잃어 한(恨)이
된 어떤 처녀가 도나 닦으려고 이웃에
수도하는 노부처(老夫妻)를 찾아가 주
문을 물으니
3 때마침 노부부는 서로 다툰 뒤라 심사
가 불안하여 귀찮은 마음에 '아무것도
싫다.'고 대답하였더니
4 처녀가 이를 주문으로 알고 앉으나 누
우나 쉬지 않고 열성으로 읽으니 온
식구가 싫어하였느니라.
5 하루는 그 말을 외우면서 물동이를 이
고 오는데 그 아버지가 보리타작하던
도리깨로 물동이를 쳐서 돌 위에 떨어
졌으나
6 동이도 성하고 물도 쏟아지지 않았느
니라." 하시니라.

일심 공부

202 상제님께서 하루는 김경학에게
말씀하시기를 "일심(一心) 공부가
죽기보다 어려우니라." 하시니
2 경학이 "그러면 공부를 어떻게 해야
하는 것입니까?" 하고 여쭈거늘
3 대답하여 말씀하시기를 "일기가 청명
(淸明)하고 바람 없이 고요한 날, 깊은
물에 돌을 넣으면 소르르 들어가는 그
러한 마음으로 한 시간만 나아가도 공
부가 되느니라." 하시니라.

49일 수행 공부를 하라

4 하루는 말씀하시기를 "나를 따르는 자
는 49일 수행 공부를 하라." 하시고
5 "너희들 공부하려면 욕볼 것이다. 코
에다 마늘씨를 박아야 하리라." 하시
니라.

도통은 천지망량이 응해야

203 성도들 중에 개고기를 추육(醜
肉)이라 생각하여 먹지 않는 사
람들이 있으므로
2 하루는 상제님께서 일러 말씀하시기
를 "야, 이놈들아! 개고기 안 먹으면
너희들 도통 못 한다." 하시니라.
3 이에 한 성도가 "개고기 안 먹는다고
도통 못 합니까?" 하고 여쭈니
4 말씀하시기를 "야, 이놈아. 후천은 천지
망량신(天地魍魎神)이 들어서 도통을 줘.
5 망량신이 개고기를 좋아하는데 너희
가 싫어하면 망량신이 미워해서 응하
질 않느니라." 하시니라.

그놈 쓸 만한 줄 알았더니

204 열여섯 살 난 김병계(金炳啓)가
손바래기 앞에 있는 초강(楚江)
의 들판길을 지나다가 진창에 빠져 오
도가도 못하거늘
2 마침 상제님께서 손바래기로 오시다
가 이를 보시고 뛰어들어 병계를 팔에
꼭 끼시고 쏜살같이 들을 건너 손바래
기 본댁에 이르시니라.
3 상제님께서 성모님을 뵙고 새 버선을
갈아 신으려 하시는데 버선이 쭉 찢어
지므로 다른 새것을 한 손으로 신으시
니라.
4 이어 부엌에 걸려 있는 쇠고기를 모두
회로 만들어 잡수신 뒤에
5 병계를 보시며 "그놈 쓸 만한 줄 알았
더니." 하시고 돌려보내시니 병계가 허
둥지둥 돌아가니라.

호연에게 선매승자의 명을 내리심

205 상제님께서 호연에게 말씀하시
기를 "내가 선매승자로 명을 빌
어서 너의 명을 이어 주었으니, 네가
오래 살아야 진인(眞人)이다." 하시거늘

2 호연이 "내가 오래 살면 누가 나를 보
살펴 주고 먹여 줘요? 선생님은 세상
이치를 다 아니 가르쳐 주세요.
3 내 얘기를 가르쳐 줘야 내가 때를 기
다릴 것 아니에요?
4 그러면 얻어먹고 다니더라도 '아무 때
에는 이러저러할 테니 두고 보자.' 하
고 살지만
5 아무것도 몰라서 고생만 하다가 죽을
거면 그렇게 오래 살 사람이 누가 있
어요?" 하니라.
6 이에 상제님께서 "너 가르쳐 주면, 요
혓바닥으로 내두른게 안 가르쳐 준다.
너는 몰라도 혼은 다 안다." 하시니
7 호연이 "뭔 혼이 다 알아요? 내 혼이
요, 선생님 혼이요?" 하고 여쭈거늘
8 걱정스런 표정으로 말씀하시기를 "어
린것을 데려다가 '맥을 전한다.'고 공을
들여 선매숭자로 천지에 제(祭)를 지내
놓았는데
9 저것을 죽이자는 말도 못하고, 놓아
두면 어떤 놈이 죽일 것이고, 저것을
어찌해야 좋을꼬…." 하시니라.

네 마음이 열두 가지로 된다

206 하루는 상제님께서 "호연이 너
도 열두 가지로 된다." 하시니
2 호연이 "사람 하나가 어떻게 그렇게
되어요?" 하고 여쭈거늘
3 빙그레 웃으시며 "네 마음이." 하시고
다시 "흠, 너하고 대면해서 말하는 사
람이 우습지, 나 안 할란다." 하시니라.
4 이에 호연이 "아, 좀 해 봐요. 나도 알
게." 하고 조르니 상제님께서 "모르는
놈은 손에 쥐어 줘도 모르는 것이다."
하고 가르쳐 주지 않으시거늘
5 호연이 "알아야 면장을 살지. 어떻게 하
면 그렇게 돼요?" 하며 연신 조르니라.
6 상제님께서 웃으시며 "아이고, 면장을
또 어떻게 알까, 인제 크면 가르쳐 줄
게.
7 세상이 그렇게 된다는 말이여. 나는
못 봐도 너는 오래 살면 다 봐." 하고
달래어 넘어가시려는데
8 호연이 "천지를 다 본다면서 왜 못
봐?" 하며 말꼬리를 잡거늘
9 말씀하시기를 "이 땅에 있을 때와 떠서
있을 때와는 다른 것이다." 하시니라.

너를 구완할 사람이 생긴다

10 이에 호연이 "그럼 가끔 나 불러야지."
하니 "너는 한번 올라오면 이 세상이
그만이 되어져. 그러니 너는 내가 부를
때 와야지." 하시거늘
11 호연이 점점 더 궁금하여 "귀신이간디,
부르면 가게? 선생님이 어디로 가 버
리고 귀신이 돼요?" 하고 여쭈니라.
12 상제님께서 말씀하시기를 "너, 날씨
를 봐라. 금방 구름이 끼어도 비가 올
지 눈이 올지 네가 알 수 있느냐? 나
는 그런 조화가 있지만 너는 없으니 그
려." 하시니
13 호연이 "아이고, 별꼴을 다 보네! 다
같은 눈, 다 같은 사람인데 어찌 선생
님은 죽으면 그렇고 나는 죽으면 영
못 살아날까? 나도 그렇게 좀 만들지,
다시 살아나게." 하니라.
14 이에 상제님께서 "나는 그런 재주 없
어. 그나저나 커 나가는 것을 움츠리
게 한 이치가 되어서 내가 너에게 죄졌
다." 하고 다독거리시니
15 호연이 "그런 줄은 아는가 보네. 그럼
살면서 고생 안 하게 해 주면 되지."
하거늘
16 상제님께서 타이르시기를 "너는 오르
막을 오르면 평지가 나올 줄 알지만
더 무서운 오르막이 나올 것이다.
17 그것을 면하지 못하면 네가 고생한 보
람이 없어.
18 그러니 송죽의 이치를 생각하며 언제든
지 마음을 꿋꿋하게 지켜라. 그러면 너
를 구완할 사람이 생긴다." 하시니라.

작은 웅덩이가 강이 되어 천지백성을 먹인다

207 상제님께서 이어 말씀하시기를
"네 가슴의 둠벙을 펴 줄 사람이
생겨." 하시니 호연이 "아, 가슴에 무
슨 둠벙이 있대요?" 하거늘
2 말씀하시기를 "물이 있으니까 살지, 물
없어 봐라, 죽지. 네가 가만히 있어도
시절이 저절로 가르친다." 하시니라.
3 호연이 다시 "아이고, 내 둠벙을 누가
품어 내?" 하고 여쭈니
4 말씀하시기를 "논에 이끼가 끼면 그
이끼가 벗겨져야 곡식을 먹는 것이니,
자연히 너한테 베풀 사람이 생겨. 때
가 있으니 서러워 마라, 잉!" 하시고
5 잠시 아무 말씀도 없으시다가 "이 산
만 넘으면 평지가 나올 줄 알고 넘으
나, 넘고 나면 또 악산이 나오니 어찌
하면 좋을꼬…." 하시며 한숨을 지으
시고
6 다시 한동안 바라보시더니 "네가 장
차 형렬이하고 살 터인데 형렬이 때를
못 보고 가더라도 그것을 원통하게 생
각하지 말고 살다 보면 천지에서 너를
돌아다보느니라. 너는 원이 없다.
7 작은 둠벙이 강이 되어 천지백성을 다 먹
이느니라." 하시니라.

치자 떡을 해 놓고 나를 불러라

8 상제님께서 하루는 치자나무를 캐어
다가 약방 마당에 심으시며
9 호연에게 말씀하시기를 "치자가 열거
든 치자 떡을 해 놓고 나를 불러라."
하시니라.

세상 기운을 이겨야

208 상제님께서는 평소에 말씀이 적
으시고 성도들에게도 쓸데없는
잡담을 금하시니라.
2 성도들이 길을 가다가 무엇이 눈에 띄
어 칭찬을 하면 상제님께서 문득 꾸짖
으시며
3 "남의 것을 칭찬하는 것은 도적의 마
음이 발동한 것이니 이것이 세속의 소
행이라.
4 마음을 잘 닦아 세상 기운을 이겨야
대인의 반열에 오르느니라." 하시니
라.
5 또 하루는 성도들에게 일러 말씀하시
기를 "선천 관습 고치기가 죽기보다 어
려우니라." 하시니라.

노름꾼 잡는 공사

209 하루는 상제님께서 말씀하시기
를 "씨름으로 남을 이기는 것도
죄가 되나니, 이는 곧 성한 사람을 병
들게 하는 까닭이니라.
2 죄 중에 노름죄가 크나니 다른 죄는 홀
로 짓는 것이로되 노름은 남까지 끌고
들어가는 까닭이요
3 또 서로 속이지 않고는 목적을 이루지
못하기 때문이니라." 하시니라.
4 구릿골 약방 옆집에 사는 김공진(金共
辰)이 노름을 자주 하더니 하루는 돈
을 크게 잃거늘
5 상제님께서 공진의 아내를 부르시어
"내가 오늘 돈을 줄 터이니 남편 대신
노름을 해서 잃은 돈을 찾아오너라."
하시며
6 바둑돌처럼 작고 고운 돌을 빼곡하게
넣은 전대를 허리에 동여매어 주시고
7 "여기 돈 있으니 네 돈 다 따먹거라.
갑(甲)을 빼야 네가 이기느니라." 하시
니라.
8 이에 공진의 아내가 "어떻게 해서 갑
을 뺄까요?" 하고 여쭈니 "네 돈을 보
면 그들의 눈이 헛보일 것이다.
9 내가 갑 끄트머리에다 푸른 물을 조금
씩 뿌려 놓을 것이니 패를 빼라고 갖
다 대면 고것을 쏙 빼어라. 그러면 서
방 돈을 다 찾을 것이다." 하시니라.
10 저녁이 되어 공진의 아내가 노름판에
가니 자리에 있던 사람들이 전대에 든

것이 모두 엽전인 줄로 알고
11 '저놈을 어떻게 하면 다 따먹을꼬.' 하
며 새벽녘까지 자리를 뜨지 않더니
12 욕심에 눈이 가려진 탓인지 패가 헛보
여 자꾸만 다른 패를 뽑거늘 공진의
아내가 돈을 몽땅 따 오니라.

공진의 불알을 발라 버릇 고치며 보신 공사

210 상제님께서 공진을 불러 노름한
것을 크게 꾸짖으시며 불알은
불알대로, 자지는 자지대로 빼 놓으시
고
2 호연에게 보여 주시며 "이게 동골동
골하니 풀 찧는 돌 같으냐, 무엇 같으
냐?" 하시거늘
3 호연이 깜짝 놀라며 "아이고, 몰라! 눈
알이래요?" 하고 묻는지라 형렬이 "그
게 공진이 불알이다." 하고 일러 주니
4 호연이 "공진이가 죽었대요? 그 사람
이 우리 모시를 한 필 가져갔는데, 죽
었으면 영 못 받겠네?" 하며 걱정을
하니라.
5 상제님께서 공진에게 "너 노름할 적에
돈을 따면 불알이 올라가더냐, 내려가
더냐?
6 이것을 쪄서 먹을까, 구워 먹을까? 공
진아, 네 연장을 내가 어쩔까나?" 하
고 놀리시니
7 공진이 "아이고, 아이고! 부모님이 만
들어 줘서 가지고 나온 것을 증산 어
른께서 구워 드신다고 하네." 하며 울
먹이거늘
8 상제님께서 "어서 꼬챙이 하나 갖고
오너라. 꿰어서 구워 먹어야겠다. 네
것이니 너 하나 먹고 나 하나 먹자."
하시며 오히려 더 놀리시니라.
9 공진이가 땅을 두드리며 애원하다가
"태운장 어른, 살려 주시오. 살려 주시
오!" 하며 이내 형렬에게 매달리니
10 상제님께서 나서시며 "어라, 이놈아!
살려줄 것 같으면 네 불알을 발랐겠느
냐?
11 애초에 네놈의 행실이 못쓰게 생겼으
니 불알을 발랐지." 하시니라.
12 이때 서중옥이 나서며 "아이고, 어르
신! 절에서 뜨물이나 얻어먹고 사는
불쌍한 놈인데…. 불알을 뺏으니 살겠
습니까, 살려 주십시오!" 하며 사정하
거늘
13 상제님께서 "네놈도 빠지고 싶어서 그
러냐? 어떤 놈이든지 다 오너라!" 하
며 도리어 역정을 내시니 그 누구도
두려워서 나서지 못하더라.

밀주 장사하던 정동원의 불알도 함께 바르심

211 이때 마침 진안(鎭安)에 사는 정
동원이 밀주(密酒)를 팔다가 발
각이 되어 형렬의 집까지 쫓겨서 도망
오거늘
2 상제님께서 동원의 불알도 바르시어
"요놈이 크냐, 저놈이 크냐? 어디 저
울에 달아 보자." 하시며 저울에 달아
보시고는
3 "이것도 나이 먹은 대로 가는구나. 아
까 그놈은 젊다고 무겁더니, 요놈은
가볍구나. 그럼 이놈은 누가 먹을래?"
하고 성도들을 바라보시니라.
4 이에 모두 고개를 흔들며 먹지 않겠다
고 하니 이번에는 "물을 팔팔 끓여 끓
는 물에 넣어야겠다." 하시거늘
5 공진과 동원이 발을 동동 구르며 뒤에
서 잡아당기고 야단을 치는데
6 느닷없이 상제님께서 "아이구, 도둑놈
어디로 갔냐?" 하며 불알을 찾으시매
이미 공진과 동원의 불알이 원래대로
붙어 있더라.

명부에서도 어쩔 수 없노라

212 기유년 3월 그믐에 상제님께서
김형렬, 김자현과 그 아들 태준

을 데리고 대원사(大願寺)의 명부전(冥府殿)에 이르러 말씀하시기를
2 "너희들은 명부 내력을 잘 알아 두어라. 속담에 부녀자들이 '살고 죽기는 시왕전(十王殿)에 달렸다.'고 하니
3 명부를 잘 받들도록 하여라. **명부사자(冥府使者)**에게도 권한이 있어서 **명부의 명을 받고** 잡으러 왔다가
4 명부를 잘 위하는 사람을 만나게 되어 간곡한 사정을 들으면 어쩔 수 없이 돌아가느니라.
5 명부사자가 돌아가서 사실대로 명부전에 고하면 명부에서도 어쩔 수 없느니라." 하시니라.

사람은 죽어서도 공부를 계속한다

213 하루는 상제님께서 말씀하시기를 "죽는 것도 때가 있나니 그 도수를 넘겨도 못쓰는 것이요, 너무 일러도 못쓰는 것이니라.
2 나의 명으로 **명부에서 데려오라고 해야 명부사자가 데려오는 것이니**
3 각기 닦은 공덕에 따라 방망이로 뒷덜미를 쳐서 끌고 오는 사람도 있고, 가마에 태워서 모셔 오는 사람도 있느니라.
4 또 하늘에 가면 그 사람의 조상 가운데에서도 웃어른이 있어서 철부지 아이들에게 천자문을 가르치듯 새로 가르치나니
5 **사람은 죽어 신명(神明)이 되어서도 공부를 계속하느니라.**
6 죽었다고 당장 무엇이 되는 것은 아니니라." 하시니라.

소원하는 바를 이루려면

7 상제님께서 말씀하시기를 "무엇이든지 소원하는 바를 이루려면 천지에만 빌어도 안 되나니
8 먼저 조상에게 빌고 그 조상이 나에게 와서 빌어야 뜻을 이루느니라." 하시니라.

사냥꾼의 일심

214 하루는 상제님께서 옛 이야기를 들려주시며 "잘 알아 두라." 하시니 이러하니라.
2 옛날 어느 절의 중 세 사람이 '10년 동안 나무아미타불을 읽고 절벽으로 뛰어내리면 신선(神仙)이 되어 승천한다.'는 전설을 믿고 매일같이 바위에 앉아 수행을 하는데
3 한 사냥꾼이 얼마간 그 옆을 지나며 보매 참으로 우습기 짝이 없거늘 "저 땡중들은 무얼 하려고 날마다 '나무아미타불'만 읽고 있나." 하며 비웃더니
4 그 후 10년간을 지나며 보니 항상 그 자리에 그 세 사람이 수행을 하고 있는지라
5 자신도 모르게 '10년 동안 저렇게 하니 무얼 해도 안 될 리가 없다.'고 생각하여 그들의 성심에 진심으로 감동하니라.
6 하루는 사냥꾼이 문득 궁금증이 들어 "대사님들! 제가 늘 사냥하러 다니면서 보니 올해가 10년째인 것 같은데 언제나 성공할 것입니까?" 하고 물으니
7 한 중이 "이제 사흘밖에 안 남았다." 하거늘 사냥꾼이 저도 모르게 "길을 가르쳐 주십시오." 하며 공손히 절을 올리니라.
8 이에 세 중이 이구동성으로 "지금이라도 안 늦었으니 남은 사흘 간 일심으로 나무아미타불을 읽고 절벽으로 떨어지면 신선이 된다." 하거늘
9 사냥꾼이 그 말을 크게 믿고 그 자리에 앉아서 나무아미타불을 일심으로 읽기 시작하여 사흘 뒤에 세 중과 함께 절벽 아래로 뛰어내리니
10 사냥꾼이 미처 바닥에 닿기 전에 오색 채운이 일어나며 신선이 되어 하늘로 올라갔다 하더라.

수승화강의 몸 개벽이 되어야

215 상제님께서 말씀하시기를 "아기가 뱃속에 있을 때나 막 태어났을 때에는 세상일을 다 아느니라.
2 그러다가 죽도 먹고 밥도 먹고 곡기(穀氣)를 하면서 잊어버리는 것이니
3 화(火)한 것을 입에 넣으면 세상 이치를 모르느니라." 하시니라.

태교의 중요성을 가르치심

4 하루는 상제님께서 태교하는 법을 가르쳐 말씀하시기를 "아이가 복중에 있을 때는 반듯하게 앉고, 반듯한 것을 먹고, 마음도 반듯하게 먹어야 하느니라.
5 그래야 뱃속에 있는 자식이 산모의 조화로 바르게 크는 법이니, 큰자식을 보려거든 마음을 곧게 먹어야 하느니라." 하시니라.

인간이 태어날 때

216 하루는 상제님께서 복남에게 말씀하시기를 "천상에서 사람을 내보낼 때는 유리로 얼굴을 씌우느니라.
2 그래야 자기가 무슨 혼으로 있다가 태어난 줄을 모른다. 그것을 알고 나오면 뭔 일을 저지르느니라." 하시니라.
3 상제님께서 말씀하시기를 "어머니가 뱃속에서 열 달 동안 아이를 기르면서 온갖 선을 다하다가
4 날 때에 이르러서는 일 분간의 악을 쓰나니 이로써 악이 생기느니라." 하시니라.

마음을 닦는 정법

217 상제님께서 말씀하시기를 "보고자 하는 것은 반드시 볼 것이요, 익히 본 후에는 마음에 걸어 두지 말라.
2 사물의 보고 들음이 마음에 걸려 있으면 복장(腹臟)에 음식이 걸림과 같으니라." 하시니라.

영원히 생명을 늘여 감이 옳은 일

3 상제님께서 성도들에게 말씀하시기를 "비록 고생은 따를지라도 영원히 생명을 늘여 감이 옳은 일이요
4 일시의 쾌락으로 길이 생명을 잃는 것은 옳지 않느니라." 하시니라.

가을 우주의 새 생명을 구하라

5 하루는 성도들에게 글 한 수를 외워 주시니 이러하니라.
6 天是天非修道道요
천시천비수도도
不求俗地得長生이라
불구속지득장생
하늘이 옳다 그르다 하지 말고
도를 닦겠다고 말하라.
세속의 욕망을 버리고
영원한 삶의 길을 구하라.

천지의 기도와 조화의 도

218 하루는 상제님께서 글을 쓰시니 이러하니라.
2 宙宇詠歌
주우영가
侍天主造化定 永世不忘萬事知
시천주조화정 영세불망만사지
至氣今至願爲大降
지기금지원위대강
3 宙宇壽命
주우수명
至氣今至願爲大降
지기금지원위대강
4 天地誠敬信
천지성경신

제10편

어천(御天)

어천(御天)

내가 장차 떠나려 하니

어천을 예고하심

1 상제님께서 하루는 수부(首婦)님께 일
러 말씀하시기를 "내가 이 세상에 있으
면 삼계의 모든 일이 지연되리라.
2 이제 천상에 가서 공사를 펴내어 빨
리 진행케 하고 오리니 기다리지 말
라. 공사를 마치면 돌아오리라." 하시니
라.

천상으로 돌아가실 날을 기약하고 강세하심

2 무신(戊申: 道紀 38, 1908)년 어느 날 상
제님께서 형렬과 호연을 데리고 계룡
산에 오르시어 대공사를 행하시는데
2 하늘에서 옥동자가 내려와 상제님께
엎드려 인사를 드리며 "언제 왕림하시
려는지요?" 하고 여쭈거늘
3 호연이 '왕림'을 먹는 것인 줄로 알고
"무얼 먹으라고 그런대요?" 하니
4 "너 못 볼 데로 간단다, 너 못 볼 데
로." 하시며 머리를 쓰다듬어 주시니
라.
5 호연이 대수롭지 않게 "어디로?" 하고
여쭈니 말씀하시기를 "저 천상으로 간
다." 하시는지라
6 호연이 "아이고, 그러면 나도 올라갈
까?" 하니 "흥, 너는 올라가려면 아직
멀었어. 너는 끝끝내 있어야 해.
7 이제 날 만난 것이 웬수를 만났다고
그럴 것이다." 하시고 옥동자를 돌아
보시며 "수수가 서숙이 되겠느냐?
8 내가 애초에 이 세상에 내려올 적에
'내가 천지 일을 마치고 어느 때 돌아
오리라.' 하고 내려와 한 치의 빈틈없
이 공사를 행하고 있으나
9 천지에 나라가 한 나라만 있는 것이
아니요, 몇천 나라인데 내가 손을 잡고
화목하게 만들어야 비로소 서로 잘 살 수
있는 세상이 오겠으므로
10 이제 하나하나 살리기 위해 사방천지
를 다니며 조화를 부리고 있거늘
11 유독 너희들만이 천상에서 조급히 서
두르며 딴 생각을 품느냐!" 하며 호되
게 꾸짖으시고
12 다시 호령하시기를 "내가 천하에서 일
을 마쳤으면 지금 여기에 있지 않고
오늘이라도 올라가느니라.
13 곧 너희들과 함께 천상에서 일을 행하
리니 돌아가서 내 명을 기다리라.
14 날이 되어야 가지, 지금 내가 '아무 날
간다.'고 할 수가 있겠느냐." 하시며
크게 호통치시니 하늘과 땅이 뒤흔들
리더라.

이별을 노래하심

3 겨울에 문공신(文公信)의 집에 가시어
쉬시다가 정읍(井邑)으로 출발하실 즈
음에 공신에게 옛 시조 한 수를 읊어
주시니 이러하니라.
2 대천일해(大天一海)에 무근목(無根木)이
떠 있고
3 가지는 열두 가지 잎은 삼백 예순 잎
이 피었으니 뚜렷이 일월이 희도다.
4 구시월 세단풍(細丹楓) 바람 잡아 탄금
(彈琴)하니
5 슬프다! 저 새소리 귀촉도 불여귀(不如
歸)를 일삼더라.

이 길이 길행이라

4 겨울에 형렬에게 말씀하시기를 "내가
정읍으로 가리니 이 길이 길행(吉行)
이라. 이 뒤에 네게 알리리라." 하시고
정읍 차경석(車京石)의 집으로 떠나시
니라.
2 대흥리(大興里)에 계실 때 하루는 상제
님께서 고수부님의 무릎을 베고 누워
말씀하시기를
3 "내가 죽으면 네가 머리를 풀겠느냐,
아니 풀겠느냐?" 하시니
4 수부님께서 "어찌 머리를 풀지 않겠습
니까. 그러한 일은 염려 마소서." 하시
거늘
5 이때 옆방에서 이 모습을 지켜보던 성
도들이 서로 바라보며 웃더라.
6 또 수부님께 "영변(寧邊) 수심가(愁心
歌)를 부르라." 하시고 음성을 가다듬
어 선창하시기를
7 "소슬 동풍(東風)에 궂은 비는 오는데
울퉁불퉁 저기 저 남산(南山) 보아라.
우리도 죽어지면 저기 저 모양 되리
라" 하시니
8 수부님도 따라 부르시니라.

경석에게 재삼 다짐을 받으심

5 상제님께서 경석의 집에 머무르실 때
경석에게 이르시기를 "모든 일이 뜻
에 맞지 아니하니 내가 이 세상을 버
릴 수밖에 없구나.
2 세상을 떠나기는 극히 쉬운 일이니라.
3 몸에 있는 정기(精氣)를 흩으면 불티 사라
지듯 하느니라." 하시고 바로 베개를 베
고 누우시니
4 경석이 놀라 여쭈기를 "어인 말씀이십
니까? 제가 비록 불초하오나 모든 일
에 명하심을 좇아 물불이라도 피하지
않겠나이다. 걱정을 거두소서." 하거늘
5 말씀하시기를 "네가 능히 내 명을 좇을
수 있겠느냐?" 하시고 재삼 다짐을 받
으신 뒤에 일어나 공사를 행하시니라.

세 식구가 하나 되어도 나를 믿겠느냐

6 상제님께서 하루는 경석과 내성을 불
러 앉히시고 먼저 경석에게 "네 열세
식구가 한 몸이 되어도 나를 믿겠느
냐?" 하고 물으시니
2 경석이 "저는 열세 식구가 다 살아야겠
습니다." 하고 아뢰거늘 상제님께서 말
씀하시기를 "대적놈이라." 하시니라.
3 이어 내성에게 물으시기를 "내성이 너
는 세 식구가 한 몸이 되어도 나를 믿
겠느냐?" 하시니
4 내성이 "예, 세 식구가 한 몸이 되어도
믿겠습니다." 하고 아뢰거늘 상제님께
서 "그러면 그렇지! 그래야지." 하시며
크게 기뻐하시니라.

내성에게 붙이신 천지성경신 도수

5 일찍이 상제님께서 내성을 평하시기를
천지성경신 안내성 (天地誠敬信 安乃成)
천지불변심 안내성 (天地不變心 安乃成)
천지공경신 안내성 (天地恭敬信 安乃成)
이라 하시더니
6 상제님께서 어천하신 후에도 내성은
어디를 가든지 상제님께서 잠시 앉으
셨던 곳이라도 보면 멈추어 인사를 올
리고
7 어머니와 동생을 먼저 떠나보내고도
종신토록 마음을 변치 않고 상제님의
명을 일심으로 지키니라.

마음을 변치 않겠느냐

7 상제님께서 하루는 수부님께 물으시
기를 "내가 비록 죽을지라도 마음을
변치 않겠느냐?" 하시니
2 수부님께서 대답하여 말씀하시기를
"어찌 변할 수가 있겠습니까." 하시매
3 상제님께서 글 한 수를 외워 주시니 이
러하니라.
4 無語別時情若月이언마는
무어별시정약월
有期來處信通潮라
유기래처신통조

말없이 이별할 때의 정은
으스름 달빛처럼 애련한 것이언만
다시 올 기약 있어 믿는 마음은
조수처럼 어김이 없을진저.
5 또 말씀하시기를 "네게 세 가지 큰 병
이 있으니 그중 악한 병이 단독(丹毒)이
라." 하시고
6 이어서 "내가 천상에서 신씨(申氏)보고
잘 맡아 보라 하였더니 병 두 가지를
붙여서 보냈구나." 하시더니
7 "독기(毒氣)를 뺀다." 하시며 수부님의
손등을 이빨로 한참 동안 물어 피멍이
지게 하시고 말씀하시기를 "이제 단독
은 염려 없다." 하시니라.
8 이에 수부님께서 "나머지 병도 없애 주
소서." 하시니 말씀하시기를 "모든 일
에 한도가 있고 책임이 있다." 하시고
9 "나머지는 이후에 치유(治癒)할 사람이
있다." 하시니라.

내가 찾아오리라

8 하루는 성도 수십 명을 불러 모으신
다음 대학(大學)과 여러 주문(呪文)과
부서(符書)를 수습하여 수부님 앞에 놓
게 하시고
2 수부님으로 하여금 동쪽을 향해 앉아
서 시천주주(侍天主呪) 21독을 하게 하
신 뒤에 두 분이 서로 마주보고 절을
하시고 천지에 고축(告祝)하시니라.
3 이어 상제님께서 글 한 수를 읽어 주시
니 이러하니라.
4 吾君誓約重十山하니
오군서약중십산
踏盡高高太乙壇이라
답진고고태을단
나와 그대가 맹세한 언약
온 세상 산보다 무겁고
높고 높은 태을궁으로 인도하여
천하창생을 건지느니라.
5 상제님께서 수부님께 물으시기를 "내
가 수만 리 밖에 가 있으면 어찌하겠
느냐?" 하시니
6 수부님께서 대답하시기를 "어디든지
찾아가겠습니다." 하시거늘
7 상제님께서 "오지 못하리라." 하시며
"내가 찾아오리니 기다리고 있으라."
하시니라.

임옥에서 땅 빠진다

9 하루는 상제님께서 수부님께 말씀하
시기를 "내가 없으면 크나큰 세 살림
을 어떻게 감당하겠느냐?" 하시니
2 수부님께서 "어디로 가시는지 저도 따
라가겠습니다." 하고 간곡히 청하시니
라.
3 이에 상제님께서 슬픈 표정으로 고개
를 저으시며 "너는 갈 곳이 못 되노
라." 하시거늘
4 수부님께서 "그러면 언제 오시렵니
까?" 하고 여쭈니 "곧 돌아오리라." 하
시고
5 "임옥(臨沃)에서 땅 빠진다." 하시니라.

수부님께 다짐을 받으심

6 또 상제님께서 "네가 나를 꼭 믿느
냐?" 하고 다짐을 받으시니
7 수부님께서 "꼭 믿습니다." 하시며 굳
게 맹세하시니라.

이 길이 나의 마지막 길

10 기유(己酉: 道紀 39, 1909)년 2월 9일
에 김자현(金自賢)을 데리고 금구
내주평(金溝 內注坪) 정남기(鄭湳綺)의
집에 가시어 말씀하시기를
2 "이 길이 나의 마지막 길이니 처족(妻
族)들을 일일이 찾으리라." 하시며 등
불을 들리시고 밤새도록 여러 집을 찾
으시니라.
3 이튿날 새벽에 수각리(水閣里) 임상옥
(林相玉)의 집에 가시어 양지에 글을 쓰
시고 그 종이를 잘게 잘라 서로 이은
다음 집의 뒷담에서 앞대문까지 연결
하시니 그 길이가 꼭 들어맞더라.

4 공사를 마치시고 그 동리에 사는 김문
거(金文巨)의 집에 가셨다가 다시 만경
(萬頃) 삼거리에 이르시어 술을 드시며
쉬실 때
5 마침 한 중이 지나가매 상제님께서 불
러 돈 3전을 주시고 자현에게 일러 말
씀하시기를
6 "오늘 오후에 흰 무지개가 해를 꿰뚫
으리니 내가 잊어버리더라도 네가 잘
살펴보라." 하시거늘
7 오후가 되어 자현이 보니 과연 흰 무
지개(白虹)가 해를 꿰뚫으니라.

가족을 당부하심

11 고부(古阜) 본댁에 계실 때 하루는
상제님께서 내촌(內村)에 가셨다가
쌍정리(雙丁里)를 거쳐 손바래기로 돌
아오시니라.
2 오시는 길에 나뭇가지로 회초리를 만
들어서 좌우로 휘저으며 걸으시니 마
치 무엇을 몰고 가시는 듯하더라.
3 이와 같이 회초리를 저으시며 강성회
(姜聖會)의 집에 가시어 영탁(永鐸)에게
말씀하시기를
4 "장차 네가 나를 대신하여 내 집안을
돌보자면 수고가 많으리라. **고목(枯木)
에 장차 꽃이 피리라."** 하시니라.
5 그 길로 본댁에 돌아오시니 가족들이
모두 모이거늘 말씀하시기를
6 "每事不待自然來라."
매사부대자연래
하시니라.

선매숭자 공사를 명하심

12 하루는 상제님께서 종이에 제비를
그리신 후에 형렬에게 말씀하시기
를 "선매숭자를 써야 나갔던 제비가
다시 들어온다." 하시고
2 호연을 가리켜 말씀하시기를 "**낳기는
제 어미가 낳았어도 맥은 얘가 붙인다.**
3 이 도수를 맞추려면 **삼색실과(三色實果)
와 제물이 있어야 하고, 첫 몸을 받아야
천지에 공을 드릴 수 있나니**
4 이 애를 잘 돌봐서 선매숭자를 받아
라. 선매숭자를 지녀야 표적(標的)이니
라." 하시고
5 호연의 첫 경도(經度)를 받아서 공사를
행하도록 그 방법을 세세히 일러 주시
니라.

내가 죽더라도 이렇게 해라

13 이 해 봄에 상제님께서 형렬에게
"내가 죽고 없더라도 이렇게 해
라." 하고 무엇을 가르쳐 주시니
2 자현이 이를 보고 시새워서 "저도 좀
가르쳐 주십시오." 하고 간청하거늘
3 상제님께서 꾸짖으시며 "그럼 네 조상
을 내게 다 주겠느냐?" 하고 물으시니
라.
4 자현이 선뜻 대답을 할 수가 없어 "조
상을 다 드리다니요…." 하며 대답을
얼버무리니
5 그 말이 떨어지자마자 어느새 자현이
모악산 꼭대기의 바위 위에 앉아 있거
늘
6 아무리 내려오려고 사방을 둘러보아
도 주위가 온통 강이 되어 도저히 나
올 길이 없는지라
7 자현이 막막한 마음에 그저 빙빙 돌기
만 하니라.
8 상제님께서 형렬에게 이를 보여 주시
며 물으시기를 "어쩌냐, 너하고 형제
간이라 마음이 안타까우냐, 서운하
냐? 놓아주랴, 건네주랴?" 하시니
9 형렬이 대답하기를 "아이고, 모르겠습
니다. 건네주려면 주시고 마음대로 하
시지 저는 이러시라 저러시라 못 하겠
습니다." 하니라.

자식이 뭔 죄인고

10 이에 상제님께서 웃으시며 "어째서 그
러냐?" 하고 다시 물으시니 형렬이 "저
도 그놈 괘씸하니 살려 주시라 마시라

그런 소리 하지 않겠습니다.” 하고
11 돌아서며 혼잣말로 “자식이 뭔 죄인
고. 애비 죄를 자식이 대신할 게 아닌
데….” 하거늘
12 상제님께서 고개를 끄덕이시며 “그래
도 깡다구는 있구나.” 하시니 말씀이
떨어지자마자 어느 결에 자현이 돌아
와 앉아 있더라.
13 상제님께서 어리둥절해하는 자현에게
타일러 말씀하시기를 “네가 뉘 덕으로
곁에 와 있는 줄 아느냐?
14 형렬이 ‘애비 죄로 자식이 뭔 고생이
냐.’고 그러길래 내가 너를 건네주었느
니라.
15 그렇지 않았으면 너는 강만 뱅뱅 돌다
말 참이었느니라.” 하시니라.

내가 장차 죽으리라

14 3월에 하루는 상제님께서 하루 밤
낮으로 계속하여 코피를 흘리시거
늘
2 김갑칠(金甲七)에게 명하여 관을 짜게
하시고 감주 한 그릇을 드시니 코피가
그치고 원기가 곧 회복되시니라.
3 이 달에 상제님께서 형렬과 자현을 데
리고 전주(全州)에 가시려고 청도원(淸
道院) 뒷재를 넘어가실 때
4 자현이 아뢰기를 “저의 조모가 오늘로
학질이 세 직이온데 어떻게 될는지 모
르겠습니다.” 하니
5 “학질이 세 직이면 거적 갖고 달려든
다는 것 아닌가!” 하시니라.
6 상제님께서 백남신(白南信)의 집에 이
르시어 남신을 데리고 전주 남문 누각
에 올라 북학주(北學主) 공사를 보시고
다시 그의 집으로 돌아오시니라.
7 이때 한 사람이 급히 달려 들어오며
자현에게 ‘조모께서 돌아가셨다.’는 부
고를 전하는지라
8 일행이 구릿골로 돌아오니 장례 준비
가 한창이거늘 상제님께서 말씀하시
기를 “‘학질로 상한다.’ 함이 옳도다.”
하시니라.
9 며칠 후 친히 잡아 주신 장지(葬地)에
이르러 의관을 벗으신 다음 칠성판을
등에 대시고 널 안에 누우시더니
10 말씀하시기를 “죽어서나 누울까 살아
서는 못 눕겠다.” 하시고 다시 “내 몸
에 맞기는 맞는다.” 하시니라.
11 그 뒤에 자현을 불러 이르시기를 “널
한 벌을 만들어야 하겠으니 박춘경(朴
春京)의 집에서 파는 관재(棺材) 중 잘
맞는 것으로 가져오라.
12 내가 장차 죽으리라.” 하시고
13 다시 혼잣말로 말씀하시기를 “이 살이
어서 썩어야 할 텐데….” 하시니
14 자현이 놀랍고도 민망하여 “선생님이
시여, 어찌 그런 상서롭지 못한 말씀
을 하십니까?” 하고 여쭈거늘 “네가
내 말을 믿지 않는구나.” 하시니라.

나의 묘지라고 하리라

15 하루는 상제님께서 연자봉(燕子峰)
을 가리키시며 물으시기를 “저 봉
우리를 사람들이 뭐라고 부르느냐?”
하시니
2 “연자봉이라 합니다.” 하고 아뢰거늘
“연자봉이 아니라 제비봉(帝妃峰)이니
라.” 하시니라.
3 또 하루는 구릿골 앞 오리알터를 가리
키며 말씀하시기를 “저곳을 세상 사람
이 나의 묘지라고 하리라.
4 그러나 개뼈가 묻힌지 소뼈가 묻힌지
누가 알겠느냐?” 하시니라.

두 달 뒤에 죽으리라

5 이 해 4월에 상제님께서 청도원 이극
서의 집에 종종 찾아와 말씀하시기를
“내가 이제 두 달 뒤에 죽으리라.” 하
시니
6 극서는 ‘돈 사람이 미친 소리 한다.’고
생각하니라.

죽고 살기를 뜻대로 하노라

16 상제님께서 말씀하시기를 "사람의
죽음길이 먼 곳이 아니라 문턱 밖
이 곧 저승이니
2 나는 죽고 사는 것을 뜻대로 하노라." 하
시고
3 또 말씀하시기를 "나는 손이 한 마디
만 있어도 일어나고, 머리카락 하나만
있어도 거기 붙어서 나오느니라." 하
시니라.

죽은 몸을 묶지 마라

4 하루는 장탯날 풀밭에 누워 말씀하시
기를 "이곳이 나중에 내 몸을 위한 땅
이니라." 하시니라.
5 또 말씀하시기를 "내가 죽은 후에 천
개(天蓋)에다 못질을 하지 말라." 하시
고
6 "죽은 자의 시신을 묶는 것은 선천의 악
법이니라." 하시니라.

네 부모처럼 섬기라

17 하루는 상제님께서 박공우(朴公又)
에게 물으시기를 "네가 일찍 부모
를 잃었느냐?" 하시니 공우가 "예, 그
렇습니다." 하거늘
2 말씀하시기를 "이 뒤로는 나의 부모를
네 부모와 같이 섬기라." 하시니라.
3 또 이르시기를 "공우야, 내가 천하사를
하기 위해 떠나리니 내가 돌아오기까지
죽으로 연명하라.
4 너희들은 오직 식난(食難)이 있으리라."
하시니라.
5 하루는 성도들에게 말씀하시기를 "울
타리 없는 집에서 살라. 찌그러진 오
막살이에서 살아도 진심으로 나를 믿고
공부하라." 하시니라.

수발 든 형렬의 큰며느리

18 형렬의 큰며느리인 이정숙(李貞淑)
이 상제님을 정성스럽게 수발들며
시아버지처럼 잘 섬기거늘
2 상제님께서 손수 은비녀도 사다 주시
고 신발도 꽃신, 진신, 마른신을 다 사
다 주시며
3 또 "없는 데 시집와서 불쌍하다." 하시
며 돈을 주기도 하시니 정숙이 더욱더
지성으로 모시니라.

본댁을 찾으시고 성묘하심

19 5월에 상제님께서 객망리에 가시
어 각 선령(先靈)의 묘소에 성묘하
시고 시루산에 오르시어 조모님의 산
소를 찾으시니라.
2 성묘하신 후에 서산리(書山里) 외가를
찾으시고 다시 객망리 수십 호 문중을
찾으시니 문중 노인들이 '집안을 망쳐
놓은 증산이라.'고 욕하며 반기지 않으
니라.
3 며칠 후에 상제님께서 부모님께 이별
의 예를 올리시면서 "지금 떠나면 언제
올지 모르오니 몸을 안보(安保)하십시
오." 하시고 밖으로 나오시니 정씨 부
인이 뒤따라 나오는지라
4 상제님께서 이르시기를 "그 어떤 고생
스런 일을 당할지라도 잘 인내하라.
나는 이제 다시 오기 어려울 것이라."
하시니
5 정씨 부인이 한탄하는 소리로 "잘난
자식 다 죽이고 또 못 오신다 하십니
까?" 하며 이런저런 푸념을 늘어놓거
늘
6 상제님께서 크게 노하여 추상같이 꾸
짖으시니 정씨 부인이 슬피 울며 돌아
서니라.

무엇으로 그 마음을 달래 주리오

20 이 달에 갑칠에게 장령(將令)을 붙
여 서양으로부터 우사(雨師)를 넘겨
오시니
2 류찬명(柳贊明)이 여쭈기를 "이러한 묘
한 법을 세상 사람이 다 알지 못하오니
원컨대 세상 사람으로 하여금 널리 알

게 하옵소서." 하거늘
3 상제님께서 말씀하시기를 "너는 내가
길게 살기를 바라는구나." 하시고 옛
글을 외워 주시니 이러하니라.
4 稚兒哭問母何之하니
치아곡문모하지
爲道靑山採菜遲라
위도청산채채지
日落西山人不見한대
일락서산인불견
更將何說答啼兒오
갱장하설답제아
어린아이가 울면서 어머니 간 곳을
물으니
저 청산에 약초 캐러 간 발걸음이
더디다고 이르더라.
해는 서산에 지고 사람의 그림자는
보이지 않는데
장차 무슨 말로 저 우는 아이의
마음을 달래 주리오.
5 또 남원(南原) 양봉래(楊蓬萊)의 '자만시
(自輓詩)'를 외워 주시니 이러하니라.
6 詩中李白酒中伶인대
시중이백주중령
一去靑山盡寂寥라
일거청산진적요
又去江南楊進士하니
우거강남양진사
鷓鴣芳草雨蕭蕭라
자고방초우소소
시로 말하면 이태백이요
술 잘 마시기로는 유령이 뛰어난데
한 번 죽어 청산에 들어가니
모두 소식이 없네.
이제 또 강남의 양 진사도 가 버리니
자고새는 방초 위에 슬피 울고
고적한 비바람만 뿌리는구나.

초립동에게 기운 붙이신 대공사

21 6월 초열흘께에 상제님께서 윗상나
무쟁이 바위에서 장기를 두시니라.
2 이때 한 초립동이 금난바위 쪽에서 조
랑말을 타고 오다가 상제님께서 장기
두시는 모습을 보고 "나하고 한판 둡
시다!" 하매 허락하시거늘
3 뜻밖에 상제님께서 내리 세 판을 져 버
리시니 돌연 크게 노하시어 "야, 이놈
아! 네가 나를 속여?" 하시며 벌떡 일
어나 초립동을 치려 하시는데
4 초립동이 먼저 상제님의 샅을 냅다 걷
어차매 "어이쿠!" 하시며 부자지를 움
켜쥐고 바닥을 뒹구시니라.
5 이에 상제님께서 노기를 띠신 채 초립
동에게 '모일 모시에 지소(紙所)로 오
라.' 하시어 약조를 받으시니라.

성도들을 소집하심

6 상제님께서 심기가 불편하시어 구릿골
로 돌아오실 때 청도원 김송환(金松煥)
의 집에 이르시니
7 마침 신경원(辛京元)이 오거늘 말씀하
시기를 "네가 올 줄 알았노라." 하시고
8 양지 한 장을 주어 '유(儒) 불(佛) 선(仙)'
석 자를 쓰게 하신 뒤에
9 상제님께서
'유(儒)' 자 옆에 '니구(尼丘)'라 쓰시고
'선(仙)' 자 옆에 '고현(苦縣)'이라 쓰시고
'불(佛)' 자 옆에 '서역(西域)'이라 쓰시어
불사르시고
10 그 길로 약방에 돌아오시어 각처 성도
들에게 "유월 스무날 구릿골 약방으로 모
이라."는 통지를 띄우시니라.

초립동 대운 공사를 보심

22 상제님께서 초립동과 장기를 두신
지 이레 후에 친히 술을 들고 안필
성(安弼成)의 집에 이르시니
2 필성이 상제님께서 '초립동에게 망신
을 당했다.'는 소문에 무척 의아하던
터라 상제님의 안색부터 살피니라.
3 상제님께서 술을 드시며 말씀하시기
를 "필성아, 오늘은 내가 너에게 긴히
부탁할 일이 있어 왔다." 하시고

4 이어 말씀하시기를 "사흘 뒤 오시(午
時)에 지소로 와라. 지소 움막에 오면
내가 누구와 싸우는 소리가 날 것인데
5 그 때는 문을 열려 해도 열리지 않으리
니 어떠한 소리가 나더라도 문을 열어
보지 말고
6 소리가 그치고 조용해지면 문을 향해
나를 세 번 부르고 '필성이 왔다.' 하면
문이 열릴 것이다." 하시니라.
7 이윽고 상제님께서 필성을 바라보시며
유언처럼 말씀하시기를 "필성아, 내가
그날 죽는다. 네 손으로 꼭 나를 장사지내
다오." 하시고
8 또 이르시기를 "너에게 내 수명을 떼어
주마. 우리는 오십 년 후에나 다시 만
날 것이다.
9 소가 소꼬랑지 무는 해에 다시 만나
자." 하시니라.

상제님을 장사지낸 필성

23 필성이 의혹 속에서 며칠을 보내다
가 상제님께서 말씀하신 날이 되어
장정 서넛을 거느리고 지소 움막에 당
도하니
2 과연 대나무 빗살문 안에서 상제님의
비명이 들리며 고함치는 소리와 몸싸
움하는 소리가 요란하게 들리거늘.
3 필성이 초급한 마음에 장정들과 함께
빗살문을 당겨 보고 주먹으로 쳐 보
기도 하나 철벽인 양 꿈쩍도 하지 않
더라.
4 얼마 후 움막 안이 쥐 죽은 듯 고요해
지매 필성이 정신을 수습하여 "증산
이, 증산이, 증산이! 나 필성이가 왔
네." 하고 상제님을 세 번 찾고서 문을
당기니 그제야 열리는지라
5 필성이 황급히 들어가 보니 초립동은
보이지 않고 상제님만 홀로 쓰러져 계
시거늘
6 깜짝 놀라 가슴에 귀를 대 보며 맥을
짚어 보고 행여나 하여 옥체를 흔들어
보는데 숨이 끊어지심이 확연하더라.
7 필성이 눈앞에서 친구를 잃고 황당하
여 정신이 아득해지더니
8 잠시 후 정신을 수습하여 준비해 간
염포(殮布)를 꺼내고 상제님의 의복을
벗기매 온몸에 회초리 자국 같은 시퍼
런 피멍이 들어 차마 눈뜨고 볼 수 없
는 지경이거늘
9 필성이 '나 같은 통골도 꼼짝 못하게
하는 증산이 그런 꼬맹이한테 이 모양
이 된 걸 보면 잡술(雜術)하다가 정도
(正道)한테 맞아 죽은 것이라.'고 생각
하니라.
10 이에 필성이 상제님의 성체(聖體)를 수
습하여 내동곡에 장사하고 돌아오니라.

부디 마음을 잘 닦으라

24 하루는 상제님께서 말씀하시기를
"내가 장차 천하사를 하러 떠나리
니 돌아올 때에 48장(將) 늘여 세우고
옥추문(玉樞門)을 열면 정신 차리기 어
려우리라.
2 부디 마음을 잘 닦으라." 하시니라.

열석 자의 성령으로 감응하심

3 상제님께서 말씀하시기를 "상말에 '이
제 보니 수원(水原) 나그네'라 하나니
'누구인지 모르고 대하다가 다시 보니
낯이 익고 아는 사람이라.'는 말이니
낯을 잘 익혀 두라.
4 내가 장차 열석 자로 다시 오리라." 하시
고
5 "수운가사에 '발동(發動) 말고 수도(修
道)하소. 때 있으면 다시 오리.'라 하였
나니 알아 두라." 하시니라.
6 또 하루는 성도들에게 옛글 한 수를
읽어 주시니 이러하니라.

7 乾坤不老月長在하니
건곤불노월장재
寂寞江山今百年이라
적막강산금백년
천지는 쇠하지 않고

달은 항상 떠 있으니
적막한 강산이 이제 백 년이로다.

내가 항상 너희들의 등 뒤에 있건마는

25 상제님께서 성도들에게 약방으로
모이라는 통지를 띄우시고 형렬에
게 "의복 한 벌을 새로 지으라." 명하
신 뒤에
2 계속하여 곡기를 금하시고 소주만 잡
수시니 이때 형렬의 큰며느리가 수종
드니라.
3 20일에 각처 성도들이 구릿골에 모이
니 김형렬, 김갑칠, 김자현, 김덕찬, 문
공신과 그의 큰아들 광옥, 박공우, 김
경학, 신원일, 이치복, 이공삼, 최덕겸,
채사윤, 류찬명과 그의 큰아들 재옥
등이라.
4 상제님께서 성도들에게 이르시기를
"내가 이제 몸을 피하려 하나니 너희
들이 능히 나를 찾겠느냐?" 하시니
5 모두 큰 소리로 "찾겠습니다." 하고 대
답하거늘
6 상제님께서 말씀하시기를 "너희들이
때가 되면 다 한 마당에 들어선다." 하
시니라.
7 다시 안타까운 표정으로 말씀하시기
를 "이후에 너희들이 나를 보지 못하
여 애통해하며 이곳에서 왔다갔다하
는 모습이 내 눈에 삼삼하니라.
8 나는 항상 너희들의 등 뒤에 있건마는
너희들은 나를 찾지 못할 것이요
9 내가 너희들을 찾아야만 나를 만나 보게
되리라." 하시니라.

너희들이 나를 믿느냐

26 이 날 상제님께서 여러 성도들을
한 줄로 꿇어앉히시고 말씀하시기
를 "이제 너희들에게 다 각기 운수를
정하였나니 잘 받아 누릴지어다.
2 만일 받지 못하는 자가 있으면 그것은
성심(誠心)이 없는 까닭이니라." 하시고
3 다시 "너희들이 나를 믿느냐?" 하고 물
으시니 모두 큰 소리로 "믿습니다." 하
고 대답하니라.
4 또 물으시기를 "죽어도 믿겠느냐?" 하
시니 모두 대답하기를 "죽어도 믿겠습
니다." 하고 맹세하거늘
5 이와 같이 세 번 다짐을 받으신 뒤에
말씀하시기를 "한 사람만 있어도 나의
일은 이루어지느니라." 하시니
6 다만 성도들은 '천하사를 도모하는데
위지(危地)에 들어가서 죽게 될지라도
믿겠느냐.'는 뜻으로 알더라.
7 또 잠시 후에 성도들에게 말씀하시기
를 "내가 천지신명 공판에서 정읍 차경
석을 잘 선정하여 실수가 없으니 내가
사람을 잘 알아서 썼다." 하시니라.

이 뒤에 사람 둘이 더 나온다

27 상제님께서 형렬이 새로 지어 올린
옷으로 갈아입으시고 천지공사(天
地公事)를 마쳤음을 성도들에게 선포하
시니
2 김경학(金京學)이 여쭈기를 "공사를 마
치셨으면 나서시기를 바라옵니다." 하
는지라
3 말씀하시기를 "사람 둘이 없으므로 나
서지 못하노라." 하시거늘
4 경학이 재촉하여 말하기를 "제가 비록
무능하지만 몸이 닳도록 두 사람의 일
을 대행하겠습니다." 하니
5 상제님께서 "그렇게 되지 못하느니
라." 하시니라.
6 경학이 서운히 여겨 말하기를 "그러
면 우리는 모두 쓸데없는 사람이니 선
생님을 따른들 무슨 소용이 있겠습니
까?" 하고
7 여러 성도들에게 이르기를 "우리는 다
복 없는 사람이니 함께 손잡고 물러감
이 옳다." 하며 일어서서 문밖으로 나
가니
8 상제님께서 만류하시며 말씀하시기를

"좀 기다리라." 하시니라.

모든 병을 대속하시고 영원한 강녕을 내려 주심

28 경학이 말씀을 거역하지 못하고
다시 들어오니 상제님께서 자리에
누우시며 말씀하시기를
2 "내가 이제 천하의 모든 병을 대속(代贖)
하여 세계 창생으로 하여금 영원한 강
녕(康寧)을 얻게 하리라." 하시니라.
3 이로부터 각종 병을 번갈아 앓으시되,
한두 시간씩 고통스러워하시며 병을
앓으신 뒤에는 갑자기 일어나 앉으시
어 "약을 알았다." 하시고
4 거울을 들어 용안을 이윽히 보시면 그
수척하고 열기가 떠올랐던 기색이 씻
은 듯이 사라지고 곧 원기를 회복하시
니라.
5 앓으신 병은 대략 운기(運氣), 상한(傷
寒), 황달(黃疸), 내종(內腫), 호열자(虎
列刺) 등이더라.
6 병을 다 앓으신 뒤에 말씀하시기를
"세상에 있는 모든 병을 다 대속하였으나
7 오직 괴병은 그대로 남겨 두고 너희들에
게 의통(醫統)을 전하리라." 하시니라.

괴질을 대속하심

29 이때 청주(淸州)에서 괴질이 창궐하
고, 나주(羅州)에서도 크게 성하여
민심이 들끓는지라
2 상제님께서 말씀하시기를 "남북에서
마주 터지니 장차 수많은 생명이 죽으
리라." 하시고
3 勅令怪疾神將이라
칙령괴질신장
胡不犯帝王將相之家하고
호불범제왕장상지가
犯此無辜蒼生之家乎아
범차무고창생지가호
괴질신장에게 내리는 칙령이라.
어찌 제왕과 장상의 집은 범하지 않고
이같이 무고한 창생들의 집을
범하느냐!
라 써서 불사르시며 말씀하시기를
4 "내가 이것을 대속하리라." 하시고 형
렬에게 명하시어 새 옷 다섯 벌을 급
히 지어 올리게 하신 다음 한 벌씩 갈
아입으시고 설사하여 버리신 뒤에
5 다시 말씀하시기를 "병이 독하여 약한
자가 걸리면 다 죽겠도다." 하시니 이
뒤로 괴질이 곧 그치니라.

광찬의 일로 탄식하심

30 21일에 상제님께서 김광찬(金光贊)
의 일로 염려하시니 형렬이 아뢰기
를 "공우를 정읍에 보내어 광찬을 데
려오겠습니다." 하매 대답하지 않으시
니라.
2 공우가 정읍으로 가서 상제님께서 광
찬을 염려하심과 모든 사람이 광찬을
좋아하지 않음을 경석에게 말하니
3 경석은 광찬이 구릿골로 가는 것이 불
길할까 생각하여 광찬을 속여 정읍에
머물게 하고
4 공우와 함께 길을 떠나 해질 무렵에
구릿골에 당도하니 상제님께서 마당
에 섬피를 깔고 누워 계시더라.
5 이때 상제님께서 경석을 불러 곁에 눕
게 하시니라.

잘못된 믿음을 경계하심

31 이 날 상제님께서 약방으로 들어
오는 한 성도를 가리키시며 "저놈
은 밤낮 거짓말이나 하고 여기 온다."
하시니 호연이 "뭐라고 거짓말을 해
요?" 하고 여쭈거늘
2 말씀하시기를 "제 마누라에게는 '일이
금방 되어서 우리가 큰 부자 된다.' 하
고
3 여기 올 때는 제 일갓집에 간다고 와
서는 저렇게 가지도 않고 있으니 저놈
은 거짓말 잘하는 놈이다." 하시니라.

4 이에 호연이 "왜 그런대요?" 하니 말
씀하시기를 "아, 세상일이 금방 된다
고 그런단다." 하시니라.

치상비를 마련해 두심

32 이 날 신원일(辛元一), 이치복(李致
福)이 채사윤(蔡士允)과 그의 처남
으로부터 금전 약간을 받아 상제님께
올리니
2 상제님께서 형렬에게 그 돈을 궤에 넣
게 하시고 원일에게 명하시어 금전을
낸 사람의 성명을 써서 불사르게 하시
니라.
3 상제님께서 다시 형렬에게 명하시어
궤 속에 보관한 돈 가운데 40원은 남
겨 두어 다른 곳에 쓰지 못하게 하시
며
4 나머지 돈은 여러 사람의 식비에 보태
어 쓰게 하시니라.

8월 1일에 환궁하리라

5 이 날 저녁에 성도들에게 말씀하시기
를 "이곳에서 일을 꾸미기가 구차하여
이제 떠나려 하노라.
6 갔다 오는 사이에 서양의 여러 나라에서
일이 있으면 내가 하는 것으로 알아라.
7 다른 곳에서 일을 하면 내가 짓는 일
이 호호탕탕(浩浩蕩蕩)하리라." 하시고
8 이어 말씀하시기를 "내가 팔월 초하루
에 환궁(還宮)하리라." 하시니라.

나를 보고 싶거든

33 상제님께서 말씀하시기를 "세상이
너무 악하여 몸둘 곳이 없으므로
장차 깊이 숨으려 하니 어디가 좋겠느
냐?" 하시니
2 채사윤은 "내장사(內藏寺)로 가심이 좋
겠습니다." 하고
3 신원일은 "부안 변산(扶安 邊山)의 내소
사(來蘇寺)로 가심이 좋겠습니다." 하
거늘
4 상제님께서 들은 체도 하지 않으시더
니 잠시 후에 "나는 금산사에 가서 불
양답(佛糧畓)이나 차지하리라." 하시니
라.
5 또 말씀하시기를 "내가 미륵이니라. 금
산사 미륵은 여의주를 손에 들었거니
와 나는 입에 물었노라." 하시고
6 "내가 금산사로 들어가리니 나를 보고
싶거든 금산 미륵불을 보라.
7 금산사 미륵불은 육장(六丈)이나 나는
육장 반으로 오리라." 하시니라.

천하사를 도모하려 떠나리니

34 이때 신원일이 여쭈기를 "천하는
어느 때 정하려 하시옵니까? 천하
를 속히 평정하시기를 바라나이다."
하니
2 말씀하시기를 "내내 하고 난 것이 동학
(東學)이라. 이제 천하를 도모하러 떠
나리니 일을 다 본 뒤에 돌아오리라."
하시고
3 원일에게 경계하여 말씀하시기를 "손
가락을 곱작거리며 아는 체하는 자와
그 뒤를 좇는 자는 죽음을 면치 못하
리라." 하시니라.
4 이후에 원일이 중국 천문학자들을 찾
아 중국으로 가다가 압록강도 건너지
못하고 신의주에서 객사하니라.

천하사는 어떻게 되옵니까

35 상제님께서 성도들에게 "장차 도통
(道通)은 건감간진손이곤태(乾坎艮震
巽離坤兌)에 있느니라." 하시거늘
2 류찬명이 앉아 있다가 큰 소리로 '건
감간진손이곤태'를 한 번 읽고 밖으로
나가니라.
3 이때 최덕겸(崔德兼)이 "천하사는 어떻
게 되옵니까?" 하고 여쭈니
4 상제님께서
'子丑寅卯辰巳午未申酉戌亥'
자축인묘진사오미신유술해
5 라 가로로 쓰신 후에 말씀하시기를

"이러하니라." 하시니라.
6 이에 자현이 여쭈기를 "그 뜻을 해석
하기 어렵습니다. 십이지(十二支)로 천
하사가 장차 어느 때에 이루어질지를
어떻게 알 수 있습니까?" 하니
7 상제님께서 다시 그 위에
'甲乙丙丁戊己庚辛壬癸'
갑을병정무기경신임계
8 라 쓰시고 경석에게 "네가 알겠느냐?"
하고 물으시니 경석이 "알 수 없습니
다." 하고 대답하거늘
9 상제님께서 "청죽같이 속이 통통 비어
있는 도통자라야 안단 말이다." 하시
고
10 또 말씀하시기를 "베 짜는 바디와 머
리 빗는 빗과 같으니 알겠느냐?" 하시
니 경석이 "알 수 없습니다." 하고 대
답하니라.
11 이에 상제님께서 말씀하시기를 "선천
의 판안 공부로는 알 수 없을 것이요,
나의 판밖 공부라야 알게 되느니라."
하시니라.
12 이때 덕겸이 더 자세히 가르쳐 주시기
를 청하니 상제님께서 지필묵과 당성
냥을 주시며 "공부하고 싶으면 이 지
필묵으로 하라." 하시니라.

나는 올라가서도 난리 속에서 산다

36 상제님께서 떠나신다는 말씀을 믿
지 못하여 성도들이 여쭈기를 "선
생님께서 돌아가시다니 그게 어인 말
씀이십니까? 진정 가시고 싶어 그러십
니까?" 하니
2 상제님께서 자리에 누우시며 "내가 죽
으면 아주 죽느냐? 매미가 허물 벗듯
이 옷 벗어 놓는 이치니라." 하시니라.
3 이에 형렬이 안타까운 심정을 가누지
못하여 "어찌하여 가려 하십니까?" 하
니
4 말씀하시기를 "내가 지금 일 때문에
급히 가려 하니 간다고 서운하게 생각
지 말라.
5 이 다음에 다 만나게 되느니라.
6 나는 이제 올라가도 아사리 난리 속에
서 사느니라.
7 지금 전쟁을 하려고 정신을 차리지 못
하는데 너희들은 편한 밥 먹는 줄 알
아라.
8 이제 배고픈 꼴도 보고 기막힌 꼴도
보게 될 것이다." 하시니라.

태운장이 네 연분이다

37 상제님께서 "호연아, 호연아!" 하고
부르시매 호연이 곁으로 가니 느
닷없이 "호연아, 인제 태운장이 네 연
분이다." 하시거늘
2 호연이 쑥스러워 "연분이 뭐여, 염불?"
하고 여쭈니 상제님께서 "아니, 네 배
필." 하고 대답하시니라.
3 이에 호연이 "배필은 또 무엇이래?"
하고 여쭈니
4 상제님께서 "네가 철이 없어서 그렇지,
시집가면 남자보고 '새서방'이라고 안
하더냐? 인제 그렇게 돼." 하시거늘
5 호연이 눈을 동그랗게 뜨고 "저렇게
늙었는데 새서방이라고 해요?" 하니
"인제 봐." 하시며 웃음을 지으시니라.

내 녹줄이 떨어졌구나

38 상제님께서 이 달 10일부터 곡기를
끊고 소주만 드시더니 22일에 형렬
에게 명하시어 "보리밥을 지어 오라."
하시거늘
2 형렬이 곧 지어 올리매 상제님께서 보
시고 "가져다 두라." 하시므로 도로 내
가니라.
3 이로부터 한나절을 지낸 뒤에 형렬에
게 명하시어 "다시 가져오라." 하시니
밥이 쉬었거늘
4 상제님께서 말씀하시기를 "내 녹줄이
떨어졌구나. 내가 이제 죽으리라." 하시
니라.

금산사를 굳게 지켜라

39 이 날 형렬을 불러 말씀하시기를
"저 건너 산에 소나무가 몇 짐이나
되겠느냐?" 하시거늘
2 형렬이 대답하지 못하고 묵묵히 있으
니 말씀하시기를 "저렇게 보이는 것도
알 수가 없거늘 보이지 않는 나의 법을
네가 어찌 알겠느냐." 하시니라.
3 또 물으시기를 "네가 알기로 금산사의
주지가 몇 번이나 갈렸느냐?" 하시니
형렬이 "○ 번 갈렸습니다." 하고 아뢰
거늘
4 상제님께서 다시 "주지는 갈려도 미륵
은 그대로 있느냐?" 하고 물으시매 형
렬이 "미륵이야 그대로 있지요." 하고
대답하니라.

꼭 지키겠느냐

5 이에 말씀하시기를 "그래야지. 그것까
지 없으면 야단이로구나. 돌은 뜨고
금은 가라앉는다더니 법은 그대로 밝
아 있건만 뉘라서 금산사를 굳게 지
켜, 죽어서 금산사 지키는 귀신이라도
될까.
6 견디기가 어지간하면 쉽지마는 근본고
(根本苦)가 크고 보면 견디기가 어렵지.
7 참으로 알고 보면 하늘이 내려앉고 땅
이 꺼져도 견디겠지마는 참으로 어렵
지. 참으로 어려워서 견딜 놈 여간해서
없느니라." 하시니라.
8 이어 형렬에게 물으시기를 "너는 알면
금산사를 굳게 지키겠느냐?" 하시니
형렬이 "지키겠습니다." 하거늘
9 또 물으시기를 "꼭 지키겠느냐?" 하시
니 형렬이 대답하기를 "꼭 지켜야 할
것 같으면 죽어도 지키겠습니다." 하
니라.
10 상제님께서 다시 "너 아니라도 그렇다
면 너뿐일까?" 하시거늘 형렬이 꿇어
앉아 "꼭 지키겠습니다." 하니
11 그 말은 들은 체도 아니하시고 "금산사
(金山寺) 얻기가 그렇게 어려워." 하시고
12 "나의 일은 불지형체(佛之形體) 선지조화
(仙之造化) 유지범절(儒之凡節)이라야 옳
게 가느니라." 하시니라.

선천 성인 심판 공사

40 이 날 오후에 약방 마당에 멍석을
깔고 상제님께서 그 위에 반듯이
누우시어 치복에게 "새 자리를 그 앞
에 펴라." 하시거늘
2 치복이 명하신 대로 멍석을 가져다 펴
니 상제님께서 허공을 향해 준엄한 음
성으로 말씀하시기를 "꼼짝 마라. 오
늘은 참 성인을 판단하리라." 하시고
3 문 앞에 세워 두었던 기(旗)를 가져다
불사르게 하시니 뜻밖에 벽력이 일어
나니라.
4 이때 상제님께서 큰 소리로 명하시기
를 "공자(孔子) 부르라." 하시니 성도들
이 어쩔 줄 몰라 머뭇거리거늘
5 다시 "어서 공자를 부르지 못할까!" 하
고 호통치시매 성도들이 놀라서 엉겁
결에 "공자 잡아 왔습니다." 하는지라
6 상제님께서 "불러 오라 하였지 잡아
오라 안 했는데 너무했다." 하시고 "너
희들은 눈을 감고 보라." 하시므로
7 성도들이 눈을 감고 보니 뜻밖에 펼쳐
놓은 자리에 공자가 무릎을 꿇고 "공자
대령했습니다." 하고 아뢰더라.
8 상제님께서 꾸짖으시기를 "공자야, 네
가 소정묘(少正卯)를 죽였으니 어찌 인
(仁)을 행하였다 하며, 삼대(三代) 출처
(黜妻)를 하였으니 어찌 제가(齊家)하였
다 하리오.
9 또한 내 도(道)를 펴라고 내려 보냈거늘
어찌 제자들을 도적질 해먹게 가르쳤
느냐. 그 중생의 원억(寃抑)을 어찌할
까. 그러고도 성인이라 할 수 있느냐!
10 너는 이곳에서 쓸데없으니 딴 세상으로
가거라." 하시고 큰 소리로 "저리 물리
쳐라." 하시니라.
11 이어 "석가(釋迦)를 부르라." 하고 명

하시니 즉시 석가모니가 "대령했습니
다." 하고 꿇어앉아 아뢰거늘
12 상제님께서 꾸짖으시기를 "석가야, 너
는 수음(樹陰) 속에 깊이 앉아 남의 자
질(子姪)을 유인하여 부모의 윤기(倫氣)
와 음양을 끊게 하니
13 너의 도가 천하에 퍼진다면 사람의 종
자나 남겠느냐. 종자 없애는 성인이냐?
14 네가 국가를 아느냐, 선령을 아느냐,
중생을 아느냐. 이런 너를 어찌 성인이
라 할 수 있겠느냐. 너도 이곳에서 쓸
데없으니 딴 세상으로 가거라." 하시고
"이 자도 물리쳐라." 하시니라.
15 상제님께서 다시 명하시기를 "야소(耶
蘇) 부르라." 하시니 즉시 예수가 꿇어
앉아 "대령했습니다." 하고 아뢰거늘
16 상제님께서 꾸짖으시기를 "야소야, 너
를 천상에서 내려 보낼 적에 내 도를 펴
라 하였거늘 선령을 박대하는 도를 폈으
니 너를 어찌 성인이라 할 수 있겠느
냐!
17 네가 천륜을 아느냐 인륜을 아느냐. 너는
이곳에서 쓸데없으니 딴 세상으로 가거
라." 하시고 큰 소리로 "이 자를 물리
쳐라." 하시니라.

너희들 모두 나의 도덕 안에서 살라

18 이어서 "노자(老子)를 부르라." 하시니
즉시 노자가 "대령했습니다." 하매
19 상제님께서 꾸짖으시기를 "노자야, 세
속에 산모가 열 달이 차면 신 벗고 침
실에 들어앉을 때마다 '이 신을 다시
신게 될까?' 하여 사지(死地)에 들어가
는 생각이 든다 하거늘
20 '여든한 해를 어미 뱃속에 머리가 희도록
들어앉아 있었다.' 하니 그 어미가 어찌
될 것이냐.
21 그런 불효가 없나니 너는 천하에 다시
없는 죄인이니라.
22 또한 네가 '이단(異端) 팔십 권을 지었
다.' 하나 세상에서 본 자가 없고, 나
또한 못 보았노라.
23 그래도 네가 신선(神仙)이냐! 너도 이 세
상에서 쓸데없으니 딴 세상으로 가거
라." 하시며 큰 소리로 "당장 물리쳐
라." 하시니라.
24 잠시 후에 상제님께서 또 명하시기를
"공자, 석가, 야소, 노자를 다시 부르
라." 하시니 그들이 모두 대령하거늘
25 말씀하시기를 "들어라. 너희들이 인간
으로서는 상 대우를 받을 만하나 너희
들의 도덕만 가지고는 천하사를 할 수
가 없느니라.
26 너희들의 도덕이 전혀 못쓴다는 말은
아니니 앞으로 나의 도덕이 세상에 나오
거든 너희들 모두 그 안에서 잘 살도록 하
라.
27 나의 말이 옳으냐? 옳으면 옳다고 대
답하라." 하시며 소리치시니 천지가
진동하여 문지방이 덜덜 떨리더라.
28 상제님께서 다시 말씀하시기를 "수천
년 밀려 오던 공사를 금일에야 판결하
니 일체의 원억이 오늘로부터 고가 풀
리느니라." 하시니라.

오직 나의 말을 믿으라

41 이 날 저녁에 상제님께서 형렬을
불러 물으시기를 "네가 나를 믿느
냐?" 하시므로 형렬이 대답하여 아뢰
기를 "믿습니다." 하니
2 말씀하시기를 "성인의 말은 한마디도 땅
에 떨어지지 아니하나니
3 옛적에 자사(子思)가 위후(衛侯)에게 말
하되 '약차불이(若此不已)면 국무유의
(國無遺矣)라.' 하였으나
4 위후가 그 말을 듣지 않았으므로 위국
(衛國)이 참혹히 망하였느니라.
5 나의 말도 또한 땅에 떨어지지 않으리
니 너는 오직 나의 말을 믿으라." 하시고
6 또 말씀하시기를 "믿는 자가 한 사람
만 있어도 나의 일은 되리니 너는 알
아서 하라." 하시니라.

당국하면 할 수 있느니라

42 상제님께서 다시 형렬에게 물으시
기를 "네가 내 일을 대신 보겠느
냐?" 하시니
2 형렬이 "재질이 둔하고 배운 바 없으
니 어찌 능히 감당하겠습니까." 하고
대답하거늘
3 상제님께서 꾸짖어 말씀하시기를
"未有學養子而後에 嫁者也라
미유학양자이후 가자야
자식 기르는 법을 배우고서 시집가는
여자는 없느니라.
4 순(虞舜)이 역산(歷山)에서 밭 갈고 뇌
택(雷澤)에서 고기 잡고 하빈(河濱)에서
질그릇 빚을 때에는 선기옥형(璿璣玉衡)
을 알지 못하였나니 당국하면 아느니
라." 하시니라.
5 이 날 밤에 상제님께서 누워 하늘의
별들을 바라보시며 말씀하시기를 "삼
태성(三台星)에서 허정(虛精)의 '허' 자
정기가 나온다." 하시니라.

후천선경 도성덕립(道成德立) 공사

43 23일 오전에 누워 계신 머리맡 벽
에
湖南西神司命
호남서신사명
이라 써 붙이시고
2 여러 성도들에게 이르시기를 "이제 때
가 바쁜지라 일이 절박하니 너희들 중
에 임술생(壬戌生)으로 누이나 딸이 있
거든 수부(首婦)로 내세우라." 하시니
3 형렬이 아뢰기를 "수부는 염려 마시고
사업만 추진하옵소서. 수부는 저의 딸
로 들여세우겠습니다." 하니라.
4 이에 말씀하시기를 "세수시키고 깨끗
한 옷으로 갈아입혀서 데려 오라." 하
시니 형렬이 명하신 대로 하여 셋째 딸
을 약방으로 데려오거늘
5 상제님께서 성도들로 하여금 약장을
방 한가운데로 옮겨 놓게 하시고
6 형렬의 딸에게 명하시어 약장 주위를
세 번 돌게 하신 다음 그 옆에 서게 하
시고 말씀하시기를 "네 몸에 천하의
재물을 둘러 주리라." 하시니라.
7 이어 경석에게 명하시어
大時 太祖 出世 帝王 將相
대시 태조 출세 제왕 장상
方伯 守令 蒼生點考 后妃所
방백 수령 창생점고 후비소
라는 글을 쓰게 하시니
8 경석이 후비소(后妃所)를 후비소(后妣
所)라 썼거늘 "잘못 썼다." 하시며 불사
르시고 다시 써서 약장에 붙이게 하신
뒤에
9 말씀하시기를 "이것이 예식이니 너희
들이 증인이 되라." 하시고 형렬의 딸
을 돌려보내신 후에 경석으로 하여금
그 글을 거두어 불사르게 하시니라.

서전서문 심법 공부

10 다시 경석에게 명하시어 "치복을 부르
라." 하시니 치복이 약방 안으로 들어
가 문 옆에 서서 명을 기다리거늘
11 상제님께서 아무 말씀도 없이 벽을 향
해 누우신 채로 다만 왼쪽 손바닥을
펴 보이시는데
12 書傳序文 萬讀 致福
서전서문 만독 치복
이라 쓰여 있는지라
13 치복이 그 글을 마음에 새기니 상제님
께서 나가라는 손짓을 하시거늘 곧 밖
으로 물러나니라.

선천 상극천지의 원과 한을 대속하심

44 증산 상제님께서 9년 천지공사를
종결하실 때 보름 동안 곡기를 끊
으시고
2 굶주림과 무더위 속에서 선천 상극 천
지의 깊은 원과 한을 거두어 대속하시
니
3 소주를 동이째 가져다 놓으시고 큰 대
접에 생청(生淸)을 타서 하루에도 몇

차례씩 잡수시어 사흘 만에 동이를 비
우시니라.
4 이때 피가 위아래로 걷잡을 수 없이
솟구치고 쏟아지매 성도들이 닦아 드
리려 하되 닦지 못하게 하시거늘 입으
신 명주 항라가 온통 피로 젖으니라.
5 상제님께서 계속 선연한 피를 쏟으시어
옷을 버리시니 형렬의 큰며느리 정숙이
여러 번 옷을 빨아 입혀 드리니라.

어천 직전 몹시 고통스러워하심

45 이 날 오후에 상제님께서 몹시 고
통스러워하시거늘 약방 마루에 누
우셨다가 다시 뜰에 누우시고
2 마당에 나가 뒹굴며 신음하시고 사립
문 밖에까지 나가 누워 괴로워하시더
니
3 한참 뒤에 형렬을 불러 이르시기를
"나를 떠메고 너의 집으로 가자." 하시
어 형렬의 집에 가서 누우셨다가 다시
약방으로 돌아오시니라.
4 이렇게 네댓 번 왕복하시니 형렬이 심
히 지치거늘 경석이 대신하여 두어 번
을 더 왕복하니라.
5 잠시 후 상제님께서 일곱 사람에게 양
쪽 팔다리와 허리와 머리를 떠받치게
하시고
6 "이리 가자." 하시어 가리키신 곳으로
가면 잠시 뒤에 다시 "저리 가자." 하
시는데
7 이러기를 여러 차례 하시더니 다시 약
방으로 가 누우시니라.
8 이때 갑자기 상제님께서 누우신 채 천
장으로 일곱 번을 튀어 오르시니라.

생사의 도는 몸의 정기(精氣)에

9 상제님께서 말씀하시기를 "죽고 살기
는 쉬우니 몸에 있는 정기(精氣)를 흩
으면 죽고 모으면 사느니라." 하시고
10 경석으로 하여금 양지에

全羅北道 古阜郡 優德面 客望里
전라북도 고부군 우덕면 객망리

姜一淳 西神司命
강일순 서신사명

이라 써서 불사르게 하시니라.

종통을 바로잡으라

11 또 공신에게 말씀하시기를 "맥 떨어지
면 죽으리니 연원(淵源)을 바로잡으라."
하시니라.

내 그늘을 벗어나면 죽으리라

46 밤이 되어 상제님께서 송환으로
하여금 급히 자현을 불러오게 하
시거늘
2 자현이 대령하니 방 가운데에 짚자리
를 펴고 청수 한 동이를 올리게 하신
다음 "네가 나를 믿느냐?" 하고 물으
시니라.
3 이에 자현이 대답하기를 "지성으로 믿
나이다. 제가 만일 믿음이 부족하였다
면 고부화란 끝에 배반하였을 것입니
다." 하니
4 상제님께서 말씀하시기를 "네 말이 옳
도다. 내가 이제 일이 있어서 내일 어
디로 떠나려 하니 돌아오도록 음(陰)
자라도 받들고 약방을 자주 다니며 잘
믿고 있으라.
5 만일 내 그늘을 벗어나면 죽으리라."
하시니라.
6 자현이 간청하여 아뢰기를 "제가 모시
고 따라가려 하오니 허락하여 주옵소
서." 하니
7 말씀하시기를 "자현아, 네가 갈 곳이
못 되느니라. 나 혼자 갔다가 다시 오
리니 안심하고 있으라." 하시니라.

너희 집안은 쑥대밭이 되리라

47 이 날 밤 형렬에게 말씀하시기를
"내가 이제 죽으려 하는데 후비(后
妃)가 와서 수족이라도 걷어 줘야 할
것 아니냐." 하시니
2 형렬이 집에 가서 사정을 말했다가 도
리어 아내에게 핀잔만 듣고 그냥 돌아

오니라.
3 이에 상제님께서 노하여 꾸짖으시기를
"안동 김씨가 너 하나뿐이라서 내가 너
를 찾은 것이더냐?
4 만일 개가시키면 너희 집안은 쑥대밭
이 되어 망하리라." 하시니라.

인류 구원의 의통을 전수하심

48 이 날 밤 성도들을 모두 물리시고
공우만 부르시어 같이 주무실 때,
밤이 깊기를 기다려 이르시기를 "이리
가까이 오라." 하시거늘
2 경석이 상제님께서 공우에게 비명(秘
命)을 내리실 줄 알고 엿듣고자 마루
귀퉁이에 숨어 있었으나 공우는 이를
알지 못하니라.
3 상제님께서 물으시기를 "공우야, 앞으
로 병겁이 휩쓸게 될 터인데 그 때에
너는 어떻게 목숨을 보존하겠느냐?"
하시거늘
4 공우가 아뢰기를 "가르침이 아니 계시
면 제가 무슨 능력으로 목숨을 건지겠
습니까." 하니
5 말씀하시기를 "의통(醫統)을 지니고 있
으면 어떠한 병도 침범하지 못하리니
녹표(祿票)니라." 하시니라.
6 이때 경석이 더 오래 엿듣다가는 들킬
까 두려워 여기까지 듣고 물러가니라.
7 상제님께서 다시 이르시기를 "공우야,
네 입술에 곤륜산을 매어 달라.
8 내가 천하사를 하기 위하여 곧 떠나려
하노라." 하시니
9 공우가 간청하여 아뢰기를 "하루라도
선생님을 모시지 아니하면 하루의 사
는 보람이 없으니 바라건대 저를 따라
가게 하여 주옵소서." 하거늘
10 상제님께서 간곡한 음성으로 말씀하시
기를 "공우야, 네가 갈 곳이 아니니라.
11 여기에서 천하사를 하기에는 불편한
것이 많으므로 그곳에 가서 할 것이니
라." 하시니라.

천하가 모두 같으니라

49 상제님께서 이어 말씀하시기를
"장차 괴질이 대발(大發)하면 홍수
가 넘쳐흐르듯이 인간 세상을 휩쓸 것
이니 천하 만방의 억조창생 가운데 살
아남을 자가 없느니라." 하시고
2 또 말씀하시기를 "공우야, 무진(戊辰)
년 동짓날에 기두(起頭)하여 묻는 자가
있으리니 의통인패(醫統印牌) 한 벌을
전하라.
3 좋고 나머지가 너희들의 차지가 되리
라." 하시니라.
4 공우가 여쭈기를 "때가 되어 병겁이
몰려오면 서양 사람들도 역시 이것으
로 건질 수 있습니까?" 하니
5 말씀하시기를 "천하가 모두 같으니
라." 하시니라.

아침에 호연을 부르시니

50 24일 아침에 상제님께서 약방에
누워 계시니 형렬을 비롯한 성도
몇 사람은 상제님의 곁을 지키고 있고
2 나머지 성도들은 마루와 마당, 그리고
형렬의 집과 고샅에 흩어져 명을 기다
리는데
3 한참 후에 형렬이 "선생님 정녕 돌아
가십니까?" 하고 염려하며 여쭈니 상
제님께서 형렬의 손을 잡고 빙긋이 웃
으시며 "호연이 좀 부르소." 하고 이르
시니라.
4 이에 한 성도가 밥 먹으러 간 호연을
데리러 형렬의 집으로 가서 "호연 애기
씨 찾아요." 하고 부르니
5 호연이 "누가 오래요?" 하고 묻거늘
그가 벌써 경외하는 마음을 잃고 "아,
증산이 찾지 누가 찾어?" 하며 함부로
말하더라.
6 이때 호연이 나오려고 신발을 찾아도
보이지 않으니 급한 마음에 형렬의 신
을 질질 끌고 약방으로 들어서는데
7 상제님께서 별안간 호연을 데려온 성

도에게 "시러베아들놈! 내가 무슨 증
산이냐, 이놈아!" 하고 호통치시거늘
8 그 성도가 벌벌 떨며 상제님 앞으로
와서 무릎을 꿇고 앉아 머리를 조아리
니라.
9 상제님께서 그의 머리를 처박으시니
머리가 바닥에 부딪혀 이마에 주먹만
한 혹이 생기거늘
10 그 성도가 호연이 일러바친 것으로 여
겨 '또 그런 소리 했다.'며 눈치를 주더
라.

네 버릇을 고치려 그런다

51 상제님께서 호연에게 이르시기를
"가까이 와 앉아라." 하시니 호연
이 다가와 앉거늘
2 말씀하시기를 "넘어지는데 커다란 신
을 신고, 그 의젓잖은 짓 좀 말아라."
하시는지라
3 호연이 "내가 뭘?" 하고 말대꾸를 하
니 상제님께서 타일러 말씀하시기를
"어른의 신을 그렇게 신는 게 아니다.
4 이 다음에 시집을 가도 어른의 신을
신으면 '버릇없고 배운 것 없다.'고
5 네가 욕먹는 게 아니라 네 엄마, 아버
지가 그렇게 가르쳤다고 욕먹어. 그러
니 네 버릇을 고치려고 내 그런다. 알
어?" 하시니라.
6 이에 호연이 "누가 봤다고 해요?" 하
고 쏘아붙이듯 여쭈니 상제님께서 "너
또 맞아 볼래?" 하시거늘
7 호연이 "또 맞을 줄 알고? 내가 도망
가지." 하는지라
8 상제님께서 웃으시며 "도망은 어디로
도망을 가? 네가 나 없는 데 몇천 리를
가 봐라, 내가 모르는가." 하시니라.

내가 아무리 먼 데 가 있어도

52 상제님께서 호연에게 "너 나 없으
면 찾을래, 어쩔래?" 하고 물으시
니
2 호연이 "지금도 없으면 찾아지고 기다
려지는데, 함께 안 가고 어디 갈라고
그래요?" 하니라.
3 상제님께서 눈을 지그시 감으시며 "너
하고 갈 데가 못 돼." 하시니 호연이
의아한 눈빛으로 "그럼 나 어쩌고?"
하고 여쭈거늘
4 상제님께서 몸을 일으켜 호연을 덥석
안으시며 "아이고 세상에, 네가 나를
그렇게 생각하냐?" 하시니라.
5 호연이 다시 "나는 어쩌라고 혼자 어
디 가? 함께 가야지. 나 혼자 이 집에
있는 거 싫어, 안 있을 거야." 하고 떼
를 쓰며 품안으로 파고들거늘
6 상제님께서 호연을 어루만져 주시며
"그러면 네 집에 가 있어라." 하시니
7 호연이 고개를 가로저으며 "집에 가면
먹을 것도 없고, 싫어! 나보고 '또 거기
갈려냐.'고 때리기만 하고. 그러니 안
가." 하니라.
8 이에 상제님께서 "그리 안 해. 그리 안
하게 내가 할게." 하시니
9 호연이 뾰로통해져서 "멀리 가는 사람
이 어떻게 그리 안 하게 해?" 하거늘
10 상제님께서 호연의 두 손을 꼭 잡으시
며 "그리할 수가 있어. 내가 아무리 먼
데 가 있어도 지척에 있는 것이나 진배
없어." 하시니라.
11 호연이 고개를 갸웃하며 "별일이네. 어
디를 가면 나를 꼭 챙기더니 어째 또
떼어 놓고 가려고 그럴까?" 하니
12 말씀하시기를 "나는 수천 리 먼 데로
올라가." 하시거늘 "그러면 나도 따라
가야지." 하며 달라붙는지라
13 상제님께서 다시 자리에 누우시며 "너
는 따라오려면 아직 멀었어.
14 그러나 저러나 형렬이 말 잘 듣고 있
어. 그러면 내가 와서 인제 너 잡을게,
응?" 하며 달래 주시고
15 호연을 한동안 물끄러미 바라보시더
니 "어린것에다 내가 죄를 많이 졌네."

하고 힘없이 말씀하시니라.
16 호연이 의아해하며 "무슨 죄? 무엇을
혼자 먹었길래 죄졌어?" 하고 대꾸하
니 상제님께서 웃으시거늘 곁에 있던
성도들도 따라서 웃으니라.

어디 손 좀 잡아 보자꾸나

53 상제님께서 다시 눈을 감고 아무
말씀 없이 누워 계시는데 누가 말
씀을 여쭈면 눈을 조금 뜨고 보시다가
도로 감고 하시는지라
2 호연이 한참을 앉아서 기다리다가
"아, 나 부르더니 무엇 하려고 그래
요?" 하고 보채거늘
3 상제님께서 숨을 길게 쉬시더니 "내가
가기는 가도 널 못 잊어서 불렀어." 하
시니라.
4 호연이 더욱 궁금하여 "대체 어디를
가려는데 나하고 함께 안 가?" 하고
여쭈니
5 상제님께서 고개를 저으시며 "함께 못
가. 내가 지금은 여기 이러고 앉아 있
지만 구름같이 천리 만리를 댕겨.
6 하늘을 여기서 보면 간짓대로 쑤시겄
지? 하지만 이게 몇천 리가 되는지 몰
라야.
7 너를 데리고 저리 올라가면 못써서 너
를 두고 가려 하니 내가 죄졌다 그 말
이여.
8 잘 있어, 잉? 악수하자." 하시며 호연
의 손을 꼭 잡으시더니 손을 끌어다가
손등에 입을 맞추시니라.

참을성이 많아야 한다

9 이어 큰 한숨을 쉬시더니 눈을 떠서 방
을 한 번 둘러보시고 "호연이는 밖으
로 나가거라." 하시거늘
10 호연이 "어디로 가는가 봐야지. 가는
것 봐야 안 오면 내가 쫓아가지." 하니
11 상제님께서 "그러는 거 아녀. 인제 모
든 일을 형렬에게 물어. 그러면 내가
형렬에게서 다 들을게." 하시고
12 다시 "그쯤만 알고 함봉(緘封)을 혀. 봉
사가 되어야 하고 벙어리가 되어야 하니
어쨌든지 참을성이 많아야 한다." 하고
당부하신 후에 호연을 내보내시니라.

다 나가거라

54 아침에 약방에 계시던 상제님께서
사시(巳時) 경에는 형렬의 사랑방에
누워 계시니
2 몇몇 성도들은 방안에 있고 나머지 사
람들은 마당에 무릎을 꿇고 엎드려 있
더라.
3 이윽고 상제님께서 방안의 성도들에게
"다 나가거라." 하고 이르시거늘
4 방안에 있던 성도들이 모두 토방 아래
로 가서 무릎을 꿇고 엎드리니라.

이것이 여의주다

55 이때 호연이 방으로 들어가려 하니
누군가 "들어가지 마라." 하므로
머뭇거리고 있는데
2 상제님께서 "들어와, 들어오너라." 하
시매 그제야 안으로 들어가니라.
3 호연이 상제님 곁에 앉으며 "저 사람
이 못 들어오게 했어." 하니
4 "그 사람들은 그래도 나 다시 봐. 이 다
음에 나 찾으려거든 여기를 봐라, 잉?
5 이것이 여의주다. 내 얼굴을 잊으면 여
의주를 생각해라." 하시며 아랫입술
속의 붉은 점을 보여 주시니라.

송죽같이 마음을 굳게 먹어라

6 상제님께서 호연을 이리 한 번 보고,
저리 한 번 보고 하시며 한숨만 지으
시는데
7 이때 형렬이 들어오니 상제님께서 당
부하여 말씀하시기를 "잘못한다고 때
리지 말고 일을 생각하라.
8 일을 생각해서라도 호연이 집을 잘 돌
봐 주고, 무슨 말을 하더라도 흘리고
말지, 그걸 담지 말아라." 하시니라.
9 이에 호연이 "그게 무슨 말이에요?"

하고 여쭈니 말씀하시기를 “우리가 일
을 하다가 그만둬 버리면 네 가족들이
욕을 하고 우리보고 야단을 할 때 형
렬이 뭐라고 할까 봐서 하는 소리다.
10 그런 것은 그냥 귀먹은 듯이 흘려야지
잘난 체할 필요가 없다.” 하시고
11 또 이르시기를 “어쩌든지 송죽같이 마
음을 굳게 먹어라, 응.” 하시니라.
12 호연이 그 의중을 깨닫지 못해 “송죽
같은 것은 무엇이고, 굳은 마음은 뭐
래요?
13 난 몰라. 어떻게 하면 그렇게 돼? 내가
소나무가 돼요?” 하고 여쭈니
14 상제님께서 “그런 것이 아니라, 너는
인제 허신이라도 살아 있으면 공중에
서 네 혼을 빼 가.” 하시거늘
15 호연이 놀라서 “내 혼을 빼 가면 난 정
신없으라고?” 하매 상제님께서 “내가
있으니 괜찮어.” 하시며 호연을 다독
여 주시니라.
16 이에 호연이 눈물을 글썽이며 “죽는다
면서 있으니 괜찮다고?” 하고 토라지
거늘
17 호연의 손을 꼭 잡아 주시며 “호연아,
내가 너에게 큰 죄졌다.” 하고 달래 주
시니라.
18 호연이 시무룩한 얼굴로 “왜 자꾸 큰
죄를 졌다고 해요?” 하니
19 말씀하시기를 “천지에 제를 지냈다마
는 죄는 죄대로 짓고 간다.
20 아이구, 어디 보자! 손으로 찌른 눈 흉
터를 보자. 눈 다쳤으면 어쩔 뻔했던
고….” 하시며 눈물을 글썽이시거늘
21 호연이 왈칵 울음을 터뜨리며 “나는
선생님하고 떨어지면 누굴 믿고 댕길
거나!” 하며 상제님을 부둥켜안으니
라.

맥은 네가 붙인다

56 상제님께서 눈물로 얼룩진 호연의
얼굴을 쓰다듬어 주시며 이르시기
를 “호연아, 너는 천지에 제를 지내고
고축(告祝)을 해 놔서 버릴래야 버릴
수가 없을 것이다.
2 나를 믿는 사람들이 여러 대를 물러나
야 하는데, 움이 피면 거기서 싹이 올
라오고 움이 피면 또 싹이 올라오고
그러듯이, 자연히 너 구완할 사람이
생겨.” 하시니라.
3 이어 말씀하시기를 “낳기는 제 부모가
낳았지만 맥은 네가 붙인다.
4 맥 모르는 놈은 죽는 것이니 난데없는
도인이 나선다. 천지에서 너를 돌아다
보느니라.
5 네 목숨 살려낼 사람이 생겨. 아무튼
잘 있고 잘해라, 잉?” 하고 다정스레
말씀하시니라.

복남을 불러 호연을 당부하심

6 이어 상제님께서 호연에게 “느그 오빠
빨리 불러라.” 하시거늘
7 잠시 후에 복남이 이르니 말씀하시기
를 “네 동생 좀 잘 살펴 줘라.” 하시며
한동안 무슨 말씀을 내려 주시니라.

나 금방 올라간다

57 이때 밖에는 통지를 받은 성도들
과 소문을 들은 사람들이 연이어
도착하거늘
2 서기가 사랑으로 안내를 하면 형렬이
상제님께 아뢰어 몇몇 사람만 들게 하
고
3 그 외의 사람들은 서기가 따로 받아서
일일이 거주성명을 물어 적으니라.

상제님 말씀 왜곡자들을 경계하심

4 상제님께서 문득 밖에 모인 여러 성도
들에게 꾸짖듯이 말씀하시기를
5 “글 배우는 사람이 도둑놈이지 도둑놈
이 따로 없나니 붓대 가진 놈이 제일
큰 도둑놈이니라. 잡부자작(雜敷自作)
하지 말라.
6 나의 도가 씨가 되어 싹이 나고, 또 싹
이 나서 연(軟)하게 될 때 그놈들이 앉

아서 요리조리 다 만드니
7 앞으로는 해를 돌아가면서 속고 사는
세상이니라." 하시니라.
8 이에 형렬이 '나가자.'고 눈짓을 하니
호연이 밖으로 나가려고 막 일어서는
데
9 갑자기 앞뒷문이 벌컥 열리면서 바람
이 휘몰아 들어오고 장대비가 마구 쏟
아지며 시퍼런 번갯불이 천둥소리와
함께 방안으로 들어오거늘
10 상제님께서 오른손으로 번갯불을 탁
잡으시며 크게 호령하시기를
11 "어떤 놈이냐? 내가 시간을 저울질하
고 있는데 네가 잘난 체하여 마음대로
불칼을 내두르느냐! 나 금방 올라간
다." 하시니라.

하늘의 신장들이 상제님을 모시러 옴

58 이때 호연이 신안으로 보니 장수
옷을 입은 헤아릴 수 없이 많은 신
장들이 말을 타고 기치창검으로 무장
한 채 문밖과 집 주위를 에워싸고 있
더라.
2 신장들이 상제님께 각기 인사를 드리
며 '저는 아무개입니다, 아무개입니다.'
하고 일일이 보고를 드린 다음 한 신
장이 앞으로 나서서 "모시러 왔습니
다." 하거늘
3 상제님께서 크게 호통 치시기를 "시간
이 아직 안 되었는데 뭣 하러 그새 발
동을 했느냐!
4 때가 되기도 전에 갈 수 없느니라." 하
시니 신장들이 일제히 양쪽으로 갈라
서서 하명을 기다리더라.
5 형렬이 호연에게 나가 있으라는 눈
짓을 보내니 호연이 "비가 저렇게 쏟
아지는데 나가다가 넘어지면 어떻게
해?" 하며 가려 하지 않거늘
6 상제님께서 "안아다가 놓아 줘라." 하
고 명하시매 누가 뒤에서 덥석 보듬어
다 찬문의 방에 내려놓고는 문을 닫고
가 버리는지라
7 호연이 홀로 방에 앉아서 보는데 양쪽
으로 늘어선 신장들 가운데 한 신명이
손바닥에 무엇을 올려놓고 다른 손으
로 탁 쳐 보더니
8 신장들을 향하여 "아직도 시간이 멀었
구나." 하고 이르더라.
9 이에 줄의 맨 앞에 선 신장 하나가 줄
의 가운데로 걸어나오니 양쪽 신장들
이 그 뒤를 줄줄이 따르거늘
10 그렇게 얼마를 걸어나와 다시 양쪽으
로 갈라져서 되돌아가더니 이내 처음
과 같이 정렬하니라.
11 신장들이 두 줄로 서서 명을 기다리는
데 상제님께서 "나○○ 왔느냐?" 하고
물으시거늘
12 그 신장이 아직 당도하지 않았기로 다
른 신장이 나서며 "오시(午時) 지났습니
다." 하고 아뢰니
13 상제님께서 "이놈아, 네가 시기를 아
느냐?" 하고 꾸짖으시니라.

형렬에게 기대어 태을주를 읽으심

14 이어 형렬에게 "꿀물 한 그릇을 가져
오라." 하여 드시고 "날은 덥고 머나먼
길을 어찌 갈꺼나." 하시며 형렬에게 몸
을 기대신 채 작은 소리로 태을주(太乙
呪)를 읽으시니
15 방안에는 김형렬과 최상문, 그 외 두
명의 성도가 무릎을 꿇고 앉아 있더
라.
16 이때 경석이 방으로 들어오니 흘겨보
며 말씀하시기를 "정가(鄭哥), 정가(鄭
哥)! 글도 무식하고 똑똑하지도 못한
것이 무슨 정가냐!" 하시고 다시 누우
시니라.

하늘 보좌에 오르실 때

59 이때 문득 하늘문이 열리며 선녀들
이 황금빛 발판이 달린 빨간 줄을
좌우에서 내려 주고
2 마당과 고샅을 가득 메운 신명들은 노

래하듯 일제히 어떤 글을 읽는데
3 마치 벌들이 모여서 웅웅거리는 듯한
소리가 온 하늘에 울려퍼지니 그 광경
이 아주 웅장하더라.
4 상제님께서 다급하게 "형렬아!" 하고
부르시며 "잘들 있거라. 잘 있거라. 간
다." 하시고 하늘로 오르시는데
5 어느새 옥색 도포에 관을 쓰시고 붉은
띠를 두루마기 끝까지 길게 늘이시고
홍포선(紅布扇)으로 얼굴을 가리신 모
습이 마치 장가드는 새신랑 같더라.
6 선녀들은 하늘에서 줄을 끌어올리고
말을 탄 신장들은 양옆에서 상제님을
호위하며 공중을 떠가거늘 그 광경이
참으로 위엄 있고 웅대하며
7 눈부신 대광명 속에 열려 있는 하늘길
이 이루 형용할 수 없이 찬연하고 황
홀하더라.
8 상제님께서 "나중에 또 이와 같이 내
려오리라." 하시고 하늘문으로 오르시
거늘
9 먹구름이 온 대지를 흑암으로 물들이
는 가운데, 기세를 더하여 거칠게 휘
몰아치는 바람과 세차게 떨어지는 장
대비와
10 번쩍번쩍 대지를 훤히 밝히는 번개와
방포성과도 같은 천둥소리에 온 천지
가 소요하더라.

너는 올 곳이 못 된다

60 사방에 잠시 흑암이 깃드는가 싶
더니 갑자기 호연이 있는 방으로
번갯불이 쑥쑥 들어오며 문이 저절로
열리거늘
2 호연이 버선발로 뛰어나와 "올라가지
마요. 떨어지면 어째요? 나랑 가요!"
하고 동동거리며 울다가 그대로 주저
앉아 버리니라.
3 상제님께서 이를 애처로이 여기시어
"너는 올 곳이 못 된다. 나도 이제 몇
번을 둔갑할지 모르고, 나라고 안 늙
고 이렇게 생겼간디?" 하시니
4 호연이 천만 뜻밖에 상제님께서 대답
해 주심에 반갑고 또 안심이 되어 "둔
갑은? 또 호랑이 가죽 둘러써요?" 하
고 대꾸하거늘
5 상제님께서 "아니, 내가 천하를 갖고
내두르니 너 같은 녀석은 후우 불면
날아가." 하시니라.

하늘길만 쳐다보며 울더라

6 이에 호연이 아직도 상제님께서 곁
에 살아 계신 것처럼 느껴지므로 "어
디 해 봐, 내가 날아가는가. 안 날아가
네!" 하며 장난을 치는데
7 상제님께서 "호연아, 잘 있거라. 이다
음에 또 만나자!" 하고 마지막 인사말을
하시며 하늘문에 드시니 순간 문이 닫
히고 더 이상 아무 말씀이 없으시거늘
8 마당과 고샅에서 엎드린 채 비를 맞으
며 흐느끼던 성도들이 모두 일어서서
오색 서기가 비치는 하늘길만 쳐다보
며 울더라.
9 이 날은 환기(桓紀) 9106년, 신시개천
(神市開天) 5806년, 단군기원(檀君紀元)
4242년, 조선 순종(純宗) 융희(隆熙) 3
년, 기유(己酉: 道紀 39, 1909)년 6월 24
일(양력 8월 9일)이요
10 상제님의 성수(聖壽)는 39세이시더라.

영신이 뜨셨다

61 호연이 상제님을 뵈려고 바깥사랑
으로 들어가니 형렬이 "벌써 떠나
셨다." 하고 이르거늘
2 그래도 가까이 가서 주물러 보며 '여기
있는데, 참말일까?' 하고 용안에 얼굴
을 가져다 대니 찬바람만 훌훌 나오더
라.
3 이를 지켜보던 형렬이 안쓰러워 "영신
(靈身)이 뜨셨다." 하고 재차 이르거늘
4 상제님께서 조 화로 하늘에 오르시고
몸만 계시는 줄로 믿었던 호연이 그제
야 상제님께서 어천하셨음을 실감하

니라.
5 이때 공우가 크게 울며 말하기를 "허
망한 일이로다. 대인(大人)의 죽음이
어찌 이렇게 아무 이상이 없이 잠자는
것과 같으리오." 하고
6 덕찬, 준찬 형제는 "허망하다, 허망하
다." 하며 슬피 울부짖으니라.
7 상제님께서 어천하시고 나자 잠시 후
에 언제 그랬냐는 듯이 해가 뜨고 날
이 청명하게 개며 오색 구름이 뜨더니
8 지붕으로부터 하늘까지 뻗친 영롱한 서
기가 이레 동안 계속되니라.

흩어져 돌아간 성도들

62 증산 상제님께서 어천하실 즈음
에 성도들에게 몇 차례 깨우쳐 말
씀하시기를 "너희들이 큰 복을 구하거든
일심(一心)으로 나를 믿고 마음을 잘 닦아
도를 펴는 데 공을 세우고
2 오직 의로운 마음으로 두 마음을 두지 말
고 덕 닦기에 힘써 내가 돌아오기를 기다
리라." 하시더니
3 천만 뜻밖에도 상제님께서 어천하시매
몇몇 성도들이 크게 낙심하여 흩어져
돌아가니라.

상제님의 성체를 모심

63 이때 형렬이 새로 장만한 옷을 입
혀 드리고 성체를 아랫목에 동쪽으
로 향하도록 문과 나란히 모신 후에
2 앞뒷문을 열어 두고 주렴을 치니 모두
밖에서 바라보기만 할 뿐 함부로 떠들
어 보지 못하거늘
3 일부 성도들과 상제님께 평소 은혜를
받은 이들이 상제님의 모습을 단 한
번이라도 더 보고 싶어 야단이더라.

통곡하시는 성부님

4 형렬이 손바래기 본댁에 부고하여 성
부님을 모셔오니 성부께서 통곡하시
며 슬픔으로 날을 보내시다가
5 상제님께서 어천하신 지 사흘 만에 실
성하신 듯 소란을 피우시므로
6 형렬이 아무데도 가시지 못하도록 붙
들고 정신이 드실 때까지 지키게 하며
성부님의 마음을 위로해 드리니라.

슬피 우는 종도들

64 상제님께서 살아 계실 때에는 꾸
중듣는 것을 염려하여 그 누구도
호연에게 함부로 말을 하지 못하더니
2 상제님께서 어천하시자 '선생님께서는
호연이 역성만 드신다.' 하여 평소 호
연을 시샘하던 이들이 "아이구 호연
이, 아이구 호연이~." 하며 놀려대더
라.
3 또 마음보가 불량하고 불경스러워 상
제님께 혼쭐이 났던 몇몇 종도들은
4 평소 상제님을 바로 쳐다보지도 못하
고 무서워서 벌벌 떨기만 하더니
5 상제님께서 어천하심에 '이제는 살았
다.'며 춤을 추기도 하고 고개를 흔들
며 좋아하거늘
6 호연이 그 모습에 심사가 나서 "어른
이 없어도 좋아서 웃네? 저것들, 좋아
서 꽁지 피네~" 하며 비아냥거리니라.
7 그러나 처음에는 좋아하던 종도들도
시간이 지날수록 상제님이 그리워지니
나중에는 온통 우는 사람뿐이더라.
8 그 중에도 목포 사람 장서방은 "그 재
주를 다 어떻게 하고 가셨습니까?" 하
고 땅을 치며 통곡하다가
9 이내 돌을 주워 땅이 파이도록 두드리
며 섧게 우니 그 모습이 참으로 애절
하더라.

일을 하려고 가셨는데 어이 우느냐

65 상제님께서 갑작스럽게 떠나시매
이렇듯 종도들이 모두 '허망하고
비통하다.'고 이르며 슬피 통곡하니
2 형렬이 이를 꾸짖어 말하기를 "당신께
서는 일을 하려고 가셨는데 어이 못
잊어서 우느냐?

3 '나라가 한 나라가 아니요 몇천 나라
일진대 그 나라들이 합심을 해서 서로
손을 잡아야 일이 된다.'고 하신 말씀
을 잊었느냐?
4 선생님은 팔도강산을 주름잡고 다니
실 분이니, 당장 오늘부터도 구름을
타고 다니시며 바쁜 일을 하고 계실
것이거늘
5 달음박질을 한다 해도 시(時)가 바쁜
터에 너희는 편히 방에 앉아 무엇하고
있느냐?
6 울지 말아라, 우는 소리가 시끄러워서
가지 못하신다." 하니라.

24일에 땅 꺼진다

66 6월에 하루는 평소 상제님을 뵙고
자 간절히 원하던 한 사람이 상제
님께 찾아와 딱한 사연을 아뢰거늘
2 상제님께서 말씀하시기를 "네 소원을
들어 줄 터이니, 내가 시키는 일부터
먼저 하라." 하시니라.
3 그 사람이 반기며 "어떻게 하면 되겠
습니까?" 하고 여쭈니
4 말씀하시기를 "이 달 스무나흗날 원평
장에 가서 장꾼이 많이 모이거든 '오늘
지함(地陷) 된다.'고 크게 외치라." 하시
니라.
5 이윽고 24일이 되자 그 사람이 원평장
에 가서 많은 장꾼들 틈새에 끼인 채
갑자기 "오늘 지함(地陷)된다~!" 하고
크게 소리를 질러대니
6 사람들이 혹 놀라기도 하고, 혹 미치
광이가 아닌가 하며 장터가 술렁이거
늘
7 날이 저물고 시간이 다 지나도록 땅이
꺼지는 기미가 좀처럼 보이지 않으매
사람들이 코웃음치며 흩어지니라.

어천하시던 날 심부름 간 안내성

8 한편 이 날 새벽에 상제님께서 안내성
을 따로 불러 정읍으로 심부름을 보내
시거늘
9 내성이 정읍에 가서 일을 보고 수일
후에 돌아오는데 상제님께서 주막에
앉아 술을 드시다가
10 내성을 부르시어 "이리 와서 내 술 한
잔 먹고 가라." 하시더니 목을 축이고
나매 "먼저 가 있으라." 하시니라.
11 이에 내성이 홀로 구릿골에 들어서니
곡하는 소리가 진동하거늘 의아하여
연고를 물으니 '선생님께서 돌아가셨
다.'고 하는지라
12 내성이 황당하여 "방금 전에 선생님께
술을 받아 먹고 왔는데 그 무슨 소린
가?" 하며
13 사람들을 밀치고 급히 방으로 들어가
보니 상제님의 옥체에 흰 천이 덮여 있
더라.
14 이에 내성이 깜짝 놀라 어쩔 줄 몰라
하다가 문득 "내성아! 너는 내 몸을 쳐
다보지도 말고 손도 대지 말고 일절
관여도 하지 마라." 하신 상제님의 말
씀이 떠오르는지라
15 크게 깨달아지는 바가 있어 정신을 수
습하고 미련 없이 집으로 돌아가니라.

형렬이 황포를 입혀 드림

67 상제님께서 생시에 "나는 죽고 살
기를 뜻대로 하느니라." 하셨으므
로
2 성도들이 '상제님께서 다시 살아나시
리라.'는 것을 굳게 믿고 성체를 서로
모시고자 각기 지어 온 옷을 입혀 드
리려고 아우성인지라
3 형렬이 이르기를 "시끄럽다. 조용히
하고 호연이만 들라." 하여 몇 사람만
남기고 모두 밖으로 내보낸 뒤에
4 방문을 잠그고 성도들이 밀치고 들어
오지 못하도록 서중옥, 김기보 등으로
하여금 문을 지키게 하며 직접 준비한
의관을 상제님께 갖추어 드리도록 지
휘하니라.
5 본시 사람이 죽으면 얼굴이 창백해지

는 법이나 상제님의 용안은 오히려 뽀
얗고 환하게 광채가 나며 빙긋이 웃으
시는 것 같거늘
6 모두들 "당신께서 저렇게 웃으시는 것
을 보니 안 돌아가셨다! 아니라면 어
찌 저리도 광채가 나겠는가?" 하며
7 상제님의 성체에 손을 대려다가도 '내
손이 떨어지면 어쩔꼬?' 하는 두려움
에 선뜻 손을 대지 못하니라.

금방이라도 다시 일어나실 것만 같더라

8 이에 형렬과 호연이 자세히 들여다보
니 정말로 환히 웃고 계시거늘
9 호연이 더욱 보고 싶어지고 당장 무슨
말씀이라도 하실 것 같아 천으로 용안
을 덮어 드리며
10 "아, 죽었다고 아무 말도 안 할래요?
민막서 쓰네~, 숨막히게 입 막네~!"
하고 자꾸만 말을 시켜 보나 아무 말
씀도 없으시니라.
11 이어 형렬이 상제님의 성체에 황포(黃
袍)를 입혀 드리고 관(冠)을 씌워 드린
후에 상제님의 옷에서 빼어 간직해 두
었던 옥단소를 꺼내어
12 "하늘에 올라가셔도 이것을 쓰셔야 한
다." 하며 앞섶에 넣어 드리니 상제님
께서 금방이라도 다시 일어나실 것만
같더라.

사방에서 몰려드는 은혜 받은 이들

68 상제님께서 어천하시매 차차로 돌
아서서 가는 사람들도 많으나
2 평소 은혜 받은 이들이 사방에서 끊이
지 않고 모여드니 사람이 워낙 많아
누가 가고 누가 오는지도 모르겠더라.
3 식사 때가 되면 큰 솥을 마당에 걸어
놓고 한 끼에 두어 가마니씩 밥을 하
는데
4 그릇에 일일이 밥을 풀 수가 없어 큰
자배기에 퍼서 놓으면 모두 손을 씻고
와서 빙 둘러앉아 주먹밥을 만들어 먹
으니라.
5 또 상제님께서 평소 개고기를 좋아하
셨으므로 마을에서 개도 여러 번 잡아
서 올리거늘
6 대여(大輿)가 나가는 9일 동안 온 동네가
떠들썩하니
7 이렇듯 북적거리는 상객들 대접으로
잠 한숨 제대로 자지 못한 아낙들은
아궁이에 앞자락을 태우는 일도 허다
하더라.

살아 계신 것같이 조화를 부리시니

69 이윽고 출상 전날이 되자 종도들
이 형렬의 집 대문 앞에서 대여를
꾸며 댓도리를 하거늘
2 일부 종도들은 빈 상여를 메고 나머지
종도들은 지팡이를 짚고 울면서 고샅
을 지나는데
3 홀연 상여 속에서 장구 소리가 나며
상제님을 모신 사랑방으로부터 만가
(輓歌) 소리가 들리더라.
4 이에 종도들이 모두 놀라고 무섭기도
하여 상여를 내려놓고 방으로 뛰어가
보니 상제님께서는 변함없이 고요하
게 누워 계시거늘
5 다시 돌아와 각기 상여를 메고 지팡
이를 짚고 동네를 도는데, 또렷한 상
제님의 음성에 아직도 살아 계신 것만
같아 선뜻 울음이 나오지 아니하더라.
6 이때 어디선가 "왜 울지 않느냐? 눈구
녕을 모두 잡아 빼란다!" 하고 크게 꾸
짖으시는 상제님의 음성이 들리니 종
도들이 '어쩐 일이냐?'며 술렁이기 시
작하거늘
7 상제님께서 공중으로 날아오시어 "나
여기 있다, 이놈아!" 하시며 '흔적 뺀
다.'고 종도들의 머리를 한 번 잡아 내
두르고 가시니라.
8 이에 종도들이 "아이고, 아이고." 하며
곡을 하니 다시 "야, 이놈들아! 네 어
미 죽었냐, '아이고, 아이고' 하게? 울
음도 몇천 가지인 것이다." 하시거늘

9 한 종도가 "그러면 어떻게 울어야 옳
습니까?" 하고 여쭈니 "어이(御移), 어
이(御移) 해라." 하시므로 모두 명하신
대로 하니라.

이놈들 일어나거라

70 다음날 아침, 어천하신 지 이레 만
에 출상을 하려는데 형렬이 상여
꾼을 얻지 못하게 하고 종도들로 하여
금 상여를 메게 하거늘
2 종도들이 한 번이라도 더 상제님을 가
까이 하고 싶어서 대여를 서로 메겠다
고 나서니라.
3 대여 준비를 마치니 형렬이 한 종도에
게 "호연이 불러오라." 하여 호연을 천
구(遷柩)하는 과정부터 참관토록 하고
4 종도 네 사람으로 하여금 상제님의 성
체를 대여에 모시도록 지휘하니라.
5 이에 네 사람이 사랑방으로 가는데 문
앞에 이르니 방문이 벌컥 열리며 상제
님께서 수의(壽衣)를 입으신 채 걸어 나
오시거늘
6 종도들이 모두 질겁하여 땅바닥에 그
대로 엎어져 버리니 상제님께서 "야, 이
놈들! 일어나거라." 하시고 다시 방으로
들어가시니라.
7 종도들이 의아해하며 살며시 안에 들
어가 재궁(梓宮) 속을 들여다보니 상제
님께서는 여전히 누워 계시거늘
8 가까스로 정신을 수습하여 재궁을 들
고 밖으로 나서는데 돌연 재궁 속에서
"무겁다고 마라. 무겁다고 마라, 잉?"
하는 상제님의 음성이 들리는지라
9 종도들이 "야, 선생님이 안 돌아가셨
다! 살아 계신데 이래서 어쩔거나. 태
운장 어른, 나오시오~!" 하며 재궁을
들고 우왕좌왕하매
10 형렬이 사랑방에서 급히 따라 나오며
"개의치 말고 어서 모셔라." 하고 이르
니라.
11 이에 어찌할 수 없이 성체를 대여에 모
신 뒤에 종도 열여섯 사람이 대여를 메
고 발인을 하려고 하니
12 느닷없이 "나 간다~. 아이고, 내가 또
언제 여길 와서 이럴거나~." 하는 구
슬픈 만가 소리가 울리거늘
13 처음에는 모두 요령잡이가 하는 소리
로 알았더니 자세히 들어 본즉 상제님
께서 부르시는 노랫소리더라.
14 종도들이 마음을 졸이며 '정작 안 돌아
가신 것을 이러는가?' 하여 그저 서서
머뭇거리다가
15 이내 재궁을 내려서 확인해 보니 고요
하신 모습 그대로이거늘
16 마음을 다잡고 다시 대여를 메고 가려
는데 또 "무겁다고 마라. 내가 무겁게
하려면 무겁고, 가볍게 하려면 가벼우
니 무겁다고 마라." 하는 노랫소리가
들리는지라
17 종도들이 다시 대여를 멈추고 확인을
해 보나 역시 그대로이더라.
18 이렇듯 대여를 메고 가려고만 하면 살
아 계신 듯 조화를 부리시니
19 출상을 하려다가 멈추기가 수차례요,
아침에 시작한 것이 점심때가 지나서
야 겨우 나가게 되니라.

하늘도 변하냐

71 마침내 형렬의 집에서 대여가 출발
하여 그 뒤를 수많은 종도들이 따
르는데
2 상여 안에서 상제님의 노랫소리가 들
리면 그 소리에 장단을 맞춰 한바탕씩
신명나게 놀며 가니
3 용화동을 지나 제비창골을 거쳐서 섶
다리골을 돌아 구릿골로 오매 벌써 해
가 뉘엿뉘엿하더라.
4 그러나 종도들이 마지막까지 상제님
의 음성을 한 번이라도 더 듣고 싶어
서 고샅을 뱅뱅 돌 뿐 대여를 내려놓
지 않거늘
5 느닷없이 상제님께서 용안을 상여 밖

으로 내보이시며 "이놈들아! 너희들
뭣 하러 헛상여를 메고 가느냐?" 하시
니라.
6 이에 모두 어리둥절하고 의아한 마음
에 상여를 메고 급히 형렬의 집으로
가 보니
7 방안에 재궁이 있기는 하나 어찌된 영
문인지 네 쪽으로 쪼개어져 있거늘
8 형렬이 호연을 데리고 문밖에 서서 "제
자들을 두고 떠나기가 안쓰러워 그러
십니까? 가실 데로 가시옵소서." 하며
마치 글을 읽듯이 말씀을 여쭈니라.
9 잠시 후 형렬이 방문을 조심스레 열어
보니 재궁이 저절로 오므라져서 들고
갈 수 있게끔 묶여 있거늘
10 형렬이 다른 종도들은 근접하지 못하
게 하고 호연과 함께 방으로 들어가
아뢰기를
11 "서로 손잡고 언약할 적에는 뭐라고
하셨습니까. 선생님 마음이 제 마음이
요, 제 마음이 선생님 마음이라 하지
않으셨습니까.
12 여기 일은 바라시는 대로 제가 알아서
다 할 테니 걱정하지 마시고 속히 오
르소서.
13 일을 다 마치시면 후에 이와 같이 다
시 내려오신다는 약조만 지켜 주십시
오. 호연이를 생각하소서." 하니
14 재궁 속에서 "하늘도 변하냐?" 하는 상
제님의 말씀이 들려오더라.
15 이미 날은 저물고 하여 상제님의 성체
를 사랑에 모신 채 다시 하룻밤을 보
내게 되니라.

대여가 고향 객망리를 찾아가니

72 날이 밝으매 재궁을 다시 대여에
모시고 고부로 향하려는데
2 형렬이 다가가 재궁을 어루만지며 작
은 소리로 아뢰기를 "서운하지만 할
수 있겠습니까." 하고
3 이어 "도용이 '도(道)' 자를 쓰려니 도용
이 이리 오너라." 하고 호령하니라.
4 이에 호연이 나오니 대여 앞 장강채 위
에 앉히며 "어디 가지 말고 꼭 이 근처
에 있어라." 하고 단단히 이른 후에 대
여를 출발시키거늘
5 전날과 같이 종도 열여섯 명이 대여를
메고, 서른두 명이 그 뒤를 따르며 번
갈아 메니라.
6 대여의 맨 앞에는
湖南西神司命
호남서신사명
이라 쓴 명정(銘旌)을 세우고
7 이어서 만장, 공포, 불삽, 운삽이 따르
며 그 뒤를 수없이 많은 종도들이 '수
(壽)'와 '복(福)'이 새겨진 기를 들고 따
르거늘
8 수많은 깃대들이 길게 이어지는 모습
이 마치 물결치는 듯 장관을 이루더라.
9 대여가 구릿골을 출발해 내주평을 거
쳐 고부로 가니 운상 행렬이 지나는
마을마다 평소 상제님께 은혜를 받았
던 이들과 풍문으로라도 그 신이하심
을 들었던 이들이 모두 나와서 절을
하고
10 서로 '이 세상 뜨신 것이 참으로 아깝
다.'고 이르며 술을 동이째로 내놓거늘
행렬을 따르던 사람들이 모두 목을 축
이면서 가니라.
11 또 상여 속에서 "무겁다고 마라, 무겁
다고 하면 어깨가 미어지니 무겁다고
마라." 하는 상제님의 노랫소리가 들리
므로 종도들이 무거운 줄도 모르고 가
는데
12 대여가 내주평에 다다르니 길 양쪽으
로 아름드리 큰 나무들이 즐비하게 서
있거늘
13 "내가 죽어 나가는데 너는 장승마냥
서 있냐?" 하고 호통치시는 상제님의
음성에 나무들이 저절로 뚝뚝 부러져
나가는지라
14 이를 본 모든 사람들이 비록 어천은

하셨을지언정 여전히 신이하신 그 조
화권능에 감복하여
15 "어찌 멀쩡하던 나무들이 저렇게 뚝뚝
부러지는고?" 하며 입을 다물지 못하
더라.
16 대여가 고부 객망리에 이르니 마을 사
람들이 모두 나와 맞이하거늘
17 개를 잡아서 칼을 꽂아 올리고, 술도
동이째로 올린 후에 모두 대여를 향해
절을 올리며 상제님의 어천하심을 슬
퍼하니라.
18 이윽고 대여 행렬이 본댁 앞에 이르매
대여가 앉았다 일어났다 하거늘
19 호연이 "왜 앉았다, 섰다 해요?" 하고
물으니 형렬이 대답하기를 "하직하시
느라 그런다." 하니라.
20 선산과 본댁을 향해 하직 인사를 마치
고 대여를 돌려 구릿골로 돌아오니 이
미 해가 기울었더라.

대발 끝에 초빈하니라

73 이튿날 형렬의 집 뒤 모시밭을 지
나 대밭 끝에 상제님의 성체를 초
빈(草殯)하니
2 성도들이 서글프고 허망한 마음을 가
누지 못하여 힘없이 돌아오는데
3 갑자기 뒤에서 방성대곡하는 소리가
들리므로 되돌아가 보니 경석이 홀로
남아 초빈을 부둥켜안은 채 울고 있거
늘
4 몇몇 성도들이 가까스로 만류하여 경
석과 함께 내려오니라.
5 이후 여러 날이 지나도록 성부님께서
구릿골을 떠나지 못하시니
6 경석이 그 마음을 위로하여 고부 본댁
까지 모셔다 드리고, 크게 상심하신
성모님을 안심시켜 드리니라.
7 장례 경비는 일전에 상제님께서 궤 속
에 넣어 두라 하신 돈으로 하고 남은
돈은 본댁으로 보내니라.

상제님의 성체를 지킴

74 초빈을 마친 뒤에 재궁을 이엉으
로 덮고 그 가운데를 용마름으로
덮어 초가집 모양으로 만들고
2 그 주변에 커다란 돌 네 개를 놓고 앉
아 성도들이 상제님의 성체를 지키니
3 날이 궂거나 비가 오면 가마 형태의
들것으로 성체를 형렬의 집 뒤꼍으로
모셨다가 날이 맑게 개면 다시 대밭
끝으로 모시니라.
4 이때 여덟 명의 성도들이 한 달 동안
구릿골을 떠나지 않고 번갈아 가며 지
키는데
5 성도들이 '혹 살아 계시는가?' 하여 이
따금씩 재궁에 귀를 대어 보면 아무
소리도 들리지 아니하나
6 호연이 다가가 상제님을 부르면 재궁
이 들썩들썩하며 덜그럭거리는 소리가
나곤 하니라.
7 이에 하루는 성도들이 "들어가 봐라,
그 껍데기 쓴 것 속에 들어가 봐라."
하며 호연을 떠미는지라
8 호연이 이엉 없은 것을 떠들어 보니 재
궁도 그대로이고 더 이상 아무 소리도
나지 않거늘
9 호연이 허탈하여 터덜터덜 걸어 나오
니 이를 지켜보던 성도들이 허탈한 웃
음을 지으니라.
10 그 후 장탯날에 장사지내기까지 주로
김형렬, 백복남, 김자현, 김갑칠, 박공
우가 초빈을 지키니라.

선(仙)의 부활의 도를 보여 주신 상제님

75 한편 안필성이 상제님을 장사한
지 얼마 후 구릿골 약방으로부터
상제님께서 어천하셨다는 부고가 오
거늘
2 필성이 생각하기를 '미친놈들, 내가 얼
마 전에 장사를 지냈는데 뭔 놈의 부
고냐.' 하니라.
3 그 즈음 삼거리 정자나무 아래에서 청

도원에 사는 이 모(李某)를 만나니 “원
평 장터에서 증산 선생을 뵙고 같이
술 마시고 얘기했네.” 하고
4 또 상제님을 장사한 지 이레 후에는 함
열(咸悅)에 사는 절친한 친구 채 참봉
이 필성의 집에 이르러 말하기를 “아
까 금구 주막에서 증산 선생님하고 술
마시면서 자네 얘기를 듣고 웃었네.”
하는지라
5 필성이 놀라서 말하기를 “증산이 죽어
서 내 손으로 직접 묻었는데 그게 뭔
소린가?
6 내가 자네한테만 들은 것이 아니라 여
러 사람한테 들었으니 무덤에 같이 가
보세.” 하며
7 채 참봉과 함께 득달같이 상제님을
모신 곳으로 달려가 보니 무덤의 봉
분(封墳)이 원래 모신 모습 그대로이
더라.
8 이에 필성이 정신없이 무덤을 파헤쳐
보니 그저 빈 흙무덤일 뿐이거늘
9 혼잣말처럼 중얼거리기를 “제자놈들
이 서로 찢어 갔을 것이다.” 하면서
10 한편으로는 ‘증산이 또 무슨 요술을
부렸나.’ 하고 의아해하니라.

원평장에서 상제님을 만난 필성

11 그러다가 29일 장날이 되어 필성이 원
평장에 가니 뜻밖에도 그곳에서 상제
님을 만나게 된지라
12 필성이 깜짝 놀라서 묻기를 “자네가
죽어서 분명히 내 손으로 묻었는데 멀
쩡히 살아서 다니네?” 하매
13 상제님께서 웃으시며 필성을 데리고
주막으로 가시어 술을 사 주시거늘
14 필성이 술을 마시며 연유를 물으니 상
제님께서 말씀하시기를 “나는 살아도
살고, 죽어도 산다네.” 하시니라.
15 필성이 상제님과 술을 마시며 지난 얘
기로 정다운 시간을 보내고 집으로 돌
아오니라.

수제자가 되기를 권유하심

76 안필성은 인존천주이신 상제님의
둘도 없는 친구라.
2 종도들은 이를 두고 말하기를 “하느님
이 천상에서 친구를 하나 데리고 내려
오셨다.” 하고
3 존귀하신 상제님께 “이놈! 저놈!” 하고
상욕을 해도 모두 받아 주시므로 ‘욕친
구’라고도 하는데
4 상제님께서 수차례 “마음을 고쳐 나를
따르라.” 하셔도 필성은 오히려 “네가
나를 따르라.” 하며 농으로 받으니라.

대개벽기에 사는 길 ; 안필성에게 주신 화두

5 상제님께서 항상 경계하시기를 “필성
아, 네가 나를 따르면 환갑은 못 넘기
지만 자자손손이 영화를 누릴 것이요
6 그렇지 않고 계속 예수교를 신봉하면
너는 백수를 누릴 것이나 네 후손에
큰 재앙이 미치리라.
7 나 죽은 후에 예수교도 버리게 되리니
지금 마음을 고쳐 나를 따르라.” 하시나
듣지 않으니라.
8 상제님께서 어천하신 뒤 필성의 손자
다섯이 6.25 전란에 모두 비명에 죽으
니 필성이 “내가 한 해에 벼락을 맞았
다.” 하더니
9 남은 자손들에게도 화가 끊이지 않거
늘 말년에야 탄식하기를 “내 그놈 말
을 들을걸….” 하며 크게 후회하니라.

앞으로 병으로 다 죽는다

10 또 상제님 어천 후에 모악산 아래 각
색 교단으로부터 큰 치성이 있을 때마
다 초대를 받아 가게 되니
11 치성석에서 필성이 말하기를 “나는 보
고도 못 믿었지만 당신들은 안 보고도
믿으니 복 받은 사람들이네.” 하니라.
12 필성이 종종 “앞으로 병으로 다 죽는
다.”고 말하더니 신축(辛丑: 道紀 91,
1961)년 정월 초오일에 숨을 거두니
라.

어천하신 후

77 하늘의 해와 달처럼 언제까지나
함께 계실 줄 알았던 상제님께서
뜻밖에 어천하시니
2 성도들은 경황없이 장례를 치르고 오
장에 사무치는 슬픔을 안고 각기 집으
로 돌아가니라.
3 이때 몇몇 성도들이 원평으로 가는 도
중에 원평에서 오는 구릿골 사람을 만
나 상제님께서 어천하셨다는 소식을
전하니
4 그 사람이 이르기를 "그게 무슨 말이
오? 그대들의 선생께서 방금 장승백
이에서 술 잡수시는 것을 내가 보고
왔는데." 하며 믿지 않는지라
5 성도들이 모두 이상히 여기는데 한 성
도가 짚이는 바가 있어 다시 구릿골로
돌아가 남의 이목을 피해 초빈을 헤쳐
보니 과연 빈 관만 남아 있더라.
6 또 다른 한 성도가 전주에 가서 자기
의 친구에게 "선생님께서 돌아가셨
네." 하고 말하니
7 그 친구가 "자네의 선생님이 지금 용
머리고개에서 술을 잡숫고 계시는 것
을 보고 왔네." 하며 의아해하더라.

약방과 이곳저곳에서

78 상제님께서 어천하시고 나서도 약
방과 그 주변에서 계속 살아 계신
듯 이적이 일어나니라.
2 어천하시고 한 달 동안은 형렬만 약방
출입을 하며 끼니마다 상식(上食)을 올
려 드리는데
3 물을 떠다 올리면 물이 엎질러지고, 혹
다른 이가 약방 문을 열면 "이놈!" 하
는 고함 소리가 들리니 두려워서 그
누구도 근접하지 못하거늘
4 동네에서도 큰 소리가 나면 으레 상제
님의 음성인 줄로 아니라.
5 또 마당에서 삭망제(朔望祭)를 지내기
위해 술동이에 표주박을 띄워 놓고 개
를 잡아서 칼을 꽂아 상을 차린 다음
6 조용히 무릎을 꿇고 고개를 숙인 채
앉아 있으면 칼 소리와 고기 드시는
소리가 나고
7 '쪼로롱 쪼로롱' 하고 술을 떠 드시는
소리와 표주박이 동이에 부딪히는 소
리도 나더라.
8 또 누가 떡을 치고 있으면 느닷없이
"야, 이놈아! 다른 신명도 좀 주워 먹
게 헤치면서 쳐라. 잡신이 좀 주워 먹
게!" 하시고
9 호박씨를 널어놓으면 호박씨를 가져
다가 까 드시며 "아이구 꼬숩다, 꼬숩
다. 나 먹으라고 두었냐?" 하시니
10 이곳저곳에서 "증산 어른이 여기 계시
다." 하고 소리치거늘
11 이에 종도들이 '선생님께서 다시 살아
나신다.'고 더욱 굳게 믿으며 어천하신
지 3년이 지나도록 살아 계실 때와 마
찬가지로 약방을 자주 찾고
12 상제님께서 생시에 "나는 머리카락 하
나, 손톱 하나만 있어도 천지신명이
옹호해서 살지 죽는 사람이 아니다."
하신 말씀을 떠올리며
13 '행여 머리카락 하나라도 나올까.' 하
여 약방 주위를 맴도는 이도 많더라.

고 수부님께서 약장을 가져가시니

79 상제님께서 마치 살아계신 듯이 성
도들의 이야기도 들으시고 말씀도
하시니
2 혹 누가 약방에 앉아 '배고프다.'고 말
하면 "배고프면 뭣 하러 왔느냐?" 하
고 꾸중하시니라.
3 하루는 누가 약방에 와서 '배부르다.'
고 말하니 상제님께서 "배고픈 사람하
고 나누어 먹지, 왜 너만 배때기 터지
도록 먹었냐?" 하고 꾸중하시거늘
4 그 사람의 몸이 마치 바람에 날리듯
아랫목에서 윗목 구석으로 훌쩍 옮겨
지더라.

5 또 방에 아무도 없다 하여 물건에 함
부로 손을 대면 그 자리에 손이 딱 들
러붙어 떨어지지 않으니
6 아무리 하찮은 물건일지라도 건드리
지 못하니라.
7 이렇듯 기이한 일들이 자꾸 벌어지니
감히 누구도 상제님께서 돌아가셨다
는 말을 함부로 하지 못하고
8 약방에 오면 '혹 선생님께 혼나지 않을
까?' 하여 상제님께서 보고 계신 듯 조
심스럽게 말하고 행동하거늘
9 종도들이 구릿골에 오면 제일 먼저 약
방 문앞으로 가서 "진지 드셨습니까?"
하며 예를 갖추고
10 방문을 열 때에도 마루에서 먼저 말씀
을 여쭌 후에 조심스레 열지 바로 열
지 아니하더라.
11 약방에 상제님의 음성이 들린다는 풍
문이 돌자 각지에서 문도를 비롯하여
많은 사람들이 찾아오거늘
12 어떤 이들은 '혹 숨어 계신가?' 하여 방
벽도 찔러 보고 종이도 찢어 보더라.
13 훗날 고 수부님께서 약장을 가져가시
니 그 후로는 더 이상 상제님의 음성
이 들리지 아니하니라.

형렬의 허탈한 심정과 호연의 그리움

80 상제님께서 하늘 보좌로 떠나시매
가장 허전하고 쓸쓸해하는 사람은
형렬과 호연이더라.
2 형렬이 도무지 마음을 추스르지 못하
고 넋이 나간 듯 멍하니 땅만 쳐다보
며 앉아 있는 때가 잦거늘
3 호연이 보다못해 하루는 "땅을 천 번
쳐다본들 어째요, 뚫어져요? 왜 그러
고만 앉았어요?" 하니
4 형렬이 "내 속의 돌을 보면 돌이 뵈느
냐? 그렇지만 선생님께서 내게 별 인
지(認知) 없이 가셨으니 그것을 알기
위해 골똘하느라고 그런다." 하니라.
5 한편 호연 또한 상제님께서 살아 생
전에 다니시던 길을 하염없이 바라보
다가
6 사랑이 사람들로 수선스러우면 '행여
계실까.' 하여 달려가기가 일쑤요
7 약방에서 상제님을 그리워하며 '어디
를 갔길래 나를 안 데리고 혼자 가서
안 오는고…. 허송세월을 보내고 이제
나는 무엇이 될거나.' 하며 울기도 수
차례이거늘
8 그 때마다 방안에서 "우지 마라, 우지
마라." 하는 소리가 뱅뱅 울리더라.
9 하루는 상제님의 음성이 들리매 호연
이 "언제 봐, 언제 봐? 언제 와서 나를
안고 갈라는데, 언제 안고 가?" 하며
애타게 부르니
10 말씀하시기를 "인제 태운장이 안아 준
다. 날 찾지 말고 태운장하고 인연을 맺
어라." 하시니라.
11 이후 호연이 마음을 의지할 곳 없어
서운하고 허전한 마음에 상제님을 원
망하면서도
12 항상 다시 오시기만을 바라며 여러 해
동안 호주머니에 상제님의 머리카락
을 넣고 다니고
13 또 상제님께서 생전에 "흰구름이 뜨거
든 나인 줄 알라." 하신 말씀을 떠올리
며 밤낮 하늘만 쳐다보며 지내니라.

너희들을 살리려고 갔는데

81 하루는 형렬이 힘없이 방에 앉아
울며 탄식하기를 "세상에서 우리
선생님은 광인(狂人)이라는 말만 들으
셨고, 우리는 미친 사람을 따라다니다
가 결국 김(金)씨 문중을 망쳤다는 소
리를 들으니
2 이제 당신께서 어천하신 이후로 이것
이 제일 원통하니 어찌 살꼬." 하며 남
부끄러워 크게 울지는 못하고 소리 죽
여 울고 있는데
3 뜻밖에 방 밖에서 큰기침 소리가 나며
"형렬아, 너는 그만하면 대략 알 줄 알

앉더니 그다지 무식하냐?
4 너희들을 살리려고 내가 갔는데 탄식이
웬 일이냐." 하는 상제님의 음성이 들
리므로 형렬이 깜짝 놀라 일어나니 상
제님께서 방으로 들어오시니라.
5 형렬이 눈물을 흘리며 배례하고 옆으
로 서니 말씀하시기를 "그래, 형렬아.
너는 너희 선생 미쳤다는 것이 그토록
원통하더냐.
6 수운가사에 '여광여취(如狂如醉) 저 양
반을 따르기만 따르고 보면 만단설화
(萬端說話)한 연후에 소원성취(所願成就)
하련마는 알고 따르기 어려워라.
7 따르는 자 만복동(萬福童)이요, 못 따
르는 자 깜부기 된다.'는 말을 못 들었
느냐." 하시니라.
8 또 일러 말씀하시기를 "판안 사람 둘
러보니 많고 많은 저 사람들 어떤 사
람 저러하고 어떤 사람 이러하니, 판
안 사람 판안 공부 소용없어 허리띠
졸라매고 뒷문 열고 내다보니 봉황(鳳
凰)이 지저귄다.
9 판안에 그 문서(文書)로 아무리 돌려
보아도 할 수 없어 판밖의 것을 가르
치자고 허튼 마음 거머잡고 죽기로 찾
았으니 조금도 걱정 마라.
10 누런 닭이 소리치며 날개 털면 판밖
소식 알리로다. 네가 그렇게 서러워하
니 판밖에 있더라도 소식을 전해 주
마." 하시니라.
11 그 뒤로 얼마간 상제님께서 밤마다 오
시어 생존시와 다름없이 여러 가지를
일러 주시니라.

어천 후에도 자주 나타나신 상제님

82 하루는 전주 종도 최 모(崔某)가 김
무역차 남도(南道)로 가는 길에 광
주군 송정(光州郡 松汀)을 지나는데 길
가 주막에서 상제님께서 약방을 운영
하고 계시거늘
2 한걸음에 달려가 절을 드리고 주안(酒
案)을 마련해 올리며 여러 가지 말씀을
여쭌 뒤에 "돌아오는 길에 다시 찾아
뵙겠습니다." 하고 아뢰니라.
3 그 종도가 일을 서둘러 끝내고 다시
그곳에 가 보니 상제님께서 계시지 않
거늘
4 주막 주인에게 물으니 "며칠 전에 강
선생님께서 약포(藥包)와 여러 기구를
운반하여 이 안동네로 옮겨 가셨소."
하고 말하는지라
5 급히 그 마을에 가서 물어보니 사람들
이 한결같이 말하기를 "그런 일이 없
었다."고 하더라.
6 또 전주에 사는 종도 이도성(李道成)이
구례(求禮), 곡성(谷城)으로 마포(麻布)
무역을 위해 가다가
7 남원부(南原府) 근처의 큰길가 주막에
서 상제님을 뵙고 큰절을 드린 후 주
안을 준비하여 올리고 출발하였는데
8 무역을 끝내고 돌아오는 길에 상제님
을 다시 뵙고자 그 주막을 찾았으나
상제님께서는 계시지 아니하더라.
9 이렇듯 어천하신 이후로도 수년 동안
많은 사람들이 상제님을 뵈었거늘
10 어떤 사람은 '선생님과 더불어 영달리
(永達里) 주막에서 술을 마셨다.' 하고
남원에서는 김병선(金炳善)이 만나 뵈
었다 하며
11 또 갈재 너머 사거리에서 약방을 운영
하고 계신 상제님을 뵈었다는 사람도
있고 심지어는 전남 영광(靈光) 땅에서
뵙고 왔다는 사람도 있더라.

어천 후 상제님을 뵌 차경석

83 상제님께서 어천하신 뒤 차경석은
천지가 무너진 것 같은 비통함에
어찌할 바를 모르고
2 한편으로는 상제님께서 돌아가신 것
을 의심하나 의논할 곳도 없는지라
3 차마 처자 형제에게도 말하지 못하고
다만 상제님을 뵙고 싶으면 구릿골 약

방에 가서 약장 앞에 배례를 드리며
그리움을 달래니라.
4 상제님께서 어천하시고 달포가 지났
을 무렵에 경석이 여전히 허망한 심사
를 이기지 못하여 대흥리를 서성거리
는데
5 홀연 태인(泰仁) 쪽을 향하여 가시는
상제님의 모습이 보이므로 기쁜 마음
에 부지런히 뒤쫓다가
6 태인 김경학의 집 부근에서 종적을 놓
쳐 버리거늘
7 경석이 경학의 집에 들러서 자초지종
을 말하니 경학이 "정말 그러하냐." 하
며 경석을 따라나서니라.
8 두 사람이 걸음을 재촉하니 마침 태
인 돌창이고개를 넘어가시는 상제님의
모습이 보이거늘
9 한달음에 원평에 당도하여 상제님께
서 생시에 자주 다니시던 젖통네 주막
으로 들어가니
10 젖통네가 말하기를 "증산 어른께서 방
금 술 석 잔을 잡숫고 '전주로 간다.'
하시며 떠나셨습니다." 하니라.
11 이에 두 사람이 부지런히 전주쪽으로
가다가 흔들네 주막에 이르러 주모에
게 물으니 "그 어른이 조금 전에 술 석
잔을 드시고 전주로 가셨소." 하거늘
12 문득 경석과 경학이 서로 말하기를
"선생님께서 우리를 이렇게 오도록 하
신 것은 우리로 하여금 무언가 깨닫게
하시기 위함이라." 하며
13 성도들에게 연락하여 7월 그믐께 구릿
골 형렬의 집에 모이기로 약조하고 각
기 집으로 돌아가니라.

금산사로 찾아간 성도들

84 7월 그믐께 차경석, 김경학, 김광
찬, 박공우가 김형렬을 방문하고
장래 일을 의논할 때
2 경석이 말하기를 "선생님께서 당신이
곧 미륵불이라 말씀하셨고, 또 어천하
실 때 '금산사로 들어가리라.' 하셨으니
3 우리가 이제 미륵전(彌勒殿)에 참배하
여 당신을 대한 듯이 정성을 들여 취
할 길을 생각하면 반드시 선생님의 감
화를 받아 깨달음이 있으리라." 하며
미륵전 치성을 주창하거늘
4 성도들이 모두 이를 옳게 여겨 치성을
모시기로 하니라.
5 경학이 소 한 마리를 준비하고 나머지
치성 제물은 다른 성도들이 준비하여
금산사에 들어가니
6 이때 한 늙은 신중이 돌무지개문 밖에
서 기다리고 있다가 환영하며 말하기
를 "어젯밤에 금산사 여러 불타와 오
백 나한과 호위신장들이 일제히 돌무
지개문 밖에 나와서 거룩한 행차를 맞
아들이는데
7 그 행차 뒤에 그대들이 따라오는 꿈을
꾸었으므로 이제 나와서 기다리는데
그대들이 오는 것을 보게 되니 어찌
기이한 일이 아니리오." 하더니
8 다시 경학을 가리키며 말하기를 "그
대들의 앞에 서서 수염이 복스럽게 난
도인이 걸어 왔는데 바로 이분이오."
하니라.
9 일행이 미륵전에 들어가 참배하고 종
이에 '옥황상제지위(玉皇上帝之位)'라고
써서 미륵불상 몸에 붙이고 경학의 진
행으로 치성을 올린 뒤에
10 그 종이 위패를 떼어 안고 금산사 경
내의 사실(私室)에 들어가 벽에 모시고
각기 정심하여 상제님을 사모하며 기
도하니라.
11 이때 형렬이 문득 신안이 열리거늘 대
장전(大藏殿)에 들어가 석가불에게 장
래일을 물으니
12 석가불이 책을 들고 입을 열어 가르치
려 할 즈음에 상제님께서 완연한 미륵
불의 형상으로 들어오시어 책을 빼앗
고 입을 막으시더라.
13 이에 형렬이 목이 메어 "스승과 제자

된 사이에 알면서도 이렇게 무심할 수
있습니까?" 하니
14 상제님께서 시 한 수를 보여 주시고
홀연히 사라지시니 이러하니라.
15 魚糧水積三千界요
어량수적삼천계
雁路雲開九萬天이라
안로운개구만천
無語別時情若月이언마는
무어별시정약월
有期來處信通潮라
유기래처신통조
물고기 먹이는 물 속 삼천 세계에 쌓여
있고
기러기의 길은 구름 속 구만리 하늘에
열려 있네.
말없이 이별할 때의 정은
으스름 달빛처럼 애련한 것이언만
다시 올 기약 있어 믿는 마음은
조수처럼 어김이 없을진저.
16 형렬이 할 수 없이 물러나와 일행에게
사유를 말한 후에 공부를 파하고 돌아
와 생각해 보니
17 이 날이 바로 상제님께서 '환궁하리라.'
하신 8월 초하루이더라.

김경학의 개심의 계기

85 이 날 경학은 치성을 드려도 아무
런 응험이 없으므로 착잡한 마음
에 음복할 생각도 않고 미륵전을 나와
2 서쪽 하늘을 바라보며 마음속으로 부
르짖기를 '이제 집에 가면 죽어 버릴랍
니다.' 하니
3 문득 상제님께서 대장전 앞에 나타나
시어 "못 죽는다." 하시는지라
4 경학이 느껴지는 바가 있어 그 길로
집에 돌아와 청수를 올리고 기도와 수
행에 일심하니라.
5 하루는 경학이 자신과 심기가 상통하
는 공우를 만나 금산사 치성 이후에
있었던 일을 말하고 "나는 소원 성취
했네." 하니
6 이에 공우도 집에 돌아와 동쪽에 청수
를 올리고 자기에게도 기운을 크게 내
려 주시기를 기원하며 수도에 정진하
니라.

나도 공부를 해 보리라

86 경석은 금산사 치성을 모시기 전
부터 '조용한 방이 있으면 공부를
해 보리라.' 하고 작정하였더니
2 8월 1일 치성 후에 경비가 없어 집에
돌아가 한동안 먹을 끼닛거리를 변통
하여 마련하고
3 구릿골에 가서 형렬을 설득하여 함께
금산사로 들어가니라.
4 이로부터 14일간 '언제까지나 이 세상
에 계실 것으로 알았던 상제님께서 떠
나신 이치가 무엇인가.' 하는 의혹을
풀고자 정진하고
5 집에 돌아온 뒤로도 가사를 돌보지 않
고 밤낮으로 사색에 잠기니라.
6 밤이면 상제님께서 공사를 보시던 집
앞 버드나무 아래에서 날이 새도록 골
몰하고
7 낮이면 일찍이 상제님과 함께 올랐던
대흥리 서쪽 비룡산 상봉에 올라 하
늘을 우러러 "옥황상제님, 옥황상제님!"
하고 부르짖으며 대성통곡을 하더니
8 하루는 비룡산 상봉에 올랐을 때 뜻
밖에 등 뒤에서 "경석아!" 하고 부르는
소리가 들리거늘 급히 돌아보니 꿈에
도 그리는 상제님이신지라
9 경석이 깜짝 놀라 엎드려 절을 하니
말씀하시기를 "내가 죽지 아니하였노
라." 하시고
10 "내려가서 모든 일을 잘 처리하여라.
이후에 올 날이 있으리라." 하시더니
홀연히 보이지 않으시니라.
11 이로부터 경석이 상제님의 어천을 의
심하지 않고 앞일을 어떻게 조치해야
할지를 생각하니라.

천시로 자연히 그렇게 된다

87 하루는 몇몇 성도가 모여 앞일을
의논하던 중에 "선생님께서 '최창조
(崔昌祚)가 두 어깨 훨훨 치고 금산사로 이
사 가면 내 일은 다 된다.' 하셨으니 우리
가 창조를 이사시키세.
2 인작(人作)도 천작(天作) 아닌가. 우리
한번 해 보세." 하며 뜻을 모으니라.
3 성도들이 그 길로 창조를 찾아가 자초
지종을 말하니 창조가 혀를 차며 "에
이, 미친 사람들 같으니. 내가 이 살림
벌여 놓고 어디를 가나?
4 천시(天時)로 자연히 그렇게 된다는 말씀
이지, 이사 가서 될 것 같으면 왜 아니
가겠는가." 하며 단호히 거절하거늘
5 성도들이 궁리 끝에 금산사 밑에 방
하나를 얻어 놓고 다시 찾아가 "제발
하룻밤만 자고 오세." 하며 간곡히 사
정하니
6 창조가 허망한 일이라 생각하면서도
"죽은 사람 원(冤)도 푸는데 산 사람
소원을 못 풀란가. 그래 보세." 하며
마지못해 승낙하니라.
7 이에 성도들이 부푼 가슴으로 이사하
여 솥단지를 걸고 창조와 함께 하룻밤
을 지내고 돌아왔으나 세상은 여전히
변함이 없는지라
8 크게 실망하고 다시 모여 의논하는데
갑자기 한 성도가 무릎을 치며 말하기
를
9 "우리가 한 가지를 빼먹었네. 두 어깨
를 훨훨 치며 가지 않고 억지로 갔으
니 어찌 일이 되겠는가? 이번에는 두
어깨 훨훨 치면서 가게 하세." 하며 다
시 창조를 찾아가 매달리니
10 창조가 처음에는 '말도 안 되는 소리'
라며 거절하다가 성도들이 또 다시 찾
아와 사정하매 "자네들 체면이 있으니
한 번만 더 감세. 한 번 뿐이네." 하고
허락하며 며칠 후를 기약하니라.
11 약속한 날에 금산사 일주문 앞에 이르
러 두 사람이 창조의 양편에 서서 팔
목을 각기 한 쪽씩 잡고
12 마치 새가 훨훨 날갯짓하듯 흔들면서
"자, 이제 간다. 훨훨 이렇게 치고 간
다." 하며 일주문을 통과하니라.
13 이렇게 이사하여 또 하룻밤을 자고 돌
아왔으나 성도들이 그토록 기다리는
개벽과 선경이 올 기미는 여전히 보이
지 않더라.

승암사에 오신 상제님

88 어천하신 지 여섯 달 만인 12월에
상제님께서 전주 승암사(僧岩寺)에
오시어 전부터 익히 아시는 최 처사(崔
處士)와 단란히 노시다가 떠나려 하시
므로
2 최 처사가 대접이 소홀했음을 송구히
여겨 다시 한번 찾아 주시기를 청하며
기일을 정하여 올리고 김병욱에게 이
소식을 전하니
3 병욱이 김형렬에게 통지하고 형렬은
경석과 경학에게 통지하여 한자리에
모이니라.
4 네 성도가 상의하여 의복 한 벌을 새
로 짓고 상제님께서 오시기로 한 날에
모여 승암사로 가서
5 일찍부터 오시기를 기다렸으나 해가
지도록 아무 소식이 없으므로 하릴없
이 산을 내려오니라.

다시 깨어진 김경학의 믿음

89 금산사 치성 후로도 성도들은 마
음을 가누지 못하고 상제님과 같
은 다른 스승을 찾아보려고 사방으로
돌아다니니라.
2 경학 또한 스승을 찾아 방황하다가 경
술(庚戌: 道紀 40, 1910)년 2월에 집에 돌
아오니
3 늙은 어머니가 급병으로 죽고 가족들
은 초종(初終)에 쓸 제구 준비에 바쁘
거늘

4 "내가 만고의 대신인(大神人)을 따르다
가 늙으신 어머니의 임종도 지키지 못
하였구나." 하며 대성통곡하다가
5 '태을주로 사람을 많이 살리리라.' 하
신 상제님의 말씀을 떠올리고
6 일시에 마음을 돌려 방에 들어가 가족
을 물리친 다음 상제님께 기도를 올리고
지성으로 태을주(太乙呪)를 외우니 문득
노모가 살아나니라.
7 이로부터 병자가 생기면 자청하여 찾아
가 태을주를 읽어 고쳐 주니 '경학이 신의
(神醫)가 되었다.'는 소문이 사방으로 퍼
지기 시작하니라.

후천 대학교 도수의 포교운 발동

90 그 즈음 인근 놋점리 류의경(柳義
卿)이 장질부사로 사경에 이르매
그 집안사람이 경학을 찾아와 살려 주
기를 간청하거늘
2 경학이 저녁에 찾아가 청수를 올린 뒤
상제님께 기도하고 태을주를 외우니 의
경의 병세가 돌려져서 수일 만에 완쾌
되더라.
3 이에 의경이 경학에게 주문을 읽어서
큰 병이 치료되는 이치를 물으니
4 경학이 상제님의 신성하심과 상제님께
서 천지를 개벽하시는 조화주이심을
설명하여 의경을 신앙의 길로 인도하
니라.
5 그 길로 의경을 데리고 금산사 미륵전
에 가서 치성을 드린 뒤에 구릿골 약
방에 이르러 상제님의 유적을 참관하며
며칠 동안 머무를 때
6 하루는 문득 약방 아랫목 벽에 칼끝으
로 그은 십자형(十字形) 자국이 눈에 뜨
이므로
7 이상히 여겨 그 오려진 네 각(角)을 떼
어 보니 한 자 길이나 되는 큰 날 일(日)
자가 씌어 있더라.

십봉명개훈

8 며칠 후 다시 약방을 방문하여 둘러보
는데 약방 동편 문 상인방(上引枋) 위 벽
지에도 십자형 칼끝 흔적이 나 있거늘
9 또 떼어 보니 그 안에 '십봉명개훈(十奉
命開訓)' 다섯 자가 가로로 씌어 있더
라.
10 의경이 집에 돌아와 저녁에 청수를 올
리고 태을주를 외우니 문득 신안이 열
리고 이어서 무수한 기적이 나타나거
늘
11 마침내 '태을주를 읽으면 신의 감화가 내
린다.'는 소문이 널리 퍼지므로 성도들
도 이로부터 태을주를 읽는 것으로 수
련을 행하기 시작하니라.
12 이로써 일찍이 상제님께서 "경학의 집
에 대학교(大學校)를 설치한다." 하시
고 "학교는 이 학교가 크리라." 하신
말씀이 응험되니라.

집에서 나오지 말고 수련하라

91 경술년 봄에 하루는 상제님께서 내
성에게 찾아오시어 명하시기를 "너
는 집에서 나오지 말고 봉두난발(蓬頭
亂髮)로 지내며 수련하라." 하시거늘
2 내성이 명을 받들어 머리를 풀어 내린
채 방에 들어앉아 태을주 공부에만 전
념하니라.
3 얼마 후에 상제님께서 다시 찾아오시
어 말씀하시기를 "오늘은 네 두발을
성례(成禮)시키리라." 하시고 "머리 감
고 오라." 하시거늘 그대로 하였더니
4 친히 내성의 머리를 올려 상투를 틀어
주시며 말씀하시기를 "세상 상투가 다
잘려도 네 상투만은 남으리라.
5 네 상투는 천지일월이 비치는 상투니라."
하시니라.
6 상제님께서 어천하신 후에 하루는 일
본 순사들이 내성의 머리를 자르려 들
이닥치니
7 내성이 크게 소리치기를 "내 상투는
하느님이 매 주신 상투여!" 하니라.

안내성의 생사를 건 3년 태을주 수행

92 이 해에 내성이 상제님의 명을 좇
아 3년 태을주 수행을 시작하니 온
동네에 밤새도록 이상한 소리가 울리
거늘
2 마치 천둥소리 같기도 하고 군중들이
웅성거리는 소리 같기도 하고, 우웅
하는 벌떼 소리 같기도 하고 거세게
몰아치는 큰바람 소리 같기도 하고,
황소가 우는 소리 같기도 하더라.
3 이렇듯 이상한 소리가 나는 데다가 주
인집에 병자가 생겨 주인이 점을 쳐보
니 인(人) 동티가 났다고 하는지라
4 이에 내성 모자가 쫓겨 이사하거늘 가
는 집마다 항상 병자가 생겨 매번 얼
마 살지도 못하고 내쫓기니
5 여기저기로 이사를 다니다가 가까스
로 수통목(水桶木)에 방을 얻었으나 얼
마 지나지 않아 그 집에도 병자가 생
기매 주인이 나가라 하거늘
6 내성이 '더 이상 이사할 곳도 없다.' 싶
어 들은 체도 하지 않고 공부에만 전
념하니라.
7 하루는 내성이 점심을 먹고 들어와 보
니 주인 내외가 보따리를 밖으로 모두
내다놓고 방구들을 파 버렸거늘
8 내성이 아랑곳하지 않고 방에 앉아 태
을주만 읽으니
9 문득 하늘에서 "아이구, 징글징글한
놈. 아이구, 징글징글한 놈." 하시는
상제님의 음성이 들리니라.

내성이 신안으로 보니

10 이후에도 집주인이 밤낮 없이 주문만
읽는 가난한 셋방 사람이 미워서 수차
'나가라.' 하였으나 듣지 않거늘
11 이번에는 내성을 쫓아낼 요량으로 금
가락지와 은비녀를 숨기고 '내성의 모
친이 패물을 훔쳐 갔다.'고 소문을 내
니라.
12 이에 내성이 신안(神眼)으로 보니 금가
락지와 은비녀가 주인집 며느리 장롱
속에 들어 있거늘
13 집주인에게 "며느리 농 속을 살펴보시
오. 장롱 바닥에 있을 것이오." 하니
14 집주인이 장롱 속까지 훤히 보는 내성
의 신통력에 자신의 소행이 들통날까
두려워 더 이상 '방을 비워 달라.'는 말
을 하지 못하니라.

갖은 욕을 당한 내성

93 이즈음 '내성이 공부하더니 이적이
생긴다.'는 소문이 널리 퍼지거늘
2 이를 시기한 경석이 하루는 내성의 공
부를 방해하려고 이 마을 박씨 청년을
사주하니
3 박씨 청년이 건달들을 이끌고 내성이
공부하는 방으로 쳐들어와 내성에게
'나가라.'며 갖은 욕을 보이되
4 내성이 꼼짝도 하지 않으매 궁리 끝에
내성이 앉은 자리만 남기고 방구들을
전부 파 놓고 돌아가니라.

그만 살려 주어라

5 이 날 밤, 내성이 수도를 하는데 큰 키
에 눈이 부리부리한 신장(神將) 둘이 찾
아왔거늘
6 한 신장은 시퍼렇게 날이 선 칼을 들
고 또 한 신장은 한 손에는 큰 도끼를,
다른 손에는 '박씨 청년'을 백회에서
항문까지 창으로 꿰어 거꾸로 들고 있
더라.
7 신장들이 내성에게 절을 하고는 "이놈
을 동해로 보낼까요, 서해로 보낼까
요?" 하며 명을 기다리니
8 내성이 꾸짖으며 "무슨 짓이냐. 몰라
서 한 것인데 무슨 죄가 되느냐. 당최
그러지 말라." 하고 만류하니라.
9 한편 청년의 집에서는 멀쩡하던 아들
이 갑자기 실신하여 새카맣게 타들어
가며 숨이 넘어갈 듯 경련을 일으키는
지라
10 그 아버지가 짚이는 데가 있어 한밤중
에 내성을 찾아와 "선생님, 제 아들놈

이 금방 죽게 생겼습니다.
11 선생님 공부하시는데 방구들을 파더
니만 급살을 맞았는지 저렇게 새카맣
게 타 죽게 생겼습니다. 부디 용서하
시고 제발 살려 주십시오." 하고 울부
짖으며 애원하거늘
12 내성이 "살려 줄 테니 걱정 마시오."
하고 안심시키니 그 아버지가 재차 확
답을 받고 집으로 뛰어가니라.
13 이에 내성이 "그만 살려 주어라." 하니
그제야 신장들이 청년의 몸에서 창을
뽑고 절하고 돌아가거늘
14 다음날 아침 박씨 부자가 찾아와 백배
사죄하고 방구들을 복구하니라.
15 그 뒤로는 누구도 불평을 하지 않고
내성과 모친에게 친절하더라.

성도들의 태을주수행 도수 발동

16 이 소문이 회자되어 어천 후에 의지할
데 없던 여러 성도들이 내성의 집을 찾
아와 같이 태을주를 읽기 시작하니
17 이로부터 성도들 사이에 태을주 수행
이 널리 퍼져 나가니라.

첫 어천절 치성에 나타나신 상제님

94 상제님께서 하늘 보좌로 떠나신
어천 1주기 치성절을 맞이하여 많
은 종도들이 구릿골로 찾아오니라.
2 종도들이 모여 "아이고, 우리 제자들
이 수십 날을 육로로 천 리, 물로 천
리 그렇게 왔는데 선생님은 가뭇없이
안 계시니…." 하며 탄식하더니
3 하늘을 우러러 큰 소리로 "저희들이
다 모였는데 어찌 모르십니까? 진정
모르십니까?" 하며 부르짖거늘
4 갑자기 벼락이 치고 하늘이 우그르르
울리며 오색 찬란한 구름이 수를 놓더
니
5 하늘로부터 상제님께서 어천하실 때
누워 계셨던 자리로 오색 서기가 박히
더라.
6 그제야 종도들이 기뻐하며 탄성을 지
르거늘 호연이 그 모습을 보고 더욱
안타까운 마음이 들어 "얘기 좀 하세
요." 하고 애원하니
7 상제님께서 "뭔 얘기를 하느냐? 시시
하니 일부러는 얘기를 못 한다.
8 네가 하도 원을 하니까 너를 생각해서
이렇게라도 가다오다 해 주지, 내가
누구라고 나타나겠느냐." 하시고
9 종도들에게 이르시기를 "신명이 안 들
고는 일을 못하는 것이니 너희들이 제
를 지내면 천지신명들도 먹고 좋다마
는
10 내가 천하일을 하러 다니는데 그것 먹
으려고 내려오겠느냐?
11 번거롭게 그러지 말고 마음을 진정으로
잘 먹어라." 하시니라.

안내성을 시험하심

95 내성이 상제님의 명을 받들어 태을
주를 읽은 지 1년 반쯤 되는 어느
날 저녁에 상제님께서 찾아오시어 "내
성아, 공부 다 되었으니 나오너라." 하
시거늘
2 내성이 의심하여 믿지 않으며 생각하
기를 '하느님께서 거짓말을 하실 리가
없다.
3 농신(弄神)이 와서 장난하는 것이지.
선생님께서 나를 시험하시는 것이지.'
하며 아무 흔들림 없이 공부에 전념하
니
4 상제님께서 무릎을 탁 치시며 "그러면
그렇지. 네가 경만(敬萬)이다. 세상 존
경을 받을 만하구나." 하시니라.
5 이에 내성이 태을주 수행에 더욱 정진
하니라.

복마들이 내성의 수행을 방해함

96 내성이 태을주 공부를 할 때, 방에
불도 때지 못하고 바닥엔 깔 것이
없어 짚을 깔고 공부하는데
2 하루는 옥골선풍(玉骨仙風)의 선남선녀

신명들이 무리 지어 몰려와 말하기를
"이제 공부가 다 되었으니 그만 일어
나시게. 이제 세상에 나가 출세를 해
야 하지 않겠는가?
3 우리가 그대를 모시고 가서 받들 터이
니 이제 그만 자리를 털고 일어나 출
세하시게." 하며 이구동성으로 유혹하
거늘
4 내성이 일언반구도 응대하지 않고 계
속 태을주 공부에 전념하니 어느 순간
모두 사라지더라.

빈대와 벼룩과 이가 차례로 달려듦

5 또 얼마 후에는 구경도 못한 빈대들이
어디선가 잔뜩 몰려 들어와 온몸에 새
까맣게 들어붙거늘
6 내성이 전혀 개의치 않고 오직 공부에
전념하니 그 많은 빈대가 언제인지도
모르게 사라지니라.
7 다음으로 벼룩이 떼로 나타나 내성의
온몸을 물어뜯으며 공부를 방해하니
그 고통이 이루 형언하기 어렵더라.
8 벼룩이 물러간 다음에는 이가 새카맣
게 몰려와 길게 자란 수염과 머리에
송글송글 매달리고, 옷 속 깊이 파고
들어 밤낮으로 물어 대는지라
9 보다 못한 내성의 모친이 머리와 수염
을 일일이 빗겨 주며 이를 잡아 없애려
하거늘
10 내성이 잡은 이를 죽이지 못하게 하매
모친이 땅을 파서 한데 묻으니라.

그 얼굴과 모습이 바뀌었더라

97 내성이 이렇듯 태을주 공부에 일
심하니 엉덩이가 짓물러 구멍이 나
기를 수차례이다가 마침내 움푹 패고,
입은 옷은 닳고 해져서 혼솔만 남을
지경이더라.
2 내성이 수행하는 동안 늙은 어머니가
날품을 팔아 내성을 바라지하는데
3 혹 일거리가 없어 끼닛거리가 떨어지
면 동네 우물터에서 콩나물과 쌀알 등
을 주워다가 죽을 끓이고 때로는 동냥
으로 연명하기도 하니라.
4 또 추운 겨울날에는 이불이 없어, 단
벌 치마를 벗어 냉방에서 공부하는 아
들의 어깨를 덮어 주니
5 노모의 고생이 이루 말할 수 없이 험
하고 그 살림이 매우 비참하더라.
6 내성이 3년의 공부 기한을 다 마치고
방을 나오던 날, 내성의 모친이 아들을
보니 전과 다르게 이목구비가 커지고 가
슴도 여자 젖가슴처럼 부풀어 있더라.

상제님을 만난 개벽대장 박공우

98 상제님께서 어천하신 후 박공우는
허망함과 애통함을 이기지 못하더
니
2 신해(辛亥: 道紀 41, 1911)년 봄 산기도
를 가는 길에 전주장에 들러 경황없이
장터를 돌아다니는데
3 누가 등뒤에서 "공우, 자네 왔는가!" 하
고 등을 치매 돌아보니 천만 뜻밖에도
상제님이시더라.
4 공우가 반가운 나머지 주저앉아 상제
님의 다리를 부여잡고 한없는 서러움
에 목놓아 우니 상제님께서 "공우야,
그렇게 울지 말고 저기 가서 술이나
한 잔 하자." 하시고
5 주점으로 가시어 술을 사 주시니 공우
가 목이 메어 술을 마시지 못하다가
여쭈기를 "무심하게 저희를 버리고 어
디를 가셨습니까." 하니
6 말씀하시기를 "하, 이 사람 별소릴 다
하네. 내가 나중에 올 터인데 무슨 그
런 소리를 하는가." 하시니라.
7 상제님께서 거듭 술 석 잔을 권하시고
일어서시며 "자네, 어서 볼일 보러 가
소. 나는 내 볼일 보러 가야겠네." 하
시거늘
8 공우가 여쭈기를 "볼일이 다 무엇이옵
니까? 장보기를 작파하겠사오니 함께
가시기를 바라나이다." 하니 "자네하

고 같이 가지 못하네." 하시니라.
9 이에 공우가 상제님을 놓치지 않으려
고 옷자락을 꽉 붙잡으니 어느새 바람
처럼 장꾼들 사이로 빠져나가시거늘
10 공우가 온 장을 찾아 헤매다가 문득 상
제님의 뒷모습이 보여 급히 쫓아갔으나
끝내 상제님의 종적을 놓쳐 버리니라.
11 이에 공우가 구릿골에 가서 초빈을 들
춰 보니 성체도 없고 늘 있던 온기도
없거늘
12 공우가 사람들에게 말하기를 "선생님
은 우리들의 눈앞에 숨으셨을 뿐이요
별세하셨다 함은 당치 않다." 하니라.
13 이후 박공우 교단에서는 상제님께서 어
천하신 날을 '둔일(遁日)'이라 부르니라.

김자현의 의통 포교의 삶

99 상제님 어천 후 자현은 "절대 돈
받지 말고 병을 고쳐 주라." 하신
상제님의 명을 받들어
2 전국 각지를 다니며 아무 대가를 받지
않고 의원 노릇을 하는데 주로 경상도
에 가서 치병하니라.
3 치병 시에는 청수를 모시고 부(符)를
그린 다음 '지기금지원위대강(至氣今至
願爲大降)'을 쓴 뒤에
4 천지와 같은 한 마음으로 '지기금지원
위대강'을 속으로 읽으며 소원하는 글
자 수만큼 점을 찍으니라.
5 이어 환자의 몸에 손을 대고 '지기금지원
위대강'이라 외치며 태을주를 읽으니라.
6 하루는 자현이 경상도 통영(統營)에 머
물고 있을 때 꿈자리가 불길한 것이
모친이 돌아가실 듯하거늘
7 새벽같이 서둘러 구릿골로 돌아와 보
니 모친의 목숨이 경각에 달렸는지라
8 마당 한가운데에 정갈히 짚을 깔고 그
위에 손수 샘물을 길어 청수를 올린 다
음 지극 정성으로 상제님께 사배하고
기도를 드린 연후에
9 부(符)를 그려 모친의 머리맡에 놓아
두었더니 이튿날이 되자 모친이 언제
아팠냐는 듯 자리에서 일어나더라.
10 이에 자현이 모친께 큰절을 올리고
"어머니, 죄송합니다. 저는 환자가 있
어 다시 가 봐야겠습니다." 하고 길을
떠나니라.

명부사자를 물리친 김자현

100 하루는 자현이 집에 돌아와 있
는데 한밤중에 상나무쟁이 주막
주모가 찾아와 삼대독자를 살려 달라
고 울며 애원하거늘
2 급히 주막에 가 보니 명부사자 셋이 지키
고 앉았고 아이는 곧 죽게 생겼는지라
3 자현이 방에 청수를 올리고 상제님께 기
도를 드린 다음 그 아이를 안고 정성껏
주문을 읽으니라.
4 잠시 후 주모에게 닭을 산 채로 붙잡아
오게 하여 손수 목을 비틀어 문밖으로
휙 집어 던지며 명부사자들에게 "당장
나가라!" 하고 벽력같이 소리치니
5 명부사자들이 아이를 빼앗으려고 달
려들며 자현의 양 어깨를 물어뜯거늘
6 자현이 아랑곳 않고 계속 주문을 읽다
가 날이 밝을 무렵 다시 한 번 큰 소리
로 "썩 물러가라." 하고 호통을 치매
7 그제야 명부사자들이 돌아가고 주막
집 아이가 멀쩡하게 깨어나더라.
8 이때 자현의 양어깨에 피멍이 들었거
늘 이는 명부사자의 이빨 자국이더라.

복남의 천상 명부 공사

101 상제님께서 어천하신 후 복남이
한동안 구릿골에 머물다 집으로
돌아오거늘
2 그 이듬해 하루는 아내에게 친정으로
일주일간 근친(覲親)을 다녀오게 하니
라.
3 친정에 간 부인이 닷새째 되던 날 밤에
꿈을 꾸니 죽어 있는 남편의 모습이
뚜렷이 보이거늘

4 화들짝 놀라 깨어 날이 밝는 대로 집
으로 달려와 보니 방에 자물쇠가 채워
져 있고 시어머니가 들어가지 못하도
록 막으니라.
5 부인이 문틈으로 보니 남편이 이불 위에
반듯하게 누워 있는 모습이 보이거늘
6 시어머니에게 문을 열어 주시기를 눈
물로써 간곡히 애원하니 시어머니도
며느리의 부탁을 거절하지 못하니라.
7 이때 복남은 명부의 부름으로 울산군
두서면(斗西面) 서기와 함께 일주일을
기약하고 엿새째 명부전에서 명부책을
정리하며 일을 하던 중인데
8 갑자기 상제님께서 오시어 "너 집에 큰
일 났다. 빨리 돌아가야겠다." 하시며 왼
쪽 눈 위를 찌르시거늘
9 부인이 울며 방으로 들어서는 순간 복
남이 자리에서 일어나니라.
10 이로부터 복남의 왼쪽 눈위로 멍자국
이 생기니라.

복남이 면장에게 죽을 날을 알려 줌

11 이후 복남과 명부에 같이 갔던 면서기
가 면장에게 명부에 올라갔던 일을 발
설하니 면장이 이를 신기하게 여겨 하
루는 복남을 찾아와 자신의 죽을 날을
물어 보니라.
12 이에 복남이 대답을 해 주니 면장이
크게 두려워하여 죽음을 면해 보려고
사흘 밤낮으로 잔치를 베풀며 복남을
극진히 대접하였으나
13 복남이 말한 그 날이 되자 별 소용없
이 명을 다하여 죽으니라.

상제님을 배신한 김광찬의 말로

102 상제님 어천 후에 하루는 김갑
칠이 남원에서 교단을 열고 있
는 김광찬을 찾아가니라.
2 광찬이 갑칠을 반갑게 맞아 지난날을
떠올리며 도담을 나누다가 시간이 흘
러 갑칠이 돌아가려 하매
3 광찬이 갑칠에게 여비로 얼마간의 돈
을 쥐어 주며 "증산은 누구이고, 나는
누군가. 죽은 증산 믿지 말고 나를 믿
게." 하거늘
4 순간 갑칠이 안색이 달라지며 "에이,
산벼락 맞아 죽을 놈!" 하며 광찬의 얼
굴에 그 돈을 집어던지고는 돌아와 버
리니라.
5 이후 광찬이 실제로 벼락을 맞아 죽었
다는 소문이 전해 오니라.

마음을 잘 지키라

103 고창(高敞)에 사는 무부(巫夫)인
재인(才人) 김씨가 상제님을 지
성으로 공대한 일이 있더니
2 기유년 봄에 무슨 일로 죄를 짓고 대
구에서 복역하다가 신해년 여름에 출
옥하였으나 의복도 남루하고 여비도
없어 돌아갈 길이 막연한지라
3 어찌할 바를 몰라 탄식하고 있는데 누
가 와서 등을 두드리거늘
4 고개를 돌려 보니 상제님께서 다정하
게 웃으며 서 계시더라.
5 김씨가 북받치는 설움에 하염없이 눈
물을 흘리니 위로하여 말씀하시기를
"마음을 잘 지키면 앞일이 열리리라."
하시고
6 음식을 사 주시며 옷도 사서 입히시고
여비까지 주어 돌아가게 하시니라.
7 달포가 지난 후에 그 사람이 대흥리에
와서 상제님을 뵈려고 계신 곳을 물으
니 "어천하신 지 수 년이 되었다." 하
거늘
8 그 사람이 믿지 않고 말하기를 "반드
시 은혜를 갚아야겠다." 하며 계시는
곳을 알려 달라고 조르니라.
9 이렇듯 어천하신 지 몇 년이 흐른 뒤에
도 각처에서 지면 있는 이들이 직접 상
제님을 상봉한 사실이 드물지 않으니
10 고부 살포정이 주점에서 상제님께 술
을 대접한 사람이 있는가 하면
11 임피 군둔리(軍屯里) 김성화(金聖化)의

아들 윤칠(允七)은 상제님께서 자기 집
에 친히 다녀가셨다 하고
12 또 전주 감옥에서 출옥하여 집으로 돌
아오던 정읍에 사는 재인(才人) 신(申)
씨에게는 상제님께서 술과 개장국을
사 주신 일도 있다 하며
13 모악산 대원사의 박금곡(朴錦谷) 주지에
게도 십여 차례나 찾아오셨다 하니라.

장탯날에 장사지냄

104 상제님께서 금방이라도 다시 살
아나실 줄로 믿었던 성도들의
믿음과는 달리 그저 시간만 흐를 뿐
아무런 기미도 보이지 않으니
2 대밭 끝에 초빈했던 성체를 형렬의 집
뒤꼍 감나무 밑으로 옮겨 모셨다가
3 어천하신 지 3년이 지난 뒤에 비로소
장탯날에 고이 장사지내니라.

어천하신 후 호연의 선매숭자 공사

호연이 첫 몸(초경) 하기를 기다려

105 호연이 상제님께서 어천하신 후
로도 계속 구릿골에 머물다가
이 해 섣달 그믐경에야 흑석골 오두막
집으로 돌아가니라.
2 이후 16세 되는 임자(壬子: 道紀 42,
1912)년 초에 형렬이 선매숭자 공사를
보기 위해 호연의 집으로 가거늘
3 호연의 어머니가 방 하나를 깨끗이 치
워서 내주므로 그곳에서 기거하며
4 상제님께서 명하신 대로 가로 세 치,
세로 다섯 치 남짓한 종이를 한 자 반
높이가 될 정도로 준비하고
5 각 종이마다 글을 써서 공사 준비를
마친 후에 호연이 첫 몸(초경) 하기만
을 기다리니 그 글은 이러하니라.

선·후천 문명 접속과 혈맥관통의 신인합일

106 基礎棟樑
기초동량

天地人神有巢文하니 文理接續하고
천지인신유소문 문리접속

血脈貫通이라
혈맥관통

治天下之大經大法이 皆載此書로되
치천하지대경대법 개재차서

文以時異나 治以道同이라
문이시이 치이도동

기초동량
천지인신(天地人神)에 바탕으로 삼는
글(巢文)이 있으니 문리(文理)가 이어지고
혈맥이 관통되느니라.
천하를 다스리는 대경대법이 모두 이 책에
실려 있으니 글은 시대에 따라 다르나
천하를 다스리는 도는 모두 같으니라.

2 文則天文이니 文有色하고 色有氣하고
문즉천문 문유색 색유기

氣有靈하니라
기유영

氣靈不昧하여 以具衆理而應万事라
기령불매 이구중리이응만사

事之當旺은 在於天地요 不必在人이라
사지당왕 재어천지 불필재인

天地生人하여 用人하나니 天地之用은
천지생인 용인 천지지용

胞胎養生浴帶冠旺衰病死葬이니라
포태양생욕대관왕쇠병사장

문(文)은 곧 천문이니 문에는 색(色)이
있고 색에는 기(氣)가 있고
기에는 영(靈)이 있느니라.
기의 신령함(기 속의 영)은 어둡지 않아
모든 이치를 갖추어 만사에
응하느니라.
일이 흥왕하게 됨은 천지에 달려 있는
것이요 반드시 사람에게 달린 것은
아니니라.
천지가 사람을 낳아 사람을 쓰나니

천지의 작용(用)은 '포태 양생 욕대 관왕
쇠병 사장'이니라.

도솔천의 가을문명 관왕 도수

3 元亨利貞이니 奉天地道術하여
원형이정 봉천지도술
敬授人時하라
경수인시
佛之形體요 仙之造化요 儒之凡節이라
불지형체 선지조화 유지범절
천지의 정신은 원형이정이니
천지도술을 받들어 공경히 사람들에게
때(人時)를 알려 주라.
불(佛)은 형체를 주장하고
선(仙)은 조화를 주장하고
유(儒)는 범절을 주장하느니라.
4 天文陰陽政事
천문음양정사
受天地虛無하여 仙之胞胎하고
수천지허무 선지포태
受天地寂滅하여 佛之養生하고
수천지적멸 불지양생
受天地以詔하여 儒之浴帶라
수천지이조 유지욕대
冠旺은 兜率 虛無寂滅以詔니라
관왕 도솔 허무적멸이조
천문 음양 정사
천지의 허무한 기운을 받아
선도가 포태하고
천지의 적멸한 기운을 받아
불도가 양생하고
천지의 이조하는 기운을 받아
유도가 욕대하나니
이제 (인류사가 맞이한) 성숙의 관왕(冠旺)
도수는 도솔천의 천주가 허무(仙)
적멸(佛) 이조(儒)를 모두 통솔하느니라.

여자의 첫 월경 피로 쓴 가을의 인간 몸개벽 공사

107 이내 호연이 첫 월경(月經)을 시
작하매 준비한 종이를 쌓고 그
위에 호연을 앉히거늘
2 첫날은 책 한 권 분량이 조금 못 되게
젖고 다음날은 책 두 권 분량이 흠뻑
젖으니
3 너무 흥건하게 젖은 것은 짜서 사용하
는데, 짜서 모은 피만도 두어 사발이
나 되는지라
4 그것으로 종이에 제비를 그려 넣기도
하고, 점을 찍거나 '감결(甘結)'이라 쓰
기도 하니라.
5 이 공사에 참여한 사람은 김형렬과 서
중옥, 김기보 등으로
6 공사를 마친 후에 사용한 종이를 각기
한 장씩 가져가니라.
7 이후 호연이 상제님의 성적(聖蹟)을 증
거하기까지 이루 말할 수 없는 인고의
나날을 보내며 깊은 회한과 원망으로
한탄을 하니
8 하루는 상제님께서 오시어 "네게서 나
간 이슬을 모르냐? 네 육신에서 우러
난 피를 내서 선매숭자를 써 준 맥이
있는데 어찌 몰라야.
9 너 그것 잊어버리지 마라. 증명 없이
사는 놈 없다. 죽어도 증명이 있어야
한다.
10 아는 놈은 너를 건질 테니 걱정 말아
라." 하고 위로해 주시니라.

부부의 연을 맺은 형렬과 호연

108 선매숭자 공사를 마친 후에 상
제님께서 인연 맺어 주신 대로
형렬과 호연이 부부의 연을 맺으니
2 전주 인봉리(麟峰里)에 방 하나를 얻어
새살림을 마련하고 이 해 겨울에 첫아
들을 낳으니라.

영안으로 아이를 찾아 준 호연

109 호연이 17세 되는 계축(癸丑: 道
紀 43, 1913)년에 형렬이 전주 새
청금머리에 새 집을 사서 호연을 이사
시키고
2 흑석골 오두막집은 송은주에게 아주

주니라.
3 이른 봄에 하루는 호연의 앞집에 사는
여인이 찾아와 "언니집에 다녀오겠다
고 나간 우리 딸이 오늘 온다더니 아
직 안 오네요." 하며 걱정하거늘
4 호연이 영안(靈眼)으로 보니 문둥병자
가 잡아간 것이더라.
5 이에 호연이 "문둥이가 아무 굴속에
데려다 놨으니 속히 인부를 데리고 쫓
아가시오." 하고 일러 주매 그 어머니
가 서둘러 가서 딸아이를 찾아오니라.
6 또 한번은 이 동네의 젊은 새댁이 갓
난아이를 시아버지에게 맡기고 들로
일을 나갔는데
7 시아버지가 잠깐 밖에 나갔다 온 사이
에 아이가 없어진지라 호연을 찾아와
'살려 달라.'고 울며 애원하거늘
8 호연이 "지금 호랑이가 물어다 놨는데
아직 죽지 않았으니 칼을 가지고 담박
질해서 가시오.
9 호랑이가 바로 들어오지 않고 뒷걸음
질로 들어올 테니, 굴속에 들어가 앉
아 있다가 칼로 찌르고 데려오면 그만
아니오?" 하고 일러 주매 아이를 무사
히 찾아오니라.

호연이 세상에 나서지 못하도록 엄히 경계하심

110 이때 하루는 상제님께서 오시어
문득 호연을 크게 꾸짖으시기를
"아는 체하면 네 신명이 없어진다고
했건만 그걸 못 참아서 나 하는 시늉
을 해?
2 네가 그렇게 하면 살지도 못할 터인데
그것을 짐작 못 하느냐?" 하시고
3 이어 형렬에게 "너는 그걸 못 하게 잡
아야지 가만 두느냐? 그렇게 만들면
나중에 후끝이 좋겠느냐?" 하시고는
4 형렬의 얼굴과 코를 무엇으로 동여매
신 뒤 우물에 처넣으시니라.
5 이에 호연이 놀라서 형렬을 구하려고
달려드니 상제님께서 엄지와 검지를
벌려 그 사이에 호연의 턱을 거시거늘
6 호연이 가슴이 답답하고 말문이 막혀
더 이상 어찌해 볼 도리가 없는지라
그저 애타는 마음으로 지켜만 보니라.
7 상제님께서 이튿날이 되어도 형렬을
우물에서 꺼내 주지 않으시매
8 호연이 참다 못해 "밥 먹은 지가 며칠
인데 그렇게 굶길 작정이에요? 사람을
죽일 적에도 먹여서 죽인다는구만."
하니
9 상제님께서 "건방지게 밥을 먹이려고
그러냐?" 하시니라.
10 이에 호연이 "아, 그렇지 않아요? 사
전에 아무 말도 없이 저이랑 나랑 부
부를 정해 놓고서는 그렇게 인정머리
없이 그래요?" 하고 따지니
11 말씀하시기를 "나는 근본이 독한 사람
으로, 우리 집안도 모르고, 동기간도
없다.
12 너 아는 체하고 쏙쏙 나서는 것을 내
가 그렇게 타일렀는데도 그걸 못 참아
서 네가 하고 싶은 대로 하니, 내 말이
실언(失言)이 되니 그런다." 하시거늘
13 호연이 "그나저나 어서 밥이나 먹이게
꺼내 주세요. 대체 밥 먹은 지가 언제
예요?" 하매
14 상제님께서 "흥, 그래도 안타까워서
그러냐? 안 죽어, 안 죽어!" 하고 단호
하게 말씀하시니라.

호연의 기운을 거두심

111 형렬이 우물에 갇힌 지 사흘째
되는 날에 상제님께서 호연의
앞에 무슨 글을 펴 보이시며 일러 말
씀하시기를 "호연아, 생각을 해 봐라.
2 사람이란 크고 작고 간에 틀이 있는
것이니, 큰 틀이 되어야지 작으면 내두
르기 쉽고 바람만 불어도 날아가기 쉬
운 것이다.
3 그런데 너는 어찌 큰 틀이 될 사람이

작은 사람처럼 자꾸 그러느냐!" 하시
거늘
4 한참 후에야 호연이 "생각해 보니 그
러네요. 잘못했어요." 하고 뉘우치니
5 상제님께서 재차 확답을 받으신 뒤에
"아무개야, 어서 밥 차려라." 하고 명
하시니라.
6 이에 호연이 "이제 다시는 안 해요."
하고 다짐하니 상제님께서 "누가 하게
하간디?" 하고 홀연히 사라지시거늘
7 호연의 목에 진 피멍이 한동안 지워지
지 아니하더라.
8 이후로 호연의 신령한 지각문(知覺門)
이 닫히어 전과 같이 만사(萬事)를 훤
히 알지는 못하고 다만 신명이 오고가
는 것만 보고 들을 정도가 되니라.
9 또 상제님의 말씀을 명간(銘肝)하여 누
가 청탁을 해 와도 함부로 나서지 않
으니라.

내 공부 시간만 뺏긴다

112 상제님 어천 후에도 이갑룡이 마
이산에서 탑을 쌓는 고행을 계
속하며 하루도 거르지 않고 미륵부처
님께 억조창생의 구제를 일심으로 기
원하니라.
2 이때 갑룡의 기행이 널리 알려져 시국
을 물으러 오는 사람들이 줄을 잇거늘
3 마치 실성한 사람처럼 동문서답을 하여
돌려보내므로 가족과 제자들이 "대답
을 좀 해 주시지 그러셨습니까?" 하니
4 그 때마다 퉁명스레 "예끼, 이놈들아!
그런 소리 말아라. 내가 내 속에 있는
얘기를 하면 공부 시간 뺏긴다. 내 기
도 시간 뺏긴다." 하니라.

인류에게 닥칠 큰 재앙을 예고함

5 하루는 한 제자가 정감록에 대해 물
으니 "그거 다 쓸데없는 소리다. 허사
다." 하니라.
6 갑룡이 그 가족과 제자들에게 종종 말
하기를 "앞으로 엄청난 재앙이 온다.
사람들이 삼대 쓰러지듯 한다. 십 리
길에 사람 하나 볼 듯 말 듯하게 그렇
게 인종이 귀해진다." 하고
7 이어 "그 때는 천심 가진 사람만이 살
아남는다. 선(仙)의 씨앗만 남아 요순
세계가 온다. 용화세계, 미륵 세상이
온다." 하니라.
8 또 자주 후손들에게 치악산과 월출산에
쌓은 돌탑 이야기를 하며 "너희들도
한번 가 봐라." 하고
9 후손들을 데리고 전주 관성묘에 다니
면서 천고문을 읽고 기도하며 상제님
성도들과 친분을 두고 지내다가 98세
를 일기로 천명을 다하니라.

김낙원에게 전해진 태을주의 내력

113 김낙원(金洛元)은 조상 대대로 함
평(咸平)에 터를 잡고 살다가 부
친이 무안군 해제면 삼봉리(三峰里)로
이주하매
2 무안에서 성장하여 배 열다섯 척을 가
지고 어업에 종사하는 사람이라.
3 하루는 낙원이 목포(木浦)에서 고기잡
이를 나가는데 배가 부두를 뜨자마자
당숙인 김태수가 뛰어와 호미를 들고
손짓하며 소리치기를
4 "너 이놈아, 오늘 저녁에 배 나가면 다
죽는다! 다 죽으니 당장 배를 돌려라!"
하니라.
5 이에 낙원이 '필시 무슨 연고가 있겠구
나.' 하여 항구로 배를 돌려 "왜 그러
십니까?" 하고 물으니
6 태수가 말하기를 "오늘밤에 태풍이 온
다. 태풍이 오면 아무리 큰 배라도 다
뒤집어져서 죽으니 모두 갖다 매어
라." 하니라.
7 당숙인 태수는 도인(道人)이라, 낙원이
그 말을 거역하지 못하고 나가 있는
배들도 모두 불러들여 부두에 단단히
매어 놓거늘
8 과연 자시(子時)가 지나자 큰 태풍이

불어 고기잡이 나간 사람들이 대부분
돌아오지 못하니라.
9 이 일로 충격을 받은 낙원이 수일 후
태수를 찾아가 "당숙이 하는 도를 저
도 닦고 싶습니다." 하거늘
10 태수가 말하기를 "나한테 와서 공부하
려 하지 마라." 하며 태을주를 받아내린
집안의 도의 내력을 전하니라.
11 태수가 집안 어른 김경소의 일화를 들
려주며 그가 남긴 '증산 하느님을 잘 모
시라.'는 유언을 전한 후 "그 분을 모신
도인들을 찾아가라." 하거늘
12 이후 김낙원은 대흥리에 있는 고 수부
님 교단에 입교하여 신앙하다가 3년
후 다시 이웃에 사는 윤창주, 유영주
와 더불어 안내성 교단에 들어가 신앙
하니라.

상제님의 인도로 혼인한 내성

114 내성이 태을주 공부에 들어가기
전 고수부님을 찾아 뵙고 현무
경을 올려 드렸으나
2 수행을 하면서 '손가락 깝작거리는 놈
은 다 죽으리라.' 하신 상제님의 말씀
이 떠올라 현무경을 찾아갈 생각을 아
예 버리고 공부에 일심하니라.
3 내성이 수통목에서 일심으로 태을주
를 읽어 율려 도수를 실현하고 대흥리
고 수부님 교단에 들어간 뒤에
4 그 길로 각지를 돌며 태을주를 읽어
병자를 잘 고치니 포교가 급속하게 이
루어지니라.
5 이때 상제님께서 오시어 이르시기를
"순천(順天)으로 가면 너의 처 될 여자
가 기다리고 있느니라." 하시므로 내
성이 이 말씀을 좇아 순천으로 향하니
라.
6 한편 순천 양률(良栗)에 사는 최말순의
모친이 이름 모를 병에 걸려 약을 써
도 아무런 소용이 없는지라
7 동네 무당에게 병점을 보니 그 무당이
말하기를 "어젯밤에 선관이 나타나 당
신이 오면 전하라 하며
8 '며칠 후에 한 남자가 찾아와 딸을 달
라고 할 테니 딸을 그 사람과 혼인시
키라.' 하고는 얼굴까지 일러 주었으니
명심하시오." 하거늘
9 이를 매우 기이하게 여기며 집에 돌아
오니 병이 곧 씻은 듯이 나으니라.
10 이에 말순의 모친이 '선관께서 일러 주
신 사람이 나타나면 딸과 혼인시키리
라.' 마음먹었더니
11 며칠 후에 과연 그와 같은 사람이 찾
아와 사위가 되기를 원하거늘 흔쾌히
허락하고 사위로 맞으니라.
12 이때 내성의 나이 쉰이더니 이로부터
내성의 처가를 비롯한 온 집안이 상제
님을 신앙하게 되니라.

복남이의 배필, 강야모

115 상제님께서 복남에게 "순창에
네 배필이 있으니 거기 가서 일
을 봐야 된다." 하신 일이 있더니
2 갑자(甲子: 道紀 54, 1924)년에 복남이
상제님 말씀을 따라 몇몇 사람들과 함
께 순창 방아실에 가서 치성을 크게
올리거늘
3 이때 인근에 살던 열 살 난 강야모가
동무들과 구경을 온지라
4 이것이 연이 되어 6년 후에 강야모와
혼인을 하니라.
5 이후 강야모는 평생토록 지극한 정성
으로 남편을 도와 천지사업에 동참하니
라.

천 년 묵은 곤륜산 두 여우 제어 공사

116 상제님께서 생존 시에 하루는
말린 피문어 하나를 내성에게
전하시며 말씀하시기를 "앞으로 천 년
묵은 여우가 너에게 찾아올 것이다.
2 이 여우는 본래 곤륜산에서 천 년간
수도한 영물로 암수 한쌍이거늘 암놈

은 서양으로 가고 수놈은 동양으로 온 것
이라.
3 그 여우가 세상에 나오면 천하가 어지
러워지니 제지시켜야 하느니라." 하시
니라.
4 상제님 어천 후 내성이 무안 해제(海際)
에 있을 때 마을 사람들이 병색이 완
연한 예닐곱 살 먹은 아이를 내성의
집으로 업고 오거늘
5 그 아이가 종종 해괴한 일을 저지르는
데 밤이면 킁킁거리며 자는 사람의 냄
새를 맡고 다니기도 하고 또 어떤 사
람을 보고 "죽어라." 하면 그 사람이
곧 죽곤 하니라.
6 내성이 영으로 보니 그 아이가 바로
연전에 상제님께서 경계하신 '여우'로,
좌우에 호위신(護衛神)이 붙어 있고 인
도신(引導神)이 머리 위에 있거늘
7 호위신이 재주를 부려 세상을 뒤엎으
려 하매 인도신이 그것을 막으려고 내
성에게 인도해 온 것이더라.
8 이에 내성이 그 호위신을 떼어 내려고
여우 아이를 꽉 끌어안고 자는데 번
번이 품을 벗어나 집 밖으로 도망가려
하거늘
9 아예 죽일 작정으로 이불에 둘둘 말아
뜨거운 방에 한참을 가두었으나 죽지
않는지라
10 다시 끈으로 꽉 묶어 우물에 빠뜨리고
하루가 지난 다음 꺼내 보니 여전히
죽지 않고 '캥캥' 하고 여우 소리를 내
며 물을 토하더라.
11 이때 내성이 문득 상제님께서 주신 말
린 피문어 생각이 나서 여우 아이에게
먹이려 하매 그가 눈물을 뚝뚝 흘리며
먹지 않거늘
12 강제로 먹이고 한 달 동안 방에 가두
어 두니 허물이 벗겨지고 몸에서 썩은
물이 나오더니 마침내 온전한 사람으로
변화하니라.
13 내성이 그 아이에게 '김양진'이라는 이
름을 지어 주고, 장성한 뒤에는 혼인
까지 시켜서 백운동에 살게 하니
14 양진이 내성의 가르침에 따라 상제님
을 신앙하다가 내성이 세상을 떠나매
진안(鎭安)의 어느 산에 들어가 곤륜산
에서 공부하던 주문을 읽는데
15 주문 가운데 단 두 글자가 끝내 기억
나지 않는 데다가 하늘에서는 공부하
는 곳에 억수같이 비를 퍼붓는지라
16 결국 성공하지 못하고 일 년 뒤에 백
운동으로 돌아오더니, 이듬해에 자식
하나 남기지 못하고 쓸쓸히 죽으니라.
17 한편 서양으로 건너갔던 암여우는 장차
사오미 개명 도수를 통해 활짝 열리는 제
3변 추수 도운의 마무리 판을 저해하기
위해 발동하니라.

태운 김형렬의 죽음

117 임신(壬申: 道紀 62, 1932)년 11월
중순에 형렬이 화병으로 몸져눕
거늘
2 이때 호연은 넷째 딸 복임(福任)을 해
산하고 몸도 추스르지 못한 채 형렬을
간호하니
3 가세가 기울어 미음조차 끓여 주지 못
할 지경인지라 이를 보다 못한 형렬이
11월 25일에 셋째 아들인 천리마의 집
으로 가니라.
4 이후 사흘 만에 형렬이 갑작스레 세상
을 떠나거늘 호연과 다섯 자식들이 출
상을 마치고 닷새 만에 집으로 돌아오
니
5 이미 김씨 일가에서 밥해 먹을 솥 하나
남기지 않고 살림을 전부 가져가 버렸
더라.

천지에서 호연의 수명을 관장함

6 이에 호연이 어린 자식들을 언제까지
나 굶길 수도 없는 터라 이날 저녁부
터 치마 속에 그릇을 감춰서 밥을 얻
어다가 먹이는데
7 이 해 섣달에 큰아들이 치질을 잘못

치료하여 사망하는 등 자식들이 연이
어 세상을 떠나거늘
8 호연이 한량없는 괴로움과 허탈한 마
음에 급기야 죽음을 결심하고 치마에
돌을 가득 끌어안은 채 물속으로 들어
가니
9 마치 뒤에서 무엇이 끌어당기는 듯하
여 물속 깊이 빠져지지 않더라.

송광사에서 팔대장삼과 고깔을 구해옴

118 계유(癸酉: 道紀 63, 1933)년에 호
연이 궁핍한 생활을 이기지 못
하여 아홉살 된 둘째 아들 복수를 전
주 송광사(松廣寺)로 보내니
2 이로부터 복수가 송광사의 행자로 있
다가 2년이 지난 을해(乙亥: 道紀 65,
1935)년 삼월삼짇날에 비로소 사미계
(沙彌戒)를 받고 상좌가 되거늘
3 호연이 기별을 받고 송광사에 가서 예
식에 참관하니라.
4 모든 예식이 끝난 뒤에 호연이 팔대장
삼과 고깔을 구하여 집으로 돌아오니
라.

팔대장삼을 입고 나서라

119 하루는 호연이 방에 앉아 있는
데 비가 억수같이 쏟아지며 난
데없이 "고깔을 쓰고 팔대장삼을 입고 마
당에 나서라.
2 뇌성벽력을 하고 번갯불이 나면은 올
라올 줄 알아라." 하시는 상제님의 음
성이 들리거늘
3 호연이 서둘러 송광사에서 가져온 팔
대장삼과 고깔을 챙겨 입고 마당에 서
서 비를 맞는데
4 어찌 된 영문인지 뇌성벽력이 일지 않
는지라 힘없이 돌아와 옷을 벗어 두고
마루에서 비 내리는 것만 우두커니 바
라보니라.
5 이윽고 저녁때가 되어 갑자기 천지가
진동하듯 뇌성벽력이 치거늘
6 호연이 정신없이 방으로 들어가 팔대
장삼과 고깔을 입고 다시 마당으로 나
오니라.

이제 곧 날 받는다

7 호연이 장대비를 맞으며 애타는 마음
으로 상제님 오시기만을 기다리거늘
8 시간이 갈수록 '올라오라고 했는데 올
라갈 기구가 없으니 어쩔까….' 하는
생각에 점점 조급해지는데
9 하염없이 시간만 흐를 뿐이요, 아무런
기미도 보이지 않는지라 허탈한 심정
으로 돌아서며 상제님을 원망하니
10 순간 상제님께서 무어라 대답하시는
듯 천둥소리가 연이어 울리더라.
11 이에 호연이 "아이고, 내둥 이렇게 팔
대장삼을 입으면 내가 중이나 되지,
선녀가 되겠어요?" 하며 못마땅한 듯
여쭈니
12 상제님께서 말씀하시기를 "그놈을 써
야 선녀가 된다고 안 했냐? 이제 곧
날 받는다." 하시니라.
13 이 후 뇌성벽력이 일고 비가 크게 내
리는 날이면 호연이 마당에 앉아 비를
맞으며 '선생님이 오시려나.' 하고 하
늘만 쳐다보니라.

상제님과 함께 선천 성자들의 고향을 순회함

120 안내성이 모악산 백운동(白雲洞)
에 있을 때 하루는 새벽에 치성
실에서 남방을 향해 정성껏 청수를 모
시고 공부를 마친 뒤에
2 부엌으로 내려오다 미끄러져서 한 길
가량 되는 밑으로 떨어지매 숨도 제대
로 쉬지 못하다가 혼절하거늘
3 가족들은 혹 생명이 위태로울까 걱정
하여 내성을 방으로 옮기는 등 법석을
떠는데
4 내성이 문득 "경만아! 이리 나오너라."
하는 소리에 일어나 마당에 나가 보니
5 환한 대낮에 상제님께서 구름을 타고

오시어 공중에 떠 계시더라.
6 내성이 반가운 마음에 얼른 인사를 올
리니 상제님께서 빙긋이 웃으시며 “내
가 너 때문에 왔다. 나를 따라가자.”
하시고
7 구름을 내성 가까이에 대시며 “여기에
타라.” 하시거늘
8 내성이 구름을 타니 어디론가 날아가
순식간에 한 낯선 곳에 이르니라.
9 상제님께서 말씀하시기를 “여기가 유
대의 예수가 태어난 곳이다.” 하시고
10 “그 제자들이 선령을 심히 박대하니
무슨 복을 바랄 수 있으리오.” 하시며
이곳저곳을 둘러보시니라.
11 다시 구름을 타고 어떤 곳에 당도하매
“여기는 석가가 태어난 곳으로 본시 왕
국이 있었나니 잘 보아 두어라.” 하시
고
12 “석가를 그대로 두었다가는 사람들의
천륜을 끊게 하고 인종씨를 말려 모두
멸망당하게 하였을 것이라.” 하시니
라.
13 잠시 후에 다시 어떤 곳에 도착하거늘
“여기가 바로 공자가 태어난 곡부(曲
阜)니라.” 하시고
14 “그 제자들이 도둑놈이 되었다.” 하시
며 여기저기 둘러보시더니
15 “이제 그만 가자.” 하시고 내성의 집으
로 돌아오시니 어느덧 수 시간이 흘러
해 넘어가는 저녁때가 되었더라.
16 상제님께서 떠나시며 내성에게 이르
시기를 “깨어나거든 마초(馬草)를 달여
먹으라.” 하고 약을 가르쳐 주시므로
명하신 대로 하니 몸이 차츰 회복되니
라.

안내성에게 9년 역사의 천명을 맡기심

121 상제님께서 을미(乙未: 道紀 25,
1895)년에 계룡산에서 백복남과
송기숙을 인사시키시며 “너희 둘이 천지
역사를 해라.” 하고 명하시더니
2 후에 송기숙이 모시던 안제암이 기숙
에게 유언하기를 “한 집안에 호랑이가
둘이면 못 쓴다. 나는 이제 죽으니 너
는 이후에 백복남과 함께 안내성 선생
을 찾아가 천지역사를 해라.” 하니라.
3 후에 내성이 무안(務安)에서 시목동(柿
木洞)을 거쳐 모악산 백운동에 들어와
있을 때 기숙이 내성에게로 와 인사한
뒤
4 서너 해 만에 전주에서 눈 위에 난 명
자국을 징표로 복남을 찾아 내성에게
데리고 오거늘
5 이로부터 상제님께서 내성에게 명하신
9년 천지대역사가 시작되니라.
6 이때 복남이 영을 받아 이름을 ‘운기(雲
起)’로 고치니라.

백운기가 천지영사를 받음

122 천지대역사는 백운기가 상제님
께 받은 천지영사(天地靈辭)에 따
라 그때 그때 도수가 정해지거늘
2 운기가 치성대에 앉아 가만히 눈을 감
고 있다가 ‘무슨 영사가 내렸습니다.
어찌어찌 하라고 하십니다.’ 하고 전하
면
3 내성과 모든 제자들이 “예.” 하고 합장
하며 심고하고 받으니라.

백가와 인연을 두라

4 후일 내성의 제자들 중에서 ‘운기가 받
는 상제님의 말씀’을 믿지 않는 사람
들로 인해 백운동이 시끄러워지거늘
5 하루는 내성이 그의 제자들에게 말하
기를 “생전에 선생님께서 백가와 인연
을 두라고 말씀하신 바 있으니 날 믿
고 다 같이 이 사람을 대동하고 천지
역사를 하자.” 하니라.

무조건 따라가라

6 한번은 운기가 영사를 받고 송기숙에
게 전하기를 “남해에 가면 윤찬삼이라
는 사람이 있는데, 그 사람에게 안제

암 선생의 청려장(靑藜杖)이 있다 하니
가서 찾아오라." 하거늘
7 이에 기숙이 남해로 찬삼을 찾아가 묻
기를 "안제암 선생님의 말이 청려장을
맡겼다는데 가지고 계십니까?" 하니
8 그 말이 떨어지기가 무섭게 찬삼이 기
숙에게 절을 하고 말하기를 "안 선생
님께서 이것을 찾으러 오는 사람이 있
으면 묻지도 말고 무조건 따라가라 하
셨습니다." 하니라.

내성이 중앙방주가 되어 도수를 봄

123 운기가 받은 천지영사에 의해 내
성이 중앙방주가 되어 동서남북
사방으로 각 방주를 두고, 3년을 한 마
디로 하여 촌촌(村村) 도수와 명산제사
(名山祭祀) 도수, 주문수행(呪文修行) 도수
를 보니라.
2 촌촌 도수는 처음 3년 도수로 경만(敬
萬)의 전 신도가 전국 팔도 곳곳을 돌
아다니며 음식을 얻어 청수를 모시고
앉은 채로 좌배(坐拜)하고 심고를 드린
후 먹는 것이요
3 그 다음 3년은 명산제사 도수로 전국
의 명산과 사찰(寺刹)을 찾아다니며 대
웅전(大雄殿)에 개를 잡아놓고 반천무
지(攀天撫地)한 후 제를 지내 망량신 대
접을 하는 것이라.
4 이때 매번 중들이 기겁을 해 "천벌을
받아 죽으리라!" 하고 크게 소리치며
방해하거늘
5 그럴 때마다 "죽어도 우리가 죽을 테
니 상관없지 않냐!" 하며 태연히 제를
올리니라.
6 내성의 교단에서 제를 올릴 때는 천지
인(天地人)으로 세 상을 놓는데 상과 고
기 머리는 반드시 남방으로 놓고 미역
국과 머리째 찐 닭을 올리거늘
7 어머니가 아기를 낳으면 미역국을 먹
으니 미역국은 '태을주의 잉태'를 뜻함
이요, 찐닭은 '닭이 봉황(鳳凰) 되어 올
라가는 이치'라.
8 마지막 3년은 주문수행 도수이니 복배
(伏拜)하고 태을주, 진액주, 칠성경, 개
벽주, 운장주 등을 공부하는데
9 시천주주만은 '차후에 읽을 주문이라.'
고 하여 읽지 않으니라.

선관댁 도수

124 상제님께서 내성에게 팔음팔양
(八陰八陽)의 팔선녀(八仙女) 도수
를 붙이시어 후천 선(仙) 문화를 여는 맥
(脈)을 잇게 하시더니
2 이후 내성이 백운기의 천지영사로 중
앙에 수부댁과 사방위로 선관댁(仙官
宅)을 들여세우는 선관댁 도수를 보니
라.
3 이때 내성은 제자들 딸 중에서 처녀를
골라 뽑는데 중앙에는 수부로 고부댁
을 들여 사모님으로 공경하게 하고 동
서남북으로 각기 한 명의 선관댁을 정
하거늘
4 내성과 제자들이 모두 고부댁과 선관
댁들을 극히 공대하여 맞절로 인사를
하고 길에서 만나면 합장하니라.
5 이후 서방방주인 운기가 서방 선관댁
과 혼인하여 백운동에 살림을 차리니
라.

우리 둘이는 서로 의지하네

125 상제님께서 내성과 복남에게 말
씀하시기를 "복남이는 바깥 일을
하고 내성이는 안 일을 하라." 하시더니
2 하루는 내성이 운기의 가족에게 말하
기를 "나는 운기를 믿고 운기는 나를
믿고 우리 둘이는 서로 의지하네." 하
니라.
3 이후 운기가 내성에게 "남들에게 제가
대허령이 들렸다고 소문을 좀 내 주십
시오." 하거늘 내성이 묵묵히 고개를
끄덕이니라.
4 내성이 9년 역사를 하는 동안 제자들

에게 부모가 돌아가셔도 절대 가지 못
하게 하더니
5 9년이 다할 무렵 봄부터 여름까지 석
달간 윷 도수를, 여름부터 가을까지 석
달간 씨름 도수를 보니라.

백운기가 대허령이 들렸다

6 하루는 내성이 제자 배학서에게 말하
기를 "백운기가 대허령이 들렸다. 대허
령이라 다 안다." 하니
7 학서가 의아해하며 "왜 그런 사람을
쓰셨습니까?" 하고 묻거늘
8 내성이 "그 때는 그 사람을 써야 한
다." 하니라.

호연과의 재회

126 운기가 어려서 상제님을 모시고
객망리에서 함께 산 탓에 이순
(二順)이 운기를 친오빠처럼 알고 따르
거늘
2 이즈음 이순이 오리알터로 교단을 이
전하고 운기를 볼 때마다 "오빠 한번
와요." 하니라.
3 이에 운기가 상제님 어천치성절을 맞
아 아내와 함께 오리알터를 찾거늘 거
기에서 뜻밖에 호연을 다시 만나게 되
니라.
4 운기가 크게 반가워하며 "각각에 있어
서 보기가 그렇게 드무냐." 하고 인사
를 건네니
5 호연은 운기에게 "오빠, 오빠!" 하면서
도 "아이고 내가 오빠라고 따라댕긴 것
이 다 선생님이 시켜서 그런 것이지, 날
누님이라고 그려!" 하며 농을 하거늘
6 운기가 "동생도 한참 동생이 뭐 그런
소리를 하고 그러냐. 너보고 뭐 누님
이라고 그려!" 하매
7 이순이 운기에게 "오빠, 내가 상으로
꼬마리네잉." 하고 호연에게도 "언니,
언니!" 하고 부르더라.
8 이순이 다시 운기의 아내에게 말하기
를 "우리 아버지는 나는 이뻐라고 안
해도 복남이 오빠만 업어 주고 이뻐라
했어." 하며 서로 어린 시절의 얘기로
즐거운 한때를 보내니라.

남상기의 불의

127 해방되기 서너 해 전 북방방주
윤창주(尹昌周)의 아들 기택(琪
宅)이 징용을 피하고자 자주 선관댁들
이 모여 사는 집에 몸을 숨기더니
2 하루는 선관댁들의 집에서 잠을 자고
일어나매 농문이 열려 있고 고부댁과
선관댁들이 모두 사라졌거늘
3 이는 내성의 제자 남상기가 그를 추종
하는 선관댁의 부친들과 짜고 선관댁
들을 유인함이더라.
4 이때 상기가 자신을 따르는 옥관도사
들의 말에 현혹되어 자기를 옥황상제
라 믿고 고부댁을 아내로 삼더니
5 얼마 후 신벌을 받고 실성하여 배추 찌
꺼기를 주워 먹으며 연명하다가 비참
하게 죽으니라.

뒷일을 할 분은 후에 나온다

128 내성이 윷 도수와 씨름 도수를
끝으로 9년의 역사를 마친 후 신
도들을 모아놓고 '교단 해산령'을 내리
며 이르기를 "앞으로 백운동은 쑥대밭
이 된다." 하니라.
2 이에 제자들이 "여기가 쑥대밭이 되면
뒷일은 어떻게 할 것입니까?" 하고 물
으니
3 내성이 이르기를 "뒷일을 할 분은 후
에 나온다. 우리 일은 뒤에 다른 분이 오
시어 이루게 된다." 하고
4 또 이르기를 "선생님이 오실 때는 청진
홍진 다리 놓고 '만수도인 우리 아들들이
라.' 하시리라." 하니라.

9년 역사 이후

129 백운동의 9년 천지역사가 끝난
후에도 운기는 영사를 받아 내

리며 천지역사를 계속하니
2 장수 번암과 임실 큰불재, 전주 고달
산, 김제 방아날 등에서 각기 3년씩 상
제님의 말씀을 받들어 천지에 공을 드
리고 천지 명령을 내성에게 전달하니
라.
3 이후 유각(柳閣)으로 이거하여 살 때
운기의 아내와 아들 복식이 안양동에
잠시 따로 거주하다가 아들 복식이 눈
을 다치게 되거늘
4 이때 안필성의 도움으로 다시 유각으
로 돌아와 사니라.

일심이면 궁궁이다

130 내성이 9년 역사가 끝난 뒤에는
제자들에게 주문 수련에 일심하
게 하니
2 주문수행 도수 때와는 달리 먼저 절후
주와 진액주를 일독한 후 태을주를 계
속 읽으니라.
3 무자(戊子: 道紀 78, 1948)년에 이르러
하루는 내성이 제자들에게 말하기를
4 "허령(虛靈), 지각(智覺), 신명(神明) 공부
면 끝이다." 하니라.
5 이즈음 백운동 교단 신도들 사이에 비
결(秘訣) 공부가 유행하거늘
6 내성이 비결에 매달린 신도들에게 말
하기를 "일심(一心)이면 궁궁(弓弓)이다.
궁궁은 태을주 아닌가." 하니라.

금방 때가 된다

7 이때 신도들 사이에서 "금방 때가 된
다." 하여 서로 손가락을 짚으며 날을
꼽느라 항상 소란하더라.
8 하루는 서방방주 박기정의 아내가 감
나무를 심고 있는 내성을 보고 "아니
선생님, 금방 때 된다고 한 양반이 무
슨 감나무를 다 심으세요?" 하며 의아
해하거늘
9 내성이 "아, 심어 놓고 볼라고 그러
지." 하고 대답하니라.

사람이 없다

131 내성은 평소 누구와 도담하는
일이 거의 없더니 언제부터인가
종종 말하기를 "사람이 없다. 사람이
없다." 하니라.
2 이에 내성의 아내가 "누구도 있고 누
구도 있는데 왜 사람이 없다고 그러십
니까?" 하거늘
3 내성이 대답하기를 "그것들이 사람이
다냐?" 하니라.

경만 안내성의 죽음

4 기축(己丑: 道紀 79, 1949)년에 생일을 하
루 앞두고 내성이 제자들에게 명하기
를 "올해는 너희 성의껏 해라. 천지만물
도수다." 하거늘
5 제자들은 내성이 한 번도 그런 말을
한 적이 없으므로 이상하게 생각하면
서도 정성을 다해 생일상을 준비하니
라.
6 다음 날 새벽녘부터 내성이 목욕을 하
고 손톱과 발톱을 깎고 새 옷으로 갈
아입은 뒤에 심고를 올리러 치성실로
가다가 쓰러져 천명을 다하거늘
7 이 날은 내성의 82회 생일인 10월 25
일이더라.

콩밭에서 큰 도인이 나온다

132 하루는 김낙원의 제자 노진구
(魯鎭玖)가 낙원에게 불쑥 묻기
를 "콩밭의 뜻이 무엇입니까?" 하거늘
2 낙원이 "자네 그것도 해석 못 하는
가?" 하니 진구가 "성인이 해 놓으신
것을 제가 어떻게 해석을 합니까? 말
씀을 한번 해 주시죠." 하매
3 낙원이 "거기에서 큰 도인이 나오네. 도
가 일어나네." 하니라.
4 이에 진구가 가만히 생각을 하다가 말
하기를 "그러면 우리가 가지요!" 하니
5 낙원이 정색을 하며 꾸짖기를 "데끼!
때가 있는 것이네. 다 정해 놓고 나오
는 것이네." 하니라.

송기숙과 백운기의 등에 박혀 있는 칠성

133 경인(庚寅: 道紀 80, 1950)년 늦은
봄에 백운기와 송기숙이 9년 역
사를 같이 한 연비 예닐곱 명과 함께
사랑채에서 담소를 나누는데
2 백운기가 송기숙에게 불쑥 묻기를 "형
님, 이제 발표할 때가 되었지 않습니
까?" 하니 기숙이 되묻기를 "이제 되
었는가?" 하니라.
3 이에 운기가 "발표할 때가 되었습니
다." 하고 대답하더니 둘이 웃옷을 벗
거늘
4 운기의 등에는 짙은 자색(紫色)을 띤 칠성
이, 기숙의 등에는 검은 칠성이 하나 하
나가 손톱 반만 한 크기로 박혀 있더
라.
5 이때 운기와 기숙이 사람들에게 말하
기를 "우리는 이렇게 인연이 맺어진 사
람이다. 우리가 이런 인연이다." 하니라.

여름날 밤에 아들에게 들려준 별 이야기

134 어느 여름날 밤에 운기가 아들
복식과 함께 마당에 자리를 깔
고 나란히 누워 칠성을 가리키며 말하
기를 "저 별을 한번 봐라." 하니라.
2 이에 복식이 "아버지, 북두칠성 같으
네? 일곱 개 별이 저기 딱 있네?" 하니
3 운기가 말하기를 "높으신 양반은 저
별이다. 높은 양반이 태어날 때는 저 기
운을 다 가지고 온다." 하고
4 별 하나 하나를 가리키며 "저건 누구
대통령 별이다. 누구 임금 별이다. 저
건 이순신 장군 별이다." 하고 일러주
니라.
5 다시 복식에게 "삼대(三代) 박첨지(朴僉
知) 세 김씨(金氏)가 나오고
6 홍도령(洪道令)은 휘적휘적하고 나중에
우리 도에 정도령(正道令)이 나와서 마
감짓는다." 하니라.
7 운기가 이어 말하기를 "사람이 태어나
면 별이 하나씩 생기고 죽을때마다 별
이 하나씩 사라진다.
8 별이 변동이 있을 때는 천지에서 그
사람을 데려간다. 그 별만 보면 다 안
다." 하고
9 아들에게 묻기를 "니 아버지 별은 어
떤 건지 아나?" 하니
10 복식이 "아버지 별은 몰라요." 하매 운
기가 말하기를 "나중에 안다." 하니라.

운기가 천지 영사를 받을 때는

11 백운기는 자시(子時)가 되면 하루도 거
르지 않고 성전으로 가 영사를 받거늘
12 아들인 복식이 보니 운기가 영사를
받을 때는 가만히 자리에 앉아 머리
를 조아리고 "예, 예, 알았습니다." 하
고 때로는 "예, 아버지, 꼭 그러겠습니
다." 하는데
13 중요한 일일 때는 날이 밝자마자 백운
동으로 달려가 내성에게 영사를 전달
하고 가끔씩은 한밤중이라도 백운동
으로 바삐 달려가기도 하니라.

내 이름이 열두 가지다

135 하루는 복식이 아버지에게 묻
기를 "아버지 진짜 이름이 뭐예
요?" 하니
2 운기가 대답하기를 "인수라고도 하고,
복남이라고도 하고 아버지 이름이 열
두 가지다. 열두 가지를 너는 다 못 외
운다." 하니라.
3 운기는 평소 부인과 가족들에게 말하
기를 "귀먹고 벙어리여야 산다." 하며
자신에 관한 흔적을 남기지 않으려 애
쓰더니
4 하루는 부인에게 말하기를 "앞으로 시
절이 막 차면, 상제님을 조금이라도 알
았다 하면, 그 모시고 다닌 각처 사람들
을 다 찾아다니며 조사해서 발표를 한다."
하니라.

못다 본 명부 공사를 보러 감

5 을미(乙未: 道紀 85, 1955)년 음력 9월 7

일에 운기가 그의 아내에게 "사흘 후
에 간다." 하고 자신의 죽음을 예고하
거늘
6 그의 아내가 "자식들 두고 그렇게 갈거
냐!" 하고 울며 소리치니 운기가 아무
말도 못하고 묵묵히 듣고만 있더라.
7 사흘 후 운기가 아들 복식을 데리고
유각 앞 개울에서 목욕을 하는데 복식
이 보니 아버지의 등에 칠성이 뚜렷하
게 박혀 있거늘
8 그날 밤 복식이 아버지와 마당에 누운
채 별을 보며 말하기를 "아버지 등에
별이 저 하늘의 별하고 어떻게 같으
네?" 하니라.
9 이에 운기가 "그런 소리 하는 거 아니
다." 하더니 자시(子時)가 되자 가족들
을 불러 놓고 말하기를
10 "내가 젊어서 칠일을 작정하고 명부전
에 올라가 일을 보다가 육일 만에 돌
아오게 되어 일을 끝내지 못했으니 이
제 돌아가야 한다." 하고
11 또 이르기를 "이제 하느님 전에서 올
라오라고 한다." 하니라.
12 이어 복식에게 말하기를 "어머니 잘 모
셔라." 하고는 아내의 무릎을 베고 잠
을 자듯 반듯하게 누워 천명을 다하니
13 이때 백운기의 나이 68세이더라.

문공신의 7년 공사

136 상제님께서는 양도(陽道)로써 차
경석을 내세워 동학 역신 해원공
사를 보시고
2 진주 도수와 문왕 도수와 이윤 도수를
맡은 문공신을 음도(陰道)로써 내세워 7
년 공사를 맡기시니라.
3 상제님께서 어천하시기 전 공신에게
일러 말씀하시기를 "남은 7년의 공사
를 너에게 맡긴다." 하시고
4 "은두장미(隱頭藏尾)를 해야 살아 남으리
라." 하시니라.
5 이에 공신이 상제님께서 어천하신 후 7
년 동안 혼자서 오쟁이에 보릿가루를
담아 지고 주로 충청도 지방을 다니며
상제님의 말씀을 좇아 공사를 보는데
6 대개는 해안을 따라 오르내리며 공사
를 보고 명산을 찾아 글과 부(符)를 써
서 제를 올리기도 하니라.
7 두승산에 가서 산제(山祭)를 모시고,
부안 줄포(扶安 茁浦) 해변에서 수륙제
(水陸祭)를 올리고
8 안면도(安眠島)에 가서는 '북을 울린다.'
하며 북 도수를 보니라.
9 이후 공신은 단산(丹山), 수산(水山)과
함께 군산 미두장에서 복록을 균등케
하는 전곡신(錢穀神) 공사를 보니라.

문공신의 교단 형성

137 7년 공사를 마친 뒤부터 공신을
따르는 제자들이 생겨 7, 80여
호(戶)의 교단을 형성하게 되거늘
2 공신이 15호를 한 반으로 하여 각 반마
다 통솔할 수 있는 육임을 하나씩 두고
3 제자들에게 이르기를 "이것이 진주(眞
主) 도수니라. 진주를 상기하고 잊지
마라." 하니라.
4 이때 제자들이 자연스레 공신을 '선생
님'이라 부르니 하루는 공신이 이르기
를
5 "선생님이라는 호칭은 합당치 않으니
나를 주인(主人)이라 불러라." 하니라.
6 한편 박인규가 공신을 자주 찾으매 그
때마다 인규를 배웅하여 대사리 재까
지 따라 올라가 칠성바위를 바라보며
이르기를
7 "앞으로 오실 분은 저리 오시니 착실히
잘하라." 하니라.

조철제의 상제님 성골 도굴 만행

138 신유(辛酉: 道紀 51, 1921)년 삼월
삼짇날에 이르러 조철제가 '상제
님의 성골(聖骨)을 모시고 수도하면 큰
기운이 붙어 도통하고 교단이 크게 번

창한다.'는 소문에 현혹되어
2 그의 심복 권태로(權泰魯), 손진방(孫進
邦) 등 장정 여덟 사람을 시켜 밤을 타
서 구릿골 장탯날에 모신 상제님 성골
을 도굴하니라.
3 이때 형렬은 서울에 가고 그 아내 김
호연이 딸을 출산한 지 갓 사흘이 되
어 사랑방에 누워 있는데
4 고요한 밤에 갑자기 비가 쏟아지고 번
갯불이 방안으로 들어오며 몸을 휘감
는지라
5 호연이 놀라 일어나 정신을 차리니 "내
몸을 도둑질해 가고 있는데 뭣들 하고 자
빠졌느냐!" 하는 상제님 성령의 불호령
이 떨어지거늘
6 방문을 열고 형렬의 큰아들 찬문을 불
러 이르기를 "불칼이 방안으로 들어와
대니 어쩐 일인지 선생님의 묘소에 좀
가 보고 오소." 하므로
7 찬문이 서둘러 장탯날에 가 보니 과연
묘소가 다 파헤쳐져 있고 도굴범들은
횃불을 들고 멀리 도망하는 중이라 쫓
기를 포기하고 집으로 돌아오니라.
이는 조철제의 짓이라
8 이때 서울에 있는 형렬에게도 "내 몸이
이렇게 흔들리는데 너희들은 잠만 자
고 있느냐!" 하시는 상제님의 호령이
들리거늘
9 형렬이 즉시 김덕찬(金德贊)과 몇 명을
데리고 출발하여 이튿날 동이 틀 무렵
에 집에 당도하니라.
10 형렬이 대문에 들어서며 다급한 목소
리로 "어젯저녁에 무슨 일이 있었느
냐?" 하고 물으니
11 호연이 간밤에 있었던 일을 말하매 형
렬이 곧장 묘소로 달려가 구덩이를 보
더니 "이는 조철제의 짓이라." 하니라.

조철제의 사기 행각과 영모재 점거

139 김형렬이 조철제의 성골 도굴
만행을 김제 경찰서에 고발하니
2 경찰은 전라북도 각 경찰서에 통지하여
수사를 진행하되 이 사건을 계기로 증
산계(甑山系) 교단이 와해되기를 바라며
소극적으로 수사를 진행할 뿐이더라.
3 한편 철제는 기미년 여름에 대흥리 도
장에서 훔쳐 온 궤(櫃)를 숨겨 두고 상
제님의 친동생 선돌부인을 이용하여
'상제님의 의자(義子)로 유명(遺命)을 얻
어 교통(敎統)을 받았다.'며 교단 창립
을 꾀하더니
4 이어 성골을 도굴하여 통사동 영모재
골방에 감춰 두고 '모월 모일에 상제님
의 뼈에 살이 붙어 나와 상제님이 다
시 출세하신다.'고 하며 신도들의 금전
을 갈취하니라.
5 그러나 약속한 날이 되어도 상제님께
서 오시지 않으매 다시 상제님 성탄절
인 9월 19일로 연기하였으나 역시 허
사가 되니라.

성골을 찾기 위한 공신의 노력

140 조철제의 허무맹랑한 만행을 탐
지한 문공신은 김정우(金定雨)로
하여금 철제를 거짓 추종하여 신임을
받게 하면서 사태의 추이를 지켜보니
라.
2 하루는 철제를 따르던 경상도 사람 둘
이 공신에게 와서 공부를 청하매 공신
이 흔쾌히 받아들여 공부를 시키거늘
3 그중 한 명이 느닷없이 피를 쏟더니
혼수상태에 이른지라 공신이 정신을
차리게 하고 그 연유를 물으니 거짓으
로 남의 집에서 돈을 가져와 신벌을
받은 것이더라.
4 공신이 그들을 다시 돌려보내니 그들
이 그 동안 베풀어 준 공신의 은혜에
감복하여 아쉬움을 남기고 다시 조철
제에게 돌아가니라.
5 계해(癸亥: 道紀 53, 1923)년 정월 21일
에 그 두 사람이 다시 공신을 찾아와
"조철제가 상제님의 성골을 도굴하여

영모재에 숨겨 두었는데 내일 새벽에
북간도로 모셔 간다." 하거늘
6 일찍이 공신이 고부경찰서에 갇혀 있
을 때 '공신아, 내 몸이 조선을 떠나면
안 되느니라.' 하신 상제님 말씀이 불현
듯 되살아나는지라
7 법적 절차를 밟아 성체를 모셔오려고
하니, 공신의 제자 양주선, 민영두, 박
노규, 이기선 등이 서둘러 영모재를
습격하자고 강력히 주장하매
8 20여 명을 거느리고 석 자가 넘는 각
목을 챙겨 통사동으로 찾아가니라.
9 영모재에 도착하여 문지기 넷을 때려
눕히고 방으로 들어가니 조철제는 이
미 도망하고 피우던 담뱃불이 채 꺼지
지 않았거늘
10 공신이 이중벽 속에 숨겨 둔 성골을 찾
아 집으로 모시고 와 보니 뜻하지 않
게 현금 만여 원이 들어 있더라.
11 공신이 현금은 경찰서에 가져다 주고
찾아온 성골을 천장 위에 은밀히 모시
다가 운산리 신경수의 집으로 옮겨 용
마루 속에 모시거늘
12 이 과정에서 성골 가운데 왼쪽 전완골
(前腕骨)이 없음을 확인한 공신이 정우
등으로 하여금 다시 철제를 추격하게
하여 서대전역에서 그 일행을 붙잡으니
13 철제가 전완골을 심복 김윤진에게 주
어 도망치게 하매 정우 등은 철제가
가진 현금을 빼앗으니라.
14 이에 철제가 대전 경찰서에 정우 일행
을 강도로 고소하매 경찰이 철제와 정
우 일행을 취조하니 성골 도굴 사실이
모두 드러나는지라
15 공신과 장남 광옥(光玉)을 비롯한 정우
와 철제 등 20여 명이 검거되어 공신은
7년 징역에 처해지고 철제는 되찾은 돈
으로 뇌물을 주어 곧 풀려나니라.
16 이때 수산도 독립 자금을 후원한 죄로
7년 형을 선고받고 공신과 함께 대전
형무소에서 복역하니라.

보천교에서 성골을 인도 받아 모심

141 3월에 이르러 성골이 정읍 경찰
서에 보관되어 있다는 소식을
들은 성모 권씨께서 대로하시어
2 경찰서에 가서 "내 아들 유골을 내놓
으라." 하며 고함을 치시니 일본 순사
들이 성모님의 범상치 않은 행동에 두
려워 모두 자리를 피하니라.
3 계해(癸亥: 道紀 53, 1923)년 삼월삼짇
날 경찰에서는 성모님의 강력한 요구
에도 불구하고 성골을 보천교(普天敎)로
인도하니
4 보천교에서는 정읍군 입암면 신면리
(新綿里) 진등 마을에 빈소(殯所)를 마련
하여 안치하고 묘각(墓閣)을 세워 모시
니라.
5 이에 철제가 다시 100여 명을 동원하
여 진등 마을 빈소에 모셔 둔 성골을
도굴해 가거늘
6 보천교에서 200여 명이 도굴범들을
추격하여 태인과 정읍 중간 지점에서
다시 되찾아 오니라.
7 정묘(丁卯: 道紀 57, 1927)년 가을에 철제
가 상제님의 친딸 이순(二順)을 앞세워
보천교를 상대로 성골 인도 청구 소송
을 제기하니
8 경석이 패소(敗訴)와 성골 도굴을 우려
하여 차윤경(車輪京), 김정곤(金正坤) 등
으로 하여금 대흥리 비룡산 중턱에 성
골을 평장(平葬)하게 하고 빈소에는 김
정곤의 머슴 뼈를 대신 묻어 두니라.

차경석의 '신로 변경'과 알 수 없는 성골의 행방

142 무진(戊辰: 道紀 58, 1928)년 정월
초사흗날에 경석이 이씨 부인의
허령 체험에 현혹되어 이튿날 '신로(信
路) 변경'을 선언하더니
2 '차천자(車天子)'를 참칭(僭稱)하며 '상제
님의 체백(體魄)을 없애리라.' 하고
3 윤경으로 하여금 비룡산에 암장한 옥

골을 파 오게 하니 윤경이 다른 유골
을 갖다 주니라.
4 조종리 도장 성도들은 경석이 상제님
의 성골을 가지고 불측한 짓을 한다는
소문을 듣고 크게 분개하여
5 보천교와 투쟁할 각오를 하고 성골을
모셔 오고자 상여(喪輿)를 만들어 출발
하려 하니
6 태모님께서 만류하여 말씀하시기를
"그만들 두어라. 누구의 뼈다귀인지
아느냐?" 하시므로 할 수 없이 그만두
니라.
7 그 뒤 또 다시 철제가 진등 마을 빈소
에 묻어 둔 머슴의 뼈를 상제님의 성
골로 알고 도굴해 가거늘
8 천지가 경악할 철제의 불의와 패륜적
인 만행으로 우주의 주재자이신 상제
님의 성골이 온갖 수난을 당하더니 마
침내 그 행방을 알 수 없게 되니라.

통사동 재실에 붙인 허부 공사

143 상제님께서 일찍이 정읍 통사동
전의 이씨 재실에 행차하여 말씀
하시기를 "내가 이제 허부(虛符) 공사를
보노라." 하시고
2 부(符)를 많이 그리신 후에 불사르시며
일체의 도통 기운을 거두시니
3 이곳에서 상제님의 도법 정신에 벗어
난 난법 헛도수 기운이 태동하니라.

고소재에서의 10년 철야 수행

144 공신이 태전 형무소에서 출옥한
뒤 모악산 고소재(姑蘇峙)로 들어
가 10년 수행을 시작하니라.
2 하루 한두 시간밖에 잠을 자지 않고
수행을 하여 49일 만에 득도하고 이후
로도 10년 동안 수행하니
3 이때 호랑이 한 마리가 마치 개처럼 따
라다니며 공신을 지키거늘 공신은 그
호랑이를 '바둑이'라 부르니라.
4 하루는 모두들 시장기를 이기지 못하
니 공신이 제자들에게 묻기를 "자네들
용봉탕 한번 먹어보지 않을 텐가?" 하
거늘
5 제자들이 한숨을 쉬며 "준비한 것도
없이 먹겠습니까?" 하고 물으니
6 공신이 돌아앉아 심고를 한 뒤에 말하
기를 "뒤편 굴뚝에 가 보게." 하니라.
7 이에 한 사람이 굴뚝에 가 보니 국수
와 계란이 놓여 있는지라 가져다 삶으
니 인원에 딱 맞는 양이거늘
8 공신이 제자들에게 이르기를 "국수는
길으니 용이요, 계란은 닭이니 봉황이
네." 하매 모두들 크게 웃으니라.

파방 도수

145 공신이 독배고개에 제자들을 모
아놓고 공부를 시키니 이때 모
인 사람들은 채청송, 양인산, 정판진,
김찬숙, 신의균 등이더라.
2 하루는 공신이 "자네들 선초(仙草) 맛
봤는가?" 하니 제자들이 "얘기로도 못
들었습니다." 하고 대답하거늘
3 공신이 웃으며 말하기를 "그러면 선초
한 대씩 하세." 하는데
4 갑자기 한 사람이 문을 열고 방으로
쑥 들어오니 그는 도꾼을 가장한 밀정
유화숙이라
5 화숙의 밀고로 공신과 제자들이 '민심
을 어지럽힌다.' 하여 전주형무소에 갇
혔다가, 공신은 2년 후 병보석으로 풀
려나고 제자들은 그 이듬해 해방을 맞
아 석방되니라.
6 형무소에 있는 동안 공신과 제자들 모
두 제대로 먹지 못해 피골이 상접하고
몇몇은 주림을 이기지 못해 죽기도 하
거늘
7 이는 독조사가 새벽녘에 개평을 얻어 판
을 모두 걷고 후천 상생 세상을 열게 하는
파방(破放) 도수라.
8 이후에 공신이 제자들에게 말하기를
"독조사 도수를 내가 받았노라." 하니라.

도술약국을 열다

146 계사(癸巳: 道紀 83, 1953)년 양력 7월 27일에 이르러 휴전협정이 조인되니 남북 상씨름의 시작인 6·25 전쟁이 긴 휴게기(休憩期)에 들어가니라.
2 그 해 가을 공신이 제자들에게 수차례 "신태인에 도술약국(道術藥局)을 열어야 한다." 하고 강조하매
3 제자들이 공신의 명에 따라 부랴부랴 신태인 남동에 집 한 채를 마련하고, 이완식의 집에서 서류함을 가져다 약장으로 개조하여 쓰니라.
4 이때 다른 약은 전혀 짓지 않고 사물탕(四物湯)만 지어 주는데 많은 사람들이 아우성치며 몰려드니라.

약방의 조직과 치성

5 약방 조직은 공신을 제일 상좌로 하고 그 밑에 육임이 있고 육임 밑에 마을 단위로 각 15반을 두어 차례대로 치성을 모시니라.
6 치성은 이삼 일간 올리는데 치성이 끝나면 공신이 강훈을 하고 저녁에는 공신이 법사(法師)와 강사(講師)가 되어 직접 수도 공부를 시키니라.

공부법을 말하지 말라

147 공부는 보통 5일, 7일, 21일, 21일 도수로 하는데 일반 신도는 이를 축약하여 5일, 7일 도수로 하고
2 공부할 때는 누구든지 절대 잠을 자지 못하게 하니라.
3 의통 공부에 앞서서는 개를 잡아 천지에 제를 올리니라.
4 이때 공신이 수차 명하기를 "우리 도는 음도(陰道)이니 가족들에게도 공부하는 법을 말하지 말라." 하니라.

작가법 도수

5 또 33천(天) 28수(宿)의 작가법(作家法) 도수로 네 반의 제자들을 모아 놓고 공부를 시키니라.

의주주(意主呪)와 소원주(所願呪)

148 평소 공부를 할 때 십이주문을 사흘간 읽은 뒤에 의주주(意主呪)를 읽게 하거늘 그 내용은 이러하니라.
2 意主誠信仁降和
의주성신인강화
吾敬安保一終正
오경안보일종정
상제님 천지사업의 주인을 참된 뜻으로
정하매
성신(誠信)으로 잘 모시면
어진 마음이 내려와 화기가 감돌고
우리가 공경히 안보(安保)하면
한결같이 끝끝내 마음이 바르리라.
3 또 주문을 다 읽고 나면 끝에 항상 소원주(所願呪)를 읽히니 이와 같으니라.
4 천무진살(天無盡殺)하시고
지무진살(地無盡殺)하시고
인무진살(人無盡殺)하시니
상제님 도덕(道德)으로
포덕천하(布德天下) 광제중생(廣濟衆生)케
해 주옵소서.

선생님은 후에 오시리니

149 하루는 공신이 이르기를 "남자가 아무리 잘한다고 해야 둘이 하는 사람의 절반도 못 따른다." 하고
2 "세상을 잘 살피고 잴 줄 알아야 살아남는다. 늘 지혜를 모아서 세상 판이 어떻게 돌아가는지를 잣대질하라." 하니라.
3 이즈음 공신이 제자들에게 거듭 말하기를 "그분 말씀은 끝까지 하나도 틀림이 없네. 앞으로 때가 되면 자네들 마음 시키는 대로 되는 세상이 오니 일심으로들 해야 하네.
4 큰 스승은 후에 청운교(靑雲橋), 낙수교(洛水橋)를 타고 오시리니 주위가 어쨌든 끝까지 잘 마치게." 하니라.
5 하루는 공신이 이르기를 "우리 일은 삼대(三代)밖에 없다." 하니라.

영산 문공신의 죽음

6 도술약국을 연 지 몇 달 후 공신이 주
변을 정리하고 이것저것을 소각하더니
7 그로부터 사흘 후 자리에 누워 제자들
에게 이르기를 "각자 소원대로 글을
써서 내 몸에 넣어라.
8 내 손으로 못 쓰는 사람은 무엇이 한
(恨)인지 말로 하라. 대신 써서 넣어 준
다." 하고
9 잠시 거친 호흡을 쉬더니 잠이 든 듯
천명을 다하거늘
10 이 날은 갑오(甲午: 道紀 84, 1954)년 음
력 5월 7일이더라.
11 공신이 죽던 날 밤 하얀 꽃상여가 하
늘에 떠서 창(唱)을 하듯이 웅웅 소리
가 나며 천천히 떠 가니라.

태을주의 뿌리

150 김낙원이 평소에 과묵하여 9년
천지역사를 하는 동안에도 가문
에 내려오는 도의 역사를 누구에게도
말하지 않더니
2 임자(壬子: 道紀 102, 1972)년이 되어 노
환으로 자리에 눕게 되매 후손을 불러
놓고 태을주의 내력을 전하며 도(道)
공부를 할 것을 눈물로 호소하니라.
3 낙원이 제자들을 모두 물리고 그의 후
손에게 말하기를 "개벽할 때 자손줄
이 다 떨어지는데, 내가 죽어서 천상에
올라가 선관이 된들 뭣하냐? 네가 꼭
상제님의 도를 받들어야 한다." 하고
4 또 이르기를 "나는 좋은 일을 생전에
못 보고 간다만 너는 앞으로 좋은 세
상을 볼 것이다.
5 네가 진실로 잘 믿으면 함평(咸平)에
가서 태을주 뿌리를 알게 될 것이다.
6 함평이 태을주의 못자리다." 하니라.

네 웅덩이 품는 사람이 생긴다

151 호연이 지난한 외로움과 깊은
서러움으로 고된 하루하루를 보
내면서도
2 상제님께서 생시에 "자연히 너 구완할
사람이 생긴다. 네 목숨 살려 낼 사람
이 생겨." 하신 말씀만을 되새기며 실
낱 같은 희망으로 살아가더니
3 하루는 처량하고 서글픈 마음을 가누
지 못하여 상제님을 부르며 "세상에,
어쩌면 어린것을 데려다가 이렇게 고
생을 시켜요?
4 아무리 방죽에 물이 많은들 임자가 있
어야 푸는 것인데, 임자가 없어서 못
품으니 내 둠벙을 누가 품을까…." 하
며 애처롭게 하소연하거늘
5 상제님께서 말씀하시기를 "너를 버렸
다고 그렇게 원을 해도 버린 것이 아
니다.
6 자연히 생긴다. 네 둠벙 품는 사람이 자
연히 생기니 걱정 말아라.
7 저 물이 제비산에 닿겠냐? 땅이 뒤집
어질 적에는 물이 거기에 닿을지 누가
아느냐?" 하고 위로해 주시니라.

안내성 성도 연보

연도(道紀, 서기)	나이	주요 행적
道紀前 4(丁卯)년 1867. 10. 25	1세	경상남도 함안군 가야면 도음실(咸安郡 伽倻面 道陰實)에서 출생.
道紀 4(甲戌)년 1874	8세	8세에 조부 별세. 9세 때부터 집을 나간 부친을 찾아 돌아다니기 시작.
道紀 37(丁未)년 1907. 6. 22	41세	정읍 새재에서 상제님을 만남.
道紀 39(己酉)년 1909. 1	43세	상제님께서 내성에게 현무경을 전해 주심.
道紀 40(庚戌)~43(癸丑)년 1910. 4~1913. 3	44~47세	현무경을 태모님께 바치고 수통목에서 3년간 태을주 수행을 함.
道紀 43(癸丑)~44(甲寅)년 1913. 봄~1914	47~48세	대흥리로 태모님을 찾아 뵙고 대흥리에서 포교 활동을 하다 여수로 내려가 교단을 열고 활동.
道紀 45(乙卯)~46(丙辰)년 1915~1916	49~50세	순천으로 교단을 옮기고 50세 나이에 최씨와 혼인.
道紀 46(丙辰)~48(戊午)년 1916~1918	50~52세	일경의 탄압으로 만주로 1년여 간 피신해 있다가 돌아와 순천 양률, 무안 해제 등지에서 포교활동을 함.
道紀 48(戊午)~57(丁卯)년 1918~1927	52~61세	전북 김제시 금산면 장승백이, 시목동, 소룡동으로 몇 차례 이사함.
道紀 57(丁卯)년~ 1927~	61세~	전북 김제시 금산면 청도리 백운동으로 이주하여 수백 명의 교인촌을 형성.
道紀 59(己巳)~67(丁丑)년 1929~1937	65~71세	백운기, 송기숙과 더불어 9년 천지역사를 행하고 이후 교단 해체령을 내림.
道紀 79(己丑)년 1949. 10. 25	83세	작고.

문공신 성도 연보

연도(道紀, 서기)	나이	주요 행적
道紀 9(己卯)년 1879. 7. 13	1세	전라북도 정읍시 태인면 궁사리(弓四里) 강삼(江三)마을에서 출생한 후 와룡리로 이사.
道紀 23(癸巳)년 1893. 9	15세	15세에 무성서원(칠보면 무성리 소재)의 색장(色掌)으로 임명됨.
道紀 24(甲午)년 1894. 3. 20	16세	접주인 중형 문선명을 따라 황토현 전투에 참가하여 당시 생불이라 불리던 오세동을 만남.
道紀 37(丁未)년 1907. 가을	29세	순창 농바우에서 상제님을 만남. 상제님께서 공신과 여러 성도들을 데리고 고부 살막에 가시어 계룡산 살막이 공사를 보심.
道紀 38(戊申)년 1908. 4. 11	30세	상제님께서 공신의 집 상량보에 오선위기도를 그려 붙이심.
道紀 40(庚戌)~47(丁巳)년 1910~1917	32~39세	7년 동안 혼자서 오쟁이에 보릿가루를 지고 서해안을 따라 주로 충청도 지방을 다니며 공사를 보고, 안면도에서 북 도수를 봄.
道紀 47(丁巳)~52(壬戌)년 1917~1922	39~44세	공신을 따르는 사람들이 70~80호 정도 생겨 교단이 형성됨.
道紀 52(壬戌)~59(己巳)년 1922~1929	44~51세	조철제의 상제님 성골 도굴 사건으로 대전 형무소에서 7년 형을 선고받고 감옥살이를 함.
道紀 60(庚午)~70(庚辰)년 1930~1940	52~62세	모악산 고소재에 들어가 10년 수행을 시작하는데 49일 만에 득도함.
道紀 71(辛巳)~74(甲申)년 1941~1944	63~66세	국제간첩 혐의로 전주 검찰국에 송치되어 7년 징역에 처해졌으나, 1944년 영양실조로 인해 병보석으로 출감.
道紀 83(癸巳)~84(甲午)년 1953. 가을~1954. 3	75~76세	신태인 남동에 도술약국을 엶.
道紀 84(甲午)년 1954. 5. 7	76세	작고.

제11편

태모(太母) 고수부(高首婦)님

태모(太母) 고수부(高首婦)님

태모님의 탄강과 종통대권 전수

만유 생명의 어머니

1 태모(太母) 고수부(高首婦)님은 억조창생의 생명의 어머니이시니라.

2 수부님께서 후천 음도(陰道) 운을 맞아 만유 생명의 아버지이신 증산 상제님과 합덕(合德)하시어

3 음양동덕(陰陽同德)으로 정음정양의 새 천지인 후천 오만년 조화 선경을 여시니라.

종통을 이어받아 도운의 첫 씨를 뿌리심

4 무극은 건곤(천지)이요 도(道)의 본원(本源)이라.

5 태모님께서 당신을 수부(首婦)로 내세우신 상제님으로부터 무극대도의 종통(宗統)을 이어받아 대도통을 하시고

6 세 살림 도수를 맡아 포정소(布政所) 문을 여심으로써 이 땅에 도운의 첫 씨를 뿌리시니라.

7 태모님께서는 수부로서 10년 천지공사를 행하시어 온 인류의 원한과 죄업을 대속(代贖)하시고 억조창생을 새 생명의 길로 인도하시니라.

태모 고수부님의 탄강

2 태모님의 존성(尊姓)은 고씨(高氏)요 본관(本貫)은 장택(長澤)이요, 성휘(聖諱)는 판(判) 자 례(禮) 자이시니라.

2 동방 배달국의 신시개천(神市開天) 5777년, 단군기원 4213년, 조선 고종 17년 경진(庚辰: 道紀 10, 1880)년 음력 3월 26일 축시(丑時)에 전라도 담양도호부 무이동면(潭陽都護府 無伊洞面) 고비산(高飛山) 아래, 지금의 성도리(成道里)에서 탄강하시니라.

3 부친의 존휘(尊諱)는 덕(德) 자 삼(三) 자요, 모친의 성은 밀양 박씨(密陽朴氏)이시니

4 태모님의 부친을 성부(聖父)로, 모친을 성모(聖母)로 추존(推尊)하니라.

5 성모님께서 기묘(己卯: 道紀 9, 1879)년 5월에 어느 절에서 기도하실 때

6 하루는 꿈에 높은 산에 올라 웅장한 집으로 들어가시니 한 선관(仙官)이 붉은 책과 누런 책을 한 권씩 주거늘

7 성모님께서 받으시고 놀라 깨어나시매 이로부터 잉태하여 태모님을 낳으시니라.

태모님의 유소 시절

3 판례께서 여섯 살에 부친상을 당하시고 이로부터 모친을 따라 외외가(外外家) 송씨의 승문(僧門)에 귀의하여 수행하시니라.

2 아홉 살 되는 무자(戊子: 道紀 18, 1888)년에 모친과 함께 정읍현 남이면 대흥리(井邑縣 南二面 大興里)에 사는 이숙(姨叔) 차치구(車致九)의 집으로 이사하시니

3 이로부터 이모부를 좇아 동학을 믿으시며 시천주주(侍天主呪) 수련을 하시니라.

4 그 후 열다섯 살에 이모의 권유로 같은 동네에 사는 동학 신도 신씨(申氏)에게 출가하셨으나 13년 만에 사별하고 홀로 사시니라.

내 일은 수부가 들어야 되는 일

4 정미(丁未: 道紀 37, 1907)년 10월에 상
제님께서 차경석(車京石)에게 일러 말
씀하시기를
2 "천지에 독음독양이면 만사불성이니
라." 하시고 "내 일은 수부(首婦)가 들
어야 되는 일이니, 네가 참으로 일을
하려거든 수부를 들여세우라." 하시
므로
3 경석이 마침 홀로 사시는 이종누님 고
부인(高夫人)을 천거하니라.

천지 대업을 네게 맡기리라

5 동짓달 초사흗날에 상제님께서 대흥
리 경석의 집에서 수부 책봉의 예식을
거행하실 때 고부인께 일러 말씀하시
기를
2 "내가 너를 만나려고 15년 동안 정력을
들였나니 이로부터 천지대업을 네게 맡
기리라." 하시고
3 경석의 집에 수부님의 처소를 정하시
어 '수부소(首婦所)'라 하시니라.
4 상제님께서 항상 수부님의 등을 어루
만지며 말씀하시기를 "너는 복동(福童)
이라. 장차 천하 사람의 두목(頭目)이 되
리니 속히 도통(道通)하리라." 하시고
5 "이후로는 지천태(地天泰)가 크다." 하
시니라.

내가 너 되고 네가 나 되는 일

6 무신(戊申: 道紀 38, 1908)년에 하루는
상제님께서 성도 10여 명을 뜰아래
늘여 세우신 뒤에 수부님과 더불어 마
루에 앉으시어
2 수부님께 말씀하시기를 "네 나이는 스
물아홉이요, 내 나이는 서른여덟이라.
3 내 나이에서 아홉 살을 빼면 내가 너
될 것이요, 네 나이에 아홉 살을 더하
면 네가 나 될지니
4 곧 내가 너 되고 네가 나 되는 일이니라."
하시니라.
5 또 말씀하시기를 "그대와 나의 합덕으
로 삼계(三界)를 개조하느니라." 하시니
라.

수부 대우를 잘하면

7 이 해 8월에 하루는 상제님께서 차윤
칠(車輪七)에게 일러 말씀하시기를
2 "너의 매씨(妹氏)를 잘 공양하라. 네 매
씨가 굶으면 천하 사람이 모두 굶을
것이요, 먹으면 천하 사람이 다 먹을
것이요
3 눈물을 흘리면 천하 사람이 다 눈물
을 흘릴 것이요, 한숨을 쉬면 천하 사
람이 다 한숨을 쉴 것이요, 기뻐하면
천하 사람이 다 기뻐하리라." 하시니
라.
4 또 말씀하시기를 "수부의 치마 그늘을
벗어나면 다 죽으리라." 하시고
5 "수부 대우를 잘하면 수명도 연장될
수 있느니라." 하시니라.

금구로 가면 네 몸이 부서지리라

8 하루는 상제님께서 세숫물을 올리고
나가는 경석을 손가락으로 가리키시
며
2 수부님께 일러 말씀하시기를 "저 살기
(殺氣)를 보라. 경석은 만고대적(萬古大
賊)이라.
3 자칫하면 내 일이 낭패되리니 극히 조
심하라." 하시니라.
4 또 말씀하시기를 "네가 금구(金溝)로 가
면 네 몸이 부서질 것이요, 이곳에 있으면
네 몸이 크리니 이곳에 있는 것이 옳으
니라." 하시고
5 "앞으로 내가 없으면 크나큰 세 살림을
네가 어찌 홀로 맡아 처리하리오." 하
시니라.

상제님께서 어천하신 후

수부님께서 안질을 앓으심

9 기유(己酉: 道紀 39, 1909)년 6월 24일
에 상제님께서 김형렬(金亨烈)의 사랑
방에서 어천하시니 이때 수부님의 성
수(聖壽) 30세이시니라.
2 그 10여 일 후에 성도들이 대흥리로
돌아와 수부님께 문후를 드리매
3 수부님께서 물으시기를 "선생님께서
는 지금 어디에 계시냐?" 하시니
4 경석이 "청국 공사를 보시려고 멀리
남경(南京)에 가 계십니다." 하고 대답
하는지라
5 수부님께서 언제쯤 돌아오실지를 물
으시거늘 경석이 "자세히는 알 수 없
으나 공사를 다 보시면 오실 것이 아
니리까." 하니라.
6 그 후 두세 달이 지나도록 소식이 없
으므로 경석에게 다시 물으시니 그 때
마다 공사를 내세워 둘러대니라.
7 이때 수부님께서 안질(眼疾)이 도져 심
히 고통스러워하시거늘
8 경석과 윤칠이 크게 근심하며 어찌할
바를 모르고 다만 일심으로 주문(呪文)
을 외울 뿐이더니
9 얼마 지나지 않아 수부님의 안질이 저
절로 나으니라.

성도들이 안내성의 집에서 태을주 수련을 함

10 하루는 경석이 형렬과 함께 어디를
다녀와서는 사랑방에서 서로 무엇
을 의논하거늘
2 수부님께서 조용히 들어 보시니 곧 다
른 스승을 구하러 부안 변산에 갔다가
헛걸음하고 온 이야기더라.
3 그 후 두 사람이 그 일을 후회하고 안
내성(安乃成)의 집에 수련방을 차린 후
태을주(太乙呪)를 읽는지라
4 수부님께서 성도들의 이런 거동을 보
시고 매우 이상히 여기시니라.

수부님을 찾아오신 상제님

11 경술(庚戌: 道紀 40, 1910)년 6월 그
믐께부터 수부님께서 태을주를 읽
으시면 항상 정기가 모아져서 신안(神
眼)이 열려 상여가 들어와 보이기도 하
고 들것이 들어와 보이기도 하니
2 불길한 징조라 여겨 불안을 느끼시고
경석과 다른 성도들의 말을 믿지 않으
시니라.
3 한번은 상제님께서 오시어 수부님의
이마를 어루만지시며 "어찌하여 나를
한 번도 찾지 않느냐." 하시니라.
4 때로 저녁이면 상제님께서 평소와 같
이 의관을 갖추어 집으로 들어오시고
5 혹은 집에 계실 때 자주 입으시던 중
의(中衣) 적삼에 풀대님 바람으로 들어
오시는 모습이 보이기도 하더라.
6 어느 날 밤에는 상제님께서 홑바지에
풀대님으로 문을 열고 들어와 앉으시
거늘
7 수부님께서 일어나 손으로 어루만지시
며 누구인지를 물으시니 상제님의 음
성으로 대답하시는지라
8 수부님께서 딸 태종(太宗)을 불러 "불
을 켜라." 하시니 태종이 아랫방에서
올라와 성냥을 그으매
9 상제님께서 불어서 꺼 버리시고 다시
그으면 또 꺼 버리시어 성냥 두 갑을
다 그어 버리니라.
10 이때 상제님께서 태종에게 가만히 이
르시기를 "나는 너의 아버지이니 아랫
방에 내가 왔다는 말을 하지 마라." 하
시고
11 수부님 곁에 누우시며 입고 계신 마고
자에서 찬란하게 빛나는 호박(琥珀) 단
추 세 개 중 두 개를 떼어 주시거늘 수
부님께서 받아 손에 쥐고 주무셨는데

12 날이 밝아 깨시고 보니 상제님도 계시
지 않고 손에 쥐었던 호박 단추도 보
이지 않더라.

네가 종기로 얼마나 고통하느냐

12 7월에 수부님께서 오른발 용천혈
(湧泉穴)에 독종(毒腫)이 나서 다리
가 심하게 부어 쑤시고 아프거늘
2 백약이 무효하여 수십 일 동안 정신없
이 크게 앓으시니라.
3 그 후 어느 날 저녁에 갑자기 상제님
께서 삿갓을 마루에 벗어 놓고 들어오
시며 "네가 종기로 얼마나 고통하느
냐?" 하시고
4 친히 발에 싸맨 것을 푸시어 종처(腫
處)를 혀로 핥아 주시니 즉시 통증이
없어지니라.
5 이에 수부님께서 곤히 잠드셨다가 이
튿날 아침에 일어나시니 종기는 나았
으나 곁에서 주무신 줄로 믿었던 상제
님께서 계시지 않는지라
6 경석과 집 안에 있는 여러 사람들에게
상제님 계신 곳을 물으니 아는 사람이
없고 모두 이상히 여기더라.

성령의 인도로 상제님의 초빈을 찾으심

13 9월 초 어느 날 저녁에 수부님께서
앉아 주문을 읽으시니 문득 신안
이 열리며
2 문 앞으로부터 무지개 줄기와 같은 푸
르고 붉은 색의 서기(瑞氣)가 대흥리에서
구릿골로 가는 길을 따라 뻗쳐 있고
3 그 상서로운 기운이 끝나는 구릿골 대
밭 끝에 초빈(草殯)이 보이는데
4 이엉 얹은 모습과 그 날개 끝에 추깃
물 묻은 것까지 보여 매우 이상하게
여기시니라.
5 이튿날 저녁에 갑자기 상제님께서 들
어오시어 말씀하시기를 "내가 죽었는
데 네가 어찌 나의 묻힌 곳을 찾아보
지 않느냐?" 하시거늘
6 수부님께서 말씀하시기를 "어찌 상
서롭지 못한 말씀으로 희롱하시옵니
까?" 하시니
7 상제님께서 "내가 참으로 죽었노라." 하
시고 수부님의 등을 어루만지며 손을
잡으시고는 이별가 한 곡조를 크게 부
르신 뒤에 일어나 문밖으로 나가시더
니 보이지 아니하시니라.

붉은 염낭을 지니시고 구릿골로 향하심

8 수부님께서 크게 의혹하시고 차윤경
(車輪京)을 안내성의 집에 보내 경석을
불러오시어 상제님의 종적(蹤跡)을 다
그쳐 물으시며 "찾아가자." 하시니
9 경석이 말하기를 "선생님께서 며칠 전
에 남경에서 구릿골로 돌아오시어 큰
공사를 보시는데
10 다만 한 사람만 출입하며 수종 들게
하시고 다른 사람은 누구든지 출입을
금하시므로 가서 뵙지 못합니다." 하
니라.
11 수부님께서 하는 수 없이 고민으로 밤
을 새우시고 이튿날 새벽에 분(粉) 한
갑과 독약 한 봉과 예전에 상제님께서
주신 붉은 염낭을 지니시고 아무도 모
르게 사립문을 나서시니
12 새벽 으스름 적막한 천지에 북쪽으로
터진 빈 들에는 찬 기운만 감돌 뿐이
더라.
13 난생 처음 찾아가는 구릿골이라 방향
을 알 수가 없고, 오직 전날 밤 광명 속
에 나타났던 큰길을 따라 초빈한 곳을
향해 가시니라.

수부님을 뒤따라온 경석 형제

14 경석이 수부님께서 계시지 않음을
알고 놀라 이웃집에 물어 보니 아
는 사람이 없거늘
2 마침 뒷들에서 새벽일 하던 한 농부가
말하기를 "이른 새벽에 고부인께서 정
읍 쪽으로 난 길로 급히 가시는 것을
보았노라." 하므로

3 경석이 아우 윤칠과 함께 급히 뒤를
쫓아 태인 돌창이고개 밑에 이르러 수
부님을 만나게 되니라.
4 이에 경석이 수부님의 몸을 뒤져 독약
을 빼앗고 여쭈어 말하기를
5 "누님이 어찌하여 이런 일을 행하십니
까? 선생님이 지금 중대한 공사를 보
시는 중인데 명(命)이 없이는 절대로
오지 말라는 기별이 있어 저도 이제까
지 가 뵙지 못하고 부르시는 명을 고
대하는 중이거늘
6 이제 갑자기 가 뵈면 누님은 고사하고
저에게도 큰 꾸지람이 있으리니 어떻
게 감당하려 하십니까? 바라건대 이
길로 돌아가서 이후에 명이 있기를 기
다리시지요." 하며 간청하되
7 수부님께서 전혀 듣지 않으시고 계속
걷기만 하시니 경석 형제도 할 수 없이
뒤를 따르는데
8 수부님의 걸음이 빨라져서 80리나 되
는 먼길을 한나절 만에 당도하시니라.

상제님의 초빈에 당도하시어

15 원평(院坪)에 이르러 수부님께서 윤
칠에게 명하시어 약간의 주과포를
준비케 하여 들리시고
2 길을 버리고 논두렁과 밭두둑으로 걸
어서 구릿골 형렬의 집 뒤 대밭 끝에 있
는 초빈 앞에 당도하시니라.
3 이어 태모님께서 윤칠에게 명하시어
"이엉을 헤치라." 하시니
4 경석이 "남의 초빈을 헤치다가 초빈
임자가 보고 달려와서 시비를 붙이면
어찌하려고 그러십니까? 그만두시고
속히 돌아가십시다." 하며 간곡히 만
류하거늘
5 수부님께서 들은 체도 않으시고 몸소
초빈을 헤치기 시작하시니라.

'옥황상제'라 쓴 명정을 덮어 드림

6 경석이 할 수 없이 윤칠로 하여금 초
빈을 헤치고 재궁(梓宮)의 천개(天蓋)를
떼어내게 하니 과연 상제님이시거늘,
어용(御容)이 살아 계실 때와 조금도
다르지 아니하시더라.
7 수부님께서 염낭을 열고 엽전 칠 푼을
꺼내 재궁 속에 넣으신 뒤에
8 상제님께서 일찍이 '장차 내가 죽거든
꼭 입에 넣어 달라.' 하신 진주 한 개를
꺼내 입안에 넣어 드리니라.
9 또 쌀 세 알과 흰 바둑알 세 개를 넣어
드리니 바둑알은 뱉어 내시므로 염낭
에 도로 넣으시고
10 한삼(汗衫)을 가슴에 덮어 드린 다음,
그 위에 '옥황상제(玉皇上帝)'라 쓴 명정
(銘旌)을 덮고 천개를 닫으신 뒤에
11 준비해 온 주과포로 전(奠)을 올리고
흐느끼시며 재배(再拜)를 드리신 후 초
빈을 다시 봉하게 하시니라.
12 이때 김형렬이 집에서 이 광경을 보고
김자현(金自賢), 김갑칠(金甲七) 등 성도
10여 명과 함께 나와서 수부님을 모시
고 들어가니라.
13 수부님께서 형렬의 집에서 이틀 동안
머무르시고 경석, 윤칠과 함께 대흥리
로 돌아오시니라.

신경수의 집에 가심

16 그 뒤 수부님께서 온갖 상념 속에
서 쓸쓸한 나날을 보내시던 중에
딸 태종이 갑자기 시두(時痘)를 앓더니
2 하루는 자꾸 '객망리에 가자.'고 조르
므로 수부님께서 태종을 데리고 길을
나서시니라.
3 객망리로 가시는 도중에 갈림길에서
태종이 '옆길로 가자.'고 하매 그 길을
따라서 운산리(雲山里)에 이르시니
4 태종이 문득 한 집을 가리키며 '이 집
으로 들어가자.'고 보채는지라 들어가
보니 곧 신경수(申京守)의 집이라.
5 마침 경수가 마당에 있다가 수부님께
서 들어서시는 것을 보고 인사를 올리
거늘

6 수부님께서 "이 집이 그대의 집인가?"
하시니 경수가 "그렇습니다." 하며 안
방으로 모시는데, 이번에는 태종이 '윗
방으로 들어가자.'고 하는지라
7 수부님께서 할 수 없이 태종을 데리고
윗방에 들어가 앉으시어 방을 둘러보
시니
8 일찍이 상제님께서 그 방에서 공사를
행하실 때 방 벽 사면에 써 붙이신 '도
술(道術)'이라는 글이 남아 있더라.
9 그 방에 들어가자 태종이 잘 놀며 며
칠을 지내더니 이로부터 시두가 자연
히 나으니라.
10 이때 경석이 와서 수부님께 문안 인사
를 드리고는 사방 벽에 '도술'이라 쓴
글을 보더니 크게 미혹하여 이 다음에
그 방에 와서 공부할 욕심을 품고 돌
아가니라.
11 수부님께서 경수의 집에 머무르실 때
마침 시아버지께서 오시거늘 며칠을
더 계시다가 태종을 데리고 대흥리로
돌아오시니라.

상제님의 성령과 혼례식을 올리심

17 신해(辛亥: 道紀 41, 1911)년 4월에
수부님께서 경석과 류응화(柳應化)
와 응화의 둘째 아들 석남(錫湳)을 데
리고 대원사(大願寺)에 들어가시어
2 대례복(大禮服)을 갖추어 입으시고 상
제님의 성령(聖靈)과 혼례식을 올리시니
라.
3 이때 만고장상(萬古將相)의 이름을 적
어 차례로 크게 부르시고 칠성각(七星
閣)에서 49일 동안 진법주 수련을 하시
니라.

4 眞法呪
진법주

九天下鑑之位 甑山上帝下鑑之位
구천하감지위 증산상제하감지위

衆宗祖下鑑之位
중종조하감지위

冥府十王應感之位 五岳山王應感之位
명부시왕응감지위 오악산왕응감지위

四海龍王應感之位 四時土王應感之位
사해용왕응감지위 사시토왕응감지위

直先祖下鑑之位 外先祖應感之位
직선조하감지위 외선조응감지위

妻先祖應感之位 妻外先祖應感之位
처선조응감지위 처외선조응감지위

七星使者來待之位
칠성사자래대지위

左側使者來待之位 右側使者來待之位
좌측사자래대지위 우측사자래대지위

冥府使者來待之位
명부사자래대지위

天藏吉方하사 以賜眞人하시니
천장길방 이사진인

勿秘昭示하시고 所願成就케 하옵소서.
물비소시 소원성취

100일 동안 수도하시어 활연대각하심

5 그 뒤에 수부님께서 말없이 운산리 신
경수의 집에 행차하시어 그 집 윗방에
서 100일 동안 힘써 수도하시니 딸 태
종이 수종 드니라.
6 수부님께서 공부를 마치시매 이로부터
활연대각(豁然大覺)하시어 삼계(三界)의
모든 이치를 통하지 않으심이 없더라.

상제님 성탄치성을 처음으로 봉행하심

18 정미년 동짓달에 상제님께서 경석
에게 자옥 도수(自獄度數)를 붙이시
고 문밖 출입을 금하시니 생계가 말할
수 없이 궁핍해지거늘
2 신해년 7월에 이르러서는 식량을 구
하지 못하여 가족이 10여 일 동안이나
굶어 부황(浮黃)이 나서 일어나지 못하
는지라
3 이때 마침 김경학(金京學)이 지나는 길
에 들러 그 광경을 보고 크게 놀라 돌
아가서 벼 두 섬을 보내거늘 이것으로
위기를 면하니라.
4 8월 어느 날 정읍 부호 박기철(朴基喆)

이 경석에게 와서 "생계를 너무 등한히
하지 말라." 하고 무곡(貿穀)을 권고하
며 자금을 융통해 줄 의사를 표하거늘
5 경석이 이웃 마을 왕심리(旺尋里)에 사
는 안도신(安道信)에게 그 사유를 말하
고
6 논 스물여덟 마지기의 증서를 빌려 박
기철에게 저당잡힌 뒤 돈 600원을 빚
내어 추곡 무역을 시작하려 하니라.
7 9월 중순에 수부님께서 경수의 집에서
대흥리로 돌아오시어 경석에게 상제님
성탄치성을 올릴 것을 명하시니
8 경석이 장사하려던 자금에서 치성비를
조달하여 제수(祭需)를 마련하고 치성
을 준비하니라.
9 이에 수부님께서 19일 새벽에 치성을
봉행하시니 이로부터 상제님 성탄치성
이 시작되니라.

태모님께서 대도통하신 이후

성령을 받으시고 대도통을 하심

19 9월 20일 아침에 수부님께서 마당
을 거니시다가 정신을 잃고 넘어지
시니
2 집안사람들이 방안으로 떠메어다 눕
히고 사지를 주무르되 소생하실 가망
이 없으매 모두 둘러앉아 통곡하니라.
3 수부님께서 이렇게 네댓 시간을 혼절
해 계시는 중에 문득 정신이 어지럽고
황홀한 가운데 큰 저울 같은 것이 공
중으로부터 내려오는지라
4 자세히 보시니 오색 과실이 높이 괴어
있는데 가까이 내려와서는 갑자기 헐
어져 쏟아지거늘
5 순간 놀라 깨어나시니 들어앉아 애통
해하던 집안사람들이 모두 기뻐하니
라.

후천 오만년 종통맥과 추수할 사람

6 이때 수부님께서 일어나 앉으시어 갑
자기 상제님의 음성으로 경석에게 "누
구냐?" 하고 물으시니 경석이 놀라며
"경석입니다." 하거늘
7 또 "무슨 생이냐?" 하고 물으시니 경
석이 "경진생(庚辰生)입니다." 하고 대
답하니라.
8 이에 말씀하시기를 "나도 경진생이라.
속담에 동갑 장사 이(利) 남는다 하나
니 우리 두 사람이 동갑 장사 하자." 하시
고
9 다시 생일을 물으시니 경석이 "유월
초하루입니다." 하고 대답하거늘
10 말씀하시기를 "내 생일은 삼월 스무엿
새라. 나는 낙종(落種) 물을 맡으리니 그
대는 이종(移種) 물을 맡으라. 추수(秋收)
할 사람은 다시 있느니라." 하시니라.
11 이로부터 수부님께서 성령에 감응(感
應)되시어 수부로서의 신권(神權)을 얻으
시고 대권능을 자유로 쓰시며 신이(神
異)한 기적과 명철(明哲)한 지혜를 나타
내시니
12 천하창생의 태모(太母)로서 상제님 대도
의 생명의 길을 열어 주시니라.
13 이로써 일찍이 상제님께서 "장차 천하
사람의 두목이 되리니 속히 도통하리
라." 하신 말씀이 응험(應驗)되니라.

태모님은 내원궁 법륜보살

20 태모님께서 말씀하시기를 "금산사
미륵전 남쪽 보처불(補處佛)은 삼십
삼천(三十三天) 내원궁 법륜보살(內院宮
法輪菩薩)이니, 이 세상에 고씨(高氏)인
나로 왔느니라.
2 내가 법륜보살로 있을 때 상제님과 정
(定)한 인연으로 후천 오만년 선경세계
를 창건하기로 굳게 서약하고
3 세상의 운로에 맞춰 이 세상과 억조창
생을 구제할 목적으로 상제님을 따라
인간 세상에 내려왔느니라." 하시니라.

수부, 잘 만났구나

4 이어 말씀하시기를 "내가 이 세상에
오려고 모악산 산신으로 내려와 있던
중에, 상제님께서 오시기에 금산 미륵
불로 인도하고 시종하다가
5 상제님께서 개 구(狗) 자 아홉 드는 구
구지(九狗地)의 중앙인 시루산 아래 객
망리 강씨 문중에 태어나시기로
6 나는 9년 만에 담양땅 고씨문(高氏門)
에 태어나서 신씨와 인연타가 상부(喪
夫)를 당한 후에
7 수부공사(首婦公事)로 상제님과 만났을
적에 상제님께서 말씀하시기를
8 '나는 제주 번개를 잡아 쓰노라. 수부, 잘
만났구나. 만날 사람 만났으니 오죽이
나 좋을쏘냐.' 하셨느니라." 하시니라.
9 또 말씀하시기를 "뇌성(雷聲)은 백 리
를 가고, 지동(地動)은 천 리를 가고,
번개는 천하를 비치느니라." 하시니
라.

상제님을 원망하는 차경석

21 태모님께서 21일부터 날마다 마당
에 청수를 떠 놓고 물형부(物形符)
를 받아서 불사르실 때
2 경석이 상제님을 원망하여 말하기를
"부인만 알고 제자는 알지 못한다." 하
거늘
3 이에 태모님께서 경석에게 명하시어
"부(符)를 받으라." 하시니
4 경석이 붓을 들고 엎드려 있으나 아무
리 기다려도 끝내 부가 내리지 아니하
더라.
5 이때 문득 천지에서 신도(神道)가 내리매
태모님께서 상제님의 음성으로 말씀
하시기를
6 "박공우(朴公又)에게 사람을 보내 내가
담아 놓은 술을 가져오라." 하시거늘
7 일찍이 기유년 봄에 공우가 상제님의
명으로 술 서 말을 빚었다가 상제님께
서 다시 찾지 않으시고 어천하시므로
그대로 봉하여 두었더니
8 이제 태모님의 기별을 들으매 기이하
기도 하고 한편으로 기쁘기도 하여 경
수로 하여금 그 술을 지고 가게 하니
라.

약방 기물을 가지러 원평으로 가심

22 이 달 24일에 태모님께서 경석에
게 명하시어 "구릿골에 일이 있어
가리니 사인교(四人轎)와 백마 한 필을
구하여 오라." 하시고
2 이튿날 차윤덕(車輪德)으로 하여금 "침
방(寢房)을 깨끗이 쓸고 방을 지키고
있으라." 하시니라.
3 이어 경석에게 '어명(御命)'이라 쓴 한삼
을 입히시고 갓을 주물러 씌우신 뒤에
어사 도수(御史度數)를 정하며 말씀하시
기를
4 "너는 암행어사라. 암행어사는 폐의파립
(弊衣破笠)으로 행동하여야 하느니라."
하시고
5 경석을 백마에 태워 앞세우시고 태모
님께서는 사인교에 오르시어 차윤칠,
임정준(林正俊), 주낙범(朱洛範)을 데리
고 원평으로 행차하시니라.

약방의 먼지까지 쓸어 오라

23 이 날 태모님께서 원평에 이르시어
송찬오(宋贊五)의 주막에 처소를 정
하시고 점심을 드실 때
2 경석에게 '반찬은 이러이러한 것을 차
려 오라.'고 일일이 지시하시되 경석이
그대로 실행치 않으매 크게 꾸짖으시
니라.
3 태모님께서 진지를 드시고 주모를 불
러 밥값을 물으시니 얼마라 아뢰거늘
4 지폐를 밥상 위에 놓고 맨 위의 한 장
을 집어 드시니 지폐가 구슬을 꿴 듯
이 주르르 따라 올라가다가 그 금액에
서 딱 멈추는지라
5 옆에서 이 모습을 지켜보던 수십 명의

사람들이 그 기이함을 찬탄하더라.
6 이어 윤칠에게 명하시어 "약방에 가서
약장(藥欌)과 궤(櫃)를 굳게 지키고 있
으라." 하시고
7 다시 경석에게 명하시기를 "짐꾼 세
사람을 데리고 가서 약장과 궤 등 약방
기구 일체와 벽에 붙인 글과 벽 바른 종이
를 모조리 떼고 방바닥의 먼지까지 쓸어
서 가져오라." 하시니라.

하늘의 뜻이니 마음대로 가져가라

24 경석이 태모님의 명을 받고 구릿골
에 가서 형렬에게 찾아온 뜻을 고
하니
2 형렬이 말하기를 "내 딸이 사경에 임
박하였노라. 이러한 우환 중에 무엇을
달라 함이 심히 경우가 아닐 뿐 아니
라 본래 선생님 재세 당시부터 나에게
보관케 하신 물건이니 그리할 수 없노
라." 하니라.
3 이에 경석이 "천지공사에서 결정된 일
을 좇지 아니하면 화(禍)가 있을 것입
니다." 하니
4 형렬이 말하기를 "만일 천지공사에서
결정된 일이라면 신도(神道)에서 어떤
징조를 나타낼 것이니, 징조가 나타나
지 않으면 나는 그대의 말을 믿지 못
하겠노라." 하니라.
5 이때 태모님께서 '형렬이 명을 듣지 아
니한다.'는 기별을 들으시고 양지에 해
와 달을 그려 놓으시고 두 손 식지(食
指)로 하늘을 향하여 지휘하시니
6 갑자기 맑은 하늘에 벽력이 일어나고
소나기가 쏟아지며 번개가 약방에 들
어오더니 온 집을 두르는지라
7 형렬이 징조를 요구하다가 크게 놀라
며 문득 '망하는 세간살이는 아낌없이
버리고 새 배포를 꾸미라. 만일 아껴서
놓지 않고 붙들고 있으면 몸까지 따라
서 망하느니라.' 하신 상제님의 말씀이
생각나고
8 또한 셋째 딸이 나와서 "아버지, 내어 주
시오. 내 주셔도 괜찮습니다." 하고 말
하기도 하니
9 형렬이 경석에게 이르기를 "진실로 하
늘의 뜻이니 마음대로 가져가라." 하며
10 후일 포교가 안 되면 반환하기로 약속
을 받고 내어 주니라.

김형렬 셋째 딸의 죽음

25 경석이 약장과 궤와 철연자와 삭
도와 횃대와 부벽시(付壁詩)와 액자
등 모든 기구와 방바닥의 먼지까지 쓸
어서 짐꾼에게 지우고
2 마침내 도배지를 떼니 일찍이 상제님께
서 "이 종이를 뜯을 날이 속히 이르러야
하리라." 하신 말씀이 응험되니라.
3 경석이 형렬에게 돈 20원을 주며 말하
기를 "따님의 병이 위중하다 하니 약
소하나마 약값에 보태어 쓰십시오."
하고 인사한 뒤
4 비바람을 무릅쓰고 마을 앞 정문(旌門)
거리에 이르니 풍우와 뇌성이 그치고
형렬의 집에서 곡성(哭聲)이 들리더라.

약장은 곧 안장롱

5 잠시 후 형렬의 집에서 한 사람이 달려
와 '김 부인이 돌아가셨다.'는 부고(訃
告)를 전하거늘
6 이로써 일찍이 상제님께서 형렬에게
"약장은 곧 안장롱(安葬籠)이니라." 하신
말씀이 이루어지니라.
7 이때 경석은 상제님 어천 직전에 자신
이 왕비 비(妃) 자를 죽은 어미 비(妣)
자로 그릇 쓴 것이 '김 부인의 운명에
대한 상제님의 예시'였음을 깨닫게 되
니라.

장례비를 후히 내려 주심

8 경석이 약장을 지고 원평에 당도하니
태모님께서 "약장 지고 올 적에 무슨
소리가 난 일이 있더냐?" 하시거늘
9 경석이 "예, 곡성이 있었습니다." 하고
김 부인이 사망한 사실을 아뢰니

10 태모님께서 "불쌍하다." 하시고 치상
비를 후히 주시며 "장사(葬事)에 보태
어 쓰게 갖다 주어라." 하시니라.

경석의 불평줄을 경계하심

26 약방에서 가지고 온 모든 물건을
송찬오의 집에 들여놓을 때 경석이
불평하므로 태모님께서 발길로 차시
니 눈알이 튀어나온지라
2 경석이 끙끙 앓으며 고쳐 주시기를 애
걸하니 태모님께서 뒷일을 경계하시고
3 청수에 눈알을 씻어 넣으신 뒤에 거울
을 청수에 담근 다음 그 물을 경석에
게 먹이시니 원래 대로 회복되니라.
4 이때 찬오가 상제님의 성물을 탐내어
그 중에서 목침을 몰래 빼돌리니라.

약장은 네 농바리

27 29일 아침에 형렬이 원평에 와서
태모님께 딸 죽은 일을 아뢰니 태
모님께서 위로하시니라.
2 이어 태인 도돔실 류응화에게서 원삼
(圓衫)과 족두리를 빌려다가 새롭게 단
장하신 뒤에 사인교를 타시고
3 경석에게는 철연자를 전대(纏帶)에 넣
어 메게 하시며 약장과 나머지 모든
물건을 짐꾼에게 지워 앞세우시고 대
흥리로 돌아오시니
4 마치 신부가 농(籠)바리를 앞세우고 신
행(新行)길을 가는 것과 같은지라
5 이로써 상제님께서 "약장은 네 농바리가
되리라." 하신 말씀이 이루어지니라.

약장은 네 신주독

6 태모님께서 대흥리에 돌아오시어 약장
과 모든 기물을 침방(寢房)에 봉안하고
부벽시는 벽에 붙이고
7 벽 발랐던 종이는 뭉쳐서 천장 속에
간수하시니 온 집안사람들이 모두 의
아히 여기니라.
8 이어 약장 앞에서 치성을 올리시니 상
제님께서 "약장은 네 신주독(神主櫝)이
되리라." 하신 말씀이 이루어지니라.

도운의 첫째 살림, 정읍 대흥리 도장

도장 개창을 선언하심

28 신해년 10월에 태모님께서 모든
일을 안돈(安頓)하신 뒤에 상제님
을 직접 모신 성도들을 불러모으시니
2 성도들이 찾아와 태모님의 신통력을
보고 모두 놀라며 이상히 여기더라.
3 이때 태모님께서 신도(神道)로써 포정
소(布政所) 문을 열고 도장 개창을 선언하
시매
4 상제님 어천 이후에 어찌할 바를 몰라
방황하던 성도들이 다시 크게 발심(發
心)하여 태모님을 모시거늘
5 태모님께서 대흥리 차경석의 집을 본
소(本所)로 정하시고 각기 사방으로 돌
아다니며 포교에 힘쓰게 하시니라.

태을주 소리가 끊이지 않고 울려 퍼짐

6 이로부터 우리나라에 비로소 상제님
무극대도의 포교 운동이 조직적으로
전개되어 신도들이 구름 일듯이 모여
들기 시작하더니
7 그 후 3년 만에 전라남북도와 충청남
도와 경상남도와 서남해의 모든 섬에
태을주 소리가 끊이지 않고 울려 퍼지
게 되니라.

천하를 통일하는 도(道)

29 하루는 성도들이 태모님께 여쭈기
를 "교 이름(敎名)을 무엇으로 정하
시렵니까?" 하니
2 말씀하시기를 "천하를 통일하는 도(道)
인데 아직은 때가 이르니 '선도(仙道)'라
고 하라. 후일에 다시 진법(眞法)이 나
오면 알게 되리라." 하시니라.
3 이때 태모님께서 신경원(辛京元)과 김병

욱(金秉旭)으로 하여금 태인 장에서 흑우
(黑牛) 한 마리를 사 오게 하시어 그 소
를 기르시며 도정(道政)을 집행하시고
4 백남신(白南信)에게 이르시기를 "상제
님께서 맡겨 두신 돈 10만 냥을 들여
와서 도장 운영비로 쓰게 하라." 하시
되 남신이 듣지 않으니라.

거울 앞에서 주문을 읽으라

30 하루는 태모님께서 궤 위에 거울
을 세워 놓고 다시 작은 거울을 그
면에 붙이신 다음
2 경석에게 명하여 "그 앞에 앉아서 주
문을 읽으라." 하시니 경석이 주문을
읽다가 불평을 하거늘
3 갑자기 붙었던 거울이 떨어지므로 놀
라 거울을 주워 다시 붙이려 하나 붙
지 않는지라
4 경석이 태모님께 고하니 다시 붙여 놓
으시고 계속 주문을 읽게 하시매
5 문득 폭우가 내려 큰물이 져서 경석의
집도 침수(浸水)되니라.

굽은 등이 곧아지니라

6 경석이 어려서부터 등이 굽어서 보기
가 싫거늘
7 하루는 태모님께서 주먹으로 경석의
굽은 등을 치시며 "보기 싫다." 하시고
뒷덜미를 잡아 일으켜 세우시니
8 경석의 척추에서 '뚝' 소리가 나면서
굽은 등이 곧아지니라.

청주 만동묘에 가심

31 임자(壬子: 道紀 42, 1912)년 7월 3일
에 태모님께서 경석을 데리고 걸어
서 청주 만동묘(萬東廟)에 가시어 9월 2
일까지 날마다 치성을 봉행하시니라.
2 하루는 경석이 냇가 바위 위에 앉아서
주문을 읽다가 낙상(落傷)하여 여러 날
동안 정신을 잃고 누워 앓거늘
3 태모님께서 주먹으로 경석의 등을 치
시며 꾸짖어 말씀하시기를 "일을 다
보았는데 너는 어찌 정신을 차리지 않
느냐?" 하시니 경석이 곧 나아 일어나
니라.
4 이때 여비(旅費)가 떨어지매 경석이 먼
저 돌아와서 여비를 마련하여 태모님
을 모셔 오니라.

이용기를 아들 삼고 명줄을 늘여 주심

32 익산군 춘포면 용연리(春浦面 龍淵
里) 장연(長淵) 마을에 사는 이용기
(李用己)는 어려서부터 수명이 짧다고
들 하므로
2 열 살 이후에 전주 우동면(紆東面)에 있
는 만덕사(萬德寺)에 들어가 칠성경을
읽으며 생활하더니
3 계축(癸丑: 道紀 43, 1913)년에 김제군 백
구면 부용리(白鷗面 芙蓉里) 외가전(外佳
田) 마을에 사는 유일태(劉一太)의 인도
로 대흥리 도장 시절부터 신앙을 시작
하니라.
4 이 해에 하루는 태모님께서 한 성도에
게 명하시어 방에 짚을 깔아 출산할
준비를 하게 하시고 옷을 다 벗으신
채 누우신 다음
5 용기로 하여금 태모님의 팔을 베고 눕
게 하시더니 갑자기 땀을 뻘뻘 흘리시
며 산통(産痛)을 겪으시고 하혈(下血)을
하시거늘
6 어느새 용기가 자기도 모르게 옷이 홀
딱 벗긴 채 온 몸이 피투성이가 되어
태모님의 하초(下焦) 밑에서 아기처럼
"응애응애!" 하며 울고 있더라.
7 이어 태모님께서 여신도에게 명하시기
를 "미역국과 밥을 한 솥 하라." 하시
어 솥째로 다 드시며 몸조리를 하시고
8 용기에게 말씀하시기를 "용기 너는 내
아들이니 내가 하자는 대로 하자." 하
시고 모든 일에 수종 들게 하시거늘
9 용기가 어머니를 모시듯 한결같은 마
음으로 태모님을 시봉하니라.
10 이 날 태모님께서 용기에게 새 생명을

내려 주시매 용기가 건강하게 오래 사
니라.

도세가 날로 흥왕하니라

33 이 해 9월 상제님 성탄치성에 순천
사람 장기동(張基東)이 대흥리에 와
서 태모님을 뵙고
2 도장이 너무 좁아 운영에 불편하시리
라 여겨 경석에게 건물 한 채를 새로
지을 것을 권하며 이듬해 정월 보름
이후에 건축비를 가져오기로 약속하
고 돌아가니라.
3 갑인(甲寅: 道紀 44, 1914)년 정월 20일
경에 약속한 대로 장기동이 도장에 와
서 돈 천 원을 헌성하매 이로써 건축
공사를 시작하거늘
4 그 해 봄에 비로소 성전(聖殿)을 지어
도장의 면목을 세우니 이로부터 도세
(道勢)가 날로 흥왕하니라.

시천주주로 풀어 주어라

34 10월 30일에 전주군 초포면 전당
리(草浦面 全堂里) 진기(陳機) 마을에
사는 77세 된 이태우(李台雨)가 등에
큰 혹이 있어 고통으로 지내다가
2 유일태에게 혹을 없애 달라고 애걸하
니 일태가 태모님께 이 사실을 아뢰니
라.
3 이에 태모님께서 물으시기를 "혹이 얼
마나 크더냐?" 하시므로 일태가 "큰
주먹만 합니다." 하니
4 이르시기를 "네가 가서 청수 모시고 기
도한 후에 시천주주를 읽으면서 혹을
문질러 풀어 주어라." 하시는지라
5 일태가 태우의 집에 가서 태모님께서
일러 주신 대로 하니 곧바로 태우의 혹
이 터져 약을 쓰지 않고도 완쾌되니라.

문둥병자를 고치시고 눈썹을 나게 하심

6 하루는 문둥병을 앓아 눈썹이 하나도
없는 사람이 도장에 찾아온지라
7 태모님께서 불쌍히 여기시어 그 자리
에서 병을 낫게 하시니 곧바로 눈썹이
다시 생겨나니라.

도통 공부하러 모인 성도들

35 을묘(乙卯: 道紀 45, 1915)년에 김형
렬이 신안이 열려 신명을 부리고
풍운조화를 짓거늘
2 상제님을 모시던 다른 성도들도 신력
(神力)을 통하고 싶은 마음이 일어나
통사동(通司洞)에 있는 영모재(永慕齋)
에 모여 도통 공부에 들어가니
3 이때 참석한 사람은 박공우, 김경학(金
京學), 김광찬(金光贊), 문공신(文公信) 등
20여 명이더라.
4 원래 광찬은 성품이 호탕하고 성격이
급한지라 공부하는 도중에 돌연 광기
(狂氣)가 발동하여 주먹을 휘두르니
5 성도들이 이 일을 계기로 도통 공부에
회의를 품고 모두 흩어져 돌아가니라.
6 이때 처음부터 끝까지 이를 지켜본 인
물이 있었으니, 곧 상제님께서 문왕(文
王) 도수를 붙이신 문공신이니라.

박중빈의 상제님 신앙과 도통 공부

36 성도들이 영모재에서 도통 공부를
시작한 지 얼마 후 박중빈(朴重彬)
도 그 자리에 참석하거늘
2 중빈은 일찍이 태인과 정읍 등지를 돌
아다니며 엿장수 생활을 하다가 당숙
(堂叔)인 박공우로부터 상제님의 말씀
을 여러 차례 전해 듣고
3 태모님의 대흥리 도장 시절부터 상제
님을 돈독하게 신앙하고 금산사 미륵
전을 오가며 참배하니라.
4 이때 중빈이 문득 교단을 차려야겠다는
생각이 들어 도통 공부를 하기로 작정
하고 방법을 찾던 중
5 하루는 '상제님을 모시던 성도 몇 사
람이 통사동 재실에 모여 수도 공부를
한다.'는 소식을 듣고 공우에게 간절히
청하여 그 자리에 참석한 것이더라.

6 그러나 뜻밖에 광찬의 광기로 인하여
성도들이 모두 흩어져 돌아가매 중빈
도 뜻을 이루지 못하고 돌아가니라.

차경석의 욕심과 성도들과의 불화

37 차경석은 상제님의 명에 따라 태모
님을 자기 집에 모시고 있어 도장
의 안팎일을 통틀어 살피며 찾아오는
신도들을 응접하더니
2 태모님께서 경석과 수뇌급 간부들에게
교리(教理)와 도무 진행 방침을 정하여
주시고
3 도덕적 진리와 인도상의 정리(正理)와
수행 시 지녀야 할 계율에 대한 조항
등을 일일이 말씀하시거늘
4 경석이 겉으로는 태모님 말씀에 응하
는 듯하나 속으로는 받아들이지 아니
하더라.
5 또한 경석은 기국이 워낙 커서 다른
성도들과 품은 뜻이 다르더니 마침내
교세를 움켜쥘 욕심을 갖게 되니라.
6 이에 경석의 야심을 간파한 성도들이
모두 분개하여 더러는 도문(道門)을 하
직하고 지방 신도들과 연락하여 따로
문호(門戶)를 세우기도 하며
7 일부는 경석을 따돌리고 본소를 다른
곳으로 옮기려는 운동을 벌이기도 하
니라.

이치복의 본소 이전 운동

38 이 해 봄에 이치복(李致福)이 채사
윤(蔡士允)과 함께 장성 필암(長城
筆岩)에 사는 김형국(金炯國)을 만나
2 필암에 집 한 채를 신축하고 태모님을
모시어 본소를 옮기고자 뜻을 모았으
나
3 태모님께서 허락하지 않으시므로 결국
그 뜻을 이루지 못하니라.
4 병진(丙辰: 道紀 46, 1916)년 가을에 치복
이 다시 경북 신도들과 의논하여 원평
에 집 한 채를 사 놓고 태모님께 본소
이전을 청하니
5 태모님께서 경석의 전횡을 불쾌히 여
기고 계시던 터라 본소 이전을 허락하
시니라.

이치복의 도문 하직

6 이에 동지 전날인 27일에 치복과 사윤
이 차윤경의 집에서 각 지방 신도 대
표들과 의논한 끝에 동지 다음날에 본
소를 원평으로 옮기고자 하였더니
7 이튿날 동지절에 경석의 부탁을 받은
이윤수(李胤洙)가 태모님께 간(諫)하고
강사성(姜四星)이 태모님 앞에서 치복의
과실을 들어 공격하니라.
8 이때 사성이 여쭈기를 "듣건대 사모님
께서 원평으로 이사하신다 하는데 누
구를 데리고 가시려 하나이까?" 하니
9 태모님께서 "치복을 데리고 가려 하노
라." 하시거늘
10 사성이 "이사하는 일의 가부는 사모님
께서 알아서 하실 일이오나 치복이 사
모님께 불명예스러운 말을 유포하여
항간에서 떠드니 그런 사람을 신임하
다가는 뒷날 크게 후회할 일이 있을까
하나이다." 하니라.
11 이에 태모님께서 치복을 크게 염려하
시는 한편 성도들의 분란을 우려하시
어 "본소 이전을 작파하노라." 하고 선
언하시거늘
12 이로써 본소 이전은 실패로 돌아가고
치복과 사윤은 어쩔 수 없이 도문을
하직하고 물러가니라.

차경석의 교권 장악

39 치복의 본소 이전 운동을 저지한
경석은 이 해 동지절에 통교권(統
教權)을 장악한 다음
2 김형규(金炯奎), 문정삼(文正三) 등 심복
신도 스물네 사람을 24방주(方主)로 임
명한 뒤에
3 각 지방으로 파견하여 신도들을 수습
하고 교권(教權)을 집중시키니라.

주렴을 걸고 신도들의 알현을 막음
4 이때부터 경석은 태모님께서 옆에 계
시는 것이 불편할 뿐 아니라
5 태모님께서 날마다 "네 이놈, 경석아!"
하시니 다른 사람이 들으면 자기의 체
면이 손상될까 두려워
6 먼저 태모님과 신도들 사이를 이간하
여 인맥을 끊게 하고
7 다음으로 태모님께서 거처하시는 방
문에 주렴(珠簾)을 걸어 놓고는
8 '예문(禮門)'이라 하여 자신의 허락 없이
는 누구도 출입을 금한 채 그 아내 이
씨(李氏)에게만 태모님의 수발을 들게
하니
9 이는 겉으로는 태모님을 높이는 체하
면서 실제로는 신도들이 태모님을 알
현(謁見)하는 길을 막기 위함이더라.
10 이로 인해 도장에는 신도들의 자취가
끊어지고 오직 경석이 그의 아우들과
더불어 태모님을 모시니라.

도운의 뿌리 분열 시대

40 각 지방으로 흩어져 돌아간 성도
들이 지방 신도들과 연락하여 따
로 문호(門戶)를 세우니 이러하니라.
2 안내성은 여수 가국리(麗水 柯局里)에
서, 이치복은 원평에서, 박공우는 태인
에서 교단을 세우고
3 또 김형렬, 김광찬, 문공신, 김병선(金炳
善) 등이 각기 문호를 여니
4 이로부터 각 교파가 분립하여 도운의
뿌리 분열 시대가 열리니라.

전선필의 상제님 신앙

41 옥구군 구읍면 수산리(沃溝郡 舊邑
面 壽山里)에 사는 전선필(田先必)은
일찍이 부친이 황달에 걸렸으나 집안
이 가난하여 약을 구하지 못하다가
2 하루는 어디서 '증산 상제님의 도를 믿
고 주문을 읽으면 모든 병이 다 낫는
다.'는 소문을 듣고 정성을 다해 주문
을 읽으니 부친의 병이 낫는지라
3 이로부터 선필의 가족이 모두 신앙하
게 되고, 선필은 배우지 않고도 자연
히 침술(鍼術)을 통하게 되니라.
4 동네 사람들이 이 소식을 전해 듣고
집안에 환자가 생기면 밤낮을 가리지
않고 찾아오매 선필이 오직 침 하나로
그 많은 병을 다 치유하거늘
5 이후로 선필은 명의(名醫)로 이름을 떨
치고 많은 사람들의 경애를 받게 되니
라.

태모님을 찾아온 송규

42 정사(丁巳: 道紀 47, 1917)년 4월에
송도군(宋道君)이 태모님을 뵙기 위
해 찾아왔으나 경석의 반대로 물러가
니라.
2 10월에 이르러 경석이 일본 경찰의 주
목을 피하는 한편 도사 술객을 찾기
위해 유람을 떠나니
3 도군이 그 틈을 타서 태모님을 모시려
고 다시 대흥리 도장에 찾아오거늘
4 태모님께서 그 기운을 한 번 보시고
더 이상 대면치 아니하시며 도문에 들
이지 않으시니라.

오장이 곯도록 썩어야

43 태모님께서 여러 달 동안 신도들
을 상대하지 못하시고 답답한 심
정으로 세월을 보내시더니
2 무오(戊午: 道紀 48, 1918)년 정월 9일에
유일태가 대흥리 경석의 집에서 하룻
밤을 지내고 이튿날 태모님을 찾아뵙
거늘
3 태모님께서 물으시기를 "간밤 꿈에 일
이 없었느냐?" 하시매
4 일태가 아뢰기를 "상제님께서 새우젓
세 단지를 주시며 '한 단지는 천종서
(千宗瑞)를 주고, 한 단지는 강사성을
주어라.' 하셨습니다." 하니
5 말씀하시기를 "새우젓과 같이 오장(五臟)

이 곯도록 썩어야 하느니라." 하시니라.

송산 마을 천종서의 집으로 가심

44 6월 20일에 태모님께서 딸 태종을 정읍군 우순면 초강리(雨順面 楚江里) 연지평(蓮池坪) 마을 박노일(朴魯一)에게 시집보내시고
2 9월 19일에 상제님 성탄치성을 봉행하신 다음 대흥리에서의 모든 일을 정리하신 후
3 21일 새벽에 대흥리를 떠나 김제군 공덕면 공덕리(孔德里) 송산(松山) 마을 천종서의 집으로 옮겨가시니라.

대흥리를 떠나 부용역에 내리심

45 태모님께서 담뱃대 하나만 들고 걸어서 정읍역에 이르시니 채규일(蔡奎壹), 채규철(蔡奎喆), 채경대(蔡慶大)가 쫓아와 돌아가실 것을 간절히 청하거늘
2 태모님께서 듣지 아니하시고 기차를 타고 부용역(芙蓉驛)에 내리시니 규철과 경대가 그곳까지 따라왔다가 그냥 돌아가니라.
3 이 날 새벽 종서의 꿈에 태모님께서 부용역에 계시는 것이 생생히 보이거늘
4 즉시 나가 보니 과연 태모님께서 새벽 공기가 차가운데 역에서 홀로 떨고 계시는지라
5 종서가 태모님을 업고 집으로 돌아와 머무르시게 하고 각처 성도들에게 연락하매 여러 성도들이 내왕하니라.
6 이때 태모님께서는 단지 치성을 올리실 뿐이거늘 종서의 장남 병원(柄元)이 미신타파를 운운하며 매우 싫어하더라.

성씨 하나 보고 가노라

46 10월 중순에 김제군 백산면 조종리(金堤郡 白山面 祖宗里)에 사는 강응칠(姜應七), 강사성(姜四星), 강원섭(姜元聶) 등 강씨 신도들이 종서의 집에 찾아와 태모님께 여쭈기를
2 "상제님께서는 저희들과 동종간(同宗間)이며 수부님께서는 저희들의 사모님이시니 저희들이 모실 것입니다." 하고 여러 차례 청하니
3 태모님께서 "그러면 종서하고 상의해 보아라." 하시므로 강씨 신도들이 종서와 상의하여 태모님의 거처를 옮기기로 합의하니라.
4 이에 태모님께서 말씀하시기를 "다른 것은 없고 다만 성씨(姓氏) 하나 보고 가노라." 하시며 허락하시니라.

도운의 둘째 살림, 김제 조종리 도장

오두막집에 한 달간 머무르심

47 조종리는 강씨가 150호 정도 사는 집성촌(集姓村)이요, 그 가운데 대여섯 명이 신도라.
2 이들이 중조(中祖) 마을에 있는 오두막집에 임시 거처를 정하여 한 달간 태모님을 모시다가 이어 하조(下祖) 마을 응칠의 집으로 옮겨 모시거늘
3 태모님께서 9개월 동안 응칠의 집에 머무르시며 한 달에 두 번씩 소와 돼지를 잡아 치성을 올리시니라.
4 하루는 사성과 응칠 등이 태모님께 여쭈기를 "이제 사모님께서 본소를 옮기셨으니 새로 포교 운동을 크게 일으킴이 옳을까 하나이다." 하거늘
5 말씀하시기를 "모든 일이 정한 도수가 있느니라. 농자는 천하지대본이니 마땅히 농업에 힘쓸 것이요
6 포교 운동은 오직 천명을 좇아 시기가 이르기를 기다릴 것이며, 오는 자는 오고 가는 자는 가게 하여 그들의 뜻에 맡김이 옳으니라." 하시니라.

수화중이라도 나를 따르겠느냐

48 동짓달 22일에 태모님께서 성도들에게 물으시기를 "너희들이 수화중(水火中)이라도 나를 따르겠느냐?" 하시며 다짐을 받으시고

2 25일 새벽에 치성을 올릴 때 태모님께서 잔을 올리시다가 성도들에게 "제상(祭床)에 술방울이 몇 점이나 떨어졌느냐?" 하시거늘

3 성도들이 세어 보고 아뢰기를 "스물두 점입니다." 하니 들은 척도 않으시고 다시 물으시니라.

4 이에 "스물석 점입니다." 하고 대답하매 또 물으시므로 자세히 세어 보니 스물넉 점인지라

5 그대로 아뢰니 말씀하시기를 "그러하리라." 하시니라.

대속하시어 목포 경찰서에 구속되심

49 정사년에 경석이 유람을 떠난 후 대흥리 차경석의 교단에서 연이어 불미스런 일이 일어나므로 관할 경찰서에서 밤낮을 가리지 않고 감시하는데

2 동짓달에 제주 신도 문인택(文仁宅)이 성금 10만여 원을 면화 포대 속에 감추어 가지고 대흥리로 오다가 목포항에서 발각되매

3 차윤칠을 비롯한 방주 18명이 체포되어 목포 경찰서에서 혹독한 고문을 당하거늘

4 이때 대흥리 경석의 교단에서는 태모님께 모든 책임을 떠넘기니라.

5 이에 25일 정오쯤에 순사들이 태모님을 체포하려고 조종리로 찾아와 사성에게 태모님 계신 곳을 물으니

6 응칠이 태모님께 달려와 이 사실을 아뢰며 걱정하여 말하기를 "반드시 화(禍)가 있을 듯하오니 잠깐 피하시옵소서." 하매

7 태모님께서 말씀하시기를 "내가 이미 알고 있노라. 그러나 이번에 내가 순하게 받아야 뒷일이 없을지니 피하는 것이 불가하니라." 하시고

8 즉시 소멸음해부(消滅陰害符)에 해마주(解魔呪)를 적어 불사르신 다음 태연히 앉아 계시니라.

9 얼마 후 순사들이 응칠의 집으로 들어와 태모님의 행방을 찾으므로 태모님께서 순사들을 불러오게 하시어 몇 마디 말씀을 나누신 뒤에 응칠과 함께 경찰서로 연행되시니라.

'무오년 옥화' 이후

10 태모님께서 응칠과 함께 정읍 경찰서에서 하룻밤을 지내시고 이튿날 목포 경찰서에 이송되어 심문을 받으시되 별다른 증거가 없는지라

11 응칠은 섣달 12일에 석방되고, 태모님께서는 38일 만인 그 이듬해 기미(己未: 道紀 49, 1919)년 정월 초사흗날에 석방되시니

12 세인들은 이를 일러 '무오년 옥화(獄禍)'라 하니라.

13 이로부터 태모님께서 농사에 마음을 두시고 몇 년 동안 한가로이 지내실 뿐이더라.

조종리 도장 성전 건축

50 무오년에 강응칠과 강사성이 주도하여 강원섭, 천종서, 이용기, 강운서(姜雲瑞), 양문경(梁文敬), 김재윤(金在允), 김봉우(金奉宇), 백용기(白龍基), 박종화(朴鍾華), 서문백(徐文伯) 등

3 열두 사람이 성전을 짓기로 뜻을 모으고 각기 성의껏 성금을 내어 700원을 마련하거늘

3 동짓달 11일에 건축을 시작하여 기미년 윤7월 18일에 여섯 칸 겹집 전퇴의 성전을 낙성(落成)하고 태모님을 모시니라.

도장 건축 후 태모님의 생활

4 이로부터 태모님께서 성도 두어 사람과 더불어 도장에 계시며 소작답 스물

네 마지기를 부쳐 농사나 감독하시고 한 달에 한두 번 치성을 올리시며 한가로이 수행하실 뿐이더니
5 항상 새벽닭이 울고 난 뒤에 주문을 읽으시매 그 소리가 낭랑하면서도 쩌렁쩌렁하여 수백 미터 떨어진 원조(元祖) 마을까지 들리더라.

수석 성도 고민환의 입도

51 이 해 8월에 옥구 근처에 괴질이 크게 유행하여 사람이 많이 죽으매 태모님을 찾아와 의지하는 신도가 점차 많아지니라.
2 이때 옥구에 사는 고민환(高旻煥)과 이근우(李根宇)가 조종리를 찾아와 태모님을 뵙거늘
3 민환은 일찍이 승려 생활을 하면서 불교는 물론이고 유교와 신학문까지 두루 공부하였더라.
4 태모님께서 두 사람을 보시고 "어디에 사느냐?"고 물으시니 민환이 "옥구군 성산면 성덕리(聖山面 聖德里)에 삽니다." 하고 아뢰거늘
5 "좋은 곳에 산다." 하시고 "그곳을 떠나지 말라." 하시며 세 번을 다짐받으시니라.
6 또 물으시기를 "그곳에 오성산(五聖山)이 있느냐?" 하시므로 민환이 "있나이다." 하고 대답하니
7 다시 "그러면 그곳에 수천 칸이라도 지을 만한 집터가 있느냐?" 하시거늘 "수만 칸이라도 지을 수 있나이다." 하고 아뢴즉
8 태모님께서 말씀하시기를 "그러면 좋은 곳이라." 하시니라.

통사동 재실에 들러 난법자를 꾸짖으심

52 무오년에 조철제(趙哲濟)가 도통할 욕심으로 김형렬의 교단에 들어가 추종하다가 뜻을 이루지 못하니
2 기미년에 심복 여러 명을 데리고 통사동 영모재에 찾아가 '도통 공부'를 시작하니라.
3 철제는 일찍이 경석이 태모님을 모시고 포교하여 그 교세가 날로 커지는 것을 보고
4 자신도 태모님을 모시면 도통을 하고 신도들이 구름처럼 모여들 것이라 생각하여 조종리로 사람을 보내 시봉하기를 소원하더니
5 하루는 태모님께서 연지평 박노일의 집에 가시는 길에 영모재에 들러 철제를 보시고 크게 노하여 꾸짖으시기를
6 "저 개만도 못한 놈! 내가 개 죽은 자리에 앉을지언정 저놈이 저기 앉았는데 여기서 하룻밤인들 쉬어갈 수 있나." 하시며 담뱃대로 이마를 때리시니
7 철제가 이를 참지 못하고 밖으로 뛰쳐나가며 "차경석 같은 사람이나 감당할까, 우리 같은 사람은 감당하지 못하겠다." 하고 모시기를 포기하더라.
8 그 뒤 신유(辛酉: 道紀 51, 1921)년 삼월 삼짇날에 조철제가 다시 도통할 욕심으로 심복 여덟 사람을 시켜 상제님 성골을 도굴해 가니라.

장차 사람 바다를 이루리라

53 기미년에 이르러 각 지방에서 많은 신도들이 왕래하니 성도들이 구획을 정하여 치성 경비를 분담키로 하거늘
2 태모님께서 허락하지 않으시며 "내가 농사를 지어서 여유가 있으니 내가 먹는 대로 치성을 봉행하라. 가난한 신도들에게 부담되게 할 수는 없으니 그리 알라." 하시니라.
3 이어 고민환과 여러 성도들에게 말씀하시기를 "지금 인원이 적고 그로 인해 도무(道務) 진행이 어려움을 한(恨)하지 말라." 하시고
4 또 말씀하시기를 "판밖에서 성도(成道)하여 들일 때에는 사람 바다를 이루는

가운데 너희들의 노고가 크리라." 하
시니라.

대두목이 나오리라

54 하루는 성도들이 여쭈기를 "어머
니, 우리 도판이 언제나 발전해서
사람도 많이 생기고 재력도 풍족하게
될는지요?" 하니
2 말씀하시기를 "내 일은 셋, 둘, 하나면
되나니 한 사람만 있으면 다 따라 하
느니라." 하시고
3 "**세상이 바뀔 때에는 대두목(大頭目)이 나**
오리라. 그래야 우리 일이 되느니라."
하시니라.

못난 놈이 내 차지

4 하루는 태모님께서 "똑똑한 놈들은 다
서교(西教)한테 빼앗기고 못난 놈들이
내 차지니라." 하시거늘
5 성도들이 그 연유를 여쭈니 말씀하시
기를 "그나마 그것도 다행으로 알아야
지." 하시고
6 또 말씀하시기를 "**무식도통이라야 써먹**
지, 유식한 놈은 늙은 당나귀 같아서
가르쳐 써먹을 수가 없느니라." 하시
니라.

포교는 몸 닦음을 근본으로

55 옥구군 임피면 읍내리(臨陂面 邑內
里) 안흥(安興) 마을에 사는 고찬홍
(高贊弘)이 태모님께 포교 운동을 크게
일으키기를 청하니
2 말씀하시기를 "장차 너희들에게 찾아
오는 자만 거두어 가르치기도 바쁘리
라.
3 이제 새로 포교할 바가 아니요 먼저
몸 닦음(修身)을 근본으로 삼아 부모를
잘 섬기고 형제간에 우애하며 남에게
척(隻)짓지 말고 농사에 힘써 때를 기
다리라." 하시니라.
4 또 말씀하시기를 "포덕천하(布德天下) 광
제창생(廣濟蒼生) 하자니까 전하지, 알
고 보면 전하기가 아까우니라.
5 앞으로 좋은 세상 나오리니 너희들은
좋은 때를 타고났느니라." 하시니라.

인망을 얻으려면

56 경신(庚申: 道紀 50, 1920)년 8월에
고찬홍이 여쭈기를 "'신망(神望)이
불여인망(不如人望)이라.' 하온데 인망
을 얻으려면 어찌해야 합니까?" 하니
2 태모님께서 말씀하시기를 "서쪽으로
가면 알 일이 있으리라." 하시니라.
3 이에 찬홍이 옥구 서쪽으로 돌다가 미
면 산북리(米面 山北里)에 사는 박종오
(朴鍾五)를 만나 함께 포교에 종사하니
4 이로부터 그 지방에 도세가 크게 일어
나니라.

자손 줄을 내려 주심

57 옥구에 사는 고권필(高權必)이 마흔
이 다 되도록 자식을 두지 못한지
라
2 신유(辛酉: 道紀 51, 1921)년에 하루는
태모님께서 권필에게 말씀하시기를
"너는 총각이니 이로부터 총각을 면하
라." 하시더니
3 그 달로 권필의 아내가 잉태하여 아들
을 낳으니라.

자손은 칠성 기운으로

4 조종리에 사는 강칠성(姜七星)이 아들
이 없음을 늘 한탄하며 지내거늘
5 하루는 태모님께서 칠성에게 말씀하시
기를 "**나를 믿고 정성껏 심고(心告)하라.**"
하시고
6 사흘 밤을 칠성의 집에 왕래하시며 칠
성경(七星經)을 읽어 주시니 그 뒤에 칠
성의 아내가 잉태하여 아들을 낳으니
라.
7 태모님께서 성도들에게 말씀하시기를
"**칠성 기운은 사람의 생명이니 자손은 칠**
성 기운으로 생기느니라." 하시니라.

삼신경을 읽어 자손줄을 태워 주심

58 하루는 태모님께서 이용기에게 말씀하시기를 "야, 용기야! 오늘 자식 달라고 오는 사람이 있다." 하시더니
2 잠시 후 아들이 없어 한(恨)이 된 어떤 사람이 찾아와 태모님께 아들을 내려 주실 것을 애원하거늘
3 태모님께서 삼신경(三神經)을 읽어 자손줄을 태워 주시니라.
4 이때 용기가 신도(神道)가 열려 보니 삼신 일을 보고 칠성 일을 보면 두 기운이 합해져서 생명이 잉태되더라.

구역 조직으로 치성을 모심

59 이 해 상제님 성탄절이 다가오자 전준엽(田俊燁)이 왕래하는 신도들을 수습하여 도장 유지의 원칙을 세울 뜻을 아뢰니 태모님께서 허락하시거늘
2 이에 준엽이 고찬홍, 이근목(李根睦)과 의논하여 회의를 소집하기로 하고, 준엽과 근목은 충청남도 일대를 돌고 찬홍은 임피와 옥구 근처를 돌며 이를 통지하니라.
3 9월 5일에 지역 대표들이 도장에 모여 의논한 끝에 각 지방을 열다섯 구역으로 조직하여 일 년에 열네 번씩 올리는 치성을 나누어 맡게 하며
4 치성 경비는 대치성에는 120원, 소치성에는 80원씩 각 구역이 순차적으로 담당하기로 하고 이 뜻을 아뢰니
5 태모님께서 "정히 그렇다면 할 수 없다." 하고 허락하시므로 다가오는 19일 상제님 성탄절부터 시행하기로 하니라.

속히 돌아가라

60 상제님 성탄치성을 봉행하기 위해 그 전날에 모인 신도수가 100여 명이 넘거늘
2 태모님께서 초저녁부터 제수(祭需) 준비를 서두르게 하시며 시종 바쁜 기색을 띠시고
3 치성을 마친 뒤에는 신도들에게 "속히 돌아가라."고 재촉하시므로 신도들이 정신없이 흩어져 돌아가더니
4 19일 아침 일찍 김제 경찰서 순사대가 와서 온 집 안을 수색하고 돌아가니라.
5 이때는 조선총독부에서 증산계(甑山系) 교단을 '음모결사(陰謀結社)'라고 지목하여 크게 탄압하는 중인지라
6 많은 신도가 모여 있으면 검속(檢束)을 면치 못할 것이므로 태모님께서 그 기미를 아시고 미리 해산하게 하심이더라.

안개로 덮어 분별치 못하게 하심

7 10월 보름날 밤에 치성을 올릴 때 참석한 신도가 300여 명이라 또 당국의 주목을 받게 되거늘
8 태모님께서 천지를 안개로 덮어서 지척을 분별치 못하게 하시니 신도들이 모두 무사히 돌아가니라.

참사람이 없구나

61 하루는 태모님께서 전선필에게 물으시기를 "너 오다가 사람 봤느냐?" 하시니
2 선필이 영문을 몰라 "무슨 사람 말씀입니까?" 하고 여쭈거늘
3 태모님께서 그냥 "야, 이놈아! 사람 말이다." 하시니 선필이 "좀 자세히 일러 주십시오." 하니라.
4 태모님께서 여전히 "야, 이놈아! 사람 말이다, 사람!" 하고 거듭 말씀하시니 그제야 선필이 알아듣고 웃거늘
5 말씀하시기를 "사람, 사람, 사람 없다! 눈을 씻고 찾아봐도 참으로 사람이 없구나." 하시며 크게 탄식하시니라.

법사(法師)의 길

62 옥구에 사는 전선필의 모친 두오복(杜五卜)이 수년간 복통(腹痛)으로 고생하다가

2 마침내 온몸이 부어 올라 어찌할 수
없게 되매 선필이 태모님께 병의 증세
를 아뢰니 말씀하시기를
3 "네 아내로 하여금 청수를 지극히 올
리고 지성으로 심고하게 하며 사물탕
(四物湯)을 청수에 달여 드리도록 하
라." 하시므로
4 선필의 아내가 그와 같이 하였더니 수
일 내로 모친의 병이 씻은 듯이 나으
니라.
5 그 후 태모님께서 선필에게 말씀하시
기를 "일심(一心)을 갖고 마음을 속이지
아니하면 법사(法師)가 되느니라." 하시
니라.

타종교 신도를 깨우쳐 신앙케 하심

63 하루는 전주에 사는 한 부자(富者)
가 다른 종교를 신앙하다가 태모
님의 명성을 듣고 조종리 도장에 찾아
오니라.
2 그 사람이 성도들에게 말하기를 "어떻
게 여자의 몸으로 교주를 하고 있냐."
하며 비아냥거리거늘
3 성도들이 태모님께 아뢰지 않고 대면
조차 시켜 주지 않으니 그 사람이 더
욱 호기(豪氣)를 부리니라.
4 성도들이 할 수 없이 그 사람을 데리
고 가서 아뢰니 태모님께서 대수롭지
않게 "응, 그놈!" 하시며 "들어오라."
하시거늘
5 이에 그 사람이 들어가 태모님께 절을
하는데 갑자기 방바닥에 엎드려 고개
를 푹 숙인 채 몸을 사시나무 떨듯 하
는지라
6 태모님께서 "아이고, 못난 놈! 저기 대
추나 하나 갖다 넣어 줘라." 하시매 한
성도가 명하신 대로 하니
7 그제야 그 사람이 벌떡 일어나 태모님
께 "큰 죄를 지었습니다." 하며 사죄한
뒤에 입도하여 열성적으로 신앙하니
라.

아이들을 사랑하신 태모님

64 임술(壬戌: 道紀 52, 1922)년 정월 초
하루에 조종리에 사는 여섯 살 난
강용(姜容)이 학생 모자를 쓰고 세배를
오니
2 태모님께서 따뜻이 맞으시며 "이놈,
개떡모자 썼구나. 개떡모자 벗어라."
하시고
3 손수 벗기신 후에 머리를 쓰다듬어 주
시며 "장난을 좀 치게 생겼구나." 하시
니라.
4 이듬해 설날에 강용이 동네 친구들과
함께 세배를 드리려고 다시 태모님을
찾아뵈니
5 태모님께서 방석에 앉아 계시다가 "세
배 왔느냐? 그럼 해야지." 하시며 세
배를 받으시고
6 한 성도를 불러 이르시기를 "이놈들을
잘 먹여야겠는데 뭘 좀 내오너라." 하
시니라.
7 이에 그 성도가 먹을 것을 가져오니
태모님께서 보시고 시원찮다고 여기셨
는지 친히 먹을 것을 더 챙겨 오시어
8 "천천히 잘 먹어라. 잘 커서 훌륭한 사
람이 되어라." 하시며 머리를 쓰다듬
어 주시니라.

태모님의 용모와 옷차림

65 태모님께서는 이목구비가 반듯하
시고 용모가 아름다우시며 키가
크시고 서 계신 모습이 바르고 꼿꼿하
시니라.
2 또 말씀은 점잖게 잘 하시고 목소리는
보통 여자와 달리 우렁차시어 호령하
시면 주위가 우렁우렁 울리니
3 동네 사람들이 태모님의 모습을 뵙고
싶어 일부러 찾아오기도 하니라.
4 태모님께서는 주로 비단으로 만든 한
복을 입으시고 여름에는 모시옷을 입
으시는데 흰 저고리에 붉은 고름을 길
게 달아 입으시며

5 치마는 푸른색이나 치자 물을 들인 노
르스름한 색깔의 옷을 길게 늘어뜨려
입으시니라.
6 태모님께서 도장에 계실 때 날씨가 춥
지 않으면 항상 방문을 열어 놓고 계
시고
7 하루 종일 아무 말씀 없이 지내실 때
가 많으시며 대문 밖에 잘 나오지 않
으시거늘
8 종종 문 앞에 서서 먼 곳을 바라보시
며 담배를 피우시면 그 모습이 마치
한 폭의 그림과 같더라.

10년을 더 앓아야 하리라

66 일찍이 유일태가 정미년부터 치통
(齒痛)을 얻어 고생하더니
2 하루는 어느 의원의 말을 듣고 오래된
무덤 속 해골을 불살라 그 재를 발랐
으나 차도는 없고 고통이 더욱 심해지
거늘
3 그 뒤 계축년 봄에 입도하여 열심히 주
문을 읽으니 두어 달 동안 나았다가
재발하므로 대흥리에 가서 태모님을
뵙고 고쳐 주시기를 애걸하매
4 태모님께서 말씀하시기를 "네가 일찍
이 백골적악(白骨積惡)한 죄가 있으니 7
년은 고사하고 앞으로 10년을 더 앓아
야 하리라." 하시니라.
5 이에 일태가 죄를 뉘우치고 일심으로
수행하며 10년을 기다렸으나 여전히
낫지 않는지라
6 임술년 겨울에 조종리에 와서 태모님
을 뵙고 다시 고쳐 주시기를 간청하니
7 태모님께서 독한 술 한 대접과 소갈비
다섯 대를 주시며 한꺼번에 모두 먹게
하시매 이로부터 일태의 치통이 완치
되니라.

마음은 천하 만사의 원줄기

67 계해(癸亥: 道紀 53, 1923)년에 하루
는 태모님께서 강사성에게 명하시
어 "마음 심(心) 자를 써 놓으라." 하시
고
2 "이 '심' 자가 천하 만사의 원줄기니
라." 하시며 "누구든지 이 글자의 생김
새에 대해 깊이 생각하여 말해 보라."
하시되 아무도 대답을 못하는지라
3 태모님께서 말씀하시기를 "마음 심 자
의 아래 모양은 땅의 형상이요, 위의
점 세 개는 불선유(佛仙儒)라." 하시고
4 "부귀영달(富貴榮達)과 생사(生死)의 있
고 없음도 이 마음 심 자에 있느니라."
하시니라.
5 또 하루는 태모님께서 유학자인 신도
백용기(白龍基)를 불러 앉히시고 "마음
심 자를 써 보라." 하시니 용기가 마음
심 자를 써 놓으매
6 말씀하시기를 "그것이 마음 심 자라는
것은 세상이 다 알지만 어째서 그렇게
되었는지 그 이유를 설명해 보라." 하
시니
7 용기가 한참을 생각하다 아뢰기를 "거
기까지는 알지 못합니다." 하거늘
8 태모님께서 꾸짖으시기를 "그러고도
학자라고 자부하며 안하무인(眼下無人)
하느냐. 내가 일러 줄 테니 배우라."
하시고
9 이어 말씀하시기를 "아래의 활은 천지
반월용(天地半月用)이요, 세 점은 불선
유니라." 하시니라.

일만 이천 속에 빠지지나 말아라

68 하루는 태모님께서 전선필에게 30
원을 주시며 "네 집에 다녀서 바로
돌아오너라." 하시는지라
2 선필이 급히 집에 가 보니 가족들이
굶주려 누워 있는데 아사(餓死) 직전이
거늘
3 태모님께서 주신 돈으로 양식을 사서
미음을 끓여 먹이고 며칠을 간호하니
4 온 가족이 다시 생기가 돌거늘 그제야
선필이 마음을 놓으니라.

5 이때 장기준(張基準)의 현무경(玄武經)
공부가 널리 퍼져서 많은 사람들이 현
무경을 공부하니
6 선필 또한 현무경 공부가 부럽게 보이
므로 기준을 추종하여 공부하다가 두
달이 지나도록 도장에 돌아가지 못했
더니
7 급기야 태모님께서 사람을 보내 '돌아
오라.'고 하시는지라
8 선필이 곧바로 돌아가 뵈니 태모님께
서 "너는 그 동안 무엇을 했느냐?" 하
고 물으시므로 사실 대로 아뢰니
9 갑자기 다그치시며 "너 가지고 있는
게 무엇이냐? 내놓아라." 하시거늘 선
필이 품안에 몰래 지니고 있던 현무경
을 꺼내 올리니라.
10 태모님께서 그 책을 받으시어 휙 집어
던지시며 "**이것이 사람 다 죽인다.**" 하고
호통을 치시더니
11 이윽고 깨우쳐 말씀하시기를 "현무경
은 네가 할 공부가 아니니라. 집이나
잘 보고 있다가 일만 이천 속에서 빠
지지나 말아라." 하시니라.
12 또 말씀하시기를 "일후에 누가 나든지
사람이 나리니 그 때 기념각(記念閣) 하
나 잘 지어 줄 것이니라." 하시니라.

자신을 못 믿으면 상제님도 못 믿느니라

69 하루는 고찬홍이 집으로 돌아가고
자 태모님께 인사를 드리고 마당
에 내려서는데
2 태모님께서 물으시기를 "찬홍이 너는
누구를 믿느냐?" 하시니 찬홍이 "제가
저를 믿지요." 하고 대답하니라.
3 이에 "꼭 그런가?" 하시니 "꼭 그렇지
요." 하매 다시 물으시기를 "꼭 그런
가?" 하시니 또 "꼭 그렇지요." 하더
라.
4 태모님께서 "그 다음에는?" 하고 물으
시니 찬홍이 "다음은 증산 상제님을
믿지요." 하고 대답하거늘
5 말씀하시기를 "꼭 그렇게 하라. 저를
못 믿으면 상제님 또한 못 믿느니라."
하시니라.

나를 찾아라

6 태모님께서 말씀하시기를 "**나한테 내가
있다, 나를 찾아라.**
7 **내가 나를 못 찾으면 이 천지를 못 찾느니
라.**" 하시니라.

일심으로 심통하라

70 하루는 성도들에게 말씀하시기를
"**너희들은 삼통(三桶)에 싸이지 말라.**
오직 일심(一心)으로 심통(心通)하라."
하시고
2 "삼통에 휘말리면 살아날 길이 없느니
라." 하시니라.
3 또 말씀하시기를 "올바른 줄 하나 치켜
들면 다 오느니라.
4 **평천하(平天下)**는 너희 아버지와 내가
하리니 너희들은 **치천하(治天下)** 줄이나
꼭 잡고 있으라." 하시고
5 "**도(道) 살림도 끄침없이 제 살림도 끄침
없이**, 끈 떨어지지 말고 나아가거라."
하시니라.

저 죽을 짓만 하는 창생들

6 자리다툼하지 말고 잘 닦으라.
7 제 오장(五臟) 제 난리에
제 신세를 망쳐 내니
8 보고 배운 것 없이
쓸데없는 오장 난리
쓸데없는 거짓 치기,
쓸데없는 허망 치기로다.
9 잘못된 그 날에
제 복장 제가 찧고 죽을 적에
앞거리 돌멩이가 모자라리라.

자손줄을 태워 주심

71 유일태는 딸만 여섯을 낳고 마흔
여섯 살이 되도록 아들을 두지 못
하여 한(恨)이 되더니

2 이 해 봄에 하루는 태모님께서 일태를
불러 지내는 형편을 물으시며 "아들
없음이 한이냐?" 하시거늘
3 일태가 하소연하기를 "재산도 없고 아
들도 없으니 죽고만 싶사옵니다." 하
니라.
4 태모님께서 꾸짖으시기를 "아들 없고
재산 없다고 죽어, 이 못난 놈아!" 하
시고
5 일러 말씀하시기를 "이 길로 돌아가
미륵불에게 지성으로 심고하라." 하시
니라.
6 일태가 그 자리에서 사죄하고 다음날
에 귀가하여 명하신 대로 하니 몇 달
후 꿈속에 익산 미륵산이 보이거늘
7 이로부터 일태의 아내 김도성화(金道成
華)가 잉태하여 이듬해 3월에 아들을
낳으니라.

혈통줄을 바로잡아 주심

72 하루는 장연 마을에 사는 정봉삼
(鄭鳳三)이 태모님께 문안차 오거늘
2 성전에 들어가려 하니 뜻밖에 못 들어
오게 하시고 뜰 앞에 똑바로 서 있게
하신 뒤에
3 강원섭에게 명하시어 "망건(網巾) 한
개를 구하여 오라." 하시니라.
4 이에 원섭이 망건을 구해다 올리니 태
모님께서 봉삼 앞에 던져 주시며 "망건
뼈를 찾으라." 하시거늘
5 이때 봉삼은 물론 옆에서 지켜보던 성
도들도 그 말씀의 뜻을 이해하지 못하
더니
6 얼마 후에 하루는 봉삼이 사람들이 모
여 집안 뼈대가 있느니 없느니 하며
담론하는 것을 듣고 그제야 그 뜻을
깨달으니라.
7 이에 자기의 근본을 알아보니 그 어미
가 강가(姜哥)와 사통(私通)하여 출생한
지라 이로부터 봉삼이 강가로 행세하
니라.

대지진으로부터 수남을 살려 주심

73 7월 20일에 옥구군 미면(米面)에
사는 전대윤(田大潤)이 아들 김수응
(金壽應)과 함께 태모님께 찾아와 문안
을 여쭈니
2 태모님께서 두 사람을 보시고 "그 동
안 편하게 지내지 못했구나." 하시고
수응에게 물으시기를 "네 동생 수남
(壽南)이는 지금 어디에 있느냐?" 하시
거늘
3 수응이 대답하기를 "4년 전에 일본에
간 뒤로 이제까지 소식이 없습니다."
하니
4 태모님께서 "주안을 들이라." 명하시
어 술을 드시다가 갑자기 마루에 나가
시어 동쪽을 향하여 큰 소리로 "수남
아!" 하고 세 번을 부르시니라.
5 대저 수남은 기미년 가을에 일본 동경
으로 건너가 은행에서 근무하다가 일
본 여자와 결혼한 뒤로 생활이 풍족해
지매 집에 편지도 끊고 귀국할 의사가
전혀 없더니
6 하루는 은행에서 사무를 보는 중에 어
디선가 자신의 이름을 부르는 소리가
들리거늘 가만히 들어 보니 귀에 익은
태모님의 음성인지라
7 깜짝 놀라서 밖으로 뛰어 나가 은행
주변을 둘러보았으나 태모님은 보이
지 않으시더라.
8 이때 문득 수남이 이상한 생각이 들면
서 귀국하고픈 마음이 간절해지거늘
9 모친의 병보(病報)가 왔다는 핑계로 2
주간의 휴가를 얻어 그날로 동경발(東
京發) 오후 6시 15분 열차로 출발하여
이튿날 저녁에 하관역(下關驛)에 내리니
10 그날 신문에, 낮에 일어난 관동대지진
(關東大地震)에 대한 기사가 실려 있는
데 수남의 집과 근무처 일대가 큰 피
해를 입었다 하더라.
11 고향집에 돌아와 모친과 형의 말을 듣
고 헤아려 보니 수남이 태모님의 목소

리를 들은 때가 곧 태모님께서 동쪽을
향하여 수남을 세 번 부르신 시각이더
라.
12 수남이 재생의 은혜에 감사드리고자
모친 대윤과 함께 태모님을 찾아뵈니
13 태모님께서는 그저 태연하게 앉으시어
"응, 수남이 왔냐?" 하실 뿐이더라.

고민환의 종기를 낫게 하심

74 을축(乙丑: 道紀 55, 1925)년 9월에
고민환이 큰 종기를 앓아 위독하
거늘
2 이때 마침 옥구군 대야면 보덕리(大野
面 寶德里) 초산(草山) 마을에 사는 김내
원(金乃元)이 태모님을 뵈러 오니
3 태모님께서 내원에게 물으시기를 "민환
이 종기로 고생하느냐?" 하시매 내원이
"알지 못하옵니다." 하고 아뢰니라.
4 태모님께서 돈 3원을 내원에게 주시며
이르시기를 "네 손이 큰 약손이라.
5 이 길로 돌아가서 네 손으로 민환의
종기 난 곳을 만져 주고 이 돈으로 개
한 마리를 사서 회복케 하라." 하시는
지라
6 내원이 명하신 대로 행하니 사흘 만에
민환의 종기가 깨끗이 나으니라.

절사(節祀) 의미와 때의 중요성을 깨우쳐 주심

75 병인(丙寅: 道紀 56, 1926)년 정월 초
하루에 태모님께서 이용기(李用己)
에게 말씀하시기를 "정월 초하루는 인
간의 명절이요, 정월 초사흘은 인간의
고사(告祀)일이니라.
2 정월 보름날은 신농씨(神農氏)의 날이
요, 팔월 보름날은 각 인간 선령신의 명
절이요
3 동지는 '일양(一陽)이 시생(始生)이라.'
하니 용기 네가 워낙 무식한 고로 전
하는 말이로다." 하시니라.

동지설을 잘 쇠야

4 태모님께서 동짓날이 되면 항상 성도
들에게 이르시기를 "설을 잘 쇠야 하
느니라." 하시니
5 성도들은 돌아오는 정월 초하루 설날
을 잘 쇠라는 말씀으로 알아들었으나
6 그 후로도 꼭 동짓날이 되면 "설을 잘
쇠야 하느니라." 하시므로 그 까닭을
알지 못하더라.
7 태모님께서 성도들에게 일러 말씀하
시기를 "동지치성을 지성으로 잘 모셔
라." 하시니라.

조종리 도장의 중기

태모님의 10년 천지공사

76 3월 5일에 태모님께서 여러 성도
들을 도장에 불러 모으시고 선언
하시기를
2 "이제부터는 천지가 다 알게 내치는 도수
인 고로 천지공사(天地公事)를 시행하
겠노라. 신도행정(神道行政)에 있어 하
는 수 없다." 하시니라.
3 이어 말씀하시기를 "건(乾) 십수(十數)의
증산 상제님께서는 9년 공사요, 곤(坤)
구수(九數)의 나는 10년 공사이니
4 내가 너희 아버지보다 한 도수가 더
있느니라." 하시니라.

후천 선도 문명의 운로를 여심

5 상제님과 수부님은 억조창생의 부모
로서 음양동덕이시니, 상제님께서는
건도(乾道)를 바탕으로 9년 천지공사
를 행하시고
6 수부님께서는 곤도(坤道)를 바탕으로
10년 천지공사를 행하시거늘 인기어인
(人起於寅) 도수에 맞춰 시작하시니라.
7 이에 지난 선천 세상의 원한과 악척이
맺힌 신명을 해원(解冤)하고
8 온갖 조화(造化)와 상생(相生)이 가득한

선경세계(仙境世界)로의 성스러운 운로를 밝게 열어 주시니라.

천지조화가 자차진이라

77 이 날 공사를 행하실 때 태모님께서 '궁궁을을(弓弓乙乙)'을 부르시고 말씀하시기를
2 "조종산하(祖宗山下)에 기영걸(幾英傑) 이냐.
3 천지조화(天地造化)가 자차진(自此進)이라.
4 천만 겁으로 싸인 법을 돌려 잡을 수 있느냐. 천지에 비는 책임밖에 없다." 하시니라.
5 하루는 태모님께서 공사를 보시며 글을 쓰게 하시니 이러하니라.
6 日月聖神造化定
일월성신조화정
太乙神君造化定
태을신군조화정
八陰八陽造化定
팔음팔양조화정
至氣今至願爲大降
지기금지원위대강

천지 음양굿이라야 하나니

78 태모님께서 말씀하시기를 "천지공사나 기도 시에는 천지 음양굿이라야 하나니, 남녀가 함께 참석하여야 음양굿이 되느니라.
2 남자만으로는 하늘굿이며 여자만으로는 땅굿이니 이는 외짝굿이라. 외짝굿은 원신(冤神)과 척신(隻神)의 해원이 더디느니라." 하시고
3 이후로는 공사를 행하실 때 남녀 성도들을 함께 참석시키시니라.

공사 시 성도들의 의관 형태

4 또 성도들에게 의관을 갖추게 하시니 남자는 짧고 긴 머리에 관계없이 정자관을 쓰고 두루마기 위에 행례복을 입게 하시며
5 여자는 족두리에 원삼을 입고 공사에 참여케 하시니라.

천지공사의 위엄과 기강

79 태모님께서 공사를 행하실 때 하늘과 땅이 떨 정도로 엄하게 하시고 신장(神將)들을 자주 부르시거늘
2 하늘을 향해 "백마! 백마! 백마!"라 외치시며 백마원수대장군(白馬元帥大將軍)을 부르시고
3 어느 때는 "벽력! 벽력! 벽력!"이라 소리치시며 벽력장군(霹靂將軍)을 부르기도 하시니라.
4 또 악귀나 잡귀가 범접하면 하늘을 향해 "금란아! 금란아! 금란아!" 하고 금란장군(禁亂將軍)을 불러 쫓으시니라.

신농씨 도수를 붙여 비를 내려 주심

80 5일에 신도 대여섯 명이 모인 가운데 태모님께서 강휘만(姜彙萬)에게 말씀하시기를 "금년에는 이종(移種) 때 쓸 물이 부족할지라.
2 그러므로 너에게 신농씨 도수를 붙여 비를 빌겠노라." 하시며 휘만의 머리 위에 수건을 얹으시니
3 휘만이 갑자기 신도가 내려 큰 소리로 농부가를 부르며 모내기하는 흉내를 내거늘
4 뜻밖에 검은 구름이 사방에서 일어나 해질 무렵부터 큰비가 내리기 시작하더니 이튿날까지 계속되니라.
5 다음날 아침 일찍 태모님께서 말씀하시기를 "밤새의 큰비는 금년 이종 비라. 바로 귀가하여 물 단속을 잘 하라." 하시니
6 이로써 이종할 수 있는 물이 사방에 풍족하게 되매 이 해에 큰 풍년이 드니라.

신농씨의 공덕을 잊지 말라

7 하루는 태모님께서 일러 말씀하시기를 "신농씨의 공덕을 잊지 말고 잘 받들어라." 하시니라.

천지조화를 뜻대로 쓰심

81 태모님께서는 신도(神道)의 조화와
권능을 뜻대로 쓰시는 생명의 어머니
이시니
2 공사를 행하실 때는 바람과 이슬과 서
리와 눈과 우레와 비를 일으키시고
3 일월성신(日月星辰)도 감추었다가 다시
나타나게 하시며 천지조화를 뜻대로 쓰
시니라.
4 가뭄이 심할 때는 청수로 비를 풍족케
하시어 기아(飢餓)를 면하게 하시고
5 창생들의 화액(禍厄)을 끄르실 때는 상
제님께 몇 마디 말씀을 아뢰거나 혹은
치성을 드리시며
6 병고(病苦)에는 손으로 환부를 어루만
지시고 마(魔)를 다스려 완쾌되게 하시
니라.

네 이름이 가장 좋구나

82 이 달 8일에 태모님께서 콩씨를 가
리시는데 강운서(姜雲瑞)가 들어오
거늘
2 "네 이름이 무엇이냐?" 하고 물으시니
"운서(雲瑞)입니다." 하고 대답하는지
라
3 다시 물으시매 이번에는 "도석(道碩)입
니다." 하거늘
4 태모님께서 말씀하시기를 "네 이름이
가장 좋구나." 하시니라.

천하창생의 죄를 대속하심

83 9일에 태모님께서 고찬홍과 전준
엽 등 여러 성도들에게 일러 말씀
하시기를
2 "세상 사람이 죄 없는 자가 없어 모두
제 죄에 제가 죽게 되었으니 내가 이제
천하 사람의 죄를 대신하여 건지리라."
하시고
3 청수 한 그릇을 떠 놓고 그 앞에 바둑
판을 놓으신 뒤에 담뱃대로 바둑판을
치시며 성도들에게 태을주를 읽게 하
시더니
4 잠시 후 태모님께서 문득 정신을 잃고
쓰러지시니라.
5 한나절 동안이나 기절하셨다가 깨어
나시어 성도들에게 명하시기를 "밖에
나가 하늘을 보라." 하시므로
6 모두 나가 보니 한 자 너비나 되는 검
은 구름이 하늘 남쪽으로부터 북쪽까
지 길게 뻗쳐 있더라.

나에게 죄를 빌어라

7 하루는 태모님께서 성도들에게 말씀
하시기를 "죄가 없어도 있는 것같이 좀
빌어라, 이놈들아!" 하시고
8 "천지에 죄를 빌려면 빌 곳이 워낙 멀
어서 힘이 드니 가까이 있는 나에게 빌
어라." 하시니라.

시천주주 위주로 공사를 행하심

84 태모님께서 평소 태을주를 위주로
하여 신도와 인사를 처리해 나가
시더니
2 하루는 성도들을 불러 방안에 줄지어
앉히시고 말씀하시기를
3 "너희 아버지가 신도 여러 명이 있는 가
운데 내 귀에 입을 대시고 '자네는 시천
주주(侍天主呪)를 읽으소.' 하셨느니라."
하시니라.
4 이어 태모님께서 친히 시천주주를 읽
으시며 "시천주주가 근본이니 이제부터
는 시천주주를 읽어라." 하시니
5 성도들이 이때부터 시천주주를 위주로
하여 공사에 시봉하니라.
6 태모님께서 시천주주를 읽으실 때 종
종 자리에서 일어나시어 춤을 덩실덩
실 추시면서 흥겹게 읽으시니라.

시천주주는 의통 주문

7 하루는 태모님께서 의통(醫統) 공사를
보시며 말씀하시기를 "시천주주가 의통
주문이니 너희는 많이 읽어 의통 준비
를 잘 해 두라." 하시고
8 "상씨름꾼은 곧 시천주꾼이니, 시천주주

를 착실히 잘 읽으면 상씨름판에 가서
황소도 따느니라." 하시니라.

너희 두 사람은 갇혀야 하리라

85 22일에 태모님께서 강원섭과 강사
성에게 명하시어 고찬홍을 부축하
여 데려오게 하신 뒤에
2 찬홍과 사성으로 하여금 바둑을 두게
하시고 잠시 후에 승부를 물으시니 사
성이 "소자가 졌습니다." 하고 아뢰니
라.
3 태모님께서 말씀하시기를 "너희 두 사
람은 갇혀야 하리라." 하시며
4 찬홍과 사성을 방안에 가두셨다가 이
튿날 아침에 다시 두 사람으로 하여금
바둑을 두게 하신 뒤에 승부를 물으시
니 사성이 또 졌다고 아뢰거늘
5 말씀하시기를 "그리하여야 일이 되리
라." 하시고 내보내시니라.

조왕 공사로 여성 포교 기운을 돌리심

86 24일에 태모님께서 전준엽에게 말
씀하시기를 "이제 조왕(竈王) 일을
보아야 할 터인데 네가 아니면 감당치
못하리라." 하시고
2 준엽의 무릎을 베고 누우시어 두어 시
간을 우신 뒤에 준엽의 몸을 검사하시
고
3 부엌으로 데리고 들어가시어 이르시기
를 "조왕의 솥을 말리지 말고 일육수(一六
水) 물을 훌훌 둘러 두어라." 하시니라.
4 또 준엽을 솥 앞에 세우시고 담뱃대 두
개를 십자형으로 머리에 이게 하시며
5 성도들로 하여금 마당에 늘어서서 농
부가를 부르게 하신 뒤에 "하늘을 보
라." 하시므로 모두 바라보니 구름 수
십 조각이 어지러이 날려 들어오는지
라
6 태모님께서 말씀하시기를 "이렇게 하
여야 먹고사느니라." 하시고 준엽으로
하여금 재정을 관리하게 하시니
7 이로부터 여자 신도가 크게 늘어나고
성금이 많이 들어와 도장의 재정이 넉
넉해지니라.

부인들은 천지의 보지 단지

87 하루는 태모님께서 말씀하시기를
"천지가 생긴 이래로 네 어미 밑구
멍이 제일 거니라." 하시고
2 이어 말씀하시기를 "부인들은 천지의
보지 단지니 너희들 보지가 무엇인지
아느냐?
3 보배 보(寶) 자, 땅 지(地) 자니라.
4 밥 지어 바쳐 주니 좋고, 의복 지어 바
쳐 주니 좋고, 아들딸 낳아 주니 좋고,
선령 봉제사(奉祭祀)하여 문호(門戶) 이
어 주어 좋으니
5 그러므로 보지(寶地) 앞에 절해 주어야
하거늘
6 너희들이 어찌 보지를 괄시하느냐, 이
놈들아!" 하시고 담뱃대로 성도들의
머리를 딱딱 때리시니라.
7 또 말씀하시기를 "가도(家道)를 바로잡
으려면 부인에게 공손공대(恭遜恭待)하
며 잘 해 주어야 하느니라." 하시니라.

태모님의 혈적증

88 3월 하순부터 민환이 태모님을 모
시고 공사에 수종 드는데 태모님
께서 종종 복통이 나서 도중에 공사를
그치시는지라
2 그 증세를 여쭈니 "태종(太宗)을 낳은
후부터 복통이 심하다." 하시거늘 민
환이 보니 혈적증(血積症)이더라.
3 이에 민환이 산약(散藥)을 써서 혈괴(血
塊)가 녹아 나오게 하니 그 후로 통증
이 없어지니라.

태모님의 풍운조화

89 25일에 태모님께서 박종오로 하여
금 놋대야에 물을 가득 붓고 물속
에 김치 주발을 넣은 다음 그 위에 담

뱃대를 가로놓아 머리에 이고 서 있게
하시니라.
2 이어 태모님께서 김치 조각을 집어서
성전 서까래 끝 네 곳에 붙이시고 말
씀하시기를
3 "풍운(風雲)이라야 조화(造化)가 있겠거
늘 어찌 풍운이 없느냐." 하시고 허공
을 향해 "풍운! 풍운! 풍운!" 하고 외치
시며 담뱃대를 두르시니
4 별안간 남풍이 크게 일어나고 흰 구름
이 사방에서 피어오르는지라
5 태모님께서 다시 "검은 구름이라야 조
화가 있겠거늘 흰 구름을 무엇에 쓰리
오." 하시매
6 과연 검은 구름이 일어나서 하늘을 가
리고 이내 비가 내리더라.

서늘하게 하여 주리라

90 4월 5일에 고찬홍, 유일태, 이근
목, 고권필 등 네 사람이 성전 문
을 바를 때, 마침 날이 심히 더워서 땀
이 많이 흐르는지라
2 태모님께서 보시고 말씀하시기를 "너
희들이 그렇게 땀을 흘리니 서늘하게
하여 주리라." 하시고
3 "냉수 한 대야를 가져오라." 하시어 수
건을 물에 적셔 네 사람의 낯을 향해
뿌리시니
4 갑자기 땅으로부터 서늘한 기운이 일
어나 온몸이 시원해지매 문을 다 바르
도록 더위를 잊어버리니라.

흰데기 하나 없구나

91 태모님께서 치성 때가 되면 항상
"사람이 없어서…, 사람이 없어서…."
하시니
2 성도들은 '어머니께서 신도들 수가 적
어서 저러시나 보다.' 하고 생각하니
라.
3 이에 4월 초파일치성이 다가오자 성도
들이 모여 의논하기를 "이번 치성에는
신도들을 많이 동원하여 어머니 마음
을 흡족하게 해 드리자." 하고
4 여러 가지 방법으로 정성을 다해 초파
일치성에 참례케 하니 치성 전날에 모
인 신도가 무려 800여 명이나 되더라.
5 성도들이 기쁨에 넘쳐 자신하기를 '이
번만은 어머님께서 낙담치 않으시리
라.' 하더니
6 태모님께서 치성석에 나오시어 한번
휘 둘러보시고 혀를 끌끌 차시며 "야
아~ 우리 집에 검불 참 많이 모아다
놨구나! 아무리 눈 씻고 찾아봐도 흰
데기 하나 없구나!" 하시고
7 한탄하며 말씀하시기를 "박혀 있는 놈
이나 온 놈이나 똑같다. 흰데기 하나
가릴 수 없구나. 너희들 중에서는 종자
하나 건지기 힘들다." 하시니라.

마음 보따리를 고치라

8 이어 신도들을 향해 꾸짖으시기를
"야, 이놈들아! 마음 보따리를 고쳐야
한다. 너희들 마음 보따리를 내놓아
라."하시고
9 "이 길을 가는 사람은 심보재기부터 뜯
어고쳐야 한다." 하시니라.
10 또 말씀하시기를 "잣대 잡을 놈이 있어
야 쓰지, 잣대 잡을 놈이 없구나." 하
며 탄식하시니라.

수열의 성경신을 치하하심

92 이 치성을 준비할 때 태모님께서
"이번 치성에는 소를 한 마리 잡았
으면 좋겠다." 하시니
2 평소 성품이 조용하고 말이 없는 김수
열(金壽烈)이 곧바로 100여 리가 넘는
옥구 미룡리(米龍里) 고향으로 돌아가
3 집에도 들르지 않은 채 머슴이 논을
가느라 한참 부리고 있는 얼룩 황소를
끌고 와서 태모님께 올리며 "이 소를
잡아서 치성에 쓰십시오." 하니
4 태모님께서 수열의 성경신(誠敬信)을
크게 치하하시니라.

오주는 너희들의 비결이니라

5 이어 태모님께서 수열의 등을 탁 치시
며 "신천지 가가장세…."라 하시고
6 보천교에서 읽는 오주(五呪)의 '시천지
(時天地)'를 '신천지(新天地)'로 고쳐 읽게
하신 후에
7 성도들에게 말씀하시기를 "오주를 많
이 읽으라. 오주는 너희들의 비결이니
라." 하시니라.

온 인류의 어머니로 부르도록 공사를 보심

93 태모님께서 치성 전날 저녁에 공사
를 보실 때, 마당 중앙에 단(壇)을
쌓고 청수를 한 동이 길어다 놓게 하
신 다음
2 중앙과 사방에는 각 방위에 해당하는
오색깃발을 세우게 하시니라.
3 이어 물 한 그릇을 떠 오게 하시어 입
에 머금어 뿜으시고, 담배를 피워 연기
몇 모금을 허공을 향해 부시니
4 갑자기 안개가 뿌옇게 끼어 지척을 분
간하기 어려울 정도가 되더니 이어 안
개비가 내리매 태모님과 성도들의 옷
이 모두 축축이 젖으니라.
5 이때 태모님께서 담뱃대로 지휘하시어
풍운조화를 일으키시니 신도들이 도취
되어 옷이 젖는 줄도 모르고 넋을 잃
고 바라보거늘
6 태모님께서 문득 세루 두루마기를 입
고 점잖게 서 있는 고찬홍에게 손짓을
하시며 "찬홍아, 찬홍아!" 하고 부르시
니라.
7 이에 찬홍이 대령하니 태모님께서 명
하시기를 "찬홍아, 내 옷 좀 갈아입혀
라." 하시는지라
8 찬홍이 깜짝 놀라 선비 체면에 감히
벗기지 못하고 어찌할 바를 모르다가
명이 지엄하시므로 조심스럽게 벗기려
하니
9 태모님께서 꾸짖어 말씀하시기를 "야,
이놈아! 네 에미 옷 좀 벗기라는데 그
렇게도 걱정이냐." 하시고
10 찬홍의 갓을 확 잡아당기시니 갓이 태
모님의 하초(下焦)에 부딪혀 바싹 부서
지는지라
11 이때 태모님께서 찬홍을 양다리에 끼
신 채 여러 성도들을 향해 말씀하시기
를
12 야~ 이놈들아! "너희놈들이 전부 내 보
지 속에서 나왔다." 하시니라.
13 찬홍이 할 수 없이 옷을 벗기다 보니
태모님께서 뜻밖에 월경(月經) 중이시
라 고쟁이에 월경수가 묻어 옷이 빨갛
게 젖었거늘
14 찬홍이 옷을 벗기다 말고 더욱 민망하
여 몸둘 바를 몰라 고개를 돌리니
15 태모님께서 찬홍의 갓을 탁 잡아 고개
를 똑바로 돌려놓으시고 따귀를 치며
말씀하시기를
16 "아이고, 못난 자식! 이놈아, 네가 나온
구멍이 무엇이 그렇게도 쑥스럽냐. 뭐
가 그렇게 싫으냐." 하고 꾸짖으시니
17 찬홍이 '점잖은 사람이 도(道)도 좋지
만 이렇게 여자 거시기로 잡아당겨졌
으니 이런 쑥스러울 데가 어디 있는
가.' 하며 무안함을 금치 못하니라.

천하가 다 내 밑구녕에서 나왔다

18 태모님께서 다시 찬홍에게 이르시기를
"수건으로 다 닦으라." 하시고 알몸이
되시어 대중을 향해 큰 소리로 말씀하
시기를
19 "야~ 이놈들아! 너희가 다 내 밑구녕에
서 나왔다. 천하가 다 내 밑구녕에서 나
왔다, 이놈들아!" 하시고
20 "너희들이 땅에서 나온 것 아니면 어
떻게 먹고사느냐. 네 어미 보지 속에서
나왔으니 다 먹고살지." 하시니라.
21 이때 참관한 수많은 갓 쓴 신도들은
양반 체면에 차마 볼 수가 없어서 전
부 고개를 돌리고 망연히 서 있을 뿐
이더라.

신도들을 서둘러 돌아가게 하심

94 태모님께서 공사를 마치시고 치성
준비를 재촉하시더니 이날 밤중에
서둘러 치성을 마치시니라.
2 이어 치성에 참석한 신도들의 방명록
(芳名錄)을 가져오게 하시어 모두 찢어
버리시고
3 재촉하여 말씀하시기를 "어서 바삐 서
둘러라. 농사철이니 어서 이 밤길로
나서서 돌아가라." 하시니라.
4 이에 성도들이 영문도 모르고 엉겁결
에 도장 밖으로 나서니 캄캄한 밤중에
갈 길이 수백 리요
5 더군다나 안개가 짙게 낀 데다 수백
명이 한꺼번에 몰려나오니 방향을 분
간하기 어려워 우왕좌왕하더라.
6 또 때는 4월이라 마침 모내기를 하려
고 논에 물을 한창 가두어 놓았거늘
7 일부는 짚신 발이 논에 빠져 질척거리
며 가고, 일부는 논길로 가로질러 각
기 바삐 서둘러 돌아가니
8 얼마나 많은 사람들이 한꺼번에 움직
였던지 길이 아주 새로 났더라.

김제 경찰서 순사대의 급습

9 한편 '4월 초파일을 맞아 조종리 도장
에서 대규모 인원이 모여 공사를 본
다.'는 소문이 나자 그 정보가 김제 경
찰서에까지 들어가니
10 이튿날 이른 아침에 서장이 말을 타고
기마대 일곱 명을 진두지휘하여 도장
에 들이닥치거늘
11 이때 도장에 상주하며 태모님을 모시
는 성도들 20여 명이 모두 두려워서
말을 제대로 못하더라.
12 서장이 성도들에게 "너희 두목을 만나야
겠다." 하면서 한편으로 부하들을 시
켜 온 집 안을 수색하게 하니
13 도장에는 전날 잡은 소의 가죽과 미처
치우지 못한 그릇과 음식들이 그대로
널려 있는지라
14 성도들이 '이제는 꼼짝없이 잡혀가게
되었구나.' 하고 마음을 졸이는데
15 어찌 된 영문인지 일본 순사들이 뒤꼍
에 널려 있는 소가죽을 밟고 다니면서
도 그것이 소가죽인 줄을 모르더라.

서장이 벌벌 떨며 일어날 줄 모르더라

95 평소 누가 태모님을 찾아오면 항
상 고민환이 나서서 안내하는데
이 날도 민환이 나서서 서장과 몇 마
디 얘기를 나눈 후에 데리고 들어오니
2 태모님께서는 밖에서 벌어지고 있는
분잡한 소리에 전혀 동요치 않으시고
방문을 열어 놓으신 채 한가히 앉아
계시니라.
3 민환이 문 앞에 와서 아뢰기를 "어머
님, 서장이 좀 뵙자고 합니다." 하니
태모님께서 "들어오라고 해라." 하시
거늘
4 이에 서장이 군화를 신은 채 덜컥 마
루에 올라서서 태모님을 한 번 쳐다보
더니
5 순간 그 자리에 엎어져서 마치 학질에
걸린 사람처럼 발발 떨며 말을 못하는
지라
6 태모님께서 태연히 말씀하시기를 "야
들아, 쟈 왜 저런다냐?" 하시고
7 서장에게 이르시기를 "왜 그러느냐?
초학이 붙기라도 했느냐?" 하시며
8 "그대가 나를 찾았다 하니 무슨 용무
인가?" 하고 물으시거늘 서장이 더욱
무서워 아무 말도 못하더라.
9 잠시 후에 태모님께서 말씀하시기를
"그대가 대답하지 않는 걸 보니 용무
가 없는 바라. 그러니 이제 그만 돌아
가도록 하라." 하시거늘
10 그 말씀이 떨어지자마자 서장이 고개
도 들지 못하고 뒤로 엉금엉금 기어서
마당에 내려서더니
11 부하들에게 "가자! 아무것도 없다." 하
며 서둘러 철수하니라.
12 이때 서장이 성도들에게 말하기를 "당

신네들은 저렇게 무서운 사람하고 어떻
게 같이 사느냐?" 하더라.

고민환은 돌아갈 생각을 말라

96 태모님께서 초파일치성 이후에 도
장에 상주하는 성도들에게 명하시
기를
2 "농번기가 되었으니 각자 집으로 돌아
가서 농업에 힘쓰라. 농자(農者)는 천하
지대본(天下之大本)이니라." 하시고
3 "이후에 일이 있으면 다시 부르리라."
하시니라.
4 이에 성도들이 귀가할 때 고민환 역시
여장(旅裝)을 꾸려 출발하려 하니
5 태모님께서 강대용(姜大容)에게 전하여
말씀하시기를 "고민환은 돌아갈 생각
을 말라. 이곳에 일이 있느니라." 하시
니라.

대흥리에 찾아가심

97 10일에 태모님께서 강원섭, 강사
성, 서인권, 서화임, 이근목 등 여
러 성도를 데리고 연지평 박노일의 집
에서 하루를 쉬신 후에
2 이튿날 대흥리에 이르시어 차경석의 집
옆 버드나무 아래에서 가마를 멈추시
고 차윤경을 크게 부르시니 윤경이 이
르거늘
3 태모님께서 "가마 안으로 들어오라."
고 명하시되 윤경이 듣지 않으니라.
4 이어 대흥리 신대원(申大元)의 집에 처
소를 정하신 다음 그 이튿날 남자 옷차
림으로 가마를 타시고 경석의 집에 이
르시매
5 경석이 대문을 굳게 닫고 모셔들이지
않더니 급기야 여방주(女方主) 이달영
(李達榮)이 나와서 손으로 태모님을 치
려 하거늘
6 태모님께서 꾸짖어 말씀하시기를 "일
년도 살지 못할 년이 감히 이렇듯 무
례하냐." 하시더니
7 이듬해 2월 10일에 과연 달영이 음독
자살하니라.

수석 성도 고민환과 칠성용정 공사

98 하루는 태모님께서 고민환을 수석
성도로 세우시어 칠성용정 공사(七
星用政公事)를 보시니라.
2 태모님께서 강응칠(姜應七)에게 명하여
"네가 입는 갓과 도포를 가지고 오라."
하시어 남장(男裝)을 하시더니
3 다시 민환에게 "네가 입는 의관을 가
져오라." 하시어 그 옷으로 갈아입으
시고
4 민환에게는 태모님의 의복을 입히시어
여장(女裝)을 시키신 뒤에 내실(內室)에
있게 하시니라.
5 이윽고 태모님께서 밖으로 나오시어
말씀하시기를 "내가 증산(甑山)이니라."
하시고
6 "민환의 나이 마흔에 일곱을 더하면 내
나이 마흔일곱이 되고, 내 나이 마흔
일곱에서 일곱을 빼면 민환의 나이 마
흔이 되니
7 민환이 곧 나의 대리(代理)요, 증산의 대
리도 되느니라." 하시니라.

청년 일곱 사람과 칠성 도수

8 또 청년 일곱 사람을 선출하시어 칠성
도수를 정하시니, 의복을 새로 지어 입
히시고 공사에 수종 들게 하시며
9 말씀하시기를 "신인합일(神人合一)이라
야 모든 조화의 기틀을 정한다." 하시니
라.
10 이어 민환을 바둑판 위에 앉히시고 저
울을 걸어 놓으신 뒤에 이르시기를
"너는 저울만 맡아 보라." 하시며
11 성도들에게 일러 말씀하시기를 "앞으
로 모든 일을 민환에게 맡긴다." 하시니
라.
12 공사를 마치시고 태모님께서 남장을
하신 채 사랑에 가시어 사흘 동안 술
만 드시고 진지를 드시지 않으시니라.

13 그 후로 태모님께서 모든 도정을 민환
과 상의하여 처리하시매 성도들은 민
환을 태모님의 정통 후계자로 인식하
거늘
14 조종리 강씨 신도들은 태모님께서 응
칠의 옷을 입지 않으신 것과 민환에게
도수를 붙이신 것에 불만을 품고 공사
를 보신 날 저녁부터 술렁이기 시작하
니라.

칠성 공사는 후천 인간을 내는 공사

99 태모님께서 말씀하시기를 "칠성 공
사는 후천 인간을 내는 공사요, 낳아
서 키우는 공사니라." 하시고
2 "후천 기운은 사람을 키우는 칠성 도수(七
星度數)이니, 앞세상은 칠성으로 돌아
가느니라." 하시니라.
3 또 말씀하시기를 "상제님의 천지공사는
낳는 일이요, 나의 천지공사는 키우는 일
이니라." 하시니라.

칠성 공사가 잘 풀려야

100 하루는 태모님께서 말씀하시기
를 "칠성이라야 사람을 가꿀 수 있
느니라." 하시고
2 "칠성 공사가 잘 풀려야 너희가 다 먹
고살기가 요족(饒足)하게 되느니라."
하시니라.

마음 비움이 근본이 되어야

3 성도들이 칠성경을 읽을 때 '삼태 허정
(三台虛精)' 대목에 이르면 태모님께서
큰 소리로 "이놈들아, 허정! 허정!" 하
시니라.

난법자들의 도전(道戰)을 경계하심

101 태모님께서 민환을 대리로 정하
여 칠성용정 공사를 행하신 것
은 태모님의 수(壽)가 민환과 일곱 살
차이라 칠 도수(七度數)를 취하심이요
2 또 민환이 심지(心志)가 바르고 사욕
이 없으며 성품이 온순하여 남과 시비
하는 것을 싫어하니 그 심법을 보시고
도수를 정하심이거늘
3 조종리 강씨 신도들은 이 도수를 이해
하지 못하고 민환을 시기하더니
4 얼마 후 강사성을 비롯한 신도 여러
명이 친목단을 조직하여 "민환이 그놈
을 몰아내야 한다." 하며 분란을 일으
키니라.
5 이에 민환이 일찍이 상제님께서 "집안
분란이 세계 전쟁이 된다." 하시고 "장
차 앞길에 도전(道戰)이 있다." 하신 말
씀을 생각하여 앞으로 벌어질 대내외
적인 큰 분란을 염려하니라.

인화하기가 제일 어려우니라

102 사람끼리 말을 하면서도 서로
속을 모르느니라.
2 사람이 사람 속을 몰라서 인화(人和)하
기가 제일 어려우니라.
3 상통천문(上通天文)은 음양순환 사시(四
時)를 알아야 하고
4 하달지리(下達地理)는 백곡(百穀)을 풍등
(豊登)시키는 이치를 알아야 하고
5 중통인의(中通人義)는 만유가 생성하는
이치를 알아야 하느니라.
6 무성무취(無聲無臭) 신부지(神不知)니라.
7 하늘은 말이 없지만 상제님께서 조화
로써 다스리시느니라.

일이 터져서 큰 강을 건너갈 적에도

103 하루는 태모님께서 바둑을 두시
다가 바둑알을 한 움큼 쥐고 팔
을 뻗치시더니
2 한참 후에 말씀하시기를 "저리 가는구
만. 모두가 같이 내를 건너는구나." 하
시고
3 이어 말씀하시기를 "일이 터져서 큰
강을 건너갈 적에도 의복을 벗어 머리
에 이고 강을 건넌 사람은 계속 길을
가지만
4 옷을 벗어 놓고 온 사람은 의복이 없

어 못 가고 도로 건너가서 그 의복을
가져와야 입고 길을 가게 되느니라."
하시니라.

열두 개의 해가 되더라

104 5월 3일 석양(夕陽)에 태모님께
서 성도들에게 명하시어 마당을
깨끗이 쓸게 하시고 공사를 행하시니
라.
2 태모님께서 겉은 붉고 안은 푸른 저고
리를 입으시고 마당에 나와 서시어 성
도 3, 40명을 서쪽을 향해 벌여 세우시
고 시천주주를 읽게 하신 뒤에
3 성도들에게 명하여 "해를 보라." 하시
므로 모두 해를 바라보니 해 둘레에
붉은 기운이 어리었다가 곧 띠 모양으
로 길게 뻗치거늘
4 모두 이상히 여겨 태모님을 바라보니
태모님께서 오른손에 붉은 옷고름을
들고 계시더라.
5 이어 붉은색 고름을 손으로 들어 드리
우시니 햇무리가 붉은색을 띠고, 푸른
색 고름을 손으로 들어 드리우시니 햇
무리가 푸른색을 띠거늘
6 태모님께서 말씀하시기를 "이것이 표
적(標的)이니라." 하시니라.
7 잠시 후 마당에 멍석을 펴게 하시고
그 위에 누워 뒹구시거늘
8 태모님의 몸이 한 번씩 뒹구시는 대로
본래의 해에서 또 다른 해가 하나씩
빠져 나오는데
9 뒹구실 때마다 저고리를 번갈아 뒤집
어 입으시니 저고리 빛이 붉을 때에는
붉은 해가 나오고 푸를 때에는 푸른 해
가 나오더라.
10 이렇게 열한 번을 뒹구시니 모두 열두
개의 해가 연주형(連珠形)으로 하늘에
늘어서거늘
11 태모님께서 말씀하시기를 "이 일은 십
이제국(十二諸國)의 운도(運度)를 뽑아 쓰
는 공사로다." 하시니라.

금강산에서 찾아온 승려

105 태모님께서 이 공사를 행하신
지 6, 7일 후에 중 한 사람이 조
종리 도장에 찾아와 시주를 청하며 말
하기를
2 "강원도 금강산에 저의 스승이 계시는
데 며칠 전에 열두 개의 해가 나타남
을 보시고 '이것은 큰 변괴라.' 하시며
3 '각처에 순회하여 시주를 청하고 금산
사 미륵전에 고축(告祝)하여 재앙을 면
케 하라.' 하시므로 왔나이다." 하니
라.
4 한 성도가 이 사실을 태모님께 아뢰니
말씀하시기를 "이곳에서 한 일을 금강
산에서 알고 있었구나." 하시며
5 "창생을 위하여 미륵불께 축원한다고
하니 얼마간 행장(行裝)을 보태 길을
보내라." 하시므로 한 성도가 30원을
내어 주니
6 그 승려가 "누구의 이름으로 하리까?"
하고 묻거늘
7 태모님께서 "그저 보통 중생을 위하여
축원(祝願)하라." 하시니라.

대사업을 하자면

106 태모님께서 성도들이 밖에서 억
울한 일이나 창피한 일을 당하
고 돌아와 불평하는 말을 하면 항상
경계하여 말씀하시기를
2 "먼저 너희들의 마음을 돌이켜 허물을
반성하라. 척을 지어서는 안 되느니
라. 뒷일은 신명(神明)이 하도록 내버
려 두라." 하시니라.
3 하루는 태모님께서 성도들에게 말씀
하시기를 "무슨 일을 막론하고 남과
대항을 말라." 하고 누누이 당부하시
더니
4 7, 8일 후 저녁 무렵에 사회주의를 신
봉하는 정을(鄭乙)과 그를 따르는 천종
서의 큰아들 병원(柄元) 등 50여 명이
조종리에 몰려와

5 현수막을 내걸고 큰 소리로 외치기를
"미신을 타파하라! 교주는 이 마을에
서 물러가라!" 하며 두어 시간 동안 험
구난설(險口亂說)을 퍼붓고 무례한 행
동으로 소란을 피우거늘
6 태모님께서 일체 대항을 않으시며 성
도들도 명에 따라 대문을 굳게 닫고 아
무런 반응을 보이지 않으매 난동자들
이 마침내 제 풀에 지쳐 돌아가니라.
7 그 후 일 년에 두 차례씩 3년 동안 계
속해서 몰려와 현수막을 걸어 놓고 소
리를 지르며 극성스럽게 시위를 벌이
거늘
8 태모님께서 그 때마다 성도들에게 대
항하지 못하게 엄명을 내리시니라.
9 3년 째 되는 날 그 날도 태모님께서는
방안에 앉으시어 방문만 하나 열어 놓
으신 채 태연히 바라보고만 계시더니
10 그 이튿날 성도들에게 이르시기를 "대
사업을 하자면 덕(德)과 유(柔)만 가지
고는 할 수 없다." 하시며 "지필묵을
가져오라." 하신 후에
11 말씀하시기를 "이러한 무리들을 그냥
두면 인류에게 피해가 많다." 하시고
12 이근목을 녹사(錄事)로 정하여 "그 무
리들의 성명을 기록하라." 하시므로
백지 한 장이 다 차게 기록하여 올리
니 북향하여 불사르시니라.

불찰은 네게 있느니라

13 이로부터 10여 일 후 총독부에서 소탕
령을 내리매 그 기세가 수그러지고 마
침내 일당이 모두 체포되거늘
14 이때 천종서의 큰아들도 잡혀가 징역
을 살게 된지라 종서가 태모님께 찾
아와 원망하여 말하기를 "사모님, 왜
제 아들도 잡혀가게 내버려 두셨습니
까?" 하니
15 태모님께서 "네 아들을 풀어 주랴?"
하시고 "불찰은 네게 있거늘 왜 나를
원망하느냐. 그것은 부모의 책임이니
라." 하시니라.

태모님께서 행차하실 때

107 태모님께서 조종리에 계실 때
출행하시는 일이 많지 않으나
혹 대흥리나 먼 곳으로 행차하실 때는
사인교를 타고 부용역까지 가시어 기차
를 타시거늘
2 가마의 앞쪽을 마루에 올려놓으면 태
모님께서 방에서 나오시어 버선발로
가마에 오르시고 성도들이 가마 안에
신발을 넣어 드리니라.
3 가마는 네 사람이 메고 항상 교대할
가마꾼들 네 명이 그 뒤를 따르니
4 태모님께서 돌아오실 때는 가마꾼들
이 미리 부용역에 나가 대기하다가 모
시고 오는데
5 조종리에 당도하시면 당산(堂山) 마을
에 있는 당산나무를 한 바퀴 돌고 도
장으로 들어가시니라.
6 이렇듯 항상 수십 명의 성도들이 태모
님을 모시고 길게 뒤를 따르니
7 그 모습을 구경하러 나온 인파와 함께
온 마을을 하얗게 덮어 마치 신관 사
또의 부임 행차 같더라.

이렇게 하여야 일이 되리라

108 5월 17일에 태모님께서 가마를
타시고 박종오, 고민환, 김수열,
김수응, 고찬홍, 이용기, 김재윤, 강원
섭, 강사성, 전준엽, 서인권, 김종기(金
鍾基), 주종한(朱鍾翰), 문인원(文仁源),
백종수(白宗洙), 송사일(宋士日), 박남규
(朴南奎), 진희만(陳喜萬), 이석봉(李碩
奉) 등 열아홉 사람을 데리고
2 정읍 수성리 구미동(水城里 龜尾洞)에
이르러 김수남의 집에서 공사를 행하
시니라.
3 이때 가마솥에 물을 가득 채우게 하신
뒤에 준엽을 그 앞에 세우시고 말씀하
시기를
4 "누구도 감당치 못하고 준엽이나 감당
하리라." 하시며 무엇인가 써서 불사

르시더니
5 대야에 물을 떠 오게 하시어 시래기 하
나를 담갔다가 꺼내어 위로 올리시매
갑자기 소나기가 쏟아지더라.
6 공사를 마치신 뒤에 고민환, 주종한,
백종수, 김종기, 김수응, 문인원, 김재
윤 등 일곱 사람은 수남의 집에 머물러
있게 하시고
7 나머지 열두 사람을 데리고 대흥리에
가시어 신대원의 집에 처소를 정하시
니라.
8 이 날 저녁에 준엽에게 명하시어 마당
에 멍석을 펴게 하신 다음 태모님께서
누런 저고리 위에 은색 저고리를 겹쳐
입으시고 마당에 나오시어
9 준엽에게 이르시기를 "달을 보라." 하
시며 담뱃대로 하늘을 향하여 지휘하
시니
10 서북쪽에서 채색(彩色) 구름이 떠와서
달을 에워싸다가 다 싸지 못하고 한편
이 틔워진 채 동쪽으로 떠나가고
11 또 담뱃대를 두르시니 그와 같은 구름
이 다시 와서 달을 싸려다가 싸지 못
하고 떠나가더니 세 번 만에 비로소 달
을 다 에워싸거늘
12 태모님께서 말씀하시기를 "이렇게 하여
야 일이 되리라." 하시니라.

하늘을 보라

109 18일 오전에 태모님께서 갑자기
'나무아미타불(南無阿彌陀佛)'을
읽으시니
2 검은 구름이 신대원의 집을 한 식경(食
頃)이나 에워쌌다가 걷히는지라
3 태모님께서 성도들에게 명하여 "하늘
을 보라." 하시므로 모두 하늘을 바라
보니
4 서쪽 하늘에서 검은 구름 두 가닥이 일
어나 한 가닥은 무수한 사람의 형상을
이루어 남쪽에서 동쪽까지 둘러서 상
제님의 묘각(墓閣) 상공에 멈추고
5 또 한 가닥은 무수한 화분(花盆) 형상
을 이루어 북쪽에서 동쪽까지 둘러서
묘각 상공에 멈추니라.
6 그 두 가닥 구름의 머리 사이에 구름
들이 또 형상을 이루는데 큰 고목(古
木)이 서 있고 그 곁에 큰 눈사람이 서
있으며
7 사람의 배 위에 부인이 걸터앉은 모양
을 이루고 그 곁에 작은 사람이 수종
하고 서 있더라.
8 이렇게 두어 시간을 그대로 있거늘 태
모님께서 박종오에게 물으시기를 "저
것이 무엇이냐?" 하시니
9 종오가 대답하기를 "눈사람의 형상은
상제님이요, 또 부인의 형상은 어머님
이요, 수종 드는 사람의 형상은 고민환
이요, 그 나머지는 모두 신도들이로소
이다." 하고 아뢰니
10 태모님께서 말씀하시기를 "그러하다."
하시니라.

선경 구경이나 하여 보자

110 19일에 태모님께서 성도들에게
말씀하시기를 "오늘은 선경(仙
境) 구경이나 하여 보자." 하시고 성도
들에게 '나무아미타불'을 읽게 하시니
2 하늘 동남쪽에 갑자기 깨끗한 구름 무
더기가 나타나서 인간 세상에서 보지
못한 선경의 형상을 이루거늘
3 기이한 경치와 아름다운 화초와 훌륭
한 건축물과 이상한 모양의 짐승과 날
아다니는 새들이 생생하게 보이더라.
4 이때 신대원의 사위가 앞으로 지나가
므로 태모님께서 그에게 성명을 물으
시니 대답하지 않고 그냥 가는지라
5 태모님께서 탄식하여 말씀하시기를
"양반이 집안을 망친다 하더니 과연이로
다." 하시거늘 모두 다시 하늘을 보니
그 구름이 없어졌더라.
6 잠시 후에 태모님께서 "심심하니 선경
구경이나 다시 하자." 하시고 성도들

로 하여금 다시 '나무아미타불'을 읽게
하시니
7 구름 무더기가 또 나타나서 이전보다
더욱 기묘한 형상을 이루거늘 이 구경
으로 하루를 지내시니라.

사람과 신명이 함께 사는 후천 세상

111 개벽하고 난 뒤에는 좋은 세상이
나오리니, 후천 오만년 운수니라.
2 그 때는 사람과 신명이 함께 섞여 사
는 선경세계가 되느니라.

귀신이 밥해 주는 세상이 된다

3 지금은 전주에서 서울을 가려면 빙빙
돌아서 가지만 앞으로는 반듯하게 큰
길이 새로 나서 조반 먹고 갔다가 전
주에 내려와 점심 먹게 되느니라.
4 지붕도 담도 지푸락 하나 안 올라가고
집이 다 궁궐이 될 것이요, 문명이 발
전하여 귀신이 밥해 주는 세상이 되느
니라.

달나라도 오가는 세상이 온다

5 너희들은 앞으로 아랫목에 앉아서 세
계 각국을 다 볼 것이요, 외국말도 다
알 것이니라.
6 또 발에 흙을 안 묻히고 다닐 것이며
달나라도 오가는 그런 세상을 당할 것
이니라.

네가 헛천자니라

112 20일 오후에 태모님께서 차경석
의 집에 들어가시니 경석이 맞아
들여 교자상(交子床)을 차려 올리는지라
2 태모님께서 경석의 이름을 크게 부르
시매 경석이 말하기를 "내가 전날의
경석이 아니요, 이제는 만인의 두목이니
전날과 같이 경홀(輕忽)한 말을 버리사
이다." 하니라.
3 이에 태모님께서 꾸짖어 말씀하시기
를 "네가 천자라 하나 헛천자(虛天子)니
라." 하시고 밥상에 놓인 큰 배를 들어
경석의 목덜미를 치시니
4 경석은 피하여 문밖으로 나가고 여방
주(女方主)들이 달려들어 태모님을 끌
어내거늘
5 태모님께서 성도들을 데리고 조종리로
돌아오시니라.

일본 순사 주재소를 통과하실 때

113 하루는 태모님께서 김제 부용역
앞 어느 식당에서 점심을 드시
고 조종리로 향하실 때
2 갑자기 "내 머리를 땋고 댕기를 달아
라." 하시니 시종하는 여자 신도가 붉
은 댕기를 드려 놓으매 영락없는 노처
녀이시더라.
3 태모님께서 성도들을 이끌고 맨 앞에
서시어 담뱃대를 휘두르시며 큰 소리
로 "시천주 조화정 영세불망 만사지"
하고 노래하시면서
4 치마를 들었다 놨다 하시고 갈 지(之)
자 걸음으로 주재소(駐在所) 쪽으로 다
가가시니
5 일본 순사들이 바짝 긴장하여 가로막
고 서서 "너희들 뭐냐?" 하며 신분을
밝히라고 요구하니라.
6 이에 태모님께서 행렬을 멈추게 하시
고 잠시 앉아 계시니 검문을 하는 일
본 순사대 대장이 다가와 태모님께 손
을 대려 하거늘
7 태모님께서 아무 말씀도 않으시고 담
뱃대로 무례한 순사 대장의 손을 딱
치고 일어서시더니
8 더 큰 소리로 "신천지 가가장세 일월
일월 만사지"라 노래하시니라.
9 이에 일본 순사들이 당황하여 뒤로 물
러서서 태모님을 향해 손가락질하며
"아노~ 기찌가이! 기찌가이!(あの~ き
ちがい! きちがい!: 저~ 미치광이! 미치광
이!)"라 말하고
10 또 성도들을 향해 "미친년을 따라가니
저놈들도 한심한 놈들이라." 하며 비
웃을 뿐 더 이상 조사를 못하니라.

11 일행이 무사히 검문소를 통과하여 공덕
면 황산리(黃山里)쯤 왔을 때 태모님께
서 "가마를 대령하라." 하시어 타시고
12 "어서 가자."고 재촉하시며 조종리 도
장으로 돌아오시니라.

인류의 구원과 행복을 기도하심

114 태모님께서 항상 말씀하시기를
"천지를 믿고 따라야 너희가 살
수 있으니 천지 알기를 너희 부모 알듯이
하라." 하시니라.
2 5월 25일에 온 세계 인류의 죄업을 풀
고 새로운 행복을 빌기 위하여 천지에
크게 기도하실 때
3 마당 동서남북에 각기 단(壇)을 쌓고
푸른 기(旗)와 흰 기와 붉은 기와 검은
기를 제 방위 대로 세우게 하시고
4 한가운데에는 3층 단을 쌓고 푸른 용
(龍)과 누런 용을 그린 큰 황색 기를 세
우게 하신 뒤에
5 사정방(四正方)을 정하시어 강응칠을
주부(主簿)로, 전준엽을 동방(東方)으
로, 강원섭을 서방(西方)으로, 이근목
을 남방(南方)으로, 고찬홍을 북방(北
方)으로 각각 임명하시니라.
6 이어 동방 청기(靑旗)는 전준엽(田俊燁)
을 비롯하여
양문경(梁文敬) 김재윤(金在允)
김봉우(金奉宇) 백용기(白龍基)
천종서(千宗瑞) 박종화(朴鍾華)
서화임(徐化任) 유일태(劉一太)
남상돈(南相敦) 김형대(金炯大)
이용기(李用己) 이용운(李龍雲)
박준달(朴準達) 강봉삼(姜鳳三) 등
열다섯 사람으로 하여금 지키게 하시고
7 서방 백기(白旗)는 강원섭(姜元聶)을 비
롯하여
서인권(徐寅權) 이중진(李仲振)
이진묵(李眞默) 김원숙(金元淑)
백창섭(白昌燮) 이근우(李根宇)
이석봉(李碩奉) 채유중(蔡有中)
이재현(李在賢) 한재천(韓在千)
한응석(韓應錫) 김내원(金乃元)
심정순(沈貞淳) 전상모(田相模) 등
열다섯 사람으로 하여금 지키게 하시고
8 남방 적기(赤旗)는 이근목(李根睦)을 비
롯하여
강성중(姜成仲) 임성범(任成範)
김영두(金永斗) 류경천(柳敬天)
김원명(金元明) 손경환(孫敬煥)
김공오(金公五) 김동식(金東植)
김동근(金東根) 이정훈(李正勳)
류내옥(柳乃玉) 류병을(柳丙乙)
이상식(李尙植) 김원백(金元伯) 등
열다섯 사람으로 하여금 지키게 하시고
9 북방 흑기(黑旗)는 고찬홍(高贊弘)을 비
롯하여
김태호(金泰浩) 이공렬(李公烈)
김상윤(金相允) 김종일(金鍾一)
박종민(朴鍾旻) 강재숙(姜在淑)
두운철(杜雲喆) 두재천(杜在千)
문영희(文榮喜) 문휘원(文輝元)
고권필(高權必) 문종택(文鍾澤)
박종운(朴宗云) 이명전(李明全) 등
열다섯 사람으로 하여금 지키게 하시고
10 중앙 황기(黃旗)는 고민환(高旻煥)을 비
롯하여
강응칠(姜應七) 강사성(姜四星)
강운서(姜雲瑞) 박종오(朴鍾五)
김수열(金壽烈) 전영춘(田永春)
전태풍(田泰豊) 김수택(金壽澤)
김원방(金元邦) 김영록(金永錄)
김수암(金壽岩) 김수봉(金壽鳳)
김준길(金準吉) 김억록(金億祿)
김영한(金永翰) 이시우(李時雨)
전창준(田昌俊) 김판목(金判睦)
전장필(田章弼) 전원석(田元錫)
전기찬(田基贊) 전선필(田先必)
전승철(田承喆) 전여옥(田汝玉)
전두영(田斗榮) 전덕빈(田德彬)
전형명(田亨明) 김희숙(金熙淑)
두치운(杜致云) 강기업(姜基業)

두판렬(杜判烈) 박치서(朴致瑞)
송병용(宋丙用) 이보일(李寶日)
강기상(姜基祥) 전갑석(田甲錫)
전태숙(田泰淑) 강봉택(姜鳳澤)
강휘만(姜彙萬) 이관숙(李官叔)
류운직(柳雲直) 이명좌(李明左)
윤치오(尹治五) 박노일(朴魯一)
강상숙(姜相淑) 최동환(崔東煥)
이명언(李明彦) 김윤명(金允明)
김일수(金一壽) 전평수(田平秀) 등
쉰다섯 사람으로 하여금 지키게 하시니
라.
11 이어 중앙 단(壇) 위에 큰 등(燈) 하나
와 작은 등 열네 개를 달게 하시고 네
방위에는 각기 작은 등 열다섯 개씩을
달게 하시며
12 중앙과 네 방위에 각기 제물을 진설케
하신 다음 태모님께서 여러 사람을 지
휘하여 중앙과 사방에 돌려 절하게 하
시고
13 시천주주를 크게 읽히시며 '만민의 죄
업을 풀어 주실 것과 온 세계에 새로
운 행복을 내려 주실 것'을 상제님께 일
심으로 기도하시니라.
14 이때 바람이 한 점도 없어 네 방위의
깃발이 조금도 흔들리지 않거늘
15 오직 중앙 황기는 사방으로 나붓거리
며 그 기(旗)에서 누런 물이 나와 마치
비 오듯 사방으로 뿌려지매 성도들의
옷이 모두 누렇게 젖으니라.

미륵이 갱생이라

115 이달 27일에 태모님께서 여러
성도들에게 명하시기를 "금산사
(金山寺)에 일이 있어 가려 하니 준비하
라." 하시고
2 고민환, 박종오, 고찬홍, 강사성 등 열
다섯 사람을 데리고 금산사에 들어가
실 때
3 금산동문(金山洞門)을 지나시다가 문득
돌부처 앞에 이르시어 "귀신도 안 붙은
것을 여기다 무엇하러 세워 놓았냐."
하시며 담뱃대로 머리를 딱 때리시니
돌부처의 머리가 뚝 떨어져 나가니라.
4 이어 돌무지개문을 지나 미륵전에 당
도하시어 치성을 올리고 말씀하시기
를 "이는 미륵(彌勒)이 갱생(更生)이라."
하시니라.

이 부처는 혼이 나갔으니

5 다시 대적광전(大寂光殿)으로 가시어
제물을 진설하시고 공사를 보실 때
6 비로자나불을 가리키시며 "이 부처는
혼(魂)이 나갔으니 밥을 주지 못하리
라." 하시고
7 담뱃대로 불단(佛壇)에 금을 그어 동서
(東西)로 가르신 후에 동편불 앞에 있던
제물을 서편불 앞으로 옮기게 하시더니
8 담뱃대를 들어 천장을 가리키며 말씀하
시기를 "법전(法殿)이 퇴락하였으니 이
집은 중수하여야 하리라." 하시니라.

금산에 두 번 더 와야 하리라

9 공사를 마치시고 제물을 걷어서 돌아
오실 때 성도들에게 일러 말씀하시기
를 "이 뒤로 내가 금산(金山)에 두 번
더 와야 하리라." 하시거늘
10 며칠 후에 대들보가 부러져 대적광전이
무너지매 비로자나불이 부서지니라.

산을 불러 공사 보심

116 6월 10일에 태모님께서 문밖에
나가시더니 성도들을 불러내어
동북쪽을 가리키시며 "보라." 하시므로
2 모두 바라보니 바로 두어 마장 앞에
계룡산(鷄龍山)과 미륵산(彌勒山)과 고
달산(高達山)이 다가와 있거늘
3 산 모양과 골짜기까지 선명하게 보이
고 바위와 푸른 나무까지 낱낱이 구별
되는지라
4 모두 기이하게 여기며 구경하는데 두
어 시간이 지나자 세 산이 점점 멀어지
다가 결국 보이지 않으니라.
5 태모님께서 산을 불러 공사를 보실 때

는 산이 구름 모양으로 다가오기도 하
니라.

일심혈심으로 수련하라

117 하루는 태모님께서 이경(二更)
초에 성도 대여섯 명과 함께 손
방(巽方)을 향하여 좌정하신 뒤에 입으
로 바람을 한 번 부시니
2 갑자기 손방에 큰 바가지만 한 별이 나
타나거늘 그 밝은 빛이 달과 같더라.
3 이때 태모님께서 그 별을 향하여 담배
연기를 뿜으시니 검은 구름이 일어나
별을 가리고
4 다시 입으로 바람을 부시니 구름이 흩
어져 별이 나타나거늘 이와 같이 세 번
을 행하시니라.
5 이어 말씀하시기를 "이것을 일러 선불
권술(仙佛權術)이라 하느니라." 하시고
6 "쓸 때가 되면 바람과 구름, 비와 이
슬, 서리와 눈을 뜻대로 쓰게 되리니
일심혈심(一心血心)으로 수련하라. 누구나
할 수 있느니라." 하시니라.

인생의 근본 원리를 모르고 있도다

118 하루는 태모님께서 여러 성도들
을 데리고 공사를 보시며 말씀
하시기를
2 "억조창생이 '인생의 근본 원리'를 모르
고 있도다." 하시며 고민환에게 명하
여 "내가 설법(說法)하는 공사 내용을
적어라." 하시고
3 다시 "그 이치를 상세히 기술하여 온
인류에게 알리도록 하라." 하시니 이러
하니라.
4 인생을 위해 천지가 원시 개벽하고
5 인생을 위해 일월이 순환 광명하고
6 인생을 위해 음양이 생성되고
7 인생을 위해 사시(四時) 질서가 조정(調
整)되고
8 인생을 위해 만물이 화생(化生)하고
9 창생을 제도(濟度)하기 위해 성현이 탄생
하느니라.
10 인생이 없으면 천지가 전혀 열매 맺지 못
하나니 천지에서 사람과 만물을 고르게
내느니라.

진실로 여자 성인이로다

11 이어 민환에게 명하여 "기록한 공사의
설법 내용을 낭독하라." 하시므로 낭
독하니
12 태모님께서 그 글을 받아 불사르시며
하늘에 고하신 다음 동쪽을 향하여 단
정히 앉아 조용히 기도하시니라.
13 이때 성산면장 강필문(姜弼文)이 참석
하여 공사를 지켜보다가 놀라 말하기
를 "이 분은 진실로 여자 성철(聖哲)이
로다!" 하고 끊임없이 찬탄하며 돌아
가니라.

오성산에 은둔하실 뜻을 보이심

119 이 달 17일에 태모님께서 고민
환에게 "너의 집 근처에 오성산
이 있느냐?" 하시니 민환이 "있나이
다." 하거늘
2 일러 말씀하시기를 "거미가 집을 지을
때는 이십사방(二十四方)으로 줄을 늘여
서 짓고, 다 지은 뒤에는 남이 알지 못
하게 한편 구석에 숨어 있는 법이니 너는
그곳을 떠나지 말라." 하시니라.
3 이튿날 성도들을 데리고 오성산에 가
실 때 성도들이 하늘을 보니 흰 구름
줄기가 도장 상공으로부터 오성산을
향하여 길처럼 뻗쳐 있고
4 그 위에 구름 무더기가 사인교 모양을
이루어 태모님의 길을 따르더니 돌아
오실 때에도 가마 모양을 이룬 구름이
공중에 떠서 따르더라.

너희들의 믿음이 이러하여야

120 이 달 그믐에 박종오, 고찬홍,
이근목, 전준엽, 강응칠, 강사
성, 강원섭, 이석봉 등을 벌여 앉히신
뒤에 고민환을 그 앞에 앉히시고

2 태모님께서 남자 의관으로 단(壇)에 올
라앉으시어 찬홍에게 말씀하시기를
"나는 강증산이요 고민환은 나니라."
하시고 "절을 하라." 하시니
3 찬홍이 아뢰기를 "저는 상제님께서 육
신으로 출세하시기를 원할 뿐이요, 성
령으로 출세하시기를 바라지 않나이
다." 하며 절을 하지 않는지라
4 태모님께서 여러 번 동의하기를 명하
시되 찬홍이 계속하여 불복하거늘
5 크게 노하시어 담뱃대와 지팡이로 찬
홍을 무수히 때리시니 매 자국이 낭자
하고 몸을 수습할 수 없게 되었으나
찬홍이 고집하며 끝까지 불복하니라.
6 이윽고 태모님께서 노여움을 그치시고
찬홍과 여러 성도들에게 말씀하시기
를 "너희들의 믿음이 이러하여야 상제
님께서 출세하시리라." 하시고
7 찬홍을 처소로 보내어 조리하게 하신
뒤에 종오에게 "밖에 나가 하늘을 보
라." 하시니
8 종오가 나가 보고 아뢰기를 "구름이
꿇어앉아 사죄하는 사람의 모양을 이
루고 있나이다." 하거늘
9 태모님께서 말씀하시기를 "그것이 곧
찬홍이니 머지않아 변하리라." 하시니
라.
10 잠시 후에 종오가 다시 보고 아뢰기를
"소 모양으로 변하였나이다." 하니
11 말씀하시기를 "다시 변하리니 자세히
보라." 하시므로 종오가 보니 개 모양
으로 변하더라.

성주(聖主)와 현인 군자를 모셔 오는 공사

121 하루는 태모님께서 조종리에 계
실 때 "오늘은 남조선(南朝鮮) 배
공사가 들어온다." 하시며
2 고민환에게 명하시어 "노랫말을 써 들
이라." 하시고 "한 번 읽으라." 하시므
로
3 민환이 큰 소리로 읽으니 이러하니라.
4 石泉試茗하고 白雲可耕타가
석천시명 백운가경
祥風瑞湖에 紫雲白帆으로
상풍서호 자운백범
武夷九曲을 謝別하고
무이구곡 사별
桃花流水渺然去라
도화유수묘연거
석간수에 차를 맛보고
흰 구름에 밭 갈다가
상서로운 바람이 이는 호수
자줏빛 구름에 흰 돛배를 몰아
무이구곡을 뒤로하고
복숭아꽃 흐르는 물에
아득히 떠나오시도다.
5 龍華彌勒과 太乙仙官께서
용화미륵 태을선관
至德至道로 廣濟蒼生하시려고
지덕지도 광제창생
이 배 타고 오시도다
용화미륵과 태을선관께서
지극한 도와 덕으로
광제창생 하시려고
이 배 타고 오시도다.
6 태모님께서 "잘 되었다." 하시고 신도
수십 명을 불러오게 하시어
7 익산군 용안면 대조리(龍安面 大鳥里)
행정(杏亭) 마을에 사는 김원명(金元明)
과 옥구에 사는 전내언(田乃彦)을 도사
공으로 정하시어 뱃노래를 선창하게 하
시며
8 나머지 수십 명에게 여러 시간 동안 한
데 어우러져 뱃노래를 부르게 하시니
라.
9 이어 말씀하시기를 "이는 남조선 배질
이니 성주(聖主)와 현인군자(賢人君子)를
모셔 오는 일이로다." 하시고
10 "무슨 일이든지 선통(先通)이 있는 법이
라." 하시며 공사를 마치신 후에 술과
안주를 내려 주시니라.

선천과 후천에 각기 개벽이 있느니라

122 선천에도 개벽이 있고 후천에도 개벽이 있나니
2 옛적 일(上古之事)을 더듬어 보면 다가올 일(來到之事)을 알고
3 다가올 일을 알면 나의 일을 아느니라.
4 우주의 순환 이치를 알아야 이 길을 찾을 수 있느니라.
5 일왈(一曰) 통(通)이요, 이왈(二曰) 개안(開眼)이요, 삼왈(三曰) 포교(布敎)니라.

제가 제 일을 해야 하느니라

123 삼제갈(三諸葛), 팔한신(八韓信), 관우, 장비, 조자룡, 진묵대사, 사명당이때가 때인 만큼 일제히 나서나니
2 만고의 성인 오시는데
오방신장(五方神將) 이하로
신명맞이 어서 하소.
3 나 살고 남 살리는 공부니
사람 잘되기를 바라소.
4 지난 일은 생각 말고
오는 일을 되게 하라.
5 제가 제 마음을 찾아야 되고
제가 제 일을 해야만 되느니라.

이마두 대성사를 치하하심

124 태모님께서 성도들로 하여금 마당에 단을 설치하고 치성 절차와 같이 제수(祭需)를 진설하게 하시니라.
2 이어 계란과 양주(洋酒)를 그 위에 놓게 하시고 쌀밥과 계란을 잘 비벼서 놓으시며 "많이 드시라." 하고 권하신 다음
3 성도들에게 말씀하시기를 "이는 이마두(利瑪竇)의 선술묘법(仙術妙法)을 칭찬하는 공사이며
4 후천선경 세계 건설에 역사(役事)함을 치하하는 공사니라." 하시고 성도들에게 시천주주를 읽게 하시니라.
5 태모님께서 공사를 마치신 뒤에 말씀하시기를 "이마두를 잘 대접해야 하느니라." 하시고
6 "이마두는 서양 명부대왕이니라." 하시니라.

상제님의 묘각을 찾아가심

125 7월 25일에 태모님께서 고찬홍, 박종오, 강원섭, 강사성, 전준엽, 이근목, 서인권, 고권필, 김재윤 등을 데리고 자동차로 대흥리에 가시어
2 신대원의 집에 머무르시며 날마다 성도들로 하여금 '나무아미타불'을 외우게 하시니라.
3 28일 저녁에 태모님께서 원섭과 더불어 누런 수건을 한끝씩 잡으시고 하늘을 향하여 '영세불망(永世不忘)'을 외우신 뒤에
4 여러 성도들로 하여금 '영세불망'을 외우면서 뒤따르게 하시고 걸어서 상제님의 묘각(墓閣)에 이르시니라.
5 이어 큰 소리로 상제님을 세 번 부르며 말씀하시기를 "왜 이렇듯 깊이 주무시나이까." 하고 통곡하시니 문득 비가 내리는지라
6 이에 대원의 집에서 하루를 더 쉬시고 이튿날 조종리로 돌아오실 때
7 차(車) 안에서 사성에게 명하여 상제님 명정(銘旌)을 읽게 하신 뒤에 태모님께서 '만수(萬修)'를 크게 부르시니라.

육임 구호대 도체 조직 공사

126 하루는 태모님께서 치성을 봉행하신 뒤에 "육임(六任) 도수를 보리라." 하시고 도체(道體) 조직 공사를 행하시니 이러하니라.
2 동서남북 네 방위에 각각 동쪽은 청색, 서쪽은 백색, 남쪽은 적색, 북쪽은 흑색으로 큰 깃발을 세우게 하시고 깃대 앞에는 사정방을 정하여 세우시며
3 중앙에는 황룡기(黃龍旗)를 세우신 뒤에

그 앞에 층으로 단을 높게 설치하신 다음

4 태모님께서 윷판을 그려 놓으시고 그 위에 정좌하며 말씀하시기를 "사방 60리 지령 기운(地靈氣運)이라." 하시고

5 "지령 기운이 다 돌면 사람 추린다. 선자(善者)는 사지(師之)하고 악자(惡者)는 개지(改之)하라." 하시니라.

6 이어 성도 50명을 뽑아 육임(六任), 팔봉(八奉), 십이임(十二任), 이십사임(二十四任)을 선정하시어

7 동쪽 기(旗)에 육임, 서쪽 기(旗)에 팔봉, 남쪽 기(旗)에 십이임, 북쪽 기(旗)에 이십사임을 일렬로 세우신 다음

8 그 나머지 인원은 육임 아래에 여섯 명씩 배정하니 36명이요

9 팔봉 아래에 여덟 명씩 배정하니 64명이요

10 십이임 아래에 열두 명씩 배정하니 144명이요

11 이십사임 아래에 스물네 명씩 배정하니 576명이요

12 고민환(高旻煥)과 강원섭(姜元聶)은 태모님을 모시고 중앙에 서니라.

13 태모님께서 말씀하시기를 "이 다음에 수백만의 인원이면, 그 본줄기 되는 인원의 규칙대로 나아갈진대 세계 민족을 포섭하리라." 하시고 "그 연맥을 지키고 유지하라." 하시니라.

14 이로부터 사정방과 육임, 팔봉, 십이임, 이십사임과 그 하단 조직으로 포교 운동을 일으키시니 도세가 크게 일어나기 시작하거늘

15 이때 참석한 성도들은 아래와 같으니라.

강응칠(姜應七) 강운서(姜雲瑞)
강사성(姜四星) 전선필(田先必)
이공렬(李公烈) 김수열(金壽烈)
박종오(朴鍾五) 고찬홍(高贊弘)
전준엽(田俊燁) 이근목(李根睦)
김내원(金乃元) 김형대(金炯大)
김재윤(金在允) 박치서(朴致瑞)
유일태(劉一太) 김수응(金壽應)
남상돈(南相敦) 손경환(孫敬煥)
김원명(金元明) 송사일(宋士日)
백종수(白宗洙) 김수남(金壽南)
김판묵(金判默) 전태풍(田泰豊)
김원백(金元伯) 송병용(宋炳用)
전내언(田乃彦) 전여옥(田汝玉)
전봉성(田鳳成) 전장필(田章弼)
전장학(田章學) 고권필(高權必)
문휘원(文輝元) 문인원(文仁源)
문상원(文尙元) 문종택(文鐘澤)
문해동(文海東) 강춘택(姜春澤)
강휘만(姜彙萬) 강재룡(姜在龍)
김준태(金俊太) 강공삼(姜公三)
문준성(文俊成) 소은섭(蘇銀燮)
박남규(朴南奎) 진희만(陳喜萬)
한재교(韓在敎) 김태우(金太佑)
이장식(李長植) 오용수(吳庸洙)
오화수(吳華洙) 박종화(朴鍾華)
서인권(徐寅權) 서화임(徐化任)
오수엽(吳守燁) 천종서(千宗瑞)
백용기(白龍基) 문선일(文先日)
강대용(姜大容) 박종민(朴鐘旻)
전원석(田元錫) 고채익(高彩益)
김대유(金大有) 전창운(田昌云)
전승철(田承喆) 이석봉(李碩奉)
이근우(李根宇) 이재현(李在賢)
채유중(蔡有中) 서문백(徐文伯)
이정훈(李正勳) 문영희(文榮喜)
강상숙(姜相淑) 고종남(高宗南)
조동희(曺東熙) 김봉우(金奉宇)
강봉삼(姜鳳三) 주원일(朱元日)
이용기(李用己) 양문경(梁文敬)
박달수(朴達守) 최용섭(崔龍燮)
박수완(朴守完) 최동환(崔東煥)
박준달(朴準達) 윤치오(尹治五)
김윤명(金允明) 이중진(李仲振)
이진묵(李眞默) 두치운(杜致云)
두재천(杜在千) 이명권(李明權)
박종운(朴宗云) 문명수(文明洙)

문기수(文己洙) 원치상(元致常)
박서옥(朴瑞玉) 전기찬(田基贊)
이준경(李俊京) 전광만(田光萬)
한세교(韓世敎) 김철성(金哲成)
조상화(趙相化) 전창준(田昌俊)
이철우(李哲宇) 강태운(康太云)
김상윤(金相允) 전영춘(田永春)
김수암(金壽岩) 김영록(金永錄)
김판렬(金判烈) 두철우(杜哲宇)
이 밖에 수백 명이 더 있으나 이름이
알려지지 않으니라.

전영숙에게 녹줄을 붙여 주심

127 9월에 상제님 성탄치성을 맞아
장연 마을에 사는 강봉삼, 김재
윤, 이용기, 김봉우, 김형대, 박준달, 강
성중, 박일중(朴日中), 양문경(梁文敬), 전
영숙(田永淑) 등 열 사람이 자금을 모아
2 익산 시장에서 92원에 황소 한 마리를
사서 조종리 도장으로 올 때 전영숙이
소를 몰고 오더니
3 다른 성도가 소를 몰아 보려 하나 영
숙이 고집하여 끝까지 혼자서 몰고 오
니라.
4 조종리에 도착하여 영숙이 황소를 올
리니 태모님께서 주소와 성명을 물으
시거늘
5 영숙이 삼가 아뢴 후에 황소는 장연
마을 성도들이 합동으로 올린 것임
을 말씀드리니 태모님께서 "애들 썼구
나." 하시니라.
6 그 후 영숙이 우연히 소 장사에 뜻이
있어 장사를 시작하매 자연히 이득을
보아 집안을 돌보게 되니라.

엄월법을 써서 순사들을 돌려보내심

128 18일에 장연 마을 성도들이 올
린 황소 한 마리와 여러 가지 제
수를 갖추어 상제님 성탄치성을 성대
히 준비하는데
2 태모님께서 재촉하며 말씀하시기를
"이번 치성은 자정 안으로 집행하되 신
도들 음복도 새벽이 되기 전에 끝내고
3 날이 밝기 전에 서둘러 귀가케 하라."
하시므로 모두 그와 같이 하니라.
4 이에 치성 음식과 소가죽이며 여러 기
구가 집 안 여기저기에 널려 있더니
5 아침 일찍 갑자기 순사 7, 8명이 들어
와 조사를 하되 아무런 증거도 찾지
못하고 허탈하게 돌아가거늘
6 이는 태모님께서 엄월법(掩月法)을 쓰심
이더라.

너희들도 알지 않느냐

129 태모님께서 성탄치성을 봉행하
신 후에 성도들에게 명하시기를
"12방위의 열두 동물을 구하여 오라."
하시어 각 방위에 세우시고
2 동물을 구하지 못한 인진사오신(寅辰
巳午申) 방위에는 백지에 그림을 그려
대치하게 하신 뒤 공사를 행하시니라.
3 이어 성도들에게 물으시기를 "서양 신
명들은 어떻게 먹는다냐?" 하시니
4 성도들이 "밥은 먹지 않고 닭과 계란
을 잘 먹는다고 합니다." 하매 이르시
기를 "그러면 너희들이 알아서 준비하
라." 하시거늘
5 성도들이 동쪽으로 10리 되는 부용장
(芙蓉場)으로, 남쪽으로 20리 되는 김
제장(金堤場)으로, 북쪽으로 30리 되는
익산장(益山場)으로 나가 닭과 계란을
사서 올리니라.
6 이에 동서남북과 중앙에 오색기(五色
旗)를 세워 놓고 다시 공사를 행하실
때 바람이 잔잔하거늘
7 태모님께서 12방위를 맡은 열두 동물
에게 "너희들도 알지 않느냐?" 하시고
담뱃대를 흔들며 춤을 추시니
8 그 동물들이 다 각기 소리를 내는 가
운데 바람이 일어나 사방에서 중앙으
로 불어오매 중앙 기가 나부끼며 태모
님의 전신을 둘러 감더라.

이것이 진짜니라

130 이때 태모님께서 성도들에게 시
천주주를 읽게 하시고 동방 청색
과 중앙 황색의 기폭(旗幅)을 잡으시고
춤을 추며 말씀하시기를
2 "너희들 잘 들어라. 모두 일심(一心)들이
냐?" 하시니 각기 "예!" 하고 대답하니
라.
3 태모님께서 명하시기를 "그러면 짚 한
다발 들여라." 하시거늘 한 성도가 짚
을 갖다 놓으니 "추려 내어라." 하시는
지라
4 이에 그 성도가 추려 내니 "더 추려 내
어라." 하시므로 그대로 행하니라.
5 이때 그 성도가 여쭈기를 "어머니, 어
쩌려고 자꾸 이렇게 추려 내십니까?"
하니
6 태모님께서 호통치시며 "더 추려 내어
라." 하시므로 계속하여 여러 번을 더
추려 내니 한 움큼 가량밖에 안 남거늘
7 태모님께서 보시고 "검부적 많구나!" 하
시며 추리고 남은 짚을 움켜잡고 말씀
하시기를 "이것이 진짜니라." 하시니라.

말로 할진대 부디 조심하여라

8 이어 태모님께서 그 짚과 신척(新尺)을
함께 묶어 문지방 위에 올려놓고 말씀
하시기를
9 "자찬 옷과 되찬 밥을 먹여 이만큼 길
러 보았으니 이생에서 잘 닦으면 전생
과 후생까지 장히 좋다." 하시니라.
10 또 말씀하시기를 "후일에 어떤 신도가
찾아오면 문지방 위에 올려 놓은 잣대
가 저절로 떨어질 것이니라." 하시더니
11 뒷날 과연 그런 일이 있거늘 태모님께
서 그 성도에게 "저 잣대가 저절로 떨
어진 줄 아느냐?" 하시며 잣대를 들어
말씀하시기를
12 "말로 할진대 부디 조심하여라." 하시
고 "음양(陰陽)이 그렇게나 좋더냐." 하
시니라.

조종리 도장에서 치성을 모실 때

131 태모님께서 조종리에 계실 때 큰
치성이 있으면 경상도, 전라도,
충청도 등 전국 각지에서 많은 신도들
이 모여들거늘
2 건넛마을 원조(元祖)에서 보면 흰 도포
에 큰 갓을 쓰고 길을 따라 일렬로 걸
어오는 신도들의 모습이 마치 빨랫줄
에 흰 빨래를 나란히 걸어 놓은 듯하
더라.
3 이렇게 치성에 참석한 신도가 많을 때
는 수백 명이나 되니 임시 변소를 수
십 개씩 짓고
4 신도들은 도장 뒷산에 가마니를 깔고
앉아 치성을 기다리니 조종리 일대를
하얗게 덮을 정도더라.
5 이때 주로 경상도에서 오는 신도들이
치성에 바칠 황소를 몰고 오거늘
6 쇠짚신을 신은 소가 먼길을 걸어서 오
느라 다리를 절뚝거리더라.
7 소가 들어오면 도장 뒷산의 소나무에
매어 두었다가 잡아서 제수(祭需)로 쓰
는데
8 어느 때는 이것도 모자라 조종리 근방
에서 개, 닭, 돼지도 여러 마리씩 사들
이니라.
9 또 치성을 준비할 때는 대문 입구에
금(禁)줄을 치고 마당에 차일(遮日)을
친 다음 자리를 깔아 그 위에 제단을
쌓고 병풍을 세워 신위를 모시며
10 대문 양쪽에는 등(燈) 두 개를 달고 장
정 두 사람이 대문을 지키며 출입을
금하니
11 아무나 함부로 출입하지 못하고 고민
환만이 자유로 출입하면서 태모님의
명을 받들어 치성 준비를 감독하니라.
12 이렇게 하여 치성이 시작되면 시종 엄
숙한 가운데 진행하거늘 시천주주와
태을주를 비롯하여 여러 주문을 읽는데
13 태모님께서는 신도(神道)가 내리매 주
송은 하지 않으시고 묵송을 하시니라.

14 신도들이 치성을 마치고 돌아갈 때는
마당에 깔아 놓은 멍석에서 지역별로
수십 명씩 모여 한꺼번에 절을 하고
물러나거늘
15 태모님께서 노고를 치하하시며 손을
들어 답례하시니 신도들은 이것을 영
광으로 알고 돌아가니라.

그 정성이 기가 막히더라

132 태모님께서 치성을 모실 때는
베를 떠다 옷을 새로 해 입으시
고 주요 간부들도 새 옷을 해 입히시
니라.
2 또 치성 음식은 사람을 따로 정하여
준비케 하시는데 "침 들어간다." 하시
며 입을 천으로 가리고 말도 함부로
못하게 하시니
3 이를 보는 사람마다 "그 정성이 기가
막히다." 이르니라.
4 이때 신안이 열린 신도들이 보니 삿된
귀신이 어른거리면 태모님께서 성령으
로 보시고 쫓아내시더라.

저희들끼리 음식 맛을 다 본다

5 하루는 여자 신도들이 부엌에서 태모
님의 진지를 준비하는데 이야기를 하
면서 침을 튀기거늘
6 태모님께서 방안에 앉아 계시면서도
다 아시고 담뱃대를 탁탁 떨며 말씀하
시기를
7 "저희들끼리 벌써 음식 맛을 다 본다."
하시고 차려 온 음식을 드시지 않으시
니라.

찰방에 똥단지나 될는지

133 21일에 유일태가 태모님께 여쭈
기를 "세상 사람들이 '차경석은
천자(天子)가 되어 등극(登極)한다.'고
하는데 정말 그렇게 될는지요?" 하니
2 말씀하시기를 "단지 찰방(察訪)에 똥단
지나 될는지 나는 모르는 일이로다."
하시니라.

나갈 것 없도다

3 이어 각 지방의 인심을 살펴보실 계획
으로 성도 몇 사람을 골라 공사를 행
하실 때
4 태모님께서 자리에 누우며 이르시기를
"내가 일어날 때까지는 출발하지 말
라." 하시더니
5 다음날 오후에야 일어나 말씀하시기
를 "나갈 것 없도다." 하시니라.
6 이때 각 지역별로 선임된 성도는 함경
도에 김재윤, 평안도에 박서옥(朴瑞玉),
황해도에 김 모(金某), 강원도에 현 모
(玄某), 서울에 이석봉과 김정렬(金貞
烈), 충남에 박치서(朴致瑞) 내외, 충북
에 김원명과 조상화(趙相化), 경상도에
양문경(梁文敬)과 박일중(朴日中), 전라
도에 유일태 등이더라.

임경호 일행을 위로하심

134 정묘(丁卯: 道紀 57, 1927)년 정월
10일에 '보천교 혁신회' 소속 운
동원 임경호(林敬鎬), 이달호(李達濠),
임치삼(林致三) 등 수십 명이 서울로부
터 대흥리에 이르니
2 차경석이 신도 수백 명으로 하여금 임
경호 일행을 구타하여 중상을 입힌지
라
3 태모님께서 이 소식을 들으시고 고민
환, 고찬홍, 전준엽, 강사성, 문영희,
김수응, 이근목 등 여러 성도들을 데
리고 정읍에 가시어 경호 일행을 위로
하시고 치료비를 주시니라.
4 이때 태모님께서 손으로 경호의 상처
를 어루만져 주시니 속히 회복되니라.

전선필을 공사의 증인으로 내세우심

135 전선필은 글을 전혀 모르나 기
억력이 매우 비범하고, 대흥리
도장 시절부터 상제님을 신앙하여 한
결같은 마음으로 태모님을 모시니
2 태모님께서 선필의 심법을 보시고 그를

모든 공사의 증인으로 내세우시니라.
3 이에 매양 당부하여 이르시기를 "너는
듣고 본 것을 잊지 말라. 전할 때가 있
으리라." 하시고
4 또 말씀하시기를 "수제(首濟) 너는 천지
공사의 증인으로 세웠고
5 성포(聖圃)에게는 나의 집을 지키는 도수
를 붙였느니라." 하시니라.

네 마음속에 철주 하나 꼭 세우라

136 하루는 선필이 하소연하며 아뢰
기를 "제가 돈 없고 무식하여 유
식하고 돈 많은 도우(道友)들에게 괄시
당하는 설움이 크니 저는 어머니 곁에
못 있겠습니다." 하거늘
2 태모님께서 타일러 말씀하시기를 "너
한테 만약 글과 재산을 주면 네가 내
일을 못 하느니라." 하시니라.
3 이어 말씀하시기를 "내 마음을 네가
알고 네 마음을 내가 아노니 너는 마
음속에 철주(鐵柱) 하나 꼭 세우고 가
만히 섰거라.
4 평천하는 내가 하리라." 하시니라.

전선필의 세상 탄식, 가련한 창생들아

137 하루는 전선필이 조종리에 와서
태모님을 뵙고 난 뒤에 창(唱) 하
기를
2 "방방곡곡을 다 찾아다녀도 모두가 빈
통이고 모두가 헛통일세.
3 사람 노릇 하려거든 어머니 방을 찾아
들어 평생 길흉화복을 찾아보세.
4 동서객(東西客)을 하면서 세상사를 둘
러보니
5 할 수 없이 제 것 자랑하느라고 장돌님
이 되어 갖고 평생 직업 하는구나.
6 가련한 창생들아!" 하며 탄식하니라.

도통 전수의 도맥 공사

138 하루는 태모님께서 성도들을 앉
히신 후에 전선필에게 명하시어
중앙에 황룡기(黃龍旗)를 세우고 그 아
래에 청수 한 동이를 떠다 놓게 하시
니라.
2 이어 "말뚝을 박아라." 하시고 일곱 고랑
으로 된 우산을 펴서 말뚝에 잡아매게
하시며 다시 "청수를 우산 위에 부어
라." 하시거늘
3 그대로 행하매 태모님께서 "우산의 몇
고랑이나 물이 내려갔느냐?" 하고 물
으시는지라
4 선필이 아뢰기를 "우산의 여섯 고랑만
물이 흐르고 한 고랑은 흐르지 않았습
니다." 하니
5 말씀하시기를 "마저 내려가야 할걸."
하시며 "더 부어라." 하시므로 더 부은
후에 "다 흘렀습니다." 하고 아뢰니라.
6 이에 태모님께서 기뻐하시며 "세상을
다 추려 잡을 수는 없으니 이만하여도
종자(種子)는 하겠다." 하시고
7 "대도통은 육(六)으로 되느니라." 하시니
라.

일심으로 신봉하라

139 2월 3일 경칩(驚蟄)치성에 신도
4, 50명이 모이니 태모님께서 일
러 말씀하시기를
2 "일심으로 신봉(信奉)하라. 너희들 신세
를 그르치지는 않으리라." 하시고
3 "증산 상제님과 내가 합덕(合德)하여
여는 일이니 너희들은 팔 짚고 헤엄치
기니라." 하시니라.

일심만 가지면 안 될 일이 없다

4 하루는 말씀하시기를 "천지공사와 후
천 도수는 너희들의 아버지께서 말(斗)
짜듯 틈이 없이 짜 놓았으니
5 부귀영달(富貴榮達)과 복록수명(福祿壽
命)이 다 믿음에 있는 고로 일심만 가
지면 안 될 일이 없느니라." 하시니라.
6 또 말씀하시기를 "우리 일은 후천 오
만년 도수니라." 하시니라.

액과 척을 먼저 끄르심

140 태모님께서 항상 말씀하시기를
"척(隻)이 없어야 한다. 척을 풀
어야 하느니라." 하시더니
2 성도들을 거두어 쓰실 때 반드시 먼저
그 액(厄)을 제거하시고 몸에 붙어 있
는 척신(隻神)을 물리쳐 주시며
3 혹 몸에 병이 있으면 그 병을 낫게 하
시고 또 앞길의 모든 장애를 없애어 새
롭게 하신 뒤에 비로소 따르게 하시니
4 성도들이 태모님의 은혜에 황송하여
몸둘 바를 모르더라.

해소병 환자를 치료해 주심

141 태모님께서 조종리에 계실 때
해소병(咳嗽病)을 앓는 성도가
한 명 있더니
2 하루는 그 성도가 도장에 와서 기침을
심하게 하면서도 담배를 계속 피우거
늘
3 이에 다른 성도들이 걱정이 되어 "아,
이 사람아! 담배 좀 그만 피소. 그래야
기침을 덜할 것이 아닌가." 하고 만류
하나
4 그 성도는 워낙 골초인지라 들은 체도
하지 않고 담배를 계속 피우는지라
5 이때 방에 계신 태모님께서 성도들이
하는 얘기를 다 들으시고 밖으로 나오
시어
6 담뱃대로 그 성도의 머리를 딱 때리시
며 "야, 이놈아! 가지고 있는 담배를
이 자리에서 몽땅 피워라." 하시매
7 그 성도가 아파서 눈물을 찔끔거리면
서도 오기가 발동하여 가지고 있는 담
배를 다 피우고 났더니
8 잠시 후에 신기하게도 기침이 멎고 해
소병이 씻은 듯이 나으니라.

일본인 쿠라오까의 주달을 고쳐 주심

142 3월에 장연 마을에 사는 일본인
쿠라오까(倉岡)가 병을 얻어 고
통하거늘
2 병원에서 체증(滯症)이라 하여 약을 썼
으나 아무 효과가 없는지라
3 이용기가 태모님께 이 사실을 아뢰니
말씀하시기를 "그 병은 체증이 아니라
주달(酒疸)이라." 하시며
4 "일본 사람이 탕약(湯藥)을 먹을는지
모르겠다. 갈근(葛根)을 써 보아라." 하
시므로
5 용기가 돌아와 상제님과 수부님 양위(兩
位) 전에 심고하고 갈근을 달여 먹이니
다음날에 완치되니라.

형편 대로 대접하여 해원시켜 주어라

143 3월 하순경에 간질병 환자 김
모(金某)가 당도하니 태모님께서
담뱃대를 내두르며 꾸짖으시기를
2 "너 왜 지랄하느냐? 지랄 마라!" 하시
고 성도들에게 "빨리 나가 대문 닫아
라." 하며 재촉하시니 최 모(崔某)가 대
문을 잠그니라.
3 이에 김 모가 집으로 돌아가지 않고
방문 앞에 쓰러져 누워 있으니
4 태모님께서 최 모에게 이르시기를 "갈
날짜가 지났음에도 가지 않고 따라다
니니 내일 너희 집에 데리고 가서 너의
형편 대로 대접하여 해원시켜 주어라."
하시므로
5 최 모가 그대로 행하니 그 후 김 모의
간질병이 자연히 완치되니라.

치병의 권능을 내려 주심

144 26일 오후에 장연 마을에 사는
김봉우, 김재윤, 이용기 등 세
사람이 태모님을 찾아뵈니라.
2 이때 태모님께서 봉우의 생계를 물으
시거늘 봉우가 "가도(家道)가 심히 곤
란합니다." 하고 아뢰니 "그래서야 쓰
겠느냐." 하시며
3 봉우의 손을 잡고 다시 물으시기를
"내 손이 따스운고?" 하시매 봉우가

"따습습니다." 하고 아뢰니
4 이르시기를 "너는 이 길로 돌아가서 치
병(治病)이나 하여 보아라." 하시니라.
5 봉우가 집에 돌아오니 마침 이웃 마을
석탄리(石灘里)에 사는 박서옥의 아내
조씨(曺氏)가 급병이 들어서 사경에 이
른지라
6 그 집에 가서 청수를 모시고 일심으로 심
고(心告)한 후 주문을 읽으니 병이 곧
낫거늘
7 이 소문을 듣고 많은 환자들이 봉우를
찾아오매 이로부터 봉우의 가도가 훨
씬 나아지니라.

양위 전에 심고하고 사물탕 두 첩을 쓰니

145 장연 마을에 사는 일본인 후꾸
다(福田)가 장질부사에 걸려 백
약이 무효하더니 마침내 사경에 이른
지라
2 27일에 이용기와 김재윤 두 사람이 상
의하여 양위 전에 심고하고 사물탕 두
첩을 쓰니 완치되니라.

양위께서 하라시면 하겠나이다

3 또 후꾸다의 아내가 학질(瘧疾)로 수일
간 앓으며 고통스러워하매
4 29일에 용기가 상제님과 수부님께 심
고하고 시천주주와 오주를 각 7독씩 송
주하여 학질을 떼어 준 뒤에 태모님을
찾아뵈니
5 태모님께서 웃으시며 "너 요사이 무엇
하다가 왔느냐?" 하고 물으시거늘
6 용기가 "일본인 후꾸다 부부의 병을
양위 전에 심고하고 치병하여 완치됨
을 보았나이다." 하고 아뢰니라.
7 태모님께서 또 물으시기를 "그러면 이
후로도 일본인들의 병을 잘 고치겠느
냐?" 하시므로
8 용기가 대답하기를 "양위께서 하라시
면 하겠나이다." 하니 태모님께서 허
락하시거늘
9 이로부터 용기가 일본인의 병을 맡아
치병하면 크게 효력을 보니라.

태모님의 노래, 상제님이 오셨네

146 하루는 태모님께서 노래를 부르
시니 이러하니라.
2 오셨네, 오셨네,
상제(上帝)님이 오셨네.
3 주조(主祖)님이 오셨네,
열석 자로 오셨네.
4 苦海蒼生疾濟來요 萬障千碍壁破來라
고해창생질제래 만장천애벽파래
世間種罪容赦來요 至利長樂方便來라
세간종죄용사래 지리장락방편래
고해에 빠진 창생
질병에서 구제하러 오셨네.
천길 만길 가로막힌 장벽
허물러 오셨네.
세상의 온갖 죄업 용서하러 오셨네.
지극한 평화와 기나긴 영락으로
인도하러 오셨네.

세계 창생의 복록을 비심

147 태모님께서 말씀하시기를 "남이
차지하고 남은 복이 많으나 그
냥 가져오는 것이 아니라 빌고 가져오
는 것이니 이 글을 잘 외우라." 하시고
2 세계 창생의 복록을 비는 공사를 보시
며 송주하시니 이러하니라.
3 天德月德地德合德
천덕월덕지덕합덕
福祿壽命誠敬信我
복록수명성경신아
至氣今至願爲大降
지기금지원위대강

일본 지령 거두신 공사와 망량신 도수

148 하루는 태모님께서 김수남에게
명하시기를 "네가 일본에 가서
일본 지령(地靈)을 거두어 오너라." 하
시고

2 김수응에게는 머리에 오색수건을 두
르게 하시고 말씀하시기를 "천지는 망
량(魍魎)이 주장하니 잘 받들어 창생의
복록을 열게 하라." 하시며 망량신 도
수를 정하시니라.

만민의 선악을 감찰토록 명하심

3 하루는 채유중(蔡有中)을 불러 말씀하
시기를 "너에게 세계 순리(巡吏)의 책임
을 붙이나니 각처에 순회하여 만민의
선악을 감찰(監察)하라." 하시니라.

전태풍의 눈을 고쳐 주심

149 4월 초파일치성에 전태풍(田泰
豊)이 참석하니 태풍은 나면서부
터 왼쪽 눈이 붉고 눈꺼풀이 부은지라
2 태모님께서 손으로 그 눈을 치시며
"보기 싫다." 하고 꾸짖으시거늘
3 태풍이 매우 불평스럽게 여기더니 며
칠 후에 그 눈이 자연히 나으니라.

고재우의 습종을 고쳐 주심

4 고민환의 둘째 아들 재우(在愚)가 습종
(濕腫)을 앓아 두 다리가 만창(滿瘡)이
된지라
5 민환이 데리고 와서 태모님께 보이니
애처로이 여기시어 앞에 앉히고 손으
로 어루만지신 뒤에 청수로 씻기시니
6 이틀 만에 완쾌되어 그 후로 재발하지
않으니라.

내가 비를 주어야 되리라

150 초파일치성 후에 태모님께서
"금년은 비가 없어 큰 흉년이 되
리니 내가 비를 주어야 농사를 짓게
되리라." 하시고
2 "풍물(風物)을 가져오라." 하시어 굿을
치게 하며 말씀하시기를 "수농부(首農
夫)가 있어야 농부가를 부르리라." 하
시니 문득 강휘만(姜彙萬)이 들어오거
늘
3 태모님께서 휘만의 머리에 수건을 씌
우시고 시천주주를 세 번 읽히시매 휘
만이 주문을 외우다가 갑자기 신도가
내려 농부가를 부르니라.
4 태모님께서 다시 "농부는 비를 맞아야
하느니라." 하시고 휘만과 여러 사람
에게 물을 뿌려 옷을 젖게 하신 뒤에
5 각기 집으로 돌려보내며 말씀하시기
를 "너희들은 곧 돌아가서 논 물꼬를
막으라. 이번 비에 이종(移種)을 못하
면 논이 묵으리라." 하시므로
6 모두 바삐 돌아가서 물꼬를 막았더니
그 이튿날 비가 많이 내려 무사히 이
종을 하게 되니라.
7 그 뒤로 가뭄이 심할 때마다 태모님께
서 공사를 행하여 비를 오게 하시니 7
월까지 무려 일곱 번을 행하시니라.

일본인 오구라를 치병케 하심

151 4월에 익산에 있는 일본 천리교
(天理教) 선교소(宣教所)의 오구라
(小倉)가 병을 얻어 고통으로 지내거늘
2 다른 사람들이 폐병이라 하매 오구라
가 고심하고 있는지라 이용기가 태모
님께 이 사실을 아뢰니
3 말씀하시기를 "그 병은 폐병이 아니
다. 그 사람으로 하여금 땀을 내게 하
면 병이 사라질 것이니 네가 알아서 처
리하여라." 하시므로
4 용기가 가서 상제님과 수부님 전에 기도
하고 모과(木瓜) 닷 돈쭝을 달여 먹인
뒤 땀을 내게 하니 즉시 완치되니라.

성모님의 장의(葬儀)

152 5월 20일에 성모 권씨께서 손바
래기 본댁에서 돌아가시니 태모
님께서 장의에 다녀오시니라.
2 이때 채규일이 호상(護喪)을 맡아 각처
에 부고를 보내니 김형렬, 김경학, 박
공우 등 상제님을 직접 모시던 성도들
과 각 교파 대표들이 모이거늘
3 이튿날 치상 준비 과정에서 무극대도
교와 보천교 사이에 논쟁이 크게 일어

나더니
4 그 다음날 아침에 발인제(發靷祭)를 지
낸 뒤에 갑자기 난동이 일어나 일대
수라장이 되어 버린지라
5 장례에 참석했던 성도들과 각 교파 대
표들이 모두 흩어지고 정읍 경찰서 순
사대가 난동을 진압하고 폭행자들을
검거하니라.

태모님의 인마 공사

153 태모님께서 매양 치성 때가 되
면 많은 신도들이 지켜보는 가
운데 인마(人馬)를 타고 다니시거늘
2 여러 성도들이 번갈아가며 인마를 짓
되 주로 강원섭이 인마 역할을 하니 그
의 호(號)는 백호(白虎)라.
3 태모님께서 인마를 타시려고 할 때는
큰 소리로 동네를 향하여 "백호야, 백
호야!" 하고 부르시니
4 원섭이 그 소리를 알아듣고 달려와서
대령하면 "인마를 지어라."고 명하시거
늘
5 원섭이 무릎을 꿇고 엎드려 태모님을
등에 오르시게 한 뒤에 달려갈 채비를
끝내면
6 태모님께서 말채찍으로 치듯이 원섭의
허리께를 손으로 철썩철썩 때리시며
큰 소리로 "백호야, 달려라! 이랴, 어
서 가자!" 하시고 마당을 도시니라.
7 어떤 때는 강대용에게 인마를 짓게 하
시어 그의 등에 타시고 원섭을 마부로
정하여 인마를 끌게 하시니라.
8 또 종종 인마를 타시고 당산 마을 한
가운데에 있는 큰 당산나무 주위를 강
강술래 하듯 빙빙 도시니
9 성도들은 태모님께서 공사를 마치실
때까지 계속하여 주문을 읽으니라.

강대용에게 태자 도수를 붙이심

154 태모님께서 조종리에 계실 때
강응칠의 큰아들 대용(大容)을
양자로 삼아 귀여워하시더니
2 하루는 대용을 방으로 불러 들여 사배
(四拜)를 받으시고 '태자(太子)'라 부르
시며 태자 도수를 붙이시니라.
3 또 대용에게 짙푸른 색의 예복을 지어
입히시고 대용의 등에 업혀 방에서 나
오시더니 마당을 몇 바퀴 도시며 공사
를 행하시고
4 이어 성도들에게 명하시어 인마를 짓
게 하신 다음 대용을 태워 마당을 돌
게 하시니라.
5 이 날 이후로 성도들뿐만 아니라 동네
사람들도 모두 대용을 태자라 부르거
늘
6 대용이 항상 푸른색이 짙은 예복만 입
고 팔을 휘휘 저으며 팔자걸음으로 다
니더라.

잘 닦아 보아라

155 6월 5일에 김제군 백구면 도덕
리(道德里) 곡천(曲川) 마을에 사
는 소은섭(蘇銀燮)이 장연 마을 김재윤
과 함께 태모님을 찾아뵈니라.
2 이때 태모님께서 은섭에게 물으시기를
"너는 무사하냐?" 하시고 "네가 평생
을 수도하겠느냐?" 하시는지라
3 은섭이 아뢰기를 "제가 평생을 수도하
기로 결심하였으나 수년 된 적체(積滯)
로 고통받고 있나이다." 하니
4 태모님께서 말씀하시기를 "응, 아노
라. 잘이나 닦아 보아라." 하시거늘
5 은섭이 집에 돌아가 일심으로 수도하니
수일 내로 체증이 씻은 듯이 나으니
라.

인망에 따라 그리하겠나이다

156 옥구군 회현면 금광리(澮縣面 金
光里) 원당(院堂) 마을에 사는 두
철우(杜哲宇)가 태모님을 뵈러 오니
2 태모님께서 철우를 불러 앞에 앉히시
고 "너의 자식이 지금 몇 살이냐?" 하

시거늘
3 철우가 "열네 살입니다." 하고 대답하
니 이르시기를 "이번에 돌아가거든 속
히 장가들게 하라." 하시니라.
4 철우의 생각에는 자식이 아직 장가들
만한 나이가 아닌지라 "제 자식은 아
직 어립니다." 하고 아뢰니
5 태모님께서 "그렇지만 곧 아내를 얻게
하라." 하시며 거듭 당부하시니라.
6 이어 민환에게 명하시어 "철우의 수명
을 이어 주라." 하시며 재삼(再三) 말씀
하시니
7 민환이 "인망(人望)에 따라 그리하겠나
이다." 하고 대답하거늘 태모님께서
민환의 잔에 술을 부어 주시니라.
8 잠시 후 철우가 밖으로 나간 뒤에 태
모님께서 탄식조로 말씀하시기를 "하
는 수 없도다." 하시더니
9 철우가 집으로 돌아간 지 얼마 안 되
어 사망하니라.

강태공 성군 만나는 공사

157 24일 상제님 어천치성에 태모님
께서 공사를 보시며 "태공, 태
공, 강태공이라." 하시고
2 강대용에게 명하시기를 "집에서 만든
명주 실꾸리와 낚싯대 한 개를 구하여
오라." 하시어
3 방 네 칸의 천장에 그 명주실을 은밀
히 걸고 베로 가리게 하시니라.
4 이어 고민환에게 "바둑판을 방 가운
데에 놓고 바둑판 위에 올라앉아 고기
잡는 형상으로 낚싯대를 들라." 하시며
말씀하시기를
5 "이는 강태공 성군(聖君) 만나는 공사이
니 우리도 상제님께서 명시하신 것을
기다려야 할지라." 하시니라.
6 이때 성도들을 살피시다가 말씀하시
기를 "개인 일이 아니니 조용히들 하
라." 하시거늘
7 조종리 강씨들이 불만을 품고 "강태공
의 일이 강씨(姜氏)가 해당인가, 고씨
(高氏)가 해당인가." 하며 각기 집으로
돌아가니라.

민환을 대장기에 올라가게 하심

158 태모님께서 치성 때가 되면 종
종 긴 장대에 붉은색 대장기(大將
旗)를 달아 마당에 세우게 하시고
2 고민환을 비롯한 주요 성도들에게 "올
라가라."고 명하시니 성도들이 장대를
붙잡고 신들린 듯 폴짝폴짝 뛰어서 끝
까지 올라가니라.
3 한번은 민환이 장대에 올라가다 떨어
져 기절을 하매 태모님께서 고함을 쳐
서 소생시키시니라.

성도들의 순교 뒤에 마무리 일판이 벌어짐

159 태모님께서 항상 말씀하시기를
"내 새끼들 중에서는 안 되고 판
밖에서 성도하여 들어오리라." 하시니
2 성도들은 너무나 충격적인 말씀이나
감히 그 연유를 여쭈지 못하니라.
3 하루는 태모님께서 또 그 말씀을 하시
므로 민환이 여쭈기를 "늘 그와 같이
말씀하시는데 오늘은 왜 판밖에서 성
도하여 들어오는지 그 이유를 가르쳐
주십시오." 하니
4 태모님께서 아무 대답도 않으시고 다
만 "흥!" 하실 뿐이더라.

한 지경을 넘어야 하리니

5 하루는 성도들이 태모님께 간절히 청
하기를 "어머니, 하루 속히 개벽이 되
어 좋은 세상이 이루어지게 하옵소
서." 하니
6 말씀하시기를 "너희들 검은 머리가 흰
파뿌리 되도록 기다려도 어림없다."
하시고 "기다리지 마라." 하시니라.
7 또 말씀하시기를 "천지에는 정해진 도
수가 있나니 때 오기를 걱정하지 말고
너희 마음 심(心) 자나 고쳐 놓아라."

하시고
8 "너희들이 앞으로 한 지경을 넘어야
하리니 나는 그것을 걱정하노라." 하
시니라.

여러 가지 유형의 믿는 마음이 더 깊어져야

160 하루는 태모님께서 말씀하시기
를 "믿는 사람 중에는 타고난 마
음 그대로 믿는 **원심자**(原心者)가 있고
2 착한 마음으로 믿는 **선심자**(善心者), 마
음을 굳게 다져 믿는 **결심자**(決心者)가
있으며
3 또 뜨거운 열정으로 믿는 **혈심자**(血心
者)가 있고 한결같은 마음으로 믿는 **일
심자**(一心者)가 있느니라." 하시고
4 이어 말씀하시기를 "이런 사람들을 추
리고 또 추려 내면 마침내 마음 심(心)
자 하나가 남나니
5 **오직 마음을 잘 닦아야 하느니라.**" 하시
니라.

옳고 그름이 나오느니라

161 하루는 태모님께서 공사를 행하
며 말씀하시기를 "수운가사는
내 일을 노래한 내 비결이요, 오주는
너희들의 비결이니라." 하시고
2 "마소, 마소, 그리 마소. 옳고 그름이
나오느니라." 하시며 바둑알을 들어
일일이 바둑판에 내리치시니 바둑알이
다 깨지거늘
3 바둑알을 사 오게 하시어 또 바둑판에
내리치시매 이번에도 모두 깨지는지라
4 이에 다시 사다 올리니 그제야 바둑판
위에 놓으시고 큰 소리로 "치호(治乎)
야, 치호(治乎)야!" 하고 외치시니라.
5 이어서 "**종자**(種子) 뭉치를 가져오라."
하시어 각종 씨앗 뭉치를 펴 놓으시고
일일이 살펴보신 후에 도로 싸서 두시
니라.

임옥조종파의 불의한 행동

162 임옥(臨沃) 신도 중에 몇몇 사람
이 주동이 되어 친목계(親睦契)를
조직하고 각처로 돌아다니며 신도들을
포섭하여 계원으로 끌어들이려 하거늘
2 성도들이 태모님께 찾아와 이 사실을
아뢰니 말씀하시기를 "모르는 일이로
다. 언제는 너희들이 돈을 모아 묶어
놓고 했느냐?" 하시고
3 "연전(年前)의 일을 잊었느냐? 생각하
면 기가 막히는 일이로다. 너희들은
잘 된 일로 아느냐?" 하시며
4 성도들에게 이르시기를 "어서 가서 주
동자들에게 내 마음이 편치 못하니 계
를 그만두는 것이 좋겠다고 하여라."
하시니라.
5 이에 성도들이 주동자들을 만나 태모님
의 말씀을 그대로 전하니, 그들이 이번
에는 민환을 시켜 태모님께 아뢰거늘
6 태모님께서 민환에게 "네가 계의 내용
을 아느냐?" 하시고 "너 죽을 줄 모르
고 그러느냐." 하시며 꾸짖으시는지라
7 민환이 돌아가서 주동자들을 만나 말
하기를 "나는 다시 말을 않겠네." 하니
주동자들이 "민환과 상의하는 우리들
이 그르다." 하고 작별을 하니라.
8 그 후 이들이 평소 태모님과 민환에게
불만을 품고 있던 강씨 신도들과 의합
(意合)하여 "민환이 본소에 오면 생사
(生死)를 가리지 않겠다." 하며 잔뜩 벼
르거늘
9 여러 성도들이 강씨 신도들과 주동자
들을 만나 간곡히 만류함에도 불구하
고 태모님께 차마 하지 못할 욕설을
해 대더라.
10 이로부터 **임옥조종파**(臨沃祖宗派)가 생기
매 임옥의 신도들이 갈라지게 되니라.

도업에 대한 서약서를 작성하라

163 하루는 태모님께서 공사를 행하
실 때 순사 박형철(朴亨哲)이 참

석하거늘
2 태모님께서 지필묵을 가져오게 하시어
민환에게 "도업(道業)에 대한 서약서를
작성하라." 명하시니
3 민환이 여쭈기를 "어떠한 서약서이옵
니까?" 하매 태모님께서 말씀하시기
를 "'천지사업에 불변하리라.'고 서약하
라." 하시니라.
4 이에 민환이 서약서를 작성하여 올리
니 태모님께서 뜻밖에도 박형철을 시
켜 읽게 하시고
5 형철에게 물으시기를 "그 글이 잘 지
어졌느냐?" 하시니 "잘 되었습니다."
하고 대답하거늘
6 태모님께서 서약서를 태우시어 그 재
를 청수에 잘 비벼 환(丸)으로 만드신
다음 흰 바둑돌 합(盒) 속에 넣고 굳게
봉하여 바둑판 위에 두시니라.
7 이튿날 그것을 그대로 가져오게 하시
어 신도 수십 명을 불러 참관케 하시
며 "누구든지 이 바둑돌 합을 열어 보
라." 하시매
8 성도들이 열려 하나 아무리 해도 열리
지 않더니 태모님께서 손을 대시자 즉
시 열리거늘
9 다시 바둑돌 합을 덮으시고 "열어 보
라." 하시되 이번에도 역시 열리지 않
더라.
10 이와 같이 대여섯 번을 행하시고 다음
날 다시 시험하시니 또한 마찬가지이
거늘
11 태모님께서 말씀하시기를 "도술(道術)
이라 함이 이렇도다." 하시고
12 "흰 바둑알은 우리 창생의 도수라. 앞
으로는 창생들을 이와 같이 포섭하게
될지라." 하시니라.

도통문을 닫아서 통이 없나니

164 고민환이 도통하고픈 욕망이 간
절하여 항상 태모님께 심고하기
를 '어머니, 저에게 도통을 좀 주십시
오.' 하니
2 태모님께서 그 심법을 다 들여다보시
고 하루는 이용기에게 말씀하시기를
"야, 민환이가 나에게 도통 달란다."
하시며
3 민환을 보고 꾸짖으시기를 "야, 이놈
아! 도통이 어디 있다냐. 하늘에서 별
따기보다 어려운 것이 도통이다." 하
시며 헛된 도통 욕심을 경계하시니라.
4 그러나 민환이 쉽게 그 욕망을 떨쳐
버리지 못하더니 하루는 집에 돌아와
있는데 문득 도통해 볼 생각이 크게
일어나거늘
5 산에 들어가서 공부하려고 돈을 많이
가지고 입산하는 길에 태모님을 뵈러
들르니
6 태모님께서 그 속내를 다 아시고 물으
시기를 "너 지금 어디 가느냐?" 하시
고
7 "너희 아버지가 도통문을 닫아서 통
(通)이 없으니, 너는 내 곁을 떠나지 말
고 가만히 앉아서 네 공부만 하라.
8 공부는 마음 닦는 공부보다 더 큰 공
부가 없나니 때가 되면 같이 통케 되
느니라. 너는 집만 잘 보면 되느니라."
하시니라.

도통이 두통이다

165 태모님께서 성도들에게 말씀하
시기를 "도통(道通)이 두통(頭痛)
이다, 이놈들아! 어른거려서 못 사느니
라." 하시고
2 "내 일은 판밖에서 성도(成道)해 가지
고 들어오나니 너희들은 잘 닦으라."
하시거늘
3 성도들이 그래도 깨닫지 못하고 여전
히 도통해 볼 욕심을 품고 도통 소리
만 하면
4 태모님께서 "아나, 도통 여기 있다!"
하시고 담뱃대로 사정없이 때리시니
라.

멀고 가까움이 없이 밝으시어

166 하루는 옥구에 사는 이명권(李明權)이 태모님을 뵈러 도장에 오니
2 태모님께서 물으시기를 "너는 어찌하여 집에서 눈칫밥을 먹느냐?" 하시는지라
3 명권이 아뢰기를 "그렇지 않나이다." 하니 이르시기를 "너의 처(妻)에게 물어 보라." 하시고
4 명권이 물러나올 때 작은 소리로 말씀하시기를 "빈 등짐을 진 자라." 하시니라.
5 명권이 집에 돌아와 아내에게 태모님을 뵙고 온 일을 말하며 "무슨 말씀인지 알 수가 없다." 하더니
6 뒷날 세밀히 알아본즉 자신의 아내가 신도 강 모(姜某)와 사통(私通)하여 왔거늘
7 그 후 두 사람이 비밀이 탄로날까 두려워 서로 발길을 끊으니 자연히 뒷걱정이 없어지니라.
8 이렇듯 태모님께서는 만사를 통찰하시어 무위이화(無爲以化)로 모든 일을 끄르시니
9 남녀의 품행에 관한 일이며, 수요장단(壽夭長短)과 풍요빈곤에 관한 것이며, 수행의 퇴보진전에 관한 것이며
10 인간사의 모든 것에 멀고 가까움이 없이 일월(日月)과 같이 밝으시니라.

신도들의 신앙심을 꿰뚫어 보심

167 태모님께서는 누가 신앙하고자 도장에 찾아오면 그 사람의 신앙심이 얼마나 오래 갈지 다 아시니라.
2 하루는 어떤 사람이 태모님께 찾아와 신앙을 다짐하고 돌아가매 이용기가 태모님께 그 사람의 신앙이 어떠할지를 여쭈니
3 말씀하시기를 "야, 별것 없다. 너무 기대하지 마라. 오래 못 간다." 하시거늘
4 이에 용기가 지켜보니 과연 얼마 지나지 않아 그 사람이 도장에 발길을 끊고 신앙을 그만두더라.

이용기를 일본에 보내 치병케 하심

168 하루는 태모님께서 이용기에게 명하시어 "너는 일본에 가서 치병을 하라." 하시거늘
2 용기가 부산항에서 배를 타고 일본에 건너가 머무르며 많은 병자를 고치고 포교하더니
3 수년 후 태모님께서 기별하시어 "이제 그만 들어오너라." 하시므로 용기가 바로 귀국하니라.
4 그 뒤에 용기가 말하기를 "시천주주를 읽는 사람이 일본에 더 많다." 하더라.

바람피운 두 신도의 기운을 거두심

169 태모님께서 조종리에 계실 때 두 남녀 신도가 어울려 다니면서 치병을 하다가 도장에 오니
2 태모님께서 물으시기를 "너희들, 요새 무엇하러 다니냐?" 하시는지라
3 이에 두 사람이 그 동안 치병했던 일들을 고하는데 태모님께서 갑자기 호통치시며 "너희들, 왜 치병하러 다니면서 바람을 피우냐." 하시거늘
4 이로부터 두 사람이 신도(神道)가 닫혀 더 이상 치병을 할 수 없게 되니라.

어느 여인의 불륜을 꾸짖으심

170 한 여인이 간통하여 아이를 낳았는데 하루는 그 아이가 제 어머니를 따라 도장에 왔거늘
2 태모님께서 배치작배치작 걸어다니는 아이를 보시고 "야, 이놈아! 너는 왜 옷을 헛것을 입고 왔느냐?" 하시고
3 머리를 홱 잡아 돌리시며 "야, 네 아비 어디 갔느냐?" 하고 소리치시니 그 아이의 어머니가 놀라 달려오니라.
4 태모님께서 그 여인을 앞에 세우시고

"저 아이의 아비가 누구냐?" 하고 추
궁하시니 죽을상이 되어 아무 말도 못
하거늘
5 이에 다만 "죽일 년!" 하시며 그 여인
의 불륜을 꾸짖으시니라.

신도로써 가르치는 후천의 교육법

171 하루는 태모님께서 여러 성도들에게 말씀하시니 이러하니라.

2 先天은 文字로 戒於人이요
선천 문자 계어인
後天은 神字로 戒於人이니라
후천 신자 계어인
선천은 문자로 사람을
훈계(訓戒)하였으나
후천은 신도(神道)로 경계(警戒)하여
사람을 가르치느니라.

도술조화의 후천선경

3 三十三天 內院宮 龍華敎主 慈氏婦人
삼십삼천 내원궁 용화교주 자씨부인
天地定位하신 首婦손님 天地報恩이요
천지정위 수부 천지보은
天皇氏 後裔로 道術造化라
천황씨 후예 도술조화
삼십삼천 내원궁의
용화교주 자씨의 부인
천지가 정(定)한 위의 수부손님이니
대도통하여 천지에 보은하고
후천을 여는 천황씨의 후예로
도술조화를 내노라.

제일강산에 조화선경 건설

172 하루는 태모님께서 기쁜 표정으로 노래하시니 이러하니라.

2 대명천지(大明天地) 밝은 날 살고
제일강산에 조화선경을 건설하니
3 조선국 상계신, 중계신, 하계신
지혜로 집을 찾아드소서.
4 대도 대법 정리되니 해원 상생
아닐런가.
5 수궁성군(水宮聖君) 모시어
탈겁중생(脫劫衆生) 이 아니냐.
6 상통천문, 하찰지리, 중통인의의
천황씨 후예로 도솔천궁 조화라.
7 천지가 벌어져 천지도술 나오고
천지가 벌어져 조화정치 되는구나.
8 씨구씨구 좋을씨구
지기금지 원위대강.

얼마나 더 컸느냐

173 하루는 장연 마을에 사는 박준달(朴準達)이 태모님을 찾아와 뵈니

2 태모님께서 키가 육척(六尺)이나 되는
준달에게 "너는 어서 더 크거라." 하시
거늘
3 준달이 노기(怒氣)를 품고 귀가한 후
수일 만에 갑자기 아들이 죽으니라.
4 이에 준달이 이상한 일이라 생각하여
며칠 전 말씀을 떠올리며 다시 태모님
을 찾아뵈니
5 태모님께서 준달을 바라보고 말씀하
시기를 "더 크라는데 얼마나 더 컸느
냐?" 하시고
6 "죽은 자식은 생각지 말라. 앞으로 자
식 두엇을 더 둘 것이니 안심안도(安心
安堵)하여라." 하시므로
7 준달이 돌아와 일심으로 기도하매 그
후에 과연 아들 둘을 더 두게 되니라.

약방문을 지어 약을 쓰게 하심

174 하루는 장연 마을에 사는 김재윤이 도장을 찾아와 고민환에게 간청하여 말하기를

2 "우리 집 근처에 병자가 있는데 우리
들 몇 명이 병을 치료하였으나 차도가
없어 낙명(落名)할 지경에 이르렀노라.
3 함께 치료하여 쾌차하면 포교도 진전
되겠으니 진찰도 해 줄 겸 같이 가세."
하는지라
4 민환이 "나도 내 마음대로 출입할 수
없으니 어머님께 말씀드려 승낙을 얻

어야 할지라." 하니라.
5 이에 재윤이 이 뜻을 태모님께 아뢰고
허락을 구하니 태모님께서 "체면상 할
수 없다." 하시고
6 "증세를 듣고 약방문을 지어 약은 쓸
지라도 나의 대리로서 병자의 집에 출
입하는 것은 온당치 못하다." 하시며
왕래는 허락하지 않으시니라.
7 이에 민환이 그 증세에 맞게 약방문을
지어 약을 쓰게 하니 병자가 쾌차하여
일어나거늘
8 이로부터 그 지방에 포교가 잘 되어
따르는 사람이 점차 많아지니라.
9 얼마 후에 병자가 폐백(幣帛)을 가지고
찾아와 태모님께 올리며 백배사례하
니라.

통정신 공사, 고민환의 죄를 사하여 주심

175 어느 해 여름에 태모님께서 고
민환, 전선필, 김수열 등 여러
성도들을 벌여 앉히시고 "오늘은 통정
신(通情神) 공사를 보겠노라." 하시며
2 민환에게 이르시기를 "어렸을 때부터
있었던 옳고 그른 일과 처신해 온 일
을 낱낱이 생각하여 말하라." 하시니
3 민환이 아뢰기를 "소자는 별다르게 옳
고 그른 일을 행한 적이 없나이다." 하
는지라
4 태모님께서 경계하여 말씀하시기를
"사람이 세상을 살아가면서 어찌 선악
의 행동이 없으리오.
5 상제님 같은 지위에 계신 분도 스스로
어릴 적부터 행한 모든 일을 숨기지
않고 말씀하시며 불미스러운 일에는
일일이 용서를 비셨노라. 잘 생각하여
말하라." 하시니라.
6 이에 민환이 주저하며 차마 말씀드리
지 못하매 태모님께서 갑자기 민환의
상투를 잡고 마룻바닥에 부딪뜨리시
며 "야, 이놈아! 네 죄를 내놓아라." 하
시거늘
7 민환이 부딪친 이마가 아픈데다 태모
님의 갑작스런 꾸지람에 매우 당황하
여 어쩔 줄 몰라하니
8 이번에는 민환의 상투에서 산호(珊瑚)
동곳을 빼 놓으시며 다그쳐 물으시기
를 "이 일을 모르느냐?" 하시는지라
9 민환이 그 동곳을 보니 군산(群山)에서
사귀던 산옥(珊玉)과 선옥(璇玉)이 생각
나거늘
10 대저 두 여인은 군산 여자인데 민환이
유인하여 간통하다가 군산 경찰서에
불려간 일이 있었더라.
11 또한 남편과 불화하여 별거 중이던 춘
자(春子)라는 여자를 유인하여 사통하
다가 결국 탈취하여 소실로 입적(入籍)
시킨 일이 있었거늘
12 그 외에도 수차례의 음란했던 일을 낱
낱이 들추어내시며 말씀하시기를
13 "모든 과실(過失)을 나에게 고하고 용서를
받으라. 그렇지 않으면 용서받을 곳이
없느니라." 하시니라.
14 이렇듯 태모님께서 밝은 빛과 같은 성
감(聖鑑)과 한량없이 큰 법으로 만상을
통찰하시니 성도들은 놀랍고 두려울
따름이더라.

혹을 없애 주심

176 9월 5일에 전영춘(田永春)이 태
모님께 와 뵈니 영춘은 나면서
부터 이마에 밤과 같은 붉은 혹이 있
는지라
2 태모님께서 보시고 "네 이마에 있는
것이 무엇이냐?" 하시므로 영춘이 "혹
이옵니다." 하고 아뢰거늘
3 말씀하시기를 "그것은 혹이 아니라 솔
버섯이니라." 하시니 이로부터 그 혹
이 말라붙어 없어지니라.
4 또 여신도 김덕화가 나면서부터 귀밑
에 주먹만 한 붉은 혹이 있거늘
5 태모님께서 손으로 어루만지시니 이로

부터 그 혹이 곧 없어지니라.

약장과 법궤의 운수를 뽑아 쓰심

177 19일 상제님 성탄치성을 봉행하신 후에 태모님께서 성도들에게 명하시기를 "정읍 대흥리에 공사가 있어 가리니 준비하라." 하시고
2 다음날 출발하시어 대흥리 네거리에 이르러 공사를 행하시니라.
3 이때 성도들에게 진액주(津液呪)를 읽게 하시고 큰 소리로 '만수'를 세 번 부르며 말씀하시기를
4 "이 공사는 약장(藥欌)과 법궤(法櫃)의 운수를 뽑아 쓰는 공사라." 하시고 서인권(徐寅權)에게 석가여래 도수를 정하신 뒤에
5 약장과 법궤의 기운을 뽑으시어 보자기에 싸서 인권에게 짊어지게 하시고 인솔하여 돌아오시니라.
6 본래 인권이 의술에 대해 아는 바가 전혀 없더니 이로부터 의술을 통하여 명의(名醫)로 알려지거늘
7 이후에 만경(萬頃)에서 약방을 차리고 영업을 하니라.

상제님의 성령이 미륵전을 떠나셨느니라

178 21일에 태모님께서 성도들에게 명하여 "가마를 대령하라." 하시고 "요강을 실으라." 하신 다음
2 고찬홍, 전준엽, 이근목 등 성도 10여 명을 데리고 금산사로 행차하시니라.
3 금산사에 당도하여 미륵전에서 치성을 올리신 뒤에 대중을 향해 큰 소리로 선언하시기를 "상제님의 성령이 이제 미륵전을 떠나셨느니라." 하시고
4 성도들에게 "요강 가져오너라." 하시니 금산사 중들이 거세게 만류하는지라
5 이에 크게 호통치시니 중들이 꼼짝을 못하거늘, 많은 사람들이 지켜보는 가운데 미륵전 법당 안에서 요강에 오줌을 누시어
6 근목에게 그 요강을 주시며 이르시기를 "저 미륵에게 끼얹어라. 헛것이니라." 하시니라.
7 근목이 깜짝 놀라 당황하며 감히 행하지 못하거늘 태모님께서 성화같이 독촉을 하시는지라
8 근목이 할 수 없이 요강을 들고 다가가다가 짐짓 넘어지는 체하며 미륵전 마룻바닥에 오줌을 엎질러 버리니라.
9 태모님께서 일러 말씀하시기를 "앞으로 너희는 여기다 절도 하지 말고 오지도 마라. 허상이니라." 하시고
10 대적광전으로 가시어 석가불에게 이르시기를 "너 어찌 여지껏 있느냐. 빨리 가거라." 하시며 담뱃대로 석가불상의 머리를 때리시니라.

후천선경의 '개벽 달'을 보여 주심

179 하루는 이경(二更) 초에 성도 6, 7명이 태모님을 모시고 앉아 있는데
2 강응칠이 아뢰기를 "태양은 날마다 있으되 달은 보름경에만 밝으니 그믐과 초하루에는 갑갑한 때가 많습니다." 하거늘
3 태모님께서 말씀하시기를 "선천에는 천지도수와 음양이 고르지 못하기 때문이라." 하시고
4 "후천에는 항상 낮에는 해가 뜨고 밤에는 달이 뜨니 편음편양(偏陰偏陽)이 없느니라." 하시며
5 "지금이라도 달이 나오게 할 수 있으나 아직 시기가 아니므로 그렇게 할 수 없노라." 하시니라.
6 이에 한 성도가 "지금 달빛을 한번 보았으면 좋겠습니다." 하고 아뢰거늘
7 태모님께서 "그리할 수 없으나 너희들이 원하니 월색을 한번 보자." 하시고 밖으로 나오게 하신 다음
8 성도들에게 명하시어 " '월광변조보살

(月光遍照菩薩)'을 마음속으로 읽으면서
동쪽 하늘을 바라보라." 하시므로 모
두 그와 같이 하니
9 과연 동쪽 산 위로 커다란 수레바퀴
같은 밝은 달이 나타나더라.
10 태모님께서 말씀하시기를 "다 보았느
냐?" 하시므로 "보았습니다." 하고 아
뢰니 "너희들의 재주가 좋다." 하시고
11 "이는 임시 선법도술이나 후천에는 항
상 해가 지면 달이 뜨고 달이 지면 해
가 뜨느니라." 하시거늘 그 말씀을 마
치시니 금세 다시 캄캄해지니라.

천지조화로 다스리는 후천선경

12 하루는 태모님께서 말씀하시기를 "선
천에는 음양이 고르지 못하여 원한의
역사가 되었으나 이제 후천을 개벽하
여 새 천지를 짓나니
13 天文陰陽政事요 魂魄東西南北이요
천문음양정사　혼백동서남북
天地造化政治로다."
천지조화정치
하시니라.

주문의 근본 정신을 알고 읽어야

180 하루는 태모님께서 성도들에게
말씀하시기를 "신도들이 각 주문
의 근본 정신이나 알고 읽는지 모르겠
다." 하시고
2 고민환에게 명하여 "각 주문의 근본
정신을 알고 읽어야 주력(呪力)이 확고
히 서나니 각 주문의 정신을 생각하여
기록하라." 하시므로
3 민환이 기록하여 올리매 "잘하였구
나." 하시며 "알지 못하는 신도들에게
설명하여 알도록 하라." 명하시니 그
글은 이러하니라.
4 태을주(太乙呪)는 심령(心靈)과 혼백(魂
魄)을 안정케 하여 성령을 접하게 하고
신도(神道)를 통하게 하며 본성을 깨닫
게 하는 신령스런 주문이라.
5 시천주주(侍天主呪)는 천명을 받는 무극
대도(無極大道)의 본원주(本源呪)이니 상
제님을 지극히 공경하고 내 부모와 같
이 모시라는 주문이라.
6 진액주(津液呪)는 세계창생으로 하여금
천지의 영원한 복록과 수명을 받아 내
리게 하는 주문이라.
7 관성주(關聖呪)는 삿됨을 제하고 모든
마(魔)를 끌러 안정케 하는 주문이라.
8 칠성경(七星經)은 복을 이끌고 재앙을
없애 주며 영원한 생명과 건강한 몸을
얻게 하는 신령스런 주문이라.
9 지신주(地神呪)는 각 지방의 가택(家宅)
을 수호하는 신명을 안정케 하는 주문
이라.
10 대학우경장(大學右經章)은 나라를 다스
리고 집안을 거느리며 몸과 마음, 의
지와 지혜를 수련하는 데 요법(要法)이
되는 경문(經文)이라.
11 서전서문(書傳序文)은 도(道)와 다스림
(政)의 정신을 조화롭게 다스려 나갈
수 있는 심법을 닦는 데 좋은 글이라.
12 주역서문(周易序文)은 천지, 일월, 음양,
사시(四時), 귀신(鬼神)과 합덕(合德)하
여 정해진 그 길흉을 철학적으로 판명
하는 데 좋은 글이라.
13 태모님께서 주역 공부하는 사람을 보
시면 "병신 육갑한다." 하시고
14 성도들에게 일러 말씀하시기를 "64괘
(卦)가 중요하나 괘명(卦名)이나 알아
두라. 그것만 보다가는 신세를 그르치
느니라." 하시니라.

성도들에게 읽을 주문을 정해 주심

181 하루는 태모님께서 성도들에게
명하시기를 "너희들은 주문을
많이 읽으라." 하시고
2 ○○○에게는 태을주를, ○○○에게는
칠성경을, ○○○에게는 진액주를 각
기 정해 주시며
3 이용기에게 말씀하시기를 "내 아들은
시천주주를 읽어라." 하시니라.

삼도합일의 운도를 새롭게 하는 공사

182 동짓달 11일에 태모님께서 동지 치성을 봉행하시고 신도 120여 명을 소집하여 공사를 행하시니 이러하니라.
2 24방위에 각기 다섯 사람씩 세우시고 중앙에는 단(壇)을 높이 설치하게 하신 다음
3 태모님께서 단 위에 올라앉아 말씀하시기를 "이 공사는 후천 오만년 선불유(仙佛儒) 삼도합일의 운도(運度)를 다시 살펴 새롭게 고치고 밝게 드러내어 조화(調和)를 더하게 하는 공사니라." 하시고
4 고민환에게 명하여 현무경을 처음부터 끝까지 읽게 하신 뒤에 담뱃대를 좌우로 두르시니
5 서기(瑞氣) 어린 노을이 일어나 도장 건물을 계속하여 둘러싸더라.
6 이어 태모님께서 창(唱)하시기를 "선지조화(仙之造化)요, 불지형체(佛之形體)요, 유지범절(儒之凡節)이라." 하시고 단에서 내려오시니 상서로운 노을이 흩어지니라.

제 몸 하나 새롭게 할 줄 알아야

7 태모님께서 말씀하시기를 "제 오장육부 통제 공부로 제 몸 하나 새롭게 할 줄 알아야 하느니라." 하시고
8 "후천 천지사업이 지심대도술(知心大道術)이니라.
9 각자 제게 있으니 알았거든 잘 하라." 하시니라.

상제님의 어진 첫 봉안식

183 무진(戊辰: 道紀 58, 1928)년 정월 초사흗날 태모님께서 치성을 봉행하신 뒤에 갑자기 정신을 잃고 쓰러지셨다가
2 서너 시간 후에 깨어나시어 아무 말씀도 없이 손을 들어 당신의 얼굴을 가리키며 두르시므로
3 고민환과 박종오 등이 뜻을 알지 못하여 어찌할 바를 모르다가 문득 한 성도가 아뢰기를
4 "상제님의 영정(影幀)을 그리라 하십니까?" 하니 태모님께서 머리를 끄덕이시며 성화같이 재촉하시니라.
5 이에 김제군 백구면 부용리(白鷗面 芙蓉里) 내가전(內佳田) 마을에 사는 화백(畵伯) 김옥현(金玉鉉)을 불러 어진(御眞)을 그리게 하니 옥현이 화법(畵法)이 졸렬하여 잘 그리지 못하는지라
6 태모님께서 말씀하시기를 "우선 그대로 봉안(奉安)하고 이 뒤에 다시 그리는 것이 무방하리라." 하시므로 그대로 봉안하니라.

채용신에게 어진을 다시 그리게 하심

184 2월에 태모님께서 주요 간부들을 소집하시어 "상제님 영정을 다시 그려 봉안하라." 명하시거늘
2 간부들이 의논하여 이름난 화백에게 의뢰하고자 조동희(曺東熙)로 하여금 뛰어난 화백을 물색하게 하니
3 당시 조선에서 유명한 화백은 정산(定山) 채용신(蔡龍臣)이라.
4 정산이 사는 곳을 알아보니 정읍군 용북면 육리(龍北面 六里)라 하므로
5 동희가 곧바로 정산을 만나 상제님 어진에 관한 일을 논의한 후 그 길로 동행하여 3월 1일에 조종리 도장에 도착하니라.
6 이에 정산으로 하여금 목욕재계하고 어진을 그리게 하니 정산이 상제님을 친견한 일이 없어 어떻게 그릴 것인지 여쭈거늘
7 태모님께서 상제님 재세 시의 모습을 일일이 가르쳐 주시고 정산에게 당부하시기를 "돈은 얼마든지 줄 터이니 영정을 잘 모셔라." 하시니라.
8 이 날부터 정산이 어진을 그리기 시작하여 거의 다 그려갈 무렵 태모님께서 오시어 그림을 보시더니 담뱃대로 획

걷어 젖히시고
9 이어 담뱃대로 정산의 등을 내려치시
며 "이놈아! 증산(甑山)을 그리라 했거
늘…." 하고 나가시니
10 정산이 기가 막혀 말을 못하고 있으므
로 고민환을 비롯한 간부들이 잘 달래
어 어진을 다시 그리게 하니라.

세 번을 그려서 어진을 봉안함

185 수일이 지나 어진을 거의 다 그
려 갈 무렵, 태모님께서 또 들어
오시더니 대번에 정산의 등을 담뱃대
로 내려치며 호통하시기를
2 "증산을 그리라 했지, 누가 미륵을 그
리라 했더냐!" 하시고 담뱃대로 휙 걷
어 젖혀 휘두르시니 이번에도 그림이
못쓰게 되니라.
3 정산이 심한 모욕감에 화를 내며 그림
그리는 도구 일체를 수습하여 돌아가
려 하니
4 고민환이 만류하여 말하기를 "저분은
보통 사람이 아닌 신인(神人)이시라. 큰
기운을 내려 잘 그리도록 하심이니 참
으면 복이 있을 것이오." 하며 겨우 진
정시키니라.
5 정산이 다시 그리기 시작하여 24일까
지 세 번째 만에 용안(龍顔)을 다 그리
매 민환이 여쭈기를 "이 정도면 되겠
습니까?" 하니
6 태모님께서 말씀하시기를 "그만하면
너희 아버지와 비슷하다." 하시니라.
7 정산이 상제님의 용안은 흡사하게 얻
었으나 의관범절(衣冠凡節)을 어떤 식
으로 갖추어 그려야 할지 난감한지라
8 태모님께 그 형식을 여쭈니 말씀하시
기를 "상제님께서 나에게 말씀하시기
를 '나는 옥황상제(玉皇上帝)니라.' 하셨
으니 황제식(皇帝式)이 옳다." 하시거늘
9 정성껏 그려서 올리매 3월 26일 태모
님 성탄절에 어진을 봉안하니라.

문둥병자를 고쳐 주심

186 3월 20일에 유일태가 태모님께
와 뵙고 아뢰기를 "김제군 봉남
면 용산리(鳳南面 龍山里) 용반(龍盤) 마
을에 사는 홍종백(洪宗伯)이 일심으로
신앙하나
2 대풍창(大風瘡)으로 10여 년을 고생하
고 있는데 백약이 무효하여 제가 치병
을 하여도 아무런 진전이 없습니다.
어머니께서 불쌍히 여기시어 고쳐 주
시옵소서." 하니라.
3 태모님께서 웃으며 말씀하시기를 "그
런 병을 뭣하러 손을 댔느냐?" 하시고
"천지에 대치성을 올리고 성심으로 기도
하라." 하시므로
4 일태가 돌아가서 말씀 대로 행하고 환
자 역시 일심으로 기도하며 주문을 읽
으니 그 병이 자연히 완쾌되니라.

거지에게 밥상을 밀어 주심

187 태모님께서 조종리에 계실 때 치
성 때가 되면 종종 한 거지가 동
냥을 와서 서성거리다가 먼발치에서
태모님께 절을 올리고 가곤 하니라.
2 하루는 치성에 그 거지가 또 와서 밥
을 얻어먹고자 맨 뒤에 줄을 서서 차
례를 기다리고 있는지라
3 태모님께서 보시고 성도들에게 이르
시기를 "야야, 저기 저 뒤에 있는 저놈
오라고 해라." 하시거늘
4 성도들이 그 거지를 데리고 오니 태모
님께서 측은히 여기시며 "아이고, 이놈
불쌍하다!" 하시고 "내가 너를 좋은 곳
으로 보내 주마." 하시니라.
5 이어 성도들에게 명하여 "이놈 밥 좀
줘라." 하시니 성도들은 태모님께서
수저를 드시기 전이므로 밥 퍼 줄 생
각을 않고 있으매
6 태모님께서 친히 당신의 진짓상을 밀
어 주시며 "너 요놈 먹어라." 하시거늘
7 그 동안 태모님께서는 누구에게 당신

의 진짓상을 내어 주신 일이 없었는데
이 날 따라 거지에게 진짓상을 밀어
주시니 성도들이 모두 부러워하니라.

불쌍한 사람을 잘되게 해 주어야

188 태모님께서 평소 성도들에게 이
르시기를 "너희들은 모두 동기
간이니 우애 있게 지내거라." 하시더니
2 거지가 돌아간 지 며칠 후에 갑자기
자리에서 일어나며 말씀하시기를 "야,
너희들! 형제간에 우애가 그래서야 쓰
겠느냐?" 하시거늘
3 성도들이 영문을 몰라 '우애 있게 지내
려고 신도들 간에 서로 형님 아우하며
지내왔는데 어째서 저러실까?' 하고
어리둥절해하니
4 일러 말씀하시기를 "만경 삼거리 솔밭
에 가면 너희 형제란 놈이 거기에 있을
것이니 너희들이 좀 보고 오너라." 하
시니라.
5 이에 성도들이 그곳에 가 보니 치성 때
왔던 거지가 얼어죽어 있는지라
6 서로 말하기를 "아이고, 미리 준비를
하라고 하셨으면 좋았을 텐데…." 하
며 묻어준 뒤에
7 도장에 돌아와 그 사실을 아뢰니 태모
님께서 "그놈, 참 잘되었다." 하시고
8 성도들에게 칭찬하여 말씀하시기를
"너희들이 참 좋은 일 하고 왔다. 그런
사람을 잘되게 해 주어야 후천이 오리
라." 하시니라.

진실하게 사람 대접을 하라

189 하루는 태모님께서 성도들에게
명하시기를 "내일 큰손님이 오
니 대청소를 하라." 하시거늘
2 성도들이 영문도 모르고 분주히 서둘
러 도장 청소를 깨끗하게 마치니라.
3 이튿날 삼베옷을 입은 누추한 차림의
한 노파가 태모님께 찾아오거늘
4 성도들이 실망하여 말하기를 "저런 사
람 때문에 어머니께서 야박하게 우리
들에게 대청소를 시키셨는가." 하며
두덜대거늘
5 태모님께서 일러 말씀하시기를 "없는
사람을 더 끔찍이 알라." 하시니라.

하늘 아래 사는 자는 다 내 자손

6 하루는 태모님께서 일러 말씀하시기
를 "사람은 잘나든 못나든 모두 천지
자손이니라." 하시고
7 "하늘 아래 사는 놈은 다 내 자손이니
사람 대접을 잘하라." 하시니라.

학생이라 하지 마라

190 태모님께서 평소 유가(儒家)의
그릇된 상복(喪服) 제도를 미워
하시더니
2 하루는 성도들에게 일러 말씀하시기를
"상복 입지 마라. 제 몸에 염(殮)을 자
기가 하고 다니는 것이니라." 하시고
3 또 이르시기를 "학생(學生)이라 마라.
사후(死後) 학생 아니더냐." 하시니라.

가진 자의 교만함을 미워하심

191 태모님께서 조종리에 계실 때
하루는 돈 많은 부자들이 호화
스럽게 차려입고 세배를 드리려고 찾
아오는데
2 태모님께서 미리 아시고 성도들에게
이르시기를 "야, 척(隻) 들어온다. 대문
닫아라." 하시므로 성도들이 영문도
모르고 대문을 닫으니라.
3 잠시 후에 부자들이 당도하여 태모님
을 뵙고자 하나 허락하지 않으시다가
부자들이 재차 간청을 올리매 그제야
만나 주시거늘
4 부자들이 태모님을 뵙고 집안의 누가
아프다고 하며 자신들의 어려운 사정
을 말씀드리니
5 태모님께서 귀담아 듣지 않으시고 "아
픈 사람이 있으면 약 지어 먹으면 되
지 않느냐?" 하실 뿐 더 이상 말씀치

않으시니라.
6 또 한번은 어떤 부자 한 사람이 신앙하고자 찾아오니 태모님께서 만나지 않으시고 그냥 돌려보내시거늘
7 성도들이 여쭈기를 "어머니, 그 사람을 왜 그냥 돌려보내셨습니까?" 하니
8 태모님께서 말씀하시기를 "아, 그 사람 받자 하면 너희들을 괄시혀." 하시니라.

없이 사는 사람 괄시하지 마라

9 태모님께서 치성을 맞아 신도들이 현물이나 성금을 가지고 오면 절대로 기록하지 못하게 하시거늘
10 성도들이 그 이유를 여쭈니 말씀하시기를 "없이 사는 사람 괄시할 일 있냐." 하시니라.

네가 나쁜 놈이다

192 태모님께서 평소 성도들이 남을 미워하는 것을 매우 싫어하시거늘
2 하루는 한 성도가 어떤 사람의 지난 허물을 들추며 "저 사람은 나쁜 놈입니다." 하니
3 태모님께서 도리어 그 성도에게 꾸짖어 말씀하시기를 "네가 나쁜 놈이다." 하시니라.

시천주주나 많이 읽으라

193 전주군 삼례면 해전리(參禮面 海田里)에 사는 황공선(黃公先)의 아내 이씨(李氏)가 복통으로 2년간 고통받다가
2 3월 29일에 김재윤과 동행하여 태모님을 찾아와 뵈니 태모님께서 물으시기를 "네 배가 왜 그렇게 부르냐?" 하시거늘 "적병(積病)으로 고통 중입니다." 하고 아뢰니라.
3 다시 물으시기를 "약 먹을 돈이 넉넉히 있느냐?" 하시거늘 "가세가 빈한하여 약 먹을 도리가 없나이다." 하니
4 태모님께서 일러 말씀하시기를 "그러면 시천주주나 많이 읽어라." 하시는지라
5 공선의 아내가 돌아가서 일심으로 시천주주를 읽으니 얼마 지나지 않아 그 병이 완치되니라.

조화는 시천주주 속에 있다

6 성도들이 병자를 고칠 때 주로 시천주주를 읽어 치병을 하는데 못 고치는 병이 없거늘
7 하루는 태모님께서 말씀하시기를 "조화는 시천주주 속에 다 있느니라." 하시니라.

양위 전에 심고하고 오주를 읽으니

194 4월 2일에 태모님께서 이용기를 불러 이르시기를 "네 집에 다녀오너라." 하시므로
2 용기가 집에 가 보니 부친이 해소병으로 사경에 이른지라
3 급히 사성음(四聖飮) 두 첩을 달여 입에 흘려 넣으니 반시간 후에 회생하니라.
4 다음날 용기가 도장에 돌아와 태모님께 이 사실을 아뢰니 "바로 또 가거라." 하시거늘
5 즉시 집으로 돌아가 보니 이번에는 부친이 절명(絕命)한지라
6 용기가 양위 전에 심고하고 오주를 일곱 번 읽으니 반시간 후에 회생하고 해소병도 완치되니라.

의통의 신비한 묘력을 붙여 보내심

195 익산군 용안면 중신리(龍安面 中新里)에 사는 여신도 김순화(金順華)가 40세에 중풍이 들어 9년 동안 자리에 누워 있더니
2 백방으로 치료해 보았으나 별다른 효과가 없는지라
3 하루는 순화가 고찬홍을 통하여 태모님께 이 사실을 아뢰니 태모님께서 명하시기를

태모 고수부님의 생애

태모님의 탄강

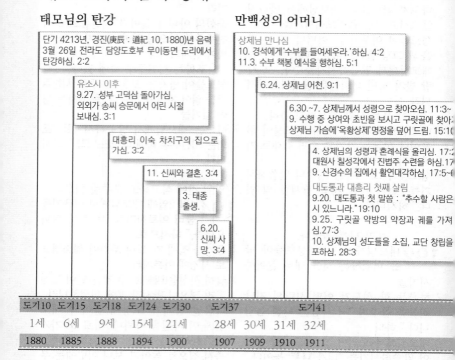

단기 4213년, 경진(庚辰 : 道紀 10, 1880)년 음력 3월 26일 전라도 담양도호부 무이동면 도리에서 탄강하심. 2:2

유소시 이후
9.27. 성부 고덕삼 돌아가심. 외외가 송씨 승문에서 어린 시절 보내심. 3:1

대흥리 이숙 차치구의 집으로 가심. 3:2

11. 신씨와 결혼. 3:4

3. 태종 출생.

6.20. 신씨 사망. 3:4

만백성의 어머니

상제님 만나심
10. 경석에게'수부를 들여세우라.'하심. 4:2
11.3. 수부 책봉 예식을 행하심. 5:1

6.24. 상제님 어천. 9:1

6.30.~7. 상제님께서 성령으로 찾아오심. 11:3~
9. 수행 중 상여와 초빈을 보시고 구릿골에 찾아
상제님 가슴에'옥황상제'명정을 덮어 드림. 15:1

4. 상제님의 성령과 혼례식을 올리심. 17:
대원사 칠성각에서 진법주 수련을 하심.17
9. 신경수의 집에서 활연대각하심. 17:5~

대도통과 대흥리 첫째 살림
9.20. 대도통과 첫 말씀 : "추수할 사람은 시 있느니라."19:10
9.25. 구릿골 약방의 약장과 궤를 가져 심.27:3
10. 상제님의 성도들을 소집, 교단 창립을 포하심. 28:3

도기10	도기15	도기18	도기24	도기30	도기37			도기41
1세	6세	9세	15세	21세	28세	30세	31세	32세
1880	1885	1888	1894	1900	1907	1909	1910	1911

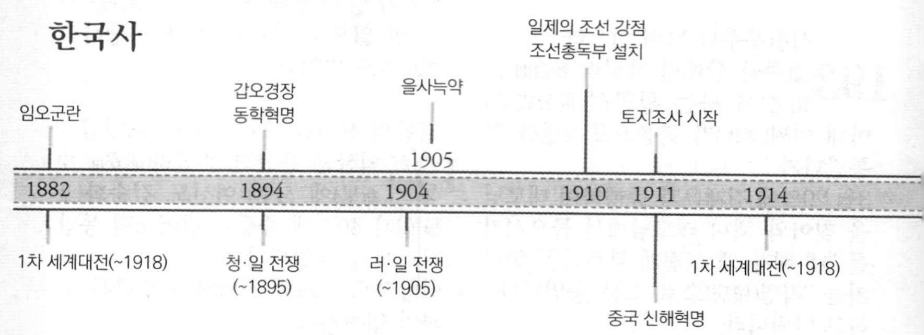

10년 천지공사(1926~1935)

본소 이전 운동 실패와 경석의 교권 장악. 38~39

9.21. 김제군 공덕면 공덕리 천종서의 집으로 가심.44:3
조종리 둘째 살림
10. 조종리 중조 마을로 가심. 47:2
11.26.대속하시어 목포 경찰서에 구속되심.49:10

1.3. 석방 후 농사일에 마음을 두시고 한가로이 지내심.49:11~13
윤7.성전 완공 후 수행에 집중하심.50:3~5

고민환을 수석 성도로 세우시어 칠성용정 공사를 보심. 98

1~3. 상제님 어진 봉안. 183~185
5. 조직개편을 단행하심. 207:3~4
9. 숙구지 대공사. 215

9.21. 정읍 왕심리 도장으로 옮기심. 271:6

용화동 셋째 살림
11.15 용화동 셋째 살림 시작. 313

11. '일후에 사람이 나면꼭 용봉기를 꽂아 놓고맞이하라.'고 당부하심. 365:3
11.5.오성산 도장에 은거. 367

10.6 선화하심. 416

도기46		도기49	도기56		도기59	도기61	도기63	도기65
37세	39세	40세	47세	49세	50세	52세	54세	56세
1916	1918	1919	1926	1928	1929	1931	1935	1933

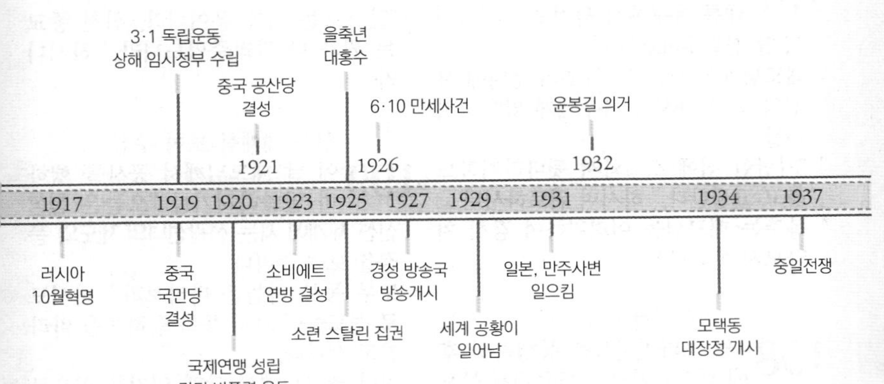

4 "찬홍이 네가 가서 지성으로 치성을 드
리고 나에게 심고하라." 하시니라.
5 이에 찬홍이 순화의 집에 당도하여 태
모님께서 명하신 대로 시행하고자 하
니 그 순간 병자가 자리를 털고 일어
나 스스로 치성 준비를 하니라.
6 이는 태모님께서 찬홍에게 의통(醫通)의
신비한 묘력(妙力)을 붙여 보내심이니
7 그 후 순화가 의통이 열려 신묘하게
치병을 잘하매 많은 사람을 포교하게
되니라.

수왕 공사로 기근을 면케 하심

196 하루는 태모님께서 말씀하시기
를 "정묘, 무진 두 해의 한재(旱
災)로 굶주림을 면치 못한다." 하시고
수왕(水旺) 공사를 행하시거늘
2 동네 풍물패를 불러오시어 마당에서
크게 한판 놀게 하시고
3 동서남북과 중앙에 청수를 한 동이씩
놓고 술과 안주를 많이 준비하여 후히
대접하신 뒤에
4 말씀하시기를 "이제 창생의 기근은 면
하였다." 하시니라.

강사성의 집에 가심

197 강사성이 장남 종용(宗容)의 아
내를 옥구에서 들여오니 전내언
의 딸 전복추(田福秋)라.
2 태모님께서 4월 3일 복추의 생일에 사
성의 집에 가시어 복추에게 말씀하시
기를
3 "가난한 집에 시집와서 뒷바라지하느
라고 고생한다." 하시며 위로하시니
4 복추는 태모님을 어려워하여 감히 쳐
다보지 못하니라.

원형이정의 두 길

198 4월 초파일치성을 봉행하신 후
에 태모님께서 성도들에게 물으
시기를 "원형이정(元亨利貞)을 아느냐?"
하시니
2 김원명이 아뢰기를 "모든 일에 원리정
칙(原理正則) 대로 하는 것입니다." 하
니라.
3 태모님께서 말씀하시기를 "원형이정에
두 길이 있으니 공(功)은 닦은 데로 가고
죄(罪)는 지은 데로 가느니라." 하시고
4 "너희들은 잊어도 나는 아느니라. 남
모르는 공부를 많이 해 두라.
5 시시(時時)로 지은 죄는 하늘이 벗기려
해도 못 벗기고, 시시로 닦은 공은 하
늘이 뺏으려 해도 못 뺏느니라." 하시
니라.

앞으로는 미륵 운 ; 불교 기운을 거두심

6 이어 말씀하시기를 "4월 초파일 행사
는 석가불의 탄신일이니 불가(佛家)에
서나 할 일이지 우리와는 아무런 관계
가 없다." 하시고
7 "세상 돌아가는 철을 찾아야 하나니
앞으로 초파일 치성은 절후(節候)를 찾
아 봉행함이 옳으니라.
8 이것은 곧 본래의 뿌리를 찾는 일이니
라." 하시니라.
9 또 말씀하시기를 " '하사도인다불가(何
事道人多佛歌)'라 하니 뜻이나 알고 부
르는가?" 하시고
10 "앞으로는 미륵 운이니라. 선천 종교
는 씨가 다 말라죽었느니라." 하시니
라.

신선 세계를 보여 주심

199 이 날 태모님께서 공사를 행하
며 말씀하시기를 "오늘은 천상
신선 세계에 사는 선관선녀의 제도와 풍
경을 보여 주리니
2 모두 동북 하늘을 바라보라." 하시므
로 성도들이 모두 동북쪽 하늘을 바라
보고 서니라.
3 이어 태모님께서 담배 연기를 입으로
내뿜으시니 즉시 오색 채운이 일어나

사람 형상으로 변하며 선관선녀의 모
습을 이루거늘
4 고운 옷을 입고 머리에 화관(花冠)을
쓴 선관선녀들이 춤추며 기뻐하고 온
갖 기화이초(奇花異草)가 만발한 가운
데 붉은 봉황과 백학이 춤추듯 창공을
날아가더라.
5 태모님께서 말씀하시기를 "다가오는
후천선경 세계가 저러한 형국이 될지
니라." 하시니
6 이때 고민환, 박종오, 강원섭, 강사성,
유일태, 오수엽, 강춘택, 강대용이 참
관하니라.

내가 하는 일은 신선이 하는 일

7 하루는 태모님께서 말씀하시기를 "내
가 하는 일은 다 신선(神仙)이 하는 일이
니 우리 도는 선도(仙道)니라." 하시고
8 "너희들은 앞으로 신선을 직접 볼 것
이요, 잘 닦으면 너희가 모두 신선이
되느니라." 하시니라.
9 또 말씀하시기를 "신선이 되어야 너희
아버지를 알아볼 수 있느니라." 하시
니라.

후천선경의 주불(主佛), 미륵불 봉영 공사

200 이 날 태모님께서 또 공사를 행
하시니, 어진을 모신 방문 앞에
단(壇)을 설치하여 향촉(香燭)을 밝히시
고 치성 음식을 성대히 준비하여 진설
케 하시니라.
2 이어 강진용(姜鎭容)의 논 아홉 두락에
'금산사 불양답(金山寺佛糧畓)'이라 쓴
푯말을 세우시고
3 고민환에게 가사와 법복을 입히신 뒤
에 명하시기를 "단 앞에서 24일간 천
수경(千手經)과 칠성경을 송주하라."
하시니라.
4 이어 말씀하시기를 "이 공사는 선천의
주불(主佛)인 석가모니의 운이 이미 갔
으니 이제 후천 용화세계의 주불이신
미륵불을 봉영(奉迎)하는 공사니라."
하시며
5 "天更生 地更生 人更生 彌勒更生"
천갱생 지갱생 인갱생 미륵갱생
이라 삼창(三唱)하신 후에 방에 드시니
라.
6 후일에 공사를 마치고 단을 거두어 치
우려 할 때 태모님께서 치하하시기를
"미륵불 공양에 수고하였노라." 하시니
라.

도통은 건곤일월의 도체로

201 나의 근본이 일월수부(日月首婦)
라.
2 천지음양(天地陰陽) 있었으니 건곤일월
(乾坤日月) 없을쏘냐.
3 일월일월(日月日月) 만사지(萬事知)라.

상제님의 조화로 열리는 후천선경

4 이제부터는 자씨보살과 일월수부가
일을 맡았느니라.
5 조화 조화 내 조화, 한울님의 조화로
다.
6 인륜(人倫)을 밝혀야 천륜(天倫)을 밝히
느니라.

만세동락하여 보세

202 하루는 태모님께서 노래하시니
이러하니라.
2 은혜가 높기는 하늘과 같고 덕이 두텁
기는 땅과 같네.
3 천신 지신 인신합발(天神地神人神合發)이
니
4 소원성취(所願成就) 이 아닌가 유리법
당(琉璃法堂) 이 아닌가 천지도술(天地
道術) 이 아닌가 조화정치(造化政治) 이
아닌가.
5 동방 일월 대명시(大明時)에 만세동락(萬
歲同樂)하여 보세.
6 안다 안다 네가 안다, 천지가 안다.
7 네가 알고 내가 알았으니 별말이 있겠
느냐.

8 재생신 재생신 조화 조화 만사지.

회생할 수 있으리라

203 김제군 용지면 구암리(龍池面 龜岩里) 평고(平皐) 마을에 사는 황모(黃某)의 다섯 살 된 아이가 경풍증(驚風症)으로 4, 5일째 누워 앓거늘
2 백구면 외가전 마을에 사는 김도성화(金道成華)가 찾아가 치료하기 위해 애썼으나 끝내 절명한지라
3 도성화가 즉시 태모님께 이 일을 아뢰며 "저의 잘못으로 아이가 죽게 생겼으니 방책(方策)을 주시옵소서!" 하매
4 태모님께서 물으시기를 "죽은 지 얼마나 되느냐?" 하시거늘 "오늘까지 사흘째입니다." 하고 아뢰니라.
5 이에 태모님께서 명하시기를 "즉시 돌아가서 밥을 정갈하게 지어 그 집 마당에 한 상을 차려 놓고 또 대문 앞에 세 상을 차려 놓은 다음
6 마당에서 예고신주(曳鼓神呪)를 삼칠독(三七讀)한 뒤에 갱생주(更生呪)를 삼칠독하고, 대문 앞에서 운장주(雲長呪)를 삼칠독하라. 그러면 회생할 수 있으리라." 하시니라.
7 도성화가 즉시 그 집으로 돌아가 말씀대로 하니 과연 아이가 다시 살아나거늘
8 얼마 후에 그 모자가 찾아와 태모님께 지성으로 절을 올리니라.

성도들의 고루한 신앙 자세를 꾸짖으심

204 하루는 치성을 맞아 성도들이 도장에 모여 반가운 마음에 서로 인사를 나누고 둘러앉아 시절과 시국에 대한 사담을 늘어놓으니
2 태모님께서 꾸짖으시기를 "이놈들, 글은 안 읽고 또 그놈의 헛소리들을 하고 있느냐!" 하시며
3 젊은 사람이고 늙은 사람이고 할 것 없이 담뱃대로 머리를 내리치시거늘
4 순간 성도들은 머리가 벼락맞은 것처럼 아프고 찢어질 듯하여 눈앞에 아무 것도 보이지 않더라.
5 그러나 아무리 세게 맞아도 상처가 나지 않으며 맞고 나면 오히려 정신이 번쩍 들고 기분이 매우 상쾌해지니
6 이는 성도들에게 기운을 붙여 주시는 것이거늘 성도들은 그저 맞는 것이 두려워 태모님을 피해 다니려고만 하더라.

이놈들아, 마음보는 안 고치고

7 이렇듯 태모님께서 수시로 담뱃대로 이마를 치시며 "사담 말고 공부를 하라." 하시므로
8 하루는 성도들이 한참 주문을 읽는데 태모님께서 들어오시니 모두 담뱃대가 무서워 땀을 뻘뻘 흘리며 더욱 큰 소리로 읽으니라.
9 이때 태모님께서 성도들 옆으로 다가오시어 "이놈들아! 마음보는 안 고치고 아가리 벌리고 개구리마냥 소리만 빽빽 질러대면 뭐 하느냐!" 하고 꾸짖으시며 담뱃대로 또 때리시니 성도들이 어찌할 줄을 모르더라.
10 태모님께서 매양 말씀하시기를 "저놈, 속은 검고 밖은 희게 입었다." 하시고 "너희 같은 놈들이 다 도둑놈이다." 하시니
11 이는 성도들의 신앙 자세와 목적이 그릇됨을 안타까워하시며 앞으로 후천 선경이 어떻게 올 것인가를 생각하여 먼저 뜻을 바로 세우고 공부하기를 바라심이더라.
12 하루는 태모님께서 말씀하시기를 "야! 당나귀 늙은 놈하고 도(道)에 늙은 놈은 쓸데가 없느니라." 하시니라.

새사람이 될지니라

205 재생신 재생신, 이 몸 사업 재생신.
2 재생신 재생신이요, 조화 조화 만사지라.

3 지심대도술(知心大道術)이니
깊은 마음의 문을 열어 하나같이 새사
람이 될지니라.
4 천갱생 지갱생은 다 끝났으니 이제는
인갱생(人更生)이 크니라.
5 단주수명 우주수명(丹朱受命 宇宙壽命).

열 항목의 계율을 내려 주심

206 5월에 하루는 태모님께서 간부
들을 불러 모으신 뒤에 열 항목
(項目)의 계율(戒律)을 내려 주시니 이러
하니라.
2 (1) 투도(偷盜)하지 말라.
(2) 간음(姦淫)하지 말라.
(3) 척(隻)짓지 말라.
(4) 시기(猜忌)하지 말라.
(5) 망언(妄言)하지 말라.
(6) 기어(綺語)하지 말라.
(7) 자만심(自慢心)을 갖지 말라.
(8) 도박(賭博)하지 말라.
(9) 무고히 살생(殺生)하지 말라.
(10) 과음(過飮)하지 말라.

조직 개편과 조종리 강씨 신도들의 배신

207 태모님을 조종리로 모시고 온
강씨 신도들은 대부분 감투욕과
권력욕에 젖어들어 자신의 공로를 내
세우며 도통 욕심에 사로잡히거늘
2 태모님께서 몇 차례 주의를 주시고 잘
못된 점을 바로잡게 하시되 개심(改心)
의 기미가 보이지 않더라.
3 5월에 이르러 도장의 기운이 묵어 가
는 것을 안타까워하신 태모님께서 간
부 조직을 개편하시니
4 고민환을 내무(內務)로, 고찬홍을 외무
(外務)로, 전준엽을 동방주로, 이근목
을 남방주로, 강원섭을 서방주로, 강
운서를 북방주로 임명하시니라.
5 이에 초창기 조종리 강씨 신도 중 강
원섭과 강운서만이 사정방(四正方) 조
직에 등용되매
6 강응칠과 강사성 등이 크게 불만을 품
고 돌아가더니 그 후로 응칠은 아예
도장에 발길을 끊어 버리니라.
7 이로부터 강씨 신도들이 태모님께 불
평을 늘어놓으며 고민환을 제거할 음
모를 꾸미거늘
8 태모님께서 그 기미를 아시고 공사 보
러 어디를 가실 때면 민환을 병풍 뒤
에 숨겨 두고 나가시더니
9 그 뒤에 하루는 태모님께서 민환에게
이르시기를 "너는 여기 있지 말고 몸
을 피하라." 하시는지라
10 이에 민환이 밤을 틈타 고향 옥구로
돌아가니라.

기도하고 개정국을 먹이라

208 이 달에 김제군 백구면 도도리
(道道里)에 사는 일본인 나까지
마(中島)가 병을 얻어 익산과 군산 등
여러 병원을 돌아다녀도 모두 불치병
이라 하거늘
2 일본 천리교(天理教) 간부인 오구라(小
倉)를 만나 이야기를 듣고 이용기에게
찾아와 치병을 간곡히 부탁하는지라
3 용기가 태모님께 이 사실을 아뢰니 말
씀하시기를 "일본 천리교 선생이라 하
니 개정(改正)할 일이라." 하시며
4 "이 길로 돌아가서 3일간 기도하고 병
자에게 개정국을 먹이라." 하시므로
5 용기가 병자의 집에 찾아가 명하신 대
로 하니 나까지마의 병이 완쾌되니라.

이용기에게 천록(天祿)을 내려 주심

209 이용기가 도장에서 태모님을 모
실 때 집안 형편이 매우 어렵거
늘
2 아내 정아옥(鄭阿玉)이 방앗간에서 쌀
겨를 얻어다가 겨우 아궁이에 불을 지
피더라.
3 하루는 용기에게 편지가 한 장 왔는데

큰돈이 들어 있으나 보낸 사람의 주소
와 이름이 적혀 있지 않은지라
4 용기가 어쩔 줄 모르다가 태모님께 여
쭈어 보고자 그 봉투를 가지고 태모님
을 찾아뵈니
5 태모님께서 느닷없이 "그 정도면 넉넉
하냐?" 하시매 용기가 내심 크게 놀라
니라.
6 이때 용기가 여쭈기를 "어머니, 어떻게
할까요?" 하니 태모님께서 "네가 하고
싶은 대로 해라." 하시는지라
7 용기가 그 돈으로 논 두 필지를 사서
농사를 짓고 추수 후에 태모님을 뵈니
물으시기를 "이제는 배부르냐?" 하시거
늘
8 용기가 비로소 태모님께서 그 돈을 내
려 주신 것이라 확신하니라.

칠보산에서 보신 태자봉 공사

210 하루는 태모님께서 정읍 칠보산
(七寶山) 상봉에 이르시어 태자봉
(太子峯) 공사를 보시니 이러하니라.
2 태모님께서 머리에 삿갓을 쓰시고 양
손을 불끈불끈 쥐시면서 세 차례에 걸
쳐 크게 외치시기를
3 "호천금궐 상제님을 네가 어찌 알겠느
냐!
4 천상 여동빈 선관(仙官)의 조화권능으
로 머리 빗겨 갱소년(更少年)시켜 주옵
소서." 하시고
5 이어 말씀하시기를 "이 다음에 누가
나든지 정각(亭閣) 하나 잘 지을 것이
네." 하시니라.
6 또 행단 앞에 있는 산을 가리키시며
"장차 저 산에 콧구멍이 뚫려서 숨구
멍이 터지리라." 하시니라.

백만억 불 출세 축원 대공사

211 태모님께서 옥구 선연리(仙緣里)
옥녀봉 앞 자천대(紫泉臺)에서 공
사를 행하실 때
2 큰 소리로 "백호(百戶), 백호(百戶), 백만
억(百萬億)!"이라 십여 번을 외치시고
3 "미륵존불께서는 속히 백만억 불(佛)을
환생 출세케 하옵소서.
4 조선을 회복시켜 주옵소서." 하시니라.

천지사업은 용(用)공부를 잘해야

212 우리 공부는 용(用)공부니 제 몸
하나 단속할 줄 알아야 하느니
라.
2 천지의 음덕(蔭德)이요, 선령의 음덕이
요, 신군(神君)의 음덕이라.
3 도(都)부처가 들어앉으니 집은 선가(仙
家)가 아닐런가.
4 지기금지 원위대강(至氣今至 願爲大降).

일심으로 9일간 기도하라

213 6월 20일에 익산군 용안면 용성
리(龍安面 龍城里) 당하(堂下) 마
을에 사는 조상화(趙相化)가 태모님을
찾아와 뵈니
2 태모님께서 물으시기를 "너의 형편이
어떠하냐?" 하시므로
3 상화가 아뢰기를 "자식도 없고 재산도
없고 아내마저 병들어 죽게 되었나이
다." 하니라.
4 이에 태모님께서 말씀하시기를 "자식
은 지금만 낳아야 되는 것이냐?" 하시
고
5 "네 아내는 무슨 병이냐?" 하시니 "30
년 적체(積滯)로 이제 죽게 되었나이
다." 하고 아뢰거늘
6 말씀하시기를 "삼삼(三三)은 구(九)이니
돌아가서 일심으로 9일간 기도하라."
하시므로
7 상화가 집에 돌아가 9일 동안 기도하
매 그 아내의 병이 완치되니라.

자식을 두면 되지 무슨 한이냐

214 8월에 해전리에 사는 정만길(鄭
萬吉), 정덕근(鄭德根) 형제가 이

용기와 함께 태모님을 찾아와 뵈니
2 태모님께서 만길에게 물으시기를 "너는
무엇이 한이더냐?" 하시므로 만길이 아
뢰기를 "집안의 장남으로서 자식은 고
사하고 아내조차 없습니다." 하거늘
3 말씀하시기를 "지금 8월이 아니냐. 속
히 구혼(求婚)해서 자식을 많이 두면
되지 무슨 한이냐." 하시니라.
4 그 후 만길이 혼인을 하게 되니 3개월
만에 아내가 잉태하여 아들을 낳고 계
속해서 자식을 낳아 모두 5남 2녀를
두니라.

조종리 도장의 말기

대사부는 숙구지 공사로 출세한다

215 태모님께서 종종 성도들에게 말
씀하시기를 "자던 개가 일어나
면 산 호랑이를 쫓느니라." 하시고
2 여러 차례 절실히 말씀하시기를 "내가
숙구지(宿狗地) 공사를 보아야 하느니
라." 하시더니
3 9월에 이르러 "이제 때가 멀지 않으니 자
는 개를 깨워야겠다." 하시며 성도 수십
명을 거느리고 태인 숙구지로 행차하
시어 공사를 행하시니라.
4 이때 마포(麻布)로 일꾼들 여름살이 30
벌을 지어 동네 머슴사는 사람들에게
입히신 후에
5 통(桶) 하나에 고깃국을 담고 밥을 잘
말아 뜰 앞에 놓으며 말씀하시기를
"많이 먹으라." 하시고
6 "이제 잠든 개를 깨웠으니 염려는 없
다." 하시니라.
7 이후로 태모님을 모신 성도들은 다음
과 같으니라.
고찬홍(高贊弘) 전준엽(田俊燁)
전선필(田先必) 김내원(金乃元)
천종서(千宗瑞) 강사성(姜四星)
강원섭(姜元聶) 백용기(白龍基)
이공렬(李公烈) 박종오(朴鍾五)
김수열(金壽烈) 서인권(徐寅權)
문인원(文仁源) 문휘원(文輝元)
문명수(文明洙) 문기수(文己洙)
전기찬(田基贊) 김형대(金炯大)
김재윤(金在允) 박문원(朴文遠)
김봉우(金奉宇) 전내언(田乃彦)
전여옥(田汝玉) 남상돈(南相敦)
김원백(金元伯) 이석봉(李碩奉)
이근목(李根睦) 이재현(李在賢)

가을 대개벽기의 구원은 오직 한 길

216 태모님께서 평소 윷놀이를 즐기
시더니 하루는 웃옷을 벗어 젖
을 늘어뜨리시고 속곳만 입으신 채
"윷판 가져오너라." 하시니라.
2 이에 한 성도가 윷판을 대령하니 태모
님께서 윷판의 출구를 항문(肛門) 쪽으
로 놓으시고 말씀하시기를
3 "들어가기는 어느 구멍으로나 다 들어
가 서로 잡아먹다가 나올 적에는 한 구멍
밖에는 나오는 데가 없으니 꼭 그리 알라.
4 윷놀이는 천지놀음이니라." 하시니라.

말수가 먹느니라

5 또 말씀하시기를 "나는 바닥에 일(一)
붙은 줄 알고 빼려 드니 누구든지 일
자, 삼 자를 잡아야만 임자네." 하시고
6 "같은 끗수면 말수가 먹느니라." 하시니
라.

윷판과 바둑판은 내가 맡으리니

217 하루는 태모님께서 전선필에게
말씀하시기를 "윷판은 나요, 저
울은 성포요, 잣대는 수제 너니라.
2 저울은 성포한테 주고 잣대는 너를 주
리니 윷판과 바둑판은 맡을 사람이 없
어서 내가 가지고 간다." 하시고
3 또 말씀하시기를 "너는 목숨이나 건
져 주어라. 전하기만 잘 하여라." 하

시니라.

잣대 도수의 선필과 저울 도수의 민환

4 이 날 이후로 선필이 늘 성도들에게 말하기를 "길고 짧은 것은 대보아야 안다." 하고
5 민환은 "내가 일을 공평하게 보니 어머니께서 나에게 저울 도수를 맡기셨다." 하니라.

몸이나 성하여야 먹고살리라

218 이 달에 태모님께서 고민환, 박종오, 전대윤을 데리고 연지평 박노일의 집을 다녀오시는 길에
2 부용역에 있는 어느 식당에서 점심을 드실 때 식당에서 일하는 여자가 한쪽 팔이 불편하여 잘 쓰지 못함을 보시고 그 여자를 불러 물으시기를
3 "언제부터 팔이 불편해졌느냐?" 하시니 "7년 전부터 우연히 이렇게 되었습니다." 하고 아뢰거늘
4 태모님께서 그 여자를 앞에 앉히시고 그 팔을 어루만지시며 "불쌍하구나. 몸이나 성하여야 먹고살리라." 하시매 곧 팔이 나아서 밥상을 들고 나가게 되니라.
5 3일 후에 그 여자가 술과 안주를 준비하여 도장에 찾아와 태모님께 문안을 드린 후 주안상을 올리니라.

아이의 산증을 고쳐 주심

219 9월 상제님 성탄치성에 충남 은진면(恩津面)에 사는 김기성(金基成)의 아내 이씨(李氏)가 어린아이를 데리고 와서 아뢰기를 "이 아이가 산증(疝症)으로 심히 고통스러워하나이다." 하니
2 태모님께서 손으로 그 아이의 불알을 어루만지시매 이로부터 아이의 병이 나으니라.

상제님과 수부님께 심고하고 치병함

3 전주군 삼례면 삼례리 만경동(參禮里萬頃洞)에 사는 배한주(裵漢柱)의 아내가 뱃속의 적병(積病)으로 수개월간 고생하거늘
4 그 친정 아버지가 자신이 경영하는 한약방에서 약을 지어 먹이나 백약(百藥)이 무효하더라.
5 이때에 익산군 북일면 영등리(北一面 永登里)에 사는 김성녀(金姓女)가 배한주의 아내를 찾아가 양위 전에 심고한 뒤에
6 허수아비를 만들어 옷을 입히고 환자의 이름을 써서 허수아비 가슴에 넣어 사자풀이를 한 다음
7 환자에게 이르기를 "오늘밤 자시(子時)에 공동묘지에 묻으라." 하매 그대로 행하니 다음날에 바로 완쾌되니라.

천지의 대운수를 만났다

220 상제님 성탄치성을 마치고 태모님께서 가곡조(歌曲調)로 온화하게 창하시기를
2 "복희(伏羲), 신농(神農), 황제(黃帝), 요순(堯舜), 우탕(禹湯), 문무(文武), 주공(周公) 같은 만고성현(萬古聖賢)도 때 아니면 될 수 있나.
3 전무후무 천지운도(天地運度) 우리 시절 당한 운수 성경신이 결실이니
4 삼도합일(三道合一) 태화세(太和世)를 그 누가 알쏘냐.
5 달은 가고 해는 오네. 지천(地天)의 운수로다.
6 운이 오고 때가 되어 만물이 해원이라." 하시니라.
7 또 말씀하시기를 "공자의 안빈낙도(安貧樂道)란 인간이 못할 일이니, 나는 만물을 해원시키노라." 하시니라.

보천교 난법 기운을 거두심

221 21일에 태모님께서 성도 10여 명을 데리고 대흥리에 행차하시어
2 보천교 새 건물 주위를 돌아다니시며 담뱃대로 건물을 겨누시고 총 쏘듯이

탕탕 소리를 내시니라.
3 이어 상제님께서 수부소로 정하신 보천교 본소에 가시어 춤을 추시면서 "흥강가, 흥강가." 하고 노래하시더니
4 다시 보천교에서 상제님을 모신다 하여 호천금궐(昊天金闕)이라 부르는 십일전(十一殿)에 가시니라.
5 태모님께서 사다리를 타고 지붕 위로 풀쩍풀쩍 뛰어 올라가 외치시기를
6 "도솔천궁(兜率天宮) 조화(造化)라
나무(南無) 미륵존불(彌勒尊佛)
조화(造化)임아 천개탑(天蓋塔)
나무(南無) 미륵존불(彌勒尊佛)."
이라 하시고
7 말씀하시기를 "이 집은 지어도 절밖에 못 된다." 하시니라.
8 이때 경석이 태모님을 손가락질하며 "누님이 미쳤다." 하고 "집 지어 놓으니까 재수 없이 여자가 올라가서 저런다." 하더니
9 이 공사 이후로 보천교가 교단을 유지하지 못하고 점차 쇠퇴의 길을 걷게 되니라.

천하의 난법자들이 서로 먼저 나오려 하니

222 하루는 태모님께서 담뱃대를 좌우로 휘저으며 말씀하시기를
2 "천하의 뭇 무리들이 서로 내가 낫노라고 다투어 고개를 쳐들고 먼저 나오려 하니 이것이 천하에 끼치는 병폐의 하나로다.
3 이제 그대로 두면 분란이 가중되고 혼란이 자심하리니 이 담뱃대를 휘둘러 그 쳐드는 꼭뒤를 치면
4 그 머리가 본처로 쏙 들어가리라." 하시니라.

대업 공부를 하려면

223 대업 공부를 하자면 수마(睡魔), 마신(魔神), 척신(隻神)을 먼저 물리쳐야 하느니라.
2 또 생문방(生門方)부터 알아 두라.
3 사문(死門)은 입구멍이요, 생문(生門)은 똥구멍이니라.
4 입은 사문이기 때문에 함부로 말을 못하느니라.
5 病從口入이요 禍從口出이니라
병종구입　　화종구출
口是禍之門이요 舌是斬身刀니라
구시화지문　　설시참신도
병(病)은 입으로부터 들어가고
화(禍)는 입으로부터 나오느니라.
입은 화를 부르는 문이요
혀는 몸을 베는 칼이니라.
6 천지 아구를 아느냐. 천지 입망을 찾으려면 생사문(生死門)을 알고서 공부해야 하느니라.
7 목구멍 똥구멍이요, 먹고 똥싸는 것이니라.

이 공부가 도도통이니라

224 우리 공부는 오장육부 통제 공부니, 곧 선각(仙覺) 지각(智覺)이니라.
2 이 공부가 도도통(都道通)이니라.
3 제 몸에 있는 것도 못 찾고 무슨 천하사란 말이냐!
4 소천지(小天地)가 대천지(大天地)니라.
5 느닷없이 생각나서 읽는 글이 도수(度數) 맡아 오는 글이니 명심하여 감격(感激)하라.

감옥문을 열어 주심

225 하루는 김제 경찰서 순사들이 이용기를 잡아가려고 도장에 들이닥치거늘
2 태모님께서 용기에게 이르시기를 "도망가지 말고 그냥 따라가거라." 하시니라.
3 이에 용기가 조금도 대항하지 않고 경찰서로 끌려가 유치장에 갇히니

4 그날 밤에 갑자기 감옥문이 딸깍 하고
열리는지라 용기가 태연하게 걸어 나
오는데 이상하게도 옥문을 지키는 순
검들이 전혀 알아채지 못하더라.
5 다음날 아침에서야 경찰에서 용기의
탈옥 사실을 알아차리고 다시 잡으러
오거늘
6 태모님께서 이르시기를 "용기야, 너는
나가지 말고 문 뒤에 섰거라." 하시니
7 순검들이 도장 내부를 샅샅이 뒤지고
도 문 뒤에 서 있는 용기를 찾지 못하
고 그냥 돌아가니라.
8 얼마 후 순검들이 또 용기를 잡으러
오니 이 날도 그냥 따라가라고 말씀하
시매 그대로 따랐더니
9 이번에도 지난번과 마찬가지로 감옥
문이 저절로 열리므로 무사히 도장으
로 돌아오니라.
10 이후로 다시는 경찰에서 용기를 잡으
러 오지 않으니라.

신도(神道)와 인도(人道)의 천지 어머니 공사

226 하루는 태모님께서 젖을 배꼽까
지 늘어뜨리시고 성도들에게 젖
을 훑어 뿌리시며 말씀하시기를
2 "야, 이놈들아! 내 젖 먹어라. 너희들
은 다 내 새끼들이니 내 젖을 먹어야
산다." 하시니라.
3 또 속옷을 벗으시고 두 다리를 벌리고
서서 "이놈들아, 네놈들이 전부 내 밑
구녕에서 나왔다. 내 보지 밑으로 나
가거라. 어서 오너라, 어서 와." 하시
니
4 성도들은 그리로 지나가지 않으면 죽
는 줄 알고 서로 머리를 들이밀고 먼
저 들어가려고 야단이니
5 태모님께서 "야, 이놈들아! 한 놈씩 들
어오너라." 하시니라.
6 이때 호호백발(皓皓白髮)의 노인들까지
갓 벗을 겨를도 없이 뿔뿔 기어서 통
과하려고 하니
7 태모님께서 갓을 뜯어 버리시고 지나
가게 하시며, 여자 신도들도 모두 기
어서 지나가게 하시니라.

치성을 올리고 7일 도수로 수련하게 하심

227 정읍군 정토면 수금리(淨土面 水
金里)에 사는 한 여인이 태모님
을 찾아와 아뢰기를
2 "정토면 면장의 아내가 문둥병으로 10
여 년 동안 고통받고 있사오니 고쳐
주시기를 바라나이다." 하는지라
3 태모님께서 병세를 물으신 후에 전대
윤에게 명하시기를 "네가 가서 크게 치
성을 올리고 이레 동안 수련을 시키고 돌
아오라." 하시니
4 대윤이 가서 그대로 행하매 7일 뒤에
돌아올 때에는 병세가 크게 호전되니
라.

전대윤이 받아 내린 의통

5 대윤이 돌아와 태모님께 아뢰기를 "병
세가 십분지 구(十分之九)나 경감되었
나이다." 하니
6 태모님께서 크게 칭찬하시고 이르시기
를 "이레 뒤에 다시 가서 완쾌되도록
치료해 주어라." 하시니라.
7 대윤이 7일 뒤에 다시 가서 며칠 동안
수련을 시키니 그 병이 완쾌되거늘
8 그 후 면장이 태모님께 찾아와 폐백을
올리고 제물을 성대히 준비하여 상제
님 어진 앞에서 치성을 극진히 봉행하
니라.
9 이때부터 대윤이 의통(醫通)이 열려 가
는 곳마다 치병을 잘하게 되니라.

남상돈 아들의 병을 고쳐 주심

228 이 해 10월 2일에 익산군 낭산
면 삼담리(朗山面 三潭里) 죽산(竹
山) 마을에 사는 남상돈(南相敦)이 와
뵈니

2 태모님께서 말씀하시기를 "상돈아, 너
희 집에 가 봄 직하다." 하시고 "곧 네
집으로 돌아가되 길에서 지렁이를 보
거든 잡아 가지고 가라." 하시니라.
3 이에 상돈이 즉시 집으로 가다가 길에
서 지렁이 세 마리를 잡아 집에 이르니
4 간밤에 도둑이 들어 집 안의 물건이
없어지고 둘째 아들 병우(炳祐)가 급복
통(急腹痛)으로 심히 고통스러워하거늘
5 그 지렁이를 달여 먹이매 곧 회복되니
라.

대사업의 근본, 조직 기강 확립

229 기사(己巳: 道紀 59, 1929)년 정월
초사흗날 치성에 태모님께서 초
헌(初獻)을 하시고 이어 성도들이 절을
드리고 나니
2 태모님께서 성도들을 향하여 큰 소리
로 "천지정리 무기토(天地定理戊己土)"라
고 세 번을 읽으시니라.
3 이때 제단(祭壇) 바로 위 천장에 큰 거
미가 매달려 있음을 보시고 태모님께
서 강재숙(姜在淑)에게 "거미의 이치를
알면 말하라." 하시거늘
4 재숙이 "알지 못합니다." 하고 아뢰니
태모님께서 일러 말씀하시기를 "이 또
한 특별히 연구해야 할 이치라." 하시
고
5 "거미가 집을 지을 때 24방위로 줄을
늘이나니 집을 다 지은 뒤에는 보이지
않는 곳에 가서 숨어 있느니라." 하시
니라.
6 하루는 한 성도가 여쭈기를 "본래 천
지가 어찌 된 것입니까?" 하니
7 태모님께서 말씀하시기를 "동서남북
에서 욱여들어 천지가 된 것이니라."
하시니라.

도통맥 전수 예식과 태모님의 눈물

230 정월에 하루는 태모님께서 말씀
하시기를 "너희 아버지가 9년 천
지공사 끝지는 해 어느 날 자리에 누워
식칼을 내놓으시며
2 '올라타라.' 하셔서 올라탔더니 또 '멱
살을 잡아라.' 하셔서 멱살을 잡았었
구나.
3 다시 내게 식칼을 들게 하시고 당신을
찌를 듯이 하여 '꼭 전수(傳授)하겠느냐.'
하라 하시는데
4 말이 나오지 않아 가만히 있으니 역정
을 내시며 '시간이 지나간다.' 하시기에
5 마지못해 목안 소리로 '반드시 꼭 전하
겠느냐?' 하였더니 '예, 전하지요.' 하시
며
6 '이왕이면 천지가 알아듣게 크게 다시 하
라.' 하시므로 조금 크게 '꼭 전하겠느
냐?' 하였더니 '꼭 전하지요.' 하시더라.
7 이렇게 또 한 번 하여 세 차례를 마치
니 이후부터는 침식 절차(寢食節次)와
제반일체(諸般一切)를 나더러 먼저 하라
하셔서 내가 먼저 하고 너희 아버지는
내 뒤를 따랐던 바
8 오늘날 나를 이런 자리에 이런 일을 맡기
고…, 내가 밥을 제대로 먹느냐, 잠을
제대로 자느냐. 너희들이 잘 알지 않
느냐!
9 너희 아버지는 친구와 어울려 어디로
놀러 간 것밖에 안 되느니라." 하시고
10 대성통곡하시며 "너희들 모두 듣거라.
내가 갔다 다시 올지 모르겠다." 하시
니 성도들도 모두 통곡하니라.
11 이어 태모님께서 어진을 모신 방문을
열어젖히고 상제님의 어진을 향하여
"가려면 갑시다. 어서 갑시다." 하시니
12 성도들이 태모님께서 어진을 모시고
어디로 가실까 싶어 문을 막으며 만류
하니 "그것이 아니다." 하시고 방에 들
어가시더니 눕자마자 코를 골며 주무
시는데
13 성도들은 태모님께서 어디론가 떠나실
까 싶어 며칠 동안 밤낮으로 염려하니
라.

성모님의 이질을 고쳐 주심

231 태모님께서 조종리에 계실 때 한동안 성모 박씨께서 와 계시더니
2 이 해 정월에 이르러 성모께서 이질(痢疾)을 앓다가 마침내 부종(浮腫)을 이루어 심히 위독하신지라
3 태모님께서 박종오에게 "사물탕 한 첩을 지어 오라." 하시어 모친의 머리맡에 두시니 그 병이 곧 나으니라.

성모님의 앞길을 닦아 주심

4 하루는 태모님께서 성도들이 보는 앞에서 성모님의 머리채를 잡고 "이년의 가시내, 이년의 가시내!" 하시며 마구 흔들어 내두르시니
5 이는 전생과 현생에서 지은 성모님의 죄업을 벗기고 척신을 물리치시어 앞길을 닦아 주심이더라.

너희들은 모를 일이로다

232 3월에 장연 마을 강봉삼의 아내 김씨와 김형대의 아내 최씨가 이용기와 함께 태모님을 찾아와 뵈니
2 태모님께서 두 여인에게 "글 좀 읽어라." 하시거늘 두 여인이 한참 글을 읽다가 갑자기 서로 부둥켜안고 뒹굴며 싸움을 하는지라
3 태모님께서 "그리들 말지라." 하고 말리시니 두 사람이 싸움을 멈추고 심히 부끄러워하거늘
4 봉삼의 아내에게 물으시기를 "무슨 일로 그리하였는고?" 하시니 "모르겠사옵니다." 하고 대답하니라.
5 이에 말씀하시기를 "너희들은 모를 일이로다." 하시고 "지성으로 수행하면 너희 가장의 신병(身病)이 나을 것이니라." 하시므로
6 두 사람이 그제야 깨닫고 집에 돌아와 지성으로 수행하니 과연 남편의 병이 완쾌되니라.

충청도 계룡산 기운 ; 도백지지도 멀다

233 3월 초순경에 하루는 태모님께서 성도들에게 말씀하시기를 "심심하다. 너희들 중에서 누가 이야기라도 하나 하려무나." 하시니
2 남상돈이 아뢰기를 "충청도 계룡산에 정씨(鄭氏)가 도읍을 정하여 등극한다는 말이 있습니다." 하니라.
3 태모님께서 듣고 웃으시며 "조왕신들은 모두 물러가라." 하시어 여신도들을 내보내신 후에
4 상돈에게 명하시어 "중의와 적삼을 벗어라." 하시고 이르시기를 "미친 사람은 옷을 벗고 다니는 것이니라. 상돈아, 바깥으로 나서라." 하시므로 상돈이 뒷마루에 나가 서 있으니
5 다시 명하시기를 "야, 미친놈아! 보기도 싫으니 너희 집으로 가거라." 하고 내쫓으시거늘 상돈이 옷을 벗은 상태라 가기를 주저하니라.
6 이에 태모님께서 매를 들고 내쫓으시니 상돈이 나가서 도장을 서너 바퀴 돌다가 다시 방으로 들어와 상제님 어진 앞에 엎드려 빌거늘
7 태모님께서 매를 놓으시고 이르시기를 "어디 계룡산을 구경하여 보자." 하시고 툇마루에서 동북간(東北間)을 향하여 앉으시더니
8 담배를 피우시며 성도들에게 물으시기를 "저 산이 무슨 산인고?" 하시는지라 성도들이 보매 충청도 계룡산이더라.
9 그대로 말씀드리니 태모님께서 "어디 보자." 하시므로 여러 성도들이 태모님을 따라 다시 쳐다보니
10 계룡산이 5리쯤으로도 보이고 10리쯤으로도 보이며 그렇게 여러 번 반복하여 보이거늘
11 태모님께서 다 보신 뒤에 말씀하시기를 "잘 누르면 도백지지(道伯之地)도 장차 멀다." 하시니라.

치병에 부채를 사용하라

234 이 달 15일에 김제군 청하면 장산리(靑蝦面 壯山里)에 사는 유병선(劉秉善)이 스물한 살 때부터 복통을 앓다가 마침내 사경에 이르거늘

2 외가전 마을 김도성화와 조성기(趙誠基)의 모친 정실생화(鄭實生花)가 태모님께 이 사실을 아뢰니

3 태모님께서 말씀하시기를 "너희들이 치병을 하되 부채를 사용하라." 하시므로

4 두 사람이 치성을 올리고 기도할 때에 부채를 들고 시행하였더니 그 병이 자연히 완치되니라.

젖줄을 통하게 하고 독종을 고쳐 주심

235 옥구군 임피면 술산리(臨陂面 戌山里)에 사는 문명수의 아내 이순금(李順金)이 딸 화순(化順)을 낳으면서부터 젖이 나오지 않으매

2 그 딸이 피골이 상접하고 또 배에 독종(毒腫)이 나서 죽게 된지라 순금이 아이를 데리고 태모님께 와 뵈니

3 물으시기를 "어찌하여 이렇게 말랐느냐?" 하시거늘 순금이 "젖이 없어서 그러합니다." 하고 아뢰니라.

4 태모님께서 "그러면 데리고 가거라." 하시고 "매암, 매암." 하시며 아이를 업혀 주신 다음 "독종에는 개 쓸개를 먹이라." 하시더니

5 순금이 집으로 돌아가는 도중에 젖줄이 통하여 젖이 넉넉하여지고 또 딸에게 개 쓸개를 먹이매 독종도 즉시 완치되니라.

복록과 수명을 고르게 베풀어 주심

236 3월 25일에 태모님께서 치성을 봉행하신 후 남녀 신도 수십 명을 소집하여 말씀하시기를

2 "모든 것이 칠성에게 매여 있으니 중천공사(中天公事)를 조정(調定)하리라." 하시고

3 "선천에는 창생의 수명(壽命)을 명부(冥府)에서 결정하였으나 후천에는 중천신계(中天神界)에서 책임을 맡아 균일하게 결정할 것이요

4 복록은 천지에서 평등하고 넉넉하게 정하여 후천 오만년 동안 끊이지 않고 베풀게 할지라." 하시며

5 하늘을 향해 "중천신! 중천신! 중천신!" 하고 중천신을 부르시니

6 구름이 마치 머리를 숙이고 영(令)을 받드는 사람의 형상을 하고 있더라.

살고 죽는 판단은 중천신이 하니

7 하루는 태모님께서 말씀하시기를 "칠성경을 많이 읽어라." 하시고

8 "살고 죽는 판단은 중천신이 하니, 중천신에게 빌어야 조상길이 열리느니라." 하시니라.

9 또 말씀하시기를 "상제님께서 임인년에 명부 공사(冥府公事)를 보실 때 선천 명부 물리치고 후천 명부를 다시 정했느니라." 하시니라.

일심으로 수련을 행하니

237 26일 태모님 성탄절에 이용기가 익산군 왕궁면 쌍제리 오룡동(王宮面 雙提里 五龍洞)에 사는 김도봉(金道鳳)의 모친 박오용(朴五用)과 해전리에 사는 정덕근의 모친 조씨(曺氏)와

2 또 이판성(李判聲)의 모친 하씨(河氏)와 박정옥(朴正玉)의 아내 전춘옥(全春玉)과 동행하여 태모님을 찾아뵈니라.

3 이때 태모님께서 박오용에게 "의복을 벗어라." 하시고 가슴에 있는 검누른 점을 보시며 이르시기를 "잘 닦아 보아라." 하시므로

4 오용이 집으로 돌아가서 일심으로 수련을 행하니 얼마 지나지 않아 여러 해 된 가슴앓이가 완치되니라.

자식이나 많이 낳아야겠구나

5 이어 태모님께서 전춘옥에게 남편의

성명을 물으시고 "가장이 몇 형제나 되느냐?" 하시니 춘옥이 대답하기를 "삼대 독신입니다." 하거늘
6 태모님께서 "그럴 수 있느냐?" 하시고 "너는 자식이나 많이 낳아야겠구나." 하시더니
7 이 뒤에 춘옥이 계속하여 아들 4형제와 딸 하나를 더 낳아 모두 6남 2녀를 두게 되니라.

지성이라야 하느니라

8 또 이판성의 모친 하씨에게 성명과 자식의 유무를 물으시매 "아들 하나뿐입니다." 하고 아뢰니
9 태모님께서 이르시기를 "지성(至誠)이라야 자식을 두고 볼 것이다." 하시거늘
10 하씨가 집으로 돌아가 지극 정성으로 음식을 마련하여 치성을 올리고 수행하니 그 후로 1남 1녀를 더 두니라.

헛된 도통 공부를 경계하심

238 27일에 태모님께서 남상돈에게 말씀하시기를 "너는 도통을 지극히 원하느냐?" 하시며 "원치 말라!" 하시고
2 "지성으로 신심(信心)만 가지면 자연히 열리나니 허황(虛荒)한 마음을 갖지 말라." 하시거늘
3 그 후 상돈이 어떤 사람의 유인으로 용담(龍潭) 산중의 한 술객에게 속아 '신통(神通)을 하리라.' 마음먹고 그곳에 가서 공부하더니 돈만 많이 잃고 돌아와 크게 후회하니라.
4 후에 상돈이 태모님을 찾아뵈니 꾸짖어 말씀하시기를 "일전에 내가 말하였는데 깨닫지 못하고 그랬느냐." 하시며 "할 수 없다." 하시고
5 성도들에게 이르시기를 "야, 꼭 두고 보아라. 신출귀몰(神出鬼沒)한 사람이 많이 나와 재주들을 부릴 것이니 돌리지 말라." 하시니라.

마음을 잘 닦고 상제님을 섬겨야

239 태모님께서 성도들에게 말씀하시기를 "마음을 잘 닦으라." 하시고
2 "마음 불량한 놈은 병으로 솎으리니 오방신장 늘어서서 신명맞이할 때 너희들 정신차리기 어려우리라." 하시니라.
3 또 말씀하시기를 "장차 후천을 당하여 닦지 않은 자는 죽이지는 않으나 신명들이 다 알고 목덜미를 잡아 끌어내느니라.
4 평소에 거짓말하지 말고 본심을 잘 지켜라. 태을주를 열심히 읽고 상제님을 잘 섬겨야 좋은 세상을 보게 되느니라." 하시니라.
5 태모님께서 종종 성도들에게 일러 말씀하시기를 "후천을 가려면 먼저 나를 버리라." 하시니라.

삼신을 옮겨 자손줄을 내려 주심

240 조종리 강재용(姜再容)이 나욱녀(羅旭女)와 혼인하여 5남매를 두었으나 이질로 모두 잃고, 그 후 금실이 좋지 못하여 자식 생산을 폐하였더니
2 4월경에 태모님께서 재용의 집에 이르시어 마당에 누워 있는 수캐의 꼬리를 밟으시니 개가 태모님의 다리를 물어 피가 흐르는지라
3 태모님께서 돌아오시어 다리를 물에 담그시고 독혈(毒血)을 빼며 말씀하시기를 "내가 독기(毒氣)를 대신 빼어서 재용 부부의 불화를 풀어 주리라." 하시고
4 박서욱(朴瑞旭)을 불러 이르시기를 "너는 이미 아들을 두었고 또 늙었으니 아들을 그만 낳고 삼신(三神)을 재용에게 옮겨 주라." 하시니라.
5 이에 서욱이 "그리하겠습니다." 하니 태모님께서 재용을 안방에 들게 하시고
6 또 한편으로는 강원섭으로 하여금 서욱을 데리고 재용에게 가서 "내 삼신

을 그대가 받아서 귀한 아들을 낳으
라." 하고 말하게 하시니
7 이로부터 부부가 화락하여 이듬해 2월
에 재용의 아내가 아들을 낳으니라.

난산 중인 산모를 순산하게 하심

8 한번은 한 산모가 난산으로 심한 고
통을 겪다가 아이를 낳지 못하고 죽게
생겼거늘
9 태모님께서 그 산모의 배를 어루만지
시니 순간 고통이 멎고 순산을 하니라.
10 하루는 태모님께서 말씀하시기를 "삼
신은 낳고 칠성은 기르느니라." 하시니
라.

김시용 아내의 부증을 치유케 하심

241 익산군 왕궁면 온수리 온수동
(溫水洞)에 사는 김시용(金時用)의
아내가 부종(浮腫)으로 2년을 고통 속
에 지내거늘
2 하루는 이용기가 태모님의 명을 받고
가서 밥과 쌀겨와 엿기름을 이겨 환부
에 붙이고 치성을 모시니 그 병이 완치
되니라.

치병할 수 있도록 신도를 열어 주심

3 또 쌍제리 오룡동에 사는 김도봉의 부
친 김경칠(金京七)이 우연히 병을 얻어
백약이 무효하여 사경에 이르거늘
4 용기가 이 사실을 아뢰니 태모님께서
"네 의사 대로 처리하여 보아라." 하시
니라.
5 이에 해전리에 사는 정덕근과 함께 환
자의 집에 찾아가 주문을 읽어 주니
약을 쓰지 않고도 자연히 완쾌되거늘
6 이것은 태모님께서 용기로 하여금 뜻
하는 대로 치병할 수 있도록 신도(神
道)를 열어 주심이더라.

용기에게 의통 기운을 붙여 주심

242 이 후로 태모님께서 신도를 다
스려 치병할 일이 있으면 주로
용기를 찾으시고 의통 기운을 붙여 주
시며 "너, ○○에 가 봐라." 하시거늘
2 용기가 태모님께서 명하신 곳에 가 보
면 반드시 그 집에 치병할 환자가 있
더라.
3 이때 용기가 신도가 열려 병자의 조상
선령신을 다 보고 또 어떤 신명조화로
병을 앓게 되었는지 환히 알게 되거늘
4 상제님과 수부님 전에 치성을 올린 후
환부에 손을 대고 주문을 읽으면 모든
병자들이 즉시 나아 일어나므로 사람
들이 용기를 '신인'이라 부르니라.

용기가 치병하러 다닐 때

5 용기는 아픈 사람이 있다는 말을 들으
면 밤낮을 가리지 않고 어디든지 달려
가거늘
6 병자의 집에 도착하면 치병하기 전에
반드시 먼저 병자로 하여금 음식을 마
련하여 치성을 올리게 하는데
7 혹 병자가 가난하여 제수를 마련하기
어려우면 자기 주머니를 털어 치성비
를 대주고
8 누구에게도 일절 사례금을 받지 않으
며 없는 사람들 병 고치는 데 열성을
다하니라.

부모가 이르는 말을 잊지 말라

243 익산 행정 마을에 사는 김원명
이 두풍(頭風)으로 인하여 한쪽
눈은 보이지 않고 다른 한쪽 눈은 씰
룩거리거늘
2 6월 5일에 도장에 찾아오니 태모님께
서 보시고 물으시기를 "어찌 눈 하나
는 감고 있는고?" 하시매
3 원명이 대답하기를 "두풍으로 인하여
감겨졌나이다." 하니라.
4 이에 태모님께서 "눈을 떠 보라." 하시
니 원명이 손으로 눈을 벌려 겨우 뜨
거늘
5 태모님께서 "한 눈으로 볼 때와 어떠
하냐?" 하시매 원명이 대답하기를 "손
을 떼니 다시 눈이 덮여져 보이지 않습

니다." 하니라.
6 태모님께서 말씀하시기를 "눈을 떴으면 감지 마라." 하시고 "부모가 이르는 말을 잊지 말라." 하시니 이로부터 원명의 눈이 자연히 완치되니라.

대순전경의 종통 왜곡 사실을 아심

244 6월 24일에 이상호가 대순전경(大巡典經)을 간행하니 7월에 고찬홍이 책을 가져다 태모님께 올리거늘
2 태모님께서 아무 말씀도 하지 않으시고 담뱃대로 바닥에 놓인 책을 옆으로 휙 밀쳐 버리시니라.
3 이에 성도들이 의아해하며 그 책을 집어다 한쪽 구석에 천으로 덮어 놓으니라.

하늘에서는 진묵밖에 없느니라

4 태모님께서 말씀하시기를 "운장(雲長)과 진묵(震默)은 나의 보필이니
5 상제님과 나의 사략(史略)을 편찬할 사람은 진묵밖에 없느니라.
6 상제님의 응기신(應氣神)은 만수(萬修)요, 나의 응기신은 진숙보(秦叔寶)니라." 하시니라.

염려 말고 다녀오라

245 만경에 사는 서화임(徐化任)의 여섯 살 먹은 손자 재봉이 어느 여름날 담장에 매어 놓은 손수레에 올라가 놀더니
2 갑자기 새끼줄이 끊어지면서 낙상하매 고관절(股關節)이 부러져 다리가 흔들거리는지라
3 병원에 데려 가지도 못하고 버드나무 껍질로 다리를 묶은 후 접골약으로 좋다는 구리와 산골을 갈아 먹였으나
4 한 달이 지나도록 차도가 없고 설상가상으로 경풍까지 일으켜 잠을 자다가도 놀라서 깨어나 울거늘
5 화임이 태모님께 와 뵙고 아뢰기를 "제 손자아이가 다리가 부러져 심히 고통받고 있나이다." 하니라.
6 태모님께서 박종오에게 일러 말씀하시기를 "네가 가서 보고 오너라." 하시니
7 종오가 아뢰기를 "제가 의술을 알지 못하여 가 보아도 별 도움이 못 될까 하나이다." 하니 "염려 말고 다녀오라." 하시니라.
8 이에 종오가 하는 수 없이 한 성도와 함께 화임을 따라가 손으로 그 아이의 다친 다리를 어루만지니 곧 나으니라.

상제님과 수부님께 심고하고 운장주를 읽으니

246 하루는 화임의 아들이 학질에 걸려 한기(寒氣)를 느끼며 오들오들 떨고 있거늘
2 화임의 아내 강씨(康氏)가 신안으로 보니 학질 귀신이 아들 곁에 앉아서 열심히 부채질을 하고 있는지라
3 강씨가 상제님과 수부님께 심고하고 운장주를 읽으니 그 귀신이 주문 기운을 못 이겨 이쪽저쪽으로 펄쩍펄쩍 뛰며 고통스러워하다가
4 마침내 아들의 입술을 쥐어뜯고 도망을 가매 입술이 부르트면서 학질이 나으니라.

오성과 오성산신을 치하하심

247 태모님께서 해마다 7월 칠석(七夕)치성을 성대히 봉행하시니 보통 3, 400명의 성도들이 참석하니라.
2 이 해 칠석절에 태모님께서 치성을 봉행하신 후 성도들에게 명하시기를 "오성산에 공사가 있어 가리니 행장(行裝)을 준비하라." 하시고
3 다음날 이근목, 강사성, 전준엽, 강원섭, 김내원, 고찬홍 등 성도 10여 명을 거느리고 출발하시어 옥구 고민환의 집에 거처를 정하시니라.
4 그 날 밤 마당에 자리를 마련하여 동서

남북과 중앙에 각기 등(燈)을 밝히시고
오성위(五聖位)와 산신위(山神位)를 설위
하여 술상을 성대히 차리게 하신 다음
5 성도들로 하여금 진법주 삼칠독과 진
액주 49독을 송주케 하시니라.
6 이어 태모님께서 술을 부어 산신에게
권하며 말씀하시기를 "천지의 무궁한
무극대도(無極大道)를 창건하는 역사(役
事)에 협력하여 주니 고맙다." 하시고
7 두어 시간 후에 전송하는 예(禮)를 행하
시니라.

나의 자취를 남기고 가리라

8 이때 그 마을 사람 강만덕(姜萬德)이
참관하니, 만덕이 왼쪽 다리를 다쳐
건각증(蹇脚症)으로 보행이 힘들거늘
9 태모님께서 만덕을 불러 앞에 세우시
고 그 연고를 물으시니 "몇 년 전에 큰
돌을 운반하다가 뼈가 부러져 다리를
절게 되었나이다." 하고 아뢰니라.
10 이에 태모님께서 말씀하시기를 "내가
이곳에 와서 아무런 증거도 없이 그냥
갈 수 있나." 하시며 "이것으로나 표
(表)를 하리라." 하시고
11 만덕의 상한 다리를 위아래로 어루만
지시며 "이로부터 나으리라." 하시니 며
칠 후에 그 다리가 깨끗이 나으니라.
12 태모님께서 다음날 9일에 출발하시어
군산을 거쳐 조종리로 돌아오시니라.

정읍 왕심리로 가실 준비

앞세상 종자가 되려거든

248 8월 한가위치성을 모신 후에 성
도들에게 명하시기를 "내가 이
제 정읍에 공사가 있어 가면 장구한
세월이 되겠으니 미리 가서 집 한 채를
사 놓으라." 하시므로
2 성도 여러 명이 정읍군 입암면 왕심리(旺
尋里)에 가서 다섯 칸짜리 주택을 사
놓으니라.
3 태모님께서 성도들에게 말씀하시기를
"내가 어디를 가더라도 원형이정으로 성
경신(誠敬信) 석 자를 일심으로 잘 지켜 수
행하라. 찾을 때가 있으리라." 하시고
4 또 말씀하시기를 "수심(修心), 수도(修
道)하야 앞세상 종자가 되려거든 충신(忠
信)과 진실(眞實)이 제일이라." 하시니라.

도통천지 해원상생

249 21일 추분(秋分)치성에 태모님께
서 바둑판을 가져오게 하시어 방
한가운데 놓으시고 장점(將點)을 두신
후에
2 마당에 자리를 마련하여 제구(祭具)와
청수동이를 놓게 하시고 청수동이 앞
에는 술과 포, 감, 매실, 삼씨, 밤, 대
추 등을 진설케 하시니라.
3 이어 태모님께서 큰 소리로 외쳐 말씀
하시기를

天動 地動 人動 萬物合動 所願成就
천동 지동 인동 만물합동 소원성취

라 하시며 성도 10여 명으로 하여금
따라 읽게 하시고
4 달을 향하여 담뱃대를 좌에서 우로 두
르시니 달무리가 일어나 담뱃대를 따
라 돌아가더라.
5 다시 성도들에게 '춘분(春分) 추분(秋分)
하지(夏至) 동지(冬至)'라 읽게 하시니
갑자기 지동(地動)과 천동(天動)이 크게
일어나거늘
6 이에 성도들로 하여금

道通天地 解冤相生
도통천지 해원상생

이라 읽게 하시니라.

참종자 외에는 모르느니라

250 너희 아버지께서 하시는 일은
이 세상에서 누구하나 알게 하
시는 줄 아느냐.

2 천부지(天不知) 신부지(神不知) 인부지(人
不知) 삼부지(三不知)이니, 참종자 외에는
모르느니라.
3 선천 운수 궁팔십(窮八十) 달팔십(達
八十)이요
4 지금 운수 동지(冬至) 한식(寒食) 백오제
(百五除)니라.
5 후천 창생 되기도 어려우니 살아 잘되
기를 바랄지라.
6 내 일은 되어 놓고 봐야 아느니라.
7 일은 딴 사람이 하느니 조화 조화 개조화
(改造化)라.

심통 공부 어서 하라

8 선천에서 지금까지는 금수대도술(禽獸
大道術)이요
지금부터 후천은 지심대도술(知心大道
術)이니라.
9 피차 마음을 알아야 인화(人和) 극락
아닐쏘냐.
10 마음 닦는 공부이니 심통(心通) 공부 어
서 하라.
제가 제 심통도 못하고 무엇을 한단
말이더냐.
11 불(佛)은 선(仙)의 밑자리니라.

도통맥은 사진주로

251 잘 되었네 잘 되었네, 천지 일이
잘 되었네.
2 바다 해(海) 자 열 개(開) 자 사진주(四眞
主)가 오신다네.
3 쓸 사람 몇 사람만 있으면 그만이라
네.
4 '훔치(吽哆) 훔치(吽哆)'는 신농씨 찾는 도
수니라.

서양 신명과 영어로 말씀하심

252 하루는 성도 6, 7명이 태모님을
모시고 주안(酒案)을 마련하여
올리니 태모님께서 잔을 드신 채 갑자
기 영어(英語)로 말씀을 하시는지라
2 성도들이 무슨 뜻인지 몰라 망연히 쳐
다볼 뿐이더니 태모님께서 몇 시간이
지난 후에 문밖으로 나가 전송하는 예
(禮)를 하시고 들어와 말씀하시기를
3 "서양 신명이 와서 우호 친선(友好親
善)을 하자고 하며 장차 앞날의 애호
(愛護)를 간청하므로 승낙하여 보냈노
라." 하시니라.
4 이 날 용화동 교단의 임경호가 와 있
다가 이 공사를 참관하고 가니라.

구원의 활방, 조선 신명과 통해야 산다

5 태모님께서 말씀하시기를 "장차 세상
이 열려 러시아 사람이 조선 사람이
될 판이다." 하시고
6 "앞으로는 외국 신명도 조선 신명과
통(通)해야 일이 되고 조선 신명을 잘
대접해야 하느니라." 하시니라.

너희들은 공부만 하라

253 천지기술(天地技術)이 깨 쏟아지
듯 할 때 너희들은 문 딱 닫고
앉아서 공부만 하라.
2 제 지방 일 제가 하고 앉았으면 신명이
끌러 갈 때 각기 군(郡)과 도(道)와 나
라(國)의 경계로 구분되어 나갈 것이
라.
3 장막과 경계가 없는 물속의 물고기도
제 노는 곳을 스스로 넘지 못하나니
4 신명도 인사(人事)도 그러하여 사람이 출
타하면 지방신(地方神)이 호위하여 가다
가 그 경계에 이르면 다른 지방신에게
인계하고 자기 지방으로 돌아가느니
라.

지방 산신이 지방신

5 각 지방의 산신(山神)이 그 지방을 맡
나니 곧 지방신이요
6 지방 기지(基址)를 맡은 신은 기지신(基
址神)이니라.
7 또 지방법(地方法)을 맡은 신은 집법신
(執法神)이요, 가옥을 맡은 신은 가보신
(家保神)이니라.

묻기만 하면 네 일은 언제 하려느냐

254 태모님께서 하시는 말씀과 공사 내용은 마음속으로 깊이 생각하
여 그 뜻을 스스로 깨달아야지
2 만약 그 이유를 자꾸 여쭈면 "너, 알아
서 뭐 할래?" 하시며 상세히 일러 주지
않으실 뿐더러
3 담뱃대로 사정없이 치시며 꾸짖으시기
를 "너희들이 깨치라. 무슨 일이든지
네 스스로 깨쳐 알아야 할 것이거늘
4 사사건건 남에게 묻는 것을 언습으로
삼으면 네 일은 언제 하려 하느냐." 하
시며 의뢰심을 경계하시니
5 어느 누구도 감히 쉽게 여쭈어 볼 생
각을 못하니라.

일심만 가지면 자연히 열리나니

255 하루는 김내원이 찾아와 태모님께 문안을 드리고 나서 의통(醫
通)을 여쭈니
2 태모님께서 일러 말씀하시기를 "일심
만 가지면 자연히 열리나니 너희도 다 기
운을 받을 수 있느니라." 하시니라.

의통이 열려 치병에 신통을 얻으니라

3 내원이 다시 여쭈기를 "지금이라도 일
을 하는 데는 의통을 가져야 하겠나이
다." 하니
4 태모님께서 "그러하리라." 하시며 "일
심으로 나에게 심고하라." 하시니라.
5 이로부터 내원이 의통이 열려 치병에
신통(神通)을 얻으니라.

한숨 쉬는 버릇을 고쳐 주심

256 백구면 가전 마을에 사는 오수엽(吳守燁)의 장남 흥률(興律)이
어린 나이에도 자꾸만 한숨을 쉬는데
고쳐질 기미가 전혀 보이지 않더라.
2 하루는 흥률이 그의 부모를 따라 도
장에 와서 유일태의 아들 병구(秉玖)와
함께 장난을 치면서 뛰어놀다가 또 한
숨을 쉬거늘
3 태모님께서 흥률을 보시고 "저게 누구
자식이냐?" 하며 호통을 치시니
4 수엽 내외가 흥률이 큰 잘못을 저질렀
는가 싶어 태모님께 달려와 무릎을 꿇
고 "제 자식입니다." 하고 아뢰니라.
5 이 날 태모님께서 호통치신 이후로 흥
률의 한숨 쉬는 버릇이 자연히 고쳐지
니라.

단명할 아이의 수명줄을 늘여 주심

6 만경에 사는 서화임 내외가 어린 딸
금녀의 사주(四柱)를 알아보니 단명할
운이라 하므로 내심 크게 걱정하거늘
7 하루는 치성을 맞아 금녀를 데리고 도
장에 오니 태모님께서 금녀를 방으로
불러들여 머리를 쓰다듬어 주시고
8 들고 계시던 긴 담뱃대에 불을 붙여
손에 쥐어 주시며 한참 동안 앉아 있
게 하신 후에
9 갑사(甲紗)로 붉은 저고리와 검은 치마
를 지어 입혀 주시니 금녀가 건강하게
오래 사니라.

덕은 음덕이 크니라

257 다른 사람에게 공덕(功德)을 베풀었을지라도 그 대가를 받으려
고 생각하면 덕(德)이 되지 못하며
2 번거로운 소리를 내면 그 또한 덕이
사라지나니 덕은 음덕(陰德)이 크니라.
3 너희 아버지가 이 세상에 오시어 인간
사업하고 가셨느니라.
4 이 덕 저 덕 다 버리고 음덕 하나 보내
노니
5 너희가 아버지를 따라야 할진댄 음덕
을 주장하라.
6 남이 좋고 나머지 차지가 많으니라.

상제님 세상이 가깝구나

258 하루는 태모님께서 성도 수십 명을 거느리고 공사를 행하시다가
2 갑자기 성도들에게 물으시기를 "미륵

불이 보이느냐, 안 보이느냐?" 하시니
성도들이 "보이지 않습니다." 하고 대
답하니라.
3 잠시 후 태모님께서 다시 "저 산이 무
슨 산이냐?" 하고 물으시므로 모두 바
라보니 익산 미륵산(彌勒山)이 조종산
(祖宗山) 옆에 와 보이거늘
4 자세히 보니 암석뿐만 아니라 수목의
가지와 잎사귀까지 완연히 보이더라.
5 이에 성도들이 "미륵산입니다." 하고
아뢰니 말씀하시기를 "도술(道術)이란
이런 것이로다." 하시고
6 "미륵불의 시대가 가을 운도(運度)라.
상제님 오실 때가 가까웠구나!" 하시
니라.

일꾼을 많이 기르라

259 증산(增産)하여야 산다.
2 증산(甑山)이 증산(增産)이니라.
3 법은 서울로부터 퍼지나니 증산하여
야 산다.
4 백대일손(百代一孫)이 백대일순(百代一淳)
이니
5 신농씨부터 백대일순이니라.

사람은 천지의 동량

6 하루는 태모님께서 녹사를 시켜 기록
하게 하시니 이러하니라.
7 棟樑 天人 天天地
동량 천인 천천지
地人 地天地
지인 지천지
人人 人天地
인인 인천지

언제쯤이나 균형이 잡힐꼬

260 하루는 태모님께서 성도 수십 명
을 거느리고 공사를 행하실 때
2 담뱃대 여러 개를 한군데에 모아 새끼
줄로 묶어서 출입문에 매달아 놓으시
고
3 그 한쪽 끝에 저고리와 치마를 걸어 놓
으시니 그쪽으로 기우는지라
4 태모님께서 손으로 저고리와 치마를
때리며 말씀하시기를 "언제쯤이나 균
형이 잡힐꼬!" 하시니 수삼 일이 지나
자 비로소 고르게 되니라.
5 태모님께서 "인제사 되었다." 하시고
"이는 세계 정평(世界定平)의 공사라."
하시니라.

동서양 운세가 서로 바뀌리라

261 태모님께서 말씀하시기를 "지금
은 서양이 잘살지만 나중에는
동양이 잘살게 되느니라." 하시고
2 "조선과 미국은 운세가 서로 바뀌리
라." 하시니라.

옥구 일부와 김제 만경은 육지 된다

3 하루는 태모님께서 말씀하시기를 "옥
구 앞을 흐르는 만경강이 막혀서 농토
로 바뀔 것이다." 하시고
4 또 만경 쪽을 가리키며 말씀하시기를
"옥구 일부와 김제 만경은 덮평이 공사
가 있어 저쪽은 앞으로 다 육지가 된
다." 하시니라.

운수 보소, 질병목의 운수로다

262 자웅을 누가 알랴, 오지자웅(烏
之雌雄)을 누가 알랴.
2 희고 검은 것을 어이 알리오.
3 아는 자는 알고 모르는 자는 모르느
니라.
4 삼팔목(三八木)이 들어 삼팔선이 웬일
인고!
5 삼일(三一)이 문을 열어 북사도(北四道)
가 전란(戰亂)이라.
6 '어후' 하니 '후닥닥', '번쩍' 하니 '와그
락', 천하가 동변(動變)이라.
7 운수 보소, 운수 봐. 질병목의 운수로
다.
8 천지조화가 이 아닌가.
9 단주수명 우주수명.

앞으로 대개벽이 올 때는

263 태모님께서 여러 성도들에게 말씀하시기를 "앞으로 천지개벽을 한다." 하시고

2 "이 뒤에 상씨름판이 넘어오리니 그 때는 삼팔선이 무너질 것이요, 살 사람이 별로 없으리라." 하시니라.

3 또 말씀하시기를 "장차 바다가 육지 되고, 육지가 바다 되는 세상을 당하리라.

4 인종씨를 추릴 때는 병으로 다 쓸어버릴 것이니 십 리 안에 사람 하나 볼 듯 말 듯하게 되느니라." 하시고

5 이어 말씀하시기를 "개벽이 되면 군산은 모지라진 빗자루가 석 자루 서고, 인천(仁川)은 장이 썩고, 부산(釜山)은 백지(白紙) 석 장이 뜨느니라.

6 또 서울은 피가 석 동이요, 전주(全州)는 콩나물이 석 동이니라." 하시니라.

태을주가 항상 입에서 뱅뱅 돌아야

7 태모님께서 성도들에게 말씀하시기를 "인종씨를 추릴 때 여간 마음먹고 닦아서야 살아날 수 있겠느냐?" 하시고

8 "태을주를 많이 읽어라. 밤이나 낮이나 밥 먹을 때나 일할 때나 항상 태을주가 입에서 뱅뱅 돌아야 하느니라." 하시니라.

장차 병란을 당하면 태을주로 살려라

264 하루는 태모님께서 말씀하시기를 "앞으로 세상이 병란(病亂)으로 한번 뒤집어지느니라." 하시고

2 "장차 이름 모를 온갖 병이 다 들어오는데, 병겁(病劫)이 돌기 전에 단독(丹毒)과 시두(時痘)가 먼저 들어오느니라.

3 시두의 때를 당하면 태을주를 읽어야 살 수 있느니라." 하시니라.

4 또 말씀하시기를 "병겁이 들어오면 시체를 쇠스랑으로 찍어내게 되리니

5 그 때는 송장을 밟고 다니며 태을주를 읽어 죽은 자를 살리느니라." 하시고

6 "앞으로 만병이 들어오면 조선의 세상이 되느니라." 하시니라.

새 천지가 다시 나오네

265 무공선(無空船)이란 지구의 별칭이니라.

2 남만리(南萬里) 서만리(西萬里) 북만리(北萬里), 삼만리(三萬里) 지구가 삼백 길 위로 솟아

3 조선(朝鮮) 동갑 되는 땅덩이가 둥둥 떠오네.

4 동서양 인종이 다 살아도 터가 남는구나.

5 도(道)는 도 대로 되고, 군(郡)은 군 대로 되고, 면(面)은 면 대로 되고

6 새 천지(天地)가 다시 나오네. 재개차사(再改此事) 하소.

대신명이 오고 가니

266 태모님께서 평소 도장의 앞마당에는 어느 누구도 얼씬거리지 못하게 하시니

2 성도들이 대문 안에 들어서면 정면 마루로 들어가지 않고 돌아서 뒷문으로 출입하니라.

3 이는 대신명(大神明)이 오고 가는데 방해가 되기 때문이거늘

4 만일 누가 그 앞으로 지나가면 보시지 않고도 "그 앞에 어떤 놈이 지나가느냐!" 하고 호통을 치시니

5 간혹 앞마당을 그냥 지나간 신도는 집에 돌아가서 크게 앓으니라.

음모 꾸미는 청국 신명을 추방하심

6 하루는 태모님께서 갑자기 허공을 향하여 중국말을 하시므로 성도들은 그 사정을 몰라 어리둥절하여 앉아 있더니

7 잠시 후에 말씀하시기를 "청국 신명(淸國神明)이 와서 국정(國政)에 대한 음모를 꾸미므로 내가 추방하였노라." 하시니라.

천지공사를 대행케 하심

267 하루는 태모님께서 옥구군 서수면 서수리(瑞穗面 瑞穗里) 하용전(下龍田) 마을에 사는 이진묵의 아내 고춘자(高春子)에게 말씀하시기를
2 "신도(神道)로써 천지공사를 행하자니 노고스러울 때가 많다." 하시고 "이제는 네가 내 대신 공사를 행하여 나의 노고를 덜라." 하시니
3 이로부터 춘자가 문득 신도를 통하여 천지공사를 대행하는데 신도와 인사(人事)를 일일이 법도에 부합하게 처결하는지라
4 태모님께서 크게 칭찬하시며 말씀하시기를 "신술묘법(神術妙法)이 시대를 따라 응함이 이와 같으니라." 하시니라.

잘 닦으면 그 신명 그대로 오느니라

5 태모님께서 말씀하시기를 "너희들의 아버지는 문장을 쓸 때 문장신(文章神)을 불러 쓰시고
6 영웅을 쓸 때 영웅신(英雄神)을 불러 쓰시어 사람이 일을 행하게 하셨으니
7 우리 후생(後生)도 잘 닦으면 그 신명(神明) 그대로 오느니라." 하시니라.

신도가 열린 고춘자의 조화

268 고춘자는 태모님께서 신도(神道)를 열어 주신 이후 치병 능력이 뛰어나 많은 사람을 고치니라.
2 하루는 소나기가 오는 데 춘자가 옷을 다 벗고 남편 진묵에게 말하기를 "바깥 샘터에 가서 물이나 지어 오라." 하니
3 동네 사람들이 춘자를 미쳤다고 지서에다 고발을 하매 일본 순사들이 찾아오니라.
4 이때 춘자가 대나무 밭을 향해 담뱃대를 좌우로 한번 휘두르니 대나무가 마치 칼로 무 자르듯 착착착 넘어가는지라
5 이 모습을 본 순사들이 자지러지게 놀라 도망치더니 다시는 오지 않으니라.
6 이때부터 호기심이 발동한 신도들이 '잘하면 도통도 할 수 있겠다.' 하고 공부에 매달려 밤새도록 주문을 읽으니라.

왕심리로 옮기신 배경

269 태모님께서 병인년에 칠성용정 공사를 보신 이후 고민환을 크게 신임하여 모든 일을 민환에게 위임하시니
2 강응칠과 강사성 등을 주축으로 한 몇몇 조종리 강씨들이 그 동안의 공로와 신앙 경륜을 내세우며 친목단을 조직하여 불만을 토로하다가
3 무진년에 이르러 태모님께서 간부 조직을 새로운 인물로 대폭 개편하시매 노골적으로 반동하며 강응칠은 아예 도문을 떠나니라.
4 그 후 이들은 전혀 개심의 여지가 없이 계속하여 태모님께 불평을 늘어놓고 모략을 하거늘
5 그 동안 태모님을 모시고 '사모님, 사모님' 하며 공사에 수종하던 신앙심은 온데간데없고
6 심지어 태모님께 '이년, 저년' 하며 차마 입에 담지 못할 욕설을 하는데 그 불경함을 말로 다 표현할 수 없더니
7 급기야 도장에서 10여 년 동안 부쳐 오던 소작답 24두락마저 끊어 버리는 등 도장 운영을 하지 못하게 공작을 펴니라.

조종리 도장 재판 사건

8 특히 응칠은 신앙하면서부터 줄어든 가산(家産)이 마침내 바닥나 버리매
9 조종리 도장의 문서상 소유주가 자신의 아들 대용(大容)인 것을 악용하여 태모님께 한마디 상의도 없이 도장을 저당 잡히거늘

10 이에 성도들이 대신 채무를 갚아 주었
으나 끝내는 그 아래 오두막집 주인에
게 팔아 버리니라.
11 태모님께서 이런 상황을 모르고 계시
다가 오두막집 주인이 와서 집을 내어
달라고 하매
12 그제야 내막을 아시고 대로하시어 "내
어 줄 수 없다." 하시니 오두막집 주인
이 응칠을 전주 지법에 고소하니라.
13 이로부터 1년 후 전주 지법에서 재판
이 열리게 되니, 사실상 도장은 여러
신도들의 공동 모금으로 건축된 것이
라 응칠이 패소하거늘
14 결국 그 아들 대용(大容)에게 횡령죄(橫
領罪)가 적용되어 6개월간 징역을 살고
나오니라.
15 사람들은 이 재판 사건을 일러 '도집 재
판 사건'이라 하니라.

심문 받으신 태모님

270 얼마 후 응칠이 다시 도장을 팔
아넘길 속셈으로 '김제 청년 혁
신파'와 합세하여 태모님을 경찰서에
밀고하니
2 하루는 경찰서에서 출두하라는 연락
이 오므로 한 성도가 가 보니 일본인
서장이 말하기를 "교주(教主)가 여자라
며? 내일 교주와 같이 나오라." 하니
라.
3 이튿날 김수응이 태모님을 모시고 경
찰서에 가니 태모님께서 경찰이 묻는
대로 순순히 대답하시거늘
4 서장이 비아냥거리며 "돈 많은 영감
이나 잡고 지내면 좋지 않소." 하는지
라
5 태모님께서 이르시기를 "내 몸일지라
도 내 마음대로 할 수가 없는 일이다."
하시매
6 서장이 웃으며 말하기를 "후일에 다시
물어볼 일이 있으면 부를 것이니 꼭
나와 주시오." 하더라.
7 그 후 경찰에서는 종종 태인면장으로
근무하는 수응에게 조사를 나오니라.

조종리를 떠나 왕심리로 가심

271 조종리 강씨 신도들의 모략과
방해 공작으로 인해 전국 각지
에서 왕래하던 많은 신도들의 발길이
대부분 끊어지거늘
2 태모님께서 심히 불의한 응칠의 행위
와 조종리 강씨들의 무도함에 크게 노
하시니라.
3 그 뒤 9월 18, 9일경에 이르러 성도들
에게 말씀하시기를 "인간의 원한이나
신명의 원한이 동일하니 할 수 없는
일이로다." 하시고
4 정읍으로 이사하실 뜻을 말씀하시니
어떤 신도는 '신씨 가문의 일을 하러
간다.'고 비웃기도 하니라.
5 태모님께서 19일 상제님 성탄치성을
봉행하신 뒤 21일에 오직 담뱃대 하나
만 들고 몇몇 성도들과 함께 어진을
모시고 조종리를 떠나시어
6 순흥 안씨(順興安氏) 집성촌인 정읍 왕심
리(旺尋里)로 옮겨 가시니라.
7 이때 도장에서 곁방살이하던 강휘만에
게 말씀하시기를 "네가 이 집을 잘 지
키고 있으라." 하시며 도장 살림을 맡
기시니
8 이는 휘만이 비록 도문에 늦게 들어왔
으나 일심으로 주문을 읽고 다니므로
그 마음자리를 보시고 은혜를 베푸심
이거늘
9 휘만이 큰 도장을 그냥 받을 수 없어
약간의 사례금을 올리매 그 돈을 이사
하는 비용으로 쓰시니라.
10 이 날 태모님께서 떠나실 때, 몇 년을
따르던 강사성, 강응칠 등 조종리 강
씨 신도들은 아예 나와 보지도 않더
라.

태모님의 천지공사 연대표

천지공사 시작

도기56 · 47세 · 1926

- 신농씨 도수를 붙여 비 내리게 하신 공사
- 천하 창생의 죄를 대속하심
- 조왕 공사 (여성 포교 공사)
- 온 인류의 어머니로 부르게 하심
- 칠성용정 공사
- 십이제국의 운도를 뽑아 쓰는 공사
- 인류의 구원과 행복을 기도하심
- 미륵불 갱생 공사

- 산을 불러 공사 보심
- 오성산 은둔 공사
- 남조선배 공사 (성주와 현인군자를 모셔오는 일)
- 이마두 대성사를 치하하심
- 상제님의 묘각에 가시어 보신 공사
- 육임 구호대 도체 조직 공사
- 참일꾼 추리는 공사

도기57 · 48세 · 1927

- 도통 전수의 도맥 공사
- 세계 창생의 복록을 비심
- 일본 지령 걷는 공사
- 망량신 도수
- 만민의 선악 감찰 공사
- 수농부 도수를 붙여 비를 내려 주심
- 태자(太子) 도수
- 인마(人馬) 공사
- 강태공 성군 만나는 공사
- 통정신 공사
- 약장과 법궤의 기운을 뽑아 쓰신 공사
- 삼도합일의 운도를 새롭게 하는 공사

도기58 · 49세 · 1928

- 상제님 어진 봉안 공사
- 수왕(水旺) 공사
- 미륵불 봉영 공사
- 태자봉 공사
- 백만억 불 출세 축원 대공사
- 숙구지 공사
- 가을 대개벽의 구원 종통 공사
- 보천교의 난법 기운을 걷는 공사
- 신도와 인도의 어머니 공사
- 천하의 난법 기운을 제어하신 공사

도기59 · 50세 · 1929

- 대사업의 근본, 조직 기강 확립 공사
- 계룡산 정씨 기운 걷는 공사
- 중천 공사를 조정하심
- 오성과 오성산신을 치하하신 공사
- 세계 평정 공사
- 덮평이 공사
- 왕심리 도장 이후
- 모든 원혼신 해원 공사

도기56	도기57	도기58	도기59
47세	48세	49세	50세
1926	1927	1928	1929

한국사

- 1926: 6·10 만세 운동(6월)
- 1928: 구월산 단군사당 강제 철거(6월)
- 1929: 광주 학생운동

1926	1927	1928	1929

세계사

- 1926: 일본 히로히토천황 즉위(12월)
- 1927: 모택동 공산 혁명의 둥지를 틈(10월)
- 1928: 영·중 조약 체결(12월)
- 1929: 세계 경제 공황(10월)

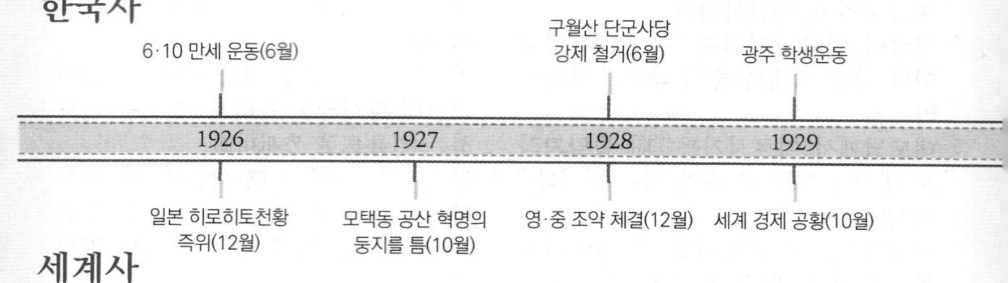

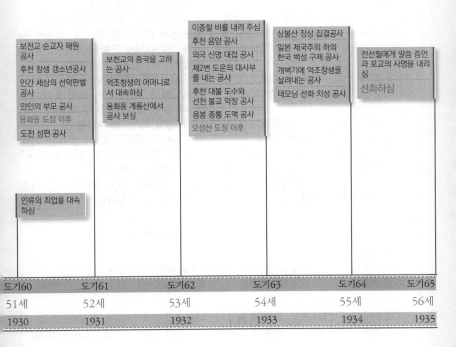

도기	나이	연도	내용
도기60	51세	1930	인류의 죄업을 대속하심
도기61	52세	1931	보천교 순교자 해원 공사 후천 창생 갱소년공사 인간 세상의 선악판별 공사 만인의 부모 공사 용화동 도장 이후 도전 성편 공사
도기62	53세	1932	보천교의 종국을 고하는 공사 억조창생의 어머니로서 대속하심 용화동 계룡산에서 공사 보심
도기63	54세	1933	이종할 비를 내려 주심 후천 음양 공사 외국 신명 대접 공사 제2변 도운의 대사부를 내는 공사 후천 대불 도수와 선천 불교 막장 공사 용봉 종통 도맥 공사 오성산 도장 이후
도기64	55세	1934	삼불산 장상 집결공사 일본 제국주의 하의 한국 백성 구제 공사 개벽기에 억조창생을 살려내는 공사 태모님 선화 치성 공사
도기65	56세	1935	전선필에게 말씀 증언과 포교의 사명을 내리심 선화하심

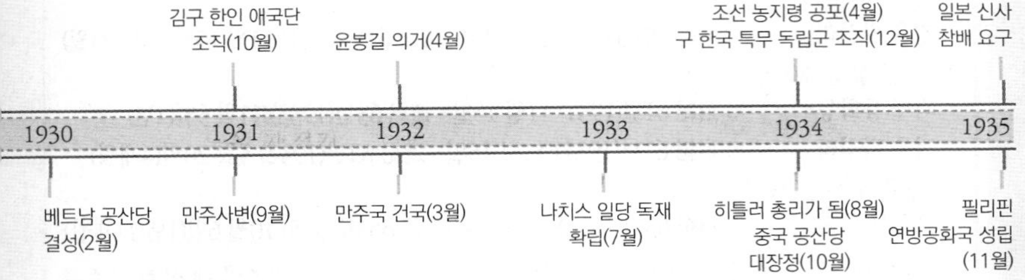

조종리에서 왕심리로 옮기심

나를 모를 리가 있나

272 태모님께서 대문을 나서시며 이르시기를 "용기야, 등 대거라." 하시니, 용기가 자기도 모르게 태모님을 업을 수 있도록 손이 뒤로 제쳐지는지라
2 용기가 태모님을 업고 성도 7, 8명과 함께 20리나 되는 김제역까지 단숨에 달려가거늘 숨도 차지 않고 힘도 들지 않더라.
3 이때 정거장에는 이미 정읍행 기차가 도착해 있으므로 용기가 곧장 역(驛)으로 다가가매
4 등에 업히신 태모님께서 갑자기 시천주주를 읽으시며 춤을 추시더니
5 기차를 향해 말씀하시기를 "기차가 나를 모를 리가 있나." 하시고 성도들에게 이르시기를 "밥은 먹어야 산다. 밥 먹지 않고 무엇을 하겠느냐?
6 하루 세 끼 먹으려고 우리가 이렇게 다니는 것이니 점심이나 먹고 가자." 하시며 역에서 한참 떨어져 있는 식당으로 들어가시거늘
7 몇몇 성도들은 기차를 놓칠까 염려하여 미리 표를 사 놓으니라.

내가 기차를 멈추게 하였노라

8 성도들이 태모님을 모시고 식당에 들어가 "밥 주시오." 하니 주인이 "남은 찬밥이 조금 있소." 하는지라
9 성도들이 "찬밥이라도 주시오." 하니 태모님께서 "이놈들아, 이렇게 다니는데 왜 찬밥 먹고 다니냐." 하시며 주인에게 "밥을 하라." 하시거늘
10 성도들이 지체할 시간이 없음을 아뢰려 하니 "잔소리 말고 빨리 밥하라." 하고 야단을 치시니라.
11 이에 성도들이 식당 주인을 도와 서둘러 진지를 지어 올리니

태모님의 세 살림 교단 개창사 연표

1. 첫째 살림 교단(대흥리)

정읍 대흥리	: 道紀 41년(1911) 10월초~道紀 48년(1918) 9월 21일(7년)
김제 송산 마을	: 道紀 48년(1918) 9월 21일~道紀 48년(1918) 10월 중순(1개월)

2. 둘째 살림 교단(조종리)

중조 마을 오두막집	: 道紀 48년(1918) 10월 중순~道紀 48년(1918) 11월 중순(1개월)
하조 마을 강응칠 집	: 道紀 48년(1918) 11월 중순~道紀 49년(1919) 윤7월 18일(9개월)
중조 마을 도장	: 道紀 49년(1919) 윤7월 18일~道紀 59년(1929) 9월 21일(10년 2개월)

3. 정읍 왕심리 도장

정읍 왕심리	: 道紀 59년(1929) 9월 21일~道紀 61년(1931) 11월 15일(2년 2개월)

4. 셋째 살림 교단(용화동)

김제 용화동	: 道紀 61년(1931) 11월 15일~道紀 63년(1933) 11월 5일(2년)
정읍 왕심리	: 道紀 61년(1931) 11월 15일~道紀 62년(1932) 3월 20일(4개월)

5. 옥구 오성산 도장

오성산 은거	: 道紀 63년(1933) 11월 5일~道紀 65년(1935) 10월 6일(1년 11개월)

※태모님께서는 신해(辛亥, 1911)년에 포정소를 여신 이후 고난과 역경의 세 살림 도수를 맡아 24년 동안 교단을 운영하시며 도정을 집행하셨다.

12 태모님께서 다 드시고 나서 이번에는
"술 가지고 오라." 하시어 술을 드신
다음 담배를 태워 무시고는 "밥 먹었
으니까 가자." 하시므로
13 용기가 다시 태모님을 업고 역으로 가
니 떠난 줄 알았던 기차가 그대로 머
물러 있더라.
14 성도들이 보매 기관사가 아무리 조작
을 해도 기차가 움직이지 않거늘
15 분주하게 오르락내리락하면서 고장난
곳을 찾느라 애를 먹고 있더라.
16 태모님께서 기차를 타신 후에 담뱃대
를 거꾸로 물고 기적 소리를 내시니
그제야 기차가 '칙' 하면서 출발하거늘
17 말씀하시기를 "내가 이 기차를 타려고
멈추게 하였노라." 하시니라.

하늘 할머니 감사합니다

273 태모님께서 승차하시니 객실
이 만원(滿員)이라 좌석이 없는
데 팔이 아파 걸머멘 한 여인이 일어나
자리를 양보하거늘
2 태모님께서 앉으시며 팔을 걸멘 연유
를 물으시니 "아무 이유 없이 힘이 없
고 아파서 그러하옵니다." 하고 대답
하니라.
3 이에 태모님께서 "어디 보자." 하시며
아픈 팔을 어루만지시고 걸멘 끈을 풀
어 주시며 "팔을 펴서 내둘러 보아라."
하시매 그 여인이 명하신 대로 하니
팔이 휠휠 내둘리는지라
4 그 여인이 기뻐 어쩔 줄 몰라 말하기
를 "하늘 할머니, 감사합니다." 하며
"어디에 계시는지요?" 하고 여쭈거늘
5 한 성도가 일러 주니 그 후로 가끔 도
장에 왕래하니라.
6 이때 태모님을 모신 성도는 박종오,
김재윤, 전준엽, 김수열, 전선필, 이용
기, 전대윤, 박서옥(朴瑞玉)의 아내 조
씨(曺氏) 등이더라.

보천교 신도들을 건져 주심

274 무진, 기사년 사이에 각 지방 보
천교 신도들이 대흥리와 그 부근
마을로 이사하여 신앙촌을 이루거늘
2 갑자기 수천 가구가 이주해 오니 신
도들과 그 가족이 대부분 직업이 없어
마침내 생계가 곤란하게 된지라
3 차경석이 구제 방편으로 벽곡방문(辟
穀方文)을 공포하고 벽곡을 장려하나
그로 인한 독(毒)과 기아(飢餓)로 죽는
자가 속출하고 남은 사람들도 모두 굶
주림에 시달리니라.
4 이때 태모님께서 왕심리에 우거(寓居)
하시매 보천교 신도들이 매일 수십 명
씩 와 뵙고 굶주림을 호소하니 왕래하
는 자가 무려 만여 명이 되거늘
5 태모님께서는 한 사람도 빠짐없이 그들
을 거두어 구제하시니라.
6 이로 인해 도장 운영에 지장이 많더니
마침 경찰로 있는 강재룡(姜在龍)의 도
움으로 수일을 지내고
7 또 박종오와 김수열이 임옥 지방을,
이용기 등이 전주, 익산, 김제 지방을
순회하여 경비를 조달하매 간신히 충
당이 되니라.

조종리 강씨들의 비극과 체포령

275 태모님께서 조종리를 떠나실 무
렵 17, 8세 된 응칠의 둘째 아들
과 맏손자가 별다른 이유 없이 시름시
름 앓다가 숨이 끊어지거늘
2 응칠의 집안에서는 죽은 사람도 살려
내는 권능을 가지신 태모님께서 살려
주시지 않는다고 원성이 높더라.
3 또 태모님께서 조종리를 떠나신 지 얼
마 후에 10여 명의 순검대가 출동하여
조종리에 일대 검거 선풍이 불어닥치니
4 이 해에 응칠은 이미 일경을 피해 김제
군 진봉면 상궐리(進鳳面 上蕨里) 초전
(草田) 마을로 이사하고 없거늘
5 그 후 순검대가 중풍으로 누워 있는

사성을 두목으로 몰아 잡아들이려 하매
6 마침 일본인 농장에서 감독으로 일하는 넷째 아들 무용(武容)의 유창한 일본말 덕에 가까스로 위기를 모면하니라.

모든 원혼신의 해원 공사

276 고민환이 일찍이 고향 옥구로 돌아가서 본가에 머무르고 있을 때
2 섣달에 어떤 사람이 와서 전하기를 "사모님께서 종독(腫毒)으로 신고(辛苦)하시다가 이제는 증세가 위중하여 '속히 오라.'고 명하셨다." 하므로
3 민환이 곧바로 정읍 왕심리로 찾아가 뵈니 과연 태모님의 어깨에 종기가 나서 커다란 박만 한지라
4 즉시 종기를 터뜨리고 약을 쓰니 사나흘 만에 완쾌되시거늘
5 이는 모든 원혼신(冤魂神)을 해원하는 공사로 인함이더라.
6 이때 태모님을 모신 성도는 박종오, 김수열, 이용기, 신기선 등이니라.

참사람을 만나는 길

277 경오(庚午: 道紀 60, 1930)년 정월 초사흗날에 태모님께서 고사(告祀)치성을 마치시고
2 유일태, 이근목, 이진묵, 문명수, 채유중, 이중진 등 10여 명에게 일러 말씀하시기를
3 "참사람이 어디 있느냐. 참사람을 만나야 하리니 춘하추동 사시절에 일시라도 변치 말고
4 성경신 석 자로 닦으면서 진심으로 고대하면 참사람을 만나리라." 하시니라.

우리 공부는 용(用)공부니라

278 우리 공부는 용(用)공부니 남모르는 공부를 많이 해 두라.
2 마음은 성인의 바탕을 갖고 일은 영웅의 수단을 가지라.
3 되는 일 안 되게 하고 안 되는 일 되게 할 줄 알아야 하느니라.
4 우리 공부는 남 편할 적에 고생하자는 공부요
5 남 죽을 적에 살자는 공부요
6 남 살 적에는 영화를 누리자는 공부니라.
7 '대학(大學) 공부 성공이라.' 하나 저만 알고 마는 것이니라.

그만 앓고 일어나라

279 정월에 박종오가 열병을 앓아 위독하므로 태모님께서 그의 방문을 열어 보시고
2 종오에게 일러 말씀하시기를 "그만 앓고 일어나라." 하시니 종오의 병이 곧 나으니라.

김상윤 딸의 독종을 고쳐 주심

3 옥구군 미면 산북리에 사는 김상윤(金相允)의 딸이 어깨뼈 부위에 독종(毒腫)이 나서 고통스러워하거늘
4 상윤의 아내가 딸을 데리고 와 고쳐 주시기를 청하니 태모님께서 손으로 어루만지시매 자연히 나으니라.

전춘옥의 병을 고쳐 주심

280 3월에 해전리에 사는 전춘옥이 병을 얻어 고통이 심하되 백약이 무효한지라
2 이용기가 태모님의 명에 따라 양위 전에 청수 올리고 치성을 봉행한 후에 지성으로 기도하니 곧 완치되니라.

유일태의 노증을 고쳐 주심

3 이 달에 유일태가 노증(怒症)이 있어 그의 아내 김도성화가 태모님께 찾아와 치료해 주시기를 간청하니
4 태모님께서 갑자기 역정을 내시며 "네 집 병을 네가 고치지." 하시고 쫓아내시니라.

5 도성화가 생각하기를 '사모님께서 역
정을 내시며 좇아내신 것은 의통을 주
심이라.' 여기고
6 그 길로 돌아가 삼칠일간 치료하매 일
태의 노증이 모두 사라지거늘
7 그 후 내외가 태모님께 찾아와 폐백을
올리고 치성을 성대히 봉행하니라.

태을주와 기도의 신묘한 힘

281 하루는 임피 개정면(開井面)에 사
는 어떤 아이가 호열자(虎列刺)
에 걸려 신음하거늘
2 이근우의 아내 오용자(吳龍子)가 태모
님께 심고한 뒤에 두 손을 마주 포개
어 단전에 대고 일심으로 태을주를 읽
으니
3 한참 뒤에 약 냄새가 나므로 눈을 뜨
고 손을 열어 보매 신기하게도 손 안
에 환약이 여러 개 만들어져 있는지라
4 그 약을 아픈 아이에게 먹이니 바로
나아 일어나니라.

태을주의 신권(神權)과 대도력(大道力)

282 태모님께서 종종 성도들에게 말
씀하시기를 "태을주를 많이 읽
어라." 하시고
2 "태을주는 본심 닦는 주문이니 태을주
를 읽으면 읽을수록 마음이 깊어지느
니라." 하시니라.
3 또 말씀하시기를 "태을주를 읽어야 신도
(神道)가 나고 조화가 나느니라." 하시니
라.

강원섭에게 자손줄을 태워 주심

283 조종리 강원섭이 마흔이 넘도록
아들이 없어 항상 한이더니
2 4월에 하루는 태모님께서 원섭을 불러
물으시기를 "원섭아, 네가 아들 없음
이 한이냐?" 하시니 원섭이 "한이로소
이다." 하고 대답하거늘
3 "그러면 네 안사람을 내게 보내라." 하
시므로 원섭이 그 길로 아내 고씨(高
氏)를 데리고 오니라.
4 이에 태모님께서 원섭에게 이르시기를
"네 아내는 나에게 뺏겼도다." 하시며
원섭을 내보내신 뒤
5 그 아내에게 말씀하시기를 "나와 침식
을 같이 하자." 하시니라.
6 사흘 후에 원섭을 다시 불러 "이제 데
리고 가라." 하시므로 원섭이 아내를
데리고 돌아가더니
7 석 달 뒤 그 아내가 임신하여 이듬해 5
월에 아들을 낳거늘
8 원섭 내외가 술과 음식을 성대히 준비
하여 태모님께 올리니라.

격물이 도통, 먼저 이통과 심통을 해야

284 하루는 태모님께서 여러 성도들
에게 물으시기를 "너희들, 도통
(道通)을 지극히 원하느냐?" 하시니
2 성도들이 대답하기를 "원이옵니다."
하매 말씀하시기를 "격물(格物)이 곧 도
통이니라." 하시니라.
3 또 말씀하시기를 "격물은 사물의 이치
를 관통(貫通)하는 것이니, 관통을 하
려면 먼저 마음을 닦아 심통(心通)을 해
야 하느니라." 하시고
4 "도통을 원치 말라. 모르고 짓는 죄는
천지에서 용서를 하되 알고 짓는 죄는
천지에서 용서하지 않나니 도통을 가
지면 굶어죽을 수밖에 없느니라." 하
시니라.
5 다시 말씀하시기를 "도통과 조화와 법
술을 가졌다 하나 시대를 만나지 못하
면 쓸모가 없나니 다 허망한 것이니라.
6 그 동안 도통을 해서 한 번이라도 써
먹은 놈이 있더냐. 도리어 자신에게 해
(害)가 미치느니라." 하시니라.

마음을 고쳐야 한다

285 성도들이 평소 의통을 원하니
태모님께서 꾸짖으시기를 "마음

을 고쳐야 의통이 오지, 너희 아버지가 의통 준다고 다 줄 것 같으냐." 하시고

2 이어 말씀하시기를 "의통, 신통, 관통을 해야 하나니 그것도 때가 있느니라." 하시니라.

3 태모님께서 항상 말씀하시기를 "마음을 고쳐야 한다. 마음을 고치면 안 되는 일이 없느니라." 하시고

4 "마음을 고치려면 선덕(善德)이 있어야 하고 선덕이 있어야 활연관통(豁然貫通)이 되느니라." 하시니라.

도통의 정법, 활연관통에 있다

286 태모님께서 말씀하시기를 "신인합발(神人合發)이라야 하나니 신통해서 신명 기운을 받아야 의통이 열리느니라." 하시고

2 "의통을 하려면 활연관통을 해야 하고, 활연관통에 신통을 해야 도통이 되느니라.

3 도도통이 활연관통에 있느니라." 하시니라.

4 또 말씀하시기를 "도통을 하려면 진묵(震默)과 같은 도통을 해야 하느니라." 하시니라.

이제 나으리라

287 하루는 부여군 양화면 내성리 황동(良化面 內城里 黃洞)에 사는 박치서가 태모님께 와 문안을 드리거늘

2 태모님께서 보시고 물으시기를 "너의 모습이 어찌 그리 초췌하뇨?" 하시니 치서가 "수년 전부터 견비통(肩臂痛)으로 그러하나이다." 하고 아뢰니라.

3 이에 태모님께서 손으로 환부를 어루만지시고 담배 연기를 그곳에 6, 7회 뿜으시며 "이제는 나으리라." 하시니

4 이로부터 치서의 견비통이 완전히 나으니라.

심지(心志)를 고치라

288 옥구군 옥산면 당북리(玉山面 堂北里) 백석(白石) 마을에 사는 최성녀(崔姓女)가 도장의 식모로 있던 중 안질로 눈이 멀 지경에 이른지라

2 태모님께서 보시고 말씀하시기를 "심장이 그르다. 심지(心志)를 고치라." 하시니라.

심고를 지성으로 하라

3 이어 말씀하시기를 "그대로 두면 눈을 버리겠으니 나수어야 하겠다." 하시며 병자를 동쪽으로 향하여 앉게 하시고

4 청수를 입에 머금어 성녀의 양쪽 눈에 뿜으시니라.

5 또 병자로 하여금 심고를 지성으로 드리게 하시고 청수에 사물탕을 달여 먹게 하시니 수일 내로 완치되니라.

내가 그 죄를 대신 받아 없애리라

289 하루는 태모님께서 성도들에게 말씀하시기를 "이 세상 인류가 죄 없는 사람이 없나니

2 대죄(大罪)는 천지에서도 용서치 않으므로 불원간 제 몸으로 받으나 소소한 죄는 차차로 전하여져 그 과보(果報)가 자손에게까지 미치느니라.

3 그러므로 내가 그 죄를 대신하여 받아 없애리라." 하시고 바둑판 위에 청수를 올려놓으신 다음 성도들에게 오주를 읽게 하시니라.

4 잠시 후에 태모님께서 문득 혼몽(昏懜)하시어 호흡을 통치 못하시다가 반나절이 지나서야 깨어나시어 말씀하시기를

5 "세상일이 이와 같이 복잡하도다." 하시니라.

죽는 자식을 살리겠노라

290 옥구 수산리에 사는 전기찬(田基贊)이 말을 타다 떨어지매 허리를 다쳐 몇 년 동안 허리가 굽은 상태

로 앓다가 사경에 이르니라.
2 하루는 전선필과 전준엽이 태모님께 와 뵈니 태모님께서 기찬의 소식을 물으시는지라
3 선필이 그 사실을 아뢰니 태모님께서 일찍 기별하지 않았음을 꾸짖으시고 말씀하시기를
4 "죽는 자식을 살려야겠다." 하시며 선필로 하여금 흰 바둑알 세 개를 손에 쥐고 또 검은 바둑알 세 개를 입에 머금은 채 상제님 어진 앞에 청수를 올리고 엎드려 심고하게 하신 뒤에
5 이르시기를 "이 길로 곧 돌아가서 손으로 기찬의 허리를 어루만지며 해원주(解寃呪)를 읽은 다음 말에서 떨어진 곳에 가 기도하라." 하시니
6 선필이 돌아가 그대로 행하매 7일 만에 기찬의 병이 나으니라.

성령으로 약을 일러 주심

291 옥구 옥산면 옥산리(玉山面 玉山里)에 사는 김일수(金一壽)의 모친이 연주창(連珠瘡)으로 30여 년을 고생하더니 마침내 사경에 이른지라
2 이에 전선필과 고권필 두 사람이 치병에 임하여 태모님께 심고를 드리니
3 태모님께서 성령으로 약을 일러 주시기를 "모과를 달여 목욕시키고 그 가루를 상처에 붙이라." 하시므로
4 명하신 대로 시행하며 지성으로 기도하니 삼칠일 만에 그 병이 완쾌되니라.

용화동 이상호의 접근

292 경오년에는 태모님께서 별다른 공사를 행하시지 않고 지내시니라.
2 이때 금구군 금산면 용화동의 이상호 교단에서 태모님을 시봉하기를 간절히 원하여 연락이 끊이지 않거늘
3 태모님께서 허락하지 않으시며 말씀하시기를 "상제님 말씀에도 '네가 정읍에 있으면 몸이 클 것이요, 금구로 가면 몸이 부서진다.' 하셨느니라." 하시니라.

물 아래 박서방이라 부르게 하심

293 하루는 태모님께서 공사를 행하시며 김수열을 불러 명하시기를 "너는 지금 내려가 마당 한가운데에 서라." 하시니
2 수열이 마당 중앙에 서 있으매 태모님께서 "물 아래 박서방(朴書房), 물 아래 박서방!" 하고 부르신 다음
3 수열에게도 이와 같이 시키시니 수열이 명하신 대로 "물 아래 박서방, 물 아래 박서방!" 하고 외치니라.

보천교 순교자의 해원 공사

294 신미(辛未: 道紀 61, 1931)년 정월 18일에 보천교 신도 10여 명이 태모님께 와 굶주림을 호소하거늘
2 태모님께서 이용기와 박종오에게 이르시기를 "보천교 신도가 저렇듯 굶주리니 어찌하면 좋을지 생각하여 보라." 하시고 또 보천교 순교자의 해원(解寃)에 대해 말씀하시니라.
3 이에 용기가 오룡동에 사는 김도봉과 해전리에 사는 정덕근과 광암리에 사는 송병우(宋炳雨)를 만나 태모님의 말씀을 전하며 자금 형편을 걱정하니
4 세 사람이 협조할 것을 약속하고 백미 두 석과 현금 70원을 자금으로 삼아 대흥리에 싸전을 벌여서 굶주린 신도들의 일상용품을 대주고 끼니를 잇게 하며
5 또 일부는 보천교 순교자의 해원 공사에 사용하니 3월에 이르러 세 사람의 싸전 자금이 전부 소모되니라.
6 얼마 후 태모님께서 세 사람을 불러 칭찬하시기를 "너희들이 참 장한 일 했다." 하시니라.

치성을 올리며 일심으로 기도하니

295 정월 28일에 해전리에 사는 조종남(趙鍾南)의 아내가 두통으로 고생하다가 급기야 온몸이 아파 사경에 이른지라
2 김재윤이 이를 보고 태모님께 아뢰니 말씀하시기를 "그 병은 측신(厠神)으로 인해 그렇다." 하시며
3 전대윤에게 이르시기를 "네가 가서 처리하여라." 하시므로
4 대윤이 명을 받고 즉시 가서 치성을 올리며 일심으로 기도하니 자연히 완치되니라.

대치성을 올리고 성심으로 기도하니

296 3월 26일에 가전 마을에 사는 김재규(金在圭)의 두 살배기 둘째 아들이 급병으로 사경에 이른지라
2 같은 마을에 사는 유일태 내외와 오수엽 내외, 옥구군 개정면 운회리(雲會里) 송호(松湖) 마을에 사는 이석봉 등이 기도하며 치병을 시작하였으나
3 아무리 하여도 효과가 없으므로 일태가 도장에 와서 대치성을 올린 뒤 귀가하여 성심으로 기도하니 그 병이 완치되니라.

중병을 분산시켜 낫게 하심

297 태모님께서 누가 중병을 앓아 치병 치성을 올릴 때면 반드시 시루떡을 준비하게 하시고
2 치성이 끝난 뒤에는 시루째 들고 많은 사람들이 오가는 큰길에 나가시어 지나가는 사람들에게 그 떡을 조금씩 떼어 전부 나누어 주시니라.
3 이에 떡을 받아먹은 사람들이 집에 돌아가 모두 가벼운 감기 정도로 병을 앓으매 치성을 모신 사람은 자연히 병이 낫거늘
4 이는 한 사람이 감당해야 할 중병을 여러 사람에게 조금씩 분산시켜서 낫게 하심이더라.

세계 창생들로 하여금 갱소년 되게 하라

298 4월에 하루는 태모님께서 치성을 봉행하신 뒤에 문득 노자(老子)를 불러 꾸짖으시기를
2 "복중팔십년(腹中八十年)에 부모의 공덕을 아느냐, 모르느냐!" 하시고 하늘을 바라보시니 무지개 선과 같은 청홍색의 구름이 십(十) 자로 걸려 있더라.
3 이어 태모님께서 여동빈을 부르시고 잠시 후에 "하늘을 보라." 하시므로 모두 하늘을 바라보니 구름이 선관의 모양을 이루고 서 있거늘
4 성도들에게 물으시기를 "보이느냐?" 하시매 모두 "뵈나이다." 하고 아뢰니라.
5 태모님께서 선관 모양의 구름을 향하여 명하시기를 "세계 창생들로 하여금 모두 갱소년 되게 하라." 하시니
6 그 구름이 머리를 숙여 명(命)을 받드는 형상을 하며 동쪽 하늘로 물러가더라.
7 태모님께서 말씀하시기를 "앞세상에는 흰머리가 나지 않게 할 것이며 허리도 굽지 않게 하리라." 하시니라.

두 아이의 안질을 고쳐 주심

8 이때 박상철(朴相哲)이 아들 형제를 데리고 와 뵙거늘 두 아이가 모두 안질을 앓고 있는지라
9 태모님께서 두 아이에게 엿을 사 먹이신 후에 청수로 눈을 씻기고 해를 바라보게 하시니 안질이 곧 나으니라.

후천에는 모두 선관이 된다

299 하루는 성도들이 태모님께 여쭈기를 "저희들은 얼마나 오래 살 수 있습니까?" 하니
2 말씀하시기를 "후천 가면 너희들이 모두 선관이 되는데, 선관도 죽는다대?" 하시니라.

후천선경에는 장수 시대가 열린다

3 태모님께서 말씀하시기를 "후천선경
에는 수(壽)가 상등은 1200세요, 중등은
900세요, 하등은 700세니라." 하시고
4 "그 때에는 장수 시대가 열려 백 리 안
에 할아버지가 셋이면 손자는 하나인
세상이 되느니라." 하시니라.

인간 세상의 선악을 판별하라

300 6월 초에 태모님께서 옥구 신도
문명수, 이중진, 김수열 등을 불
러 명하시기를 "동서남북 사방을 순회
하라." 하시고
2 "다 각기 책임을 지켜 15일 내로 당도
하라." 하시며
3 "이 길과 같이 세계 대순의 장신(將神)
을 붙여 인신합발(人神合發)로 인간 세
상의 선악을 판별하라." 하시니라.

성경신을 다해 수행하라

301 이 달에 충남 연산(連山)에 사는
이장식(李長植)이 찾아와 문안을
드린 뒤 태모님께 여쭈기를
2 "저의 마을에 사는 배춘화(裵春花)가
적병으로 10여 년 동안 앓다가 복통이
극심하여 이제 사경에 이르렀나이다.
3 제가 치병을 하여도 점점 더 심해지기
만 하니 어찌하면 좋겠습니까?" 하매
4 태모님께서 춘화의 나이를 물으시거
늘 장식이 "서른아홉 살입니다." 하고
대답하니 태모님께서 "춘화를 데리고
오라." 명하시니라.
5 며칠 후에 장식이 춘화를 데리고 오니
태모님께서 앞에 앉히시고 손으로 배
를 어루만지며 말씀하시기를 "병도 없
다." 하시고
6 "술상을 가져오라." 하시어 술을 드시
다가 한 잔을 춘화에게 주시며 "성경
신을 다해 수행하라." 하시니
7 춘화가 한 잔 술에 크게 취하여 두어
시간을 자고 일어나매 이로부터 적(積)
이 녹아 내리고 완치되니라.
8 그 후 춘화가 여러 차례 도장을 내왕하
며 태모님께 극진히 폐백을 올리니라.

전대윤에게 애기 치병 도수를 붙이심

302 임피 술산에 사는 문기수(文己
洙)의 셋째 아들 봉현(鳳鉉)이 담
종(痰腫)으로 석 달을 앓다가 사경에
이른지라
2 기수의 아내 김별염(金別艶)이 태모님
께 찾아와 이 사실을 아뢰니 태모님께
서 전대윤을 불러 밤과 대추를 주며
이르시기를
3 "네가 가서 이 과실을 먹이고 병든 곳을
만지며 시천주주를 읽으라." 하시므로
4 대윤이 가서 그대로 행하매 3일 만에
그 아이의 병이 나으니라.
5 이는 태모님께서 대윤에게 애기 치병
도수를 붙이심이니 이후로 어린아이가
아프면 대윤으로 하여금 치병하게 하
시니라.

진액주를 읽고 기도하라

6 또 같은 마을에 사는 여신도 김기화(金
基華)가 이름을 알 수 없는 병이 들어
20여 일을 앓다가 마침내 숨을 거둔지
라
7 문명수가 달려와서 이 사실을 아뢰니
태모님께서 이르시기를
8 "청주(淸酒)를 조금씩 입에 흘려 넣으며
진액주를 읽고 기도하라." 하시므로
9 명수가 돌아가서 명하신 대로 행하매
기화가 곧 회생하니라.

치성 준비를 왼손으로만 하라

303 전대윤이 정읍 구미동에 있을
때 여덟 살 먹은 그 동네 사내
아이가 갑자기 눈이 어두워져서 큰 병
원에서도 못 고치거늘 그 부모가 심히
낙심하는지라
2 대윤이 그 부모와 상의하여 그날 저녁
에 치성을 올리기로 하고 제물을 마련

케 하거늘
3 모든 일에 왼손만 쓰고 오른손을 못
쓰게 하니 그 부모가 두레박질도 왼손
으로 하고 쌀도 왼손으로 씻어서 떡을
찌며 모든 행위에 왼손만 사용하니라.
4 오직 아들의 눈을 뜨게 하려고 왼팔이
아픈 것을 참고 견디며 정성을 다해
치성 준비를 마치니
5 대윤이 그 노고를 치하하고 치성석에
나아가 태모님께 아이의 눈을 뜨게 해
주실 것을 간절히 기도한 다음
6 그 아이를 불러 앞에 세우고 그 눈에
손을 댄 채 한참 동안 칠성경을 읽으니
아이가 갑자기 "앞이 보인다!" 하며 소
리치는지라
7 그 부모가 기뻐서 울음을 터트리며 대
윤에게 거듭 감사를 표하니라.

만인의 부모가 지당합니다

304 하루는 신씨(申氏)의 양자(養子)
로 입적한 기원(基元)이 태모님
께 찾아와 그 사실을 아뢰니
2 태모님께서 공사 도중에 여러 성도들
에게 물으시기를 "일인지부모(一人之父
母)가 옳으냐, 만인지부모(萬人之父母)
가 옳으냐?" 하시거늘
3 여러 성도들이 이구동성으로 "만인지
부모가 지당합니다." 하고 대답하매
4 태모님께서 "그러하냐?" 하시며 상
제님 어진 앞에 가시어 말씀하시기를
"자식들을 생각건대 할 수 없습니다."
하시니라.
5 또 성도들을 향하여 "무릇 큰 줄거리
로 보아 너희들 원하는 대로 하여 보
자." 하시고 "조왕신들은 잠깐 피하
라." 하시더니
6 "에미가 자식들 앞에서 옷 벗는 것이
무슨 상관이 있겠는고." 하시며 여러
성도들 앞에서 상하 의복을 모두 벗으
시고 공사를 행하시거늘
7 성도들이 태모님께 사배(四拜)의 예로
써 인사를 드리고 공사에 수종하니라.

반천무지의 사배 예법 ; 천지를 받들 줄 알아야

305 하루는 태모님께서 반천무지(攀
天撫地)의 사배(四拜)에 대해 말씀
하시기를
2 "이것이 천지 절이다." 하시고 "천지를
받들 줄 알아야 하느니라." 하시니라.
3 이어 태모님께서 "내가 절하는 것을
잘 보라." 하시며 친히 절을 해 보이면
서 말씀하시기를
4 "하늘 기운을 잡아 당겨 내 몸에 싣고,
땅 기운을 잡아 당겨 내 몸에 실어라."
하시니라.

기회를 보아 본소를 옮기리라

306 조종리에서 왕심리까지 거리가
먼지라 신미년에 이르러 신도들
의 내왕이 점점 줄어들고 도장 형편도
심히 어려워지니라.
2 한편 지난 경오년부터 용화동에서 태
모님을 시봉하기를 원하여 여러 차례
사람을 보내 그 뜻을 밝히더니
3 7월 29일에 동화교(東華敎) 통정(統正)
이상호가 간부 조학구(趙鶴九)와 더불
어 찾아오니라.
4 고찬홍이 그들을 데리고 태모님을 뵈
니 상호가 태모님께 여쭈기를
5 "제가 듣기로는 천사(天師)께서 사모
님께 세 살림에 관하여 말씀을 하시고
또 여러 성도들에게 '용화동이 나의 기
지라.'고 하셨다 하므로
6 제가 무진년 동지에 여러 교우들과 함
께 용화동에서 동화교를 창건하고
7 그 이듬해 기사년 3월 16일에 대순전
경을 편찬하여 진법(眞法)의 기초를 정
하고 때가 돌아오기를 기다렸더니
8 이제 천사의 회갑을 당하매 비로소 사
모님께서 세 살림을 차릴 도수가 된
듯하오니

9 청컨대 사모님께서 용화동으로 본소
를 옮기심이 옳을까 하옵니다." 하고
간절히 청하니라.
10 고민환이 이 말을 듣고 '이 일은 세 살
림 도수의 도국 변천(道局變遷)이라.'
생각하여
11 태모님께 아뢰기를 "용화동 교인들이
저토록 애원하니 해원도 해 주실 겸
용화동으로 잠시 거처를 옮기시어 뒷
일을 결정함이 옳은 줄 압니다." 하고
여러 차례 간곡히 청하니
12 태모님께서 할 수 없이 허락하시며 말
씀하시기를 "먼저 상제님 성탄절에 영
정을 모시고 용화동에 가서 회갑치성
을 올리고
13 그 뒤에 기회를 보아 본소를 용화동(龍
華洞)으로 옮기리라." 하시니라.

용화동에 왕림하심

307 9월 보름날에 이상호가 임경호
와 이성영(李成英)을 태모님께
보내거늘
2 17일에 태모님께서 어진을 모시고 경호
와 성영의 안내로 고찬홍, 이근목, 박
종오, 강재숙, 서인권 등 10여 명을 데
리고 용화동으로 가시니라.

내 일은 천지 귀신도 모르는 일

3 이때 태모님께서 종이에 육임(六任),
팔봉(八奉), 십이임(十二任), 이십사임
(二十四任)을 써서 공사를 행하며 말씀
하시기를
4 "내가 마음먹고 하는 일은 천지 귀신도 모
르는 일이네." 하시니라.

이것이 내 새끼다

308 태모님께서 용화동으로 가시다
가 팥정이에 앉으시어 구릿골
입구 돌다리를 겨누며 말씀하시기를
2 "저기가 천지 문턱이니 제비산에서 장
광(長廣) 팔십 리가 꼭 차느니라." 하시
고
3 "제비산 흙을 쓸 때가 있네. 평사리(坪沙
里)는 나의 평상(平床)터네." 하시니라.
4 이어 팥정이 징검다리를 건너시며 "하
나, 둘, 셋, 넷!" 하고 담뱃대로 노둣돌
을 세시고
5 네 번째 돌을 담뱃대로 탁 때리시며
"이것이 내 새끼다." 하시니라.
6 잠시 후 태모님께서 성도들을 데리고
용화동에 드시니 이상호가 심히 곤궁
하다 하여 성도들을 반기지 않는 기색
이거늘
7 말씀하시기를 "걱정 마라. 굶어 죽지
않으리라." 하시니라.

태모님의 도덕가, 우리 시절 좋을씨구

309 19일 새벽에 태모님께서 상제님
회갑치성을 올리시고 노래하시
니 이러하니라.
2 만고의 성인도 때 아니면 될 수 있나.
3 천문(天文) 열고 바라보니
만사가 여일(如一)하고
4 앞문 열고 내다보니
소원성취 분명하고
5 팔문 열고 내다보니
만신인민(萬神人民) 해원이라.
6 그 해 그 달 그 날 만나려고
오만년을 수도하여
아승기겁(阿僧祇劫) 벗었다네.
7 전무후무 운수로다
전무후무 천운이요
전무후무 지운(地運)이네
좋을씨구 좋을씨구
우리 시절 좋을씨구.
8 삼련불성(三聯佛成) 되게 되면
천하만사 아련마는
어느 누가 알쏘냐.
9 아동방 창생들아!
천지운수 염려 말고
마음 '심' 자 닦아 보세.
10 마음 심 자 닦고 보면
불로불사 아닐런가.

11 전몰락 되기로서니
신불참(身不參)까지 해서 쓰랴
좋을씨구 좋을씨구
우리 시절 좋을씨구.
12 판결 나고 결재 난 일
세상 사람 어이 알랴
어떤 사람 저러하고
어떤 사람 이러한가.
13 사람이면 사람인가
사람이라야 사람이지
좋을씨구 좋을씨구
우리 시절 좋을씨구.
14 불운한 이 세상에 일편심을 어데 두고
천지 공(功)을 닦을 손가.
15 정심수도(正心修道) 닦아 내세
정심수도 닦고 보면
사람 노릇 분명하지.
16 춘하추동 사시절에
일시라도 변치 말고
성경신 닦아 내서
사람 종자 분명하니
좋을씨구 좋을씨구
우리 시절 좋을씨구.
17 미륵존불 때가 와서
우리 시절 좋을씨구.

왕심리 일을 정리하고 다시 오리라

310 21일에 태모님께서 용화동을 떠
나시며 이상호와 여러 성도들에
게 말씀하시기를
2 "이 길로 돌아가서 왕심리 일을 정리
하고 동지절에 아주 이사하여 오리니
그 동안 준비하라." 하신 뒤에
3 어진을 모시고 여러 성도들과 함께 다
시 왕심리로 돌아오시니라.

태모님 성적의 첫 기록

311 10월 2일에 임경호와 이성영이
태모님께 와 뵙고 여쭈기를
2 "천사(天師)의 법언(法言)과 성적(聖蹟)
은 이미 대순전경으로 간행되었으나
사모님의 언행(言行)은 아직까지 묻혀
있어 세상에서 알지 못하므로
3 통정 이하 여러 간부들이 의논하여 저
희 두 사람으로 하여금 사모님의 언행
을 수집하여 편찬하게 하니 이제 그
사명을 띠고 왔나이다." 하니라.
4 그러나 태모님께서 허락하지 않으시니
두 사람이 9일 동안 머물면서 고민환
을 비롯한 몇몇 성도들에게 듣고 기록
하니라.

통일 경전 편찬할 사람이 판밖에서 나온다

312 하루는 고민환이 태모님께서 행
하시는 공사 내용을 일기로 기
록하려고 하니
2 태모님께서 꾸짖으시기를 "야, 이놈
아! 뭘 그렇게 끄적거리냐? 너 책 장사
하려고 적냐?" 하시며 적지 못하게 하
시고
3 일러 말씀하시기를 "때가 되면 상제님
과 나의 사략(史略)을 편찬할 사람이 판밖
에서 나오느니라." 하시니라.
4 또 말씀하시기를 "장차 테밖에서 성공
해 들어와야 우리 일이 되리라." 하시
니라.

도운의 셋째 살림, 김제 용화동 도장

용화동으로 이사하심

313 동짓달 초엿새에 태모님께서 고
찬홍, 이근목, 전준엽, 박종오
등 몇몇 성도를 용화동으로 보내시어
동지 전날에 이사하실 뜻을 알리시니
2 14일에 용화동 교단에서 차(車)를 가
지고 태모님을 모시러 오거늘
3 태모님께서 어진을 모시고 고찬홍, 이

근목, 전준엽, 박종오, 강재숙, 고민
환, 김수열, 이용기 등 10여 명을 데리
고 용화동으로 이사하시니라.
4 보름날 새벽에 태모님께서 동지치성을
봉행하신 뒤 성도들에게 일러 말씀하
시기를
5 "법은 상제님께서 내셨으되 용사(用事)
는 내가 하노라." 하시고 노래하시니 이
러하니라.
6 평천하 운수요 평천하 도수로다.
7 전국(戰國) 말세 진시황은 평천하한
연후에
만리장성 쌓노라고 인석(人石)을 구사
(驅使)하야 학정이 자심하매
상극사배(相克司配) 선천 운수 갈수록
극렬했네.
8 상제님의 신성법력(神聖法力)으로
제생의세(濟生醫世) 하신 후는
후천 해원 천도(天度) 따라
상생 도술이 무궁하리.
9 이어서 태모님을 모시고 온 성도들과
동화교 간부들에게 명하시어 서로 악
수하고 즐기게 하시니라.

용화동 도장의 출범과 조직 구성

314 태모님께서 치성을 마치신 뒤
도장 조직을 새롭게 구성하여
선포하시니
2 태모님 주재(主宰) 아래 대교령(大敎領)
한 사람과 부교령(副敎領) 두 사람을
두어 도장을 운영케 하시고
3 대보(大保) 한 사람과 아보(亞保)와 찬보
(贊保) 각 두 사람씩으로 구성된 보화원
(保華院)을 두어 도무를 돕게 하시니라.
4 대교령에는 홍원표(洪元杓), 부교령에
는 이성영(李成英)과 전준엽, 대보에는
이상호, 아보에는 임경호와 고찬홍,
찬보에는 김환(金丸)과 이근목이 각각
선임되니라.
5 이로써 태모님께서 도장 조직을 새롭
게 발족하시니 상제님께서 태모님께
붙이신 셋째 살림 도수가 비로소 시작
되니라.
6 태모님께서 모든 일을 정돈하신 뒤
에 "두어 달 동안 일을 보고 돌아오리
라." 하시고 다시 왕심리로 가시어 머
무시니라.

상제님의 성골이 은닉된 것을 말씀하심

315 섣달 그믐날 밤에 보천교 신도
4, 5명이 도장에 와서 서로 한탄
하며 말하기를
2 "해마다 이 날 저녁에 상제님의 묘각
에 촛불을 켰는데 오늘은 촛불을 켜지
못하겠구나." 하므로
3 이용기가 그 연고를 물으니 "묘직원이
파면되고 아직 새 직원이 임명되지 않
아 책임자가 없다."고 대답하니라.
4 이에 용기가 김수열과 함께 거센 눈보
라를 무릅쓰고 묘각에 가서 촛불을 켜
놓고 돌아오니
5 태모님께서 꾸짖어 말씀하시기를 "너,
그곳에 뭐가 있다고…, 개 송장한테
갔다 오냐?" 하시고
6 "누구의 해골인지도 모르는데 헛되이
수고하였도다." 하시며 "어떤 머슴놈
뼈를 갖다 놓고 너희 아버지라 한다."
하시거늘
7 이는 곧 차경석이 극비리에 상제님의
성골(聖骨)을 비룡산에 숨겨 놓고 다른
해골을 바꾸어 넣었음을 알고 계심이
더라.
8 이후로 태모님께서 그 묘각에 세 차례
가시어 공사를 행하시니라.

수부에게 심고하라

316 임신(壬申: 道紀 62, 1932)년 정월
8일에 전주군 삼례면 후정리(後
亭里)에 사는 세 살배기 아이가 홍역으
로 사경에 이르거늘
2 영등리에 사는 김성녀가 태모님께 이
사실을 아뢰니 이르시기를 "수부 일을

보라." 하시는지라
3 김성녀가 환자의 집으로 돌아와 음식
을 장만하여 태모님께 치성을 올리고
일심으로 기도하니 그 병이 자연히 나
으니라.

시천주주와 진액주를 읽으라

4 이달 28일에 익산군 팔봉면 덕기리(八
峯面 德基里) 상남산(上南山) 마을에 사
는 이보일(李保日)의 모친이 태모님께
와 뵙고 여쭈기를
5 "소녀의 며느리가 우연히 병들어 백약
이 무효하고 사경에 이르렀습니다."
하니
6 태모님께서 이르시기를 "네가 급히 돌
아가 치성을 올리면서 '소녀가 청춘과
부로 독자 내외만 두었사오니
7 이를 불쌍히 여기시어 며느리의 병을
낫게 하여 주시옵소서.' 하고 일심으로
심고한 뒤에
8 시천주주 일곱 번과 진액주 일곱 번을
읽으라." 하시므로
9 보일의 모친이 돌아가서 그대로 행하
매 얼마 후 며느리의 병이 낫고 그 며
느리가 계속하여 아들 셋과 딸 둘을
더 낳으니라.

지난 고생을 큰 복으로 알라

317 장연 마을에 사는 김형대(金烱
大)가 수십 년 동안 부쳐 오던
전답(田畓) 20여 두락의 경작권을 하루
아침에 다른 사람에게 빼앗기고 10년
동안을 곤궁하게 지내다가
2 2월 18일에 태모님께 와 뵈니 말씀하
시기를 "갔구나, 갔구나, 영 갔구나!
고생이 다 갔으니 지난 고생을 큰 복
으로 알라." 하시며 "급히 집으로 돌아
가라." 재촉하시니라.
3 이에 형대가 지난 고생을 생각하며 비
감(悲感)한 심정으로 집에 오니 뜻밖에
군청에서 가마니 수백 개 값을 선금으
로 주면서 '가마니를 짜 달라.'고 부탁
하거늘
4 형대가 태모님의 말씀을 떠올리며 '나
의 고생길이 다 지나갔구나.' 생각하고
가마니 짜기에 힘쓰며 일심으로 수도하
매 이로부터 생계가 열리니라.
5 또 뜻밖에 10여 두락의 소작답을 얻
어 농사를 지으매 점차 생활이 풍족해
지고 노년에 아들을 얻어 손자 셋까지
보게 되니라.
6 이때 같은 동네에 사는 최윤문(崔允文)

셋째 살림 교단으로 들어가신 과정

道紀 59년(1929) 9월 21일	김제 조종리에서 정읍 왕심리로 옮기심.
道紀 60년(1930)	동화교의 이상호가 여러 차례 사람을 보내 모시기를 청함.
道紀 61년(1931) 7월 그믐	동화교 통정 이상호와 간부 조학구 등이 찾아와 용화동으로 가실 것을 간곡히 청함.
道紀 61년(1931) 9월 17일	상제님 어진을 모시고 용화동에 왕림하심.
9월 19일	상제님 회갑 성탄치성을 봉행하심.
9월 21일	어진을 모시고 왕심리로 돌아가심.
道紀 61년(1931) 11월 6일	용화동으로 옮기실 뜻을 전하심.
道紀 61년(1931) 11월 14일	어진을 모시고 용화동으로 이사하심.
11월 15일	동지치성을 봉행하신 후에 조직을 새롭게 구성하심. "왕심리 일을 정리하고 돌아오리라."하시고 다시 왕심리로 가심.
道紀 62년(1932) 3월 15일	"정읍 일을 다 보았으니 20일에 돌아가리라."하심.
3월 20일	용화동에 가시어 신축한 집에 거하시며 도장 운영을 주재하심.

의 셋째 아들이 우연히 병을 얻어 절명
한지라
7 형대의 아내가 그 집에 가서 청수를
올리고 상제님과 태모님 전에 일심으
로 기도하니
8 약 한 시간쯤 뒤에 회생하고 이어 병
도 완치되니라.

용화동에 거주처를 마련케 하심

318 태모님께서 일찍이 대교령 홍원
표에게 명하시기를 "거처할 집
을 지으라." 하시니
2 원표가 사재(私財)를 내어 정월 20일경
부터 용화동에 태모님께서 거주하실
네 칸 전퇴의 기와집을 짓기 시작하여
3월 보름께 낙성(落成)하니라.

선도 오세요 악도 오세니라

319 3월 보름경에 태모님께서 채유
중을 용화동에 보내어 기별하시
기를 "정읍 일을 다 보았으니 20일에
돌아가겠노라." 하시니
2 19일에 이성영이 태모님을 모시러 왕
심리에 오니라.
3 이 날 저녁에 성영과 용기를 보천교 새
건물을 향해 세우시고 태모님께서 공
사를 행하실 때
4 성영에게 물으시기를 "경석이 이제 상
제님을 배반하고 수백만 신도의 앞길
을 그르치니 어떻게 조처함이 옳겠느
냐?" 하시므로
5 성영이 아뢰기를 "'배은망덕만사신(背恩
忘德萬死身)'이라 하였사오니 죽어야 마
땅할까 합니다." 하니라.
6 또 물으시기를 "수백만 신도의 피를
거두어 지어 놓은 것이 마침내 허사
로 돌아가니 어떻게 조처해야 좋겠느
냐?" 하시니
7 성영이 대답하기를 "허사로 돌아갈진
대 뜯어 버림이 마땅하겠습니다." 하
매 태모님께서 세 번씩 물어 다짐을
받으시고
8 다시 말씀하시기를 "선도 오세(五歲)요
악도 오세니라." 하시며 발로 성영의
다리를 차시니 성영이 엎어지니라.
9 이로부터 5년째 되는 병자년에 차경석
이 죽고 이어 십일전(十一殿)을 비롯한
보천교의 큰 건물이 모두 뜯겨 버리니
라.

월곡 차경석의 회한과 죽음

320 병자(丙子: 道紀 66, 1936)년 윤3
월 10일에 차경석이 가족들과
60방주를 비롯한 많은 신도들을 불러
모으고 말하기를
2 "내가 신도들에게 몹쓸 짓을 했다. 600
만 교도들, 저 불쌍한 사람들, 내 사람
들…. 내가 없어져야 한다." 하더니
3 잇몸을 찔러 피를 내고 그곳에 아편
원액을 머금은 뒤에 얼마 후 숨을 거
두니 시각은 오후 3시 54분이라.
4 이때 곁에서 임종을 지켜 본 사람은 경
석의 아내 이씨와 그 아우 윤경과 윤
덕, 아들 용남, 봉남, 계남, 봉용, 사위
노영한과 이석래, 당질 순옥, 당질부
손승례 등이더라.
5 장례는 9일장을 치르는데 600만 신도
들이 모두 상복을 입으니 마치 국장과
같거늘
6 18일 출상 때는 대흥리에서 삼산리(三
山里) 신구(新龜) 마을까지 장지(葬地)로
가는 길이 인산인해(人山人海)를 이루
니라.

용화동에서 도장 살림을 주재하심

321 3월 20일에 태모님께서 이성영
의 안내로 이용기, 김수열, 김재
윤, 박진호(朴鎭浩) 등 여러 성도들을
데리고
2 왕심리로부터 용화동으로 가시어 새
로 지은 집에 거하시며 공사를 행하시
고 도장 살림을 주재하시니라.

성도들에게 내려주신 주요 사명

성 명	생 존 연 대	본명	호	거주지	사명과 도수
강대용 (姜大容)	道紀 22~94 (1892~1964)			김제 조종리	태자(太子) 도수
강원섭 (姜元聶)	道紀 17~67 (1887~1937)	백용 (柏容)	백호 (白虎)	김제 조종리	인마(人馬) 도수 사정방 조직의 서방 도체 조직의 중앙 조종리 도장의 서방주
강휘만 (姜彙萬)	道紀 19~100 (1889~1970)			김제 조종리	신농씨 도수 수농부(首農夫) 도수
고민환 (高旻煥)	道紀 17~96 (1887~1966)		성포 (聖圃)	옥구 성덕리	수석 성도 및 대리 칠성 도수(칠성용정 공사) 저울 도수 사정방 조직의 중앙 도체 조직의 중앙 미륵불 봉영 공사 강태공 성군 만나는 공사 통정신 공사 천지공사의 문명(文命)을 쓰는 사명 조종리 도장의 내무 용화동 도장의 내무 오성산 도장의 내무
고찬홍 (高贊弘)	道紀 5~81 (1875~1951)		규봉 (奎鳳)	옥구 읍내리	사정방 조직의 북방 조종리 도장의 외무 용화동 도장의 아보 오성산 도장의 외무
고춘자 (高春子)	道紀 26~117 (1896~1987)			옥구 읍내리	천지공사 대행 도수
김수남 (金壽南)	道紀 30~62 (1900~1932)			옥구 미룡리 ↓ 정읍 수성리	일본 지령 걷는 공사
김수열 (金壽烈)	道紀 27~105 (1897~1975)		소은 (沼隱)	옥구 미룡리	인간 세상의 선악 판별 도수 용화동 도장의 내무
김수응 (金壽應)	道紀 19~66 (1889~1936)	수록 (壽祿)		옥구 미룡리 ↓ 정읍 태인면	망량신(魍魎神) 도수
김원명 (金元明)	道紀 ?~?			익산 대조리	남조선배 공사 도사공 도수

성 명	생 존 연 대	본명	호	거주지	사명과 도수
김재윤 (金在允)	道紀 21~63 (1891~1933)			익산 용연리	육임 구호대 도체 조직 공사 참여
문명수 (文明洙)	道紀 26~104 (1896~1974)	판금 (判金)		옥구 술산리	인간 세상의 선악 판별 도수
박종오 (朴鍾五)	道紀 9~75 (1879~1945)	장경 (長景)		옥구 산북리	오성산 도장의 내무
서인권 (徐寅權)	道紀 21~100 (1891~1970)	상채 (相菜)		김제 만경	석가여래 도수 약장과 법궤의 기운을 뽑아 쓰신 공사
오수엽 (吳守燁)	道紀 24~92 (1894~1962)	수진 (守眞)		김제 부용리	육임 구호대 도체 조직 공사 참여
유일태 (劉一太)	道紀 8~84 (1878~1954)	한용 (翰溶)		김제 부용리	육임 구호대 도체 조직 공사 참여
이근목 (李根睦)	道紀 15~72 (1885~1942)			옥구	녹사(錄使) 사정방 조직의 남방 조종리 도장의 남방주 용화동 도장의 찬보
이용기 (李用己)	道紀 29~110 (1899~1980)		호암 (湖巖)	익산 용연리	태모님의 아들 도수 보천교 순교자 해원 공사 치병 도수 용화동 도장의 내무
이중진 (李仲振)	道紀 24~84 (1894~1954)			옥구 서수리	인간 세상의 선악 판별 도수
이진묵 (李鎭默)	道紀 22~89 (1892~1959)			옥구 서수리 ↓ 옥구 산북리	대불 도수(선천 불교 막장 공사)
전내언 (田乃彦)	道紀 1~69 (1871~1939)			옥구	남조선배 공사 도사공 도수
전대윤 (田大潤)	道紀前 10~道紀 63 (1861~1933)			옥구 오곡리 ↓ 정읍 태인면	애기 치병 도수 용화동 도장의 내수(內豎)
전선필 (田先必)	道紀 22~103 (1892~1973)	영택 (永宅)	수제 (首濟)	옥구 수산리	천지공사의 증언 사명 도통 전수의 도맥 공사 자(尺) 도수
전준엽 (田俊燁)	道紀 21~75 (1891~1945)	봉균 (鳳均)		옥구 오용리	조왕(竈王) 공사 사정방 조직의 동방 조종리 도장의 동방주 용화동 도장의 부교령

3 이때 후일에 추수 일꾼이 출세할 것을
내다보시고 말씀하시기를 "용화동은
상제님의 기지라." 하시며
4 "경내 오악(境內五岳)의 기령(氣靈)을 배
양하리라." 하시니라.

전주로 달아난 이성영

322 이 달 21일에 태모님께서 성영
을 불러들이시어 며칠 동안 공
사를 행하시니 성영이 심히 피곤하여
공사 도중에 도망할 마음을 먹거늘
2 태모님께서 성영을 불러 곁에 앉히시
고 손목을 잡은 채 하루종일 놓아주지
않으시니라.
3 저녁이 되자 설상가상으로 "오늘 저
녁에 나하고 같이 있자." 하시니 성영
이 지엄하신 명을 거역할 수 없어서 조
심스럽게 하룻밤을 자매 그 이튿날 또
자자고 하시는지라
4 연유도 말씀해 주시지 않고 그러시니
성영이 더욱 민망해하다가 드디어 24
일 새벽에 태모님께서 잠깐 주무시는
틈을 타 전주로 도망하니라.
5 태모님께서 잠을 깨시어 성영이 달아
났음을 아시고 크게 걱정하시며 이용
기에게 말씀하시기를
6 "제 놈이 가봐야 거기서 거기지. 이미
올가미에 옭혔으니 제 아무리 달아나
려 하여도 벗어나지 못하리라." 하시
고
7 또 말씀하시기를 "성영은 물오리라. 사
면팔방으로 날아다녀도 앉는 곳마다
물이니라." 하시니라.

이상호의 불의를 꾸짖으심

323 태모님께서 종종 이상호를 가리
켜 말씀하시기를 "상호, 저 도둑
놈, 역적놈!" 하시고 "저놈이 내 일을
망쳐 놓는다." 하시니라.
2 어느 날 태모님께서 상호를 보시고 또
"저 도둑놈, 역적놈!" 하시니 상호가
대들며 "제가 무슨 도둑질을 했습니
까?" 하거늘
3 태모님께서 신도(神道) 난 음성으로
"네 이놈!" 하고 호령하시며 담뱃대로
때리시니 상호가 무서워 달아나니라.
4 태모님께서 평소 상호에게 거처하시는
방문 앞을 지나다니지 못하도록 엄명
을 내리시거늘
5 간혹 상호가 그 앞을 지나가면 "저기
어떤 놈이 지나가느냐!" 하고 호통을
치시니라.

억조창생의 어머니로서 대속하심

324 하루는 태모님께서 측간에 가
시는데 변변치 않은 나무때기로
대강 지어 놓은 것이라 이마를 부딪혀
한 시간 동안 기절하여 깨어나지 못하
시더니
2 문득 일어나시며 부르짖어 말씀하시
기를 "사람 같은 놈이 있느냐. 저 살기
(殺氣), 저놈의 살기!" 하시니라.
3 또 한번은 태모님께서 방문을 열고 부
엌을 내다보시다가 갑자기 문턱에 가
슴을 찧고 기절하시거늘
4 이때 한 성도가 당황하여 "어머니가
왜 저러시죠?" 하니 대윤이 신안으로
보고 말하기를 "아버지가 탁 치시더
만." 하니라.
5 태모님께서 잠시 후에 깨어나시어 혼
잣말로 말씀하시기를 "이 세상에 옳은
놈이 어디 있습니까? 그래도 살려야지
요." 하시니라.

전대윤을 몰아낸 이상호의 아내

325 태모님께서 용화동에 계실 때
항상 전대윤이 시중을 드니, 당시
태모님의 성수(聖壽) 53세요 대윤의 나
이 72세라.
2 대윤은 태모님을 모신 이후 신도(神道)
가 내려 치병에 능할 뿐 아니라 앞일을
예지하는 능력이 뛰어나더니

3 태모님께서 진짓상 시중과 요강 심부
름 등 모든 시중을 대윤에게만 들게
하시고
4 대윤을 대할 때마다 "이년, 저년!" 하
고 구박을 하시며 별 잘못이 없어도
크게 꾸짖으시니 보는 사람이 민망할
지경이더라.
5 그래도 대윤은 조금도 불평없이 한결
같은 마음으로 성경신을 다해 태모님
을 모시니라.
6 어느 때는 태모님께서 대윤으로 하여
금 하얀 머리를 산발(散髮)한 채 대막
대기를 잡고 상주 노릇을 하게 하시고
7 또 태모님께서 다리를 벌리고 앉으시
어 대윤의 머리를 조아리게 하며 벌
(罰)을 주기도 하시니
8 이를 본 이상호의 아내가 '너무 예의가
아니고 민망스럽다.'고 생각하여
9 종종 대윤에게 말하기를 "대윤 형님!
그렇게 고초를 겪지 말고 아드님한테
도망을 가시오." 하며 부추기니라.
10 이에 대윤이 아랑곳하지 않고 태모님
곁에서 계속 시중을 들거늘
11 하루는 상호의 아내가 태인에 사는 대
윤의 큰아들 김수응에게 사람을 보내
'어머니를 모시고 가라.'고 기별하니
12 수응은 태모님의 신도 세계를 익히 아
는지라 태모님의 깊은 뜻이 계시리라
믿고 모셔가지 않으매
13 상호의 아내가 다시 대윤의 손자 준익
(俊翊)에게 '할머니가 여기 있으면 꼴이
영 말이 아니니 어서 집으로 모셔 가
라.'고 기별하니라.
14 태모님께서 이 사실을 아시고 상호의
아내를 불러 크게 꾸짖으시니라.

집으로 돌아간 후 대윤에게 닥친 불행

15 얼마 후 준익이 용화동으로 대윤을 데
리러 오니 그날도 태모님께서 대윤에
게 "이년, 저년!" 하시거늘 준익이 불
평을 하며 강제로 데려가더니
16 대윤이 태인으로 돌아간 지 얼마 후에
작은아들 김수남이 사망하고, 대윤은
일 년 뒤에 시름시름 앓다가 죽고, 몇
년 후 남편 김두옥(金斗玉)과 큰아들
수응도 차례로 죽으매 집안이 쑥대밭
이 되니라.
17 대저 태모님께서 대윤을 심하게 구박
하심은 그 죄업을 벗기어 목숨을 건져
주시고자 함이거늘
18 상호의 아내가 그 깊은 뜻을 헤아리지
못하여 돌이킬 수 없는 결과를 초래하
게 되니
19 뒷날 상호의 아내가 수없이 뉘우쳐 말
하기를 "내가 신인(神人)의 세계를 모
르고 사모님과 대윤 형님의 천륜(天倫)
을 끊었으니 이제 와서 죄가 된다." 하
니라.

이상호의 아들을 살려 주심

326 전대윤이 용화동 도장을 떠나
태인 큰아들 집에 머무르고 있
을 때
2 이상호의 둘째 아들 인석이 시두에 걸
려 몸이 불덩이같이 되며 심하게 앓거
늘
3 상호의 아내가 아침 밥상을 들이며 말
하기를 "아, 이럴 적에 대윤 형님이라
도 오시면 얼마나 좋을까." 하고 안타
까워하니라.
4 이때 문득 태모님께서 대윤에게 성령
으로 나타나시어 등을 후려치며 명하
시기를 "어서 상호의 집에 가 보라."
하시는지라
5 대윤이 길을 나서매 50리 길이 너무도
가깝게 느껴지거늘 상호의 집에 당도
해 보니 아직 밥상을 물리지 않았더라.
6 대윤이 앓는 아이를 잠시 쳐다보다가
갑자기 땀을 흘리고 숨을 크게 몰아쉬
며 "음~ 음~." 하고 신음하더니
7 아이가 순식간에 열이 내리고 곧 나아
일어나니라.

용화동 도장에서 나온 고민환의 탄식

327 용화동 도장 초기부터 김수열, 고민환, 이용기가 내무(內務)를 맡고 전대윤이 식모로 일하며 태모님을 모시고 있더니
2 얼마 후 이상호를 주축으로 한 용화동 측 신도들이 사욕과 유교 의식에 빠져 태모님의 가르침을 받들지 않고 제멋대로 행동하기 시작하매
3 김수열과 전선필은 상호를 불량한 사람이라 여기고 용화동을 떠나 각자 집으로 돌아가니라.
4 한편 태모님께서 민환을 곁에 두시고 모든 일을 상의하여 처리하시니 상호의 시기심이 갈수록 더해져 마침내 민환을 해(害)하려 하거늘
5 태모님께서 그 기미를 아시고 민환에게 명하시어 당신 곁을 떠나지 못하도록 하시니라.
6 하루는 민환이 도장의 현실을 생각하며 탄식하기를 "슬프도다! 교인들이 어머님의 신도(神道)를 이해하지 못하고 하나같이 허례를 일삼으며
7 또한 생명을 다루는 도업을 앞에 두고 장난 삼아 망동하니 어찌 이것이 사람을 살리는 천하사 일꾼의 자세라 할 수 있으리오." 하고 비통히 여기더니
8 의분(義憤)을 참지 못해 '용화동 도장 출범 이후 떨어져 나간 신도들을 모아 다시 세력을 규합하여 다른 방도를 찾으리라.' 생각하고
9 한편으로는 상호 측의 위해(危害)가 있을까 두려워 밤중에 도장을 나와 고향 옥구로 돌아가니라.
10 이로부터 민환이 이전에 신앙하던 신도들을 일일이 방문하며 교단 재건립 운동을 추진하니
11 옥구군 옥산면 남내리(玉山面 南內里) 지재 마을 문영희(文榮喜)의 집에 임시 연락처를 정하고 도체(道體) 조직을 서두르니라.

용화동 계룡산에서 공사 보심

328 9월 20일 자정에 태모님께서 주무시다가 일어나시어 갑자기 이용기에게 "바깥을 나가자!" 하시거늘
2 용기가 태모님을 등에 업고 금산사 가는 길로 올라가던 중 용소(龍沼) 옆에 다다르니
3 용기의 등에서 내리시어 용소를 이리저리 살피시며 물으시기를 "깊이가 얼마나 된다고 하더냐?" 하시므로
4 용기가 대답하기를 "속설에 명주 실꾸리가 하나 들어가게끔 깊다고들 합니다." 하매 태모님께서 "그러냐?" 하시고 다시 "제비창골로 가자." 하시니라.
5 이에 용기가 다시 태모님을 업고 가는데 계룡산(鷄龍山) 정상 바로 아래에 내리시어 "갑갑하구나." 하시거늘
6 문득 달이 차차 높아져서 조금씩 환해지더니 마침내 산천이 밝게 보이니라.
7 태모님께서 물으시기를 "이렇게 되면 앞이 어디가 되냐?" 하시므로 용기가 "선천은 자좌오향(子坐午向)이요, 후천은 묘좌유향(卯坐酉向)이라고 합니다." 하고 아뢰니
8 또 물으시기를 "그러고저러고 앞이 막히지나 않느냐?" 하시매 용기가 "부안 변산까지 막 보입니다." 하고 대답하니라.
9 이에 태모님께서 이르시기를 "그러면 너 가서 둘러보아라." 하시므로
10 용기가 지리(地理)에 대해 아는 바가 없으나 태모님의 명을 받들어 계룡산 정상에 올라가 변산 쪽을 둘러보고 있으니
11 잠시 후 태모님께서 그곳에 당도하시는지라 용기가 "이쯤 되면 좋겠습니다." 하고 아뢰니
12 태모님께서 "여기냐, 여기냐?" 하시며 발로 서너 번 구르시고 "물은 어디로 빠지냐?" 하시거늘
13 용기가 "당문파(當門破)로 보입니다."

하고 대답하니라.

이상한 일을 보거든 명심하라

329 10월 보름날에 가전 마을에 사는
오수엽의 장녀 채순(采順)이 세
살인데 급경풍으로 사경에 이른지라
2 수엽이 태모님께 찾아와 그 사정을 아
뢰니 이르시기를 "이 길로 곧 돌아가
다가 길에서 이상한 일을 보거든 명심
하라." 하시니라.
3 이에 수엽이 바삐 집으로 돌아가는데
맑은 하늘에 별안간 공중으로부터 무
엇이 모자 위에 떨어지므로 자세히 보
니 노루 쓸개라.
4 수엽이 그것을 가지고 가서 지성으로
기도하고 갈아 먹이니 아이의 병이 곧
나으니라.

나도 부국강병이다

330 동짓달 26일 자정에 눈바람이
심하게 부는데 까마귀 떼가 모
여들어 시끄럽게 울어대거늘
2 태모님께서 주무시다 일어나시어 "불
을 밝혀라." 하시고 "소식도 없이 무슨
난리냐? 주전없는 놈들, 주전없는 놈
들!" 하시니라.
3 이어 고라니 울음소리가 들리니 태모
님께서 이르시기를 "연산(鳶山)에서 고
라니가 운다." 하시고
4 이번에는 소쩍새가 울거늘 태모님께서
들으시고 역정을 내며 말씀하시기를
5 "내 자식 내가 먹이는데 네가 무슨 걱
정이냐? 나도 부국강병이다. 나도 부
국강병이다." 하시며
6 성도들에게 이르시기를 "개벽주(開闢呪)
와 해인주(海印呪)를 읽어라." 하시니 성
도들이 다같이 주문을 읽으니라.
7 다음날 아침에 한 성도가 밖에 나가
보니 까마귀 두 마리가 감나무 밑에
떨어져 죽어 있더라.

꿈속에서 병을 고쳐 주심

331 옥구군 미면 산북리 임사(臨沙)
마을에 사는 이고산(李高山)의
아내가 복통증(腹痛症)으로 수십 년 동
안 고생하다가
2 하루는 고춘자에게 치병을 부탁하니
춘자가 이르기를 "본소에 가서 지성으
로 기도하면 나으리라." 하거늘
3 고산의 아내가 말하기를 "집이 가난하
여 혼자서는 치성을 모시지 못하겠으
나 기도 비용으로 2원 50전을 보조해
드릴 테니 나를 대신하여 기도하여 주
십시오." 하니라.
4 며칠 후 고산의 아내가 꿈에 도장에 가
니 태모님께서 위로하시기를 "애썼다."
하시고 "네 병이 나으리라." 하시더니
그 후에 완쾌되니라.

죽은 아이가 다시 살아남

332 옥구 서수면 서수리에 사는 채
사흥(蔡士興)의 손자 규석(奎錫)
이 경풍으로 10여 일을 앓다가 마침내
숨을 거둔지라
2 이때 고춘자가 치병하고 있다가 이런
일을 당하매 태모님께 와 뵙고 이 사
실을 아뢰니
3 태모님께서 이르시기를 "네가 돌아가
서 그 아이 시체 옆에 앉아 개벽주(開
闢呪) 세 번과 칠성경(七星經) 일곱 번
과 갱생주(更生呪) 스물한 번을 읽으면
다시 살아나리라." 하시거늘
4 춘자가 돌아가서 그대로 행하니 아이
가 곧 회생하니라.

내 자식 내가 입히고 먹이고 할 것이니

333 섣달 23일 해시(亥時)에 이용기,
박종오, 제주의 강응규(姜應圭),
부안의 김성환(金成煥) 등이 앉아 있는
데
2 문득 북쪽에 있는 어느 산에서 고라니

울음소리가 들리므로 태모님께 고하
니
3 태모님께서 그 산을 향하여 "그만두어
라." 하고 두세 번 말씀하시니 고라니
소리는 곧 그치고 다시 소쩍새 소리가
들리는지라
4 말씀하시기를 "솥이 작고 크고 그만두
어라. 내 자식 내가 입히고 먹이고 할
것이니 그만 가거라." 하시니 그 소리
도 곧 그치니라.
5 이어 태모님께서 "주안상을 들여라."
하시고 술을 드시며 말씀하시기를 "속
설에 '남의 상에 감 놓아라 배 놓아라.'
하는 격이 아니냐." 하시니라.

중앙에 좌정, 시천주주 읽으시며 보신 공사

334 24일 저녁에 옥구의 박종오, 제
주의 한상익(韓相益), 부안의 김
성환, 익산의 이용기 등 네 사람이 앉
아 있거늘
2 태모님께서 시간을 물으시니 종오가
대답하기를 "유시(酉時)이옵니다." 하
니라.
3 이때 갑자기 눈바람이 크게 일고 까마
귀들이 떼지어 소리를 지르며 마을을
휩쓸고 나는지라
4 태모님께서 즉시 네 사람을 불러 동방
에 이용기, 남방에 한상익, 서방에 김
성환, 북방에 박종오를 세우시고
5 태모님께서는 중앙에 좌정하시어 시천
주주 7독을 송주케 하신 후에 종오에
게 물으시기를 "바람기가 어떠한고?"
하시니
6 종오가 "금일 오시(午時)와 같사옵니
다." 하매 태모님께서 "주안상을 들여
라." 하시어
7 술을 받으며 말씀하시기를 "이사륙팔
십(二四六八十)의 이사륙팔은 제외(除
外)라." 하시니라.

너희들에게 치병을 맡기나니

335 계유(癸酉: 道紀 63, 1933)년 정월
20일에 전주군 조촌면 화전리
(助村面 花田里)에 사는 김석배(金石培)
의 모친 정성녀(鄭姓女)와 같은 마을에
사는 박경신(朴敬信)과 익산 영등리에
사는 주원일(朱元日)의 아내 김성녀(金
姓女)가 태모님을 찾아뵙고
2 영등리에 사는 탁치복(卓致福)의 아내
소씨(蘇氏)가 뱃속 혈적증으로 고통 중
에 있음을 아뢰니
3 태모님께서 이르시기를 "그 병이 대단
히 중하도다. 너희들에게 맡기나니 너
희들 의사 대로 처리하여 보아라." 하
시므로
4 세 사람이 치성과 기도를 두 차례 올
리니 그 병이 자연히 완치되니라.

청수를 올리고 기도하니

336 2월 3일에 전주군 삼례면 삼례
리 가린멀에 사는 박재근(朴在
根)의 두 살 된 장녀가 장풍(腸風)으로
사경에 이르거늘
2 김성녀(金姓女)가 태모님께 이 사실을
아뢰니 "네가 가서 성심으로 치병하라."
하시므로
3 김성녀가 즉시 가서 청수를 올리고 기
도하니 병이 완쾌되니라.

말씀이 곧 생명인 태모님

4 이 달 5일에 태모님께서 이용기의 둘째
딸 이순(二順)을 보시고 "이 아이가 어
찌 뼈가 없느냐?" 하시니 이순이 대답
하기를 "예, 뼈가 없습니다." 하니라.
5 태모님께서 직접 만져 보시고 "뼈가 있
구나!" 하시며 용기의 손을 끌어다가
만져 보게 하시니 가냘픈 뼈가 금세
굵어졌더라.
6 태모님께서 다시 이르시기를 "이 아이
가 살도 없구나." 하시므로 용기가 "이
애 몸에 살을 붙여 주옵소서." 하니 이
후에 점차로 살이 붙기 시작하니라.

예고신주를 읽어 치병케 하심

337 3월에 김형식(金亨植)의 유아가
경풍을 앓거늘 7일이 지나서 평
소 알고 지내던 박종오에게 치료를 청
하는지라
2 종오가 태모님께 찾아와 이 사실을 아
뢰니 일러 말씀하시기를
3 "돌아가서 그 사람에게 예고신주를 지
성으로 읽되 아침, 점심, 저녁으로 삼
칠독씩 사흘간만 읽으라고 해라." 하
시므로
4 종오가 돌아가 말씀을 전하니 형식이
그대로 행하매 아이의 경풍이 곧 나으
니라.

문명수에게 아들 셋을 내려 주심

338 임피 술산에 사는 문명수가 아들
셋을 잃고 난 후로 마흔이 다 되
도록 아들을 두지 못하여 한이 되다가
2 하루는 그 아내 이순금을 데리고 태모
님께 와 뵈니 물으시기를 "아들 없음
이 한이냐?" 하시고
3 순금에게 청주 한 잔과 통조림 고기
한 점을 주며 말씀하시기를 "잉태 못
한 여자가 먹나니 돌아가서 아들을 많
이 낳거라." 하시거늘
4 이 뒤에 순금이 계속하여 아들 삼 형
제를 낳으니라.

천하가 다 내 자손인데

5 태모님께서 만민을 사랑하시어 일일이
자손줄을 내려 주시거늘
6 혹 성도들이 태모님의 혈육에 대해 여
쭈면 "천하가 다 내 자손인데 내색할
게 뭐 있느냐?" 하시니라.

성영의 기운을 읽어 주심

339 26일 진시(辰時)에 태모님께서
이상호 내외와 이용기 내외를
부르시어
2 용기로 하여금 상제님 어진 앞에 청수
와 교적(教籍)을 올리고 시천주주를 읽
게 하신 뒤에
3 "그 교적을 가져오라." 하시고 상호에
게 성영이 있는 곳을 물으시니 상호가
"전주에 있습니다." 하고 대답하니라.
4 이에 태모님께서 "성영을 속히 데려오
겠느냐?" 하시거늘 상호가 묵묵히 있
으매 용기가 대신 "곧 데려오겠나이
다." 하고 아뢰니
5 잠시 후에 태모님께서 다시 물으시매
용기가 공사의 뜻이라 생각하고 "이미
데려왔습니다." 하고 대답하니라.
6 태모님께서 교적을 용기에게 주시며
"서너 번 돌리라." 하시므로 용기가 받
아서 상호에게 주고, 상호는 다시 용기
에게 주고, 또 용기가 상호에게 전하매
7 물으시기를 "이만하면 흡사하냐?" 하
시므로 용기가 "적당합니다." 하니 태
모님께서 "술상을 가져오라." 하시니
라.
8 태모님께서 술 석 잔을 부어 상호와
용기에게 한 잔씩 주시고 "한 잔은 성
영에게 준다." 하시며 무명지(無名指)를
넣어 저으시면서
9 "수리수리 마하수리 수수리 사바하. 술
에 물 탄 듯, 물에 술 탄 듯." 하시더니
10 이후에 성영이 교단을 차리려고 한 일
이 난관에 부딪치자 포교 운동을 중지
하고 돌아오니라.

용기의 셋째 딸을 치료해 주심

340 이 달 29일에 박종오, 이용기,
김성환 등 세 사람이 방에 앉아
있는데 태모님께서 문득 "길을 비켜
라." 하시거늘
2 모두 살펴보니 별복(鼈腹)을 앓고 있는
용기의 세 살 된 셋째 딸 삼순(三順)이
문밖에 서 있는지라
3 한 성도가 문을 열어 주니 들어와 방
을 닦으매 태모님께서 삼순을 보고 말
씀하시기를
4 "이 아이의 뱃속에 아이가 들었도다."

하시며 손으로 배를 어루만져 주시니
이로부터 별복이 낫고 아무 병 없이
성장하니라.

상량을 해야 하니 모를 내지 마라

341 태모님께서 용화동에 계실 때
하루는 한 농부가 모를 내려고
논을 모두 손질해 놓았거늘
2 태모님께서 방에 앉으시어 뒷문으로
내다보시고 말씀하시기를 "저 논에 상
량(上樑)을 해야 하니 모를 내지 마라."
하시는지라
3 성도들이 영문을 몰라 어리둥절해하
다가 다음날 아침에 논에 나가 보니
이상하게도 모판의 모가 다 말라죽었
거늘
4 얼마 후 태모님 말씀 대로 그 논에 집
을 짓게 되니라.

지성으로 심고하고 오주를 읽으라

342 5월에 임피면 영창리(永昌里)에
사는 박중오(朴仲五)가 태모님께
찾아와 문안을 드리고 아뢰기를
2 "저의 손자가 아홉 살인데 갑자기 복
통이 나더니 이제 병세가 위중하여 백
방으로 치료해 보았으나 차도가 없사
오니 어찌하오리까?" 하매
3 태모님께서 일러 말씀하시기를 "그러
면 돌아가서 아이 어미더러 청수를 올
리고 지성으로 심고한 후에
4 그 아이의 배를 손으로 어루만지며 그
때마다 오주를 열다섯 번씩 읽되 일곱
차례로 나누어 하루 밤낮만 행하게 하
라." 하시거늘
5 중오가 돌아가서 명하신 대로 하니 그
손자의 복통이 씻은 듯이 나으니라.

원한을 품고 돌아갔더니

343 이 달 보름에 영등리에 사는 주
원일의 아내 김성녀가 갓 들어
온 여신도를 데리고 태모님께 와 문안
을 드리니
2 태모님께서 그 신도를 보시고 놀라며
방 안으로 들어오지 못하게 하시고
3 "지랄 말고 즉시 돌아가라." 하시며 성
녀에게 명하시어 데리고 돌아가게 하
시는지라
4 성도들이 연유를 몰라 당황하더니 알
고 본즉 그 여신도가 간질병 환자더라.
5 이때 그 신도가 원한을 품고 돌아가매
그 후로 간질이 낫거늘
6 그제야 태모님의 은혜임을 깨닫고 성
녀와 함께 폐백을 가지고 다시 찾아와
뵈니
7 태모님께서 따뜻이 맞으시며 "이제는
무병(無病)하냐?" 하시니라.

이만하면 넉넉하겠느냐

344 이 해 4월부터 날이 심히 가물
어 이종(移種)을 못 하매 민심이
소란하더니
2 5월 20일에 열두 살 된 이상호의 전처
딸 정남(井南)이 부모의 심부름으로 와
뵙거늘
3 태모님께서 불러 무릎 위에 보듬어 앉
히시고 말씀하시기를 "어미 없이 자라
니 불쌍하다." 하시고 크게 울며 눈물
을 많이 흘리시는지라
4 성도들이 진정하시기를 간청하되 그치
지 않으시고 두어 시간을 우시다가
5 문득 성도들에게 물으시기를 "이만하
면 넉넉하겠느냐?" 하시니 성도들이
물으신 뜻을 알지 못하고
6 다만 태모님의 울음을 그치게 하려고
"넉넉합니다." 하고 대답하니라.
7 이에 다시 물으시기를 "풍족하냐?" 하
시므로 "풍족합니다." 하고 대답하니
태모님께서 울음을 그치시거늘
8 반시간쯤 지난 뒤부터 검은 구름이 일
어나 삽시간에 하늘을 덮고 소낙비가
내리기 시작하여 두어 시간 만에 그치
는지라

9 사방에서 이 비로 인하여 이종은 하였
으나 우량(雨量)이 좀 부족하여 천수답
(天水畓)은 심지 못한 곳이 많더라.

서신사명 수부사명

345 6월 24일 어천치성을 올린 후
태모님께서 신도 수십 명을 벌
여 앉히시고 진액주를 한 시간 동안 읽
게 하신 뒤에 박종오에게 "지필(紙筆)
을 들이라."고 명하시어
2 舊天地 相克 大寃大恨
구천지 상극 대원대한
新天地 相生 大慈大悲
신천지 상생 대자대비
라 쓰게 하시고
3 성도들로 하여금 뒤를 따르게 하시어
왼쪽으로 열다섯 번을 돌며 '구천지 상
극 대원대한'이라 읽히시고
4 오른쪽으로 열다섯 번 돌며 '신천지 상
생 대자대비'라 읽히신 다음
5 이어 '서신사명(西神司命) 수부사명(首婦
司命)'이라 열여섯 번을 읽히시니라.

종통대권은 너희들의 어머니에게 맡긴다

6 하루는 태모님께서 성도들에게 말씀
하시기를 "상제님께서 천지공사를 통
해 평천하를 이루시고
7 수부 도수(首婦度數)로 '천하 만민을 살
리는 종통대권(宗統大權)은 나의 수부, 너
희들의 어머니에게 맡긴다.'고 말씀하
셨느니라." 하시니라.

물을 내려 주옵소서

346 이 날 석양에 태모님께서 상제님
어진 앞에 배례하고 앉으시어 목
침으로 마룻장을 치며 말씀하시기를
2 "모든 일을 둘둘 뭉쳐 저 어린것에게 짐
지워 내세우시면서 풀어 주지 아니하시면
장차 어찌하려 하시나이까?
3 집이 있나이까? 처자(妻子)가 있나이
까? 물을 내려 주옵소서." 하시니라.

도읍 옮겨 천자국 된다

347 오십토(五十土) 중앙으로 도읍을
옮겨 천자국 되고
상등, 중등, 하등 도통 나오는구나.
2 조화 조화 내 조화요, 상제님의 조화
로다.
3 너희들은 살아 잘되기를 바라라.
4 서양교는 죽어 잘되기를 바라지만 우
리들은 살아서 잘되기를 바라노라.
5 동서양에 쓸 사람은 십 리에 한 사람
씩 드문드문 두었느니라.

후천 오만년 운수, 음양이 근본

348 6월에 대교령 홍원표가 사임하
니 얼마 후 부교령 이성영으로
하여금 그 직권을 대행케 하시니라.
2 7월 5일 술해시(戌亥時)에 태모님께서
박종오를 불러 이르시기를 "집이나 잘
보소." 하시고
3 이용기에게 "너는 볼일이 있다. 계룡산
(鷄龍山)이 어디냐?" 하시며 "행차 준비
를 하라." 하시니 용기가 담뱃대와 담
배, 그리고 성냥을 챙기니라.
4 이윽고 태모님께서 용기의 등에 업혀
계룡산에 이르러 말씀하시기를
5 "계룡산은 여기려니와 용소(龍沼)가 없
구나." 하시니 용기가 한쪽을 가리키
며 아뢰기를 "용소는 저기 있사옵니
다." 하거늘
6 태모님께서 "담뱃불을 붙이라." 하시어
담배를 피워 무시고 사방을 살펴보시
며 산과 누대(樓臺)의 이름을 물으시매
7 용기가 대하여 대금산(大金山), 소금산
(小金山), 용안대(龍眼臺), 자천대(紫泉
臺), 악양루(岳陽樓), 고소대(姑蘇臺), 수
양산(修養山), 제비산(帝妃山), 운산(雲
山), 구성산(九城山)을 낱낱이 아뢰니라.
8 태모님께서 그제야 "수양산이 어디냐?"
하고 물으시므로 용기가 수양산을 가
리키며 "저기입니다." 하고 아뢰거늘
9 태모님께서 수양산을 바라보며 말씀

하시기를 "구성(九城) 속에 수양산이
결실하였도다." 하시고
10 다시 용소로 가시어 "멀지도 않구나."
하시더니 "후천 오만년 운수는 음양이 근
본이니라." 하시며
11 "속설에 '수양산 그늘이 강동 팔십 리'
라는 말이 이곳을 두고 나온 말이니
잘 기억하여 두라." 하시니라.
12 또 모악산을 바라보며 말씀하시기를
"모악산 산신은 둘이니 남자는 여자
되기가 원(願)이요, 여자는 남자 되기
가 원이라." 하시니라.

외국 신명을 대접하심

349 7월 칠석절에 태모님께서 치성
을 올리신 후에 윗방에 '외국 신
명(外國神明)'이라 위패를 써 붙이시고
2 큰 자배기에 밥을 많이 담아 그 앞에
놓고 수저를 많이 꽂게 하시며 찬수(饌
需)를 잘 차려 진설하신 다음
3 성도들에게 개벽주(開闢呪)를 읽히시며
위패를 향하여 말씀하시기를 "배불리
먹고 돌아가라." 하시니라.

이성영에게 다짐을 받으심

350 이 해 4월부터 이성영이 조학구,
박봉식(朴鵬植), 정태환(鄭台煥)과
여신도 김정렬(金貞烈)을 데리고 전주
완산정(完山町)에 있는 보천교 교당에
머물며 포교 운동을 일으키다가
2 8월 10일경에 조병관(趙秉觀)의 갑작스
런 죽음으로 모든 경영이 실패로 돌아
가매 포교 활동을 중지하고 김정렬 등
을 데리고 돌아오니라.
3 이에 태모님께서 담뱃대로 정렬을 때
리시며 "어린것을 데리고 가서 그런
흉한 일을 당하고 오니 무슨 꼴이냐."
하고 꾸짖으시더니
4 성영에게는 지난 3월에 공사를 끝내지
않고 달아났음을 꾸짖으시며 회초리
로 종아리를 때리시고
5 말씀하시기를 "큰 재앙이 네 몸에 미치
지 않은 것이 다행이니라." 하시니라.
6 이후 태모님께서 성영을 보실 때마다
자주 회초리를 드시어 종아리를 때리
시더니
7 얼마 후 태모님께서 성영을 데리고 사
흘 동안 공사를 행하신 뒤에 다짐하여
물으시기를 "이제는 진심으로 받겠느
냐?" 하시거늘
8 성영이 대답하기를 "일심으로 받들겠
나이다." 하니라.
9 하루는 태모님께서 성영에게 명하시어
"나를 업어라." 하시고 등에 업히신 채
긴 담뱃대로 방향을 가리키시며 "이리
가자 성영아! 저리 가자 성영아!" 하시니
10 성영이 어쩔 줄 몰라 우왕좌왕하매 담
뱃대로 머리를 딱딱 때리시니라.

물을 먼저 쓰려 함이니라

351 8월 20일에 정태환이 성영의 안
내로 와서 뵈니 태모님께서 태
환에게 말씀하시기를 "거짓말을 잘하
는구나." 하시는지라
2 태환이 아뢰기를 "소자는 태어나서 아
직까지 거짓말을 해 본 일이 없나이
다." 하니
3 말씀하시기를 "네가 군산에서 거짓말
을 하며 살다가 어느 여관에서 밥값도
갚지 않고 보따리를 들고 밤중에 도망
한 일이 있지 않더냐?" 하시니 태환이
깜짝 놀라니라.
4 대저 태환은 몇 년 전에 군산 미두장
(米豆場)에서 옥관(玉關) 노릇을 하다가
실패하고, 머물던 여관에서 밤중에 도
망한 일이 있거늘 태모님께서 이 일을
말씀하심이니
5 태환이 크게 울며 사죄하고 다시는 거
짓말을 하지 않기로 맹세하고 돌아가
니라.
6 이 날 오후에 태모님께서 이성영, 박종
우(朴鍾雨), 김재윤을 데리고 용화동 뒤

정자나무 북편 동산 밑 작은 길가에
가시어
7 성영에게 일러 말씀하시기를 "너는 이
곳에 집을 짓고 살라. 이는 물을 먼저
쓰려 함이니라." 하시니라.

김이봉의 문둥병을 치료해 주심

352 오룡동에 사는 김이봉(金二鳳)이
문둥병으로 수년 간 고통 중인
데 백약이 무효하거늘
2 9월 26일에 그의 형 김도봉이 이용기,
정덕근과 함께 태모님을 뵙고 이 사실
을 아뢰니
3 태모님께서 말씀하시기를 "그 병은 천
지에서 아는 병이다." 하시고 "네가 알
아서 하여라." 하시므로
4 도봉이 그 모친 박오용과 이용기, 정
덕근과 함께 지성으로 기도하니 그 병
이 곧 완치되니라.

천지가 정한 법

353 천지가 정한 법이 어찌 틀리리오.
2 생각은 안 해 보고 자기 사담
(私談)만 하는구나.
3 남방에 불 묻은 것을 누가 알까.
4 변산 같은 불덩이를 그냥 두면 세계
인민 다 죽는다.
5 호남서신(湖南西神) 아니고는 내 일을
누가 알겠느냐.
6 나의 일은 폭을 못 잡느니라.

제 정신을 제가 차려야

354 하루는 치성을 올린 후에 무당
두 사람이 서로 어울려 싸우매
주위 사람들이 아무리 말려도 소용이
없거늘
2 태모님께서 보시고 말씀하시기를 "저런
못난 것들을 보았나. 저것들이 귀신한
테 져 가지고 저 모양이구나." 하시며
3 친히 마당으로 내려가시어 담뱃대로
두 사람의 머리를 때리시되 여전히 머
리채를 움켜쥔 채 떨어지지 않는지라
4 태모님께서 부엌에 들어가 바가지에
구정물을 퍼 와서 끼얹으시니
5 그제야 싸우던 두 사람이 히히 웃고
떨어지며 아무 일 없었다는 듯 각자
제 할 일을 하니라.
6 태모님께서 일러 말씀하시기를 "귀신
에게 끌려 다니지 말고 제 정신을 제가 차
려야 하느니라." 하시니라.

마음이 첫째이니 주저 말고 참여하라

355 여신도들이 경도(經度)를 할 때
면 조심스러워하며, 특히 치성
을 모실 때는 불결하다고 생각하여 참
여하지 않으려 하니
2 태모님께서 말씀하시기를 "죽은 나무
는 이슬을 맞아도 소용이 없지만 산
나무에는 이슬이 필요하듯이 산 나무
의 이슬과 같으니 조금도 주저할 것
없느니라." 하시고
3 "마음이 첫째이니 목욕재계한 후 조금
도 주저 말고 참여하라." 하시니라.

유교의 틀에 매인 상호와 성영을 꾸짖으심

356 이상호와 이성영은 고루한 유교
의식의 틀에 매여 태모님의 신
도 세계를 전혀 받아들이지 못하거늘
2 태모님께서 두 사람의 이런 심법을 들
여다보시고 신도가 내릴 때마다 종종
"이놈, 저놈" 하시며 담뱃대로 때리시니
3 두 사람은 맞는 것이 두렵고 체면도
손상되매 태모님을 피해 다니려고만
하니라.
4 태모님께서 이상호 형제들의 이러한 행
동을 지켜보시고 말씀하시기를 "못난
놈들이 못난 짓거리 한다." 하시니라.

이상호 형제의 불의와 태모님의 고초

5 일찍이 두 사람이 태모님을 모신 의도
는 '정통성을 확보하고 태모님의 신권
을 바탕으로 교세를 확장하기 위함'이
었으나

6 막상 모시고 보니 태모님께서 신도로써
행하시는 천지공사의 진행 방법과 언행
이 단순한 무당짓으로만 여겨지거늘
7 두 사람이 '저런 경우가 어디 있냐? 저
런 모습이 외부에 알려지면 교단의 품
위가 떨어진다.' 하여 태모님께서 거처
하실 방을 따로 정하여 모시니
8 이는 겉으로는 태모님을 높이는 척하
면서 실제로는 태모님의 행동반경과
출입을 제한하려는 것이더라.
9 태모님께서 조종리 도장 재판 사건 이후
용화동 신도들의 불의(不義)와 사욕으로
인해 감금에 가까운 생활을 하시면서
10 천하창생의 죄를 대속하시니 날이 갈
수록 건강이 매우 쇠약해지시니라.

상제님께서 성령으로 찾아오심

357 태모님께서 용화동에 계실 때 한번은 종기가 나서 약을 써도 차도가 없고 종처가 점점 크게 부어 올라 꼼짝을 못 하시거늘
2 성도들이 근심하던 중에 어느 날 하룻
밤을 주무시고 났더니 그 종기가 감쪽
같이 다 나아 버린지라
3 성도들이 그 연유를 여쭈니 말씀하시기
를 "너희 아버지가 어젯밤에 오셔서 청수
를 발라 주고 가셨느니라." 하시니라.

일본 순사들을 혼내 주심

358 며칠 뒤 태모님께서 마루에 앉아 성도들과 담소를 나누시더니 느닷없이 음률에 맞춰 "온다, 온다, 온다, 온다." 하시거늘 모두 이상하게 여기니라.
2 잠시 후에 칼을 찬 일본 순사 두 명이
태모님을 연행하려고 오는데 태모님
의 말씀에 장단을 맞추어 '딱, 딱, 딱,
딱' 군화 소리를 내며 대문 안으로 들
어오거늘
3 이때 태모님께서 두 순사에게 "모자 벗
어!" 하시니 두 사람이 동시에 모자를
벗고, "칼 내려 놔!" 하시니 칼을 벗어
내려놓고, "장화 벗어!" 하시니 장화를
벗고, "옷 벗어!" 하시니 옷을 벗는지라
4 태모님께서 "에라, 이놈들! 춤이나 춰
라." 하시니 두 사람이 땀을 뻘뻘 흘리
며 춤을 추니라.
5 한참 후에 태모님께서 "옷 입어!" 하시
니 순사들이 벗어 놓은 옷을 입고, "돌
아가!" 하시니 모자와 칼을 들고 허겁
지겁 돌아가니라.
6 한편 김제 경찰서에서는 태모님을 연
행하러 간 순사나 고등계 형사들이 번
번이 그냥 돌아오거늘
7 서장이 "왜 못 잡아 오느냐?" 하고 물
어도 부하들이 대답을 못하매 '내가
한번 가 봐야겠다.'고 마음먹고 직접
태모님을 찾아오니라.
8 그러나 서장 역시 대문 안에다 모자와
칼을 벗어 놓은 채 아무 말도 못하고
옷을 벗고 춤을 추다가 돌아가거늘
9 이후로는 순사들이 다시는 용화동 도
장에 찾아오지 않으니라.

흑운명월 도수

359 하루는 태모님께서 말씀하시기를 "무신(戊申), 기유(己酉)에 천지개로(天地開路) 하였으니 무 뽑다 들킨 격 되느니라." 하시고
2 "임피는 흑운명월(黑雲明月) 도수니 상
제님께서 섣달 그믐날 저녁에 달 뜨게
하셨음을 알라." 하시니라.
3 또 말씀하시기를 "세상 사람들이 증산
상제님은 회개자침(悔改自沈)한다 하
고, 나는 허허탄식(虛虛歎息)한다 하더
라지?" 하시니라.

선천 불교 막장 공사 ;
후천 대불을 내는 칠성 공사

360 하루는 태모님께서 이진묵(李鎭默)에게 진묵대사(震黙大師)의 기운을 붙여 대불(大佛) 도수를 정하시며

2 여러 성도들에게 말씀하시기를 "불교 막장 공사는 진묵이니라." 하시고
3 "이 공사는 선천 불교 막장 공사요, 후천 대불을 내는 칠성(七星) 공사니라.
4 칠성 도수는 천지공사를 매듭짓는 도수니라." 하시니라.

후천 성인시대의 복록과 수명

5 이어 진묵에게 '복록성경신(福祿誠敬信) 수명성경신(壽命誠敬信)'을 송주케 하며 말씀하시기를
6 "중생의 복록과 수명을 통찰하여 후천 성인시대에는 복록과 수명을 고르게 할지라." 하시니라.
7 이 공사를 보시고 나서 얼마 후에 치성을 당하매 진묵이 평상시와 마찬가지로 절을 하고자 하니
8 태모님께서 "중이 치성을 보고 무슨 절을 하나?" 하시며 절을 못 하게 하시거늘
9 이후로 진묵은 치성 때에 절을 하지 않고 한쪽에 서서 참관만 하니라.

진인(眞人)이 나와서 포교할 때

361 교(敎)를 널리 전하라. 옳은 사람, 곧 진인(眞人)이 나와서 포교할 때는 생사판단이 서리라.
2 이제 성인이 나오시는데 도덕군자도 따라 나오느니라.
3 내 일은 판밖에서 성공해 가지고 들어오니 혼백(魂魄) 동서남북(東西南北) 아닌가.
4 동(東)은 일본이요, 서(西)는 미국이요, 남(南)은 중국이요, 북(北)은 소련이라.
5 중앙(中央)은 아동도(我東道) 아닌가.
6 한고조(漢高祖)는 마상(馬上)에서 득천하(得天下)하였으나 우리는 좌상(坐上)에서 득천하하느니라.

판밖에서 성공해 들어와야

362 태모님께서 항상 말씀하시기를 "너희들 가지고는 안 되느니라. 판밖에서 성공해 들어와야 되느니라." 하시고
2 "진인이 나와야 하느니라. 나의 모든 일을 이룰 사람이 판밖에서 나오느니라." 하시거늘
3 성도들이 크게 낙심하여 한숨을 쉬며 "그러면 우리는 다 소용이 없습니까?" 하고 여쭈니
4 말씀하시기를 "너희는 울안에 들어 있느니라." 하시니라.

용화동 도장의 분란

363 용화동 도장 초기부터 조종리 도장에서 온 신도들과 동화교 출신 신도들의 의식이 서로 크게 다르거늘
2 조종리에서부터 태모님을 모신 신도들은 태모님께서 행하시는 공사의 신도 원리(神道原理)를 잘 이해하므로
3 공사를 시작하면 '아, 이번에는 어떻게 하려고 저러시는구나.' 하고 다음 일에 대비하는데
4 용화동 측 신도들은 전혀 그 의미를 알지 못하고 단순히 무당짓 하는 것으로 바라볼 뿐이더니
5 갈수록 양측 신도들의 교리 해석과 도장 운영의 규칙이 서로 맞지 않아 틈이 벌어지니라.
6 또 시간이 지남에 따라 용화동 측 신도들이 무례한 언사와 불의한 인사로 분잡을 일으키니 조종리 도장에서 왔던 신도들의 내왕이 점차 뜸해지거늘
7 몇몇 양식 있는 신도들이 탄식하여 말하기를 "조종리에서 온 간부들이 장차 어떻게 감당하리오." 하더니
8 마침내 조종리에서 온 신도들이 다 떠나고 도장이 쇠퇴하여 사람의 그림자마저 볼 수 없는 지경이 되니라.

임옥 자손을 데리고 일을 처리하리라

9 태모님께서 용화동에 계실 때 임옥(臨沃) 신도들이 태모님의 신도 세계를 잘 이해할 뿐 아니라 치성 때면 대소사를

전담하고 공사에 잘 수종하며 뒷일을
다 하니
10 태모님께서 항상 말씀하시기를 "임옥
신도가 내 자손이니, 보리밥일 지경이
라도 임옥 자손을 데리고 모든 일을
처리하리라." 하시니라.

오성산 도장을 완공함

364 임신년에 고민환이 옥구로 돌아
가 도체를 조직하고 옥구군 성산
면 오성산(五聖山)에 기지(基址)를 정한 뒤
2 그 해 가을부터 다섯 칸 겹집 전퇴의
도장을 짓기 시작하니라.
3 그러나 재정난에 부딪쳐 미처 마무리를
짓지 못한 가운데 계유년에 문기수와
이중진이 용화동에 와서 태모님을 뵈니
4 태모님께서 말씀하시기를 "동지치성
은 오성산에 가서 봉행할 것이니 그리
알라." 하시고
5 "오성산 도장을 속히 완공하라." 하고
재촉하시니라.
6 두 사람이 돌아가 민환과 여러 신도들
에게 태모님의 말씀을 전하였으나 경
비를 구할 길이 없어 난감하더니
7 이진묵이 자신의 집을 팔아 건축 비용
을 담당하니라.
8 이에 공사를 속행하니 동지절까지 시
간이 촉박한지라 태모님께서 거처하
실 큰 방 하나를 먼저 정리하여 모실
준비를 갖추고
9 이듬해 갑술년에 이르러 비로소 도장
건축을 완공하니라.

용봉을 그려 종통 도맥을 전하심

365 태모님께서 용화동에 계실 때 여
러 차례 신도(神道)가 크게 내리
거늘 그때마다 용봉(龍鳳)을 그려 깃대
에 매달아 놓으시고 공사를 행하시더니
2 용화동을 떠나시기 얼마 전에 다시 용
봉기(龍鳳旗)를 꽂아 두시고 이상호에
게 이르시기를
3 "일후에 사람이 나면 용봉기를 꽂아 놓
고 잘 맞이해야 하느니라." 하시고 "용
봉기를 꼭 꽂아 두라." 하시며 다짐을
받으시니라.
4 또 말씀하시기를 "용화동은 동요동(東
堯洞)이요, 건곤(乾坤)의 사당(祠堂) 자
리이니 미륵이 다시 서니라.
5 사람들이 많이 오게 되나니 법은 서울
로부터 내려오는 것 아니더냐.
6 앞으로 태전(太田)이 서울이 되느니라."
하시고
7 "사람 욕심 내지 마라. 올바른 줄 하나
치켜들면 다 오느니라." 하시니라.

건곤사당을 짓겠느냐

366 태모님께서 용화동을 떠나실 때
거처하시던 집은 이상호에게 주
시고 다짐받으며 물으시기를
2 "상호야! 저기다 건곤사당을 짓겠느
냐?" 하시니 상호가 대답하지 않거늘
3 담뱃대로 머리통을 후려치시며 "이놈아!
빨리 대답해라." 하고 재촉하시니라.
4 이에 상호가 엉겁결에 "예, 짓겠습니
다." 하고 대답하거늘 태모님께서 "암,
그래야지." 하시니라.

어진을 잘 받들라

5 또 이성영을 방으로 불러들이시어 어
진 앞에 꿇어 엎드리게 하시고
6 어진 개사(改寫)와 저술과 도장 건축
등 뒷일에 대하여 낱낱이 세 번씩 다
짐을 받으신 뒤에
7 성영에게 물으시기를 "네가 집을 지을
수 있겠느냐?" 하시고 다시 "그것이
무슨 집인지 아느냐?" 하시니라.
8 이어 말씀하시기를 "영정을 잘 받들
라, 알겠냐!" 하시고 "단주수명…." 하
고 말씀하시는데
9 성영이 태모님의 말씀이 끝난 줄 알고
자세한 뜻도 모르면서 건성으로 "예,
예!" 하고 대답하매
10 태모님께서 역정을 내시며 "이놈이 빠

져나갈 궁리만 하고 말뚝마냥 대답만 하는구나." 하시고 담뱃대로 머리를 딱딱 때리시니라.

11 잠시 후 혼잣말씀으로 "영사(靈砂), 주사(朱砂)…." 하시며 두 손가락을 펴 보이시고 용화동을 떠나시니라.

오성산 도장에서의 은거 생활

업혀서 올라가신 태모님

367 계유년 동짓달 5일에 태모님께서 세 살림의 파란곡절을 뒤로하시고 용화동으로부터 오성산 도장으로 옮겨가시니

2 병인년 6월에 공사를 행하시며 거미를 비유로 말씀하신 일이 응험되니라.

3 일찍이 태모님께서 세 살림 도수를 맡아 온갖 고초를 다 겪으시어 건강이 너무도 쇠약해지신지라

4 오성산 도장으로 올라가실 때 한 성도의 등에 업혀서 올라가시니

5 아랫마을 사람들이 태모님께서 죽은 사람도 살리는 권능을 가진 분이라는 소문을 들은 바 있어 면전에서는 말을 못 하고

6 조심하며 수군거리기를 '걸어서 올라가면 서로가 편할 텐데, 다른 사람 힘들게 업혀 간다.'고 하니라.

7 이 날 용화동에서 태모님을 모시고 와서 다음날 동지치성에 참석한 사람은 김수응과 조학구 등이더라.

오성산 도장의 어려운 살림

368 이로부터 태모님께서 오성산 도장에 은거(隱居)하시니 별다른 공사 없이 늘 도장에만 계시거늘

2 익산, 전주, 임피, 옥구 등지의 신도들이 종종 찾아와 문후 드릴 뿐이요

3 도장에는 고민환, 박종오, 이진묵, 고춘자, 이길수(李吉秀), 박종오의 아내 김종명(金鍾鳴) 등이 상주하며 태모님을 모시니라.

4 도장 살림은 민환과 종오가 내무를, 고찬홍이 외무를 맡아 유지하는데

5 살림이 어려워 어떤 때는 이진묵의 아내 고춘자가 마을을 돌아다니며 밥을 얻어 태모님을 봉양하니라.

용화동에 가신 일을 후회하심

6 하루는 태모님께서 용화동 도장에서 겪으신 고초를 생각하며 말씀하시기를

7 "내가 너희 아버지 말씀을 안 듣고 가서 그랬다." 하시고 길게 탄식하시니라.

삼변이라야 성국이니라

369 태모님께서 오성산으로 이사하신 뒤 하루는 공사를 행하며 말씀하시기를 "삼변(三變)이라야 성국(成局)이니라." 하시고

2 "오성(五聖)의 기령(氣靈)을 배합케 한다." 하시니라.

3 또 말씀하시기를 "오성산은 북방(北方) 일육수(一六水)라야 채울 수 있으리라." 하시니라.

오성산의 형국

4 오성산은 동서양 기계통이니라.

5 오성산은 동서양 전기통이니 번개는 제주 번개를 잡아 쓰리라.

6 오성산은 오선위기(五仙圍碁), 두 신선은 바둑 두고 두 신선은 훈수하고 갈 적에는 바둑판과 바둑은 놓고 간다.

7 오성산에 오성(五聖)이 있고, 성덕리(聖德里)가 있고, 서요동(西堯洞)이 있고, 사옥(沙玉)개가 있느니라.

너희들의 성심을 시험하리라

370 갑술(甲戌: 道紀 64, 1934)년 정월 초사흗날에 김성녀가 전주 화전리에 사는 정성녀와 함께 태모님을 뵙고 여쭈기를

2 "익산군 왕궁면 광암리(王宮面 光岩里)
에 사는 송병우(宋炳雨)의 아내가 혈적
증으로 수십 년 동안 고통받다가 이제
사경에 이르렀사오니 고쳐 주옵소서."
하거늘
3 태모님께서 말씀하시기를 "너희 두 사
람이 가서 치료하여 보라. 너희들의 성
심(誠心)을 이번에 시험하리라." 하시니
4 두 사람이 환자의 집에 가서 정성껏
음식을 마련하여 상제님과 수부님 전
에 치성을 모시고 일심으로 기도하매
사흘 만에 그 병이 완치되니라.

네 의사 대로 하여 보아라

5 이 달 13일에 삼례에 사는 박재근이
급병으로 사경에 이르거늘
6 성녀가 태모님께 와 이 사실을 아뢰니
말씀하시기를 "네 의사 대로 하여 보
아라." 하시는지라
7 성녀가 재근의 집에 가서 치성을 올리
고 기도하니 그 병이 자연히 나으니라.

오성산으로 어진을 모셔 오심

371 이 날 태모님께서 박종오, 김수
열, 채유중을 불러 말씀하시기
를 "내가 오성산에 온 뒤로 몸이 부대
껴서 편치 못한지라
2 생각해 보니 영정을 모셔 오지 아니한 까
닭이라." 하시고 세 사람을 용화동에
보내어 이성영에게 말씀을 전하시기를
3 "우선 그 영정은 내가 모시리니 너희들
은 반드시 영정을 개사하여 모시라."
하시고 어진을 모셔 오게 하시니라.

성심으로 치료하라

372 정월 대보름에 김성녀가 태모님
을 찾아와 뵙고 여쭈기를 "삼례
에 사는 이삼봉(李三奉)의 아내가 중풍
과 주마담(走馬痰)으로 몇 년 동안 고
생하오니 고쳐 주시옵소서." 하매
2 태모님께서 말씀하시기를 "가장 중한
병이로다. 네가 가서 성심으로 치료하
라." 하시거늘
3 성녀가 환자의 집에 가서 치성을 올리
고 일심으로 기도하니 그 병이 곧 나
으니라.

너희들 생각 대로 처리하라

4 이 달 25일에 화전리에 사는 김성순(金
成淳)의 두 살배기 큰아들이 매일 경풍
으로 고통스러워하거늘
5 같은 마을에 사는 박경신과 정성녀가
태모님께 이 사실을 아뢰니 "너희들
생각 대로 처리하라." 하시므로
6 두 사람이 돌아와 일심으로 기도하며
치병을 하니 자연히 완쾌되니라.

청수 올리고 음식을 차려 기도하니

373 2월 5일에 태인에 사는 두 살 된
어린아이가 우연히 병을 얻어
목숨이 경각에 달렸거늘
2 김성녀가 태모님께 이 사실을 마음으로
아뢰고 청수 한 그릇과 음식을 차려 기
도하니 그 병이 씻은 듯이 나으니라.

기도와 치성으로 광사병을 치유케 하심

3 하루는 전주 진기리에 사는 이승서(李
承瑞)가 광사병(狂邪病)으로 수일간 고
통스러워하거늘
4 성녀가 태모님께 아뢰니 말씀하시기를
"오늘밤에는 잠을 자게 해 줄 것이니
네가 가서 기도하고 치성을 올려라."
하시므로
5 성녀가 돌아가 그대로 시행하니 다음
날부터 효력이 있어 곧 완치되니라.

가족에게 포교하라

374 3월 2일에 화전리에 사는 여신
도 박경신과 정성녀가 태모님께
와서 여쭈기를
2 "소녀들의 마을에 최금석(崔金石)이란
자가 우연히 이름 모를 급병에 걸려서
사경에 이르렀사오니 고쳐 주옵소서."
하거늘
3 태모님께서 일러 말씀하시기를 "그 사

람의 가족에게 포교하라." 하시니라.
4 이에 두 사람이 돌아가 환자의 아내를
입도시킨 후에 시천주주를 읽게 하고
5 세 사람이 함께 일심으로 기도하매 그
병이 곧 나으니라.

시두를 치유케 하심

6 이 날 삼례 만경동에 사는 네 살배기
박연순(朴蓮順)이 시두(時痘)를 앓다가
사경에 이르거늘
7 김성녀가 상제님과 수부님께 심고하
고 지극 정성으로 시천주주를 읽으니
그 병이 완전히 나으니라.

금산사 미륵불 화재 사건

375 이 달 9일 밤에 금산사 미륵전
에서 불공을 드리던 사람들이
실수하여 육장(六丈)의 미륵불상에 화
재가 일어나니라.
2 오금해(吳錦海)가 구릿골에서 그 화광
(火光)을 보고 금산사가 모두 불타 없
어지는 줄 알았더니
3 좌우에 시립한 보처 보살과 미륵전은
그슬리지 않고, 가운데에 서 있는 미륵
불만 불에 타서 왼쪽으로 넘어졌더라.
4 그 뒤 미륵불을 다시 조성할 때 여러
사람이 말하기를 '금산사 건너편에 있
는 청련암(青蓮庵)에 큰 은행나무가 있
으니 그 나무로 목불을 조성함이 좋을
것이라.' 하거늘
5 금산사 주지 황성렬(黃成烈)이 청련암
에 건너가 살펴보니 그만하면 됨직하
여 얼마 후 그 은행나무를 베어 와서
자로 재어 보매 그 길이가 39척(尺)이
더라.
6 이에 장공 김복진(金復鎭)이 조각을 시
작한 지 2년 9개월 만에 완성하여 무
인(戊寅: 道紀 68, 1938)년 9월 3일에 육
장 반(六丈半)의 미륵불을 모시거늘
7 이로써 일찍이 상제님께서 "금산사 미
륵불은 육장이나 나는 육장 반으로 오
리라." 하신 말씀이 응험되니라.

이제 나았으니 돌아가 보라

376 3월 보름께 옥구군 개정면 아산
리(開井面 峨山里)에 사는 여신도
김기화(金基華)가 태모님께 여쭈기를
2 "소녀의 마을에 김기녀(金奇女)라는 여
자가 광사병으로 폐인이 되었사오니
고쳐 주옵소서." 하매
3 태모님께서 청수 그릇 뚜껑을 쳐서 울
리며 말씀하시기를 "이제 나았으니 돌
아가 보라." 하시므로
4 기화가 가 보니 과연 그 병이 완치되
었더라.

태모님께 기도하니 나으니라

5 하루는 삼례에 사는 어떤 여자아이가
학교에서 귀가하는 도중에 갑자기 귀
가 막혀 듣지 못하는지라
6 김성녀가 곧바로 태모님께 기도하며
치병을 시작하니 이틀 후에 자연히 나
으니라.
7 또 같은 마을에 사는 임상렬(林相烈)의
열세 살 난 딸이 부증으로 고통 중이
거늘
8 성녀가 태모님께 심고하고 시천주주
를 읽으며 지성으로 기도하니 그 병이
수일 내로 완치되니라.

어진 개사를 명하심

377 4월 5일에 이상호가 보낸 조학
구가 오성산에 와서 태모님을
뵙고 일전에 명하신 어진 개사에 대해
아뢰니
2 태모님께서 어진 초본(抄本)을 주시며
"잘 그리라." 하고 당부하시니라.
3 이에 이상호가 김경학, 김영학, 박공우
등 상제님을 직접 모신 성도 세 사람
을 초청하여
4 그 입회 하에 화사 채용신으로 하여금
초본을 바탕으로 상제님의 어진을 개
사케 하여 봉안하였으나
5 본래의 상제님 어용(御容)과는 그 모습
이 많이 다르더라.

연수법을 사용하라

378 19일에 장연 마을 김형대 내외와 김봉우가 태모님께 와서 여쭈기를
2 "저희 마을 양상규(梁常奎)의 아들 석봉(錫奉)이 우연히 급병에 걸려서 사경에 이르렀사오니 고쳐 주시옵소서." 하매
3 태모님께서 말씀하시기를 "너희들 세 사람이 곧 돌아가서 마음을 합하여 연수법(延壽法)을 사용하라." 하시니라.
4 세 사람이 명을 받들어 환자의 집에 가니 상규의 아내 김씨(金氏)가 아이를 안고 울면서 살려 달라고 애걸하거늘
5 청수 한 동이를 방 한가운데 모시고 시천주주와 칠성경을 일곱 번씩 읽은 뒤에
6 세 사람이 각기 청수 한 숟갈씩 떠서 환자에게 먹이고 칠성경을 세 시간 동안 읽으니 그 병이 완치되고 연수가 되니라.
7 하루는 태모님께서 말씀하시기를 "칠성경에 조화가 많으니라." 하시고 "칠성경은 자손을 위하여 좋은 주문이니 많이 읽으라." 하시니라.

삼불산 장상 집결 공사

379 하루는 태모님께서 옥구 선연리 삼불산(三佛山)에서 장상(將相) 집결 공사를 보시며 말씀하시니 이러하니라.
2 사람도 참석해야 할 것 아니냐.
3 장상신이 아니면 들어가지 못하느니라.
4 삼불산 아래에 송촌(松村)이 있고, 송촌 건너편에 선인옥녀봉(仙人玉女峯)이 있으니
5 선인옥녀봉이 자하도, 삼불산의 운수로다.
6 삼산(三山)의 불로초가 이 아니냐.
7 상등, 중등, 하등이 오십토 중앙이요
8 도읍을 다시 옮겨 천자국(天子國)이 이 아니냐.
9 천자신이 월명산(月明山) 천하봉에 임하였느니라.

건각증을 고쳐 주심

380 4월에 하루는 태모님께서 오성산 도장 툇마루에 앉아 계시는데
2 30대쯤의 한 남자가 건각증으로 다리를 절며 죽장(竹杖)을 짚고 오더니 토방에 앉아 쉬는지라
3 태모님께서 "누구냐?" 하고 물으시니 그 사람이 대답하기를 "저는 전라남도 해남에 사는데
4 아우가 열다섯 살에 집을 나간 뒤 행방을 알 수 없어 방방곡곡을 찾아다니나 여태껏 만나지 못하고 혹시 절간에나 있나 하여 이렇게 산중으로 찾아다니고 있습니다." 하니라.
5 태모님께서 칭찬하여 말씀하시기를 "형 된 도리로써 애 많이 쓴다." 하시고 "올라 앉으라." 하시며
6 "다리도 성치 못한 사람이 정처없이 사방으로 돌아다니니 얼마나 고생이 많은가?" 하시니라.
7 이어 물으시기를 "다리는 언제부터 그러한가?" 하시니 "열여덟 살 때에 동무끼리 장난하다가 다쳤나이다." 하고 아뢰거늘
8 태모님께서 말씀하시기를 "다리나 성하여야 먼길을 갈 터인데." 하시더니
9 "일어서라." 하시어 그 다친 다리를 위아래로 어루만지시며 "곧 나으리라." 하시고 "여기 토방 아래에서 한번 걸어 보라." 하시니라.
10 이에 그 사람이 두세 번 오가더니 절뚝거리던 것이 없어지매 땅에 엎드려 수없이 절을 하며 태모님의 은혜에 감사하거늘
11 태모님께서 식모로 일하는 신도에게 명하여 "점심을 가져오라." 하시고 그 사람에게 먹이며 말씀하시기를 "이 죽

장을 버리라." 하시니라.

형제의 윤기가 서로 이어져 있음이라

381 이어 그 아우의 성명을 물으시고 말씀하시기를 "그대의 아우는 지금 충청도 부여 무량사(無量寺)에서 머슴살이를 하고 있느니라." 하시거늘
2 그 사람이 여쭈기를 "어떻게 아시나이까?" 하니 태모님께서 말씀하시기를 "형제의 윤기(倫氣)가 서로 이어져 있음이라." 하시고
3 "즉시 그곳에 가 보라." 하시며 "돌아갈 때 이리로 한번 다녀서 가라." 하시니
4 그 사람이 백배사례하고 길을 나서매 죽장을 버리고 완전한 몸으로 걸어서 가니라.
5 그 후 8, 9일 만에 그 사람이 아우를 데리고 와서 태모님을 찾아뵙고 감사의 절을 올린 후 군산에서 기차를 타고 고향으로 돌아가더니
6 8월에 다시 태모님을 찾아와 폐백을 올리며 감읍(感泣)하더라.

내가 녹줄을 붙여서 내보냈노라

382 이진묵이 자기 집을 팔아 도장을 완공한 뒤에는 거주할 곳이 없어 도장 협실에서 살고 자식들은 아랫마을을 돌아다니며 동냥을 해서 먹고사니라.
2 이때 태모님께서 진묵 내외를 구박하시며 "너희들 갈 곳으로 가라." 하고 몇 번이나 불쾌히 대하시는지라
3 하는 수 없이 진묵 내외가 도장을 나와 자식들을 데리고 옥구군 미면 산북리 일대를 떠돌아다니며 사는데
4 두어 달이 채 못 되어 뜻밖에 그 동네 부호 김씨 집안에서 진묵의 큰아들 원순(元淳)에게 청혼을 하거늘
5 진묵이 생계도 잇지 못할 형편일 뿐 아니라 한 칸 토담집에 어렵게 사는 처지라 '할 수 없다.'고 거절하니
6 때마침 그 동네에 일본인 소유의 빈집이 있으므로 김씨 집안에서 그 집을 사 주며 혼인해 줄 것을 재차 청하매 진묵이 응낙하니라.
7 이에 신부측에서 모든 비용을 부담하여 예식을 치르고 또 논 1,500평을 대주어 농사를 짓게 하며
8 얼마 후에는 그 동네에 사는 일본인이 청하지도 않은 논 수천 평을 무상으로 대여해 주고 일할 소 한 필과 그 외 모든 기구까지 갖추어 주거늘
9 진묵이 금세 부농이 되어 일 년도 되지 않아 살림이 넉넉해지니라.
10 태모님께서 이 소식을 들으시고 말씀하시기를 "박절하다고 그대로 두면 진묵은 평생 곤궁을 면치 못하겠으므로 내가 녹줄을 붙여서 내보냈노라." 하시니
11 진묵 내외가 태모님의 깊으신 뜻을 깨닫고 은혜에 감읍하니라.

모든 것을 환히 들여다보심

383 하루는 치성을 맞아 충남 부여에 사는 한 성도가 자신이 직접 농사지은 수박 한 통을 가지고 와서 태모님께 올리니라.
2 그 때는 수박이 매우 귀한 때이거늘 태모님께서 뜻밖에도 그 수박을 마당에다 내던지시니 수박이 쩍 하고 쪼개지는지라
3 성도들이 보니 수박이 전혀 익지 않아 속이 하얗더라.

김경학 성도 등의 수련 공부를 돌봐 주심

384 9월 7일에 김경학(金京學)과 김영학(金永學)이 태모님을 찾아와 뵙고 여쭈기를
2 "저희들이 모악산 수왕암(水王庵)에서 수련을 행하던 중에 상제님의 성령이 나타나시어 수십 년 동안 사모님과 막혀 지낸 것을 꾸짖으시고

3 '이 길로 가서 너희들의 어머니를 모셔
다가 지난 모든 일을 풀고 이전 정의
(情誼)를 다시 계속하지 않으면 화(禍)
가 있으리라.' 하고 말씀하시므로
4 저희 두 사람이 일동을 대표하여 왔사
오니 저희들의 이전 과실을 깊이 용서
하시고 함께 가시어 앞으로 사흘 동안
수련 법석(法席)을 주재하여 주옵소서."
하며 회오(悔悟)의 눈물을 흘리는지라
5 모님께서 말씀하시기를 "지난 일은 한
갓 꿈과 같을 뿐이나 칠십 노인이 멀
리 와서 이렇듯 간곡히 말하니 내가
비록 건강이 허락지 않을지라도 멀리
할 수 없노라." 하시고 두 사람과 함께
수왕암에 가시니라.
6 이때 박공우가 주창(主唱)하여 김경학,
김영학, 이성영, 김수응, 이중성(李重
盛) 내외 등이 모여서 수련 공부를 하
는데
7 태모님께서 공부를 주재하시매 김수
응이 신력을 얻어 풍운조화를 자유자
재로 일으키니라.

사람을 잘 맞아들이라

8 사흘 뒤 공부가 파하매 태모님께서 11
일에 금산사에 들르셨다가 용화동에
이르시어 이틀 동안 머무르시며
9 상호와 성영을 불러 명하시기를 "개사
한 영정이 많이 틀렸으니 다시 개사하
라." 하시니라.
10 또 오성산에서 오실 때 가져오신 용봉
기(龍鳳旗)를 꺼내어 손수 꽂아 놓으시
고 일러 말씀하시기를
11 "이 자리는 용화세존(龍華世尊)의 꽃밭
이 되리니 사람을 잘 맞아들여야 하느니
라." 하시고
12 13일에 용화동을 떠나 오성산 도장으
로 돌아오시니라.

불쌍한 우리 창생들을 어찌하리

385 태모님께서 9월 상제님 성탄치
성 전날에 무수히 개탄하여 말
씀하시기를
2 "이 자손들을 어찌하면 좋으리오. 죽게
되면 저희들이나 죽지 애매하고 불쌍한
우리 창생들을 어찌하리." 하시며
3 성도들을 동쪽으로 향하여 벌여 앉히
시고 해마주(解魔呪)를 읽게 하시며 이
르시기를 "살려 내자, 살려 내자!" 하
시니라.
4 이는 장차 일본 제국주의의 칼날에 수
없이 죽어갈 이 땅의 백성들을 구제하
시기 위한 공사이더라.

대개벽기의 급박한 상황과 사는 길

386 태모님께서 말씀하시기를 "장차
괴질(怪疾)이 군산(群山) 해안가로
부터 들어오느니라." 하시고
2 "그 괴질의 기세가 워낙 빨라 약 지어
먹을 틈도 없을 것이요, 풀잎 끝에 이슬
이 오히려 더디 떨어진다." 하시니라.
3 또 말씀하시기를 "소병, 대병이 들어
오는데 죽는 것은 창생이요, 사는 것
은 도인(道人)이니
4 오직 마음을 바르게 갖고 태을주를 잘
읽는 것이 피난하는 길이니라." 하시
니라.

태을주를 읽어 천하창생을 살려라

387 태모님께서 말씀하시기를 "태
을주는 천지 기도문이요, 개벽기
에 천하창생을 건지는 주문이니라."
하시고
2 "이 뒤에 병겁을 당하면 태을주를 많
이 읽어 천하창생을 많이 살려라." 하
시니라.
3 또 말씀하시기를 "태을주의 '훔치 훔
치'는 천지신명에게 살려 달라고 하는
소리니라." 하시니라.

개벽기에 억조창생을 살려 내자

388 하루는 태모님께서 공사를 보실
때 '억조창생'을 부르시며 "불쌍

하다! 불쌍한 놈만 죽게 생겼다." 하고 통곡하시더니
2 담뱃대를 좌우로 두르시며 "살려 내자!" 하시고
3 "사람이 없으면 천지도 공각(空殼)이요, 일월도 무용(無用)이라." 하시니라.

천하강산이 해원이네

389 수(數)가 있네 수가 있네, 천지 수가 정리되어 두문동 성수(杜門洞星數)는 팔팔(八八) 구구(九九).
2 백복신(百伏神)은 그 전에 아전이요, 만사신(萬死神)은 백성이라.
3 신농씨 운수가 나온다네.
4 오곡 백초 가지시고
한울님이 오신다네.
5 조화선경을 건설하고
연화 세상(蓮花世上) 정리하여
천하 강산이 해원이네.
6 단주수명 우주수명
지기금지 원위대강.

글을 써 붙이고 치성을 모심

390 태모님께서 오성산 도장에 계실 때 하루는 신단(神壇)을 만들게 하시거늘
2 서랍은 사상(四象)의 원리에 따라 네 개를 만들어 끼워 넣게 하시고
3 치성을 봉행하실 때는 신단에 글을 써 붙이시니 이러하니라.
4 姜甑山 所有
강증산 소유
呂洞賓 造化
여동빈 조화
姜太公 道術
강태공 도술
神農氏 遺業
신농씨 유업
丹朱 受命
단주 수명

태모님의 선화(仙化)치성 공사

391 10월 초에 태모님께서 성도들에게 명하시기를 "초엿샛날 치성을 준비하라." 하시거늘
2 성도들이 그 까닭을 몰라 여쭈매 대답지 않으시고 "서둘러 준비하라." 하시므로 정성을 다해 치성 준비를 마치니
3 태모님께서 치성을 봉행하신 뒤에 말씀하시기를 "을해년에 임옥에서 땅 꺼진다." 하시니라.

태모님께 심고하고 시천주주를 읽으니

392 을해(乙亥: 道紀 65, 1935)년 2월 3일에 김제군 용지면 예촌리(龍池面 禮村里)에 사는 황경수(黃京洙)가 시두를 앓아 위독한지라
2 가전 마을 김도성화와 정실생화 두 사람이 찾아가 보고
3 태모님께 심고한 뒤에 시천주주를 한 시간쯤 읽으니 그 병이 곧 나으니라.

임신 중인 여인의 시두를 치병케 하심

4 13일에 예촌리에 사는 황일봉(黃一奉)의 모친이 임신 중에 시두로 사경에 이르니
5 도성화와 실생화가 태모님께 이 사실을 마음으로 아뢰고 지성으로 기도하니 약을 쓰지 않고도 자연히 치유되니라.

문명수의 장남을 치병하심

393 3월 29일에 이용기가 태모님의 명을 받들어 임피 술산에 사는 문명수에게 가니 명수의 장남이 병을 얻어 백약이 무효한지라
2 용기가 태모님께 이 사실을 아뢰니 말씀하시기를 "양위 전에 청수 올리고 기도하며 해진 옷을 입지 말라고 하라." 하시므로
3 용기가 태모님의 말씀을 전하고 기도하니 그 후로 자연히 나으니라.

너희들 심령 대로 치병하라

4 하루는 도성화와 실생화가 김제 장산

리(壯山里)에 사는 유호열(劉昊烈)과 유
남렬(劉男烈) 두 사람이 중병으로 목숨
이 경각에 달렸음을 보고
5 태모님께 이 사실을 아뢰니 말씀하시
기를 "너희들 심령(心靈) 대로 치병하
라." 하시므로
6 두 성도가 성심으로 기도축원(祈禱祝願)
하니 사나흘 뒤에 그 병이 완치되니
라.

병을 낫게 하고 자손줄을 태워 주심

394 하루는 옥구군 성산면 둔덕리
(屯德里) 해령 마을에 사는 차재
수(車在洙)의 아내가 두창(頭瘡)과 여러
병을 앓는 어린 아들을 데리고 와서
태모님을 뵈려 하매
2 태모님께서 이르시기를 "과일을 사 가
지고 오라." 하시므로 바로 과일을 사
서 올리고 뵈니
3 태모님께서 아이의 전신을 어루만지며
이르시기를 "속히 키우고 또 생산케
하라." 하시며 과일을 고루 나눠 먹게
하시더니
4 그 후 아들이 완쾌되고 재수의 아내는
곧 잉태하여 또 아들을 낳으니라.

가족에게 치성 올리고 주문을 읽게 하라

395 7월 보름날 전주 삼례에 사는
김성녀가 태모님께 와 뵙고 여
쭈기를
2 "옥구군 대야면 죽산리(竹山里) 고척(高
尺) 마을에 사는 김완산(金完山)이 폐결
핵으로 10여 년을 앓다가 이제 사경에
이르렀사오니 고쳐 주시옵소서." 하니
라.
3 이에 태모님께서 말씀하시기를 "네가
돌아가서 환자의 가족들로 하여금 치
성을 올리고 시천주주를 읽게 하라."
하시니
4 성녀가 환자의 집에 가서 명하신 대로
하매 그 병이 곧 나으니라.

빨리 가서 치료하여 주라

396 9월 3일에 가전 마을 오수엽의
아내 김철순(金哲順)이 와서 태
모님을 뵙고 여쭈어 말하기를
2 "저의 마을에 사는 서해식(徐海植)이라
는 아이가 이름 모르는 급병에 걸려서
사경에 있사오니 고쳐 주옵소서." 하매
3 태모님께서 말씀하시기를 "네가 빨리
가서 치료하여 주라." 하시므로
4 수엽의 아내가 환자의 집에 가서 상제
님과 수부님 전에 치성을 모시고 기도
하니 곧 씻은 듯이 나으니라.

옥돌이 진토에 묻혔음을 누가 알리오

397 이 달 18일에 오수엽이 군산을
다녀오기 위해 도장에 들러 태
모님을 뵈니
2 태모님께서 물으시기를 "너 어디를 가
려고 하느냐?" 하시므로 "군산에 다녀
올까 합니다." 하고 대답하니라.
3 태모님께서 수엽의 등을 어루만지시
며 "옥석(玉石)이 진토(塵土) 중에 들었
으니 세상에서 누가 알쏘냐." 하시며
두세 번 되풀이하여 말씀하시고 "어서
다녀오너라." 하시거늘
4 수엽이 군산에 다녀온 뒤로 풍수지리
(風水地理)를 공부하여 지사(地師)로 이
름을 떨치니라.

내 집 빨리 지어라

398 태모님께서 오성산에 오신 이
후 고민환에게 늘 말씀하시기를
"내 집 지어라. 내 집을 어서 지어라."
하시므로 마침내 민환이 집을 짓기 시
작하니라.
2 하루는 태모님께서 "내 일이 좀 바쁘
다." 하시고 "오늘은 내 집을 구경하리
라." 하시며 출발하시니 성도들이 모
두 따라나서거늘
3 옥녀봉(玉女峯)에 이르렀을 때 민환이
태모님의 건강을 염려하여 "어머님, 여

기에서도 다 보입니다. 여기서 보고 돌
아가십시다." 하고 아뢰니
4 태모님께서 "그러면 그럴까?" 하시고
걸음을 멈추신 채 산 아래에 짓다 만
집을 한참 동안 바라보시다가
5 잠시 후 발길을 돌리시며 민환에게 이
르시기를 "날짜가 급하다. 내 집 빨리
지어라." 하시니라.

모든 생명을 사랑하시는 태모님

399 하루는 밤에 참새 한 마리가 방
에 들어와 태모님의 치마 밑에
서 자고 나가니라.
2 또 하루는 뒝벌이 방문 바로 위에 집
을 지었는데 마침 큰바람에 떨어졌거
늘 태모님께서 그 벌집을 주워서 제자
리에 매어 두시더니
3 이로부터 벌이 크게 번식하여 벌집이
큰 박과 같이 되어 태모님께서 선화하
실 때까지 달려 있더라.

네가 부정이 있으니 돌아가라

400 10월 어느 날 밤에 태모님께서
공사를 보시는데 제비가 문밖에
와서 재재거리거늘
2 태모님께서 말씀하시기를 "너, 남주작
(南朱雀) 왔느냐!" 하시고
3 또 한 마리가 와서 재잘거리니 "오냐!
내가 이미 알고 있느니라." 하시니라.
4 잠시 후 벌이 날아와서 한 여자를 쏘
니 말씀하시기를 "네가 부정(不正)이
있으니 돌아가거라." 하시고
5 "벌은 군신지의(君臣之義)로 왔느니라."
하시니라.

치성 음식에 대하여

401 하루는 태모님께서 치성 음식에
대해 말씀하시기를 "상제님 공
사 시에 개고기와 돼지고기는 쓰셨으
되 양고기를 쓰신 일은 없느니라.
2 개고기는 망량신(魍魎神) 차지요, 돼지고
기는 장상신(將相神) 차지요, 실과(實果)
는 칠성(七星) 차지요, 떡과 적은 조왕신
(竈王神) 차지니라." 하시고
3 "닭은 너희 아버지가 좋아하시고 나물은
내가 좋아하니, 산신(山神) 수저는 내 옆
에 놓으라." 하시니라.
4 또 이르시기를 "콩나물, 멸치, 호박 등
은 인간의 반찬이니 제수에는 쓰지 말
라." 하시므로 이후로는 치성에 쓰지
않으니라.
5 태모님께서 평소 제물을 진설하실 때
전후좌우(前後左右)의 일정한 위치를
정하지 않으시니라.

치성 음식은 약이 되고 복이 되니

6 태모님께서 치성 후에 말씀하시기를
"치성 음식은 약이 되고 복이 되니 뚤
뚤 뭉쳐 두지 말고 한 명도 빠짐없이
고루 나누어 먹으라." 하시니라.

아이들을 칠성이라 부르심

402 태모님께서 아이들을 부르실 때
"야, 칠성아!" 하시며 '칠성', '칠
성동자' 등으로 기운을 붙여 부르시고
2 그 부모에게 일러 말씀하시기를 "저
동자들을 잘 가꾸라." 하시니라.
3 치성을 마치고 나면 성도들에게 이르
시기를 "야, 과일은 칠성 아이들 차지
다. 너희들은 먹지 마라." 하시며 아이
들에게 먼저 내려 주시니라.

천지 장상 공부니

403 하루는 태모님께서 말씀하시기
를 "천지 장상 공부(將相工夫)니
육보(肉補)를 해야 하느니라.
2 고기도 큰 대야로 먹고, 술도 동이째
먹고, 밥도 말밥을 먹어야 하느니라."
하시니라.

태모님께서 즐겨 드신 음식

3 태모님께서는 평소 회(膾)를 좋아하시
고 소의 처녑과 간(肝)을 즐겨 드시며
공사를 보실 때는 신명을 대접하기 위

해 고기(肉)를 드시기도 하니라.
4 술은 동이째로 드시는데 순한 술은 입에도 안 대시고 구하기 어려운 독한 곡주(穀酒)를 앉은자리에서 다 잡수시며
5 때로는 사흘 이상 진지를 안 드시고 술만 드시거늘 독한 소주나 꽃소주를 큰 놋대접으로 몇 대접씩 드시니라.
6 또 자주 술독에 가마니술을 담아 놓고 드시더니
7 하루는 술을 드시며 말씀하시기를 "이것이 보신탕이다, 이놈들아! 그러나 잘못 먹으면 사약(死藥)이니라." 하시니라.

태모님은 생명의 어머니

404 태모님께서 공사를 보시기 위해 여러 곳을 돌아다니실 때 가시는 곳마다 음식을 지어 올리거늘
2 태모님께서 음식을 잘 드시면 그 집 살림이 점점 흥하여지고
3 드시지 않으면 가세가 점점 기울어지더라.

하늘땅에 꼭 이렇게 식고하라

405 하루는 태모님께서 식고(食告)에 대해 말씀하시기를 "너희들이 천지의 음덕으로 녹(祿)을 먹게 되었으니 식고를 할 때에는 반드시 이와 같이 고(告)하라." 하시고
2 "'천지의 음덕으로 녹을 먹으니 감사하옵나이다. 불초 자손의 식상(食床)이나 선령께서 하감(下鑑)하옵소서! 잘못된 죄를 용서하여 주시옵소서!' 하고 기도하라." 하시니라.
3 또 말씀하시기를 "너희가 먹어도 너희 선령들이 다 응감하느니라." 하시니라.

마음으로 기도하라

4 태모님께서 성도들에게 말씀하시기를 "너희들은 기도할 때 마음으로 하라." 하시며 일절 소리를 내지 못하게 하시니라.

밥상에는 반드시 염장이 있어야

406 하루는 태모님께서 진지를 드시며 말씀하시기를 "염장(鹽醬)은 중앙 토(中央土) 자리라." 하시고
2 "사람 뱃속을 오장육부라 하지 않더냐? 간장은 간 맞추는 장이니 밥상에도 치성상에도 꼭 간장을 올려라." 하시니라.
3 태모님께서 평소 반찬은 형편에 맞게 차려 올리는 대로 잡수시되 간장이 없으면 수저를 들지 않으시고 상을 도로 물리시며 "다시 봐 오라." 하시니
4 성도들이 진짓상에 간장을 놓아 다시 올려드리면 그제야 진지를 드시니라.

진짓상을 물려 신명을 대접하실 때

407 태모님께서 공사를 보실 때는 며칠 동안 밥 한 술 뜨지 않으시고 술과 청수만 드시기도 하며 당신의 진짓상을 물려 신명을 대접하시는 일도 허다하거늘
2 이때 신명들에게 종종 말씀하시기를 "나도 이렇게 먹으니 그리 알고 그대로 드시구려." 하시니라.
3 하루는 성도들에게 일러 말씀하시기를 "신명 대접을 잘 하라. 앞으로 신명을 박대하면 살아나기 어려우니라." 하시고
4 또 말씀하시기를 "선령을 박대하면 살 길이 없느니라." 하시니라.

태모님의 흰색 명주 수건과 오색 수건

408 태모님께서는 늘 흰색 명주 수건을 몸에 지니고 계시는데, 주로 목에 걸치시나 앉아 계실 때는 개어서 무릎 밑에 넣으시니라.
2 성도들은 이 수건에 상제님의 성령 기운이 서려 있다 하여 '손님 수건'이라 부르거늘
3 이 수건으로 병자의 몸을 스쳐만 주셔도 모든 병(病)이 낫고 가난한 자는 식

록(食祿)이 넉넉해지니, 누구라도 한번
쓸어 주시기를 소원하니라.
4 태모님께서는 또 초록색, 빨간색, 노
란색, 하얀색, 군청색의 긴 오색 수건
(五色手巾)을 가지고 계시거늘
5 어떤 때에는 이 수건을 대나무에 깃발
처럼 매달아 놓고 공사를 보시는데
6 대나무를 잡고 휘두르시면 갑자기 큰
바람이 일어나 성도들을 감싸매 모두
가 신도의 조화와 위엄 앞에 엄숙해지
니라.

태모님 담뱃대의 조화

7 태모님께서 출행하실 때면 항상 담뱃
대를 들고 가시니 혹 처음 모시는 성
도가 잘 모르고 대신 들어 드리고자
하면 담뱃대로 때려 경계하시니라.
8 담뱃대에는 학과 소나무가 새겨져 있
고 길이는 넉 자가 되는데 아무리 큰
장정이라도 담뱃대로 탁 걸어서 당기
면 그대로 끌려오니라.
9 신도들이 아프다고 할 때 태모님께서
그 아픈 곳을 담배통으로 짚고 주문을
읽으시면 곧 씻은 듯이 낫고
10 또 공사 시에 구름이 잔뜩 끼었다가도
담뱃대를 휘두르시면 구름이 사라지며
11 그믐밤에도 담뱃대를 두르시면 둥근
달이 떴다가 다시 두르시면 싹 감춰지
고 또 두르시면 이내 나타나니라.
12 태모님의 담배 서랍은 돌로 만들어졌
고, 재떨이는 성도들이 처음에 놋쇠로
세숫대야만 하게 만들어 올렸더니 재
를 떨면 '땡땡' 하고 종소리가 나는데
13 공사를 보시다가 내려치시면 놋쇠 조
각이 여지없이 뚝뚝 떨어져 나가거늘
14 다시 두어 번 더 만들어 드렸으나 그
래도 마찬가지인지라 성도들이 아예
오동나무로 재떨이를 만들어 드리니
라.
15 이후에 그 재떨이를 강휘만이 보관하
더니 얼마나 큰지 휘만이 족보와 고서
(古書)를 담는 그릇으로 사용하니라.

담배는 천지 분향이니라

409 하루는 태모님께서 담배와 담
뱃대에 대해 말씀하시기를 "담
배는 천지 분향(焚香)이니 송동죽(松銅
竹)을 가지되 설죽은 다섯 마디나 일곱
마디로 맞추어라.
2 담뱃대에 음양오행(陰陽五行)이 있어
칼로도 쓰고 총으로도 쓰고 마음대로
쓰나니
3 대를 들고 활활 활개치면 신선이니라.
4 담뱃대에는 칠성(七星) 기운이 붙어 있
으니 담배는 목(木)이요, 통은 금(金)이
요, 불을 붙이니 화(火)요, 대에서 물
이 나오니 수(水)요, 재를 떨면 토(土)
요, 통은 일(日)이요, 물부리는 월(月)이
라." 하시니라.
5 또 말씀하시기를 "사람은 백 살 먹어
도 철을 모르는데 담배는 철을 아나니
하지(夏至)만 되면 축축해지느니라."
하시니라.

27년 만에 근본을 찾았다

410 하루는 태모님께서 말씀하시기
를 "나의 한(恨)을 다 얘기하자
면…, 너희는 모르느니라." 하시고
2 고찬홍의 아내 백윤화(白潤華)에게 말
씀하시기를 "27년 만에 근본을 찾았
다." 하시니라.

포교의 길이 열리리라

3 어느 날 태모님께서 윤화에게 이르시
기를 "너는 선불유(仙佛儒)의 근본을 찾
아 잘 수행하여 무극대도의 앞길을 천
명(闡明)하라. 이후로는 포교의 길이
열리리라." 하시고
4 또 말씀하시기를 "지금은 여러 교(敎)
가 있으나 후천에는 한 나무에 한 뿌리가
되느니라." 하시니라.

태모님의 성적을 전한 전선필

411 성도들이 종종 공사 내용을 기
록하고자 하면 태모님께서 허락

하지 않으시며 말씀하시기를
2 "천지공사만 옳게 나가제끼면 다 볼
것을, 적을 것 없네." 하시니라.
3 태모님께서 선화하시기 전에 전선필에
게 당부하여 말씀하시기를 "책이든 뭐
든 증거가 되면 죽으리니 네 머릿속에
담으라." 하시고
4 "너는 어떻게든지 잡히지 말고 내 일을
후세에 전하고 포교하라." 하시니라.

전선필의 증언자 이우인

5 이로부터 40여 년이 지난 어느 날 선
필이 태모님의 성적을 따라 찾아온 이
우인(李愚仁)을 만나매
6 그에게 말하기를 "내가 우인이 자네를
만나려고, 어머님께서 나한테 말씀을
일러 주셨네.
7 내가 이 말씀을 모두 자네에게 전해
주는 것이니 자네, 잘 듣소." 하며 그
동안 듣고 본 공사 내용을 상세히 전
하니라.

자작자배하는 자는 살아남기 어렵다

412 태모님께서 하루는 여러 성도들
에게 경계하여 말씀하시기를
2 "차경석, 조철제와 각 교단이 저토록
집을 화려하게 지어 놓은 것을 부러워
말라.
3 그러한 일들은 다 허황하며 기만에 불
과하니라." 하시고
4 "추수를 해서 오곡을 종류별로 갊아
두는 이치와 같다." 하시니라.
5 또 말씀하시기를 "천지공사에 없는 법으
로 행동하고 자작자배(自作自輩)하는 놈은
살아남기 어려우리라." 하시니라.

장차 매듭짓는 성인이 나온다

413 태모님께서 말씀하시기를 "너희
들 큰 데 가지 말아라. 보리밥
한 술에도 도통이 있느니라.
2 장차 초막에서 성현(聖賢)이 나오리라."
하시고
3 다시 "일초(一招), 이초(二招), 삼초(三招)
끝에 대인(大人) 행차하시는구나." 하고
노래하시니라.
4 태모님께서 늘 말씀하시기를 "상씨름
판에는 콩밭(太田)에서 엉뚱한 인물이 나
온다." 하시니라.

내가 너희 아버지한테 빨리 가야

414 태모님께서 오성산에서 2년 세
월을 보내시고 하루는 성도들에
게 말씀하시기를
2 "너희들은 집안만 잘 지키고 있으라.
내가 너희 아버지한테 빨리 가야 너희
들이 잘될 것이라." 하시고
3 "내가 올 적에는 세상 사람들이 알게 하고
오리라." 하시니라.
4 또 말씀하시기를 "너희들이 죽으면 혼
신(魂神)이라도 잘되게 해 주마." 하시
니라.

성도들을 생각하며 탄식하심

5 태모님께서 종종 마루에 앉아 말씀하
시기를 "너희 놈들이…." 하고 탄식하
시거늘 성도들은 그 까닭을 알지 못하
더라.

밥티 하나라도 조심하라

415 태모님께서 평소 부엌에서 일
하는 김종명에게 말씀하시기를
"잡곡이라도 꼭 넣어서 밥을 해 먹도
록 하라." 하시더니
2 한번은 진짓상을 차리는데 부엌에 들
어오시어 "내 밥도 따로 담지 말고 콩
이라도 섞어서 퍼라." 하시니라.
3 10월 5일 저녁에 태모님께서 부엌에
들어가시어 구정물통을 손으로 저어
살피시고
4 종명에게 일러 말씀하시기를 "밥티 하
나라도 조심을 해라. 사람이 먹는 것
이란 천지가 아느니라." 하신 후
5 나뭇간으로 가시어 땔나무를 돌아보
시며 이길수에게 당부하시기를 "야야,

나무도 아껴서 때라." 하시고 등을 토
닥거려 주시니라.
6 또 여러 성도들에게 말씀하시기를 "차
후에 형편이 어려우면 너희들끼리 앉
아서 너희 아버지와 나를 위해 보리밥 한
그릇에 수저 두 벌만 놓아도 나는 괜찮느
니라." 하시니라.

천상으로 떠나신 태모님

416 이어 태모님께서 "목욕물을 데
워라." 하시고 홀로 목욕을 하신
뒤에
2 "새 옷을 다 내놓으라." 하시고 일전에
성도들이 해 올린 새 옷으로 갈아입으
신 다음 요에 누우시어 고민환을 불러
머리맡에 앉히시니라.
3 두어 시간 후에 문득 성도들에게 말씀
하시기를 "너희들이 마음만 잘 고치면 선
경세계를 보게 되건만…, 선경세계가 바
로 눈앞에 있건만…." 하시고
4 다시 이르시기를 "잘 꾸리고 있으라."
하시므로 민환이 무슨 뜻인지를 여쭈
니 "글쎄 말이네." 하시니라.
5 또 말씀하시기를 "내 자리 옆에 새 요
를 하나 더 깔아라." 하시고 "증산 상제
님이 오시면 나도 올 것이요, 내가 오면 상
제님도 오시리라." 하시더니
6 잠시 후에 "나의 머리에 손을 대라."
하시고 상제님 어진을 향하여 손을 흔
드시며
7 "너희 아버지가 벌써 오실 때가 되었는
데." 하고 세 번 거듭 말씀하신 뒤에 눈
을 감으시고 선화(仙化)하시니라.
8 태모님께서는 천지신명과 억조창생의
어머니로서 10년 동안의 천지공사를
통해 창생들의 모든 죄를 대속하시어
9 후천 오만 년 선경세계로 나아갈 길을
열어 주시고 한(恨) 많은 세월을 뒤로
하신 채 천상 옥경으로 떠나시니
10 이 날은 환기(桓紀) 9132년, 신시개천
(神市開天) 5832년, 단군기원 4268년,
을해(乙亥: 道紀 65, 1935)년 10월 6일 축
(丑)시요, 서력기원 1935년 11월 1일이
니, 이때 성수(聖壽)는 56세이시니라.
11 이 날 태모님을 곁에서 모신 성도는 고
민환, 박종오, 이길수, 김종명 등이니
12 날이 밝아 수의(壽衣)를 수습하매 태모
님께서 이미 횃대에 걸어 놓으셨더라.

오성산 북변 봉우재에 장사하다

417 고민환이 각처 성도들에게 부고
(訃告)를 보내니 고찬홍, 이진묵,
전선필, 문명수, 문기수, 이중진, 유일
태, 오수엽, 조학구, 김수열, 김내언(金
乃彦), 이재균(李材均) 등이 달려오니라.
2 9일에 성도들이 태모님의 성체를 입관
(入棺)하려 하는데 성체가 방바닥에 붙
어 떨어지지 않는지라
3 이때 민환을 비롯한 모든 성도들이 지
난날 태모님과의 사무친 정이 솟구쳐
올라 서럽게 통곡하니 집 안이 온통 울
음바다가 되니라.
4 한참 후에 성체를 간신히 떼어 입관을
한 다음 오성산 북변(北邊)에 있는 봉우
재에 장사(葬事)하니라.

태모님께서 선화(仙化)하신 후

을해년에 임옥에서 땅 꺼진다

418 태모님께서 선화하시기 2년 전
인 계유년부터 종종 말씀하시기
를 "을해년에 임옥에서 땅 꺼진다." 하
시거늘
2 성도들은 그 말씀을 무심히 듣고 지나
치나 전선필은 항상 염두에 두고 임옥
땅이 꺼질까 염려하니라.
3 을해년 어느 날 문득 그 말씀이 떠오
르므로 곧 임실(任實)로 도피하여, 날

마다 그곳 불재에 올라가 하루 종일
옥구 방면을 바라보며 임옥 땅이 꺼질
까 걱정하거늘
4 매번 올라가 해가 넘어갈 때까지 기다
려도 옥구 땅이 꺼지지 않으매 하릴없
이 집으로 돌아오더니
5 몇 달 후 태모님께서 선화하시고 나서
야 비로소 태모님께서 세상 떠나실 일
을 두고 하신 말씀임을 깨닫게 되니라.

고민환의 아들 재정을 구해 주심

419 고민환의 큰아들 재정(在廷)이
'일본인에게 잡혀서 징용(徵用)가
기는 싫다.'며 노무자로 자원하거늘
2 정축(丁丑: 道紀 67, 1937)년 섣달 초사
흗날에 전쟁 지구(戰爭地區)에 배치되
니라.
3 그 후 재정이 치질로 고생하게 되고 전
쟁 지구인지라 늘 목숨이 위태로움을
느끼매 시천주주를 읽으며 "저 좀 살
려 주십시오." 하고 태모님께 간절히
기도하니
4 어느 날 밤 비몽사몽간에 공중에서 태
모님의 음성이 들리거늘
5 "어찌하여 이 위험한 곳에 왔느냐?" 하
시고 "너무 걱정 마라. 너는 내가 데려가
리니 곧 돌아가게 되리라." 하시니라.
6 당시 노무자에 지원한 사람은 제대 규
정도 없이 무기한 근무하기로 되어 있
는데
7 다음날 아침 일찍 감독관이 재정을 불
러 집안 형편과 건강 상태를 묻더니
병원에서 치료를 받게 한 뒤 집으로
돌려보내거늘
8 집을 떠난 지 석 달 만인 이듬해 삼월
삼짇날에 무사히 집으로 돌아오니라.

재정에게 출산 소식을 알려 주심

9 그 후 11년이 지난 무자(戊子: 道紀 78,
1948)년에 재정이 가정 형편이 어려워
고민하더니
10 마침 정부에서 노역(勞役)할 사람을 모
집하매 재정이 마을에서 쌀 두 가마니
를 받기로 하고 노역에 자원하여 인천
부평(富平)에 가니라.
11 이 해 2월 25일경에 태모님께서 재정
의 꿈에 나타나 말씀하시기를 "너, 딸
낳았다." 하시고 "딸이지만 아들 못지
않다." 하시거늘
12 이에 재정이 자신의 아내가 딸을 출산
했음을 알게 되니라.

성도들의 방황과 도통 공부

420 무인(戊寅: 道紀 68, 1938)년에 하
루는 박공우의 교단에서 신앙하
는 홍순문(洪淳文), 홍순옥(洪淳玉), 박
인택(朴仁澤), 박인석(朴仁錫) 등이 변산
에 모여 도통 공부에 들어가거늘
2 다른 여러 교파에서도 많은 신도들이
의기투합하여 부안 변산으로 모여드
니라.
3 이때 홍순문을 교주로 하고 부안군 산
내면 지서리(山內面 知西里)를 본거지로
하여 각자 움막을 짓고 공부에 들어가
니
4 오성산 도장에서 태모님을 모시던 전
준엽, 강재숙, 전기찬 등 여러 성도들
도 허망한 마음을 가눌 길이 없어 방
황하다가
5 서로 의논하기를 "우리도 변산 한적한
곳에 움막을 짓고 도통 공부를 위한
기도를 드리자.
6 진표율사와 진묵대사가 변산에서 공
부했고 상제님께서도 변산 개암사를
다니셨으니 우리도 도통하려면 변산
에 가서 공부를 해야 한다." 하며 변산
으로 향하니라.
7 이때 고민환과 전선필은 그 자리에 참
석하지 않으니라.

일제의 검거령과 성도들의 수난

8 당시 일제가 전쟁 준비에 광분하면서
독립운동을 경계하여 전국에 수색령
을 발동하고 검거선풍을 일으키니 시

국이 매우 어수선한지라
9 도장에서는 상제님 어진조차 제대로
모시지 못하고 은밀히 신앙하는데
10 임오(壬午: 道紀 72, 1942)년 4월에 이르
러 '변산 쪽에서 대규모의 사람들이 움
막을 짓고 모여 있다.'는 정보를 입수한
전주 경찰서에서 수십 명의 형사대를
즉각 출동시켜 모조리 잡아들이니라.
11 이에 혹독한 고문으로 죽는 신도가 속
출하고 살아남은 사람들은 죽음이 두
려워 '강증산 상제님의 도(道)를 믿고
독립운동을 위한 기도를 하였다.' 하
고 거짓 자백을 하니
12 한 사람도 빠짐없이 즉결 처분에 넘겨
지고 투옥된 전준엽, 강재숙 등 13명
의 신도들이 옥사(獄死)하니라.

위기를 모면한 고민환과 전선필

421 일부 신도들은 고문에 못 이겨
고민환과 전선필 등 주요 성도
들이 이 사건에 연루되었다고 거짓 진
술을 하니 일경이 오성산 도장으로 조
사를 나오거늘
2 이때 민환이 '변산으로 공부하러 간 사
람들이 다 구속되었다.'는 소식을 듣
고 군산 설림산(雪琳山) 아래에 있는
은적사(隱寂寺)로 피신하매 일경이 그
곳까지 찾아와 민환을 끌고 가니라.
3 일경이 묻기를 "네가 강증산의 도를
믿느냐?" 하거늘
4 민환이 대답하기를 "나는 도를 하지
않는 승려입니다." 하매 일경이 "그러
면 불경을 한번 외워 봐라." 하는지라
5 민환이 입도하기 전에 절에서 공부한
적이 있어 불경을 줄줄 외우니 더 이
상 의심하지 않고 풀어 주니라.
6 한편 선필은 준엽이 잡혀가던 날 그의
집에 함께 있다가 뒷문으로 달아나 집
으로 돌아온 뒤
7 자기 집 앞 논 가운데에 쌓아 놓은 볏
짚 가리 속에 숨어서 우선 위기를 모
면하더니
8 그 이후 선필이 몸을 피해 임실을 비롯
한 다른 여러 지방을 떠돌며 전전하니
라.

선화 후 성도들의 도장 분립

422 태모님께서 선화하신 뒤 일제의
감시와 탄압으로 성도들이 한
곳에 모여 신앙할 수 없게 되거늘
2 일찍이 고민환이 성덕리에 있는 자기
집에 도장을 연 데 이어, 이용기는 삼
례에, 고찬홍과 백윤화는 옥구를 거쳐
익산에, 그 외 몇몇 성도는 각기 연고
지를 중심으로 도장을 여니
3 군산과 전주, 익산 지역에서는 대부분
도장에 모여 치성을 올리고 다른 여러
지역에서는 삼삼오오 짝을 이루어 집
집마다 돌아가며 치성을 올리니라.

성도들의 일월과 칠성 신앙

4 성도들이 치성을 올릴 때는 제물을 진
설해 놓고 밤새도록 주문을 읽는데
5 주송(呪誦) 중에 신도가 내리면 앉은
채로 공중을 풀쩍풀쩍 뛰곤 하니라.

전선필의 꿈에 나타나신 태모님

423 태모님께서 선화하시고 수십 년
이 지난 갑진(甲辰: 道紀 94, 1964)
년 3월 26일 태모님 성탄절에 8, 9명의
신도들이 참석하여 치성을 올리니라.
2 이때 한 신도가 교주(教主)가 될 야망
으로, 여러 신도들 앞에서 '전선필이
치성금을 가로채 먹었다.'고 하며 없는
말을 만들어 인신공격을 하니
3 선필은 그의 말솜씨와 행패 앞에 그저
우두커니 앉아 바라보고만 있을 뿐이
더라.
4 그날 밤 선필이 꿈 속에서 '어머니, 제
가 늙도록 천신만고 쌓은 공덕이 이렇
게 되다니요!' 하고 탄식하니
5 태모님께서 홀연히 나타나 이르시기를
"선천에 하던 살림을 붙들고 나가다가

는 남까지 망칠 터이니 새 배포를 꾸미라.
6 나도 여기에 안 올 터이니 너도 여기 오
지 마라. 잠이나 자고 내일 아침에 같이
가자. 오고 갈 데 없으니….” 하시니라.

태모님 성골의 도난

424 태모님께서 선화하신 이후로 고
민환이 성도들과 함께 태모님의
성묘(聖墓)를 관리해 오더니
2 신축(辛丑: 道紀 91, 1961)년 7월 25, 6일
경에 이르러 뜻하지 않게 태모님의 성
묘를 도굴당하여 성골을 잃어버린지라
3 이에 민환이 노심초사하여 비밀리에
사방으로 찾아보았으나 그 행방을 알
길이 없어 번민과 근심으로 지내다가
4 태모님을 직접 모셨던 성도들과 상의
하여 일단 법정에 분묘(墳墓) 도난 신
고를 하기로 결정하니라.
5 9월 20일 이경(二更) 초에 민환이 홀로
앉아 생각하던 중 비몽사몽간에 태모
님께서 생시와 같이 나타나 말씀하시
기를
6 “정읍에 있을 때의 상제님 일을 생각하
라.” 하시고 “고심치 말라.” 하시더니
홀연히 보이지 않으시니라.
7 이후 민환이 도굴한 자를 은밀히 찾는
데 서백일(徐白一) 교단의 최정현(崔正
玄)이 가장 의심스럽거늘
8 연락처를 알아보니 군산에 사는 서명
옥(徐明玉)의 집이라 하매 그 길로 곧장
군산으로 달려가 찾아보았으나 정현
의 행방이 묘연한지라
9 이에 오성산 도장에서 함께 신앙하는
신도 전세윤(田世允)에게 연락하여 은
밀히 탐색하게 하니라.
10 그 뒤 하루는 세윤이 알려 오기를 “지
금 최정현이 군산에 와 있다.” 하므로
즉시 그와 함께 서명옥의 집으로 쫓아
가 정현과 맞닥뜨리매
11 민환 일행이 그 죄상을 추궁하고 소
행을 질책한 뒤 즉시 앞세우고 성골이
암장된 곳으로 달려가니
12 그곳은 김제군 금산면 청도리 하운동
제비창골에 있는 서백일의 교단 용화
사(龍華寺) 근처이거늘
13 이때 성묘에 참배한 사람은 고민환,
전선필, 전세윤이더라.

태모님을 친견한 고민환

425 이 해 8월 17일 초저녁에 고민
환이 태모님의 산소 일로 홀로
번민하다가
2 문득 정신이 황홀하고 혼몽한 중에 심
신(心神)이 공중으로 날아올라 함열(咸
悅)에 사는 연기종(延基宗)의 집에 도착
하니
3 태모님께서 생존 시와 같이 손에 담뱃
대를 들고 그 집 마당에 서 계시는지라
4 민환은 태모님께서 선화하신 후에 어떠
한 영적 감화도 주지 않으심에 원망스런
마음을 가지고 있던 터라 불경한 언사
로 “어찌하여 여기 와 계시오?” 하니
5 태모님께서 말씀하시기를 “어디를 못
가리오.” 하시며 “지명(地名)을 취하여
왔노라.” 하시니라.
6 이에 민환이 심사(心思)가 나서 말하기
를 “그러면 저는 태전(太田) 갈라오.” 하니
7 태모님께서 기뻐하시는 얼굴로 말씀
하시기를 “또 올 터인데 무얼.” 하시며
보이지 않으시니라.

성도들의 친·인척 관계

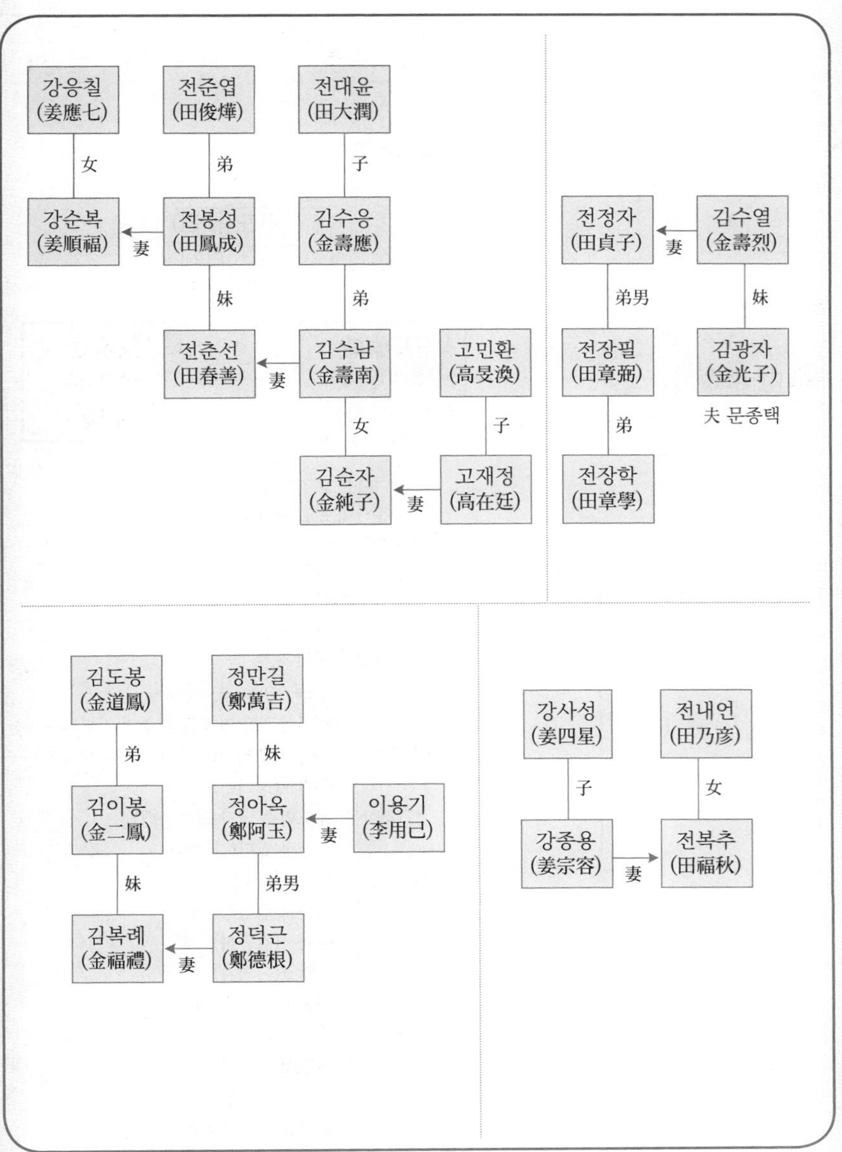
강응칠 (姜應七)
女
강순복 (姜順福)
전준엽 (田俊燁)
弟
전봉성 (田鳳成)
妻
妹
전춘선 (田春善)
전대윤 (田大潤)
子
김수응 (金壽應)
弟
김수남 (金壽南)
妻
女
김순자 (金純子)
고민환 (高旻渙)
子
고재정 (高在廷)
妻
전정자 (田貞子)
妻
김수열 (金壽烈)
弟男
전장필 (田章弼)
弟
전장학 (田章學)
妹
김광자 (金光子)
夫 문종택
김도봉 (金道鳳)
弟
김이봉 (金二鳳)
妹
김복례 (金福禮)
妻
정만길 (鄭萬吉)
妹
정아옥 (鄭阿玉)
妻
이용기 (李用己)
弟男
정덕근 (鄭德根)
강사성 (姜四星)
子
강종용 (姜宗容)
妻
전내언 (田乃彦)
女
전복추 (田福秋)

증산도 종통맥

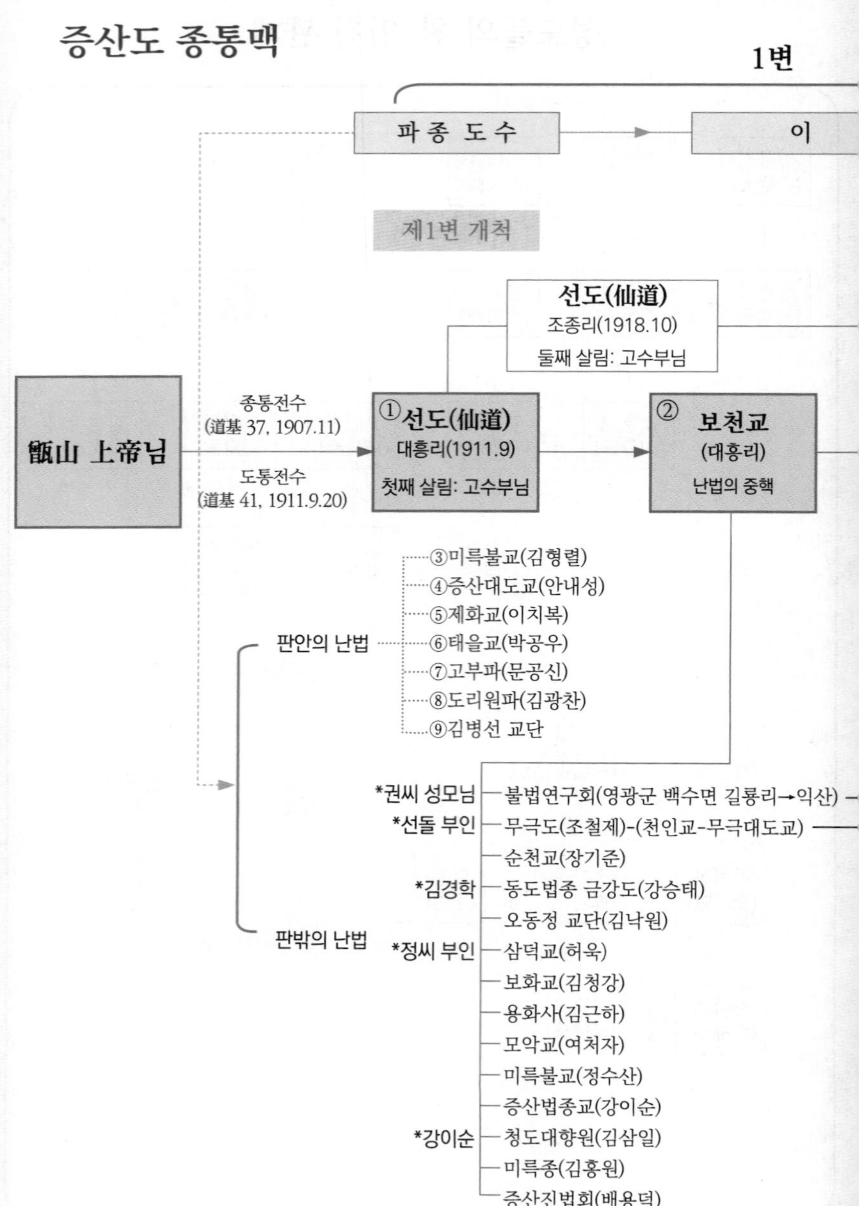
1변
파종 도수
이
제1변 개척
선도(仙道)
조종리(1918.10)
둘째 살림: 고수부님
甑山 上帝님
종통전수
(道基 37, 1907.11)
도통전수
(道基 41, 1911.9.20)
①선도(仙道)
대흥리(1911.9)
첫째 살림: 고수부님
② 보천교
(대흥리)
난법의 중핵
③미륵불교(김형렬)
④증산대도교(안내성)
⑤제화교(이치복)
⑥태을교(박공우)
⑦고부파(문공신)
⑧도리원파(김광찬)
⑨김병선 교단
판안의 난법
판밖의 난법
*권씨 성모님
*선돌 부인
*김경학
*정씨 부인
*강이순
불법연구회(영광군 백수면 길룡리→익산)
무극도(조철제)-(천인교-무극대도교)
순천교(장기준)
동도법종 금강도(강승태)
오동정 교단(김낙원)
삼덕교(허욱)
보화교(김청강)
용화사(김근하)
모악교(여처자)
미륵불교(정수산)
증산법종교(강이순)
청도대향원(김삼일)
미륵종(김홍원)
증산진법회(배용덕)

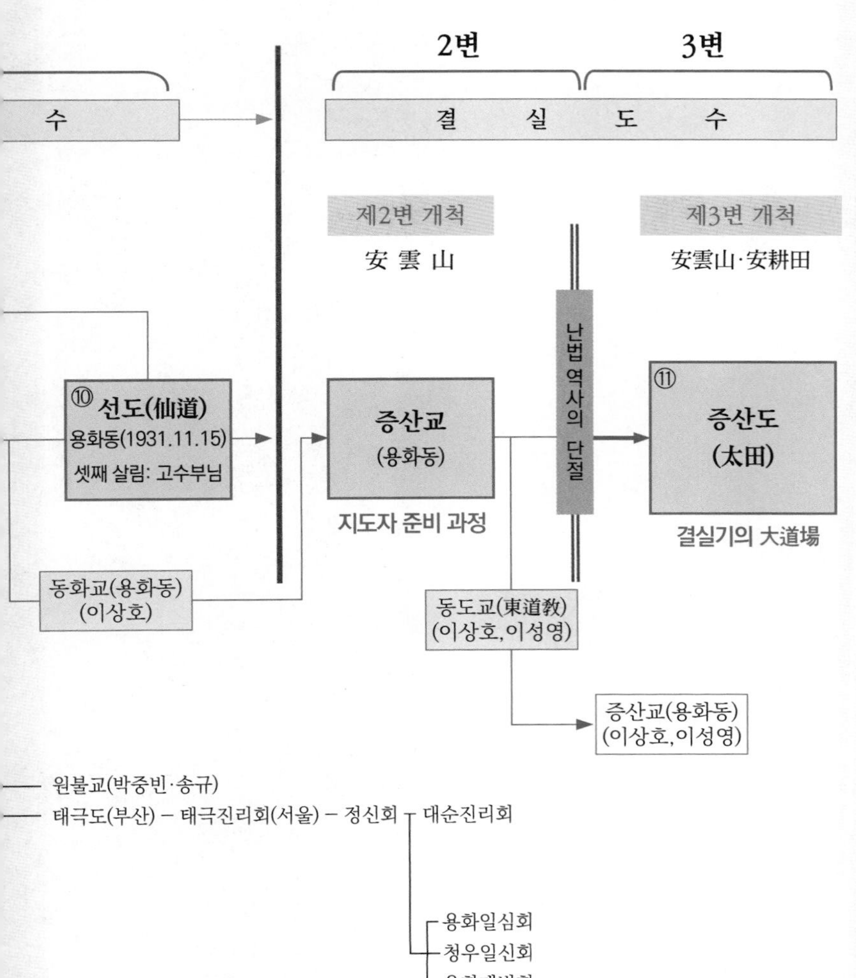

— 원불교(박중빈·송규)

— 태극도(부산) – 태극진리회(서울) – 정신회 ┬ 대순진리회

┌ 용화일심회
├ 청우일신회
└ 용화대법회

증산 상제님께서 동방의 조선에 강세하신 지리(地理)의 현묘한 기틀

이 지리의 기틀은 안운산 태상종도사님께서 제3변 마무리 도운 초기에 처음 말씀하셨고 이후로 국내외에 널리 전해졌다.

- 한반도는 지구의 혈(穴), 지구의 5대양 6대주가 동방의 조선 땅을 옹위하는 형국. 혈(穴)은 임금에, 좌청룡 우백호는 신하에 비유할 수 있다.
- 일본은 내청룡. 한반도의 생명 에너지가 외부로 빠져나가지 못하게 하며
- 밖에서 불어오는 바람을 막아 준다(실제로 태풍의 대부분이 일본에 상륙).
- 제주도와 대만은 한문(閈門)으로서, 한반도의 기운이 빠져나가지 못하게 하는 구실을 한다.
- 아시아는 내백호로서 만첩(萬疊) 백호
- 아메리카 대륙 전체가 외청룡
- 아프리카는 외백호
- 호주는, 주인인 한반도를 응대하는 안산(案山)

선천의 이십팔수 천문도(天文圖)

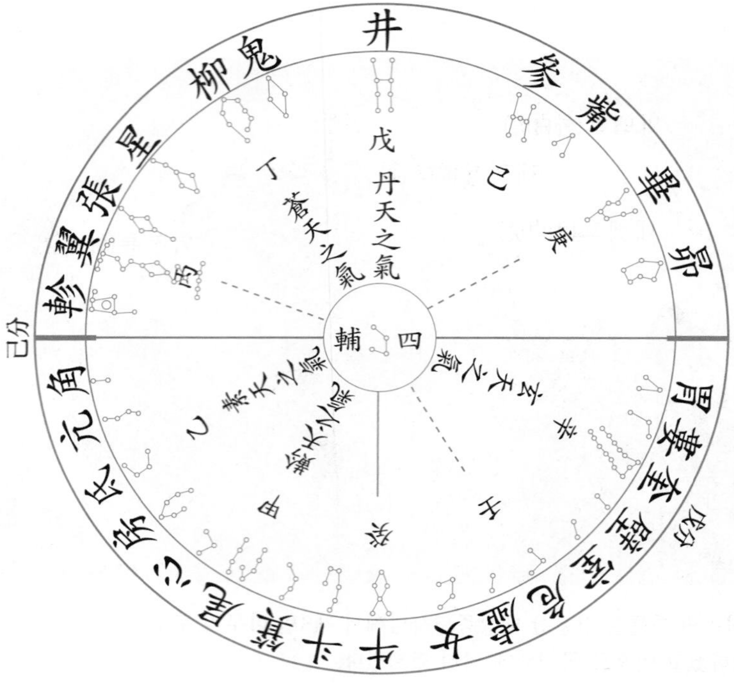

井
鬼
柳
星
張
翼
軫
角
亢
氐
房
心
尾
箕
斗
牛
女
虛
危
室
壁
奎
婁
胃
昴
畢
觜
參
己分
戊分
戊
丹天之氣
己
庚
丁
蒼天之氣
丙
輔
四
玄天之氣
辛
壬
癸
甲
乙
素天之氣
黅天之氣

선후천 지축 변화

북
子
丑
寅
卯
辰
巳
午
未
申
酉
戌
亥
지축
적도
서
동
남
地戶
天門

선천 지축도(봄·여름)

북
丑
寅
卯
辰
巳
午
未
申
酉
戌
亥
子
지축
적도
서
동
남
地戶
天門

후천 지축도(가을)

北
寅
卯
辰
巳
午
未
申
酉
戌
亥
子
丑
지축
적도
서
동
南
地戶
天門

후천말 지축도(겨울)

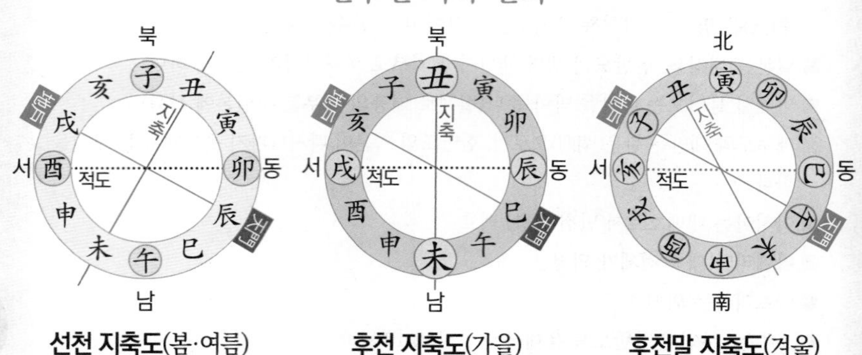

연도 대조표

道紀	干支	檀紀	西紀	도운	세운	연호
30	辛丑	4174	1841	금산사 미륵전에 임어하심		7
29	壬寅	4175	1842			8
28	癸卯	4176	1843			9
27	甲辰	4177	1844			10
26	乙巳	4178	1845			11
25	丙午	4179	1846			12
24	丁未	4180	1847			13
23	戊申	4181	1848			14
22	己酉	4182	1849			15
21	庚戌	4183	1850			哲宗1
20	辛亥	4184	1851			2
19	壬子	4185	1852			3
18	癸丑	4186	1853			4
17	甲寅	4187	1854			5
16	乙卯	4188	1855			6
15	丙辰	4189	1856			7
14	丁巳	4190	1857			8
13	戊午	4191	1858			9
12	己未	4192	1859			10
11	庚申	4193	1860			11
10	辛酉	4194	1861			12
9	壬戌	4195	1862			13
8	癸亥	4196	1863			14
7	甲子	4197	1864			高宗1
6	乙丑	4198	1865			2
5	丙寅	4199	1866			3
4	丁卯	4200	1867			4
3	戊辰	4201	1868			5
2	己巳	4202	1869			6
1	庚午	4203	1870			7
道紀前						
1	辛未	4204	1871	증산상제님 강세기		8
2	壬申	4205	1872			9
3	癸酉	4206	1873			10
4	甲戌	4207	1874			11
5	乙亥	4208	1875			12
6	丙子	4209	1876			13
7	丁丑	4210	1877			14
8	戊寅	4211	1878			15
9	己卯	4212	1879			16
10	庚辰	4213	1880		태모 고수부님 강세기	17
11	辛巳	4214	1881			18
12	壬午	4215	1882			19
13	癸未	4216	1883			20
14	甲申	4217	1884			21
15	乙酉	4218	1885			22
16	丙戌	4219	1886			23
17	丁亥	4220	1887			24

道紀	干支	檀紀	西紀	도운	세운	연호
18	戊子	4221	1888	증산상제님 강세기		25
19	己丑	4222	1889			26
20	庚寅	4223	1890			27
21	辛卯	4224	1891			28
22	壬辰	4225	1892			29
23	癸巳	4226	1893			30
24	甲午	4227	1894			31
25	乙未	4228	1895			32
26	丙申	4229	1896			建陽1
27	丁酉	4230	1897			光武1
28	戊戌	4231	1898			2
29	己亥	4232	1899			3
30	庚子	4233	1900			4
31	辛丑	4234	1901	9년 천지공사 태모고수부님 강세기		5
32	壬寅	4235	1902			6
33	癸卯	4236	1903			7
34	甲辰	4237	1904			8
35	乙巳	4238	1905			9
36	丙午	4239	1906			10
37	丁未	4240	1907			隆熙1
38	戊申	4241	1908			2
39	己酉	4242	1909			3
40	庚戌	4243	1910			4
41	辛亥	4244	1911			
42	壬子	4245	1912			
43	癸丑	4246	1913			
44	甲寅	4247	1914			
45	乙卯	4248	1915			
46	丙辰	4249	1916			
47	丁巳	4250	1917			
48	戊午	4251	1918			
49	己未	4252	1919			臨政1
50	庚申	4253	1920			2
51	辛酉	4254	1921			3
52	壬戌	4255	1922			4
53	癸亥	4256	1923			5
54	甲子	4257	1924			6
55	乙丑	4258	1925			7
56	丙寅	4259	1926	10년 천지공사		8
57	丁卯	4260	1927			9
58	戊辰	4261	1928			10
59	己巳	4262	1929			11
60	庚午	4263	1930			12
61	辛未	4264	1931			13
62	壬申	4265	1932			14
63	癸酉	4266	1933			15
64	甲戌	4267	1934			16
65	乙亥	4268	1935			17

성지 지도

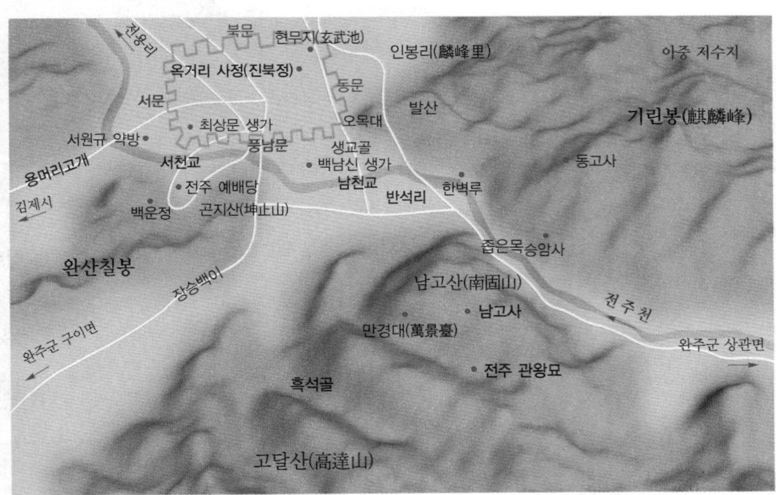

전주 일대

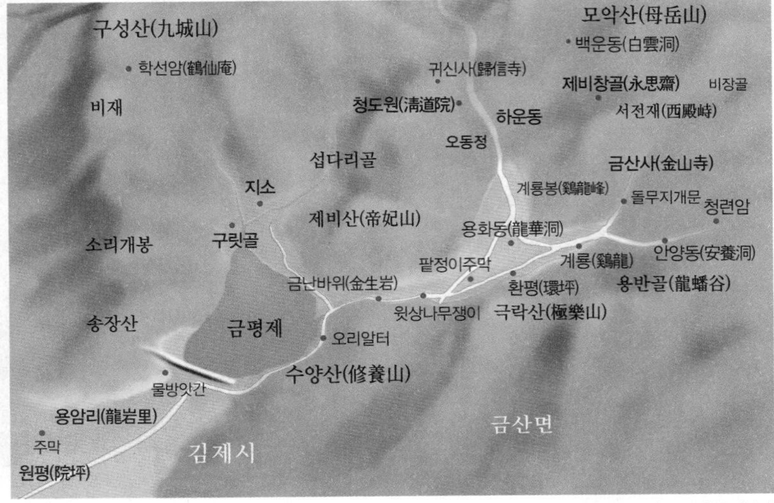

금산사 및 구릿골 일대

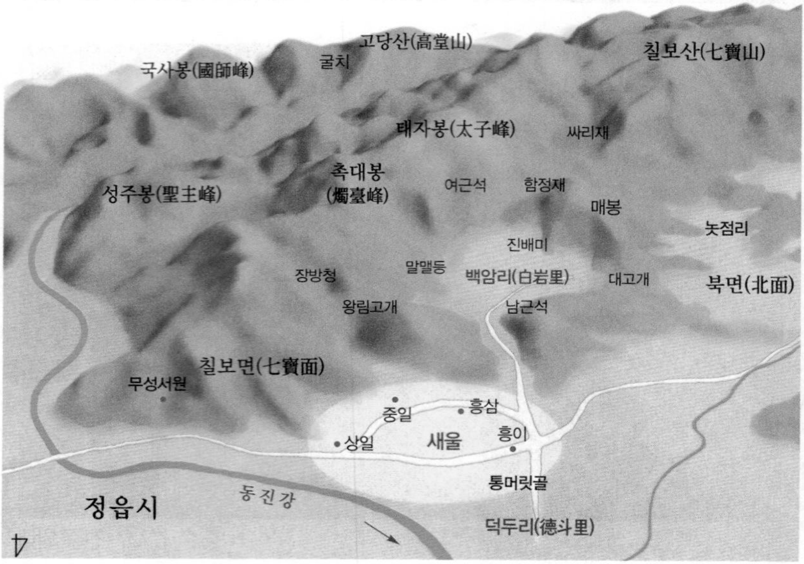

백암리 새울 덕두리 일대

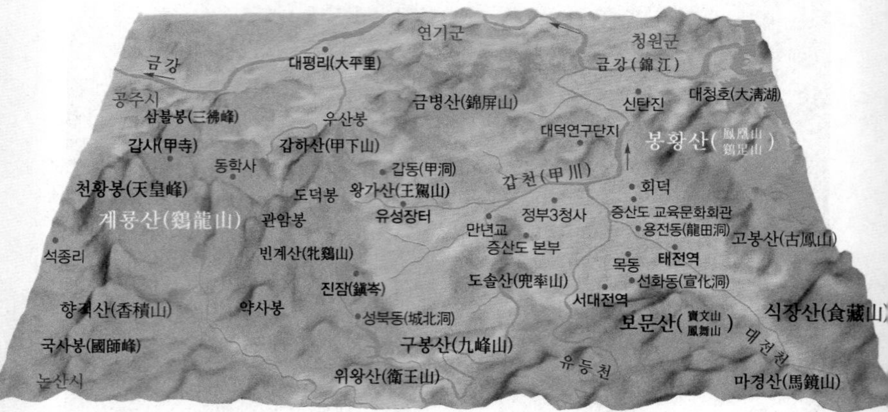

태전 지역

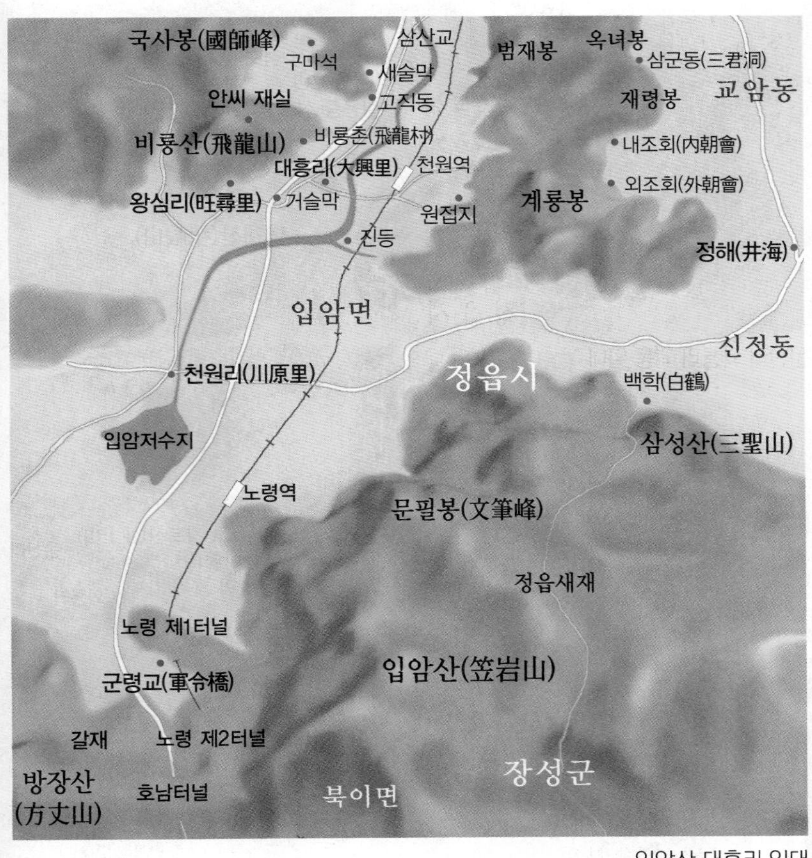
국사봉(國師峰)
구마석
삼산교
새술막
고직동
범재봉
옥녀봉
삼군동(三君洞)
교암동
재령봉
안씨 재실
비룡산(飛龍山)
비룡촌(飛龍村)
내조회(內朝會)
대흥리(大興里)
천원역
외조회(外朝會)
왕심리(旺尋里)
거슬막
원접지
계룡봉
진등
정해(井海)
입암면
신정동
천원리(川原里)
정읍시
백학(白鶴)
삼성산(三聖山)
입암저수지
노령역
문필봉(文筆峰)
정읍새재
노령 제1터널
입암산(笠岩山)
군령교(軍令橋)
갈재
노령 제2터널
장성군
방장산
(方丈山)
호남터널
북이면

입암산 대흥리 일대

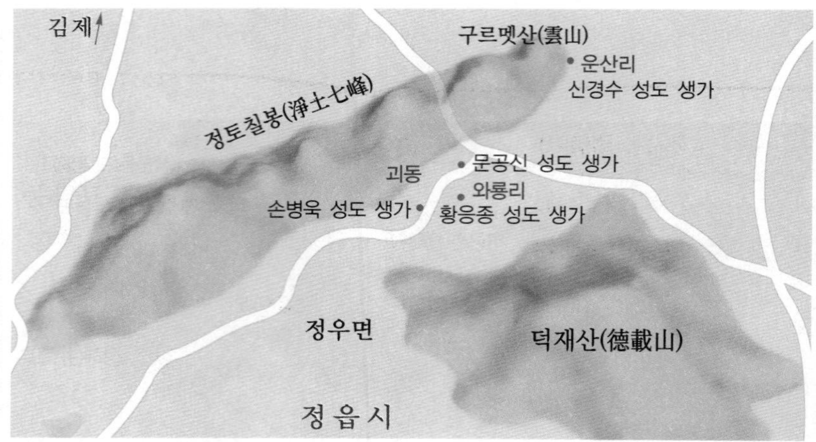

운산리 와룡리 괴동 일대

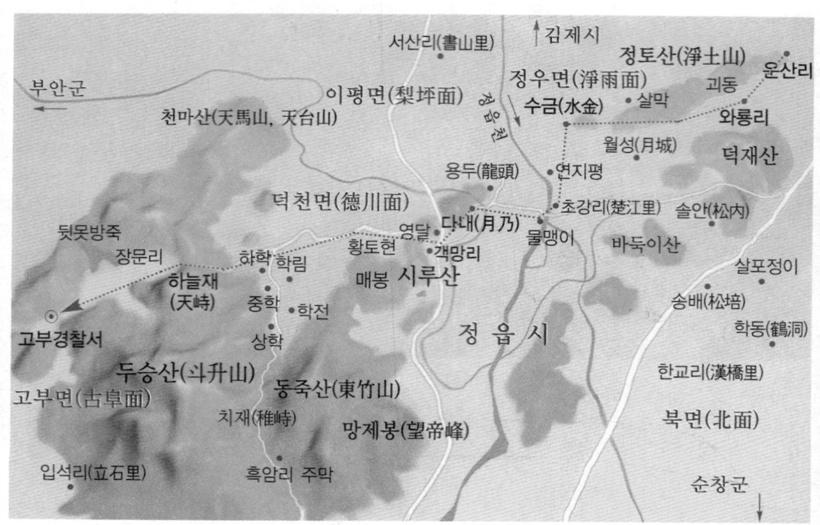

진주천자 이동 경로

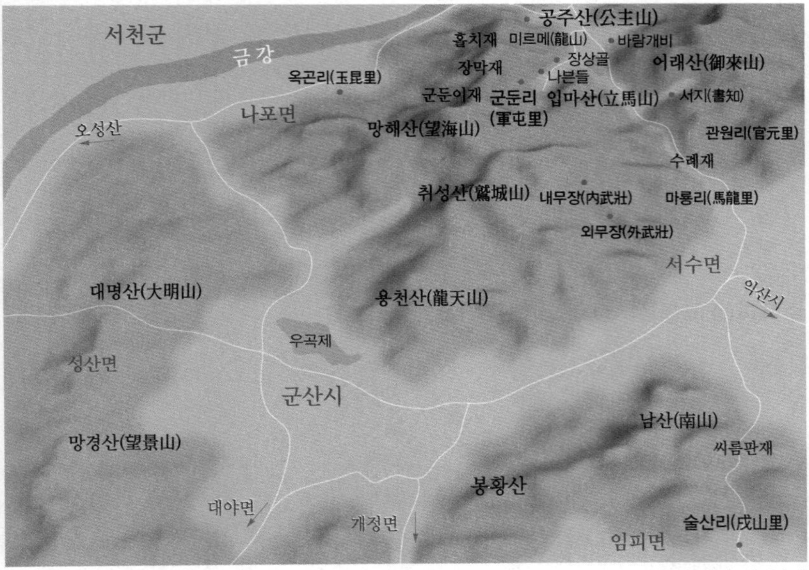

서천군
금강
공주산(公主山)
흘치재
미르메(龍山)
바람개비
장상골
어래산(御來山)
장막재
나븐들
옥곤리(玉昆里)
군둔이재
군둔리
(軍屯里)
입마산(立馬山)
서지(書知)
나포면
오성산
망해산(望海山)
관원리(官元里)
수례재
취성산(鷲城山)
내무장(內武壯)
마룡리(馬龍里)
외무장(外武壯)
서수면
익산시
대명산(大明山)
용천산(龍天山)
우곡제
성산면
군산시
남산(南山)
망경산(望景山)
씨름판재
봉황산
대야면
개정면
술산리(戌山里)
임피면

군둔리 술산 일대

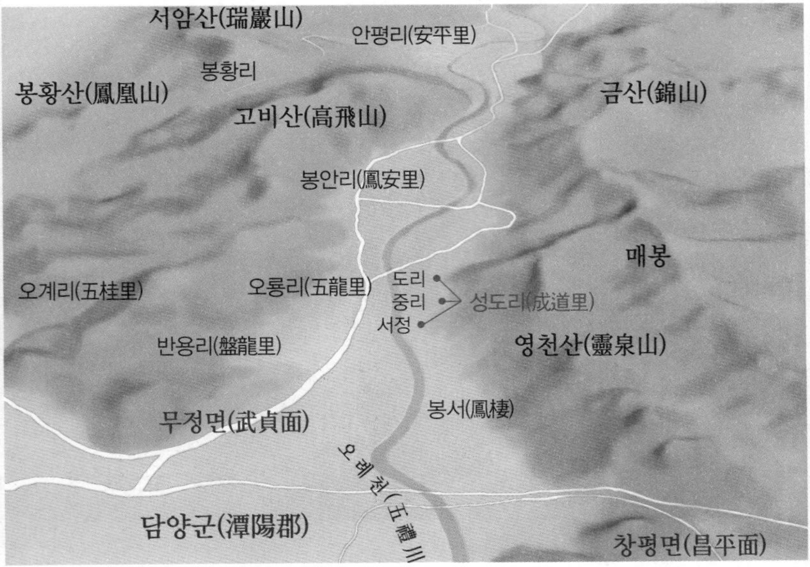

서암산(瑞巖山)
안평리(安平里)
봉황리
봉황산(鳳凰山)
금산(錦山)
고비산(高飛山)
봉안리(鳳安里)
매봉
오계리(五桂里)
오룡리(五龍里)
도리
중리
서정
성도리(成道里)
반용리(盤龍里)
영천산(靈泉山)
봉서(鳳棲)
무정면(武貞面)
오례천(五禮川)
담양군(潭陽郡)
창평면(昌平面)

담양 성도리 일대

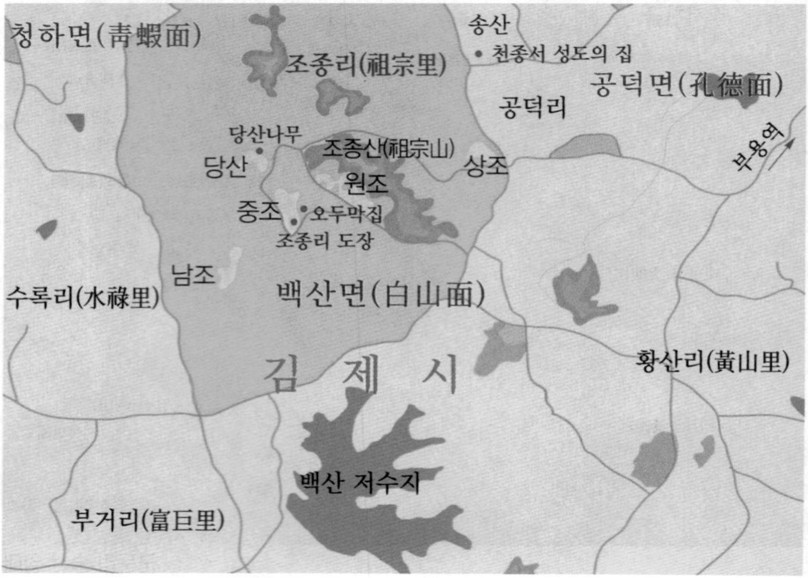

청하면(靑蝦面)
조종리(祖宗里)
송산
천종서 성도의 집
공덕면(孔德面)
공덕리
당산나무
조종산(祖宗山)
당산
상조
부용역
원조
중조
오두막집
조종리 도장
남조
수록리(水祿里)
백산면(白山面)
김 제 시
황산리(黃山里)
백산 저수지
부거리(富巨里)

조종리 일대

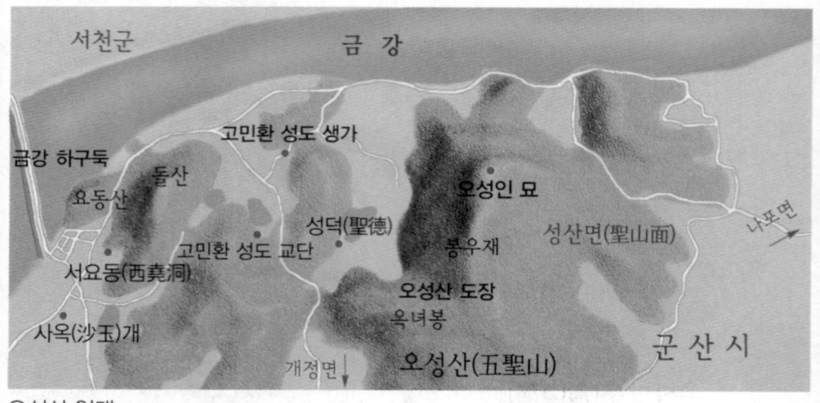
서천군
금 강
고민환 성도 생가
금강 하구둑
돌산
요동산
오성인 묘
성덕(聖德)
나포면
성산면(聖山面)
고민환 성도 교단
봉우재
서요동(西蕘洞)
오성산 도장
옥녀봉
사옥(沙玉)개
개정면
오성산(五聖山)
군 산 시

오성산 일대

색 인

【숫자】

【ㄱ】

【ㄴ】

【ㄷ】

【ㄹ / ㅁ】

【ㅂ】

【ㅅ】

【ㅇ】

【ㅊ】

【 ㅋ 】

【 ㅌ 】

【ㅍ】

【ㅎ】